TURQUIE,

PAR

M. Jⁿ M^{ie} JOUANNIN,

PREMIER SECRÉTAIRE INTERPRÈTE DU ROI POUR LES LANGUES ORIENTALES,

ET PAR

M. JULES VAN GAVER.

PARIS,

FIRMIN DIDOT FRÈRES, ÉDITEURS,

IMPRIMEURS-LIBRAIRES DE L'INSTITUT DE FRANCE,

RUE JACOB, N° 56.

M DCCC XL

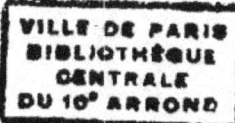

L'UNIVERS.

HISTOIRE ET DESCRIPTION
DE TOUS LES PEUPLES.

TURQUIE.

TYPOGRAPHIE DE FIRMIN DIDOT FRÈRES,
RUE JACOB, N° 56.

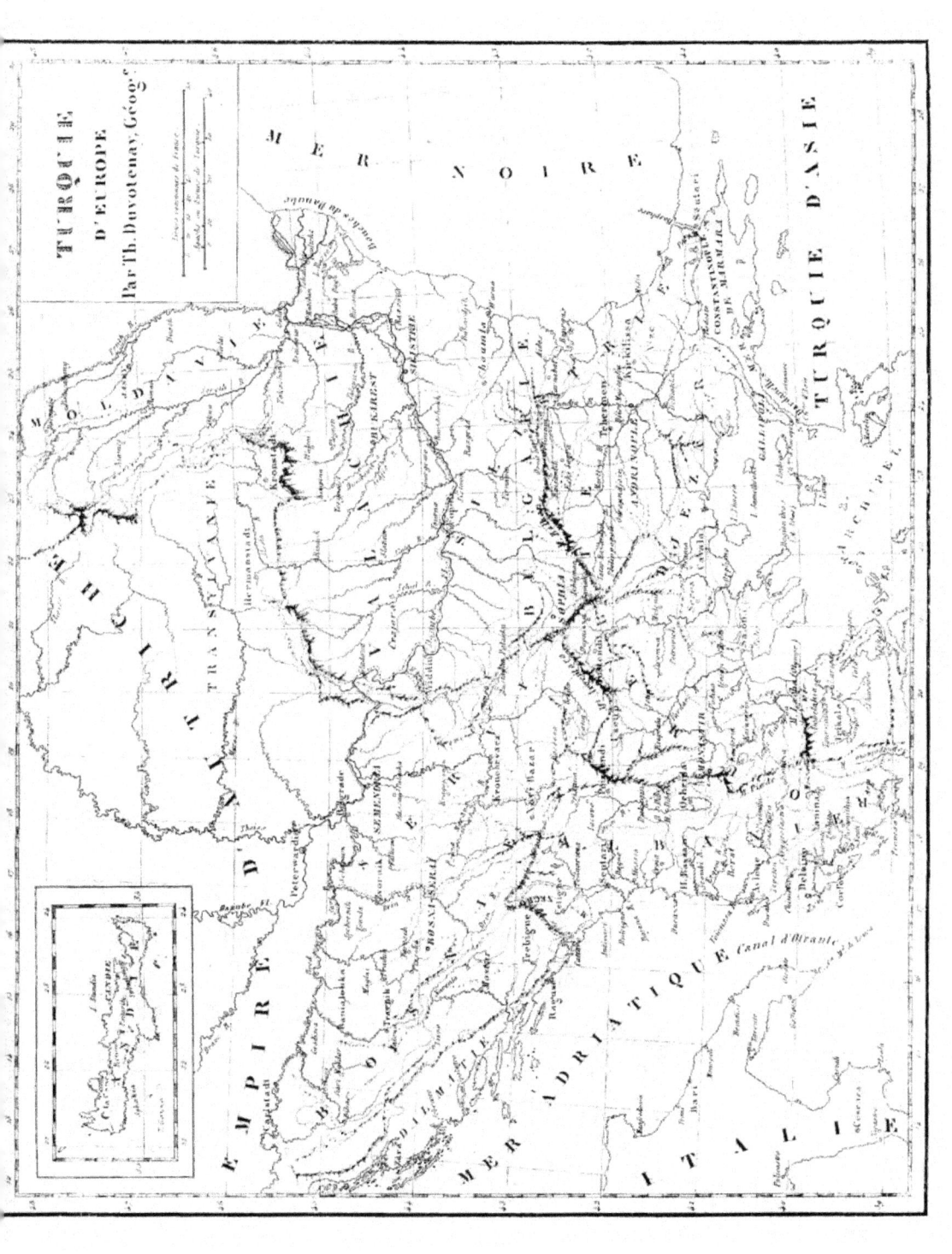

L'UNIVERS,

ou

HISTOIRE ET DESCRIPTION

DE TOUS LES PEUPLES,

DE LEURS RELIGIONS, MOEURS, INDUSTRIE, COSTUMES, ETC.

TURQUIE,

PAR M. Jⁿ. M^{ie}. JOUANNIN,

PREMIER SECRÉTAIRE-INTERPRÈTE DU ROI POUR LES LANGUES ORIENTALES,

ET M. JULES VAN GAVER.

AVANT-PROPOS.

En prenant l'engagement de tracer l'histoire de l'empire qui doit sa fondation à Osman, nous avons moins consulté nos forces, que le désir de présenter à nos contemporains un tableau fidèle et naïf des cinq siècles et demi, durant lesquels la race ottomane a joué un grand rôle sur le théâtre du monde, soit dans les phases de ses progrès, soit depuis que cet astre politique, ayant dépassé le point de son apogée, se précipite trop rapidement vers son déclin. Semblable d'ailleurs, dans sa marche progressive et dans son décours, au céleste emblème que la dynastie d'Osman a conservé presque aussi longtemps que la troisième race de nos rois garda ses fers de lance ou ses fleurs de lis, l'empire ottoman a jeté un éclat extraordinaire; et lorsque Jean Sobieski vint lui signifier, sous les remparts de Vienne, le décret d'en-haut : « Tu n'iras pas plus loin! » il se retira en effet comme une mer courroucée, et présenta encore longtemps une attitude menaçante. L'heure des désastres venue, et le prestige de sa force évanoui, on dut souvent honorer, au milieu des plus cruels revers, cette apparence de grandeur et cette dignité empreintes dans son attitude de résignation à la toute-puissante volonté de Dieu.

Dans cet ouvrage (*l'Univers*), où chaque collaborateur vient tour à tour apporter le tribut de ses veilles et de ses études spéciales, un autre racontera la naissance de l'islamisme, le génie qui le créa, et le progrès des armes musulmanes qui soumirent tant de régions au culte du nouveau législateur. Un second décrira la lutte du moyen âge entre le christianisme et l'islam; il suivra les fidèles et les infidèles, les croyants et les nazaréens sur le plus vaste champ de bataille qu'aient ensanglanté le fanatisme des peuples et l'ambition des hommes. Il aura à dire comment, par une sorte de réaction, les croisades précipitèrent l'Occident sur l'Orient; il peindra les deux religions rivales se saisissant corps à corps partout où elles pouvaient s'atteindre, et les chances de revers et de

1re *Livraison.* (TURQUIE.)

triomphes qu'elles ont dû subir alternativement sur tant de points divers. Enfin il mettra en œuvre les matériaux précieux recueillis dans les deux camps ennemis ; et cette belle tâche, consciencieusement remplie, grâce aux recherches dont on continue de s'occuper avec tant de zèle, rectifiera sans doute les opinions propagées dans le dix-huitième siècle, au sujet de ces guerres sacrées (*).

Nous ne prétendons point empiéter sur le terrain réservé à d'autres ; mais nous nous croyons en droit de rattacher l'histoire de la dynastie d'Osman à celle des sept premiers siècles de l'islamisme, et de faire précéder le récit des événements que notre travail doit embrasser, d'une esquisse rapide de cette époque, où l'on pourra trouver quelques enseignements sur les causes de la grandeur des Osmanlis.

INTRODUCTION.

§ I.

NAISSANCE ET PROGRÈS DE L'ISLAMISME. LES CROISADES.

Lorsque, dans les premières années du septième siècle de J. C., Mahomet conçut ses projets de réforme religieuse, tout porte à croire que sa vue ne s'étendait point au delà des bornes de l'antique Arabie. Il voulait que la terre des patriarches et des prophètes cessât d'être déchirée par les haines religieuses de cent tribus, chrétiennes, juives ou encore païennes ; et que sa ville natale fût purgée du culte honteux des idoles dont les statues souillaient le premier temple consacré à l'adoration du vrai Dieu, par Abraham, le père commun des fils d'Ismaël et des Israélites, et le bien-aimé d'Allah.

Tous les peuples ont eu et auront toujours la patriotique faiblesse de se croire plus civilisés, plus éclairés et meilleurs que leurs voisins. Partout l'épithète injurieuse de *barbare* a été l'apanage des *étrangers* ; et on la trouve dans toutes les langues avec cette double signification. Les plus opiniâtres et les plus exclusifs de tous les hommes, par cela seul qu'ils se proclamaient *le peuple élu*, les Juifs nous ont laissé des monuments de cet orgueil national, qui a quelque chose de noble et de grand jusque dans son extrême exagération ; et si les Grecs et les Romains, comme les hordes les plus obscures, se sont laissé aller à cette bonne opinion d'eux-mêmes, nous ne devons point être surpris de voir que les Arabes, se croyant aussi le peuple de Dieu, aient été et soient toujours pleins du même orgueil et du même dédain pour les étrangers. Ils avaient déjà une remarquable similitude de mœurs, d'usages et d'organisation sociale avec les Hébreux ; ils n'éprouvèrent donc aucune répugnance à adopter la législation sévère et assujettissante de Mahomet, qui l'avait calquée sur les dispositions de l'ancienne loi ; et cette conformité avec les livres saints de Moïse ne fut point inutile au fils d'Abdullah pour imprimer à ses Arabes la plus ferme croyance dans la mission qu'il prétendait avoir reçue de Dieu.

Il y a eu peu de législateurs aussi habiles que Mahomet pour tirer parti

---

(*) Un grand écrivain du dix-huitième siècle n'a pas toujours été historien fidèle de cette période du moyen âge ; entraîné par son système antichrétien et par son mépris pour la religion de Mahomet, il s'est plu à représenter sous un jour faux les événements, les hommes et les choses de cette mémorable époque.

Il a surtout trop écouté ses préventions, lorsqu'il a accusé le christianisme seul d'avoir fomenté dans son sein les guerres de religion, guerres atroces, sans merci, pires encore que les guerres civiles. Si Voltaire eût voulu approfondir cette question, il aurait trouvé dans les Annales des Ommiades et des Abbassides de quoi se convaincre du contraire ; il aurait vu leurs mains teintes du sang des enfants de Mahomet même ; et l'acharnement des sectes de l'islamisme offrant des excès dont la partialité la plus aveugle n'oserait pas accuser les chrétiens.

de tous les penchants naturels aux hommes pris en masse ou individualisés. Ses pensées s'agrandirent lorsqu'elles planèrent au delà de l'horizon des Arabies; mais si, comme Moïse, il n'eut pas le temps de voir ses plans exécutés, ils furent parfaitement compris par les hommes qui recueillirent son héritage, et qui, dès l'aurore de l'islamisme, leur donnèrent un immense développement. N'ayant bientôt plus rien à subjuguer dans la péninsule, ils s'élancèrent hors de ses limites devenues trop étroites pour leurs ardents et fanatiques co-religionnaires; et l'audace des musulmans ne recula pas devant les deux grands ennemis qu'ils osèrent braver sans hésitation : on les vit en effet attaquer à la fois et le successeur de Constantin et le dernier des Sassanides.

Pendant plusieurs siècles d'hostilités rarement interrompues, l'empire romain et celui des Perses s'étaient vainement disputé la possession de quelques provinces frontières sur l'Euphrate et le Tigre : l'heure approchait où cette vieille inimitié devait s'anéantir dans un abîme commun, et ces provinces allaient reconnaître d'autres dominateurs et subir une autre religion.

Il s'était à peine écoulé une douzaine d'années depuis que Mahomet, forcé d'abandonner la Mecque, s'était réfugié à Médine avec une poignée d'hommes dévoués, pour échapper à la vengeance des Coréichites, et voilà l'islamisme devenu si puissant, qu'il se précipite déjà sur la Chaldée et sur la Syrie. La première s'était abaissée devant Abou-Bekr; en l'an 13 (635), ce khalife reçut les clefs de Damas. Jérusalem traita bientôt avec Omar, an 16 (638); et l'acte qui consacra la soumission de la ville sainte, servit de modèle et sert encore de base à toutes les transactions des puissances musulmanes avec les peuples qui, devenant leurs sujets (raïas), veulent conserver leur religion au moyen d'un tribut : transactions qui leur garantissent certaines immunités et des franchises dont nous aurons occasion de parler. Observons ici que l'enthousiasme et l'héroïsme des premières armées musulmanes expliquent sans doute aussi la rapidité de leurs conquêtes; mais la conduite d'Omar envers le patriarche de Jérusalem, fidèlement suivie par ses successeurs, nous semble être une des causes les plus puissantes de la soumission des populations chrétiennes, parmi lesquelles les schismes et les hérésies avaient donné naissance à tant de discordes et suscité tant de malheurs. Mahomet avait prescrit, il est vrai, de propager l'islamisme par l'épée: le Cor'an le proclame sans cesse; mais les seuls Arabes devaient être contraints de l'embrasser ou de renoncer à la vie; et les tribus, que le nouveau prophète appelait aussi violemment au salut, à l'adoration du Dieu unique, ces tribus, fières de leur sainte origine et de la primogéniture de leur père Ismaël, ne voulurent point souffrir qu'un seul Arabe restât étranger à cette croyance nationale, tant le fils d'Abdullah avait profondément pénétré l'âme de ses sectateurs de la conviction que l'islam était la religion que Dieu lui-même avait prescrite à Adam, lorsqu'il lui remit le sceau de la prophétie et le créa le premier pontife de la *véritable foi* (IMAN).

Les khalifes successeurs d'Omar purent donc imiter sa conduite généreuse et politique à la fois, et accorder des capitulations analogues aux peuples qui les réclamaient. La peur, l'ambition et les autres passions du cœur humain attirèrent indubitablement un grand nombre de prosélytes au sein de l'islamisme. On ne les repoussa pas, comme chez les Hébreux; on les reçut au contraire avec empressement, avec joie; et si l'on a le droit de reprocher aux musulmans victorieux d'avoir contraint les vaincus, par les violences et les menaces, à renoncer au culte de leurs pères, ce n'a été d'ordinaire que dans la première ivresse du triomphe, au sac des cités, ou lorsqu'une trop longue résistance avait exaspéré le vainqueur et exalté son fanatisme. Alors, en quoi diffèrent-ils des peuples de tous les temps? Nous croyons enfin convenable de reconnaître ici que la scrupuleuse fidélité des khalifes à tenir leurs engagements contrastait vivement avec la politique des Grecs du Bas-Empire; et que celle des musulmans dut exercer une incalculable influence sur les peuples-troupeaux que les empereurs byzantins tenaient encore sous leur joug, et que les barbares avaient d'ailleurs si bien accoutumés à passer avec indifférence d'une domination à une autre.

Ce fut surtout dans les deux premiers siècles de l'hégire que l'œuvre de propagation obtint des succès inouïs; et cette période, si pleine de grands événements, en consolidant l'islamisme comme religion et comme puissance temporelle, présente un ensemble de faits et de résultats, auquel il serait difficile de trouver rien d'égal dans les annales du monde. Le tiers du premier siècle n'était point écoulé, l'empire des Perses n'existait déjà plus : le dernier des vingt-cinq Sassanides, l'infortuné Yezdedjird avait péri (31-651) dans le fleuve, antique limite de l'Iran et du Touran; mais, cette fois, l'Oxus n'arrêta pas les vainqueurs. Ils avaient pénétré jusqu'à Kaboul dès l'an 44 (664), et les sanglantes discussions des Ommiades et de leurs rivaux n'empêchèrent point les progrès des armes musulmanes dans la Transaxane et au delà de l'Indus.

Elles n'avaient pas été moins heureuses dans la Syrie, dans l'Égypte, dans le nord de l'Afrique et du côté même de Byzance. Les historiens arabes font mention de deux expéditions : celles de 32 (652) et de 39 (659), qui furent poussées jusque sous les murs de Constantinople. Cette capitale fut assiégée en 48 (668), en 52 (672) et en 97 (616), et le dernier siége avait été précédé de grands ravages en Thrace et en Macédoine. Dès 59 (679), les rives de l'océan Atlantique, en face des îles Fortunées, avaient reçu l'islamisme, qui y a toujours souverainement régné depuis, et qui y conserve encore aujourd'hui sa physionomie primitive. Mais avant qu'il pénétrât en Espagne, où trente-trois ans plus tard (92-711) un traître appela le célèbre Tharyk, Chypre (39-659), l'île de Crète (33-653), Rhodes (47-667), la Sicile (82 701), la Sardaigne et la Corse (87-706), et les îles Baléares (89-708), avaient été ravagées ou soumises par les lieutenants des khalifes de Damas, qui étaient devenus maîtres tout-puissants de la Méditerranée.

La rapide conquête de l'Espagne, que les Maures ne purent jamais entièrement consommer, ouvrit une carière nouvelle à l'insatiable avidité et à l'ardent fanatisme des musulmans. Ils pénétrèrent bientôt au delà des Pyrénées; et quand les glorieux efforts de Charles-Martel les eurent arrêtés au cœur même des Gaules, il réussit sans doute à les empêcher d'avancer au delà des rives de la Seine et de la Loire, mais non de ravager longtemps encore le Languedoc et la Provence, trop exposés à leurs fréquentes invasions. On les vit même se maintenir à Narbonne, à Carcassonne, à Perpignan, et dans les pays situés entre les Cévennes et la mer. Ils finirent par en être expulsés malgré leur résistance; et leurs tentatives postérieures n'eurent d'autre succès que le pillage et la dévastation de ces belles provinces (*).

Les khalifes ommiades à Damas et

(*) Cette partie de la France conserve encore des traces du séjour des Maures, dans les noms de *Castel-Sarrazin*, de *Saint-Afrique*, etc., et surtout dans une certaine population qui a gardé les traits et le teint caractéristiques de son origine africaine. J'ajouterai un fait digne de remarque : Maguelone, autrefois port de mer et ancien évêché peu éloigné des bouches du Rhône, fut longtemps ouvert à leurs transactions commerciales dans le Languedoc; et il existe des monnaies des évêques souverains de cette ville, avec leur tête et l'exergue : D. G. EPISCOP. MAGVEL, et le revers portant en caractères cufiques, la profession de foi arabe :

LA ILÂHE ILL'ALLAH; WÉ MUHAMMEDEN REÇOULALLAH.

« Il n'y a d'autre divinité que Dieu, et Mahomet est l'envoyé de Dieu. »

Que de réflexions s'attachent à ce seul fait!

en Espagne, les Abbassides à Bagdad et au Caire, les fathimites de Mauritanie et d'Afrique, tout en consolidant l'islamisme dans les vastes régions qui obéissaient à leur puissance spirituelle, la virent souvent compromise et affaiblie par des prétentions rivales aux droits et au titre d'Émirul-moumènin (commandeur ou prince des vrais croyants). En outre, après le grand Haroun-Rèchid, et ses deux successeurs, Émin et Mamoun, des généraux, des gouverneurs de provinces se métamorphosèrent en chefs de dynastie, et obtinrent de gré ou de force l'investiture de ces provinces devenues quasi indépendantes de l'autorité des khalifes; et ce fut particulièrement dans le quatrième et le cinquième siècle de l'hégire que leur pouvoir temporel reçut de graves et profondes atteintes. Bientôt surgirent des conquérants de race turque et mongole, dont l'apparition fût accompagnée d'affreuses catastrophes, pendant lesquelles on arracha aux faibles vicaires de Mahomet ce qui ne leur avait point encore été enlevé. Lorsqu'à la fin du onzième siècle de l'ère chrétienne, Rome, souvent menacée dans ses propres murailles par les Sarrasins, conçut le dessein de reporter la guerre chez eux, et appela les croisés à la délivrance du tombeau de J. C., nos chevaliers ne trouvèrent point, à la tête des musulmans qu'ils venaient combattre, des chefs vraiment Arabes; ils eurent affaire à des princes turcs ou curdes, tels que Kilidj-Arslan le Seldjoukide, et plus tard les sultans (soudans) Eïoubites d'Égypte, au milieu desquels brille le fameux Saladin (Silah-uddin); car tout l'Orient s'était également ému comme un seul peuple, en présence du danger que courait l'islamisme; et le signe unique arboré par les croisés sortis de tous les points de la chrétienté, donna lieu aux musulmans d'appliquer leur axiome de droit politique et religieux, qui ne fait qu'une *seule nation* de la masse des infidèles ou des non croyants (Elkufru, milletun wahydetun). Aussi les adversaires de nos chevaliers vinrent-ils à cette guerre sacrée, avec une ardeur et une bravoure qui ne le cédaient pas à celles des paladins occidentaux. Avouons ici un fait devenu irrécusable, et disons hautement qu'on recueillit du moins quelques fruits des violentes collisions de ces grandes masses animées par tout ce qui peut exalter l'esprit humain, et le jeter dans les entreprises les plus hasardeuses. En effet, pour prix de tant de sang, de malheurs privés et de revers publics, nos croisés rapportèrent en Occident les éléments d'une civilisation moins âpre et plus avancée que celle de nos aïeux, et quelque goût des arts et de la littérature que l'on cultivait alors dans le monde musulman, où florissaient de nombreuses célébrités en tout genre. La captivité de saint Louis et de ses illustres compagnons d'infortune procura à la France d'heureux dédommagements des sacrifices qu'elle dut s'imposer pour la délivrance de son roi. Il revint d'Égypte avec des idées nouvelles; ses institutions prouvent qu'il avait bien étudié celles de ses vainqueurs. Indépendamment des productions littéraires de cette période, qui se ressentaient de l'influence des Orientaux, dont les précieuses calligraphies servirent de modèle à nos plus beaux manuscrits du moyen âge, le genre d'architecture, improprement nommé gothique, et adopté dans les monuments des douzième, treizième, quatorzième et quinzième siècles, n'est pas autre chose que l'architecture sarrasine, souvent embellie, rendue plus légère, plus gracieuse, et surtout appropriée à nos climats.

Cependant l'anarchie qui suivit le massacre du dernier des Ommiades d'Espagne (430-1038), et le morcellement de l'empire maure en vingt principautés rivales, toujours aux prises entre elles et avec les vieux chrétiens, favorisèrent les entreprises des descendants de Pélage; et quand l'ardeur des croisades en terre sainte se fût calmée parmi les peuples de France, d'Angleterre et de Germanie, épuisés par les expéditions d'outre-mer, les combats entre les deux religions continuèrent en Espagne avec le même acharnement et la même opiniâtreté.

Cette introduction nous a conduits jusqu'au milieu du treizième siècle de notre ère : elle doit s'y arrêter, car l'étoile de la race d'Osman commençait alors à poindre.

Ainsi, par une sorte de compensation, lorsque les destinées des Maures de l'Andalousie et de Grenade s'accomplissaient, qu'elles les rejettaient au delà du détroit de Gibraltar, et les renvoyaient à la terre d'Afrique, leur première patrie, le fondateur de la dynastie appelée à renverser et à remplacer l'empire romano-grec, préparait de terribles vengeurs à ses coreligionnaires espagnols. L'islamisme, retrempé d'une vigueur nouvelle, va prendre sa revanche, en franchissant, sous le signe victorieux du croissant, le détroit qui sépare l'**Asie** de l'Europe ; nous le verrons envahir de célèbres et riches contrées, et menacer durant deux siècles et demi le reste de la chrétienté du joug dont Charles-Martel avait cru la délivrer pour toujours.

§ II.

LA RACE D'OSMAN.

Nous nous garderons bien de reproduire dans notre récit toutes les recherches des écrivains orientaux, et d'adopter leurs rêveries sur l'origine du fondateur de l'empire ottoman. Nous ne dirons donc point comment ils sont parvenus à découvrir une série *incontestable* de trente générations, qui remontent jusqu'au déluge, afin de prouver que la race d'Osman le Victorieux, quoique tout à fait étrangère à celle du prophète arabe et de ses premiers vicaires, dont le troisième porte cependant le même nom (Osman), est la plus belle, la plus pure, la plus noble et la plus glorieuse des races humaines ; qu'elle est prédestinée non-seulement à régner, jusqu'à la fin du monde, sur tous les sectateurs du dernier des prophètes, mais encore à commander en suzeraine aux mécréants eux-mêmes. Il sera bon cependant de tenir quelque compte de cette ferme croyance universellement répandue dans *les états bien gardés*, où le Grand Seigneur est toujours le monarque par excellence, le roi des rois, l'*ombre de Dieu*, et le souverain distributeur des couronnes aux princes de la terre. Il y aurait de l'impiété à soumettre à l'examen, au simple doute, cette opinion populaire encore pleine de vie ; et il serait dangereux de le faire, aujourd'hui même que tant de prestiges se sont évanouis. Quant aux Ottomans (je dis les Ottomans et non les Turcs : on comprendra bientôt pourquoi), n'oublions pas non plus que, devenus maîtres de toute la partie orientale de l'empire romain, ils se sont considérés comme les légitimes héritiers de Rome la Grande(*) ; que plusieurs peuples, entre autres les Persans, leur donnent encore le nom de *Roumi* ; qu'ils se sont imbus, par instinct, des maximes et des convictions du peuple-roi, auxquelles il dut des triomphes inouïs ; et que, dans la supériorité religieuse et politique qu'ils s'octroyaient avec tant de complaisance, les nouveaux conquérants se prétendaient aussi nés pour châtier les superbes, et pour épargner les peuples soumis :

Parcere subjectis et debellare superbos!

Quoi qu'il en soit, si nous sommes résolus de rejeter les apologies emphatiques des princes ottomans, et les louanges exagérées dont les écrivains nationaux sont si prodigues, dès qu'il s'agit de flatter l'orgueil de leurs compatriotes, il nous sera permis d'éviter un autre excès tout aussi déraisonnable : nous n'adopterons point sans critique les récits et les préjugés des chrétiens, surtout ceux des Grecs vaincus. Quel cas ferions-nous d'une histoire de l'homme du dix-neuvième siècle, dont l'auteur ne chercherait ses inspirations que dans les bulletins étrangers, ou dans le long factum d'un illustre Écossais, qui aurait dû dédaigner le triste honneur d'attacher son nom à un

(*) Roumiet-ul-kubra, qu'ils nomment aussi Kyzil-elma, la *pomme d'or*.

monument de haine et d'injustice?

Nous serons obligés d'employer fréquemment, dans cette partie de *l'Univers*, une foule de noms propres dont la prononciation varie, en Orient même, d'une province à l'autre, selon le dialecte de celle des trois langues qui y est en usage. Nos historiens et nos voyageurs, ne se piquant pas toujours d'une grande exactitude, nous les transmettent tant bien que mal; et on reproche avec quelque raison aux orientalistes européens de ne pas s'accorder entre eux sur l'orthographe des mêmes mots. Pour éviter, autant que possible, ce fâcheux inconvénient, nous avons adopté, pour règle, la *prononciation de Constantinople*, et nous nous attachons à l'exprimer de manière qu'un Français puisse la rendre naturellement et sans efforts, en lisant ces mots étrangers comme s'ils étaient français (*). Il y a cependant des noms tellement consacrés par l'usage, que nous nous en servirons toujours, malgré leur barbarisme : *Mahomet*, par exemple (mais seulement lorsqu'il s'agit du législateur des Arabes), *hégire*, *mosquée*, *janissaires*, et quelques autres encore. Mais nous appellerons le conquérant de Constantinople Sultan-Muhammed II, au lieu de Mahomet, Sultan-Murad, au lieu d'Amurath, Sultan-Baïezid, au lieu de Bajazet, Djem, au lieu de Zizim, etc., et nous laisserons aux princes ottomans leurs véritables noms sans les défigurer.

LE TURKISTAN.

Les Orientaux se servent de la terminaison persane *istan*, que nos géographes ont adoptée, et qu'on joint au nom d'un peuple, pour désigner plus ou moins vaguement, un ensemble de pays qui sont toutefois indépendants les uns des autres, et dont les habitants ne sauraient être entièrement confondus avec le peuple dont la renommée a absorbé celle de ses voisins. Ainsi l'*Hindoustan* embrasse toutes les contrées à l'est de l'Indus (Sind), au delà et en deçà du Gange, dont toute la population n'est pas indoue; le *Frenguistan*, rendu si fameux en Asie, par nos croisés français ou francs, comprend la chrétienté, c'est-à-dire la partie européenne de l'ancien monde où règne le christianisme, par opposition aux contrées soumises à l'islam. De même le nom de Turkistan (la Scythie des Grecs et le Touran des anciens Perses) s'applique à ces vastes régions de l'Asie, qui ont pour limites la Chine (Khataï), les monts Himalaïa, la chaîne du Taurus d'où sort le Djeïhoun, la mer Caspienne, le Wolga, et, au delà de ce fleuve, les steppes du Kyptchak, qui s'étendent jusqu'au pied du Caucase, à la mer d'Azow, et au Tanaïs.

Ce Turkistan embrasse donc tous les pays occupés par les Tatares, le Khârezm, la Bukharie, le Turkistan proprement dit, la Mongolie, le Thibet, et un nombre infini de subdivisions incertaines et changeantes comme la vie nomade de leurs populations vagabondes. Sans remonter aux Scythes, aux Huns, aux Alains et aux autres barbares qui renversèrent l'empire romain d'Occident, nous voyons, depuis la naissance de l'islamisme, sortir en foule, de cette véritable OFFICINA GENTIUM, les Turcs, les Tatars Moghols ou Mongols, les Turkmens, les Oïghours, les Kirghis, les Kalmouks, et tant d'autres hordes qui fuyaient devant un ennemi plus puissant, ou abandonnaient leurs déserts à la suite d'un Attila et d'un Djenghiz. Semblables à des torrents dévastateurs, ils débordaient de toutes parts, et recherchaient des climats plus doux et plus féconds, pour assouvir leur sauvage avarice et l'ambition de faire tout plier sous leur joug.

Les premières années du treizième siècle de notre ère avaient été témoins d'une de ces invasions, qui, aussi

(*) Néanmoins le lecteur est prié d'observer que les mots terminés par un *n*, tels que *Osmán*, *iman*, *moumen*, *din*, *Émin*, *Djeïhoun*, *Mamoun*, etc., doivent se prononcer comme si cet *n* était suivi d'un *e* muet, très-bref, c'est-à-dire *Osmane*, *imane*, *dîne*, *Mamoune*, etc.

terrible que la grande peste noire du siècle suivant, venue également du centre de l'Asie, ravagea cette partie du monde, et pénétra jusqu'au cœur de l'Europe. Il avait fallu six ans à Djenghiz-Khan pour soumettre complétement, ou plutôt pour dévaster sans merci le Khârezm et la Bukharie, le Khoraçan, le Farsistan, le Kerman, l'Azerbaïdjan, la Géorgie, l'Arménie, le Kurdistan, la Mésopotamie, et la portion de l'Asie Mineure qui dépendait des sultans d'Iconium. C'étaient les plus belles provinces de l'islamisme, où florissaient les sciences, les lettres, la poésie, sous la protection éclairée des rois de Khârezm, des Seldjoukides d'Iran et de Roum. Le vainqueur n'épargna rien : cités, monuments, populations, tout tomba devant ce nouveau fléau de Dieu. Et Djenghiz ne reprit le chemin de son empire de Chine, qu'après avoir écrasé tout ce qui avait osé lui résister.

Suleïman-Châh, fils de Kyïa ou de Kaïalp, père d'Erthogroul, et aïeul de Sultan-Osman, fut sans doute un des généraux de ce grand conquérant. Il n'était point étranger, dit-on, à la grande famille tatare oghouzienne, à laquelle appartenait Djenghiz lui-même ; et lorsqu'en 621 (1224), il s'achemina vers l'Arménie, à la tête d'un essaim de 50,000 âmes, il possédait les fiefs de Mahan et de Merw-Chahidjan, en Khoraçan, avec le titre de wali, ou vice-roi. Il vint bientôt fixer ses tentes sur les bords de l'Euphrate, dans le riche canton d'Erzinghian et d'Akhlat. Mais, en 629 (1231), le désir de revoir le pays natal s'étant emparé de la horde de Suleïman-Châh, ce chef, voulant passer le fleuve auprès du château de Dja'ber, s'y noya ; et un tombeau, qui a conservé le nom de *Turk-Mezari* (la tombe du Turc), consacre le souvenir de cet événement.

La horde se partagea après la perte de son émir ; le plus grand nombre suivit les deux aînés qui retournèrent en Khoraçan ; et Erthogroul et son troisième frère, réduits à un clan de 400 familles, s'établirent d'abord dans la plaine de Pacin, traversée par l'Euphrate oriental (*Murad-Tchaï*), à l'est d'Erzroum, et dans le canton de Syrmaly-Tchokour, où sont les sources de l'Araxe et de l'Euphrate proprement dit (*Nèhr-Frat*).

Erthogroul ne tarda pas à perdre son frère. Il quitta alors les environs d'Erzroum, et s'avança vers l'intérieur de l'Anatolie. En errant avec sa tribu dans les états d'Ala-eddin, sultan d'Iconium, il eut occasion de contribuer généreusement à la défaite d'une armée tatare, qui était aux prises avec les troupes du prince seldjoukide ; et celui-ci, pénétré de reconnaissance, voulut récompenser les braves nomades qui lui avaient rendu un si grand service, et leur assigna, dans l'est du mont Olympe de Bythinie, pour leur résidence d'été, les hautes terres de Karadja-Daghy, de Tumanidj et d'Ermeni, et toute la plaine de Suüud pour leur campement d'hiver.

Un si mince apanage féodal dans un petit canton de Phrygie, qui, en 1260, formait à peine le quart du sandjak actuel de Sultan-Euni, tel fut le berceau de la puissance ottomane ; et c'est autour de ce faible noyau que s'agglomérèrent, avec la plus surprenante rapidité, les éléments de puissance et de gloire dont s'enorgueillit cette famille, peut-être plus féconde en grands hommes qu'aucune de celles qui ont régné sur la face du globe.

LA LANGUE TURQUE, LES TURCS ET LES OSMANLIS.

La langue turque, originaire du plateau central de l'Asie, est encore le langage des peuples qui n'ont point quitté ce plateau ; c'est celui des Tatars de Casan et de Crimée, des Calmouks, et des autres sujets musulmans de la Russie ; on le trouve chez les tribus (*ilât*) d'origine turque établies en Perse, dans la grande moitié de ce royaume, et enfin dans tout l'empire ottoman.

Inculte et grossière en Turkistan, chez les Oïghours, qui l'écrivent avec un caractère tout autre que l'alphabet arabe, et partout où les gouvernements dédaignaient et dédaignent encore de s'en servir pour les actes de l'autorité, la langue turque est naturellement restée stationnaire sous les tentes des nomades. En Perse, on la parle, mais on ne l'écrit point; dans la majeure partie de l'Asie ottomane, elle a conservé de la rudesse et une prononciation peu agréable; mais au cœur même de l'empire elle a acquis du nombre, de l'harmonie, de la grâce et de la pompe, depuis qu'elle est devenue, il y a cinq cents ans, la langue écrite des Osmanlis, et qu'elle s'est enrichie des formes et des mots de deux langues abondantes et perfectionnées : l'arabe et le persan. On éprouvera sans doute quelque surprise en lisant cet éloge d'un idiome qu'on est disposé à traiter de barbare, quand, et surtout parce qu'on ne le connaît pas; mais que pensera-t-on lorsque nous aurons l'audace, un peu plus tard, de parler de la littérature turque, de l'amour des lettres, et de la protection que leur ont accordée les Sultans? quand nous ajouterons que l'étude de la plus riche philologie, celle des lois et des sciences, dont on a fait tant d'honneur aux Arabes, sont une source de considération, d'avancement et de fortune, chez les Osmanlis? Et comme on voit souvent un homme de rien, un homme illettré arriver aux plus hautes charges de l'État, on conclut, du particulier au général, qu'il en est toujours ainsi et partout : c'est une erreur. Il faut reconnaître cependant que les Osmanlis sont fort en arrière sous beaucoup de rapports, qu'ils ont de fausses idées, de graves préjugés contre notre civilisation toujours agitée, tandis que la leur est essentiellement stationnaire, à raison de l'immutabilité des principes sur lesquels elle repose; et qu'enfin notre histoire, notre littérature, nos arts leur restent inconnus. Mais nous sommes forcés d'ajouter, sans vouloir faire injure à personne, que, de notre côté, nous les ravalons beaucoup trop, et que nous prononçons, à notre tour, d'assez téméraires jugements sur ce qu'ils sont, et sur ce qu'ils ne sont pas.

Parlons maintenant de la nation elle-même, et déduisons les motifs pour lesquels nous ne dirons jamais les *Turcs*, mais seulement et toujours les Ottomans, ou les Osmanlis.

Appeler Turc un Osmanli, c'est lui adresser une grossière injure, car il se pique d'urbanité, de culture et de finesse d'esprit, enfin de savoir-vivre, et le mot *turc* emporte avec soi une idée toute contraire. Autant vaudrait nous traiter de Germains barbares, nous autres qui portons avec fierté notre nom de *Français*, comme marchant à la tête des peuples polis et de la civilisation progressive.

Cependant on objectera sans doute que les Sultans sont d'origine turque : la chose est certaine, et ils n'ont jamais renié cette origine; mais cela ne les oblige pas de prendre le nom de *Turcs*, et ne peut les empêcher de se qualifier du titre d'*empereurs de la race ou du peuple d'Osman*, comme le fait encore Sultan-Mahmoud II, dont la signature autographe figurera dans les planches iconographiques jointes à cette partie de l'*Univers pittoresque*. Pourquoi donc n'adopterait-on pas cette dénomination, à l'exemple des historiens les plus dignes de confiance et les plus instruits dans les annales de ce peuple?

Nous ajouterons que le sang *turc* doit être d'ailleurs devenu fort rare dans le mélange de tant de populations diverses, qui, en embrassant l'islamisme, se sont trouvées aussitôt confondues avec les vainqueurs. On verra de fréquents exemples d'apostasies qui ont aussitôt procuré à l'empire ottoman des guerriers redoutables, des hommes d'État distingués, et même un *mufti*. Enfin, s'il y avait quelque fondement solide au préjugé systématique qui, malgré l'influence toute-puissante d'une religion commune, accorde tout à la race arabe, lorsqu'il s'agit des facultés intellectuelles et de l'aptitude pour les sciences, et qui refuse tout à la race turque, l'anathème lancé contre les Osmanlis devrait être moins sévère, puisqu'ils ont dans les veines moins de sang turc que de sang grec; et personne, de notre temps, n'osera accuser ce dernier de manquer de capacité et d'intelligence. Mais ce système ne résisterait pas à un examen sérieux; l'histoire est là pour prouver que la civilisation orientale, que la littérature orientale, d'abord si supérieures à celles de notre Occident, ont fleuri non-seulement sous les Abbassides, mais encore dans les temps où les Gaznewides, les Ata-Beks, les Seldjoukides, princes d'origine turque, s'honoraient du titre de protecteurs des sciences, des lettres et des arts. Nous ne craindrons pas de proclamer ici que les Sultans n'ont point foulé aux pieds de si glorieux exemples, et que si les universités de Samarkand et de Balkh allaient de pair avec celles d'Arabie, d'Égypte et d'Espagne, les fondations impériales de Brousse, d'Andrinople et d'Islambol, établies sur les mêmes bases, et tant d'autres répandues sur la surface de l'empire par la munificence des Sultans et de leurs vézirs, ne seraient point indignes non plus d'attirer sur leur organisation et sur les résultats qu'elles ont donnés, l'attention des hommes qui cherchent et aiment la vérité.

HISTOIRE OTTOMANE.

CHAPITRE PREMIER.

Avant d'entreprendre l'histoire des princes de la race ottomane, qui ont régné depuis l'an 1300 (699), jusqu'en 1837 (1253), nous croyons utile de mettre sous les yeux de nos lecteurs un Tableau chronologique des Sultans, et des souverains contemporains dans les principaux États de l'Europe. Comme nous nous trouverons quelquefois obligés dans le cours de notre récit d'anticiper sur les événements, tantôt pour expliquer un fait ou une mesure politique par leurs conséquences, tantôt pour apprécier d'un coup d'œil les modifications survenues dans quelques parties des mœurs ottomanes, on pourra, par l'inspection de ce tableau, se rendre compte des époques où ont vécu les princes, et où se sont passés les événements dont nous parlerons prématurément et en apparence hors de leur lieu. Pour les Sultans seuls, nous indiquerons d'*une manière extrêmement sommaire*, les faits culminants de leur règne, car ce n'est pas une table synchronique que nous dressons, mais un simple relevé de dates et de noms propres, destiné à jeter plus de clarté sur notre texte.

TURQUIE.

CHRONOLOGIE COMPARATIVE.

EMPIRE OTTOMAN.	BAS-EMPIRE.	EMPIRE D'ALLEMAGNE.	FRANCE.	ANGLETERRE.	ESPAGNE CASTILLE.
I. Sultan-Osman Ghazi. Hégire. J. C. Naissance.... 657 (1259) Avénement... 699 (1300) Mort........ 726 (1326) Règne 26 ans lunaires. Succède aux Seldjoukides et fonde l'empire ottoman. Conquête d'une partie de la Paphlagonie. *Contemporain de Rodolphe de Habsbourg, souche de la maison impériale d'Autriche.*	Andronic II Paléologue le Vieux, 1283-1328, et son fils Michel IX, Paléologue, 1295-1320.	Albert I, fils de Rodolphe de Habsbourg, 1298-1308. Henri VII de Luxembourg, 1308-1313. Louis de Bavière, 1314-1346, et Frédéric III d'Autriche, 1314-1330.	Philippe IV le Bel, 1286-1314. Louis X le Hutin, 1314-1316. Philippe V le Long, 1316-1322. Charles IV le Bel, 1322-1328.	Édouard I, 1272-1307. Édouard II, 1307-1327.	Ferdinand IV 1295-1312. Alphonse XI, 1312-1350.
II. Sultan-Orkhan Ghazi. Naissance.... 687 (1288) Avénement... 726 (1326) Mort........ 761 (1360) Règne 35 ans lunaires. Conquête de Brousse, qui devient le siége de l'empire, (726). Formation des Janissaires. Écoles et institutions utiles.	Andronic III, Paléologue le jeune, fils de Michel IX, 1328-1341. Jean V, Paléologue, 1341-1391. Jean VI, Cantacuzène, 1341, associé à l'emp. jusqu'en 1355.	Charles IV, 1346-1378.	Philippe IV de Valois, 1328-1350. Jean le Bon, 1350-1364.	Édouard III, 1327-1377.	Pierre le Cruel. 1350-1366.
III. Ghazi-Sultan Murad-Khan, dit Khoudawendghiar (vulgairement Amurat I), fils de Sultan-Orkhan. Naissance... 726 (1326) Avénement... 761 (1360) Mort........ 791 (1389) Règne 31 ans lunaires. Conquête d'Andrinople, seconde capitale de l'empire (761). Il donne son nom (Khoudawendghiar) à la province de Brousse, qui conserve un grand nombre de monuments fondés par ce prince, un des plus illustres de sa dynastie. Réunion à l'empire des territoires de Kermian et de Hamid.	Jean V, Paléologue, 1341-1391. Emmanuel II, Paléologue, 1391-1425.	Charles IV, 1346-1378. Venceslas, 1378-1419.	Charles V le sage, 1364-1380. Charles VI, 1380-1422.	Richard II, 1377-1399.	Henri de Transtamare 1366. Henri II le Bâtard, 1366-1379. Jean I, 1379-1390.
IV. Sultan-Baïezid-Khan, dit Ildirim (le Foudre), vulgairement Bajazet I. Naissance.... 761 (1360) Avénement... 791 (1389) Mort dans les fers........ 805 (1403) Règne 14 ans lunaires.	Emmanuel Paléologue, 1391-1425.	Venceslas, 1378-1419. Robert de Bavière. 1400-1410.	Charles VI, 1380-1422.	Richard II, 1377-1399. Henri IV de Lancastre, 1399-1413.	Henri III, 1390-1406.

EMPIRE OTTOMAN.	BAS-EMPIRE.	EMPIRE D'ALLEMAGNE.	FRANCE.	ANGLETERRE.	ESPAGNE. CASTILLE.
Enlève aux Grecs Philadelphie. Premier blocus de Constantinople pendant sept ans. Est fait prisonnier par Timour-Leng (Tamerlan), en 1402.					
V. Sultan-Muhammed-Khan (vulgairement Mahomet I), fils de Baïezid. Hégire. J. C. Naissance.... 781 (1379) Interrègne de 11 ans, rempli de guerres civiles; durant cet intervalle trois enfants de Baïezid, Suleiman, Iça et Mouça, proclamés Sultans par quelques soldats, se firent la guerre. Avènement... 816 (1413) Mort........ 824 (1421) Règne 8 ans lunaires. La Valachie tributaire.	Emmanuel Paléologue, 1391-1425.	Sigismond, 1410-1437.	Charles VI, 1380-1422.	Henri V, 1413-1422.	Jean II, 1406-1454.
VI. Sultan-Murad-Khan (vulgairement Amurat II), fils de Muhammed I. Naissance.... 806 (1403) Avènement... 824 (1421) Abdication... 844 (1440) Second avènem. 849 (1445) Mort........ 855 (1451) Premier règne 20 ans lunaires, et 6 autres pour le 2ᵉ règne : ensemble 26 ans. Conquête de la Phrygie et de Thessalonique. L'Albanie est le théâtre de la guerre entre le Sultan et le fameux Iskender-Bey, plus connu sous le nom de Scanderbeg, prince d'Albanie.	Jean VII, Paléologue, 1425-1448. Constantin Paléologue, 1449-1453.	Sigismond 1410-1437. Albert d'Autriche, 1437-1439. Frédéric III, 1439-1493.	Charles VII, 1422-1461.	Henri VI, 1422-1461.	Jean II, 1406-1454.
VII. Sultan-Muhammed-Khan, El-Fatyh (le Conquérant), vulgairement Mahomet II, fils de Sultan-Murad. Naissance.... 833 (1429) à Andrinople. Avènement... 844 (1440) Déposé...... 849 (1445) Premier règne 5 ans lunaires. Sultan-Murad reprend la couronne en 849; il meurt, comblé de gloire, à Andrinople en 855 (1451). Sultan-Muhammed pour la deuxième fois. Il remonte sur le trône...... 855 (1451) Il meurt..... 886 (1481) Second règne 31 ans lunair. Conquête de Constantinople en 857 (1453); de Trébizonde, en 864 (1460), de Sinope, Castamouni, Amasra, etc. La Morée, la Bosnie, la Crimée, soumises.	Jean VII Paléologue, 1425-1448. Constantin Paléologue, 1449-1453. — Fin de l'empire grec.	Frédéric III, 1439-1493.	Charles VII, 1422-1461. Louis XI, 1461-1483.	Henri VI, 1422-1461. Édouard IV, 1461-1483.	Jean II, 1406-1454. Henri IV, 1454-1474. Isabelle et Ferdinand le Catholique, 1474-1504.

TURQUIE.

EMPIRE OTTOMAN.	EMPIRE D'ALLEMAGNE.	FRANCE.	ANGLETERRE	ESPAGNE. CASTILLE.
VIII. Sultan-Baïezid-Khan II, fils de Sultan-Muhammed El-Fatyh. 　　　　　Hégire.　J. C. Naissance........ 851 (1447) Avénement....... 886 (1481) Mort............ 918 (1512) Règne 32 ans lunaires. Sultan-Djèm, connu sous le nom de prince Zizim, frère de Sultan-Baïezid, à qui il disputa le trône, est vaincu, et va mourir à Rome, après avoir été enfermé dans une tour à Bourganeuf. Conquête de la Karamanie. Trêve de sept ans avec toutes les puissances chrétiennes.	Frédéric III, 1439-1493. Maximilien I, 1493-1519.	Louis XI, 1461-1483. Charles VIII, 1483-1498. Louis XII, 1498-1515.	Édouard IV, 1461-1483. Édouard V, 1483. Richard III. 1483-1485. Henri VII, 1485-1509. Henri VIII, 1509-1547.	Isabelle et Ferdinand le Catholique. 1474-1504. Jeanne et Philippe I, 1504-1506. Charles I, (Charles-Quint) 1506-1556.
IX. Sultan-Sèlim-Khan I, fils de Sultan-Baïezid II. Naissance........ 872 (1467), à Amasie. Avénement....... 918 (1512) Mort............ 926 (1520) Règne 8 ans et 8 mois lunaires. Conquête de la Syrie, de l'Égypte, de la Mésopotamie, de l'Arménie. Fameuse bataille de Tchaldiran, où Chah-Ismaïl-Sefewi est vaincu. L'empire élevé à un degré de puissance extraordinaire.	Maximilien I, 1493-1519. Charles-Quint, 1519-1556.	Louis XII, 1498-1515. François I, 1515-1547.	Henri VIII, 1509-1547.	Charles I, (Charles-Quint) 1506-1556.
X. Sultan-Suleïman-Khan I, El-Kanouni, le grand Soliman, le législateur, fils de Sultan-Sèlim I. Naissance........ 900 (1495) Avénement....... 926 (1520) Mort............ 974 (1566) Règne 48 ans lunaires. Conquête de Belgrade (1522), de Rhodes, enlevée aux chevaliers de St.-Jean de Jérusalem (1523), du Chirvan, de la Géorgie, etc. Le Sultan jette les fondemens d'une marine imposante. Promulgation de nouvelles lois. Il a fait en personne treize campagnes.	Charles-Quint, 1519-1556. Ferdinand I, 1556-1564. Maximilien II, 1564-1576.	François I, 1515-1547. Henri II, 1547-1559. François II, 1559-1560. Charles IX, 1560-1574.	Henri VIII, 1509-1547. Édouard VI, 1547-1553. Marie, 1553-1558. Élisabeth, 1558-1603.	Charles I, (Charles-Quint) 1506-1556. Philippe II, 1556-1598.
XI. Sultan-Sèlim-Khan II, surnommé *Mest* (l'Ivrogne), fils de Sultan-Suleïman. Naissance........ 929 (1524) Avénement....... 974 (1566) Mort............ 982 (1574) Règne 8 ans et quelques mois lunaires. Conquête de Chypre. Bataille navale de Lépante (Aïnè-Bakhti), le 7 octobre 1571 (979 de l'hégire.)	Maximilien II, 1564-1576.	Charles IX, 1560-1574.	Élisabeth, 1558-1603.	Philippe II, 1556-1598.

EMPIRE OTTOMAN.	EMPIRE D'ALLEMAGNE.	FRANCE.	ANGLETERRE.	ESPAGNE. CASTILLE.
XII. Sultan-Murad-Khan III, fils de Sultan-Sélim-Khan. Hégire J. C. Naissance........ 953 (1546) Avénement........ 982 (1574) Mort............1003 (1595) Règne 20 ans et 8 mois lunaires. Guerre avec les Perses.	Maximilien II, 1564-1576. Rodolphe II, 1576-1612.	Henri III, 1574-1589. Henri IV, 1589-1610.	Élisabeth, 1558-1603.	Philippe II, 1556-1598.
XIII. Sultan-Muhammed-Khan III, fils de Sultan-Murad-Khan. Naissance........ 974 (1566) Avénement........1003 (1595) Mort............1012 (1603) Règne 9 ans et 2 mois lunaires. Il fait étrangler 19 de ses frères.	Rodolphe II, 1576-1612.	Henri IV, 1589-1610.	Élisabeth, 1558-1603.	Philippe II, 1556-1598. Philippe III, 1598-1621.
XIV. Sultan-Ahmed-Khan I, fils de Sultan-Muhammed III. Naissance........ 998 (1589) Avénement........1012 (1603) Mort............1026 (1617) Règne 14 ans lunaires. Trêve de vingt ans avec l'Autriche.	Rodolphe II, 1576-1612. Mathias, 1612-1619.	Henri IV, 1589-1610. Louis XIII, 1610-1643.	Jacques I, 1603-1625.	Philippe III, 1598-1621.
XV. Sultan-Moustapha-Khan I, fils de Sultan-Muhammed III. Naissance........1000 (1591) Avénement........1026 (1617) Déposition........1027 (1617) Trois mois et 4 jours après son couronnement.	Mathias, 1612-1619.	Louis XIII, 1610-1643.	Jacques I, 1603-1625.	Philippe III, 1598-1621.
XVI. Sultan-Osman-Khan II, fils de Sultan-Ahmed I. Naissance........1013 (1604) Avénement........1027 (1617) Mort............1031 (1622) Étranglé pendant une révolte des Janissaires, après un règne de 4 ans et quelques mois lunaires. Paix avec la Perse et la Pologne.	Mathias, 1612-1619. Ferdinand II, 1619-1637.	Louis XIII, 1610-1643.	Jacques I, 1603-1625.	Philippe III, 1598-1621. Philippe IV, 1621-1665.
Sultan-Moustapha-Khan, pour la deuxième fois. Second avénement..1031 (1622) Mort............1032 (1623) Déposé avec ignominie et puis étranglé. Règne un an et 4 mois lun.	Ferdinand II, 1619-1637.	Louis XIII, 1610-1643.	Jacques I, 1603-1625.	Philippe IV, 1621-1665.
XVII. Sultan-Murad-Khan IV, Ghazi, fils de Sultan-Ahmed I. Naissance........1020 (1611) Avénement........1032 (1623) Mort............1049 (1640) Règne 17 ans lunaires. Conquête de Bagdad et d'Érivan sur Châh-Abbas, le plus grand prince de la dynastie persanne de Séfys.	Ferdinand II, 1619-1637. Ferdinand III, 1637-1657.	Louis XIII, 1610-1643.	Jacques I, 1603-1625. Charles I, 1625-1649.	Philippe IV, 1621-1665.

TURQUIE.

EMPIRE OTTOMAN.	EMPIRE D'ALLEMAGNE.	FRANCE.	ANGLETERRE.	RUSSIE.
XVIII. Sultan-Ibrahim-Khan, fils de Sultan-Ahmed I, et frère de Murad IV. Hégire. J. C. Naissance........1024 (1615) Avénement........1049 (1639) Déposition } 1058 { 10 jours av. d'être { (1648) Mort.....} { massacré Règne 9 ans et 9 mois lunaires. Commencement de la guerre de 24 ans contre Venise.	Ferdinand III, 1637-1657. — ESPAGNE. — Philippe IV, 1621-1665.	Louis XIII, 1610-1643. Louis XIV, 1643-1715.	Charles I, 1625-1649.	Michel III Féodorowitch, de la maison Romanof, 1613-1645. Alexis-Michailowitch, 1645-1676.
XIX. Sultan-Muhammed-Khan IV, fils de Sultan-Ibrahim. Naissance........1051 (1641) Avénement........1058 (1648) Déposition ....1099 (1687) Mort............1104 (1693) Règne 41 ans lunaires. Conquête de Candie (dont le siége fut commencé en 1644, et qui ne succomba qu'en 1669), de Kaminiek et de la Podolie.	Ferdinand III, 1637-1657. Léopold I, 1658-1705. — Philippe IV, 1621-1665. Charles II, 1665-1700.	Louis XIV, 1643-1715.	Charles I, 1625-1649. Cromwell, 1649-1658. Richard, fils de Cromwell, 1658-1660. Charles II, 1660-1685. Jacques II, 1685-1689.	Alexis-Michailowitch, 1645-1676. Féodor III Alexiewitch, 1676-1682. Iwan V et Pierre I, 1682. Pierre I, le Grand, 1682-1725.
XX. Sultan-Suleiman-Khan II, fils de Sultan-Ibrahim. Naissance........1052 (1642) Avénement........1099 (1687) Mort............1102 (1691) Règne 3 ans, 8 mois et 29 jours lunaires. Conquête de Belgrade.	Léopold I, 1658-1705. — Charles II, 1665-1700.	Louis XIV, 1643-1715.	Jacques II, 1685-1689. Guillaume III, 1689-1702.	Pierre I, le Grand, 1682-1725.
XXI. Sultan-Ahmed-Khan II, fils de Sultan-Ibrahim. Naissance..1062 (1643, mars.) Avénement.1102 (1691, juin.) Mort.....1106 (1695, janvier.) Règne 3 ans et 8 mois lunaires. Défaite de Salankemen où Moustapha-Kuprili, grand vézir, perdit la vie, le 19 août 1691.	Léopold I, 1658-1705. — Charles II, 1665-1700.	Louis XIV, 1643-1715.	Guillaume III, 1689-1702.	Pierre I, le Grand, 1682-1725.
XXII. Sultan-Moustapha-Khan II, fils de Sultan-Muhammed IV. Naissance..1074 (1664, juillet.) Avénement.1106 (1695) Déposition.1115 (1703, 20 sept.) Mort......1116 (1704) Règne 8 ans, 9 mois, 11 jours lunaires. Conquête de l'île de Chio. Fuite de la flotte vénitienne. Paix de Carlowitz (1699).	Léopold I, 1658-1705. — Charles II, 1665-1700. Philippe V, 1701-1746.	Louis XIV, 1643-1715.	Guillaume III, 1689-1702. Anne (fille cadette de Jacques II), 1702-1714.	Pierre I, le Grand, 1682-1725.
XXIII. Sultan-Ahmed-Khan III, fils de Sultan-Muhammed IV. Naissance..1084 (1673, décemb.) Avénement.1115 (1703, septem.) Déposition.1143 (1730, 16 oct.)	Léopold I, 1658-1705. Joseph I, 1705-1711. Charles VI (jus-	Louis XIV, 1643-1715. Louis XV, 1715-1774.	Anne, 1702-1714. Georges I, 1714-1727. Georges II,	Pierre I, le Grand, 1682-1725. Catherine I, 1625-1727.

EMPIRE OTTOMAN.	EMPIRE D'ALLEMAGNE.	FRANCE.	ANGLETERRE	RUSSIE.
Hégire. J. C. Mort......1149 (1736, 23 juin.) Règne 28 années lunaires. Conquête des îles vénitiennes de l'Archipel et de toute la Morée. Paix de Passarowitz en 1130 (21 juillet 1718). Guerre avec la Perse. Paix plâtrée de 1140 (octobre 1727).	qu'alors en Espagne Charles III), 1711-1740.	ESPAGNE. — Philippe V, 1701-1746.	1727-1760.	Pierre II, 1727-1730. Anne Ivanowna 1730-1740.
XXIV. Sultan-Mahmoud-Khan I, fils aîné de Sultan-Moustapha II. Naissance..1108 (1696) Avénement.1143 (1730, 16 oct.) Mort......1168 (1754, 13 déc.) Règne 25 ans lunaires. L'imprimerie établie à Constantinople. Paix de Belgrade, et rétrocession de cette place aux Turcs, en 1740.	Charles VI (jusqu'alors en Espagne Charles III), 1711-1740. Marie-Thérèse, 1740-1742. Charles VII, 1742-1745. François I, 1745-1765.	Louis XV, 1715-1774. — Philippe V, 1701-1746. Ferdinand VI, 1746-1759.	Georges II, 1727-1760.	Anne Ivanowna 1730-1740. Iwan, 1740-1741. Élisabeth-Petrowna, 1741-1762.
XXV. Sultan-Osman-Khan III, autre fils de Sultan-Moustapha II. Naissance..1112 (1700) Avénement.1168 (1754, 13 déc.) Mort......1171 (1757, 29 oct.) Règne 3 ans lunaires, pendant lesquels il maintient la paix.	François I, 1745-1765.	Louis XV, 1715-1774. — Ferdinand VI, 1746-1759.	George II, 1727-1760.	Élisabeth-Petrowna, 1741-1762.
XXVI. Sultan-Moustapha-Khan III, fils aîné de Sultan-Ahmed III. Naissance..1129 (?) (1717?) Avénement.1171 (1757) Mort......1187 (1774, 21 janv.) Règne environ 17 ans lunaires. La décadence de l'empire marche à grands pas sous le règne de ce prince. Guerre de 1768 entre l'empire et les Russes.	François I, 1745-1765. Joseph II, 1765-1790.	Louis XV, 1715-1774. — Ferdinand VI, 1746-1759. Charles III, 1759-1788.	Georges II, 1727-1760. Georges III, 1760-1820.	Élisabeth-Petrowna, 1741-1762. Pierre III, 1762. Catherine II Alexiewna, 1762.
XXVII. Sultan-Abdul-Hamid-Khan, frère de Sultan-Moustapha III, et fils de Sultan-Ahmed III. Naissance..1137 (1725, 20 mai.) Avénement.1187 (1774, 21 janv.) Mort......1203 (1789, 7 avril.) Règne environ 16 ans lunaires. Paix de Kutchuk-Kaïnardji (1774). Cession de la Crimée à la Russie (1784).	Joseph II, 1765-1790.	Louis XVI, 1774-1793. — Charles III, 1759-1788. Charles IV, 1788-1808.	Georges III, 1760-1820.	Catherine II Alexiewna, la Grande, 1762-1796.
XXVIII. Sultan-Sélim-Khan III, fils de Sultan-Moustapha III. Naissance..1175 (1761, 18 déc.) Avénement.1203 (1789, 7 avril.) Déposition.1222 (1807, juillet.) Mort......1223 (1808, 28 ju.li.) Règne environ 19 ans lunaires. Guerre entre les Russes, les Au-	Joseph II, 1765-1790. Léopold II, 1790-1792. François II, 1792-1806. François II abdique, en 1806,	Louis XVI, 1774-1793. Louis XVII, 1795. République française, 1792-1804. Bonaparte, pre-	Georges III, 1760-1820.	Catherine II, la Grande, 1762-1796. Paul I Petrowitch, 1796-1801.

EMPIRE OTTOMAN.	EMPIRE D'ALLEMAGNE.	FRANCE.	ANGLETERRE.	RUSSIE.
trichiens et les Turcs. Paix d'Yassy (1791). Invasion de l'Égypte par les Français (1798).	le titre d'empereur d'Allemagne et prend celui d'empereur héréditaire d'Autriche, sous le nom de François I, 1806-1835.	mier consul, 1799-1804. Napoléon Bonaparte empereur des Français, 18 mai, 1804-1814. ESPAGNE. Charles IV, 1788-1808.	Georges III, 1760-1820.	Alexandre I, Paulowitch, 1801-1825.

EMPIRE OTTOMAN.	AUTRICHE.	FRANCE.	ANGLETERRE.	RUSSIE.
XXIX. Sultan-Moustapha-Khan IV, fils de Sultan Abdul-Hamid. Hégire. J. C. Naissance.. 1193 (1779) Avénement. 1222 (1807), juillet. Déposition et mort.. 1223 (1808). Règne un an lunaire. Trève avec les Russes.	François I, 1806-1835.	Napoléon, 1804-1814. ESPAGNE. Charles IV, 1788-1808.	Georges III, 1760-1820.	Alexandre I, Paulowitch, 1801-1825.
XXX. Sultan-Mahmoud-Khan II, frère de Sultan Moustapha IV, et fils de Sultan Abdul-Hamid. Naissance.. 1199 (1785), 20 juill. Avénement. 1223 (1808), 28 juill. Régnant encore en.. 1253 (1837). Destruction des Janissaires (juin 1826). Bataille de Navarin (octobre 1827). Guerre contre les Russes (1828-1829). Traité d'Andrinople (septembre 1829). Prise d'Alger par les Français (juillet 1830).	François I, 1806-1835. Ferdinand, 1835.	Napoléon, 1804-1814. Louis XVIII, 1814-1824. Charles X, 1824-1830. Louis-Philippe I, 1830. ESPAGNE. Ferdinand VII, 1808-1833. Isabelle II, sous la régence de sa mère Christine, 1833.	Georges III, 1760-1820. Georges IV, 1820-1830. Guillaume IV, 1830-1837. Alexandrine-Victoire, 1837.	Alexandre I, Paulowitch, 1801-1825. Nicolas I, Paulowitch, 1825.

2ᵉ *Livraison.* (TURQUIE.)

CHAPITRE II.

GHAZI-SULTAN-OSMAN.

Après avoir chassé les Tatares des États d'Ala-eddin, Erthogroul avait couronné ses nombreuses victoires par la conquête de Kutahiïé, enlevée aux Grecs l'an 680 (1281). La mort arrêta, au milieu de ses triomphes, ce héros, qui jeta les premiers fondements de la monarchie ottomane. L'aîné de ses trois fils, Osman, succéda à la faveur dont jouissait son père. Né en 657 (1259), le jeune prince était connu à la cour d'Ala-eddin, sous le nom d'Osmandjik, c'est-à-dire, le petit Osman. Le Sultan d'Iconium, en souvenir des services d'Erthogroul, donna à son fils le commandement en chef de l'armée, et lui envoya les insignes de ce commandement. Ces insignes étaient le *tabl* (tambour), et le *alèm* (étendard) (*).

Outre ces honneurs, Ala-eddin accorda à Osman le *sikkè*, ou la permission de battre monnaie, et le *khoutbé*, ou le droit de faire proclamer son nom dans les prières publiques du vendredi. Ainsi le titre de Sultan semblait le seul qui manquât au puissant favori. Il fut assez prudent, ou assez reconnaissant envers le souverain à qui il devait une si haute fortune, pour lui rester toujours fidèle. Au lieu de chercher à ébranler le trône de son bienfaiteur, il fit rentrer dans le devoir les princes révoltés, tourna ses armes victorieuses contre les Grecs, et leur enleva les villes de Culze et de Kara-Hyssar. L'expulsion des Tatares mogols,

(*) Ces deux mots réunis (*tabl-alèm*) sont spécialement consacrés à désigner l'ensemble des attributs attachés à la dignité des chefs d'armée et autres commandants supérieurs. Ainsi, par exemple, un vézir ou pacha à trois queues était dans l'obligation d'avoir autour de lui neuf tambours (tablzèn), autant de fifres (zurnadar), sept trompettes (borazèn), quatre cymbaliers (zilzèn), trois porteurs de though (queues de cheval tressées), un porteur de sandjak ou étendart vert, et deux baïrakdars, porteurs du baïrak, drapeau plus large que le sandjak.

et une suite de brillantes victoires, lui valurent de nouveaux témoignages de l'affection d'Ala-eddin, qui l'investit du gouvernement d'Eski-Chèhir (Vieille-Ville), et le combla d'honneurs et de présents.

La prospérité et la faveur sans cesse croissantes d'Osman ne tardèrent pas à exciter la jalousie des seigneurs voisins. Elle lui serait devenue fatale, sans la fidélité de Michel, surnommé Kieuçè ou Barbe de bouc. Ce prince grec, ami intime et compagnon d'armes d'Osman, était gouverneur du château de Khyrmendjik, situé sur l'Olympe, non loin d'Édrenos (l'ancienne ville d'Adrien). Invité aux noces de la fille de Kieuçè, Osman déploya aux yeux des convives un luxe et une magnificence qui ne firent qu'accroître la haine secrète que les émirs portaient au favori d'Ala-eddin : sa mort fut résolue. Une circonstance favorable s'offrit bientôt pour l'exécution du complot. Le seigneur de Bilèdjik allait épouser la fille du gouverneur de Yar-Hyssar : il pria Osman d'honorer la fête de sa présence. Prévenu par Michel Kieuçè, que les conjurés avaient eu l'imprudence d'instruire de leur lâche complot, Osman accepte l'invitation, avec l'apparence de la sécurité la plus complète; il prie même le traître de lui permettre de transporter dans le château de Bilèdjik son harem et ses trésors, pour les mettre à l'abri d'une surprise pendant son absence. Cette demande est accueillie avec empressement. Osman déguise quarante jeunes guerriers en femmes, les fait servir de cortége aux chariots qui portaient ses prétendues richesses, s'empare du château, tue de sa main le perfide gouverneur, enlève la belle fiancée Niloufer (*), et la réserve pour la couche de son fils Orkhan, alors à peine âgé de douze ans.

Cette expédition fut suivie de la prise d'Aïnè-Gueul, et de plusieurs autres villes et châteaux qu'Osman soumit à la puissance d'Ala-eddin. Ce monar-

(*) Nom actuel de la rivière qui traverse la riche plaine de Brousse de l'est à l'ouest, et où le nénuphar croît en abondance.

que était craint et haï de ses sujets. En 699, des hordes de Tatares gazaniens ayant fait irruption dans ses États, les grands du royaume profitèrent de cette occasion pour se soulever une seconde fois. Tremblant pour sa vie, Ala-Eddin se réfugie auprès de l'empereur des Grecs, Michel Paléologue, où il trouve la captivité et la mort, au lieu de l'hospitalité généreuse qu'il implorait.

Osman, à qui sa brillante valeur avait fait donner le surnom de Ghazi (le Victorieux), se voyait ainsi sur les marches du trône, vacant par la chute du dernier prince de la dynastie des Seldjoukides de Roum. Sa réputation éclatante éblouit les uns, ses immenses richesses gagnèrent les autres; et la foule, partout éprise du merveilleux, mais plus encore chez les peuples ignorants et enthousiastes, fut fascinée par les prédictions et les prestiges dont une adroite politique avait entouré le berceau et les premiers triomphes du fils d'Erthogroul.

Nous raconterons quelques-unes de ces croyances superstitieuses; car elles sont au rang des causes extraordinaires qui ont concouru à la formation de l'empire ottoman, et aux diverses phases de sa puissance; de plus, elles peignent l'esprit de la nation crédule et avide de merveilleux qui les a adoptées.

Peu de temps avant la naissance d'Osman, son père vit, durant son sommeil, une source limpide jaillir avec impétuosité de sa maison, grossir bientôt, torrent immense, et couvrir de ses eaux la surface du globe. A son réveil, il consulte avec effroi un vieux cheïkh, interprète des songes : « Rassure-toi, lui dit le vieillard; ta race « est bénie de Dieu; car de toi naîtra « un fils, fondateur d'une monarchie « qui s'étendra bientôt sur tout l'univers. »

Osman eut lui-même les présages les plus heureux de sa grandeur et de celle de sa race. Habitué par son père à ne fréquenter que des hommes vertueux et lettrés, il se plaisait surtout dans la société d'Édèbaly, vieux cheïkh re-nommé par sa piété et sa science. Ce saint personnage avait une fille, la belle Malhoun-Khatun(*); Osman l'aimait sans espoir, car elle lui avait dit : « La fille d'un pauvre cheïkh, qui n'a « pour lui que la doctrine et la vertu, « ne peut aspirer à la main d'un sei-« gneur de votre rang. » Après une nuit passée dans la méditation et les larmes, Osman se prosterne la face contre terre, et prie avec ferveur. Un profond sommeil s'empare de ses sens : il voit en songe une lueur, douce comme la clarté de la pleine lune, sortir des côtes du cheïkh Édèbaly : elle se pose sur le nombril d'Osman, d'où s'élève tout à coup un arbre immense : sa cime se perdait dans les nues, des fruits délicieux pendaient à ses branches, et son feuillage épais couvrait l'univers. Un des rameaux, d'un vert plus éclatant, recourbé comme un cimeterre, penchait vers l'Occident, du côté de Constantinople. Sous le mystérieux ombrage, des fleuves majestueux, de frais ruisseaux arrosaient des vergers et des prairies; des villes aux dômes étincelants, aux minarets élancés, s'élevaient dans de vastes plaines, où cent peuples divers, accourus de toutes les parties du monde, faisaient éclater leur joie à la vue de cet admirable spectacle. Le cheïkh Édèbaly expliqua ainsi cette vision miraculeuse : l'arbre était le mystérieux *thouba*, l'une des merveilles du paradis; sa beauté, ses fruits exquis, sa végétation vigoureuse, désignaient la prospérité de la maison d'Osman; les villes, les plaines, les vergers, les fleuves, montraient l'étendue de sa monarchie; les peuples nombreux, venus de tous côtés se ranger sous l'ombrage du nouveau *thouba*, figuraient les différentes nations qui se soumettraient à son sceptre; le rameau penché vers Constantinople indiquait la conquête de cette capitale par un prince de sa famille, et la douce clarté qui sortait des côtes du cheïkh était

---

(*) Les historiens ottomans appellent indifféremment la fille du cheïkh Édèbaly, *Malhoun-khatun* ou *Mal-khatun* (femme-trésor) et *Kameriïè* (lune de beauté).

l'emblème de sa fille Malhoun-Khatun, dont l'alliance avec Osman devait réaliser toutes les promesses de la vision céleste. C'est de ce mariage, célébré en 673 (1274), que naquit Orkhan, successeur d'Osman.

Ce prince, que sa haute position et la voix publique appelaient à recueillir l'héritage des Seldjoukides, fut déclaré Sultan l'an 699 (1300). Il établit le siége de sa puissance dans la ville de Kara-Hyssar, et le premier se décora du titre d'empereur des Ottomans (*padichahi ali Osman*). Dès qu'il se vit sur le trône, il donna à ses enfants le gouvernement d'une portion du territoire qui reconnaissait son autorité, et leur en confia la défense. Il fit ensuite la conquête de Kupri-Hyssar; et, après avoir agrandi, fortifié et embelli la ville de Yeni-Chèhir, il la choisit définitivement pour le lieu de sa résidence, et abandonna le séjour de Kara-Hyssar.

Osman signala son avénement par un de ces actes de cruauté qui trop souvent ont souillé de sang les annales ottomanes. Son oncle Dundar, vénérable nonagénaire, ayant osé lui faire quelques objections sur ses projets de conquêtes, Osman irrité perça le vieillard d'un coup de flèche. Cette terrible leçon contint dans un silencieux respect les soldats du farouche conquérant.

Après s'être emparé des châteaux de Dimsouz, Koïoun-Hyssar et Marmara, Osman bat, auprès de Nicomédie, l'hœtériarque Muzzalo, général des gardes de l'empereur de Byzance. Aï-Doghdy, neveu d'Osman, périt dans la bataille de Koïoun-Hyssar; son tombeau, élevé sur le bord de la route, opère, suivant la tradition populaire, des guérisons miraculeuses *sur les chevaux malades*.

Dans l'intervalle de ses conquêtes, Osman s'occupait à établir l'ordre et la tranquillité, qui ne peuvent naître que de l'observation des lois. Il trouva encore dans une superstition traditionnelle du peuple les moyens de consolider sa puissance; elle était, assurait-on, prédite par le prophète même dans ces paroles du Coran : « Certes, à l'é- « poque de chaque nouveau siècle, Dieu « enverra à ce peuple quelqu'un pour « renouveler sa foi. » Or on touchait alors au huitième de l'hégire, puisque l'avénement d'Osman eut lieu en 699. Le terrible Djenghiz-Khan, sorti de ses déserts l'an 600 de cette ère, dut ses premiers succès à cette croyance universelle. Le nom même d'Osman, qui, selon sa racine arabe, signifie *briseur d'os*, contribua à convaincre les peuples de sa mission souveraine; suivant les écrivains de ce temps, Osman, le briseur d'os, devait écraser les princes infidèles et tous les ennemis de sa maison. Les musulmans ont la plus grande confiance dans la signification bonne ou mauvaise des noms; car *les noms viennent du ciel*, dit le *Kèlam-chèrif*, ou la parole sacrée (*).

Dès qu'Osman eut assis son pouvoir sur une base solide, il se prépara à une nouvelle expédition, dont le but principal était d'empêcher ses soldats de s'amollir au sein de l'oisiveté et de l'abondance. Il marche sur Iznik (Nicée); mais ses armes, jusqu'alors victorieuses, sont arrêtées par l'invincible résistance de la garnison. Il lève le siége, et, pour tenir ses troupes en haleine, il fait bâtir, en regard de la ville, et sur une haute montagne au nord d'Yeni-Chèhir, un château fort, qu'il appelle Targhan, du nom du brave chef à qui il en confia la garde.

En 707, les gouverneurs des provinces grecques, excités par le commandant de Brousse, s'unissent secrètement contre Osman. Ce prince, averti de leurs desseins, tombe à l'improviste sur leurs troupes réunies, et les met en déroute. Le gouverneur du château de Kestel périt sur le champ de bataille; celui de Kutahïé prend la fuite : Osman le poursuit jusqu'à Ouloubad. Le commandant de cette ville, effrayé du sort de ses compagnons d'armes,

---

(*) *Kèlam-chèrif* est un des noms que les musulmans donnent au Coran; ils l'appellent encore *kitab*, ou *kitab-ullah*, le livre par excellence, le livre de Dieu; *moshaf*, le code suprême; *furkan*, celui qui marque la distinction du bien et du mal, du vrai et du faux.

n'ose s'opposer à la fureur des Ottomans, et livre le malheureux fuyard, sous la promesse solennelle que le vainqueur ni ses descendants ne passeraient jamais la rivière d'Ouloubad. Ce serment fut tenu par les successeurs d'Osman, à l'aide de ces interprétations élastiques dont une congrégation célèbre est accusée de se servir trop fréquemment, mais dont les nations orientales avaient largement usé bien avant l'apparition de saint Ignace en Occident. Quand les empereurs ottomans voulurent s'avancer au delà d'Ouloubad, au lieu de traverser la rivière, ils en dépassèrent l'embouchure, par mer, en prenant le large : ils mettaient ainsi leur conscience de conquérants en repos par l'exécution de la lettre du traité, et s'embarrassaient fort peu de son esprit.

Maître de presque toutes les villes de la Bithynie, Osman, afin de mieux consolider ses victoires, sut imposer un frein momentané à son ambition; il employa quelques années de paix à réparer dans ses États les maux inévitables que la guerre traîne à sa suite. Mais cette inaction ne pouvait plaire longtemps à des soldats accoutumés au tumulte des armes et à tous les désordres du pillage : ils demandèrent bientôt à être conduits à de nouvelles conquêtes. Osman se rend à leurs désirs; mais, habile à profiter de l'ardeur de ses troupes, il leur rappelle le précepte du Coran, qui ordonne de travailler à la propagation de l'islamisme : « C'est « un devoir, leur dit-il, préférable à « toutes les richesses de ce monde; in« vitons d'abord avec douceur les prin« ces chrétiens à embrasser la religion « du prophète; mais s'ils résistent à la « loi divine, que le fer et le feu punis« sent leur obstination criminelle ! » En conséquence, il envoie à tous les princes de l'Asie Mineure des *tchaouch* (*),

qui leur signifient de choisir entre le mahométisme, le tribut de soumission (kharadj) ou la guerre. Son ami Michel Kieuçè se soumet le premier au Coran. De grands honneurs le récompensèrent de cet acte de dévouement, et sa postérité a joui longtemps de la plus haute faveur sous les successeurs d'Osman. Quelques seigneurs, entre autres ceux de Lefkè (l'ancienne Leucæ), d'Ak-Hyssar et de Bekedjè, sans adopter la religion du conquérant, devinrent ses tributaires; d'autres s'enfuirent ou furent faits prisonniers.

Tandis qu'Osman était occupé à les soumettre, une horde de Tatares-Tchodars fait irruption dans ses États, et pénètre jusqu'à Karadja-Hyssar. Orkhan, fils du Sultan, les rencontre près du château d'Oïnach, en passe une portion au fil de l'épée, et force les prisonniers à embrasser le mahométisme. Encouragé par ces premiers exploits, il s'empare de plusieurs forts des environs d'Ak-Hyssar. Les braves compagnons d'armes d'Osman, Michel Kieuçè, Konour-Alp, le fameux capitaine Aktchè-Kodja, Abdurrahman, qui partageait avec le Sultan le glorieux surnom de ghazi, contribuèrent puissamment au succès des armes du fils de leur maître. Ce monarque, qui ne croyait pas sa puissance bien affermie tant qu'il ne posséderait pas Brousse, capitale de la Bithynie, envoie Orkhan, à la tête d'une nombreuse armée, pour réduire cette place. Dix ans auparavant, Osman avait tenté

(*) Les tchaouch sont des messagers d'État aux ordres du grand vézir. Leur chef appelé Tchaouch-Bachi était préposé à la garde des prisonniers de qualité, à l'exécution des ordres émanés de la volonté souveraine et des organes de la justice (chèri'at). Les tchaouch avaient pour armes un arc et des flèches, un cimeterre et un bâton court, dont la poignée se nomme *topouz*. Comme huissiers, ils sont chargés également d'appeler et de conduire devant les tribunaux les individus qui y sont cités dans les causes civiles et criminelles. Certains tchaouch ont joué quelquefois un rôle beaucoup plus important; on les a vus ambassadeurs de la Porte chez les puissances européennes. Leur nom et leur emploi sont antérieurs à la fondation de l'empire ottoman. Le grand Tzaouss (Μέγας Τζαους) tenait un des premiers rangs sous les princes du Bas-Empire, ainsi que le tchaouch-baschi à la cour des Sultans seldjoukides.

de s'en emparer; n'ayant pu y parvenir, il avait fait construire deux forts devant la ville : l'un fut commis à la garde de son neveu Aktimour; le brave Balaban eut le commandement de l'autre. Il inquiéta ainsi Brousse par une espèce de blocus, jusqu'à ce qu'il se fût décidé à y diriger toutes ses forces. Le gouverneur aurait pu résister longtemps, car la place était très-forte et défendue par une nombreuse garnison; mais il reçut d'Andronicus Paléologue l'ordre de capituler. Ainsi la fameuse ville de Brousse tomba au pouvoir d'Osman, l'an 726 de l'hégire (1326). Les habitants eurent la permission de sortir sains et saufs, moyennant une rançon de trente mille pièces d'or. Orkhan, encore dans l'ivresse de son triomphe, reçoit un message de son père mourant, qui le rappelle en hâte. Tremblant, il accourt auprès du lit de mort; et, les yeux noyés de larmes, le cœur brisé, il dit avec un profond soupir : « Ah ! Osman, « source des empereurs et des sei- « gneurs du monde ! toi, qui as soumis « tant de nations, est-ce bien toi que « je vois dans ce triste état ! — Ne te « lamente point, ô mon fils, ô joie de « mon âme ! répond le Sultan d'une « voix éteinte; nous devons tous nous « résigner aux décrets du ciel. Telle « est la destinée des hommes. Le vent « de la mort souffle également sur « les jeunes et sur les vieux, sur les « rois et sur les sujets. Je meurs avec « joie, puisque je laisse un digne suc- « cesseur de ma puissance. Pour toi, « mon fils, couronné de félicités, règne « par la magnanimité et la justice : que « leurs rayons brillent autour de ton « trône, et éclairent l'horizon entier. « Loin de toi l'injustice et la tyrannie. « Sois le défenseur du Coran, la co- « lonne de la foi, le protecteur des « sciences, le bienfaiteur des oulémas. « Regarde toujours notre sainte reli- « gion comme le levain de la grandeur « et de la majesté; nos lois sacrées « comme la base de l'autorité et de la « puissance suprême. Ne perds jamais « de vue les voies mystérieuses de l'É- « ternel; tu n'es Sultan que pour pro- « téger l'islamisme, chérir tes sujets, « et faire sentir à tout l'univers les « doux effets de la justice, de la géné- « rosité et de la clémence royales, seuls « moyens d'attirer sur toi les bénédic- « tions d'Allah et de son prophète. » A ces mots, Osman, *le refuge des fidèles*, expire. Ses deux imams et ceux d'Orkhan transportent la dépouille mortelle du fondateur de l'empire ottoman dans une ancienne chapelle du château de Brousse, appelée Gumuchli - Goumbed (le dôme argenté). On y voyait encore, au commencement du dix-neuvième siècle, le chapelet d'Osman et le tambour dont Alaeddin lui fit présent en l'investissant du commandement de Karadja-Hyssar. Ces deux reliques, objets du profond respect des musulmans, ont été, depuis, la proie d'un incendie. Le trésor de l'empire conserve encore, dit-on, le sabre et le drapeau du conquérant. D'après les auteurs nationaux auxquels on voit que le récit de la mort de Sultan Osman est emprunté, il décéda le 10 du mois de ramazan 726 (10 août 1326). Il était âgé de soixante-neuf ans, et il en avait régné vingt-six.

La succession d'Osman le Victorieux fut d'une inconcevable modicité : il ne laissa ni or, ni argent, ni joyaux; ses libéralités, et les récompenses militaires qu'il prodiguait pour s'attirer l'affection des soldats, avaient dissipé ses trésors. Son fils ne trouva dans le palais qu'un kaftan brodé, un turban, quelques ceintures de mousseline rouge, une cuiller et une salière : il est vrai qu'avec cela il héritait d'un vaste empire. Osman légua en outre à son successeur des chevaux de prix et de nombreux troupeaux, qu'on a toujours entretenus avec soin, et dont la race a prospéré jusqu'à ces temps-ci, dans les montagnes de la Phrygie et de la Bithynie, premier apanage d'Erthogroul, et domaine que sa postérité a scrupuleusement conservé : l'on voit encore, aux environs de Brousse, des moutons qui descendent, à ce qu'on prétend, en droite ligne de ceux que possédait le fondateur de la dynastie ottomane.

Osman avait un extérieur imposant. Sa barbe, ses cheveux, ses sourcils noirs lui avaient valu le surnom de *Kara* (le noir), épithète regardée par les Turcs comme le plus grand éloge que l'on puisse faire de la beauté d'un homme. Par une conformation singulière, ses bras descendaient jusqu'au-dessous de ses genoux. Cette bizarrerie est considérée comme d'heureux augure chez les princes de l'Orient, où la tradition a conservé la mémoire du célèbre Ardechir-Dirazdest, ou Artaxercès-Longuemain.

Le costume d'Osman était remarquable par sa simplicité : un ample *kaftan* à longues manches pendantes derrière les bras, que couvrait le vêtement de dessous; un bonnet rouge entouré d'un turban blanc à larges bouffantes, appelé *tadj-khoraçani* (la couronne khorassanienne); voilà toute la parure du puissant successeur des Seldjoukides. La mémoire de ce prince est en vénération chez les Ottomans. On ne peut lui reprocher que le seul trait de cruauté dont nous avons fait mention; mais sa bonté habituelle, ses vertus, ce courage indomptable des premiers guerriers de l'islamisme, et surtout ce génie vaste et entreprenant, nécessaire aux fondateurs des empires, doivent servir de contre-poids, dans la balance de l'histoire, à cet acte barbare qui lui est justement reproché. Il a donné son nom aux provinces de Pont et de Bithynie, qui s'appellent encore aujourd'hui Osmandjik-Vilaïeti : les États du petit Osman.

CHAPITRE III.

GHAZI-SULTAN-ORKHAN.

Ala-eddin, fils aîné d'Osman, auquel son père avait imposé le nom de son bienfaiteur seldjoukide, était l'héritier naturel de la nouvelle couronne. Mais le goût prononcé du jeune prince pour les sciences spéculatives et la solitude, engagea Osman à l'exclure du trône, et à porter ainsi atteinte à la prérogative du droit d'aînesse; car la succession par ordre de primogéniture est une des lois fondamentales de l'empire ottoman, quoiqu'elle n'ait pas été toujours fidèlement respectée. Ainsi Baïezid II, à l'exemple du fondateur de la monarchie, désigna pour son successeur, Ahmed, son second fils, au préjudice de Chêhinchâh, son premier-né. Du reste, la préférence d'Osman pour Orkhan fut bien justifiée par la grandeur d'âme de ce prince. Il se hâta d'offrir généreusement à son frère le partage de l'autorité; mais Ala-eddin, que l'amour de l'étude avait préservé de l'ambition, respecta les dernières volontés de son père; il ne demanda que la permission de se retirer dans un village sur les bords du Niloufer, et refusa même la moitié des troupeaux qu'avait laissés Osman. « Puisque tu ne veux pas, lui dit Orkhan, accepter les chevaux, les bœufs et les brebis que je t'offre, sois le pasteur de mes peuples, sois vézir! » Ala-eddin, touché de la confiance que lui marquait son frère, se dévoua à partager avec lui le poids des affaires publiques; il fut donc créé vézir, mot qui signifie en effet *porte-fardeau*; et, tandis qu'Orkhan, héritier du génie belliqueux de son père, et du surnom de Ghazi, que l'histoire lui a aussi décerné, reculait sans cesse les limites de ses États, le sage Ala-eddin, le premier qui porta ce titre de *Pacha* devenu si fameux, songeait à en affermir les bases par des lois utiles et des institutions durables. Avant de suivre le Sultan dans ses rapides triomphes, nous esquisserons un tableau abrégé de l'administration de son frère. Cette étude des premiers essais tentés dans le but de consolider un empire naissant, est plus curieuse et plus instructive encore que celle des brillantes victoires qui lui ont fait une place au milieu des nations; car si le conquérant qui s'ouvre un passage à travers les peuples en les frappant de son sceptre de fer, n'a pas auprès de lui la main ferme et modératrice qui rend le joug moins lourd aux vaincus, et les enchaîne à leur nouveau maître par les liens de l'intérêt et de l'affection, les conquêtes du foudre de guerre ne seront que des éclairs de gloire qui s'éteindront avec sa vie, quelquefois même avant sa mort, et dont il ne restera souvent qu'un vain souvenir. C'est la force qui fonde les empires; c'est la sagesse qui les maintient.

La législation musulmane découle de quatre sources : le Coran (parole de Dieu); la *Sunna* (parole du prophète); les sentences des quatre grands *Imams*, qui sont comme les Pères de l'islamisme; et les lois émanées du souverain: ces dernières, dérivant de la puissance temporelle ou du droit de l'épée, et comprises sous le nom général d'*Ourfi*, c'est-à-dire, *législation accessoire*, ne sont que le complément et l'explication des trois autres parties du droit politique; le *Kanounnamé* (livre ou droit canonique) est la collection de ces lois.

Les premières dont s'occupa Ala-eddin furent relatives aux monnaies. On a vu, dans le règne d'Osman, que ce prince avait obtenu du dernier Sultan seldjoukide le droit de Sikkè et celui de Khoutbè: signes caractéristiques et universellement reconnus de la souveraineté; mais il paraît qu'Osman n'usa jamais du premier, et attendit, pour exercer le second, la mort de son bienfaiteur. Ce ne fut qu'en 729 (1328), c'est-à-dire, trois ans après l'avénement d'Orkhan, que le vézir Ala-eddin fit frapper des monnaies d'or et d'argent portant le chiffre (thoughra) du prince, et un verset du Coran(*). Jusqu'alors celles qui avaient

(*) La monnaie ottomane ne reçoit point, comme la nôtre, l'effigie du prince, mais seulement son nom ou son chiffre, gravé en beaux caractères, avec l'année de son avénement, et un nombre qui indique dans quelle année du règne la pièce a été frappée. Après la prise de Constantinople, Muhammed-el-Fatyh (le Conquérant), vulgairement Mahomet II, y joignit les titres emphatiques de *Sultan des deux terres, souverain des deux mers, et Sultan fils de Sultan*. (Sultanul-berreïn, Khakànul-bahreïn, Sultan ibn-ussultan). Depuis cette époque jusqu'à nos jours, les monnaies des Sultans ont subi, comme dans tous les États du monde, de nombreuses modifications,

eu cours étaient marquées au coin des Sultans seldjoukides, ou des khans mogols.

Le costume national fut le second objet de l'attention d'Ala-eddin. Il songea d'abord au turban, ce signe distinctif des peuples orientaux. Mahomet attachait la plus grande importance à l'arrangement du sien. Il était formé, disait-il, sur le modèle de celui des anges, et se distinguait par deux bouts de mousseline, pendant l'un sur son front, et l'autre sur ses épaules. Une partie de la nation arabe conserve encore religieusement cet usage.

De simples bonnets de feutre jaune, rouge ou noir (kulah), étaient la coiffure primitive des Ottomans; nous avons vu, dans la vie d'Osman, qu'il avait adopté le tadj-khoraçani; le turban d'Orkhan ne différait de celui de son père que par des bouffantes en forme de nacelle (*destar-youçoufi* ou *bourma-dulbend*). Des bonnets de feutre blanc (*beurek*), de la configuration d'un chou palmiste, furent réservés aux soldats et aux fonctionnaires attachés à la personne du prince. Les jours de fête, ils entouraient ces bonnets de mousseline plissée avec un art infini. Le blanc, symbole de la félicité, suivant ces paroles du prophète: *La couleur blanche est la plus heureuse de toutes les couleurs*, fut adopté comme le présage de la prospérité future de la monarchie. Ces dispositions réglementaires d'Ala-eddin-Pacha ne furent observées que sous les règnes d'Orkhan et de son successeur Murad. Sous Baïezid-Ildirim, quatrième Sultan, les courtisans seuls conservèrent le bonnet de feutre blanc; les fonctionnaires publics et les officiers reprirent la couleur rouge. Rien n'altéra la simplicité primitive de cette coiffure, jusqu'au règne de Sultan-Muhammed Ier; on commença alors à la

et récemment enfin des altérations funestes. Nous en parlerons plus tard dans un chapitre spécial, où nos lecteurs trouveront tous les détails relatifs aux poids et mesures, et aux finances de l'empire.

charger de riches broderies. Depuis leur origine, les turbans ont subi mille modifications, imposées par la fantaisie des princes, ou dans le but de consacrer le souvenir de quelque circonstance particulière. Suleïman-Pacha, fils d'Orkhan, au moment de partir pour une expédition contre les Grecs, ayant prié le fondateur de l'ordre des derviches Mewlevis, de lui accorder sa bénédiction, ce saint personnage plaça son propre bonnet sur la tête du prince, récita quelques versets du Coran, et lui promit la victoire. Aussitôt Suleïman fit couvrir ce turban d'une broderie en argent, lui imposa le nom d'*uskiuf*, l'adopta pour lui-même, et en ordonna de pareils pour les officiers de son armée. Muhammed II porta l'*eurf*, qui n'était autre chose que le turban des oulémas, enrichi d'une large broderie en or. Baïezid II inventa le *mudjevvézé*; Selim Ier, le *selimi*. Mustapha III surmonta son turban d'un long plumet blanc, orné d'une aigrette en diamants; mais il le réservait pour les jours de grande représentation, et portait ordinairement le *pachali-cawouk*. Le *ketchè* était le bonnet des janissaires, distingué par un large morceau de feutre, tombant par derrière.

En 991 (1583), Murad III fit de nouveaux règlements, qui fixèrent définitivement la forme des turbans pour tous les ordres de l'État. Depuis cette époque, cette partie importante du costume des musulmans s'est conservée à peu près sans altération, jusqu'à la réforme que Sultan-Mahmoud s'efforce d'établir de nos jours.

Quant aux autres pièces de l'habillement, telles que les kaftans, les dolimans et les pelisses d'honneur, elles ne furent soumises que plus tard à des lois somptuaires, qui réglèrent d'une manière rigoureuse l'étoffe, la doublure, la garniture et la forme de ces vêtements.

Mais la plus importante des institutions d'Ala-eddin-Pacha fut la formation d'une armée permanente. Erthogroul et Osman n'en avaient jamais eu. Ils étaient obligés, pour chaque nouvelle expédition, de convoquer, quelque temps à l'avance, des cavaliers turcomans, nommés *ekindji* (coureurs), seules troupes alors en usage. Pour obvier au grave inconvénient de la lenteur qui résultait de cette organisation vicieuse, Orkhan créa d'abord un corps de *piadè* (piétons) qui recevaient une solde régulière d'un *aktché* (aspre, petite monnaie d'argent) par jour, paye très-élevée, proportionnellement à la valeur relative des métaux précieux à cette époque, ainsi qu'au prix des denrées de première nécessité. Ces fantassins, appelés aussi *ïaïa*, divisés en corps de dix, de cent et de mille hommes, étaient toujours en disponibilité. Mais bientôt les prétentions et l'orgueil intolérables de cette troupe indisciplinée obligèrent Orkhan à la casser. D'après les conseils d'Ala-eddin et de Kara-Khalil-Djendèrèli, beau-frère du cheïkh Édèbaly, que nous avons vu figurer dans l'histoire d'Osman, le Sultan créa une milice nouvelle, toute composée de jeunes chrétiens, enfants de tribut, ou prisonniers de guerre, que l'on instruisait dans la religion du prophète. Ce corps, qui devint par la suite si redoutable à ses maîtres, commença par dépasser les espérances d'Orkhan. Les *ïènitchèri* (troupe nouvelle), nom que les Européens ont transformé en celui de *janissaires*, apprirent, sous des chefs courageux mais inflexibles, à vaincre et à obéir. D'après le principe de politique généralement adopté par les créateurs d'empires et par leurs premiers successeurs, Orkhan voulut imprimer un sceau religieux à cette institution militaire. Hadji-Bektach, cheïkh vénérable, fondateur de l'ordre des derviches *Bektachis*, bénit la troupe en posant sur la tête des principaux officiers la manche de sa robe : « La milice que tu « viens de créer, dit-il à Orkhan d'un « ton inspiré, s'appellera *ïèni-tchèri*; « elle sera victorieuse dans tous les « combats; sa figure sera blanche (*),

(*) Cette locution singulière est employée par les musulmans comme terme de louange et d'encouragement; par contre, *visage*

« son bras redoutable, son sabre tran-
« chant, et sa flèche acérée. »

C'est en souvenir de cette bénédiction que le bonnet des janissaires portait le morceau de feutre tombant par derrière, et qui représente la manche du saint derviche. Il fut alloué à la nouvelle troupe une paye élevée, et une nourriture plus abondante que celle des autres corps (*). Les grades des chefs et sous-officiers des janissaires étaient désignés par des noms dérivant des emplois de la cuisine; et cette bizarrerie, qui a souvent prêté au ridicule, a cependant une source respectable : en effet, le Sultan étant considéré comme le père de famille, le nourricier de cette troupe de fidèles serviteurs (*koul*), ceux qu'il préposait à veiller à leurs besoins étaient décorés de ces titres culinaires. Ainsi l'officier le plus élevé en grade fut appelé *tchorbadji-bachi* (premier distributeur de soupe); après lui venaient l'*achtchi-bachi* (premier cuisinier), et le *sakka-bachi* (premier porteur d'eau); et, par une conséquence rationnelle, la marmite (*kazan*), qui servait à la distribution de la nourriture fournie par le souverain, était, pour les janissaires, l'objet d'une vénération plus grande encore que celle qu'on voit nos soldats porter à leurs propres drapeaux. C'est autour du kazan que ces corps s'assemblaient pour tenir conseil. La perte de cette précieuse marmite était la plus forte humiliation qui pût arriver aux corps dont elle était la propriété. Ce point d'honneur leur faisait regarder un tel événement comme un grand malheur et une honte ineffaçable.

Outre la création des janissaires, Ala-eddin s'occupa de la réorganisation des autres corps de l'armée. Les *piadé* furent rétablis : au lieu de paye, on décida de leur distribuer les terres enlevées à l'ennemi, afin de les attacher, par l'amour de la propriété, à la défense du sol, et de les engager à de nouvelles conquêtes. L'infanterie irrégulière, appelée *azab* (légers), troupes de coureurs assez semblables aux *èkindji*; les cavaliers, divisés en *sipahs* (cavaliers proprement dits), *silihdars* (gens d'armes), *ouloufèdji* (cavaliers soldés), *ghoureba* (cavaliers étrangers), et *mossellimán* (exempts d'impôts), composèrent le reste de l'armée organisée par Ala-eddin. Nous reviendrons en détail sur ces divers corps, lorsque nous traiterons de la milice des Ottomans.

Maintenant que nous avons donné une idée des sages institutions d'Alaeddin, reprenons le fil des événements, que ces explications préliminaires nous ont fait un moment perdre de vue.

Après avoir transporté le siége de son gouvernement à Brousse, dont la situation magnifique le séduisit, Orkhan songea à de nouvelles conquêtes. Ses braves lieutenants Aktchè-Kodja et Konouralp enlèvent aux Grecs les châteaux d'Ermèni-Bazari, d'Aïan-Gueuli, de Kanderi, et quelques autres situés sur les rives de la Sakaria (*Sangarius*). Ces deux chefs réunis se dirigent ensuite sur les forts d'Aïdos et de Semendra; le blocus de cette dernière place menaçait de traîner en longueur, lorsqu'une circonstance imprévue vint en déterminer le succès. Les portes du château s'ouvrent, un convoi funèbre en sort, un vieillard éploré le conduit : c'est le gouverneur qui accompagne le corps de son fils à sa dernière demeure. Les Ottomans fondent sur le cortége, s'emparent du malheureux père, et prennent possession de la forteresse, dont Aktchè-Kodja garde le commandement.

La prise d'Aïdos fut le fruit d'un incident tout à fait romanesque. La fille du commandant avait vu, du haut des créneaux, le beau guerrier Ghazi-Abdurrahman. Depuis ce moment, un amour irrésistible s'était emparé d'elle;

---

noir est une expression de haine et de mépris. Ainsi un maître, satisfait de son serviteur, lui dira : *Aferin! iuzun ak olsun!* (fort bien! que ta face soit blanche!) Mais s'il en est mécontent, il le blâmera en ces mots : *Iuzun kara olsun!* (ta face puisse-t-elle être noire!)

(*) Chaque janissaire eut par jour trois aspres de paye, avec le *taïn*, composé de deux pains, deux cents drachmes de mouton, cent de riz et trente de beurre.

cédant à sa passion, elle écrit au jeune chef, et lance à ses pieds une pierre à laquelle la lettre est attachée. Abdurrahman y lit avec étonnement l'expression du tendre sentiment qu'il a inspiré, et les moyens de pénétrer dans la place pendant la nuit. Il s'y introduisit en effet, à la tête de quatre-vingts guerriers. Orkhan lui accorda, en récompense, la jeune fille à qui l'on devait la conquête du château. De ce mariage naquit Kara-Abdurrahman, rival de gloire de son père, et dont le nom inspira tant de terreur, que, longtemps après sa mort, les femmes grecques disaient à leurs enfants pour les faire taire : « Voici Abdurrahman le Noir ! »

Orkhan poursuit ses conquêtes. Kalo-Yani, gouverneur de Nicomédie, s'enfuit à l'approche de l'armée du Sultan, et se réfugie au château de Koïoun-Hyssar. Bientôt forcé dans sa retraite, sa tête est exposée au bout d'une pique, sous les murs de Nicomédie, dont les habitants épouvantés demandent à capituler.

La chute de Nicée (Iznik), la seconde ville de l'empire grec, détruisit la dernière barrière opposée en Asie à la puissance des Ottomans. Épuisés par les fatigues d'un siége de deux années, et par les horreurs de la famine et de la peste, les habitants de cette place importante se rendirent à merci. Loin d'abuser de sa victoire, le généreux Orkhan non-seulement leur accorde la vie, mais leur permet encore d'emporter leurs richesses. Touché de cette clémence inattendue, le peuple court en foule au-devant du vainqueur, et forme le nombreux cortége de son entrée triomphale. Arrivé à la porte de Ièni-Chèhir, le Sultan est arrêté par un spectacle inattendu : des femmes éplorées se prosternent à ses pieds ; ce sont les malheureuses veuves des guerriers grecs morts en défendant leur patrie. Orkhan les relève avec bonté, leur choisit des époux parmi les seigneurs qui l'entourent, et reprend sa marche au bruit des acclamations populaires. Cette douceur et cette humanité, dictées par une sage politique, lui gagnent tous les cœurs ; un grand nombre d'habitants des villes voisines, attirés par la générosité d'Orkhan, viennent se ranger sous ses lois, et Nicée devient plus peuplée et plus florissante que jamais.

Aidé des conseils du grand vézir Alaeddin, Orkhan donna les plus grands soins à toutes les parties de l'administration. L'enceinte où se tinrent les deux célèbres conciles œcuméniques de Nicée fut convertie en mosquée, et les murs en furent couverts de sentences tirées du Coran, gravées en lettres d'or sur un fond d'azur. On y lisait, entre autres, le fameux symbole de l'islamisme : « Il n'y a d'autre divinité « que Dieu (Allah), et Mahomet est « son prophète. » C'est du règne de ce prince que date l'usage de placer des inscriptions sur les édifices publics. Auprès de la mosquée impériale, il établit un *mèdrècè*, espèce d'université destinée à l'étude du droit et de la théologie, et réservée pour les seuls *oulèmas* (docteurs en droit ou lettrés). Les *mèdrècè* sont bâtis en pierre, et renferment depuis douze jusqu'à trente cellules (*hudjret*) occupées par les élèves, désignés sous le nom de *softa* ou *muïd*, et *danichmend* (étudiants). Des *muderris* (professeurs) dirigent ces écoles, et ont sous eux des *khodja* (recteurs, suppléants), sur qui ils se reposent le plus souvent du soin des leçons. Les études y sont divisées en dix branches : la grammaire, *ilm-sarf*; la syntaxe, *ilm-nahw*; la logique, *ilm-mentyk*; la morale, *ilm-édèb*; la science des allégories, *ilm-mea'ni*; la théologie, *ilm-kèlam* ou *ilm-illahi*; la philosophie, *ilm-hikmet*; la jurisprudence, *ilm-fikh*; le Coran et ses commentaires, *ilm-tefsir*; et enfin les lois orales du prophète ou traditions, *ilm-hadis*.

Outre les mosquées et les écoles, Orkhan fonda à Nicée le premier *imaret* (hospice des pauvres), établissement consacré au soulagement de l'humanité. On y distribuait chaque jour aux malheureux du pain, deux plats de viandes et de légumes chauds, et quelque argent (de trois à dix aspres). L'inauguration de cet imaret fut faite avec la plus grande pompe. Le Sultan en alluma lui-même les lampes, et fit, de sa propre main, la distribution des mets aux pauvres. Cet exemple édifiant fut imité par ses successeurs, dont on ne saurait trop louer l'humanité et la bienfaisance envers les classes indigentes. La charité est une des vertus distinctives des musulmans; mais les princes de la maison ottomane semblent avoir voulu servir de modèle à leurs sujets dans l'exercice de cette touchante vertu. Osman ne cessa de répandre des bienfaits autour de lui; ses aumônes allaient chercher la veuve et l'orphelin. Il ne rencontrait jamais un pauvre sans le secourir; plus d'une fois même il se dépouilla de son propre manteau pour en revêtir l'indigent. Chaque jour un nombre infini de malheureux venaient s'asseoir à des tables dressées pour eux dans son palais. Le Sultan assistait souvent à leur repas, et se plaisait à poser lui-même les plats devant ces infortunés, émus de tant de bonté. Muhammed Ier nourrissait, chaque vendredi, tous ceux qui se présentaient; Baïezid II envoyait des sommes considérables aux gouverneurs de ses provinces pour les distribuer aux pauvres, et surtout à ceux des familles distinguées que la honte empêche de mendier; enfin les monarques, les grands, les personnes opulentes, outre les sommes prodigieuses qu'ils versent chaque jour au sein de la misère, se font un devoir de consacrer une portion de leurs revenus (le dixième) à des établissements de bienfaisance. Cette charité inépuisable, cette hospitalité généreuse qui distinguent le musulman et le mettent, sous ce rapport, au-dessus de beaucoup d'autres nations, sont basées sur les préceptes suivants du livre sacré : « O croyants ! « faites la prière, donnez l'aumône; le « bien que vous ferez, vous le retrou- « verez auprès de Dieu, parce qu'il « voit toutes vos actions. Le fidèle qui « aime Dieu doit aussi aimer son pro- « chain. Il est obligé de secourir ses « parents, les orphelins, les veuves, « les pauvres, les voyageurs, les étran- « gers, les captifs, tous ceux enfin qui « se recommandent à sa charité. Faites « l'aumône le jour, la nuit, en secret, « en public; vous en recevrez le prix « des mains de l'Éternel, etc., etc. » La bienfaisance des musulmans s'étend jusque sur les animaux; il est défendu de les maltraiter; et si le propriétaire d'un chameau ou d'un cheval abuse de leurs forces, les officiers de police s'opposent à sa dureté. Les chiens, qu'un précepte de pureté corporelle exclut des maisons, sont nourris en plein air par les habitants du quartier, dont ils sont les vigilants et souvent fort incommodes gardiens, surtout envers les étrangers. Tuer les animaux, les tenir seulement enfermés dans une cage, sont aux yeux de ce peuple des actes inhumains; aussi a-t-il généralement de la répugnance pour la chasse. On voit souvent acheter des oiseaux captifs pour leur rendre la liberté. Ces sentiments de charité universelle sont le plus bel éloge de la nation qui les met chaque jour en pratique; et si nous nous sommes étendus un peu longuement sur ce sujet, c'est que nous tenons à rectifier les idées fausses que l'on se fait d'un peuple réputé *féroce*, parce qu'il n'est jugé que d'après les excès auxquels il se livre en temps de guerre; mais ces actes de cruauté s'expliquent alors par son fanatisme, qui ne lui fait voir dans ses ennemis que ceux de son culte. Hors de ces circonstances, le musulman est bon par *nature* et par *principe*.

Le fils aîné d'Orkhan, Suleïman-Pacha, qui avait conduit le siége de Nicée, fut investi du commandement de cette place importante. A la mort de son oncle Ala-eddin-Pacha, il lui succéda dans le gouvernement de Brousse et dans la haute dignité de grand vézir. A peine en possession de ses nouveaux titres, il s'empare des bourgs de Tarakli, Koïnik et Moudournou, qui se rendent sans résistance. Le château de Guemlik (Ghios), qui avait résisté aux attaques réitérées d'Osman, cède enfin aux efforts de son fils.

Jusqu'ici nous avons vu Orkhan agrandissant ses domaines aux dépens des possessions des empereurs de Byzance. Il voulut aussi se faire reconnaître par les princes musulmans de l'Asie Mineure, qui s'étaient partagé les débris de l'empire seldjoukide. Adjlan-Beï, prince de Karaçi, venait de mourir en laissant deux fils; l'aîné lui avait succédé. Le plus jeune, nommé Toursoun, élevé à la cour d'Orkhan, propose à son protecteur de l'aider à s'emparer du pays de Karaçi, lui offrant, pour prix de ce service, les villes de Aïdindjik, de Minias, de Tirhala et de Balikeçer. Orkhan accepte avec empressement cette proposition, entre en campagne avec Toursoun, et soumet, chemin faisant, quelques villes et châteaux sur les bords de l'Ouloubad. Le prince de Karaçi, n'osant attendre le Sultan, abandonne Balikeçer, et se réfugie dans le fort de Perghama (Pergame). Orkhan offre sa médiation aux deux frères : ils l'acceptent, mais, à la première entrevue, l'aîné fait assassiner Toursoun. Irrité de ce manque de foi, Orkhan marche contre le meurtrier, que les habitants de Perghama, dans leur indignation, livrent eux-mêmes à la justice du Sultan. Orkhan lui laissa la vie, et se contenta de l'emprisonner à Brousse, où il mourut au bout de deux ans de captivité.

Le Sultan, possesseur des trois principales villes de la Bythinie, Nicomédie, Nicée et Brousse, ainsi que de la capitale de la Mysie (Pergame), s'occupa, pendant les vingt années de paix qui suivirent cette dernière conquête, à raffermir dans ses États l'ordre et la discipline établis par les institutions d'Ala-eddin-Pacha. D'immenses constructions signalèrent cette période pacifique du règne d'Orkhan. Des mosquées, des imarets, des mèdrècè, des caravansérais, rivalisèrent bientôt avec les établissements de Nicée. De nombreuses cellules couvrirent les hauteurs de l'Olympe et les environs de Brousse. Des derviches vénérés, dont les prières et la coopération avaient aidé Orkhan à conquérir cette ville, s'établirent dans ces retraites : le pieux Gueïkli-Baba (père des cerfs), célèbre par ses contemplations mystiques et son goût pour la vie des forêts; Abthal-Murad qui, suivant la tradition, fit des prodiges de valeur avec un sabre de bois; Abthal-Mouça, qui saisissait les charbons ardents avec du coton; Doughli-Baba, qui répandit l'usage du miel et du *toghourt*, ou lait caillé ; tels sont les principaux derviches dont les écrivains nationaux ont conservé les noms. A l'imitation du souverain, plusieurs personnes embellirent l'enceinte de Brousse et les environs de l'Olympe de mosquées, de couvents, d'écoles et de mausolées. Les flancs ombreux de cette belle montagne, ses délicieuses vallées, se peuplèrent de santons, de savants et de poëtes turcs, qui venaient y chercher de suaves inspirations ou se livrer à des méditations pieuses. Parmi les plus célèbres, nous citerons Molla-Cheïkhy, le premier poëte romantique des Ottomans; Waçi-Ali, le traducteur des fables de Bidpaï; Khyali (le visionnaire), et Deli-Burader (le frère insensé), connus, l'un par ses poésies lyriques, l'autre par des vers pleins de charme et de volupté; le cheïkh Albestami et le grand juge Alfenari, auteurs de traités de théologie et de jurisprudence. Tous ces hommes d'élite reposent au pied de la montagne et non loin de Brousse. Cette ville célèbre, dont nous donnons une vue, renferme, outre les mausolées des six premiers Sultans (*), les tombeaux d'une foule incroyable de princes, seigneurs, religieux, savants, poëtes, musiciens et médecins. Seïd Ismaïl, auteur célèbre, fait monter ce nombre à cinq cent vingt-quatre. Brousse, capitale de l'empire ottoman jusqu'à la prise de Constantinople, citée, dans les titres du Sultan, comme la troisième ville de l'empire, renommée par ses eaux thermales, par

---

(*) Ces mausolées sont de la plus grande simplicité, surtout celui d'Osman. Les corps des six premiers Sultans reposent dans trois *turbè*, ou chapelles sépulcrales : le *turbè* de *Gumuch-Coubbé* renferme Osman et Orkhan; celui de *Tchèkirguè*, Murad Ier, Baïezid Ier et Murad II; enfin Muhammed Ier est seul dans celui de *Yèchil-Imaret*.

ses fruits délicieux et par les autres produits de son sol et de son industrie, tels que la soie, dont elle fournit encore d'immenses quantités aux étrangers, après avoir satisfait aux besoins des manufactures locales : Brousse renferme encore aujourd'hui dans son enceinte et dans ses faubourgs une population mélangée turque, grecque, arménienne et juive, qu'on ne craint pas d'évaluer à soixante-dix mille âmes au moins.

En 758 (1357), après un long repos, interrompu seulement par quelques excursions si peu importantes que les chroniqueurs ottomans n'en ont pas même fait mention, Orkhan voulut profiter de la faiblesse de l'empire byzantin désolé par la guerre civile. Son fils aîné fut chargé de la mission hardie d'unir l'Europe à l'Asie, en soumettant la rive grecque de la Propontide à la puissance ottomane. Pendant la nuit, quatre-vingts guerriers, dévoués à Suleïman, passent avec lui l'Hellespont sur deux radeaux, et s'emparent de la ville de Tzympe par surprise. Les Grecs, séduits par les promesses du fils d'Orkhan, conduisent eux-mêmes en Asie les barques qui se trouvaient sur la côte d'Europe; en peu de jours elles ramènent trois mille Ottomans. Les éléments semblent favoriser leurs projets d'invasion : un effroyable tremblement de terre renverse une portion des remparts de Gallipoli; les musulmans y entrent par la brèche; et de cette place importante, que l'on peut appeler la clef de Constantinople, ils font le point de départ de leurs excursions en Europe (*). Cette même année les Ottomans poursuivant leurs avantages, s'emparent encore de Konour, du fort de Boulaïr, de Malgara, d'Ipsala et de Rodosto. L'empereur Jean Cantacuzène, qui avait accordé sa fille à Orkhan en 746 (1345), se plaignit de cette violation de la paix de la part d'un allié. Le Sultan répondit à son beau-père que ce n'était pas la force des armes qui avait ouvert les portes de l'empire grec à Suleïman-Pacha, mais bien la volonté divine qui avait fait tomber les murailles devant lui. L'empereur ne se contenta pas de cette fort mauvaise raison, et lui répondit qu'il ne s'agissait pas de savoir si le prince était entré par la porte ou par la brèche dans les villes conquises, mais seulement s'il les possédait légitimement: Orkhan, pour se tirer d'embarras, commença par réclamer quarante mille ducats, et l'invita ensuite à une entrevue, où le Sultan eut grand soin de ne point se rendre.

Suleïman-Pacha ne jouit pas longtemps de son triomphe; une chute de cheval causa sa mort en 760 (1359). Son père lui fit élever, sur le bord de l'Hellespont, un tombeau, objet de la vénération des pèlerins musulmans. Orkhan, accablé de douleur de la perte de son fils bien-aimé, ne lui survécut pas plus d'un an. Il mourut en 761 (1360), dans la soixante-quinzième année de son âge et la trente-cinquième de son règne. Prince clément, libéral envers les pauvres, guerrier heureux, législateur habile, Orkhan mérite tous les éloges que les écrivains musulmans se plaisent à lui prodiguer. Son extérieur répondait à la grandeur de sa renommée : sa taille était majestueuse, sa poitrine large, ses bras musculeux. Sa chevelure blonde, ses yeux bleus, son front élevé, sa barbe et sa moustache épaisses et luisantes, son teint blanc et coloré, lui donnaient une physionomie et un aspect de douceur et de force

---

(*) Gallipoli, ville remarquable par la grandeur de son port et sa nombreuse population, et qui fut le berceau de la marine ottomane, a été longtemps la résidence du grand amiral (Capudan-Pacha). Cet officier supérieur porte le costume de pacha à trois queues; il jouissait d'un revenu considérable, provenant des rétributions qu'étaient obligés de lui payer annuellement les capitaines en activité, et du produit de la ferme des trente-trois petites îles de l'Archipel, formant son apanage; il en retirait un revenu de trois cent mille piastres par an, dont le miri percevait quatre-vingt-cinq mille.

Gallipoli fait encore maintenant un grand commerce.

que l'on trouve rarement réunis. Les poëtes orientaux parlent avec enthousiasme d'un signe qu'il avait sous l'oreille droite, et qu'ils comparent *à une graine de pavot flottant sur du lait*.

CHAPITRE IV.
GHAZI-SULTAN-MURAD-KHAN, dit KHOUDA-WENDGHIAR (vulgairement AMURAT Ier), FILS DE SULTAN-ORKHAN.

La catastrophe imprévue qui avait arrêté Suleïman-Pacha au milieu de sa brillante carrière venait d'ouvrir le chemin du trône à Murad son jeune frère. Élevé, suivant les mœurs orientales, dans la soumission la plus absolue, ce prince n'avait eu jusqu'alors que la triste perspective d'une dépendance obscure ou d'une mort clandestine et prématurée; tout à coup s'offrirent à ses yeux les splendeurs de la couronne et de la gloire : il n'en fut point ébloui. En pieux musulman, il ne se regarda que comme l'instrument de Dieu, et prit le nom de *Khoudawendghiar, agent du Seigneur*, ou selon d'autres interprètes qui attribuent moins de modestie à Sultan-Murad, *grand et puissant prince*.

Les premières pensées du fils d'Orkhan furent pour l'Europe; Suleïman-Pacha lui en avait montré la route; mais avant d'aller soumettre une terre étrangère, il fallait que le nouveau Sultan s'affermît en Asie, dont le sol tremblait encore sous ses pas. Le plus puissant de ceux qui s'étaient faits les héritiers de la dynastie seldjoukide, le prince de Karamanie, alarmé des progrès des Ottomans, déclara la guerre à Murad, et souleva contre lui les akhi (ou *grands propriétaires terriens*) de la Galatie, devenus, par une révolution, maîtres de la ville d'Angora (l'ancienne Ancyre)(*). Des bords de l'Hellespont, le Sultan accourt rapidement sur les frontières de l'Anatolie, et enlève aux rebelles leur conquête. Assuré de ce point important et ayant apaisé la révolte, il tourne ses regards vers l'Europe. Lala-Chahin, qui commandait les troupes ottomanes, avec le titre de Beïlerbeï (prince des princes), dignité qui s'allie toujours à celle de pacha, reçoit l'ordre de passer le détroit de Gallipoli et d'attaquer Andrinople (*Edernè*, Adrianopolis). Aidé par l'élite de l'armée du Sultan, sous les ordres du brave Hadji-Ilbeki, il bat complétement le commandant de la place, qui était venu avec résolution au-devant des musulmans. La garnison, après la défaite de son gouverneur, se rend au premier assaut, et livre ainsi, presque sans résistance, cette ville, boulevard de l'empire grec. Murad la choisit pour le siége de son empire en Europe, et annonça, par des lettres remplies d'emphase, sa brillante conquête aux souverains de l'Asie.

Andrinople, fondée par l'empereur Adrien, est une des villes les plus considérables de la Romanie. Située au confluent de trois rivières, qui forment l'Hèbre des anciens et la Maritza des modernes, la facilité du transport des marchandises, qui résulte de cette admirable position, a donné une grande activité à son commerce. Le savon, les sucreries, les sorbets, les tapis, l'eau et l'huile de rose, rivales de celles d'Égypte et de Perse, sont les plus recherchés de ses produits. On voit encore sur une élévation, d'où l'œil domine de riches campagnes, l'ancien palais des Sultans. De nombreux édifices embellissent la seconde capitale de l'empire. Ses marchés, ses écoles, ses ponts, ses palais, ses mosquées, dont plusieurs sont couvertes en cuivre, leurs minarets élégants, leurs ga-

---

(*) Angora, placée au centre des routes de la Syrie, de l'Arménie, de la Cilicie et des côtes de la mer Noire, était, par cette heureuse position, l'entrepôt du commerce de l'Asie Mineure. Cette ville, célèbre depuis les plus anciens temps par ses chèvres au poil long et soyeux, est fameuse de nos jours par l'adresse de ses lutteurs, dont elle fournit l'empire ottoman, pendant que ses belles fabriques de chalis, ses excellents fruits, et l'industrie de sa population arménienne lui donnent des droits à une renommée plus intéressante. On sait qu'Ancyre est une colonie gauloise.

leries à colonnes revêtues d'ornements en bronze, leurs coupoles où étincellent, aux rayons du soleil, les boules d'or qui les couronnent, leurs portes d'un admirable travail, leurs fontaines, tout mérite l'attention du voyageur, et justifie les éloges pompeux et empreints de l'hyperbole orientale, que se sont plu à donner à la beauté d'Andrinople et de son site un grand nombre de poëtes nés dans son sein.

Les lieutenants de Murad étendent leurs conquêtes : Ewrenos prend Komuldjina et Wardar; Lala-Chahin s'empare des deux Sagræ, de Philippopolis (Filibè), et s'avance jusqu'au delà du mont Hémus (le Balkan d'aujourd'hui). Ce brave chef fait construire à Filibè un pont de pierre, long de deux traits de flèche, et assez large pour que deux chariots y passent de front. Les gardiens de ce monument étaient payés sur un fond perpétuel légué par Lala-Chahin. Après la conquête de cette place, la paix conclue avec l'empereur grec permit à Murad de s'occuper de l'administration de son empire.

Les pratiques extérieures du culte n'avaient jamais été exercées en public par les Sultans, qui se dispensaient d'assister avec le peuple au *namaz* (*), prière de tous les jours que les musulmans sont obligés de réciter cinq fois dans les vingt-quatre heures. *Mewla Fenari*, qui occupait alors la place de mufti (**), voulut obliger le souverain à remplir ce devoir, et à donner ainsi à ses sujets l'exemple de la ferveur religieuse. Murad étant venu porter témoignage devant le mufti, celui-ci eut la hardiesse de lui dire qu'on ne pouvait faire foi sur sa parole. Voyant la surprise du prince, Mewla Fenari ajouta : « Que « ma conduite ne vous paraisse pas « étrange, seigneur : votre parole d'em- « pereur est sacrée; qui peut mettre « en doute cette vérité? mais ici elle « est sans force. Un homme qui ne « s'est point encore uni, dans les « prières publiques, au corps des fidè- « les, ne peut témoigner devant la jus- « tice (*chéri'at*). » Cette leçon directe, loin de déplaire au Sultan, le toucha; il reconnut son tort, et l'expia en faisant bâtir à Andrinople, en face du palais impérial, un superbe *djami* (cathédrale), que l'on appelle encore aujourd'hui *Muradiëé*, ou temple de Murad.

La loi qui règle le partage du butin fut ensuite établie sur une base fixe, et elle fut exécutée. Les deux premiers Sultans avaient négligé de prélever ce droit, consacré par ce passage du Coran : « Sachez que si vous faites du « butin, un cinquième appartient à « Dieu et au prophète, et un autre cin- « quième aux orphelins, aux pauvres « et aux voyageurs. » Murad ordonna de verser dans le trésor public le cinquième du prix de chaque prisonnier, d'après l'évaluation de cent vingt-cinq aspres par homme. Cette taxe sur les esclaves s'appela *pendjik*, mot d'origine persane qui signifie un cinquième.

Le repos dont Murad commençait à jouir par la suspension d'armes avec l'empereur grec, ne fut pas de longue durée. Une croisade, prêchée par le

---

(*) Le *namaz* est, suivant les musulmans, la prière la plus obligatoire pour l'homme et la plus agréable à Dieu. Ordonnée aux fidèles par différents *aiet* (versets du Coran), elle forme la base principale du culte mahométan, et exige une foule de pratiques minutieuses, que nous détaillerons plus tard dans les chapitres consacrés à la religion.

(**) Le mufti prend encore le titre de cheïkh-ul islam, cheïkul ul-iman, etc. (l'ancien de l'islamisme, l'ancien de la vraie foi, etc.) Tout dans l'empire est soumis à son autorité, parce qu'il est lieutenant absolu du Sultan, pour les affaires de la religion et de la justice civile; et le Grand Seigneur ne prononce aucune condamnation capitale sans le consulter. Le respect que le souverain porte à ce personnage sacré va jusqu'à se lever, lorsqu'il le voit venir, et à faire sept pas au-devant de lui. Le mufti a le droit de baiser l'épaule gauche du Sultan, tandis que le grand vézir lui-même n'ose poser ses lèvres que sur le bas de la robe du prince, qui fait trois pas seulement vers son premier ministre. Les dénominations les plus emphatiques sont prodiguées par le protocole au mufti; *c'est le sage des sages, la clef des trésors de la vérité*, etc., etc.

pape Urbain V, avait poussé l'armée chrétienne presque sous les murs d'Andrinople. Incités par l'ex-gouverneur de Philippopolis, réfugié chez les Serviens, les voïvodes de cette province et ceux de la Bosnie s'étaient ligués, avec le roi de Hongrie et le prince de la Valachie, contre les Ottomans. Tandis que le Sultan assiégeait *Bigha* dans l'ancienne Mysie, le beïlerbeï Lala-Chahin envoyait au-devant des ennemis son frère d'armes, le brave Hadji-Ilbeki, héros que les écrivains musulmans appellent *le lion du combat et le soutien de la vraie foi*, etc. Les chrétiens dormaient imprudemment, et leur camp était gardé avec négligence : tout à coup le cri d'*Allah* retentit avec force dans les ténèbres; les tambours et les fifres joignent leurs sons discordants à ce redoutable cri de guerre : une terreur invincible s'empare des chrétiens; ils fuient, et dans leur trouble se précipitent dans les flots de la Maritza. *Sirb-Sindyghy* (déroute des Serviens), tel est le nom que porte encore la plaine qui fut le théâtre de cette surprise nocturne.

Après la prise de Bigha et la victoire de la Maritza, le Sultan fit élever une mosquée à Bilèdjik; et à Yeni-Chèhir, un couvent qui servit de retraite à un célèbre derviche surnommé *Poustin-pouch*, c'est-à-dire, revêtu d'une peau de mouton, dont le tombeau est encore en grande vénération de nos jours. Brousse vit aussi élever dans ses murs plusieurs mosquées remarquables. Le faubourg occidental tout entier, qui est décoré du nom de son fondateur (Muradiïé), porte de riches témoignages de sa munificence et de sa piété. Un faucon en pierre, sculpté sur l'une de ces mosquées, est le sujet d'un conte populaire : cet oiseau, qui, suivant la tradition, appartenait à Murad, s'était envolé sur le toit du temple; le Sultan l'ayant rappelé plusieurs fois inutilement, s'écria dans son impatience : « Restes-y donc éternellement! » L'indocile faucon, miraculeusement pétrifié, perchera ainsi jusqu'à la fin des siècles, comme un exemple du danger de la désobéissance..... pour les oiseaux aux becs crochus; sauf aux serviteurs des princes à tirer eux-mêmes parti de cette leçon.

Outre ces établissements pieux, Murad ordonna la reconstruction et l'achèvement des bains thermaux de Brousse, la construction du sérail d'Andrinople, et quelques autres édifices d'utilité publique.

En 767 (1365), on vit pour la première fois un traité solennel et perpétuel de paix conclu entre les Ottomans et un peuple chrétien : la petite république de Raguse, devinant sans doute les brillantes destinées de la dynastie d'Osman, se mit sous sa protection, paya un tribut annuel, et assura ainsi la liberté de son commerce maritime. Lorsqu'il fallut signer le traité, le Sultan, plus habile à manier le sabre que la plume, trempa la main droite dans l'encre, et l'appliqua en tête de l'acte, en tenant réunis les trois doigts du milieu, et en écartant le petit doigt et le pouce (*). Ce grossier seing privé, imité dans la suite par les calligraphes, et orné de lettres entrelacées et du chiffre du Sultan, fut appelé *toughra*. Le *toughra*, que le *nichandji* (garde des sceaux du Sultan) appose sur les fermans et les diplômes, a, jusqu'à nos jours, conservé à peu près l'empreinte des contours de la main.

De l'esprit religieux de Murad dérivait nécessairement son mépris pour les sciences humaines. Trois savants distingués de son époque furent obligés d'aller chercher loin de sa cour un asile où leur mérite fût mieux apprécié : c'étaient le fameux mathématicien Kari-Zadé, qui, lorsqu'il professait dans la grande mosquée de Samar-

(*) Cette ignorance du souverain ottoman rappelle celle non moins grande des chevaliers et des seigneurs du moyen âge en France. On lit dans les chroniques de cette époque, que lorsqu'un noble châtelain avait à apposer son nom au bas d'un acte, il plongeait ses cinq doigts dans l'encre, et les posant sur le parchemin féodal, y laissait pour signature cette lourde empreinte, sous laquelle le naïf tabellion avait grand soin d'ajouter cette involontaire épigramme : « *Ce est la griffe de monseigneur.* »

kande, attirait à ses leçons tous les étudiants des autres cours, et leurs maîtres mêmes; le molla Djemal-uddin, célèbre philologue qui savait par cœur tout le dictionnaire arabe; enfin le dogmaticien Bourhan-uddin, auteur de commentaires estimés et grand philosophe.

Murad, tout en donnant ses soins à l'administration intérieure de l'empire, ne négligeait aucun moyen de l'agrandir. Par ses ordres, Timourtach et Lala-Chahin poursuivaient leurs conquêtes; Yènidjé-Kizil-Aghatch et Yamboli se rendaient au premier; le second s'emparait d'Ihtiman et Samakow, renommée par ses forges. Le Sultan lui-même, surpassant ses lieutenants en activité et en bravoure, soumettait les villes de Karin-Abad, Aïdin, Sizèboli (Apollonia), Hirèboli (Chariupolis), Wiza (Byzia), Kyrk-Kilisa (Héraclia), et Binar-Hyssari (château des Sources). Ces brillantes expéditions eurent lieu dans l'espace de cinq ans, après lesquels Murad, à qui elles valurent aussi le surnom de *Ghazi*, satisfait du succès de ses armes en Europe, repasse en Asie, où, pendant son absence, le vénérable vieillard Khalil-Djendèrèli, ce fidèle serviteur d'Osman et d'Orkhan, créateur, avec le vézir Ala-eddin, de l'institution des janissaires, avait dirigé les affaires de l'empire avec un rare talent et une équité plus rare encore. Élevé par Murad à la dignité de grand vézir, il la conserva pendant dix-huit ans sous le nom de Khaïr-uddin-Pacha, et mourut à la fin du siècle dont les premières années l'avaient vu naître. La dignité de grand vézir fut héréditaire dans sa famille jusqu'après la conquête de Constantinople.

Gustendil, célèbre par ses bains d'eau sulfureuse, avait été remise à Murad par le prince bulgare Constantin, sous la condition qu'il ne payerait point de tribut. Cette ville, fondée par Trajan sous le nom d'Ulpiana, détruite et rebâtie par Justinien, avait paru au Sultan d'une assez grande importance pour le décider à revenir en Europe, afin d'en recevoir lui-même les clefs. A peine de retour à Brousse, il apprend la révolte de quelques commandants grecs des bords de la mer Noire. Il repasse en hâte l'Hellespont, s'empare sans coup férir d'Indjighir en Romanie, va mettre le siége devant Sizèboli, et perd quinze jours devant cette place peu importante. Il allait se retirer, lorsque tout à coup un pan de muraille s'écroule et ouvre passage à ses troupes. L'imagination des musulmans, toujours avide de merveilleux, fit un miracle de cet heureux incident, et prétendit que Dieu n'avait pu le refuser aux prières ferventes du successeur du prophète. La ville conquise prit en conséquence le nom de Tanri-Yiktighy (détruite par Dieu).

L'infatigable Murad avait à peine conclu la paix avec les Grecs, qu'il attaque les princes slaves ou valaques. Son vézir Khaïr-uddin-Pacha et Ewrenos s'emparent de plusieurs villes situées au pied du Rhodope et sur les côtes de la Thessalie. Deux autres expéditions consécutives du Sultan contre Lazare et Sisman, souverains de la Servie et de la Bulgarie, se terminent à l'avantage de Murad. Les deux princes, pour obtenir la paix, promirent au vainqueur : le premier, mille cavaliers et mille livres d'argent chaque année; et le second, la main de sa fille.

Après tant de succès, l'heureux Murad jouit d'une paix de six années, qu'il passa principalement à Andrinople, sa nouvelle capitale. Durant ce temps, il s'occupa avec activité de l'organisation de l'armée. Il perfectionna l'institution des *sipahis* (cavaliers), et celle des *woïnaks*, espèce de soldats du train. Ces derniers étaient des chrétiens chargés du soin de conduire les équipages et de nettoyer les écuries; pour les dédommager de l'humilité de ces fonctions, on les exempta de tout tribut. Les sipahis furent divisés en *beuluks* (escadrons), sous le commandement du *beuluk-bachi*. Le chef du corps, *sipah-aga*, eut sous lui quatre officiers généraux. Pour ses drapeaux, le prophète avait choisi la couleur du soleil (jaune); les fatimites, la couleur de la terre (vert); les ommiades, celle du jour (blanc); les abassides, celle de la nuit (noir); les fiers descendants d'Osman adoptèrent la couleur du sang, et ce fut le rouge qui distingua l'étendard des sipahis. Des fiefs militaires furent érigés, dans la plupart des provinces de l'empire, en faveur des sipahis et pour récompenser leurs services. Ces fiefs étaient cultivés par des paysans chrétiens ou mahométans, appelés *raïas*, qui avaient la propriété du sol, mais étaient soumis à la juridiction seigneuriale du sipah, et celui-ci percevait à son profit le produit des impôts sur les terres de son fief. Les fils de raïa héritaient des propriétés de leur père; lorsque le successeur naturel manquait, et qu'un autre membre de la famille héritait, ce ne pouvait être qu'avec l'autorisation du sipah, et après lui avoir payé un droit; enfin, s'il n'y avait point de parents, le fonds passait à un des voisins, sans que le sipah pût en disposer en faveur d'une autre personne. Les sipahis devaient résider dans leurs fiefs en temps de paix, et fournir pendant la guerre un *djèbèli* (cuirassier) par chaque somme de trois mille aspres de revenu. On appelait *timar* tout fief qui rendait moins de vingt mille aspres: le fief militaire, ayant un revenu supérieur à cette somme prenait le nom de *ziamet*. Ces fiefs étaient héréditaires en ligne directe; et, à défaut de descendants mâles et en état de faire le service militaire, reversibles au domaine (miri). Le pacha de la province les donnait alors à un autre sipah, ou à un ancien militaire. Cette institution de Murad fut très-avantageuse à ses successeurs, jusqu'à Suleïman Ier, à qui les ziamet et les timar fournirent encore deux cent mille hommes. Mais après la mort de ce grand prince, les règlements de Murad furent mis en oubli, et les feudataires ne se présentaient plus sous les drapeaux avec leur contingent d'hommes. Après la paix de Kutchuk-Kaïnardjè, en 1776 (1189 de l'hégire), Sultan-Abdul-Hamid rendit un édit sévère pour la réorganisation des djèbèlis; mais les clameurs des propriétaires des fiefs effrayèrent le gouvernement, qui renonça à ses projets de réforme. Il se contenta d'une rétribution de cinquante piastres par homme, appelée *bèdèl-djèbèli*, en remplacement du nombre de cavaliers prescrit par la loi.

Timourtach (pierre de fer), nommé Beïlerbeï, après Lala-Chahin, mort à la fin de la dernière campagne, fut l'auteur des règlements militaires dont nous venons de parler.

Murad, qui unissait le génie de la politique à celui de la guerre, chercha, par le mariage de son fils Baïezid-Ildirim avec la fille du prince de Kermian, à se faire un allié parmi ces petits princes de l'Asie Mineure, dont la jalousie secrète opposait quelquefois des obstacles à l'exécution des entreprises du Sultan. La demande de la main de la princesse fut faite avec le plus grand appareil. Khodja-Effendi, juge de Brousse, Alkansor, porte-étendard du Sultan, et le tchaouch-bachi Timour-Khan, avec une suite de trois mille hommes, furent députés au prince de Kermian. Les noces furent remarquables par leur pompe toute orientale; elles eurent lieu à Brousse, en présence des ambassadeurs des Sultans de Syrie, d'Égypte, et de ceux des princes de Karamanie, de Kastamouni (Paphlagonie), de Mentèchè et d'Aïdin (Ionic). Tous ces grands dignitaires offrirent à Murad des présents magnifiques, à titre de *satchou*, nom qu'on donne à de petites pièces d'or et d'argent qu'il est d'usage de répandre à pleines mains sur la tête de la jeune épouse comme un symbole de prospérité et d'abondance. Un renégat grec donna cent esclaves des deux sexes et d'une beauté parfaite, qui portaient des assiettes d'or remplies de ducats, des plats d'argent pleins de monnaies du même métal, des aiguières aussi en or et en argent, des coupes, des tasses émaillées, des verres, des bocaux enrichis de saphirs, de topazes et d'émeraudes, etc. Un auteur national ajoute: « C'é-
« tait réellement le paradis dépeint par
« le prophète, où *les bienheureux sont*
« *entourés d'enfants d'une jeunesse et*
« *d'une beauté éternelles, portant des*

« *bassins, des aiguières et des cou-*
« *pes.* » Murad, dans sa munificence, distribua tous ces riches cadeaux aux cheikhs, aux oulémas et aux seigneurs qui l'environnaient. Par cette alliance, le Sultan devint possesseur des villes d'Égrigueuz (sandjak de Kermian), de Taouchanli, située à quelques lieues de Kutahiïé, et renommée par ses excellents fruits et les produits de son industrie, de Simaw, et enfin de Kutahiïé même (l'ancien Cotyæum), qui furent données en dot par Kermian-Oghlou à sa fille.

L'ambition de Murad semblait croître en raison de l'agrandissement de ses États. Dans son invariable désir d'étendre sa domination, il obligea le prince de Hamid à lui vendre six de ses plus belles villes : Beï-Chèhri (le Trogitis des anciens), Sidi-Chèhri, Ak-Chèhir (*ville blanche*, Thymbrium), Isparta, capitale du sandjak de Hamid, Yalavatch, et Kara-Agatch (l'*Orme*), à une journée d'Isparta.

Pendant que le prince de Hamid faisait à Sultan-Murad la cession forcée d'une partie de son territoire, Timourtach pénétrait dans la Macédoine, et s'avançait jusqu'aux frontières de l'Albanie, s'emparant de Monastir, de Pirlipa et d'Istip, tandis que Sofia (l'ancienne Serdica) ouvrait ses portes à Indjè-Balaban, après avoir soutenu un siége de plusieurs années. Cette ville, située au pied du Rhodope et de l'Hémus, dans une plaine fertile, qu'arrose le Samakow (Æscus), est remarquable par sa belle position, ses mosquées et ses eaux minérales.

Murad voyait ainsi tout plier sous ses lois; et l'empereur grec, Jean Paléologue, s'humiliant devant le conquérant, lui envoyait Théodore, son troisième fils, pour apprendre l'art de la guerre : une conspiration domestique faillit arracher le sceptre et la vie à ces deux souverains. Saoudji, fils de Murad, et Andronicus Paléologue, unis par une haine ardente contre les auteurs de leurs jours, et dévorés d'une ambition insatiable, arborent l'étendard de la révolte. Le Sultan et l'empereur s'unissent contre leurs fils. Ces deux jeunes princes avaient établi leur camp sur la rive d'un torrent. Sultan-Murad le franchit à cheval, et somme les rebelles de se rendre. Accoutumés à obéir à cette voix puissante, les soldats de Saoudji l'abandonnent; et le Sultan, irrité contre son fils, après lui avoir fait crever les yeux, ordonne de le mettre à mort. L'empereur grec, sur l'ordre de son terrible allié, fit aveugler Andronicus avec du vinaigre bouillant.

Malgré le funeste résultat de l'entreprise audacieuse de son frère aîné, Emmanuel, second fils de Jean Paléologue et gouverneur de Thessalonique, essaye d'enlever aux Ottomans la ville de Pharaë (Sèrès). Murad envoie contre le prince rebelle le grand vézir Khaïr-uddin-Pacha. Emmanuel, pressé par des forces bien supérieures aux siennes, s'enfuit à Constantinople, où son père n'ose le recevoir. Le malheureux fugitif se rend à Lesbos; mais la terreur qu'inspirait le nom de Murad ferme ce port à son ennemi. Dans cette cruelle position, le prince prend une résolution désespérée, il va se jeter aux pieds du Sultan; le généreux Murad lui pardonne et le renvoie à son père.

La mort de Khaïr-uddin-Pacha, arrivée en 788 (1386), délivra les ennemis de Murad du redoutable vézir dont le nom seul les tenait en respect, et les enhardit à faire éclater leur haine. Ala-eddin, prince de Karamanie, qui avait donné l'exemple de la révolte, est battu complétement dans la plaine d'Iconium, par le beïlerbeï Timourtach. C'est dans cette journée que le prince Baïezid, fils et successeur de Murad, commença à montrer cette impétuosité qui lui mérita plus tard le surnom d'*Il-dirim* (le Foudre). Dès qu'il vit l'armée de Karamanie s'ébranler au son belliqueux des trompettes et des timbales, dès qu'il entendit le cri de guerre *Allah est grand!* poussé, comme d'une seule voix, par tant de guerriers, un invincible désir de gloire fit tressaillir le cœur du jeune prince; il descendit de cheval, se prosterna devant son père, et le supplia de lui permettre de combattre. Ala-eddin vaincu vient baiser la main du Sultan, qui lui pardonne et le laisse en possession de toutes ses provinces.

Malgré cette défaite du prince de Karamanie, les habitants de Beï-Chèhri bravent le pouvoir de Murad; quelques jours suffisent au Sultan pour les soumettre. Ses courtisans lui conseillaient de profiter de l'occasion pour réunir à l'empire le territoire du petit prince de Tekkè : « Le lion, répond le fier « Sultan, ne s'amuse pas à chasser des « mouches. »

Tant de triomphes, en répandant partout la terreur des armes ottomanes, semblaient devoir assurer à Murad un repos si glorieusement acheté; mais il n'était pas dans la destinée de ce prince de goûter en paix le fruit de ses victoires. A peine était-il rentré triomphant à Brousse, que le feu de la révolte embrase la Servie. Lazar, souverain ou kral de cette contrée, s'unit secrètement au perfide Sisman, beau-père de Murad et kral des Bulgares; les Bosniaques se joignent à eux : vingt mille Ottomans sont presque entièrement détruits par les forces combinées de ces deux peuples. Sultan-Murad, surpris de cet échec inattendu, hésite un instant à l'aspect de cette ligue formidable; mais bientôt son courage et son activité renaissent. Il confie ses possessions d'Asie à la garde de cinq chefs fidèles, hâte ses préparatifs de guerre, et repasse en Europe. Yakhchi-Beï, fils de Timourtach, prend d'assaut Parawadi (l'ancienne Probaton); Tirnova et Choumna (Schoumla) se rendent à Ali-Pacha. Ce général met ensuite le siége devant Nicopolis, et force Sisman, qui s'y était réfugié, à demander grâce au Sultan. L'abandon de Silistrie et le payement du tribut échu furent les conditions imposées au kral de Bulgarie. Ali-Pacha, qui avait fait un grand nombre de prisonniers, offrit à Sisman de les échanger contre la forteresse de Tchètè-Hèzar (*Mille-Tentes*), aujourd'hui Herzagrad ou Rasgrad; mais comme Sisman, loin de tenir les conditions du traité avec Murad, faisait fortifier Silistrie et Nicopolis, Ali-Pacha, une fois en possession de la place, se fit peu de scrupule de manquer à sa parole. Cette double violation de la foi donnée ralluma la guerre. Elle fut encore contraire au kral bulgare, qui se rendit à discrétion. Sultan-Murad, après s'être emparé des États du prince vaincu, épargna sa vie, et eut même la générosité de lui accorder un revenu digne de son rang. Cette heureuse expédition fit passer, en 791 (1389), vingt villes principales sous la domination ottomane.

La défaite de son allié ne put intimider le kral servien : le fort de Chèhirkeuï est pris par son général Démétrius, et repris par Yakhchi-Beï. Lazar cherche un appui dans l'alliance des princes de la Bosnie et de l'Albanie. Après plusieurs jours de marche forcée, Murad atteint les ennemis dans la plaine de Kossova, en Servie. Son armée était inférieure en nombre à celle des confédérés, qui comptaient dans leurs rangs les troupes des princes de Servie, de Bosnie, d'Albanie, de l'Herzogevine, de la Valachie, et même un corps auxiliaire de Hongrois. Le Sultan consulte ses lieutenants pour savoir si la prudence permet de hasarder la bataille. Le fougueux Baïezid repousse tout conseil timide, et sollicite avec ardeur le combat. Le grand vézir est de l'avis du jeune prince; le pieux ministre a cherché dans le *Livre de Dieu* (Kitab-Ullah) la décision que d'autres demandent à la prudence humaine. Le Coran, ouvert au hasard, a répondu par ces deux versets : « O pro-« phète ! combats les infidèles et les hy-« pocrites ! — En effet, souvent une « troupe nombreuse est vaincue par une « plus faible. » Cette révélation dissipe tous les doutes, enflamme tous les cœurs; Murad, profitant de l'enthousiasme excité par la promesse divine, donne l'ordre de l'attaque; elle fut terrible ; une lutte acharnée s'engage, une égale fureur anime les deux armées. Baïezid, prompt comme la foudre dont il porte le nom (Ildirim), vole partout où la résistance est la plus opiniâtre : sa lourde massue lui ouvre à travers les rangs une route ensanglantée. Yakoub, son frère et son rival de gloire, marche avec honneur sur ses traces : « Déjà, dit un historien musulman, « les lames brillantes comme le dia- « mant avaient été changées, par le « sang qu'elles avaient versé, en lames « de la couleur de l'hyacinthe; déjà « l'acier des javelots s'était transformé « en rubis étincelants, et le champ de « bataille, jonché de têtes et de tur- « bans aux mille nuances, en un im- « mense carré de tulipes. » Enfin, les chrétiens plient, le kral de Servie est fait prisonnier, ses soldats fuient ou sont massacrés, et la victoire est aux Ottomans.

Après ce terrible combat, Murad parcourt le champ de bataille; il est étonné de ne voir parmi les morts que des jeunes hommes et pas un vieillard : « La vieillesse est sage, répond le « grand vézir; elle sait que rien ne « peut s'opposer aux armes invincibles « des serviteurs du prophète. » Le Sultan se félicite de cette victoire, à laquelle il s'attendait peu; car, superstitieux comme tous ses sujets, il accordait une grande confiance aux visions et aux songes; et, la nuit précédente, il avait cru, dans un rêve affreux, mourir sous le fer d'un assassin. Tout à coup, un de ces cadavres, qu'il foulait aux pieds, se relève, pâle et sanglant, et lui plonge un poignard dans le cœur. Les janissaires se précipitent sur le meurtrier, qui leur échappe trois fois, et succombe enfin sous le nombre, après avoir vendu chèrement sa vie (*). Murad, blessé à mort, ordonne le supplice de Lazar, et expire sur le théâtre de sa gloire, l'an 791 de l'hégire (1389) (**).

A peine Murad a-t-il rendu le dernier soupir, que les grands s'assemblent autour de Baïezid, et le saluent du nom de Sultan, aux acclamations unanimes des soldats, encore enthousiasmés des exploits du fils de leur maître.

Le corps de Murad, emporté dans la tente royale, est embaumé et conduit à Brousse, où il fut déposé dans le turbè de Tchékirguè.

Murad Ier est un des princes les plus remarquables de la race d'Osman. Guerrier infatigable, *miroir de justice et d'équité*, doué de grandes facultés intellectuelles, et surtout de cette volonté ferme qui, ainsi que l'a dit un grand écrivain, est une des premières conditions du génie, il était à la fois aimé et craint de son peuple. Ennemi du luxe, il imita la simplicité de Mahomet, et n'employa jamais, pour ses vêtements, qu'une étoffe de laine fine et légère, appelée *sof*, dont se servent spécialement les ministres de la religion, à qui la loi défend de porter de la soie. Son abstinence et sa piété étaient exemplaires; il consacra sa vie à la propagation de l'islamisme; son zèle pour sa religion fut, comme celui de ses prédécesseurs, accompagné d'une grande faiblesse superstitieuse : un songe, une vision, une prophétie, l'emportaient dans son esprit sur tous les calculs humains, et déterminaient souvent les décisions les plus importantes. Ainsi, en 767 (1365), ce prince résolut d'établir le siège de l'empire à Andrinople, parce qu'un esprit céleste, disait-il, le lui avait prescrit, et avait même désigné la place où devait s'élever le palais impérial. Cependant, comme sa soumission aveugle à ces prétendus avis du ciel servit toujours à l'exécution de ses desseins, il est permis de soupçonner que son génie sut exploiter adroitement les préjugés nationaux, au profit de sa puissance.

CHAPITRE V.

SULTAN-BAIEZID-KHAN, dit ILDIRIM (LE FOUDRE), vulgairement BAJAZET Ier.

Baïezid-Ildirim, dont la valeur fougueuse avait si puissamment contribué à fixer la victoire dans le camp

---

(*) Cet assassin était Miloch Kobilowitch, noble servien. Les historiens varient sur les circonstances du meurtre de Sultan-Murad. Nous avons suivi la version qui nous a paru la plus vraisemblable.

(**) Scadeddin, écrivain ottoman, place la mort de Murad au 4 ramazan (27 août); les traditions et les histoires de la Servie la fixent au 15 juin; et les autres chroniqueurs dans le courant du printemps de 1389.

ottoman au fameux combat de Kossova, avait vu, avec un secret dépit, son frère Yakoub marcher glorieusement sur ses traces. Jaloux de l'affection que l'armée portait au jeune héros, le nouveau Sultan, depuis son avénement sur le champ de bataille, ne regardait plus ce prince que comme un esclave ambitieux. Craignant qu'il ne profitât de l'amour des soldats pour s'emparer de la couronne, en s'appuyant sur l'exemple d'Orkhan, qui avait été préféré à son frère aîné Ala-eddin, Baïezid, quelques heures après être monté sur le trône, s'en assura la possession, en faisant étrangler Yakoub avec une corde d'arc. Ce genre de mort est regardé, chez les musulmans, comme le plus honorable ; il est réservé, par une distinction particulière, pour les grands de l'empire : c'est là le dernier, et probablement le moins envié de leurs priviléges. Par contre, une idée d'infamie et de flétrissure s'attache à la décollation ; mais le comble de l'ignominie est d'être pendu ou empalé ; aussi ces derniers supplices sont-ils presque uniquement destinés aux voleurs et aux malfaiteurs (*). Baïezid, pour

(*) Lorsque les personnes attachées au service du Sultan ont mérité la mort, elles la reçoivent toujours selon leur rang. L'homme du peuple est pendu ; les militaires et les oulémas sont étranglés ; les officiers civils ou militaires sont décapités, et leurs têtes restent exposées pendant trois jours aux regards du public, avec un écriteau (*iafta*), qui indique leur crime. A Constantinople, la tête d'un vézir ou d'un pacha à trois queues est placée dans un plat d'argent, sur une colonne de marbre, près de l'*orta-capou* (la seconde porte du sérail) : celle d'un pacha à deux queues seulement, d'un général, d'un ministre, n'a que les honneurs d'un plat de bois, sous la voûte de la première porte, en face de l'appartement du Bach-capou-couli. Quant aux têtes des officiers subalternes, elles sont, sans plus de cérémonie, jetées à terre devant cette porte. Lorsque la décollation a eu lieu en province, les têtes sont empaillées ou conservées dans du sel, et envoyées à la capitale.

affaiblir l'horreur de ce fratricide, invoqua avec hypocrisie cette maxime du Coran : *La révolte est pire que les exécutions.* Il ajoutait que le souverain des croyants, l'ombre de Dieu sur la terre, devait, comme le Tout-Puissant, s'asseoir *seul* sur le trône. Cette politique cruelle a été adoptée sans scrupule par les successeurs de Baïezid, et le meurtre, ou du moins la captivité des frères du souverain régnant, sont devenus comme une loi fondamentale de l'État. Lorsque les princes collatéraux, au lieu d'être mis à mort, étaient simplement enfermés au sérail, on avait soin de ne composer leur harem que de jeunes esclaves rendues stériles au moyen de breuvages propres à tarir les sources de la fécondité. Si, malgré cela, elles avaient le malheur de concevoir, leur enfant était condamné à périr dès sa naissance : la sage-femme qui l'aidait à entrer dans la vie, était obligée de la lui ravir à l'instant même ; mais comme le respect interdit à une esclave de tremper ses mains dans le sang impérial, elle se bornait à ne pas nouer le cordon ombilical. Les monarques ottomans trouvaient l'excuse de ces mesures odieuses dans la nécessité d'assurer à leur fils aîné la succession à l'empire, d'affranchir l'État de ces troubles et de ces dissensions qui l'ont si souvent ensanglanté sous les premiers règnes, et enfin de lui épargner une surcharge accablante, par l'entretien qu'exigeraient tant de rejetons de la race d'Osman ; dépense qui pourrait devenir effrayante dans un gouvernement où la loi est polygame. Un exemple fera mieux sentir la force de cette dernière raison. Le khalife Abdullah III, dit *Mamoun*, ayant ordonné en 201 (816) le dénombrement de la maison des Abassides, cette opération donna pour résultat le nombre de *trente-trois mille* princes ou princesses !.....

Sultan-Baïezid, après avoir informé les princes de l'Asie de son avénement, poursuit la guerre commencée par Murad Ier contre la Servie. Ses lieutenants pénètrent en Bosnie, et s'avancent jusqu'aux environs de Widdin. Lui-même s'empare de la ville de Skopi et des mines d'argent de Karatova. Étienne, despote de Servie et fils de Lazar, se soumet enfin, promet sa sœur en mariage au Sultan, et s'engage à lui fournir un contingent de troupes et à lui payer un tribut annuel.

Les Paléologues ne cessaient de se disputer l'empire grec, réduit à une seule province. Le fils et le petit-fils de l'empereur Jean, jetés en prison après la conspiration de Saoudji, implorent, du fond de leur cachot, le secours de Baïezid contre leur père. Le Sultan saisit avec joie le prétexte offert à son ambition : il marche sur Constantinople, délivre Andronic et son fils, et renferme à leur place, dans la tour d'Anémas, Jean et Emmanuel. Pour reconnaître le service que lui rendait Baïezid, le nouvel empereur s'engagea à lui compter chaque année plusieurs quintaux d'or et d'argent. Mais bientôt les deux captifs parviennent à s'échapper et se rendent auprès de leur vainqueur. Le vieil empereur Jean se reconnaît pour son vassal, et promet de lui fournir, outre l'or et l'argent consenti par son fils, un corps de douze mille hommes. Alors Sultan-Baïezid, toujours guidé par son intérêt, de la même main qui avait renversé Jean et Emmanuel, les replace sur le trône ; mais au lieu de replonger Andronic dans les fers, il lui forme une espèce d'apanage composé des villes de Silivri (Selymbria), Erègli (Héraclée), Rodosto (Rhœdestus), Danias, Panidos et Thessalonique.

La paix récemment conclue avec la Servie permit à Sultan-Baïezid de se livrer à son goût pour la construction de monuments religieux ou d'établissements de charité. Ce goût fut poussé si loin, qu'il ne se passa guère d'année de son règne sans qu'il fît élever quelques mosquées, djamis, mèdrèçès ou imarets. Il commença, en 1391, par jeter les fondements de deux magnifiques édifices dans le quartier d'Ildirim-Khan à Andrinople ; c'étaient un imaret et une mosquée, dont la coupole n'est soutenue que par quatre arcades.

Comme Baïezid réservait les trésors de l'empire à l'exécution des conquêtes qu'il projetait, il trouva plus commode, pour subvenir aux frais de construction de la mosquée d'Andrinople, de s'emparer d'Ala-Chèhir (Philadelphie, l'ancienne Kallatebos d'Hérodote), la seule ville que les Grecs eussent encore en Asie. Le gouverneur de cette place ayant refusé d'en ouvrir les portes *à un barbare*, Baïezid, furieux, ordonna aux empereurs eux-mêmes de la réduire. Jean et Emmanuel Paléologue, redoutant la colère du terrible Sultan, eurent la lâcheté de monter à l'assaut de leur propre ville et de la remettre à leur despotique allié. Baïezid fit bâtir à Ala-Chèhir des mosquées, des bains et une école ; et le reste des revenus de la ville fut employé à l'achèvement des constructions commencées à Andrinople. Par suite de la conquête d'Ala-Chèhir, qui touchait au territoire du prince d'Aïdin, ce petit souverain, craignant d'être entièrement dépouillé par Baïezid, lui abandonne Éphèse, sa capitale, se retire à Tirè (l'ancienne Tyra), prête serment de fidélité au conquérant, et renonce aux droits souverains du Sikkè et du Khoutbè. Les seigneurs de Mentèchè et de Saroukhan abandonnèrent aussi leurs principautés, et se réfugièrent chez Keuturum-Baïezid (Baïezid *le Perclus*), prince de Sinope et de Kastamouni.

Les relations amicales qui avaient existé entre les Ottomans et Ala-eddin, prince de Karamanie, depuis qu'il avait fait la paix avec Orkhan, ne purent mettre un frein à l'ambition de Baïezid. Sous un léger prétexte, il attaque le souverain de Karamanie, qui se retire dans les gorges de la Cilicie Pétrée. Baïezid assiège Konia, et voit les villes d'Ak-Chèhir (Thymbrium ou Antiochia Pisidiæ), d'Ak-Seraï (l'ancienne Archelaïs ou peut-être Gersaura), de Nikdè (autrefois Cadyne), lui ouvrir leurs portes. Ala-eddin, craignant que toutes ses possessions ne passassent entre les mains de l'heureux Baïezid, demanda la paix, et ne l'obtint que sous la condition de prendre la rivière de Tchcharchembè pour limite de son royaume.

Tout pliait en Asie devant le vainqueur : Baïezid repasse le Bosphore; il réclame de l'empereur grec les troupes que ce monarque s'était engagé à fournir. Emmanuel s'empresse, en vassal obéissant, de se rendre avec un corps de cent hommes auprès de son suzerain. L'île de Chio, attaquée par soixante navires ottomans est ravagée, ainsi que l'Eubée et une partie de l'Attique. Le vieil empereur Jean sort de sa longue apathie; il fortifie Constantinople; mais Baïezid lui ordonne de raser les nouveaux remparts, et le menace, s'il ose résister, de faire crever les yeux à son fils Emmanuel. Le malheureux vieillard se soumet, et meurt bientôt, accablé d'années et de chagrins. Emmanuel, instruit de la mort de son père, trouve le moyen de tromper la surveillance des émissaires de Baïezid, et retourne à Constantinople. Cette capitale de l'empire grec est bientôt bloquée par une portion de l'armée du Sultan ; le reste de ses troupes envahit la Bulgarie, la Valachie, qui se soumettent au vainqueur, la Bosnie et la Hongrie, mais sans résultat pour ces deux dernières provinces, d'où les troupes ottomanes sont repoussées.

Pendant que Baïezid était occupé en Europe à combattre les nombreux ennemis que son ambition insatiable lui attirait, Ala-eddin, croyant le moment favorable, levait de nouveau l'étendard de la révolte. Déjà il s'était avancé jusqu'aux environs de Brousse et d'Angora, et avait fait prisonnier le beïlerbeï Timourtach, lorsque Baïezid, avec une promptitude incroyable, traverse l'Hellespont et se présente devant son vassal révolté. Effrayé de ce retour inattendu, Ala-eddin envoie une ambassade au Sultan pour lui demander la paix ; mais Baïezid est inflexible : « C'est à l'épée seule, répond- « il à l'envoyé, de prononcer entre « nous. » Alors, profitant de la terreur que la rapidité de sa course a inspirée à l'ennemi, il l'attaque dans la plaine d'Ak-Tchaï (rivière Blanche), et le met en déroute après un combat très-court, dans lequel Ala-eddin et ses deux fils, Ali et Muhammed sont faits prisonniers. Les deux jeunes princes, condamnés à une prison perpétuelle, vont subir leur peine à Brousse; le père, remis à la garde de Timourtach, son ennemi personnel, est tué par lui, sans l'autorisation, du moins apparente, de Baïezid. Cet acte arbitraire de son lieutenant trouva sa justification dans cette maxime que prononça le Sultan, en apprenant ce meurtre : « La mort d'un prince est « moins regrettable que la perte d'une « province. » Par suite de cette victoire, les villes d'Ak-Seraï (palais blanc), de Larenda, et de Konia, ainsi que toute la Karamanie, sont désormais réunies à l'empire.

Baïezid ayant ainsi soumis toute la partie méridionale de l'Asie Mineure, s'avance vers la contrée montagneuse où Kazi-Bourhan-uddin régnait sur quelques peuplades tatares, qui, attirées par la beauté de ce pays, étaient venues s'y fixer. Ce prince, trop faible pour résister à Baïezid, se sauve dans les montagnes de Kharpourt. Attaqué dans cette retraite par Kara-Youlouk, fondateur de la dynastie Baïender (du mouton blanc), il y trouva la mort qu'il croyait éviter en fuyant l'armée ottomane. Le Sultan profite de cet événement, et prend possession des villes de Tokat, de Siwas, de Kaïçariïé et de tout le territoire qui appartenait à Bourhan-uddin.

Des dix principautés élevées sur les ruines de l'empire seldjoukide, il ne restait plus qu'une seule qui n'eût pas subi le joug ottoman. Keuturum-Baïezid, prince de Kastamouni, qui avait offert dans le temps un asile aux seigneurs de Mentèchè et d'Aïdin, fuyant devant le Sultan victorieux, ne pouvait espérer d'éviter longtemps le sort de ses voisins. Déjà Samsoun (Amisus), Djanik et Osmandjik, principales villes de son gouvernement, avaient été la proie du vainqueur, qui consentit à laisser Sinope et son territoire au vaincu, s'il s'obligeait à lui livrer les fils des princes de Mentèchè.

et d'Aïdin, mais ils s'étaient réfugiés auprès de Timour-Leng, où Keuturum lui-même ne tarda pas à les suivre, abandonnant à Baïezid toute la côte depuis Sinope jusqu'au canal de Constantinople, ce qui forme une des plus riches provinces de l'Asie. Kastamouni (*) en est la capitale : on y remarque plusieurs mosquées d'une architecture dont on admire le caprice et la légèreté. Elle est la patrie de Zeïneb, femme célèbre dans la littérature orientale, et de quelques autres poëtes. Plusieurs villes de cette province sont fameuses sous divers rapports : Samsoun, gouvernée et embellie par Mithridate, roi du Pont ; Amassia, dans l'ancien pays des Amazones, assise sur les bords de l'Iris (Tcheharchembè-Souïi, *eau du mercredi*), et qui renferme des monuments qui l'ont fait appeler la *Bagdad de Roum*, entre autres une superbe mosquée de cent pieds carrés, fondée par Baïezid II, et un beau mausolée élevé par le même Sultan, en mémoire du cheïkh Pir-Elias, saint personnage en grande vénération chez les musulmans, et que Timour-Leng aimait à entretenir ; Osmandjik, sur les rives du Kyzil-Irmak (Halys), où l'on voit un pont de dix-neuf arches, autre ouvrage de Baïezid II, et le sépulcre du compagnon de Hadji-Bektach, le pieux Kouïoun-Baba (père mouton), qui s'était imposé un mutisme absolu, et faisait entendre seulement, aux heures de la prière, un grognement sourd, semblable au bêlement du mouton.

Sultan-Baïezid aurait dû se borner, dans l'intérêt de sa gloire, à ces fondations pieuses. Mais l'enivrement du triomphe, l'habitude de voir tout plier devant ses volontés, ne tardèrent pas à le corrompre ; il fut surtout poussé dans une voie de désordres par les perfides insinuations de son grand vézir Ali-Pacha ; ce misérable, vil flatteur et ambitieux insatiable, cherchant à détourner son maître des affaires par les plaisirs, et à concentrer ainsi en lui-même tout le pouvoir, ne cessait de lui répéter que tout était permis au souverain, que les eaux de la pénitence lavaient les crimes et les voluptés de tout genre ; et il appuyait ces principes abominables sur ce verset du Coran : « Certes ! Dieu pardonne tous les péchés ! » L'usage immodéré du vin, expressément défendu par le prophète (*), de hideuses orgies où il s'abandonnait, avec de jeunes itch-oghlans (pages), à un vice trop commun dans l'antiquité, et dont les vers d'Anacréon et de Virgile ont consacré le honteux souvenir ; tels sont les plus grands reproches à faire à la mémoire de Baïezid. Les historiens nationaux eux-mêmes, qui écartent de leur récit, avec tant de soin, tout ce qui peut porter atteinte à la renommée des Sultans, n'ont pu entièrement dissimuler la dépravation de ses mœurs, et l'influence funeste que sa conduite exerça sur la nation entière, sans en excepter le corps des oulémas. Baïezid, rappelé à lui-même

---

(*) L'ancienne *Germanicopolis*, d'après quelques auteurs ; l'ancienne *Sora*, suivant d'autres.

(*) Le vin, ainsi que toutes les liqueurs fermentées qui peuvent produire l'ivresse, comprises sous le nom général de *muskirat* (boissons enivrantes), sont absolument défendues aux musulmans, par plusieurs versets du Coran, dont voici le plus explicite : « O vous, croyants ! sachez en vérité que le « vin, le jeu, les idoles, sont des abomina-« tions suggérées par les artifices du dé-« mon..... En vérité, c'est par le vin et « par le jeu que l'esprit de ténèbres veut « vous armer les uns contre les autres. » *Le vin*, disait Mahomet, *est la mère des abominations. Au moment où l'homme prend en main un verre de cette liqueur, il est frappé d'anathème par tous les anges du ciel et de la terre.* Par suite de cette prohibition absolue, l'horreur du musulman pour le vin doit être telle qu'il ne peut même en avaler une goutte, ni s'en servir comme remède intérieur ou extérieur. Le vase qui aurait contenu cette liqueur doit être lavé dix fois avant d'être mis à l'usage. Seadeddin, historien ottoman, attribue tous les désastres qui ont frappé les dernières années du règne de Baïezid Ier à son amour pour le vin et à ses débauches.

par les remontrances hardies de son gendre, Emir-Seïid (*), et s'apercevant de l'effet dangereux du mauvais exemple, employa la plus grande sévérité à rappeler les gens de loi à leur devoir. Il mit un terme à la vénalité qui avait suivi la corruption des mœurs, d'abord par la terreur, et ensuite par la fixation et l'augmentation de leurs traitements, dont jusqu'alors la faiblesse et surtout l'incertitude les poussaient à recourir à des voies illicites pour se procurer un revenu suffisant. Il chercha aussi à réparer les scandales qu'il avait causés. Guidé par les conseils du cheïkh Bokhari, plus connu sous le nom d'Emir-Sultan, il fit élever deux belles mosquées à Brousse, l'une sur les bords du torrent Ak-Tchaghlan (à la blanche écume), et l'autre dans la ville même, qu'il entoura de nouveaux remparts. La forteresse de Guzeldjè-Hyssar (le beau château) sur la rive asiatique du Bosphore; et celle bâtie sur les bords du Gueuk-sou (eau céleste, l'ancien Aretus), furent encore construites vers cette même époque.

Tandis que Sultan-Baïezid donnait l'ordre de hâter les préparatifs du siége de Constantinople (797-1394), ce but constant des efforts des premiers empereurs ottomans, Thessalonique tombait

___

(*) Emir-Seïid, beau-fils du Sultan, homme de loi vertueux et érudit, visitait un jour avec Baïezid la mosquée que ce prince faisait élever à Brousse, en 798 (1396). Interrogé par Baïezid s'il trouvait l'édifice à son goût : « Oui, seigneur, répondit Emir-
« Seïid ; rien n'égale la beauté de cet édi-
« fice, sa grandeur, sa solidité, sa magnifi-
« cence; mais il manque une chose à sa
« perfection, alors l'ouvrage *aura un tout*
« *autre prix aux yeux de Votre Hautesse.* —
« Quoi donc? repartit vivement le Sultan.
« Il me paraît, reprit l'Emir, qu'il faudrait
« aux quatre coins de la mosquée quatre
« beaux cabarets; ils relèveraient l'élégance
« du bâtiment, et engageraient Votre Hau-
« tesse à y venir souvent avec les amis de
« sa table. » Cette leçon hardie frappa Baïezid ; il fit vœu de ne plus boire de vin ; et s'il ne tint pas toujours son serment, du moins il ne se livra plus à son penchant au point d'en perdre la raison.

en son pouvoir. Vainqueur généreux, il rend cette place à son possesseur légitime, et tourne ses regards vers le nord de ses États en Europe. Sisman, kral de Bulgarie, et son fils, cédant à la terreur qu'inspiraient les armes de Baïezid, se rendent au camp d'Ali-Pacha; ils portaient autour de leur cou un linceul, en signe d'humilité. Le père, conduit à Philippopolis, est mis à mort, et le fils n'échappe au même supplice qu'en se faisant musulman. Le gouvernement de Samsoun fut le prix de son apostasie.

Sigismond, roi de Hongrie, alarmé des conquêtes de Baïezid, lui envoya des ambassadeurs pour lui demander de quel droit il s'emparait de la Bulgarie. Le fier Sultan, gardant un silence dédaigneux, se contenta de montrer aux envoyés les trophées d'arcs et de flèches enlevés aux vaincus. Cette réponse tacite fut le signal de la guerre. Sigismond, trop faible pour résister à Baïezid, chercha du secours chez les princes chrétiens. Le voïvode de Valachie fit alliance avec lui : Charles VI, roi de France, lui envoya un corps auxiliaire de plus de six mille hommes, sous les ordres du jeune comte de Nevers, fils du duc de Bourgogne, et devenu plus tard si célèbre sous le nom de *Jean sans peur*. L'armée de Sigismond se grossit encore d'un grand nombre de chevaliers de Saint-Jean de Jérusalem, et de guerriers bavarois et styriens. Tandis que l'armée confédérée, forte de soixante mille hommes, assiége sans succès Nicopolis, Baïezid, par une marche savante et rapide, surprend le camp des coalisés. Les *Azabs*, qui composaient l'avant-garde ottomane, ne peuvent résister à l'impétuosité du premier choc des Français, ils fuient, et se réfugient vainement auprès des Sipahis qui sont enfoncés à leur tour. Emportés par leur ardeur, nos chevaliers les poursuivent sans prendre haleine, jusqu'au sommet d'une colline où Baïezid, immobile, les attendait avec quarante mille lances. A cet aspect inattendu, une terreur panique s'empare des vainqueurs, ils se replient en désordre sur l'armée hongroise qu'ils entraînent dans leur déroute; le chef des Valaques, allié perfide, se retire sans combattre; et Sigismond, heureux de sauver sa tête, se jette dans une barque, se laisse aller au courant du Danube, et gagne Constantinople.

Cette victoire éclatante coûta cher aux musulmans : soixante mille étaient restés sur le champ de bataille : Baïezid, dans sa douleur, jura par le prophète de venger la mort de tant de vrais croyants. Dix mille prisonniers chrétiens furent décapités ou tués à coups de massue en présence du barbare Sultan. Le comte de Nevers et vingt-quatre chevaliers obtinrent seuls leur grâce. Lorsque ces sanglantes représailles furent terminées, Baïezid voulut donner à ses prisonniers le spectacle d'une chasse au faucon. On ne saurait peindre l'étonnement de nos chevaliers à la vue de la magnificence orientale déployée par le Sultan dans ce divertissement de prince. Des colliers de diamants entouraient le cou des léopards, les lévriers étaient couverts de housses de satin; leurs gardiens (*segbans*), au nombre de six mille, formaient trente-cinq cohortes, parmi lesquelles on distinguait les *samsoundjis* (gardiens des dogues), et les *zagardjis* (gardiens des furets); venaient ensuite les *tournadjis* (gardiens des cigognes), les *chahindjis* (fauconniers), les *tchakirdjis* (chasseurs au vautour), les *doghandjis* (chasseurs au gerfaut), et les *atmadjadjis* (chasseurs à l'épervier). Depuis que les Sultans ont renoncé au plaisir de la chasse, les chefs de ces divers corps n'avaient plus que des titres sans fonctions; mais ils faisaient encore partie de l'état-major général des janissaires, lors de l'anéantissement de cette milice en 1826.

Lorsque Baïezid rendit la liberté au comte de Nevers, il lui dit avec fierté : « Je te remets ton serment de ne plus « porter les armes contre moi, car tu « ne peux m'être plus agréable, qu'en « m'opposant toutes les forces de la « chrétienté, et en me préparant ainsi « de nouveaux triomphes. »

Sultan-Baïezid, après la défaite des chrétiens sous les murs de Nicopolis, fait une irruption en Styrie et en Hongrie, s'empare de quelques places fortes, soumet les Valaques, et oblige l'empereur Jean Paléologue à payer un tribut annuel de dix mille écus d'or, et à laisser bâtir dans la capitale un *djami* et un *mehkèmè* (cour de justice), auxquels seraient attachés un *imam* (prêtre), et un *kadi* (juge).

Satisfait d'avoir établi l'islamisme au milieu des chrétiens d'Orient, le Sultan poursuit le cours de ses conquêtes. Kanghri, ancienne résidence des rois de Paphlagonie; Diwrighi, bâtie par Pompée, sous le nom de Nicopolis; Dèrendè (probablement l'ancienne Taphrace); Behesni, près de Mer'asch (l'ancienne Mariscum); Malatia (jadis Mytilène), patrie du Cid des Arabes, le brave Sid-albattal (le maître champion); enfin la forteresse de Koumakh, non loin de l'Euphrate, se rendent à Timourtach, tandis que Baïezid-Ildirim, tombant comme la foudre sur la Grèce, s'emparait des villes d'Yèni-chèhir (Larisse), Tirhala (l'ancienne Tricca), Domènika ou Deumènèk (autrefois Domacia), Badradjik (Hypata), Pharsale, si fameuse par la bataille entre César et Pompée, Zeïtoun (Lamia), etc. etc.

L'arbre de la fortune du Sultan, comme le dit un écrivain grec, rompait sous les fruits qui mûrissaient chaque jour au chant varié des oiseaux. Après tant de triomphes, retiré à Brousse, où il s'était entouré d'esclaves des deux sexes, d'une rare beauté, il s'abandonnait sans crainte à de coupables voluptés, lorsque tout à coup un message du terrible Timour-Leng, arrache Baïezid à son oisiveté; il n'y répond que par des paroles de mépris, repasse en Europe, et va mettre une seconde fois le siége devant Constantinople. Heureusement pour l'empereur grec, le Sultan en abandonne le siége à la réception de la nouvelle de la prise de Siwas par le conquérant tatare. Les récits les plus effrayants de la cruauté de Timour-Leng circulaient dans l'armée ottomane : à Sebzewar, il avait, disait-on, fait élever des tours vivantes avec les corps des habitants révoltés; deux mille hommes placés les uns sur les autres, en guise de pierres de taille, avaient été cimentés avec de la terre glaise et de la chaux. A Siwas, les cavaliers arméniens avaient été jetés dix à dix, et la tête attachée entre les jambes, dans de larges fosses, que l'on recouvrait d'une planche chargée de terre. Les vieillards, les femmes, les enfants même n'avaient pas été épargnés, et un des fils de Baïezid, Erthogroul, avait eu la tête tranchée, après avoir été traîné ignominieusement, pendant plusieurs jours, à la suite de l'impitoyable vainqueur.

Sultan-Baïezid, fier de ses victoires précédentes, et brûlant de venger la mort de son fils, va au-devant de Timour-Leng, et l'atteint dans la plaine arrosée par la rivière de Tchibouk-Abad, près d'Angora (Angouri, Ancyre). Quatre fils du souverain tatare, et cinq fils du monarque ottoman commandaient dans les armées de leurs pères. Le combat entre les deux plus grands conquérants de l'époque, commença à six heures du matin, et ne finit qu'à la nuit. Baïezid y fit des prodiges de valeur : abandonné par les troupes d'Aïdin, qui reconnurent leur prince dans les rangs de Timour-Leng, et furent suivies par celles de Saroukhan, de Mentèche, de Kermian, et par les auxiliaires tatares, le courageux Sultan, à la tête de ses dix mille janissaires, repoussa pendant toute la journée les attaques de l'ennemi; et ce ne fut que lorsque ces braves guerriers furent presque tous tombés de fatigue ou sous le fer des Tatares, que Baïezid put se résoudre à fuir. Mais une chute de son cheval l'ayant arrêté dans sa course, il fut fait prisonnier par un descendant du fameux Djenghiz-Khan, le 19 zilhidjè 804 (20 juillet 1402). Des cinq fils du Sultan, présents à la bataille, Mouça partagea la captivité de son père, Suleïman, Muhammed et Iça, parvinrent à s'échapper; et Moustapha disparut pendant le combat, sans qu'on pût jamais savoir ce qu'il était devenu. Cette circonstance lui fit donner, par les historiens ottomans, l'épithète de *Nabèdid* (perdu, égaré).

Baïezid, amené devant son vainqueur, en fut accueilli avec tous les égards dus au courage malheureux. Timour-Leng le voyant accablé de fatigue et couvert de sang et de poussière, le fit asseoir auprès de lui, l'assura qu'il n'avait rien à craindre pour sa vie, et lui donna pour prison trois tentes magnifiques; mais lorsque des tentatives d'évasion eurent irrité le prince tatare, il usa de rigueur envers son prisonnier, et on le tenait enchaîné pendant la nuit. Toutefois, en dépit de l'assertion de quelques historiens chrétiens, jamais le fils de Murad ne fut enfermé dans une cage de fer : cette fable est complètement détruite par l'examen attentif des anciens chroniqueurs ottomans, des auteurs orientaux qui ont raconté les guerres de Timour, et même des écrivains européens et byzantins de l'époque. Comme la vue des Tatares, ses vainqueurs, irritait la colère du fougueux Baïezid, Timour le fit voyager dans une litière dont les fenêtres étaient grillées, et qu'on appelle *kafèss* (*). Ce mot qui, dans l'Orient, signifie *cage*, a donné lieu, par une fausse interprétation, au conte de la fameuse cage de fer.

La plupart des historiens musulmans rapportent diverses circonstances curieuses de la première entrevue des monarques tatare et ottoman. Nous les raconterons, quoique l'authenticité n'en soit pas bien prouvée; mais ces détails pourront servir à faire connaître le genre d'esprit et de philosophie des princes asiatiques de l'époque. Timour-Leng ayant invité Baïezid à dîner, le premier plat que l'on servit fut du *ioghourt*, sorte de lait aigre et caillé, très-estimé en Asie. A cet aspect, le Sultan parut interdit. Interrogé par le monarque tatare sur le sujet de son trouble : « Chose étrange ! répondit

---

(*) C'est dans de semblables litières que voyagent les Sultanes. *Kafèss* désigne encore l'appartement des femmes, dont les fenêtres sont grillées; et même le quartier qu'occupaient les princes ottomans dans le serail.

« Baïezid, ce mets me rappelle une
« parole d'Ahmed-Djèlaïr ; un jour ce
« prince me dit : Tu verras de fort près
« Timour, tu dîneras avec lui, et le pre-
« mier plat que l'on servira sera du
« *ioghourt*. Cet événement, qui justi-
« fie sa prédiction, m'agite et me trou-
« ble. — Ahmed-Djèlaïr, répondit ironi-
« quement Timour, est un prince d'une
« haute sagesse, et je lui dois une vive
« reconnaissance, car s'il n'était pas
« demeuré auprès de toi, tu ne serais
« pas ici. » En effet, Ahmed-Djèlaïr,
prince de Baghdad et de l'Irak, était
la cause principale du désastre qui venait de frapper la maison ottomane.
Dépouillé de ses États par Timour, il
avait cherché un asile chez Baïezid,
qui, malgré les sollicitations du Tatare, n'avait jamais voulu violer les
lois de l'hospitalité en lui livrant le
fugitif. Ce refus généreux était un des
plus grands griefs de Timour-Leng contre le Sultan ottoman, et avait puissamment contribué à allumer la guerre
entre eux. « Nous devons l'un et l'autre,
« continua Timour, une reconnaissance
« toute particulière à Dieu pour les em-
« pires qu'il nous a confiés. — Pour-
« quoi ? demanda Baïezid. — Pour les
« avoir donnés à un boiteux tel que
« moi, et à un goutteux comme toi,
« répliqua le prince tatare ; et cela
« prouve combien la domination du
« monde est peu de chose aux yeux
« d'Allah ! »

Le malheureux Baïezid, obligé de
suivre son vainqueur dans le cours de
ses conquêtes, fut attaqué d'une profonde mélancolie, et mourut le 14
chaaban, 805 (9 mars 1403), un an
après la bataille d'Angora.

Timour-Leng permit au prince Mouça,
fils du souverain ottoman, de transporter le corps de son père à Brousse,
où il fut déposé auprès de Murad Ier,
dans le turbè de Tchèkirguè.

Sultan-Baïezid-Ildirim, dont la brillante carrière fut tout à coup arrêtée
par une grande catastrophe, était doué
d'une âme intrépide, et d'une activité
prodigieuse. Les historiens ottomans,
ne sachant comment louer la promptitude avec laquelle il rassemblait ses
troupes, dévorait les distances, et surprenait l'ennemi, faisant le parallèle
de la vitesse assez connue des Tatares
avec celle de ce prince, les comparent
à des *limaçons qui se traînent lente-
ment*, et le peignent d'un seul mot par
le surnom d'*Ildirim* (le foudre). Très-
secret dans ses desseins, il ne les
communiquait à personne, savait saisir le moment favorable, et paraissant
tout à coup en Europe, lorsqu'on le
croyait le plus occupé en Asie, il tint
pendant quatorze ans les deux conti-
nents en haleine. Quoique sujet à la
colère, il était naturellement juste, et
le premier mouvement violent, bientôt
calmé, faisait place à la clémence. Son
histoire est un des exemples mémorables des caprices de la fortune, qui
semble se plaire à élever, de loin en
loin, des colosses de gloire à l'apogée
des grandeurs humaines, afin que leur
chute soit plus inattendue et plus re-
tentissante.

CHAPITRE VI.

INTERRÈGNE DE ONZE ANS.

Privé de la main puissante qui l'a-
vait agrandi et consolidé, l'empire ottoman chancelait de nouveau sur ses
bases. Des quatre fils de Sultan-Baïezid, Suleïman seul régnait en Europe,
pendant que Muhammed, Mouça et
Iça se disputaient les provinces asiatiques. Ces dissensions intestines durèrent à peu près onze ans : les historiens nationaux regardent cette période
comme un interrègne, par la raison
que, dans cet intervalle, aucun des
prétendants ne réunit tous les pouvoirs
de l'État, et ne fut en même temps
reconnu comme unique souverain en
Europe et en Asie. L'autorité absolue
et universelle dans l'empire entier,
constitue seule, suivant ces écrivains,
la souveraineté. Ainsi ce ne fut que
depuis l'année 816 (1413) que Muhammed, ayant triomphé de ses frères, prit le titre de Sultan.

Nous avons vu, dans le chapitre
précédent, que Suleïman, Iça et Muhammed étaient parvenus, après la
funeste journée d'Angora, à échapper

aux troupes victorieuses de Timour-Leng. Le premier, fils aîné de Baïezid, fuyait vers Brousse, accompagné du grand vézir Ali-Pacha, de l'aga des janissaires et de quelques autres officiers supérieurs, et poursuivi par trente mille cavaliers tatares, sous les ordres de Mirza-Muhammed-Sultan, petit-fils de Timour. Suleïman fut pressé si vivement qu'il n'eut que le temps de se jeter dans une barque, et de se sauver en Europe. Les soldats de Timour, ayant manqué leur proie, s'en consolèrent en s'emparant du trésor public, de la vaisselle d'or et d'argent, et de tous les objets précieux que renfermait Brousse. Cette ville fut livrée à toutes les horreurs du pillage et de l'incendie; et les mosquées profanées servirent d'écurie aux chevaux des vainqueurs.

Timour-Leng ayant appris la fuite de Suleïman, lui envoya des ambassadeurs pour l'inviter à se rendre à sa cour, ou à payer un tribut. Le fils aîné de Baïezid répondit à ce message qu'il était prêt à comparaître devant la *sublime Porte* du conquérant, pourvu que son illustre prisonnier fût traité en roi. Le cheïkh Ramazan, chargé de cette mission, offrit au prince tatare des chevaux et des oiseaux dressés pour la chasse. « J'ai oublié le « passé, dit Timour à l'envoyé de Suleï- « man ; que ton maître vienne sans « crainte auprès de moi, afin que je « lui donne des preuves de mon ami- « tié. » Après cette réponse bienveillante, il remit au cheïkh une ceinture d'or et un bonnet brodé de même, et le combla de marques d'estime et de considération. Cette conduite, généreuse en apparence, n'était chez Timour que le fruit d'une adroite politique; car en même temps qu'il délivrait au cheïkh Ramazan un diplôme par lequel il investissait Suleïman de la souveraineté des provinces ottomanes situées en Europe, il accueillait avec distinction les messagers d'Iça et de Muhammed, entretenait secrètement leurs espérances rivales, et, d'un autre côté, rétablissait dans leurs États les princes dépossédés par Sultan-Baïezid. Par ces mesures, il affaiblissait l'empire ottoman, en l'environnant de souverains ennemis, et le livrait à toutes les fureurs de l'ambition et de l'anarchie.

Tandis que Suleïman, retiré à Andrinople, était salué empereur par le peu de troupes restées en Europe, Muhammed, arraché à la mêlée par Baïezid-Pacha, se réfugiait dans les montagnes. En se retirant, il remporta plusieurs avantages sur les généraux de Timour, qui voulaient s'opposer à son passage. Également invité par le conquérant tatare à venir visiter son camp, il craignit de se mettre entre les mains du redoutable vainqueur, et se borna à lui envoyer son gouverneur Sofi-Baïezid, qui, au retour de son ambassade, apprit au jeune prince la mort de son père.

Pendant que Timour, satisfait de ses conquêtes, ramenait ses hordes barbares dans le centre de l'Asie, Muhammed s'emparait des environs de Tokat et d'Amassia; Suleïman régnait à Andrinople; et à la première nouvelle de la mort de Sultan-Baïezid, Iça, caché à Brousse, venait d'être proclamé souverain par le beïlerbeï Timourtach. Muhammed s'avance contre ce nouveau compétiteur, le bat dans le défilé d'Ermèni, et lui propose de partager entre eux l'empire d'Asie. Iça ayant rejeté cette offre avec hauteur, Muhammed remporte une seconde victoire sur Timourtach, et oblige son frère à fuir jusqu'à Andrinople, où Suleïman lui fournit quelques troupes, avec lesquelles il repassa en Asie. Battu de nouveau et à plusieurs reprises par l'heureux Muhammed, Iça finit par s'éclipser de la scène politique; les versions contradictoires des historiens laissent en doute s'il périt par ordre de Muhammed, ou s'il disparut, comme son frère Moustapha après la défaite de Baïezid.

A peine délivré d'un rival, Muhammed en trouva un autre plus redoutable dans Suleïman. Ce prince, jusqu'alors spectateur paisible des querelles de ses frères, venait, pour consolider son pouvoir naissant, de conclure un traité d'alliance avec l'empereur grec, dont il avait épousé la nièce, et à qui il avait fait d'importantes concessions, pour prix des secours qu'Emmanuel II lui promettait. Jusqu'alors plongé dans les délices d'une licencieuse oisiveté, Suleïman est tout à coup arraché aux plaisirs par la nouvelle des succès de Muhammed, et de la trahison du gouverneur de Smyrne, le soubachi Kara-Djounëïd. Suleïman passe l'Hellespont, s'empare de Brousse, marche vers Pergame, de là sur Smyrne, et campe enfin à six lieues d'Éphèse, à la tête d'une armée de vingt-cinq mille hommes. Djounëïd, ligué avec les princes de Kermian et de Karamanie, et comptant sur leur secours pour résister à Suleïman, est instruit que ses alliés doivent le livrer. Effrayé de cette résolution, il se décide à en prévenir l'effet, quitte, pendant la nuit, son palais, et vient, une corde au cou, porter son repentir aux pieds de Suleïman, qui lui pardonne. Ce prince entre en vainqueur à Éphèse, pendant que son vézir, Ali-Pacha, s'empare d'Angora. Muhammed, arrivé trop tard pour défendre cette ville, se dirige sur Brousse, où Suleïman oubliait le danger au sein des voluptés. L'approche de l'armée de son frère, près de passer la Sakaria (*Sangarius*), lui inspire d'abord la timide résolution de s'enfuir en Europe; mais, rappelé à lui-même par l'énergie d'Ali-Pacha, il s'avance pour livrer bataille à Muhammed. Une lettre de l'astucieux vézir, cachant sa ruse de guerre sous une apparence de dévouement, instruisait en même temps Muhammed d'une prétendue conspiration ourdie dans sa propre armée. Ce faux avis le détermine à se retirer à Amassia. Suleïman profite de cette retraite pour assiéger le fort de Siwri-Hyssar. En ce moment, le prince Mouça, que Timour, avant son départ, avait confié au seigneur de Kermian, offre à Muhammed de porter la guerre dans les États de Suleïman, obtient des secours des krals de la Valachie et de la Servie, et passe en Europe: trahi par les Serviens, il est obligé de céder à la fortune de Suleïman, qui prend de nouveau possession d'Andrinople. Ce prince, doué de la plupart des qualités qui font les grands hommes, les effaça par les excès honteux auxquels il se livrait sans relâche. C'est ainsi qu'il se plongea, après la fuite de Mouça, dans les plaisirs les plus grossiers, où il achevait de perdre tout reste d'énergie, tandis que son antagoniste, plein de vigilance, recomposait son armée, et paraissait à l'improviste sous les murs d'Andrinople. En vain, les plus fidèles serviteurs de Suleïman l'avertissent du danger qui le menace; il rit de leurs avis, et fait même couper avec un sabre la barbe de l'aga des janissaires. Cet affront, le plus grand que puisse recevoir un musulman, cause la perte du prince. Presque tous ses émirs l'abandonnent, et passent dans les rangs de Mouça. Suleïman s'enfuit: reconnu à la richesse de ses vêtements, il est tué par des archers; son corps est porté à Mouça, qui le fait ensevelir dans le tombeau de leur aïeul Sultan-Murad.

Suleïman, qui régna pendant dix ans sur les provinces européennes de l'empire ottoman, et que cette circonstance a fait compter par les historiens grecs et occidentaux au nombre des Sultans, sous le nom de Suleïman Ier, aurait passé pour un grand prince, s'il avait su mieux résister au poison des voluptés. Brave, clément et généreux, protecteur des arts et des sciences, il entoura son trône d'hommes illustres, de poëtes du premier ordre: on cite entre autres, l'imam Suleïman-Tchèlèbi, auteur de plusieurs poëmes à la gloire du prophète; Niafi, autre poëte, dont les œuvres furent détruites dans l'invasion de Timour-Leng; Ahmed, auteur d'une histoire d'*Alexandre le Grand*, en vingt-quatre livres. Celui-ci avait été admis dans l'intimité du conquérant tatare, qui souffrait de son favori les épigrammes les plus sanglantes. Timour était allé au bain avec Ahmed: « Combien m'estimes-tu? lui demanda-t-il. — Quatre-vingts aspres, répondit le poëte. — C'est le prix de ma chemise, » reprit Timour en riant. — C'est d'elle seule que je parle, répliqua Ahmed;

et non de toi, car tu ne vaux rien du tout. » Loin de se fâcher de cette saillie un peu vive, le monarque tatare en récompensa l'auteur.

La mort de Suleïman laissait Mouça maître absolu de la partie européenne de l'empire. Ce prince, à l'âme froide et cruelle, fait brûler dans leurs chaumières les habitants du village auquel appartenaient les meurtriers de Suleïman, en disant que des esclaves n'avaient pas le droit de donner la mort à un prince de la glorieuse race d'Osman. Il ravage ensuite les États du kral de Servie, dont il n'avait pas oublié la trahison, passe au fil de l'épée les garnisons de trois forteresses, et, sur ce monceau de cadavres, commande qu'on dresse des tables, et donne un festin à ses officiers.

De retour de cette sanglante expédition, Mouça marcha contre Sigismond, roi de Hongrie, qu'il défit dans une bataille rangée. Il s'empara de plusieurs villes sur les bords du Strymon, et envoya vers l'empereur grec, Ibrahim, fils d'Ali-Pacha, pour réclamer le tribut. L'infidèle messager engagea Emmanuel Paléologue à résister aux ordres du tyran, et se réfugia à Brousse, auprès de Muhammed. Irrité de cette trahison, Mouça entra en Thessalie, fit prisonnier le neveu de l'empereur, se dirigea sur Constantinople, et mit le siége devant cette capitale. Alors Emmanuel appela à son secours Muhammed ; mais celui-ci, après avoir tenté sans succès deux sorties, retourne en Asie, où la révolte de ses lieutenants Djouneïd et Yakoub exigeait sa présence. Enfin le kral de Servie, l'empereur grec, et le prince de Zoul-Kadriïé, réunissent leurs forces à celles de Muhammed, afin de terminer d'un seul coup les longs différends des deux fils de Baïezid (*).

(*) Les annalistes ottomans n'excusent le prince Muhammed d'avoir introduit dans son armée des troupes étrangères, que par la nécessité urgente dans laquelle il se trouvait ; car un préjugé religieux s'oppose à ce mélange de guerriers infidèles avec les enfants du prophète. Muhammed, pour choquer le moins possible l'opinion publique,

Mouça, abandonné successivement par tous ses généraux, se réfugie sur une colline, avec sept mille janissaires, dernier corps qui lui restait, et dont il avait acheté la fidélité en leur distribuant de l'or en si grande quantité qu'ils le mesuraient avec leurs *ketchès* (bonnets). Muhammed le suit, et range son armée en bataille. En ce moment l'aga des janissaires, Haçan, l'un des premiers qui avaient trahi Mouça, sort des rangs et engage ses anciens compagnons d'armes à passer dans l'armée de Muhammed. Mouça, furieux, s'élance sur Haçan et le blesse mortellement ; comme il allait porter un second coup, l'officier qui avait accompagné l'aga, para avec son sabre et coupa la main du Sultan. A cet aspect, une terreur panique s'empara des soldats de Mouça ; ils se débandèrent, et lui-même, se voyant abandonné, s'enfuit, tomba dans un marais, fut fait prisonnier par un des cavaliers envoyés à sa poursuite, et conduit devant Muhammed, qui le fit étrangler sur-le-champ. Sa fin tragique, arrivée en 816 (1413), après un règne de trois ans et quelques mois, termina la guerre civile qui désolait l'empire ottoman, et en assura la possession à Muhammed, dont l'avénement ne date que de cette époque ; mais l'agitation produite par ces troubles intérieurs ne put s'apaiser de longtemps, et des insurrections éclatèrent à diverses reprises pendant les huit années du règne du successeur de Baïezid-Ildirim.

Malgré ces secousses, l'empire, réuni enfin sous un sceptre unique, échappa à la destruction imminente ou au démembrement dont la guerre civile le

n'accepta les soldats d'Emmanuel II que sous la condition expresse que les deux corps d'armée agiraient séparément. Ces mêmes écrivains ne manquent pas d'attribuer la défaite de Baïezid par Timour-Leng à la coopération de vingt mille Serviens que le Sultan avait reçus dans son armée. « On ne « peut voir sans un grand scandale, disent-« ils, l'union de la croix et du croissant, « et les drapeaux de Mahomet confondus « avec ceux du Christ. »

menaçait; et la dynastie d'Osman sortit triomphante de cette sanglante épreuve et de ces longues luttes intestines.

Le règne de Mouça fut trop court pour permettre à ce prince d'en laisser des vestiges durables. Il n'eut pas le temps d'achever la superbe mosquée commencée à Andrinople par Suleïman. On cite comme son ouvrage une école établie à Gallipoli. Parmi les savants de son époque, le plus remarquable est Bedreddin, auteur de traités sur la jurisprudence et la théologie. Il avait été honoré par Mouça de la dignité de juge de l'armée (*kaziasker*). Quelques années plus tard, il fut condamné à être pendu pour avoir ourdi une conspiration de derviches contre Muhammed. Bientôt nous parlerons en détail de cette insurrection, la plus dangereuse qui ait jamais ébranlé l'empire ottoman. Dans l'histoire de l'Orient moderne, c'est la seule qui ait été conçue par des religieux, avec le but d'exploiter le fanatisme au profit d'une idée politique.

CHAPITRE VII.

SULTAN-MUHAMMED-KHAN, VULGAIREMENT MAHOMET Ier, FILS DE BAIEZID-ILDIRIM.

Lorsque la mort du dernier et du plus redoutable des prétendants à la succession de Sultan-Baïezid eut enfin assuré le trône à Sultan-Muhammed, le peuple et l'armée, également fatigués de la guerre civile, saluèrent d'acclamations sincères et unanimes l'avénement de leur nouveau maître. Les ambassadeurs de l'empereur grec, des princes de Servie, de Moldavie, de Valachie, de Yanina, de Lacédémone et de l'Achaïe, vinrent unir en même temps leurs félicitations aux suffrages de ses sujets. Sultan-Muhammed accueillit tous ces envoyés avec une égale bienveillance, les combla de présents, les admit à sa table, et, lorsqu'ils prirent congé de lui, leur laissa pour adieux ces paroles rassurantes : « Répétez bien à vos maîtres que je « donne à tous la paix, et que je l'ac- « cepte de tous. Que le dieu de paix « inspire ceux qui seraient tentés de la « violer ! » Il ajouta en s'adressant aux messagers d'Emmanuel Paléologue : « Dites *à mon père* que, grâce à son « secours, je suis rentré dans les pos- « sessions de mes ancêtres, et qu'en « souvenir de ce service je lui serai « dévoué comme un fils à son père, et « chercherai toutes les occasions de lui « être agréable. » Joignant les effets aux promesses, Sultan-Muhammed restitua aux Grecs tout ce que les Sultans ses prédécesseurs leur avaient injustement enlevé, et resta toute sa vie, autant par honneur que par politique, leur fidèle allié. Les premiers actes de ce prince équitable firent naître ainsi les plus belles espérances, et la suite de son règne les réalisa. Après avoir conclu un traité avec les républiques de Venise et de Raguse, il marche contre son rebelle vassal Djouneïd, gouverneur d'Okhri, prend d'assaut Kyma, la forteresse de Katchadjik, et Nymphæon, et met enfin le siège devant Smyrne, qui capitule au bout de dix jours. La mère de Djouneïd, renfermée dans cette dernière ville, obtint la grâce de son fils. Le Sultan se contenta de lui ôter le gouvernement qu'il avait si souvent mérité de perdre, et lui laissa ses richesses et la vie. Sultan-Muhammed, en prenant possession de Smyrne, en fit raser les fortifications. Une tour que les chevaliers de Rhodes avaient élevée à l'entrée du port, ayant été comprise dans cette démolition, le grand maître de l'ordre s'en plaignit au Sultan, qui, en dédommagement, lui accorda, dans le territoire de Mentêchè, un emplacement propre à la construction d'un château.

On a vu précédemment que, pendant la guerre de Muhammed et de Mouça, le prince de Karamanie avait tenté de secouer le joug ottoman. Ce seigneur rebelle avait mis le siège devant Brousse, sans pouvoir s'en emparer, grâce à la vigoureuse défense de la garnison. Les assiégeants avaient tenté vainement de miner la citadelle, et de détourner le cours du gros ruisseau de Binar-Bachi qui fournissait l'eau à la ville. De fréquentes sorties les avaient forcés d'abandonner leur projet. Irrité de cette résistance invincible, Karaman saccagea les environs et les faubourgs de Brousse; dans sa rage impie, il profana le tombeau du vainqueur de son père, de Sultan-Baïezid, dont il livra les restes aux flammes. Par un hasard singulier, au moment de cette violation de la sépulture d'un héros, le convoi funèbre de Mouça, l'un de ses fils, arrivait. A ce lugubre spectacle, les assiégeants furent frappés de terreur : le prince de Karamanie lui-même, saisi d'une frayeur superstitieuse, leva le siége, après avoir mis le feu aux faubourgs : « Si tu fuis de-« vant l'Ottoman mort, lui dit un de « ses guerriers, comment résisteras-tu « à celui qui est vivant ? » Le prince, offensé de cette observation, n'y répondit qu'en ordonnant le supplice du conseiller audacieux.

Sultan-Muhammed, après avoir apaisé la révolte de Djounéïd, se met en marche pour punir le seigneur de Karamanie. Les villes d'Ak-Chèhir, de Beï-Chèhri, de Sidi-Chèhri, et quelques autres encore, ouvrent leurs portes au monarque ottoman, sans oser faire la moindre résistance. Konia seule essaye de se défendre; mais Karaman, effrayé de la marche rapide du vainqueur, vient se jeter à ses pieds, le front ceint d'un bandeau, en signe de soumission, et il obtient sa grâce (*). A peine Muhammed s'est-il éloigné, que l'incorrigible vassal se révolte de nouveau. Le Sultan revient en hâte sur ses pas, et tombe malade en route. Sinan, plus connu sous le nom de Cheïkhi, fameux médecin et meilleur poëte, est appelé. Convaincu que le chagrin est la seule cause de la maladie du prince, il le traite en conquérant, et lui ordonne pour remède *une victoire*. En effet, dès que Baïezid-Pacha, suivant l'ordonnance du médecin, eut battu le sujet révolté, la guérison du monarque s'opéra comme par miracle. Le fils du vaincu, Moustapha-Beï, fait prisonnier, est amené devant Muhammed, et la main sur la poitrine, prononce ce serment au nom de son père : « Je jure que tant que cette âme res-« tera dans ce corps, je respecterai les « possessions du Sultan. » Malgré cette promesse solennelle, à peine est-il sorti du camp du vainqueur, qu'il s'empare des troupeaux errants dans la plaine. Comme on s'étonnait de cette violation si prompte de sa parole : « J'ai promis « de ne point troubler la paix, *tant que* « *cette âme resterait dans ce corps,* » dit-il en tirant du vêtement qui recouvrait sa poitrine, un pigeon qu'il venait d'étouffer. Indigné de tant de mauvaise foi, Sultan-Muhammed se prépare à punir les perfides. Le prince de Karamanie s'enfuit dans le *Tach-ili* (contrée pierreuse, autrefois *Cilicie pétrée*); et son fils se réfugie à Konia. Assiégée pour la troisième fois, cette ville est bientôt obligée de se rendre. Sultan-Muhammed, dans son inépuisable clémence, pardonne encore aux coupables, et prononce ces belles paroles : « Ce « serait ternir ma gloire que de punir « un infâme comme toi. Si ton âme « perfide t'a poussé à trahir tes ser-« ments, la mienne m'inspire des sen-« timents plus dignes de la majesté de « mon nom : tu vivras ! »

Une rupture avec les Vénitiens, causée par une méprise involontaire, obligea Sultan-Muhammed à retourner en Europe. Après un combat naval, livré devant Gallipoli le 29 mai 1416, et dans lequel la flotte ottomane fut battue, un nouveau traité se conclut. L'ambassadeur que le Sultan envoya l'année suivante à Venise, y fut entretenu, ainsi que toute sa suite, aux frais de la république (*), et reçut, en

---

(*) Un verset du Coran dit : « On ne doit « point abattre une tête qui se couvre du « bandeau » (c'est-à-dire, qui demande grâce). Cette sentence ne souffre d'exception que lorsqu'il y aurait du danger à laisser vivre les prisonniers, ou bien impossibilité de les garder. Dans ces cas, leur mort est considérée comme légitime, parce qu'elle diminue le nombre des ennemis du prophète.

(*) Les Vénitiens, les musulmans et les Grecs avaient hérité cet usage des anciens

partant, de riches étoffes d'or, et quatre arcs merveilleusement travaillés à l'orientale.

Dans la même année (819-1416), Sultan-Muhammed établit des liaisons avec divers petits souverains de l'Asie centrale, soumit au tribut quelques autres princes chrétiens, et fit des excursions en Styrie et en Hongrie, où il fut battu par le vice-palatin Peterfy et par le roi Sigismond. Rappelé au delà du Bosphore par les dissensions survenues entre plusieurs seigneurs voisins des frontières de l'empire ottoman, il eut l'adresse de se faire céder par Isfendiar, prince de Sinope, les villes de Tosia (*Docea*) et de Kanghri (*Gangra*).

C'est vers cette époque, et lorsque Sultan-Muhammed, de retour en Europe, s'y occupait à remonter sa marine détruite à Gallipoli, que le juge de l'armée, le savant Bedreddin, dont nous avons parlé dans le précédent chapitre, préparait, avec une patience et une habileté surprenantes, la fameuse conspiration des derviches, qui mit dans le plus grand danger la souveraineté absolue du Sultan, en répandant les principes de la liberté et de l'égalité. Après la mort de son protecteur Mouça, Bedreddin avait été exilé à Nicée, d'où il parvint à s'échapper. Il se mit alors à prêcher sa nouvelle doctrine religieuse : elle était basée sur la possession en commun de tous les biens, à l'exception des femmes. Beurekludjè-Moustapha, jeune musulman d'un caractère plein d'exaltation et de fanatisme, fut l'instrument choisi par Bedreddin pour frayer la route à son ambition. L'apôtre de la nouvelle doctrine prit le titre de *Dèdè-Sultan* pour exprimer sa supériorité religieuse et civile (*). Un juif apostat se joignit à ces imposteurs, parcourut l'Asie à la tête de nombreux derviches, et fut un de leurs prédicateurs les plus fougueux. Afin d'étendre leur domination en Europe comme en Asie, ces novateurs déclarèrent qu'ils adoraient le même dieu que les chrétiens, et ils accueillirent avec joie ceux d'entre ces derniers qui voulurent se joindre à eux. Ils envoyèrent à Chio des disciples, espèce de missionnaires chargés de faire des prosélytes. Un de ces émissaires, la tête nue et les pieds entourés d'un morceau de drap, se présenta chez un anachorète grec : « Je « suis anachorète comme toi, lui dit il, « j'adore le même dieu que toi, et je « viens te voir pendant la nuit, en « marchant à pied sec sur la mer. »

Enivrés d'un succès obtenu par six mille d'entre eux sur les troupes de Sisman, fils renégat du roi de Servie et gouverneur de la province de Saroukhan, chargé par Sultan-Muhammed de les châtier, et qui périt lui-même dans le combat, ces enthousiastes redoublèrent d'audace. Ils proclamèrent des réformes entièrement opposées aux préceptes du Coran et à l'esprit de l'islamisme, et se rapprochèrent toujours plus des chrétiens. Ces innovations parurent si dangereuses à Sultan-Muhammed, qu'il ordonna à Ali-Beï, nouveau gouverneur d'Aïdin et de Saroukhan, de réunir toutes ses forces contre les rebelles. Mais Ali-Beï ne fut pas plus heureux que Sisman : complétement battu, il eut à peine le temps de se réfugier à Magnésie avec les débris de son armée.

Les deux revers successifs éprouvés

Romains, qui accordaient aux ambassadeurs le logement, la nourriture et les vêtements, *locum, lautia* et *vestimenta* (Tite-Live) ; ce qu'on appelle en turc : *konak, taïin* et *kaftan*. De ces trois dons, les deux premiers ayant été supprimés depuis longtemps chez les musulmans, le *kaftan* est le seul qui soit resté en usage jusqu'en ces derniers temps. Cette coutume est antérieure aux Romains eux-mêmes, et les Orientaux l'ont constamment pratiquée envers les ambassadeurs étrangers, qui n'avaient au surplus que des missions temporaires : la permanence des agents diplomatiques auprès des souverains est une institution moderne, qui ne remonte pas à plus de trois siècles.

(*) On appelle *dèdè* tout supérieur ou directeur d'un ordre ou d'un couvent; la valeur du mot *sultan* est trop connue, pour qu'il soit nécessaire d'entrer dans une plus longue explication.

par les armes de Sultan-Muhammed, lui imposaient l'obligation de punir les rebelles de la manière la plus éclatante. Les troupes des provinces européennes et asiatiques se réunirent sous les ordres de son fils Murad, âgé seulement de douze ans, et qui, malgré son extrême jeunesse, était gouverneur d'Amassia. Ce prince, accompagné de son vézir Baïezid-Pacha, anéantit les factieux dans une bataille décisive près de Kara-Bournou, dans les environs de Smyrne et en face de l'île de Chio. Leur chef, Moustapha, fait prisonnier avec quelques-uns de ses adeptes échappés au carnage, fut mis à la torture. Les tourments les plus affreux ne purent le faire rentrer au sein de l'islamisme. Ses bourreaux, renonçant à vaincre son obstination, le clouèrent, les bras et les jambes écartés, sur une longue planche, l'attachèrent ainsi sur un chameau, et le promenèrent à travers la ville d'Éphèse. Ceux d'entre ses disciples qui refusèrent d'abjurer leur nouvelle croyance, furent massacrés devant lui. Ces fanatiques, exaltés par l'exemple de leur maître, loin de craindre la mort, se précipitaient sur les poignards : « Dèdè-« Sultan, s'écriaient-ils en expirant, « reçois-nous dans ton royaume. » Le juif Torlak-Kèmal, vaincu aux environs de Magnésie, et Bedreddin, premier moteur de l'insurrection, fait prisonnier près de Serès en Macédoine, furent pendus. Le petit nombre de ces sectaires, qui échappèrent à la destruction de leur parti, firent courir le bruit que Beurekludjè-Moustapha existait encore, et s'était retiré à Samos pour se livrer à la vie contemplative.

A peine Sultan-Muhammed achevait-il d'étouffer dans le sang la redoutable secte qui avait ébranlé son trône, qu'un danger plus grand peut-être vint le menacer. Son frère Moustapha-Nabedid (le perdu), qui avait disparu à la fameuse bataille d'Angora, sortant tout à coup de son obscurité, réclamait le trône de Baïezid, dont il se disait l'héritier légitime. Était-ce le véritable Moustapha qui reparaissait, armé de droits incontestables, ou bien un imposteur, profitant de la mystérieuse incertitude qui voilait la destinée du cinquième frère de Baïezid-Ildirim, et cherchant à usurper la souveraine puissance?.... Les historiens ottomans, à l'exception d'un seul (Nechri), dont à la vérité le témoignage est le plus respectable, se prononcent pour la seconde hypothèse, et appellent en conséquence le prétendant *Duzmè-Moustapha* (le faux Moustapha). Quant aux historiens grecs, ils sont unanimes dans l'opinion contraire. Il devient assez difficile, dans ce conflit d'opinions opposées, de démêler la vérité, que la partialité intéressée des écrivains des deux nations tendait encore à obscurcir. Quoi qu'il en soit, soutenu par le prince de Valachie, et par Djounéid, gouverneur de Nicopolis, à qui le Sultan trop généreux avait déjà pardonné deux révoltes, le prétendant envahit la Thessalie. Battu près de Salonique, il se réfugia dans cette ville. Le commandant grec refusa de l'abandonner à la vengeance de Sultan-Muhammed; l'empereur Emmanuel approuva la conduite de son sujet, et répondit noblement, aux instances de son puissant allié, qu'un souverain ne peut sans honte livrer le fugitif qui vient chercher un asile au pied du trône. Il ajouta cependant qu'il s'engageait à ne jamais rendre la liberté au prétendant, du moins tant que le Sultan vivrait. Sultan-Muhammed, assez grand lui-même pour sentir toute la dignité de cette réponse, se contenta de la promesse d'Emmanuel, et consentit à payer annuellement une pension de trois cent mille aspres à Moustapha, à qui il semblait ainsi reconnaître tacitement la qualité de frère. Par un excès de générosité de la part du Sultan, Djounéid et trente de ses compagnons furent compris dans ce traité. Le prince de Valachie fut moins heureux : pour le punir de l'appui qu'il avait prêté aux rebelles, le Sultan envahit et ravagea sa province. Devenu le maître absolu de l'empire, dont la répression des derniers troubles assurait enfin le repos, Sultan-Muhammed résolut de se rendre dans ses provinces asiatiques, en passant par Constantinople. L'empereur grec, repoussant avec indignation les infâmes conseils de ses courtisans, qui l'engageaient à profiter de la circonstance pour s'emparer du Sultan, le reçut au contraire avec la plus grande cordialité, et répondit à la noble confiance que montrait en sa loyauté le monarque ottoman. Trois députés, porteurs de riches présents, et accompagnés d'un grand nombre d'archontes, allèrent au-devant de lui, et le conduisirent jusqu'aux rives du Bosphore. Là, Emmanuel et son fils l'attendaient sur la galère impériale. Pendant la traversée, les deux souverains se donnèrent mutuellement les plus grands témoignages d'estime et d'amitié. Ce fut un beau spectacle que de voir les successeurs d'Osman et de Constantin, oubliant les longues dissensions qui avaient divisé leurs prédécesseurs, rejeter une politique déloyale, et n'agir entre eux que d'après les lois de l'honneur et de la franchise! Cent ans après, François Ier en agissait ainsi avec Charles-Quint, son heureux rival : de tels rapprochements ne sont pas indignes d'être rappelés à la mémoire des hommes.

L'année suivante (824-1421), Sultan-Muhammed retourna à Andrinople; mais à peine y était-il arrivé qu'il fut frappé d'apoplexie. Revenu à lui, et ne se dissimulant pas que l'heure fatale approchait, il recommanda vivement à la fidélité du grand vézir Baïezid-Pacha, l'héritier de la couronne, Murad, alors à Amassia; il lui écrivit de revenir en toute hâte, et traça de sa propre main, au bas de la lettre, un distique persan dont voici la traduction : « Si notre nuit s'écoule, elle sera « suivie d'un jour brillant : si notre « rose se fane, elle sera remplacée par « un rosier délicieux. »

La nouvelle de la maladie du Sultan avait répandu la consternation dans l'armée. Il eut encore la force de se montrer à elle, et en fut salué par de vives acclamations : il expira le lendemain. Ibrahim et Baïezid-Pacha résolurent, dans cette grave circonstance, de cacher sa mort à tous, jusqu'à ce que Murad eût pris possession du trône. Ce prince reçut à Amassia la nouvelle de la fin prématurée de son père, et partit secrètement pour Brousse. En attendant qu'il y fût arrivé, le conseil s'assemblait chaque jour à Andrinople, comme du vivant de Sultan-Muhammed. On publia même, en son nom, l'ouverture d'une campagne en Asie, et l'ordre fut donné à une partie des troupes de se rendre sur-le-champ à Bigha. Les janissaires et les sipahis voulurent, avant de partir, voir encore une fois leur souverain. Cette demande inattendue mit les vézirs dans le plus grand embarras. Il fallait cependant satisfaire ces troupes, dont l'impatience redoublait à chaque instant, ou leur dévoiler un secret qu'il importait de tenir encore caché. On leur représenta vainement que la fatigue de cette cérémonie aggraverait la maladie du Sultan, rien ne put vaincre leur persistance : on fit donc défiler l'armée sous les fenêtres du kiosk du sérail d'Andrinople. Les soldats, en passant devant le palais, poussaient de longs cris de joie à la vue de leur maître, qu'ils apercevaient, à travers les vitres, assis sur son trône et les saluant du geste. L'éloignement ne leur permit pas de distinguer qu'ils ne voyaient plus qu'un cadavre, dont un page, caché derrière le corps, et les mains passées dans les manches de la pelisse impériale, faisait mouvoir les bras. Cette comédie funèbre contenta les troupes, qui partirent sans défiance. La mort de Sultan-Muhammed resta ainsi ignorée quarante et un jours, pendant lesquels Murad eut le temps de se rendre à Brousse et d'y prendre possession de la couronne. Le corps de Muhammed, conduit dans cette ville par l'armée elle-même, y fut enseveli dans le turbé de Yèchil-Imaret, fondé par ce monarque, et où il repose seul. Ce magnifique mausolée est placé au milieu d'un beau jardin. Ses murs octogones sont recouverts, tant extérieurement qu'intérieurement, de porcelaine verte de Perse : sur chacune des faces un verset du Coran est inscrit en lettres d'argent sur un fond d'azur. A côté de ce tombeau s'élève la superbe mosquée de Yèchil-Imaret, remarquable surtout par l'aspect singulier que présentent ses murs, revêtus de carrés de marbres blancs, noirs, rouges, gris, verts, jaunes et bleus, qui forment la mosaïque la plus bizarre. Bâtie sur une terrasse en marbre blanc, elle n'a point, comme les autres mosquées, de parvis à colonnades; la porte, chargée d'ornements d'une admirable délicatesse et d'un goût exquis, est le chef-d'œuvre de la sculpture et de l'architecture orientales. Elle s'élève jusqu'au faîte du bâtiment, et est entourée, ainsi que les fenêtres, d'un cadre de marbre rouge, couvert d'inscriptions. Cette seule porte a coûté quarante mille ducats, et il a fallu consacrer trois années à sa construction. En entrant dans la mosquée, l'œil est frappé d'un étrange reflet, produit par la porcelaine bleue et verte dont les parois intérieures sont revêtues. Le mihrab, niche dans laquelle on renferme le Coran, est taillé dans du marbre rouge et orné de riches sculptures. Autrefois les coupoles et les minarets étaient aussi recouverts de porcelaine verte, et lorsque les rayons du soleil frappaient ces dômes légers, on eût cru voir un de ces palais élevés par les mains des génies aux ordres du possesseur de la *lampe merveilleuse*. La couleur qui dominait dans cette mosquée lui avait valu le nom de Yèchil-Imaret (fondation verte).

On doit encore à Sultan-Muhammed Ier l'achèvement d'Oulou-Djami (la grande mosquée), commencée à Andrinople par son frère Suleïman, et continuée par Mouça, qui, ainsi que nous l'avons déjà dit, n'eut pas le temps de l'achever. Ce bel édifice forme un carré parfait; chaque façade est de cent quatre-vingt-neuf pieds de long; il a neuf coupoles intérieures, cinq extérieures, et deux minarets. Mais aucune des mosquées dont nous venons de parler, ne peut égaler celle dont Murad Ier jeta les fondements à Brousse, que son fils Baïezid-Ildirim laissa imparfaite, et qui coûta aussi à Sultan-Muhammed des sommes énormes pour l'achever.

Le plan de ce bel édifice est dans le système des premiers grands temples de l'islamisme. Il occupe une surface de cent pas carrés, divisée en vingt-cinq compartiments égaux, soutenus chacun par quatre piliers, qui autrefois étaient dorés jusqu'à hauteur d'homme: vingt-quatre de ces compartiments sont surmontés d'une coupole; le vingt-cinquième, placé au centre, a, au lieu de voûte, une fenêtre ronde de vingt pas de diamètre, qui éclaire l'intérieur de l'édifice. Au-dessous, un immense bassin répandait la fraîcheur dans la mosquée. La chaire est ornée de sculptures d'une délicatesse et d'un fini parfaits, représentant de légères bordures en arabesques, des feuillages, des fruits et des fleurs. Sur les murs, on lit des inscriptions qui désignent les attributs de Dieu. Deux grands minarets, séparés de l'édifice, s'élèvent aux deux extrémités de la façade principale. De la galerie supérieure de l'un d'eux, où la voix du *muezzin* vient appeler à la prière, jaillit un jet d'eau que les sources du mont Olympe alimentent sans cesse. On ne peut se faire une idée de l'effet que produit la structure hardie et dégagée de cet admirable monument.

L'amour des arts et le goût dont Sultan-Muhammed fit preuve dans la construction de ces édifices pieux, lui valurent le surnom de *Tchèlèbi*, qui n'a pas d'équivalent bien juste dans notre langue, mais qui correspond assez exactement au *Gentleman* des Anglais. Ce penchant prononcé pour la magnificence et la grandeur dégénéra même quelquefois chez lui en amour de l'ostentation. Les musulmans les plus rigides le blâment d'avoir, le premier, violé les lois somptuaires, établies par Mahomet, en se servant de *vaisselle d'argent*. Ses successeurs, jusqu'à Sultan-Baïezid II, n'osèrent pas imiter cet exemple; et ce monarque même, qui, cédant aux conseils des grands de sa cour fastueuse, fit faire un magnifique service de table en or et en argent, crut devoir, pour ainsi dire, légitimer ce luxe, en l'employant au soulagement de l'indigence. Il nourrit dans son palais, pendant trois jours, un grand nombre de pauvres que l'on servait dans cette belle vaisselle.

Sultan-Muhammed se distingua par ses largesses envers les chefs de la religion musulmane. Il fut le premier prince ottoman qui envoya au chérif de la Mecque une somme d'or, appelée *surrè*, destinée aux indigents de cette ville et de Médine. Sous son règne, le goût de la littérature prit naissance. Parmi les hommes distingués de cette époque, nous nous bornerons à citer en première ligne Sinan-Cheïkhi de Kermian, médecin du Sultan, fameux par sa traduction du poëme persan de *Khosrew et Chirin*, terminée par son neveu Djèmali, poëte célèbre lui-même, et dont la réputation est fondée principalement sur le premier poëme écrit en langue turque et intitulé : *Khorchid et Ferroukhchad*. Cheïkhi composa encore le *Kharnâmè* (livre des ânes), où il ridiculise ses ennemis ; Arabchah le Syrien, gouverneur des fils de Sultan-Muhammed, après l'avoir été de ceux de Timour, et qui, outre l'histoire de ce conquérant, écrivit d'autres ouvrages sous les titres les plus bizarres, tels que *les Merveilles des pleines lunes* (Adjâïb-ulboudour), *le Raisin du conseil*, etc. ; Sofi-Baïezid, ancien précepteur du Sultan, et qui par ses sages conseils ayant contribué à la restauration de la monarchie, reçut en récompense la dignité de Cazi-Asker ; enfin Mouhïi-uddin-Kafièdji, qui composa un si grand nombre d'ouvrages, qu'il avait oublié le contenu et même le titre de plusieurs.

Outre ces littérateurs et ces savants, des cheïkhs distingués par leur piété et leur mérite, vécurent sous le règne de Sultan-Muhammed. Nous avons eu déjà l'occasion de citer le grand cheïkh Bokhari, connu sous le nom d'Emir-Sultan ; et surtout Bedreddin, aussi fameux par la révolte des derviches que par ses ouvrages. Parmi les plus illustres, nommons encore les cheïkhs Abdullatif-Moukaddèci de Jérusalem, auteur du *Tohfet* (le présent), livre ascétique rempli d'érudition ; et Pir-Élias d'Amassia, mystique fameux, jouissant d'une grande réputation de sainteté, et à qui Sultan-Muhammed fit élever un magnifique mausolée à Sèwadiïè.

Sultan-Muhammed, vainqueur de ses frères, l'emportait sur eux par les qualités physiques et morales. Supérieur dans les exercices gymnastiques, il n'était pas moins remarquable par l'élévation de son esprit et la grandeur de son caractère. Son teint, d'une blancheur éclatante, faisait ressortir l'éclat de ses yeux noirs, et la couleur brune des épais sourcils qui se joignaient sur son front vaste et saillant. Sa poitrine élevée, ses mains longues et musculeuses, donnaient une haute idée de sa force, que les historiens ottomans comparent à celle du lion, ainsi que son regard à celui de l'aigle. Prince équitable, bienfaisant, généreux, constant en amitié, humain envers tous, sans distinction de nation ni de croyance, Sultan-Muhammed a mérité d'être mis au rang des meilleurs souverains de sa race : il consolida le trône d'Osman, ébranlé par les deux fléaux de l'invasion étrangère et de la guerre civile, et fut, pour employer les expressions d'un écrivain musulman, *le Noé qui sauva l'arche de l'empire, menacée par le déluge des Tatares*.

CHAPITRE VIII.

SULTAN-MURAD-KHAN (VULGAIREMENT AMURAT II), FILS DE SULTAN-MUHAMMED Ier.

Sultan-Murad, à peine âgé de dix-huit ans, mais déjà gouverneur d'Amassia depuis six années, fut reçu à Brousse par les janissaires, qui l'escortèrent jusqu'à son palais. Après avoir fait rendre les derniers devoirs à son père, et ordonné un deuil de huit jours, il envoya signifier son avénement au roi de Hongrie, à l'empereur grec, et aux princes de Mentèchè et de Karamanie. Un traité de paix fut conclu avec ce dernier, et une trêve de cinq ans avec Sigismond. Emmanuel seul, oubliant les maux causés à son pays par l'inimitié des monarques ottomans, osa sommer Sultan-Murad de lui livrer ses deux frères en otage, en exécution d'une clause du testament de Sultan-Muhammed. En cas de refus, l'empereur menaçait Sultan-Murad de remettre en liberté Moustapha, fils de Baïezid-Ildirim, et son héritier légitime, et de le faire reconnaître par les provinces européennes, en attendant la soumission de celles d'Asie. Le vézir Baïezid-Pacha répondit, au nom de son maître, que la loi du Prophète ne permettait pas aux fils des vrais croyants d'être élevés chez les *ghiaours* (infidèles). Dès qu'il connut cette réponse, Emmanuel, suivant sa menace, délivra le prétendant, après lui avoir imposé la condition de rendre à l'empire grec Gallipoli, et un grand nombre d'autres villes. Dix galères, sous les ordres de Démétrius Lascaris, débarquent Moustapha et sa suite devant Gallipoli, dont tous les habitants, et même ceux des environs, se soumettent; mais la garnison de la forteresse refuse de la livrer au prétendant. Ce prince laisse Démétrius devant la ville, et poursuit sa marche vers l'isthme d'Athos, grossissant son armée d'une partie des populations qui se trouvaient sur son passage, et prenant possession de quelques places. Sultan-Murad envoie Baïezid-Pacha à Andrinople : ce vézir rassemble environ trente mille hommes, et établit son camp près de la ville. Moustapha, dont l'armée était devenue bien plus forte par la réunion des grands vassaux de l'empire, s'avance vers les troupes de Sultan-Murad, et leur ordonne audacieusement de mettre bas les armes. Cet ordre produit un effet magique; les soldats obéissent ; Baïezid-Pacha et son frère Hamza sont chargés de chaînes; le premier est mis à mort, et le second rendu à la liberté. A ces nouvelles, la forteresse de Gallipoli capitule; Démétrius Lascaris Léontarios se dispose à y mettre garnison; mais Moustapha s'y oppose, en disant qu'il ne fait pas la guerre au profit de l'empereur. Le général grec, voyant s'évanouir ainsi toutes les espérances que son maître avait fondées sur l'élargissement du prétendant, cherche alors à renouer avec Sultan-Murad; mais l'obstination d'Emmanuel à exiger qu'on lui remette les deux frères du Sultan, fait rompre les négociations. Le monarque ottoman conclut alors un traité d'alliance avec les Génois de Phocée, qui lui offrent leurs vaisseaux, et lui envoient la portion échue du tribut qu'ils payaient à son prédécesseur (*).

Lorsque Sultan-Murad avait appris la défection de l'armée de Baïezid-Pacha et la triste fin de ce vézir, il avait prononcé, avec la résignation qui caractérise les musulmans, ces pieuses paroles : « Ne cherchons d'autre cause « à ce malheur que la colère de Dieu; « nos péchés nous ont attiré son indi- « gnation; tâchons de le fléchir par « nos ferventes prières et par nos « larmes; car, lorsque le Créateur est « contraire, que peut faire la créa- « ture? » Il alla visiter ensuite le grand cheïkh-Bokhari, et lui demanda son intercession. Emir-Sultan se mit en prières pendant trois jours; il tombe enfin en extase, et entend la voix de Mahomet : « Le Dieu de miséricorde « a exaucé les vœux de Murad; dis-lui « que la puissance divine lui donnera « la victoire. » Le cheïkh répète au Sultan cette promesse, et lui ceint l'épée qui doit punir les rebelles. Sultan-Murad, plein de confiance dans les paroles du derviche, se retranche derrière la rivière d'Ouloubad, et attend sans crainte l'ennemi. Tout à coup Moustapha, qui s'avançait pour livrer bataille, est saisi d'un violent saignement de nez qui dura trois jours, et lui causa un tel affaiblissement qu'il fut obligé de suspendre l'attaque. Le

(*) Dès le règne de Michel Paléologue, des Italiens avaient obtenu de cet empereur le privilége d'exploiter des mines d'alun dans le district de Phocée. Des nobles génois commandaient la forteresse construite avec l'aide des Grecs, pour protéger cet établissement. Sous Muhammed Ier, Jean Adorno, fils du doge de Gênes, gouverneur de la Nouvelle-Phocée, s'était engagé à payer au Sultan un tribut, au moyen duquel la colonie génoise achetait la franchise de son pavillon.

fils de Mikhal-Oghlou, prisonnier du Sultan, fut mis en liberté; et, plein de reconnaissance pour la générosité de ce prince, il s'avança pendant la nuit vers le camp de Moustapha, et exhorta ses anciens compagnons d'armes à venir rejoindre leur chef. Aussitôt les ékindjis passèrent, avec leurs officiers, du côté de Murad. Les azabs restèrent fidèles à Moustapha; mais, ayant voulu tenter une surprise, ils furent massacrés par les janissaires. La défection de Djouneïd, qui, bientôt après, abandonna le camp, sema la terreur dans le reste de l'armée du prétendant. Se croyant abandonnés de leurs chefs, les soldats s'enfuirent dans le plus grand désordre. Moustapha, resté seul avec quelques valets, se réfugia dans Gallipoli, et vit, du haut des remparts, s'avancer la flotte génoise qui conduisait Sultan-Murad vers les côtes d'Europe. Le débarquement s'opéra à quelque distance du port de Gallipoli; Moustapha quitta cette ville, et se sauva en Valachie. Trahi dans sa fuite par ses propres serviteurs, il est pris à Kizil-Agatch-Yènidjè, et condamné à périr du supplice des malfaiteurs.

L'empereur grec, ayant appris la défaite et la mort tragique de Moustapha, commença à craindre pour lui-même. Il envoya au Sultan des ambassadeurs chargés de lui porter des protestations d'amitié, et de ne rien négliger pour apaiser sa colère. Pour toute réponse, Sultan-Murad, à la tête de vingt mille hommes, s'avança sous les murs de Constantinople. Il fit construire des machines destinées à faciliter l'assaut, et publia que la ville et tous ses trésors seraient abandonnés aux musulmans. Cette promesse accrut considérablement les forces de l'armée assiégeante, à laquelle s'empressèrent de se joindre une foule de gens sans aveu, attirés par l'espoir d'un riche pillage. Les nombreux derviches, qui se rendirent au camp de Sultan-Murad, réclamaient, comme la part de butin devant naturellement leur échoir, les religieuses que renfermaient les couvents de Constantinople. Le grand cheïkh Emir-Sultan-Bokhari était à leur tête. La victoire d'Ouloubad, attribuée à ses prières, avait ajouté à la considération dont il jouissait déjà. Objet des profonds respects des musulmans, qui se prosternaient devant lui, et s'empressaient de baiser ses mains, ses pieds, et même les rênes de sa mule, ce personnage révéré entra comme en triomphe dans le camp ottoman : se dérobant aux empressements de la foule, il se retira sous une tente de feutre, et chercha, dans ses livres cabalistiques, l'heure où Constantinople devait tomber devant les enfants du Prophète. Pendant ce temps-là, les derviches ses disciples, remplissant l'air de cris sauvages, insultaient les soldats chrétiens accourus sur les remparts : « Hommes aveugles, « s'écriaient ces fanatiques, qu'avez-« vous fait de votre Dieu? Où est votre « Christ?... Pourquoi vos saints ne vien-« nent-ils pas vous défendre?... De-« main vos murs tomberont; demain « vos femmes et vos filles seront em-« menées en esclavage, et vos nonnes « livrées à nos derviches; car notre « Prophète le veut ainsi! » Enfin, après de longues méditations, le cheïkh Bokhari sortit de sa tente. La foule se pressait autour de lui, attendant en silence l'oracle qu'il allait prononcer. Il annonça solennellement que le 24 août 1422, il monterait à cheval à une heure après midi, et que, lorsqu'il aurait agité son cimeterre et poussé trois fois le cri de guerre, Constantinople serait au pouvoir des musulmans. Au jour et à l'heure indiqués, le cheïkh, monté sur un superbe cheval, s'avança vers la ville, escorté par cinq cents derviches. Au moment où il tira le glaive du fourreau, l'armée entière poussa trois fois le cri d'*Allah* et *Mahomet!* Les Grecs y répondirent par celui de *Christos* et *Panaïa!*...(*) et le combat s'engagea. Il fut terrible. Les musulmans étaient exaltés par les promesses qu'ils croyaient venues du ciel, et les Grecs combat-

(*) Ἡ Παναγία : la *toute sainte*, épithète consacrée à la Vierge Marie chez les Grecs.

taient pour leur culte et leurs foyers, *pro aris et focis*. Le soleil allait disparaître à l'horizon sans que la victoire fût fixée, lorsque tout à coup, au milieu des rayons d'or dont il éclairait les bastions extérieurs, une vierge, revêtue d'une robe violette, et jetant autour d'elle un éclat surnaturel, apparaît aux yeux éblouis des assiégeants, et les remplit d'une terreur panique. Ils fuient, et Constantinople est sauvée. Les historiens qui rapportent ce miracle, assurent que le cheïkh Emir-Sultan lui-même attesta la vérité de cette apparition, confirmée par le témoignage de toute l'armée ottomane. Les Grecs, de leur côté, ne manquèrent pas de dire que la sainte Vierge était descendue du ciel pour protéger les religieuses menacées par les derviches. Quoi qu'il en soit, la déroute des musulmans peut s'expliquer aussi par des causes toutes naturelles. L'empereur Emmanuel, voyant tous ses projets déjoués par la mort du prétendant, avait suscité un second rival à Sultan-Murad. Un autre Moustapha, son frère puîné, excité par son gouverneur et par les agents secrets d'Emmanuel, venait de déclarer sa révolte par la prise de Nicée (*Iznik*). Les habitants de Brousse, menacés aussi par le nouveau prétendant, lui avaient offert en présent cent riches tapis, et s'étaient excusés de ne pouvoir lui ouvrir les portes de la ville, à cause du serment de fidélité qui les liait à Sultan-Murad. Ces nouvelles lui parvinrent pendant l'assaut, et le décidèrent à lever de suite le siége, et à retourner en Asie. Voilà la véritable cause de l'abandon de l'entreprise à laquelle Constantinople échappa encore une fois, grâce au stratagème de son empereur.

Pendant que Sultan-Murad s'avançait à la rencontre de Moustapha, celui-ci allait visiter en secret l'empereur grec, qui ne lui fit que de vaines promesses. Le prétendant retournait à son armée, lorsque, trahi par le perfide Elias, celui-là même qui l'avait poussé à la révolte, et que l'or de Sultan-Murad avait séduit, il est livré à son heureux compétiteur, et exécuté sur-le-champ, en vertu de ces paroles du Prophète: « Lorsqu'il y a deux khalifes auxquels « on rend hommage, il faut faire mou-« rir l'un d'eux. »

Tandis que Sultan-Murad triomphait du dernier de ses frères, Esfendiar, prince de Sinope et de Kastamouni, profitait de la révolte de Moustapha pour essayer de s'affranchir du joug ottoman. Il mit le siége devant les villes de Tarakli et de Boli; mais, abandonné par son propre fils Kaçim-Beï, qui entraîna dans sa défection la plus grande partie de l'armée, il fut obligé d'acheter son pardon en donnant sa fille en mariage au vainqueur, et en lui cédant les mines des montagnes de Kastamouni.

L'Asie était pacifiée, et les généraux de Sultan-Murad, vainqueurs en Europe, réduisaient Drakul, prince de Valachie, et battaient les chrétiens de l'Albanie et de la Morée. Le monarque ottoman profita de la paix générale pour organiser son conseil. Avant cette réforme, cinq vézirs étaient à la tête des affaires publiques; mais la marche en était entravée par cette division des pouvoirs. Oumour-Beï et Ali-Beï, fils de Timourtach, furent envoyés, avec le titre de gouverneurs, dans le Kermian et le Saroukhan; leur frère, Ouroudj, fut nommé beïlerbeï; Ibrahim-Pacha resta seul au ministère. Quant au cinquième vézir, Aouz-Pacha, il fut victime des soupçons de son maître, à qui on l'avait dénoncé comme aspirant à usurper la couronne. Sultan-Murad s'étant aperçu que ce seigneur portait une cuirasse sous ses vêtements, lui demanda le motif de cette précaution extraordinaire. A cette question imprévue, Aouz-Pacha n'ayant pu dissimuler son trouble, le Sultan lui fit crever les yeux.

Sultan-Murad, en agissant ainsi, assura la tranquillité intérieure de l'empire, que ses armes triomphantes faisaient respecter au dehors. Les noces du Sultan avec la fille du prince de Sinope furent le signal des fêtes les plus brillantes. La nouvelle épouse fit son entrée à Andrinople avec un éclat dont cette capitale n'avait pas eu d'exemple jusqu'alors. Les mariages des trois sœurs de Sultan-Murad furent célébrés en même temps. Kaçim-Beï, fils d'Esfendiar, Karadja-Tchèlèbi, gouverneur de l'Asie Mineure, et Mahmoud-Tchèlèbi, fils d'Ibrahim-Pacha, furent les trois seigneurs que Sultan-Murad honora de son alliance.

Cependant, au milieu de la paix et des réjouissances publiques, Sultan-Murad n'oubliait pas les intérêts de sa politique. L'empereur Emmanuel venait à peine de mourir, et déjà un traité conclu avec Jean, son successeur, assurait au Sultan la possession d'un grand nombre de villes sur les bords de la mer Noire et de la Strania (Strymon), et de plus un tribut annuel de trente mille ducats. L'ancien traité de paix avec les princes de Servie et de Valachie, était renouvelé, et une trêve de deux ans signée avec Sigismond, roi de Hongrie, récemment élu empereur d'Allemagne. Un échange de riches présents eut lieu entre les deux souverains : Sultan-Murad envoya des tapis d'Orient, des vases dorés, des étoffes d'or et de soie, etc. ; et Sigismond des pièces de velours et de drap de Malines, des chevaux de prix, huit pommeaux d'or et mille florins.

Sultan-Murad, en paix avec tous ses voisins, choisit ce moment pour punir Djouneïd, prince d'Aïdin, de son refus de reconnaître la suzeraineté de la Sublime-Porte. Ce partisan audacieux, qui, depuis la mort de Baïezid, avait prêté son appui à toutes les révoltes, succomba enfin sous les armes de Khalil-Yakhchi-Beï, que le Sultan choisit pour punir le rebelle. Djouneïd, se voyant dans l'impossibilité de résister à des forces supérieures aux siennes, se rendit à Khalil, qui lui promit la vie sauve ; mais Hamza-Beï, parent de Khalil et frère de Baïezid-Pacha, que Djouneïd avait fait mourir, envoya, pendant la nuit, dans sa tente, quatre bourreaux qui étranglèrent le prisonnier et sa famille, et portèrent leurs têtes à Andrinople.

Délivré d'un sujet aussi dangereux, Sultan-Murad se rendit à Éphèse, et renouvela diverses alliances, entre autres celle qui existait avec les chevaliers de Saint-Jean de Jérusalem, possesseurs de l'île de Rhodes.

De nouveaux troubles dans quelques États de l'Asie obligèrent encore Sultan-Murad à y porter ses armes victorieuses. Il dépouilla les princes Ahmed et Oweïs du gouvernement de Mentèchè, dont il donna le commandement à Balaban-Pacha ; il triompha de Muhammed-Beï, seigneur de Karamanie, qui fut tué d'un coup de canon ; et fit alliance avec ses trois fils Iça, Ali et Ibrahim. Les premiers épousèrent deux sœurs du Sultan, et reçurent en dot de vastes domaines près de Sofia ; le troisième fut investi de la principauté de son père, sous la condition de rendre la portion du territoire de Hamid dont s'était emparé Muhammed-Beï.

Pendant que Sultan-Murad pacifiait tout autour de lui par une politique sage et loyale, son ancien gouverneur, Yourkedj-Pacha, investi de la confiance entière du monarque, qui lui avait accordé le commandement de la petite Arménie, avec le droit de *sikkè*, se livrait à des actes de férocité et de perfidie, dont quelques historiens ottomans n'ont pas craint de se faire les apologistes : quatre cents Turcomans furent attirés à Amassia sous prétexte d'une alliance ; Yourkedj-Pacha les reçut avec les démonstrations les plus amicales, les traita somptueusement, leur prodigua les vins et les liqueurs, et profita de leur ivresse pour les charger de chaînes et les jeter dans une prison à laquelle il ordonna de mettre le feu, après avoir eu la barbare précaution d'en faire murer la porte. Une autre perfidie le rendit maître du fort de Kodja-Kyïa (vieux rocher). Haïder, seigneur de ce château situé dans une position inexpugnable, fut victime de la trahison de son confident Taïfour, gagné par les promesses d'Yourkedj-Pacha.

Huçeïn-Beï, chef d'une tribu turcomane, intimidé par ces exemples, et craignant de ne pouvoir échapper aux ruses de l'astucieux pacha, se décida à lui livrer la citadelle de Djanik, espérant ainsi conserver la vie et la liberté. Mais, malgré sa soumission, il est emmené prisonnier à Brousse. Heureusement pour lui, il échappe à ses gardiens et se rend auprès du Sultan, qui, moins cruel que son lieutenant, reçoit Huçeïn avec bonté et lui donne un sandjak en Roumélie.

C'est à cette époque que le prince de Kermian, ébloui de la gloire de Murad, et voulant se concilier de plus en plus la faveur de son puissant allié, vint lui rendre visite à Andrinople. Le monarque ottoman déploya dans cette occasion une très-grande magnificence. De brillantes fêtes signalèrent le séjour du noble voyageur à la cour du Sultan. Un *mihmandar*, ou introducteur des étrangers, fut attaché à sa personne et chargé de prévenir ses moindres désirs. Jaloux de témoigner sa reconnaissance d'un accueil si magnifique, le prince de Kermian fut tellement généreux envers son escorte qu'il épuisa ses ressources, et fut obligé d'écrire au Sultan pour l'instruire de son embarras. Sultan-Murad, qui convoitait les domaines du vieux prince, n'eut garde de refuser l'occasion de lui rendre service. Il lui envoya une forte somme d'argent, et recueillit bientôt le fruit de sa générosité intéressée : au bout d'un an le prince mourut, et institua Sultan-Murad son héritier.

George Brankowitch venait de succéder à Étienne Lazarowitch, souverain de Servie. Suivant la teneur du traité conclu par ce dernier avec le roi Sigismond, celui-ci réclamait plusieurs places fortes, entre autres Gueuërdjinlik ou Columbaz. Mais cette ville avait été, dans le temps, engagée par Étienne à un boyard pour une dette de douze mille ducats; et le créancier, plutôt que de perdre son gage, avait préféré la livrer aux musulmans. Sigismond voulut leur enlever cette ville, sur laquelle il avait des droits; Sultan-Murad accourut pour la défendre. Bientôt fut conclue entre eux une trève, en vertu de laquelle le roi de Hongrie se retira sur la rive gauche du Danube ; mais à peine y fut-il arrivé avec une partie de ses troupes, que les musulmans, rompant l'armistice, se précipitèrent sur l'arrière-garde, et en firent un carnage affreux. Le nouveau prince de Servie, Brankowitch, se soumit alors à payer à la Porte un tribut de cinquante mille ducats, à interrompre toutes relations avec la Hongrie, et à réunir ses troupes à celle du Sultan.

Andronic Paléologue, l'un des sept fils d'Emmanuel, chargé par lui du gouvernement de la Thessalie, venait d'être chassé de Thessalonique par ses propres sujets qui avaient remis la ville aux Vénitiens. Sultan-Murad vit avec dépit cette place importante en d'autres mains que les siennes, et envoya, pour la conquérir, son lieutenant Hamza, à la tête d'une armée formidable. Après un siége courageusement soutenu par les Vénitiens, et pendant lequel un effroyable tremblement de terre renversa une partie des murs, Thessalonique est prise d'assaut et livrée à toutes les horreurs du pillage : sept mille habitants emmenés en esclavage, les églises profanées, les autels renversés, tels furent les désastres qui accompagnèrent la prise de cette malheureuse cité. Quand le désordre eut cessé, Sultan-Murad permit à ses prisonniers de reprendre leurs anciennes demeures, et il remplaça les habitants morts ou conduits hors de la province, par l'excédant de population de la ville la plus voisine, Yènidjè-Wardar. Ainsi Thessalonique, conquise en 788 (1386) par Murad Ier, reprise par Baïezid en 796 (1394), et par Muhammed après l'interrègne, tomba enfin pour la quatrième fois au pouvoir des Ottomans, et fit depuis partie de leur empire, sous le nom de *Sélanik* ou Salonique. Malgré les dévastations successives qu'elle avait éprouvées, elle ne tarda pas à redevenir florissante, grâce à sa belle position, qui la rend l'entrepôt nécessaire du commerce de la Thrace et de la Thessalie. Parmi les églises grecques qui furent converties en mosquées, on remarque celle qui contenait le cercueil de saint Démétrius, d'où découlait incessamment, dit la tradition, une huile balsamique, célèbre par les cures merveilleuses qu'elle opérait. Mais depuis que la voix du muezzin retentit au-dessus des voûtes du temple chrétien, la précieuse source est tarie. Aujourd'hui Sèlanik compte environ quatre-vingt mille habitants, dont cinquante mille sont musulmans, et le reste se compose de Juifs, de Grecs et d'Arméniens.

En 835 (1431), la ville de Janina (*Yania*) ouvrit ses portes au Sultan, sous la condition que les habitants conserveraient leurs priviléges. Mais les commissaires envoyés par Sultan-Murad pour prendre possession de la place, violèrent le traité, firent raser l'église Saint-Michel et les fortifications, et enlevèrent, pour en faire leurs épouses, plusieurs jeunes filles qui les avaient repoussés avec mépris.

Un seigneur valaque, appelé Wlad-Drakul (en langue valaque, *le diable*), après avoir tué *Dan*, son souverain, venait de conclure un traité de paix avec Sultan-Murad, qui avait voulu d'abord soutenir les droits du frère du prince légitime; mais l'offre d'un tribut de la part de l'usurpateur, et la promesse de reconnaître la suzeraineté de la Porte, levèrent les scrupules du Sultan. L'année suivante (1433), il renouvela la trêve avec le roi de Hongrie. Sigismond, revêtu des insignes de la royauté, reçut dans la cathédrale de Bâle les ambassadeurs de son allié; ils lui offrirent douze coupes en or, remplies de pièces du même métal, et des vêtements de soie brodés d'or et chargés de pierres précieuses.

Malgré ces apparences de bonne intelligence entre Sultan-Murad et Sigismond, ce dernier entretenait des relations secrètes avec le prince de Servie et celui de Karamanie, Ibrahim-Beï, qu'il excitait à reconquérir les possessions ravies à ses prédécesseurs par les musulmans. Le vol d'un beau cheval arabe qu'Ibrahim avait enlevé par supercherie au chef des Turcomans de Zoul-Kadriïë qui s'en plaignit à Sultan-Murad, fut le léger grief qui fit éclater la guerre. Le vassal révolté, complétement battu par Sarudjè-Pacha et par le Sultan lui-même, fut obligé d'implorer sa grâce, qu'il dut aux prières de son épouse, sœur du monarque ottoman. Mais ce prince, tout en pardonnant la rebellion d'Ibrahim, voulait punir ceux qui l'avaient provoquée. Brankowitch parvint à détourner l'orage, en rappelant au Sultan la promesse de mariage qui existait depuis quelques années entre ce monarque et Mara, fille du prince de Servie. La jeune fiancée fut remise alors entre les mains des envoyés musulmans, et devint le gage de la réconciliation. Sigismond porta seul tout le poids de la colère du Sultan. Pendant quarante-cinq jours l'armée ottomane ravagea le pays, et, en se retirant, emmena soixante-dix mille prisonniers.

Les noces du Sultan avec la princesse serviene firent succéder les plaisirs à la guerre. Mais au bout de quelques mois, de nouveaux soupçons sur la fidélité de son beau-père et du voïvode de Valachie, décidèrent Sultan-Murad à les attaquer tous les deux. Drakul se remit lui-même aux mains du vainqueur, qui, après lui avoir fait subir une courte détention, le rendit à la liberté; quant à Georges Brankowitch, il se refugia en Hongrie auprès d'Albert, successeur de Sigismond. Sèmendra, assiégée par l'armée ottomane, se rendit au bout de trois mois. Les vainqueurs se disposaient à marcher sur Nicopolis, lorsque l'approche d'un corps ennemi les fit changer de dessein. Les Hongrois furent mis en déroute, et laissèrent un si grand nombre de prisonniers entre les mains des soldats musulmans, que l'un d'eux vendit une belle esclave pour une paire de bottes. Albert tenta vainement de reprendre Sèmendra; la terreur que les Ottomans inspiraient à ses troupes était si vive qu'elles s'enfuyaient à leur seul aspect, en s'écriant : *Voici le loup!*

Sultan-Murad, toujours attentif à étendre ses relations politiques, échangeait des lettres amicales avec les princes d'Égypte, de Karamanie, avec Kara-Youlouk de la dynastie du Mouton-Blanc, et Chahrokh, fils de Timour. Il tâchait aussi d'établir des liaisons diplomatiques avec Wladislas, roi de Pologne, dont le frère, Casimir, était poussé par un parti au trône de Bohême, en concurrence avec Albert, déjà possesseur des couronnes d'Allemagne et de Hongrie. Sultan-Murad offrait son alliance à Wladislas, à condition qu'il romprait toutes relations avec Albert, et soutiendrait Casimir comme roi de Bohême. La mort d'Albert vint rompre des négociations qui n'avaient plus de but, et l'empereur ottoman alla mettre le siége devant Belgrade, dont le prince de Servie avait confié la défense aux Hongrois.

Jusqu'ici nous avons vu Sultan-Murad, toujours et partout victorieux, marcher rapidement à son but, en renversant tous les obstacles opposés à son ambition. C'est devant Belgrade que son étoile pâlit pour la première fois. La résistance vigoureuse de cette ville, dont il fut obligé d'abandonner le siége au bout de six mois, fut le prélude des défaites successives que lui fit éprouver le célèbre Jean Hunyade, connu des musulmans sous le nom d'*Yanko*.

Mezid-Beï, grand écuyer de Murad, après avoir remporté la victoire de Szent-Imreh, assiégeait Hermanstadt. Hunyade vient au secours de cette ville, et fait éprouver la défaite la plus complète aux Ottomans, dont vingt mille restèrent sur le champ de bataille. Le général hongrois, qui n'avait perdu que trois mille hommes, passe les montagnes, entre en Valachie et ravage les deux rives du Danube. Reçu en triomphe par ses concitoyens, peu accoutumés à de pareils succès contre les armes ottomanes, Yanko envoie à Georges Brankowitch un char rempli des dépouilles ennemies, et surmonté des têtes de Mezid-Beï et de son fils; un vieillard musulman, placé au milieu de ces sanglants trophées, fut obligé de les offrir au prince de Servie. Sultan-Murad, brûlant de venger cet affront, envoie Chêhab-uddin-Pacha, avec une armée de quatre-vingt mille hommes, contre le vainqueur qui n'en avait que quinze mille. L'orgueilleux Ottoman s'était vanté que la vue seule de son turban mettrait en fuite les soldats d'Hunyade. Un triomphe plus éclatant encore que sa première victoire fut la réponse du brave Hongrois à cette fanfaronnade. Chêhab-uddin fut pris avec cinq mille des siens et deux cents drapeaux; les meilleurs officiers de Murad périrent dans cette terrible journée, entre autres Osman-Beï, petit-fils de Timourtach, Firouz-Beï, Yakoub-Beï, etc., etc. Cette victoire d'Hunyade, remportée en 1442, est connue sous le nom de bataille de Vasag.

L'année suivante fut remarquable par la rapidité des triomphes d'Hunyade. Une campagne de cinq mois lui suffit pour gagner cinq batailles et s'emparer d'autant de villes. Aussi les Hongrois, fiers de ces succès, l'ont-ils nommée la *longue Campagne*. Le 3 novembre 1443, les armées ottomane et hongroise se rencontrèrent aux environs de Nissa: la bravoure des musulmans dut échouer devant les savantes manœuvres d'Hunyade. Ce général obligea Sultan-Murad à se réfugier derrière le mont Hémus (le *Balkan*), après avoir perdu deux mille hommes, et laissé entre les mains de l'ennemi quatre mille prisonniers et neuf drapeaux.

Une nouvelle bataille s'engagea, un mois plus tard, dans les défilés du Balkan, où les Hongrois eurent à lutter non-seulement contre leurs ennemis, mais encore contre les avalanches et les énormes blocs de glace et de rochers qui se détachaient des hauteurs voisines. L'avantage leur resta cependant, ainsi que dans un troisième combat, livré dans les champs de Yalowaz. Le gendre de l'empereur ottoman, Mahmoud-Tchèlèbi, y fut fait prisonnier.

Au milieu de tous ces revers, Sultan-Murad apprend que le plus indocile de ses vassaux, le prince de Karamanie, vient de se révolter pour la troisième fois, et s'est emparé des villes de Beï-Chêhri, Ak-Chêhir et Ak-Hyssar. Le Sultan confie à ses généraux la défense des frontières européennes, retourne en Asie, saccage plusieurs villes de la Karamanie, mais, pressé de s'opposer aux succès rapides d'Hunyade, il pardonne aux rebelles, et reprend la route d'Andrinople. Voulant mettre un terme à la guerre désastreuse qu'il soutenait, le Sultan rend au voïvode Drakul la Valachie, et à Georges Brankowitch ses deux fils et les forts de Sèmendra, Chêhir-Keuï et Krussovaz. Il envoie ensuite un ambassadeur à Jean Hunyade, qui en réfère à la diète du royaume. Enfin une trêve de dix ans fut signée à Szegedin le 12 juillet 1444, au prix de grands sacrifices de la part du Sultan. Pour mieux en assurer l'exécution et la solidité, les conditions en furent solennellement jurées sur l'Évangile et le Coran. A peine ce traité, qui devait assurer la tranquillité du Sultan, était-il conclu, qu'une nouvelle accablante le plongea dans le plus profond chagrin : son fils Ala-eddin venait de mourir. Sultan-Murad, qui joignait à de brillantes qualités guerrières, une grande bonté, et surtout une tendre affection pour ses enfants, dont il épargna toujours la vie, éprouva une telle douleur de cette perte, qu'il renonça au pouvoir suprême, et se retira à Magnésie, après avoir environné son fils Muhammed, âgé seulement de quatorze ans, de ministres vieillis dans les affaires et capables de guider son inexpérience. Mais tandis que Murad, à peine arrivé au milieu de sa carrière, cherchait déjà le repos, les ennemis de l'empire ottoman veillaient, attentifs à saisir la première occasion favorable de se venger des affronts que les armes musulmanes leur avaient fait éprouver. L'abdication volontaire de Sultan-Murad semblait leur offrir les moyens d'exécuter leurs projets : le sceptre était tombé aux mains d'un enfant. Aussi, malgré la solennité du serment prêté par le roi de Hongrie, dix jours s'étaient à peine écoulés, que cette paix, qui devait durer dix ans, fut rompue par le prince chrétien. L'armée de Wladislas, commandée par Hunyade, à qui l'on promit la royauté de la Bulgarie, dès qu'il aurait conquis cette province, ne s'élevait guère qu'à dix mille hommes : la réunion des cinq mille Valaques, sous les ordres de Drakul, était loin de rendre les chrétiens assez forts pour s'opposer avec succès aux Ottomans. Cependant ces premiers traversent sans crainte les plaines de la Bulgarie, ravagent, en passant, les églises grecques et bulgares, brûlent vingt-huit navires ottomans, s'emparent de quelques places fortes, et vont camper près de Warna qui ouvre ses portes à l'armée chrétienne. Dans ce pressant danger, les ministres du jeune Muhammed lui conseillèrent de remettre les rênes du gouvernement à la main ferme qui les avait tenues jusqu'alors avec tant de gloire. Le prince envoie des ambassadeurs à son père, qui les écoute à regret : « Vous avez un empereur, leur « répond-il, c'est à lui de vous défen- « dre. Eh quoi ! m'enviez-vous donc « un repos bien mérité après tout ce « que j'ai souffert pour vous ? » Les envoyés insistent, lui parlent du salut de l'empire ; il cède enfin et passe en Europe à la tête de quarante mille hommes. Arrivé près du camp hongrois, il range ses troupes en bataille, et ordonne que le traité violé par les chrétiens soit placé au bout d'une lance plantée en terre, afin de rappeler aux soldats musulmans le parjure de leurs ennemis. Au premier choc, le brave Hunyade enfonce les Ottomans et pénètre même jusqu'à la tente du Sultan, qui, entraîné par le désordre de ses troupes, allait abandonner le champ de bataille, lorsque le beïlerbeï Karadja le retient par la bride de son cheval et lui épargne la honte de la fuite. Tout change alors : les Hongrois sont repoussés : Wladislas, emporté par sa fougue, avait quitté la position avantageuse qu'il occupait et cherchait son rival dans la mêlée. Les deux souverains se rencontrent enfin. Sultan-Murad, d'un coup de djèrid (*), perce

(*) Le *djèrid* est un javelot court et facile à lancer, que l'on emploie surtout dans les jeux que les pages du sérail exécutent

le cheval du roi de Hongrie, qui est renversé. Un janissaire s'approche, lui tranche la tête, et la plaçant au bout d'une pique, crie avec force aux ennemis : « Voilà la tête de votre roi ! » Cet affreux spectacle porte la terreur dans l'armée hongroise ; elle fuit précipitamment, malgré les prodiges de valeur du brave Hunyade, qui est enfin obligé de céder. Sultan-Murad annonça cette brillante victoire au souverain d'Égypte, en lui envoyant vingt-cinq cuirasses de fer des guerriers hongrois. La tête de Wladislas, conservée dans du miel, fut adressée à Djubè-Ali, gouverneur de Brousse ; les habitants vinrent en foule au-devant de ce triste trophée, qui, après avoir été lavé dans le Niloufer, fut porté en triomphe par toute la ville.

Sultan-Murad, satisfait d'avoir sauvé l'État, et dégoûté de grandeurs achetées au prix d'un repos qui était l'objet de tous ses vœux, laisse une seconde fois le sceptre aux mains inexpérimentées de son fils, et retourne à ses beaux jardins de Magnésie, où, entouré de femmes et de jeunes favoris, il s'abandonnait aux plaisirs du harem et de la table. Mais à peine goûtait-il les délices de cette vie voluptueuse, que l'État réclame encore son sauveur. Les janissaires venaient de se révolter : cette terrible milice, qu'une main de fer pouvait seule contenir dans les bornes du devoir, méprisait l'autorité d'un enfant. Elle préluda par un violent incendie aux scènes de désordre qui portèrent l'épouvante dans Andrinople. Le chef des eunuques s'était attiré la haine des janissaires ; il n'échappa que par miracle à leur vengeance. Irrités de voir leur victime se dérober à leur colère, ils pillent la ville et se retirent ensuite sur la colline de Bautchoul. Le grand vézir Khalil, Ishak-Pacha et le beïler-beï Ouzghour, qui gouvernaient au nom du jeune Sultan, commencèrent par accorder aux révoltés une augmentation de paye, et obtinrent ainsi un calme momentané. Ils en profitèrent pour envoyer, auprès de Murad, Sarydjè-Pacha qui lui exposa le danger pressant où se trouvait l'empire, et le conjura, au nom de son peuple désolé, de prendre une troisième fois les rênes du gouvernement. Ce prince, sacrifiant ses goûts au vœu de ses anciens sujets, cède à leurs prières et revient à Andrinople. Dès qu'il a ressaisi le sceptre, tout rentre dans l'ordre, tant son nom inspirait de crainte et de respect. Muhammed, que le vézir Khalil, dans le but de l'éloigner d'Andrinople, avait invité à une partie de chasse, trouva, à son retour, le palais occupé par son père. Malgré le caractère altier du jeune Sultan et son goût pour le pouvoir, il n'osa se plaindre, et se retira à Magnésie ; mais il garda dans le cœur une haine secrète contre le ministre qui l'avait fait descendre deux fois du trône dans l'espace d'une année.

A peine en possession de l'autorité souveraine, Sultan-Murad tourna ses regards vers l'Albanie et le Péloponèse. Constantin régnait sur cette dernière province. Le Sultan se mit à la tête d'une armée de soixante mille hommes, il s'empara de l'isthme d'Hexamilon (langue de terre de six mille pas géométriques, qui lie la Grèce septentrionale à la Morée), de Corinthe et de Patras, et soumit au tribut les princes du Péloponèse.

A cette époque commençait à briller en Albanie un guerrier, célèbre par ses talents militaires et sa haine contre les Ottomans, Iskender-Beï, c'est-à-dire *le prince Alexandre*, nom que les historiens chrétiens ont changé en celui de Scanderberg, sous lequel il est si connu en Europe. Contemporain et émule d'Hunyade, il eut, comme lui, la gloire d'arrêter les armes triomphantes de Sultan-Murad, et prolongea jusque vers la moitié du règne de Muhammed II la lutte sanglante qu'il soutint pendant vingt-cinq années contre les musulmans. Son véritable nom était George Castriota. Son père, Jean

devant le Sultan, lorsqu'il va passer la journée dans un des kiosques disséminés sur les bords du Bosphore et de la Propontide. Le djérid destiné à cet amusement a la pointe émoussée.

Castriota, petit prince grec, tributaire de Sultan-Murad, avait remis ses quatre fils en otage entre les mains de son suzerain. Les trois aînés moururent en bas âge, et George, resté seul, s'attira, par sa rare intelligence et sa belle figure, l'amitié du monarque ottoman, qui le fit élever dans la religion musulmane, en lui imposant le nom et le titre d'Iskender-Beï; sa force et son courage en faisaient à dix-huit ans le guerrier le plus redoutable de l'armée. Sultan-Murad, auprès de qui la faveur de Castriota allait toujours en croissant, lui donna le gouvernement d'un sandjak. Mais à la mort de Jean Castriota, le Sultan, au lieu de rendre à Iskender-Beï la principauté d'Emathia où avait régné son père, y établit un gouverneur, et occupa le jeune prince à la guerre. Blessé de cette injustice, Iskender-Beï n'attendit plus que le moment favorable pour s'en venger. Aussi, lorsque les Ottomans eurent été battus aux environs de Nyssa, par Hunyade, George Castriota quitta l'armée, après avoir arraché, par la violence, au reis-effendi un ordre par lequel il enjoignait au gouverneur d'Ak-Hyssar de remettre le commandement à Iskender-Beï. Il avait alors vingt-neuf ans. Muni du ferman, il tue le ministre qui, en le signant, avait cru échapper à la mort; il parvient à s'évader, se fait livrer les clefs d'Ak-Hyssar (Croïa), y introduit, pendant la nuit, six cents guerriers, et égorge la garnison plongée dans le sommeil. Après avoir complétement réussi dans son audacieux stratagème, Iskender-Beï appelle auprès de lui ses parents, possesseurs de plusieurs villes de l'Épire, et concerte avec eux les moyens de secouer le joug ottoman. Les places de Petrella, de Petralba (*Arnaoud-Belgrad*), et de Stelusia ou Stallasi, reconnaissent le nouveau maître de l'Épire, qui se trouve bientôt en possession de presque tout l'héritage de son père. Les princes chrétiens des pays environnants se joignent à Iskender-Beï, qu'ils choisissent pour leur chef, et le mettent à la tête d'une armée de quinze mille hommes, avec lesquels il bat complétement Ali-Pacha qui en avait quarante mille sous ses ordres.

L'abdication de Sultan-Murad, après la campagne de Hongrie, laissa un moment de repos à Iskender-Beï; mais bientôt de nouveaux combats lui offrent de nouvelles occasions de gloire. Il défait tour à tour Firouz-Pacha et Moustapha-Pacha, les chasse de l'Épire et va mettre le siége devant Daïna, forteresse dont les Vénitiens s'étaient emparés. L'approche d'une armée ottomane obligea Iskender-Beï à abandonner Daïna et à faire la paix avec Venise. Moustapha, battu une seconde fois, laisse dix mille morts sur le champ de bataille, et tombe entre les mains d'Iskender. Ces défaites multipliées des Ottomans engagent Sultan-Murad à se mettre lui-même à la tête de l'armée. Plus de cent mille hommes, sous ses ordres, s'avancent pour conquérir Sfetigrad et Dibra. Ces deux villes sont obligées de capituler. Après cette campagne, qui coûta à Sultan-Murad plus de vingt mille soldats, il se retira à Andrinople, et ne revint que l'année suivante mettre le siége devant Ak-Hyssar (*Croïa*): il fut obligé d'abandonner cette entreprise, après avoir inutilement essayé de corrompre le commandant. Plusieurs fois, pendant la durée du siége, Iskender-Beï, sortant, dans la nuit, des gorges des montagnes où il s'était retiré, tombait à l'improviste sur le camp des musulmans, qu'il surprenait au milieu de leur sommeil et dont il faisait un affreux carnage. Souvent les assiégés, conduits par leur gouverneur Uracontes, exécutaient en même temps de vigoureuses sorties, et ajoutaient au désordre de ces entreprises nocturnes. Enfin Sultan-Murad, lassé de ces escarmouches sans gloire, qui affaiblissaient journellement son armée, envoya à Iskender un parlementaire qui lui offrit l'investiture des pays insurgés, pourvu qu'il reconnût la suzeraineté de la Porte et s'obligeât à payer un tribut de cinq à dix mille ducats. Le prince d'Épire refusa de souscrire à ces conditions, et le Sultan contraint de lever le siége d'Ak-Hyssar, reprit la route d'Andrinople, où il n'arriva qu'après avoir perdu une grande partie des siens dans les défilés des montagnes qu'il était obligé de franchir, et où l'attendait Iskender-Beï. Ce jeune chef eut toute la gloire de cette campagne, pendant laquelle il battit constamment de vieilles bandes aguerries, et dix fois supérieures en nombre à l'armée qu'il commandait.

La retraite des Ottomans termina ainsi, en 1450, cette guerre d'Albanie, commencée depuis trois ans environ, et qui fut interrompue, en 1448, par la défaite de Jean Hunyade. Si nous n'avons pas parlé en son lieu de cette expédition, c'était afin de ne pas interrompre la relation de celle d'Albanie par une autre narration épisodique. Nous avons cru devoir préférer la clarté du récit à l'exactitude chronologique. Mais revenons maintenant sur cette courte campagne d'Hunyade. Ce brave guerrier, nommé lieutenant général du royaume, après la mort de Wladislas, sur le champ de bataille de Warna, avait profité du moment où Sultan-Murad était occupé à combattre Iskender-Beï, pour rassembler une armée de plus de vingt-quatre mille hommes, dont huit mille Walaques sous les ordres du voïvode Dan, successeur de Drakul, et deux mille Bohêmes et Allemands. Ces troupes passèrent le Danube et envahirent la Servie, dont le prince était resté fidèle à Murad. Instruit de cette invasion, le Sultan vola au secours de son allié, et rencontra l'armée hongroise dans la plaine de Kossova, où elle s'était retranchée. Trop confiant en sa fortune passée, Hunyade, au lieu d'attendre les secours que lui promettait Iskender-Beï, quitte son camp, marche à l'ennemi et se dispose à l'attaquer. Avant d'accepter le combat, Sultan-Murad fait une dernière tentative de conciliation, qui est repoussée par le fier Hunyade. Enfin, le 17 octobre 1448, commença la mémorable bataille de Kossova; elle dura trois jours: la victoire fut disputée avec le plus grand acharnement; mais les Hongrois, trahis par les Walaques qui passèrent du côté des Ottomans, durent céder. Ils se retirèrent cependant en bon ordre et parvinrent à gagner leurs retranchements. Après cet échec, Hunyade, désespérant du succès, sort furtivement du camp et passe en Hongrie, accompagné de quelques officiers. L'armée, abandonnée de son général, se disperse et est massacrée. Dix-sept mille chrétiens restèrent sur le champ de bataille, et l'on prétend que les Osmanlis achetèrent cette victoire par une perte de quarante mille hommes.

En 1449, la mort de Jean Paléologue avait éveillé les ambitions rivales de deux prétendants à l'empire grec. Démétrius, frère puîné de Constantin, lui disputait la couronne; mais Sultan-Murad n'eut qu'un mot à dire pour assurer à l'héritier légitime ce sceptre que le fils du monarque ottoman devait bientôt briser entre les mains du dernier empereur Paléologue.

Vers la fin de 1450, le mariage de Sultan-Muhammed avec une des filles de Suleïman-Beï, prince turcoman, fut célébré, pendant l'automne, à Andrinople, par des réjouissances publiques qui durèrent trois mois. A peine le nouvel époux était-il reparti pour son gouvernemeut de Magnésie, que Sultan-Murad expirait. Frappé au milieu d'un festin d'une attaque d'apoplexie, il mourut en février 1451 (855 de l'hégire), dans une île près d'Andrinople, où il aimait à se délasser des pénibles devoirs du rang suprême.

Un historien musulman raconte avec des circonstances toutes différentes la mort de Sultan-Murad, qu'il attribue à une faiblesse superstitieuse. Ce prince, dit-il, revenant de la chasse aux environs d'Andrinople, rencontra, sur le pont Ada-Kuprucy, un derviche qui, à la vue de son souverain, s'écria d'un air inspiré: « Vous n'a« vez pas de temps à perdre, auguste « monarque, pour combler la profon« deur de l'abîme creusé sous nos « pieds par nos péchés et nos prévari« cations..... L'ange de la mort est à « votre porte; ouvrez les bras et rece« vez avec résignation le messager du

« ciel. C'est la destinée commune à
« tous les hommes : heureux celui qui
« y songe et s'y prépare toute sa vie !
« Hâtez-vous donc, grand prince, d'ef-
« facer par des larmes de componction
« les taches de vos péchés, pour méri-
« ter la béatitude éternelle promise
« aux fidèles qui marchent et meurent
« dans la voie des saints commande-
« ments d'Allah ! » Ces paroles font la
plus vive impression sur Sultan-Murad. Ses conseillers, Ishak-Pacha et
Sarydjè-Pacha, qui marchaient à ses
côtés, cherchent inutilement à le rassurer ; son esprit était frappé. Son
trouble augmenta lorsqu'on lui apprit
que ce derviche était disciple du célèbre cheïkh Muhammed-Bokhari, qui
lui avait prédit, dans le temps, la défaite du prétendant Moustapha. Convaincu alors que c'est un arrêt du ciel,
il se prépare à la mort, fait son testament, règle les affaires de l'empire,
et succombe en trois jours, victime
de sa crédulité.

Sultan-Murad est le seul des souverains ottomans dont le règne offre
l'exemple d'une double abdication *volontaire*. Ce prince, d'une haute capacité, d'un caractère juste et ferme,
gouverna l'empire avec gloire ; et si
en vrai philosophe, il préférait à l'éclat
de la couronne les douceurs de la vie
privée, il sut s'y arracher quand la voix
de son peuple le rappela. Pieux et charitable, comme presque tous les princes de la dynastie d'Osman, il avait
soin, lorsqu'il s'emparait d'une ville,
d'y élever un djami (cathédrale), une
mosquée, un imaret, un mèdrècè et
un khan. La mosquée d'Andrinople,
connue sous le nom de *Utch-Chè-
rafèli* (aux trois galeries), est son ouvrage. Elle est remarquable surtout
par une singularité dans la construction de son minaret, dont on ne trouve
ni modèle ni imitation dans l'architecture orientale. Trois escaliers en spirale, s'élevant depuis la base jusqu'au
faîte de la colonne, conduisent à ces
trois galeries, de manière que trois
personnes montant en même temps,
entendent réciproquement le bruit de
leurs pas sur les marches superposées
les unes aux autres. Près de cette
mosquée, Sultan-Murad fit bâtir un
Darul-Hadis (école des traditions
du prophète), et y attacha des professeurs richement rétribués. — Brousse
possède aussi une mosquée due à ce
prince : elle est placée au milieu d'un
bosquet de cyprès, sous lesquels on
voit les tombeaux de ses femmes, de
ses fils et de ses frères. Sultan-Murad
est le premier des empereurs ottomans
qui ait fait construire des ponts d'une
grande longueur. On cite celui qui est
jeté sur un vaste marais, entre Salonique et Yèni-Chèhir, un autre à Erkènè,
qui avait cent soixante et onze arches, et
un troisième à Angora. Le produit du
péage de ce dernier pont était consacré
au soulagement des pauvres de la *Mecque* et de *Médine*, où le Sultan envoyait tous les ans un présent de trois
mille cinq cents ducats à l'époque du
départ de la caravane des pèlerins.

Sultan-Murad, à qui certains auteurs attribuent à tort la création des
janissaires, perfectionna du moins
cette institution, et organisa avec le
plus grand soin toute son armée, où
régnait la discipline la plus sévère.
Six à dix mille fantassins veillaient à
la garde du Sultan. Ce prince, lorsqu'il était en campagne, avait trois
tentes, l'une rouge et les deux autres
recouvertes de feutre brodé d'or. Autour de l'enceinte gardée par les janissaires, et où l'on voyait encore
quinze tentes destinées à divers usages,
se tenaient les vézirs, les tchaouchs,
et les autres officiers attachés au service spécial du prince. Tous ces officiers avaient un nombreux domestique.
Outre les janissaires, trois cents silihdars (*gens d'armes*) veillaient encore à la garde de la tente du Sultan.
Venaient ensuite les ghourèba (*étrangers*), les ouloufdèjis (*troupes soldées*),
et les sipahis (*cavaliers*). Le camp
était composé d'environ dix mille tentes, d'un admirable arrangement sy-
métrique. L'ordre le plus parfait régnait partout. Un corps particulier (les
arabadjis) était spécialement consacré
au transport ; un autre à entretenir les
routes, à dresser les tentes, etc. Le

commandement alternait entre les pachas de Roumilie et d'Anatolie, qui avaient sous leurs ordres les sandjak-beïs ou gouverneurs de provinces, amenant avec eux leur contingent féodal de soldats et d'officiers.

Sous le règne de Sultan-Murad, la poésie commença à jeter plus d'éclat que sous ses prédécesseurs. Les biographies des poëtes ottomans en citent un nombre considérable, dont la nomenclature offrirait peu d'intérêt. — La jurisprudence et la théologie eurent aussi des professeurs pleins de mérite, quoique moins distingués et surtout moins nombreux que sous son fils et son successeur, Sultan-Muhammed *El-Fatyh*.

CHAPITRE IX.

SULTAN-MUHAMMED-KHAN, EL FATYH (LE CONQUÉRANT), VULGAIREMENT MAHOMET II.

La conquête de Constantinople par les Osmanlis fut un des événements les plus mémorables du quinzième siècle : la chute de l'antique Byzance, le renversement de l'empire romano-grec, après onze cents ans de durée, étaient des faits trop retentissants pour ne pas laisser, parmi les peuples de la chrétienté, des souvenirs ineffaçables. Aussi le Sultan qui eut la gloire de s'emparer de la cité de Constantin, a-t-il conservé chez nous une sorte de célébrité populaire, que ne partagent pas au même degré les autres grands princes de sa dynastie.

Ce ne fut que trois jours après la mort de Murad II, c'est-à-dire, le 8 février 1451 (855 de l'hég.), que Sultan-Muhammed en reçut la nouvelle à Magnésie. Ce prince qui, du vivant de son père, avait déjà joui du pouvoir suprême, le ressaisit avec empressement; et à peine eut-il lu les dépêches que lui adressait Khalil-Pacha, qu'il s'élança sur son cheval, en s'écriant : « Qui m'aime me suive! » Arrivé en deux jours à Gallipoli, avec ses baltadjis et ses peïks, il s'y arrêta deux autres jours pour donner au reste de sa suite le temps de l'atteindre. C'est de là qu'il instruisit de son arrivée les habitants d'Andrinople, dont un grand nombre vint au-devant de leur nouveau maître. Les oulémas, les cheïkhs, les vézirs, les beïler-beïs, qui l'attendaient à une lieue de la capitale, mirent pied à terre dès qu'ils l'aperçurent, et formèrent son cortége. Avant d'entrer dans la ville, ils s'arrêtèrent en poussant des cris lamentables, dernier hommage qu'ils rendaient à la mémoire de Sultan-Murad. Ému par ces témoignages de douleur, Muhammed descendit de cheval, pleura avec les grands dont il était environné, et les admit à la cérémonie du baise-main (*destbouss*). Le jour qui suivit son entrée dans Andrinople, il prit possession du trône avec la plus grande solennité, et en présence des hauts fonctionnaires de l'empire. Khalil-Pacha, dont les conseils avaient engagé deux fois Sultan-Murad à reprendre la couronne, redoutait le courroux de Muhammed, et se tenait éloigné de lui : le Sultan le fit approcher, et le confirma dans la dignité de grand-vézir. Ishak-Pacha, en qualité de gouverneur d'Anatolie, fut chargé de conduire à Brousse le corps de Murad; il mit un grand zèle à s'acquitter de cette mission; tout se fit avec une pompe extraordinaire; et l'or fut répandu à pleines mains.

Si l'on en croit les historiens nationaux, l'avénement de Sultan-Muhammed fut accompagné des pronostics les plus heureux. Les astrologues et les devins prédirent que son règne serait fécond en hauts faits d'armes; ils appuyaient surtout cette prédiction sur ce verset du Coran : « Dieu a béni le « *cinquième et le septième*... » Or Muhammed avait été proclamé un jeudi, *cinquième* jour de la semaine, et il était le *septième* Sultan de sa dynastie. Nul doute que ces pronostics n'aient agi puissamment sur l'esprit de Sultan-Muhammed, aussi bien que sur celui de ses peuples, et qu'ils ne les aient poussés avec ardeur vers la gloire militaire; car ce monarque, un des plus grands de sa race par son génie, ses talents, et son amour pour les sciences et les lettres, n'était pas plus exempt de faiblesses superstitieuses que les autres princes musulmans ou chrétiens du moyen âge, et même ceux d'une époque beaucoup plus rapprochée de nos temps.

Sultan-Muhammed signala son arrivée au pouvoir par un de ces actes de cruauté trop communs dans l'histoire ottomane. Son père avait eu, de son mariage avec la fille d'Esfendiar-Oghlou, prince de Servie, un fils nommé Ahmed : il était encore au berceau ; mais le Sultan craignit qu'il ne lui disputât plus tard l'empire avec avantage, comme étant né d'une épouse légitime, tandis que Muhammed lui-même n'était issu que d'une esclave. Ahmed, sacrifié à cette politique ombrageuse, fut étouffé dans un bain par Ali Ewrenos-Oghlou. Cet acte de cruauté s'exécutait pendant que la veuve de Murad, bien loin de craindre pour la vie de son enfant, offrait ses félicitations à Muhammed. Le Sultan sentit que cette barbarie pourrait lui aliéner le cœur de ses sujets : Ali fut donc mis à mort ; et le Sultan, délivré du témoin et de l'instrument de son crime, put le désavouer hautement ; il assigna à la malheureuse mère une forte pension, et la renvoya au prince de Servie, après l'avoir comblée d'honneurs et de présents.

A peine la veuve de Murad était-elle partie d'Andrinople, que l'ambassadeur de Constantin et de son frère Démétrius y arriva. Il était chargé de complimenter le Sultan ; Muhammed le reçut avec les plus grandes marques de bienveillance, promit de maintenir la paix accordée par son père à l'empereur, et de payer même une somme de trois cent mille aspres, destinée à l'entretien du petit-fils de Suleïman, le prince Orkhan, retenu prisonnier à Constantinople par la politique des Paléologues.

La république de Raguse députa aussi vers le Sultan, de même que la Walachie, Mytilène, Chio, Galata, Gênes, et les chevaliers de Rhodes. Il renouvela alliance avec tous, et conclut une trêve de trois ans avec Jean Hunyade. Il marcha ensuite contre Ibrahim-Beï, prince de Karamanie, qui venait de se révolter, poussé par l'espoir de reprendre sur un prince jeune et sans expérience les provinces dont Murad s'était emparé. Pour susciter de plus grands embarras au Sultan, Ibrahim avait engagé les héritiers des anciens princes de Mentèchè, d'Aïdin et de Kermian, dépossédés par le souverain ottoman, à revendiquer les droits de leurs pères. Mais ces tentatives de rébellion furent bientôt réprimées ; et Ibrahim, pour gage de sa soumission, offrit la main de sa fille à Sultan-Muhammed.

La paix étant ainsi établie avec tous les princes voisins, le Sultan songea à exécuter le dessein qu'il méditait en secret : la conquête de Constantinople. Une démarche imprudente de l'empereur grec vint hâter encore le moment de sa ruine. Ses ambassadeurs se plaignirent amèrement au Sultan du retard qu'éprouvait le payement de la pension d'Orkhan : ils ajoutèrent à leurs plaintes la menace de remettre ce prince en liberté, et même de soutenir ses prétentions, si le double de la somme convenue ne leur était compté sur-le-champ. Sultan-Muhammed, malgré l'indignation que lui causa cette audace, crut devoir dissimuler : la mise en liberté d'Orkhan pouvait faire renaître la guerre civile qui avait ensanglanté l'interrègne ; en conséquence, les députés furent renvoyés avec de grandes promesses, que Sultan-Muhammed se proposait bien de ne pas tenir.

C'est sous ce prince que le corps des janissaires, qui devint par la suite si redoutable aux Sultans, commença à donner des marques de son exigence. A peine arrivé à Brousse, le monarque y fut accueilli par les cris tumultueux de cette milice déjà indisciplinée, qui réclamait une gratification de son nouveau maître. Un refus eût été dangereux ; Sultan-Muhammed contint sa colère, et fit distribuer aux séditieux dix bourses d'or : mais peu de jours après, l'aga des janissaires, Kazandji-Toughan, fut mandé devant le Sultan, qui lui reprocha la désobéissance de ses soldats, s'emporta au point de lui donner des soufflets et des coups de son khamtchi (*fouet*), et le destitua. Moustapha-Beï fut revêtu de son emploi. Pour affaiblir l'esprit d'insubordination des janissaires, sept mille *chahindjis* (fauconniers) et *segbans* (garde-meutes) furent incorporés dans leurs rangs. Sultan-Muhammed étant parvenu ainsi à y étouffer la révolte, se rendit à Gallipoli et fit chasser les Grecs des villages situés sur les rives de la Maritza (*Hèbre*), dont les revenus étaient réservés pour la pension d'Orkhan. Il se disposa alors à marcher contre Constantinople.

Baïezid-Ildirim avait fait élever le fort de Guzel-Hyssar, sur la rive asiatique du Bosphore. Sultan-Muhammed conçut le projet d'en construire un autre vis-à-vis et sur le bord opposé, et de se rendre maître ainsi du passage de la mer Noire. A cette nouvelle, Constantin alarmé se hâta d'envoyer des ambassadeurs au Sultan, lui offrant un tribut, et le suppliant de renoncer à son projet. Le monarque ottoman répondit que personne n'avait le droit de s'opposer aux travaux qu'il lui plaisait de faire sur son territoire; que les deux rivages lui appartenaient; celui d'Asie, parce qu'il était possédé par les musulmans; celui d'Europe, parce que les chrétiens ne savaient pas le défendre: il termina en enjoignant aux envoyés grecs de se retirer, et en menaçant de faire écorcher vifs ceux qui oseraient lui porter à l'avenir de pareils messages. Il s'occupa ensuite de la construction du fort; et, par une pieuse bizarrerie, voulut que sa configuration retraçât l'ensemble des lettres arabes dont se compose le nom de Mahomet le prophète. Il fit élever une tour à l'endroit où chaque M figure un rond; mais, pour satisfaire cette fantaisie, il fallut violer les règles de l'art (*).

(*) Le château de Saint-Germain en Laye nous offre un second exemple de cette bizarrerie, non pas religieuse, comme celle du vainqueur de Constantinople, mais *amoureuse*, puisque le 𝔇 (gothique) qu'il représente avait pour but de rappeler le nom de la célèbre Diane de Poitiers.

Le Sultan dirigea lui-même une partie des travaux, et chargea les vézirs Khalil et Sarydjè de la surveillance du reste. Six mille ouvriers furent employés à la construction de ce château alors si formidable, et dont les murs sont d'une grande épaisseur. Outre les matériaux qui vinrent des côtes d'Asie, on employa encore les ruines de diverses habitations et églises situées sur le Bosphore. L'ardeur des Osmanlis pour l'achèvement de cette forteresse fut si grande, que l'on vit des gens de toute classe, même de hauts dignitaires, se mêler aux ouvriers, et apporter des briques, des pierres et de la chaux. A la vue de ces terribles préparatifs, Constantin, saisi d'effroi, envoya vers le Sultan des députés, qui le supplièrent d'épargner les moissons des Grecs dispersés dans les villages du Bosphore; mais Sultan-Muhammed n'eut aucun égard à ces prières, et ordonna à Esfendiar, son gendre, de mener paître ses chevaux sur les terres de l'ennemi, et de repousser par la force ceux qui voudraient s'y opposer. Les Grecs ayant résisté et tué quelques musulmans, le Sultan, dans sa colère, fit massacrer tous les moissonneurs que l'on put rencontrer, et donna ainsi le signal de la guerre. Constantin, qui, à cette nouvelle, avait fait fermer les portes de la ville, renvoya au Sultan quelques musulmans qu'il ne voulut pas retenir prisonniers, et fit dire à Muhammed que, puisqu'il avait rompu le premier la trêve, les Grecs, se confiant à la justice de leur cause, opposeraient la force à la force, en attendant qu'il fût revenu à des sentiments plus pacifiques. Le Sultan ne tint aucun compte de ce message. Le fort qu'il faisait élever au milieu du Bosphore venait d'être terminé en moins de trois mois: il lui donna le nom de *Boghaz-Kèçèn* (*), et en remit le com-

(*) *Boghaz-kèçèn* se traduit mot-à-mot par *coupe-gorge*: mais *boghaz* en turc signifie à la fois *gorge* et *détroit*, ou *passage* dans une montagne, comme *port* chez les habitants des Pyrénées.

mandement à Firouz-Aga, qui avait quatre cents janissaires sous ses ordres. Sultan-Muhammed revint ensuite à Andrinople, où il disposa tout pour le siége de la capitale des Grecs, tandis que son lieutenant Tourakhan ravageait le Péloponèse. Il fit construire, par un fondeur hongrois, transfuge de Constantinople, des canons d'une dimension si colossale, que le plus fort d'entre eux lançait, à un mille de distance, des boulets de pierre de douze palmes de circonférence, et du poids de douze quintaux. La détonation était si terrible qu'on l'entendait de plusieurs lieues; pour déplacer cette monstrueuse pièce d'artillerie, il fallait y atteler cinquante couples de bœufs; sept cents hommes étaient nécessaires pour la servir. Lorsque la première épreuve en eut été faite, l'enthousiasme des musulmans fut à son comble, et le Sultan n'eut plus de repos jusqu'à ce que la grande entreprise qu'il méditait, et qui devait illustrer son règne, fût accomplie. Mais, avant d'entrer dans les détails du mémorable siége de Constantinople, donnons quelques notions historiques et topographiques sur cette ville célèbre.

Située dans la plus magnifique position, à l'extrémité de la rive européenne du Bosphore, l'antique Byzance est bâtie, comme Rome, sur sept collines. Lorsque Constantin l'eut choisie pour sa résidence, en l'an 330, elle échangea son premier nom contre celui de Constantinopolis (ville de Constantin). Les Grecs la désignaient dans leur langage ordinaire, par Πόλις (la ville), comme les Romains n'appelaient pas Rome autrement que URBS : et c'est par une légère altération des mots grecs Ις τὴν πόλιν que les musulmans en ont fait *Istambol*, et même, par un jeu de mots pris dans un sens religieux, *Islambol*, la ville de l'islamisme. Ils lui donnent aussi le surnom de *Oummuddunïa* (mère du monde). Sa forme est triangulaire : la base du triangle tient au continent d'Europe du côté du couchant; elle est défendue par un double fossé, et une double ligne de fortifications. Les deux autres côtés sont bornés au sud par la Propontide, et au nord-est par un port de six kilomètres de longueur (environ trois milles d'Italie), sur un kilomètre de largeur; on le nommait autrefois à juste titre χρυσόκερας, la *Corne d'or*; c'est un des plus beaux et des plus sûrs qui existent dans le monde. Une simple muraille défend ce double rivage. A l'époque du siége de Constantinople par Sultan-Muhammed, un fort s'élevait à chaque pointe du triangle; l'Acropolis placé au promontoire appelé aujourd'hui *pointe du sérail* (*) portait le nom de Saint-Démétrius; le second fort, construit à l'extrémité du rempart occidental qui s'étend jusqu'au rivage de la Propontide, se nommait *Cyclobion* ou *Pentapyrgion* (cinq tours); c'est le fort devenu depuis si fameux sous le nom de château des Sept-Tours. Enfin, au fond du port était placé le *Cynegion*, maintenant *Haïwan-sèraï*, enceinte circulaire destinée aux combats des bêtes féroces; et plus loin le palais des *Blachernes*, demeure favorite des derniers empereurs grecs. On avait creusé, entre l'Acropolis et le Pentapyrgion, deux bassins, le port de Théodose et celui de Julien, comblés maintenant par des amas de sable; c'est là qu'existaient les palais de ces deux empereurs. Entre le port de Julien et la pointe de Saint-Démétrius, s'élevait encore le palais *Bucolion* (bœuf et lion). Sur la place même qu'occupe en partie le sérail actuel, était construit le grand palais impérial; et enfin, entre le Cyclobion et le port de Théodose, le palais *Psamatia*, près de la porte de ce nom.

Effrayés des immenses préparatifs de Sultan-Muhammed, et pressentant la chute de leur capitale, les Grecs se rappelaient en ce moment toutes les sinistres prédictions qui couraient depuis longtemps parmi eux. Deux portes de la ville, la *porte dorée*, et celle appelée *Cercoporta*, avaient été anciennement murées, d'après une prophétie annonçant que les vainqueurs entreraient par là dans Constantinople.

(*) *Sèraï-bournou*.

Cette tradition s'est même conservée chez les musulmans; ils sont persuadés à leur tour que les chrétiens s'empareront un jour d'Islambol, en passant par la porte dorée qui donne dans l'enceinte des Sept-Tours. Une autre prédiction attribuée à un saint, nommé Morenus, disait qu'un peuple armé de flèches devait s'emparer du port et anéantir les Grecs; une quatrième, en contradiction avec cette dernière, assurait que les ennemis arriveraient jusqu'à la *porte du taureau*, mais que là les habitants, reprenant courage, les repousseraient hors des murs, et resteraient paisibles possesseurs de leur cité. Plusieurs autres bruits, accrédités par la superstition et la frayeur, circulaient de bouche en bouche, et, en enlevant à la nation tout reste d'énergie, contribuaient à l'accomplissement de ces funestes augures. Tantôt c'était la sibylle d'Érythrée qui avait annoncé la chute de l'empire grec; tantôt Léon le Sage qui avait trouvé dans le cloître de Saint-George des tablettes sur lesquelles était écrite la série des empereurs et des patriarches, terminée par deux places vides. On disait encore qu'un devin, consulté par Michel, le premier des Paléologues, sur la durée de sa dynastie, avait répondu par le mot *mamaïmi*, qui, composé de sept lettres, indiquait qu'il n'y aurait plus que sept empereurs. Enfin, suivant un historien byzantin, un vieillard avait dit à Jean Hunyade, vaincu à Kossova, qu'il fallait, pour mettre un terme aux malheurs des chrétiens, que Constantinople fût au pouvoir des Osmanlis.

Quant aux musulmans, leur confiance était fortifiée par ces paroles que Mahomet, disaient-ils, avait adressées à ses disciples : « Avez-vous en-
« tendu parler d'une ville dont un côté
« regarde la terre, et les deux autres
« la mer? — Oui, envoyé de Dieu! —
« L'heure du jugement dernier ne vien-
« dra point sans que cette ville ait été
« conquise par soixante et dix mille
« fils d'Ishak. Ils ne combattront pas
« avec leurs armes, ni avec des balis-
« tes et des catapultes, mais seulement
« avec ces paroles : *Il n'y a d'autre di-*
« *vinité qu'Allah, et Allah est très-*
« *grand!* (là ilâhè illallâh; allâhou
« ekber!) Alors les remparts s'écrou-
« leront, et les vainqueurs y feront
« leur entrée. » Le prophète aurait dit encore : « Ils prendront Constanti-
« nople; le meilleur prince est celui
« qui fera cette conquête, et la meil-
« leure armée sera la sienne. » Ainsi le courage naturel des musulmans était exalté par les paroles de leur prophète, tandis que les Grecs, inférieurs en nombre, étaient entièrement démoralisés par tant d'effrayantes prédictions. Sous ces influences opposées, l'issue du siége ne pouvait être douteuse.

Au commencement d'avril 1453, Sultan-Muhammed parut devant Constantinople avec une armée qu'on prétend s'être élevée à deux cent cinquante mille hommes : il fit dresser, du côté de terre, quatorze batteries; là se trouvait le canon colossal fondu à Andrinople; il avait mis deux mois à parcourir trente-six lieues, précédé par deux cent cinquante pionniers et charrons, traîné par cent bœufs, et soutenu en équilibre par quatre cents hommes. Placé devant une des portes de la ville, il éclata bientôt, en tuant, dans cette explosion, le Hongrois qui l'avait fondu. Cette monstrueuse pièce d'artillerie n'aurait pu d'ailleurs être d'un grand secours aux assiégeants, et leur ignorance seule les avait engagés à employer un canon d'un pareil calibre. Il fallait deux heures pour le charger, et il ne pouvait tirer plus de huit coups dans toute la journée.

Le 15 avril, une flotte ottomane de quatre cent vingt bâtiments de diverses grandeurs, parut vers l'embouchure méridionale du Bosphore : quelques jours après, une petite escadre, composée de cinq vaisseaux, dont un seul de la marine grecque, et quatre génois, se présenta devant le port, et y pénétra heureusement, après avoir battu une division ennemie forte de cent cinquante voiles. Sultan-Muhammed, qui voyait du rivage la honteuse défaite des siens, et qui, dans sa colère, avait poussé son cheval dans la mer, comme pour arracher la victoire aux Grecs, se vengea de cette humiliation sur son amiral Balta-Oghlou; il le fit étendre par terre, et lui appliqua cent coups de *topouz* (sorte de massue, signe de commandement, analogue à notre bâton de maréchal). Après ce traitement ignominieux, un azab jeta à la figure du patient une pierre qui lui fit à l'œil et à la joue une grave blessure. Dans sa fureur, le Sultan voulait faire empaler le malheureux amiral, mais les janissaires obtinrent sa grâce.

A la suite de l'échec éprouvé par les musulmans, un divan fut assemblé. Khalil-Pacha, que la rumeur publique accusait de s'entendre avec les Grecs, y opina pour la paix; mais son désir ne put prévaloir contre l'avis unanime du favori et beau-frère du Sultan, le vézir Saganos-Pacha, du mollah Muhammed-Kourani, son ancien gouverneur, et du cheïkh Ak-Chems-uddin, disciple du cheïkh Hadji, et qui, à l'exemple de Bokhari, mais avec plus de bonheur, se hasarda à prédire le jour et l'heure où Constantinople tomberait au pouvoir des musulmans. Ces conseillers n'ayant pu trouver le moyen de faire pénétrer l'escadre ottomane dans le port, dont l'entrée était fermée par une chaîne, le Sultan eut l'idée hardie de faire transporter les vaisseaux par terre. Cette opération pénible, mais non impossible, puisque l'antiquité en offre plusieurs exemples, fut exécutée avec bonheur et habileté. Une étendue de deux lieues de terrain fut recouverte de planches enduites de graisse de bœuf: plus de soixante et dix bâtiments de diverses grandeurs, poussés sur cette route glissante, la parcoururent en une seule nuit, et se trouvèrent, le lendemain matin, à l'ancre au milieu du port de Constantinople, à la grande surprise des assiégés. Les Génois, alliés des Grecs, essayèrent alors de brûler la flotte, mais les Ottomans étaient sur leurs gardes; et, lorsque le vaisseau du brave chef génois Giustiniani s'approcha, vers minuit, de l'escadre ennemie, un énorme boulet le fit couler bas, et la plus grande partie de l'équipage fut noyée. Encouragé par ce succès, Sultan-Muhammed, maître du port, y établit un pont, construit au moyen de tonneaux liés les uns aux autres par des crampons de fer, et surmontés de planches solidement fixées. Les assiégés tentèrent de l'incendier au moyen du feu grégeois; mais la surveillance active des musulmans déjoua ce projet. Enfin, après cinquante jours de siège, pendant lesquels l'artillerie ottomane avait abattu quatre tours, et ouvert une large brèche à la porte Saint-Romain, le Sultan envoya son gendre, Esfendiar-Oghlou, en message vers Constantin. L'ambassadeur ottoman engagea vivement l'empereur à se rendre; mais ce prince répondit noblement qu'il défendrait jusqu'à son dernier souffle l'empire dont Dieu lui avait confié la garde. Dès que le Sultan connut cette réponse, il fit tout préparer pour un assaut général par terre et par mer; il promit à l'armée le butin entier, ne se réservant pour sa part que le sol et les édifices. De grands cris de joie accueillirent cette promesse. Pour exciter davantage encore leur enthousiasme, il publia que des *timars* et même des *sandjaks* seraient donnés en récompense à ceux qui monteraient les premiers sur les remparts; en même temps il menaçait de la hache du bourreau les lâches qui fuiraient le danger. Les derviches parcouraient le camp, en promettant aux soldats la protection du prophète, et en répétant ces paroles: « Il n'y a d'autre divinité que « Dieu, et Mahomet est son prophète » « Dieu est un, et nul n'est semblable « à lui. » Lorsque vint la nuit, une illumination générale fit resplendir les rives du Bosphore et les hauteurs de Galata. Des danses, des chants joyeux célébrèrent d'avance la prise de Constantinople; tandis que les assiégés, frappés de terreur et saisis d'un sombre pressentiment, se prosternaient en pleurant devant l'image de la Vierge, dont la protection miraculeuse les avait délivrés tant de fois des attaques des musulmans. Dans ce moment de crise, l'empereur lui-même visita tous les postes; il harangua les troupes, et ne négligea aucun moyen de ranimer leur courage. Le brave Giustiniani secondait Constantin de tout l'ascendant qu'il avait sur l'armée auxiliaire : les fortifications furent réparées, des fossés creusés, des remparts de fascines élevés à la hâte; mais malheureusement les sages dispositions de l'illustre étranger étaient souvent contrariées par la basse jalousie des Grecs. Malgré les dégoûts qu'on lui faisait éprouver, Giustiniani, fidèle à la cause des chrétiens, résista aux offres secrètes que lui fit faire le Sultan : « Que ne donnerais-je pas, « avait dit Muhammed, pour m'atta- « cher un tel homme ? » Plusieurs autres officiers distingués, génois, vénitiens, espagnols, allemands, russes, se partageaient la défense de dix postes confiés aux troupes alliées; les Grecs n'en occupaient que deux; et on va jusqu'à prétendre que les forces de la garnison tout entière ne s'élevaient pas à plus de neuf mille hommes.

Cependant, malgré l'ardeur qui les animait et leur supériorité numérique, les musulmans, à l'instant de donner l'assaut, furent arrêtés par une nouvelle qui répandit l'effroi dans leurs rangs : le bruit courut qu'une armée, composée de Hongrois et d'Italiens, venait secourir Constantinople. Les assiégeants, découragés, restèrent deux jours dans l'inaction : mais enfin un météore ayant paru dans le ciel, ils regardèrent ce phénomène comme un signe de la protection divine. Le Sultan fit prendre aux troupes leurs positions : cent cinquante mille hommes, dit-on, cernèrent la ville du côté de la terre; une flotte formidable la bloqua par mer. Le lendemain, 29 mai, au point du jour, les batteries des assiégeants commencèrent à jouer. Deux heures du combat le plus opiniâtre s'écoulèrent sans que la victoire se décidât : aux efforts inouïs des Ottomans, les Grecs opposaient le courage du désespoir; le terrible feu grégeois embrasait les navires; une grêle de flèches et de pierres tombait sur les assaillants. Dans ce moment décisif, les troupes ottomanes, près de plier, furent soutenues par les exhortations du Sultan et la présence des cheïkhs Ahmed Kourani et Ak-Chems-uddin, qui répétaient à haute voix les versets du Coran relatifs à la prise de Constantinople. Enfin, cinquante d'entre eux ayant pénétré dans la ville par la porte nommée *Cercoporta*, que, par une négligence inconcevable, on avait oublié de fermer, les Grecs épouvantés se précipitent vers le rivage septentrional; les soldats qui le gardaient en ferment les portes et jettent les clefs à la mer. Les fuyards se réfugient alors dans l'église de Sainte-Sophie, attendant en vain l'apparition de l'ange qui, à en croire une prédiction répandue parmi le peuple, devait repousser l'ennemi. Mais les portes du temple se brisèrent sous la hache des vainqueurs, et aucun miracle ne vint sauver les chrétiens.

Constantin, qui combattait sur la brèche, voyant la déroute des siens, se précipita au milieu des Ottomans et y trouva une mort glorieuse. Dès cet instant le pillage, l'incendie, les profanations de tout genre signalèrent le triomphe des musulmans. Quand la ville fut entièrement soumise, Sultan-Muhammed fit son entrée triomphale par la porte Saint-Romain; il s'arrêta devant l'église de Sainte-Sophie, descendit de cheval, la visita en détail, en témoignant la plus vive admiration pour cette superbe basilique, et, montant le premier à l'autel, la consacra lui-même à l'islamisme.

Le cadavre de Constantin, reconnaissable à ses brodequins de pourpre parsemés d'aigles d'or, fut retrouvé parmi les morts : sa tête fut placée d'abord au haut d'une colonne de porphyre qui s'élevait sur la place *Augusteon*, et promenée ensuite dans les villes d'Asie.

Lorsque Sultan-Muhammed arriva au palais impérial, il fut vivement frappé de la morne solitude et du vide de ces appartements naguère si brillants et si animés, et il récita un distique persan dont voici la traduction :

« L'araignée a filé sa toile dans le « palais des Césars; la chouette fait re- « tentir la voûte d'Efrasiab de son « chant nocturne. » Cette réflexion philosophique sur l'instabilité des grandeurs humaines n'empêcha pas Sultan-Muhammed de s'abandonner à toute l'ivresse de son triomphe, aux plaisirs, et même à des actes de cruauté. Le grand-duc Notaras, ses fils, hormis le plus jeune, réservé pour les fonctions de page du Sultan, des nobles espagnols et vénitiens, des seigneurs grecs dont on avait d'abord épargné la vie, périrent tous victimes de la férocité des vainqueurs. Enfin, après les trois jours de pillage qu'il avait promis à son armée avant l'assaut, Sultan-Muhammed sentit la nécessité de mettre un terme à ces scènes de dévastation. Il rappela les Grecs dans la ville, fit construire de nouveaux édifices et réparer les monuments mutilés. Il accorda même aux vaincus le libre exercice de leur religion, et leur laissa toutes les églises comprises depuis celle des Arméniens appelée *Souly-Monastir* (*), jusqu'à la porte d'Andrinople.

Tel fut le siège mémorable qui livra Constantinople aux musulmans, le 29 mai 1453 (20 djumadi I, 857 de l'hégire), onze cent vingt-cinq ans après sa reconstruction par Constantin le Grand. Assiégée vingt-neuf fois depuis sa fondation, prise sept fois, sa dernière occupation par Sultan-Muhammed-el-Fatyh incorpora enfin à l'empire ottoman cette capitale célèbre, et détruisit la nationalité d'un peuple qui a souvent tenté de secouer le joug de ses vainqueurs, et qui n'a réussi à se reconstituer qu'au bout de quatre siècles. Mais ce succès récent fut le résultat de la protection et de l'appui de trois grandes puissances européennes dirigées par des vues politiques très-différentes, quoique paraissant animées, dans leur langage philanthropique, des mêmes sentiments de générosité, de désintéressement et de civilisation.

Dès que Sultan-Muhammed se vit maître absolu de Constantinople, il songea, en véritable homme d'État, à s'assurer sa conquête par des institutions politiques en harmonie avec les mœurs et les besoins de ses nouveaux sujets. Pour s'attirer l'affection des chrétiens, il respecta leur culte et leurs usages, et voulut qu'en remplacement du patriarche qui venait de mourir, un nouveau chef spirituel fût élu suivant le cérémonial observé jusqu'alors. Dès que George Scholarius, connu aussi sous le nom de Gennadius, eut été investi de cette dignité, le Sultan lui donna un repas splendide, pendant lequel il s'entretint amicalement avec lui; il lui fit présent ensuite d'un sceptre précieux, emblème de l'autorité religieuse et civile qu'il venait de lui confier, et il lui dit : « Sois patriar- « che, et que le ciel te protége ! En « toute circonstance, compte sur mon « amitié, et jouis de tous les priviléges « que possédaient tes prédécesseurs. » Après ces nobles paroles, le Sultan reconduisit lui-même le prélat jusque dans la cour du palais, et ordonna aux vézirs et aux pachas qui l'entouraient d'escorter Gennadius.

Vingt jours après la prise de Constantinople, le Sultan retourna à Andrinople, où il fit trancher la tête au grand vézir Khalil-Pacha, soupçonné de s'être laissé gagner par les présents des Grecs, dont il avait, à plusieurs reprises, plaidé la cause en sollicitant son maître de leur accorder la paix. Le Sultan n'avait pas non plus oublié que Khalil l'avait fait descendre deux fois du trône, du vivant de son père Murad. Cet exemple de l'exécution du premier fonctionnaire de l'empire s'est renouvelé souvent, depuis cette époque, parmi près de deux cents grands vézirs qui ont occupé ce poste éminent, mais périlleux (*).

(*) *Souly-monastir* est ainsi nommé (*le monastère aux eaux*), à cause des sources, qui sortent des fondements de cet édifice.

(*) La liste des grands vézirs qui commence par Alaeddin, sous le règne d'Orkhan, et qui finit par Muhammed Réouf-Pacha, actuellement premier ministre, in-

Sultan-Muhammed envoya ensuite des lettres au sultan d'Égypte, au châh de Perse et au chérif de la Mecque, pour les instruire de la conquête de Constantinople. Il imposa des tributs aux États chrétiens qui l'avoisinaient. Il envoya Tourakhan dans le Péloponèse, pour protéger Démétrius et Thomas Paléologue, frères du dernier empereur grec, contre leurs auxiliaires albanais, qui voulaient leur enlever le reste d'autorité laissé à ces deux princes, sous la condition d'un impôt annuel de douze mille ducats. Les habitants de Siliwri (l'ancienne Selymbria) et de Bivados (l'Épibatos des Byzantins), ne croyant pas pouvoir résister aux armes victorieuses du Sultan, malgré la solidité des fortifications de leurs villes, s'empressèrent de lui en envoyer les clefs. Dès lors ce prince, tranquille possesseur de la capitale de l'empire grec et maître absolu dans ses États, songea à s'emparer de la Servie. Il prétendait avoir des droits sur cette province; il les appuya d'une armée nombreuse, fit cinquante mille prisonniers, s'empara de Semendria, et envoya Firouz-Beï contre les troupes réunies d'Hunyade et de George, prince de Servie, qui battirent le lieutenant du Sultan. A la suite de cette victoire, George ayant offert de payer un tribut annuel de trente mille ducats, Sultan-Muhammed lui accorda la paix et retourna à Constantinople, où il posa la première pierre de la mosquée d'Eïoub. Suivant la tradition musulmane, Eïoub était le porte-étendard et l'un des plus illustres *Ensarioun*, compagnons du Prophète; il avait péri sous les murs de Constantinople, l'an 48 de l'hégire (668 de J. C.), pendant le siége de cette ville par le prince arabe Yèzid, fils de Muawiïè Ier. Au moment de mourir, il avait prédit qu'un jour un prince mahométan prendrait la capitale des Grecs et honorerait son tombeau. Sultan-Muhammed, instruit de cette prophétie, pria le cheïkh Ak-Chems-uddin, qui était toujours à ses côtés, de demander à Dieu où se trouvait le tombeau du compagnon du prophète. Le cheïkh se mit en prières, et eut une vision dans laquelle Eïoub lui-même lui désigna le lieu de sa sépulture; et à l'appui de sa révélation, l'assura qu'en creusant la terre à l'endroit indiqué on découvrirait une source d'eau vive et un marbre blanc avec une inscription en hébreu. Le lendemain, Ak-Chems-uddin conduisit le sultan dans le faubourg, qui depuis a pris le nom d'Eïoub, fit fouiller devant les murs, du côté de l'ouest, et trouva en effet une source et une grande tombe, sur laquelle on prétend qu'était gravée une inscription. Dès que le monument élevé en l'honneur de ce personnage fut achevé, Sultan-Muhammed s'y rendit en grande pompe, accompagné d'Ak-Chems-uddin et des principaux oulémas, y fit sa prière, et reçut un magnifique cimeterre de la main du cheïkh qui le lui ceignit lui-même. Cette cérémonie, qui a toujours été pratiquée depuis lors par les successeurs de Muhammed II, cinq ou six jours après leur avénement au trône, est appelée *Taklidi-Seïf*, et tient lieu de sacre et de couronnement.

Le turbè d'Eïoub, à cause de son origine merveilleuse, attire une grande affluence de musulmans qui viennent y boire de l'eau de la source miraculeuse. Cette eau est renfermée dans un puits au fond du turbè; et une si *utile* précaution n'a pu être négligée, puisque les dévots y apportent de nombreuses offrandes en argent, en aloès, ambre gris et cire blanche. Ce monument est constamment ouvert : deux lampes y brûlent nuit et jour, et du côté de la tête de la sépulture est planté en terre un étendard enveloppé d'une draperie verte, emblème de l'emploi d'Eïoub auprès du prophète.

Sultan-Muhammed fit construire aussi au centre de Constantinople, sur les ruines des tombeaux des empereurs grecs et de l'église des Saints-Apôtres, un grand palais, appelé aujourd'hui *Eski-Seraï* (le vieux sérail). C'était

dique cent quatre-vingt-seize promotions à ce poste suprême, auquel on a vu quelquefois le même personnage rappelé à une ou plusieurs reprises.

un vaste bâtiment formant un carré parfait, entouré de hautes murailles; il servait de résidence aux épouses et aux concubines du prédécesseur du Sultan régnant. Ce vaste terrain avait quatre portes extérieures : deux d'entre elles étaient toujours fermées; les autres gardées jour et nuit par cinq cents *baltadjis*. Des eunuques blancs avaient la garde des portes intérieures; leur chef se nommait *Eski-Séraï-Agaci* (le gouverneur du vieux sérail) (*).

Après la mort tragique de Khalil, la place de grand vézir resta vacante pendant huit mois, interruption dont on ne voit que deux exemples dans les annales ottomanes. Mahmoud-Pacha, confident intime du Sultan, fut choisi pour remplir cet emploi. Fils d'un père grec et d'une mère servienne, Mahmoud, dérobé fort jeune par des soldats musulmans, avait été d'abord élevé dans le sérail en qualité de page, et employé ensuite au trésor. Ses talents lui ayant acquis la faveur de Muhammed, ce prince, lors de son avénement, l'investit du pachalik de Roumilie, et finit par l'honorer de la première dignité de l'empire.

En 1455, d'après le rapport que lui fit Iça-Beï, commandant des frontières ottomanes du côté de la Servie, sur la facilité qu'il y aurait à soumettre ce pays, Sultan-Muhammed s'empara de *Novoberda* ou *Novobrodo*, et de quelques autres villes sur la Sinitza; il se rapprocha ensuite de l'Archipel, où croisait la flotte ottomane sous les ordres de Hamza-Pacha. Les chevaliers de Rhodes ayant refusé de payer tribut, le Sultan venait de leur déclarer la guerre. L'amiral ottoman se dirigea d'abord vers Lesbos, où commandait le duc Gatelusio, qui envoya des présents à Hamza et des rafraîchissements pour ses équipages. La flotte fit voile ensuite pour Chio, où, ayant été reçue d'une manière hostile, elle se présenta devant Rhodes, dont les fortifications rendirent toute attaque impossible. Hamza se dirigea alors vers Cos, assiégea pendant 22 jours la forteresse de Racheia, et fut forcé de se retirer avec perte. Ces revers irritèrent le Sultan, et firent disgracier Hamza. Un nouvel amiral, Younis-Pacha, fut nommé. Il s'empara de la nouvelle Phocée, d'où il envoya au Sultan cent jeunes gens des deux sexes. Enfin, Sultan-Muhammed lui-même quitta Constantinople, se rendit par terre devant Énos, dont il fit la conquête, ainsi que des îles de Tachouz (*Thassos*), Sèmendèrek (*Samothrace*), et Imrouz (*Imbros*), situées à l'entrée du golfe d'Énos, et de Stalimènè (*Lemnos*).

Après ces diverses conquêtes, Sultan-Muhammed songea à une entreprise de plus haute importance, et dans laquelle son père Murad avait échoué : Belgrade, boulevard de la Hongrie, était considérée comme imprenable; le Sultan l'assiégea avec une armée de cent cinquante mille hommes et plus de trois cents bouches à feu. Enorgueilli de la prise de Constantinople, il s'était vanté de réduire en quinze jours une forteresse que son père avait été contraint d'abandonner après un siége de six mois; mais le grand capitaine Hunyade la protégeait. Il attaqua, avec une flottille de deux cents brigantins, l'escadre des assiégeants qui fut bientôt dispersée et perdit sept galères et cinq cents hommes. Quelques jours après cet échec, les musulmans surprennent le faubourg, s'en rendent maîtres, et pénètrent dans la ville; mais bientôt, repoussés par le brave Hunyade, ils s'enfuient au cri d'*Allah!* et sont poursuivis jusque dans leur camp par les chrétiens. Sultan-Muhammed combattit avec fureur, et jusqu'au dernier moment. Il se retira en emmenant cent chariots de blessés, blessé lui-même à la cuisse, et laissant sur le champ de bataille vingt-

---

(*) Depuis la révolution de 1826, marquée par l'anéantissement des janissaires, *Eski-Sèraï* a changé de destination. Les anciens bâtiments ont été détruits ou augmentés; c'est aujourd'hui la résidence du Sèr-Askèr-Pacha (le généralissime de Constantinople), qui y a réuni son état-major, ses bureaux, etc.

quatre mille hommes et trois cents canons. Les astrologues, jaloux de sauver l'honneur du monarque, expliquèrent le mauvais succès de cette entreprise par l'apparition de deux comètes dans les derniers jours du siége ; et Sultan-Muhammed put sans honte abandonner Belgrade, dont la conquête (dit-il alors) était réservée, par les décrets éternels, à un autre prince de sa dynastie.

Hunyade ne jouit pas longtemps de son triomphe : il mourut vingt jours après la fuite de Sultan-Muhammed, des suites d'une blessure reçue durant le siége.

Sultan-Muhammed, de retour à Andrinople, chercha à oublier sa défaite en célébrant avec la plus grande solennité la circoncision de ses deux fils Baïezid et Moustapha : de toutes les parties de l'empire, les poëtes, les juges, les beïs, les fakirs, les gens de loi, les émirs, accoururent à ces fêtes, qui durèrent quatre jours.

Sept ans après la prise de Constantinople, c'est-à-dire en 864 (1460), Sultan-Muhammed, à la suite de diverses expéditions, commandées par lui-même ou par ses lieutenants, et d'ailleurs peu fécondes en faits intéressants, se trouva maître de la Servie et de toute la Grèce, sauf quelques ports, tels que Coron, Modon, Pylos, etc. En Albanie, les glorieux efforts du célèbre Iskender-Beï avaient arrêté les armes du Sultan. Le héros épirote n'avait cessé, depuis la mort de Murad II, de combattre, presque toujours avec succès, les troupes ottomanes. Peu après l'avénement de Sultan-Muhammed, le neveu d'Iskender-Beï avait fait prisonnier Hamza-Pacha. Dans une autre bataille, quatre mille Ottomans avaient péri avec leur chef, tué de la main d'Iskender. Ce brave guerrier, encouragé par ces succès, était allé assiéger Beligrad d'Albanie ; sur le point de s'en rendre maître, il avait été défait par une puissante armée qui, sous les ordres de Sèwali, était accourue au secours de la ville. Après cette victoire, les Ottomans, pour montrer quels redoutables guerriers ils avaient vaincus, écorchèrent quelques cadavres, dont la taille était gigantesque, empaillèrent leurs peaux, et envoyèrent ces trophées à Constantinople. Iskender-Beï prit bientôt une revanche éclatante : quinze mille Ottomans, sous les ordres de Mouça, son ancien compagnon d'armes, et déserteur de sa cause, furent complétement battus par dix mille Albanais. Plus tard, Iça-Beï et Hamza-Pacha, à la tête d'une armée de quarante mille hommes, fournirent un nouveau sujet de triomphe à Iskender-Beï, qui les défit dans la plaine d'Alessio, et entra à Croïa chargé d'un immense butin.

Lorsque Ferdinand, successeur d'Alphonse, roi de Naples, eut appelé Iskender-Beï auprès de lui, pour l'aider dans la guerre contre le roi de France Charles VIII, Sultan-Muhammed profita de l'éloignement du héros albanais pour subjuguer le Péloponèse. Voulant ensuite porter ses armes en Asie, il assura la tranquillité de ses États d'Europe en accordant la paix à Iskender-Beï, et en lui cédant l'Épire et l'Albanie (1461-866). Il s'occupa dès lors avec activité des préparatifs d'une nouvelle expédition dont personne ne connaissait le but. Un des cazi-askers ayant osé le lui demander, le Sultan répondit brusquement : « Si un poil de ma « barbe le savait, je l'arracherais et le « jetterais au feu. » La prise sur les Génois de la ville d'Amasra (*Amastris*, et plus anciennement *Sésamus*), et celle de Sinope sur Ismaïl-Beï, furent les premiers résultats de cette guerre. Sultan-Muhammed, qui méditait l'asservissement de *Therabèzoun* (Trébisonde, *Trapezus*), où régnait David Comnène, voulut auparavant lui enlever l'appui de son beau-frère Ouzoun-Haçan, prince turcoman de la dynastie du Mouton-Blanc. Les historiens ottomans racontent que cette expédition contre Ouzoun-Haçan fut résolue à la suite d'un songe mystérieux de Sultan-Muhammed. Il avait rêvé qu'il voyait Ouzoun-Haçan, vêtu en lutteur, se promener dans une vaste plaine, et défier tous les héros du siècle. À cette vue, Sultan-Muhammed s'était élancé sur son rival ; mais les premiers efforts du prince ottoman n'avaient pas répondu à son courage : Ouzoun-Haçan l'avait forcé à ployer le genou ; l'indignation du Sultan ayant doublé ses forces, il s'était relevé à l'instant, plein de rage, avait renversé Haçan, lui avait ouvert le flanc, arraché les entrailles, et le malheureux vaincu s'était enfui en poussant des cris lamentables. Les astrologues de la cour tirèrent le plus heureux augure de cette vision ; et ils décidèrent ainsi la guerre avec le prince tatare. Le monarque ottoman commença par envoyer Hamza, beïlerbeï de Roumilie, pour s'emparer du fort de Kouïounli-Hyssar, qui se trouve sur la route d'Erzroum. Hamza signala son passage par des violences de tout genre. Le Sultan s'avança ensuite vers Erzroum ; Ouzoun-Haçan, épouvanté, lui députa sa mère Sarah avec le beï kurde Djemizghezek et le cheïkh Huçeïn, porteurs de beaux présents. Sultan-Muhammed les reçut tous les deux avec les plus grands égards ; il n'adressait jamais la parole à la princesse sans lui donner le titre de *mère*, et traitait de *père* le cheïkh Huçeïn : expressions caractéristiques du respect le plus profond chez les Orientaux. Cédant à leurs instances, il accorda la paix à Haçan. Il se dirigea ensuite sur Trébisonde. Sarah, qui aurait voulu l'engager à abandonner son projet, lui voyant faire la plus grande partie de la route à pied, lui dit : « Comment « peux-tu, mon fils, t'exposer à tant « de fatigues pour cette ville de Trébi- « sonde ? — Ma mère, répondit le rusé « monarque, le glaive de l'islamisme « est dans ma main ; sans toutes ces « fatigues, je ne mériterais pas le titre « de *Ghazi* (victorieux), et si je mou- « rais aujourd'hui ou demain, j'aurais « honte de paraître devant Dieu. »

Le Sultan, arrivé devant Trébisonde, somma l'empereur David Comnène de lui céder la ville, lui promettant, avec la vie, la liberté d'emporter ses trésors, et le menaçant, en cas de refus, de toute sa colère. Séduit par les promesses ou effrayé par les menaces, l'empereur envoya les clefs de Trébisonde, et s'embarqua pour Constantinople. Mais Sultan-Muhammed, qui voulait l'extermination des Comnènes, se servit, pour en venir à ses fins, du prétexte d'une lettre écrite par l'épouse d'Ouzoun-Haçan à David, le fit jeter dans les fers avec tous les siens, et leur prescrivit d'embrasser l'islamisme. Le dernier des huit enfants de David se soumit seul à cette honteuse abjuration : tous les autres membres de cette famille infortunée furent impitoyablement mis à mort. L'impératrice Hélène donna, en cette occasion, une preuve touchante de dévouement à ses devoirs d'épouse et de mère : la sentence prononcée contre les Comnènes portait que leurs corps resteraient sans sépulture. On raconte que la princesse, bravant la colère du Sultan, se rendit sur le lieu de l'exécution, creusa elle-même une fosse, et y ensevelit pendant la nuit les tristes restes de son époux et de ses fils.

Après avoir fait disparaître ainsi de l'Europe et de l'Asie ce qui restait de la race impériale de Byzance, Sultan-Muhammed tourna ses armes contre le voïvode de Walachie, Wlad ; sa férocité lui avait valu, parmi ses sujets, les noms de *Drakul* (le diable) et *Tchepelpuch* (le bourreau), et les musulmans l'appelaient *Kazikli-Woda* (le voïvode empaleur). Ce dernier surnom n'était que trop mérité. Nous citerons parmi les cruautés qu'on lui attribue les traits suivants : il aimait à prendre ses repas au milieu d'un cercle de musulmans expirant dans les affreuses tortures du pal. Un prêtre, qui avait prêché sur le respect dû au bien d'autrui, ayant, dans un de ces hideux festins, mangé par distraction un morceau de pain que Wlad s'était coupé, fut empalé à l'instant. Un jour il rencontra un moine monté sur un âne, et trouva plaisant de faire empaler la monture et le cavalier. Six cents négociants de Bohême, cinq cents nobles walaques subirent le même supplice, sous les prétextes les plus légers. Le barbare voïvode ne se bornait pas à ce seul genre de spectacle, il lui fallait de la variété dans ses sanguinaires plaisirs : il avait inventé une machine pour hacher ses victimes et les faire cuire ; il forçait ensuite les enfants à manger de la chair de leurs parents. Des envoyés du Sultan ayant refusé de se découvrir la tête, suivant l'usage, Wlad leur fit clouer le turban sur le crâne, en disant qu'il voulait les dispenser ainsi pour toujours d'un cérémonial qui leur déplaisait. Il serait trop long de dérouler ici le tableau des caprices atroces du tyran de la Walachie, qui sacrifia à sa passion pour le sang plus de vingt mille personnes. Ce ne fut point toutefois par le désir de mettre un terme à tant de cruautés que Sultan-Muhammed motiva sa déclaration de guerre ; il l'appuya sur le refus de Wlad d'envoyer le tribut annuel en argent et en jeunes garçons, et de venir lui-même présenter son hommage au Sultan. Un autre grief contre Drakul était son ambassade à Mathias Corvin, fils de Jean Hunyade, et qui plus tard fut élu roi de Hongrie.

Le Sultan ayant pénétré en Walachie, à la suite d'une victoire remportée sur le voïvode, fut saisi d'horreur en voyant aux environs de la capitale un nombre incroyable de musulmans et de Bulgares empalés ou crucifiés. Un historien prétend qu'à ce spectacle il laissa échapper ces étranges paroles : « Il est impossible de chasser de son « pays un prince qui a fait de si gran- « des choses, et qui a si bien employé « ses sujets et sa puissance. »

Drakul s'enfuit en Hongrie, où Mathias Corvin le fit emprisonner. Radul, frère de Wlad et favori du Sultan, fut investi de la principauté de Walachie, où il régna quinze ans. Après sa mort, Wlad, échappé de prison, reprit l'autorité, et périt au bout de deux années sous le poignard d'un de ses esclaves.

Au retour de l'expédition de Walachie, Sultan-Muhammed marcha à la conquête de Midilli (l'ancienne *Lesbos*). Cette île avait été cédée à la famille génoise des Gatelusio, par Jean Paléologue Ier : elle se rendit après un siège de vingt-sept jours. Le duc Nicolas Gatelusio qui y commandait obtint sa grâce et se fit mahométan, avec son neveu Lucio, seigneur d'Énos : leur apostasie ne put cependant les sauver de la vengeance du Sultan, qui ne leur pardonnait point d'avoir accueilli un itch-oghlan (page) évadé du sérail ; jetés dans un cachot, ils y furent étranglés peu de temps après. C'est en 867 (1462) que Lesbos passa sous la domination ottomane.

Avant sa campagne contre Drakul, Sultan-Muhammed avait voulu soumettre au tribut le roi de Bosnie. Ce prince avait conduit devant son trésor l'ambassadeur ottoman, et lui avait dit : « Tu vois ici l'argent tout prêt, « mais je ne songe nullement à l'en- « voyer à ton maître ; car, s'il me fait « la guerre, j'ai besoin de mon or pour « me défendre ; si je suis vaincu et « forcé de m'expatrier, j'en ai besoin « encore pour passer ma vie dans l'a- « bondance. » À cette réponse, le Sultan allait envahir la Bosnie, lorsqu'il en fut détourné par le désir de soumettre Wlad. Ce ne fut donc que l'année suivante (1463) que Muhammed attaqua les Bosniaques. Il commença par s'emparer, après trois jours de siège, de la forteresse de Babiczka-Oczak, sur la rive gauche de la Crajova (*Illyrissus*), et envoya Mahmoud-Pacha à la poursuite du roi, qui, après n'avoir fait que passer rapidement dans Yaitcha (Gaitia), sa capitale, s'était réfugié dans la place forte de Kliucs. Pendant que le grand-vézir la recevait à composition, en accordant la vie sauve au roi et aux habitants, Yaitcha et quelques autres villes offraient leurs clefs au Sultan. Mécontent de la capitulation trop douce consentie par Mahmoud-Pacha, Sultan-Muhammed essaya, par tous les moyens, d'éluder la promesse de son vézir. Le monarque ottoman avait pour principe qu'on ne peut régner tranquillement sur un pays conquis si l'on n'extermine pas la famille détrônée. Le roi de Bosnie fut jeté dans les fers, et eut bientôt après la tête tranchée, d'après un *fetwa* du cheïkh Ali-Bestami, qui annulait le traité juré, comme contraire à la loi du Prophète. Par un excès de fanatisme ou de servilité, le cheïkh remplit lui-même, dit-on, l'office du bourreau : chose à peine croyable, sans exemple, et que nous ne pouvons pas certifier.

Avant la fin de cette année (1463), Yaïtcha était reprise par Mathias Corvin; et, au commencement de 1464 (869), Sultan-Muhammed assiégea une seconde fois cette ville sans pouvoir y rentrer. Corvin pénétra en Bosnie, prit le fort de Srebernik, et attaqua Zwornik, dont le beï, Ali-Mickhal-Oghlou lui fit lever le siége.

Vers l'époque de l'ouverture de la campagne contre la Bosnie, avait commencé aussi la guerre avec Venise. La fuite d'un esclave du pacha d'Athènes, qui se réfugia à Coron, et le refus des habitants de le rendre à son maître, déterminèrent la rupture de la paix. Iça, gouverneur du Péloponèse, s'empara d'Argos, par la trahison d'un prêtre grec; Omar soumit le territoire vénitien aux environs de Lépante (*Naupactus*), et la contrée de Modon fut ravagée par un troisième corps ottoman. Les Vénitiens équipèrent une flotte de près de quarante navires, qui se rendit dans les eaux de Négrepont; un corps de six mille hommes fut envoyé dans le Péloponèse, et insurgea tout le pays en promettant le secours des croisés. Argos fut prise et saccagée. Trente mille ouvriers élevèrent en quinze jours, d'une extrémité à l'autre de l'isthme d'Hexamilon, un rempart de douze pieds de haut, surmonté de cent trente-six tours et défendu par un double fossé. Les Vénitiens attaquèrent ensuite Corinthe; mais à la nouvelle de l'approche de Mahmoud-Pacha, ils levèrent le siége, abandonnèrent même le mur d'Hexamilon, et se sauvèrent à Napoli de Romanie. Corinthe et Argos tombèrent de nouveau au pouvoir des musulmans. Les environs de Modon furent saccagés par Omar-Pacha; et le Sultan fit, dit-on, scier en deux cinq cents prisonniers provenant de ces désastreuses expéditions. Mais tous les efforts des lieutenants du Grand Seigneur ne purent parvenir à faire rentrer sous l'obéissance les habitants de Sparte : battus par les troupes d'Omar et d'Haçan, ils se retirèrent dans les monts Pentadactylon (*Taygète*), et échappèrent ainsi à la domination des vainqueurs. Sous le nom de Maïnotes, et près des ruines de l'ancienne Sparte, les descendants de ces hommes intrépides ont lutté pendant plusieurs siècles contre la puissance ottomane et n'ont jamais courbé leur tête sous le joug.

Les Vénitiens firent encore quelques tentatives pour enlever aux musulmans diverses îles et villes grecques, mais ils furent repoussés sur terre et sur mer; et la mort subite de Pie II leur ayant fait perdre l'espérance d'être secourus par les princes que le pontife appelait à une sixième croisade, ils finirent par laisser le champ libre aux musulmans.

Pendant ces guerres avec Venise et la Bosnie, mourut Ibrahim, prince de Karamanie, l'ennemi le plus invétéré de la race d'Osman. Les souverains de cette contrée, qui, ainsi que les sultans, avaient établi leur puissance sur les ruines de l'empire seldjoukide, soutinrent, dans l'espace de cent cinquante années, huit guerres contre les Osmanlis, et leur causèrent souvent de graves embarras, par la précaution habituelle de ne les attaquer que lorsqu'ils leur voyaient d'autres ennemis sur les bras. Assiégé dans Konia par ses six enfants légitimes, Pir-Ahmed, Karaman, Kaçim, Ala-Eddin, Suleïman et Nour-Sofi, auxquels il avait préféré Ishak, fils d'une esclave, le vieil Ibrahim était mort de chagrin. Le Sultan profita de la dissension que cette mort fit naître entre les princes de Karamanie pour s'emparer d'un pays qu'il convoitait depuis longtemps. Moustapha, troisième fils de Sultan-Muhammed, fut nommé gouverneur de la province conquise. La ville de Sèlefkè (*Séleucie*) parvint seule à se soustraire au joug; l'épouse d'Ishak-Beï s'y maintint, tandis que ce prince cherchait un asile à la cour d'Ouzoun-Haçan.

La trêve, signée en 1461 (866), entre le Sultan et le fameux Iskender-Beï, n'avait pas duré plus de trois ans. Ce dernier, cédant aux instances de l'ambassadeur vénitien et du légat du pape, rompit le traité, en s'appuyant sur cette maxime déshonorante : « La parole donnée à un infidèle peut être violée sans scrupule. » A la nouvelle de ce parjure (moyen dont, au reste, les musulmans se servaient aussi bien que les chrétiens), Sultan-Muhammed envoya en Albanie quatorze mille hommes, sous les ordres de Chèrèmet-Beï. Iskender, malgré l'infériorité de son armée, qui ne s'élevait qu'à dix mille combattants, défit le lieutenant de Muhammed. Balaban-Pacha, qui commandait une nouvelle armée de dix-huit mille hommes, envoyée contre Iskender, remporta d'abord un léger avantage, mais fut bientôt complètement défait et eut peine à se sauver. Un troisième et un quatrième corps de troupes ottomanes éprouvèrent le même sort, et Iskender-Beï entra en triomphe à Croïa.

Enfin, en 1465 (870), le Sultan résolut de marcher lui-même contre le héros de l'Épire. Sfetigrad et Belgrade tombent au pouvoir du monarque ; mais Croïa résiste : il s'en venge en faisant massacrer huit mille habitants du district de Chidna, qui s'étaient rendus sur parole, et laisse Balaban-Pacha devant Croïa avec quatre-vingt mille hommes. Iskender, instruit de l'arrivée d'un renfort conduit par Younis-Pacha, va à sa rencontre et le fait prisonnier. Balaban est tué d'un coup de feu sous les murs de Croïa ; son armée découragée se retire : poursuivie par l'ennemi, et cernée de tous côtés, elle ne parvient qu'à grand'peine à s'ouvrir un passage près de Tyranna.

Après ces triomphes successifs, le brave Iskender-Beï meurt à Alessio (l'ancienne *Lyssus*), le 14 janvier 1467, âgé de soixante-trois ans : il en avait passé trente à combattre glorieusement pour sa religion et sa patrie. La mort d'Iskender fut suivie de celle d'Étienne Cossarich, prince de l'Herzegovine ; bientôt après, tout le pays tomba au pouvoir du Sultan, et forma un sandjak, qui prit le nom d'*Hersek*.

La guerre avec les Vénitiens venait de recommencer : d'affreux et inutiles ravages signalèrent le commencement des hostilités ; enfin le Sultan résolut de faire un coup d'éclat en s'emparant d'Égriboz (*Négrepont*). Mahmoud-Pacha se mit en mer avec une flotte de trois cents navires et galères, montés par soixante-dix mille combattants. Une armée égale en nombre s'avança par terre, sous les ordres de Sultan-Muhammed. Après cinq vigoureux assauts, la ville capitula ; mais le monarque ottoman, sacrifiant son honneur à sa vengeance, fit périr la garnison dans d'horribles supplices.

Malgré la conquête de la Karamanie, Sultan-Muhammed n'était pas sans inquiétude sur cette province, où l'occupation de la ville de Sèlefkè par le fils et l'épouse d'Ishak-Beï entretenait des ferments de révolte. Quelques agitations populaires avaient signalé l'existence d'un complot en faveur des anciens princes : le grand vézir Roum-Muhammed-Pacha, à la tête d'une puissante armée, désola ce malheureux pays ; mais s'étant engagé dans les défilés de la Cilicie Pétrée, il y perdit la moitié de son armée et tout le butin qu'il avait recueilli. Cette défaite lui valut une disgrâce complète. Ishak-Pacha lui succéda. Le nouveau grand vézir vengea l'honneur des armes ottomanes en battant Kaçim-Beï, frère d'Ishak-Beï, et en s'emparant de la ville d'Ak-Seraï (*Gersaura*) et des forts de Warkeuï, Oudj-Hyssar et Orta-Hyssari.

En 1472 (877), Guèdik-Ahmed-Pacha fut chargé par le Sultan de réduire la ville d'Alaïa : le prince Kilidj-Haçan, qui la gouvernait, se rendit à la première sommation du vézir, et fut envoyé, avec ses fils, auprès du Sultan, qui lui assigna pour résidence le bourg de Koumouldjina, et lui accorda les revenus. Mais ce prince s'enfuit en Égypte, laissant au pouvoir du Sultan sa femme et ses fils, qui succombèrent bientôt à leur chagrin.

6.

Ishak-Beï venait de mourir à la cour d'Ouzoùn-Haçan : en apprenant cette nouvelle, la veuve du prince de Karamanie fit offrir au Sultan les clefs de Sèlefkè. Guèdik-Ahmed fut chargé de prendre possession de cette ville; il marcha de là sur le fort de Mokan, où le frère d'Ishak, Pir-Ahmed, s'était réfugié avec sa nièce, jeune personne d'une beauté remarquable, et qui, lorsque le château se fut rendu, alla orner le sérail de Sultan-Muhammed. Le vézir, continuant sa marche, s'empara du fort de Loulghè, fit précipiter du haut des murs une partie de la garnison et massacrer le reste; mais l'approche d'Ouzoun-Haçan obligea Guèdik-Ahmed à abandonner ses conquêtes et à se replier sur Konia. Haçan se dirigea sur Tokat, qu'il livra aux flammes, et dont il fit périr les habitants par les plus affreux supplices; il ravagea ensuite toute la Karamanie. A ces nouvelles, la fureur du Sultan fut à son comble : il manda auprès de lui tous les beïs et les pachas de l'empire, rendit à Mahmoud l'emploi de grand vézir, et se disposa à marcher contre le prince persan; mais Mahmoud le détourna de ce projet en lui représentant que l'armée n'était pas encore assez pourvue d'armes et de munitions pour entreprendre avec honneur une campagne aussi difficile. En attendant, Daoud-Pacha fut chargé de porter des secours là où ils seraient les plus urgents, et de se réunir au prince Moustapha, fils du Sultan, et nommé par lui généralissime des troupes ottomanes. Une victoire éclatante vint bientôt démentir les pronostics de Mahmoud. Le prince Moustapha défit complétement Yousoufdjè-Mirza, qui, suivi des fils d'Ibrahim, saccageait le pays, et se hâta après cette défaite de regagner les États d'Ouzoun-Haçan. Ce prince, usurpateur de la couronne de son frère Djihanghir, souverain de la dynastie du Mouton-Blanc, avait irrité Sultan-Muhammed par la lettre orgueilleuse qu'il lui adressa au sujet de la défaite et de la mort de Djihanchâh, de la dynastie du Mouton-Noir. Le monarque détrôné avait imploré de Muhammed un secours que le Sultan, occupé alors à combattre Iskender-Beï, n'avait pu accorder. Par une ironie dont l'empereur ottoman fut vivement piqué, Ouzoun-Haçan lui faisait hommage des têtes de trois grands personnages de la cour de Djihanchâh, connus par leur dévouement aux intérêts du Sultan. Une seconde lettre du prince persan, dans laquelle il affectait de l'appeler simplement Muhammed-Beï, ajouta au ressentiment de ce dernier, qui y répondit dans le style le plus méprisant, et lui annonça qu'au mois de *chewwal* il se mettrait à la tête de ses armées victorieuses, et irait *effacer le nom d'Ouzoun-Haçan de la surface de la terre*.

Effectivement, vers la fin du mois de mars, le Sultan partit de Scutari; après six journées de marche il rencontra Haçan, campé sur les hauteurs d'Otlouk-Bèli, le mit en fuite, et resta trois jours entiers occupé sur le champ de bataille à faire massacrer les prisonniers.

Vainqueur d'Ouzoun-Haçan, Sultan-Muhammed laissa à son fils Moustapha, gouverneur de Karamanie, le soin de terminer la guerre dans la Cilicie Pétrée et sur les côtes de l'Asie Mineure. Secondé par Guèdik-Ahmed-Pacha, le jeune prince s'empara d'Ermenak et de Minan. Pir-Ahmed, fils d'Ibrahim-Beï, trouva la mort en se précipitant volontairement du haut des remparts de cette dernière ville. Sèlefkè fut prise ensuite par une trahison des artilleurs qui la défendaient; gagnés par l'or d'Ahmed, ils mirent le feu au magasin à poudre, dont l'explosion ouvrit une brèche par laquelle pénétrèrent les Ottomans. Moustapha assiégea immédiatement la forteresse de Dèwèli-Kara-Hyssar; le gouverneur de cette place ne voulut en rendre les clefs qu'au prince lui-même; mais le fils du Sultan, atteint d'une grave maladie, ne put les recevoir en mains propres, et mourut peu de temps après, à Boz-Bazardjik. Le gouvernement de Karamanie fut donné alors à son frère Djem, connu parmi nous sous le nom de *Zizim*. Ce prince, âgé seulement de dix-huit ans, réunissait en lui tout ce qui plaisait le plus au peuple belliqueux qu'il était appelé à commander. Doué d'une adresse et d'une force surprenantes, il excellait dans les exercices gymnastiques; il mérita même le titre de premier *pehliwan* (lutteur) de son époque. On conservait à Konia la massue d'Ala-eddin le Grand; elle était si lourde que peu de guerriers pouvaient s'en servir, et cependant Djem, après en avoir fait augmenter le poids, la maniait encore aussi facilement que l'arme la plus légère. Aux avantages physiques, ce prince unissait un esprit cultivé: il était ami des lettres et poëte lui-même; son premier essai fut la traduction du poëme persan *Khorchid et Djemchid*; il composa ensuite des pièces de vers appelées *Ghazel* (Odes). Sous son gouvernement, les habitants de la Karamanie, paraissant avoir oublié leur turbulence habituelle, subirent sans murmurer le joug du vainqueur.

De retour à Constantinople, Sultan-Muhammed ordonna la mort du grand vézir Mahmoud-Pacha. Ce ministre, fondateur d'institutions utiles, protecteur éclairé des sciences, et auquel l'empire devait la conquête de la Bosnie, de la Servie et de Négrepont, vit tous ses services effacés par quelques paroles empreintes d'une franchise indiscrète que son despotique maître ne pardonnait jamais. Mahmoud avait de plus montré une joie imprudente à la mort du prince Moustapha, auquel il portait une haine profonde. Il n'en fallait pas davantage pour motiver la disgrâce et la condamnation du vézir. Mahmoud, arrivé à *la Porte*, comme il le dit lui-même dans son testament, *avec un cheval, un sabre et cinq cents aspres*, était parvenu par son mérite au poste le plus éminent de l'État; son supplice souleva l'indignation publique: le peuple le révéra comme un martyr.

Pendant la campagne de Sultan-Muhammed contre Ouzoun-Haçan, une triple alliance s'était formée entre le pape, Venise et Naples, pour secourir le prince persan. Une armée navale, sous les ordres de Pietro Mocenigo, composée des flottes combinées de ces trois puissances, saccageait Délos et Métélin, incendiait Smyrne et les faubourgs de Satalie, ville si bien fortifiée qu'on n'avait pu la réduire. L'année suivante, Mocenigo se rendit sur la côte de la Karamanie pour soutenir Kaçim-Bèi, qui assiégeait à la fois les forts de Sèlefkè, de Sighin (*Sicæ* ou *Sine*) et de Kourko (l'ancien *Corycus*): ces trois places se rendirent presque sans résistance, et furent remises par les Vénitiens à Kaçim, qui témoigna sa reconnaissance au capitaine général Mocenigo, en lui offrant un superbe cheval et un léopard apprivoisé. Mais lorsque Ouzoun-Haçan eut perdu la bataille d'Otlouk-Bèli, il renvoya à leurs cours respectives les ambassadeurs de Rome, de Naples et de Venise, en les priant de demander, pour la campagne prochaine, de nouveaux renforts.

Sultan-Muhammed, après avoir conquis la Karamanie et soumis plusieurs places de l'Arménie, envoya dans la Carniole un corps d'armée de vingt mille hommes, qui envahit cette province. Un second corps, égal en nombre au premier, et pourvu de matériaux et d'instruments de construction, marcha secrètement vers la Save, où, malgré les efforts des troupes de Mathias Corvin, les musulmans élevèrent la forteresse de Sabacz (en turc *Bugurdlen*).

De l'année 875 (1470) à 879 (1474), diverses incursions des Ottomans désolèrent la Croatie, la Carniole, la Styrie, la Carinthie, l'Esclavonie et la Hongrie. Au mois de mai 1474 (879), Suleïman-Pacha, beïler-beï de Roumilie, pénétra en Albanie et mit le siége devant Scutari. A la sommation du pacha, Lorédano, gouverneur de la ville, répondit noblement: « Je suis Véni- « tien, et d'une famille où l'on ne sait « pas ce que c'est que de se rendre; je « conserverai Scutari ou j'y périrai. » L'héroïque énergie du brave chef se communiqua à la garnison: les musulmans furent obligés de lever le siége. Pour se venger de cet échec, Suleïman-Pacha fit ravager la Carniole et la Dalmatie par quinze mille hommes sous les ordres de Mikhal-Oghlou. Le beiler-beï se rendit ensuite en Moldavie pour forcer Étienne, souverain de ce pays, à payer le tribut offert en 1457 par son prédécesseur Pierre Aaron. Le prince moldave, trop faible pour accepter le combat en rase campagne, se posta dans une position avantageuse près du lac Krakowitz, où il eut le talent d'attirer l'ennemi et de remporter une victoire éclatante. Toutes les forteresses situées sur le Danube se hâtèrent d'offrir leur soumission au vainqueur.

Pendant que ces événements se passaient en Albanie et en Moldavie, Sultan-Muhammed armait à Constantinople une flotte de trois cents voiles. Comme le but de cet armement était tenu entièrement secret, les Vénitiens, craignant qu'il ne fût dirigé contre eux, envoyèrent au Sultan un ambassadeur : on conclut un armistice pour toute la campagne qui allait s'ouvrir. Sultan-Muhammed ordonna alors à Guèdik-Ahmed-Pacha de faire voile pour les possessions des Génois dans la mer d'Azoff et la Crimée. Kaffa (autrefois et aujourd'hui *Théodosie*), la place la plus importante de cette dernière contrée, Azoff (*Tana*), Menkoub, et plusieurs autres villes sur la mer Noire, furent prises d'assaut ou se rendirent sans résistance. Mengheli, prince tatare de la dynastie des Ghèraï, pris devant Kaffa, et gracié au moment où, après avoir fait la prière des condamnés, il allait recevoir le coup fatal, fut nommé khan de Crimée, passant ainsi, par un caprice du Sultan, de l'échafaud au trône.

Dès que la Crimée fut soumise, Sultan-Muhammed envahit la Bessarabie et s'empara d'Ak-Kerman. Étienne, prince de Moldavie, et Cazimir, roi de Pologne, adressèrent des ambassadeurs au monarque ottoman, qui les reçut avec le plus grand mépris, et retint pendant un an les envoyés polonais.

Une nouvelle ambassade rencontra le Sultan près de Varna, et lui demanda la paix : Muhammed imposa des conditions si dures que le prince de Moldavie refusa d'y acquiescer. Les Ottomans passèrent le Danube, et remportèrent sur Étienne une victoire complète, dans une vallée que ses épaisses forêts ont fait nommer en turc Aghadj-Dènizi (mer d'arbres).

Tandis que le Sultan triomphait en Moldavie, ses lieutenants Ali-Beï et Iskender-Mikhal-Oghlou étaient battus en Hongrie par les deux frères Pierre et François Docy. Deux cent cinquante prisonniers et cinq drapeaux furent envoyés au roi Mathias, qui assiégeait en ce moment Semendria. La princesse Béatrix de Naples, fiancée de Corvin, se rendait en Hongrie : elle ne vit sur son passage que des scènes de dévastation et de deuil. Les années 872 et 873 (1475 et 1476) furent signalées par de nouvelles incursions des Ottomans en Allemagne, et par la victoire remportée sur les Styriens, dans la vallée d'Uz, près de la ville de Rann.

La trêve d'un an, accordée à Venise, était expirée : cette république s'efforçait de la convertir en une paix durable ; mais la mauvaise foi du Sultan s'y opposait : quelques conditions nouvelles venaient sans cesse entraver la conclusion du traité. Dès que les Vénitiens furent convaincus de l'inutilité de leurs tentatives auprès du Sultan, ils commencèrent les hostilités. Antoine Lorédano, généralissime des troupes de la république, ravagea les côtes de l'Asie Mineure. Lépante (*Aïnè-Bakhti*), assiégée par Khadim-Suleïman, le repousse vigoureusement et l'oblige à lever le siége. Croïa (*Ak-Hyssar*) est bloquée pendant un an ; et le Sultan, ne pouvant la soumettre, entama des négociations : une trêve de deux mois en fut le résultat. Ferdinand, roi de Naples, et son gendre Mathias Corvin, roi de Hongrie, firent leur paix particulière avec la Porte. Venise elle-même se trouvait réduite à accepter les dures conditions que lui imposait le Sultan. Elle envoya donc

Thomas Malipieri à la rencontre du Grand Seigneur, qui était déjà en marche pour l'Albanie. L'envoyé vénitien l'atteignit à Sofia; mais Muhammed ajouta à ses prétentions la cession de la ville de Scutari. Cette demande imprévue, que l'ambassadeur n'était pas autorisé à accorder, l'obligea de retourner à Venise pour y prendre de nouvelles instructions. Dans cet intervalle, Croïa, cernée depuis plus d'un an, était réduite, par la famine, à la dernière extrémité : les habitants capitulèrent, sous la condition de la vie sauve. Mais le Sultan, peu scrupuleux sur les moyens de parvenir à ses fins, après s'être réservé quelques prisonniers dont il espérait tirer une forte rançon, fit trancher la tête à tous les autres.

Aussitôt que Croïa eut succombé, Scutari fut investie pour la seconde fois par l'armée ottomane. Onze canons monstrueux furent dressés en batterie contre la ville, et y lancèrent, dans l'espace d'un mois, deux mille cinq cent trente-quatre boulets du poids de trois à onze quintaux : ils firent dans les murs des brèches énormes, et Sultan-Muhammed se décida à tenter un assaut général. Plusieurs fois les assiégeants parvinrent à planter sur les remparts le drapeau de Mahomet; mais les assiégés rétablirent toujours celui de Saint-Marc, et finirent par repousser les musulmans; ceux-ci perdirent douze mille hommes dans cette attaque infructueuse. Quelques jours plus tard, un second assaut eut le même résultat, et Sultan-Muhammed, qui avait perdu le tiers de l'élite de ses troupes, s'écria douloureusement en donnant le signal de la retraite : « Pourquoi faut-il que j'aie « jamais entendu prononcer le nom de « Scutari ! »

Le Sultan, abandonnant l'espoir de prendre de vive force cette place, y laissa une partie de son armée pour bloquer la ville; et, avec le reste de ses troupes, il s'empara des forteresses environnantes, afin d'enlever toute ressource aux assiégés. Enfin, un traité conclu entre la république de Venise et Muhammed le rendit maître de Scutari : les intrépides habitants de cette ville que le Sultan n'avait pu réduire, en sortirent au nombre de quatre cent cinquante hommes et cent cinquante femmes; leur vie fut respectée, grâce à la précaution qu'ils avaient prise de s'assurer de l'exécution du traité, en exigeant plusieurs otages de la part des musulmans.

Après la signature du traité, un ambassadeur ottoman fut envoyé à Venise et reçu avec les plus grands honneurs. Malgré la différence de religion, une étroite alliance se forma entre le Sultan et la république : cette dernière en profita contre ses ennemis; et Muhammed, trop fin politique pour ne pas entretenir de tout son pouvoir les dissensions des chrétiens, soutenait, suivant l'expression méprisante des auteurs musulmans, *les chiens contre les porcs, et les porcs contre les chiens.*

Les Ottomans, en paix avec Venise, tournèrent leurs forces contre la Hongrie. Au commencement d'octobre 1479, une armée de quarante mille hommes, sous les ordres de douze pachas, envahit la Transylvanie; mais la désunion qui se mit bientôt parmi les chefs trop nombreux de cette expédition, sauva ce malheureux pays. Étienne Bathori, voïvode de Transylvanie, et le comte de Temeswar, général de Mathias Corvin, réunirent leurs troupes et battirent les musulmans dans la plaine de Kenger-Mezœ. Les vainqueurs souillèrent leur victoire par des actes de férocité dignes des cannibales : des tables furent dressées sur les cadavres des vaincus; le vin coula à flots et se mêla au sang des morts : après cet horrible festin, les convives dansèrent sur les corps de leurs ennemis; le comte Kinis de Temeswar, enivré des vapeurs de l'orgie, prit un de ces cadavres entre les dents, et exécuta ainsi une danse guerrière. Le lendemain il fit élever, sur le champ de bataille, des pyramides avec ses ennemis morts, et rendit les honneurs funèbres aux restes d'Étienne Bathori, qui périt glorieusement, dans cette sanglante journée, avec huit mille Hongrois.

Une pareille défaite ne découragea point les Ottomans : l'année suivante ils recommencèrent leurs incursions. La Styrie, la Carinthie, la Carniole, furent ravagées par des hordes d'Ékindjis, tandis que Sultan-Muhammed chassait du trône Boudak, prince de la famille des Zoul-Kadriïë, qui régnait dans une partie de l'ancienne Cappadoce, dont a été formé le sandjak de Mèr'ach; et faisait reconnaître, à la place du souverain déchu, son frère Ala-uddewlet. Voici, en peu de mots, les causes de cette expédition de Muhammed : Kaïtbaï, Sultan des *Mamlouks Tcherkesses*, était en guerre, en 872 (1467), avec Cheh-Souwar, prince de Zoul-Kadriïë, et beau-frère du monarque ottoman. Pour enlever à Cheh-Souwar la protection de son puissant allié, Kaïtbaï offrit la souveraineté des États du prince de Zoul-Kadriïë à Sultan-Muhammed, s'il lui permettait de se venger de son ennemi. Le Sultan, séduit par cette promesse, laissa les deux rivaux vider entre eux leur querelle; mais, lorsque Chèh-Souwar, vaincu, eut été mis à mort par ordre de Kaïtbaï, celui-ci, loin de tenir sa parole, en cédant à Muhammed le territoire de Zoul-Kadriïë, le rendit au prince Châh-Boudak, qui l'avait déjà gouverné en 870 (1465). Le Sultan, trop occupé alors en Europe, dissimula son ressentiment; et ce ne fut qu'en 885 (1480) qu'il se vengea de Kaïtbaï, en détrônant son protégé.

C'est par cette expédition que se terminèrent les guerres de Sultan-Muhammed en Asie. Depuis ce moment, l'Europe attira son attention : Guèdik-Ahmed, revenu en faveur, et nommé pacha de Valona, s'empara des îles de Zante et de Sainte-Maure. Leur possession fit naître à Sultan-Muhammed la pensée audacieuse d'asservir l'Italie. La politique de Venise, alors en guerre avec Ferdinand le Catholique, vint fortifier ce désir du conquérant, en lui persuadant qu'il avait des droits sur les villes de la Calabre et de la Pouille, dépendant autrefois de l'empire d'Orient, dont il était devenu maître. L'ambitieux Sultan, trouvant ces raisons très-plausibles, fit investir Otrante, et il l'emporta d'assaut le 11 août 1480 (885).

Avant même que Guèdik-Ahmed-Pacha eût opéré sa descente sur les côtes de la Pouille, Messih-Pacha conduisait devant Rhodes une flotte de plus de soixante galères. L'idée première de cette entreprise fut suggérée au Sultan par trois renégats qui lui soumirent les plans des fortifications. L'amiral ottoman débarqua quelques corps de Sipahis, qui furent repoussés : il essaya alors de surprendre le fort de l'île de Tilo, appartenant aux chevaliers; il ne fut pas plus heureux, et se retira dans la baie de Fènika (*Physcus*), en attendant l'arrivée de toute l'escadre ottomane.

Depuis la prise de Constantinople, diverses alternatives d'hostilités et de trêves avaient eu lieu entre le Sultan et les chevaliers de l'ordre de Saint-Jean de Jérusalem. Les guerres successives que Muhammed eut à soutenir, protégèrent longtemps Rhodes contre les projets ambitieux de ce monarque; mais, dès que la paix eût été conclue avec Venise, le grand maître Pierre d'Aubusson prit toutes les mesures nécessaires contre une attaque qu'il prévoyait bien ne pouvoir être éloignée. En conséquence, il appela tous les membres de l'ordre à la défense de Rhodes : les chevaliers s'empressèrent d'accourir de tous les pays où ils étaient dispersés : la paix fut conclue avec le beï de Tunis et le sultan d'Égypte; des approvisionnements de blé furent faits; toutes les dispositions pour soutenir un siége furent réglées; et, lorsque Muhammed envoya son amiral devant Rhodes, rien ne manquait à la défense de cette place importante, que l'on pouvait appeler le boulevard de la chrétienté.

Vers la fin d'avril 1480, la flotte ottomane, forte de cent soixante navires, sortit des Dardanelles; et, le 23 mai suivant, elle était arrivée devant Rhodes. Messih-Pacha opéra le débarquement de son armée au pied du mont Saint-Étienne, situé à une lieue à l'ouest de la ville. Trois énormes canons furent dirigés contre le fort Saint-Nicolas. Des trois renégats qui avaient donné au Sultan le plan de Rhodes, un seul vivait encore : c'était un Allemand, connu sous le nom de Maître-George : excellent artilleur, il dirigeait les batteries des Osmanlis. Peu de jours après le commencement du siège, le transfuge parut au pied des murs, se fit conduire auprès du grand maître, et, feignant un profond repentir de son apostasie, demanda à rentrer dans les rangs des défenseurs de la chrétienté. On lui donna le commandement d'une batterie sur les remparts, mais en lui adjoignant six soldats pour le surveiller.

Après avoir été repoussé avec perte dans un assaut qu'il tenta contre la tour Saint-Nicolas, Messih-Pacha concentra toutes ses forces sur un seul point : trois mille cinq cents boulets ouvrirent de larges brèches dans le quartier des Juifs et le bastion des Italiens. Les assiégés opposèrent à cette batterie une machine, appelée par dérision *tribut*, et qui renvoyait aux Ottomans les énormes boulets de pierre dont ils chargeaient leurs canons et les fragments de rochers avec lesquels ils essayaient de combler les fossés, que les Rhodiens, cachés sous des galeries couvertes, vidaient tous les jours. George le transfuge, appelé par le grand maître, proposa une nouvelle catapulte qui ruinerait entièrement les travaux des assiégeants; mais lorsqu'on en vint à l'épreuve, il arriva que cette machine, au lieu d'atteindre les batteries ennemies, portait sur les remparts de la ville. George, déjà soupçonné de trahison, fut mis à la question; et après avoir avoué son crime, il l'expia par le supplice ignominieux de la potence.

Messih-Pacha, repoussé dans toutes ses attaques, essaya vainement d'obtenir par la voie des négociations la reddition de la place que la force n'avait pu soumettre. Ses propositions furent rejetées : irrité de ce refus, qui lui enlevait l'espoir de garder pour lui-même tout le butin (car, en cas d'assaut, il revenait de droit aux soldats), l'avare pacha se résolut cependant à une dernière attaque générale. Pour mieux en assurer le succès, il promit, quoiqu'à regret, le pillage à ses troupes. Le 28 juillet 1480, au lever du soleil, un coup de mortier donna le signal : les musulmans, animés par l'espérance d'un riche butin, firent des prodiges de valeur; déjà ils s'étaient emparés d'une partie des remparts et ils allaient pénétrer dans la ville, lorsque Messih-Pacha fit publier que le pillage était défendu, et que les trésors de Rhodes appartenaient au Sultan. A peine ces paroles eurent-elles été prononcées, que toute l'ardeur des assiégeants s'éteignit : les chevaliers reprirent les positions qu'ils avaient perdues, les musulmans s'enfuirent en abandonnant leur étendard, et Rhodes fut sauvée. Les Ottomans attribuèrent leur défaite à l'avarice du pacha, et les Rhodiens à un miracle : ces derniers assuraient qu'une croix d'or, une vierge ceinte d'une auréole éblouissante, et un guerrier céleste étaient apparus au-dessus de la place où flottait le triple étendard de Jésus, de la sainte Vierge et de saint Jean.

Messih-Pacha, qui avait perdu pendant le siège plus de neuf mille hommes et avait eu environ quinze mille blessés, ordonna l'embarquement des troupes ottomanes; et, après avoir tenté inutilement de réduire le fort de Pétronion à Halicarnasse, il ramena son armée à Constantinople, où il fut rayé de la liste des pachas à trois queues, heureux encore de ne pas payer de sa tête le mauvais succès de l'expédition que le Sultan lui avait confiée. Ce prince voulant effacer la honte de cette défaite, projeta une nouvelle entreprise qu'il devait commander en personne, afin de faire voir, disait-il, que ses troupes étaient invincibles lorsqu'il les conduisait lui-même au combat. Les queues de cheval du Sultan furent arborées sur le rivage asiatique, et l'armée marcha de Scutari vers Gueïbizè (*Libyssa*), sans connaître le but de cette campagne, qui resta toujours ignoré, Sultan-Muhammed étant mort presque subitement, le 3 mai 1481 (4 rèbi'ul-ewwel 886), à son arrivée à Khounkiar-Tchaïri (la prairie de l'empereur), près de Mâl-Tèpè, en face de la grande île des Princes. Il était âgé de cinquante-deux ans et en avait régné trente, non compris les cinq années pendant lesquelles il occupa le trône du vivant de son père Murad II.

La conquête de l'empire d'Orient, de celui de Trébisonde, de plus de deux cents villes ou bourgs et de sept royaumes, ont donné à Sultan-Muhammed des droits incontestables au surnom de *Fatyh* (le conquérant), que ses contemporains lui ont décerné et que la postérité a confirmé. Comme tous les hommes extraordinaires, le monarque ottoman a trouvé des panégyristes outrés et d'injustes détracteurs. L'histoire contemporaine est empreinte de ces deux passions opposées, et les récits que nous venons de donner n'en sont peut-être pas exempts, surtout lorsqu'ils proviennent des chrétiens que tant de guerres plus ou moins désastreuses avaient si fortement exaspérés contre le conquérant et les vainqueurs. Le génie de Muhammed II brille d'un trop grand éclat pour qu'on puisse le méconnaître. Le prince qui réduisit l'antique Byzance et la ville de Constantin à devenir la capitale d'un empire déjà si vaste, quoique si près de son berceau; qui en recula les limites par tant de conquêtes; qui fonda des écoles, des hôpitaux, des mosquées, protégea les sciences et les arts, cultiva lui-même la poésie et les lettres, et réforma l'administration civile et militaire de ses États, ne peut manquer d'avoir une place brillante dans l'histoire : mais ses titres à notre admiration ne doivent pas faire oublier sa froide cruauté, ses vices, son peu de scrupule à violer sa parole, et surtout le fratricide par lequel il commença son règne.

Avant de terminer ce chapitre, nous donnerons un aperçu succinct des institutions politiques et des monuments qui sont dus à Sultan-Muhammed. Après la conquête de Constantinople, il convertit huit églises en mosquées; plus tard il en bâtit quatre nouvelles; *Aïa-Sofia* est la plus remarquable de ces douze mosquées. Après elle, vient la *Muhammediïè*, ou *Fethyïè* (la mosquée de *Muhammed*, ou du *Conquérant*). Elle s'élève sur une terrasse de quatre coudées de hauteur; le parvis est carré; une colonnade règne sur trois côtés : le quatrième forme la façade du temple. Des colonnes de marbre et de granit supportent les coupoles couvertes en plomb. Un sopha de marbre poli, interrompu seulement par la baie des portes, règne le long des murs du parvis; une fontaine, entourée de cyprès, s'élève au centre de ce parvis. Le mur extérieur est revêtu, au-dessus des fenêtres grillées, de tables de marbres de diverses couleurs, sur lesquelles on lit la première *soura* (chapitre) du Coran, appelée *El-fatyha*, c'est-à-dire *celle qui ouvre*. A la porte d'entrée sont gravées dans un champ d'azur, ces paroles de Mahomet le prophète : « Ils prendront Constan-« tinople; et heureux le prince, heu-« reuse l'armée qui en feront la con-« quête! »

Sultan-Muhammed céda à perpétuité au Grec Christodoulos, architecte de cette mosquée, la propriété d'une rue de la ville; cession qui fut reconnue valable trois siècles plus tard par Sultan-Ahmed III en faveur des descendants de cet habile artiste.

Autour de la mosquée *du Conquérant* se groupent divers édifices d'utilité publique : on y compte huit mèdrècès, ayant chacun un bâtiment supplémentaire (*tètimmè*) contenant de nombreuses cellules pour les étudiants; des *imaret* (cuisines des pauvres); *daruch-chèfa* (hôpital); le *timar-khanè* (maison des fous); des *caravansérails*, ou *khans*, et des *mekteb* (écoles secondaires). Dans l'intérieur du sanctuaire se trouve la première bibliothèque (*kitab-khanè*) que les musulmans aient fondée à Constantinople. On voit encore aux environs de la mosquée des bains (*hammam*), un réservoir public (*sébil-khanè*), un *turbè*, près duquel est le tombeau de la mère de Muhammed II, la sultane Alimè-Khanum; une école, etc., etc.

Les trois autres mosquées fondées par Sultan-Muhammed sont : celle d'Eïoub, le porte-étendard du prophète (*); celle du grand cheikh Bokhari, à Andrinople; et celle des janissaires (Orta-Djami). Ce prince, outre l'ancien sérail dont nous avons déjà parlé, bâtit encore le nouveau palais impérial. Ce dernier édifice fut construit, en 872 (1467), sur le promontoire situé en face de Scutari, baigné d'un côté par les eaux du Bosphore, et de l'autre par celles de la Propontide, dans l'emplacement même de l'ancienne Byzance. Ce palais, devenu le séjour habituel des monarques ottomans, dont plusieurs l'ont embelli et agrandi, occupe aujourd'hui un vaste terrain entouré d'une muraille flanquée de tours crénelées. La *Porte Impériale* (Bab-Humaïoun) est décorée d'une inscription dont voici le sens. « Que Dieu éternise la gloire de son « possesseur! Que Dieu consolide sa « construction! Que Dieu fortifie ses « fondements! » Cette entrée principale débouche sur une place dont la mosquée d'*Aïa-Sofia* (Sainte-Sophie) forme un des côtés; au centre est une belle fontaine, où les marbres, les dorures et les sculptures ne sont pas épargnés.

Dès qu'on a franchi le seuil du palais, on se trouve dans une première cour; on voit, à droite, le trésor public, l'hôpital, l'orangerie, la boulangerie; et, à gauche, la demeure du percepteur des contributions arriérées, le pavillon du surintendant général des édifices, celui du secrétaire du *Kyzlar-Agaci* (chef des eunuques noirs), l'ancienne salle du divan, la monnaie, l'arsenal, l'habitation du premier écuyer, et les grandes écuries. On traverse ensuite une galerie d'environ quinze pieds de long, fermée à chaque extrémité, et nommée *Intervalle entre les deux portes* (Iki-capou-araci); aux murs sont appendues des armures antiques : ce passage était fatal aux grands qui encouraient la disgrâce de leur maître; appelés au sérail sous divers prétextes, c'est dans cet endroit qu'ils étaient mis à mort. Les huissiers du palais (*capoudjis*) logent au-dessus de cette galerie, qui conduit à la seconde cour. L'aile droite en est occupée par les cuisines et les offices; la gauche, par la nouvelle salle du divan, le dépôt des pavillons et des tentes (*Mehter-Khanè*), le magasin des vêtements d'honneur (*Tachra-Khazinèci*), les anciennes archives (*Defter-Khanè*), et le logement du chef des eunuques noirs.

On entre ensuite, par la *Porte de Félicité* (Bab-us-Sèadet), dans l'intérieur même du palais : c'est là qu'habitent le Sultan, ses odalis, ses enfants, les femmes attachées au service du harem, deux compagnies d'eunuques blancs et noirs, et enfin tout ce qui tient au service intime de sa Hautesse. On voit encore, dispersés dans cette vaste enceinte, un grand nombre de kiosques, les uns au bord de la mer, les autres au milieu des jardins; le Sultan y passait souvent une partie de la journée. Tous ces édifices, recouverts en plomb (*), s'élèvent en amphithéâtre parmi des touffes d'arbres de diverses espèces. Cet ensemble de constructions de tout genre et de masses de verdure variées présente aux yeux un tableau ravissant, de quelque côté qu'on l'aperçoive.

Sultan-Muhammed fit construire aussi de vastes bazars, et répara les murs de Constantinople : il fortifia et embellit à diverses époques sa nouvelle capitale. Après les deux campagnes de Walachie et de Lesbos, il éleva des arsenaux dans la ville et des forts sur la côte; il agrandit l'ancien port des galères (*Kadirgha-limani*). Les deux châteaux des Dardanelles sont

(*) Voyez ci-dessus, page 77.

(*) La couverture en plomb est spécialement réservée aux édifices impériaux, et à ceux qui sont consacrés à la religion ou au service public.

aussi son ouvrage : celui qui est situé sur la côte d'Europe s'appelle *Seddul-Bahr* (digue de la mer); l'autre, *Kal'aï-Sultani* (le château du Sultan), élevé sur la rive asiatique, est plus connu sous la dénomination singulière de *Tchanak-kal'açi* (château des écuelles). Chacune de ces forteresses fut garnie de trente canons de gros calibre, dont les feux se croisent et ferment le passage du détroit aux navires qui tenteraient de le forcer. Le canal des Dardanelles n'a pas plus de 900 toises de large entre les deux forteresses.

Sultan-Muhammed ne s'occupa pas uniquement de la construction et de l'embellissement des édifices publics, il songea aussi à l'organisation administrative de son empire. Il l'établit sur une loi fondamentale (*Kanoun-namé*), dans laquelle son dernier grand vézir Karamanli-Muhammed-Pacha prit pour base le nombre mystérieux *quatre*, en grande vénération parmi les musulmans. En effet, quatre anges, suivant le Coran, soutiennent le trône de Dieu; quatre vents soufflent des quatre points principaux de l'horizon; et Mahomet eut quatre disciples qui furent les premiers khalifes de l'islamisme, etc., etc.; il existe encore d'autres combinaisons mystiques de ce nombre *quatre*, qu'il serait hors de propos de développer ici. Nous réservons ces détails pour les chapitres spéciaux qui traiteront à fond de la constitution et de l'administration ottomanes.

Le soin que Sultan-Muhammed mit à consolider, par des institutions fixes et durables, l'empire agrandi par ses conquêtes; sa sollicitude pour organiser des écoles; la protection éclairée qu'il accordait aux savants et aux hommes de lettres, déposent en faveur de ce puissant monarque, auquel on ne peut refuser la plupart des qualités qui font les grands hommes. Une éducation distinguée lui avait donné le goût de la littérature, et il est compté au nombre des poëtes ottomans : il écrivit des poésies qu'il signa du nom d'Awni (le secourable); il justifiait le pseudonyme poétique, adopté par lui, à l'exemple de tous les versificateurs orientaux (*), par les nombreuses pensions qu'il accorda aux poëtes nationaux et étrangers. Sous son règne, la charge de précepteur du Sultan (khodja ou muallimi-sultani) devint un poste fixe. Douze savants distingués se succédèrent dans cet emploi, depuis la jeunesse de Muhammed jusqu'à sa mort. A l'exemple du souverain, des vézirs et des pachas s'adonnèrent avec ardeur à l'étude, et unirent le mérite du savant à celui du guerrier et de l'homme d'État. Les légistes de talent furent aussi en grand nombre à la cour de Sultan-Muhammed; parmi soixante au moins qui y brillèrent, on distingue au premier rang Molla-Kourani, précepteur du Sultan : ce surnom (Kourani) lui vient sans doute de ce qu'il osa frapper un jour le jeune prince qui se refusait avec obstination à lire le Coran. Lorsque son élève fut monté sur le trône, Kourani, au lieu de se prosterner devant lui, le saluait comme son égal, en lui donnant la main. Molla-Khosrew, son rival en science, réunit à la dignité de mufti la magistrature de Constantinople, de Galata, de Scutari, et l'office de muderris d'Aïa-Sofia. Le peuple avait la plus grande vénération pour lui et se rangeait toujours sur son passage; le Sultan ne l'appelait que l'Abou-Hanifê (**) du siècle; il est auteur d'un célèbre ouvrage de jurisprudence intitulé *les Perles des lois* (Durrer-ul-ahkam).

Plusieurs cheikhs célèbres accompagnèrent Sultan-Muhammed dans ses

(*) Les poëtes arabes, persans et turcs sont dans l'usage d'adopter un surnom plus ou moins significatif, qu'ils ramènent d'ordinaire dans les deux derniers hémistiches de leurs *ghazel*, *kacidé*, et autres pièces de vers. *Hafyz*, *Saadi*, *Nizami*, *Djami*, *Ferdouçi*, sont des noms poétiques des plus célèbres poëtes persans. Le dernier roi de Perse, Feth-Ali-Châh, mort en 1835, a laissé un *Diwan*, sous le nom de *Khakani*.

(**) Abou-Hanifê est un des quatre grands imams orthodoxes; c'est à lui que ses sectateurs doivent le nom de *Hanéfi*.

expéditions guerrières. Les plus connus sont Ak-Chems-uddin qui découvrit le tombeau d'Eïoub, et qui était auteur, musicien et médecin; et Aboul-Wèfa, poëte et musicien à la fois : d'une fierté de caractère peu commune, ce dernier avait défendu au Sultan de venir le troubler dans sa retraite. Le prince ne s'offensa point de cette liberté, et fit construire une mosquée en son honneur.

Sultan-Muhammed, comme tous les empereurs ottomans, estimait particulièrement les oulémas, et les comblait de faveurs. Un jour Molla-Huçein-Tebrizi, entrant chez le Sultan, lui prit la main pour la baiser; mais Muhammed la retourna et lui en présenta l'intérieur, en souriant gracieusement; le docteur s'inclina et garda le silence : « A quoi penses-tu? lui dit « le monarque. — A l'honneur que me « fait ta Hautesse de me créer muder- « ris d'Aïa-Sofia. » Le mot grec *aïa* (sainte) signifie en turc *paume de la main*; et le mot de *sofia* (sagesse) faisait allusion au nom de *sofi*, donné généralement à tous les hommes livrés à l'étude et à la contemplation. Le Sultan fut si charmé de cette répartie d'Huçein-Tebrizi, qu'il lui accorda sur-le-champ la dignité qu'il demandait si adroitement.

Suivant le portrait que les historiens nationaux font de Sultan-Muhammed, ce prince avait le nez fortement aquilin et tellement recourbé sur la lèvre supérieure, qu'il cachait presque la bouche : ils le comparent *au bec du perroquet reposant sur des cerises*; sa figure était pleine, sa barbe épaisse et de couleur dorée; il avait les bras forts et charnus, les cuisses musculeuses, et il était bien fendu pour monter à cheval. Il maniait les armes avec une grande dextérité. Le tir de l'arc était son exercice de prédilection; il le recommandait à ses troupes, surtout aux janissaires. Il racontait souvent, d'après la tradition arabe, que l'ange Gabriel était apparu à Adam, et lui avait dit, en lui présentant un arc et des flèches : « Servez-vous de « cette arme; c'est la force de Dieu. »

CHAPITRE X.
SULTAN-BAIEZID-KHAN II, FILS DE SULTAN-MUHAMMED-EL-FATYH.

Nous avons vu, dans le chapitre précédent, que Sultan-Muhammed-el-Fatyh, après la mort de son fils Moustapha devant Boz-Bazardjik, avait confié le gouvernement de Karamanie au prince Djem (*Zizim*). Baïezid, fils aîné du Sultan et gouverneur d'Amassia, était l'héritier présomptif du trône. Mais le grand vézir Muhammed-Karamani favorisait Djem, dont les brillantes qualités avaient gagné son affection. Il essaya donc d'enlever la couronne au successeur direct pour la mettre sur la tête de son frère puîné. Afin de mieux assurer le succès de cette dangereuse entreprise, il cacha la mort de Sultan-Muhammed, et fit conduire à Constantinople le corps du souverain dans un char couvert, accompagné de ses gardes ordinaires, en répandant le bruit que le Sultan allait prendre les bains dans sa capitale, pour rétablir sa santé altérée par les fatigues de la dernière guerre. En même temps, il envoya un agent secret au prince Djem, et prit les mesures nécessaires pour lui préparer les voies du trône. Voulant empêcher toute communication entre l'armée et Constantinople, il fit fermer ce port, ainsi que ceux des côtes d'Asie, et ordonna aux *adjem-oghlans* ou recrues de janissaires de quitter la capitale. Malgré toutes ces précautions, le vézir, craignant que son plan n'échouât, crut se ménager une ressource auprès de Baïezid, en dépêchant à ce prince, alors à Amassia, Keklik-Moustapha, porteur de la nouvelle de la mort du Sultan. Mais l'événement trompa la prudence de Muhammed-Karamani. Le peuple, qui avait déjà soupçonné la vérité en voyant autour de la voiture de Sultan-Muhammed le cortége des vézirs et des kazi-askers, n'en douta plus dès que les *adjem-oghlans* furent arrivés au camp. A l'instant une révolte éclate parmi les janissaires : ils se rendent à Constantinople, pillent les maisons des habitants les plus riches, et assassinent le grand vézir. Ishak-Pacha, nommé par le conseil pour remplacer Muhammed, rétablit l'ordre par des mesures vigoureuses. Deux jeunes princes, Korkoud, fils de Baïezid, et Oghouz-Khan, fils de Djem, vivaient dans l'enceinte du sérail où les avait retenus la politique de Sultan-Muhammed, à qui ces otages répondaient de la fidélité de ses propres enfants : Korkoud fut proclamé lieutenant général de l'empire, en attendant l'arrivée de son père.

Keklik-Moustapha arriva à Amassia en huit jours, quoique le trajet fût de plus de cent lieues ; le lendemain, Baïezid partit, accompagné de quatre mille cavaliers, et il arriva en neuf jours à Scutari. Quand la galère impériale entra dans le canal du Bosphore, elle fut entourée d'une foule d'embarcations portant les grands de l'empire qui venaient saluer le nouveau Sultan. A ces respectueux hommages se mêlèrent pourtant des cris tumultueux : les janissaires, montés sur des barques, demandèrent à Baïezid l'éloignement de Moustapha-Pacha, rival redouté d'Ishak-Beï, et que ce dernier avait su rendre odieux à cette turbulente milice. Le Sultan, effrayé de cette manifestation séditieuse, eut la faiblesse de céder, et accorda aux janissaires non-seulement l'éloignement de son vézir Moustapha, mais encore une augmentation de solde : cette concession devint dès lors un usage auquel les Sultans ne purent se soustraire pendant trois siècles, et qui ne fut aboli que sous Abdul-Hamid.

Le lendemain de l'arrivée de Sultan-Baïezid dans sa capitale, le cheïkh Aboul-Wefa présida aux funérailles de Muhammed. Le nouveau monarque aida ses émirs et ses vézirs à porter le cercueil de son père, qui fut inhumé au turbè attenant à la mosquée du Conquérant. Après la cérémonie, terminée par d'abondantes aumônes, Sultan-Baïezid quitta le turban et les vêtements noirs, revêtit un costume somptueux, et reçut les hommages de sa cour.

Dès que le prince Djem eut appris l'avénement de Baïezid et la mort tragique du grand vézir Muhammed-Karamani, il manifesta l'intention de disputer la couronne à son frère. Il fondait ses droits au trône sur la raison spécieuse que Baïezid étant né avant que Muhammed fût empereur (*), ne devait être regardé que comme le fils d'un simple particulier. Pour soutenir cette prétention, il réunit à la hâte quelques troupes, et marcha sur la ville de Brousse. Sultan-Baïezid lui opposa un corps de deux mille janissaires, sous les ordres d'Aïas-Pacha. Les deux armées se rencontrèrent près de Brousse, qui refusa l'entrée à l'un comme à l'autre. Un combat, dans lequel Aïas-Pacha fut défait, s'engagea alors devant les remparts, et les portes s'ouvrirent enfin au vainqueur. Djem prit le titre de Sultan, et exerça les droits de *sikkè* et de *khoutbè*; mais, au bout de dix-huit jours, il apprit que Baïezid s'avançait avec une puissante armée. Avant d'en venir aux mains, Djem fit proposer à son frère le partage de l'empire ; mais Baïezid ne répondit à cette offre que par le proverbe arabe : « Il n'y a pas de parenté entre les rois. » Bientôt les deux rivaux se rencontrèrent dans la plaine de Yèni-Chèhir : trahi par Yakoub, qui passa à l'ennemi avec un corps de troupes considérable, Djem, après avoir combattu pendant six heures avec la plus grande bravoure, fut contraint d'abandonner la victoire à Baïezid. Arrêté un instant dans sa fuite, et dépouillé par les Turcomans du défilé d'Ermèni, le prétendant fut obligé, dans son dénûment, d'emprunter le *képènek* (surtout) de son chancelier Sinan-Beï. Il arriva enfin au Caire, où le Sultan tcherkesse Kaïtbaï le reçut très-affectueusement et lui donna un de ses palais pour demeure.

Sultan-Baïezid, après le gain de la bataille, s'était mis à la poursuite du fugitif. Les Turcomans d'Ermèni se firent un mérite auprès du monarque

(*) Cependant la naissance de Sultan-Baïezid avait eu lieu en 851, c'est-à-dire, entre la déposition et le second avénement de son père.

vainqueur d'avoir maltraité et pillé son frère; ils demandèrent en récompense l'affranchissement de tout impôt. Le Sultan eut l'air d'accueillir favorablement leur requête, et les engagea à se présenter à la Porte pour recevoir le prix de leur conduite. Tous ceux qui eurent l'imprudence de s'y rendre furent crucifiés: « Voilà, dit « Sultan-Baïezid, la récompense des « esclaves qui, sans y être appelés, « s'immiscent dans les affaires de « leurs maîtres!... Comment ces mi-« sérables ont-ils osé lever la main « contre une tête auguste? » Après avoir poursuivi inutilement son frère jusqu'à Konia, le Sultan laissa à Guédik-Ahmed-Pacha le soin d'atteindre ce prince, et regagna Constantinople. En passant près de Brousse, les janissaires lui demandèrent le pillage de cette ville, qui lui avait fermé ses portes avant sa victoire sur Djem. Sultan-Baïezid refusa; mais une révolte qui éclata dans le camp le décida à les dédommager de la perte du butin qu'ils se promettaient, et il fit compter mille aspres à chacun d'eux.

Après un séjour de quatre mois au Caire, Djem, prince très-attaché à ses devoirs religieux, résolut de profiter des loisirs que sa mauvaise fortune lui laissait, pour suivre un des préceptes les plus importants de l'islamisme. Le 28 du mois de chewwal 886 (20 décembre 1481), il partit pour le pèlerinage de la Mecque, d'où il se rendit à Médine. Dans toute la famille impériale de Turquie, on ne compte que le prince Djem et une Sultane, fille de Sultan-Muhammed II, et veuve de Mahmoud-Tchèlèbi, fils du grand vézir Ibrahim-Pacha, qui aient fait ce pèlerinage. Cet acte religieux est obligatoire pour tout musulman, mais les monarques ottomans en sont dispensés par des raisons d'État; pour satisfaire cependant à ce devoir sacré, ils se font représenter à la Mecque, dans l'ordre religieux et sacerdotal, par le molla de cette ville, et dans l'ordre civil et politique, par le *Surré-Emini*, officier de la cour chargé de conduire le trésor que les Sultans envoient chaque année à la *Kaaba*, ou bien par l'*Emir-ul-Hadj* (prince des pèlerins), dignité qui appartient spécialement au gouverneur de Damas (*Wali-Châm*).

De retour de son pèlerinage, Djem, cédant aux sollicitations de Kaçim-Beï, de Mahmoud, sandjak-beï d'Angora, et de quelques autres princes tributaires de la Porte, se décida à tenter de nouveau le sort des armes. Lorsque Sultan-Baïezid apprit que son frère se préparait à lui disputer encore le trône, il lui adressa une pièce de vers dont voici la traduction: « Puis-« que tu peux aujourd'hui te glorifier « d'avoir rempli le devoir sacré du pè-« lerinage, pourquoi, prince, brûles-« tu de tant d'ardeur pour un royaume « terrestre? Puisque l'empire m'est « échu par un effet des décrets éter-« nels, pourquoi ne te résignes-tu pas « aux volontés adorables de la Provi-« dence? » Djem, aussi bon poëte que le Sultan, lui répondit par ce distique: « Pendant que tu es étendu sur « un lit de repos, et que tu passes ta « vie dans les ris et les plaisirs, pour-« quoi Djem, privé de toute douceur, « devrait-il poser sa tête sur un oreiller « d'épines? »

La seconde tentative du prétendant ne fut pas plus heureuse que la première. Son lieutenant, Mahmoud-Beï, est battu à Angora par Suleïman-Pacha, gouverneur d'Amassia. Djem, arrivé sur le champ de bataille deux jours après la défaite de ses troupes, est abandonné par le reste de son armée, à la seule nouvelle de l'approche du Sultan. Le prince s'enfuit une seconde fois dans la Cilicie Pétrée: un plénipotentiaire se rend auprès de lui, et lui offre la paix. Djem demande la cession de quelques provinces d'Asie; le Sultan répond que *la fiancée de l'empire ne peut être partagée entre deux rivaux; qu'il prie son frère de ne plus souiller les pieds de son cheval et le bord de son manteau du sang innocent des musulmans, et de se borner à jouir de ses revenus à Jérusalem.* D'après le conseil de Kaçim-Beï, Djem songe alors à se réfugier en

Europe : pour préparer les voies, il députe un de ses confidents, nommé Suleïman, vers le grand maître de Rhodes. L'ambassadeur est admis à l'audience solennelle du chapitre des chevaliers : il obtient un sauf-conduit pour Djem, et ce prince s'embarque sur une galère de l'ordre. Arrivé en trois jours à Rhodes, il y est reçu avec les plus grands honneurs. Son entrée fut une brillante fête : un pont, recouvert de riches étoffes, avait été jeté du rivage au navire, afin que le prince pût en sortir à cheval. Un nombreux cortége, composé des serviteurs de Djem et des chevaliers, l'accompagna, au son d'une musique guerrière, jusqu'au palais préparé pour le recevoir. La foule se pressait autour de l'escorte; les fenêtres, les balcons, les terrasses étaient couverts de spectateurs, les rues étaient décorées de tapis et de guirlandes; des tournois, des concerts, des parties de chasse occupèrent les premières journées de l'illustre fugitif, et lui firent illusion pendant quelque temps sur sa position et sur l'avenir qu'on lui préparait. Le grand maître conclut même avec ce prince un traité par lequel, en cas d'avénement, son alliance était assurée à l'ordre. A peine cet acte illusoire était-il signé, que des ambassadeurs de Baïezid arrivèrent à Rhodes : ils offrirent la paix au grand maître, s'il voulait livrer Djem et payer un tribut. Ces propositions furent repoussées, et le traité définitif fut réglé sur d'autres bases. Par une clause secrète, le Sultan s'engagea à payer annuellement aux chevaliers une somme de quarante-cinq mille ducats pour qu'ils retinssent son frère prisonnier. Djem s'embarqua sur une galère de l'ordre, et fit voile pour la France, où les chevaliers possédaient plusieurs commanderies. Après une navigation de six semaines, le navire aborda à Nice. Le prince, qui ignorait les intentions des chevaliers à son égard, demanda à continuer son voyage vers la Roumilie; on lui objecta qu'il fallait obtenir le consentement du roi. En conséquence, Khatib-Zadè-Naçouh-Tchèlèbi se mit en route pour Paris. Quatre mois se passèrent à attendre le retour du messager; il avait été arrêté dès la seconde journée de son voyage, et gardé à vue. Après cette longue attente, Djem fut envoyé dans une des possessions de l'ordre, à Roussillon. Louis XI était mort le 30 août 1483 : les chevaliers profitèrent de cet événement pour séparer Djem de sa suite, sous le prétexte de l'entourer d'une garde de sûreté dans un moment où la tranquillité du royaume était menacée. Le prince réclama vainement; ses fidèles serviteurs furent embarqués pour Rhodes : il demanda alors à voir l'ambassadeur du Sultan, Huçein-Beï, qui venait d'arriver de Rhodes et se rendait à la cour de France; cette consolation lui fut refusée, et le malheureux Djem, traîné pendant sept ans de château en château, fut enfin renfermé dans la tour de Bourganeuf, petite ville de la Marche (aujourd'hui département de la Creuse). De là, il fut livré au pape Innocent VIII. Présenté au souverain pontife le 13 mars 1489, le fier musulman refusa de fléchir les genoux et d'ôter son turban; il l'embrassa sur l'épaule, comme d'égal à égal, lui demanda sa protection, et, dans une audience particulière, lui fit un tableau si touchant des souffrances qu'il avait éprouvées pendant sa longue captivité, loin de sa mère, de son épouse et de ses enfants, que le pape en fut ému jusqu'aux larmes; dans la sollicitude qu'il lui inspirait, Innocent le conjura d'embrasser le christianisme; mais Djem répondit que la possession de l'empire ottoman, et même du monde entier, ne pourrait le décider à abjurer la foi de ses ancêtres.

Djem languit ainsi trois années à Rome, pendant lesquelles Baïezid envoya, dit-on, des assassins chargés de le débarrasser de son frère; mais cet infâme projet fut déjoué. A la mort d'Innocent, Djem fut d'abord étroitement gardé dans le château Saint-Ange; il revint au Vatican après l'élection d'Alexandre Borgia. Ce pape, le seul des princes de l'Église qui ait eu des relations directes avec les Sultans ottomans, envoya un ambassadeur à Baïezid, pour lui offrir la prolongation de la captivité de son frère, moyennant quarante mille ducats par an, ou bien sa mort, au prix de trois cent mille une fois payés. Durant cette abominable négociation, le roi Charles VIII pénétrait en Italie, et, le 31 décembre 1494, il faisait son entrée à Rome. Alexandre se réfugia au château Saint-Ange avec son malheureux prisonnier. Une convention, en vertu de laquelle le prince musulman devait être remis à Charles, fut conclue entre ce monarque et le pape. Cette clause fut exécutée trois jours après, et Djem suivit à Naples l'armée française. Dans cet intervalle, un ambassadeur du Sultan était arrivé à Ancône, avec le montant de deux ans de pension que l'empereur ottoman faisait passer à Borgia. Mais l'envoyé de Baïezid était tombé entre les mains des partisans du cardinal Julien, ennemi déclaré de Borgia; ce dernier, perdant à la fois son prisonnier et cet argent sur lequel il comptait, voulut se dédommager de cette double perte, et s'engagea à débarrasser enfin Sultan-Baïezid de son frère. Un poison lent conduisit au tombeau l'infortuné Djem, et une forte somme fut le prix de ce crime. Les historiens italiens et musulmans, d'accord en ce point, ne diffèrent que sur les circonstances de l'empoisonnement. Les premiers prétendent qu'il eut lieu au moyen d'une poudre blanche que l'on mêla au sucre dont le prince se servait habituellement; les seconds assurent qu'un renégat grec, appelé Moustapha, barbier de Djem, lui inocula le poison en se servant d'un rasoir préparé avec des substances vénéneuses. Quoi qu'il en soit, lorsque Djem arriva à Naples, il était à la dernière extrémité. Au moment d'expirer, on dit qu'il prononça ces paroles: « O mon Dieu! si les ennemis de la foi « veulent se servir de moi pour exécu- « ter des projets pernicieux à l'is- « lamisme, ne me laisse pas vivre da- « vantage, mais appelle au plus tôt « mon âme vers toi! » Cette mort, arrivée le 24 février 1495 (29 djemazi-ul-akhir 900), assura à Sultan-Baïezid la paisible possession du trône. Il réclama le corps de son frère, et le fit déposer dans le *turbè* de Murad II. Djem était âgé de trente-six ans; il en avait passé treize en captivité; il est connu parmi nous sous le nom de Zizim. Un ouvrage, publié à Grenoble en 1673, a consacré le souvenir de ses amours avec la fille du châtelain de Sassenage. L'auteur a revêtu des formes du roman un fait historique confirmé par les historiens orientaux. Djem a laissé des poésies qui jouissent d'une grande réputation dans sa patrie.

Le récit de la révolte et des infortunes de Djem nous a fait négliger jusqu'ici les actions de Sultan-Baïezid, avant et depuis le départ de son frère pour Rhodes. Nous revenons maintenant sur nos pas, et nous allons indiquer rapidement les événements les plus remarquables de cette période.

En 1481 et 1482 (886 et 887), Sultan-Baïezid avait renouvelé les capitulations avec Venise et Raguse, aux conditions les plus avantageuses pour ces républiques. Après la campagne de Karamanie, qui remplit environ neuf mois de cette dernière année, le Sultan retourna à Constantinople. Tous les vézirs, invités à une fête donnée au palais, y reçurent des kaftans brodés d'or; Guèdik-Ahmed seul eut un kaftan de laine noire, funeste indice de sa disgrâce; à la fin du repas, il tomba sous le poignard d'un muet. Ahmed s'était depuis longtemps aliéné le cœur de son maître par un caractère orgueilleux et des réparties pleines d'arrogance. Le Sultan, pendant la guerre soutenue en Karamanie contre son frère, avait paru oublier les torts du vézir, dont les talents lui étaient nécessaires. Mais Ahmed s'étant uni en secret au grand vézir Ishak-Pacha pour renverser Moustapha-Pacha, favori du Sultan, cette tentative audacieuse réveilla dans le cœur du prince tous ses anciens griefs contre le ministre, et sa mort fut résolue. Ishak-Pacha fut destitué peu de temps après, et remplacé par Daoud-Pacha, beïler-beï d'Anatolie.

Livraison. (TURQUIE.)

En 888 (1483), Sultan-Baïezid se rendit à Filibè (*Philippopolis*), et employa son armée à réparer les forts sur la Morawa; il profita de la proximité de la Hongrie pour conclure avec Mathias Corvin une trêve quinquennale. L'année suivante, le Sultan entra en Moldavie, s'empara des forteresses de Kilia et d'Ak-Kerman, tandis qu'un corps de sept mille Ékindjis envahissait la Croatie, la Carinthie et la Carniole, et en était repoussé bientôt par Lupo Wulkovich, ban de Croatie, et par Bernard, comte de Frangipan. Sultan-Baïezid revint ensuite à Andrinople, déposa Iskender-Pacha, gouverneur de la Roumilie, et lui donna pour successeur l'eunuque Ali-Pacha. Il reçut, vers la fin de l'hiver de 1486 (892), les trois ambassadeurs de Hongrie, du sultan d'Égypte et du châh des Indes. Ce dernier offrit à Baïezid de l'or, des épices fines, des éléphants et des girafes. Vers cette époque, le prince de Moldavie ayant essayé de reprendre Ak-Kerman, Ali-Pacha ravagea les États du voïvode, qui eut à subir, l'année suivante, une nouvelle incursion des Ottomans, sous la direction du gouverneur de Silistrie.

Ces expéditions militaires de Sultan-Baïezid en Europe furent suivies, en Asie, de la première guerre contre les mamlouks. Déjà sous Muhammed II, ces derniers avaient altéré, par une conduite hostile, les relations amicales qui existaient entre eux et les Osmanlis. De nouveaux sujets de plainte qu'ils donnèrent au Sultan, entre autres l'hospitalité accordée à Djem, décidèrent le monarque ottoman à commencer la lutte sanglante qui devait finir, sous le règne de son fils Sèlim, par la conquête de l'Égypte et la destruction de la dynastie des Sultans mamlouks.

Quelques châteaux aux environs de Tarsous et d'Adana avaient été pris sur le prince de Ramazan, chef turcoman de la tribu d'Utch-Ok (des trois flèches). Sultan-Baïezid donna à Kara-Gueuz-Pacha, gouverneur de la Karamanie, l'ordre de les reprendre (890—1485). Quatre autres forts, situés dans les passages les plus difficiles du Taurus (*Ala-Dagh*), tombèrent aussi en son pouvoir. Mais tandis que Kara-Gueuz-Pacha s'enorgueillissait de sa victoire, l'armée ottomane éprouvait, sur un autre point, trois défaites successives. Ouzbeï, général égyptien, et le gouverneur d'Alep, surprenaient les garnisons d'Adana et de Tarsous. Hersek-Ahmed-Pacha, envoyé par le Sultan pour réparer ce double revers, était lui-même battu et fait prisonnier. Mais Baïezid ne se laissa point décourager. Sur son ordre, le grand vézir, Daoud-Pacha, partit avec quatre mille janissaires et toutes les troupes de sa maison, et ramena à l'obéissance les tribus de la Karamanie et celles de Warsak et de Torghoud, que Muhammed, petit-fils de Kaçim-Beï, avait poussées à la révolte.

A cette époque (892—1487) Sultan-Baïezid reçut à Constantinople l'ambassadeur du dernier roi more de Grenade, Abou-Abdullah, dont les historiens occidentaux ont défiguré le nom, en l'appelant *Boabdil*. Ce prince implorait l'aide du *Sultan des deux terres et des deux mers*, contre Ferdinand, roi d'Aragon et de Castille, dont les armes victorieuses repoussaient les musulmans de l'Andalousie. Sultan-Baïezid envoya, pour ravager l'Espagne, une flotte sous les ordres d'un de ses anciens pages, à qui sa beauté remarquable avait fait donner le surnom de *Kèmal* (beauté parfaite). Dans le même temps, Venise députa vers le Sultan les plénipotentiaires qui, sept ans auparavant, avaient conclu la paix avec Muhammed II. Boccolino, citoyen de la petite ville d'Osimo, dans la Marche d'Ancône, s'en étant fait nommer le seigneur, avait secoué le joug du pape Innocent VIII, et offert à Sultan-Baïezid la suzeraineté d'Osimo. Laurent de Médicis s'interposa entre le souverain pontife et les insurgés, et empêcha ainsi les musulmans de s'établir dans les États romains, d'où il eût été peut-être bien difficile de les chasser. Un envoyé de Baïezid avait demandé, pour les flottes ottomanes, le droit de stationner dans le port de Famagouste tant que le Sultan serait en guerre avec l'Égypte. Cette demande fut repoussée par le sénat, sous le prétexte de la paix qui existait entre cette dernière puissance et la république. La mort de Boccolino, arrêté près de Milan et pendu sans jugement, enleva à Sultan-Baïezid tout espoir d'intervenir à son profit dans les affaires de l'Italie.

Les relations diplomatiques de ce monarque avec les puissances de l'Europe étaient alors très-actives : l'envoyé moldave lui apportait le tribut de deux années ; l'ambassadeur hongrois, Démétrius Yaxich, recevait, à son audience de congé, un kaftan d'honneur, et Mathias Corvin renouvelait pour trois ans, avec l'ambassadeur de Sultan-Baïezid, la trêve expirée.

En 893 (1488), Ali-Pacha, après quelques succès contre les mamlouks, était battu par l'armée égyptienne sous les ordres d'Ouzbeï. Kara-Gueuz-Pacha et plusieurs autres beïs, qui, par jalousie contre Ali-Pacha, avaient pris la fuite dès le commencement de l'action, furent punis, le premier par la mort, les autres par la prison et la destitution. La guerre d'Égypte devint de plus en plus funeste aux armes ottomanes ; elle durait depuis cinq ans ; elle fut terminée, en 896 (1491), par un traité de paix qui stipulait l'abandon des droits du Sultan sur les trois forteresses dont les Égyptiens avaient fait la conquête dans la plaine de Tchokour-Ova.

En 897 (1492), la mort de Mathias Corvin ayant plongé la Hongrie dans la guerre civile, Sultan-Baïezid, à la faveur de ces troubles, conçut l'espoir de s'emparer de Belgrade. Khadim-Suleïman-Pacha fit sonder les dispositions du despote Uilak ; il crut reconnaître dans sa réponse ambiguë qu'il était prêt à acheter les bonnes grâces du Sultan, en lui livrant les villes de Zwornik, d'Aladja-Hyssar et de Belgrade ; en conséquence, le blocus de cette dernière place fut ordonné, et une flotte de trois cents voiles alla attendre Sultan-Baïezid sur les côtes d'Albanie. Il partit de Constantinople pour Sofia, afin de pouvoir, suivant que les circonstances l'exigeraient, se rendre en Servie ou en Albanie. Le projet sur Belgrade échoua, et les musulmans furent complétement battus en Hongrie ; alors le Sultan entra en Albanie par la route de Monastir. Entre cette ville et Parlèpè, au moment où il passait dans un sentier fort étroit, un assassin, déguisé en *kalender* (sorte de derviches vagabonds), s'approcha et voulut lui porter un coup de poignard. Les gardes qui entouraient le monarque prévinrent cet attentat et massacrèrent le meurtrier. Depuis cet événement, toutes les personnes qui étaient présentées au Sultan devaient quitter leurs armes et être accompagnées de deux chambellans qui leur tenaient les bras en les saisissant sous l'aisselle. Cet usage, qui s'est conservé jusqu'à nos jours, devint un cérémonial auquel les ambassadeurs étrangers étaient eux-mêmes assujettis. Pendant le séjour du Sultan en Albanie, les janissaires désolèrent le pays, et firent un grand carnage de ses malheureux habitants ; les Ékindjis ravagèrent l'Autriche : la Carniole, la Carinthie, la Styrie devinrent le théâtre d'atrocités de tout genre ; les historiens du temps les racontent avec horreur : ce ne sont qu'enfants empalés ou écrasés contre les murs, femmes et jeunes filles en proie à la brutalité des vainqueurs, etc. Des haies de lances surmontées de têtes formaient, disent-ils, l'enceinte où ils prenaient leurs repas ; les routes que parcouraient ces hordes dévastatrices étaient semées de membres mutilés. Une armée, envoyée par l'empereur Maximilien à la rencontre des Ottomans, leur livra un combat acharné près de Villach en Carinthie, et les défit entièrement : quinze mille prisonniers qu'ils traînaient à leur suite brisèrent leurs chaînes pendant la bataille, et, tombant à l'improviste sur les Osmanlis, contribuèrent puissamment au triomphe des chrétiens.

Ces derniers déshonorèrent leur victoire en imitant et en surpassant même la cruauté de leurs ennemis. On a peine à concevoir cette fécondité d'inventions atroces que déploya le barbare Kinis, général des Hongrois : il fit coudre dans des sacs et jeter à l'eau une partie des prisonniers ; les autres furent écorchés, broyés sous des meules, rôtis, ou dévorés vivants par des porcs affamés. Ali-Pacha-Mikhal-Oghlou fut pris et fusillé sur le champ de bataille. Cette même année, un autre Ali-Pacha, gouverneur de Semendria, fut repoussé de la Transylvanie par Étienne de Thelegd, et perdit, au défilé de la Tour-Rouge, quinze mille hommes, son butin et ses esclaves.

Pour venger tant de défaites, Sultan-Baïezid envoya Yakoub-Pacha avec une armée de huit mille hommes : il ravagea les contrées de Cilly et de Pettau, et défia à un combat singulier le commandant de la forteresse de Yaïtcha, qui répondit à cette fanfaronnade par une vigoureuse sortie. Yakoub se retira en désordre, et alla porter ses ravages dans la Croatie et la Styrie inférieure. Les nobles Croates se livraient entre eux à une guerre acharnée ; mais lorsqu'ils virent l'ennemi commun obligé de battre en retraite, ils se réunirent tous contre lui, et le cernèrent dans un défilé nommé le Pas-de-Sadbar. Réduit à la dernière extrémité, Yakoub voulut négocier sa retraite à prix d'argent ; mais les conditions trop dures qu'on lui imposa le décidèrent à tenter le sort des armes. Une victoire complète couronna cette tentative hasardeuse. Le Sultan lui envoya, en récompense, un magnifique cimeterre, un cheval des écuries impériales, et l'éleva à la dignité de beïler-beï de Roumilie.

Enfin, après bien des revers et des succès respectifs, une trêve de trois ans fut conclue, en 900 (1495), entre la Hongrie et la Porte. Dans les deux années suivantes, les Ottomans s'emparèrent de quelques forts en Bosnie, entrèrent en Dalmatie, et poussèrent leurs courses jusque dans le Frioul. En 902 (1497), Daoud-Pacha fut mis à la retraite, avec une pension annuelle de trois cent mille aspres. C'est le seul, des quatorze grands vézirs qui se sont succédé dans la première dignité de l'empire, qui soit rentré dans la vie privée avec toute la faveur du Sultan. Hersek-Ahmed-Pacha le remplaça, et céda, dans la même année, ce poste éminent à Ibrahim-Djendèrèli, fils de Khalil.

Depuis 1490 (896), la paix entre la Porte et la Pologne n'avait pas été troublée. Jean Albert, roi de ce dernier pays, commit, contre la Moldavie, quelques hostilités qui motivèrent l'expédition de Bali-Beï, gouverneur de Silistrie. Au printemps de 1498 (903), ce chef ottoman passa le Danube, et fit dix mille prisonniers : une seconde invasion, dans l'automne suivant, eut des résultats encore plus importants : il traversa le Dniester, brûla ou dévasta plusieurs villes sur les bords de ce fleuve, et fit un immense butin. Le froid rigoureux qui se fit sentir aux approches de l'hiver, et le manque de vivres, décidèrent enfin les Ottomans à se retirer.

Dès l'an 1492, le czar Iwan III avait fait des tentatives d'alliance avec Sultan-Baïezid, et lui avait même écrit une lettre relative au commerce des marchands d'Azoff et de Kaffa. Trois ans après, Michel Plesttschéief, ambassadeur russe, se rendit à Constantinople, et, malgré la grossièreté de ses manières, obtint, pour le commerce de son pays, toutes les concessions que son maître demandait au Sultan. Ce prince, qui, le premier de sa dynastie, donna un grand développement à la politique extérieure, cherchait, par tous les moyens en usage dans la diplomatie, à acquérir de l'influence chez ses voisins : ainsi la petite-fille de Sultan-Baïezid était donnée en mariage à Ahmed-Mirza, héritier présomptif de la couronne de Perse ; et la fille de Djem épousait le Sultan Nassir-Muhammed, fils de Kaïtbaï ; de nombreuses ambassades en Europe et en Asie témoignèrent encore des pacifiques intentions qui animaient Baïezid dans ses relations politiques. Les Vénitiens envoyèrent, en 1498

(904), Andréa Zanchani à Constantinople. La paix fut renouvelée par un traité en langue latine, ce qui, suivant Sultan-Baïezid, lui permettait d'en violer la teneur, en cas de convenance. Poussé en secret par les agents de Naples, de Florence et de Milan, le Sultan fit investir Lépante par terre et par mer. Les flottes ottomane et vénitienne se livrèrent, près de l'île de Sapienza (au sud-ouest de la Morée), un combat qui se termina à l'avantage de l'escadre musulmane. Le commandant de la ville assiégée, voyant les vaisseaux vénitiens s'éloigner, se rendit au kapoudan-pacha Daoud. Le Sultan, maître de cette place forte, chargea Sinan-Pacha, beïler-beï d'Anatolie, d'élever deux forts sur les promontoires de la Morée et de la Roumilie, afin de fermer le détroit; il fit construire quarante navires sur le modèle de ceux des Vénitiens, et retourna à Constantinople.

Après la prise de Lépante, Iskender-Pacha, gouverneur de Bosnie, envahit le Frioul et la Carinthie, et renouvela les scènes de désolation dont ces malheureuses contrées furent si souvent le théâtre. Deux mille cavaliers ottomans passèrent le Tagliamento (nommé par les musulmans *Aksou*); une division poussa même jusqu'à Vicence. D'autres corps réduisaient en cendres cent trente-deux bourgs et villages, et ravageaient la Carniole et la Dalmatie. Enfin, en 1500 (905), le fléau des populations de ces provinces, le terrible Iskender-Pacha, mourut d'une maladie pédiculaire, peu de temps après avoir été forcé, par Jean Corvin, de lever le siège de Yaïtcha.

Les Vénitiens se vengèrent de la perte de Lépante en s'emparant, la même année (1500), de l'île de Céphalonie, que Sultan-Muhammed-el-Fatyh avait conquise vers la fin de son règne. Modon, Navarin ou Zonchio (autrefois *Pylos*) et Coron, tombèrent au pouvoir des Osmanlis; mais Napoli-de-Malvoisie (*Noembasia*), défendue par le brave Paul Contarini, résista à tous les efforts de Baïezid. Venise, craignant de ne pouvoir à elle seule arrêter les armes du Sultan, implora le secours des puissances chrétiennes. Une ligue offensive et défensive se forma entre la république, le pape et la Hongrie. La France et l'Espagne fournirent une flotte qui se réunit aux forces navales hongroises et vénitiennes. L'amiral Benedetto Pesaro surprit l'escadre ottomane près de Voïssa, captura onze galères et brûla la douzième; et, tandis que Gonzalve de Cordoue, *le grand capitaine*, ravageait les côtes de l'Asie Mineure, les vaisseaux du pape dévastaient les possessions ottomanes de l'Archipel. En même temps, l'amiral français Ravestein effectuait une descente dans l'île de Métélin (*Lesbos*), dont il assiégeait la capitale; mais, à l'approche de Hersek-Ahmed-Pacha, qui accourait au secours de cette ville, Ravestein leva l'ancre; et sa flotte, surprise à la hauteur de Cérigo par un violent coup de vent, périt tout entière.

Le Vénitien Pesaro, par un hardi coup de main, pénétra dans le port de Prévèsa, et y brûla huit galères. En 1502 (908), la flotte vénitienne, vingt vaisseaux du pape et une nouvelle escadre française, attaquèrent Sainte-Maure. Les janissaires, qui la défendaient, capitulèrent. Sultan-Baïezid les punit plus tard de cette lâche soumission, en les faisant pendre ou massacrer. Un grand nombre de vaisseaux ottomans furent capturés par l'amiral vénitien, tandis que son compatriote Nicolaï Capello sauvait l'île de Chypre, menacée par les Osmanlis.

La guerre avec Venise et la Hongrie se prolongeait et devenait dangereuse pour les Ottomans : ils avaient, de plus, à se défendre contre la Perse, qui venait d'attaquer leurs frontières orientales, et à réprimer de nouvelles tentatives de rébellion des tribus Torghoud et Warsak. Toutes ces circonstances déterminèrent Sultan-Baïezid à faire la paix. Un traité fut conclu avec Venise, en vertu duquel la république garda Céphalonie, et céda Sainte-Maure, Modon, Coron et Lépante. Une trêve de sept ans avec la Hongrie fut jurée, en 1503 (909), par Wladislas et Hersek-Ahmed-Pacha, qui, en considération du succès de ses négociations, fut promu, pour la seconde fois, au grand vézirat, dignité dont il avait été privé au commencement de la guerre contre les Vénitiens.

A cette époque, le Sultan accorda en mariage à Sinan-Pacha, beïler-beï d'Anatolie, la fille du prince Djem, veuve du Sultan d'Égypte. Cet acte de politique délivrait Sultan-Baïezid de toute crainte de rivalité; la postérité du prétendant était à jamais reléguée au fond d'un harem.

En l'an 907 (1501), le jeune prince persan Châh-Ismaïl Sèfi, ayant attaqué et vaincu Elwend-Mirza, dernier rejeton de la famille du Mouton-Blanc, qui régnait en Perse, avait établi sa puissance à Tebriz (*Tauriz*), et jeté les fondements d'une nouvelle dynastie (*). Ismaïl, jaloux de se concilier l'amitié de Sultan-Baïezid, lui envoya, à diverses reprises, des ambassadeurs pour l'assurer de ses intentions pacifiques : en retour, le monarque ottoman adressa au prince Sèfi un envoyé qui se conduisit avec la plus grande fierté, et dont l'orgueilleux Ismaïl supporta cependant les manières hautaines, tant il avait à cœur de se conserver l'amitié du Sultan. C'est ce même Ismaïl qui, plus tard, combattit Sèlim Ier, successeur de Baïezid, et fut vaincu par lui à Tchaldiran.

Le Sultan, après la paix avec Venise et la Hongrie, commença à chercher les douceurs du repos, et, renonçant à la guerre, s'adonna à l'administration intérieure de son empire. Hersek-Ahmed-Pacha perdit une seconde fois la confiance du Sultan, et fut remplacé, dans la dignité de grand vézir, par Ali-Pacha. Le nouveau ministre, animé contre Korkoud, fils aîné de Baïezid, d'une haine qu'il ne cherchait pas à cacher, irrita tellement la fierté de ce prince qu'il résolut de quitter la cour. Sous le prétexte d'aller en pèlerinage à la Mecque, il se rendit en Égypte. Le Sultan des mamlouks le reçut avec les plus grands honneurs, mais repoussa absolument toutes les propositions de Korkoud, qui auraient pu troubler l'harmonie entre l'Égypte et la Porte. Pour réparer l'imprudence de sa démarche, le prince écrivit alors au vézir, en le priant d'intercéder pour lui auprès du Sultan. Au moyen de cet acte de soumission, le jeune prince rentra en grâce, et se hâta de retourner dans son gouvernement. Pendant le trajet, sa petite flotte, battue par les vaisseaux des chevaliers de Rhodes, fut forcée de se sauver sur les côtes de l'Asie Mineure.

Le 14 septembre 1509 (915), une grande catastrophe porta la terreur dans Constantinople. Un tremblement de terre, d'une violence dont l'histoire ottomane n'offre pas un second exemple, renversa mille soixante-dix maisons, cent neuf mosquées, et une grande partie des murs du sérail et des remparts. Les coupoles de plusieurs édifices publics s'écroulèrent, des colonnes vacillèrent et se fendirent, les aqueducs furent ruinés; la mer sortit de son lit, et roula ses vagues furieuses au-dessus des murs et dans les rues de la ville et du faubourg. Pendant quarante-cinq jours, des secousses continuelles portèrent la frayeur dans la capitale de l'empire, et même dans les provinces d'Asie et d'Europe. Gallipoli, Demotika, les deux tiers de Tchoroum, ne présentaient plus qu'un amas de décombres. Le Sultan, tremblant d'être écrasé sous les murs de son palais, occupa pendant dix jours une tente dressée au milieu des jardins du sérail. Il se rendit ensuite à Andrinople; mais cette ville ne fut pas plus heureuse que la grande capitale : au tremblement de terre se joignit une

---

(*) Cette dynastie, dont les princes sont connus en Europe sous le nom fautif de *Sophis*, et qui doit son véritable nom de Sèfi à Cheïkh-Sèfi, grand-père de Châh-Ismaïl, a occupé le trône depuis 907 (1501) jusqu'en 1134 (1722), car, quoique deux des enfants de Châh-Sultan-Huçeïn aient été proclamés par le fameux *Thahmas-Kouli-Khan*, c'est lui qui régna sous leur nom; et il se défit du dernier en prenant enfin lui-même le titre de *Nadir-Châh*.

horrible tempête; les eaux de la Toundja vinrent couvrir les ruines amoncelées. Enfin, lorsque les éléments se furent calmés, Sultan-Baïezid convoqua un divan, dans lequel, après avoir attribué le désastre qui affligeait son empire à la conduite tyrannique et cruelle de ses ministres, il proposa des mesures pour reconstruire les murs et les édifices de Constantinople. Un concours immense d'ouvriers, sur le nombre desquels les historiens varient depuis quinze mille jusqu'à soixante-treize mille, répara en deux mois tout le mal. L'année suivante, on célébra l'anniversaire de la reconstruction des murs de la capitale, en distribuant au peuple, pendant trois jours, des vivres dans de la vaisselle plate. Cette mesure, conseillée par les grands de la cour comme un moyen de faire oublier à la population les désastres du tremblement de terre, cachait l'intention secrète de vaincre la sévérité du Sultan, en l'obligeant à tolérer un luxe qu'il était tenté d'interdire par scrupule de religion.

Sultan-Baïezid, après ces travaux matériels, chercha à consolider les bases de son gouvernement. Il crut y parvenir en partageant l'administration des provinces entre ses fils et petits-fils; mais cette mesure ne fut qu'une source de troubles. Les gouvernements de Trébisonde, d'Amassia, de Tekkè et de Karamanie étaient confiés aux princes Sèlim, Ahmed, Korkoud et Chèhinchâh; le jeune Suleïman, fils du premier, fut investi du gouvernement de Boli. Ahmed vit avec chagrin cette nomination, qui semblait placer tout exprès son neveu sur la route d'Amassia à Constantinople, c'est-à-dire sur le chemin qui conduisait au trône, pour lui en interdire à lui-même l'approche. Ses plaintes furent si violentes, que le Sultan crut devoir révoquer sa décision, et donner en échange à Suleïman le gouvernement de Kaffa en Crimée. Malgré cette concession, la jalousie qui existait entre les princes éclata bientôt. Chèhinchâh, l'aîné des fils du Sultan, était mort; le trône revenait de droit à Korkoud; mais il avait contre lui les janissaires: cette milice brutale le considérait, à cause de son amour pour les arts, comme incapable de régner. Leur affection se porta sur Sèlim, dont le caractère bouillant et l'humeur guerrière convenaient mieux à des soldats. Ce dernier, sûr de leurs bonnes dispositions, quitta son gouvernement de Trébisonde et se rendit dans celui de son fils Suleïman où il exerça tous les actes de la souveraineté. Sultan-Baïezid, irrité de cette audace, lui ordonna de retourner dans son sandjak; mais, loin d'obéir, Sèlim demanda un gouvernement en Europe, pour se rapprocher, disait-il, de son père: il sollicita même la faveur d'aller lui baiser la main. Le Sultan refusa par trois fois; mais Sèlim s'obstina, et vint avec son armée camper aux portes d'Andrinople, dans la vallée de Tchokour-Owa. Baïezid, accablé par l'âge et les infirmités, vit de sa tente les troupes de ce fils rebelle; à cet aspect ses yeux se mouillèrent de larmes; il envoya le beïlerbeï de Roumilie auprès de Sèlim, lui accorda le sandjak de Semendria, accru des territoires de Widdin et d'Aladja-Hyssar, et lui fit de riches présents.

Tandis qu'une tranquillité momentanée régnait en Europe par les concessions de Sultan-Baïezid à Sèlim, Korkoud allumait le feu de la guerre civile en Asie. Ce prince s'empara du gouvernement de Saroukhan. Une horde de brigands, sous les ordres d'un fanatique dévoué au roi de Perse Châh-Ismaïl, et connu sous le nom de Chèïtan-Kouli (esclave du diable), anéantit l'armée du beïler-beï d'Anatolie. Cette défaite des troupes de Sultan-Baïezid fournit à Sèlim, qui se rendait à Semendria, le prétexte de suspendre sa marche. C'est en vain que le Sultan lui enjoint plusieurs fois de continuer sa route; il ne tient aucun compte de cet ordre. Alors Baïezid, craignant qu'il ne voulût lui enlever Constantinople, y retourna en toute hâte. Après le départ de son père, Sèlim entra à Andrinople, où il agit en souverain; il en sortit bientôt pour aller à la rencontre de Sultan-Baïezid, qui s'avançait. Battu complétement, Sèlim s'enfuit en Crimée, chez son beau-père le khan des Tatares, qui lui promit de nouvelles troupes.

Le grand-vézir Ali-Pacha, voulant venger la mort du beïler-beï d'Anatolie, s'avança près de Brousse. Le prince Ahmed, que Sultan-Baïezid et son ministre voulaient pousser au trône, tâcha de gagner les janissaires par de nombreux présents; mais leur affection était acquise à Sèlim. Il fallut donc se borner pour le moment à combattre la troupe de Chëïtan-Kouli : ce chef, cerné dans la vallée de Kizil-Kyïa (roche rouge), parvint à en sortir et à exterminer le corps d'armée qui s'opposait à son passage; poursuivi par Ali-Pacha, Chëïtan-Kouli accepta le combat et périt dans la mêlée, ainsi que le grand vézir. La mort des deux généraux mit fin à l'action. Ali-Pacha est le premier grand vézir qui ait succombé sur le champ de bataille. Son esprit supérieur, ses talents militaires, sa générosité, son amour des sciences et des arts, lui assurent un rang distingué parmi les ministres de l'empire ottoman.

La horde de Chëïtan-Kouli, après la mort de son chef, s'enfuit en Perse et se livra, chemin faisant, à mille brigandages. Châh-Ismaïl fit jeter dans des chaudières d'eau bouillante les deux nouveaux chefs de ces fanatiques, et se fit, auprès de Sultan-Baïezid, un mérite de ce châtiment.

Dès qu'Ahmed eut appris la défaite d'Ali-Pacha, il s'avança jusque près de Guëïbizè (*Lybissa*); et le second vézir, Moustapha-Pacha, partit de Scutari pour aller à la rencontre du prince. A cette nouvelle, une révolte éclata parmi les janissaires, qui livrèrent au pillage les maisons des partisans d'Ahmed. Ce dernier, n'osant entrer dans la capitale, alla mettre le siége devant Konia, où commandait son neveu Muhammed; le jeune prince, obligé de capituler, obtint la vie sauve. Sultan-Baïezid ordonna à Ahmed de rendre la place; mais celui-ci, dévoilant enfin ses projets, insulta grièvement son père, dans la personne de son envoyé, à qui il fit couper le nez et les oreilles. Irrité de cet affront, le Sultan rendit à Sèlim le sandjak de Semendria, autorisant ainsi son retour en Europe. De son côté, Korkoud, voyant les menées de ses frères, voulut les déjouer et tenter de leur disputer la couronne. Il se déguisa, se rendit à Constantinople et descendit à la mosquée des janissaires. Malgré cet acte de confiance, il ne put changer les dispositions de ces fiers soldats; ils le reçurent pourtant avec tous les honneurs dûs à son rang, et l'accompagnèrent lorsqu'il fut baiser la main de son père. Après avoir obtenu du monarque qu'il désignât Sèlim pour son successeur, ils ne se contentaient point encore de cette concession, et exigeaient une abdication immédiate. Ils se présentèrent alors devant Sultan-Baïezid, qui leur demanda ce qu'ils voulaient : « Notre « padischâh est vieux et malade, di- « rent-ils; nous voulons à sa place « Sultan-Sèlim. — Je lui cède l'em- « pire, répondit Baïezid; que Dieu bé- « nisse son règne! » A cette réponse, le cri d'*Allah-Kèrim* (Dieu est grand)! fit résonner les voûtes du palais. Sèlim fut amené devant son père, dont il baisa respectueusement la main; il en reçut les insignes impériaux, l'accompagna au Vieux-Sérail, et revint recevoir le serment de fidélité des grands. Vingt jours après, Sultan-Baïezid partait pour Dèmotika. Sèlim, à pied et écoutant les avis que lui donnait son père, l'accompagna jusqu'à la porte de la ville. Trois jours plus tard, Baïezid n'était plus! Sa mort, qui suivit de si près son abdication, fût-elle le fruit d'un crime, ou simplement la suite de ses longues souffrances et de son âge avancé?..... La vie entière de Sèlim peut faire pencher pour la première hypothèse, que tous les auteurs, sauf les historiographes de l'empire, ont admise comme une vérité.

Sultan-Baïezid, âgé de trente-cinq

ans lorsqu'il monta sur le trône, mourut en 918 (1512), après un règne de trente-deux années lunaires. Jusqu'à son avènement il avait passé ses jours dans les tranquilles plaisirs de l'étude. Doux de caractère, simple de mœurs, aimant le repos, la vie contemplative, les sciences et la poésie, il ne fit la guerre que lorsqu'il y fut forcé par les circonstances. Plusieurs écrivains orientaux le désignent par le surnom de *Soufi* (philosophe contemplateur) : épithète qu'on donne aussi aux dévots. Il était dans l'usage de passer les dix derniers jours du ramazan en retraite, et de se livrer seul, ou avec le cheïkh Muhïi-uddin-Yawouz, à toutes les pratiques de la religion, dont ce prince était un zélé observateur. Il avait, comme son père, le nez fortement aquilin, une constitution robuste et beaucoup de vivacité dans ses mouvements. Ses cheveux et sa barbe étaient noirs ; sa figure pleine portait à la fois l'empreinte de la mélancolie, du mysticisme et de l'opiniâtreté, mais n'avait rien de cruel ni de redoutable : quoiqu'on l'accuse d'avoir fait empoisonner son frère Djem, ce fait, assez probable, malgré l'absence de preuves historiques, ne peut servir de base à une accusation de cruauté habituelle ; car le fratricide avait été mis par Muhammed II au nombre des lois de l'État, d'après les idées politiques admises parmi les Orientaux, et qui ont passé dans les mœurs ottomanes, à la faveur d'un axiome équivalent à celui des Romains : *Salus populi, suprema lex esto*. La nécessité de mettre son trône et sa personne à l'abri des tentatives d'un prétendant audacieux, peut, jusqu'à un certain point, pallier ce crime. Quant à l'opinion qu'un auteur italien émet sur la mort d'un des fils de Sultan-Baïezid, le prince Muhammed, qu'il prétend avoir été empoisonné par l'ordre de son père, elle nous paraît entièrement démentie par la tendresse du Sultan pour tous ses enfants, et par la douleur sincère que lui causa la perte de ceux qui moururent avant lui. Malgré son esprit religieux, il a été accusé d'ivrognerie ; il renonça cependant au vin sur la fin de ses jours : il ne put corriger de même son penchant pour les femmes, et dut à l'abus des plaisirs une vieillesse prématurée. Ce prince avait un goût très-vif pour les arts mécaniques ; il recherchait avec passion les ouvrages faits au tour, les cornalines bien taillées et l'orfévrerie. Adroit à tous les exercices du corps, il avait peu de rivaux dans le tir à l'arc. Ennemi du luxe, il ne portait pas le bonnet brodé d'or des six premiers Sultans (l'*uskiuf*), ni le turban des ouléinas (*ourf*), adopté par Murad II ; il inventa une coiffure de forme cylindrique et entourée de mousseline, nommée *mudjewwèzè*.

Sultan-Baïezid fonda un grand nombre d'imarets et de médrècès et plusieurs mosquées, construisit trois ponts remarquables, sur le Kyzil-Irmak, à Osmandjik ; sur la Sakaria et sur le Kodos (*Hermus*). Le reproche d'avarice que lui ont adressé quelques historiens, est dénué de fondement : car il dépensa des sommes immenses en constructions, en aumônes, en présents aux gens de loi, aux cheïks, aux muderriss, aux kazi-askers, aux muftis et aux littérateurs de son règne : à l'époque de chaque courban-beïram, il envoyait à la Mecque une offrande de quatorze mille ducats. La protection qu'il accordait aux sciences et aux lettres eut une influence remarquable sur leurs progrès. On compta soixante jurisconsultes célèbres. L'art épistolaire fut porté à sa perfection par les frères Djâfer et Saadi. Deux célèbres historiens, Neschri et Idris, écrivirent les annales de l'empire ; le premier d'un style simple et pur, le second avec toute la pompe et l'exagération de la phraséologie orientale. La poésie jeta aussi un grand éclat : Baïezid était lui-même un poëte distingué, ainsi que son frère Djem, et ses fils Korkoud et Sélim.

Nous terminerons ce chapitre par un trait qui peint la piété superstitieuse dont était animé Sultan-Baïezid. Il avait fait recueillir avec soin la poussière qui s'attachait à ses vêtements pendant le cours de ses expéditions guerrières ; à l'heure de sa mort, il ordonna qu'on pétrît cette poussière en forme de brique, et qu'on la mît sous sa tête dans son tombeau. Cette singulière prescription était motivée sur ce *hadis* (tradition) de Mahomet : « Celui dont les pieds se couvrent de « la poussière des sentiers du Sei- « gneur, sera préservé du feu éternel. »

CHAPITRE XI.

SULTAN-SÈLIM-KHAN Ier, FILS DE SULTAN-BAÏEZID II.

Le jour même où Sultan-Baïezid, cédant au caprice d'une insolente milice, partait pour Dèmotika, abandonnant le sceptre aux mains de Sèlim, celui-ci éprouvait déjà le despotisme de ces prétoriens à qui il devait le trône. Rangés en haie dans les rues qu'il fallait suivre pour se rendre au sérail, les janissaires l'attendaient au passage pour lui arracher, par leurs clameurs, la gratification que la faiblesse de Sultan-Baïezid n'avait pas su leur refuser à son avénement, et qu'ils regardèrent depuis lors comme un droit. La fierté de Sèlim fut révoltée de cette prétention séditieuse : pour ne pas être forcé d'y céder, il changea de route, et rentra au palais par un chemin détourné. Il craignit cependant les suites de la fureur que ce désappointement ne pouvait manquer d'exciter parmi les janissaires, et leur fit distribuer trois mille aspres par tête. Sultan-Baïezid ne leur en avait accordé que deux mille : mais Sèlim, lorsqu'il voulut les gagner à sa cause, leur avait promis une solde plus élevée ; il crut prudent de tenir sa promesse. Un sandjak-beï, voulant profiter de l'occasion, eut la hardiesse de réclamer à son tour une augmentation de revenus : cette demande audacieuse fit éclater la colère concentrée qui agitait Sultan-Sèlim ; d'un coup de cimeterre il fit voler la tête de l'imprudent gouverneur.

Le Sultan, pour réparer l'épuisement du trésor, commença par imposer à tous ses sujets une contribution extraordinaire, et éleva à cinq le droit de trois pour cent que payaient les marchandises importées dans ses États par les navires ragusais. A peu près à la même époque, il renouvela le traité avec son feudataire le prince de Moldavie.

A peine Sultan-Sèlim était-il assis sur le trône si indignement enlevé à son père, que le dangereux exemple qu'il avait donné porta ses fruits : son neveu Ala-eddin, fils du prince Ahmed, gouverneur d'Amassia, s'empara de Brousse, et préleva sur les habitants une taxe énorme. A cette nouvelle, Sultan-Sèlim confia les rênes du gouvernement à son fils Suleïman, et marcha, à la tête d'une armée de soixante et dix mille hommes, contre son frère. Pendant ce temps, une flotte de cent vingt-cinq galères croisait sur les côtes de l'Asie Mineure, et s'opposait à la fuite en Europe du prince rebelle. Sultan-Sèlim n'avait pas oublié l'histoire de son oncle Sultan-Djem (*).

Tandis que Tour-Ali-beï, commandant l'avant-garde de l'armée du Sultan, chassait de Brousse Ala-eddin, et le poursuivait jusqu'à Dèrendè, Sèlim s'avançait vers Angora. A son approche, Sultan-Ahmed avait abandonné la ville, et deux de ses fils étaient allés réclamer la protection du roi de Perse, Châh-Ismaïl. Le Sultan nomme Moustapha-Beï au gouvernement d'Amassia, et retourne à Brousse. Le prince Ahmed profite de l'absence de Sèlim, revient, à marches forcées, devant Amassia, et s'en empare par surprise. Il offre le vézirat à Mousta-

(*) Nous prévenons les lecteurs de ne pas s'étonner de voir *désormais* les noms des princes de la famille ottomane constamment précédés du titre de *Sultan*. Quand il s'agit des princesses du sang impérial, ce titre suit leur nom ; ainsi on dit : *Sultan-Ahmed*, *Sultan-Abdul-Medjid*, etc., et *Salyha-Sultane*, *Khadidjè-Sultane*, *Adilè-Sultane*, etc., etc. Ce titre (Sultan), métamorphosé en *Soudan* par les historiens du moyen âge, correspond au mot *prince*, pris dans toutes les acceptions qui indiquent une existence souveraine, plus ou moins rapprochée du trône, ou une origine impériale ou royale.

pha qui accepte, et ne craint pas de trahir Sultan-Sèlim. Ce dernier avait envoyé secrètement un corps d'*oulou-fèdjis* (cavaliers soldés), chargés d'enlever le harem de son frère : Ahmed en est instruit par Moustapha; il attend au passage les cavaliers du Sultan, et les fait prisonniers. Sèlim, furieux, mais dissimulant sa colère, convoque un divan; ses vézirs s'y rendent, et sont revêtus d'un kaftan d'honneur à mesure qu'ils se présentent : Moustapha seul est introduit avec un vêtement noir; c'était l'arrêt de sa mort : saisi par les muets (*dilsyz*), il est étranglé, et son cadavre sert de pâture aux chiens. Hersek-Ahmed-Pacha le remplaça dans les dangereuses fonctions que déjà il avait remplies à trois reprises.

Sultan-Sèlim, que ses contemporains ont surnommé *Yawouz* (l'inflexible), justifia ce titre par les cruautés qui souillèrent son règne. Le poste de grand-vézir était si périlleux sous ce monarque, qu'il était passé en usage de dire à quelqu'un que l'on haïssait : « Puisses-tu être vézir de Sultan-Sè-« lim! » On trouve à peu près la même pensée reproduite dans ce distique d'un poëte ottoman : « *Tu ne* « *saurais te délivrer d'un rival, à* « *moins qu'il ne devienne le vézir de* « *Sèlim.* » Aussi, dans la persuasion que la mort les menaçait sans cesse, les ministres du Sultan portaient toujours leur testament au conseil. Piri-Pacha, l'un d'eux, dans un moment où il vit son maître de bonne humeur, osa plaisanter à ce sujet, et lui demanda de l'avertir quelques heures d'avance, lorsque le jour fatal serait arrivé, afin de pouvoir mettre ordre à ses affaires. Le Sultan rit beaucoup de cette requête, et lui répondit qu'il y aurait fait droit très-volontiers, s'il avait eu quelqu'un qui fût capable de remplir aussi bien les fonctions de grand vézir. Cinq neveux du Sultan furent sacrifiés à sa sûreté. Le plus jeune de ces infortunés n'avait que quatorze ans; il se jeta à genoux, en demandant grâce; un de ses frères, Sultan-Osman, âgé de vingt ans, se défendit en héros, cassa le bras à l'un des assassins, et en blessa mortellement un autre; mais ni les supplications ni la résistance ne purent les arracher à la mort : accablés par le nombre, ils furent étranglés. Leurs corps furent transportés à Brousse, et ensevelis près de Murad II.

Le meurtre de Korkoud, frère du Sultan, suivit de près celui des cinq jeunes princes, ses neveux. Chassé de Magnésie par les troupes de Sèlim, Korkoud, accompagné d'un seul cavalier, resta caché pendant vingt jours dans une caverne; il se sauva ensuite dans la province de *Tekïè*, où il fut découvert et fait prisonnier par le gouverneur de ce sandjak, qui avertit le Sultan de cette importante capture. Aussitôt Sèlim envoya vers son frère le kapoudji-bachi (*), Sinan-Aga, qui réussit à écarter le fidèle compagnon du prince, et profita de cette absence pour lui signifier sa condamnation à mort. Korkoud, avant de mourir, obtint la liberté d'écrire au Sultan, et lui adressa une lettre en vers, qui fit couler les larmes de ce cruel monarque. Il manifesta alors un repentir inutile, ordonna un deuil général, et sacrifia à la mémoire de sa victime les Turcomans qui avaient lâchement trahi son frère. Malgré tous ces signes de douleur et de regret, Sultan-Sèlim ne balança point à marcher contre son autre frère Ahmed, qui était parti d'Amassia avec vingt mille hommes, et s'avançait vers Brousse. L'avantage demeura d'abord à Ahmed, qui battit l'avant-garde de l'armée de Sèlim, et aurait pu s'assurer une victoire complète, s'il eût livré à son rival une seconde bataille. Mais il commit la faute de lui laisser le temps de reprendre courage et de recevoir des renforts. Un nouveau combat eut lieu dans la plaine de Yèni-Chèhir le 24 avril 1513 (16e safer 919); il fut favorable au Sul-

(*) *Kapoudji-bachi*, *chef des huissiers*, titre honorifique accordé par le Sultan à des officiers pris dans la carrière militaire. C'est l'équivalent du poste de *chambellan* en Allemagne et en Angleterre.

tan. Le prince Ahmed s'enfuit, entraîné par la déroute générale de son armée : arrêté dans sa course par la chute de son cheval, il est fait prisonnier, et condamné à mort. Avant son exécution, il fit remettre à Sultan-Sèlim un anneau d'un grand prix, en le priant d'*excuser le peu de valeur de ce souvenir*.

Dès que la mort de tous les compétiteurs de Sèlim lui eut assuré le trône, les puissances étrangères se hâtèrent de lui envoyer des ambassadeurs. La Moldavie, la Walachie, la Hongrie, et Venise, renouvelèrent les anciens traités. Kansou-Ghawri, roi d'Égypte, envoya de riches présents à Sélim ; et l'ambassadeur de Vassili, prince de Russie, fit stipuler la liberté du commerce d'Azoff et de Kaffa. Châh-Ismaïl, partisan déclaré d'Ahmed, fut le seul qui dédaigna de féliciter Sèlim. Cette absence d'un ambassadeur persan fut vivement sentie par le Sultan, et réveilla dans son cœur tous les ferments d'animosité qu'y avaient semés d'anciens griefs. Châh-Ismaïl avait reçu à sa cour les princes rivaux de Sultan-Sèlim ; il avait envoyé en Égypte une députation chargée de former une ligue contre le monarque ottoman. A tous ces motifs d'inimitié se joignait la haine religieuse. La querelle des *chi'is* (*) et des *sunnis* (**) divisait depuis des siècles les musulmans et surtout les Persans et les Osmanlis. La doctrine des chi'is, prêchée par Chëïtan-Kouli, favorisée par Châh-Ismaïl, et adoptée par tous ses sujets, avait pénétré même dans les pays soumis aux Ottomans. Sultan-Sèlim, sunni fanatique, résolut de couper court, par une mesure effrayante, aux envahissements de la secte des chi'is. Il ordonna un massacre général de tous ceux qui partageaient cette opinion religieuse : quarante mille sectaires furent égorgés ou jetés dans des cachots (*). A cette nouvelle, Châh-Ismaïl s'avança avec une armée formidable. Il était accompagné du jeune Murad, neveu de Sultan-Sèlim. Ce dernier obtint du cheïkhul-islam de Constantinople un *fetwa* qui portait que non-seulement cette guerre était légitime, mais encore que c'était un devoir indispensable pour un monarque musulman et pour tous les *croyants*, d'éteindre des opinions impies dans le sang de ceux qui s'écartaient de la doctrine du Coran ; et qu'il y avait plus de mérite à tuer un Persan *chi'i* que soixante et dix chrétiens. Le Sultan, fort de l'avis du chef suprême de la religion, envoya à son rival une déclaration de guerre, où l'on voit, outre l'esprit du siècle et l'exagération du style oriental, le génie particulier et l'érudition de Sultan-Sèlim. Une seconde lettre, faisant une allusion injurieuse à l'origine de Châh-Ismaïl, fils de Cheïkh-Sèfi, lui annonçait l'envoi dérisoire d'un bâton, d'un cure-dent, d'un froc et d'un cilice, attributs distinctifs des cheïkhs. Enfin un troisième message résumait les deux autres, et le prévenait de l'arrivée prochaine de Sèlim. Le Châh répondit aux invectives du Sultan par une lettre pleine de modération, dans laquelle il reproche à Sèlim le ton inconvenant de la sienne, *qui est sans doute*, disait-il, *l'ouvrage de quelque secrétaire enivré d'opium*. En conséquence, il lui envoyait une boîte d'or, remplie de cet électuaire. Sultan-Sèlim, qui, ainsi

---

(*) *Chi'is* ou *chi'as*, sectateurs et partisans d'Ali. Les douze imans dont Ali est le chef et la souche, sont à leurs yeux les seuls successeurs légitimes du prophète.

(**) *Sunnis*, orthodoxes, qui reconnaissent pour légitimes successeurs de Mahomet, les khalifes Abou-Bekr, Omar, Osman et Ali.

(*) Si l'on était tenté d'attribuer cet acte de barbarie uniquement à *la férocité musulmane*, nous serions obligés de faire remarquer à nos lecteurs qu'environ un demi siècle plus tard, des motifs analogues provoquaient en France (c'est-à-dire chez le peuple qui a toujours marché en tête de la civilisation européenne), l'affreux carnage de la Saint-Barthélemy. Le rapprochement historique de ces résultats identiques du fanatisme religieux à des époques et chez des nations si dissemblables, nous semble ouvrir un vaste champ aux réflexions de l'observateur impartial.

que la plupart des grands de sa cour, avait la passion de l'opium, sentit vivement l'épigramme. Dans sa fureur, il fit périr l'envoyé d'Ismaïl, et jura de tirer une vengeance éclatante de cet affront. Le Sultan était déjà arrivé aux environs de Tchèmen, avec cent quarante mille soldats, cinq mille vivandiers et soixante mille chameaux : un autre corps de réserve de quarante mille hommes complétait cette formidable expédition. Mais il fallait, à une armée si nombreuse, une énorme quantité de munitions de bouche et de fourrages; et les Persans, en se retirant, avaient brûlé tout le pays. Par une habile manœuvre, ils fuyaient devant les Ottomans, leur laissant à combattre le plus terrible ennemi d'une armée, la disette. Déjà les murmures des janissaires se faisaient entendre sur le passage du Sultan; le beïler-beï de Karamanie, Hemdem-Pacha, admis dans l'intimité de Sèlim, avec qui il avait été élevé, osa lui représenter les dangers que couraient ses troupes en s'enfonçant dans ces déserts où la main de l'homme avait tout dévasté : la mort fut le prix de sa franchise. Zeïnel-Pacha remplaça dans le conseil l'imprudent Hemdem, et l'armée se remit en marche. Une nouvelle lettre, accompagnée de vêtements de femme, allusion à la lâcheté d'Ismaïl qui reculait sans cesse, fut envoyée par le Sultan au Châh. Mais cette dernière provocation ne produisit pas plus d'effet que les précédentes; l'ennemi restait invisible. Les janissaires, fatigués d'une marche pénible et sans résultats, éclatèrent hautement et demandèrent à retourner sur leurs pas. Le Sultan s'avança fièrement au milieu des mutins, les harangua avec force, ordonna aux lâches de se séparer des braves armés du sabre et du carquois pour le service de leur maître, et termina sa vigoureuse allocution par ce vers persan : « *Je ne me détourne pas » du projet qui domine mon esprit.* » L'éloquence guerrière de Sèlim eut un effet prodigieux, l'armée s'avança vers Tebriz (*Tauriz*), et pas un seul homme n'osa quitter son drapeau. Enfin, pendant cette marche, on apprit que Châh-Ismaïl approchait à la tête des siens. Le roi annonçait au Sultan qu'il l'attendait dans la plaine de Tchaldiran. Sultan-Sèlim hâta sa marche et atteignit, le 2 redjeb 920 (23 août 1514), les hauteurs qui dominent cette vallée. Une éclipse de soleil avait eu lieu l'avant-veille : les astrologues du Sultan en tirèrent le plus heureux augure : l'astre symbole de la Perse pâlissait devant le croissant. Sultan-Sèlim assembla pendant la nuit son conseil : tous les vézirs opinèrent pour accorder à l'armée un repos de vingt-quatre heures; le defterdar (ministre des finances) Piri-Pacha fut seul d'un autre avis; il l'appuyait sur le danger qu'il y aurait à donner le temps de la réflexion aux èkindjis, dont un grand nombre professait la doctrine des *chi'is*. Sultan-Sèlim, qui n'aspirait qu'au moment de livrer bataille, s'écria : « Voilà le seul homme de bon « conseil que j'aie trouvé dans mon ar- « mée! Quelle perte pour l'empire qu'il « n'ait pas été depuis longtemps grand « vézir! » Aussitôt il donne le signal du combat : les Ottomans étaient épuisés par la fatigue et la mauvaise nourriture; les chevaux, qui avaient souffert du manque de fourrage, pliaient sous leurs cavaliers. Les Persans, au contraire, étaient pleins de vigueur et de courage, et leurs chevaux frais et bien nourris; mais ils ne pouvaient opposer un seul canon à l'artillerie formidable des Osmanlis. Cet avantage immense décida la victoire en faveur de ces derniers. Cependant, à la première attaque des Persans, dirigée par Châh-Ismaïl lui-même, les azabs plièrent, et l'aile gauche de l'armée fut repoussée jusqu'à l'arrière-garde; mais des décharges d'artillerie bien dirigées balayèrent les masses profondes des bataillons persans, et mirent le désordre dans leurs rangs éclaircis. Un moment d'hésitation et de terreur les arrêta : dans cet instant décisif, leur monarque, blessé au bras et au pied, tomba de cheval : un cavalier ottoman s'élança vers lui; le Châh était perdu, si son confident, Mirza-Ali, ne se fût dévoué pour lui sauver la vie : il se précipita au-devant du guerrier ottoman, en s'écriant : *Je suis Je Châh!* Aussitôt il fut entouré et fait prisonnier. Ismaïl profita de cet intervalle pour s'élancer sur un cheval qu'un palefrenier lui présentait, et s'enfuit à toute bride jusque sous les murs de Tebriz. Ne se croyant pas même en sûreté dans cette ville, il continua sa route et se réfugia dans Derghezin.

Cette victoire importante fit tomber au pouvoir de Sèlim le camp ennemi, le harem et les trésors du Châh. Ses gardes du corps (*kourtchis*) furent massacrés, ainsi que tous les prisonniers : les femmes et les enfants furent seuls épargnés. Le lendemain, le Sultan reçut les félicitations de ses vézirs, accorda cette journée au repos, et partit le jour suivant pour Tebriz, où il arriva après treize jours de marche. Il fut reçu dans cette ville par une foule curieuse de contempler les traits du vainqueur. Le prince Bèdi'uz-zèmân, du sang illustre de Timour-Leng, vint, à la tête des derviches, au-devant du Sultan, qui lui fit don de vêtements royaux, l'invita à s'asseoir sur un trône à côté du sien, et lui assigna un revenu de mille aspres par jour, honorant ainsi dans sa postérité le célèbre conquérant tatare. Sultan-Sèlim trouva à Tebriz les joyaux du Châh, de riches étoffes, des éléphants, des armes magnifiques incrustées d'or et de pierreries, et de nouveaux trésors enlevés par Ismaïl aux souverains de l'Azerbaïdjan. Sèlim se rendit, le vendredi suivant, à la mosquée de Yakoub, où la prière fut faite au nom du vainqueur. Il ordonna la restauration de cet édifice, qui commençait à se dégrader. Pendant les huit jours qu'il demeura dans cette capitale (*), Sèlim reçut d'un certain Khodja Isfahani deux poëmes, qui célébraient, en dialectes persan et tchagataïen, le triomphe des armes ottomanes.

Il annonça officiellement sa victoire à son fils Sultan-Suleïman, au doge de Venise, au sultan d'Égypte, au khan de Crimée, et au gouverneur d'Andrinople. Toujours attentif à ce qui pouvait être utile à ses sujets, il envoya à Constantinople les meilleurs ouvriers de Tebriz, et quitta un séjour que la présence des *chi'is* rendait dangereux pour lui. Il comptait prendre ses quartiers d'hiver à Kara-Bagh, et continuer sa marche au printemps; mais une nouvelle révolte des janissaires l'obligea de renoncer à son projet. Sèlim donna, en frémissant de rage, l'ordre de la retraite, et fit tomber sa colère sur le vézir Moustapha-Pacha. D'après l'ordre secret du Sultan, un muet coupa la sangle qui retenait la selle du cheval du vézir; celui-ci tomba, au milieu de la risée des troupes. Sultan-Sèlim profita du ridicule qu'il avait jeté sur son ministre pour le destituer. Il fut remplacé par le defterdar Piri-Pacha, qui était en grande faveur auprès du Sultan, depuis le conseil qu'il lui avait donné de livrer bataille à Châh-Ismaïl. Sèlim se mit ensuite en marche pour la Géorgie : il reçut en route un convoi de vivres, que lui envoyait le prince du Djanik, et les clefs de la ville de Baïbourd, prise d'assaut par ses lieutenants. Les forts de Destberd et de Keïfi ne tardèrent pas à se rendre; et Sultan-Sèlim, continuant sa route, arriva à Amassia vers la mi-novembre. Peu de temps après son entrée dans cette ville, Ali-Chèh-Souwar-Oghlou, investi par le Sultan du gouvernement de Kaïçariïè, s'empara sur Suleïman, prince de Zoul-Kadriïè, de la forteresse de Bozok, et envoya à Sèlim la tête du vaincu.

Pendant le séjour du Sultan à Amassia, quatre ambassadeurs du roi de Perse, porteurs de magnifiques présents, vinrent demander à Sèlim la

(*) Il y a en Perse (*Iran*), quatre villes qui sont décorées du titre de *Darus-Sèltha-net*, capitales du royaume; ce sont *Tebriz, Cazwin, Isfahan* et *Thehran*. Les autres villes principales de l'Iran ont aussi des épithètes honorables ou caractéristiques : ainsi *Chiraz* est appelée le séjour des sciences (*darul-ilm*); *Yezd*, le séjour de l'adoration (*darul-'ibadet*); *Kerman*, le séjour de la foi (*darul-imâm*), etc.

liberté de l'épouse favorite de Châh-Ismaïl, tombée entre les mains du vainqueur après la bataille de Tchaldiran. Le monarque ottoman, violant le caractère sacré de ces envoyés, les fit jeter en prison, et força la Sultane à épouser le secrétaire d'État Tadjikzadè-Dja'fer-Tchèlèbi. Cette conduite a été condamnée même par les historiens ottomans, si portés d'ailleurs à excuser les fautes de leurs princes; mais ils n'ont pas osé approuver la violation manifeste de ces deux principes du droit musulman : « *Aucun* « *mal ne doit atteindre les ambassa-* « *deurs. L'ambassadeur ne fait que* « *remplir la mission qu'il a reçue* « (*El mècmourou ma'zour*). »

Sultan-Sèlim partit d'Amassia au printemps de 921 (1515), et arriva, un mois après, devant les murs de la forteresse de Koumakh, qu'il emporta d'assaut. Il songea dès lors à se venger du vieux prince de Zoul-Kadriïè, Ala-eddewlet, qui, au passage de l'armée du Sultan à Kaïçariïè, avait refusé de se joindre à lui, et avait même osé inquiéter sa marche. Dix mille janissaires, sous les ordres de Sinan-Pacha et d'Ali-Beï, Chèh-Souwar-Oghlou, s'avancent contre le prince de Zoul-Kadriïè; et, pendant que le premier arrivait sous les murs d'Elbistan, le Sultan lui-même campait aux bords de l'Indjè-Sou. Ala-eddewlet, retranché au pied du Tourna-daghi (montagne des Grues), accepta la bataille que lui offrait Sinan-Pacha, et fut tué au commencement de l'action. Les Turcomans, voyant tomber leur chef, s'enfuirent dans les montagnes. Les quatre fils et le frère d'Ala-eddewlet furent faits prisonniers; les jeunes princes furent mis à mort, et leur oncle fut obligé de présenter au Sultan leurs corps mutilés. La tête d'Ala-eddewlet fut envoyée au Sultan d'Égypte, comme un présage sinistre du sort qui l'attendait. Ali-Beï fut nommé gouverneur du pays conquis et pacha à trois queues.

Après la prise du fort de Bozok, une nouvelle sédition avait éclaté parmi les janissaires; ils avaient pillé les maisons du vézir Piri-Pacha et de Halimi, précepteur du Sultan. Obligé de dissimuler alors son ressentiment, Sélim, de retour à Constantinople lorsqu'il eut vaincu le prince de Zoul-Kadriïè, s'occupa de punir les janissaires. Il leur demanda quels étaient les auteurs de leur révolte : ils rejetèrent tout sur leur chef Iskender-Pacha, sur le segban-bachi *Bal-ïèmèz* (*) Osman, et le kazi-asker Dja'fer-Tchèlèbi. Les deux premiers furent décapités; quant au troisième, sa haute dignité de juge de l'armée obligeait à garder au moins envers lui des formes légales. Le Sultan le fit donc appeler, et lui demanda quel supplice mériterait celui qui soufflerait l'esprit de révolte parmi les soldats : « La mort! » répondit sans hésiter Dja'fer. « C'est ta sentence que « tu viens de prononcer, » reprit le Sultan. Le kazi-asker essaya vainement de changer la résolution de Sèlim, en lui peignant les remords qui viendraient l'assaillir lorsque son crime serait irréparable : le monarque fut inflexible; Dja'fer périt. Peu de temps après, un incendie éclata à Constantinople; le Sultan accourut, donna des ordres pour éteindre le feu, et dit au vézir qui l'accompagnait : « C'est le « souffle brûlant de Dja'fer, et je crains « qu'il n'embrase à la fin le sérail, le « trône et moi-même. »

Le Sultan, pour empêcher le renouvellement des révoltes des janissaires, s'occupa ensuite de la réorganisation de leur état-major. Il créa deux chefs, l'Aga et le Koul-kiahïaci (le colonel général des janissaires et le lieutenant-colonel général), entre les mains desquels il plaça le commandement supérieur du corps, et dont il se réserva sagement la nomination. La marine réclama aussi son attention : les vaisseaux ottomans étaient en mauvais

(*) Ce surnom signifie : *qui ne mange pas de miel* : c'est ainsi que l'on appelle encore ces énormes pièces d'artillerie en bronze qui lancent des boulets de marbre, d'un poids considérable, et qui sont immobiles dans les batteries à fleur d'eau où on les a placées : on en voit aux Dardanelles et dans d'autres anciennes fortifications turques.

état, peu nombreux, et incapables de résister aux forces navales des chrétiens. Piri-Pacha, d'après l'ordre du Sultan, fit construire un arsenal et équipa une flotte puissante. Ces préparatifs produisirent le plus grand effet sur les puissances européennes, qui s'empressèrent de renouveler leurs traités avec la Porte. Venise et Naples seules s'y refusèrent.

Avant la fameuse bataille de Tchaldiran, Sultan-Sèlim avait cherché à soulever le Kurdistan contre le Châh de Perse. A l'instigation des messagers secrets du Sultan, les villes de Bitlis, d'Amid et de Husn-Keïfa avaient secoué le joug persan. Les habitants du Diarbèkir (l'ancienne Mésopotamie) avaient offert de reconnaître l'autorité de Sèlim. Vingt-cinq beïs du Kurdistan avaient suivi cet exemple, de sorte que tout le pays, depuis le lac d'Ouroumiïa jusqu'à Malatia (*Melitène*), c'est-à-dire de la frontière orientale à l'occidentale, était au pouvoir des Ottomans. Châh-Ismaïl, après le départ du Sultan, était retourné à Tebriz. Il chargea son lieutenant Kara-Khan de faire rentrer sous son obéissance Diarbèkir; mais Sèlim envoya des troupes pour soutenir cette ville. Pendant que les Persans rassemblaient de nouvelles forces aux environs d'Ardjich, pour appuyer l'armée assiégeante, ils furent battus par les détachements réunis des beïs de Sasnou, de Meks, de Khaïran et de Bitlis, sous les ordres d'Idris, l'historiographe du Sultan. Enfin, après avoir résisté pendant un an aux efforts des troupes persanes, Diarbèkir fut délivrée par les secours que lui amenèrent Chadi-Pacha, beïler-beï d'Amassia, et Büykli-Muhammed, gouverneur d'Erzindjan. Ce dernier prit possession de la capitale du Diarbèkir, surnommée *Kara-Amid* (Amid la noire), à cause de l'aspect lugubre que présente la ville, toute bâtie de lave de couleur noirâtre.

Après la reddition de Diarbèkir, Merdin (l'ancienne *Marde* ou *Merida*), sur la sommation d'Idris, lui ouvrit ses portes; mais, si la ville, où le beï de Husn-Keïfa avait des intelligences, s'était rendue sans se défendre, il n'en fut pas de même de la forteresse, située dans une position inexpugnable, et qui avait résisté, dans le temps, aux armes de Timour-Leng. Voici la curieuse description qu'en donne un historien du conquérant tatare :

« Ce fort est l'oiseau *anka* (*), dont « le nid est si haut placé que le chas- « seur ne saurait l'atteindre; c'est un « prince dont nul n'ose demander en « mariage la fille depuis longtemps nu- « bile, et cependant toujours vierge; « car, élevé sur la cime de la mon- « tagne, il ne présente aux yeux que « tours sur tours. Il n'y a aucune dif- « férence entre sa voûte et la voûte du « ciel, si ce n'est que celle-ci se meut « incessamment, et que la sienne reste, « au contraire, fixe et inébranlable. « Derrière ce fort, est une vallée aussi « étendue que l'âme des justes... Ail- « leurs sont des rochers à pic, que les « plus entreprenants n'osent escala- « der, et dont les formes tourmentées « présentent un alphabet de pierre « qu'il est impossible de déchiffrer. « Le chemin s'élève et passe de fort « en fort, de porte en porte. La ville, « qui entoure le château comme une « bordure, en reçoit des vivres et de « l'eau; elle résiste à toute action bonne « ou mauvaise, parce qu'elle tire sa « nourriture du ciel. »

Ce château résista longtemps à tous les efforts des Ottomans : Khosrew-Pacha le tint bloqué inutilement pendant une année entière, et cette citadelle ne tomba au pouvoir de Sultan-Sèlim qu'après la campagne de Syrie en 1515 (921). La garnison fut alors

---

(*) L'*anka* est un oiseau imaginaire qui, selon la fable orientale, vit solitaire sur les sommets les plus élevés des monts Taurus (l'*Hymalaïa*), d'où il menace sans cesse les habitants des plaines, hommes et animaux. Les récits les plus extraordinaires remplissent les poésies et les contes orientaux sur cet énorme oiseau de proie, symbole de ces brigands fameux qui, comme dans les temps de notre anarchie féodale, pillaient les contrées voisines de leurs repaires.

passée au fil de l'épée, et la tête de son chef, Suleïman-Khan, roula aux pieds du vainqueur. La ville de Husn-Keïfa se rendit peu de temps après la chute de Merdin. Les forts de Sindjar, d'Arghana, de Birèdjik et de Djermik étaient déjà tombés au pouvoir des Ottomans, après une victoire remportée sur Kara-Khan par Bïykli-Muhammed; et, lorsque Merdin se fut enfin rendu, toutes les villes du Diarbèkir se soumirent sans résistance; et les tribus kurdes et arabes qui erraient dans ces contrées reconnurent la souveraineté du Sultan. Les gouvernements de Roha et de Mouçel (*Mossoul*) furent aussi réunis à l'empire ottoman. C'est aux talents militaires de Bïykli-Muhammed, et surtout aux habiles négociations d'Idris, que Sèlim dut ces importantes conquêtes : aussi témoigna-t-il à son historiographe sa haute satisfaction, en lui envoyant, avec une lettre très-flatteuse, huit kaftans d'honneur, un sabre incrusté d'or, et une bourse de deux mille ducats vénitiens. Il lui conféra de plus la nomination des sandjak-beïs, et lui en remit les diplômes signés en blanc. Idris mourut en 923 (1517), peu de temps après la conquête du Caire par Sultan-Sèlim.

L'année précédente (922-1516), ce monarque, décidé à la guerre contre Kansou-Ghawri, sultan d'Égypte, lui avait cependant envoyé des ambassadeurs, conformément à cette sentence du Coran : « *Nous ne punissons « pas avant d'avoir envoyé un mes- « sage.* » Kansou-Ghawri reçut fort mal les plénipotentiaires ottomans, et les fit jeter en prison : mais, à la nouvelle de l'approche de Sèlim, il les lui renvoya en les chargeant de négocier la paix entre leur maître et Châh-Ismaïl. Ils furent bientôt suivis de l'ambassadeur du sultan d'Égypte, Moghol-Baï, qui se présenta devant Sultan-Sèlim, revêtu d'armes magnifiques, et avec une suite brillante. Sèlim, sans respect pour le caractère sacré d'ambassadeur, ordonna de lui trancher la tête, ainsi qu'à toutes les personnes qui l'accompagnaient. Younis-Pacha, en se jetant aux pieds du Sultan, fit révoquer la sentence de mort : Moghol-Baï, après avoir eu la barbe et les cheveux rasés, fut coiffé d'un bonnet de nuit, et renvoyé à son maître sur un âne boiteux et galeux. Le Sultan mamlouk, Kansou-Ghawri, en apprenant le traitement ignominieux qu'avait subi son ambassadeur, sortit du Caire et vint au-devant des Ottomans. Il les rencontra dans la prairie de Dabik, où les musulmans croient que le roi David a son tombeau. La bataille ne fut pas longue : ainsi qu'à Tchaldiran, l'artillerie des Osmanlis leur assura la victoire; privés de ce formidable moyen d'attaque, et d'une partie de leurs forces, par l'inaction d'un corps de treize mille *djelbans* (esclaves mamlouks), qui, jaloux des *korsans*, ou mamlouks de la troisième classe, ne voulurent point donner au moment décisif, les Égyptiens furent bientôt dispersés. Kansou-Ghawri, âgé de quatre-vingts ans, entraîné par la déroute de son armée, mourut d'une chute de cheval, ou, suivant quelques historiens, d'une attaque d'apoplexie. Un tchaouch lui trancha la tête, et vint la déposer aux pieds de Sultan-Sèlim, qui, s'irritant de cette lâche flatterie, voulut punir de mort le sujet qui avait osé manquer de respect au sang royal ; mais, sur les instances de ses vézirs, il se contenta de le destituer. A la suite de la victoire de Sèlim, Alep (*Haleb*) et toute la Syrie tombèrent en son pouvoir. D'immenses trésors, trois mille vêtements de riches étoffes garnies de fourrures de lynx et de zibeline, furent trouvés dans la tente de Ghawri et dans la ville d'Alep. Sultan-Sèlim se rendit à la grande mosquée de cette ville, et entendit, à la prière publique, son nom suivi du titre de *serviteur des deux villes saintes de la Mecque et de Médine* (*Khadim-ul-Harèmeïn-ich-chérifeïn*), jusqu'alors réservé exclusivement aux sultans mamlouks; l'auteur de cette adroite flatterie reçut, en récompense, le kaftan dont était revêtu Sèlim lui-même, et qui valait plus de mille ducats. Après s'être arrêté quelques jours à Alep, le Sultan se rendit à Hama (*Epiphania*), dont il confia le commandement à Guzeldjè-Kaçim-Pacha, plus tard vézir du grand Suleïman. Hems (*Emessa*) fut érigée en sandjak; enfin la célèbre Damas (*Dimichk*), surnommée *le parfum du paradis* (*), vit flotter sur ses murs l'étendard de Sèlim. Les émirs arabes, les commandants des forts de la Syrie, les Druzes du Liban, s'empressèrent de venir rendre hommage au vainqueur : il passa quatre mois, dans cette résidence délicieuse, à visiter les monuments de cette antique capitale des khalifes ommiades. La célèbre mosquée de Damas fixa particulièrement son attention. Ce bel édifice est le plus vaste de tous les temples de l'islamisme. Il a cinq cent cinquante pieds de longueur sur cent cinquante de largeur. Il est soutenu par un grand nombre d'énormes colonnes de porphyre, de granit, et de marbre de diverses couleurs. Six cents lampes étaient suspendues à la voûte par des chaînes d'or et d'argent, et douze mille y brûlaient pendant les nuits du mois de ramazan. Quatre *mihrabs* étaient réservés aux quatre sectes orthodoxes, les *Hanefis*, les *Chafiis*, les *Malikis*, et les *Hanbelis*. Soixante et quinze muezzins appelaient à la prière du haut de trois minarets, et, descendant ensuite dans quatre estrades (*mihfel*), y répétaient une dernière fois leur appel. La porte principale, tournée vers l'ouest, est nommée *Babul-Burid*; on y arrive par un escalier de seize marches; au midi est la porte d'*Anberaniiè*, au nord, celle de Samossat, appelée aussi *des chaînes*, et enfin à l'est, celle de *Djeroun*. Ce superbe édifice a coûté, dit-on, cinq millions de ducats : c'est le chef-d'œuvre de l'architecture arabe.

Sultan-Sèlim, prince très-pieux, avait une grande confiance dans la science théurgique des religieux que la voix publique honorait du titre de *saints*. Un cheïkh célèbre, nommé Muhammed-Bèdakhchy, vivait à Damas, dans un coin de la mosquée Bèni-Oummiïè; le Sultan alla le voir, le salua profondément, et, se tenant devant lui dans la plus humble contenance, ne voulut pas même parler le premier : le cheïkh, par respect, gardait aussi le silence, de sorte qu'ils restèrent longtemps sans prononcer un seul mot. Akhy-Tchèlèbi, l'un de ses officiers, ayant eu l'imprudence de rompre ce silence, Sultan-Sèlim en fut très-irrité; il prit alors la parole, et se recommanda aux prières du solitaire : « Prions ensem-« ble, » dit le cheïkh; et il récita divers chapitres du Coran et d'autres prières : « Grand prince, dit-il ensuite, ne vous « écartez pas de la vertu, de la piété, « et des devoirs du trône; appuyez-« vous en tout sur le secours du ciel, « sur le bras du Tout-Puissant; ayez « une entière confiance en la bonté et « en la protection de l'Être suprême, « le maître de la vie des hommes et « l'arbitre de la destinée des empires : « alors rien ne manquera à la félicité « de votre règne et au bonheur de vo-« tre auguste maison. » Ces paroles remplirent Sultan-Sèlim de joie et de confiance, et il marcha sans crainte à la conquête de l'Égypte.

Pendant le séjour de Sultan-Sèlim à Damas, les mamlouks avaient élu un nouveau souverain : Touman-Baï était monté sur le trône d'Égypte. Le monarque ottoman lui envoya deux ambassadeurs qui lui offrirent la paix, à condition qu'il reconnaîtrait la suzeraineté de la Porte. Le prince égyptien les reçut avec les honneurs qui étaient dus à leur caractère; mais au sortir de l'audience de Touman-Baï, ils furent tués par un seigneur de sa cour, nommé Alan-Baï, qui excusa ce meurtre par l'indignation que lui avaient causée, disait-il, les propositions dont ils étaient porteurs. Après une pareille violation du droit des gens, la guerre était inévitable : Djanberdi-Ghazali, général des mamlouks, rencontra près

---

(*) C'est le surnom qu'elle porte dans l'énoncé des titres du Sultan. Les géographes arabes ne se contentent pas de cette épithète; ils lui en donnent encore d'autres fort bizarres pour des Européens, mais tout à fait dans le goût des Orientaux.

de Ghaza, sur la frontière de Syrie, l'avant-garde des Ottomans, commandée par Sinan-Pacha. Après un combat acharné, la supériorité de leur artillerie leur assura encore une fois la victoire, et ils entrèrent en vainqueurs dans Ghaza. Pendant que le vézir battait ainsi les troupes égyptiennes, Sultan-Sèlim quittait Damas, visitait, à Jérusalem, les tombeaux du Prophète, le rocher où Abraham avait sacrifié à l'Éternel, et le sépulcre où repose ce patriarche à Hébron. En retournant à son camp, il rencontra Sinan-Pacha, lui fit don d'un sabre d'honneur, et distribua de l'argent à ses troupes. Il se disposa ensuite à traverser le désert. Huçeïn-Pacha ayant osé lui représenter le danger de cette entreprise, le Sultan lui fit trancher la tête, et se mit en marche, après avoir reçu le serment de fidélité des cheïkhs de nombreuses tribus arabes, et les clefs de Jérusalem, d'Hébron, de Safed, de Naplouse et de Tibériade. En dix jours, l'armée ottomane eut traversé le désert de Katiè. Le 29 zilhidjè 922 (22 janvier 1517), elle offrait le combat à Touman-Baï. A peine l'action était-elle engagée, qu'un détachement de cavaliers couverts d'acier s'élance vers l'étendard de Sultan-Sèlim. Touman-Baï lui-même commandait ce corps d'élite, accompagné de ses deux généraux Kourt-Baï et Alan-Baï. Ces trois braves guerriers avaient formé l'audacieux projet de s'emparer de Sèlim; heureusement pour ce prince, ils prirent Sinan-Pacha pour le Sultan; et Touman-Baï perça le vézir d'un coup de lance. Les deux généraux égyptiens s'attaquèrent à Mahmoud-Beï et à Ali le Khaznèdar, qui éprouvèrent le même sort que Sinan (*). Malgré ces exploits chevaleresques, les mamlouks ne purent lutter contre la terrible artillerie ottomane; ils laissèrent vingt-cinq mille morts dans la plaine de Ridania. Après cette victoire, Sultan-Sèlim envoya une garnison au Caire; mais Touman-Baï y étant revenu secrètement pendant la nuit, la fit massacrer tout entière. La ville fut assiégée de nouveau, et reprise par les Ottomans après un combat acharné qui dura trois jours et trois nuits. Sultan-Sèlim, pour hâter la reddition des mamlouks, fit proclamer une amnistie générale; et lorsque huit cents d'entre eux, se fiant à la parole du Sultan, se furent constitués prisonniers, il les fit décapiter sans scrupule, et ajouta à cet acte d'une cruauté qui se renouvelle trop souvent contre les malheureux vaincus, le massacre général des habitants. Un seul chef mamlouk, le brave Kourt-Baï, caché dans une maison du Caire, avait survécu à ses frères d'armes. Le Sultan lui fit remettre, par un de ses amis, en signe de pardon, du drap et le Coran; Kourt-Baï, rassuré par ces présents qui équivalaient à un engagement sacré, se présenta devant Sèlim; ce prince était sur son trône : « Tu es le héros des chevaux, « lui dit-il; où est maintenant ta va-« leur? — Elle m'est toujours restée, « répondit le mamlouk. — Sais-tu ce « que tu as fait à mon armée? — Très-« bien. » Le Sultan ayant témoigné ensuite son étonnement de l'audacieuse attaque qu'il avait osé tenter, Kourt-Baï exalta la valeur brillante des mamlouks, et parla avec mépris de l'artillerie qui donnait la mort comme un assassin. Il ajouta que, sous le règne d'Eschref-Kansou, un Mauritanien ayant apporté en Égypte des boulets, ce monarque repoussa une telle innovation comme une lâcheté, et qu'alors le Mauritanien s'écria : « Qui vivra « verra cet empire périr par ces mê-« mes boulets. » — « Il a dit vrai, ajouta « tristement Kourt-Baï, et Dieu seul « est tout-puissant! » Après une longue conversation entre le Sultan et son prisonnier, Sèlim, irrité de la fierté de Kourt-Baï, appela les bourreaux, et le brave guerrier égyptien reçut la mort sans effroi et en maudissant le transfuge Khaïr-Baï, dont les avis se

---

(*) Sultan-Sèlim dit à l'occasion de la mort de ce célèbre vézir : « Nous avons con-« quis l'Égypte, mais nous avons perdu le « Joseph. » (*Sinan*, signifie *Joseph*.)

crets avaient contribué à la victoire de Sèlim.

Touman-Baï, réfugié sur la rive orientale du Nil, réunit le reste des mamlouks échappés au fer des Ottomans, à cinq ou six mille Arabes hawarès; avec cette faible armée, il résista encore quelque temps aux troupes victorieuses de Sèlim, et remporta même un avantage assez grand pour obliger les Ottomans à se retirer au Caire, après avoir perdu six mille hommes. Sultan-Sèlim, lassé de la prolongation de cette lutte, offrit de nouveau la paix à Touman-Baï, sous la condition qu'il se reconnaîtrait vassal de la Porte. Moustapha-Pacha, chargé de cette négociation, fut massacré, avec sa suite, par les mamlouks; et dès lors Sèlim ne garda plus de mesure. De terribles représailles signalèrent sa vengeance: quatre mille mamlouks et soixante beïs reçurent la mort. Touman-Baï, au lieu de se retirer dans la haute Égypte, se sauva dans le Delta. Le monarque ottoman, toujours plus fatigué de cette interminable campagne, fit faire au sultan égyptien de nouvelles propositions de paix, par l'intermédiaire de l'émir Khoch-Kadem, l'un des beïs transfuges de la cour de Touman-Baï. Cet ambassadeur ayant été encore mal reçu et forcé de se retirer, Sèlim se disposa à marcher lui-même sur Djizè avec quarante mille hommes. Une querelle s'étant élevée entre les Arabes et les mamlouks, ils en vinrent aux mains; les premiers furent repoussés, et s'enfuirent, poursuivis par les mamlouks, vers le camp ottoman. Sultan-Sèlim dressa contre eux son artillerie, qui foudroya sans distinction vainqueurs et vaincus. Touman-Baï demanda des secours aux Arabes de la tribu Ghazalè, dont les chefs lui répondirent : « Dieu nous « préserve de résister plus longtemps « à un maître victorieux tel que Sul- « tan-Sèlim! » Un nouvel engagement eut lieu entre les mamlouks et les Ottomans; tout à coup les Arabes de Ghazalè se précipitent sur les mamlouks; Djanberdi-Ghazali, déguisé en Arabe, provoque Touman-Baï en combat singulier; le prince accepte le défi, désarçonne son adversaire, et s'apprête à le percer de sa lance, lorsque Ghazali s'écrie : « Grâce, au nom du Pro- « phète, et par le mystère du cheïkh « Abou-So'oud-ul-Djahiri! » A ces paroles (espèce d'invocation maçonnique dont personne n'a pu encore dévoiler le sens), Touman-Baï retire sa lance et laisse la vie au vaincu.

Dans l'impossibilité de résister aux forces des Ottomans, Touman-Baï se retira auprès de l'Arabe Haçan-Mèri, qu'il avait délivré, à son avénement au trône, de la prison où Kansou-Ghawri l'avait jeté avec tous les siens. Obligé de se cacher dans une vaste caverne, dernier asile qu'il devait à la pitié de son hôte, l'infortuné prince mamlouk dit à ses beïs : « Nous « sommes ici plus en sûreté que dans « une forteresse, si Haçan-Mèri ne « nous trahit pas. — Que Dieu tra- « hisse le traître, » répondirent-ils. Quelques jours après, le perfide Arabe avait violé les droits sacrés de l'hospitalité, et Touman-Baï était au pouvoir de Sèlim : « Dieu soit loué! s'écria ce « prince; maintenant l'Égypte est con- « quise. » Conduit devant le Sultan, Touman-Baï le salua avec déférence; Sèlim lui rendit son salut, et l'invita à s'asseoir : un silence de quelques instants régna d'abord entre les deux princes. Sultan-Sèlim prit enfin la parole, et reprocha à Touman-Baï sa violation du droit des gens dans la personne des ambassadeurs ottomans, et son refus de reconnaître la suzeraineté de la Porte; le prince égyptien rejeta le premier grief sur les beïs, et se justifia du second par l'obligation sacrée de défendre les saintes villes de la Mecque et de Médine: « Mais toi, ajouta-t-il, comment pour- « ras-tu justifier devant Dieu ton in- « juste agression? » Sèlim fut étonné de ce langage plein de dignité; il lui exposa à son tour les raisons qui l'avaient décidé à la guerre avec l'Égypte. « Sultan de Roum, tu n'es pas cou- « pable de la chute de notre empire, « mais bien ces traîtres, » dit alors Touman-Baï, en montrant Khaïr-Baï et Ghazali. Sèlim, admirant le beau caractère de son prisonnier, le fit traiter avec toutes sortes d'égards; bientôt le brave Chadig-Baï vint partager la captivité de son maître. Le Sultan, touché des malheurs des deux héros, et rendant justice à leur courage, avait l'intention de leur conserver la vie; mais les traîtres Khaïr-Baï et Ghazali, outrés du mépris dont le fier prisonnier les avait accablés, éveillèrent les soupçons de Sèlim, en apostant sur son passage un homme qui cria : « Que Dieu donne la victoire au « Sultan Touman-Baï. » Ces paroles irritèrent à tel point l'esprit ombrageux du monarque ottoman, qu'il ordonna le supplice de l'illustre prisonnier. Ce brave et malheureux prince fut pendu le 21 rebiul-ewwel 923 (13 avril 1517). Sèlim lui fit rendre les derniers honneurs; il assista aux prières des funérailles, fit inhumer son corps dans le mausolée bâti par Kansou-Ghawri, et distribua pendant trois jours des bourses d'or aux pauvres. Il récompensa ensuite la trahison des beïs et des chefs arabes qui lui avaient livré l'Égypte et leur souverain; les uns furent investis de sandjaks, les autres reçurent de l'or et des vêtements d'honneur.

Après la pacification de l'Égypte, Sultan-Sèlim demeura un mois entier au Caire, et visita tous les monuments de cette ville célèbre, entre autres sa plus ancienne mosquée, construite en l'an 263 de l'hégire (876), et celle qui est appelée Ezheriïè (la florissante), fameuse par ses quatre universités des quatre sectes orthodoxes de l'islamisme, et par sa bibliothèque, précieux reste de la civilisation orientale, conservée depuis le dixième siècle jusqu'à nos jours. Dans la mosquée de Muhammed-ud-Daheri, Sultan-Sèlim donna un exemple d'humilité unique dans l'histoire des monarques ottomans : il fit enlever le tapis qui couvrait le pavé du temple, frappa les dalles de son front et les mouilla de ses larmes. Le pieux Sultan voulut voir ensuite une mosquée située sur les bords du Nil, dans laquelle on montre, sur des tablettes de bois et de fer, *les traces des pieds du Prophète*, empreintes précieuses aux yeux des musulmans, et que le fondateur de ce temple avait achetées aux Arabes soixante mille drachmes d'argent.

Le Caire possédait aussi des académies dignes d'attention : la première, fondée par Silahuddin le Grand (le grand Saladin), est célèbre par ses professeurs et ses élèves; elle est placée dans un faubourg appelé Karaffa. La seconde académie fut établie par le neveu de Silahuddin, Kamil, de qui elle retint le nom de Kamiliïè. Les mamlouks du Nil ou Baharites, successeurs des Eïoubites, élevèrent les académies de Dahriïè, de Bibarsiïè, de Mansouriïè et de Nassiriïè. Les mamlouks tcherkess, qui remplacèrent les Baharites, pendant les cent trente années que dura leur domination, ne bâtirent que deux académies, *Dahériïè*, en 788 (1386), et *Moueïïèdiïè*, en 819 (1416).

Sultan-Sèlim se rendit ensuite dans l'île de Raoudha (île des jardins), où se trouve le Mykias ou Nilomètre. Il y fit construire une maison de plaisance voûtée, où il établit sa cour. Pendant que le Sultan était dans cette résidence, sa vie fut menacée par un beï mamlouk nommé Kansou-Adili. A la faveur de la nuit, ce dernier s'étant approché du Mykias, monta sur le toit de la maison, et chercha à pénétrer dans les appartements de Sèlim; il ne put y parvenir, et, se voyant découvert, il se jeta dans le Nil et se sauva à la nage : plusieurs centaines de nageurs envoyés à sa poursuite ne purent l'atteindre. Un second événement, d'une autre nature, vint encore mettre les jours de Sèlim en danger : voulant s'élancer de sa barque sur la rive, il tomba dans le Nil, d'où il fut retiré avec peine par le patron Abdul-Kadir. Le Sultan promit à son sauveur de lui accorder la grâce qu'il demanderait : le pêcheur se contenta de l'exemption de tout droit de péage dans les ports du Nil et de la mer. Sèlim lui en fit expédier sur-le-champ la lettre de franchise signée de sa main.

Le Nilomètre, qui date de la moitié du neuvième siècle, et la voûte élevée par Sultan-Sélim, subsistent encore aujourd'hui.

Le 28 mai 1517 (7 djèmaziul-oula 925), Sultan-Sélim se rendit à Alexandrie, où Piri-Pacha, kaïm-mèkam de Constantinople (*caïmakan*, lieutenant du grand vézir), venait de conduire la flotte ottomane. Après l'avoir visitée en détail, il retourna à Rhaoudha, et y passa une revue générale, dans laquelle il distribua de l'argent aux troupes. Il retira ensuite l'administration de l'Égypte des mains du grand vézir Younis-Pacha, et la donna à Khaïr-Baï, mieux placé dans ce gouvernement à cause de ses relations avec les cheïkhs arabes. A cette époque, l'historien Idris, pour qui le Sultan avait la plus grande estime, osa lui remettre une *kaçidè* (petit poëme) composée de trois cents vers persans, dans laquelle il lui peignait les malheurs des habitants, en proie à l'avidité du defterdar d'Égypte et du kazi 'asker de Roumilie. A cet envoi était jointe une lettre dans laquelle il suppliait le Sultan de lui permettre de quitter l'Égypte, si les concussions qu'il signalait n'étaient pas réprimées. La noble et courageuse franchise de l'historien ne fut pas punie, tant Sélim estimait les savants. Une seconde anecdote du même genre prouve que ce prince, accusé de cruauté et de despotisme, savait quelquefois entendre la vérité : Kèmal-Pacha-Zadè, kazi 'asker d'Anatolie, à l'instigation des autres chefs, devait tâcher de décider le Sultan à revenir à Constantinople. Sélim lui en offrit lui-même l'occasion, en lui demandant ce qu'on disait dans l'armée. Kèmal-Pacha répondit qu'il venait d'entendre la chanson d'un soldat qui exprimait le désir de retourner bientôt en Roumilie. Le Sultan prit favorablement cette insinuation indirecte du vœu général. Il ordonna les apprêts du départ ; et, quoiqu'il eût compris que l'histoire de la chanson du soldat était de l'invention de Kèmal-Pacha, loin de s'en fâcher, il lui fit don de cinq cents ducats.

La Mecque, enchaînée au sort de l'Égypte, passa, avec cette vaste contrée, sous la domination de Sélim. Le chérif Muhammed-Aboul-Bèrèkiat, trente-quatrième prince de la maison des Bèni-Kitadè, lui fit présenter, par son fils Abou-Naoumi, les clefs de la Kaaba, dans un bassin d'argent. Le Sultan, devenu *le protecteur et le serviteur* de la Mecque et de Médine, envoya aux deux *saintes cités* un *surré* de vingt-huit mille ducats : c'était le double de la somme que son père Baïezid II consacrait à ce pieux usage. Il employa en outre deux cent mille ducats, du riz et du blé, à une distribution aux chèrifs et aux cheïkhs, aux notables et aux pauvres de ces villes. Il assista ensuite à la cérémonie de l'ouverture du canal du Caire, à l'époque de la crue du Nil ; il retourna enfin en Syrie, rapportant de cette expédition, outre mille chameaux chargés d'or et d'argent, une infinité d'objets de prix, entre autres une cornaline rouge, montée en bague, au milieu de laquelle il fit graver cette inscription : *Châh-Sultan-Sèlim* ; et sur les côtés cette légende : *Tèwèkkul'alel-Khalyk, résignation au Créateur*. Ce cachet devint dès lors le sceau que le khazinè-kihaïaçi (intendant du trésor intérieur) doit apposer sur la porte extérieure du trésor.

En sortant du désert de Katiïè, le Sultan dit à Younis-Pacha : « Voilà « donc l'Égypte derrière nous, et de- « main nous serons à Ghaza ! — Et « quel est le fruit, répliqua l'impru- « dent vézir, de tant de peines et de « fatigues ?..... la moitié de l'armée a « péri par les combats ou dans les sa- « bles, et l'Égypte est maintenant « gouvernée par des traîtres ! » Sélim punit de mort la remontrance de son ministre. Piri-Pacha, kaïm-mèkam de Constantinople, succéda à Younis dans le vézirat.

Arrivé à Damas, le Sultan s'occupa de l'administration intérieure du pays : il organisa l'impôt public en Syrie, fit dresser le cadastre de cette province importante, et paya la dette contractée au commencement de la campagne envers les possesseurs des grands fiefs de la cavalerie. Il s'occupa aussi des affaires extérieures, renouvela les traités avec Venise, et prolongea d'une année la trêve avec la Hongrie.

Pendant le séjour de l'armée à Damas, le Sultan fit incognito le pèlerinage des saints sépulcres d'Hébron et de Jérusalem; il revint ensuite à Constantinople, s'y reposa dix jours, et se rendit à Andrinople, où son fils Suleïman prit congé de lui et retourna dans son gouvernement de Saroukhan, avec une augmentation de cinq cent mille aspres de revenu. Pour réparer l'épuisement de ses finances, il réclama de Venise le payement de deux années de tribut que cette république devait pour la possession de l'île de Chypre.

En 1518 et 1519 (924 et 925), un novateur, appelé Djelali, fut défait avec tous ses partisans, près de Kara-Hyssar. A peine cette révolte était-elle comprimée, qu'un bruit courut sur l'apparition d'un nouveau prétendant, fils du prince Ahmed et neveu du Sultan; mais ce bruit, qui inquiéta un instant Sélim, fut bientôt démenti.

Vers cette époque, la peste éclata à Andrinople. Le Sultan retourna dans sa capitale, où il s'occupa de l'accroissement de sa marine : cent cinquante navires et cent galères furent construits, tandis qu'une armée de soixante mille hommes se rassemblait. On crut alors que la flotte était destinée à l'attaque de l'île de Rhodes, et que les troupes de terre devaient servir à une expédition contre la Perse. Cependant Sultan-Sélim dit un jour à ses vézirs : « Vous me poussez à la conquête de « Rhodes; mais savez-vous ce qu'il « faut pour cela, et pouvez-vous me « dire quelles sont vos provisions de « poudre? » Les vézirs ne surent que répondre; mais le lendemain ils vinrent lui dire qu'ils avaient des munitions pour quatre mois : « Que faire « avec un pareil approvisionnement? « s'écria Sélim avec humeur; je ne fe-« rai pas le voyage de Rhodes avec de « tels préparatifs : d'ailleurs je crois « que je n'ai plus d'autre voyage à faire « que celui de l'autre monde. » Ce pressentiment de sa fin prochaine ne fut pas trompeur; Sultan-Sélim mourut peu de temps après, en se rendant de Constantinople à Andrinople. Ayant voulu monter à cheval, malgré les souffrances que lui occasionnait un bubon survenu à l'aine, il fut saisi de douleurs si vives entre *Tchorlou* et le village d'Ograch-Keuï, le même où il avait livré bataille à son père, qu'il fut forcé de s'arrêter. Il expira le 8 chewwal 926 (22 septembre 1520). Les vézirs s'assemblèrent et résolurent de tenir secrète la mort de Sélim jusqu'à l'arrivée du prince Suleïman, à qui l'on expédia sur-le-champ des courriers.

Sultan-Sélim était âgé de cinquante-quatre ans, et en avait régné neuf. D'une taille élevée, il avait le buste très-long, mais les jambes courtes; sa figure était pleine et fortement colorée; ses yeux étaient grands et étincelants, ses sourcils très-fournis; des moustaches énormes lui donnaient un air dur et farouche; il est le seul entre tous les sultans qui ait porté la barbe rase : cette innovation, qui violait le précepte du Coran, choqua le peuple, et donna lieu à mille propos satiriques. Le mufti le lui ayant fait entendre, en forme de plaisanterie, il répondit, sur le même ton, qu'il n'en avait agi ainsi que pour ne laisser aucune prise sur lui à ses ministres. Il était, en effet, de la plus grande sévérité avec eux. Il ordonna un jour au grand vézir d'arborer, en signe de guerre, les queues de cheval devant sa porte, et de faire dresser des tentes en un lieu convenable. Le vézir lui ayant demandé dans quel quartier Sa Hautesse voulait qu'elles fussent dressées, il le fit mettre à mort. Le successeur de ce ministre fut traité de même, pour avoir fait une semblable question. Enfin, un troisième, voulant éviter le sort de ses prédécesseurs, éleva des tentes vers les quatre points cardinaux, et prit, avec la plus grande promptitude, toutes les mesures pour une expédition militaire. Le Sultan, satisfait de ces dispositions, dit alors : « **La mort de deux**

« vézirs a sauvé la vie d'un troisième,
« et m'a procuré un ministre tel qu'il
« me le faut. »

On cite encore de Sultan-Sèlim plusieurs réponses qui peignent la fierté de son caractère. Nous en empruntons une seule aux nombreux récits traditionnels répandus chez les Ottomans : sous Baïezid II, quelques provinces limitrophes de la Perse payaient à cet empire un léger tribut de quelques tapis (*tchoul*). Lorsque Sèlim parvint au trône, les gouverneurs lui demandèrent son intention à ce sujet : « Dites
« aux têtes rouges (*) (*kizilbach*),
« répondit-il, que *le père des vendeurs de tapis* (*tchouldji-babaci*)
« n'est plus, et que *le père des topouz*
« (*masses d'arme*) est à sa place. »

D'un esprit entreprenant, d'une activité dévorante, d'un naturel colère et despotique, Sultan-Sèlim, livré tout entier aux affaires de son empire, avait peu de goût pour les plaisirs du harem et de la table ; mais il aimait passionnément la guerre, la chasse et tous les exercices violents. Il dormait peu, et passait la plus grande partie des nuits à lire ou à composer : poëte distingué, il a laissé un recueil d'odes persanes, turques et arabes. Protecteur des savants et des littérateurs, il les appelait aux plus hauts emplois, lorsqu'il les croyait capables de les remplir. Le légiste Ahmed-Kèmal-Pacha-Zadé le suivit en Égypte en qualité d'historiographe ; Idris l'historien fut chargé de l'organisation administrative du Kurdistan ; le poëte Sati reçut de Sultan-Sèlim deux villages d'un revenu de onze mille cinq cents aspres. C'était payer généreusement une *kaçidè*, dans laquelle ce courtisan avait célébré l'avénement de Sèlim.

Très-jaloux de maintenir l'ordre dans son empire, ce prince avait coutume de se déguiser, et de se promener ainsi au milieu du peuple, pour voir par lui-même s'il ne se passait rien de contraire aux lois. Outre cette surveillance personnelle, il avait de nombreux espions qui lui rendaient compte de tout ce qu'ils voyaient et entendaient. Il punissait les coupables avec d'autant plus de sévérité, que son naturel le poussait à la cruauté et à la tyrannie. Il fit périr ses frères, ses neveux, sept vézirs, un grand nombre de hauts dignitaires ; la mort si prompte de son père Baïezid II est mise au nombre de ses crimes. Il était pourtant d'un commerce agréable pour les savants et pour tous ceux à qui il accordait son amitié. Il montra toujours la plus grande déférence pour le célèbre mufti Djèmali, surnommé *Zembilli-Mufti*, à cause de l'habitude qu'il avait prise de suspendre à sa fenêtre un panier (*zembil*) où l'on venait déposer des questions canoniques, auxquelles il répondait par la même voie. Le courage et l'humanité de Djèmali triomphèrent plusieurs fois de la sévérité de Sèlim. Il fit révoquer la sentence de mort portée contre cent cinquante employés au trésor, dont il obtint non-seulement la grâce, mais encore la réintégration. Quatre cents négociants avaient été condamnés à la peine capitale pour contravention à l'ordonnance qui interdisait le commerce des soies avec la Perse. Le mufti plaida chaudement leur cause ; mais Sèlim lui répondit avec impatience : « Ne te mêle pas des affaires du gou-
« vernement ! » Djèmali, indigné, se retira sans saluer le Sultan, qui, malgré sa colère, finit par faire des réflexions sur la noble résistance du mufti, et pardonna aux coupables. Pour témoigner son estime à Djèmali, il voulut le revêtir des deux plus hautes dignités de la magistrature, et lui écrivit qu'il le nommait juge de Roumilie et d'Anatolie : Djèmali refusa, ayant promis à Dieu, dit-il, de ne ja-

---

(*) *Têtes rouges* est une locution méprisante dont les Ottomans se servent pour désigner les Persans, et qui tire son origine de la coiffure rouge que Haïder, père du Châh-Ismaïl, avait fait adopter à ses partisans, lors des troubles qui éclatèrent en Perse à la mort d'Ouzoum-Haçan, prince de la dynastie du Mouton Blanc. De nos jours encore, les Persans repoussent, comme une insulte, la dénomination de *têtes rouges*.

mais accepter de fonctions politiques. Le Sultan, appréciant les motifs de son refus, lui fit don de cinq cents ducats. Le vertueux mufti fut aussi bien le protecteur des chrétiens que des musulmans. Après le massacre de la secte des chi'is, Sèlim voulut aussi exterminer les chrétiens. Djèmali parvint à obtenir la révocation de cet ordre barbare, en engageant secrètement le patriarche de Constantinople à comparaître devant le Sultan, et à réclamer la promesse de Muhammed-el-Fatyh, qui, lors de la prise de Constantinople, avait assuré aux chrétiens la vie et le libre exercice de leur culte. Le patriarche rappela à Sultan-Sèlim que le Coran défend les conversions par la force et prescrit la tolérance. Le Sultan se rendit à ces raisons, et se contenta de changer en mosquées les églises, et de faire bâtir d'autres temples en bois pour le culte des chrétiens.

Sultan-Sèlim aimait à se mettre avec luxe et élégance : il portait un kaftan richement brodé. Il substitua au bonnet cylindrique de ses prédécesseurs une nouvelle coiffure qui a conservé le nom de *sèlimi* : c'est un bonnet arrondi, entièrement caché sous le châle qui l'entoure de ses plis nombreux ; ce turban ressemble à la couronne (*tadj*) des châhs de Perse, à laquelle Sèlim le comparait.

Ce prince, non moins superstitieux qu'intrépide, dut en partie la confiance avec laquelle il tenta les entreprises les plus hasardeuses à une prédiction singulière qui, suivant quelques historiens, avait été faite à son père Baïezid II, lorsqu'il n'était encore que gouverneur d'Amassia : un derviche se présenta un jour à la porte du palais, et dit à haute voix que l'empire devait se réjouir de la naissance d'un nouveau rejeton de la race ottomane ; que ce prince relèverait l'éclat et la majesté du trône ; que son nom brillerait comme le soleil sur toute la terre ; que son règne serait immortalisé par sept événements remarquables, indiqués par sept taches que l'on trouverait sur le corps du prince. Sélim naquit ce jour même ; on le visita, on vit ou l'on crut voir les sept signes annoncés par le derviche ; et on expliqua dans la suite sa prédiction par les sept faits les plus importants de sa vie.

On lit, dans les mêmes auteurs, une autre anecdote que nous rapportons, sinon comme une vérité historique, du moins comme un exemple de l'esprit superstitieux qui, à cette époque, animait également le souverain et ses sujets : décidé à attaquer Touman-Baï, mais contrarié dans son projet par son conseil, qui ne parlait que de paix, Sultan-Sèlim alla consulter un solitaire fameux dans l'art de la divination. Cet ermite lui prédit qu'il triompherait de son adversaire, et que l'Égypte lui serait soumise. Sèlim, plein de joie, le combla de caresses et de présents ; mais avant de le quitter, poussé par une curiosité indiscrète, il voulut connaître sa destinée et la durée de sa vie. Le vieillard s'en défendit longtemps ; il céda enfin aux instantes prières du Sultan, et lui annonça que son règne ne s'étendrait pas à neuf années complètes, mais qu'il serait rempli d'événements glorieux, qui lui assureraient un rang distingué dans l'histoire. A ces mots Sèlim tomba dans un morne abattement, et poussa de profonds soupirs. Il voulut pourtant connaître aussi l'horoscope du prince Suleïman, son fils : « Il régnera près d'un demi-« siècle, répondit le cheïkh, et se dis-« tinguera également par des actions « éclatantes et des vertus guerrières. « — Ah! reprit Sèlim, en versant des « larmes, si Allah m'eût accordé un « aussi long règne, j'aurais égalé le roi « Salomon (*Suleïman*). »

Malgré les reproches fondés que l'histoire fait à Sèlim, on ne pourrait nier sans injustice ses brillantes qualités et les grandes choses qu'il a accomplies pendant un règne de neuf années. Dans ce court espace de temps, il vainquit le châh de Perse, détruisit la dynastie des mamlouks, conquit l'Égypte, la Syrie, la Mésopotamie et l'Arménie. A ces titres il mérite l'éloge que la célèbre juge Kèmal-Pacha-Zadè, dans une élégie sur la mort de ce monarque, a exprimé par une belle comparaison, familière aux poëtes orientaux : « Il a fait en peu de temps « de grandes choses, et ses lauriers « ont couvert la terre de leur ombre. « Le soleil couchant approche de son « but, l'ombre qu'il projette est im- « mense, mais de courte durée. »

CHAPITRE XII.

SULTAN-SULEIMAN-KHAN Ier, SURNOMMÉ EL-KANOUNI (LE LÉGISLATEUR), FILS DE SULTAN-SÈLIM Ier.

Il existe dans l'histoire quelques époques privilégiées où la nature, ordinairement si avare de grands hommes, semble se plaire à les prodiguer. Sous ce rapport, il n'est point de période comparable au seizième siècle de notre ère, pendant lequel régnèrent en France, François Ier, le roi chevalier, le restaurateur des lettres; en Espagne, son heureux rival, Charles-Quint; en Angleterre, Henri VIII, le réformateur despote; et sur le trône pontifical, le pape Léon X, cet illustre protecteur des arts et des sciences renaissant sous sa pacifique influence, tandis que le czar Vassili-Iwanowitch préparait en Russie les grandeurs futures de ce vaste empire; que Sigismond Ier, dans un long règne de quarante années, consolidait la puissance de la Pologne, et qu'en Orient le fondateur de la dynastie des Sèfis, Châh-Ismaïl, et le plus illustre des Grands Mogols, Châh-Ekber, rivalisaient de gloire avec Sultan-Suleïman, que les historiens chrétiens eux-mêmes ont appelé le *Grand* et le *Magnifique*. Le prince qui éleva l'empire d'Osman au plus haut degré de puissance, qui fit en personne treize campagnes, qui enleva Rhodes aux chevaliers de Jérusalem, conquit Belgrade, soumit le Chirwan, la Géorgie, jeta les fondements d'une marine imposante, et couronna tous ses brillants travaux par la promulgation d'un code qui a si longtemps régi la nation ottomane, et par la construction de monuments d'architecture justement admirés, mérite, à tous ces titres, la renommée qui s'attache à sa mémoire. Sultan-Suleïman, outre son mérite réel, attesté par les grandes choses qu'il effectua pendant un règne de quarante-huit années, avait, aux yeux des superstitieux musulmans, le triple avantage d'être né au commencement d'un siècle (900-1494), ainsi qu'Osman, le chef de sa dynastie; de porter le nom de Suleïman ou Salomon, prince-prophète pour lequel les Orientaux ont la plus grande vénération, et d'être le dixième sultan ottoman. Le nombre *dix* est considéré chez ces peuples comme le plus parfait; ils établissent sa supériorité sur diverses raisons aussi bizarres et puériles les unes que les autres. Aussi l'avénement de Sultan-Suleïman excita-t-il le plus grand enthousiasme parmi ses sujets; ils crurent voir en lui un favori du ciel, et le prestige qui l'environnait à leurs yeux, les prépara aux merveilles qui illustrèrent son règne, et qui lui valurent, de la part de son peuple, outre le surnom de *Législateur* (Kanouni), celui de *Dominateur de son siècle* (Sahyb-Kyran).

Dès que Suleïman eut reçu à Magnésie le message de Piri-Pacha, qui lui annonçait la mort de Sultan-Sèlim, il partit en toute hâte, et arriva le 16 chewwal 926 (30 septembre 1520) au nouveau sérail. Le lendemain eut lieu la cérémonie du baise-main, et celle de l'inhumation du corps du dernier sultan. Suleïman, vêtu de noir, suivit à pied le cercueil, porté par les pachas, jusque sur la colline qui dominait le palais du patriarche grec. Une mosquée, un mèdrècè et une école, élevés par les ordres de Sultan-Suleïman, désignèrent l'emplacement où furent déposés les restes mortels de Sultan-Sèlim. Le troisième jour, les janissaires reçurent le présent d'avénement; diverses promotions eurent lieu parmi les chefs qui avaient suivi Suleïman à Magnésie, et son précepteur Kaçim-Pacha fut nommé vézir.

Les premiers actes de Sultan-Suleiman furent des traits de clémence ou de justice : six cents prisonniers égyptiens reçurent leur liberté; les négociants en soie dont les marchandises avaient été saisies par ordre de Sélim, furent dédommagés par une distribution d'un million d'aspres; des silihdars coupables de quelques désordres furent mis à mort, un aga fut destitué; et le capoudan Dja'fer-Beï, renommé par sa cruauté, fut mis en accusation et condamné à être pendu. C'est ainsi que le Sultan mit en pratique ces deux versets du Coran : *Dieu commande la justice et la bienfaisance. Prononce avec justice entre deux hommes, et ne suis pas ton bon plaisir.*

Quelques jours après, Sultan-Suleïman annonçait son avénement au khan de Crimée, au chérif de la Mecque, à Khaïr-Baï, gouverneur de l'Égypte, et aux autres gouverneurs d'Europe et d'Asie. Djanberdi-Ghazali, qui commandait en Syrie, fut le seul qui refusa de prêter hommage au nouveau sultan. L'ancien émir mamlouk, après avoir trahi l'avant-dernier monarque égyptien Kansou-Ghawri, avait reçu de Sultan-Sélim le gouvernement de la Syrie; la mort de ce prince lui parut une occasion favorable pour secouer le joug ottoman; il chercha en même temps à entraîner dans sa révolte les Druzes, les Arabes et le gouverneur d'Égypte. Khaïr-Baï lui conseilla de s'emparer d'Alep et de toute la Syrie, et envoya au Sultan la lettre de Ghazali. Ce dernier s'avança avec vingt-trois mille hommes, et mit le siége devant Alep. Karadja-Pacha y commandait : sa vigoureuse résistance donna le temps à Ferhad-Pacha de porter des secours à cette place, d'où Ghazali fut forcé de s'éloigner. Il retourne à Damas, invite à un grand festin la garnison, composée de cinq mille janissaires, et, craignant d'en être trahi, la fait massacrer tout entière. Il vient ensuite au-devant des troupes ottomanes commandées par Ferhad-Pacha et Chèhsouwar-Oghlou : le combat s'engage le 17 safer 927 (27 janvier 1521) sur la place Mastabè; le rebelle est vaincu, et paye de sa tête sa révolte.

Après cette victoire, le Sultan nomma au gouvernement d'Alep Aïas-Pacha, beiler-beï d'Anatolie, et envoya Ferhad-Pacha aux environs de Kaïçariïè pour surveiller l'armée de Châh-Ismaïl, qui s'était rapprochée des frontières. Dans la joie que lui causa la victoire de Mastabè, Sultan-Suleïman voulait envoyer la tête de Ghazali au doge de Venise; mais le baile de la république parvint à lui persuader que ce singulier gage d'amitié serait peu agréable à des chrétiens.

A cette même époque, le Sultan reçut la nouvelle que son ambassadeur Behram-Tchaouch, envoyé auprès du roi de Hongrie pour en réclamer un tribut, avait été mis à mort. Aussitôt Suleïman prend toutes les mesures nécessaires, et se dispose à tirer vengeance de cette insulte. Ahmed-Pacha se rend à Ipsala avec quinze mille Azabs; quarante galiottes sont armées, et cent pièces de canon envoyées au camp; le Sultan s'y rendit bientôt lui-même, et ouvrit en personne sa première campagne. A peine Sultan-Suleïman s'était-il mis en route, qu'il fut rejoint par Ferhad-Pacha, qui lui amenait plusieurs milliers de chameaux chargés de munitions de guerre. Dix mille charges d'orge et de farine furent fournies par les raïas des sandjaks de Widdin, de Semendria, de Sofia et d'Aladja-Hyssar. Ahmed-Pacha, beïlerbeï de Roumilie, assiégea Sabacz, Piri-Pacha investit Belgrade, et Muhammed-Mikhal-Oghlou ravagea la Transylvanie, tandis qu'Omar-Beï-Oghlou, à la tête d'une division d'Ekindjis, marchait en éclaireur en avant de l'armée. Malgré l'héroïque défense de la petite garnison de Sabacz, commandée par le brave Simon Logodi, cette place succomba le 2 cha'ban (8 juillet). Le Sultan, en arrivant dans la ville conquise, passa au milieu d'une haie de têtes de Hongrois qu'Ahmed-Pacha avait fait placer sur des pieux le long de la route. Suleïman demeura neuf jours dans Sabacz, pendant lesquels il fit augmenter les fortifications et construire un pont sur la Save. Dans cet intervalle, Semlin succomba sous les efforts du grand vézir, et plusieurs villes se rendirent à Bali-Beï. Le Sultan marcha ensuite sur Belgrade, bloquée depuis un mois. La présence du souverain changea le blocus en siége; et enfin, après plus de vingt assauts, ce boulevard de la Hongrie, qui avait résisté à tous les efforts des sultans prédécesseurs de Suleïman, fut emporté le 25 ramazan 927 (29 août 1521). Le lendemain, ce prince se rendit à la cathédrale, et la convertit en mosquée en y faisant la prière du vendredi. Il distribua ensuite de l'argent aux troupes, régla l'administration de la ville, pourvut à sa défense en y plaçant deux cents canons; et, après avoir annoncé officiellement cette importante conquête à tous les juges et gouverneurs de son empire, et au doge de Venise, il retourna à Constantinople, où il fut reçu en triomphe, aux acclamations de la population tout entière accourue au-devant du vainqueur.

Tandis que la fortune semblait sourire à Sultan-Suleïman, des malheurs privés venaient empoisonner les joies du triomphe : dans l'espace de dix jours, trois de ses enfants moururent, et furent ensevelis auprès du turbè de Sultan-Sèlim Ier.

A la suite des brillants succès du Sultan, la Russie, Venise et Raguse, s'empressèrent de lui envoyer des ambassadeurs pour le féliciter. Le czar de Russie, Vassili, sentant toute l'importance d'une alliance avec la Porte, essaya de conclure un pacte offensif et défensif entre les deux empires; mais son envoyé, Jean Morosof, ne put y parvenir. Venise fut plus heureuse : un traité qui assurait la liberté du commerce et plusieurs autres avantages pour cette république fut signé le 1er muharrem 928 (1er décembre 1521). Venise, en compensation des avantages qui résultaient pour elle de ce traité, s'engagea à payer deux tributs annuels pour la possession des îles de Zante et de Chypre. Enfin les Ragusais obtinrent l'exemption des droits de péage dans les ports et les places marchandes de l'empire, et en outre la permission d'y acheter du blé pour leurs besoins.

Après avoir passé l'hiver à faire fortifier les frontières de la Hongrie et à se créer une marine, Sultan-Suleïman crut les circonstances propices à une entreprise qu'il méditait depuis longtemps, la conquête de Rhodes. Suleïman était flatté de l'idée de triompher là où son aïeul Muhammed-el-Fatyh avait vu pâlir son étoile de conquérant. A ce désir d'illustration se joignait la pensée toute politique de s'assurer la navigation de la Méditerranée, et d'établir une communication entre l'Égypte et Constantinople; enfin ces motifs étaient renforcés par d'autres non moins puissants sur l'esprit d'un musulman : la délivrance des sectateurs de Mahomet gémissant dans les fers des chrétiens, et la sûreté des pèlerins se rendant par mer en Syrie pour gagner ensuite la Mecque. Jamais peut-être la situation de l'Europe n'avait offert des chances aussi favorables à l'accomplissement des projets du Sultan : deux des plus grands princes de l'Occident, François Ier et Charles-Quint, épuisaient leurs forces dans leurs longues querelles; le pape Léon X, ennemi naturel des mahometans, était engagé dans sa lutte avec l'hérésie, personnifiée dans le moine Luther; enfin le sceptre de la Hongrie était aux mains d'un enfant (Louis II). Le Sultan n'hésita donc plus à commencer l'exécution d'un projet qui souriait à son ambition; mais, pour se conformer aux prescriptions du Coran, il envoya au grand maître de Rhodes une sommation dans laquelle il faisait serment par Mahomet, par les cent vingt-quatre mille prophètes, et par les quatre *mashafs* (livres saints) envoyés du ciel (*le Pentateuque*, *les Psaumes*, *l'Évangile et le Coran*), de respecter la liberté et les biens des chevaliers, s'ils se rendaient volontairement. Après avoir accompli cette formalité, Sultan-Suleïman se mit en route le 21 redjeb 928 (16 juin 1522), avec une armée de cent mille hommes; et le surlendemain, une flotte de trois cents voiles appareilla de Constantinople; elle avait à bord dix mille soldats, sous les ordres du sèrasker Moustapha-Pacha : elle arriva devant Rhodes le jour de la Saint-Jean, et mit un mois entier à débarquer les troupes et le matériel, en attendant l'arrivée du Sultan, qui n'eut lieu que le 4 ramazan (28 juillet). Le 1ᵉʳ août la tranchée fut ouverte : tout ce mois se passa en travaux de mines et contre-mines, et en combats partiels, dans lesquels les chrétiens eurent souvent l'avantage. Le 24 septembre, des hérauts parcoururent le camp ottoman depuis midi jusqu'à minuit, en répétant à haute voix : « Demain, il y « aura assaut; la pierre et le territoire « sont au padichâh ; le sang et les « biens des habitants sont aux vain- « queurs. » Le lendemain, l'attaque commença au point du jour. Après une lutte terrible, dans laquelle les femmes mêmes de Rhodes déployèrent un courage inouï, les Ottomans furent repoussés avec une perte de quinze mille hommes. Plus de deux mois se passèrent en assauts meurtriers et répétés, qui, tout en préparant le triomphe des Ottomans, leur causèrent des pertes énormes, qu'ils évaluaient eux-mêmes au moins à cent mille hommes, dont plus de soixante-quatre mille périrent en combattant, et le reste fut emporté par les maladies. Le 10 septembre, le Sultan offrit aux chevaliers une capitulation honorable; ils refusèrent, et les travaux du siége recommencèrent avec ardeur; enfin le 2 safer (21 décembre) le grand maître Villiers de l'Ile-Adam, réduit à la dernière extrémité, se décida à se rendre. Un traité fut conclu, par lequel le Sultan s'engageait à faire retirer son armée à un mille de Rhodes, à respecter les églises, et à fournir aux chevaliers des navires pour quitter l'île dans un délai de douze jours. L'indiscipline des janissaires empêcha Suleïman de tenir sa parole : ils forcèrent une des portes de la ville, pillèrent plusieurs maisons et profanèrent les églises. C'est le jour de Noël qu'eut lieu la prise de Rhodes, après un siége de cinq mois de durée, pendant lequel les chrétiens avaient tiré *quatre mille quatre cent seize coups* de canon.

Une entrevue entre le Sultan et le grand maître donna occasion au premier de déployer les sentiments élevés qui le distinguaient. Il prodigua au vénérable Villiers de l'Ile-Adam les consolations et les paroles affectueuses, le fit revêtir d'un kaftan d'honneur, lui promit la liberté; et lorsque, quelques jours plus tard, le grand maître, avant de quitter Rhodes, vint baiser la main du Sultan et lui offrir quatre vases d'or, Suleïman attendri dit à son favori Ibrahim : « Ce n'est pas sans en être « peiné moi-même que je force ce chré- « tien à abandonner dans sa vieillesse « sa maison et ses biens. »

Le Sultan, après avoir fait la prière publique du vendredi dans l'église de Saint-Jean, s'embarqua pour Constantinople, où il arriva un mois plus tard. Des lettres de victoire furent expédiées officiellement aux puissances chrétiennes. Venise y répondit par des protestations amicales, et le châh de Perse complimenta en même temps le Grand Seigneur de son avénement au trône et de la prise de Rhodes.

Cette importante conquête jeta un éclat extraordinaire sur la seconde campagne de Suleïman, et le plaça dès lors au rang des plus grands hommes de guerre de son époque. La résistance héroïque des chevaliers et du grand maître, dont la renommée répéta partout les brillants exploits, ne servit qu'à rehausser encore le triomphe du vainqueur. Toutes les petites îles voisines de Rhodes, telles que Leros, Kos, Symia, etc., entraînées par sa chute, se soumirent au joug ottoman.

A cette époque, le grand vézir Piri-Pacha fut déposé : Ahmed-Pacha, qui aspirait à le remplacer, et dont les calomnies avaient provoqué la disgrâce de son rival, ne jouit pas du fruit de son intrigue. Le Sultan nomma à la première dignité de l'empire son favori Ibrahim, l'un des principaux officiers de son palais, qui fut promu en même temps au grade de beïler-beï de Roumilie. Jamais ministre ne jouit auprès d'un monarque ottoman de la faveur inouïe que le nouveau vézir conserva sans nuages pendant treize années. Ibrahim, fils d'un matelot de Parga, avait été enlevé, fort jeune encore, par des corsaires ottomans, qui le vendirent à une veuve des environs de Magnésie. Violon habile, d'un extérieur charmant, d'un esprit vif et gai, Ibrahim relevait ces dons naturels par une grande recherche dans ses vêtements et une éducation soignée. Suleīman, avant de succéder à Sultan-Sèlim, avait rencontré le jeune esclave; séduit par ses talents et ses grâces, il l'admit dans son intimité, et ne put, dès cet instant, se passer de son favori. En montant sur le trône, il le nomma chef des pages et des fauconniers, lui donna plus tard la princesse sa sœur en mariage, le créa sèrasker de ses armées, partagea avec lui la toute-puissance, et le traita comme un frère, jusqu'au moment où l'esclave, enivré de sa haute fortune, oublia les bienfaits de son maître et le força à le sacrifier, ainsi que nous le raconterons en détail à mesure que ces divers faits se présenteront dans notre récit.

Le second vézir, Ahmed-Pacha, homme violent et ambitieux, ne put supporter le triomphe d'Ibrahim, et, pour ne pas en être plus longtemps le témoin, sollicita le gouvernement d'Égypte, qui lui fut accordé.

Pendant le siège de Rhodes, le Sultan avait appris la mort de Khaïr-Baï, gouverneur de l'Égypte (le 1er zilhidjé, 22 octobre), qui lui avait dévoilé dans le temps la trahison de Ghazali. Moustapha-Pacha, successeur de Khaïr-Baï, fut remplacé à son tour par Guzeldjè-Kaçim (le beau Kaçim), qui céda enfin son gouvernement à Ahmed-Pacha. Ce dernier, irrité de s'être vu enlever le grand vézirat, voulut s'en venger en usurpant la souveraineté de l'Égypte. Possesseur des immenses richesses qu'avait laissées Khaïr-Baï, il parvint à corrompre les mamlouks, mais ne put ébranler la fidélité des janissaires. Il dévoila alors ses projets, assiégea la citadelle du Caire, y pénétra avec ses troupes par un souterrain inconnu aux assiégés, et massacra par surprise la garnison. Ahmed-Pacha, fier de son succès, prit le titre de Sultan, et s'en arrogea les droits. Il s'empara du vaisseau qui amenait Kara-Mouça nommé pour le remplacer, et le tchaouch, porteur du ferman qui annonçait la destitution. L'un et l'autre furent mis à mort. Enfin Ahmed-Pacha, trahi par son propre vézir Muhammed-Beï, s'enfuit chez les Arabes Bèni-Bakar: livré par le cheïkh Kharich, il fut décapité, et sa tête envoyée à Constantinople. Kaçim-Pacha fut investi une seconde fois du gouvernement de l'Égypte, et Muhammed-Beï nommé intendant général.

C'est vers cette époque (redjeb 930, 22 mai 1524) que le Sultan accorda la main de sa sœur à Ibrahim-Pacha, et célébra le mariage de son favori avec une pompe extraordinaire. Les fêtes durèrent sept jours: le defterdar Moustapha-Tchélebi, remplissant l'office d'échanson, offrit au Sultan du sorbet dans une coupe faite d'une seule turquoise; des danses, des courses, des luttes, des tirs à l'arc, des réjouissances de tout genre, auxquelles assista le Sultan, témoignèrent de la haute faveur dont jouissait Ibrahim auprès de son maître. C'est au milieu des joies de ces fêtes (le 22 redjeb, 28 mai) que naquit Sèlim, successeur de Sultan-Suleïman.

Des différends étaient survenus entre le gouverneur de l'Égypte et son intendant: Ibrahim-Pacha partit, quatre mois après son mariage, pour rétablir l'ordre dans cette province. Par une distinction dont on ne trouve pas un second exemple dans l'histoire ottomane, le Sultan accompagna son grand vézir jusqu'aux îles des Princes, et ne le quitta qu'après lui avoir fait les adieux les plus tendres. Arrivé au Caire, Ibrahim y fit son entrée avec une magnificence digne d'un souverain. Son cortége se composait de cinq mille mamlouks, sipahis et janissaires, vêtus avec le plus grand luxe. Ses pages portaient des bonnets et des habillements d'étoffes d'or; les harnais valaient plus de cent cinquante mille ducats, et sortaient des écuries du Grand Seigneur. Le séjour d'**Ibrahim** en Égypte y rétablit l'ordre : pendant trois mois il ne s'occupa que des moyens d'améliorer l'administration du pays et de faire justice à tous. Sur une lettre du Sultan, qui ne pouvait se passer de son favori, Ibrahim quitta l'Égypte après en avoir confié l'administration à Suleïman-Pacha, beïlerbeï de Syrie. A sa rentrée à Constantinople, les vézirs et les gardes du corps vinrent au-devant de lui, et lui présentèrent, de la part du Sultan, un superbe cheval arabe, dont les harnais seuls, étincelants de pierreries, valaient deux cent mille ducats : le puissant sujet offrit en retour à son souverain un magnifique bonnet du même prix.

Pendant le séjour d'Ibrahim-Pacha en Égypte, Sultan-Suleïman donna des preuves de son inflexible justice envers les agents de son pouvoir. Ferhad-Pacha, à qui ses cruautés et ses exactions avaient fait retirer le gouvernement de Zoulkadriïë, se livra, dans son nouveau sandjak de Semendria, à des concussions et des injustices si graves, que le Sultan le condamna à mort, sans égard à la parenté que le mariage du ministre avec la sœur même du Sultan établissait entre le monarque et son sujet. A peu près à la même époque, Khourrem-Pacha, gouverneur de Syrie, fut destitué, et remplacé par le kapoudan-pacha Suleïman. Mais après avoir pris ces mesures vigoureuses, le Sultan, que l'actif Ibrahim-Pacha ne stimulait plus, s'adonna avec passion à la chasse, et négligea les affaires de l'empire. Une émeute de janissaires vint tirer Suleïman de son apathie : les palais d'Ibrahim, du defterdar, d'Aïas-Pacha, le quartier des Juifs et la douane furent pillés par les séditieux : le Sultan retourna à Constantinople, où sa présence ne put rétablir le calme ; dans sa colère, il tua de sa main trois janissaires, et fut obligé de se retirer devant l'audace de leurs compagnons, qui déjà dirigeaient leurs flèches contre lui. Une distribution de mille ducats put seule apaiser la rébellion. L'aga des janissaires Moustapha et quelques autres chefs payèrent de leur tête la révolte de leurs subordonnés. C'est à cette époque que le Sultan, ayant rappelé d'Égypte son favori Ibrahim-Pacha, employa l'hiver en préparatifs de guerre : on ne sut d'abord contre quelle puissance ils étaient dirigés : Venise et la France étaient en paix avec la Porte. François Ier avait écrit au Sultan, en le pressant de s'emparer de la Hongrie, afin de porter de ce côté l'attention de Charles-Quint. Ce dernier pays et la Perse, tous deux voisins redoutables de la Turquie, n'avaient pas cessé d'être en hostilités avec cet empire. Châh-Tahmasp, successeur de Châh-Ismaïl, avait dédaigné d'annoncer son avénement à Sultan-Suleïman ; celui-ci, au lieu des félicitations d'usage, écrivit au monarque persan une lettre de menaces et d'injures, où il lui annonçait qu'il dirigeait vers lui *ses rênes victorieuses*, et que, *se cachât-il sous la poussière comme une fourmi, ou s'envolât-il dans les airs comme un oiseau, il le poursuivrait, l'atteindrait, et purgerait le monde de son ignominieuse présence*. Après de telles menaces, confirmées encore par la mise à mort de tous les Persans retenus prisonniers à Gallipoli, la guerre avec la Perse semblait imminente ; cependant ce n'est point vers cet empire que le Sultan dirigea ses forces : le 11 redjeb 932 (23 avril 1526), il partit de Constantinople avec une armée de plus de cent mille hommes et une formidable artillerie, que les historiens orientaux évaluent à trois cents bouches à feu. A ce présage presque infaillible de victoire, l'esprit superstitieux des Ottomans en ajoutait un second, non moins encourageant pour eux : le 11 redjeb était un lundi, jour regardé par les musulmans comme très-heureux, et surtout favorable aux voyages, par la raison que Mahomet le prophète, et d'autres personnages célèbres de l'islamisme, commencèrent le lundi les deux grands voyages de l'homme, la vie et la mort. En outre, le lundi répondait à la fête de *Khyzr*, nom turc de saint George, qui préside à la naissance de la verdure dans les champs, époque où les sultans se rendent dans leur résidence d'été, et où les chevaux des écuries impériales sont menés solennellement aux pâturages.

Pendant que le principal corps d'armée, sous la conduite du Sultan, se dirigeait sur Belgrade, Ibrahim-Pacha s'emparait, après un siége de quarante-huit heures seulement, de la ville de Peterwardein, et forçait la citadelle au bout de douze jours. A peu près en même temps, les beïs bosniaques soumettaient tous les châteaux forts de Syrmie. L'armée longe ensuite le Danube, assiége Illok, qui se rend le septième jour, et, continuant sa marche, passe la Drave sur un pont volant, pille et brûle Essek, et arrive enfin dans la plaine de Mohacz, près du bourg de ce nom. Là, Sultan-Suleïman arrête, de concert avec Ibrahim-Pacha, le plan de la bataille; mais, avant de la livrer, il lève les mains au ciel, et s'écrie : « O Allah ! en toi sont « la force et la puissance ! en toi l'aide « et la protection ! secours le peuple « de Mahomet ! » Cette prière fait passer dans tous les rangs un religieux enthousiasme : en ce moment les Hongrois s'élancent avec furie et enfoncent la première ligne des Ottomans; mais deux corps d'ekindjis, qui avaient tourné l'ennemi, fondent sur lui en même temps, et, par cette double attaque, lui font perdre l'avantage qu'il avait remporté. Un second corps d'armée hongrois, commandé par le roi Louis en personne, dispute encore chaudement la victoire aux musulmans : trente-cinq chevaliers pénètrent jusqu'au poste qu'occupait le Sultan, et tuent plusieurs de ses gardes; Suleïman lui-même court le plus grand danger d'être pris ou de perdre la vie. Les flèches, les lances s'émoussent sur sa cuirasse. Dans ce péril imminent, l'artillerie, que le Sultan avait gardée pour sa dernière ressource, fut tout à coup démasquée; une décharge presqu'à bout portant causa le plus affreux désordre parmi les chrétiens : ceux qui échappèrent aux boulets s'enfuirent dans toutes les directions. Le roi Louis se noya avec une partie des siens dans les vastes marais qui s'étendent au-dessous du bourg de Mohacz. Cette sanglante bataille n'avait pas duré deux heures : elle décida du sort de la Hongrie. Vingt-cinq mille cadavres restèrent sur le champ de bataille, et deux mille têtes furent élevées en pyramides devant la tente impériale. Après avoir brûlé le bourg de Mohacz et massacré tous les prisonniers, à l'exception des femmes, l'armée partit pour Bude, où elle arriva le 3 zilhidjè 933 (10 septembre 1526). Une députation des habitants était venue jusqu'à Földwar offrir au Sultan les clefs de la ville; Suleïman, satisfait de leur soumission, donna l'ordre de respecter leur vie et leurs biens; il passa deux jours à visiter la capitale de la Hongrie, fit jeter un pont sur le Danube, et partit pour Pesth, où il reçut les hommages des nobles hongrois, à qui il promit pour roi un de leurs compatriotes, Jean Zapolya. Cent mille esclaves, le trésor royal et la belle bibliothèque de Mathias Corvin, tels furent les fruits de cette expédition, outre le butin immense que firent les vainqueurs en parcourant ce malheureux pays, que le pillage et les exactions changèrent en désert. Exaltés par le désespoir, les vaincus défendirent avec la plus grande énergie leur sol et leurs foyers. L'heiduque Michel Nagy sauva la forteresse de Gran. Au château de Moroth un combat opiniâtre eut lieu; les Hongrois, malgré leur héroïque résistance, y furent taillés en pièces, mais non sans avoir fait payer cher aux Ottomans leur victoire. A Bacz, le siége d'une église les arrêta un jour tout entier; et enfin, entre ce dernier bourg et Peterwardein, la prise d'un camp fortifié, où s'étaient retirés plusieurs milliers de chrétiens, coûta plus aux musulmans que la conquête de tous les forts de la Hongrie. Mais si les vainqueurs éprouvèrent des pertes énormes, celles des vaincus furent plus grandes encore : on évalue à deux cent mille environ le nombre de Hongrois qui périrent dans cette campagne.

Le 17 safer 933 (23 novembre 1526),

Sultan-Suleïman rentra à Constantinople, d'où il était parti depuis sept mois. La place de l'Hippodrome fut ornée, au grand scandale des bons mahométans, de trois belles statues, enlevées par Ibrahim-Pacha du château de Bude. Cette violation de la loi du Prophète, qui interdit formellement la représentation de toute figure humaine, souleva contre le vézir le fanatisme religieux. Il courut à cette occasion un distique de Fighani, dans lequel il disait que le premier Ibrahim (Abraham) avait détruit les idoles et que le second les rétablissait. Le poëte paya de sa tête cette mordante épigramme, si bien faite pour irriter les opinions religieuses des musulmans.

Tandis que Sultan-Suleïman triomphait en Europe, une révolte éclatait dans l'Asie Mineure. Quarante-deux jours après la bataille de Mohacz, le Sultan, en repassant le Danube, avait appris l'insurrection des Turcomans de la Cilicie (*Itch-Yil*). Les vexations exercées par le juge Muslyh-uddin et le greffier Muhammed dans l'opération du cadastre avaient exaspéré les habitants. Dans ces circonstances, un vieux Turcoman s'étant plaint de la surtaxe de son champ, fut condamné à avoir la barbe coupée : cet affront le plus grave que l'on puisse infliger à un homme libre, détermina l'explosion de la haine qui fermentait sourdement dans les cœurs. Moustapha, sandjak-beï d'Itch-Yil, le juge et le greffier, furent les premières victimes de la vengeance populaire. Les rebelles remportèrent deux avantages successifs, d'abord contre le beïler-beï de Karamanie et le fils d'Iskender-Beï, qui perdirent la vie avec la bataille; ensuite sur Huceïn-Pacha, beïler-beï de Roum, qui eut le même sort que les deux premiers. Enfin Khosrew-Pacha, gouverneur du Diarbékir, parvint à étouffer l'insurrection; mais à peine était-elle apaisée sur un point qu'elle renaissait dans Tarsous et Adana. Piri-Beï, gouverneur de cette dernière ville, rétablit l'ordre par des mesures sages et vigoureuses.

L'année suivante, une nouvelle insurrection plus sérieuse éclata en Karamanie; Kalender-Oghlou, descendant du cheïkh Hadji-Bektach, se mit à la tête d'un grand nombre de derviches, d'abdals, de kalenders, et parvint à soulever une partie du peuple. Plusieurs affaires successives eurent lieu avec des avantages alternatifs; enfin Kalender-Oghlou, ayant complétement battu Behram-Pacha, beïler-beï d'Anatolie, auquel s'étaient réunis les gouverneurs de la Karamanie et d'Alep, le grand vézir résolut de mettre un terme à la rébellion. Ibrahim s'avança jusqu'à Elbistan avec trois mille janissaires et deux mille sipahis, et, après avoir eu l'adresse de détacher de la cause de Kalender-Oghlou les tribus Tchitcheklu, Aktché-Koïounlu, Masdlu et Bozoklu, il attaqua les insurgés réduits à leurs seules forces, et les anéantit sans peine. La tête de Kalender-Oghlou, et celle de Wéli-Dumdar, autre chef de la révolte, furent apportées au grand vézir. Ibrahim-Pacha voulut d'abord punir le beïler-beï d'Anatolie et les beïs de l'Asie Mineure, qui s'étaient laissé vaincre à Tokat par des derviches et des misérables à demi-nus; mais il se laissa fléchir par les paroles de Muhammed-Beï, gouverneur d'Itch-Yil, qui, en offrant sa tête en expiation de ces revers, les attribua à la folle présomption qui avait fait négliger, avant la bataille, d'implorer l'aide de Dieu et de consulter l'expérience des vieillards.

A tous ces troubles politiques succéda une agitation religieuse causée par les prédications publiques d'un membre du corps des oulémas, nommé Kabiz, qui soutenait la prééminence de la loi de Jésus-Christ sur celle de Mahomet. Amené devant les kazi-askers de Roumilie et d'Anatolie, le novateur établit avec force son opinion par le parallèle du Coran et de l'Évangile. Ses juges, irrités de ne pouvoir réfuter ses arguments, coupèrent court à la discussion en le condamnant à mort, et accompagnèrent ce jugement de mille injures contre l'hérésiarque. Le grand vézir, indigné de cette procédure inique, prit la parole, et dit d'un ton sévère aux magistrats que la violence n'était pas l'arme dont devaient se servir des oulémas; que la doctrine et la loi devaient seules confondre le coupable, qui ne pouvait être condamné à mort qu'après avoir été juridiquement convaincu de son crime. En conséquence, Ibrahim-Pacha renvoya l'accusé de la plainte portée contre lui. Le Sultan, qui avait assisté au divan, caché derrière la jalousie mystérieuse placée au-dessus du siége du grand vézir, entra alors dans la salle, et ordonna que l'affaire fût portée devant le mufti Kèmal-Pacha-Zadè Chems-uddin-Ahmed-Effendi, et l'Istambol-Kadicy (juge de Constantinople) Sèad-uddin-Effendi. Ces deux savants magistrats tâchèrent vainement d'ébranler Kabiz; il fut ferme dans ses convictions, et préféra la mort au désaveu de ses principes. Un édit publié à cette occasion défendit, sous peine de la vie, de donner, même dans une simple discussion, la préférence à la doctrine de Jésus-Christ sur celle de Mahomet.

Peu de temps après la condamnation de Kabiz, la maison d'un musulman fut attaquée par des malfaiteurs qui mirent à mort tous ceux qui l'habitaient, et s'emparèrent de l'argent et des effets. Des Albanais furent soupçonnés de ce meurtre; et comme les auteurs n'en étaient pas connus individuellement, le Sultan ordonna d'arrêter et d'exécuter tous ceux de cette nation qui se trouvaient à Constantinople : huit cents de ces malheureux expièrent le crime de quelques-uns de leurs compatriotes. Pendant cette sévère exécution, le rebelle Sidi battait, près d'Azir, le sandjak-beï Ahmed, et, après avoir brûlé Aïas et ravagé le district de Birindi, se réunissait à un autre chef de révoltés appelé Indjir, et assiégeait le fort de Sis. Piri-Beï sauva la citadelle, soumit les insurgés, fit leurs chefs prisonniers et envoya leurs têtes au Sultan. Sidi seul fut épargné, mais ce fut pour subir plus tard le trépas ignominieux réservé aux malfaiteurs : amené vivant à Constantinople, il y fut pendu par ordre de Suleïman.

Pendant le mois de cha'ban 934 (mai 1528), le molla et le kadi d'Alep, victimes d'une émeute populaire, furent massacrés dans la mosquée, au moment de la prière du matin. A la réception de cette nouvelle, le Sultan, révolté d'un tel sacrilége, ordonna, dans un premier mouvement, de passer tous les habitants d'Alep au fil de l'épée. Mais Ibrahim-Pacha usa de son ascendant sur son maître pour lui faire révoquer cet ordre cruel; les chefs seuls de l'émeute furent punis de mort; les autres coupables furent exilés à Rhodes. Le Sultan, dans son impartiale justice, après avoir châtié la révolte, voulut aussi frapper les grands dont la conduite odieuse soulevait les haines populaires. Convaincus de malversations, sept fonctionnaires du sandjak de Scutari, et le gouverneur Bali-Beï lui-même furent condamnés au supplice de la corde, et exécutés par deux tchaouchs envoyés de Constantinople.

Cette même année (934-1528) fut signalée par la conquête de diverses forteresses en Esclavonie, en Bosnie et en Croâtie, et par les ambassades de Jean Zapolya, et de Ferdinand, frère de Charles-Quint, qui lui avait cédé la souveraineté de la Hongrie et de l'Autriche. Les deux prétendants au trône se rencontrèrent dans la plaine de Tokaï : Zapolya fut vaincu. Alors ce prince implora le secours de son beau-père Sigismond, roi de Pologne, et envoya, dans le même but, un ambassadeur au Sultan. Jérôme Lasczky, palatin de Siradie, chargé de cette mission difficile, parvint, par son adresse et son activité, à conclure un traité d'alliance entre la Hongrie et la Porte. L'adroit négociateur reçut, à son audience de congé, quatre vêtements d'honneur et dix mille aspres.

Ferdinand, ayant appris le résultat de l'ambassade de son concurrent, adressa à son tour des plénipotentiaires au Sultan; mais le Grand Seigneur, s'irritant des réclamations exagérées de Ferdinand et de l'orgueil de ses envoyés, les retint captifs pendant neuf mois. En leur rendant la liberté, il leur adressa ces paroles ironiques:

« Votre maître n'a pas eu encore avec
« nous des rapports d'amitié et de
« voisinage, mais il en aura bientôt.
« Dites-lui que j'irai le trouver avec
« toutes mes forces, et que je lui don-
« nerai moi-même ce qu'il demande.
« Qu'il se prépare donc à notre visite. »

Trois jours avant de donner aux ambassadeurs autrichiens leur audience de congé, Suleïman avait nommé Ibrahim-Pacha sèrasker de toutes les armées ottomanes, et lui avait assigné trois millions d'aspres de traitement annuel. Il lui fit présent à cette occasion de trois pelisses d'honneur et de neuf chevaux, dont un portait un arc, des flèches, et un sabre enrichi de pierres précieuses. Le grand vézir reçut encore six queues de cheval, deux étendards rouges, deux rayés, et trois blanc, vert et jaune.

Le 10 mai 1529, une armée de deux cent cinquante mille hommes partit de Constantinople sous les ordres du Sultan; elle amenait avec elle trois cents bouches à feu. Un camp est établi dans une vaste plaine près de Filibè (Philippopolis); mais les pluies ayant fait déborder la Marizza, toutes les positions des Ottomans furent inondées; un grand nombre de soldats se noyèrent, d'autres se réfugièrent sur les arbres qui s'élevaient au-dessus des eaux, et y passèrent deux jours et deux nuits. Enfin, après une marche des plus pénibles, l'armée parvint à gagner Mohacz, où Zapolya vint rendre hommage au Sultan. La réception du roi de Hongrie se fit avec la plus grande solennité : Suleïman était assis sur son trône; derrière lui étaient les janissaires; à droite, les troupes de Roumilie et les sipahis; à gauche, les silihdars et l'armée d'Anatolie; plus loin, on voyait les écuyers, les fourriers, les solaks (gardes du corps) et les agas de la cour et de l'armée : enfin la tente était gardée à l'extérieur par une haie de janissaires. Lorsque Zapolya se présenta, le Sultan se leva, fit trois pas, lui présenta la main, que le prince baisa, et le fit asseoir à la droite du trône. Zapolya, en prenant congé de Suleïman, reçut en présent quatre riches kaftans et trois superbes chevaux revêtus de housses d'or.

Bude était tombée de nouveau au pouvoir de Ferdinand. Le Sultan vint mettre le siège devant cette ville, qui se rendit au bout de six jours et sans attendre même l'ouverture de la brèche. La garnison eut la permission de se retirer en toute sûreté avec armes et bagages; mais les janissaires, trompés dans l'espoir du pillage qu'ils attendaient, insultèrent les vaincus et leur reprochèrent leur lâcheté. Un soldat allemand ne put supporter cet affront, et passa son épée au travers du corps d'un janissaire. Furieux à cette vue, ses compagnons d'armes se jettent sur la garnison et la massacrent presque tout entière, sans égard à la capitulation; quelques soldats seulement parvinrent à s'échapper.

Sept jours après la reddition de Bude, Zapolya fut mis en possession du trône de Hongrie par le seghanbachi (l'un des chefs du corps des janissaires), qui, en récompense, reçut du nouveau roi deux mille ducats: mille autres ducats furent distribués aux janissaires de l'escorte. Après cette cérémonie, le Sultan et Zapolya partirent pour Vienne. Avant de se mettre en marche, Suleïman donna audience à l'ambassadeur du prince Boghdan, qui offrait au Sultan la suzeraineté de la haute et basse Moldavie (*). Le Grand Seigneur reçut très-gracieusement l'envoyé de Boghdan, lui accorda des conditions honorables, et signa l'acte de sa main. Le prince moldave vint alors au-devant de Suleïman, à qui il offrit quatre mille écus d'or, vingt-quatre faucons et quarante juments pleines, s'engageant, en signe de soumission féodale, à ce tribut annuel. Le Sultan fit le plus grand accueil à son nouveau vassal, lui donna un *cucca* (**) enrichi de pierreries, un su

---

(*) Cette contrée a conservé, en turc, le nom du prince qui avait reconnu le premier la suzeraineté ottomane : *Boghdan-Wilaïèti*, la province de Boghdan.

(**) Ornement de tête fait de plumes d'autruche, réservé aux princes de Molda-

9.

perbe cheval, et le *khyl'at-fakhirè* ou robe d'honneur du plus haut prix; il le fit ensuite accompagner par quatre de ses gardes, cérémonial qui s'est conservé en l'honneur des princes de Moldavie lorsqu'ils viennent à la cour des Sultans.

Vers la fin de l'année 936 (1529), les premiers corps d'ekindjis arrivèrent sous les murs de Vienne et firent quelques prisonniers. Le 23 de muharrem 937 (27 septembre), Suleïman campa dans le village de Simmering : la tente impériale, soutenue par des colonnes à chapiteaux dorés, était tapissée intérieurement de drap d'or. Autour veillaient douze mille janissaires : cent vingt mille hommes, quatre cents pièces d'artillerie composaient les forces de l'armée assiégeante; vingt mille chameaux portaient les bagages. Une flottille de huit cents petits navires, sous les ordres du voïvode Kaçim, stationnait sur le Danube. A cette formidable armée, les assiégés n'avaient à opposer que seize mille hommes, soixante et douze bouches à feu, des remparts sans batteries et de six pieds seulement d'épaisseur (*) : mais l'ardeur des soldats allemands, doublée par leur haine contre les Osmanlis, le courage et l'habileté des chefs, compensaient l'infériorité des moyens de défense. Pendant que la flotte ottomane remontait le Danube en incendiant les rives, les assiégés, dans de vigoureuses sorties, faisaient éprouver à l'ennemi des pertes

vie et de Valachie : chez les Ottomans, le *buluk-agaçi* (colonel) et le *seghan-bachi* (lieutenant-colonel) avaient seuls le droit de le porter. Un plus petit *cucca* était la coiffure des *solaks* (gardes du corps).

(*) On ne peut s'empêcher de remarquer que ce nombre d'hommes et ces moyens de défense ne soient bien faibles pour lutter contre des forces aussi considérables que celles qu'on vient d'énumérer du côté des assiégeants; et il est difficile de croire que dans cette circonstance, les historiens allemands n'aient point été infidèles à la stricte vérité, par amour-propre national et pour augmenter la gloire de la résistance.

de plusieurs centaines d'hommes, et contre-minaient les travaux des assiégeants sous la porte de Carinthie et le couvent de Sainte-Claire. Divers assauts sanglants eurent lieu; plusieurs mines jouèrent et firent d'énormes brèches aux remparts; mais la brave garnison de Vienne, excitée par l'exemple de ses chefs, opposa partout une résistance invincible; en vain Ibrahim-Pacha, le beïler-beï d'Anatolie, et l'aga des janissaires essayaient-ils de ranimer, à coups de sabre et de bâton, le courage chancelant de leurs troupes; rebutés par la défense opiniâtre des assiégés, les soldats musulmans répondaient qu'ils aimaient mieux périr de la main de leurs maîtres que de celle des infidèles. Enfin le Sultan, voyant le découragement de son armée, et redoutant pour elle les pluies orageuses d'automne, se décida à lever le siége le 10 safer 935 (14 octobre 1529). Les janissaires, en se retirant, brûlèrent ou massacrèrent la plupart de leurs prisonniers, n'épargnant que ceux à la fleur de l'âge et de la beauté.

Cet échec est le premier qu'ait essuyé Sultan-Suleïman; aussi s'efforça-t-il de le changer, aux yeux de ses soldats, en une victoire dont sa générosité ne voulait pas abuser. Dans un grand divan, tenu à peu de distance de Vienne, il distribua des présents aux troupes, comme si elles avaient vaincu et qu'il les récompensât de leur triomphe. Les janissaires eurent plus de deux cent quarante-six mille ducats; le grand vézir reçut cinq bourses d'or, de cinq cents piastres l'une, quatre kaftans et un sabre étincelant de pierreries.

Ibrahim-Pacha, n'ayant pu réduire par la force la capitale de l'Autriche, eut recours à la trahison. Trois soldats allemands, qui avaient passé dans les rangs ottomans, se laissèrent gagner par l'or qu'il leur distribua : ils pénétrèrent dans Vienne comme des prisonniers échappés aux musulmans : ces transfuges devaient mettre le feu à la ville, et y introduire ensuite un corps d'armée ennemi. Les dépenses extraordinaires qu'ils faisaient éveillèrent les soupçons : la torture leur arracha l'aveu de leur projet criminel. Le grand vézir, perdant tout espoir de s'emparer de Vienne, pressa la marche de l'armée. Le 25 safer (29 octobre), le Sultan reçut, près de Bude, les félicitations de Jean Zapolya, et lui fit présent de trois chevaux avec des chaînes et des mors d'or massif, et de dix kaftans. L'empereur ottoman continua ensuite sa route, et arriva, le 10 novembre, à Belgrade. Pereny, gardien de la couronne royale de Hongrie, avait été fait prisonnier avant le siège de Bude; ce fut lui qui fut chargé, conjointement avec Louis Gritti et Simon Athinaï, de la remettre à Zapolya. Le Sultan annonça au doge de Venise l'avénement du nouveau roi de Hongrie, et parla de la campagne de Vienne avec une grande exagération, dans l'espérance de faire croire qu'elle avait été tout à son avantage : c'était cependant devant cette capitale que les troupes jusqu'alors invincibles de Suleïman avaient éprouvé le premier échec. Elles cherchèrent à s'en venger par le pillage et les excès les plus horribles : vingt mille chrétiens périrent ou furent faits prisonniers; mais la perte de l'armée ottomane s'éleva à quarante mille hommes. Le Sultan rentra à Constantinople le 16 décembre.

De retour dans sa capitale, Sultan-Suleïman s'occupa de célébrer avec la plus grande pompe la cérémonie de la circoncision de ses trois fils, Moustapha, Muhammed et Sélim. Des invitations furent envoyées aux grands et aux gouverneurs de l'empire, ainsi qu'au doge de Venise, qui, à cause de son grand âge, se fit représenter par l'ambassadeur Mocenigo.

Le 27 juin 1530, le Sultan, à cheval et entouré de sa cour, se rendit à la place de l'Hippodrome : un trône éblouissant, surmonté d'un baldaquin d'or et soutenu par des colonnes de lapis, y avait été élevé sur de riches tapis, au milieu de tentes d'une rare magnificence. Trois semaines furent consacrées aux réjouissances publiques: des repas somptueux, des assauts simulés, des passe-d'armes et des luttes exécutées par des mamlouks, des feux d'artifice, des danses, des concerts, des jeux de toute espèce signalèrent ces fêtes mémorables. Des pyramides de pièces de viande, élevées sur la place publique, furent abandonnées au peuple. Suivant un auteur musulman, on y voyait des veaux et même des bœufs entiers; « et, lorsque la popu-
« lace se précipita sur ces animaux, il
« sortit de leurs flancs une nuée de
« corbeaux et d'oiseaux de proie, des
« chiens, des chats, des lièvres, des
« renards, des loups, et jusqu'à des
« chacals, qui se ruèrent sur la foule,
« aux grandes acclamations des spec-
« tateurs. » Des présents d'une magnificence inouïe furent offerts au Sultan par le grand vézir et d'autres hauts personnages : on remarquait, parmi ces cadeaux, des plats de lapis, des coupes de cristal, des assiettes d'argent pleines de pièces d'or, des tasses d'or remplies de pierres précieuses, des porcelaines de Chine, de beaux chevaux turcomans, des esclaves éthiopiens, hongrois, grecs et arabes, et des fourrures de Tatarie. Un historien oriental nous a transmis le récit d'une de ces flatteries adroites au moyen desquelles Ibrahim-Pacha avait su si bien gagner l'amitié de son maître : « Quelles ont été les plus belles fêtes
« à ton avis, demanda le Sultan à son
« favori; celles de tes noces avec ma
« sœur, ou celles de la circoncision de
« mes fils? — Il n'y a jamais eu et il
« n'y aura jamais de fêtes comme celles
« de mes noces, répondit Ibrahim. —
« Que veux-tu dire? répliqua Suleïman,
« étonné de la liberté de ce langage. —
« Ta Hautesse, reprit le fin courtisan,
« n'a pas eu, comme moi, pour con-
« vive le padichâh de la Mecque et de
« Médine, le Salomon (*Suleïman*) de
« notre époque. — Sois donc mille fois
« loué, dit alors Suleïman charmé, tu
« m'as rappelé à moi-même. »

Trois mois après la cérémonie de la circoncision, deux envoyés de Ferdinand, le chevalier Jurischitz et le comte Lamberg de Schneeberg, arrivèrent à Constantinople. Ils furent d'abord reçus par le grand vézir, qui leur dit que la paix était impossible tant que Ferdinand ne renoncerait pas à la couronne de Hongrie et que Charles-Quint ne quitterait point l'Allemagne pour se retirer dans la Péninsule. Les ambassadeurs cherchèrent à le gagner en lui offrant des sommes considérables : Ibrahim-Pacha fut incorruptible, mais il leur promit d'obtenir pour eux une audience du Sultan. En effet, huit jours plus tard ils furent introduits dans le sérail, et remirent leur demande, écrite en latin, au Grand Seigneur, après lui avoir adressé un discours en langue allemande, qui fut d'abord traduit en latin par l'interprète de l'ambassade, et ensuite en turc par le drogman de la cour. Le surlendemain Ibrahim-Pacha les fit appeler, et leur notifia que jamais son maître ne rendrait la Hongrie, dont il n'avait fait la conquête que sur les instances du roi de France (*), avec qui il avait fait alliance. Les ambassadeurs partirent sans avoir rien pu obtenir.

CHAH-SULTAN-SULEIMAN-KHAN,
FILS DE SÈLIM-KHAN, TOUJOURS VICTORIEUX,

Moi qui suis le sultan des sultans, le roi des rois, le distributeur des couronnes aux princes du monde, l'ombre de Dieu sur la terre, l'empereur et seigneur souverain de la mer Blanche et de la mer Noire, de la Roumilie et de l'Anatolie, de la Caramanie, du pays de Roum (*haute Arménie*), de la province de Zulkadrïïe, du Diarbékir, du Kurdistan, de l'Azerbaïdján (*Médie*), de l'Adjem (*Perse*), de Cham (*Syrie*), d'Alep, de l'Égypte, de Mekké (*la Mecque*), de Médine, de Jérusalem (*Kouds, la sainte*), de la totalité des contrées de l'Arabie et l'Yèmen, et en outre de quantité d'autres provinces que, par leur puissance victorieuse, ont conquises mes glorieux prédécesseurs et augustes ancêtres (que Dieu environne de lumière la manifestation de leur foi!), aussi bien que de nombreux pays que ma glorieuse majesté a soumis à mon épée flamboyante et à mon glaive triomphant; moi, fils de Sultan-Sèlim, fils de Sultan-Baïezid, CHAH-SULTAN-SULEIMAN-KHAN,

A TOI FRANÇOIS,
QUI ES ROI DU ROYAUME DE FRANCE!

La lettre que vous avez adressée à ma cour, asile des rois, par *Frankipan*, homme digne de votre confiance, certaines communications verbales que vous lui avez recommandées, m'ont appris que l'ennemi domine dans votre royaume, que vous êtes maintenant prisonnier, et que vous demandez secours et appui de ce côté-ci pour obtenir votre délivrance : tout ce que vous avez dit a été exposé au pied de mon trône, refuge du monde; les détails explicatifs en ont été parfaitement compris, et ma science auguste les embrasse dans tout leur ensemble. En ces temps-ci, que des empereurs soient défaits et prisonniers, il n'y a rien qui doive surprendre. Que votre cœur se réconforte! que votre âme ne se laisse point abattre! Dans de telles circonstances, nos glorieux prédécesseurs et nos grands ancêtres (que Dieu illumine leur dernière demeure!) ne se sont jamais refusés d'entrer en campagne pour combattre l'ennemi et faire des conquêtes; et moi-même aussi, marchant sur leurs traces, j'ai soumis, dans toutes les saisons, des provinces et des forteresses puis-

---

(*) Il existe deux lettres curieuses de Sultan-Suleïman à François Ier : la première est relative aux secours que ce prince, prisonnier de Charles-Quint, demandait au Sultan; la seconde a rapport aux intérêts des chrétiens de Jérusalem. Ces deux pièces respirent la plus noble bienveillance pour le monarque captif et pour ses sujets. Voici ces deux monuments historiques, qui existent aux Archives du royaume et à la Bibliothèque du roi à Paris.

N° I.
(DIEU!)

Par la grâce du Très-Haut (dont la puissance soit à jamais honorée et glorifiée, et dont la parole divine soit exaltée!);

Par les miracles abondants en bénédictions du soleil des cieux de la prophétie, de l'astre de la constellation des patriarches, du pontife de la phalange des prophètes, du coryphée de la légion des saints, Mahomet le très-pur (que la bénédiction de Dieu et le salut soient avec lui!);

Et sous la protection des saintes âmes des quatre amis, qui sont Abou-Bekr, Omar, Osman et Ali (que la bénédiction de Dieu soit avec eux tous!);

Pendant ces négociations infructueuses, Hobordansky, premier ambassadeur de Ferdinand à la cour ottomane, s'introduisait dans la citadelle de Bude; son projet était d'assassiner Zapolya. Reconnu avant d'avoir pu exécuter son dessein, Hobordansky fut cousu dans un sac et jeté dans le Danube. Guillaume de Rogendorf, général de Ferdinand, après avoir assiégé inutilement Bude, se retira au bout de six semaines; et le Sultan, qui était allé à Brousse, apprit à son retour la délivrance de la capitale de la Hongrie.

L'hiver suivant, le Sultan reçut les ambassadeurs du roi de Pologne Sigismond, de Zapolya, de son concurrent Pereny, et de Wassili, prince de Russie.

Le 19 ramazan 938 (25 avril 1532), Sultan-Suleiman quitta Constantinople pour entrer en campagne à la tête d'une armée de deux cent mille hommes : arrivé à Nissa, il y reçut les envoyés de Ferdinand, les comtes de Lamberg et de Nogarola, et l'ambassadeur français Rincon. Ce dernier fut

santes et de difficile abord; je ne dors ni nuit ni jour, et mon épée ne quitte pas mes flancs. Que la justice divine (dont le nom soit béni!) nous rende l'exécution du bien facile! Que ses vues et sa volonté apparaissent au grand jour, à quoi qu'elles s'attachent!

Au surplus, interrogez votre envoyé sur l'état des affaires et sur les événements quels qu'ils soient; restez convaincu de ce qu'il vous dira, et sachez bien qu'il en est ainsi.

Écrit dans la première décade de la lune de rebi' second, l'an neuf cent trente-deux (de l'hégire) [*vers la mi-février 1526 de J. C.*].

De la résidence impériale de Constantinople la bien gardée et la bien munie.

N° II.

Le protocole de cette seconde lettre étant tout à fait semblable à celui de la première, on ne le répétera pas ici.

CHAH-SULTAN-SULEIMAN-KHAN,
FILS DE SÉLIM-KHAN, TOUJOURS VICTORIEUX,

A TOI FRANÇOIS,

QUI ES PRINCE (*beï*) DU PAYS DE FRANCE!

Vous avez adressé à ma cour, résidence fortunée des sultans, qui est l'Orient de la bonne direction et de la félicité, et le lieu où sont accueillies les communications des souverains...., une lettre par laquelle vous me faites connaître qu'il existe dans la place forte de Jérusalem, faisant partie de mes États bien gardés, une église autrefois entre les mains du peuple de Jésus, et qui avait été postérieurement changée en mosquée : je sais avec détail tout ce que vous avez dit à ce sujet. S'il en était ainsi, en considération de l'amitié et de l'affection qui existent entre notre glorieuse majesté et vous, vos désirs ne pourraient qu'être exaucés et accueillis en notre présence qui dispense la félicité. Mais cette question spéciale n'a rien de semblable à des cas ordinaires de biens meubles ou immeubles : ici il s'agit d'un objet de notre religion; car, en vertu des ordres sacrés du Dieu très-haut, le créateur de l'univers et le bienfaiteur d'Adam, et conformément aux lois de notre Prophète, le soleil des deux mondes (sur qui soient la bénédiction et le salut!), cette église est, depuis un temps infini, convertie en mosquée, et les musulmans y ont fait le *namaz* (prière canonique des mahométans). Or, aujourd'hui, *altérer*, par un changement de destination, le lieu qui a porté le titre de mosquée et dans lequel on a fait le namaz, serait contraire à notre religion; en un mot, même si dans notre sainte loi cet acte était toléré, il ne m'eût encore été possible en aucune manière d'accueillir et d'accorder votre instante demande. Mais, à l'exception des lieux consacrés à la prière, dans tous ceux qui sont entre les mains de chrétiens, personne, sous mon règne de justice, ne peut inquiéter ni troubler ceux qui les habitent : jouissant d'un repos parfait, sous l'aile de ma protection souveraine, il leur est permis d'accomplir les cérémonies et les rites de leur religion; et maintenant établis en pleine sécurité dans les édifices de leur culte et dans leurs quartiers, il est de toute impossibilité que qui que ce soit les tourmente et les tyrannise dans la moindre des choses. Que cela soit ainsi!

Écrit dans la première décade de la lune de muharrem-ulharam, année neuf cent trente-cinq (de l'hégire) [*c'est-à-dire, vers la mi-septembre 1528 de J. C.*].

De la résidence impériale de Constantinople la bien munie et la bien gardée.

accueilli bien mieux que les premiers, et emporta l'assurance de l'amitié du Sultan pour François Ier. Suleïman continua sa route, et prit, chemin faisant, quatorze châteaux forts. La petite place de Güns, défendue par le brave Nicolas Jurischitz, eut la gloire d'arrêter du moins pour quelque temps les armes du Grand Seigneur : elle ne se rendit qu'après douze assauts : dans le dernier, les Ottomans, saisis d'une terreur panique, causée par les cris lamentables que poussaient les femmes, les enfants et les vieillards de la ville assiégée, s'enfuirent au moment de pénétrer dans la place. Pour pallier la honte de cette fuite, ils prétendirent avoir vu sur les remparts un cavalier céleste, armé d'un glaive de feu. Cependant, sur les propositions avantageuses qu'Ibrahim-Pacha fit faire à Jurischitz, ce dernier, blessé et hors d'état de résister à une nouvelle attaque, se rendit à des conditions honorables. Le surlendemain de la reddition de Güns, le Sultan reçut la nouvelle de la soumission d'Altenbourg ; il congédia les ambassadeurs de Ferdinand, et leur remit une lettre pour leur maître, écrite en caractères d'azur et d'or, et renfermée dans une bourse écarlate : cette lettre lui offrait le combat, et le menaçait de la dévastation de ses États.

L'armée ottomane, au lieu de se porter sur Vienne comme on s'y attendait, envahit et ravagea la Styrie, sans oser attaquer la capitale de l'Autriche ni la place forte de Neustadt. Kaçim-Beï, en traversant l'Autriche, mit tout à feu et à sang ; mais, arrêté à Pottenstein par les Impériaux, il fit massacrer quatre mille prisonniers qui gênaient sa marche, et divisa son armée en deux corps : le premier, sous le commandement de Feriz-Beï, parvint à gagner la Styrie ; le second fut défait en sortant de la vallée de Stahremberg, par le palatin Frédéric : Kaçim-Beï, atteint d'un coup de feu, périt dans cette rencontre ; Osman, qui le remplaça, éprouva le même sort en cherchant à rallier les débris de ses troupes. Le superbe casque incrusté d'or et orné de plumes de vautour que portait Kaçim-Beï, fut offert, comme un trophée de cette victoire, par le comte palatin Frédéric, à l'empereur Charles-Quint. L'armée de Sultan-Suleïman arriva en septembre devant Gratz : une tradition de ses habitants, à l'appui de laquelle on montre la figure d'un Ottoman, représentée sur l'ancienne porte de la ville, ferait croire que le Sultan essaya de s'en emparer ; mais en admettant qu'il en eût l'intention, du moins il ne put l'effectuer, et fut obligé de passer la rivière de la Murr, avec une légère perte de soldats et de bagages. A Ferniz, l'arrière-garde ottomane fut battue par Jean Katzianer ; elle assiégea ensuite Marbourg, sur la rive de la Drave, et fut repoussée dans trois assauts ; traversant alors cette rivière sur un pont construit en quatre jours, elle effectua avec peine sa retraite. Enfin, après bien des marches fatigantes et des pertes réitérées, le corps d'armée du Sultan arriva devant Belgrade, où il fut rejoint par Ibrahim-Pacha. Une revue générale des troupes fut passée ; et le lendemain, dans un divan solennel, des kaftans d'honneur furent distribués aux vézirs, au secrétaire d'État, aux defterdars, et aux beïlerbeïs de Roumilie et d'Anatolie. On expédia en même temps des courriers au doge de Venise et aux gouverneurs des provinces ottomanes, pour leur annoncer les succès de la campagne qui venait de se terminer. Ce ne fut que le 19 rebi'ul-akhir (18 novembre), et après une absence de sept mois, que le Sultan rentra à Constantinople. Pendant cinq jours et cinq nuits, des réjouissances publiques, de brillantes illuminations célébrèrent le retour du souverain dans sa capitale.

Durant le cours de l'expédition du Sultan sur les rives de la Drave, le célèbre amiral André Doria assiégeait, avec cent soixante-quatorze bouches à feu, trente-cinq vaisseaux et quarante-huit galères, la ville de Coron (l'ancienne *Coronis*), et l'emportait dans un seul jour. Patras et les deux forts élevés par Sultan-Baïezid II, à l'entrée des Dardanelles de Lépante, furent soumis aussi promptement. Doria, en se retirant, dévasta les côtes de Sycione et de Corinthe.

Au commencement de 1533, un tchaouch (messager d'État), porteur de propositions d'une trêve, arriva à Vienne et y fut reçu avec la plus grande solennité. Elle fut acceptée par Charles-Quint et par Ferdinand, et ce dernier envoya au Sultan les clefs de la forteresse de Gran.

Peu de temps après la conclusion de cet armistice, Jérôme de Zara, son fils Vespasien et Schepper, ambassadeurs de Ferdinand, arrivèrent à Constantinople pour arrêter les clauses d'une paix définitive. Sept semaines se passèrent en négociations, pendant lesquelles Ibrahim-Pacha reçut sept fois en audience les envoyés autrichiens, et leur parla avec le plus grand orgueil de sa propre puissance, égale à celle du padichâh; enfin un traité fut conclu, grâce aux flatteries des plénipotentiaires envers le fier favori du Sultan, et aux sacrifices de tout genre que dut faire l'Autriche.

Parmi les raisons qui déterminèrent Suleïman à cette paix, il faut mettre au premier rang le projet de l'expédition qu'il méditait contre la Perse; aussi, dès qu'il eut assuré la tranquillité de son empire par sa bonne intelligence avec les puissances européennes, il tourna ses regards vers Bagdad. Zulfekar-Khan, gouverneur, pour Thahmasp-Châh, de cette ville, en avait envoyé les clefs au monarque ottoman; mais avant que les secours de Suleïman pussent arriver, Zulfekar fut assassiné par des agents de Thahmasp, et Bagdad retourna sous l'obéissance du châh de Perse. Chèrif-Beï, khan de Bidlis, avait livré cette ville à Thahmasp, tandis qu'Oulama, gouverneur de l'Azerbaïdjan, réfugié en Perse depuis la révolte de Chëïtan-Kouli, sous Baïezid II, était venu se soumettre de nouveau à l'autorité ottomane : admis au baise-main, il fut nommé beïler-beï de Bidlis, et commença le siége de cette place; mais Chèrif-Beï, à la tête d'une armée persane, le força à la retraite. Ibrahim-Pacha, nommé serasker, partit pour reprendre Bidlis : avant d'y arriver, il reçut de Chems-uddin, fils d'Oulama, la nouvelle de la défaite de Chèrif-Beï et la tête de ce rebelle. Ibrahim prit ses quartiers d'hiver à Alep, et employa la mauvaise saison à des négociations qui lui valurent au printemps la reddition d'Akhlat, d'Ardjich et d'Adil-Djuwaz, villes sur les bords du lac de Wan, appelé par les Orientaux lac d'Ardjich (l'*Arsissa* de Ptolémée). Le grand vézir marcha ensuite sur Tebriz (*Tauris*), reçut en route les clefs des forteresses d'Ounik et de Wan, de Siawan et de neuf autres châteaux forts, et entra à Tebriz le 1er muharrem 941 (13 juillet 1534). Il prit les mesures les plus sages pour éviter le meurtre, le pillage, et tous les désordres qui accompagnent ordinairement les conquêtes à main armée; et, pour nous servir des expressions d'un historien oriental, *aucun Persan ne perdit seulement la pointe d'un cheveu*. Cette conduite d'Ibrahim-Pacha lui fait d'autant plus d'honneur, que le fetwa rendu à l'occasion de la guerre contre la Perse ordonnait le massacre des hérétiques et le pillage de leurs biens. La prise de Tebriz amena la soumission du châh de Chirvan, et de Mouzaffer-Khan, prince de Ghilan.

Pendant qu'Ibrahim-Pacha marchait de succès en succès, le Sultan, parti de Scutari le 1er zilhidjè 940 (13 juin 1534), se dirigeait sur les frontières de la Perse. Après avoir traversé rapidement Nicée, Kutahiïè, Ak-Chèhir, Konia, Erzroum et Ardjich, il entra le 20 septembre à Tebriz, fit sa jonction le lendemain avec l'armée du grand vézir à Oudjan, et arriva enfin à Bagdad à travers les nombreux obstacles qu'offraient les passages des montagnes et le mauvais état des chemins que les pluies avaient rendus presque impraticables : une partie de l'artillerie et des bagages s'y perdit. Ibrahim-Pacha profita de ces circonstances pour se venger de son ennemi personnel, le defterdar Iskender-Tchèlèbi, quartier-maître général, qu'il fit destituer en l'accusant d'imprévoyance. A l'approche de Sultan-Suleïman, Muhammed-Beï, commandant de Bagdad, lui avait envoyé une lettre de soumission, et s'était enfui avec toutes ses troupes. Ibrahim-Pacha entra, le 24 djèmazi-ul-akhir (31 décembre), dans cette ville célèbre (*), dont le lendemain il envoya les clefs au Sultan.

L'armée se reposa à Bagdad quatre mois entiers, pendant lesquels le vainqueur s'occupa de règlements administratifs. A l'exemple de son aïeul Muhammed-el-Fatyh, qui avait découvert le tombeau d'Eïoub, Sultan-Suleïman voulut qu'un miracle du même genre lui attirât la confiance des peuples. Le sépulcre du grand Imam Abou-Hanifè, qui, suivant la tradition, avait été en butte aux outrages des chi'is, sans qu'ils eussent pu cependant le détruire, fut retrouvé : l'armée ne douta plus dès lors de la protection du ciel, et le Sultan fit construire un dôme sur le tombeau du grand Imam ; ce monument est visité par de nombreux pèlerins *sunnis*.

Ce fut aussi pendant le séjour du Sultan à Bagdad qu'Ibrahim-Pacha, dont la haine contre Iskender-Tchèlebi n'était pas satisfaite par sa destitution, obtint son arrêt de mort ; l'ancien defterdar fut pendu sur la place du marché, ses immenses richesses furent confisquées, et ses six à sept mille esclaves réunis à ceux du sérail.

Le 28 ramazan 941 (2 août 1535), l'armée repartit pour Tebriz, où elle reçut des marques de la satisfaction du Sultan, et fut généreusement récompensée de ses fatigues. Pendant la route, qui dura trois mois, les ambassadeurs du châh de Perse et du roi de France vinrent offrir leurs hommages au monarque ottoman : le premier lui apporta des propositions de paix qui ne furent pas accueillies, et le second le félicita de la conquête de Bagdad. Lorsque, six mois plus tard (en janvier 1536), Sultan-Suleïman fut rentré à Constantinople, il conclut avec l'ambassadeur français un traité de commerce, par lequel furent consacrées la liberté réciproque de navigation, la reddition des esclaves faits antérieurement, l'interdiction, pour l'avenir, du droit de réduire en esclavage les prisonniers de guerre, enfin, la juridiction souveraine des consuls dans les affaires civiles. Ce fut là le dernier acte administratif du puissant et orgueilleux Ibrahim-Pacha. Ce favori du Sultan, parvenu au plus haut point de puissance où pût aspirer un sujet, en fut tellement ébloui qu'il osa, dans un ordre du jour, prendre le titre de *Serasker-Sultan*. Cette audace fit naître dans l'esprit de Suleïman le soupçon que l'ambitieux serviteur qui s'arrogeait le titre réservé au souverain, pourrait bien chercher à s'emparer aussi de son trône. Cette pensée, qui perdit Ibrahim-Pacha, rappela à Sultan-Suleïman le songe dont il avait été tourmenté la nuit qui suivit le supplice d'Iskender-Tchèlèbi. Le defterdar lui était apparu : la tête entourée de rayons lumineux, l'œil enflammé de courroux, la menace à la bouche, il lui avait reproché avec indignation sa faiblesse pour un vézir perfide, dont les accusations calomnieuses l'avaient poussé à condamner à mort sans examen, sans formalités, un officier innocent qui avait voué sa vie au service de la religion et de l'État ; après ces mots, le fantôme irrité s'était précipité sur le Sultan, en lui jetant au cou un cordon pour l'étrangler. Suleïman s'éveillant en sursaut à ses propres cris d'effroi, regarda ce songe comme un avis du ciel ; mais, malgré la vive impression qu'il

(*) Bagdad, que les musulmans ont surnommée *Darus-sèlam* (maison du salut), *Darul-djihâd* (maison de la sainte lutte), *Darul Khalâfèt* (maison du khalifat), *Bourdjul-ewlia* (boulevard des saints), fut fondée l'an 148 de l'hégire (765), par Mansour, deuxième khalife de la famille d'Abbas ; elle est située sur les bords du Tigre (Didjlè) ; bâtie en hémicycle, elle est entourée d'un fossé profond et de remparts très épais, flanqués de cent cinquante tours. C'est l'entrepôt du commerce entre la Perse et les Indes, et le lieu de passage des caravanes qui, d'Ispahan et de Basra, vont en Syrie et dans l'Asie Mineure.

fit sur son esprit, il n'en témoigna rien au grand vézir, et continua de vivre avec lui dans la même intimité; ce ne fut que lorsque Ibrahim-Pacha eut l'imprudence de se décorer du titre de sultan qu'il devint suspect à son maître. Le 21 ramazan 942 (5 mars 1536), le grand vézir s'était rendu au sérail, comme de coutume; il fut trouvé étranglé le lendemain. Au milieu du dix-septième siècle, on montrait encore sur les murs du harem les taches du sang du présomptueux favori : leçon terrible pour ses successeurs !.... mais qui n'a empêché aucun d'eux d'accepter l'immense responsabilité attachée au grand vézirat; cette confiance aveugle est une des infirmités morales de la race humaine, et aussi peut-être une de ces grâces d'état, qui font dormir au bord des précipices, construire au pied des volcans et braver les tempêtes de l'Océan, comme celles des cours. La foi dans la prédestination et d'autres croyances générales sur la nature du pouvoir des princes de l'Orient, envisagé par leurs sujets, comme émanant de Dieu même, empêcheront toujours des leçons de ce genre d'être profitables à qui que ce soit. Quant à Ibrahim-Pacha, élevé de la plus basse condition à l'apogée des grandeurs, nul ministre ne jouit auprès d'un souverain d'une influence aussi inouïe. Il était du même âge que le Sultan : courtisan habile, sachant flatter avec la plus grande adresse, amusant son maître par un talent peu commun pour la musique, et surtout par le charme de sa conversation, qu'une immense lecture et la connaissance de quatre langues rendaient instructive et variée, il était parvenu à ce point que le Sultan ne pouvait se passer de lui; leur intimité était devenue telle qu'ils prenaient tous leurs repas ensemble, et, pour ne point se séparer, faisaient dresser leurs lits l'un près de l'autre. Ibrahim aimait beaucoup l'étude de la géographie et de l'histoire; il lisait aussi avec passion les exploits d'Annibal et d'Alexandre le Grand, auquel il aimait à être comparé. S'il dut l'origine de sa puissance à la faveur, il est juste de dire qu'il justifia cette prédilection de Suleïman par la rare habileté qu'il déploya dans le premier poste de l'État. La force de l'habitude, l'énergie de son caractère lui avaient acquis sur le Sultan un ascendant que rien ne semblait pouvoir détruire; et néanmoins pour le perdre il ne fallut qu'un songe et un trait d'imprudente vanité ! Aïas-Pacha succéda à Ibrahim.

Pendant la campagne de Perse, le fameux corsaire Khaïr-uddin (*Barberousse*), devenu kapoudan-pacha de toutes les forces navales ottomanes, assiégea la place de Coron, qu'André Doria, grand amiral des flottes de l'empereur Charles-Quint, avait enlevée aux musulmans en 1533. Un étroit blocus fit éprouver aux assiégés les horreurs de la famine, et Charles-Quint fut obligé de restituer cette place au Sultan. En 1534, Khaïr-uddin ravagea une partie des côtes de l'Italie, et se présenta ensuite sous les murs de Tunis : Muleï-Haçan, vingt-deuxième prince de la dynastie des Bèni-Hafs, régnait sur cette ville et sur les pays environnants; ce tyran, après avoir fait périr quarante-quatre de ses frères, ne s'occupait qu'à peupler son harem, au lieu de fortifier ses remparts et de se composer une armée qui pût défendre son trône. Khaïr-uddin-Pacha chassa Muleï-Haçan et s'empara de Tunis; mais il ne garda que quelques mois sa conquête. Charles-Quint, cédant aux prières du monarque détrôné, et mû surtout par le désir de rendre à la liberté trente mille chrétiens retenus en captivité, reprit Tunis sur les Ottomans, réintégra Haçan dans ses États sous des conditions très-favorables aux chrétiens, et laissa une garnison espagnole dans le fort de la Goulette, dont il s'était réservé la possession exclusive.

Malgré la mort d'Ibrahim-Pacha, qui, né sujet de la république de Venise, avait établi entre cette puissance et la Porte des relations politiques et amicales, l'alliance entre ces deux nations semblait devoir être durable, car le nouveau grand vézir, Aïas-Pacha, suivait la marche imprimée par son prédécesseur aux affaires de l'empire. Cependant ces intentions pacifiques ne purent empêcher la guerre d'éclater bientôt. Diverses infractions des Vénitiens au traité en furent le prétexte; il faut en chercher la vraie cause dans les dispositions belliqueuses de Khaïr-uddin-Barberousse, qui sut les faire partager au Sultan, et dans les efforts d'André Doria pour obliger les Vénitiens à sortir de leur neutralité.

En mai 1537, Sultan-Suleïman, accompagné de ses deux fils Muhammed et Sélim, partit de Constantinople pour Valona, à la tête de son armée, tandis que Khaïr-uddin faisait voile vers l'Adriatique. La flotte ottomane, forte de cent navires, ravagea les côtes de la Pouille, et emmena en esclavage plus de dix mille habitants. Cependant la guerre n'avait pas encore été déclarée à la république : ce ne fut qu'au mois d'août que le kapoudan-pacha, sur l'ordre du Sultan, fit voile pour Corfou (*Corcyre*, l'ancienne *Pheacia*), et y débarqua vingt-cinq mille hommes et trente canons. Quelques jours après, le grand vézir, avec un autre corps d'armée égal en force au précédent, aborda dans l'île : le 1ᵉʳ septembre, les assiégeants commencèrent l'attaque en lançant des boulets de cinquante livres, qui, mal dirigés, produisirent peu d'effet, tandis que l'artillerie vénitienne coula à fond deux galères, et d'un seul coup tua quatre musulmans. Enfin, après huit jours de siège et quatre assauts infructueux donnés au fort Sant'Angelo, le Sultan, rebuté par l'invincible résistance des assiégés, donna l'ordre du départ. Il se vengea de cet échec en s'emparant de Paxo et en incendiant Butrinto. Le 1ᵉʳ novembre, il rentra à Constantinople.

Avant la malheureuse campagne de Corfou, Murad-Beï, voïvode de Verbozen, et Khosrew-Beï, gouverneur de Bosnie, s'étaient emparés de plusieurs châteaux forts en Dalmatie. Ce dernier et Yahia-Oghlou-Muhammed-Pacha, malgré la paix signée entre la Porte et la Hongrie, ravagèrent ensuite cette contrée. Ferdinand leur opposa une armée de vingt-quatre mille hommes sous les ordres de Katzianer. Poursuivi par les Ottomans, ce général finit par déserter lui-même son camp, déjà abandonné par la plupart des chefs : le brave comte tyrolien Louis de Lodron ne put se résoudre à fuir, et après un combat sanglant, dans lequel il reçut deux blessures graves, il se rendit à Murad-Beï de Kilis, et fut tué par ses gardiens dès qu'on eut perdu l'espoir de le guérir.

Le général Katzianer, qui avait abandonné son poste, fut emprisonné à Vienne, et enfermé dans le fort de Kostanizza ; il parvint à s'échapper, chercha à se vendre à Muhammed, sandjak-beï de Bosnie, et fut tué par un des siens qu'il voulait entraîner dans sa trahison.

Tandis que ces événements se passaient en Hongrie, le kapoudan-pacha Khaïr-uddin parcourait l'Archipel et s'emparait de dix îles appartenant aux Vénitiens, dont quelques-unes ont une renommée mythologique ou historique : *Skyra* (Scyros) ; *Youra*, rocher d'exil sous les Romains ; *Pathmos*, *Nio*, *Stampalia*, *Égine* (OEnone), la rivale d'Athènes, et dont les habitants se distinguèrent à la bataille de Salamine ; *Paros*, célèbre par la beauté de ses marbres ; *Anti-Paros*, *Tine* (Tenos), *Naxie* (Naxos), où Ariadne fut abandonnée par Thésée. De son côté, Kaçim-Pacha assiégeait la ville de Napoli de Romanie, dont la position inexpugnable avait rendu inutiles les efforts de Muhammed-el-Fatyh et de son fils Baïezid II. Sultan-Suleïman ne fut pas plus heureux que ses prédécesseurs : le 14 novembre 1538, Kaçim-Pacha renonça à s'emparer de cette place forte, qu'il avait bloquée sans succès pendant cinq mois.

La Moldavie était depuis vingt-deux ans sous la protection de la Porte, moyennant un tribut de quarante juments, vingt poulains et quatre mille ducats : en 945 (1538), Raresch, prince de cette contrée, ayant donné divers sujets de plainte au Sultan, celui-ci résolut de châtier son vassal.

Le 11 safer (9 juillet), le Grand Seigneur partit de Constantinople, et, après avoir reçu en route l'hommage de soumission de l'émir arabe Rechid, prince de Basra, et de Sahib-Ghèraï, khan de Crimée, il arriva à Jassy, et livra cette ville aux flammes : il envoya ensuite des cavaliers tatares à la poursuite de Raresch, qui se sauva en Transylvanie : après la fuite du prince, la place forte de Suczawa se rendit sans résistance : le vainqueur y trouva de grands trésors. Étienne, frère de Raresch, fut investi de la principauté de Moldavie, et reçut du Sultan le cucca, le kaftan de zibeline (*seraser*), le tambour, les timbales, les queues de cheval et l'étendard, insignes de sa dignité : le diplôme d'investiture imposait au voïvode, entre autres obligations, celle d'apporter lui-même tous les deux ans, à Sa Hautesse, le tribut de la province.

Pendant l'été de 1538, Khaïr-uddin-Barberousse avait fait diverses courses dans la Méditerranée : vingt-cinq îles appartenant aux Vénitiens avaient été rançonnées ou ravagées : au mois de septembre, il battit l'escadre chrétienne, composée de cent soixante-sept bâtiments, dont trente-six galères du pape, cinquante espagnoles commandées par l'amiral Capello, et quatre-vingt-une vénitiennes, sous les ordres du célèbre Doria.

Tandis que Khaïr-uddin soumettait les îles de l'Archipel, Khadim-Suleïman-Pacha, gouverneur de l'Égypte, se dirigeait vers les côtes de l'Arabie avec une flotte de soixante et dix voiles, envahissait le territoire d'Aden, prenait d'assaut les deux forts de Koukè et de Kat, et, après un siège de vingt jours, s'emparait de la ville de Diou, enlevée par les Portugais à Béhadir-Châh, prince de Goudjerat (*Guzerate*), qui était venu réclamer contre eux l'aide de Sultan-Suleïman.

Au mois de novembre 1539, de brillantes fêtes eurent lieu à Constantinople à l'occasion de la circoncision des princes Baïezid et Djihanghir : les vézirs et les ambassadeurs européens furent admis à la cérémonie du baisemain ; le Sultan célébra en même temps le mariage de sa fille Mihr-Mah avec le vézir Rustem-Pacha.

Cependant la guerre qui durait depuis trois ans entre la Porte et Venise avait été mêlée de revers et de succès réciproques : la dernière conquête des Vénitiens avait été celle de Castel-Nuovo, place forte dans la Dalmatie, entre Raguse et Cattaro ; Khaïr-uddin la leur reprit quelques mois plus tard ; et bientôt un traité, glorieux pour les Ottomans, termina cette guerre désastreuse : Venise céda, outre toutes les petites îles de l'Archipel dont Khaïr-uddin avait fait la conquête, les places fortes de Napoli de Romanie, de Malvoisie, les châteaux d'Urana et de Nadin, et paya une indemnité de trois cent mille ducats.

Ferdinand, craignant que la paix avec Venise ne permît au Sultan de tourner ses armes contre la Hongrie, envoya, en qualité d'ambassadeur à Constantinople, le Polonais Jérôme Lasczky, transfuge de la cause de Zapolya. La mort de ce prince, arrivée quinze jours après le départ de Lasczky, engagea Ferdinand à faire partir un second plénipotentiaire avec de nouvelles instructions qui lui enjoignaient de ne rien négliger pour intéresser à sa cause le grand vézir Loufti-Pacha, le vézir Roustem-Pacha, et l'interprète de la Porte, Younis-Beï. Peu de temps avant la mort de Zapolya, son épouse Isabelle lui avait donné un fils. Le Sultan fit partir pour Bude un tchaouch chargé de constater la naissance du royal enfant. La reine était venue au-devant de l'envoyé ottoman, et avait allaité devant lui son nourrisson : le tchaouch, après s'être agenouillé et avoir baisé les pieds du nouveau-né, jura, au nom de Suleïman, que le fils de Zapolya régnerait sur la Hongrie dès qu'il aurait atteint l'âge de majorité. Pendant ce temps, Léonard Fels, général de l'armée de Ferdinand, mettait le siége devant Bude, et l'abandonnait presque aussitôt, à cause de la mauvaise saison ; en se retirant, il s'empara des places de Stuhlweissenbourg, Pest, Waizen et

Wissegrad. La reine Isabelle s'empressa d'adresser au Sultan deux ambassadeurs qui déposèrent à ses pieds de riches présents et le tribut de la Hongrie, en implorant son appui. Un diplôme qui confirmait le jeune fils de Zapolya dans la dignité royale, fut remis aux envoyés d'Isabelle ; le Sultan fit marcher en toute hâte sur Bude le beïler-beï Khosrew-Pacha et le vézir Muhammed-Pacha, et promit de les suivre bientôt pour aller défendre lui-même les droits de la reine régente. L'ambassadeur de Ferdinand fut consigné chez le grand vézir, et le Grand Seigneur partit, le 28 safer (23 juin), de Constantinople, pour ouvrir en personne la campagne de Hongrie.

Le 29 août 1541, le jeune Sigismond Zapolya, à peine âgé d'un an, fut présenté au Sultan ; le 1er septembre, Sa Hautesse envoya signifier à la reine l'ordre de faire ses préparatifs de départ, et le lendemain Bude était devenue une ville ottomane. Pour excuser cependant la violation de ses serments, le Sultan fit remettre à la veuve de Zapolya un diplôme écrit en lettres d'or et d'azur, dans lequel il jurait, par le Prophète, par ses ancêtres et par son sabre, de rendre Bude au jeune roi, dès qu'il serait majeur : en attendant ce moment, le fils d'Isabelle fut nommé sandjak-beï de Transylvanie. La reine se retira à Lippa, emportant avec elle la couronne et les autres insignes de la dignité royale.

Deux ambassadeurs de Ferdinand, Nicolas, comte de Salm, et Sigismond de Herberstein, vinrent demander au Sultan la cession de la Hongrie entière, en s'engageant à lui payer jusqu'à cent mille florins de tribut annuel : ils offrirent à Suleïman, entre autres présents, une horloge qui indiquait les heures, les jours, et le mouvement des astres ; mais, après être demeurés onze jours dans le camp ottoman, les ambassadeurs le quittèrent en emportant une lettre du Sultan pour Ferdinand, dans laquelle il était dit que ce dernier n'obtiendrait la paix qu'en restituant Stuhlweissenbourg, Wissegrad, Gran et Tata.

Vers la mi-novembre, Sultan-Suleïman revint à Constantinople : un mois après, le kapoudan-pacha entra dans le port et apporta la nouvelle de la défaite de l'armée navale de Charles-Quint, dispersée, devant Alger, par la tempête.

En 1543, l'ambassadeur du roi de France ayant persuadé à Suleïman qu'il était de son intérêt de continuer la guerre contre Charles-Quint, Khaïr-uddin se mit de nouveau en mer avec une flotte de cent cinquante voiles, parut devant Messine, et s'empara du château, qui se rendit à la première sommation. L'escadre ottomane, longeant ensuite la côte d'Italie, alla mouiller à Marseille, où Barberousse fut reçu avec les plus grands honneurs. De là, il se rendit, de concert avec la flotte française sous les ordres du duc d'Enghien, à Nice, qui fut prise le 20 août. La forteresse seule résista ; et Khaïr-uddin ayant appris, par une lettre interceptée, que les assiégés allaient être secourus par des forces supérieures aux siennes, il se retira après avoir mis la ville à feu et à sang.

L'armée de Ferdinand, composée de quatre-vingt mille hommes, vint assiéger Pesth, donna un assaut infructueux, et se retira, au bout de sept jours, vaincue par la résistance héroïque de la garnison, qui ne s'élevait pas à plus de huit mille Ottomans.

Le 18 muharrem 950 (23 avril 1543), Sultan-Suleïman partit de sa capitale pour une nouvelle campagne contre la Hongrie. Jamais ce prince n'avait pris autant de précautions pour assurer les approvisionnements de l'armée, et n'avait déployé une pareille magnificence. Nous empruntons quelques détails à la longue description qu'un historien oriental fait de cette marche triomphale : elle s'ouvrait par les *sakka* (porteurs d'eau), avec leurs outres pleines, suivis des bagages du Sultan et du trésor, portés par plus de deux mille mulets ; venaient ensuite neuf cents chevaux de main, et cinq à six mille chameaux, chargés de munitions : mille *djèbedjis* (armuriers); cinq cents *lagoumdjis* (mineurs); huit cents *topdjis* (canonniers); quatre cents *top-arabadjis* (soldats du train), précédaient les dignitaires du sérail, le *kilardji-bachi* (grand sommelier), le *khaznèdar-bachi* (grand trésorier), et le *kapou-aga* (gouverneur de la cour). A l'aile droite marchaient deux mille *sipahis* (cavaliers); cinq cents *ouloufèdjis* (troupes soldées); cinq cents *ghourèbas* (étrangers) : à l'aile gauche, un pareil nombre d'ouloufèdjis et de ghourèbas, et, au lieu des sipahis, deux mille *silihdars* (gendarmes). A la suite de ces troupes, on voyait les membres du divan, le *nichandji-bachi* (secrétaire d'État); les *defterdars* (contrôleurs généraux des finances); les *kazi-askers* (juges de l'armée); les quatre vézirs, précédés de quatre queues de cheval, et entourés de leurs officiers et de leurs esclaves. Après eux s'avançaient les *doghandjis* (gardiens des gerfauts), *chahindjis* (fauconniers); *tchakirdjis* (gardiens des vautours); *atmadjis* (gardiens des éperviers); *zaghardjis* (gardiens des lévriers); *samsoundjis* (gardiens des dogues); les *moutèferrikas* (fourriers); les *tchachnègirs* (écuyers tranchants), et tous les employés des écuries impériales, conduisant des chevaux de divers pays, grecs, arabes, persans, etc., richement enharnachés; trois cents *kapoudji-bachis* (chambellans), à cheval, précédaient douze mille janissaires aux bannières rouges. Cent trompettes, dont les instruments étaient retenus par une chaîne d'or, joignaient leurs fanfares au roulement de cent tambours : sept étendards à raies d'or, sept queues de cheval, annonçaient l'approche du Sultan, qui, monté sur un superbe coursier, était entouré de soixante et dix *peïks* (gardes du corps à pied), richement vêtus, portant des casques de bronze doré, ornés d'un plumet noir, et des hallebardes (*tèbèr*) également dorées; un second cercle était formé autour des peïks, par quatre cents *solaks* (autre sorte de gardes du corps), dont les bonnets de feutre (*uskiuf*) étaient ornés d'un panache de plumes de héron, et les carquois incrustés d'or; leur taille était serrée par une ceinture de soie. En dehors de ce deuxième cercle, cent cinquante *tchaouchs* (huissiers), commandés par le *tchaouch-bachi* (grand maréchal de la cour ottomane), agitaient leurs cannes d'argent, garnies de petites chaînes du même métal, et répétaient à chaque instant ce cri : *Tchok-yacha!* (Qu'il vive longtemps!)

Pendant que le Sultan sortait de Constantinople avec tant de pompe, la campagne était ouverte avec succès par ses lieutenants en Hongrie et en Esclavonie. Les villes de Valpo, de Siklos, de Gran, de Stuhlweissenbourg, tombaient en leur pouvoir. Au printemps de l'année suivante (1544), Wissegrad, Néograd et Wèlika éprouvèrent le même sort : la joie de ces triomphes fut troublée par la mort du prince Muhammed-Khan, second fils de Suleïman; une mosquée fut élevée à Constantinople auprès du tombeau, comme un témoignage durable de la profonde douleur du Sultan. Après la prise de Wèlika, quelques châteaux se soumirent encore aux Ottomans, qui remportèrent une victoire complète sur les Hongrois dans les champs de Lonska; les chrétiens prirent bientôt une revanche éclatante à Salla : l'oda-bachi Huçein y perdit la vie avec cinq cents des siens.

Le 4 juillet 1546, Sultan-Suleïman fit une perte irréparable par la mort du célèbre Barberousse Khaïr-uddin-Pacha, qui avait si glorieusement commandé les forces navales ottomanes. Fils du sipahi roumiliote Yakoub d'Yènidjèwardar, Khaïr-uddin, appelé d'abord Khyzr, avait commencé par faire la course contre les chrétiens; son audace le fit bientôt remarquer de Muhammed, sultan de Tunis, qui le reçut dans sa marine; plus tard, devenu maître d'Alger, il fit hommage à Sultan-Sèlim, alors en Égypte, des droits de *sikkè* et de *khoulbè*, se reconnaissant ainsi le vassal de la Porte : en récompense, le monarque ottoman lui envoya le titre de beïler-beï et les insignes de cette dignité. Les exploits de Khaïr-uddin étendirent partout sa renommée : en 1533, Sultan-Suleïman le créa kapoudan-pacha : il fut le soutien de la marine ottomane, et le plus redoutable adversaire de Doria. Le tombeau de Khaïr-uddin-Barberousse est situé sur les bords du Bosphore, près du collége fondé par lui à Béchiktach.

Le 19 juin 1547, une trève de cinq ans fut conclue entre le Sultan, Charles-Quint et Ferdinand Ier. Par ce traité, qui termina la guerre de Hongrie, un payement annuel de trente mille ducats, que les historiens ottomans ont considéré comme un tribut, fut imposé à l'Autriche; en y souscrivant, cette puissance signa en effet l'aveu de sa faiblesse.

Cette même année (954-1547), on vit arriver à Constantinople un envoyé d'Ala-Eddin, sultan indien, qui venait implorer l'assistance du Grand Seigneur contre les Portugais. Le prince persan Elkacib-Mirza, qui s'était révolté contre son père le châh Thahmasp, venait aussi se mettre sous la puissante protection de la Porte. Le Sultan lui fit une réception extraordinaire, le combla de présents, et déploya un appareil de forces militaires qui était un indice de ses projets hostiles contre la Perse. Khourrem-Sultane, mère de Sélim, la *Roxelane* de nos romans historiques, regardée à tort comme Française, usa en cette occasion de tout l'ascendant qu'elle avait su prendre sur l'esprit de Suleïman, pour le pousser à la guerre de la Perse. Deux motifs faisaient souhaiter à la princesse que cette expédition eût lieu : d'abord, l'espoir qu'en l'absence du Sultan leur fils Sélim serait appelé à le représenter; ensuite le désir de procurer à son gendre Rustem-Pacha le moyen de déployer ses talents militaires. L'épouse bien-aimée de Suleïman avait depuis longtemps acquis sur lui une telle influence, que tout ce qu'elle voulait devenait bientôt la volonté du monarque lui-même. C'est elle qui, dix ans auparavant, avait contribué à la ruine d'Ibrahim-Pacha, en éveillant les soupçons du Sultan contre son favori. Après la chute de ce ministre tout-puissant, Khourrem-Sultane, sûre de son pouvoir, n'avait plus à craindre d'opposition à ses moindres désirs; aussi la guerre de Perse fut-elle bientôt résolue, et au printemps de 1548 (955), le Grand Seigneur ouvrit en personne la campagne : il s'empara d'abord d'une partie du Kurdistan persan, du territoire placé au sud-ouest de l'Araxe, et ensuite de la ville de Tèbriz, qui se rendit sans se défendre. Le 10 redjeb (16 avril), il assiégea Wan, et la prit au bout de neuf jours. La saison avancée l'ayant obligé de prendre ses quartiers d'hiver, Châh-Thahmasp profita de cette retraite pour ressaisir l'avantage. Osman-Pacha, commandant l'avant-garde ottomane, fit lancer pendant la nuit, dans le camp persan, un grand nombre de chevaux, à la queue desquels on avait attaché des corbeaux et des corneilles : au croassement de ces oiseaux, les Persans, saisis d'une terreur panique, se précipitèrent les uns sur les autres et se massacrèrent mutuellement. La réussite de ce bizarre stratagème valut à Osman-Pacha le gouvernement d'Alep.

Le prince Elkacib-Mirza, avec quelques troupes légères, poussa jusqu'à Ispahan, et fit un grand butin, dont il envoya au Grand Seigneur les objets les plus précieux; en même temps, le beïler-beï Aouz-Iskender-Pacha battait le traître Hadji Denboulli, khan de Khoï; et le vézir Muhammed-Pacha réduisait les rebelles de l'Albanie et leur enlevait sept forteresses.

Le 3 juillet 1549 (956), le Sultan vint camper à Elmali, où il invita Elkacib-Mirza à se rendre; mais ce prince, craignant sans doute que Sultan-Suleïman n'eût des intentions perfides à son égard, s'enfuit dans le Kurdistan. Arrivé à Tchinar, il y fut surpris par son frère Zohrab et livré à Châh-Thahmasp, qui l'enferma pour la vie dans une prison d'État.

Cette heureuse campagne se termina

par la conquête de vingt châteaux, dont le second vézir Ahmed-Pacha s'empara dans une excursion en Géorgie; et le 1er zilhidjè 956 (21 décembre 1549), le Sultan rentra à Constantinople, d'où il expédia des lettres de victoire très-emphatiques à Ferdinand Ier, au roi de Pologne et au doge de Venise.

La reine Isabelle, livrée aux intrigues d'un moine ambitieux nommé George Martinuzzi, qui négociait en secret avec Ferdinand, réclama de nouveau, pour l'héritier de Zapolya, la protection du Sultan; malgré les faux rapports par lesquels Martinuzzi cherchait à tromper Suleïman, ce prince envoya Muhammed-Pacha à Salankemen. Le 6 ramazan 958 (7 septembre 1551), le beïler-beï passa le Danube et la Theiss, et s'empara consécutivement de Becse, de Becskerek, de Csanad, d'Illadia, de Lippa, et d'une douzaine de châteaux; il assiégea ensuite Temeswar; mais au bout d'une quinzaine de jours, la mauvaise saison et l'approche des Hongrois l'obligèrent d'abandonner son projet: il se retira à Belgrade. Après la retraite du beïler-beï, Ferdinand bloqua Lippa avec une armée de cent mille hommes. Le Persan Oulama, à qui Muhammed-Beï avait confié le commandement de Lippa, n'ayant pu sauver la ville, s'était réfugié dans la citadelle. Grâce aux intrigues de Martinuzzi, Oulama obtint une trêve de vingt jours, à l'expiration de laquelle il pourrait se retirer en toute sûreté, avec un sauf-conduit. Le moine ambitieux, à qui la protection de Ferdinand avait fait obtenir du pape le chapeau de cardinal, non content de cette dignité, aspirait à devenir prince de Transylvanie: il espérait que sa conduite en cette occasion le réconcilierait avec la Porte et le ferait parvenir à ses fins. Les conditions que demandait Oulama lui furent donc accordées, malgré l'état désespéré dans lequel il se trouvait; et le 5 décembre 1551, il sortit de la forteresse avec la garnison; mais les généraux hongrois, contre l'avis desquels la capitulation avait été signée, tendirent une embuscade aux Ottomans: Oulama fut blessé dans cette affaire, et n'atteignit Belgrade qu'après avoir perdu plus de la moitié de sa troupe.

Martinuzzi, qui trahissait tour à tour Ferdinand, Suleïman et Isabelle, lorsqu'il y trouvait son intérêt, fut assassiné, le 18 décembre, par une bande d'Italiens et d'Espagnols, que les généraux eux-mêmes introduisirent dans la demeure du moine.

L'année suivante (1552-959), les impériaux, sous les ordres du général Castaldo, surprirent Szegedin, et livrèrent la ville au pillage; le sandjak-beï Mikhal-Oghlou-Khyzr-Beï se réfugia dans la citadelle, et, au moyen de pigeons messagers, demanda des secours au gouverneur de Bude; Ali-Pacha accourut à marches forcées, surprit à son tour les vainqueurs, les défit entièrement, et délivra Szegedin. Pour preuve de sa victoire il envoya à Constantinople quarante bannières et cinq mille nez.

D'un autre côté, le pacha de Bude s'emparait de Wessprim, en confiait la garde à Dja'fer-Aga, et emmenait en captivité le commandant Michel Vas.

Le second vézir Ahmed-Pacha parut, le 15 juin, devant Temeswar; cette place forte, qui, l'année précédente, avait résisté à Muhammed-Sokolli, fut obligée de céder aux efforts d'Ahmed. Son brave commandant Losonczy ne put se résoudre à mettre bas les armes qu'après trois assauts meurtriers et lorsque le manque de munitions, de vivres, et l'indiscipline des soldats espagnols et allemands, qui voulaient à toute force se rendre, l'eurent mis dans l'impossibilité de résister plus longtemps. Ce fier Hongrois, qui n'avait capitulé que sous la condition d'une libre retraite pour lui et la garnison, fut tellement indigné de voir les janissaires renverser de cheval son jeune page, qu'il ne put se contenir; il s'élança furieux au milieu des vainqueurs, et succomba enfin après avoir vendu chèrement sa vie: sa tête fut envoyée au Sultan. L'administration du *banat* de Temeswar, égal par son étendue aux plus vastes sandjaks de l'empire ottoman, fut confiée au beïlerbeï Kaçim-Pacha.

Pendant qu'Ahmed-Pacha faisait le siége de Temeswar, Khadim (l'*eunuque*) Ali-Pacha s'emparait du fort de Dregely; Arslan-Pacha prenait les châteaux de Szecseny, d'Hollokie, de Buyak, de Sagh, et de Ghyarmath; et, se joignant à Ali-Pacha, battait, à Fulek, sept mille Autrichiens commandés par Érasme Teufel, baron de Gundersdorf. Ce général et quatre mille captifs ornèrent l'entrée triomphale à Bude de Khadim-Ali-Pacha: ils furent ensuite vendus à l'encan: un soldat allemand ne coûtait qu'un petit baril de beurre ou de miel, ou même une mesure d'avoine ou de farine.

Les généraux ottomans, encouragés par leurs succès, voulurent terminer la campagne par la prise des forteresses de Szolnok et d'Erlau; mais la première seulement capitula, grâce à la lâcheté du commandant Laurent Nyari, qui n'osa pas profiter des nombreux moyens de défense à sa disposition. Quant à Erlau, cette ville partagea avec Vienne et Malte la gloire d'avoir repoussé les armes triomphantes du Sultan: les détails de ce siége présentent des traits d'héroïsme qui méritent d'être reproduits: les femmes le disputèrent en intrépidité aux plus braves soldats: un grand nombre d'entre elles se pressait sur les remparts, d'où elles versaient sur les Osmanlis des seaux d'eau et d'huile bouillantes. Une mère, sa fille et son gendre combattaient sur le même bastion; l'homme fut tué, et la mère pria sa fille de rendre à son mari les derniers devoirs: « Non pas avant de l'avoir « vengé! » répondit la jeune femme; à ces mots, elle prit les armes du mort, tua trois Ottomans, et, saisissant le corps de son époux, l'apporta à l'église, et le fit enterrer. Une autre femme, qui s'occupait de rassembler et de lancer de grosses pierres sur les assaillants, tomba frappée d'une balle; sa fille, qui combattait près d'elle, saisie d'une douleur frénétique, jeta par-dessus les murs sa mère et le bloc qu'elle tenait encore, et en écrasa deux musulmans. Lorsque Arslan-Beï envoya sommer la ville de se rendre, Dobo de Rouszka, qui la commandait, ordonna d'emprisonner le porteur de la sommation, et pour toute réponse fit placer sur les remparts, en vue de l'ennemi, un cercueil entre deux lances, pour exprimer qu'il mourrait avant de se rendre. Un second plénipotentiaire ayant été député, vingt jours plus tard, avec de nouvelles propositions, le gouverneur déchira la lettre du vézir Ahmed-Pacha, força l'envoyé d'en avaler une portion, et brûla le reste. Pendant le siége, le feu ayant pris aux provisions de poudre renfermées dans la cathédrale, cet édifice sauta en l'air avec deux moulins, et les assiégés se trouvèrent sans munitions: loin de se décourager, le commandant fit fabriquer de nouvelle poudre avec le salpêtre et le soufre dont il avait eu la prévoyance de s'approvisionner en grande quantité. Suivant les historiens hongrois, de singuliers moyens de défense furent imaginés par les assiégés: ils remplirent des seaux à incendie de matières combustibles, et, les ayant entourés de pistolets chargés, lancèrent de nuit ces petites machines infernales dans le fossé que l'ennemi avait comblé, et sur lequel il avait élevé une tour en bois; lorsque les Ottomans accoururent pour éteindre le feu, les pistolets éclatèrent dans tous les sens, et firent reculer avec effroi les soldats musulmans. Enfin, tout ce que l'intrépidité et la ruse peuvent employer fut mis en usage par les chrétiens, qui sortirent vainqueurs de cette lutte acharnée. Le 18 octobre 1551, Ahmed-Pacha ordonna la retraite (*).

Pendant que ces événements se pas-

(*) Il y a beaucoup d'autres détails dans les récits que les historiens nationaux ont faits du siége d'ailleurs si mémorable d'Erlau: nous avons cru pouvoir en parler ici avec quelque étendue, d'après ces auteurs, dont cependant nous ne saurions garantir la véracité, mise peut-être en défaut par un sentiment de patriotisme estimable même dans ses aberrations.

saient en Europe, la guerre éclatait aussi en Asie : Châh-Thahmasp s'emparait d'Ardjich, d'Akhlat, et battait complétement Iskender-Pacha, qu'il avait attiré dans une embuscade. En apprenant ces revers, Sultan-Suleïman résolut de pousser avec vigueur la guerre contre la Perse; ce prince, âgé alors d'environ soixante ans, et affaibli par les fatigues de onze campagnes qu'il avait conduites en personne, confia le commandement de cette expédition au grand vézir. Toutefois le repos que se promettait le Sultan ne fut pas de longue durée : instruit par un message de Rustem-Pacha, que le prince Moustapha montrait des dispositions à la révolte, et écoutait avec complaisance les propos séditieux des janissaires, Sultan-Suleïman se rendit à Scutari le 28 août 1553, et se mit à la tête de son armée : le 12 chewwal 960 (21 septembre), elle arriva près d'Érègli; le Châhzadè se rendit au camp, reçut les hommages des vézirs, et fut conduit en grande pompe à l'audience du Sultan : en entrant sous la tente impériale, il fut reçu par sept muets, armés du fatal cordon; Moustapha expira en appelant vainement son père, qui, caché derrière un rideau de soie, assistait à cette horrible scène.

L'armée pleura le malheureux prince, et imputa sa fin tragique aux intrigues du grand vézir; cédant au cri public, le Sultan destitua Rustem-Pacha, et remit le sceau d'or, insigne du grand vézirat, à Ahmed-Pacha. Plusieurs poëtes exprimèrent leur douleur dans des élégies touchantes, entre autres le célèbre Yahïa, dont les vers furent répétés par toutes les bouches. Deux ans plus tard, Rustem-Pacha, revenu au pouvoir, voulut faire ôter la vie au chantre de Moustapha; mais le Sultan s'y refusa, et le grand vézir borna sa vengeance à destituer le poëte de sa place d'administrateur des établissements de bienfaisance. Le prince Djihanghir, lié par une vive affection à son frère Sultan-Moustapha, fut tellement frappé de sa mort, qu'il tomba dans une mélancolie profonde, et ne tarda pas à le suivre au tombeau.

Leurs corps furent réunis dans la mosquée dite *Châhzadè* ou *Djihanghir*, située dans le quartier de *Topkhanè* ou de l'artillerie.

Dans les premiers jours d'avril 1554 (961), l'armée se remit en marche : le Sultan envoya au Châh une déclaration de guerre; elle fut suivie de la dévastation des contrées de Nakhtchiwan, Ériwan et Kara-Bagh. Le Châh répondit à la lettre du Grand Seigneur; et, tout en protestant de ses intentions pacifiques, il l'assura qu'il saurait bien se venger du ravage de ses provinces. Cependant les hostilités cessèrent presque entièrement, et la querelle se poursuivit par des échanges de lettres injurieuses entre les vézirs des deux souverains ennemis. Enfin, le 26 septembre 1554, le chef des gardes du corps du roi de Perse, le *Kouroudji* ou *Kourtche Kadjar*, arriva à Erzroum, et demanda au Sultan un armistice qui fut accordé. Le 10 mai 1555, un nouvel ambassadeur, Ferroukhzad-Beï, ichik-aghaçi, ou grand maître des cérémonies, apporta à Suleïman des présents magnifiques et une lettre du Châh, contenant des propositions de paix rédigées dans le style le plus obligeant et le plus amical. L'envoyé, comblé d'honneurs, rapporta à son maître la réponse du Sultan qui accédait aux désirs de Thahmasp; et, le 8 redjeb 962 (29 mai 1555), la paix fut signée entre les deux puissances.

A la même époque, l'évêque de Fünfkirchen, François Zay, capitaine général de la flotte du Danube, et le Belge Busbec, ambassadeurs de Ferdinand, vinrent à Amassia négocier la paix avec la Porte : après bien des démarches et des conférences, ils ne purent obtenir qu'un armistice de six mois, et une lettre du Sultan pour Ferdinand.

Dans le mois de ramazan suivant, un faux Moustapha, se prétendant échappé au supplice qu'avait subi le prince de ce nom, était parvenu à se créer un parti, et à rassembler quelques milliers d'hommes aux environs de Sèlanik (*Salonique*) et de Yèni-Chèhir.

Déjà le prince Baïezid, gouverneur d'Andrinople, avait donné ordre à Muhammed-Khan, sandjak-beï de Nicomédie, de s'emparer du rebelle. Cet aventurier, trahi par un marchand de volailles, qu'il avait choisi pour son grand vézir, fut livré au Sultan, et condamné au supplice ignominieux de la potence.

Le 12 zilhidjè 962 (28 septembre 1555), le grand vézir Ahmed-Pacha fut étranglé en arrivant à l'audience du Grand Seigneur. Khourrem-Sultane, qui dominait entièrement l'esprit de Suleïman, désirait voir rentrer aux affaires son gendre Rustem-Pacha : il n'en fallut pas davantage pour décider la chute du malheureux Ahmed. On chercha cependant des prétextes pour motiver sa mort; on l'accusa d'avoir calomnié Ali-Pacha, gouverneur d'Égypte, afin de lui faire perdre la faveur de son maître; mais cette allégation ne trompa personne sur la vraie cause de la fin tragique du ministre. Rustem-Pacha fut élevé pour la seconde fois au poste dangereux de grand vézir.

Au milieu de l'été suivant (8 chewwal 963-16 août 1556), fut achevée la célèbre mosquée *Suleïmaniïé*, commencée six ans auparavant; l'inauguration de cet admirable monument, et la réintégration de Rustem-Pacha furent considérées comme des événements si importants, que le roi de Perse envoya à Constantinople un ambassadeur, porteur de quatre lettres, l'une au Grand Seigneur, l'autre au vézir, une troisième du prince Muhammed, fils de Thahmasp, à Rustem-Pacha, et la quatrième, de la première épouse du Châh à Khourrem-Sultane : ces lettres sont empreintes au plus haut degré du caractère hyperbolique qui distingue le style de la diplomatie orientale; le monarque persan écrivait à Suleïman : « O toi, qui es fa- « vorisé de la grâce divine, qui as été « comblé des dons du Tout-Puissant, « et imprégné de la rosée vivifiante du « Créateur, Sultan des deux parties « du globe, Khakan des deux mers; « toi, qui as le nom du prophète des « deux espèces de créatures, des hom- « mes et des génies; toi, l'égal des « Salomons » (c'est-à-dire des soixante et dix Salomons que les Orientaux croient avoir régné avant Adam), « le « centre des deux horizons, le servi- « teur des deux villes saintes (la Mecque « et Médine); toi, qui réunis en ta per- « sonne le pouvoir, la gloire, la magni- « ficence, la puissance, le khalifat, la « grandeur, la majesté, la justice, les « honneurs, la fortune et l'équité; « Sultan-Suleïman-Khan, que tes dra- « peaux flottent à jamais au-dessus des « cieux, et que les titres de ton règne « soient gravés sur des tables éter- « nelles! etc. »

La réponse de Suleïman ne le cédait en rien à celle du roi de Perse : « Toi, qui possèdes la majesté souve- « raine, lui disait-il, ferme et solide « comme le ciel, brillant comme le « soleil, entouré de la splendeur de « Djemchid, doué d'un aspect impo- « sant, de l'intelligence de Dara (Da- « rius), de l'habileté de Khosrew, de « la félicité de Muchtèri (Jupiter), de « la couronne de Keïkobad, du sceptre « de Féridoun, Châh du trône de la « magnificence, lune du ciel de la « puissance! toi, qui portes l'étendard « de la gloire et de la fortune, et dé- « ploies le tapis de la modération et « de l'habileté! toi, l'Orient des étoiles « des bonnes qualités, la source et « l'asile des vertus, qui réunis en ta « personne l'excellence des bonnes « mœurs, qui brilles du lustre de « tous les nobles sentiments, qui te fé- « licites des regards du protecteur su- « prême, qui possèdes les faveurs de « celui qui, dans sa grâce, répand la « félicité, qui es désiré comme Djem! « ô toi, l'asile du bonheur, Thahmasp- « Châh, sois toujours enveloppé des « émanations de la grâce divine, et « dirigé par l'influence des lumières « célestes! »

La Khassèki Khourrem-Sultane ne survécut pas longtemps à la rentrée au pouvoir de son gendre Rustem : elle fut ensevelie dans un mausolée près de la Suleïmaniïé. Cette femme remarquable s'était élevée du rang de simple esclave à celui d'épouse favorite du Sultan; elle causa la mort du prince Moustapha, des vézirs Ibrahim et Ahmed, et souvent abusa de l'ascendant qu'elle avait acquis dans sa jeunesse par ses séductions et sa beauté, et qu'elle sut conserver dans un âge avancé par la supériorité de son esprit et de son caractère.

Vers l'année 950 (1543), des relations amicales s'étaient établies entre Sultan-Suleïman et Abdul-Aziz, Khan des Uzbeks, prince de Samarkand et de Bokhara, souverain du pays au delà de l'Oxus (*Mawera-unnehr* ou la Transoxane), et ennemi déclaré de Châh-Thahmasp: le Sultan avait même envoyé, en 1554, des secours au Khan contre leur adversaire commun. Abdul-Aziz étant mort, Borrak-Khan s'empara du pouvoir et annonça son avénement au Sultan, qui entretint avec le nouveau souverain des rapports d'amitié.

La trêve conclue à Amassia entre les Ottomans et les Hongrois était souvent violée dans des escarmouches occasionnées par la haine que ces deux nations se portaient: ces hostilités réciproques amenèrent bientôt des infractions plus sérieuses au traité: Khadim-Ali-Pacha fut chargé du siége de Szigeth; il s'empara de cette ville, mais ne put réduire la citadelle. En même temps le palatin Thomas Nadasdy attaquait Babocsa: à cette nouvelle, Ali-Pacha vole au secours de cette place avec quarante mille hommes; il rencontre l'armée hongroise sur les bords de la rivière Rinya, est battu complétement, et retourne devant Szigeth, qu'il est obligé de quitter au bout de quelques jours. Babocsa, abandonnée à elle-même, ne peut résister longtemps; les vainqueurs y mettent le feu et font sauter la forteresse. Korothna et quelques autres villes tombent encore au pouvoir des chrétiens. De leur côté, les Ottomans s'emparent de Kostaïnicza, et dévastent la contrée située entre la Kulpa et l'Unna.

En 1558, la forteresse de Tata, ou Dotis, que son commandant Naghy avait quittée pour se rendre à Komorn, est surprise par Hamzè, sandjak-beï de Stuhlweissenbourg, ainsi que le château de Hegyesd. Wèlidjan, gouverneur de Fülek, s'empare de Szikszo et la livre aux flammes; mais il est défait près du village de Kafa par un corps de Transylvaniens.

Pendant ces fréquentes violations de l'armistice, Busbec, ambassadeur de Ferdinand, tentait vainement d'établir une paix solide. Le Sultan demandait la cession de Szigeth et ne voulait pas rendre lui-même Tata; dans une dernière audience, Busbec se borna à demander la ratification de la paix, laissant la rédaction du traité à la volonté du Sultan; mais il ne put rien obtenir, et fut enfermé dans le khan des ambassadeurs.

Cependant, au milieu de ces longues négociations avec l'Autriche, Sultan-Suleïman était tourmenté par les querelles de ses deux fils Sèlim et Baïezid. Par suite des intrigues de Lala-Moustapha-Pacha, précepteur des princes, la plus vive mésintelligence régnait entre eux. Par une trame odieuse concertée avec Sèlim, il engagea Baïezid-Khan à lever l'étendard de la révolte, en lui persuadant que la nation le préférerait à son frère. D'après l'avis de son perfide conseiller, Baïezid provoqua Sèlim-Khan par une lettre injurieuse et par l'envoi insultant d'une quenouille, d'un bonnet et d'une robe de femme; Sèlim fit parvenir le tout à Sultan-Suleïman, qui, indigné de la conduite de Baïezid, le traita en rebelle: ce prince rassembla alors une armée de vingt mille hommes, en vint aux mains avec celle du vézir Muhammed-Sokolli, fut défait, et se réfugia à Amassia. Sentant le danger de sa position, Baïezid écrivit à son père une lettre dans laquelle il implorait le pardon de sa faute: l'expression de son repentir eût sans doute touché Suleïman; mais cette lettre, interceptée par les agents secrets de Moustapha, ne parvint jamais au Sultan. Baïezid-Khan, ne recevant point de réponse, rassembla encore environ douze mille hommes, et partit pour la Perse le 1er de chewwal (7 juillet). Accueilli par

Châh-Thahmasp avec les plus grands honneurs et toutes les apparences de l'amitié, le prince ottoman, après une correspondance secrète entre Sultan-Suleïman et Châh-Thahmasp, fut livré indignement par ce dernier aux agents de Sélim, et mis à mort avec ses quatre fils le 15 muharrem 969 (25 septembre 1561). Quatre cent mille pièces d'or envoyées au roi de Perse furent le prix de son crime. Sur l'ordre du Sultan, un cinquième fils de l'infortuné Baïezid fut aussi étranglé à Brousse, quoiqu'il eût à peine trois ans.

Peu de temps avant la fin tragique de Baïezid, le grand vézir Rustem-Pacha était mort d'hydropisie. Son affection pour ce prince infortuné n'avait pu le sauver du supplice. Rustem-Pacha est un des hommes les plus remarquables du règne de Suleïman : il avait un extérieur rude, un caractère sombre, et jamais le sourire ne dérida son front soucieux. Dans le cours d'une administration de quinze années, il enrichit le trésor du Sultan et le sien propre, en vendant les charges de l'État. Ce déplorable système était cependant modifié par le taux très-modique auquel il avait taxé les emplois : l'avidité de ses successeurs fit regretter la vénalité modérée de Rustem-Pacha. Il laissa une fortune colossale : elle consistait, dit-on, en deux millions de ducats, nombre de lingots d'or et d'argent, trente-deux pierres fines estimées à onze millions deux cent mille aspres, cinq mille kaftans richement brodés, huit mille turbans, onze cents bonnets en drap d'or, deux mille neuf cents cottes de mailles, deux mille cuirasses, onze cents selles incrustées de pierreries, d'or ou d'argent, près de deux mille casques d'argent, de vermeil ou d'or massif, cent trente paires d'étriers en or, sept cent soixante sabres ornés de pierres précieuses, mille lances garnies d'argent, huit cents corans, dont cent trente enrichis de diamants, et cinq mille manuscrits : il possédait en outre huit cent quinze fermes dans l'Anatolie et la Roumilie, quatre cent soixante et seize moulins à eau, dix-sept cents esclaves des deux sexes, deux mille neuf cents chevaux, et onze cents chameaux. Il fonda une mosquée, un médrècè et un imaret, à Constantinople, à Roustchouk et à Hama.

Ali-Pacha, qui succéda à Rustem, était d'un caractère entièrement opposé, affable, populaire, généreux ; il avait l'esprit vif et fécond en saillies : il traita l'ambassadeur autrichien Busbec avec la plus grande bonté ; sa prévenance et la politesse de ses manières contribuèrent puissamment à la conclusion de la paix, qui fut signée par l'empereur d'Autriche à Prague, le 1er juin 1562, à des conditions très-avantageuses à la Porte.

Cependant les hostilités qui avaient eu lieu entre les commandants des frontières hongrois et ottomans, durant les négociations, continuèrent même après le départ de l'ambassadeur Busbec. Vers le même temps, la Moldavie était en proie à la guerre civile : un aventurier, nommé Jean Basilicas, soutenu en secret par Ferdinand, réussit à chasser le voïvode Alexandre, qui se réfugia à Constantinople ; mais comme il n'eut pas la précaution d'apporter des présents, et que son compétiteur offrit au Sultan quarante mille sequins, Basilicas fut reconnu voïvode de la Moldavie, et prit le nom d'Ivan. Une conspiration de boyards renversa bientôt l'usurpateur : son remplaçant, Tomza, le tua d'un coup de massue. N'ayant pu obtenir d'être reconnu par la Porte, le second usurpateur fut obligé de céder le trône à Alexandre, qui recouvra, avec son sceptre, la protection du Sultan.

En 1563, de nouveaux envoyés de Ferdinand vinrent à Constantinople régler quelques difficultés qu'avait fait naître la différence de rédaction des deux actes turc et latin. Des négociations eurent lieu, la même année, avec le roi d'Espagne, et les républiques de Gênes et de Florence : cette dernière obtint le renouvellement des capitulations conclues précédemment avec Baïezid II et Sélim Ier. Les ambassades polonaises étaient aussi très-fréquentes à cette époque ; Tunis et Alger envoyaient des députations, et les rapports diplomatiques avec les cours d'Asie avaient la plus grande activité.

Le 20 septembre 1563, tandis que Sultan-Suleïman était à la chasse dans la vallée de Khalkali-Dèrè, un orage terrible éclata : en vingt-quatre heures de temps, la foudre tomba sur soixante et quatorze édifices. Deux petites rivières (le Melas et l'Athyras), gonflées par les pluies, inondèrent les environs de Constantinople. Le Sultan, qui s'était réfugié dans le palais de l'ancien defterdar Iskender-Tchèlèbi, se trouva cerné par les eaux : elles gagnèrent bientôt les pièces inférieures, et Suleïman aurait péri, sans le dévouement d'un des siens, qui le porta sur son dos dans une soupente élevée. Cette inondation détruisit les aqueducs, entraîna divers ponts, entre autres celui de Tchekmèdjè, déracina les arbres de haute futaie, et balaya les maisons de plaisance, les fermes et les jardins sur son passage. Un demi-million de ducats fut consacré par le Grand Seigneur à réparer ces désastres.

Trois années avant ce cataclysme, c'est-à-dire en 967 (1560), le kapoudan-pacha Pialè, qui était sorti des Dardanelles avec une escadre formidable, dispersa la flotte chrétienne dans les eaux de Djerbè (*Gerbi*, sur la côte d'Afrique), et s'empara de cette île après un siége de trois mois. Le commandant de la place, don Alvaro de Sandi, fut fait prisonnier, et orna le triomphe du vainqueur à son retour à Constantinople : Sultan-Suleïman, voulant honorer de sa présence la rentrée de Pialè-Pacha, se rendit au kiosque du sérail, sur le bord de la mer, et assista à ce spectacle, sans que rien pût dissiper la tristesse et la sévérité empreintes sur son visage ; il semblait que les fatigues d'un long règne et les chagrins intérieurs qu'il avait éprouvés eussent fermé son cœur à toute joie.

Le roi d'Espagne, voulant se venger de la prise de Djerbè, s'empara, en 1564, de la ville de Gomère et du fort de Pignon de Velez : le Sultan, irrité de cette double perte, et de la capture d'un vaisseau ottoman chargé de marchandises pour le harem, se détermina à tenter la conquête de Malte. Le 1er avril 1565, le kapoudan-pacha Pialè sortit du port de Constantinople avec une escadre de cent quatre-vingt-une voiles ; il avait à bord le cinquième vézir Moustapha-Pacha, qui commandait l'armée de siége en qualité de sèrasker : le 20 mai suivant, vingt mille hommes débarquèrent dans l'île, et ouvrirent la tranchée devant le fort Saint-Elme ; quelques jours plus tard, Torghoud, beïler-beï de Tripoli, arriva avec treize galères et dix galiotes, et ordonna un assaut général où il perdit la vie, atteint par les éclats d'un boulet. Sept jours après le fort tomba au pouvoir des musulmans. Le sèrasker Moustapha-Pacha, voyant les pertes énormes que lui avait occasionnées une conquête si peu importante, ne put s'empêcher de dire, en faisant allusion au siége de la place : « Si le fils nous a coûté si cher, par « quels sacrifices faudra-t-il acheter le « père ? » Pour se venger de la résistance de la garnison, il fit écarteler les prisonniers, et clouer leurs membres sur des planches qu'il lança par mer au pied des murs de la ville. Le grand maître Lavalette fit alors massacrer les prisonniers ottomans, et chargea les canons de leurs têtes qu'il renvoya ainsi aux assiégeants : Moustapha-Pacha ayant député vers le grand maître un vieil esclave chrétien, pour le sommer de rendre la forteresse, Lavalette mena l'envoyé sur les remparts, et lui dit, en lui montrant la largeur et la profondeur des fossés : « Voici le « seul terrain que je puisse abandon- « ner à ton maître, pour qu'il vienne « le remplir de cadavres de janissaires. » D'après cette réponse, l'attaque recommença avec une nouvelle ardeur ; et enfin, le 11 septembre 1565, après dix assauts meurtriers, le sèrasker et le kapoudan-pacha, désespérant de vaincre la résistance héroïque des chevaliers de Saint-Jean, se décidèrent à lever le siége, après avoir perdu plus de vingt mille hommes. Les historiens chrétiens et ottomans assurent qu'au dernier assaut une apparition céleste décida la victoire en faveur des assiégés.

Pendant le siége infructueux de Malte, des hostilités avaient lieu entre les musulmans et les Hongrois; ces derniers s'emparaient de la ville de Tokay et envahissaient la Transylvanie; de son côté, Moustapha-Sokollovitch fit irruption dans la Croatie, prit Kruppa et la livra aux flammes, ainsi que Novi, et poussa jusqu'à Obreslo, où il fut battu à son tour par Erdzidy. Tout en se préparant à la guerre, Maximilien négociait pour obtenir la paix. Un ambassadeur hongrois, Hossutoti, arriva à Constantinople, mais sans apporter le tribut arriéré : le Grand Seigneur, irrité, le fit emprisonner, et la guerre fut résolue. Sultan-Suleïman se détermina à conduire lui-même cette nouvelle expédition contre la Hongrie, dans l'espoir d'effacer la honte du siége de Malte, en soumettant Erlau et Szigeth, qui lui avaient toujours résisté. Le 9 juin 1566, le pacha gouverneur de Bude, surnommé *Arslan* (le Lion), dans son impatience de combattre, assiégea, sans attendre la venue du Sultan, la ville de Palota; au bout de dix jours, l'arrivée des troupes impériales le força de se retirer. Le comte Eck de Salm, qui les commandait, surprit ensuite Tata et Wesprim, et brûla la superbe basilique fondée dans cette dernière ville par Étienne, roi de Hongrie.

Le 11 chewwal 973 (1er mai 1566), le Sultan se mit en marche, accompagné de tous ses vézirs, excepté Pertew-Pacha, qui était parti deux mois plus tôt, pour faire le siége de Gyula. Tourmenté par la goutte et affaibli par l'âge, le Grand Seigneur ne put faire la route à cheval, et voyagea en voiture. Le 13 zilhidjè (1er juin), l'armée campa dans la plaine de Tatar-Bazari; on y reçut la nouvelle de la naissance d'un arrière-petit-fils de Sultan-Suleïman, petit-fils de Sélim-Khan et fils de Murad. Vingt jours après on atteignit Belgrade : les pluies avaient tellement grossi le Danube qu'il fut impossible de construire tout de suite un pont; une partie de l'armée passa le fleuve sur des barques; le Sultan attendit que le pont commencé à Sabacz fût terminé, et fit alors son entrée à Semlin, où le jeune Sigismond, fils de Zapolya, se rendit sur l'invitation de Suleïman. Le Grand Seigneur renouvela au prétendant à la couronne de Hongrie l'assurance de sa puissante protection, et lui rendit le territoire situé entre la Theiss et la frontière de Transylvanie. L'armée se disposa ensuite à partir pour Bude; mais ce plan de campagne fut modifié à cause de la nouvelle de la mort de Muhammed, sandjak-beï de Tirhala, dont le camp avait été surpris à Siklos par le comte Nicolas Zrini : Suleïman voulut se venger du général hongrois en lui enlevant Szigeth; en conséquence, l'armée s'achemina vers cette ville. A son passage à Harsany, le Sultan fit décapiter Arslan-Muhammed-Pacha, dont la conduite à Palota l'avait irrité, et auquel il ne pardonnait point de n'avoir pas su défendre Wesprim et Tata. Le gouvernement de Bude fut donné à Moustapha-Sokollovitch, neveu du grand vézir. Le 5 avril, le Sultan arriva devant Szigeth, et le siége commença immédiatement : le commandant de la place, le brave Zrini, décidé à périr plutôt que de se rendre, voulut mettre dans son héroïque défense une pompe solennelle et digne de la magnificence qu'étalait Suleïman : les remparts furent garnis de draperies rouges, ainsi que pour une fête, et la tour fut recouverte extérieurement de plaques d'étain brillantes comme de l'argent. Après trois assauts acharnés, les Ottomans, toujours repoussés, attendirent l'explosion d'une mine qu'ils avaient pratiquée sous le grand bastion : elle éclata le 20 safer 974 (5 septembre), ouvrant une large brèche aux remparts; dans la nuit qui suivit cet événement, Sultan-Suleïman expira. Sa mort, déterminée peut-être par les fatigues d'une campagne au-dessus des forces d'un vieillard, fut attribuée à une attaque d'apoplexie ou aux suites d'une dyssenterie. Quelques heures avant sa fin, Suleïman, impatient de la résistance de Szigeth, avait écrit au grand vézir : « Cette cheminée n'a donc pas « cessé de brûler, et le gros tambour « de la victoire ne se fait donc pas « encore entendre (*) ? »

Muhammed-Sokolli, voulant éviter le découragement qui s'emparerait de l'armée si elle apprenait la mort du Grand Seigneur, cacha avec soin cet événement, et fit même publier de prétendues lettres autographes du souverain, imitées par Dja'fer-Aga, premier silihdar de Sultan-Suleïman; le siége continua donc avec la même ardeur. Le 22 safer (8 septembre), il ne restait plus aux assiégés, pour dernier refuge, que la grosse tour; Zrini, voyant que tout espoir de salut était perdu, se décida à périr en héros : il s'habilla richement, prit sur lui les clefs de la forteresse et cent ducats de Hongrie : « Tant que ce bras pourra « frapper, dit-il, nul ne m'arrachera ces « clefs ni cet or..... » Il s'arma ensuite du plus ancien des quatre sabres d'honneur qu'il avait gagnés dans sa carrière militaire, et ajouta : « C'est avec « cette arme que j'ai acquis mes pre- « miers honneurs et ma première « gloire; c'est avec elle que je veux « paraître devant le trône de l'Éternel, « pour y entendre mon jugement. » Il descend alors dans la cour de la forteresse, fait une courte harangue aux six cents braves qui lui restaient, donne ordre de mettre le feu à un mortier chargé de mitraille, et, s'élançant à travers la fumée et le désordre causé par l'explosion, va tomber au milieu des rangs ennemis. Pris vivant par les janissaires, Zrini est couché sur l'affût d'un canon et décapité à l'instant : sa tête, son chapeau et sa chaîne d'or furent envoyés au comte Eck de Salm, général des troupes impériales.

(*) *Odjak*, cheminée, ou plutôt *foyer*, sert à désigner métaphoriquement une *troupe*, une *maison*, une *famille*; et dire que *le feu y brûle* ou *s'y est éteint* signifie qu'elle se maintient ou est détruite.

A peine les Ottomans se sont-ils précipités dans la tour, que le bruit se répand qu'elle va sauter : les chefs effrayés se hâtent d'ordonner la retraite; mais, avant qu'elle ait pu s'effectuer, l'explosion a lieu avec un horrible fracas, et trois mille hommes sont ensevelis sous les ruines de la citadelle.

Huit jours après la prise de Szigeth, des lettres de victoire furent expédiées au nom du Sultan à tous les souverains amis de la Porte, au chérif de la Mecque et aux gouverneurs des provinces. Les vézirs parvinrent à cacher encore, pendant trois semaines, à l'armée, la mort de Sultan-Suleïman; et grâce à cette mesure de prudence, déjà employée avec succès à la fin des règnes de Muhammed Ier, de Muhammed II et de Sèlim Ier, l'héritier du trône eut le temps d'arriver de Kutahïé à Constantinople. En attendant, le grand vézir s'empara des rênes du gouvernement.

Le jour même de la mort de Suleïman, on avait appris la conquête de Gyula, que Pertew-Pacha assiégeait depuis le 5 juillet.

Sultan-Suleïman était âgé de soixante et quatorze ans et en avait régné quarante-huit; il avait le teint brun, l'aspect sévère; son front vaste était entièrement caché sous un turban qui lui descendait jusque près des yeux, et qui a été appelé *youçoufi* : c'était un bonnet de forme élevée, orné de deux plumes de héron; ce feutre disparaissait, presque jusqu'à son extrémité, sous les plis de la mousseline qui l'entourait, et qui était arrangée avec beaucoup d'art.

Sultan-Suleïman est un des souverains les plus remarquables de la race d'Osman : outre la gloire militaire que lui ont incontestablement acquise les treize campagnes qu'il dirigea en personne, il mérite celle du *législateur* par les lois et les statuts qui fixèrent l'organisation de son empire; les beaux monuments d'architecture qu'il éleva, et les hommes célèbres qui vécurent sous lui, rehaussent encore l'éclat de cette brillante période. Nous parlerons plus tard et en détail, dans les chapitres consacrés à la législation ottomane, du code qu'il promulgua (Kanoun-Namè). Quant aux monuments, nous citerons en première ligne la Suleïmaniïè. Ce superbe édifice, qui ne le cède peut-être qu'à Sainte-Sophie, est surtout admirable sous le rapport de la richesse des ornements et du fini parfait des détails. Il est composé de trois carrés contigus : dans le premier, nommé vestibule ou *harem* (enceinte sacrée), et dont la porte est un chef-d'œuvre d'architecture sarrazine, une superbe fontaine rappelle aux musulmans les devoirs de l'ablution ; le second, consacré à la prière, est appelé *mesdjid*, mot dont les Espagnols ont fait *mezquita*, et les Français *mosquée*; le troisième carré, destiné à la sépulture, est désigné sous le nom de *jardin*, rewzè (*raouda*), comme la tombe de Mahomet à Médine. La coupole est modelée sur celle de Sainte-Sophie ; le dôme principal est soutenu par quatre hautes colonnes de granit rouge à chapiteaux de marbre blanc ; le tabernacle (*mihrab*), le siége (*kursi*), la chaire (*minber*), la plate-forme (*mastabè*) et la tribune du Sultan (*maksourè*), sont aussi en marbre blanc orné de belles sculptures. Les vitraux sont décorés de fleurs peintes ou des lettres dont se compose le nom de Dieu. Parmi les inscriptions placées au-dessus des portes, et sur quelques autres parties des murs, on remarque surtout le trente-sixième verset de la vingt-quatrième soura : « Dieu est la « lumière des cieux et de la terre. Sa lu- « mière est comme la fenêtre ouverte « dans le mur, où brille une lampe sous « le verre. Le verre brille comme une « étoile ; la lampe est allumée avec de « l'huile d'un arbre béni ; cette huile « ne vient ni de l'Orient ni de l'Occi- « dent..... et Dieu dirige vers sa lu- « mière celui qu'il veut. » Autour de la mosquée s'élèvent divers établissements de bienfaisance et de piété : une école primaire (*mekteb*) ; une cuisine des pauvres (*imaret*) ; quatre académies (*médrècès*) ; une école où l'on enseigne la tradition (*dar-ul-hadiss*) ; une école pour la lecture du Coran (*dar-ul-kyraïet*) ; une école de médecine (*médrècéi-thebb*) ; un hôpital (*dar-uch-chifa*) ; une auberge gratuite, caravansérail (*kiarwan-séraï*) ; un hôpital pour les étrangers (*taw-khanè*) ; un réservoir pour distribuer les eaux (*sébil-kkanè*), et une bibliothèque (*kitab-khânè*).

Outre la Suleïmaniïè, le prince dont cette mosquée porte le nom, en fonda encore six autres : celles des princes Muhammed et Djihanghir, à Topkhanè ; la Sèlimiïè, élevée sur le tombeau de Sèlim Ier ; celle de la Khassèki ou de Khourrem-Sultane (*Roxelane*), près du marché des femmes (*Awret-Bazari*), et les deux mosquées de sa fille Mihr-Mah-Sultane, épouse de Rustem-Pacha, situées l'une à Scutari, l'autre à la porte d'Andrinople.

Parmi les monuments d'utilité publique élevés par Sultan-Suleïman, les plus remarquables sont l'aqueduc des quarante arches qui alimentait autant de fontaines, et les deux ponts de Tchekmèdjè (*Ponte grande* et *Ponte piccolo*). Nous passerons sous silence tous les autres édifices fondés par les ordres de ce prince, mosquées, aqueducs, ponts, tombeaux, fortifications, etc., dont la description détaillée nous entraînerait hors des bornes que nous nous sommes prescrites ; nous dirons seulement qu'après le fondateur et le conquérant de Constantinople (Constantin et Muhammed-el-Fatyh), Sultan-Suleïman est le souverain à qui cette capitale doit le plus grand nombre d'embellissements.

Près de deux cents poëtes vécurent sous le règne de Suleïman, versificateur lui-même, peu distingué il est vrai, mais sachant du moins reconnaître le mérite des grands écrivains de son siècle et les récompenser en souverain : le plus éminent d'entre eux est Abdul-Baki, que les musulmans appellent aussi le *Sultan*, le *Khan* et le *Khakan* de la poésie lyrique.

Les historiens orientaux nous ont transmis le nom de deux cents légistes qui figurèrent à cette époque, et dont une cinquantaine se distinguèrent par des ouvrages importants.

Malgré tous les droits incontestables de Suleïman aux titres de *législateur* et de *grand* que lui ont décernés ses contemporains, et que la postérité a confirmés, il est vrai de dire que c'est au sein de la haute prospérité où ce prince éleva l'empire ottoman que sont nés les germes de sa décadence. Un écrivain national en assigne, avec la plus grande justesse, les causes principales : l'habitude toute asiatique contractée par Suleïman sur la fin de ses jours, de ne plus présider lui-même le divan, dans le but d'entourer d'un prestige sacré la personne du souverain, en la dérobant à tous les yeux; la promotion de ses favoris aux premières dignités de l'État, exemple dangereux qui ouvrait à l'intrigue la carrière que le talent et l'expérience auraient dû seuls parcourir; l'influence du harem sur les affaires publiques; la vénalité des charges; enfin les richesses immenses et le pouvoir sans bornes accordés à ses grands vézirs Ibrahim et Rustem (*).

Ces fautes de Suleïman ne doivent pas cependant faire oublier ses grandes qualités, ses talents militaires, sa tolérance; cet ordre et cette économie qui ne nuisaient point à la splendeur et à l'éclat qu'il savait déployer si à propos; les principes de justice et de générosité qui le distinguaient; enfin son amour des sciences et des lettres, et la protection éclairée qu'il leur accordait. Outre les surnoms de *Kanouni* et de *Sahyb-Kyran* dont nous avons déjà fait mention, les écrivains orientaux l'ont encore appelé *Sahyb-ul-'achiret-il-kiamilè* (le possesseur des dix qualités parfaites, ou de la décade accomplie) (**).

(*) Sous les premiers Sultans, le traitement des grands vézirs n'était que de dix mille piastres : Suleïman l'éleva jusqu'à vingt-cinq mille en faveur d'Ibrahim-Pacha.

(**) Nous n'avons point approfondi la question des rapports diplomatiques entre la France et l'empire ottoman, établis sous le règne de Sultan Suleïman; il nous a paru

CHAPITRE XIII.

SULTAN-SÈLIM-KHAN II, surnommé MEST (L'IVROGNE), FILS DE SULTAN-SULEÏMAN.

Le 9 rebi'-ul-ewwel 974 (24 septembre 1566), Sultan-Sèlim arrivait à Kadikeuï (Chalcédoine), et envoyait le tchaouch Ali à Iskender-Pacha, kaïmmèkam de Constantinople. Ce dernier, qui ignorait encore la mort de Sultan-Suleïman, marqua le plus grand étonnement de ce message : aussitôt il donna ordre au bostandji-bachi et à l'aga du sérail de tout préparer pour la réception du nouvel empereur, qui le même jour fit son entrée au palais. Mihr-Mah-Sultane, sœur de Sèlim, fut la première à lui rendre visite : les hauts fonctionnaires furent admis ensuite au baise-main. Deux jours après cette cérémonie, le Sultan partit en toute hâte pour Belgrade, où il arriva le 6 octobre. En passant à Sofia, il envoya des officiers pour annoncer son avénement au roi de France, au châh de Perse et aux républiques de Venise et de Raguse. Cependant l'armée n'apprit le changement de règne que lorsque, quarante-huit jours après la mort de Suleïman, les lecteurs du Coran firent retentir autour de la tente impériale les paroles solennelles de la première soura. Sultan-Sèlim se rendit alors à la tente dressée sur une colline près de Belgrade; il en sortit bientôt vêtu de deuil, pria auprès du char funèbre qui contenait la dépouille mortelle du grand Suleïman, et se retira en saluant à droite et à gauche. Les janissaires, voyant qu'il n'était pas question du denier d'avénement (*bakhchich* ou *djulouss-aktchèci*), commencèrent à murmurer : ils disaient, dans leur insolence, *que les princes de la maison ottomane, pour arriver au trône, devaient passer sous le sabre des milices*. Sultan-Selim fit distribuer quelque argent aux troupes, mais sans parvenir à contenter les janissaires qui réclamaient trois mille aspres par tête, et en outre une gratification pour la

préférable d'en faire l'objet d'un chapitre spécial.

dernière campagne. Néanmoins, au bout de cinq jours, l'armée s'achemina vers Constantinople, où le corps de Suleïman fut déposé dans le tombeau qu'il s'était préparé. Le Sultan s'établit dans un palais situé à Khalkali, village près de Constantinople. Mais la révolte, qui n'était qu'assoupie, éclata de nouveau avec la plus grande violence. Le kapoudan-pacha voulut haranguer les mutins : il fut renversé de cheval et maltraité, ainsi que les vézirs ; les révoltés vinrent ensuite au-devant de Sèlim, en lui criant avec fureur : « Cède à l'ancien usage ! » Le Sultan, voyant l'impossibilité de refuser, octroya enfin aux janissaires leur demande, et tout rentra dans l'ordre. Outre la gratification accordée aux troupes, Sèlim, voulant honorer particulièrement le corps des oulémas, distribua de l'argent et des kaftans à plusieurs d'entre eux. Des fêtes brillantes célébrèrent en même temps les victoires de la dernière campagne et l'avénement de Sèlim : à cette occasion diverses promotions eurent lieu parmi les hauts fonctionnaires et les officiers du sérail.

Après la mort de Suleïman et la prise de Szigeth, les hostilités avaient continué entre les Impériaux et la Porte, malgré le désir de Maximilien d'obtenir la paix. Enfin, le 17 février 1568, à la suite de longues négociations, une trêve fut signée pour huit ans : entre autres conditions, l'empereur s'engageait à envoyer annuellement au Sultan trente mille ducats de Hongrie; les ambassadeurs de Maximilien en avaient déjà dépensé quarante mille en présents aux agents de la Porte, pour les disposer à écouter favorablement les propositions qui leur étaient faites.

A l'époque du séjour à Andrinople des plénipotentiaires autrichiens, Châh-Kouli-Sultan, gouverneur d'Érivan et ambassadeur du roi de Perse, arriva dans la seconde capitale de l'empire ottoman : il venait féliciter Sultan-Sèlim de son avénement au trône. L'envoyé persan se fit remarquer par la magnificence de son cortége et la richesse de ses présents : parmi ces dons on admirait surtout deux perles énormes du poids de quarante drachmes, et un rubis de la grosseur d'une petite poire. Lorsqu'il se rendit à l'audience du Sultan, l'ambassadeur, vêtu d'écarlate, la tête couverte d'un turban brodé d'or, montait un cheval dont les brillants harnais étaient ornés d'or, d'argent, de grenats et de turquoises. Châh-Kouli obtint du Grand Seigneur le renouvellement de l'ancien traité.

Dès que la nouvelle de la mort de Sultan-Suleïman fut connue en Arabie, Oulian-Oghlou, chef de la tribu nomade de Bèni-Omer, espéra pouvoir secouer le joug ottoman ; mais délaissé par les Persans, sur le secours desquels il comptait, il fut défait aisément par les beïler-beïs de Chèhrezour et de Basra.

Le 1ᵉʳ mai 1568, Sohorowsky, ambassadeur du roi de Pologne, arriva à Constantinople, et resserra, par une nouvelle paix, l'alliance entre son souverain et la Porte. Au commencement de l'année suivante, le kapoudan-pacha partit avec quinze galères pour soumettre la garnison de Tripoli qui avait tué son gouverneur : dix autres bâtiments se dirigèrent sur la Morée pour réprimer les tentatives de révolte des Maïnottes et y élever une forteresse qui pût les tenir en respect.

En 977 (1569) Mahmoud-Beï fut envoyé à Paris, dans le but de demander au roi Charles IX la main de sa sœur Marguerite pour le prince Sigismond de Transylvanie, à qui le grand vézir promettait le trône de Pologne. Un autre ambassadeur, Ibrahim-Beï, porta cette même année à la cour de France, le nouveau traité de commerce qui venait d'être conclu (*).

Vers cette époque, un de ces incen-

(*) Ce traité, négocié par Claude du Bourg, ambassadeur de Charles IX, concédait à la France la faculté d'établir des consuls dans le Levant, lesquels, ainsi que l'ambassadeur lui-même, avaient le droit de juger leurs nationaux. Les Français pouvaient disposer de leur succession, et s'ils

dies trop fréquents à Constantinople éclata dans cette ville avec une violence inouïe : malgré tous les moyens employés pour l'éteindre, il dura pendant sept jours et réduisit en cendres une grande partie de la capitale. Le grand vézir Muhammed-Sokolli fut sur le point de périr en cherchant à s'opposer au progrès des flammes.

Ce ministre, que Sultan-Suleïman avait légué à son fils Sèlim, sut maintenir sous ce dernier prince, les traditions de grandeur et de magnificence qu'il avait puisées auprès du monarque conquérant et législateur. Muhammed-Sokolli attacha son nom à la construction de la mosquée nommée *Sèlimiïé*, où le célèbre architecte Sinan déploya tout son talent ; c'est encore sous son ministère que l'exécution du projet gigantesque de la réunion du Don et du Volga fut confiée au defterdar Kacim-Beï qui en avait eu l'idée première, entreprise qui, du reste, échoua complétement : comme il fallait bloquer Astrakhan pour pouvoir creuser le canal de jonction, les Ottomans, repoussés par une vigoureuse sortie des Russes, furent obligés d'abandonner en même temps le siége et les travaux commencés. En outre, le khan de Crimée Dewlet-Gheraï, qui craignait que la réussite de ce projet ne fût contraire à ses intérêts, exploita adroitement un préjugé des musulmans, qui leur fait regarder les pays du Nord comme interdits aux sectateurs de Mahomet : il leur représenta que dans ces climats, la nuit n'étant que de quatre heures, ils seraient obligés d'interrompre leur sommeil pour faire la prière du soir, deux heures après le coucher du soleil, et celle du matin, dès l'aurore, ou bien de transgresser les prescriptions du Coran (*). Ces insinuations, jointes au découragement qui s'était emparé des troupes ottomanes à la suite de leurs revers, firent sur elles le plus grand effet, et elles abandonnèrent leurs postes, malgré tous les efforts des chefs pour les retenir.

Craignant que ces hostilités ne rompissent entièrement les relations amicales qui existaient entre la Russie et la Porte, le czar Jean le Terrible envoya en ambassade à Constantinople l'officier Novosilzow : Sultan-Sèlim le reçut très-gracieusement, et l'affaire d'Astrakhan n'eut pas de suites.

A cette époque, Mouthahher, prince de la dynastie des Seïdiïès (**) qui régnait depuis longtemps dans l'Arabie heureuse (*Yèmen*), avait acquis dans cette contrée une grande influence et s'était décoré du titre de khalife. Cette circonstance éveilla l'attention de la Porte, et le grand vézir Muhammed-Sokolli chargea Lala-Moustapha, ancien grand maître de la cour de Sèlim, de conquérir l'Yèmen : Ouzdèmir-Oghlou-Osman fut nommé beïler-beï de cette contrée, et l'Albanais Sinan-Pacha, gouverneur de l'Égypte. Par suite de dissensions et de jalousie entre ces trois fonctionnaires, les deux premiers furent destitués, mais rentrèrent en grâce peu après. Sinan-Pacha se porta sur Sanaa, capitale de l'Yèmen,

mouraient intestats, leurs biens, recueillis par les consuls, devaient être transmis à leurs héritiers légitimes. Entre plusieurs autres avantages obtenus pour notre nation, on remarquait encore le droit accordé à nos ambassadeurs et consuls de réclamer les captifs français au pouvoir des musulmans, et l'engagement pris par la Porte, de traiter amicalement tout vaisseau français, de restituer ce qui aurait été enlevé à bord de nos navires, et de punir sévèrement les coupables de ces déprédations. Dans cet acte, Sultan-Sélim, à l'exemple de son père, donnait au roi de France le titre de *Padichâh*.

(*) Lors de la conquête de la Sibérie par les Russes, *Tobolsk* comptait cependant une certaine quantité de musulmans parmi ses habitants ; et aujourd'hui encore les contrées septentrionales à l'est de l'Obi et du Tobol ne sont point dépourvues de sectateurs de Mahomet.

(**) Les *Seïdiïès* sont surnommés *Mu'tèzèlè* (schismatiques), par les musulmans *sunnis* (orthodoxes). Cette secte, qui tire son nom de Seïd, frère de Muhammed-Bakir, fils du troisième imam Zeïnul'abidin, petit-fils d'Ali, gendre de Mahomet, doit pourtant ses doctrines religieuses à Wassil-Ben-Atta, instituteur de Seïd.

y arriva le 11 safer 977 (26 juillet 1569), s'en empara, ainsi que de plusieurs autres lieux fortifiés, et commença ensuite le siége du château de Kewkéban. Cette importante citadelle résista neuf mois, et ne capitula que le 12 zilhidjè 977 (18 mai 1570). Mouthahher conclut alors la paix avec la Porte, dont il reconnut la suzeraineté.

Sultan-Sèlim, longtemps avant de monter sur le trône, avait conçu le projet de soumettre l'île de Chypre : ce désir lui avait été suggéré principalement par un juif portugais, nommé Joseph Nassy (*), qui, devenu favori du prince, sut flatter tous ses penchants et surtout sa passion pour le vin : la supériorité de celui que l'on récolte en Chypre ne pouvait manquer d'inspirer au monarque qui a mérité le honteux surnom de *mest* (l'ivrogne), une violente tentation de s'emparer du pays qui produit cette précieuse boisson. Les flatteries de Nassy, qui ne cessait d'exagérer au Sultan la facilité avec laquelle on pourrait conquérir cette île, remplirent Sèlim d'un tel enthousiasme, que, dans un moment d'effusion et peut-être d'ivresse, il promit à son favori de le faire roi de Chypre : aussi le juif s'empressa-t-il de pousser le Sultan à cette conquête, dès que la soumission de l'Arabie et la paix avec l'Allemagne permirent de songer à de nouvelles entreprises. A ces suggestions se joignaient l'opinion du vézir Pialè et celle de l'ancien kapoudan-pacha Lala-Moustapha, qui tous deux inclinaient à la guerre, dans l'espérance de regagner par des victoires la faveur que des revers leur avaient fait perdre : enfin le mufti Ebou-So'oud acheva de convaincre Sèlim de l'urgence de la guerre avec Venise, en rendant un fetwa par lequel il émettait la doctrine que l'on n'était pas lié par des traités conclus avec les infidèles, et que la violation de la foi jurée devenait une œuvre pieuse et méritoire, dès qu'il en résultait une conquête. En conséquence l'interprète Mahmoud et le tchaouch Kobad furent envoyés à Venise, et offrirent au doge l'impérieuse alternative de la cession de l'île de Chypre ou de la rupture de la paix. Le sénat, indigné, fut unanime dans son refus, et la guerre fut décidée. Le grand vézir Muhammed-Sokolli, ennemi secret de Nassy, chercha vainement à détourner le Sultan de l'entreprise contre Chypre, en l'engageant à secourir les Maures d'Espagne, qui étaient venus implorer son appui : Sèlim se contenta de faire aux ambassadeurs de Mansour de riches présents, et les congédia en leur promettant son assistance dès que la guerre avec Venise serait terminée. Lala-Moustapha et Pialè furent mis à la tête de l'expédition ; le premier, avec le titre de sèrasker, avait sous ses ordres les troupes de débarquement, et le second, comme kapoudan-pacha, commandait l'escadre, composée de trois cent soixante voiles. Pialè-Pacha ouvrit la campagne par une descente dans l'île de Tine, qu'il espérait enlever par surprise ; mais la résistance invincible de Jérôme Paruta, gouverneur de la citadelle, obligea les Ottomans à se retirer, après avoir ravagé le pays. Leur flotte se dirigea alors vers le golfe de Fènika (l'ancien Phoinicos), et le 1er août 1570 (978) elle jeta l'ancre dans la rade de Limassol, débarqua sans obstacles, et s'empara sans coup férir du fort de Leftari : pour récompenser les habitants qui s'étaient rendus à la première sommation, le sèrasker épargna leur vie et leurs biens ; mais les Vénitiens, ayant surpris la place pendant la nuit, punirent la défection de la garnison en la massacrant tout entière. Vers la mi-août l'artillerie se trouva débarquée, et le siège de Nicosie (l'ancienne *Limosia*) fut résolu : cette ville, appelée par les musulmans *Lefkochè*, est la capitale de l'île de Chypre, au centre de laquelle elle s'élève sur une colline : cette position en aurait fait une place presque inexpugnable si la trop grande étendue de ses murailles n'en eût rendu

---

(*) Ce juif avait été chargé du gouvernement des îles de l'Archipel dont se composait le duché de Naxie, lorsque, en 1566, la Porte en dépouilla le dernier duc, qui mourut à Constantinople.

la défense très-difficile. La ville entière avait été convertie en forteresse, et sa garnison s'élevait à dix mille hommes. Elle repoussa trois assauts avec la plus grande bravoure; mais l'armée assiégeante ayant été renforcée par vingt mille soldats de marine sous les ordres du kapoudan-pacha, Nicosie fut prise de vive force, le 9 septembre 1570, et livrée pendant huit jours à toutes les horreurs du meurtre et du pillage. Les Ottomans, après avoir massacré les défenseurs de la ville, avaient chargé sur plusieurs navires leur butin, dans lequel étaient compris deux mille jeunes gens des deux sexes : une femme grecque ou vénitienne mit le feu aux vaisseaux prêts à sortir du port, et ravit ainsi aux vainqueurs le fruit le plus précieux de leur conquête. Baffa (*Paphos*), Limassol (*Amathonte*), Larnaca, Cercyne (autrefois *Karkynia*), tombèrent au pouvoir des Osmanlis, peu après la chute de Nicosie. La tête de Dandolo, provéditeur de cette dernière ville, fut portée au gouverneur de Famagouste (en turc *Magousa*) par le beïler-beï de Mèr'ach, qui, en lui présentant ce sanglant trophée comme un sinistre avertissement du sort qui l'attendait, le somma de se rendre. Trois jours après le sèrasker était devant Famagouste : le siége commença immédiatement, malgré la saison avancée (septembre); mais bientôt la rigueur du froid et l'éloignement de la flotte ottomane, qui était retournée à Constantinople, obligèrent Moustapha de changer le siège en blocus. Le 23 janvier 1571 (978), les assiégés reçurent un renfort de seize cents hommes, et des approvisionnements que Marc-Antoine Quirini, commandant douze galères vénitiennes, parvint à introduire dans la place en coulant bas quelques navires ottomans. Au printemps suivant, le kapoudan-pacha reparut avec son escadre devant Chypre, et les travaux recommencèrent avec la plus grande activité : un fossé de trois milles de longueur et d'une profondeur telle qu'un homme à cheval y passait sans être vu du dehors, fut pratiqué autour de la place; dix forts s'élevèrent derrière le chemin creux, et cinq batteries foudroyèrent les remparts. Les assiégés, déterminés à une résistance désespérée, renvoyèrent huit mille habitants qui ne pouvaient être utiles à la défense de la ville, et que les musulmans eurent la générosité d'épargner. La garnison de Famagouste ne se composait que de sept mille hommes, et ses fortifications étaient délabrées; mais l'intrépide Bragadino, qui la commandait, fit réparer les murailles, établit une fonderie de canons, et, mettant à profit toutes les ressources que lui fournissait son esprit actif et entreprenant, il inspira son ardeur à la garnison, et fit présager aux assiégeants la résistance terrible qu'ils devaient éprouver. Dans les premiers jours de mai, une mine creusée par les Ottomans éclata en renversant une partie des murs : un assaut qui suivit immédiatement cette explosion fut tenté sans succès : cinq autres attaques générales eurent lieu dans l'espace de deux mois et demi, et furent toujours victorieusement repoussées; malheureusement pour les assiégés ils eurent aussi à lutter contre le fléau de la famine : le 1er août, la garnison ayant épuisé ses dernières ressources, se résigna à capituler; le sèrasker lui accorda les conditions les plus honorables, et témoigna beaucoup d'admiration pour les braves défenseurs de Famagouste; mais ces démonstrations bienveillantes cachaient d'indignes projets : Moustapha-Pacha ayant exigé, contre la teneur du traité, qu'on lui livrât comme otage le jeune Antoine Quirini, Bragadino ne put cacher son indignation; il éclata en violents reproches : Moustapha, furieux, le fit garrotter et avec lui trois autres chefs supérieurs; ceux-ci furent massacrés à l'instant sous les yeux de Bragadino, à qui on coupa le nez et les oreilles, le réservant à de plus longs tourments, en effet, dix jours après, sous le prétexte de représailles, il fut livré aux bourreaux : on commença à le hisser sur une vergue, d'où on le plongea à plusieurs reprises dans la mer; on le força ensuite à porter des paniers pleins de terre pour la reconstruction des bastions; et enfin il fut écorché vif. Moustapha et le bourreau lui criaient pendant cet affreux supplice : « Où « donc est ton Christ? pourquoi ne « vient-il pas à ton secours? » Au milieu de ces cruelles tortures, le héros chrétien ne laissa pas échapper une plainte, et rendit le dernier soupir en récitant à haute voix les versets du *miserere*. Après sa mort, son corps fut écartelé et exposé sur les batteries; sa peau, remplie de foin, fut promenée dans le camp et dans la ville, pendue ensuite à une vergue, et envoyée, avec sa tête et celle de trois autres chefs, à Constantinople, où elle fut exposée dans le bagne. Plus tard, les restes de Bragadino furent rendus aux Vénitiens, qui les inhumèrent avec les plus grands honneurs. Le 15 septembre 1571 (979) Moustapha-Pacha quitta l'île de Chypre (*), et quelques semaines plus tard, il rentra à Constantinople.

Pendant le siége de Famagouste, divers événements militaires se passaient en Dalmatie : l'amiral vénitien Veniero surprenait la ville de Sòbot (*Sopoto*); le kapoudan-pacha ravageait Candie, Cérigo (l'ancienne *Cythère*), Navarin, Zante, Céphalonie, Butrinto, Lesina, Curzola, et soumettait les places d'Oulgoum (*Dulcigno*), de Bar (*Antivari*) et de Budna. La flotte relâcha ensuite à Avlona (*la Valona*), et de là se rendit à Saseno, où elle attendit de nouveaux ordres.

Cependant le grand vézir Muhammed-Sokolli, malgré la prise de Nicosie, inclinait toujours à la paix; il laissa entendre aux Vénitiens qu'il traiterait volontiers avec un envoyé de la république; en conséquence cette puissance accrédita un ambassadeur auprès de la Porte; mais lorsque les hostilités eurent recommencé en Dalmatie, Venise rompit toute négociation et entra dans la ligue que le pape et le roi d'Espagne venaient de conclure contre les Ottomans. En septembre 1571, le célèbre Don Juan d'Autriche, fils naturel de Charles-Quint, partit de Messine avec une flotte de soixante-dix-neuf voiles. Douze galères du pape, sous les ordres de Marc-Antoine Colonna, et cent quatorze bâtiments de diverses grandeurs, commandés par l'amiral vénitien Veniero, se joignirent aux forces espagnoles et composèrent une escadre de plus de deux cents navires : le kapoudan-pacha Muezzin-Zadè-Ali-Pacha, ayant sous ses ordres Ouloudj-Ali, beïler-beï d'Alger, Haçan-Pacha, fils de Khair-uddin Barberousse, et seize autres sandjak-beïs, était mouillé dans le golfe de Lépante avec trois cents voiles. Les chrétiens arrivèrent le 7 octobre 1571 à la hauteur de cinq petites îles, sur la côte d'Albanie, nommées aujourd'hui *Curzolari* et autrefois *Echinæ*. Les vaisseaux ennemis ne tardèrent pas à se montrer : les deux armées navales se rangèrent en ordre de bataille et s'examinèrent longtemps en silence : enfin un coup de canon à poudre, tiré par le vaisseau amiral ottoman, auquel Don Juan répondit par un boulet de gros calibre, donna le signal du combat : il dura une heure avec le plus grand acharnement et sans que la victoire parût pencher d'aucun côté; enfin le kapoudan-pacha Muezzin-Zadè tomba, frappé de mort par une balle; les Espagnols sautèrent à l'abordage, coupèrent la tête de l'amiral ottoman, et la portèrent à Don Juan qui repoussa avec dégoût ce gage sanglant de sa victoire. Ce triomphe éclatant coûta aux alliés **quinze** galères et huit mille hommes, parmi lesquels étaient le provéditeur Barberigo et vingt-neuf autres nobles des premières familles vénitiennes; le célèbre auteur de Don Quichotte, Miguel Cervantes, se trouvait à cette bataille, il eut le bras gauche grièvement blessé, et en resta estropié toute sa vie. Mais les pertes des Ottomans furent incomparablement

---

(*) Les revenus de l'île de Chypre furent affectés depuis à l'entretien des grands vézirs : ils l'affermaient à un sous-gouverneur pour la somme de trois cent vingt-cinq mille piastres par an, dont le fisc prélevait cent soixante mille. Dans la suite, une grande portion de ces revenus devint l'apanage de *la Sultane Validè* (mère du Sultan régnant).

plus fortes : trente mille d'entre eux périrent, deux cent vingt-quatre vaisseaux brûlèrent ou se brisèrent sur les côtes ; près de quatre cents canons, plus de trois mille prisonniers, les pavillons de pourpre, les fanaux dorés, les queues de chevaux du sèrasker tombèrent au pouvoir des vainqueurs, et quinze mille esclaves chrétiens furent délivrés. Ouloudj-Ali, beïler-beï d'Alger, qui commandait l'aile droite, parvint à se sauver avec quarante galères, seul reste de la formidable escadre ottomane.

Cette bataille mémorable causa une sensation profonde chez les chrétiens. Marc-Antoine Colonna monta au Capitole, comme les anciens triomphateurs romains, et déposa sur l'autel de la Vierge une *colonne* d'argent, par allusion à son nom. Une statue lui fut votée par le sénat ; l'église où il avait remis son offrande fut embellie de dorures et de peintures qui font l'admiration des connaisseurs, et le pape Pie V lui fit don de soixante mille ducats. L'Europe entière répéta l'ingénieux éloge que ce pontife fit de Don Juan d'Autriche, en lui apliquant si heureusement ces paroles de l'Evangile : « *Fuit homo missus à Deo, cui nomen erat Joannes.* » Venise, en commémoration de la victoire de Lépante, institua une fête religieuse et nationale à la date du 7 octobre, anniversaire du plus grand triomphe qui eût été remporté jusqu'alors sur les ennemis de la chrétienté.

Les historiens ottomans racontent que lorsque Sultan-Sèlim reçut la nouvelle de l'anéantissement de sa flotte, il en fut tellement atterré qu'il resta trois jours sans vouloir prendre de nourriture ; prosterné le visage contre terre, s'humiliant sous le bras de Dieu, il le supplia d'avoir pitié de son peuple ; le quatrième jour, il prit en main le Coran, y lut avec respect deux *soura* (chapitres), puis, fermant le livre saint et le rouvrant au hasard, il tomba sur cet *aïet* (verset) : « Au nom de Dieu « miséricordieux et plein de compas- « sion, je souffre à cause de la victoire « des chrétiens sur les habitants de

11ᵉ *Livraison.* (TURQUIE.)

« la terre ; ils n'auront pas lieu à l'ave- « nir de s'applaudir de la victoire. » Sèlim regardant ces paroles comme un oracle qui lui annonçait que la colère divine était satisfaite, reprit courage, et ne songea plus qu'à réparer promptement ce désastre. Suivant les mêmes auteurs orientaux, ce revers des armes ottomanes avait été annoncé prophétiquement par la chute du plafond en bois du temple de la Mecque : le Sultan le fit reconstruire en pierre, disant qu'il serait ainsi l'emblème de la solidité de son empire.

Peu de jours après la bataille de Lépante, l'ambassadeur vénitien Barbaro demanda audience au grand vézir, et y vint dans l'appareil le plus pompeux, comme pour humilier les vaincus ; devinant son intention, Muhammed-Sokolli lui adressa ces paroles : « Tu nous « crois abattus sans doute par le revers « que nous venons d'éprouver, et tu « viens jouir de notre défaite ; mais « apprends que si vous nous avez fait « la barbe de près en battant notre « flotte, nous, en vous arrachant le « beau royaume de Chypre, nous vous « avons privé d'un bras ; or un bras « coupé ne peut renaître, tandis que « la barbe rasée repousse plus épaisse « et plus vigoureuse que jamais. » En effet, au mois de juin suivant, les pertes énormes de la marine ottomane étaient déjà réparées, grâce à la persévérance et à l'activité du grand vézir, et surtout aux éléments de force et de prospérité que l'empire avait en lui-même. « Sa richesse et sa puissance « sont telles, dit à cette occasion Mu- « hammed-Sokolli, que, s'il le fallait, « on ferait des ancres d'argent, des « cordages de soie et des voiles de « satin. » Ouloudj-Ali, qui avait sauvé une portion de l'escadre, fut promu au grade de kapoudan-pacha, et changea, d'après la volonté du Sultan, le nom d'*Ouloudj* en celui de *Kylidj* (sabre).

La flotte ottomane, forte de deux cent cinquante voiles, se mit en mer, et rencontra l'escadre chrétienne, d'abord près du promontoire de Matapan et ensuite devant l'île de Cérigo, sans qu'il en résultât autre chose que de légères escarmouches : le kapoudan-pacha se rendit alors à Modon et à Navarin où, deux siècles et demi plus tard, la marine ottomane devait éprouver encore un immense désastre ; et il rentra à Constantinople après avoir perdu seulement quelques galères. Pendant cette campagne la mésintelligence avait éclaté entre les chefs de la flotte chrétienne ; et Venise, voyant qu'elle ne pouvait compter sur la coopération de ses alliés, se décida à faire des ouvertures de paix à la Porte. Le 7 mars 1573, fut signé un traité tout à l'avantage de cette dernière puissance : c'est ainsi que se vérifièrent les paroles du grand vézir à l'ambassadeur de Venise, et que fut perdu tout le fruit que les chrétiens auraient dû retirer de la glorieuse victoire de Lépante !

Tandis que Venise, se détachant de la sainte ligue, faisait sa paix avec le Sultan, l'Espagne méditait de nouvelles conquêtes : la ville de Tunis avait été prise par Ouloudj-Ali pendant le siége de Nicosie ; mais le fort de la Goulette (Khalk-ul-Wadi) était resté au pouvoir des Espagnols. Le 7 octobre 1572, premier anniversaire de la bataille de Lépante, Don Juan d'Autriche partit de Sicile avec quatre-vingt-dix voiles et vogua vers l'Afrique. Son nom seul répandit la terreur parmi les musulmans qui s'enfuirent à son approche, le laissant maître de Tunis et de l'artillerie qui couvrait les remparts. Don Juan fit élever une nouvelle forteresse et laissa dans la ville une garnison de huit mille hommes. Dix-huit mois après (août 1574), quarante mille Ottomans, commandés par Sinan-Pacha, reprirent cette place, emportèrent d'assaut le château de la Goulette, en firent sauter les fortifications, et s'emparèrent aussi de la citadelle appelée *Bastion de Tunis*, que Don Juan avait fait construire.

Bogdan, prince de Valachie, entretenait avec la Pologne des relations qui avaient éveillé les inquiétudes de la Porte : profitant du mécontentement du Grand Seigneur, un aventurier ambitieux, nommé Jean Iwonia, sollicita l'investiture de la principauté de Bogdan et un secours de vingt mille hommes : il obtint l'un et l'autre. Sigismond-Auguste, roi de Pologne, s'employa vainement en faveur de son allié Bogdan ; il fallut en venir aux mains ; et l'avant-garde ottomane, commandée par Iwonia, fut battue par les Polonais ; mais Sigismond étant mort sur ces entrefaites (7 juillet 1572), ils cédèrent la place forte de Khotchim à Iwonia, qui, à ce prix, promettait de cesser les hostilités ; mais dès qu'il fut en possession de cette ville, il demanda qu'on lui livrât Bogdan et son frère Pierre : Bogdan venait de périr victime des soupçons d'Iwan le Sévère, czar de Russie ; Pierre seul fut donc remis aux Ottomans, et mourut à Constantinople.

Iwonia, maître de la Moldavie, la gouverna en tyran ; mais, ayant refusé (1574) de payer à la Porte le tribut qu'elle venait de fixer à cent vingt mille ducats, au lieu de soixante mille, il fut détrôné par une armée ottomane sous les ordres du kapoudji-bachi Djighala-Zadè : celui-ci, dans un entretien qu'il eut avec son prisonnier, s'emporta contre lui, et lui porta deux coups de sabre ; les janissaires se précipitèrent alors sur Iwonia, et lui tranchèrent la tête ; elle fut envoyée à Yassi, et clouée à la porte de son palais.

Ces divers événements militaires n'empêchaient point la Porte d'entretenir des relations diplomatiques très-suivies avec la Pologne, la Russie, la France et l'Autriche : la trêve avec cette dernière puissance fut renouvelée pour huit ans ; la France envoya deux ambassades, l'une relative au traité de la Porte avec Venise, l'autre à l'avénement au trône de Pologne de Henri de Valois (depuis Henri III, roi de France). Le Sultan lui-même écrivit, en 1574, au roi Charles IX.

Zapolya, voïvode de Transylvanie, était mort en 1571 ; son successeur Bathory mit le plus grand empressement à payer le tribut annuel au Sultan, et lui demanda sa protection :

Sèlim envoya à Bathory par un tchaouch le diplôme d'investiture, la massue et le drapeau. Ce nouveau voïvode était en danger de perdre sa principauté par les intrigues du Valaque Bèkes, qui promit au grand vézir Sokolli un anneau du prix de dix mille ducats, et une somme quatre fois plus forte, s'il le faisait nommer voïvode; il s'engageait, en outre, à payer au Sultan le double du tribut convenu : mais Bathory sut, par des présents considérables, détruire tout l'effet des offres de son antagoniste.

En 980 (1572), l'apparition d'une comète était venue jeter l'effroi dans l'âme de Sèlim, prince superstitieux, et surtout fort imbu des idées du fatalisme. Cet événement naturel, mais que l'ignorance des peuples a toujours regardé comme un prodige de mauvais augure, annonçait (suivant les prédictions des astrologues, rapportées par les auteurs orientaux) de grands désastres : quarante jours après, des pluies continuelles causèrent une inondation dans les provinces d'Asie et d'Europe; le fléau dévastateur ravagea Magnésie, Kutahiïë, Andrinople, menaça d'emporter la sainte maison de la Kaaba, à la Mecque, et rendit impraticables pendant longtemps les ponts et les routes; un tremblement de terre renversa une portion de Constantinople; un incendie éclata dans les cuisines du sérail et détruisit les offices et les caves; enfin la mort du célèbre mufti Ebou-So'oud vint couronner toutes ces calamités, et plongea Sèlim, qui avait la plus profonde vénération pour ce grand cheikh de l'islamisme, dans une tristesse insurmontable. Peu de temps après, le Sultan alla visiter une nouvelle salle de bains (Kouçour-Hamam) qu'il faisait construire dans la partie orientale du sérail, entre l'appartement des femmes et celui des hommes : ce bel édifice est bâti en pierre de taille et divisé en quarante chambres, toutes revêtues de marbre. L'humidité des murs, qui venaient à peine d'être terminés, ayant saisi le prince, il but, pour se réchauffer, un flacon de vin de Chypre, dont les fumées lui montèrent bientôt à la tête, il chancela, et tomba sur les dalles glissantes : on s'empressa de le porter dans son lit, mais il était déjà en proie à une fièvre violente : onze jours après (le 27 cha'ban 982, 12 décembre 1574), il avait cessé de vivre.

Le règne de Sultan-Sèlim, qui fut seulement de huit années lunaires et ne présente qu'un petit nombre de ces faits brillants qui s'impriment dans la mémoire des peuples, ne peut soutenir le parallèle avec le règne si long et si glorieux du grand Suleïman. Sèlim lui-même était un prince bien inférieur à son illustre père : dès son bas âge, il montra un penchant décidé pour le vin, la dissipation et les plaisirs. Son sérail était rempli de musiciens, de bouffons, de chanteurs et d'esclaves. N'étant encore que gouverneur de Kutahiïë, il demanda un jour, au milieu d'une orgie, à son favori Djèlal-Beï ce que le peuple pensait de l'héritier présomptif du trône : Djèlal-Beï, à qui les vapeurs du vin faisaient oublier son rôle de courtisan, lui répondit librement que les grands, le peuple et l'armée adoraient ses frères autant qu'ils le méprisaient lui-même à cause de sa vie dissolue et indigne d'un prince : « Que « mes frères, répliqua Sèlim en riant « aux éclats, mettent leur confiance « dans les secours des hommes; la « mienne est dans le bras du Tout-« Puissant, et dans ma résignation aux « décrets irréfragables du ciel. Je ne « songe qu'aux plaisirs du jour : l'ave-« nir ne m'inquiète pas. » A peine fut-il monté sur le trône, qu'il révoqua l'édit de Suleïman contre le vin, au grand scandale des mahométans austères : cette conduite, opposée aux prescriptions du Coran, fournit le sujet de mille épigrammes, et valut à Sèlim le surnom de *Mest* (ivrogne); dès lors l'usage des liqueurs fermentées devint presque général sous son règne; les gens de loi, les ministres de la religion, ne se faisaient aucun scrupule d'en boire publiquement, et même d'en vendre; on entendait souvent les gens du peuple dire à haute voix : « Où irons-nous aujourd'hui

11.

chercher notre vin? chez le mufti ou chez le cadi?... »

Sultan-Sèlim construisit deux mosquées, la *Sélimiïè*, à Constantinople, et une autre à Andrinople ; il fit élever un château fort à Navarin ; il commença la restauration du temple de la Mecque, *Mesdjid-Chèrif*, au milieu duquel s'élève *la Kaaba*; et fonda deux académies près de Sainte-Sophie ; mais ces dernières entreprises ne furent achevées que sous Murad III, son fils et son successeur.

Les événements les plus remarquables du règne de Sèlim, tels que la conquête de Chypre, de l'Yémen, quelques autres expéditions glorieuses, l'achèvement du pont de Tchekmèdjè, etc., sont plutôt l'ouvrage du grand vézir Muhammed-Sokolli, dépositaire des pensées de Suleïman, et continuateur de son système, que le résultat des méditations politiques ou de la bravoure de Sultan-Sèlim, l'un des princes les moins distingués de la race d'Osman, et le premier d'entre eux qui se soit livré à tous les excès de la vie efféminée du sérail. Par suite de ce penchant à la mollesse, il crut pouvoir se dispenser de commander en personne ses armées ; cet exemple fut imité par ses successeurs ; et l'abandon de cet usage a sans doute contribué à affaiblir l'esprit guerrier d'une nation autrefois si belliqueuse. Sèlim renonça même au plaisir de la chasse, cette image de la guerre ; et c'est depuis cette époque que le goût de ce divertissement, pour lequel les premiers sultans avaient une véritable passion, s'est évanoui dans la maison ottomane.

CHAPITRE XIV.

SULTAN-MURAD-KHAN III, FILS DE SULTAN-SÈLIM-KHAN II.

Neuf jours après la mort de Sultan-Sèlim, le 7 ramazan 982 (21 décembre 1574), son fils aîné Murad arrivait à Constantinople. Il avait quitté Magnésie, et était venu s'embarquer à Moudania, sur la rive méridionale de la mer de Marmara. La nuit même de son entrée au sérail il fit étrangler ses cinq frères ; le lendemain, il reçut les hommages de tous les officiers de sa maison ; lorsque cette cérémonie fut terminée, ceux-ci, rangés silencieusement autour du sultan, attendirent avec anxiété qu'il leur adressât la parole. C'est une superstition très-accréditée chez les musulmans, comme autrefois chez les Grecs et les Romains, et même encore parmi les nations modernes, que les premiers mots prononcés par le nouveau monarque pronostiquent infailliblement le bonheur ou le malheur de son règne. Aussi ce fut avec la plus grande tristesse que les courtisans entendirent sortir de la bouche de Murad ces paroles de mauvais augure : « *J'ai faim ; qu'on me donne à manger!* » — Une famine qui affligea cette même année Constantinople et diverses provinces de l'empire, vint confirmer cette opinion populaire ; et les guerres et les dissensions intestines qui rendirent si désastreux le règne de Murad III, ne firent que donner plus de force aux préjugés dominants.

Après les prières des funérailles, le corps de Sèlim II fut inhumé à Sainte-Sophie, et huit jours plus tard ses cinq fils furent déposés à ses pieds. Le Sultan, qui les avait fait périr, distribua des aumônes et fit psalmodier le Coran pour le salut de leurs âmes. Les janissaires et les autres troupes reçurent ensuite cent dix bourses d'or. Diverses promotions et quelques destitutions eurent lieu ; et quatre cents prisonniers chrétiens furent mis en liberté.

Le premier acte administratif de Sultan-Murad fut une ordonnance qui interdisait aux musulmans l'usage du vin (*) : elle fut provoquée par l'inso-

(*) Cette mesure est analogue à ce qui se passe dans d'autres États, où il est d'usage à l'avènement d'un prince, de recommander aux peuples une observation plus sévère des lois et des prescriptions religieuses; on l'a même vu récemment dans la Grande-Bretagne, lorsque la reine Victoire est montée sur le trône (1837). Les plus

lence de quelques janissaires ivres, qui apostrophèrent le Sultan un jour qu'il passait devant la taverne où ils buvaient. Habitués à la licence du règne de Sélim II, les soldats s'irritèrent de cette prohibition, maltraitèrent le *soubachi* (prévôt), et menacèrent le grand vézir et même le Sultan. Cette audace intimida Murad, qui révoqua son édit, à condition que les troupes ne troubleraient pas la tranquillité publique; mais il punit l'aga des janissaires de l'indiscipline de ses soldats; ce chef fut destitué et remplacé par un renégat italien, qui avait transformé son nom de *Cicala* en celui de *Djighala*.

Les relations diplomatiques avec les diverses puissances européennes continuèrent activement sous le nouveau règne : les anciennes capitulations avec Venise furent confirmées; la Pologne, sur la recommandation de Murad, choisit pour roi le voïvode de Transylvanie Bathory; l'empereur d'Allemagne envoya le présent d'usage; et, trois mois plus tard, son ambassadeur reçut, de la part de Murad, la ratification du traité de paix (juillet 1575). Les impériaux restèrent maîtres de Kallo, et les Ottomans des quatre châteaux de Fonyod, Diveny, Kekkoe et Somosko. La France seule, gouvernée alors par Henri III, qui venait d'abandonner le trône de Pologne, ne conserva pas l'amitié de la Porte, et l'évêque d'Acqs, chargé d'affaires français, quitta Constantinople.

Cependant, malgré le traité conclu avec Maximilien, les hostilités entre l'Autriche et la Porte n'en continuaient pas moins : les beïs de Gran et de Stuhlweissenbourg menacèrent Ujvar et Palota; quelques villages furent brûlés, et les environs de Papa et Dotis saccagés jusqu'à Kopraïnis. Les sandjak-beïs de Pakariz, d'Huina, de Poschega, de Bosna-Sèraï, et l'alaï-beï de Wellaï, réunirent deux mille hommes, battirent le brave capitaine de la Carniole, Herbaert, baron d'Auersperg, qui fut pris et eut la tête tranchée; cette tête et celle d'un autre chef figurèrent dans l'entrée triomphale de Ferhad-Beï à Constantinople; elles furent ensuite achetées au bourreau par le baron d'Ungnad, ambassadeur de l'empereur, qui les envoya dans la Carniole, où elles furent inhumées.

A ces violations du traité de paix qui signalèrent le début du règne de Murad, vinrent se joindre les violations du droit des gens. Sous prétexte d'espionnage, le drogman de Venise fut chassé du divan, et celui de France fut obligé, pour sauver sa tête, d'embrasser l'islamisme; un autre agent étranger, Dominique Mossbach, de Tubingue, conduit au divan la chaîne au cou, y reçut cinquante coups de bâton.

L'empereur Rodolphe ayant succédé, en 1576, à Maximilien, renouvela pour huit années la trêve avec la Porte (1ᵉʳ janvier 1577), ce qui n'empêcha pas les Ottomans de se livrer sur les frontières à de continuelles incursions que l'archiduc Charles, gouverneur de la Styrie, de la Carinthie, de la Carniole et du cercle de Goritz, prit le parti de repousser avec vigueur, sans égard au traité, qui n'existait plus, pour ainsi dire, que de nom. Malgré ces sanglants démêlés, la trêve ne fut pas considérée comme rompue, et l'Autriche envoya le présent annuel d'usage, que la Porte s'obstinait à regarder comme un tribut. Par l'in-

---

glorieux ancêtres de Sultan-Murad III lui avaient donné un exemple imité par ses successeurs; et la prohibition des liqueurs fermentées (*muskirat*), prescrite par le Coran, est jugée devoir être le premier acte du khalife, le conservateur naturel de la pureté de la foi, et le modèle des bonnes mœurs publiques, auxquelles l'usage de ces liqueurs porte de si graves atteintes. Nous ne pouvons pas nous dissimuler que chez les chrétiens, l'abus des boissons plus ou moins alcooliques, avantageux sous beaucoup de rapports à l'État et aux particuliers, est trop souvent la source de crimes, de démoralisation et de désordres affreux. Or chez les musulmans *l'usage devient abus immédiat;* et ce fait peut expliquer la rigueur théorique de leur loi.

fluence directe de cette dernière puissance, le voïvode Étienne Bathory avait échangé son duché de Transylvanie contre le trône de Pologne ; un traité fut conclu avec le nouveau roi, le 14 décembre 1576. D'après cet acte, la Pologne devait être à l'abri des incursions des Tatares, qui n'en continuèrent pas moins à dévaster le territoire polonais. Aux plaintes des ambassadeurs de Bathory, le Sultan répondit par des récriminations sur les ravages de quelques chefs polonais aux frontières de la Moldavie, et tout resta de part et d'autre dans le même état.

Venise et Florence renouvelèrent leurs capitulations avec la Porte. L'Espagne présenta au divan, le 7 février 1578 (fin de 985), un projet de trêve, qui ne put être signé qu'après cinq ans de négociations. En 1579, la reine Elisabeth d'Angleterre brigua l'amitié de Sultan-Murad, et en obtint un traité de commerce favorable à la Grande-Bretagne. L'année précédente, quelques modifications avaient été apportées aux capitulations conclues avec la France quarante-cinq ans auparavant ; enfin la Suisse chercha à établir des rapports avec l'empire ottoman, qui accueillait très-bien les propositions que lui faisaient les diverses puissances chrétiennes, d'abord en vertu du grand principe de la politique ottomane : *la Sublime Porte est ouverte à tous ceux qui viennent y chercher secours*, mais surtout à cause des embarras occasionnés par les préparatifs de la guerre avec la Perse.

En 1578, le chérif de Fez, Muleï-Abdul-Mèlik, soutenu par une flotte et une armée ottomanes, remporta à Wadi-us-Seïl (Vallée du Torrent) une victoire complète sur Muhammed-Al-Moustanser et sur les Portugais ses alliés, commandés par le roi Sébastien, qui périt dans cette journée ainsi qu'Al-Moustanser. A la réception de cette nouvelle, Muleï-Abdul-Mèlik étant mort de joie, suivant l'assertion d'un historien oriental, son fils Muleï-Ahmed lui succéda, et envoya à Sultan-Murad un ambassadeur chargé de riches présents. Cette même année fut signalée par plusieurs événements malheureux, attribués à l'influence d'une comète apparue en 1577 ; la peste ravagea Constantinople et l'Italie, et la mort enleva le mufti Hamid, le kapoudan-pacha Pialè, la sœur de Murad et sa tante Mir-mah-Sultane ; mais le plus grand malheur pour l'État fut la fin tragique du grand vézir Muhammed Sokolli, le plus remarquable de tous les ministres ottomans, le soutien du trône sous les règnes de Suleïman et de son fils Sèlim. Lui seul, malgré le peu de faveur dont il jouit auprès de Murad, sut retarder la décadence de l'empire, qui ne laissa voir sa faiblesse que lorsque cette main puissante ne tint plus les rênes du gouvernement. Sokolli périt sous le fer d'un assassin, qui l'aborda déguisé en derviche, et le frappa au moment où il tenait le conseil du soir ; le meurtrier, mis à la torture, ne fit aucun aveu, et fut écartelé. On attribua ce crime à une vengeance personnelle, pour mieux en cacher peut-être la véritable source. Muhammed-Sokolli avait été pendant quatorze ans à la tête des affaires ; les littérateurs et les savants trouvaient en lui un puissant protecteur, et lui dédièrent leurs ouvrages les plus remarquables ; il a attaché son nom à un grand nombre de fondations d'utilité publique ou de piété.

Le célèbre roi de Perse, Châh-Thahmasp, avait été empoisonné en 984 (1576) : sa mort fut l'occasion de troubles intérieurs et de rivalités sanglantes. Le vieux prince avait inutilement voulu léguer sa couronne à son cinquième fils Haïder : ce dernier ne régna que quelques heures et tomba, la nuit même de la mort de son père, sous le poignard des esclaves du prince tcherkesse Chemkhal. Châh-Ismaïl lui succéda, et fut étranglé, après un règne tyrannique de dix-huit mois. Les vézirs Sinan-Pacha et Moustapha-Pacha décidèrent le Sultan à la guerre avec la Perse, en lui donnant l'espoir que les troubles qui agitaient ce pays lui permettraient de s'en emparer plus facilement. Moustapha-Pacha fut nommé sèrasker, et remporta, le 6 djèmazi-ul-oukhra 986 (23 juillet 1578), devant le petit château de Tchildir, une victoire éclatante sur Tokmak-Khan. A la suite de cette bataille, Moustapha-Pacha marcha sur Tiflis, capitale de la Géorgie : de là, il se rendit sur les bords de la rivière de Kanak, la traversa avec peine, et remporta, le 6 rèdjeb (8 septembre), une seconde victoire sur les Persans. Dans leur effroi, les vaincus s'étant précipités en foule sur le pont de Kanak qui s'écroula sous le poids, un grand nombre d'entre eux se noyèrent. La ville de Chèki se rendit ensuite aux Ottomans : la Géorgie (*Gurdjistan*) fut conquise et partagée en quatre provinces, dont le gouvernement fut confié à autant de bëïler-bëïs : Ouzdèmir-Osman-Pacha, le conquérant de l'Yèmen, commanda dans le Chirvan ; Muhammed-Pacha eut Tiflis ; Haïder-Pacha Soukoum, et le fils de Lewend le *Gurdjistan* proprement dit ou *Kakhèti*. Quatre armées persanes se mirent en marche pour reprendre les pays tombés au pouvoir des Ottomans : Ouzdèmir-Osman-Pacha, après un combat de trois jours, remporta une victoire signalée sur l'ancien gouverneur de Chamakhi, Eres-Khan, qui fut fait prisonnier : le sèrasker écrivit lui-même à Osman pour le féliciter de ce triomphe. Un nouveau succès illustra encore les armes d'Ouzdèmir-Osman, qui battit le prince persan Hamzè. Mais bientôt la rigueur de l'hiver obligea les Ottomans à quitter Chirvan et à se retirer à Derbend. Sur l'ordre de Sultan-Murad, Moustapha-Pacha reconstruisit la forteresse de Kars, qui protégeait la frontière de la Géorgie, et prit ses quartiers d'hiver à Erzroum. L'ancien seigneur de Tiflis, Simon Louarsab, soutenu par dix mille hommes que commandait Imam-Kouli-Khân, fils de Chemkhal, profita de l'inaction du sèrasker pour attaquer cette capitale, dont la garnison, décimée par une cruelle famine, fut réduite à sept cents hommes. Haçan-Pacha, fils du grand-vézir Sokolli, parvint à ravitailler Tiflis, et la conserva ainsi aux Ottomans.

Au moment de la mort de Muhammed-Sokolli, Sinan-Pacha et Moustapha-Pacha espéraient l'un et l'autre le remplacer ; mais le Sultan avait trompé leur attente en nommant pour son premier ministre le second vézir Ahmed : au bout de six mois, ce dernier avait déjà perdu la faveur de son maître, et remettait le sceau de l'empire à Sinan. Moustapha-Pacha, désespéré de voir lui échapper une seconde fois l'objet de son ambition, s'empoisonna : suivant quelques auteurs, il mourut de maladie (25 djèmazi-ul-oukhra 988, 7 août 1580). Son heureux rival, Sinan, lui succéda dans le commandement de l'armée d'expédition contre la Perse ; mais en 990 (1582), il fut remplacé lui-même par Siawouch-Pacha et envoyé en exil à Dèmotika. Sa chute fut la suite du reproche qu'il osa faire au Sultan de ne pas se mettre lui-même à la tête des troupes, grief auquel se joignit le soupçon de s'être laissé corrompre par les présents d'Ibrahim-Khan, ambassadeur du châh de Perse. Ferhad-Pacha fut élevé de la dignité de bëïler-bëï de Roumilie à celle de vézir, et eut aussi le commandement de l'armée d'invasion ; il partit pour la Perse avec des forces considérables et dix mille ouvriers, dont il se servit pour relever les fortifications à demi ruinées de la ville d'Érivan. L'inaction complète dans laquelle il demeura pendant la campagne suivante, mécontenta les troupes et lui valut une disgrâce méritée.

A la fin d'avril 1583 (rebi'-ul-akhir 991), les Ottomans sous les ordres d'Osman-Pacha, et les Persans commandés par Imam-Kouli-Khan, gouverneur de Ghendjè, se livrèrent, sur les bords du Samour, un combat acharné : après avoir lutté toute la journée sans avantage marqué de part ni d'autre, les deux armées, dans la fureur qui les animait, continuèrent le combat après le coucher du soleil, avec une telle frénésie, que pour dissiper l'obscurité de la nuit, des torches furent allumées et la mêlée se prolongea jusqu'au lendemain ; cette circonstance lui fit donner le nom de *bataille des torches.* Les quatre jours suivants se passèrent de chaque côté en manœuvres stratégiques; le cinquième jour les Ottomans, cernés par les Persans, se firent passage au milieu d'eux et les mirent en déroute. Trois mille prisonniers et une pyramide de têtes furent les trophées de la victoire des Osmanlis. Après cette glorieuse campagne, Osman-Pacha fit reconstruire le château de la ville de Chamakhy, nomma Dja'fer-Pacha kaïm-mèkam (sous-gouverneur) du Daghistan, et songea à opérer sa retraite : inquiété dans sa marche par les Russes, il parvint enfin à gagner Kaffa à travers les steppes du Kouban, non sans avoir eu à souffrir de la disette, du froid et des attaques de l'ennemi.

Pendant cette expédition en Perse, Osman-Pacha s'était plaint plusieurs fois du khan de Crimée, Muhammed-Gheraï, surnommé *sèmiz* (le gras), qui, malgré ses protestations d'attachement et de fidélité envers les Ottomans, ne leur avait pas envoyé le moindre secours. Le Sultan, irrité de ce manque de foi, déposa le khan et nomma à sa place son frère Islam-Gheraï, qui jusqu'alors avait vécu à Konia, dans l'ordre des derviches mewlewis; mais Muhammed-Gheraï n'était pas homme à se laisser déposséder sans résistance. Il se mit à la tête de quarante mille cavaliers et bloqua Osman-Pacha trop faible pour hasarder la bataille. Heureusement pour ce dernier, l'arrivée en Crimée du nouveau khan ayant rallié les anciens partisans de Muhammed-Gheraï, celui-ci, abandonné de tous, s'enfuit avec une escorte peu nombreuse, et fut tué par son frère Alp-Gheraï. Osman-Pacha, délivré par cet incident du danger qui le menaçait, retourna à Constantinople, où il fit une entrée triomphale, en juillet 1584 (rèdjeb 992). Sultan-Murad, dérogeant même à l'étiquette de la cour, le reçut en audience particulière dans le pavillon appelé *Yali-Kiochky*, situé sur le Bosphore, et voulut entendre de sa propre bouche le récit de ses exploits. Sa Hautesse l'invita par trois fois à s'asseoir sur l'*ihram* (tapis) dressé devant le *sopha*, et lui demanda la relation de ses campagnes en Perse et en Crimée. Osman obéit : il raconta d'abord les détails de sa victoire sur Eres-Khan; Murad en fut si enthousiasmé qu'il l'interrompit en s'écriant : « Très-« bien, mon cher Osman! on ne peut « assez applaudir à ton zèle et à ta « valeur. » A ces mots, prenant la plume de héron, garnie de brillants, qui ornait son turban, il l'attacha de sa propre main à celui du vézir. Au récit de la défaite de Hamzè-Mirza, Murad tirant de sa ceinture son poignard incrusté de diamants, le passa encore lui-même à celle d'Osman. La relation de sa victoire sur Imam-Kouli-Khan lui valut une seconde plume de héron, plus riche que la première; et enfin lorsque Osman eut rendu compte de ses opérations militaires en Crimée et de la mort du rebelle Muhammed-Gheraï-Khan, le Sultan, transporté de joie, leva les mains vers le ciel et donnant mille bénédictions au vainqueur : « Sois à « jamais, lui dit-il, dans la grâce d'Al-« lah! Qu'une gloire immortelle soit « ton partage dans ce monde et dans « l'autre! Puisses-tu, en récompense de « tes talents, de tes services et de ton « zèle pour la religion et l'Etat, at-« teindre un jour à la félicité du fils « d'Affan, le khalife Osman dont tu « portes le nom, et jouir avec lui et « les autres disciples de notre saint pro-« phète, du même rang, des mêmes « pavillons, des mêmes lits, des mêmes « tables, et des mêmes délices dans les « plus hautes régions du paradis! » A ces mots, sur un signe du Sultan, le *kapou-agaci* (chef des eunuques blancs) conduisit Osman dans un appartement du sérail, le revêtit d'un habillement complet du Grand Seigneur, sans oublier le riche poignard et les deux aigrettes qu'il venait de recevoir de Sa Hautesse, et le ramena, sous ce brillant costume, devant le monarque qu'il remercia de tous ses bienfaits et qui lui donna sa main à baiser. Lorsque Osman se retira, le grand écuyer lui présenta un beau cheval richement enharnaché; les étriers étaient d'or massif, et aux deux côtés de la selle on voyait un sabre et un *gaddarè* (cimeterre) orné de pierreries : il rentra ainsi dans son palais, escorté par un détachement de peïks et de solaks (gardes du corps), et environné de plusieurs officiers du sérail, tous à pied : honneurs inouïs et qui frappèrent d'étonnement la capitale. Dix-huit jours après cette audience remarquable, Osman-Pacha reçut le sceau de l'empire; pour plus de solennité, il lui fut remis en plein divan et en présence de tous les vézirs qui lui baisèrent la main. Arrivé ainsi au comble de la faveur, le nouveau ministre joignit à tous ses titres celui de généralissime de l'armée destinée à envahir l'Azerbaïdjan.

Avant d'entreprendre la relation de la campagne d'Osman-Pacha contre les Persans, nous allons raconter quelques événements d'une moindre importance, qui se passèrent entre la guerre de Géorgie et celle de Perse. Depuis la mort du grand vézir Sokolli, les relations extérieures de la Porte étaient très-actives. Les Hongrois se livraient sur la frontière à de nombreuses hostilités qui furent l'objet de vigoureuses représailles de la part des Ottomans et des réclamations du Sultan auprès de l'empereur Rodolphe. L'ambassadeur Jacques de Germiny renouvela, en 1581, les capitulations de la France avec le Grand Seigneur (*), et, par un présent de quelques milliers de ducats, empêcha la fermeture des églises chrétiennes que Sultan-Murad voulait consacrer à l'islamisme. L'Espagne signa un armistice d'un an, et le Portugal réclama les secours de la Porte contre Philippe II. En 1583, un envoyé d'Élisabeth, reine d'Angleterre, arriva à Constantinople, et obtint pour les négociants anglais les mêmes priviléges dont les Français avaient d'abord joui exclusivement. Venise, grâce à la protection de la Vénitienne Safiïé-Sultane, surnommée *Baffa*, à cause du nom de la famille *Baffo*, à laquelle elle appartenait, maintint ses relations amicales avec l'empereur ottoman. Étienne Bathory, qui devait le trône de Pologne à la puissante intervention du Grand Seigneur, conservait avec lui des rapports pacifiques, qui furent pourtant troublés par la protection que les Polonais accordèrent aux deux frères du khan des Tatares. Le plénipotentiaire russe Philippowsky se rendit auprès du Sultan pour s'expliquer sur les rapports du czar avec les Tatares. En Transylvanie, Pierre Tchertchel avait usurpé le trône sur le voïvode Michnè, grâce à l'engagement que prit l'usurpateur de payer à la Porte quatre-vingt mille ducats, dont il donna le quart comptant; mais se trouvant dans l'impossibilité d'acquitter le reste de la somme, il fut obligé, au bout de deux ans, de rendre la couronne à son ancien possesseur. Enfin des envoyés tatares et géorgiens, des ambassadeurs de l'empereur de Fez et de Maroc, et du prince des Uzbeks, complétaient la série des relations diplomatiques de la Porte en Europe, en Asie et en Afrique. Sultan-Murad envoya notifier aux divers princes de ces trois parties du monde, et aux gouverneurs de son empire (*), l'époque de la circoncision

---

(*) Ce traité accordait à nos ambassadeurs la préséance sur les autres ministres étrangers, et donnait à nos consuls dans les Échelles le même avantage sur les autres consuls européens; l'article qui stipule cette concession est conçu dans les termes suivants : « En faveur des anciennes liaisons « d'amitié entre les monarques ottomans et « les rois de France, qui ont de tout temps « été sincèrement attachés à la Sublime « Porte, et sont, sous tous les rapports, « les plus illustres souverains de la chré- « tienté. »

(*) La lettre circulaire que Sultan-Murad leur adressa à cette occasion est si curieuse par son style et ses métaphores singulières, que nous croyons devoir la mettre en entier sous les yeux de nos lecteurs :
(Après les titres d'usage, qui varient suivant le rang des personnages)
« Nous vous faisons savoir par ce signe « impérial, décoré de notre *toughra* (chif- « fre du G. S.) très-noble et très-auguste,

de son fils Muhammed, en les invitant à se rendre aux fêtes mémorables par

« qu'étant d'un devoir sacré et indispensable
« pour le peuple élu, pour le peuple béni,
« pour le peuple mahométan, mais parti-
« culièrement pour les sultans, les monar-
« ques, les souverains, comme pour les
« princes du sang de leur auguste maison,
« de suivre en tout les lois et les préceptes
« de notre saint Prophète, le coryphée de
« tous les patriarches et de tous les envoyés
« célestes, et d'observer religieusement tout
« ce qui est prescrit dans notre saint livre,
« où il est dit : *Suis les traces d'Abraham*
« *ton père, de qui tu tiens le grand nom de*
« *musulman;* nous avons conséquemment
« résolu d'accomplir le précepte relatif à
« l'acte de la circoncision, dans la personne
« du prince Muhammed, notre fils bien-
« aimé; de ce prince qui, couvert des ailes
« de la grâce céleste et de l'assistance divine,
« croît en félicité et en bonne odeur dans
« les glorieuses voies du trône impérial; de
« ce prince en qui tout respire la noblesse,
« la grandeur et la magnificence; qui, ho-
« noré du même nom que notre saint Pro-
« phète, fait l'objet de la plus juste admira-
« tion de notre haute et sublime cour; qui
« est la plus belle des fleurs du parterre de
« l'équité et de la souveraine puissance; le
« rejeton le plus précieux du jardin de la
« grandeur et de la majesté; la perle la plus
« fine de la monarchie et de la félicité su-
« prême; enfin l'astre le plus lumineux du
« firmament de la sérénité, du calme et du
« bonheur public.

« Quant à l'auguste personne de ce prince,
« la jeune plante de son existence ayant
« déjà eu d'heureux accroissements dans le
« verger de la virilité et de la force, et le
« tendre arbrisseau de son essence faisant
« déjà un superbe ornement dans la vigne
« des prospérités et des grandeurs, il est
« nécessaire que le vigneron de la circonci-
« sion porte sur cette plante nouvelle, sur
« ce rosier charmant, sa serpe tranchante
« et la dirige vers le bouton (*ghontchè*)
« prêt à s'épanouir, qui est le principe des
« facultés reproductives, et le germe des
« fruits précieux et des rejetons fortunés
« dans le grand verger du khalifat et de la
« puissance suprême.

« Cette auguste cérémonie aura donc lieu
« sous les auspices de la Providence, le
« printemps prochain, au retour d'une saison
« où la nature rajeunie et embellie offre

lesquelles il voulait célébrer cet événement. Depuis une année, d'immenses préparatifs avaient lieu pour donner à cette cérémonie une durée et un éclat sans exemple dans les fastes ottomans. Nous emprunterons aux auteurs orientaux les détails les plus curieux de cet acte religieux, dans l'accomplissement duquel Sultan-Murad déploya une magnificence inouïe.

Pour veiller à l'ordonnance de ces fêtes, diverses charges avaient été conférées à plusieurs grands de l'empire : Ibrahim-Pacha, beïler-beï de Roumilie, fut nommé *duïundji-bachi* (grand maître des noces); le beïler-beï d'Anatolie, Dja'fer Aga, remplit les fonctions de *cherbetdji-bachi* (surintendant des sorbets); le kapoudan-pacha, Ouloudj-Ali, celui de *mi'mar-bachi* (surintendant des bâtiments); l'aga des janissaires, Ferhad-Pacha, fut créé chef des gardes; Kara-Bali-Beï, ancien grand maître de l'hôtel, eut le titre d'*émin* (intendant), et Hamzè-Beï, ex-nichandji, celui de *nazir* (inspecteur).

La place de l'Hippodrome fut disposée pour cette grande solennité : une cuisine de cent pas carrés y fut établie. Des kiosques et des loges couvertes étaient destinés au Sultan, à ses femmes et au prince Muhammed. Un édifice, dont la base en pierre était surmontée de trois étages en bois, reçut les ambassadeurs étrangers, les agas de la cour extérieure et intérieure, les vézirs, beïs et beïler-beïs. Le ka-

« aux yeux des humains les beautés du pa-
« radis, et nous fait admirer les merveilles de
« la toute-puissance d'Allah. C'est à l'exemple
« de nos glorieux ancêtres, qui ont été cons-
« tamment fidèles à l'usage de publier ces
« solennités dans toute l'étendue de l'em-
« pire, d'y convier tous les grands de l'État,
« et généralement tous les officiers consti-
« tués en charges et en dignités, que nous
« vous expédions le présent ordre suprême
« par NN, pour vous faire les mêmes no-
« tifications, et pour vous inviter à venir
« participer à l'honneur et à la joie de cette
« fête, qui sera célébrée au milieu des plus
« grandes réjouissances. Que le Très-Haut
« daigne en bénir le commencement et la
« fin! etc. »

poudan-pacha et les officiers de marine furent placés dans une longue galerie attenante à cette dernière construction; en face, se trouvait une grande tente destinée à la préparation des rafraîchissements. Au centre de la place s'élevaient deux mâts, l'un peint en rouge, l'autre frotté d'huile; ce dernier soutenait un grand cercle garni de plusieurs milliers de lampes, qu'on faisait descendre la nuit pour éclairer l'hippodrome. L'ordre était maintenu par cinq cents hommes revêtus d'habits de cuir et portant des outres gonflées de vent; le capitaine de cette garde grotesque était monté sur un âne recouvert d'une housse en paille, et il amusait le peuple par des bouffonneries.

Le premier juin 1582 (990), le Sultan se rendit du sérail au palais d'Ibrahim-Pacha. Les tchaouchs et les mouteferrikas, revêtus d'habits de drap d'or, les agas de la cour et de l'armée, ouvraient la marche : venaient ensuite les palmes nuptiales, escortées par des janissaires (*). Le prince Muhammed les suivait : il était vêtu de satin écarlate brodé d'or; sur son turban se balançaient deux plumes noires de héron; une émeraude brillait à sa main droite; à son oreille droite pendait un énorme rubis; un sabre enrichi de pierres précieuses était passé à sa ceinture, et il portait une masse d'armes d'acier, dont la tête en cristal était taillée à facettes et dorée. Arrivé au palais, le prince baisa la main du Sultan, et une musique bruyante fit retentir les airs. Trois jours après, les sultanes se rendirent à l'hippodrome : dans leur cortége, on remarquait des prisonniers hongrois et bosniaques qui donnèrent à la foule le spectacle de jeux sanglants, *romano more*, qui coûtèrent la vie à quelques-uns de ces malheureux. A la suite des sultanes venaient quinze chevaux de charge, couverts de housses de damas rouge brodée d'argent, et portant les confitures et les ouvrages en sucrerie, représentant des éléphants, des lions, des léopards, des girafes et divers autres animaux. De nouvelles palmes nuptiales, beaucoup plus grandes que celles du premier cortége, et garnies de figures d'oiseaux, de fruits, de miroirs et de toute sorte d'objets, avaient nécessité, à cause de leurs dimensions colossales, l'élargissement de certaines rues, et même la démolition de quelques maisons. Deux châteaux, élevés en face de la loge du Sultan, arborèrent, l'un l'étendard de Mahomet, et l'autre celui de la croix, pour représenter les musulmans et les chrétiens : dans un combat simulé, ces derniers, comme de raison, furent vaincus; et lorsque les murs du fort pris d'assaut s'écroulèrent, on en vit sortir quatre porcs, allusion peu flatteuse sans doute pour les puissances chrétiennes dont les ambassadeurs étaient présents. Pendant vingt et un jours, les divers corps de métiers défilèrent devant le Sultan en lui offrant des échantillons de leur art. La corporation des cordonniers présenta un énorme soulier en maroquin brodé d'or, dans lequel était assis un enfant vêtu de drap d'or. Celle des batteurs de coton apporta des figures de monstres marins et de lions, et des masses d'armes en coton. Les marchands de miroirs, couverts de fragments de glaces qui éblouissaient les spectateurs; les tapissiers, vêtus de drap d'or et assis sur des matelas et des coussins de la même étoffe; les papetiers ayant des bannières et même des habillements de papier de diverses couleurs; enfin tous les états exercés dans l'empire furent tour à tour représentés dans cette procession solennelle, et offrirent au Sultan quelques produits de leur industrie.

Pendant cinquante-cinq jours que durèrent ces fêtes, on servit tous les soirs au peuple une vingtaine de bœufs rôtis tout entiers, environ mille plats de *pilau* et autant de pains. Des jeux de toute espèce, des comédies, des

---

(*) L'acte solennel de la circoncision est assimilé aux noces, *duiun*; ce nom même s'applique à l'ensemble des fêtes qui accompagnent cette cérémonie religieuse ; et, selon un antique usage de l'Orient, ne manquent pas d'y figurer les palmes nuptiales, comme à l'occasion du mariage d'une jeune vierge.

danses, des pantomimes, des feux d'artifice absorbaient les esprits de toutes les classes de la population. Des derviches mêlèrent à ces jeux leurs exercices accoutumés : les uns tournaient avec une incroyable rapidité; d'autres avalaient des couteaux, tenaient entre leurs dents des fers rougis au feu, sautaient au-dessus de lames de sabre plantées en terre, ou s'asseyaient sans crainte dans des tonneaux remplis de serpents. Enfin des ours, des renards, des chiens, ayant des torches et des pétards attachés à la queue, furent lâchés dans la foule, dont les cris d'effroi réjouissaient les grands.

Les présents les plus riches ou les plus extraordinaires furent offerts au Sultan par les envoyés des divers souverains invités aux cérémonies de la circoncision, et par les hauts fonctionnaires de l'empire ottoman. De grands festins réunirent tous les personnages les plus distingués de la magistrature, du clergé et de l'instruction publique. Enfin, le 7 juillet, le jeune prince fut circoncis par le vézir *djerrah* (*) Muhammed-Pacha, qui reçut, en récompense, un présent d'environ deux mille ducats. De grandes distributions d'argent furent aussi faites à cette occasion : mais des querelles qui s'élevèrent entre les janissaires et les sipahis, un incendie et la mort d'un prince nouveau-né, jetèrent un voile de deuil sur les derniers jours de ces fêtes si brillantes.

Le 23 zilhidjè 991 (28 décembre 1583), le prince Muhammed, alors âgé de seize ans, partit pour Magnésie, dont il venait d'être nommé gouverneur.

Ibrahim-Pacha, qui partageait auprès du Sultan la faveur dont jouissait Ouzdèmir-Osman, avait été promu au commandement de l'Égypte; après dix-huit mois de séjour dans cette contrée, il revint à Constantinople, où son maître le rappelait, et soumit, chemin faisant, Ma'an-Oghlou, beï des Druses. Ibrahim rentra en triomphe dans la capitale, et apporta au Sultan des présents bien au-dessus de tous ceux qu'on lui avait déjà offerts, et entre autres objets du plus grand prix, un trône d'or tout incrusté de pierreries, sur lequel les successeurs de Murad III s'asseyent encore le jour de leur avénement. Le 9 juin 1586, Ibrahim épousa Aïchè-Sultane, fille de Sultan-Murad, et reçut en dot trois cent mille ducats.

Deux ans auparavant (992-1584), les hostilités ayant recommencé entre la Perse et l'empire ottoman, cette circonstance avait contribué au renouvellement pour huit années de la trêve avec l'Autriche; cependant elle fut violée bien avant son expiration, autant par les Ottomans que par les Impériaux.

La Pologne avait, à cette époque, de fréquentes relations avec la Porte : à la mort d'Étienne Bathory, le prince Sigismond de Suède fut élu par les magnats, sur la recommandation du Sultan.

Dans les années 1584 et 1585 (992-993), le czar Fœdor Ivanovitch envoya à Sultan-Murad deux ambassadeurs, qui offrirent à Sa Hautesse des fourrures de grand prix.

En Moldavie, l'expulsion d'Yankoul le Saxon laissa remonter, pour la troisième fois, au pouvoir, Pierre le Perclus. Moyennant deux cent soixante mille ducats, ce prince assura à son fils la protection du Sultan, qui fit remettre au jeune héritier de la couronne le *tabl-'alèm*, ou insignes du pouvoir suprême.

L'ambassadeur français, chevalier de Germiny, avait déjà obtenu, en juillet 1581, le troisième renouvellement des capitulations; mais ce fut en vain qu'il chercha à faire concéder de nouveaux priviléges à sa nation. Durant les quatre années de son ambassade, il avait usé son crédit dans diverses tentatives en faveur du voïvode de Valachie, Pierre Tchertchel, et dans d'autres intrigues de l'époque. Ce fut lui qui établit les jésuites dans l'église de Saint-Benoît de Galata (25 août 1584). Deux

---

(*) *Djerrah* signifie chirurgien; c'était l'état qu'avait d'abord exercé Muhammed-Pacha, avant d'entrer dans la carrière des honneurs.

années plus tard, la Société de Jésus parvint à s'introduire aussi dans les principautés transdanubiennes, à la pressante recommandation du pape Sixte V.

Jacques Savary de Lancosme, qui succéda à M. de Germiny en 1585, ne rétablit pas la bonne harmonie dans les relations avec la Porte ; au lieu de concilier les esprits, il sembla souvent prendre à tâche de les irriter ; et son caractère violent le poussa à commettre, dans l'église de Saint-George à Galata, un acte qui eut des suites graves : le dimanche 29 mars 1586, il enleva à main armée la place d'honneur qu'occupait l'ambassadeur impérial. Le maintien du privilége de préséance, reconnu par les capitulations comme appartenant à la France, explique cette action de Lancosme ; mais la Porte en fut irritée : l'église fut close, et le grand vézir, qui eut à ce sujet une vive altercation avec notre ambassadeur, persista longtemps à déclarer qu'on ne la rouvrirait que quand M. de Lancosme ne serait plus fou (*divané*).

Harebone, ambassadeur de l'Angleterre, alors en guerre avec l'Espagne, demanda des secours au Sultan contre cette dernière puissance. Murad se contenta de répondre à ces ouvertures d'une manière amicale mais évasive ; et lorsque Harebone fut rappelé à Londres, le Grand Seigneur lui remit des lettres de récréance, dans lesquelles il offrait à la reine Élisabeth de rendre à la liberté tous les Anglais qui tomberaient au pouvoir des Ottomans, à condition qu'elle-même délivrerait les musulmans prisonniers en Angleterre. Plus tard, les hostilités entre l'Angleterre et l'Espagne ayant cessé, Édouard Burton, successeur de Harebone, essaya encore inutilement de décider le Sultan à envoyer une escadre pour inquiéter le commerce des Espagnols dans les Indes, et à soutenir les prétentions de Don Antonio au trône de Portugal. Au lieu d'obtempérer à ces demandes, Sultan-Murad, craignant que les flottes espagnoles qui avaient paru dans la mer Rouge ne fussent destinées à agir hostilement dans ces parages, fit, de son côté, tout son possible pour pousser Élisabeth à déclarer la guerre à Philippe II.

Venise, malgré la protection de la Khassèki Safiïé-Sultane (*la Vénitienne Baffa*, dont nous avons déjà parlé), fut obligée de donner à la Porte une satisfaction éclatante des cruautés et des violences commises par l'amiral de la république contre la veuve du pacha de Tripoli, qui se rendait à Constantinople avec ses trésors et quarante jeunes filles de sa suite : l'équipage vénitien avait eu la barbarie de les jeter à la mer, après les avoir déshonorées et mutilées. Cependant, lorsque ses torts furent réparés, Venise obtint de grands avantages commerciaux. A cette époque, l'Espagne, la Toscane, la Géorgie, les Uzbeks avaient aussi des relations amicales avec les Ottomans.

Après la mort du cheïkh Mouthahher, prince de l'Yèmen et chef des Seïdiïés (*), son fils lui avait succédé ; mais bientôt, dégoûté du pouvoir, il l'avait cédé à son cousin Ali-Yahïa, et s'était voué à la vie contemplative. En 995 (1587), Sultan-Murad attira à Constantinople le crédule cénobite, en lui témoignant le désir de le voir à la cour, où sa présence, lui disait-il, appellerait les bénédictions célestes. En même temps, Haçan, gouverneur de l'Yèmen, s'emparait d'Ali-Yahïa, et l'envoyait, enchaîné, au château des Sept-Tours, où était déjà renfermé le fils de Mouthahher. Cet acte de perfidie ne porta pas les fruits que Sultan-Murad en espérait : les Seïdiïés, indignés contre le Grand Seigneur, se révoltèrent et parvinrent à recouvrer leur indépendance.

En Crimée régnait l'anarchie la plus complète : les membres de la famille des Gheraï se renversaient tour à tour : enfin Sultan-Murad enjoignit à Alp-Gheraï, à qui une dernière révolution avait donné le dessus, de se rendre à Constantinople. Ce prince se soumit avec docilité aux ordres de son suzerain, et passa le reste de ses jours à Yamboli, près d'Andrinople.

(*) Voyez ci-dessus, page 157.

Maintenant que nous avons fait connaître succinctement les événements divers qui se passèrent hors du théâtre des hostilités pendant la guerre de Perse, et qui en auraient trop suspendu le récit, nous allons la raconter sans interruption.

On a déjà vu précédemment que Sultan-Murad, à toutes les faveurs dont il avait comblé Osman-Pacha, avait joint encore le titre de général en chef de l'armée destinée à envahir l'Azerbaïdjan. En 1585 (993), ce dernier se dirigea vers Tèbriz, à la tête de cent soixante mille hommes. A Soffian, l'avant-garde ottomane, surprise par Hamzè-Mirza, perdit environ sept mille soldats : un second corps d'armée, sous les ordres de Muhammed-Pacha, éprouva le même échec; néanmoins le prince persan ayant rétrogradé, les Osmanlis s'avancèrent jusque devant les murs de Tèbriz. Cette ville n'était défendue que par une faible garnison; Ali-Kouli-Khan qui la commandait, ne croyant pas pouvoir résister aux forces des assiégeants, leur abandonna la capitale de l'Azerbaïdjan qui fut saccagée pendant trois jours et trois nuits. Dès que le pillage eut cessé, le grand vézir fit entourer la ville d'un rempart, que les troupes élevèrent en moins de cinq semaines.

Le 2 chewwal 993 (27 septembre 1585), le prince persan Hamzè battit, près de Chembi-Ghazan (*), le corps d'armée de Djighala (Cicala). Muhammed-Pacha, gouverneur du Diarbékir, périt dans cette journée, qui coûta vingt mille hommes aux Ottomans. Un mois après, Hamzè-Mirza attaqua Osman qui opérait sa retraite; le grand vézir, quoique dangereusement malade, accepta la bataille; mais il fut vaincu, et expira au moment de la déroute des siens. Le fils de Djighala vengea l'honneur des armes ottomanes, en remportant sur le prince persan un avantage signalé.

(*) *Chembi-Ghazan* est un édifice élevé par le mogol Sultan-Ghazan, pour lui servir de tombeau, et dont la construction est remarquable par sa coupole aplatie.

Par suite des intrigues de cour, auxquelles la faiblesse de Sultan-Murad ouvrait un vaste champ, Djighala et Ferhad-Pacha furent nommés tous deux sèraskers. L'infatigable Hamzè ne cessait d'inquiéter les Osmanlis : il battit les pachas d'Ériwan et de Selmas qui voulurent l'arrêter, et pilla la dernière de ces villes (*). En même temps, les khans persans Tokmak et Ali assiégeaient Tèbriz, et Simon de Géorgie bloquait Tiflis. Le sèrasker réussit à délivrer ces deux places, grâce aux intelligences qu'il s'était ménagées avec les tribus turques (*ilât*) qui trahissaient la cause persane. A la fin de cette campagne, le brave prince Hamzè périt sous le poignard d'un assassin soudoyé par Esma-Khan, chef de la tribu des *Chamlis*. Après la mort de Hamzè-Mirza, un armistice de courte durée suivit les ouvertures faites par Châh-Khodabendè; bientôt les hostilités recommencèrent, et Ferhad-Pacha remporta, dans une plaine aux environs de Bagdad, une victoire complète qui lui valut, de la part de Sultan-Murad, une lettre flatteuse, accompagnée de deux kaftans et d'un cimeterre orné de pierreries. De son côté, Djighala-Zadè s'emparait de Dizfoul et de diverses autres villes ou forteresses du Khouzistan, et battait les deux gouverneurs du Louristan et de Hamadan qui s'étaient réunis contre lui.

En 996 (1588), Ferhad-Pacha, et Dja'fer-Pacha, gouverneur du Chirwan, envahirent la contrée de Kara-

(*) La ville ou plutôt le canton qui porte le nom de *Selmas* est situé dans la partie occidentale de l'Azerbaïdjan, à six lieues au sud de Khoï, et à l'entrée d'une belle plaine traversée de nombreux ruisseaux qui viennent des montagnes du Kurdistan et se rendent dans le lac *Chahi*. On trouve au bourg de Selmas proprement dit, des ruines de constructions sarrasines fort belles; un évêque chaldéen catholique réside à Khosrew, village dépendant et voisin de ce bourg, où le christianisme florissait autrefois. L'église de Selmas était métropolitaine. Il existe aussi dans ce canton quelques familles juives.

bagh, et prirent Ghendjè sa capitale. Comme à Tèbriz, les troupes entourèrent la ville conquise d'un mur immense qui fut élevé dans quarante jours. Le châh de Perse, occupé à combattre, dans le Khoraçan, le khan des Uzbeks, et pressé d'un autre côté par les Ottomans, se décida à envoyer en ambassade à Constantinople Haïder-Mirza, fils de Hamzè. Sultan-Murad accueillit parfaitement le prince persan, et signa avec lui, le jour de la fête du newrouz (*) 998 (21 mars 1590), un traité de paix qui assurait aux Ottomans le Louristan, Chehrzour, le Gurdjistan (Géorgie), le Chirwan, Tèbriz et une portion de l'Azerbaïdjan.

L'année précédente, une insurrection avait éclaté parmi les janissaires : elle était motivée sur l'altération de la monnaie avec laquelle on voulait payer leur solde. Le zarab-khanè-èmini (intendant de la monnaie), après avoir inutilement essayé de faire accepter au defterdar (trésorier) une monnaie de bas aloi, *aussi légère*, dit un historien ottoman, *qu'une feuille d'amandier, et ne valant guère mieux qu'une goutte de rosée*, s'était adressé au favori de Murad, Muhammed-Pacha, beïler-beï de Roumilie, qui se laissa gagner par un présent de deux cent mille aspres, et ordonna au defterdar d'accepter, pour le payement des troupes, la nouvelle monnaie : cette décision détermina la révolte. Les janissaires assaillirent le sérail, en demandant à grands cris les têtes du defterdar et du beïler-beï ; le Sultan fut obligé de les leur abandonner. Cette concession du Grand Seigneur fit connaître aux janissaires toute l'étendue de leur pouvoir ; aussi depuis ce jour l'autorité souveraine commença à décliner, et l'État marcha à grands pas vers sa décadence. A la suite de cette émeute, le Sultan, qui l'attribuait à la haine que les ministres portaient à son favori Muhammed-Pacha, destitua le grand vézir Siawouch, et le remplaça par Sinan-Pacha. Depuis 997 (1589) jusqu'en 1000 (1592), des troubles et des désastres de tout genre, symptômes non équivoques de désorganisation, éclatèrent sur tous les points de l'empire : deux nouvelles révoltes des janissaires furent cause de la destitution de Sinan-Pacha et de son successeur Ferhad-Pacha. En Égypte, les troupes s'insurgèrent contre le gouverneur Oweïs-Pacha : à Tèbriz, Dja'fer, voulant punir la rébellion de ses soldats qui refusaient la nouvelle monnaie, en fit massacrer dix-huit cents. A Keïfi, un aventurier, qui se disait fils de Châh-Thahmasp, se créa des partisans, remporta quelques avantages sur le sandjak-beï du pays, et fut enfin vaincu par le gouverneur d'Erzroum. A Constantinople, un imposteur, appelé Yahia-Muhammed-Seïïah, prit le nom de *Mehdi*, et se fit passer pour le douzième imam, qui, suivant les musulmans, doit paraître à la fin du monde (*). Il finit par être pris et empalé.

(*) *Newrouz* ou *Newrouz-Sultani* (le nouveau jour impérial) : c'est le nom que l'on donne en Perse, en Turquie et aux Indes, à l'antique solennité fondée par Djemchid, roi de la première dynastie persane nommée *Pichdadian* ; elle se célébrait autrefois à l'équinoxe d'automne d'après le calendrier de Yezdedjird ; mais depuis la réforme du calendrier par Djelaluddin-Mèlik-Châh en 472 (1078), cette fête est fixée à l'équinoxe du printemps, et au moment où le soleil entre dans le signe du Bélier.

(*) Muhammed, surnommé *Mehdi* (directeur), était le douzième et dernier imam de la race d'Ali. Il hérita, à cinq ans, de l'imamet, et se perdit en 260 (873), âgé seulement de douze ans, dans une grotte située à *Sermen-Rey*. Sa disparition donna lieu à plusieurs versions populaires. Les musulmans *chiis* (hérétiques) croient que Mehdi vit encore dans la grotte où il s'est retiré loin des hommes ; ils espèrent sans cesse le voir reparaître pour rétablir les droits de sa maison et imposer son khalifat à toute la terre. Les *sunnis* (orthodoxes) disent que Mehdi viendra vers la fin des temps, assisté de trois cent soixante esprits célestes, convertir tous les peuples à l'islamisme, et qu'il sera le vicaire de Jésus-Christ ; les chiis disent que Jésus commandera les armées du Mehdi, pour soumettre le monde entier et combattre le *Dedjdjal* ou l'*Antechrist*.

Enfin, en 1000 (1592) et 1001 (1593), la peste causa de si affreux ravages dans la capitale, que les boutiques restèrent longtemps fermées, et que le Sultan alla habiter les châteaux du Bosphore.

Sultan-Murad, voulant mettre un terme à l'esprit d'insubordination de l'armée, songea à l'occuper à la guerre. D'après les conseils de Sinan-Pacha, la Hongrie fut choisie pour le théâtre des hostilités : Haçan-Pacha, gouverneur de Bosnie, assiégea Sissek ; les Impériaux accoururent au secours de la place ; Haçan, resserré dans l'angle formé par le confluent de la Koulpa et de l'Odra, est battu complétement, et se noie avec la plupart des siens. Lorsque cette nouvelle arriva à Constantinople, le peuple exaspéré demanda vengeance; l'ambassadeur autrichien fut emprisonné ainsi que toute sa suite. Le grand vézir Sinan partit pour la Hongrie, s'empara de Wesprim et du petit fort de Palota, et établit ses quartiers d'hiver à Belgrade. D'un autre côté, le pacha de Bude était vaincu près de Stuhlweissenbourg. Szabandna, Divia et neuf autres villes ou châteaux tombèrent au pouvoir des Impériaux. Au printemps suivant, l'archiduc Mathias prit Néograd, et investit Gran, qu'il abandonna après un siège de vingt jours. Chrastovitz, Gora, Petrinia et Sissek se rendirent à l'archiduc Maximilien : les trois premières places furent bientôt reprises par les musulmans, qui s'emparèrent encore des villes de Tata (*Dotis*), Saint-Marton, Papa, et de la forteresse de Raab. La place de Komorn, grâce à la solidité de ses remparts, résista aux efforts du grand vézir. Malgré les succès de l'armée ottomane, à laquelle le khan des Tatares, Ghazi-Gheraï, venait de se réunir avec quarante mille hommes, Sinan se vit abandonné par les princes de Transylvanie, de Valachie et de Moldavie, qui conclurent une alliance avec l'Autriche ; et huit mille musulmans périrent à Bucharest et à Gurgevo, victimes de la trahison des voïvodes valaque et moldave, Michel et Aaron.

En décembre 1593 (rebi'ul-ewwel 1002), une fille du Sultan fut fiancée au renégat Khalil-Pacha : les fêtes données à cette occasion durèrent huit jours et suspendirent toute affaire : un ambassadeur uzbek assista à cette cérémonie.

Vers la fin de novembre 1594 (1003), le Sultan, dans l'espoir de ranimer le courage des troupes, fit envoyer sur le théâtre de la guerre l'étendard sacré, que la tradition assure avoir appartenu au Prophète, et qui était religieusement conservé à Damas; mais la présence du drapeau de Mahomet ne put remédier à la désorganisation de l'armée.

A cette époque, Sa'atdji-Haçan (*Haçan l'horloger*), favori de Murad et élevé par lui au rang de *silihdar-aga* (grand maître de la maison du Sultan), eut un songe si étrange qu'il ne put s'empêcher de le communiquer à son maître. Il rêva que, se promenant dans les jardins du palais avec Murad III, il vit s'approcher d'eux le cheïkh Émir-Echtibi, le plus fameux prédicateur de Constantinople, qui, après avoir salué le monarque, lui présenta une verge, et lui dit : « Seigneur, « c'est la même clef que votre Hautesse « m'a remise ; elle ne m'a été utile à « rien et n'a pu ouvrir aucune porte. » A peine ces paroles étaient-elles prononcées que Sultan-Suleïman parut au fond du jardin : Murad court avec empressement vers son illustre aïeul et veut lui baiser les mains; mais ce prince le repousse avec colère et lui tourne le dos : le cheïkh supplie alors Suleïman de pardonner à Murad les égarements de sa vie; il tire ensuite de son sein un *kyblè-numa* (*) et l'offre à Suleïman, qui le remet lui-même à Sa'atdji-Haçan, en lui disant d'examiner s'il est bien dressé. Mais à peine ce dernier a-t-il touché le *kyblè-numa*,

---

(*) *Kyblè-numa*, petite boussole portative qui sert à faire connaître la direction que doit prendre le fidèle pour faire sa prière, c'est-à-dire, le point de l'horizon où se trouve la Mekke, et auquel il doit faire face. C'est ce point qu'on nomme *kyblè*.

que cet instrument se transforme en une grande carte géographique, sur laquelle Suleïman indique du doigt diverses forteresses qui n'existaient pas de son vivant. Bientôt la carte s'échappe des mains d'Haçan et reprend sa première forme. Sultan-Murad s'abandonne alors à la tristesse, se plaint de sa santé, et témoigne de l'inquiétude sur la vertu curative d'un remède qu'on lui avait appliqué, et qui consistait en une ceinture composée de plusieurs morceaux de cristal : Suleïman dit à son petit-fils qu'il succombera à sa maladie, à moins qu'il ne se hâte d'immoler cinquante-deux moutons, dont quarante blancs, huit tachetés et quatre noirs. Cette vision bizarre frappe l'esprit superstitieux de Murad, qui, trois jours après, ayant été attaqué de violents maux d'estomac, ne douta plus que l'heure de sa mort ne fût prochaine. Il ordonne de sacrifier les cinquante-deux moutons indiqués dans le songe; et pour dissiper sa sombre mélancolie, il se rend dans les jardins du sérail, et se repose dans le kiosque de *Sinan-Pacha*, qui domine le Bosphore. Là, il ordonne à ses musiciens de chanter un air lugubre qui commence par ces paroles : « Je suis accablé sous le poids de mes « maux, ô mort! sois, cette nuit, tou- « jours à mes côtés. » Ces chants funèbres sont interrompus par une décharge d'artillerie qui fait sauter en éclats les vitres du pavillon : Murad tire le plus noir présage d'un incident qui n'avait rien que de très-naturel, et dit à ses officiers, en versant d'abondantes larmes : « Je vois bien que « c'en est fait du kiosque de mon exis- « tence! » A ces mots, il rentre dans son appartement, se jette accablé sur un sofa, et meurt quatre jours après, le 16 janvier 1595 (djèmad. 1, 1003), dans la cinquante-quatrième année de son âge et la vingtième de son règne.

Sultan-Murad était d'une taille moyenne : une barbe peu fournie et de couleur rousse descendait sur sa poitrine : sa figure pâle, ses yeux éteints, indiquaient l'abus des plaisirs du harem; sa passion pour les femmes était si immodérée, qu'il eut jusqu'à cinq cents esclaves et quarante Sultanes-Khassèkis ou Khass-Odaliks, qui lui donnèrent cent trente enfants. Aussi fut-il dominé toute sa vie par ses favorites, entre autres par sa première épouse *Safiïé* (la pure), issue, comme nous l'avons déjà fait connaître, de la noble famille vénitienne des Baffo. Il était d'un caractère superstitieux, faible, et facile à irriter; on a cependant peu d'actes de cruauté à lui reprocher. Par suite de ce manque d'énergie, il était aisé de s'emparer de sa confiance; et le mufti, le khodja, les imams, les cheïkhs, les vézirs, partagèrent avec les femmes l'honneur de diriger les volontés de leur souverain. Il avait l'esprit cultivé; on a de lui quelques *ghazels*, et un ouvrage ascétique, intitulé : *Le commencement des jeûnes*. Il aimait la danse et la musique, et se plaisait à s'entourer de musiciens, de nains et de bouffons : les astrologues, les devins, les interprètes de songes furent aussi en grande faveur auprès de lui : un obscur Albanais, nommé Chudja', dut une fortune éclatante à ce penchant de Murad pour la superstition : Chudja' était simple jardinier dans les terres de la Kiahïa-Kadine (gouvernante du harem); il eut le talent d'expliquer adroitement un songe de Murad, qui, dès ce moment, le combla de bienfaits et l'admit dans son intimité. Chudja', parvenu au faîte des grandeurs et de l'opulence, se livra à toutes sortes d'excès; mais rien ne put ébranler la bienveillance du Sultan pour son favori. Lorsqu'on lui retraçait la conduite scandaleuse de son protégé : « Tout cela est faux, ré- « pondait-il; c'est l'envie et la calom- « nie qui parlent contre lui : je connais « Chudja', c'est un modèle de sagesse, « de doctrine et de sainteté; je lui ai « donné ma confiance, et il ne la per- « dra qu'avec mes jours. »

Quoique Sultan-Murad ne puisse être compté au rang des princes remarquables, et que ce soit sous son règne que l'État ait commencé à marcher visiblement vers sa décadence, il est vrai de dire pourtant que cette période ne fut pas sans gloire : grâce aux talents des vézirs Sinan, Osman et Ferhad, la victoire vint encore accroître l'héritage du grand Suleïman, et, à la mort de Murad, l'empire se composait de vingt royaumes.

CHAPITRE XV.
SULTAN-MUHAMMED-KHAN III, FILS DE SULTAN-MURAD-KHAN III.

Après la mort de Murad III, Safiïè-Sultane, mère de Muhammed, envoya secrètement à son fils, alors à Magnésie, le bostandji-bachi, pour l'instruire de la circonstance qui l'appelait au trône. Douze jours plus tard, le 17 djémaziul-oula 1003 (28 janvier 1595), Sultan-Muhammed arrivait à Constantinople. A l'instant de son débarquement près du Kiosque de Baïezid, le canon du sérail et les crieurs publics annoncèrent l'avénement du nouveau souverain. La Sultane Validè avait si bien caché la mort de Murad que les vézirs même l'ignoraient. Dès que la cérémonie du baise-main fut terminée, les obsèques du Sultan défunt eurent lieu, et son corps fut déposé dans le mausolée de Sélim II.

Des nombreux enfants de Sultan-Murad, il restait encore vingt-sept filles et vingt garçons. Suivant la politique barbare adoptée par ses prédécesseurs, Sultan-Muhammed fit étrangler ses dix-neuf frères, dont les cercueils furent portés en grande pompe auprès de celui de leur père. Au bout de trois jours, les troupes reçurent, pour le présent d'usage, cent trente-six bourses ; mais cette somme ne suffit pas à calmer l'insubordination de l'armée, et il fallut se résigner à d'énormes sacrifices pour obtenir un peu de tranquillité. Une semaine après, Sultan-Muhammed se rendit à la mosquée, où il assista à la prière publique, cérémonie entièrement négligée dans les deux dernières années du règne de Murad, que la crainte d'être insulté par les soldats retenait au fond du sérail. Sultan-Muhammed fit ensuite notifier son avénement aux rois de France, d'Angleterre, de Pologne, au châh de Perse Abbas, à Abdullah-Khan, souverain de Samarkand et de Bokhara ; aux princes de Géorgie, aux seigneurs de la Colchide et de la Mingrélie, et aux quarante gouverneurs des provinces de l'empire. Le grand vézir Sinan fut éloigné des affaires, et remplacé par Ferhad-Pacha ; mais par les intrigues du premier, son rival, en butte aux insultes des troupes, fut destitué peu de temps après sa nomination, enfermé dans le château des Sept-Tours, et enfin mis à mort. Sinan-Pacha, ayant repris le sceau impérial, partit de Constantinople le 11 zilhidjé 1003 (19 août 1595). Il rencontra l'armée de Michel, prince de Valachie, qui refoula les Ottomans dans un fond marécageux (*batak*), où ils éprouvèrent de grandes pertes : Sinan lui-même faillit y périr, et ne dut la vie qu'au dévouement d'un soldat nommé Haçan, qui porta depuis le surnom de Batakdji. Sans se laisser décourager, le grand vézir marcha vers Bucharest, dont il s'empara et qu'il fit entourer d'un rempart de bois (*palanka*), de même que la ville de Tergovischt.

Le 12 safer 1004 (5 octobre 1596), Michel assiégea cette dernière place, qui ne put tenir plus de trois jours : la garnison fut empalée, et Ali-Pacha et Kodji-Beï, qui la commandaient, furent brûlés à petit feu. Sinan-Pacha, retiré à Bucharest, l'abandonna au bout de quatorze jours, et effectua sa retraite avec un désordre qui en fit une véritable déroute. Le passage du Danube fut surtout funeste aux Ottomans : l'artillerie valaque ayant détruit le pont, leur coupa ainsi le chemin ; et ils se laissèrent tailler en pièces. L'élite des Ekindjis périt dans cette journée. A la suite de sa victoire, le prince Michel prit Djurdjevo (*Giurgew*), la livra aux flammes, et massacra la garnison.

La place de Gran était assiégée depuis un mois par le prince Mansfeld, général des Impériaux. Muhammed-Pacha, fils de Sinan, sortit de Bude, et vint attaquer les assiégeants ; mais il fut battu, et laissa ses drapeaux, ses tentes, ses bagages et son artillerie au pouvoir des vainqueurs. Kara-Ali-Beï, gouverneur de la citadelle de Gran, dans une entrevue qu'il avait fait demander aux généraux hongrois Nadasdy et Palfy, tenta de décider ces braves chefs à lever le siége; mais il ne put y parvenir et fut lui-même obligé de capituler : Wissegrad, Babocsa et Klis éprouvèrent bientôt le même sort; de leur côté, les Osmanlis reprirent cette dernière place, se rendirent maîtres de Petrinia et brûlèrent le château de Waitzen. Mais bientôt les revers des armes ottomanes devinrent si multipliés que le Sultan entendit, du fond de son harem, les cris d'une population indignée. Bucharest et douze autres villes avaient été successivement prises par les chrétiens. Dans cette calamité, le Grand Seigneur ordonna des prières publiques pendant trois jours, pour appeler sur le peuple de Mahomet la protection d'Allah. Une semaine plus tard, un tremblement de terre qui renversa plusieurs villages de l'Asie Mineure et se fit sentir à Constantinople, vint ajouter aux malheurs causés par la guerre. Sinan-Pacha, qui s'était laissé battre en Valachie, fut obligé de résigner pour la quatrième fois sa charge, et de retourner à Malgara, où il avait été déjà exilé. Mais son successeur Lala-Muhammed-Pacha étant mort trois jours après avoir reçu le sceau de l'empire, le Sultan regarda ce trépas si prompt comme un avertissement du ciel de rendre à Sinan le grand vézirat; et ce ministre plus qu'octogénaire reprit pour la cinquième fois les rênes du gouvernement. A peine Sinan fut-il réintégré dans ses fonctions qu'il décida le Sultan à se mettre à la tête de l'armée, à l'exemple de Suleïman et des prédécesseurs de ce grand monarque. Pendant l'hiver de 1595 à 1596, toutes les mesures furent prises pour que le Sultan ouvrît lui-même avec éclat la campagne; mais au moment où elle allait commencer, Sinan-Pacha mourut subitement. Ce ministre, d'un caractère dur et avide, laissa d'immenses richesses, qu'il avait amassées pendant ses campagnes en Hongrie, en Valachie, en Géorgie et dans l'Yêmen.

Le 24 chewwal 1004 (21 juin 1596), Sultan-Muhammed partit de Constantinople, et le 28 muharrem 1005 (21 septembre) il campa devant Erlau, dont l'attaque avait été résolue dans un conseil de guerre. Après que le Sultan eut, suivant le précepte du Coran, sommé la garnison d'embrasser l'islamisme et de rendre la place, le siége commença ; au bout de sept jours la ville capitula; la citadelle ne tarda pas à imiter cet exemple. Peu de temps après cette importante conquête, Dja'fer-Pacha rencontra dans la plaine de Keresztes, l'armée chrétienne, commandée par l'archiduc Maximilien et le prince Sigismond de Transylvanie : arrivés trop tard pour sauver Erlau, ils voulurent du moins se venger, par une victoire, de la perte de cette ville. Trois combats rapprochés eurent lieu; et, dans le dernier, les Ottomans, malgré leur résistance opiniâtre, furent repoussés et perdirent un millier d'hommes et quarante canons. Cet échec redoubla le désir que manifestait depuis longtemps Sultan-Muhammed de retourner à Constantinople : dans le conseil tenu à cette occasion, il fut décidé, d'après l'avis du khodja Se'adud-din, que la présence du padichâh était nécessaire pour soutenir le courage des troupes. Le 5 rebi'ul-ewwel (26 octobre), les Allemands et les Hongrois attaquèrent le corps d'armée où se trouvait le Sultan, qui se retira dans la tente d'Younis-Beï, chef des Muteferrikas, placée derrière les bagages. La bataille était déjà perdue pour les Ottomans, leur artillerie était au pouvoir de l'ennemi, les tentes du Sultan étaient au pillage, et les gens de sa maison n'opposaient à l'avidité des vainqueurs qu'une résistance inutile, lorsqu'une charge faite à propos par le vézir Djighala, qui était posté en embuscade, mit le désordre parmi les chrétiens et leur arracha la victoire : cinquante mille hommes périrent sous le sabre des musulmans ou dans les marais. Djighala, à qui l'on devait le succès de cette journée, fut nommé grand vézir en remplacement d'Ibrahim-Pacha. Mais, lorsque le Grand Seigneur revint à Constantinople, il rendit le sceau de l'empire à Ibrahim, d'après la volonté de la Sultane-Validè, et exila Djighala à Ak-Chéhir. Ce ministre n'avait signalé son passage au pouvoir que par des mesures intempestives ou dangereuses.

La rentrée du Sultan dans sa capitale eut lieu avec la plus grande pompe. Sa mère, accompagnée des autres sultanes, alla l'attendre dans le palais du faubourg de Daoud-Pacha. Les vézirs et les oulémas, conduits par le kaïm-mèkam et le mufti, vinrent au-devant de lui et le complimentèrent. Les rues que parcourut Sa Hautesse, étaient tendues de riches tapisseries : l'ambassadeur persan, Zoulfékar, avait même fait couvrir d'étoffes précieuses le chemin que devait suivre le Sultan. Des nuages d'encens fumaient sur son passage, et des cris d'enthousiasme éclataient à sa vue. Le plus grand poëte lyrique des Ottomans, Baki, lui présenta une kaçidè, composée pour la circonstance. Les réjouissances publiques durèrent sept jours. Le roi de Fez et la république de Venise firent offrir au Sultan, par leurs envoyés, des présents et des félicitations. L'ambassadeur de France proposa à Muhammed de s'unir à lui pour secourir les Maures contre l'Espagne; enfin le chérif de la Mecque envoya en présent à Sa Hautesse les étoffes qui avaient servi à couvrir le tombeau du Prophète et la Kaaba : l'arrivée à Constantinople de ces reliques, si précieuses aux yeux des musulmans, excita parmi le peuple une joie pieuse qui fut portée jusqu'au délire : cette offrande, qui antérieurement se faisait à chaque nouveau khalife et se fit plus tard aux princes seldjoukides, n'avait point été renouvelée depuis l'extinction de leurs dynasties.

Pendant son désastreux ministère, Djighala avait déposé Ghazi-Gheraï, khan de Crimée, et revêtu de cette dignité son frère Feth-Gheraï : cette nomination avait allumé la guerre civile dans cette contrée. Ibrahim-Pacha, voulant y rétablir la tranquillité, envoya le chef des Mutèferrikas avec deux khatti-chérifs, l'un en faveur de Feth-Gheraï et l'autre pour son frère. Les instructions de l'envoyé d'Ibrahim portaient de délivrer le diplôme d'investiture à celui des deux concurrents que désignerait la voix publique. Les partisans de Ghazi-Gheraï étant les plus nombreux, il reprit la souveraineté, et fit massacrer son frère et toute sa famille, sans épargner même les enfants au berceau.

En 1005 (1597), le commandement de l'armée d'expédition contre la Hongrie fut donné au vézir Satourdji-Muhammed. Ce ministre resta plus de trois mois dans l'inaction, et ce ne fut que lorsque les villes de Papa, de Slatina en Esclavonie et de Dotis eurent été prises par les Impériaux, qu'il se décida à faire usage des forces qu'il commandait : il reprit alors Dotis et attaqua Waitzen; mais il fut obligé d'abandonner cette dernière place après un assaut qui dura trois jours, et dans lequel il perdit trois mille hommes. Il s'empara ensuite de Czanad, d'Arad, de Nagy et de Lak, et entra dans ses quartiers d'hiver. Le peu de succès de cette campagne fut attribué par Satourdji à l'absence du khan des Tatares, qui, malgré les instances du vézir, s'était dispensé de se joindre à l'armée ottomane. Le Sultan destitua le grand vézir Ibrahim, qui avait remis Ghazi-Gheraï sur le trône, et nomma au premier emploi de l'empire Haçan-Pacha : ce choix lui fut dicté par la Sultane-Validè, que ce ministre avait gagnée au moyen de sommes énormes. Mais cinq mois après, une disgrâce complète fut le fruit de la maladresse avec laquelle il mêlait le nom de sa protectrice aux concussions et aux désordres de son administration : il fut conduit au château des Sept-Tours, et ne tarda pas être étranglé (14 avril 1598). Djerrah-Muhammed-Pacha, second vézir, passa alors au premier rang.

En mars 1598, les Hongrois et les Allemands, sous les ordres de Schwarzenberg et de Palfy, s'emparèrent par ruse de la place de Raab : des hussards, qui parlaient le turc, ayant lié conversation avec les janissaires de garde à la porte de la ville, leur firent croire qu'ils leur amenaient des approvisionnements, et donnèrent ainsi le temps aux soldats qui les suivaient, de faire sauter, au moyen d'un pétard, une portion des murs. Une étrange tradition populaire, qui s'est conservée jusqu'à nos jours, raconte qu'à l'instant où les troupes impériales entrèrent avec précipitation par la brèche, le coq en fer, placé au sommet de la tour, chanta, et les cloches se mirent d'elles-mêmes en branle. Le pacha de Raab ne voulut pas se rendre, et fut haché en morceaux : trois cents Ottomans, réfugiés dans les casemates d'un bastion, mirent le feu aux poudres, et se firent sauter en l'air avec ceux des vainqueurs qui occupaient le rempart au-dessus de ces casemates. Lorsque Satourdji reçut une si fâcheuse nouvelle à Belgrade, où il était campé, il n'en resta pas moins impassible et inactif, et il attendit près de trois mois avant de songer à tirer vengeance de cet échec. Le 14 zilhidjè 1006 (18 juin 1598), il quitta ses quartiers d'hiver, fit jeter un pont sur le Danube au-dessous du promontoire de Tachlik-bouroun, et alla attendre, pendant un mois et demi à Becskerek, le khan des Tatares, Ghazi-Gheraï, qui arriva enfin le 27 muharrem 1007 (30 août). L'armée se mit de nouveau en marche, s'empara de Czanad sur la Marosch, et assiégea Grosswardein; mais au bout de sept jours, on apprit la chute de Dotis, de Wesprim, de Papa, la défaite de Hafiz-Ahmed-Pacha à Nicopolis, et le péril où se trouvait Bude, attaquée par les Impériaux : le sèrasker donna l'ordre de la retraite, et l'armée s'achemina vers Szolnok, où elle n'arriva qu'à travers mille obstacles et après avoir perdu quelques centaines d'hommes dans les marais. A Szolnok, une révolte des janissaires, causée par la disette, obligea Satourdji à quitter la route de Bude et à continuer sa marche jusqu'à Belgrade. Le 8 décembre 1598 (djemaziul-oula 1007), le grand vézir Djerrah-Muhammed et le sèrasker Satourdji furent destitués, et leurs deux emplois furent donnés à Ibrahim-Pacha. Ce dernier, d'un caractère très-dissimulé, parvint à obtenir en secret une sentence de mort contre Satourdji, auquel il écrivait les lettres les plus flatteuses. L'aga des janissaires, Tirnarkdji-Haçan, chargé de mettre à exécution le khatti-chérif contre l'ex-sèrasker, le fit massacrer au milieu d'un repas, auquel, malgré les avertissements de son ami Ghazi-Gheraï-Khan, l'imprudent Satourdji avait invité le porteur du fatal arrêt. Le grand vézir, fidèle à son système de duplicité, feignit la plus violente colère en apprenant l'exécution qu'il avait sollicitée lui-même, et jura que l'aga des janissaires avait agi sans prendre ses ordres. Ibrahim, voulant faire oublier à Ghazi-Gheraï la mort de son ami, alla rendre visite au khan de Crimée, qui le reçut avec les apparences de la cordialité; mais il se méfiait tellement du rusé ministre, qu'il n'entra jamais sous sa tente, et ne descendait pas de cheval pendant leurs entrevues.

Des négociations sans résultat eurent lieu à cette époque entre les Impériaux et les Ottomans. Ghazi-Gheraï-Khan repartit alors pour la Crimée, et le grand vézir retourna à Belgrade. Cette campagne fut remarquable par la discipline sévère qu'Ibrahim sut maintenir parmi les troupes.

L'année suivante, 1008 (1600), le grand vézir cherchant à s'emparer par ruse de Papa, gagna deux mille Français et Wallons qui faisaient partie de la garnison, et qui, n'étant pas payés de leur solde, prêtèrent l'oreille aux offres des Ottomans et abandonnèrent la forteresse. Poursuivis par les Impériaux, ces transfuges perdirent plus de la moitié des leurs, et n'arrivèrent à Stuhlweissenbourg qu'au nombre de cinq ou six cents : engagés au service de la Porte, ils furent, dit-on, pendant vingt années les plus cruels ennemis des chrétiens. Babocsa et Siklos se rendirent à Muhammed, Kiahïa du grand vézir, et à Murad-Pacha gouverneur du Diarbèkir. Ibrahim arriva en août devant Kanischa, et après un pénible siége de quarante jours, soumit cette place forte, dont la prise fut célébrée par des réjouissances qui durèrent trois jours et trois nuits.

Pendant la guerre de Hongrie, les relations de la Porte avec les autres puissances étaient très-amicales : de Brèves, ambassadeur de Henri IV, obtint la promesse de l'envoi d'un représentant de la cour ottomane à celle de France, et cet ambassadeur devait présenter à Henri un sabre orné de pierres précieuses, en témoignage de la haute estime du Sultan. Mais comme Djighala, ennemi des Français, empêcha le départ du muteferrika Mouthahher, destiné à cette mission, de Brèves dit que son roi n'avait pas besoin d'une autre épée que la sienne, et qu'à ses yeux la délivrance d'esclaves chrétiens avait en plus de prix que le plus beau sabre enrichi de pierreries. La Pologne maintint la paix avec le Grand Seigneur, et lui envoya de fréquentes ambassades. Abdûllah, souverain de Samarkand et de Bokhara, fit partir un envoyé pour Constantinople. Châh-Abbas Ier, qui mérita le surnom de grand, dépêcha à Sultan-Muhammed son maître des cérémonies Kara-Khan, qui présenta à Sa Hautesse les clefs de vingt-quatre villes ou châteaux, conquis par le souverain persan sur les Uzbeks.

Vers cette époque, diverses révoltes eurent lieu : un vieillard et un chef de brigands se donnèrent l'un et l'autre pour le Mehdi (*). Un troisième aventurier se fit passer pour le prince Suleïman, frère de Sultan-Sélim : la Karamanie fut ravagée par trois mille étudiants, et les partisans de Mouthahher essayèrent de soulever l'Yémen : à Alep, une insurrection de janissaires fut réprimée par le gouverneur Hadji-Ibrahim, qui fit subir à dix-sept d'entre eux le supplice de la potence : Dja'fer-Pacha détruisit le pouvoir des Lewend-Louarssab, princes de Géorgie, en envoyant les derniers membres de cette famille à Constantinople, où ils furent enfermés pour leur vie dans

(*) Voyez la note de la page 175

le château des Sept-Tours. Une émeute de sipahis éclata dans la capitale : une juive, nommée Kira, ancienne pourvoyeuse du sérail (*) sous Murad III, s'était attiré la haine des sipahis, par le trafic qu'elle avait fait des fiefs de cavalerie : les mutins demandèrent sa tête; le kaïm-mèkam Khalil-Pacha ne crut pas pouvoir se refuser à leur désir, et la juive fut massacrée avec ses trois enfants : cette concession de Khalil le fit déposer; il fut remplacé par Khadim-Hafiz-Ahmed-Pacha. Une insurrection plus dangereuse se manifesta en Asie : les troupes soldées qui, à Keresztes, n'avaient pas répondu à l'appel, et que le grand vézir Djighala, par une sévérité outrée et intempestive, avait flétries du nom de *firari* (fuyards), s'étaient réfugiées dans l'Asie Mineure : un buluk-bachi ou officier général des Segbans, nommé Kara-Yazidji-Abdul-Halim, se met à leur tête; il se fait passer pour un prince de l'antique maison des Bènou-Cheddad, et répand le bruit que le Prophète lui est apparu en songe, et lui a prédit que, vu sa noble origine et en récompense de la simplicité de ses mœurs et de la pureté de sa religion, il était prédestiné à régner en souverain sur l'Anatolie. Le bruit de cette vision exalte les esprits crédules et attire sous les drapeaux de l'imposteur une foule d'aventuriers et de brigands : il s'empare alors de la ville de Roha (Edesse), et parvient à gagner à sa cause Huçein-Pacha, que le Sultan avait chargé de prendre des renseignements sur l'importance de cette insurrection. Les révoltés battent le *mute-*

(*) Des femmes juives ou même chrétiennes fréquentent les harems pour y exercer dans toute son étendue le métier de *revendeuses à la toilette*; elles y portent toute espèce de bijoux, d'étoffes, d'objets de mode et de fantaisie. Ce sont de très-habiles et très-adroites intrigantes, qui jouissent même d'une certaine influence; c'est par elles qu'on pénètre les secrets de ces harems, et leurs indiscrétions ont souvent eu des suites funestes, non-seulement pour elles-mêmes, mais pour leurs protecteurs ou pour leurs protégés.

cellim (administrateur) de Karamanie, et s'enferment dans Roha : obligé de capituler, faute de vivres, Kara-Yazidji fait ses conditions, s'assure le gouvernement d'Amassia, et livre à ce prix Huçein-Pacha qui est conduit à Constantinople, où il périt dans les tortures. Kara-Yazidji, au lieu de se rendre à Amassia, continua de propager la révolte, se réunit à son frère Dèli-Huçein, gouverneur de Bagdad, et battit complètement l'armée ottomane, commandée par les vézirs Haçan et Hadji-Ibrahim. Le chef des insurgés, enorgueilli de sa victoire, s'arrogea, avec le titre de châh, tous les droits de la souveraineté; il se forma une cour, créa des vézirs, des ministres, des officiers; et expédia des bérats et des fermans décorés de son *Toughra*, sur lequel on lisait ces mots : *Halim - Châh, toujours victorieux* (*mouzaffer daïma*). Cette insurrection, une des plus graves qui eussent éclaté depuis la fondation de l'empire, devint, pendant trente ans, une source de divisions intestines, et fut sur le point de soustraire l'Asie à la domination des Osmanlis.

Michel, voïvode de Valachie, espérant réunir sous sa puissance la Moldavie et la Transylvanie, avait enfin réussi à se réconcilier avec les Ottomans. Victime de son ambition, il avait péri, en 1010 (août 1601), sous le poignard d'un émissaire de Basta, général des troupes impériales. Alors Mahmoud-Pacha et Chaaban, beïler-beï de Chypre, envahirent la Valachie; et Sigismond fut investi de la principauté de Transylvanie.

Le 9 muharrem 1010 (10 juillet 1601), le grand vézir Ibrahim-Pacha mourut, et fut remplacé par le kaïmmèkam Haçan-Yèmichdji (*le fruitier*). Le nouveau sèrasker se dirigea sur Bude; pendant sa marche, il apprit que Stuhlweissenbourg venait de succomber : il s'avança alors sous les murs de cette ville et livra bataille aux Impériaux, qui furent vainqueurs. Le lendemain de leur victoire, les Autrichiens se fortifièrent dans la ville de Palota, et Haçan se mit en route pour débloquer le château de Kanischa, que l'archiduc Ferdinand assiégeait avec une armée forte de trente mille hommes. Le commandant de la place, Haçan-Teriaki (*mangeur d'opium*), parvint, à force de ruses et de courage, à tenir jusqu'en novembre, époque à laquelle le froid vif qui se déclara tout à coup, et le bruit qui se répandit de l'arrivée prochaine du grand vézir, déterminèrent Ferdinand à la retraite : elle s'opéra avec une telle précipitation que toute l'artillerie et une grande partie des bagages tombèrent au pouvoir des Ottomans. Haçan-Tèriaki fut récompensé de sa glorieuse défense par le titre de pacha à trois queues : pour honorer aussi la brave garnison de Kanischa, le Sultan lui envoya un khatti-chèrif renfermé dans une plaque d'or suspendue à une chaîne du même métal; par une distinction singulière, l'aga des janissaires, qui ouvrait et fermait chaque jour les portes de Kanischa, portait autour du cou cette chaîne, à laquelle étaient attachées la plaque d'or et la clef de la forteresse. L'heureuse réussite de la campagne valut au grand vézir la main de la Sultane Aïchè, veuve d'Ibrahim-Pacha, avec quarante mille ducats de dot.

Cependant la révolte des *Firaris* se maintenait en Asie : leur chef Kara-Yazidji battit à Kaïçariïè Hadji-Ibrahim-Pacha; il fut à son tour vaincu par Sokolli Haçan-Pacha à Sèpetli, près d'Elbistan, et se réfugia dans les montagnes de Djanik, sur les bords de la mer Noire. Il mourut bientôt, et fut remplacé dans le commandement par son frère Dèli-Huçein : trois autres chefs des rebelles pillèrent la contrée de Tokat et le fameux jardin du vézir Sokolli, que ce personnage avait appelé djennet-baghy (*le paradis*), et qu'il avait décoré de fleurs artificielles d'or et de diamants. Sokolli, qui s'était réfugié dans Tokat, y fut tué, et la ville se rendit aux insurgés. Khosrew, Pacha de Diarbèkir, avait été nommé successeur de Sokolli, même avant sa fin tragique; il voulut agir contre les rebelles avec les troupes de Damas, d'Alep et de Mer'ach; mais aux approches de l'hiver, il se vit abandonné par ses soldats, et Hafiz-Ahmed-Pacha fut assiégé dans Kutahiïè pendant trois jours par les partisans de Dèli-Huçeïn.

Cette même année 1010 (1601), Djighala-Zadè désola la côte d'Italie, tandis que quelques galères maltaises, qui faisaient partie d'une flotte chrétienne de soixante-dix voiles, sous les ordres d'André Doria et de don Juan de Cordoue, surprenaient Neocastron (Passeva), et que d'autres navires florentins de la même escadre ravageaient l'île de Stanco (Cos).

Vers cette époque, la Porte, sur les plaintes de la France, lui faisait restituer les prises faites par le beïler-beï d'Alger. L'année suivante 1011 (1602), les Maltais s'emparèrent de Muhammediïè sur la côte d'Afrique, et le grand vézir soumit Stuhlweissenbourg; au moment de son entrée en Transylvanie, il apprit que les Impériaux, après avoir conquis la ville de Pest, avaient passé le Danube et pressaient vivement Bude. A cette nouvelle, Haçan-Pacha envoya vers Pest Nouh Beï, beïler-beï d'Anatolie, avec deux mille chevaux, jeta dans Bude un renfort de janissaires, de canonniers, d'armuriers et de volontaires sous les ordres de Muhammed-Pacha, et partit ensuite pour Belgrade. Au bout de quinze jours, l'archiduc Mathias, rebuté par la résistance opiniâtre de la garnison, et redoutant les pluies orageuses de l'hiver, leva le siége (18 novembre). Muhammed-Pacha, pour prix de sa vigoureuse défense, fut élevé au rang de troisième vézir. Haçan-Pacha fut rejoint à Belgrade par le khan des Tatares, Ghazi-Gheraï : il amenait le contingent de troupes qu'il devait à son suzerain.

En 1012 (1603) eut lieu à Constantinople la condamnation à mort d'un muderris appelé Nadazli-Sary-Abdurrahman-Efendi : cet homme de loi, très-instruit, mais sans mœurs, ne croyait à aucune religion; il traitait de fables le paradis, l'enfer, le jugement dernier, le mérite des bonnes œuvres, etc. : il prêchait partout sa doctrine impie et tâchait de se faire des prosélytes. Arrêté enfin et cité au divan, ses principes furent combattus par les kazi-askers, Akhi-Zadè et Es'ad-Efendi, qui, n'ayant pu le ramener à l'islamisme, décernèrent contre lui la peine capitale.

Dans le mois de rèdjeb 1011 (janvier 1603), une révolte de sipahis éclata à Constantinople et mit en danger la vie du grand vézir; grâce aux mesures vigoureuses qu'il prit, et surtout au concours des janissaires, l'insurrection fut étouffée; mais une haine invétérée subsista depuis ce jour entre ce dernier corps et celui des sipahis.

Après avoir ainsi triomphé de la révolte ouverte, Yemichdji-Haçan-Pacha tomba victime des sourdes menées de ses ennemis : il fut destitué le 27 rèbi'ul-akhir 1012 (4 octobre 1603), et étranglé dix jours plus tard. Le sceau de l'empire fut envoyé à Yavouz-Ali. Le nouveau grand vézir se rendit à Constantinople, et, chemin faisant, il justifia son surnom de *Yavouz* (cruel, sévère) par quelques exécutions; entre autres, celle du rebelle Ghourghour, qui eut la tête tranchée au moment où, en signe d'obéissance, il baisait l'étrier d'Ali Pacha (*).

Le chef des rebelles *firaris*, Dèli-Huçeïn, avait fait sa soumission en 1012 (1603), et avait reçu, en récompense, le gouvernement de Bosnie. De concert avec le sèrasker, il marcha contre Pest et eut, avec les Impériaux, deux engagements, dans lesquels il perdit six mille hommes. La rigueur de la saison étant venu interrompre la campagne, Murad, beïler-beï de Roumilie, fut chargé de la défense de Bude, et Dèli-Huçeïn de celle d'Essek.

Cette même année 1012 (1603) fut signalée par la fin tragique du prince Mahmoud, fils du Sultan. Un cheïkh, adonné à la science cabalistique, avait persuadé au prince héréditaire qu'il

(*) Lorsque Ghourghour mettait à rançon une ville (dit un historien oriental), il exigeait, en argent, l'équivalent du poids d'une lourde massue qu'il portait toujours avec lui et qui pesait autant que cent mille piastres (*talari*).

aurait la destinée la plus funeste s'il tardait à occuper le trône de son père : Mahmoud permit alors à l'imposteur d'user de maléfices pour abréger les jours du Sultan. Leur correspondance fut interceptée et mise sous les yeux de Sultan-Muhammed, qui, dans les premiers transports de sa colère, ordonna la mort de son fils, et fit jeter dans le Bosphore la mère de Mahmoud, le cheikh et quelques officiers, complices de cette trame odieuse. Le malheureux prince, victime de sa crédulité, était d'un caractère noble et belliqueux qui semblait annoncer un grand monarque : il avait demandé à son père d'aller en Asie combattre les rebelles : cette ardeur guerrière déplut au Sultan, et lui inspira une défiance et une jalousie qui furent peut-être les véritables causes de l'arrêt porté contre son fils.

Depuis quelques années, des envoyés du roi de Perse, Châh-Abbas, parcouraient les cours de l'Europe, afin de les décider à se liguer contre les Ottomans : quoique ces ambassadeurs n'eussent pu réussir dans leur mission, la guerre entre la Perse et la Turquie s'alluma en 1603. La garnison ottomane de Tebriz ayant ravagé, au milieu de la paix, la province de l'Azerbaïdjan et chassé Ghazi-Beï, gouverneur de Selmas, Châh-Abbas marcha sur Tebriz, et livra aux Ottomans une bataille dans laquelle ces derniers succombèrent accablés par le nombre. Vingt jours après cette victoire, les Persans entrèrent dans Tebriz : le châh se dirigea alors sur Nakhtchivan et Érivan : la première de ces villes, trop mal fortifiée pour soutenir un siége, fut abandonnée par les Osmanlis; la seconde, défendue d'un côté par l'Aras (*Araxes*), fut entourée, sur les autres points, d'un nouveau rempart long de cinq cents coudées. Châh-Abbas écrivit au gouverneur d'Érivan une lettre pleine de bravades, à laquelle Chèrif-Pacha ne répondit pas, et qu'il se contenta d'envoyer au Sultan. Le 11 djemazi'uloukhra 1012 (16 novembre 1603), l'armée persane parut devant Érivan, et le châh dressa son camp sur une colline voisine nommée *Mihnet-Tèpèci* (Colline de la fatigue). Une lettre du gouverneur d'Érivan, dans laquelle il demandait du secours au commandant de Van, ayant été interceptée, Châh-Abbas la renvoya à Chèrif-Pacha, après avoir écrit de sa main quelques mots pour engager ce dernier à se rendre. Le molla Yakhchi, qui portait ce message, retourna encore sans réponse; enfin à une nouvelle lettre du roi de Perse, Chèrif-Pacha dit au négociateur : « Tant que vous n'aurez pas acheté la « conquête de chaque pierre des rem- « parts par la mort de chacun de nous, « tant que vous n'aurez pas perdu vous- « mêmes assez de soldats pour qu'on « puisse élever des pyramides avec leurs « têtes, n'espérez pas de posséder la « forteresse. » Comme Yakhchi se retirait, après cette fière réponse, il fut poignardé par quelques soldats ottomans.

Lorsque ces nouvelles arrivèrent à Constantinople, le kaïm-mèkam convoqua un grand conseil, dans lequel on donna à Sa'atdji-Haçan-Pacha le commandement de l'armée d'expédition contre la Perse; peu de temps après, le Sultan expirait victime de sa superstition : cinquante-six jours auparavant, il avait rencontré, en rentrant au sérail, un derviche que son imbécillité faisait passer pour un saint, et qui s'écria en voyant Sultan-Muhammed : « Auguste monarque, ne « t'endors pas ! Je t'annonce un triste « événement qui aura lieu dans cin- « quante-six jours. » Ces paroles alarmèrent le Sultan; il tomba malade au bout de quelques semaines, et mourut en effet à la date annoncée.

C'est sous Muhammed III que l'empire ottoman, qui avait déjà commencé à donner des signes de désorganisation pendant le règne de son prédécesseur, marcha par une pente rapide vers sa décadence. Les causes en sont faciles à apprécier : l'esprit d'insubordination qui régnait dans l'armée, et la violation manifeste de la plupart des institutions créées par la sage politique des ancêtres de ce prince, ne pouvaient manquer d'affaiblir l'État dont elles ébranlaient les fondements. Sous les ministères de Djighala et de Yemichdji-Haçan, les plus graves désordres s'introduisirent dans les branches de l'administration civile et militaire. La vénalité des charges, l'altération des monnaies, l'augmentation toujours croissante des impôts, enfin toutes ces mesures désastreuses qui semblent donner aux empires un moment de prospérité et de vie, mais qui, en effet, portent en elles des germes de dissolution et de mort, se réunirent pour pousser à la ruine de l'État. Cependant on ne peut attribuer à Sultan-Muhammed III tout le mal qui se fit sous son règne; ce prince avait des intentions droites : le surnom d'*Adli* (le juste) (*), dont il signait ses poésies, témoignerait du moins de son amour pour la justice. En prenant le sceptre, il ordonna une enquête sur les dettes contractées par son père envers plusieurs caisses publiques, et il consacra à leur extinction cinquante millions d'aspres. Lorsque, en 1598, il éleva Djerrah-Muhammed-Pacha à la dignité de grand vézir, il lui adressa un khatti-chérif pour l'exhorter à bien faire son devoir; on y lisait ces paroles sévères : « Sache, au surplus, que j'ai juré par « les mânes de mes aïeux, de ne jamais « faire grâce à un grand vézir, mais « de punir sévèrement la moindre pré-« varication dont il se rendrait coupa-« ble : il sera mis à mort; son corps « sera coupé en quartiers, et son nom « voué à l'infamie! » Le Sultan prit des dispositions rigoureuses pour l'exécution des lois de l'islamisme, qu'il pratiquait lui-même scrupuleusement; il n'était adonné ni à l'opium, comme Murad III, ni au vin, comme Sèlim II; et il publia, en 1004 (1596), un édit par lequel il ordonnait, sous les peines les plus terribles, de fermer tous les cabarets. Élevé dans le goût de la littérature par son précepteur Nèvaïi, et par Nèvi, l'un des poëtes ottomans les plus distingués, il protégea les lettres et les sciences. Plusieurs légistes et savants renommés, dont quelques-uns même étaient Tatares, vécurent à Constantinople, et y furent accueillis et récompensés. Le célèbre Sè'aduddin, qui rédigea les annales de la monarchie ottomane depuis sa fondation jusqu'à la mort de Sèlim Ier, et traduisit du persan l'histoire universelle de Lari, parvint, sous Muhammed III, dont il avait été le précepteur (khodja), à la dignité de mufti : il fut le conseiller de ce prince et de son père Murad III. Son style est remarquable par une pompe et une richesse qui n'ont été égalées par aucun ecrivain musulman: il mourut le 12 rèbi'-ul-ewwel 1008 (2 octobre 1599), jour anniversaire de la naissance de Mahomet le Prophète. Six mois après la mort de Sè'aduddin, eut lieu celle de Baki, le plus grand poëte lyrique des Ottomans; il avait été trois fois grand juge de Roumilie. Ali, distingué entre les historiens orientaux par son esprit de haute critique, sa véracité et son indépendance, mourut aussi cette année : il avait composé dix-huit ouvrages en prose et en vers; et dans la carrière des honneurs, il s'éleva jusqu'à la dignité de pacha de Djidda.

Sultan-Muhammed III avait regné neuf ans et deux mois lunaires. Les événements les plus remarquables de cette courte période sont la prise d'Erlau et celle de Kanischa. Malgré ces conquêtes, les troubles continuels qui agitèrent l'empire sous ce prince, rendirent son règne un des plus désastreux qui aient pesé sur la nation ottomane.

CHAPITRE XVI.

SULTAN-AHMED-KHAN Ier, FILS DE SULTAN-MUHAMMED-KHAN III.

Le 18 rèdjeb 1012 (22 décembre 1603), le divan venait de s'assembler comme de coutume : les vézirs et le kaïm-mèkam Kaçim-Pacha commençaient à peine à s'occuper des affaires de l'État, lorsque parut dans la salle du conseil (*) le mir'-alèm (*grand*

(*) C'est le même qu'a pris aussi Sultan-Mahmoud II, aujourd'hui régnant (1838).

(*) Divàn-khànè, qui existe dans la seconde cour du sérail.

chambellan). Il portait, plié dans un morceau d'étoffe de soie, un khatti-chérif qu'il présenta au kaïm-mékam; après avoir inutilement essayé d'en prendre lecture : « Qui t'a donné cet « écrit illisible? dit Kaçim-Pacha; il « n'est pas de la main de Sa Hautesse. « C'est le kyzlar-agaci (*chef des eunu-* « *ques noirs et gouverneur du harem*) « qui me l'a remis, répondit le grand chambellan. » Le reïs-efendi prit alors le khatti-chérif et parvint à y déchiffrer ces mots : « Apprends, ô Kaçim-Pa-« cha! que le Sultan mon père étant « mort par la volonté d'Allah, je suis « monté sur le trône : veille bien à la « tranquillité de la capitale, car s'il « arrive le moindre désordre, je te fe-« rai trancher la tête! » Le kaïm-mèkam, ne sachant que penser de ce message, écrivit au kyzlar-agaci de vouloir bien lui en donner l'explication. Pour toute réponse, Kaçim-Pacha fut introduit dans l'un des appartements du harem, où il vit un jeune homme de quatorze ans, assis sur le trône impérial et environné des officiers de la cour intérieure : c'était Sultan-Ahmed, fils aîné et successeur légitime de Muhammed III.

Après les cérémonies ordinaires des funérailles du dernier Sultan, son corps fut inhumé à Sainte-Sophie, auprès des restes mortels de son père Murad III. C'était la première fois, depuis le règne de Baïezid-Ildirim, que les obsèques du souverain n'étaient pas souillées du sang de ses fils. Ahmed Ier avait un frère puîné, nommé Moustapha, âgé de douze ans : le nouveau Sultan épargna la vie du jeune prince, et se contenta de l'enfermer dans le sérail. Moustapha étant alors le seul héritier de la couronne, on peut considérer sans doute cette dérogation au cruel usage établi par les prédécesseurs d'Ahmed, comme un acte de politique plutôt que d'humanité. Ce qui semblerait venir à l'appui de cette opinion, c'est que quelques années plus tard (1020-1611), il ordonna par deux fois de faire mourir son frère, qui ne dut son salut qu'à la frayeur superstitieuse qu'un orage violent et une indisposition subite causèrent à Ahmed, au moment où les muets partaient pour exécuter la fatale sentence.

Sept jours après l'avénement de Sultan-Ahmed, le grand vézir Yavouz-Ali-Pacha arriva à Constantinople. Ce ministre devait apporter douze cent mille ducats, produit de deux années du tribut de l'Égypte; et le Sultan avait retardé jusqu'alors la distribution aux troupes du présent d'usage. Mais le grand vézir, dans son empressement de venir saluer son nouveau maître, avait laissé ses bagages en route; et dans la crainte de mécontenter l'armée, on lui compta sept cent mille ducats, tirés du trésor impérial.

Le 1er cha'ban 1012 (4 janvier 1604), Sultan-Ahmed se rendit à la mosquée d'Eïoub, et y ceignit le sabre d'Osman sur le tombeau du porte-étendard du prophète. Quelques jours après cette cérémonie, Ahmed relégua dans le vieux sérail son aïeule Safïïé-Sultane (*), qui avait joui d'un si grand pouvoir sous le règne de Murad III et de Muhammed III : ce fut en vain qu'elle demanda avec instance à parler à son petit-fils; le vézir Djerrah-Muhammed-Pacha s'opposa à cette entrevue, dans laquelle cette femme adroite et ambitieuse aurait pu prendre aussi sur le nouveau Sultan, trop jeune pour démêler ses artifices, l'empire qu'elle avait exercé sur ses deux prédécesseurs.

Un mois environ après son avénement, Sultan-Ahmed alla faire la prière du vendredi à la mosquée de Sainte-Sophie; il passa de là au palais du grand vézir où se fit la cérémonie de la circoncision; c'était la première fois depuis la fondation de l'empire, qu'un

---

(*) Safïïé-Sultane est contemporaine de Catherine de Médicis et Italienne comme elle. Ces deux femmes ont eu encore d'autres similitudes dans leur carrière politique, et leur influence s'est exercée aussi pendant longtemps sur les destinées des États où elles régnaient sous le nom de leurs **maris** et de leurs enfants.

Sultan était circoncis après être monté sur le trône (*).

Cependant, le kapoudan pacha Djighala venait d'être nommé général en chef de l'armée contre la Perse, et le grand vézir, Yavouz-Ali, sèrasker de celle qui était destinée à envahir la Hongrie. Ce ministre, peu jaloux de la gloire militaire, tâcha de persuader aux membres du divan qu'il devait rester dans la capitale pour tenir les rênes de l'administration; mais un ordre positif d'Ahmed ne lui permit plus de balancer; il partit le 11 muharrem 1013 (30 mai 1604), et s'arrêta au palais de Khalkali, situé à peu de distance de Constantinople, afin d'y attendre l'argent nécessaire pour la guerre : un nouvel ordre du Sultan qui lui enjoignait de partir de suite, sous peine de la vie, l'obligea de se mettre en marche : arrivé à Belgrade, il y mourut le 28 safer 1013 (27 juillet 1604). Sur le refus du kaïm-mèkam Hafiz-Pacha, qui redoutait la responsabilité du commandement en chef, le sceau de l'empire fut remis à Lala-Muhammed-Pacha. Le nouveau sèrasker fortifia les places d'Adony et de Földwar, rétablit à Bude le pont de bateaux détruit par l'ennemi, et assiégea Waitzen; la garnison de cette ville, après l'avoir incendiée, se réfugia à Gran, où Lala-Muhammed-Pacha se présenta le 24 djemazi-ul-oula (18 octobre); mais la rigueur de la saison le força de lever le siège de cette dernière place et celui de Pest, tandis que l'archiduc Mathias renonçait en même temps à prendre Bude. Le sèrasker, après avoir chargé Tokhatmich-Gheraï, fils de Ghazi-Gheraï, khan des Tatares, d'approvisionner la forteresse, se mit en route pour Belgrade, où il arriva le 3 rèdjeb 1013 (25 décembre 1604).

(*) Un poëte du temps fit sur l'avénement d'Ahmed des vers, dont voici la traduction : « A lui seul entre tous les fils d'Osman, a été accordé le privilége de posséder l'empire avant d'avoir possédé l'étendard. » C'est-à-dire, avant d'avoir atteint l'âge mûr; le sandjak, symbole du pouvoir, n'étant jamais confié à des mains trop jeunes.

Cette même année, la France, l'Angleterre et Venise renouvelèrent les capitulations avec la Porte; à cette occasion, notre ambassadeur, M. de Salignac, successeur de M. de Brèves, demanda réparation d'une insulte faite au consul français à Alger.

Nous avons vu dans le précédent chapitre, qu'au mois de rèdjeb 1012 (décembre 1603), la garnison d'Erivan avait mis à mort le molla Yakhchi, plénipotentiaire de Châh-Abbas : après cette violation du droit des gens, le roi de Perse résolut de pousser Chèrif-Pacha à la dernière extrémité par un blocus rigoureux; l'eau même manquant aux assiégés, le gouverneur fut forcé de capituler au bout de six mois; il obtint les honneurs de la guerre, et fut présenté, avec le juge d'Erivan, à Châh-Abbas. Ce prince, après avoir tenu un discours emphatique à Chèrif-Pacha, reprocha au juge d'avoir laissé échapper l'occasion de gagner des honneurs et des trésors, en livrant la ville; la réponse de ce dernier mérite d'être conservée : « Puisqu'il est du devoir « d'un serviteur fidèle, dit-il, de sacri- « fier ses biens et sa vie au service de « son maître, devais-je m'attendre à « être blâmé de ma conduite? » Châh-Abbas rendant justice aux nobles sentiments de son prisonnier, lui accorda la liberté; mais il fit mettre à la torture les oulèmas qui, dans un fetwa relatif à la guerre de Perse, avaient émis le principe que le meurtre d'un Persan égale en mérite celui de soixante-dix hérétiques. Emirgoun-Khan fut nommé gouverneur d'Erivan, et s'empara d'Aktchè-Kal'a, dont la population arménienne fut transplantée à Ispahan et établie dans le faubourg de Djulfa. L'alaï-beï Ken'an qui, sous les ordres d'Osman-Pacha, commandant de Kars, parcourait les environs de cette ville pour faire des prisonniers, tomba lui-même au pouvoir d'Emirgoun : celui-ci le fit placer dans un énorme canon et lancer en l'air. En même temps, le châh réduisait la forteresse de Kars, place frontière de la Géorgie et de la Turquie; mais il vint échouer ensuite devant la ville d'Akhiska, vigoureusement défendue par Karakach-Pacha.

Le 17 muharrem 1013 (15 juin 1604), Djighala-Zadè était parti de Constantinople à la tête de l'armée d'expédition contre la Perse ; à son arrivée devant Erzroum, il fut rejoint par Keuçè-Sèfer gouverneur de cette ville, par Ahmed-Pacha, beïler-beï de Van, et par un des compagnons de Dèli-Haçan, Karakach-Ahmed, auquel il pardonna sa révolte et donna le gouvernement de Tchildir. Ce ne fut que le 15 djemazi' ul-oukra (8 novembre) que l'armée ottomane arriva sous les murs de Kars : Djighala, malgré l'ardeur des chefs placés sous ses ordres, ne voulut faire aucun mouvement, sous le prétexte qu'il fallait attendre l'arrivée de Karakach, qui ne parut que dans les premiers jours de l'hiver. Pendant ce temps, le châh ravagea tout le pays et se retira ensuite à Tèbriz. Le sèrasker songea alors à se rendre dans le Chirvan où se trouvait son fils ; mais l'armée s'y opposa et voulut rester dans le pays de Roum (Asie Mineure). Djighala prit donc ses quartiers d'hiver à Van ; mais se trouvant trop exposé dans cette ville aux excursions des Persans, il retourna à Erzroum. Châh-Abbas vint alors assiéger Van sans pouvoir réussir à s'en emparer ; et il rentra dans ses États après cet échec.

Pendant la campagne de Hongrie, avait eu lieu à Constantinople l'exécution de Kaçim-Pacha, ancien kaïmmèkam. Sarykdji-Moustapha fut élevé à cette dignité, après avoir reçu cet avis du Sultan : « Si tu te conduis mal, « ce cimeterre te mettra à la raison, « comme il l'a fait avec ton prédéces- « seur. » Malgré cette terrible menace, le nouveau kaïm-mèkam ne craignit pas de se faire des ennemis en opérant de nombreuses mutations parmi ses administrés, et surtout en essayant de renverser le mufti. Sarykdji-Moustapha, accusé de tyrannie par le khodja, le mufti et quelques cheïkhs, fut exécuté le 20 cha'ban 1013 (11 janvier 1605).

Deux mois auparavant, la naissance d'un fils du jeune Sultan avait donné lieu à des fêtes qui durèrent sept jours. Le 8 mars suivant, Ahmed devint père d'un autre fils ; le premier fut nommé Osman, et le second Muhammed.

Cependant, quatre nouveaux chefs de rebelles, Kalender-Oghlou, Khalil, Satchlu, et Saïd, venaient de succéder en Asie à Dèli-Haçan et à son frère Kara-Yaçidji. Daoud-Pacha et Naçouh-Pacha furent envoyés contre les révoltés. Le grand vèzir partit lui-même pour la Hongrie, avec le projet de soumettre Gran, sans toutefois renoncer intérieurement au désir de conclure avec la Hongrie une paix que rendait urgente l'état fâcheux des affaires de l'empire du côté de l'Orient, à cause de la guerre de Perse et de la rébellion qui ravageait l'Asie Mineure. Des négociations commencées en 1010 (1601), sous Muhammed III, qui avait donné pour la première fois des pleins-pouvoirs réguliers au grand vèzir, n'avaient produit aucun résultat, par la mauvaise volonté des Ottomans, dont les plénipotentiaires, ne voulant que gagner du temps, ne se rendirent pas à l'entrevue qui devait avoir lieu à Gran le 29 juillet. Les années 1011 et 1012 se passèrent en correspondance et en pourparlers entre les commissaires impériaux et les vèzirs Ibrahim et Murad : le 10 janvier 1604, un armistice de trois semaines fut conclu ; et en février suivant, deux conférences infructueuses eurent lieu à Pest. Ce ne fut que huit mois plus tard (en octobre) que le conseiller aulique baron de Mollard, et le pacha de Bude, reprirent les négociations interrompues, mais sans pouvoir encore parvenir à se mettre d'accord.

Pendant que ces négociations se poursuivaient en Hongrie, d'autres étaient entamées en Transylvanie : dans ces dernières, les Impériaux consentirent à abandonner au Sultan le d.oit de nommer le voïvode de Valachie, et au khan des Tatares de concourir à cette nomination en donnant la lance et la masse d'armes au candidat qui aurait déjà obtenu l'étendard des mains du Grand Seigneur. A cette époque, les Hongrois et les Transylvaniens étaient irrités par les vexations que les Allemands leur faisaient subir, et par le mépris qu'ils leur témoignaient : un noble hongrois, appelé Bocskaï, connu par sa haute valeur, fut choisi pour souverain par les mécontents, et chargé d'implorer la protection du Sultan contre leurs oppresseurs. Ahmed s'empressa d'accueillir les ambassadeurs de Bocskaï, confirma son élection, en lui donnant les titres de roi de Hongrie et maître de Transylvanie, et l'engagea à se rendre à Belgrade, pour y recevoir la couronne, l'étendard, la masse d'armes (*topouz*) et le cimeterre, insignes du pouvoir suprême.

Le grand vézir Lala-Muhammed écrivit à Bocskaï pour l'inviter à mettre le siége devant Neuhœusel. Il marcha lui-même sur Gran, et réussit à reprendre cette ville. Les Ottomans montrèrent en cette occasion la plus grande humanité : ils respectèrent les personnes et les propriétés, donnèrent une escorte pour protéger la garnison vaincue, qui se retira avec armes et bagages, et fournirent eux-mêmes les saïques qui transportèrent par le Danube les blessés et les malades. Wissegrad, Depedlen, Wesprim et Palota, tombèrent ensuite au pouvoir des Ottomans, et Neuhœusel se rendit à Bocskaï. A la fin de cette heureuse campagne, ce prince fut solennellement reconnu comme roi de Hongrie ; le grand vézir lui donna sa main à baiser, lui posa sur la tête une couronne d'or et de diamants, le ceignit d'un sabre enrichi de pierreries, et lui annonça que le Grand Seigneur l'exemptait de tout tribut pendant dix ans, réduisant même, après ce terme, toute redevance à un présent annuel de dix mille ducats. En retour, Bocskaï promit de remettre les forteresses de Lippa et d'Yenœ au pacha de Temeswar.

L'expédition de Djighala en Perse fut loin d'avoir une issue aussi heureuse que celle de Hongrie : les Ottomans livrèrent bataille aux Persans, près du lac Châhi ; la victoire semblait assurée aux premiers, lorsque Châh-Abbas, profitant du désordre qui s'était introduit parmi les vainqueurs, acharnés à la poursuite des fuyards, regagna l'avantage, et fit prisonnier Sèfer-Pacha. Le sèrasker Djighala, dont le caractère était fier et entreprenant, ne put supporter la honte de cette défaite ; il mourut de chagrin le 21 rèdjeb 1014 (2 décembre 1605), en opérant sa retraite sur Diarbèkir.

Dèli-Haçan, ancien chef des rebelles d'Asie, avait obtenu, avec le pardon de sa révolte, le pachalik de Temeswar ; mais le grand vézir, voulant le perdre, fomenta une sédition parmi le peuple ; Dèli-Haçan fut chassé, ainsi que son frère, et se réfugia à Belgrade, où arriva bientôt le ferman qui ordonnait leur exécution : elle était motivée sur l'offre qu'aurait faite Dèli-Haçan de vendre au pape un château fort de Dalmatie pour la somme de cent mille ducats.

Cependant les rebelles d'Asie, sous les ordres de Khalil, remportèrent, à Boulawadin (*Dinias*), la victoire sur les troupes du Sultan, commandées par Naçouh-Pacha et Ali-Pacha. Ce dernier, qui s'était attiré, par son humeur épigrammatique, la haine de Naçouh, fut accusé par lui d'avoir fait perdre la bataille, et mis à mort. Naçouh-Pacha, voulant prévenir le mauvais effet que sa défaite pourrait produire sur l'esprit du Sultan, se hâta de retourner auprès de lui, et parvint non-seulement à se disculper, mais encore à décider Ahmed à entrer lui-même en campagne. Malgré tous les efforts du mufti et du khodja pour dissuader le Grand Seigneur de partir, il ne se rendit pas à leurs raisons, et s'embarqua pour Brousse le lendemain de la mort de la sultane Validè, sa mère, qui avait expiré le 1er rèdjeb 1014 (12 novembre 1605). Après avoir visité les tombeaux des six premiers Sultans de la race d'Osman, et les bains de Brousse, Ahmed revint dans sa capitale le 16 rèdjeb (27 novembre) ; elle était en proie à l'agitation occasionnée par une révolte des janissaires, qui avaient assailli leurs officiers à coups de pierres, et réclamaient la solde arriérée. Sultan-Ahmed, irrité de l'insolence de cette milice, se vêtit de rouge, à l'exemple du khalife Haroun-Rachid, lorsqu'il ordonnait une exécution, parla aux chefs de l'armée avec une fermeté qui leur imposa, demanda le nom des coupables, les fit mettre à mort, remplaça les agas, fit ensuite payer aux troupes le quartier de solde échu, en y ajoutant trois ducats par homme, et réprima ainsi l'insurrection.

A l'instigation de Derwich-Pacha, ancien bostandji-bachi, et favori de Sultan-Ahmed, Sa Hautesse décida que le grand vézir Lala-Muhammed se mettrait lui-même à la tête de l'expédition de Perse. Ce ministre, qui aurait voulu, avant de partir, terminer les négociations entamées avec la Hongrie, ne put obtenir le moindre délai, et fut tellement affecté de la dureté du Sultan à son égard, qu'il fut frappé d'apoplexie et mourut le 15 muharrem 1015 (23 mai 1606). Un historien oriental prétend que Derwich-Pacha fit empoisonner Lala-Muhammed, dans l'espoir de lui succéder ; le Sultan lui confia en effet la charge de grand vézir.

Environ sept mois après, Derwich-Pacha, qui s'était attiré la haine publique, fut étranglé dans le sérail : le sceau de l'empire fut donné au vézir Murad-Pacha, qui, deux mois avant sa nomination, avait réussi enfin à conclure, le 10 cha'ban 1015 (11 novembre 1606), à Sitvatorok, une trêve (*mutârèkè*) avec l'empereur Rodolphe. Par ce traité, le tribut annuel de trente mille ducats, que l'Autriche payait à la Porte, fut supprimé ; seulement l'empereur s'obligeait à compter une seule fois la somme de deux cent mille piastres : une égalité parfaite devait régner entre les deux monarques ; ils auraient l'attention de s'adresser des lettres pleines de témoignages d'estime et d'amitié, semblables à celles que s'écrivent un père et un fils, et ils s'enverraient réciproquement des ambassades extraordinaires, avec des présents dignes des deux souverains. Le Sultan devait donner désormais à l'empereur d'Allemagne le titre de *Roma-Tchaçari* (César de Rome) au lieu de celui de *Kral*, mot slave qui signifie roi (*rex*) ; et leurs armées s'abstiendraient de toute hostilité : celle des deux parties contractantes qui violerait le traité, serait tenue de dédommager l'autre ; la Hongrie supérieure et la Transylvanie furent cédées à Bocskaï ; et l'on se donna une mutuelle garantie de la liberté des cultes en la déclarant inviolable. Cette trêve devait durer vingt ans, et engager non-seulement les princes signataires, mais encore leurs parents et leurs descendants.

La paix conclue avec l'empereur permit au grand vézir Murad-Pacha de s'opposer aux progrès des rebelles d'Asie, dont l'insurrection s'étendait depuis les frontières de Perse et de Syrie jusqu'aux rives du Bosphore. Les anciens chefs de la révolte avaient péri, mais d'autres leur avaient succédé : Kalender-Oghlou, Kara-Saïd, Kinali, Mouçelli-Tchaouch, Djemchid, Djan-Poulad le Kurde, et l'émir Fakhruddin le Druse, opposaient aux Ottomans des forces considérables ; Murad-Pacha partit de Scutari le 7 rèbi'ul-ewwel (2 juillet), et se dirigea sur Alep. Chemin faisant, il détacha de la ligue des rebelles Kalender-Oghlou en lui promettant le gouvernement d'Angora. Arrivé à Konia, le grand vézir fit jeter dans des puits un grand nombre de révoltés, avec leur chef Ahmed-Beï ; les habitants de Konia avaient demandé sa grâce à Murad-Pacha, en le lui peignant comme le seul homme qui pût contenir les bandes nombreuses qui lui étaient soumises ; le grand vézir parut se rendre à cette raison ; il fit venir devant lui Ahmed-Beï et lui dit : « Mon in-« tention est de te confier la garde de « Konia, pendant que je marcherai « contre Djan-Poulad (*âme d'acier*) ; « mais si j'ai besoin de secours, com-« bien de soldats pourras-tu me four-

« nir ? — Trente mille hommes, avec « la plus grande facilité, » répondit Ahmed. Murad le remercia et le félicita avec toutes les apparences de la sincérité; mais lorsque ce chef imprudent fut sorti : « Si je laisse sur mes « derrières, dit le vézir, un homme « qui peut rassembler à volonté trente « mille combattants, et que ce rebelle « se fortifie dans Konia, qu'en résultera-t-il ? » Cette objection était sans réplique ; elle détermina la perte d'Ahmed-Beï. Pendant ce temps, Kalender-Oghlou était arrivé devant Angora, et avait sommé le juge Molla-Ahmed de lui remettre la ville. Mais ce dernier s'y refusa, parce que le nouveau sandjak-beï était venu en ennemi, pillant la contrée et la mettant à feu et à sang. D'après ce refus, Kalender-Oghlou assiégea Angora : Molla-Ahmed soutint courageusement huit assauts, et fut secouru enfin par Tekïèli-Pacha, dont l'arrivée décida Kalender-Oghlou à battre en retraite. D'un autre côté, le grand vézir repoussait les chefs Djemchid et Mouçelli-Tchaouch, opérait sa jonction avec Zulfekar-Pacha, gouverneur de Mer'ach, et défaisait complétement, dans les champs d'Ouroudj-Owaçi, le rebelle Djan-Poulad; le nombre des prisonniers que firent les Ottomans fut si grand, que vingt bourreaux n'étaient occupés dans le camp qu'à trancher des têtes, dont on forma des pyramides en face de la tente du grand vézir. Djan-Poulad, qui s'était sauvé à Kilis, d'où il avait gagné Alep, fut chassé de cette dernière ville par les habitants ; ils massacrèrent plus de mille de ses partisans qui l'avaient suivi, et présentèrent leurs têtes à Murad-Pacha, lorsqu'il fit plus tard son entrée dans Alep. Fakhruddin-Ma'an-Oghlou, prince du Liban, qui, à cette bataille, commandait les Druses et la tribu de Bèni-Koleïb, s'enfuit dans le désert.

Après avoir pris ses quartiers d'hiver à Alep, le grand vézir nomma Mahmoud-Pacha, fils de Djighala, au gouvernement de Bagdad, d'où fut chassé le rebelle Moustapha, fils d'Ahmed. Djan-Poulad abandonna secrètement les troupes avec lesquelles il s'était enfui d'Alep, et gagna Constantinople. Il obtint son pardon de Sultan-Ahmed, qui se plut à entendre le récit de la vie aventureuse de ce chef de rebelles, et le nomma beïlerbeï de Temeswar. Mais au bout d'une année, une révolte des habitants de ce gouvernement l'obligea de se réfugier à Belgrade, où il fut étranglé sur l'ordre du grand vézir.

Cependant les inquiétudes qu'inspirait encore Kalender-Oghlou firent prendre au Sultan des mesures extraordinaires : une levée générale fut ordonnée, et les vézirs Khyzir-Pacha et Daoud-Pacha se disposèrent à partir pour Scutari et Nicomedie. Kalender-Oghlou, qui ravageait les environs de Brousse, s'étant tout-à-coup dirigé vers le Sud, les craintes se calmèrent. Au printemps suivant, les insurgés, commandés par ce chef redouté, et par Kara-Saïd, se portèrent d'Elbistan aux montagnes de Gueuk-Souï-Yaïlaghy, et offrirent la bataille à Murad-Pacha, dans un défilé. L'action fut sanglante, et la victoire longtemps douteuse; elle se décida enfin pour les Ottomans, grâce à une charge vigoureuse faite par les janissaires, qui, jusqu'alors, étaient restés cachés dans les ravins. Les vaincus, poursuivis par les Ottomans, essayèrent, près de Baïbourd, de se rallier et de les repousser ; mais après une inutile résistance, ils s'enfuirent encore jusqu'à Eriwan, où Emirgoun, gouverneur de la place, ne les accueillit que sous la condition qu'ils reconnaîtraient en même temps la souveraineté du châh et la croyance des chi'is. Le grand vézir ayant appris que Maïmoun, autre chef des rebelles, après avoir dévasté la contrée de Kyr-Chèhri, allait faire sa jonction en Perse avec Kalender-Oghlou, résolut d'empêcher cette réunion : il se mit à la tête des troupes, et poursuivit Maïmoun pendant six jours et sept nuits, sans s'arrêter. Durant cette course forcée, Murad-Pacha, malade et âgé de près de quatre-vingt-dix ans, fut obligé plusieurs fois de descendre de cheval et de prendre quelques instants de repos. Les fugitifs, atteints par Pialè-Pacha dans le défilé de Kara-Haçan-Guèdighi, se défendirent avec courage et repoussèrent d'abord les Ottomans ; mais le grand vézir étant survenu avec des troupes fraîches, les rebelles éprouvèrent la déroute la plus complète. Après sa victoire, Murad-Pacha se dirigea vers Sadakly : arrivé dans cette ville, il y fut rejoint par le vézir Naçouh-Pacha, qu'il réprimanda de son retard, mais avec une douceur qui n'était pas dans son caractère, et qui fit penser que cette modération lui était imposée par le Sultan. Murad-Pacha usa de la même clémence envers Ekmekdji-Zadè, beïler-beï de Roumilie, et Zulfekar-Pacha, gouverneur de Karamanie ; le ministre dit à cette occasion : *le pardon est l'aumône de la victoire* (El-afwoun zikwètuz-zaféri).

Le 10 de ramazan 1017 (18 décembre 1608), Murad-Pacha fit son entrée triomphale à Constantinople avec quatre cents drapeaux, sur lesquels on lisait les noms des chefs de rebelles qu'il avait vaincus. Il fut accueilli avec la plus grande distinction par le Sultan, qui lui fit présent de deux kaftans et d'un turban orné d'une plume de héron.

Cette même année (1017), arrivèrent à Constantinople les ambassadeurs de l'Autriche, et ceux des Hongrois et Transylvaniens révoltés contre l'empereur Rodolphe. Le kaïm-mèkam Moustapha remit aux premiers un traité rédigé dans un sens si différent de celui qui avait été convenu deux ans auparavant, que ces plénipotentiaires se crurent obligés de protester contre la nouvelle rédaction de l'acte, et quittèrent immédiatement Constantinople, en rapportant simplement un reçu des deux cent mille écus qu'ils avaient remis au Sultan, conformément aux conditions stipulées en 1606. Les envoyés d'André Gitzy, chef des révoltés de Hongrie, reçurent quarante kaftans pour leur maître, et quatre-vingts plumes de héron pour ses principaux officiers.

En 1609 (1018), la Pologne renouvela le traité conclu en 1598 entre Muhammed III et Sigismond III : deux articles seulement y furent ajoutés : le libre transit des piastres de Turquie, et l'interdiction dans les États ottomans des monnaies polonaises à l'empreinte *du lion* (*), comme étant de bas aloi.

La Porte continuant d'être en relations amicales avec Venise, demanda au doge le libre passage pour les Maures qui fuyaient l'Espagne, où Philippe II les forçait d'embrasser le catholicisme, et qui, à l'abri du costume chrétien, essayaient d'échapper aux persécutions des Espagnols et de se réfugier dans l'empire ottoman.

En 1606, l'Angleterre avait envoyé un nouvel ambassadeur au Sultan. La France, à son tour, remplaça M. de Brèves par M. de Gontaut-Biron, baron de Salignac. Les princes de Mingrélie et de Géorgie, et Abdul-Baky-Khan, souverain des Uzbeks, accréditèrent aussi des ambassadeurs à la cour ottomane, de 1605 à 1608.

Après avoir passé presque tout l'hiver de 1608 à Constantinople, le grand vézir voulut punir les rebelles Mouçelli-Tchaouch en Cilicie, et Youçouf-Pacha, Kiahïa d'Oweïs-Pacha dans les gouvernements de Saroukhan, de Mentèchè et d'Aïdin. Ne pouvant espérer de s'emparer du premier, défendu par les positions inexpugnables de la Cilicie-Pétrée, il lui donna par écrit l'investiture du gouvernement de Karamanie. Il expédia ensuite un message à Youçouf-Pacha, par lequel, en l'engageant à venir au camp de Scutari, il lui prodiguait les flatteries, et lui jurait qu'il n'avait rien à craindre du padichâh. Youçouf eut le malheur de

(*) Ces monnaies étrangères nommées *arslani*, ou vulgairement *aslani*, à cause de l'empreinte d'un *lion* (*arslan*) ont cessé d'avoir cours depuis longtemps ; néanmoins on se sert encore quelquefois de cette appellation pour désigner l'unité monétaire en usage dans les États du Grand Seigneur, que nous nommons *piastre*, et qui se dit en turc *grouch*, altération évidente du mot allemand *groschen*.

croire aux promesses du grand vézir, et se rendit auprès de lui. Le rusé vieillard le combla d'amitiés et d'honneurs, et le retint plus de deux mois au camp. Dans cet intervalle, Zulfekar-Pacha, qui était allé en Cilicie sur l'ordre de Murad, se lia avec Mouçelli-Tchaouch et parvint à le faire étrangler au milieu d'un repas. Sa tête fut secrètement envoyée au grand vézir. Le lendemain, il invita Youçouf à déjeuner, l'accabla de caresses et de témoignages d'estime, et lui fit ôter la vie : les têtes des deux rebelles trop crédules furent exposées dans le camp. Le defterdar Ekmekdji-Zade, qui avait, aux yeux du sévère vézir, le tort impardonnable d'avoir opéré trop tard sa jonction, lors de l'expédition contre Khalil, n'échappa à la mort que par la protection du Sultan, qui demanda lui-même avec instance à son ministre la grâce du defterdar.

En mai 1610 (1019), deux nouveaux ambassadeurs de l'Autriche, Pierre Buonuomo et Andréa Negroni, arrivèrent à Constantinople, où ils furent très-bien accueillis par Murad-Pacha, qui leur remit un traité dont le texte était conforme à celui convenu en 1606 (1015), et à leur départ les fit suivre par un tchaouch qui avait le titre d'ambassadeur.

En 1609 (1018), cinq jésuites français étaient parvenus à opérer à Constantinople quelques conversions d'enfants juifs et grecs schismatiques ; on se rappelle qu'ils étaient établis dans l'église de Saint-Benoît de Galata depuis le mois d'août 1584. Devenus suspects au Sultan, qui redoutait leur esprit d'intrigue, ils furent assignés à comparaître au divan ; mais M. de Salignac, leur partisan dévoué, réclama avec force, et obtint leur liberté, parce qu'ils étaient sujets français. L'année suivante, cet ambassadeur succomba au chagrin que lui causa la mort de Henri IV.

Vers cette époque, la Pologne, inquiétée par les excursions des Tatares, demanda au Grand Seigneur de leur interdire les frontières de ce royaume. Les ambassadeurs de France et d'Angleterre obtinrent un khatti-chérif pour la délivrance des chrétiens esclaves dans les États barbaresques.

Le kapoudan-pacha Khalil, gouverneur de Kaïçariïe, successeur de Hafiz-Ahmed, livra, dans les eaux de Chypre, près de Baffa, à dix galères maltaises, un combat dans lequel les chrétiens furent battus. Le vaisseau que montait le commandant Fressinet fut pris et conduit à Constantinople : ce navire, que les chrétiens appelaient le *Gallion rouge*, et les Ottomans l'*Enfer noir* (Kara-djèhennem), donna son nom à cette bataille. Sultan-Ahmed écrivit au kapoudan-pacha pour le féliciter : il lui envoya avec un kaftan, garni de fourrures de zibeline, les trois *thoughs*, insignes du vézirat, et l'admit à la cérémonie du baise-main.

En octobre 1608 (redjeb 1017), une escadre florentine, sous les ordres de l'amiral Inghirami, s'empara de la ville de Biskèri et captura quatre vaisseaux ottomans. Deux ans plus tard, quatre navires florentins, commandés par Beauregard, combattirent pendant six heures, entre Chypre et les côtes de Karamanie, une escadre de quarante galères, commandée par le Grec renégat Moustapha, qui, après avoir vu couler à fond cinq de ses navires, se sauva dans le port de Famagouste. Beauregard s'empara ensuite d'un vaisseau ottoman qui portait de Rhodes à Chypre quarante mille couronnes que les Florentins se partagèrent. Mais, malgré ces avantages, le but principal de l'expédition de Beauregard n'en fut pas moins manqué ; car l'escadre qui, chaque année, partait d'Alexandrie pour conduire à Constantinople le tribut de l'Égypte, et que cet amiral était chargé de capturer, lui échappa et arriva heureusement dans la capitale. Eukuz-Muhammed-Pacha, qui commandait cette flotte, fut, en récompense de son habileté, élevé à la dignité de kapoudan-pacha, et fiancé à une fille de Sultan-Ahmed, âgée seulement de trois ans.

Vers cette époque, l'île de Stanco (Cos) fut ravagée par le marquis de Sainte-Croix et le baile Venonge, commandant les galères napolitaines et maltaises. Au retour de cette expédition, ces deux chefs voulurent faire une descente en Albanie où ils avaient des intelligences; mais elles furent découvertes et leurs fauteurs massacrés. Un prêtre, qui se trouvait parmi ces derniers, fut écorché vif; et sa peau, remplie de paille, fut envoyée à Constantinople.

Au printemps de l'année 1021 (1612), le grand vézir Murad partit de Scutari à la tête de l'armée qui devait entrer en Perse. Il commença par ravager Tebriz, sans que le châh lui opposât aucune résistance : ce prince, retiré dans les montagnes de Sourkh-Ab, écrivit à Murad pour lui faire des offres de paix, en lui proposant de laisser les choses dans l'état où elles se trouvaient, quant au territoire des deux empires. Le grand vézir demanda au contraire que la Perse rendît toutes les villes où la prière avait été faite au nom du Sultan. Le châh, en dédommagement des pays conquis sur les Osmanlis, offrit de livrer annuellement deux cents charges de soie : Murad-Pacha adressa à S. H. l'ambassadeur du roi de Perse, et se disposa à faire une nouvelle campagne. Au moment où le grand vézir partait pour la Perse, Naçouh-Pacha, gouverneur du Diarbèkir, avait offert au Sultan de payer quarante mille ducats, et en outre d'approvisionner à ses frais l'armée d'expédition, si Sa Hautesse voulait lui accorder les dignités de sèrasker et de grand vézir. Appelé par Murad, Naçouh-Pacha fut fort surpris de voir sa lettre entre les mains du vieux ministre si connu par sa sévérité : il ne se déconcerta point cependant, et supporta avec fermeté l'interrogatoire que lui fit subir Murad-Pacha, et dont la conclusion fut que Naçouh fournirait la somme et les provisions qu'il avait proposées au Sultan. On s'étonna de la clémence inusitée du grand vézir envers l'ambitieux qui cherchait à le supplanter, offense qu'il n'était pas dans le caractère de ce ministre de pardonner; et l'on supposa, avec raison sans doute qu'un ordre secret de Sultan-Ahmed protégea la vie de Naçouh-Pacha.

Le 25 djemazi-ul-oula 1020 (5 août 1611), peu de temps après être entré en campagne, le grand vézir mourut: il était âgé de plus de quatre-vingt-dix ans. Le Sultan le fit ensevelir à Constantinople dans le *mèdrècè* (collége) qu'il avait fondé. Murad-Pacha était d'une sévérité qui dégénérait souvent en barbarie; il punissait avec la plus grande rigueur les moindres fautes : l'implacable cruauté qu'il déploya contre les insurgés d'Asie lui valut le surnom de *restaurateur de la royauté* (muhïus-seltanet) et d'*épée de l'empire* (seïfud-dewlet). Mais il savait cacher sa cruauté sous les dehors de la justice, de la douceur et de la piété : il avait l'habitude de lire le Coran une fois par semaine, jeûnait souvent, et réunissait toujours auprès de lui des cheïkhs de l'ordre des Nakhch-bendis. Avant de combattre les rebelles Kalender-Oghlou et Djan-poulad, il s'était prosterné, la face contre terre, avait mouillé de ses larmes la poussière, et s'en était couvert les cheveux et la barbe, au milieu d'une fervente prière; puis se relevant, il avait tiré son cimeterre béni par les cheïkhs de l'Arabie, l'avait agité trois fois et s'était élancé au combat. Lorsqu'il avait remporté une victoire, il s'asseyait ordinairement devant sa tente, faisait creuser des fosses profondes et les remplissait des cadavres des ennemis. On lit dans un historien ottoman qu'un jour les bourreaux ayant refusé d'exécuter un enfant qui se trouvait par hasard au milieu des rebelles, Murad-Pacha ordonna aux janissaires de mettre à mort ce jeune garçon; ceux-ci n'ayant pas voulu remplir un office que des bourreaux rejetaient, le grand vézir répéta l'ordre à ses pages, qui ne lui obéirent pas mieux. Alors le cruel vieillard saisit lui-même sa victime, l'étrangla et la jeta dans la fosse, en disant que les chefs des rebelles avaient tous commencé par être enfants, et que le mal devait être extirpé dans sa racine (*),

---

(*) Il est probable que le grand vézir

Malgré le caractère sanguinaire de Murad-Pacha, les talents qu'il déploya dans un poste dangereux, et plus difficile encore sous un prince sans éner-

Murad-Pacha, dans sa conduite envers le jeune rebelle dont il finit par trancher la tête de sa propre main, avait gardé le souvenir d'un *conte moral persan* de Saadi; et l'on cite encore chaque jour, en forme de proverbe, la sentence que ce poëte a mise dans la bouche du roi :

« A la fin le louveteau devient loup lui-même,

« Quoiqu'il grandisse avec des hommes. »

Nos lecteurs trouveront ici en entier cette *novelle*, dont nous venons de faire la traduction sur le texte même du *Gulistan de Saadi*; car il nous a paru bon de leur présenter un ensemble des idées et des préceptes que la sagesse et la politique appliquent en Orient aux conjonctures plus ou moins analogues à celle que raconte le poëte. C'est peut-être aussi le cas de dire que le *Gulistan de Saadi*, qu'un jeune voyageur français aux Indes (Victor Jacquemont, trop tôt enlevé aux sciences, à sa patrie et à sa famille) a traité assez cavalièrement, n'est pas un des ouvrages les moins importants à étudier pour connaître les mœurs et les idées des Orientaux. Il faut avouer cependant que cette œuvre d'un poète célèbre ne mérite pas d'être vantée en tout point, et qu'il y a certains chapitres dignes du blâme le plus sévère. Mais nous prierons le lecteur de se souvenir que les Grecs et les Romains pèchent trop souvent aussi par les mêmes endroits; et le Décameron de Boccace, qui se ressent des relations des chrétiens et des musulmans, alors nos maîtres en civilisation, n'est point à l'abri de reproches mérités, sous le rapport de la pudeur des mots et des choses.

TRADUCTION.

« Une bande de voleurs arabes s'était établie au sommet d'une montagne; ils interceptaient le passage des caravanes; les habitants des contrées voisines étaient effrayés de leurs expéditions et de leurs embûches; l'armée du Sultan avait été défaite; enfin la cime du mont était devenue pour eux un fort inaccessible, et c'était leur place de sûreté et de refuge.

De toutes parts les autorités du royaume se rassemblèrent pour délibérer sur les moyens d'extirper les maux qu'ils causaient; et l'on fut d'avis que si cette bande de brigands se maintenait encore quelque temps ainsi, il serait impossible de leur résister.

VERS.

« L'arbre qui vient de prendre pied, peut être déraciné par la force d'un seul homme;

« Mais si tu le laisses ainsi pendant quelque temps, tu ne pourras pas l'arracher même avec un char (*attele*).

« On peut se rendre maître de la source (*d'un fleuve*) avec un *mil* (sorte de grosse aiguille).

« Mais lorsqu'il (le fleuve) coule à pleins bords, on ne peut plus le passer avec un éléphant (*fil*). »

Il fut convenu de placer quelqu'un pour les espionner; d'attendre une occasion favorable, jusqu'à ce qu'ils fissent une expédition contre quelque tribu, et laissassent vide leur repaire.

On envoya donc un certain nombre d'hommes éprouvés et aguerris, avec ordre de se cacher dans les défilés de la montagne.

La nuit, lorsque les brigands revinrent, après avoir fait une longue route, chargés de dépouilles, ils se débarrassèrent de leurs armes, et déposèrent leur butin. Le premier ennemi qui se jeta sur eux fut le sommeil, au point qu'ils oublièrent de poser la garde de nuit [. . . . .].

Alors les braves embusqués se précipitèrent hors de leur retraite, et ayant lié à chacun d'eux les mains derrière le dos, ils les présentèrent le jour suivant à la cour du roi. Il ordonna de les faire tous mourir.

Il y avait par hasard au milieu d'eux un adolescent en qui les fleurs de la belle jeunesse venaient à peine de nouer leur fruit; *et la verdure du jardin-de-roses de ses joues était fraîchement poussée*. Un des vézirs baisa le pied du trône du roi; et, s'inclinant jusqu'à terre pour intercéder, lui dit : « Cet enfant *n'a encore mangé aucun des fruits du verger de l'existence*, et n'a retiré nul avantage des primeurs de la jeunesse. J'ose espérer de la générosité infinie et des royales bontés de Votre Majesté, qu'elle imposera une obligation à son serviteur, en lui abandonnant le sang de cet esclave. »

A ce discours, le roi fronça les sourcils; et trouvant cette prière en désaccord avec ses hautes pensées, il dit :

« Celui dont la nature est mauvaise ne se laisse point pénétrer par les rayons lumineux des gens de bien;

gie qui lui laissait tout le fardeau du pouvoir, lui assurent un rang distingué parmi les ministres de l'empire ottoman.

« Donner de l'éducation à un sujet indigne, c'est vouloir maintenir une noix sur un dôme. »

Il ajouta :

« Il est préférable d'anéantir leur race et leur tribu ; il vaut mieux en arracher jusqu'à la dernière racine ; car, éteindre le feu et conserver la braise, tuer la vipère et garder ses petits, ce n'est point le fait des sages.

« Lors même que les nuées laisseraient pleuvoir l'eau *de la fontaine* de vie,

« Jamais tu ne mangeras des fruits *cueillis* sur les branches du saule.

« Garde-toi de passer tes jours avec une personne d'un caractère bas et vil,

« Car tu ne goûteras point du sucre (extrait) du roseau des marais. »

Lorsque le vézir eut ouï ce discours, il fallut bien avoir l'air d'approuver et d'applaudir à l'excellence de l'opinion du roi. « Ce que vient de prononcer Votre Majesté (puisse son règne être de longue durée!), dit-il, est la vérité pure. S'il eût été élevé au milieu de ces brigands, il aurait sans doute pris leur caractère, et serait devenu *en tout* semblable à eux. Mais votre serviteur espère que dans la société des honnêtes gens, il se formerait au bien et qu'il prendrait les mœurs des sages : il est encore si jeune ! Et le caractère de rébellion et de violence de cette bande ne s'est pas affermi dans son naturel. Une tradition du prophète nous enseigne qu'*il ne naît aucun enfant sans avoir un penchant naturel pour l'islamisme*. Après (*sa naissance*) ses parents le font juif, chrétien, ou adorateur du feu.

« L'épouse de Loth fit sa compagnie des méchants,

« Aussi perdit-elle la famille qui jouissait du don de prophétie.

« Pendant quelque temps, le chien (*) des compagnons de la caverne (les Sept dormants, 18ᵉ *soura du Coran, versets* 23 *et suivants*) suivit les traces des gens de bien et devint homme. »

Il dit, et la plupart de ceux qui entouraient le roi joignirent leur intercession à celle du vézir, jusqu'à ce que le prince eût renoncé à faire verser le sang (du jeune voleur).

(*) Ce chien, nommé Kythmir, est l'objet de contes infinis parmi les musulmans et les chrétiens orientaux (Niebuhr, Silvestre de Sacy, d'Herbelot, Chardin, Moréri, etc.).

« Je fais grâce, dit-il, quoique je ne voie pas à quoi bon.

« Sais-tu ce que dit Zal au brave Roustem (*son fils*)?

« *Il ne faut pas compter comme vil et sans ressource un ennemi impuissant.*

« J'ai vu bien des fois l'eau sortir faible de sa première source ;

« Quand elle eut pris de la force, elle entraîna chameaux et bagages. »

Quoi qu'il en soit, le vézir combla de caresses et de bienfaits le jeune homme; son éducation fut confiée à un maître habile; on lui enseigna à bien parler et à bien répondre; et il apprit tout ce qu'exige le service des princes, au point que ceux avec lesquels il vivait en étaient charmés.

Un jour, en présence du roi, le vézir parlait des qualités qui se développaient dans son élève, et disait : « Les soins des gens de bien ont laissé trace en lui ; il a fait sortir de son naturel sa première ignorance, et a pris les manières des sages. » Le roi se mit à sourire et dit :

« A la fin un louveteau devient loup lui-même,

« Quoiqu'il grandisse avec des hommes. »

Un an ou deux se passèrent ainsi. Une bande de mauvais sujets du canton s'entendit avec lui, et forma un pacte d'union ; à temps opportun, il égorgea le vézir et ses deux enfants, s'empara de ses nombreuses richesses, remplaça son père dans la caverne des voleurs, et devint *ouvertement* rebelle.

A cette nouvelle, le roi se prit à se mordre la main, et dans son dépit, il prononça ces vers :

« Comment quelqu'un peut-il forger une bonne épée avec de mauvais acier?

« Un vaurien! O sage, l'éducation n'en fera jamais une personne estimable.

« Cette pluie bienfaisante, sur la nature de laquelle il n'y a pas de contradiction,

« Fait croître des tulipes dans les jardins, et des chardons dans les marais.

« Une terre marécageuse ne produit point la jacinthe;

« N'y perds donc pas inutilement ta peine et ta semence.

« (*Enfin*) faire du bien aux méchants, c'est faire du mal aux gens de bien. »

Gulistan de Saadi, 1ᵉʳ *livre*, 3ᵉ *novelle*.

Le 12 djemazi-ul-oukhra 1020 (22 août 1611), Naçouh-Pacha succéda à Murad dans les charges de grand vézir et de sèrasker. La saison étant avancée, et l'envoyé persan ayant demandé du temps pour réunir les charges de soie convenues, le général en chef jugea à propos de renoncer à toute hostilité pour cette campagne et de congédier ses troupes.

L'année suivante (1021-1612), furent célébrées les noces du kapoudan-pacha Eukuz-Muhammed avec la sœur aînée de Sultan-Ahmed : la plus grande pompe signala ces fêtes, que nous ne détaillerons pas, ayant déjà décrit de pareilles solennités. Nous nous tairons aussi, par la même raison, sur la rentrée du Sultan dans sa capitale, cérémonie où ce prince voulut mettre beaucoup d'appareil, à cause de la présence de l'ambassadeur persan Kadi-Khan, à qui il fallait donner une haute idée de la richesse de l'empire. Dès l'arrivée d'Ahmed à Constantinople, il s'occupa de la réception des reliques apportées de la Mecque par Haçan-Pacha : elles se composaient d'un bâton coupé dans le faîte du temple ; d'une perle appelée *kewkebidurer*, incrustée jusqu'alors dans la paroi intérieure de ce même temple, et de l'ancienne couverture de la Kaaba.

Cette année, fut conclue la paix avec la Perse ; elle fut peu glorieuse pour la Porte, qui restitua tous les pays conquis, et sembla renoncer au tribut des deux cents balles de soie qu'elle avait exigées auparavant.

Le 6 juillet 1612 (1021) fut signé aussi le premier traité qui ait eu lieu entre la Porte et la Hollande : ces capitulations accordaient aux Provinces-Unies les mêmes avantages qu'avaient obtenus la France et l'Angleterre.

La Pologne, en voulant élire Radul-Cherban comme prince de Transylvanie, s'attira la colère du Sultan : il intima au roi de Pologne l'ordre d'envoyer à la Porte la tête et les trésors du nouveau voïvode ; en cas de refus, il menaçait d'une invasion des Tatares. Le divan déposa l'ancien voïvode Constantin Mogila, qui se réfugia en Pologne auprès de son beau-père Potocky, et emmena prisonniers les deux kapoudji-bachis qui avaient été chargés de l'étrangler. Dès que cette nouvelle parvint au Sultan, il fit enfermer l'ambassadeur polonais, Samuel Targowsky, qui ne recouvra la liberté que lorsque les kapoudji-bachis eurent été relâchés. A cette époque, l'ambassadeur Negroni, étant revenu à Constantinople avec la ratification de la trêve, demanda vainement la nomination de Radul à la principauté de Moldavie ; le Sultan refusa de reconnaître à l'Autriche le droit de s'immiscer dans les affaires de la Valachie, de la Moldavie et de la Transylvanie. Aussi, lorsque Negroni, reçu en audience par le kaïm-mékam, demanda la cession de cette dernière province, celui-ci sourit, et lui dit en hochant la tête : « Tu es bien hardi de m'adresser une « demande que n'ont pas osé faire les « plénipotentiaires au congrès de Sitva-« torok ! » Enfin, après bien des contestations entre le grand vézir et l'ambassadeur autrichien, ce dernier partit avec des lettres du Sultan, portant en substance que la trêve de Sitvatorok n'était pas valable, puisqu'elle avait été conclue sans l'approbation du mufti, et que Bocskaï n'avait eu aucun droit de disposer de la Transylvanie. Cette principauté fut pendant un siècle une pomme de discorde entre la Porte et l'Autriche.

Divers événements maritimes se passèrent depuis l'année 1020 (1611) jusqu'en 1023 (1614). Les flottes de Malte et de Florence inquiétaient la marine ottomane : cinq galères maltaises pillèrent Corinthe et emmenèrent cinq cents prisonniers ; quelques vaisseaux florentins opérèrent une descente à Cos, prirent le château et firent encore douze cents prisonniers. L'amiral florentin Inghirami s'empara du château d'Aga-Limani, de dix navires ottomans, mit en liberté deux cent quarante captifs chrétiens, et réduisit en esclavage trois cent cinquante musulmans. Ottavio d'Aragon, amiral de l'escadre sicilienne, rencontra, près du cap Corvo, la flotte du kapoudan-pacha, et lui prit sept galères : le beï d'Alexandrie et celui de Grigna en Chypre se trouvèrent au nombre des prisonniers. Ce revers de Muhammed-Eukuz-Pacha fut cause de sa destitution; il fut remplacé par l'Arménien renégat Khalil. En 1614, ce dernier dévasta une partie de l'île de Malte, se dirigea ensuite sur Tripoli de Barbarie, s'empara par ruse du deï qui s'était révolté, et le fit pendre aux portes de la ville (16 juin 1614). Au retour de cette expédition, il prit un vaisseau chrétien chargé de blé; et, s'étant réuni à Arslan-Pacha, il repoussa les Maïnotes au fond de leurs montagnes : un kaftan et un sabre d'honneur furent la récompense de ses victoires. Enfin, il enleva, près de Mytilène, un grand chebec chrétien qu'il emmena à Constantinople. Mais tandis qu'il parcourait l'Archipel, les Cosaques surprenaient Sinope, dans l'Asie Mineure, et la dévastaient entièrement. Chakchaky-Ibrahim-Pacha, qui commandait une flottille de soixante caïques, reprit aux Cosaques une portion du butin, et fit quarante prisonniers. Naçouh-Pacha voulut cacher au Sultan l'affaire de Sinope : mais le mufti en instruisit Ahmed, qui fut vivement irrité de la dissimulation du grand vézir; dès ce moment, sa chute fut décidée. Le mufti, le khodja et le kyzlaraga, ennemis de Naçouh, accélérèrent sa catastrophe, en persuadant au Sultan que le grand vézir aspirait à la couronne. Cette accusation pouvait paraître vraisemblable aux yeux d'Ahmed, qui savait à quel point Naçouh-Pacha s'était attiré l'admiration de la foule par son courage, son éloquence et son extérieur imposant. Fils d'un chrétien albanais, Naçouh entra fort jeune au sérail, en qualité de baltadji (*); il devint ensuite successivement tchaouch, voïvode de *Sile*, grand chambellan, second écuyer, et enfin gouverneur de Fülek. Il épousa alors la fille du Kurde Mir-Cherèf : cette alliance l'enrichit, et lui permit de proposer au Sultan (ainsi que nous l'avons déjà dit) de lui donner le grand vézirat au prix de quarante mille ducats. La mort de Murad-Pacha l'ayant bientôt fait arriver à la haute dignité où il aspirait, il fut fiancé à la fille de S. H., et ne mit plus de bornes à son ambition et à toute la fougue de son caractère. Un historien ottoman dit, en parlant de Naçouh, qu'*il faisait égorger les hommes aussi aisément que l'on tue des poules ou que l'on brise du verre.* Après l'exécution du nichandji Khyzir-Efendi, il répondit à ceux qui plaignaient le sort de ce personnage : « Je l'ai délivré de tous « les maux de ce monde et lui ai donné « le paradis; de là, il ne demandera « point vengeance contre moi. » Depuis longtemps, divers griefs du Sultan contre Naçouh faisaient présager sa perte; mais ce ministre imprudent la hâta lui-même, en essayant de se défaire du khodja et du mufti, dont il voyait bien que les intrigues avaient miné son pouvoir. Instruit du dessein de Naçouh, le Sultan se livra à la plus vive colère; loin de chercher à calmer son maître, le grand vézir eut la hardiesse de lui dire : « Ou ce que j'ai dé« cidé s'exécutera, et Votre Hautesse « se rendra à mes avis, ou je donnerai « ma démission, un autre de vos es« claves prendra le sceau, et moi je « m'empoisonnerai. — Traître ! s'écria « Ahmed, c'est donc toi qui as empoi« sonné Murad-Pacha, c'est bien ! » Après cette scène, Naçouh-Pacha, n'osant plus reparaître devant son maître, feignit d'être malade; le vendredi suivant, 13 ramazan 1023 (17 octobre 1614), le Sultan fit investir l'hôtel de Naçouh par un peloton de janissaires et cent bostandjis : leur chef, le bostandji-bachi, sous prétexte de s'informer de la santé du grand vézir, s'introduisit auprès de lui et l'étrangla. Les immenses richesses que ce ministre devait à ses rapines, revinrent au tré-

(*) Les *baltadjis* formaient un corps de la garde du Sultan, composé de quatre cents hommes armés d'une hache (*balta*). Ce corps était placé sous les ordres immédiats du kyzlar-agaçi, et affecté plus particulièrement au service direct de Sa Hautesse, à la ville et au camp, et à celui des princes et princesses du sang et des dames du sérail.

sor de l'État, dont elles réparèrent l'épuisement. Naçouh-Pacha dut en grande partie sa chute aux astrologues qui l'entouraient; ils lui avaient persuadé qu'il était né sous une si heureuse étoile, que rien ne pouvait ébranler sa prospérité; ils ajoutaient même, dans leur flatterie imprudente, que son horoscope indiquait en sa personne un éclat égal à celui des têtes couronnées. Muhammed-Pacha, gendre du Sultan, succéda à Naçouh.

Depuis le traité conclu, sous le ministère de Naçouh-Pacha, entre la Porte et la Perse, cette dernière puissance n'avait pas envoyé les deux cents balles de soie que les Osmanlis croyaient avoir droit d'exiger; en outre, Châh-Abbas avait préparé une expédition contre la Géorgie, dont le prince légitime, Simon Louarsab, avait terminé sa vie au château des Sept-Tours. Ces deux griefs déterminèrent Sultan-Ahmed' à porter la guerre en Perse. Le 23 rèbi'ul-akhir 1024 (22 mai 1615), le grand vézir Muhammed-Pacha partit de Scutari. Guidant sa marche sur les décisions astrologiques de Derwich-Thalib-Efendi, en qui il avait la foi la plus aveugle, il n'arriva à Alep qu'à la fin d'août, et prit bientôt ses quartiers d'hiver dans la Karamanie sans avoir tenté aucune entreprise. Dans cet intervalle, l'ambassadeur persan arriva à Constantinople, et fut consigné chez lui sans avoir pu obtenir audience. L'année suivante (1025-1616), le grand vézir quitta Alep et alla assiéger Nakhtchivan, qui capitula au bout de quarante jours. D'après les ordres de Muhammed-Pacha, Eriwan fut attaqué par Dilawer-Pacha et Tèkèli-Muhammed-Pacha, gouverneurs du Diarbèkir et de Wan. Malgré la victoire remportée par ce dernier sur quatre khans persans, Eriwan ne fut pas réduit; et Nèhavend résista à toutes les attaques de l'émir kurde Sidi-Khan. Un grand nombre de soldats étaient morts de froid en traversant les montagnes de Soghanlu-Yaïlak. La destitution de Muhammed-Pacha fut la suite du peu de succès de cette campagne. D'après l'ordre hiérarchique, le grand vézirat revenait au kaïmmèkam Ekmekdji-Zadè; mais le Sultan, sur l'avis du mufti, préféra nommer le kapoudan-pacha Khalil.

Le premier acte d'autorité du nouveau ministre fut d'envoyer en Moldavie Iskender-Pacha, dernier gouverneur d'Erlau, qui battit les Moldaves et les Cosaques : cinq cents de ces derniers furent faits prisonniers, ainsi que la veuve du prince de Moldavie, désignée sous le titre de *Domna* (*Domina*), ses deux fils, sa fille et son gendre Korecky. Celui-ci, aidé de Michel Wischniewetzky et des trois fils du prince moldave Jérémie Mogila, avait battu les troupes ottomanes et chassé le voïvode Thomza, nommé par la Porte. La victoire d'Iskender-Pacha rendit le pouvoir à Thomza. Une nouvelle armée, renforcée par des troupes valaques, moldaves et transylvaniennes, marcha contre les Cosaques qui harcelaient les frontières de l'empire. L'ambassadeur de Pologne, qui s'effraya de ce déploiement de forces, reçut l'assurance qu'elles n'étaient pas dirigées contre son pays. Cependant l'année suivante (1026-1617), le généralissime Zolkiewswky vint au devant des Ottomans qui s'étaient avancés jusqu'au Dniester; une bataille paraissait inévitable, lorsque le traité de Boussa, signé le 26 ramazan 1026 (27 septembre 1617), fit déposer les armes aux deux nations.

A cette époque, quelques différends s'élevèrent entre le divan et les ambassadeurs chrétiens, que le juge de Galata avait soumis à la capitation, contre la teneur des traités. Sur leurs vives réclamations, le grand vézir examina cette affaire et annula l'injuste sentence du juge. D'un autre côté, les intrigues des jésuites leur valurent un mois d'emprisonnement, et ce ne fut qu'à prix d'argent que leur protecteur, l'ambassadeur de France, put leur faire rendre la liberté.

Les relations de Venise avec la Porte continuaient à être satisfaisantes, et un traité de commerce fut conclu avec la république. De nouvelles et importantes modifications furent aussi apportées au traité de Sitvatorok, et la trêve fut renouvelée pour vingt ans. En 1616 (1025), l'ambassadeur autrichien, baron Hermann de Czernin, fit son entrée à Constantinople enseignes déployées et musique en tête. Cette innovation répandit l'alarme parmi les Ottomans, à qui elle rappela une antique prophétie, d'après laquelle l'empire toucherait à sa ruine lorsque l'étendard de la croix serait porté en triomphe dans Constantinople : les bruits les plus sinistres circulèrent, et S. H. cédant à la terreur de son peuple, parcourut lui-même la ville pendant la nuit, fit garder à vue l'ambassadeur impérial, et ordonna de visiter toutes les maisons chrétiennes où l'on supposait que des amas d'armes étaient cachés. Quatre jésuites furent emprisonnés, et le vicaire général des capucins fut jeté à la mer. Lorsque la terreur superstitieuse des Ottomans fut apaisée, Czernin fut rendu à la liberté, mais sans pouvoir obtenir la réparation qu'on lui avait promise. Il fut pourtant admis le 4 septembre 1616 à l'audience du Sultan et au baise-main : la question transylvanienne fut encore le sujet de discussions entre la Porte et le représentant autrichien : Czernin, mécontent des difficultés qu'il éprouvait, repartit pour Vienne le 10 juin 1617. A Bude, il fut retenu prisonnier chez le Pacha, sa suite fut maltraitée, et il ne put continuer sa route, que lorsque l'empereur eut écrit à ce sujet au gouverneur de cette place.

Peu de temps après le renouvellement du traité de Sitvatorok, Sultan-Ahmed tomba malade, et le 23 zilhidjè 1026 (22 novembre 1617), il expira : il était âgé de vingt-huit ans et en avait régné quatorze.

Sultan-Ahmed, que les historiens ottomans louent pour son amour de la justice, sa modération et sa magnificence, ne fut cependant qu'un prince très-ordinaire, d'une faiblesse de caractère dangereuse dans un souverain, et qui chez lui n'excluait pas la cruauté. Il fut dominé toute sa vie par ses femmes, son khodja, le mufti et le kyzlar-agaçi. A la vérité, il conçut d'assez vastes projets; mais il n'eut pas la force de les mettre lui-même à exécution, et préféra aux dangers de la guerre les plaisirs du harem (*). Sous son règne, l'empire continua de s'affaiblir : Châh-Abbas recouvra la plus grande partie des possessions que les guerres précédentes avaient enlevées à la Perse; et il n'aurait tenu qu'aux puissances chrétiennes de réparer de même leurs pertes, si elles avaient su profiter des revers des Ottomans dans leur lutte contre les Persans. Aux yeux des sectateurs du prophète, Sultan-Ahmed a le mérite d'avoir embelli à grands frais les villes saintes de la Mecque et Médine (**), et fait célébrer avec la plus

(*) Suivant une tradition du sérail, la Sultane, mère de l'épouse du kapoudan-pacha, dans un accès de jalousie, fit étrangler un jour une esclave noire que le Sultan aimait beaucoup ; elle introduisit ensuite successivement, dans le lit de S. H., plusieurs autres esclaves, en les revêtant du costume de sa victime, puis, elle leur faisait subir le même sort. Ahmed ayant enfin découvert les crimes de la Sultane son épouse, fut saisi d'une telle fureur, qu'il la maltraita de coups de bâton, la foula aux pieds, et lui déchira la figure avec un poignard.

(**) On employa 1061 coudées (*zera'*) d'étoffes de soie pour la couverture intérieure ou le voile (*kiswèi-chèrifè*) du sanctuaire de la Kaaba ; 51 pour la ceinture (*couchak*) de la maison de la Mecque ; 740 pour la couverture du tombeau de Mahomet, et 50 pour la ceinture ; 110 pour la couverture et la ceinture du sépulcre de Fathime, fille du prophète et épouse d'Ali. Les colonnes de la Kaaba furent entourées aussi d'étoffes brochées d'or. Pour consolider les piliers chancelants du parvis, on forgea des cercles de fer, qui furent recouverts de lames d'or et d'argent. Les gouttières mêmes furent faites en or, en remplacement de celles d'argent envoyées par Sultan-Suleïman. Un atelier avait été établi à Istavros, sur le Bosphore, où le Sultan, accompagné du grand vézir, du mufti, et des principaux oulémas, assista à l'ouverture des travaux. Dès qu'ils furent terminés, on éleva, dans la plaine de Daoud-Pacha, un édifice en bois, dans les proportions de la Kaaba. En face de ce monument figura-

grande pompe la fête de la nativité de Mahomet (Mewloud) : l'exposition dans le sérail des reliques du prophète, l'institution des lecteurs du Coran, les ordonnances fulminées contre l'usage du vin (*) sont encore des œuvres qui attirent à Ahmed tous les éloges des écrivains nationaux. Deux monuments d'un intérêt plus général sont d'abord, le *Kanoum-Namè*, publié deux ans après la mort d'Ahmed, et qui porte son nom ; et ensuite la mosquée *Ahmedilé*, appelée encore *Alty-Minarèli-Djami'* ou mosquée à six minarets, à cause des six hautes colonnes à trois galeries qui la décorent extérieurement. Ce bel édifice est construit à l'est de l'Hippodrome, et peu éloigné de Sainte-Sophie, à laquelle il est inférieur sous le rapport de l'étendue, mais qu'il surpasse du côté de la magnificence et de la légèreté ; les dehors du temple sont très-décorés, mais rien n'approche de la richesse de l'intérieur : on voit appendus aux murs plus de deux cents tableaux ou planches d'or, incrustés de soixante-une pierres précieuses, et portant les noms des prophètes et diverses sentences du Coran. Lorsque cette mosquée fut achevée, on récapitula les sommes énormes qu'elle avait coûté, et l'on calcula que chaque drachme pesant de pierre revenait à trois aspres. On assure que pendant la construction de cet édifice, le Sultan venait toutes les semaines voir travailler les ouvriers, et qu'il leur payait lui-même leurs journées.

Sultan-Ahmed a fait encore construire la grande fontaine de Topkhanè, la plus belle de Constantinople.

C'est sous le règne de ce prince que s'introduisit pour la première fois en Turquie l'usage du tabac. Les Hollandais, qui, depuis peu, partageaient avec les Vénitiens le commerce du Levant, firent connaître, en 1014 (1605), cette nouvelle jouissance aux musulmans : ils s'y livrèrent bientôt avec une telle passion, que le mufti, croyant voir dans les effets de cette plante quelques rapports avec l'ivresse produite par le vin, rendit un fetwa rigoureux contre cette innovation ; cet acte souleva tout le monde : on soutint que le tabac ne pouvait souiller le corps où il ne séjournait pas, et que Mahomet ne l'ayant pas défendu, le mufti n'avait pas le droit de se montrer plus sévère que le prophète. Ces murmures furent suivis d'une émeute, dans laquelle le peuple se joignit aux troupes et aux officiers du sérail : le mufti, pour rétablir la tranquillité, fut obligé de révoquer son ordonnance (*).

tif, fut dressée une tente magnifique au milieu de laquelle le Sultan était assis sur un trône d'or ; et pendant que les ministres de la religion chantaient des hymnes et brûlaient des parfums, la Kaaba symbolique était décorée de la nouvelle gouttière et des cercles d'or et d'argent. On fit ensuite des sacrifices, et la cérémonie se termina par d'abondantes aumônes. L'année suivante, on déploya la même magnificence à la dédicace de la vraie Kaaba ; l'ambre et l'aloès y brûlèrent à profusion, et le parvis, ainsi que les parois intérieures des murs, furent lavés avec de l'eau de rose. Le sépulcre de Mahomet, connu sous le nom de *rewzai-mutahharè* (jardin de pureté), et placé au centre d'un temple superbe, possède un diamant de la valeur de quatre-vingt mille ducats, qui est une offrande de la piété de Sultan-Ahmed.

(*) L'édit que Sultan-Ahmed promulgua en 1022 (1613), ordonnait de démolir tous les cabarets, de défoncer tous les tonneaux de vin et de liqueurs fortes, dans toute l'étendue de l'empire, et réformait même le chèrab-emini, officier chargé de la perception des droits publics sur le commerce des liqueurs fermentées.

(*) Les poëtes orientaux appellent *le tabac, le café, l'opium et le vin, les quatre éléments du monde de la jouissance, les quatre coussins du sopha du plaisir*. D'un autre côté, les oulémas les nomment *les quatre colonnes de la tente de la volupté*, ou *les quatre ministres du diable*. Le tabac est devenu d'un usage si universel chez les Ottomans, qu'il en est plusieurs qui fument six, dix et vingt pipes ; il y en a même qui fument sans cesse et tant qu'ils ont les yeux ouverts. On met autant de recherche dans la beauté de ces pipes que dans la bonté du

Vers la même époque, il se passa à Constantinople un événement singulier, qui vient à l'appui de ce que nous avons déjà dit, au commencement de cet ouvrage, relativement à la charité des musulmans envers les animaux : la peste ayant éclaté dans la capitale, les médecins déclarèrent qu'il fallait d'abord détruire les chiens, qui contribuaient à propager ce fléau. Le mufti prit la défense des proscrits et plaida leur cause avec tant de chaleur que l'arrêt fatal fut commué en un simple bannissement. Les protégés du grand cheïkh de l'islamisme furent donc embarqués sur des saïques et déportés dans une petite île voisine.

Sultan-Ahmed, se mêlant peu des affaires de l'État, remit en honneur la chasse, qui était tombée en désuétude depuis le règne de son aïeul Murad III; mais après Ahmed, cet amusement fut encore abandonné. Ce prince s'occupait aussi, dans ses nombreux loisirs, à travailler des anneaux de corne, qu'il vendait ensuite à ses courtisans.

tabac. Les tiges ou tuyaux (tchibouk) sont ordinairement de cerisier, de jasmin, de rosier, de noisetier, etc. ; garnies en argent ou en or, elles sont terminées par des morceaux d'ambre jaune ou blanc et quelquefois de corail, travaillés avec beaucoup d'art. Celles des femmes de distinction sont enrichies de pierreries. Les noix de ces pipes (loulè) sont faites d'une terre fine qui a subi une préparation particulière; quelques-unes même sont dorées.

Il est de la politesse, chez les musulmans, d'offrir à fumer à toutes les personnes qui viennent les visiter : aussi voit-on dans les antichambres un grand nombre de longs tchibouks rangés horizontalement ou verticalement dans des entailles de tablettes consacrées à cet usage. Assis sur un sopha très-bas, qui garnit le pourtour de l'appartement, les fumeurs ont devant eux un petit plateau de laiton, sur lequel pose la noix de la pipe, pour éviter que les cendres et le tabac enflammé ne tombent sur le tapis ou les nattes dont le parquet est recouvert. Un musulman ne sort guère sans porter avec lui son tabac et sa pipe : celle-ci, brisée en deux ou trois morceaux, qui se remontent avec des vis d'argent, est renfermée dans un étui de drap, attaché à la ceinture sous l'habit.

CHAPITRE XVII.

SULTAN-MOUSTAPHA-KHAN Ier, FILS DE SULTAN-MUHAMMED-KHAN III ; ET SULTAN-OSMAN-KHAN II, FILS DE SULTAN-AHMED-KHAN Ier.

A l'époque de la mort de Sultan-Ahmed, son fils aîné Osman n'était âgé que de treize ans. Cette considération et les dernières volontés du souverain défunt écartèrent du trône l'héritier direct pour y placer un prince de la ligne collatérale. Ahmed, sentant sa fin approcher, avait fait appeler le mufti et le grand vézir, et leur avait déclaré que ses enfants étant trop jeunes encore pour supporter le poids du sceptre, il léguait le pouvoir suprême à son frère Moustapha, qui, ayant échappé deux fois à la sentence de mort prononcée contre lui, était sans doute protégé de Dieu même. C'est depuis lors que l'ordre de succession au trône a été interverti, et que s'est établi l'usage d'enfermer à perpétuité les princes collatéraux, et de mettre à mort les enfants qui leur naissaient pendant ce temps de captivité.

Aussitôt qu'Ahmed eût rendu le dernier soupir, on tira de sa retraite le prince Moustapha, et il vint sur la place de l'Hippodrome recevoir les serments de l'armée et lui payer un denier d'avénement de trois millions de ducats. Mais la raison du nouveau Sultan était affaiblie par une captivité de quatorze années dans l'intérieur du harem, et par la perspective continuelle d'une catastrophe, à laquelle il avait échappé deux fois comme par miracle. Les seuls actes de ce prince furent quelques nominations de hauts fonctionnaires. Privé presque entièrement de ses facultés intellectuelles, et incapable de tenir les rênes du gouvernement, il passait son temps à jeter des pièces d'or aux poissons du Bosphore, ou à poursuivre, le sabre à la main, les jeunes itch-oghlans (pages) du sérail, dont il voyait couler le sang avec un sourire stupide. Un de ses amusements favoris était de faire amener devant lui des gens du peuple ou des enfants, et de leur conférer les plus hautes dignités de l'empire : les marques de profond étonnement qu'ils donnaient, en se voyant revêtus, d'une manière si inattendue, d'emplois importants, causaient à Moustapha des accès d'une joie insensée. Son extérieur répondait à la faiblesse de son esprit : sa figure était maigre et pâle, sa barbe rare; et ses grands yeux hagards, privés de toute expression, annonçaient clairement son état d'imbécillité. Les cheïkhs, espérant s'emparer de l'autorité sous ce simulacre de souverain, essayèrent de faire passer son idiotisme pour un signe de sainteté et pour la préoccupation d'un esprit abîmé dans la contemplation des choses célestes : mais le kyzlar-agaçi, qui avait joui d'un grand pouvoir sous Ahmed, craignant d'être obligé de le céder à la Sultane-Validè, s'unit au mufti Es'ad-Effendi, et au kaïm-mèkam Sofi-Muhammed-Pacha, dans le but de renverser Moustapha. Trois mois et quatre jours après son couronnement (1ᵉʳ rèbi'ul-ewwel 1027, 26 février 1618), les grands de l'empire le reléguèrent dans le harem où s'était déjà écoulée une partie de sa vie, et mirent sur le trône son neveu Osman, qui, malgré son extrême jeunesse, ceignit le cimeterre aux acclamations de l'armée; car l'avènement d'un nouvel empereur était pour elle l'assurance de nouvelles largesses.

Dans cette première période du règne de Sultan-Moustapha, un tchaouh fut envoyé à Venise pour annoncer à la république son avènement, et se plaindre des incursions des pirates de Segna sur le territoire ottoman : mais les Vénitiens, qui avaient longtemps soutenu ces corsaires leurs voisins contre les autres nations, ne tinrent aucun compte de ces plaintes; et ce ne fut que lorsqu'ils eurent été eux-mêmes victimes de la cruauté de ces écumeurs de mer, qu'ils rassemblèrent des forces nombreuses, s'emparèrent de Segna et transportèrent en Afrique cette race de forbans.

A la même époque, M. de Sancy, ambassadeur de France à Constantinople, éprouva un traitement injurieux, dont sa qualité de représentant d'une puissance amie de la Porte aurait dû le préserver : un officier polonais, nommé Korecki, s'étant échappé du château de la Mer noire, où les Ottomans le retenaient captif, M. de Sancy fut accusé d'avoir favorisé cette fuite. Son drogman et son secrétaire furent mis à la question; et lui-même, arraché de son hôtel et conduit devant le cadi, n'échappa qu'avec la plus grande peine à cette cruelle épreuve.

Dès que Sultan-Osman fut monté sur le trône, le grand vézir Khalil-Pacha se mit à la tête de l'armée que Sultan-Ahmed avait dirigée contre la Perse. Le khan des Tatares s'était laissé attirer, par Kartchèghaï-Khan, commandant de Tebriz, dans une embuscade où périrent trois beïler-beïs, le mufti et le kazi-askèr, et dans laquelle lui-même faillit perdre la vie. Khalil-Pacha, au lieu de se laisser effrayer par cet échec, s'avança sur-le-champ vers Erdebil, où se trouvait en ce moment Châh-Abbas. Ce prince avait envoyé auprès du sèrasker un ambassadeur chargé de négocier la paix : elle fut en effet conclue le 6 chewwal 1027 (26 septembre 1618), à des conditions honorables pour la Porte. En arrivant à Erzroum, le grand vézir reçut une lettre de félicitation du Sultan, ce qui n'empêcha pas qu'à son retour à Constantinople il ne fût destitué du grand vézirat. Eukuz-Muhammed-Pacha lui succéda dans le premier poste de l'empire. Khalil-Pacha se réfugia à Scutari, dans la cellule d'un cheïkh nommé Mahmoud, à qui sa réputation de sainteté avait donné une grande considération auprès du peuple, et par suite une certaine influence dans les affaires de l'État. A la prière de ce personnage vénéré, le Sultan, non seulement épargna la vie de l'ex-grand vézir, mais encore lui conféra les dignités de second vézir et de kapoudan-pacha.

Au commencement du règne d'Osman, les rapports diplomatiques avec les puissances de l'Europe, de l'Asie et de l'Afrique furent très-actifs : l'ambassadeur autrichien, baron de Mollard, apporta à Sultan-Osman les félicitations de l'empereur et la ratification du traité de Sitvatorok, révisé à Komorn. Par l'influence du plénipotentiaire impérial, Alexandre Cherban, fils de Radul, qui avait été chassé de la Valachie par Gabriel Mogila, hérita de cette principauté, vacante par la mort de David Cherban, en 1619. Cette même année, Gratiani, duc de Naxos, fut nommé prince de Moldavie; les rebelles de Bohême offrirent au Sultan de le reconnaître pour leur suzerain, s'il voulait leur accorder des secours; et la Hongrie réclama contre l'oppression qu'exerçaient les gouverneurs ottomans sur les villages tributaires. Quatre mois après l'arrivée à Venise du tchaouh qui avait annoncé à la république l'avénement de Sultan-Moustapha, un second envoyé ottoman vint apprendre au sénat l'élévation au trône d'Osman II. Le doge sut gagner par des présents et des lettres flatteuses la bienveillance du mufti Es'ad-Effendy, et l'ambassadeur vénitien, Contarini, obtint la confirmation du dernier traité de commerce.

La France ayant été offensée des outrages auxquels avait été exposé M. de Sancy, sous Moustapha Ier, Huçeïn-Tchaouch apporta à Louis XIII les excuses de la Porte et l'annonce de l'avénement de Sultan-Osman. La Hollande et l'Angleterre reçurent aussi la même notification : cette dernière puissance envoya à Constantinople un ambassadeur nommé Paul Pindar. En 1619 (1029) les plénipotentiaires polonais, Stanislas Zorawinsky et Jacques Sobiesky, parvinrent à rétablir la paix, qui avait été rompue par des infractions au traité, de la part de la Pologne et par la fuite de Korecki.

Le cheïkh Abdul-'Aziz, envoyé du roi de Fez et de Maroc, et Yadgar-Ali, ambassadeur du châh de Perse, arrivèrent à Constantinople avec de riches présents; et la ratification de la paix, conclue précédemment avec la Perse par Khalil-Pacha, fut expédiée au nom du nouveau Sultan, le 19 chewwal 1029 (29 septembre 1619). Par ce traité, la Porte céda Dertenk et Dernè dans le gouvernement de Bagdad, et conserva Akhyska. Il fut convenu, en outre, que les deux puissances se rendraient mutuellement leurs prisonniers, et que les Persans respecteraient la mémoire des trois premiers khalifes et de l'épouse bien-aimée de Mahomet, Aïchè, qui avait persécuté les enfants d'Ali.

Vers cette époque, le grand vézir Eukuz-Muhammed, successeur de Khalil-Pacha, fut destitué lui-même, après avoir rempli ses fonctions pendant dix mois seulement. En quittant les sceaux, il fut obligé de compter trente mille ducats au trésor, et relégué dans le gouvernement d'Alep, où il mourut bientôt. Il fut remplacé par Ali-Pacha, que sa beauté et son élégance firent surnommer *guzeldjè* et *tchélèbi*. Avant sa nomination, Guzeldjè-Ali, alors kapoudan-pacha, était rentré à Constantinople, traînant a sa suite de riches prises, et avait reçu du Sultan des vêtements magnifiques et une chaîne d'or. Le nouveau grand vézir obtint bientôt la confiance entière du Sultan, et supplanta presque tous les anciens favoris.

Au mois de rèbi'ul-ewwel 1029 (novembre 1620), Constantinople fut effrayée par l'apparition d'une comète qui se montra pendant un mois entier; elle n'était visible qu'après le coucher du soleil, et affectait la forme d'un cimeterre d'une longueur démesurée, qui s'étendait d'Orient en Occident: les astrologues interprétèrent ce phénomène comme un signe de victoire et d'agrandissement de l'empire ottoman. Le pacha de Bude avait déjà annoncé l'année précédente un phénomène singulier : c'était la chute d'énormes aérolithes de couleur noire, dont quelques-uns, suivant l'historien Naïma, pesaient jusqu'à trois quintaux.

Betlen Gabor, voïvode de Transylvanie, ennemi du prince Gratiani, avait obtenu sa destitution du gouvernement de Moldavie, et son remplacement par Alexandre, voïvode de Valachie. Iskender-Pacha, nommé sèrasker, fut chargé de combattre les Polonais qui soutenaient Gratiani : Iskender avait sous ses ordres trois beïler-beïs et le khan des Tatares Djanibek-Gheraï. Le

20 septembre 1620, un combat terrible s'engagea entre les Ottomans et les Polonais, dans lequel ces derniers perdirent dix mille hommes. Le général polonais proposa alors un armistice, garanti de part et d'autre par des otages, et offrit en outre un présent de cent mille ducats au sèrasker et un tribut annuel : ces conditions n'ayant pas été acceptées, les Polonais battirent en retraite; arrivés sur les bords du Dniester, après dix-sept jours d'une marche constamment inquiétée par l'ennemi, ils furent attaqués une dernière fois et éprouvèrent une défaite complète : plusieurs généraux polonais périrent dans cette journée ; Gratiani, qui avait pris la fuite, fut tué par un paysan.

En 1028 (1619), les Florentins avaient capturé plusieurs navires ottomans; mais l'année suivante fut plus favorable à ceux-ci : le kapoudan-pacha Khalil, après avoir enlevé deux vaisseaux chargés de blé, surprit Manfredonia, où il fit un riche butin. De leur côté, les Maltais s'emparèrent de Castel-Tornèse, en Morée.

Les insurgés de Hongrie, sous les ordres de Betlen Gabor, qui prenait le titre de roi, se réunirent à Karakach Muhammed-Pacha, gouverneur de Bude, et firent la conquête de Waitzen. Des ambassadeurs de ces derniers rebelles, ainsi que de ceux de la Bohême et de l'Autriche, arrivèrent à la Porte et furent reçus très-gracieusement par le Sultan, malgré la présence de l'ambassadeur de l'empereur Rodolphe ; le grand vézir leur promit même de les réconcilier avec l'empereur, soit par la médiation du Grand Seigneur, soit par la force des armes. Cependant ces promesses n'eurent pas de suite, l'attention du Sultan ayant été appelée bientôt sur la Pologne, dont il méditait la conquête : il avait le projet d'ajouter ce royaume à ses États et de s'en faire un rempart contre les invasions de la Russie, dont il devinait et redoutait l'ambition. Mais, avant d'entrer en campagne, Sultan-Osman se souilla d'un crime qu'il crut nécessaire, sans doute, à l'affermissement de son pouvoir, et qui, au contraire, accéléra sa chute. Le 18 safer 1030 (12 janvier 1621), le prince Muhammed, frère du Sultan, fut étranglé. Le mufti Es'ad-Effendi avait refusé le fetwa ; un kaziasker plus complaisant y donna la main, sans recueillir toutefois la récompense qu'il en attendait; car il ne succéda point au mufti. Sultan-Muhammed, se voyant livré aux bourreaux, prononça cette malédiction, qui ne tarda pas à s'accomplir : « Osman, je prie Allah de trancher tes « jours et de renverser ton empire : « puisses-tu perdre la vie de la même « manière que tu me l'arraches à moi- « même ! » Le corps de Muhammed fut déposé dans la nouvelle mosquée construite par Sultan-Ahmed près de l'Hippodrome. Les janissaires, dont Osman s'était aliéné l'affection par la rigueur excessive qu'il déployait contre ceux d'entre eux qui étaient adonnés du vin, ne lui pardonnèrent pas le meurtre de son frère; et les murmures menaçants qui l'accueillirent, lorsqu'il parut en public pour la première fois après cette exécution, purent lui faire deviner le sort que lui réservait cette milice redoutable.

Peu de temps après la fin tragique de Muhammed, un froid si rigoureux se fit sentir que le Bosphore, qui sépare Constantinople de Scutari (Uskudar), fut entièrement gelé, et que l'on pouvait aller à pied sec d'Europe en Asie. L'histoire ne rapporte qu'un seul exemple de ce phénomène, qui eut lieu dans l'année 739, sous l'empereur Léon l'Isaurien. Par suite de l'interruption de la navigation, la disette vint ajouter au mécontentement des troupes, déjà portées à la révolte. Les sipahis se présentèrent tumultueusement dans le divan, et il fallut, pour les faire rentrer dans l'ordre, leur payer une portion de leur solde arriérée. Guzeldjè-Ali-Pacha mourut le 9 mars de cette année (1030-1621) : il eut pour successeur l'Albanais Huçeïn-Pacha.

La guerre avec la Pologne entrait tellement dans les idées du jeune Sultan, poussé vers la gloire militaire par son esprit belliqueux, qu'il ne pouvait supporter aucune contradiction à ce sujet : un aga des janissaires ayant ouvert, dans le divan, un avis pacifique, l'impétueux Osman tira son poignard et fut sur le point d'en frapper le donneur d'avis. Le Sultan repoussa les propositions de paix que l'envoyé de Pologne lui apportait, et ne souffrit pas même qu'il entrât dans la capitale. Sir John Eyre, ambassadeur d'Angleterre, voulut être médiateur entre ces deux puissances, et ne fut pas écouté davantage. L'impatience du Sultan ne lui permit point de faire attention aux avis des astrologues, qui regardèrent le jour du départ de l'armée comme de mauvais augure, parce qu'il était le dernier du mois, et qu'une éclipse de soleil le rendait plus défavorable encore. Après une marche pénible, on arriva à Ishaktchi, où les janissaires reçurent le présent d'usage lors de la première campagne d'un Sultan. Une halte de dix-huit jours fut consacrée à jeter un pont sur le Danube. Dans cet intervalle, le beïler-beï d'Oczakow, Huçeïn-Pacha, s'empara de dix-huit bateaux cosaques qui infestaient les côtes ; et le kapoudan-pacha arriva au camp avec deux cents prisonniers qu'il avait faits aux pirates sur la mer Noire : abandonnés aux troupes, ils périrent dans les supplices. Trois cents autres captifs cosaques, que l'armée rencontra huit jours plus tard près d'Yèni-keuï, envoyés par le beïler-beï de Kaffa, éprouvèrent le même sort. Dilawer-Pacha, beïler-beï du Diarbèkir, opéra sa jonction à Tataran en Moldavie. Betlen Gabor fit parvenir au Sultan des têtes et des drapeaux, trophées de quelques petits engagements avec les Autrichiens. Pendant les fêtes du Baïram, le vézir du khan des Tatares vint solliciter de Sultan-Osman la permission d'envahir la Pologne ; et les princes de Moldavie, les beïs d'Akhyska et de Silistrie se réunirent à l'armée. Étienne Thomza, ennemi déclaré de Sigismond, fut nommé, pour la seconde fois, voïvode de Valachie. A la fin d'août, les Ottomans et les Polonais se trouvèrent en présence. Ces derniers, très-inférieurs en force, avaient cherché à balancer l'avantage du nombre par celui d'une bonne position : ils s'étaient établis sur les bords du Dniester, près du château de Choczim (*Khotchim*) (*), dans un camp retranché que protégeaient les accidents du terrain. Le palatin de Wilna, grand chancelier de Pologne, guerrier plein de courage et d'expérience, avait le commandement en chef ; le prince héréditaire, le jeune Vladislas, âgé seulement de treize ans, avait été envoyé au camp afin d'exciter l'enthousiasme des troupes. Sultan-Osman atteignait alors sa dix-huitième année : ainsi, par une circonstance singulière, la lutte allait s'engager entre deux princes qui sortaient à peine de l'enfance. Impatient de combattre, le Sultan donna le signal de l'attaque du camp retranché ; elle eut un plein succès : plus de mille Polonais perdirent la vie, et les Ottomans prirent un bon nombre de drapeaux et de canons. Mais cet heureux début ne fut pas suivi des avantages qu'il semblait promettre : repoussés dans cinq autres assauts successifs, les Ottomans éprouvèrent des pertes considérables, que les historiens chrétiens font monter à quatre-vingt mille hommes et cent mille chevaux : à leur tour, les écrivains ottomans prétendent que cent mille Polonais succombèrent dans cette campagne. Probablement il y a exagération des deux côtés. A la suite de ces revers, le grand vézir fut déposé. Dilawer-Pacha, gouverneur du Diarbèkir, lui succéda. Le Sultan, voyant l'impossibilité de forcer les Polonais dans leur camp, ordonna plusieurs fuites simulées, afin de les attirer en rase campagne ; mais cette ruse de guerre ne réussit point, et l'ennemi garda sa position. Le Sultan convoqua alors les chefs de son armée,

(*) On lit dans un historien ottoman, qu'à l'attaque de Choczim, un corps de soldats français se fit remarquer par sa brillante valeur : c'était le reste des six cents hommes qui, vingt-un ans auparavant (1009-1600), avaient fait partie de la garnison de Papa, en Hongrie, et mécontents des généraux autrichiens, avaient passé à la solde de l'empire ottoman.

et tâcha de les engager, par des paroles flatteuses, à ressaisir la victoire; mais ils étaient las d'une guerre malheureuse, et n'aspiraient qu'au repos. Sur ces entrefaites, le généralissime polonais mourut, et Sigismond, dont l'armée commençait à manquer de vivres, fit faire des propositions d'accommodement, par l'entremise de Radul Cherban, voïvode de Valachie; elles furent favorablement accueillies par le Sultan; et après une courte négociation, la paix fut conclue le 20 zilka'dè (6 octobre) : elle devenait d'autant plus indispensable, que l'armée était mécontente du peu de générosité du Sultan envers elle, et que l'on venait de recevoir la nouvelle d'une alliance entre la Russie et la Pologne. Malgré les résultats de cette campagne, le Sultan fit expédier des lettres de victoire à tous les gouverneurs de l'empire, et ordonna au kaïm-mèkam d'illuminer Constantinople.

Le 20 octobre 1621 (4 zilhidjè) naquit le fils aîné de Sultan-Osman. La mère de l'héritier du trône, Russe de naissance, d'une rare beauté, avait été cédée au Sultan par le kyzlar-agaçi Moustapha; et, comme autrefois sa compatriote Roxelane, elle avait obtenu de son souverain le titre d'épouse légitime.

Le 12 rébi' ul-ewwel 1031 (25 janvier 1622), le Sultan rentra dans sa capitale et opéra immédiatement quelques changements dans les fonctionnaires publics. Vers cette époque parurent à la Porte, un envoyé de Betlen Gabor, et des ambassadeurs de Hollande, de Perse et d'Angleterre : ce dernier, sir Thomas Roë, obtint le renouvellement des capitulations avec des sûretés contre les pirateries des barbaresques.

La nation et l'armée, fatiguées de la guerre, goûtaient à peine les douceurs du repos, lorsque le bruit courut tout à coup que le Sultan faisait lever de nouvelles troupes en Asie, dans l'intention de soumettre l'émir Fakhruddin, prince des Druses, qui se maintenait en état de révolte depuis quelques années. Aussitôt l'alarme se répand parmi les janissaires; ils supposent que le but secret de Sultan-Osman est de détruire leur corps, pour lequel son aversion était connue : effrayés de l'agitation générale, les grands de l'empire cherchent à détourner le Sultan de ce dessein. Au lieu de se rendre à ces sages conseils, il ordonne d'équiper une flotte pour mettre à la voile au printemps suivant, et annonce lui-même qu'il va entreprendre le pèlerinage de la Mecque. Vainement le mufti tente de lui faire abandonner son projet de visite aux saints lieux de l'islamisme, en déclarant que ce pèlerinage n'est pas obligatoire pour un souverain, et en l'engageant à remplacer cette œuvre pieuse par la construction d'une mosquée; ces représentations auraient peut-être ébranlé la volonté opiniâtre du jeune Sultan, si un songe n'était venu fixer ses incertitudes : il rêva qu'il était assis sur le trône, et occupé à lire le Coran, lorsque le prophète lui apparut, et d'un air courroucé, lui arracha le livre des mains, le jeta par terre, dépouilla Osman de sa cuirasse, le frappa au visage, et le renversa brusquement sans qu'il lui fût possible de se relever et d'embrasser les genoux de Mahomet. Consulté sur cette vision alarmante, son khodja (précepteur), Omer-Efendi, répondit qu'elle annonçait évidemment la colère du prophète, excitée par les retards qu'Osman apportait à visiter les deux villes sacrées. Cette explication redoublant les perplexités de ce prince, il alla incognito à Scutari demander son avis au cheïkh Mahmoud : ce vieillard, respecté comme un saint et considéré comme très savant dans l'interprétation des songes, lui dit, d'une manière générale, que sa vision était un avertissement céleste de faire pénitence et de se conformer aux préceptes de la doctrine, et *à toutes les pratiques de la religion*. Ce discours détermina irrévocablement le départ d'Osman. Le 1ᵉʳ redjeb 1031 (12 mai 1622), il visita les tombeaux de ses ancêtres, et fit un sacrifice sur le sépulcre d'Eïoub-Ensari : comme les victimes manquaient, les bostandjis dételèrent les bœufs des charriots qui étaient aux portes de la ville ou à la douane, et ne donnèrent pas le quart de leur prix à leurs propriétaires; violence qui augmenta l'irritation populaire. Mais plus l'effervescence des esprits croissait, plus le jeune Sultan s'abandonnait à son obstination; enfin, il donna l'ordre de transporter à Scutari la tente impériale et de tout préparer pour le départ. Alors, les janissaires ne doutent plus qu'il n'aille se mettre à la tête des troupes d'Égypte; ils se rassemblent aux nouvelles casernes, et, de concert avec les sipahis, se portent à l'Et-meïdani (*) (*place aux viandes*): ils obtiennent du mufti un fetwa par lequel est déclarée légitime la mort des conseillers qui poussent le Sultan à des innovations. Le tchaouchbachi, l'aga des janissaires, et les chefs des régiments veulent haranguer les rebelles et sont chassés à coups de pierres. Cependant la flotte, sortie de Béchiktach, stationnait devant le château des Sept-Tours. Les soldats qui y étaient embarqués, descendent à terre, et se réunissent aux mutins : on se dirige vers le palais du khodja, on en force l'entrée et on le livre au pillage. En apprenant l'explosion de la révolte, le Sultan consulta les oulèmas, et les chargea de dire aux troupes qu'il renonçait au pèlerinage : ils renvoyèrent au lendemain l'annonce de cette concession, et ne se rendirent auprès des rebelles que lorsque ceux-ci les firent appeler. Les révoltés demandaient les têtes du kyzlar-agaci, du khodja, du grand vézir et de trois autres dignitaires qu'ils haïssaient. Le Sultan se refusa à satisfaire les demandes des troupes. Alors l'attaque du sérail commence avec fureur : la foule pénètre aisément dans la première et la seconde cour; elle force, après quelques heures d'attente, la première porte, dite de la Félicité (*Bab-se'adet*), et se précipite dans la cour intérieure. Une voix s'écrie : « *Nous voulons Sultan-Moustapha!* » Ce cri impérieux est répété à l'instant par une multitude déchaînée : un des oulèmas qui se trouvaient dans la troisième cour, indique le harem aux soldats; cet édifice n'ayant point de porte extérieure, le toit en est démoli, et Sultan-Moustapha est tiré de sa prison : ce prince, croyant qu'on venait l'assassiner, tendit docilement le cou aux soldats; il se plaignit ensuite de la soif et de la faim, car depuis trois jours il était privé de toute nourriture. Les janissaires lui donnèrent de l'eau et le transportèrent dans la salle du trône. Une porte du harem s'ouvrit alors, et livra le grand vézir et le kyzlar-agaci à la fureur des troupes, qui les mirent tous les deux en pièces. Les révoltés forcèrent ensuite les oulèmas à prêter serment à Sultan-Moustapha, qui, trop faible pour se tenir à cheval, fut conduit dans une voiture (*koutchi*), et de là transporté dans la mosquée des janissaires, et placé sous leur protection immédiate. Les portes de la prison dite *Baba-Dja'fer* (*le Bagne*) furent brisées; les galériens délivrés, pillèrent les maisons du nouvel aga des janissaires, du deftertar et de l'*Istambol-Efendiçi* (le juge de Constantinople).

Cependant Osman, voyant les progrès de la révolte, voulut se sauver en Asie; mais les bostandjis, qui composaient l'équipage des bateaux du sérail, avaient pris la fuite : le Sultan fit faire alors des propositions avantageuses aux janissaires par l'intermédiaire de leur ancien aga; ceux-ci le renversèrent du haut des degrés, où il était monté pour les haranguer, et le massacrèrent. Le *zaghardji-bachi*, l'un des officiers généraux du corps, se rendit au vieux sérail avec quelques chefs, et prit les ordres de la Sultane-Validé, mère de Moustapha. Elle nomma Daoud-Pacha grand vézir, et fit plusieurs autres promotions.

Sultan-Osman, qui avait échappé aux premières recherches des janissaires, fut enfin découvert dans la maison de l'an-

---

(*) *Et-meïdani*, place dans laquelle se faisait la distribution journalière des rations de viande aux ortas des janissaires, et où se réunissait cette milice dans les troubles qui ont coûté la vie à cinq sultans, et qui, tant de fois, ont fait tomber la tête des personnages les plus élevés de l'empire.

14ᵉ *Livraison*. (TURQUIE.)

cien aga qu'ils venaient de mettre à mort. On l'arracha avec violence de la retraite où il s'était caché : il n'était vêtu que d'un habillement de dessous blanc, et n'avait pour coiffure qu'un simple petit bonnet (*fess*). En même temps Huçeïn-Pacha, qui cherchait à s'échapper, tomba sous les coups des rebelles victorieux, et eut la tête tranchée. L'infortuné Osman, placé sur un mauvais cheval, et la tête couverte du turban d'un sipahi, fut conduit aux casernes et abreuvé d'outrages pendant ce trajet. Le malheureux prince, en passant auprès du cadavre de Huçeïn-Pacha, ne put retenir ses larmes et s'écria : « Ce-« lui-ci est innocent; si j'avais suivi « ses conseils, ce malheur ne serait pas « tombé sur moi; les fatales sugges-« tions du khodja et du kyzlar-agaçi « m'ont égaré. » Sultan-Osman fut confié à la garde du khassèki Sari-Muhammed-Aga et de quelques officiers des janissaires : dans son désespoir, il passait des prières aux larmes et des larmes aux reproches : « Que « voulez-vous faire de votre padichâh ? « dit-il aux janissaires; vous causerez « la ruine de l'empire et la vôtre ! » Puis, arrachant son turban, il ajouta en sanglotant : « Pardonnez-moi, si je « vous ai offensés sans le savoir. Hier « j'étais padichâh, aujourd'hui je suis « nu. Que je vous serve d'exemple; vous « aussi, vous éprouverez les vicissitu-« des de ce monde. » Mais ces paroles touchantes ne purent attendrir les bourreaux. Sur un signe de Daoud-Pacha, le djèbèdji-bachi jeta un cordon autour du cou de Sultan-Osman; ce prince le saisit avec force et échappa une première fois à la mort. Une seconde tentative n'eut pas plus de succès. Sur la demande d'Osman, son gardien, touché de pitié, ouvrit la fenêtre, et lui permit ainsi de parler aux troupes rassemblées devant la mosquée : « Mes agas des sipahis, leur « dit-il, et vous, les plus anciens des « janissaires, mes pères, par impru-« dence de jeune homme, j'ai prêté « l'oreille à de mauvais conseils; pour-« quoi m'humilier ainsi ? ne voulez-vous « donc plus de moi ? — Nous ne voulons

« ni ta domination ni ton sang, » répondirent les soldats. En ce moment, le djèbèdji essaya une troisième fois d'étrangler Osman, sans pouvoir y parvenir. Pendant que ces scènes cruelles se passaient, Sultan-Moustapha, assis sur le mihrab de la mosquée, tressaillait à chaque explosion de l'orage populaire, et n'était rassuré qu'avec peine par la Sultane-Validè, qui lui disait : « Viens, viens, mon lion (*) ! » Dans l'après-midi de cette épouvantable journée, il fut installé au sérail et prit possession du trône. Sultan-Osman fut ensuite conduit au château des Sept-Tours, où le grand vezir, son kiahia Omer-Pacha, le djèbèdji-bachi et le lieutenant de police *Kalender-Oghri* (**), voulurent être eux-mêmes les bourreaux de leur souverain : une lutte terrible s'engagea alors entre la victime et ses quatre assassins : Sultan-Osman, qui était dans la vigueur de l'âge, et dont le désespoir doublait les forces, résista longtemps ; enfin le djèbèdji-bachi réussit à lui passer le cordon autour du cou, et le malheureux prince succomba. Une de ses oreilles fut coupée et envoyée à la Sultane-Validè, en témoignage de cette hideuse victoire.

Ainsi périt Sultan-Osman, que sa jeunesse et son inexpérience entraînèrent sans doute dans des fautes graves, mais qui, plein d'ambition et d'activité, semblait destiné à renouveler les jours de gloire de l'empire ottoman. Il n'était âgé que de dix-huit ans et en avait régné quatre. La cause principale de sa chute fut le projet qu'il avait conçu d'anéantir les janissaires, dont il s'était attiré la redoutable haine. Élevé par l'imam Khodja-Omer-Efendi, il était très-sévère sur les devoirs religieux ; il punit plus d'une fois de mort les soldats qui les transgressaient

———

(*) D'après un ancien usage, la Validè-Sultane n'appelle jamais son fils que *mon lion* (arslanem), ou *mon tigre* (caplanem).

(**) *Oghri*, ravisseur, voleur, assassin ; ce mot turc a donné naissance au mot français *ogre*, espèce de monstre dont on faisait peur aux enfants, et qui, dans les contes de fées, passait pour se nourrir de chair humaine.

ouvertement en s'abandonnant à l'ivresse. Cette grande sévérité et son avarice lui aliénèrent entièrement l'affection des troupes, qu'auraient pu lui concilier son esprit belliqueux et son habileté dans l'exercice des armes. Pendant la halte que l'armée fit, en 1030 (1621), sur les bords du Danube, il se plaisait à tirer de l'arc. Il réussit un jour à lancer un trait sur la rive opposée; tour de force dont on consacra le souvenir par l'érection d'une colonne à l'endroit où la flèche était tombée (*). Mais il détruisit lui-même l'admiration que son adresse inspirait aux soldats, en perçant à coups de flèches des prisonniers cosaques et même ses propres pages. Il n'échappa point non plus à la haine des oulèmas, auxquels il avait retranché l'*arpalyk* (**), et qu'il avait offensés par diverses innovations. Ainsi, peu de jours après son avénement, il dépouilla le mufti Es'ad de toutes les prérogatives de sa charge, en ne laissant plus dans ses attributions que le droit de délivrer des fetwas. Il donna ensuite au khodja Omer-Efendi la présidence du corps des oulèmas, le droit de préséance sur les kazi-askers et le mufti, et la nomination aux magistratures (*silsilè-tertibi, sorte de feuille des bénéfices*). Des ordonnances sévères contre l'usage du vin et du tabac, indisposèrent le peuple, qu'il traitait avec la plus grande rigueur, et dont il surveillait lui-même la conduite dans des rondes nocturnes que l'on qualifiait d'espionnage.

Sultan-Osman, qui s'était fait un principe d'être cruel, n'était cependant pas d'un naturel sanguinaire : assistant incognito à l'exercice du djérid, un des assistants le toucha par mégarde; les eunuques le saisirent et voulurent le maltraiter, mais le Sultan le fit relâcher et lui donna même cinquante sequins.

Les historiens ottomans prétendent que la catastrophe de Sultan-Osman avait été annoncée par divers présages funestes; tels que l'incendie du grand Bézestin à Constantinople, l'année même de l'avénement du Sultan; la trombe qui en 1029 (1619) inonda une partie de la ville; la congélation du Bosphore et la disette qui suivit ce phénomène; la chute d'aérolithes et l'apparition de comètes, enfin l'éclipse de soleil, qui en 1604 coïncida avec la naissance d'Osman, et celle qui, en 1622, signala sa mort.

Sultan-Osman fut enterré, le soir même de sa mort tragique, dans le djami que son père avait fondé. La cour et le prince son successeur ne prirent pas même le deuil, et, depuis cette époque, cette pratique est tombée en désuétude.

A peine Sultan-Moustapha fut-il remonté sur le trône, que les soldats commencèrent à regretter son neveu. Le 11 rèdjeb 1031 (22 mai 1622), c'est-à-dire deux jours après l'avénement du nouveau Sultan, les sipahis vinrent en foule devant le palais de Daoud-Pacha et lui crièrent : « Pourquoi as-tu tué Sultan-Osman, que nous t'avions confié? — Je l'ai tué, répondit le grand vézir, sur les ordres du maître du monde, Sultan-Moustapha. » Cette réponse apaisa pour le moment le tumulte. Vingt jours après, ces mêmes sipahis, réunis aux janissaires, demandèrent le supplice du kaïm-mèkam Ahmed-Pacha, du khodja Omer-Efendi, des agas Naçouh, Kara-Ali et Aïas, et de Huceïn, ancien kiahïa; tous ces fonctionnaires échappèrent par la fuite au trépas qui les attendait. Le

---

(*) L'usage d'ériger une colonne de marbre dans les lieux où les Sultans se livrent à leur exercice favori du tir de l'arc, a surtout couvert de semblables monuments une place célèbre située au nord de l'arsenal de Constantinople, connue sous le nom d'*Ok-mèïdani* (la place des Flèches). Ces colonnes sont ornées d'inscriptions en lettres d'or et en vers à la louange du prince; elles portent un *toughra* et la date du jour où le Sultan a réussi dans ce tour de force.

(**) *Arpalyk* : somme d'argent perçue sur des fonds spéciaux, et destinée à l'*achat de l'orge* pour les chevaux. Le même mot se doit traduire par *apanage*, quand il sert à désigner les îles, terres ou revenus affectés aux Sultanes, aux muftis, et aux autres très-grands personnages de l'empire.

même jour le kapou-aga (chef des eunuques blancs) fut assassiné par les pages du sérail et pendu sur la place de l'Hippodrome. La cause, ou du moins le prétexte de ce meurtre, fut le projet qu'aurait formé le kapou-aga de faire périr les jeunes princes. Daoud-Pacha, accusé par les janissaires et les sipahis d'avoir ordonné cette exécution, fut destitué. Le gouverneur d'Égypte, Merrè-Huçeïn-Pacha, le remplaça.

Le 14 cha'ban 1031 (24 juin 1622), Sultan-Moustapha assista dans la mosquée à la prière du vendredi, et déploya dans cette occasion la plus grande pompe, en opposition avec l'usage de son prédécesseur, dont l'extérieur négligé, dans ces circonstances solennelles, déplaisait au peuple. Cette cérémonie de la prière publique du vendredi (*salâtul-djum'a*), à laquelle le Grand Seigneur, comme chef de la religion, est obligé d'assister, et dont il ne peut se dispenser, à moins d'une grave maladie ou de circonstances extraordinaires, fut négligée par Moustapha pendant le cours de son règne, par un effet des menées des officiers du sérail, qui voulaient dérober à la nation l'état moral du Sultan, au nom duquel ils régnaient.

Bientôt les janissaires, qui haïssaient Merrè-Huçeïn-Pacha, exigèrent sa destitution. Le Sultan leur laissa le choix entre Daoud-Pacha, Gurdji-Muhammed et Lefkèli-Moustapha; mais les soldats n'ayant pu s'entendre, ce dernier fut nommé par la Sultane-Validè, qui, couverte d'un voile, vint parler elle-même aux révoltés. Six semaines plus tard, le nouveau grand vézir fut remplacé à son tour par Gurdji-Muhammed, toujours sur la demande des troupes, qui imposaient ainsi leurs caprices au fantôme d'empereur qu'elles avaient placé sur le trône. La démence de ce prince avait pris, dans cette seconde période de son règne, un caractère plus prononcé encore. Tantôt, parcourant avec inquiétude le sérail et frappant à toutes les portes, il appelait son infortuné neveu, dont il avait oublié la fin tragique, et le demandait à tous ceux qu'il rencontrait; tantôt il passait des journées entières sans faire un seul mouvement et les yeux tournés vers le ciel, ce qui le fit passer, parmi le peuple, pour un *saint*. On le vit un jour entrer à cheval dans une barque, et exiger, à son retour au palais, que cette barque fût traînée après lui. Tous ces actes de folie lui attiraient chaque jour davantage le mépris des soldats, qui se rappelaient et regrettaient l'intelligence et la bravoure d'Osman.

Le 8 zilhidjè 1031 (14 octobre 1622), Khadim Gurdji-Muhammed-Pacha, qui avait été trois fois kaïm-mèkam, arriva au grand vézirat, et, par sa fermeté et son long usage des affaires, fit espérer une administration plus stable et plus respectée. La tranquillité de la capitale était troublée depuis quelque temps par des désordres de tout genre: le grand vézir prit des mesures pour y mettre un terme; il essaya aussi de rendre à l'État son ancienne splendeur, et fit venir à Constantinople la flotte de la mer Noire, sous les ordres de Rèdjeb-Pacha, qui avait pris aux Cosaques dix-huit bâtiments et cinq cents hommes: il fut salué de salves d'artillerie, admis au baise-main du Sultan, et il reçut un kaftan d'honneur. Peu de temps après, l'escadre du kapoudan-pacha Khalil retourna de son expédition dans la mer Blanche; et l'ambassadeur persan Aga-Riza vint féliciter le Sultan de son avénement au trône. Muhammed-Pacha voulut que la plus grande pompe fût déployée dans ces circonstances solennelles.

Cependant, malgré les vues sages et fermes en même temps du nouveau ministre, l'empire était encore désolé par la tyrannie anarchique des troupes. La nation, indignée contre les janissaires et les sipahis, murmura hautement. Les gouverneurs de Tripoli de Syrie et d'Erzroum, Seïf-Oghlou-Youçouf-Pacha et Abaza-Pacha, profitèrent de ces dispositions hostiles du peuple pour augmenter leur pouvoir. Le premier s'était déclaré indépendant dès le meurtre de Sultan-Osman; fort de l'opinion publique, il avait chassé les janissaires de la province qu'il gouvernait. Le grand vézir Daoud-Pacha avait nommé alors au gouvernement de Tripoli Kètendji-Omer-Pacha; mais lorsque Merrè-Huçeïn obtint le vézirat, Youçouf fut confirmé dans sa dignité. Quant à Abaza, il avait expulsé aussi les janissaires d'Erzroum : ceux-ci, furieux de l'impunité que la protection du kapoudan-pacha Khalil assurait à leur ennemi, se mutinèrent, et il fallut, pour les apaiser, qu'un khatti-chèrif du Grand Seigneur leur assurât que Khalil-Pacha n'avait rien à voir dans la révolte d'Abaza, qui venait d'être déposé par ordre du Sultan lui-même.

En 1032 (1623), nouvelle émeute des sipahis; ne pouvant plus supporter les reproches de la voix publique, qui les accusait d'être les meurtriers de Sultan-Osman, ils se réunirent dans la même mosquée d'où ce prince infortuné avait été traîné à la mort, et dressèrent une pétition par laquelle ils demandaient au Sultan de déclarer si c'était lui qui avait ordonné l'assassinat de son neveu, et de laver l'honneur de leur milice de cette imputation calomnieuse. La réponse de Sultan-Moustapha fut : « Je n'ai point dit que l'on « tuât Sultan-Osman ; Daoud-Pacha « en a menti ; si les meurtriers existent « toujours, ils doivent expier leur cri- « me. » D'après cette réponse, Daoud-Pacha et Kalender-Oghri, ancien lieutenant de police, furent conduits aux Sept-Tours. Le premier, ayant été condamné à mort par le divan, et envoyé au lieu de l'exécution, allait être frappé, lorsqu'il montra le fetwa des kazi-askers et le khatti-chèrif de Moustapha qui avaient déclaré légitime l'exécution de Sultan-Osman. Cet incident arrêta la main du bourreau; des cris tumultueux s'élevèrent : « Arrêtez ! » criaient les uns ; « frappez ! » disaient les autres. Au milieu de cette confusion, les janissaires enlevèrent Daoud-Pacha, le conduisirent à la mosquée du centre, le revêtirent d'un kaftan, couvrirent sa tête d'un *mudjewwèzè*, et le créèrent, de leur propre autorité, grand vézir.

Cependant Gurdji-Muhammed-Pacha assembla le conseil pour savoir ce qu'il y avait à faire dans cette circonstance critique : le bourreau, appelé à déposer sur l'enlèvement de Daoud, en accusa les sipahis, dont les officiers repoussèrent vivement cette injuste assertion. Enfin la plus grande incertitude régnait dans le conseil, qui se sépara sans prendre de détermination. Alors le grand vézir Gurdji-Muhammed s'entendit avec le grand chambellan qui fut chargé de l'exécution de Daoud-Pacha : abandonné par ses partisans, il fut conduit aux Sept-Tours, et étranglé dans la même prison où il avait lui-même exercé l'office de bourreau sur la personne de Sultan-Osman. Kalender-Oghri subit le même sort ainsi que les autres complices du meurtre de leur souverain, Derwich-Pacha, gouverneur de Bude, et Meïdan-beï, gouverneur de Gustendil. Ces diverses exécutions, qui avaient pour prétexte la punition d'un crime de lèse-majesté, n'étaient en effet que le fruit des intrigues de l'ex-grand vézir Merrè-Huçeïn, qui, aspirant à reprendre son ancien poste, occupé alors par l'octogénaire Gurdji-Muhammed-Pacha, tâchait d'organiser la révolte contre l'administration de son antagoniste. Celui-ci se retira devant une nouvelle émeute de janissaires et de sipahis. Le Sultan ayant laissé au choix des troupes la nomination du grand vézir, ils élurent Merrè-Huçeïn, qui acheta leurs suffrages au prix de cent mille sequins. Gurdji-Muhammed-Pacha fut exilé à Brousse, et le kapoudan-pacha Khalil à Malghara.

C'est seulement en février 1623, et pendant la seconde administration de Merrè-Huçeïn, que l'ambassadeur polonais Christophe Zbarawsky put parvenir à conclure la paix entre son souverain et la Porte : jusqu'à cette époque, le grand vézir Gurdji-Muhammed s'était toujours refusé à la renouveler sur les bases des capitulations réglées pendant le règne de Sultan-Suleïman. L'ambassadeur de Russie essaya vainement d'entraver les négociations, et partit bientôt de Constantinople, mécontent de n'avoir pu empêcher la paix.

Betlen Gabor, prince de Transylvanie, avait accrédité un ambassadeur auprès de Sultan-Moustapha, trois mois après son avénement : l'envoyé apporta le tribut annuel, et reçut l'assurance du concours de la Porte en cas de guerre avec l'Allemagne. Le 8 juillet, l'ambassadeur impérial Kurz de Senftenau présenta à Sultan-Moustapha des félicitations sur son avénement, et réclama les villes de Lippa, Waitzen, Solymos et Arad. Vers ce temps, les ambassadeurs Harlay, comte de Césy, Thomas Roë et Giustiniani, représentants de la France, de l'Angleterre et de Venise, eurent à se plaindre de violences exercées par les janissaires sur les consuls de ces trois nations : ils auraient dû demander conjointement réparation de ces outrages ; mais le plénipotentiaire français ne put s'entendre avec les envoyés anglais et vénitien : influencé par les jésuites, il provoqua la déposition du patriarche Cyrille, accusé de calvinisme, tandis que les ambassadeurs des deux autres puissances appuyèrent les réclamations que les Grecs élevèrent à ce sujet.

Cependant quelques concessions que fit le grand vézir Merré-Huçeïn-Pacha aux janissaires de qui il tenait sa place, il ne put parvenir à calmer leur esprit de turbulence et de despotisme. Ils manifestèrent, par des incendies continuels, le mécontentement que leur causait la révolte, en Anatolie, d'Abaza-Pacha, leur ennemi déclaré : il avait rallié les débris de l'ancienne armée des rebelles conduits par les chefs Tawil, Sa'id-Djan-Poulad, Kara-Yazidji et Kalender-Oghlou. Abaza marcha sur Angora et Siwas, appelant à lui tous les sandjak-beïs du pays, confisquant les propriétés des janissaires, et faisant périr dans les tortures ceux qui tombaient entre ses mains. Mourtèza-Pacha, sandjak-beï de Kara-Chèhir, Taïar-Muhammed-Pacha, gouverneur de Siwas, se réunirent aux insurgés. Brousse, assiégée par eux, se rendit au bout de trois mois ; mais la citadelle résista : et, comme la mauvaise saison s'approchait, Abaza prit ses quartiers d'hiver dans le sandjak de Nikdè (*).

A toutes ces causes d'inquiétude pour le grand vézir Merré-Huçeïn-Pacha, se joignaient encore d'autres motifs de crainte : le bruit se répandit que la Sultane Keuçem avait formé le projet de mettre sur le trône son fils Murad, et qu'elle était soutenue dans ce complot par Gurdji-Muhammed-Pacha ; ce dernier et le kapoudan-pacha Khalil refusaient de se rendre à leur exil, sous le prétexte que l'ordre n'émanait pas du Sultan : en outre, les demandes incessantes des janissaires obligeaient le trésor à de continuels sacrifices. Pour subvenir à ces dépenses extraordinaires, la vaisselle d'or et d'argent du sérail, les étriers et les brides d'argent furent convertis en espèces ; Radul, prince de Valachie, fut menacé de destitution, afin de l'obliger à détourner l'orage au moyen d'une forte somme ; il fut en effet réduit à donner trente mille écus pour se maintenir. Enfin, trois révoltes de sipahis vinrent rendre la position du grand vézir encore plus critique : ils essayèrent d'engager les janissaires à coopé-

---

(*) Les annales ottomanes rapportent un singulier exemple de serment militaire entre les troupes qui suivaient Abaza-Pacha : les deux corps de sipahis et de seymens ou seghans s'exerçaient dans la plaine de Tokat à lancer le *djèrid*. Quelques seymens furent atteints par accident, et tentèrent de se venger à main armée des sipahis. Abaza-Pacha étant cependant parvenu à les apaiser, voulut sceller leur réconciliation d'une manière éclatante : il fit placer entre les deux troupes un demi-cercle de bois, auquel on suspendit un sabre, entre un pain et une poignée de sel ; les chefs, de part et d'autre, s'avancèrent, jurèrent d'être constamment unis, et prononcèrent contre ceux qui violeraient ce serment, les imprécations suivantes : « Que les parjures deviennent la « proie de ce fer tranchant, et que leur pain « et leur sel se convertissent en poison ! » Ensuite, comme pour donner une espèce de réparation aux seymens, les sipahis passèrent sous le demi-cercle et ratifièrent les serments de leurs officiers.

rer au renversement de Merrè-Huçeïn ; mais ceux-ci, qui étaient gagnés par ses largesses, répondirent qu'il ne leur appartenait pas plus qu'aux sipahis de s'ingérer dans les affaires de l'État. Fort de cet appui, Merrè-Huçeïn ne mit plus de bornes à sa tyrannie : il fit expirer un beïler-beï sous le bâton; un juge subit aussi cette peine humiliante : le corps des oulèmas ne put supporter cette atteinte portée à sa dignité, et il se révolta. Réunis dans la mosquée Muhammèdiïe, et présidés par Yahïa-Efendi, grand juge d'Anatolie, destitué par le grand vézir, les oulèmas rendirent un fetwa qui condamnait à mort Merrè-Huçeïn comme hérétique. Ils voulurent obliger le mufti à citer devant lui le grand vézir; mais ce premier répondit qu'il fallait auparavant obtenir sa déposition de la part du Sultan. Merrè-Huçeïn députa aux oulèmas deux chefs des janissaires, pour signifier aux révoltés que la volonté du padichàh et de la Sultane-Valide était qu'ils se dispersassent; mais ces envoyés furent chassés de la mosquée. Cependant les oulèmas, voulant s'assurer l'appui des janissaires, leur firent dire que Sultan-Moustapha étant moralement incapable de régner, il était urgent d'appeler au trône un autre prince : « De quelque côté que se ran- « gent nos seigneurs les oulèmas, ré- « pondirent les janissaires, nous les « suivrons. » Ces paroles persuadèrent à ces premiers qu'ils étaient soutenus par l'armée, et ils n'en furent que plus hardis dans leur rébellion. Le nakybul-échraf (le chef des émirs ou descendants de Mahomet) s'étant rendu auprès d'eux de la part du grand vézir, avec un khatti-chérif, ils s'écrièrent que le Sultan ne connaissait pas même cet écrit qui n'était pas de sa main; et ils chassèrent le nakyb. Ils prirent ensuite le turban d'Ak-Chemsuddin, le déroulèrent, l'élevèrent au bout d'une pique et s'en firent un étendard, devant lequel ils récitèrent la *soura* de la conquête, et firent agenouiller tous les émirs qu'ils purent rassembler. Enfin, dans la soirée, les janissaires marchèrent contre les oulèmas, qui s'enfuirent sans les attendre : mais quelques-uns d'entre eux étant restés dans la mosquée des Princes, furent tués, et leurs cadavres jetés dans un ancien égout; plusieurs destitutions eurent lieu dans le corps des oulèmas, et la révolte fut réprimée. L'aga des janissaires, qui avait contribué de tout son pouvoir à rétablir l'ordre, fut promu à la dignité de gouverneur d'Égypte. Le grand vézir, voyant que tout lui réussissait, devint plus cruel et plus sanguinaire que jamais. Il résolut de se défaire, par un coup d'état, des sipahis, ses ennemis déclarés; son projet ayant été découvert par l'imprudence d'une parole échappée à un officier de la suite du trésorier du grand vézir, Merrè-Huçeïn se réfugia auprès de l'aga des janissaires; mais n'étant pas soutenu par ceux-ci, qui ne voulurent point se mettre mal avec tout le corps des sipahis, le grand vézir fut obligé de renvoyer les sceaux au Sultan, le 20 août 1623 (23 chewwal 1032). Kèmankech-Ali-Pacha succéda à Merrè-Huçeïn, et dès qu'il eut le pouvoir en main, il s'empressa de convoquer les principaux dignitaires pour concerter avec eux la déposition de Sultan-Moustapha. Sa nullité complète ayant été publiquement constatée, ce prince fut renvoyé au fond du sérail avec la Sultane-Validè; et Murad, fils aîné d'Ahmed, fut proclamé empereur.

Sultan-Moustapha est le seul entre tous les souverains ottomans, auquel les historiens nationaux n'accordent pas les éloges dont ils sont si prodigues envers leurs maîtres. L'idiotisme de ce prince laissant l'exercice du pouvoir aux soldats, les premières charges de l'État passaient de main en main suivant leur caprice, et cette instabilité dans le gouvernement ne contribua pas peu à l'affaiblissement réel de l'empire. Sous ce déplorable règne, les revenus de la couronne diminuèrent de plus de quarante-huit millions; dix-neuf sandjaks tombèrent en la puissance des Persans; les impôts s'élevèrent à un taux qu'ils n'avaient jamais atteint; la corruption des hauts fonctionnaires fut portée à son comble; les lois étaient ouvertement violées, les exactions sans nombre, et, par suite de ce système oppressif, joint à la plus cruelle anarchie, la population décroissait d'une manière effrayante. Et cependant, au milieu de cette décadence générale des institutions, la littérature et la jurisprudence se soutinrent dans un état de prospérité, dû à l'influence du corps des oulèmas, que l'on a vus jouer un si grand rôle pendant ce règne.

CHAPITRE XVIII.

SULTAN-MURAD-KHAN IV, GHAZI, FILS DE SULTAN-AHMED-KHAN Ier.

Sultan-Murad n'avait que douze ans lorsqu'il succéda, le 15 zilka'dè 1032 (10 septembre 1623), à son oncle Sultan-Moustapha. Le lendemain, il se rendit à la mosquée d'Éïoub, où il ceignit le sabre, suivant l'usage, et fut accueilli avec enthousiasme par l'armée : l'extérieur agréable du nouveau Sultan, et son intelligence précoce formaient un trop grand contraste avec la faiblesse physique et l'imbécillité de son prédécesseur pour ne pas exciter les sympathies de la nation. Lors de la déposition de Sultan-Moustapha, le grand vézir et les kazi-askers qui la résolurent entre eux, avant d'en venir à cette extrémité, avaient exposé aux troupes la pénurie du trésor et l'impossibilité où l'on serait de leur distribuer le présent d'avénement de deux millions de sequins. Les janissaires, dans leur conviction de la nécessité d'un changement de souverain, renoncèrent aux gratifications d'usage; mais à peine Sultan-Murad fut-il sur le trône qu'ils prétendirent ne lui avoir accordé qu'un délai, et réclamèrent impérieusement le tribut pécuniaire par lequel chaque Sultan semblait acheter leur adhésion. On leur offrit vingt-cinq aspres par homme au lieu de vingt-cinq sequins; mais cette proposition ne fit que les irriter davantage, et il fallut recourir au trésor particulier du Sultan pour leur distribuer la somme accoutumée.

Ainsi qu'on l'avait vu pour la première fois à l'occasion de Sultan-Ahmed, ce ne fut que quelques jours après son avénement que Sultan-Murad se fit circoncire. Divers changements dans l'administration de l'empire eurent lieu ensuite. Tchechtèdji, ancien aga des janissaires, fut investi du gouvernement de l'Égypte, et remplacé dans son grade par son kiahïa Beïram-Aga, qui, pour comble de faveur, épousa une des sœurs du Sultan. Par l'influence du grand vézir Kèmankech-Ali-Pacha, le mufti Yahïa-Efendi, qui s'était permis de lui faire des reproches sur son avarice, fut destitué, et eut pour successeur l'ancien cheïkh-ul-islam Es'ad-Efendi. En même temps les deux vézirs Kkalil-Pacha et Gurdji-Muhammed-Pacha, accusés d'avoir fomenté la rébellion d'Abaza, furent emprisonnés; mais les preuves de cette accusation n'ayant pu être fournies, ces deux personnages furent bientôt mis en liberté.

Vers la fin du règne de Sultan-Moustapha, le *soubachi* (lieutenant de police) de Bagdad, nommé Bèkir-Aga, était parvenu, par l'influence que lui donnaient ses grandes richesses et ses alliances, à mettre sa propre autorité au-dessus de celle même du beïler-beï Youçouf-Pacha. Bèkir avait envoyé à Aradja et à Sèmèwat, un de ses officiers, du même nom que lui, pour percevoir les tributs. Instruit que cet infidèle mandataire prélevait l'impôt pour son propre compte, Bèkir partit à la tête de cinq mille hommes. L'aga des azabs, Muhammed, crut pouvoir profiter de cette occasion pour se venger du soubachi, contre lequel il nourrissait une haine cachée. Il résolut de s'emparer du fils de Bèkir, et de fermer ensuite au père les portes de Bagdad. Il eut l'imprudence de confier ce projet à Omer, kiahïa du soubachi, auquel il était dévoué. Omer feignit d'entrer dans le complot de l'aga : mais lorsque celui-ci voulut le mettre à exécution, le kiahïa l'attaqua à l'improviste et le poursuivit jusqu'au château d'Youçouf-Pacha, où ce gouverneur retint captif Muhammed-Aga. Bèkir, vainqueur à

Sèmèwat, retourna à Bagdad; et, de concert avec son fils, il assiégea Youçouf-Pacha qui refusait de leur livrer l'aga des azabs. Le gouverneur se défendit avec le plus grand courage, mais il fut tué d'un coup de fusil, et la forteresse se rendit. Muhammed-Aga, à qui l'on avait promis la vie sauve, fut enchaîné avec ses deux fils sur un bateau plein de bitume et de soufre, et fut lancé sur le Tigre, après que le feu eut été mis aux matières combustibles : le cruel Bèkir suivait du rivage la barque enflammée; et il ne se retira que lorsqu'il se fut assuré de la mort de ses trois victimes. Il s'arrogea ensuite la dignité de beïler-beï de Bagdad, et écrivit au Sultan, en lui en demandant l'investiture. Mais le grand vézir Merrè-Huçeïn avait disposé de ce poste en faveur de l'ex-beïler-beï de Diarbèkir, Suléïman-Pacha. Hafiz-Pacha, qui l'avait remplacé dans ce gouvernement, fut envoyé contre l'ambitieux Bèkir. Hafiz se réunit aux beïs du Kuzdistan; et après avoir détaché en avant les pachas Bostan et Suleïman qui furent battus dans une affaire d'avant-garde, il marcha lui-même sur Bagdad, et fit éprouver aux rebelles une perte de quatre mille hommes. Le lendemain de cette victoire, il allait franchir le Tigre et serrer de près la ville, lorsqu'une révolte dans son armée retarda ce mouvement : une gratification de cinq piastres par homme leva cet obstacle, et Bagdad fut assiégé du côté du *château de l'Oiseau*. Bèkir, pressé au dehors par les Ottomans et au dedans par la famine, ne voulut pas se rendre; il écrivit à Châh-Abbas, en lui offrant de lui livrer Bagdad.

Châh-Abbas, qui depuis longtemps désirait une occasion de faire du mal aux Ottomans, avait déjà expédié Kartchèghaï-Khan à la tête de trente mille hommes contre la ville de Chehrban. Il accepta donc avec joie l'occasion de devenir maître de Bagdad, et il envoya Sèfi-Kouli-Khan pour en recevoir les clefs, et Abbas-Aga pour remettre à Bèkir un turban de kyzil-bach et des lettres royales. En même temps, ce traître écrivait à Hafiz-Pacha, et lui demandait un beïler-beï pour chasser l'ennemi. Pendant cette négociation, l'ambassadeur persan arrivait à Bagdad; un envoyé de Kartchèghaï-Khan venait au camp ottoman signifier à Hafiz-Pacha que Bèkir étant devenu sujet du Châh de Perse, le sèrasker était invité à s'éloigner, s'il ne voulait être cause de la rupture de la paix. « Si la paix « est violée, répondit Hafiz-Pacha, que « sa violation retombe sur votre tête ! » Cependant, instruit de l'entrée de trois cents Persans dans Bagdad, et le bruit s'étant répandu que Sèfi-Kouli-Khan était prêt à attaquer, le sèrasker ne vit d'autre moyen d'enlever Bagdad au roi de Perse, que d'abandonner à Bèkir le gouvernement qu'il avait usurpé. Celui-ci reçut donc la confirmation de sa dignité; mais Hafiz-Pacha n'avait pas renoncé à l'espoir de décider le rebelle à céder le commandement de la ville : il lui adressa donc Sidi-Khan, gouverneur d'Amadia, avec deux fermans, dont l'un nommait Bèkir gouverneur de Rakka, et l'autre donnait à son fils le sandjak de Hilla. Mais Bèkir indigné voulut faire mettre à mort l'envoyé ottoman; il ne dut son salut qu'à la protection du defterdar Omer-Aga, qui offrit de le garder à vue. Alors le siége recommença avec une nouvelle ardeur : c'est pendant que ces choses se passaient sur la frontière de Perse, que Sultan-Murad IV montait sur le trône. La nouvelle de son avénement fut apportée au camp avec la confirmation de Hafiz dans la dignité de sèrasker, celui-ci apprit, en même temps, que Bèkir, nommé gouverneur par le Châh de Perse, battait monnaie au nom de son nouveau maître. Hafiz se décida alors à nommer Bèkir pacha de Bagdad, et à lui confier, au nom du nouveau Sultan, la défense de la *maison du Salut* (*). Bèkir, arrivé enfin au terme de ses vœux, renvoya Sèfi-Kouli-Khan avec de grands honneurs, et sans lui donner de réponse définitive; mais dès que l'ambassa-

---

(*) *Darus-Sèlam*; c'est un des surnoms de Bagdad. Voyez la note de la page 138.

deur fût parti, le nouveau pacha fit pendre les trois cents Persans qui avaient été admis dans la place à la suite d'Abbas-Aga; et il foula aux pieds le turban d'honneur que celui-ci lui avait remis. Il envoya ensuite un message à Hafiz-Pacha pour le remercier et l'engager à s'éloigner. Le sèrasker étant parti le lendemain, Kartchèghaï-Khan parut sous les murs de Bagdad, et somma Bèkir-Pacha de lui livrer cette ville : mais celui-ci répondit qu'il n'en ferait rien, quand même il serait assiégé par dix Châhs de Perse; il ajouta à cette bravade quelques volées de canon, qui firent éloigner les Persans. Bèkir fit alors connaître sa position à Hafiz-Pacha, qui lui envoya du renfort. Le Châh parut bientôt devant Bagdad. Kior-Huçeïn-Pacha, qui commandait les troupes ottomanes venant au secours de Bèkir, surpris par l'armée de Kartchèghaï-Khan, se retira dans une enceinte nommée le *Caravansérail rouge*; et trompé par la proposition que lui fit le chef persan de se rendre à une conférence où l'on traiterait de la paix, il tomba dans une embuscade et fut décapité avec plusieurs de ses officiers. Leurs têtes furent envoyées au Châh, qui fit mettre en liberté quinze prisonniers que Kartchèghaï-Khan avait épargnés. Enfin, après trois mois de siége, la ville fut surprise le 5 safer 1033 (28 novembre 1623), grâce à la trahison du fils de Bèkir, Muhammed, que le brevet de gouverneur de Bagdad, envoyé par le Châh, décida à trahir son père. Le lendemain, une proclamation du roi de Perse annonça une amnistie générale, et promit de respecter les opinions religieuses des sunnis comme celles des chi'is. Cette mesure maintint la tranquillité : Bèkir-Pacha se vit chargé de chaînes, les habitants furent désarmés, les maisons mises sous le scellé, et leurs propriétaires emprisonnés. Enfin le septième jour, le Châh, violant indignement sa parole, fit torturer les sunnis pour leur faire avouer où étaient cachés leurs trésors. Ces malheureux périrent presque tous dans les supplices. L'implacable vainqueur voulait passer tous les habitants au fil de l'épée, mais il fut détourné de cet horrible projet par les représentations de Seïd-Durradj, gardien du tombeau d'Huçeïn et chef des émirs de Bagdad. Cet homme compatissant obtint la grâce des chi'is, et en présenta au vainqueur une liste, dans laquelle, par une ruse vertueuse, il avait compris un grand nombre de sunnis. Nouri-Efendi, juge de Bagdad, et Omer-Efendi, prédicateur de la grande mosquée, furent pendus à un palmier; Bèkir-Pacha fut torturé pendant sept jours entiers, pour qu'il avouât où étaient ses trésors; il fut enfin abandonné dans une barque enduite de bitume enflammé, et périt ainsi du même supplice qu'il avait fait subir à Muhammed-Aga. Le fils de Bèkir, qui avait assisté, le verre à la main, au supplice de son père, fut exilé dans le Khoraçan, par le vainqueur indigné de la conduite dénaturée de ce traître, et il ne tarda pas à recevoir la mort, pour prix de sa perfidie. C'est ainsi que Bagdad tomba au pouvoir des Persans : Sari-Khan en fut nommé gouverneur, et envoya des lettres de menace aux Kurdes et aux Arabes pour obtenir leur soumission. Châh-Abbas fit détruire les tombeaux du grand-imam Ebou-Hanifè et du cheïkh Abdul-Kadir-Ghilani, objets de la vénération des sunnis, et il visita avec respect les sépulcres des imams Ali et Huçeïn.

En apprenant la chute de Bagdad, Hafiz-Pacha s'était retiré sur Diarbèkir. Pendant ce temps, les Persans s'emparaient des villes de Kerkouk et de Mouçoul (*Mossoul*); cette dernière place fut bientôt reprise par Kutchuk-Ahmed-Aga.

Le 10 zilka'dè 1032 (5 octobre 1623), Murad ordonna la mort de Bèher-Muhammed-Pacha, gouverneur de Damas, qu'une intrigue du grand vézir, son ennemi, avait rendu suspect au Sultan. Quelques mois plus tard, une nouvelle révolte de janissaires arracha au Grand Seig ur la destitution de son beau frère Beïram, aga des janissaires, qui fut remplacé par Khosrew, écuyer du Sultan. Le mufti harangua les mutins, et leur arracha la promesse, bientôt oubliée, de ne plus troubler la tranquillité publique. Le beï de Kavala, un des fauteurs de la révolte, eut la tête tranchée. Peu après, le grand vézir Kèmankech-Ali fut renversé par les intrigues du mufti Es'ad-Efendi et du kyzlar-agaçi Moustapha, qui firent valoir auprès du Sultan le soin avec lequel le grand vézir lui avait caché la nouvelle de la perte de Bagdad. Irrité de cette tromperie, Sultan-Murad fit décapiter Kèmankech-Ali-Pacha, et s'empara de ses trésors. Le tcherkesse Muhammed lui succéda, et reçut en même temps le titre de général en chef de l'expédition destinée à marcher contre le rebelle Abaza. En août 1624, l'ex-grand vézir Merrè-Huçeïn-Pacha fut aussi étranglé. On l'accusait d'accumuler des richesses et des bijoux pour se faire nommer kaïm-mèkam : il laissa cinquante mille sequins, et un cimeterre d'un grand prix, tout couvert de pierres précieuses.

A cette époque, une incursion de Cosaques porta la désolation parmi les habitants de la rive européenne du Bosphore, et le Sultan quitta Constantinople. Vers le même temps, les capitulations furent renouvelées avec presque toutes les puissances européennes : mais comme la faiblesse de la Porte l'empêchait de mettre un frein aux pirateries des États barbaresques, dont se plaignaient surtout la France, l'Angleterre et la Hollande, ces trois puissances conclurent des traités particuliers avec ces régences. Déjà en 1619, la France avait signé avec le dey d'Alger une trêve, négociée à Marseille par le duc de Guise, grand amiral de la flotte du Levant. Notre ambassadeur, protecteur des jésuites, eut de grandes contestations avec les plénipotentiaires anglais et hollandais, qui avaient obtenu le rétablissement du patriarche grec Cyrille.

Les chargés d'affaires de Betlen Gabor, quoique mal vus à la Porte, qui n'ignorait pas la politique astucieuse de leur maître, obtinrent cependant une diminution de cinq mille ducats sur leur tribut annuel. L'Autriche sut, par l'entremise de son ambassadeur Kurz de Senftenau, se faire restituer la place de Waitzen : ce plénipotentiaire chercha aussi à réconcilier la Porte et l'Espagne, qui offrait de rendre à la liberté vingt mille musulmans; mais ces ouvertures furent sans résultats.

Cependant Abaza-Pacha, chef des rebelles d'Asie, poursuivait sur les janissaires la vengeance du meurtre de Sultan-Osman. Trois officiers de cette milice, attachés sur des chameaux, et les épaules percées par des mèches allumées, furent promenés dans les rues de la ville de Siwas, précédés par des crieurs publics qui répétaient à haute voix : « Telle est la récompense réser-« vée aux traîtres. » Les segbans (*seïmens*) et les lewends massacrèrent ensuite les janissaires : les sipahis et les autres corps à cheval furent épargnés. Abaza-Pacha, après avoir laissé à Siwas un gouverneur, appelé Seïd-Khan, marcha, de concert avec Koulaoun, beïler-beï de Mer'ach, sur le château de Chahin-Kara-Hyçar, dont la garnison rentra dans les murs après un combat acharné et sans résultat décisif. Abaza-Pacha se dirigea ensuite sur Tokat; mais ayant appris que Taïïar-Muhammed-Pacha s'était emparé de Siwas, le chef des rebelles revint devant cette ville : les portes lui en furent ouvertes; mais Taïïar-Pacha ayant eu l'adresse d'éveiller les soupçons d'Abaza sur Koulaoun-Pacha, qui servait dans les rangs des révoltés, ce dernier fut assassiné par ordre de son chef, à la suite d'un repas où il l'avait comblé d'amitiés. Abaza, ayant appris ensuite que Sari-Muhammed, kiahïa des janissaires, recrutait à Constantinople autant de soldats qu'il pouvait, afin de marcher contre les rebelles, il lui écrivit une lettre ironique, dans laquelle il lui reprochait le meurtre de Sultan-Osman.

Le 10 cha'ban 1033 (26 mai 1624), le grand vézir Hafiz-Pacha se mit en marche, et arriva le 1er zilka'dè (15 août) dans la plaine de Kaïçariïè (Césarée). Là, le bruit se répandit parmi les janissaires que le grand **vézir s'en-**

tendait avec Abaza pour détruire leur milice; une sédition ne tarda pas à suivre cette rumeur, mais elle fut aussitôt apaisée. Comme la journée était trop avancée lorsque les deux armées se rencontrèrent, Hafiz-Pacha retarda la bataille jusqu'au lendemain, mesure qui fit éclater une autre émeute chez les sipahis; la présence du général parvint encore à la calmer. Enfin le jour suivant, le combat s'engagea au lever de l'aurore. La victoire parut d'abord se déclarer pour les rebelles, lorsque la trahison des Turcomans et des pachas Mortèza et Taïiar, qui passèrent dans les rangs ottomans, vint enlever à Abaza un triomphe qui semblait certain : ce chef des révoltés, voyant la bataille perdue, abandonna son armée, et laissa sa femme et ses enfants au pouvoir des vainqueurs. Tous les segbans furent impitoyablement massacrés par les janissaires. Abaza, réfugié à Erzroum, y fut suivi par le grand vézir; mais la saison trop avancée ne permettant pas de mettre le siége devant cette place, un accord fut conclu, par lequel Abaza, confirmé dans le gouvernement d'Erzroum, consentit à recevoir une garde de janissaires. Après cet arrangement, Hafiz-Pacha prit ses quartiers d'hiver à Tokat.

Cette même année 1033 (1624), le kapoudan-pacha Redjeb fut envoyé contre Muhammed-Gheraï, ancien khan de Crimée déposé par la Porte, et qui réclamait les armes à la main. Sous le règne de Sultan-Ahmed, il avait été enfermé au château des Sept-Tours, et s'était évadé le jour même de l'avènement de Sultan-Moustapha. Lorsque ce prince remonta pour la seconde fois sur le trône, Muhammed-Gheraï avait été rétabli dans la dignité de khan de Crimée, dont Djani-Bek-Gheraï venait d'être destitué. Chahin-Gheraï, frère de Muhammed-Gheraï, vint le rejoindre en Crimée, et fut nommé kalgha ou successeur au trône. Les deux frères, pendant le règne de Sultan-Moustapha, n'avaient pas caché les espérances ambitieuses que leur faisaient concevoir la nullité du monarque ottoman et les prédictions d'un astrologue, qui assurait que l'empire du monde appartiendrait à l'homme qui portait le nom d'un oiseau; ce que Chahin-Gheraï s'appliquait naturellement, car *Chahin* signifie *faucon*. Une entreprise contre Andrinople fut concertée entre les deux frères, qui rassemblèrent une armée tatare. A tous ces griefs de la Porte contre Muhammed et Chahin-Gheraï, vint se joindre le meurtre commis par leur ordre sur deux ambassadeurs russes dont ils avaient confisqué les présents. En conséquence, la guerre fut déclarée; mais elle fut fatale aux Ottomans, qui, ayant contre eux une armée de plus de cent mille hommes, cédèrent au nombre, laissant aux mains des ennemis dix-sept pièces d'artillerie, et un si grand nombre de prisonniers, qu'on achetait un Osmanli pour un verre de *boza* (sorte de boisson d'orge fermentée). A la suite de cette défaite, la Porte fut heureuse d'acheter la paix en envoyant le diplôme de khan de Crimée à Muhammed-Gheraï, qui consentit, en retour, à remettre Kaffa sous la domination directe de la Porte.

Dans le mois de juillet 1624, une nuée de Cosaques parut sur la rive européenne du Bosphore, brûla Stènia, Yèni-Keuï, Buïuk-dèrè et le Phare (*Fèner*), et se retira après avoir porté l'effroi jusque dans la capitale : les barques montées par les Cosaques étaient remarquables par leur légèreté et par leur construction singulière : terminées aux deux extrémités par un gouvernail, elles avaient ainsi la faculté d'avancer et de reculer sans virer de bord et par un simple changement dans la manière de ramer.

Vers la fin de l'année 1624 (1034), le grand vézir Tcherkesse Muhammed-Pacha mourut à Tokat, et fut remplacé par Hafiz-Pacha, gouverneur de Diarbekir, qui alla camper dans la plaine de Tchèkouk, peu éloignée de cette ville, pendant que quatre mille Osmanlis battaient, près de Kerkouk, un détachement de dix mille Persans, et que Kartchèghaï-Khan était complétement défait par Maghraw-Khan, déserteur de la cause de Châh-Abbas.

Dans le mois de zilhidjè 1034 (septembre 1625), une émeute de sipahis éclata dans Constantinople. Le Sultan fut obligé de sacrifier le defterdar Abdul-Kèrim-Pacha : il s'était attiré, par son avarice, la haine des troupes, qui l'avaient surnommé *Yakhni-kapan* (gardien des viandes). Un autre mouvement séditieux eut lieu, pendant le bëiram, parmi les janissaires et les sipahis, embarqués pour aller combattre les Cosaques. Le kapoudan-pacha fit décapiter deux des chefs de la révolte, et mit à la voile pour Kilbouroun. A quelques lieues de Kara-Kirmen, l'escadre ottomane rencontra trois cents barques cosaques, qui attaquèrent à l'abordage les galères du Grand Seigneur : le combat dura un jour entier avec un acharnement sans exemple ; enfin, un vent frais dispersa les légères barques qui avaient échappé aux Ottomans : soixante et dix d'entre elles furent détruites pendant la bataille, cent soixante et douze furent capturées, et près de huit cents Cosaques faits prisonniers. Après cette victoire éclatante, le kapoudan-pacha rentra en triomphe à Constantinople (redjeb 1035 - avril 1626).

Cependant, au commencement de l'automne Hafiz-Pacha marchait sur Bagdad ; en novembre (safer), il campait sous les murs de cette ville, et faisait élever des retranchements et creuser des mines, dont la plupart furent déjouées par les assiégés. Enfin une d'elles réussit ; les Ottomans s'élancèrent sur la brèche, mais ils furent repoussés avec perte : le lendemain de l'assaut, le bruit courut dans le camp ottoman que Châh-Abbas lui-même s'avançait à la tête d'une armée formidable, dont l'avant-garde avait déjà passé la Diala (*). Un conseil de guerre fut assemblé : le bëiler-bëi de Fülek y opina pour la retraite, mais les janissaires s'y opposèrent : le siége fut donc continué. Au bout de six mois, un message du Châh fut adressé au grand vézir, qui en prit lecture sans quitter l'exercice du djèrid, auquel il se livrait en ce moment. Trois affaires suivirent de près l'arrivée de l'envoyé persan : les deux premières de peu de conséquence, mais la dernière beaucoup plus importante : dans celle-ci, le bataillon sacré des Persans fut détruit sans qu'il en restât un seul homme ; et l'avantage demeura aux Ottomans, malgré les énormes pertes qu'ils éprouvèrent. Un nouveau message du Châh de Perse arriva au bout de quinze jours, et fut mieux accueilli que le premier. Cependant, lorsque l'envoyé demanda non-seulement Bagdad, mais encore Imam-Ali, Hellè, Feloudjè, Djèwèzer, et toute la rive gauche de la Diala, Hafiz-Pacha, indigné, rompit la conférence : le jour suivant, le grand vézir, devenu plus accommodant, accorda une portion de ce qu'il refusait la veille, tout en disant : « A quoi bon vous donner « Imam-Ali, si les propriétaires du « terrain ne veulent pas le livrer ! — « Rendez au Châh ce qui lui appartient, « répliqua l'ambassadeur persan, le « reste nous regarde. » Le lendemain de cette conférence, on trouva sous les sophas et les tapis plusieurs morceaux de soie découpés en triangles, et sur lesquels était tracée la lettre arabe *chin* (ش) : ce caractère est regardé par les Orientaux comme une des lettres magiques au moyen desquelles le démon opère ses sortiléges. L'ambassadeur étranger fut accusé d'employer la magie pour triompher des Ottomans ; mais le divan ne donna pas de suite à cette accusation, et se contenta de brûler les lettres cabalistiques.

Un nouveau soulèvement des soldats vint encore menacer la vie du grand vézir, qui fut obligé de céder aux volontés des janissaires demandant à grands cris la levée du siége. Vainement Hafiz-Pacha essaya-t-il d'obtenir deux jours seulement pour attendre le retour de l'ambassadeur qu'il avait envoyé au Châh de Perse ; les janissaires furent intraitables. Une mine, sur laquelle le grand vézir comptait beau-

(*) Rivière qui se jette dans le Tigre.

coup, ayant éclaté avant le temps par l'imprudence des ouvriers qui furent ensevelis sous les décombres, le désordre fut porté au plus haut point: les provisions devinrent la proie des mutins, les bagages furent brûlés, et les canons traînés au château d'Imam-A'zhèm, où se réfugia Hafiz-Pacha.

Lorsque les cavaliers persans, qui reconduisaient l'ambassadeur ottoman, apprirent cette révolte, ils le ramenèrent devant Châh-Abbas, qui, déchirant les dépêches dont il venait de le charger pour le grand vézir, dit d'un ton de mépris : « Il est au-dessous de « nous de livrer Bagdad à une armée « en retraite. »

L'armée ottomane se replia sur Mouçoul, après avoir brûlé ou détruit tout ce qu'elle ne put emporter : un canon qui lançait des boulets de cent dix livres fut caché dans le sable ; mais les Persans le découvrirent et l'envoyèrent à Ispahan. La retraite s'effectua d'abord sans danger et comme d'un commun accord entre les Ottomans et les Persans ; ces derniers aidaient même les vaincus à emporter leurs bagages : le grand vézir renvoya généreusement l'ambassadeur et les prisonniers ennemis ; mais cette générosité fut en pure perte. Murad-Pacha, qui avait été chargé par Hafiz-Pacha de protéger la retraite, ayant méprisé cet ordre et continué sa route, le grand vézir fut obligé de repousser par la force l'armée ennemie qui les serrait de près. Murad-Pacha fut étranglé le lendemain pour prix de son insubordination.

Enfin, après des souffrances inouïes, l'armée ottomane, décimée par les combats et par la misère, arriva à Diarbèkir, où elle fut licenciée. Khadim-Ali-Aga, envoyé par le grand vézir auprès du Sultan, à qui il fit le récit des maux qu'avait eu à supporter l'armée devant Bagdad, rapporta à Hafiz-Pacha un kaftan et une lettre de la main de Sa Hautesse, comme un témoignage d'estime pour le courage qu'il avait déployé dans cette malheureuse campagne. Cette faveur, bien rare pour un général vaincu, fut due en grande partie à l'influence de la Sultane-Validè, belle-mère de Hafiz-Pacha.

Par une singularité qui ne peut se trouver que chez les Orientaux, le grand vézir avait adressé au Sultan un rapport militaire sur le siége de Bagdad, écrit en vers, dans la forme des *ghazels* (odes), et faisant allusion au jeu des échecs. Le vézir y demandait au Sultan s'il n'avait plus de *ferzanè*, c'est-à-dire, général en chef (pièce que nous nommons en français la *reine*), pour lui amener des *cavaliers*. Dans sa réponse, écrite aussi en vers, le Grand Seigneur demanda à son tour à Hafiz s'il ne saurait pas faire le Châh de Perse *échec et mat* (*cheïkh mata*).

Après la levée du siége de Bagdad, une nouvelle révolte des troupes de la capitale obligea Sultan-Murad à leur abandonner la tête du kaïm-mèkam Gurdji-Muhammed : vainement le Grand Seigneur essaya-t-il de calmer les mutins en destituant le vieux ministre et en ordonnant la vente de ses biens ; il fallut céder aux volontés despotiques des soldats, qui menaçaient déjà Sultan-Murad du sort de son frère Osman ; et il fut réduit à faire le sacrifice d'un des plus fermes appuis de l'empire. Ainsi périt ce ministre presque nonagénaire, après soixante et dix années de services sous huit Sultans qui lui avaient confié les charges les plus importantes. Sa Hautesse sentit vivement l'outrage fait à son autorité, et jura de châtier un jour les insolents qui lui imposaient leurs sanglants caprices : on verra plus tard qu'il tint parole. Cependant la mort du kaïm-mèkam fut bientôt vengée : le segban bachi Sari-Muhammed, principal auteur de la révolte, et deux de ses complices furent étranglés et jetés à la mer. Cette exécution eut lieu sur la demande d'un corps de janissaires arrivés à Constantinople après le meurtre de Gurdji-Muhammed-Pacha.

La rébellion des troupes ne se bornait pas à porter le désordre au sein de la capitale : le camp du grand vézir à Alep, fut aussi le théâtre d'une émeute de janissaires; ils massacrèrent le tchaouh rebelle Kara-Mèzak; et leur secrétaire Malkodj-Efendi n'échappa au même sort que par une prompte fuite.

A la suite de ces révoltes, Hafiz-Pacha fut déposé le 12 rèbi'ul-ewwel 1036 (1ᵉʳ décembre 1626), et repassa dans les rangs des simples vézirs : à son retour à Constantinople, il épousa la sœur du Sultan. L'ancien grand vézir Khalil-Pacha reçut de nouveau le sceau de l'empire.

Vers cette époque, Zulfèkar-Aga, envoyé du khan des Tatares, vint demander à Sa Hautesse le rétablissement du château d'Oczakow, construit par Sultan-Suleïman, sur le détroit de *Doghan-guèïchili* (le gué du Faucon), pour servir de barrière contre les incursions des Cosaques. A la suite de la négociation établie à ce sujet, Sultan-Murad envoya le cimeterre et le kaftan aux deux khans Muhammed et Chahin-Gheraï. Ces princes furent compris dans le traité que la Porte conclut avec la Pologne, et par lequel cette dernière puissance s'obligeait à payer au khan tatare un tribut annuel de quarante mille écus. Cet arrangement mit un terme aux dévastations que les Polonais et les Tatares se reprochaient mutuellement.

Le 15 rèbi'ul-ewwel 1036 (4 décembre 1626), Khalil-Pacha partit pour Scutari. Il s'empressa d'y aller visiter le cheïkh Mahmoud, personnage vénéré, auprès de qui il s'était réfugié à l'époque de sa première destitution. Ce vieillard l'accueillit par ces paroles : « Te voilà donc encore général en chef? » sans vouloir ajouter un mot de plus ; réception qui déconcerta le vézir, et fut interprétée comme de mauvais augure.

Le 25 zilka'dè 1036 (7 août 1627), l'armée campa sous les murs de Diarbèkir. Sur l'ordre du grand vézir, le gouverneur de cette ville, l'aga des janissaires, les beïler-beïs de Roumilie, de Mer'ach et d'Alep, se mirent en marche pour secourir Akhyska, que les Persans faisaient mine d'attaquer : Dichleng-Huçeïn-Pacha commandait cette expédition.

D'un autre côté, Bostan-Pacha se rendait auprès d'Abaza-Pacha, afin de l'engager à joindre ses forces à celles du grand vézir. Comme Abaza tergiversait, Khalil-Pacha lui écrivit de se rendre sans délai au camp, s'il voulait mériter la miséricorde de Sa Hautesse. Abaza se soumit en apparence, et ouvrit les portes d'Erzroum aux janissaires; mais ayant appris, par des lettres interceptées, que sa tête était menacée, il tomba sur eux à l'improviste et pendant la nuit, en massacra une grande portion, fit l'autre prisonnière, et retourna vers Erzroum.

Un des janissaires échappé au massacre se rendit au camp de Dichleng-Huçeïn-Pacha, et l'instruisit de la perfidie d'Abaza. Le sèrasker donna aussitôt l'ordre du départ pour Erzroum; mais, surpris dans un défilé par le chef des rebelles, Huçeïn-Pacha perdit la plus grande partie de son armée, et périt lui-même avec son fils et plusieurs pachas. Le vainqueur entra sans obstacles à Erzroum, et ordonna sans pitié de mettre à mort tous les janissaires. Comme, pour échapper au trépas, plusieurs d'entre eux s'étaient déguisés, les bourreaux les dépouillaient de leurs vêtements, et les reconnaissaient à la forme de leurs caleçons, qu'ils portaient échancrés au genou, afin d'avoir plus de facilité à s'agenouiller pour faire le coup de feu. Plusieurs individus, étrangers à ce corps, périrent pour avoir adopté ce costume. Un seul janissaire fut épargné, et alla porter à Constantinople la nouvelle de la défaite de l'armée. Khalil-Pacha conduisit ses troupes devant Erzroum, où il fut rejoint par le prince géorgien Magraw-Khan : le grand vézir assiégea la ville sans succès pendant plus de deux mois, et fut enfin obligé de l'abandonner le 16 rèbi'ul-ewwel 1037 (25 novembre 1627). L'armée gagna ensuite Tokat, après vingt-cinq jours d'une marche désastreuse, pendant laquelle des compagnies entières moururent de froid ou furent englouties sous des avalanches. Les malheurs de cette campagne amenèrent la déposition de Khalil-Pacha, qui redescendit au rang de quatrième vézir, et mourut peu de temps après.

Dans les derniers mois de son administration, Khalil-Pacha avait traité avec l'ambassadeur du Châh de Perse, qui demandait pour son fils le gouvernement de Bagdad, et le renouvellement de l'alliance conclue autrefois avec Sultan-Suleïman el-Kanouni.

A la même époque parut à Constantinople le prince indien Baïçankor, qui, appelé au trône après la mort violente de Chèhrïar, fils du célèbre Grand Mogol Sèlim-Châh-Djihânghir, venait d'être renversé, au bout d'un règne de huit mois, par Khourrem-Châh, autre fils de Djihânghir. Reçu assez froidement par Sultan-Murad, qui refusa de lui accorder des secours, Baïçankor quitta sur-le-champ la cour du Grand Seigneur, et disparut sans que l'on pût savoir positivement ce qu'il était devenu : quelques auteurs assurent qu'il se fit derviche ; d'autres disent qu'il repartit pour l'Inde, et qu'il fut massacré en route.

Les Égyptiens, las de l'oppression de leur gouverneur Beïram-Pacha, avaient proposé sa place à Gurdji-Ahmed-Pacha, beïler-beï de l'Yèmen. Voulant se délivrer de son concurrent, le gouverneur le fit embarquer pour Suez, et donna au cheïkh Idris, chèrif de la Mecque, des instructions secrètes pour le faire périr. Gurdji-Ahmed-Pacha devait se rendre dans l'Yèmen ; le capitaine du bâtiment chargé de l'y transporter fut gagné par le chèrif, et fit échouer le navire sur la côte. Le pacha réussit à se sauver, et obtint la destitution d'Idris, qui fut remplacé par Seïd-Ben-Muhçin ; mais le nouveau chèrif, influencé par son prédécesseur, empoisonna le pacha dans un festin.

Khosrew-Pacha, gouverneur du Diarbèkir, succéda à Khalil-Pacha : le nouveau grand vézir venait d'être nommé sèrasker de l'armée d'Erzroum, avant de recevoir le sceau de l'empire ; il se hâta de se mettre en campagne, et arriva, par une marche forcée, sous les murs d'Erzroum où se trouvait Abaza. L'arrivée imprévue de l'armée ottomane n'ayant pas laissé le temps au chef des rebelles de se mettre en mesure de soutenir le siége, il capitula au bout de quatorze jours. Accueilli avec bonté par le vainqueur, Abaza en reçut un kaftan, et dressa son camp à côté de celui du grand vézir. Taïïar-Muhammed-Pacha fut nommé commandant d'Erzroum.

Pendant que le chef des rebelles faisait sa soumission, le Persan Chemsi-Khan accourait au secours d'Erzroum ; mais, arrivé trop tard pour sauver la ville, il fut fait prisonnier par Keuçè-Safer-Pacha, gouverneur de Kars, qui, en récompense de sa victoire, obtint le sandjak d'Erdèhan et de quelques autres cantons.

Le 12 rèbi'ul-akhir 1038 (9 décembre 1628), le grand vézir fit son entrée à Constantinople, amenant avec lui Chemsi-Khan et Abaza. Ce fameux chef de rebelles fut reçu avec bienveillance par le Sultan, qui le regardait comme un héros : non-seulement il lui pardonna sa révolte, mais encore, par une sage politique, que justifia dans la suite le dévouement d'Abaza, il le nomma beïler-beï de Bosnie. Son vainqueur Khosrew-Pacha reçut de Sultan-Murad deux panaches de héron à aigrettes de diamants, et un sabre enrichi de pierreries.

La Crimée avait vu, quelques mois auparavant, une nouvelle révolution renverser Muhammed-Gheraï, pour mettre sur le trône Djanibek-Gheraï. Le premier se réfugia, avec son frère Chahin-Gheraï, chez les Cosaques, qui lui fournirent une armée de vingt mille hommes pour reconquérir son patrimoine. Une bataille vivement disputée, dans laquelle périrent Muhammed-Gheraï et l'hetman des Cosaques, et qui se termina à l'avantage de Djanibek, lui assura la possession de la Crimée. Chahin-Gheraï s'enfuit en Pologne.

A cette époque, Philippe de Harlay, ambassadeur de France, s'occupait activement de faire rentrer les jésuites à Constantinople, et de réconcilier les Églises grecque et romaine : mais il échoua dans ses plans, et ses protégés furent encore une fois expulsés.

Cette même année (1628), mourut Betlen Gabor, souverain de Transylvanie : ce prince ambitieux et remuant avait été l'artisan des troubles anarchiques qui désolèrent pendant plusieurs années l'empire d'Allemagne. Avec des talents militaires, une activité prodigieuse, de l'habileté diplomatique, mais une mauvaise foi reconnue et une instabilité intéressée, il avait excité la méfiance de ses amis autant que celle de ses adversaires : peu de temps avant sa mort, il avait demandé à Sultan-Murad le titre de *roi de Dacie*, et la possession de la Valachie et de la Moldavie. Betlen Gabor fut remplacé par son frère Étienne, mais pour peu de temps, comme nous le dirons plus bas. Léon Étienne, prince grec, commandait en Valachie, et son compatriote Élias, en Moldavie, où il avait supplanté le fils de Radul.

En septembre 1627, la trêve de Sitvatorok fut renouvelée pour vingt-cinq ans entre la Porte et l'Autriche : les plénipotentiaires ottomans et impériaux, réunis à Szoen, laissèrent quelques points en litige à la décision d'une commission spéciale, chargée de les examiner et de les discuter.

Sultan-Murad, à cette époque âgé de dix-sept ans environ, commençait à donner des marques de son caractère cruel et intraitable. La Sultane-Validè, sa mère, avait jusqu'alors su conserver le pouvoir qu'elle partageait avec son protégé le kyzlar-agaçi Moustapha. Le jeune Sultan se lassa bientôt de ne régner que de nom : il résolut de saisir lui-même les rênes de l'empire, et ses premiers actes d'indépendance et d'autorité firent trembler les grands et l'armée. Irrité de la protection accordée par sa mère au kapoudan-pacha Haçan, il lui fit enlever son épouse, qui était une des propres sœurs du Sultan. Peu après, il prononça l'arrêt de mort de son autre beau-frère Moustapha, pacha du Caire, qui, par ses concussions en Asie, avait accumulé d'immenses richesses : elles passèrent toutes dans le trésor impérial; et peut-être ce fut là le véritable motif de cette condamnation qui se voilait du prétexte de la justice. La Sultane-Validè, pour se concilier les bonnes grâces de son fils, lui donna une fête magnifique, et lui fit présent de chevaux de grand prix.

Dès les premiers jours du printemps, le grand vézir dressa sa tente à Scutari, et se disposa à partir pour Alep et Chehrzour : Khosrew-Pacha s'était attiré, par son naturel sanguinaire et farouche, la haine de l'armée, qui, sous un chef qu'elle détestait, tournait en funestes augures les événements les plus simples : c'est ainsi qu'elle expliqua comme un pronostic de malheur un orage subit qui renversa quelques tentes dans le camp de Scutari. Mais ces présages décourageants furent contre-balancés par la nouvelle de la mort de Châh-Abbas, le plus grand prince de la dynastie persane des Sèfis, et le plus redoutable ennemi des Ottomans. Il laissa le gouvernement entre les mains de son petit-fils Sam-Mirza, qui prit, en montant sur le trône, le nom de Châh-Sèfi, et dont la jeunesse semblait promettre des succès faciles aux troupes de Khosrew-Pacha.

Le 18 zilka'dè 1038 (9 juillet 1629), le grand vézir partit de Scutari. Sa route fut ensanglantée par de nombreuses exécutions : l'octogénaire Albanais Tourmich-Beï, qui, soixante ans auparavant, avait servi sous Sultan-Suleïman-el-Kanouni; Maghraw-Beï, le vainqueur de Kartchèghaï, son fils et quarante Géorgiens de sa suite : le vieux vézir Abou-Bèkir; telles furent, sous divers prétextes, les principales victimes de l'humeur sanguinaire de Khosrew-Pacha.

Cependant les orages terribles qui avaient éclaté sur le camp de Scutari semblaient poursuivre dans sa marche l'armée ottomane : soixante et dix jours de pluies continuelles, et le débordement de l'Euphrate et du Tigre menaçaient la Mésopotamie d'une inonda-

15ᵉ *Livraison*. (TURQUIE.

tion générale. La contrée n'était plus qu'une vaste mer, au-dessus de laquelle apparaissaient comme des îles, quelques villages bâtis sur des hauteurs; et lorsque les eaux se retirèrent, un épais limon couvrait la surface du sol et rendait les communications presque impossibles : un froid rigoureux, dont on n'avait jamais vu d'exemple dans ce climat, vint ajouter aux souffrances de l'armée. Les rues de Mouçoul et de Diarbèkir étaient tellement encombrées de neiges, que la circulation était interrompue. A l'approche de l'armée ottomane, les gouverneurs des forteresses de Kerkouk et de Delouk se replièrent sur Bagdad; et les beïs des tribus kurdes des environs vinrent faire acte de soumission et apportèrent des présents en bétail. Lorsqu'il fallut passer la rivière de Zab, elle se trouva tellement enflée par les pluies qu'on ne put la traverser qu'à l'aide de radeaux. Malgré ce secours, plusieurs milliers d'hommes se noyèrent et l'on perdit une partie des bêtes de somme et des bagages. Il fut ensuite décidé dans un conseil de guerre, que l'inondation ne permettant pas de songer au siége de Bagdad, il fallait se diriger sur Chehrzour. Au passage de l'*Altoun-Souï* (Fleuve d'or), les Ottomans perdirent tous les caissons d'artillerie qui, abandonnés le long du rivage, furent emportés par la crue des eaux : le djebèdji-bachi Hamzè-Aga, coupable de cette négligence, fut puni de mort. A la perte des munitions de guerre se joignit celle d'un grand nombre de cavaliers et de chevaux qui ne purent résister à l'impétuosité du courant du fleuve. Malgré ces désastres, la marche de l'armée depuis la rivière de Zab jusqu'à la ville de Chehrzour, fut signalée par la soumission des trente-neuf sandjak-beïs, chefs de la tribu d'Ardelan, et d'une vingtaine de khans du Kurdistan. Arrivé à Chehrzour, le grand vézir fit reconstruire un château fort appelé *Gul-Amber*, qui avait été élevé par Sultan-Suleïman sur une colline près de la ville, et qui fut détruit par Châh-Abbas en 1019 (1610). Khosrew-Pacha voulut étendre ces travaux en construisant une ligne de forteresses dans le Kurdistan; mais le manque d'architectes fit échouer cette entreprise, contrariée en outre par les pluies continuelles.

Pendant cette halte de l'armée ottomane, le chef d'une horde d'assassins, Ahmed-Duzd, s'était caché dans le château de Nefsid avec quarante-deux des siens, et les envoyait de nuit, sous divers déguisements, dans le camp des Osmanlis, où, à la faveur de l'obscurité, ils se livraient au meurtre et au pillage. Un de ces assassins ayant été saisi, on lui arracha l'aveu de la retraite de ses compagnons; et le sipahi Roumi-Muhammed les ayant surpris pendant les ténèbres, délivra les Ottomans de cette bande de sectaires fanatiques.

Le beïler-beï de Tripoli de Syrie, Parmakçiz-Moustapha, arrivé à Mouçoul avec son corps d'armée, avait continué sa route vers Bagdad : il rencontra, près du tombeau de l'Imam-Huçeïn, une troupe de six cents Persans qu'il battit complétement, tandis que l'émir arabe Ben-Mohenna remportait quelques avantages sur l'ennemi aux environs de Bagdad. En même temps, Ghendj-Osman, l'un des vaillants compagnons d'Abaza-Pacha, s'emparait des tombeaux d'Ali, de Hellè et de Roumahiïé, et s'enfermait dans Imam-Huçeïn. Encouragé par tous ces avantages partiels, le grand vézir envoya alors Noghaï-Pacha, beïler-beï d'Alep, qui attaqua la forteresse de Mihreban; il n'avait que dix mille hommes sous ses ordres, et battit cependant Zeïnel-Khan qui vint à sa rencontre avec quarante mille Persans. Le vaincu, en rentrant au camp du Châh, paya de sa tête la perte de la bataille, et fut remplacé par Roustem-Khan de Tauriz.

Le 22 ramazan 1039 (5 mai 1630), Khosrew-Pacha arriva à Mihreban. Il se dirigea de là vers le défilé de Sèrâbâd, où il courut un grand danger : le beï de Khazar, Mir-Muhammed, était en mésintelligence avec Tchalidji-Zadè, gouverneur de Diarbèkir. Menacé plusieurs fois du bourreau par le grand vézir, le beï de Khazar s'élança le cimeterre en main sur le ministre, et l'aurait infailliblement tué, si le kiahïa Suleïman n'avait sauvé la vie à Khosrew, en se jettant au-devant de l'assassin, dont le sabre lui coupa trois doigts, et partagea même en deux l'un des mâts de la tente. Les agas de l'intérieur massacrèrent Mir-Muhammed et sept de ses gens qui voulurent le défendre. Le grand vézir craignant le mécontentement des Kurdes, crut devoir leur sacrifier le beïler-beï de Diarbèkir, cause première de la mort d'un de leurs chefs. Khalil-Pacha succéda à Tchalidji-Zadè. L'armée continuant sa marche, s'empara de Haçan-Abâd, où résidait Ahmed, khan de la tribu d'Ardelan, dont le palais fut livré au pillage; tandis que le frère d'Ahmed, partisan des Osmanlis, prenait le château de Pèlengân, et leur envoyait dix captifs persans. Le 28 chewwal 1039 (10 juin 1630), l'armée ottomane campa devant Hamadân (l'ancienne Ecbatane). Les habitants de cette ville ayant pris la fuite, elle fut livrée pendant six jours au pillage, à l'incendie, et détruite de fond en comble. Peu de temps après, la ville de Derguzin subit le même sort. De là, le sèrasker reprit la route de Bagdad, en longeant les monts Elwend (*Orontes*), et passant par Sèrâbâd, Djèdjowa et par la montagne Biçutoun (le *Baghistan* de Diodore de Sicile) (*). Chemin faisant, il envoya cinq beïler-beïs contre Baba-Khan et Huçeïn-Khan-Louri, qui occupaient les plaines de Tchemkhal et de Derteng; ces derniers furent mis en déroute : Baba-Khan, fait prisonnier, ne dut la vie qu'à l'agrément de sa conversation, qui plut au grand vézir. Enfin l'armée ottomane arriva

(*) Sur le mont Biçutoun se trouve la fameuse grotte de *Tak-Bostan*, où sont renfermés les tombeaux de plusieurs rois sassanides; monuments admirables, dus, d'après le poëme de Khosrew et Chirin, au ciseau du célèbre Ferhad, amant de Chirin, femme de Khosrew-Perwiz, et fille de l'empereur Maurice, dont le nom *Irène* s'est aisément métamorphosé chez les Orientaux en celui de *Chirin*, qui signifie *doux et agréable*.

devant Bagdad, dans le mois de safer 1040 (septembre 1630), et la tranchée fut ouverte. Sèfi-Kouli-Khan, gouverneur de la ville, opposa la plus vive résistance aux efforts des Ottomans; au bout d'un mois, l'artillerie des assiégeants ayant fait de larges brèches dans les remparts, le grand vézir résolut de donner un assaut général. Le 3 rebi'ul-akhir 1040 (9 novembre 1630), l'attaque commença avec fureur, au cri accoutumé d'*Allah!* mais les murs, démolis par le canon des assaillants, s'écroulaient sous leurs pieds et les entraînaient : ceux des Ottomans qui avaient passé le Tigre à la nage tombaient sous le feu terrible des assiégés; le jeune Abaza, Ghendj-Osman, Sor-Mortèza-Pacha, les *solaks* (gardes du corps) et les *mach'aldjis* (porte-flambeaux) du grand vézir, périrent dans cette journée. Enfin la nuit vint obliger les Ottomans à battre en retraite; et Khosrew-Pacha, dans la fureur que lui causa le peu de succès de cet assaut, fit décapiter Baba-Khan. Le beï de Scutari d'Albanie, qui, pendant le combat, avait exprimé le désir, s'il périssait, d'être enterré près du tombeau de l'Imam-Mouça, fut aussi condamné à mort, sous le prétexte qu'il était *chi'i*. Cinq jours après ce revers, l'armée passa le Tigre, coupa les ponts derrière elle, et après un mois de marche arriva enfin à Mouçoul. Dans cet intervalle, Ahmed-khan d'Ardelan reprit Chehrzour, et en chassa les six pachas qui défendaient cette ville. Arrivés au camp de Mouçoul, reçus par le grand vézir avec une bienveillance trompeuse, et revêtus de kaftans d'honneur, ces chefs tombèrent, après cette cérémonie, sous les coups de la garde de Khosrew-Pacha. Après avoir perdu successivement Hellè, Fèloudjè et Djouwazer, les Ottomans arrivèrent à Merdin, où ils établirent leurs quartiers d'hiver.

Le sèrasker Khosrew-Pacha ne se décida à quitter Merdin que dans l'été suivant, zilka'dè 1040 (juillet 1631); il partit enfin pour Kotch-Hyçar, situé à la sortie du désert de Bagdad, où il voulait attendre l'armée auxiliaire des

Tatares. Les troupes, lasses de ces retards et de ces incertitudes, se révoltèrent, et voulurent renvoyer la campagne à l'année suivante. Khosrew-Pacha, obligé de céder, établit ses quartiers d'hiver à Alep. Pendant ce temps, Hafiz-Pacha, ex-grand vézir, et le defterdar Moustapha-Pacha intriguèrent auprès du Sultan, et obtinrent la déposition de Khosrew. Lorsque le tchaouch, porteur des dépêches du Sultan, arriva, l'armée voulut le massacrer et refusa d'obéir au fermàn impérial; mais l'adroit Khosrew harangua les troupes et les exhorta à rentrer dans le devoir. Les soldats se décidèrent alors à adresser leur requête au Grand Seigneur lui-même. Khosrew-Pacha, qui les avait poussés en secret à cette démarche, sortit tranquillement du camp : à Malatia, il remit sans résistance le sceau de l'empire au grand chambellan Ahmed, auquel il donna une fourrure de martre, une bourse d'or et un beau cheval. Les soldats, irrités de la déposition de leur sèrasker, se portèrent aux plus grands excès : Diarbèkir fut pillée; les garnisons de Kara-Hyçar, d'Iskilib, d'Aïdin, d'In-Euni et de Eski-Chèhir étaient en pleine révolte et demandaient impérieusement le rétablissement du grand vézir. Le Sultan, pour apaiser les troupes, leur permit de rentrer dans leurs foyers : les rebelles de l'Asie, sous les ordres de Deli-Ilahi et de Moustapha-Tchèlèbi, se rendirent à Constantinople, et tinrent des assemblées à *Kourchounli-Khan*. Enfin, le 15 redjèb 1041 (6 février 1632), la révolte éclata. Pendant trois jours, les sipahis se réunirent sur l'Hippodrome, en proférant des cris de mort contre le grand vézir Hafiz, successeur de Khosrew-Pacha, contre le mufti Yahia-Efendi, contre les dix-sept favoris du Sultan, parmi lesquels on comptait Mouça-Tchèlèbi, l'aga des janissaires Haçan, et le defterdar Moustapha-Pacha. Enhardis par l'impunité, les rebelles envahirent la première cour du sérail, et renversèrent de cheval le grand vézir, qui ne leur échappa qu'avec peine, et après avoir perdu dans ce désordre son manteau et son turban. Hafiz-Pacha ayant pu pénétrer jusqu'au Sultan, lui remit le sceau, s'embarqua pour Scutari, et reçut de son maître ces paroles d'adieu : « Va-t'en, échappe-toi, et qu'Allah te « protége! »

Cependant les mutins avaient pénétré dans la seconde cour du sérail, et réclamaient à grands cris la présence de l'empereur : les scènes déplorables de la déposition de Sultan-Osman semblaient être sur le point de se renouveler : le Sultan parut, et demanda aux factieux ce qu'ils voulaient : « La « tête des traîtres, » répondirent-ils en s'approchant de Sultan-Murad, et prêts à lever la main sur lui : « Puisque vous « êtes incapables d'entendre mes pa-« roles, reprit le Grand Seigneur, « pourquoi m'avez-vous appelé? » A ces mots, il se retira, suivi de près par la foule des rebelles; mais les pages du sérail eurent le temps de fermer les portes. La fureur des soldats fut alors portée à son comble : « Que le padi-« châh descende du trône, s'écriaient-« ils, s'il ne veut pas nous satisfaire! » Sultan-Murad, sur le conseil de Rèdjeb-Pacha, envoya à la poursuite du grand vézir Hafiz, qui, atteint avant d'être arrivé à Scutari, fut ramené au sérail. Le Sultan monta sur son trône, ordonna d'ouvrir la porte des appartements intérieurs, et, ayant fait approcher deux janissaires et deux sipahis, s'efforça de les faire renoncer à leurs cruels projets; mais ils furent insensibles à la voix de leur souverain. Hafiz-Pacha, qui était placé derrière la porte intérieure, se présenta alors, et, se sacrifiant généreusement pour le salut de son maître, lui demanda de le livrer à ces furieux : le Sultan et tous ceux qui l'entouraient versaient des larmes d'attendrissement; mais le noble vieillard n'en fut point affaibli; et, s'avançant courageusement vers les factieux, il renversa le premier qui l'attaqua, et tomba sous le poignard de ses compagnons. Le Grand Seigneur, témoin de cet horrible spectacle, fut obligé de promettre aux rebelles la suppression de quelques impôts exorbitants et la destruction de divers abus; il se retira ensuite, oppressé de douleur et de rage, et en s'écriant : « Infâmes assassins, qui ne « craignez ni Allah, ni son prophète, « si le ciel le permet, vous éprouverez « un jour une terrible vengeance! » A cette occasion, le mufti, dont les soldats demandaient la tête, fut simplement déposé, et remplacé par Akhi-Zadè-Huçeïn-Efendi.

Sultan-Murad, persuadé que cette révolte était le fruit des sourdes menées de Khosrew-Pacha, résolut de l'en punir. Il remit à Mortèza-Pacha, en le nommant gouverneur du Diarbèkir, le ferman qui condamnait à mort l'ex-grand vézir. Rèdjeb-Pacha avertit ce dernier du danger qui le menaçait : Khosrew, alors malade à Tokat, feignit d'être entièrement résigné à la volonté du Sultan, et fit dire à Mortèza qu'il pouvait venir mettre l'ordre à exécution : son projet cependant était de le faire massacrer par ses gardes. Mortèza n'ayant pas jugé à propos de se présenter en personne, se contenta d'envoyer son kiahïa Zoulfekar. Khosrew, après avoir lu le ferman, prononça quelques paroles de résignation aux volontés de Dieu et du padichâh, fit ses ablutions, et tendit le cou au fatal lacet. La tête et tous les biens du condamné furent envoyés à la Porte.

Un mois après la fin tragique de Khosrew, une nouvelle révolte, suscitée en secret par Rèdjeb-Pacha, obligea le Grand Seigneur de haranguer encore les troupes qui demandaient les têtes de Mouça, favori du Sultan, de Haçan, aga des janissaires, et du defterdar Moustapha-Pacha. Les factieux exigèrent encore qu'on leur montrât les princes Baïezid, Suleïman, Kaçim et Ibrahim : ceux-ci furent présentés à la foule, et tâchèrent de la calmer par des paroles conciliantes, et en la suppliant de ne pas les exposer, en prononçant leurs noms, à la colère de Sa Hautesse. Mais les rebelles, voulant absolument une caution pour la sûreté des frères du Sultan, le grand vézir et le mufti donnèrent leur parole, et les princes purent se retirer. Le lendemain, les exigences des révoltés recommencèrent : les trois favoris dont nous venons de parler furent victimes de la fureur des troupes. Enivrées de leur sanglant triomphe, elles ne connurent plus de frein, et la déposition de Sultan-Murad fut résolue; heureusement pour ce prince, la grandeur du péril éveilla au plus haut point son énergie. Soutenu par les conseils de Roum-Muhammed, chef des sipahis, et de l'aga des janissaires, Kieuçè-Muhammed, il mit enfin un terme aux désordres, en ordonnant la mort de Rèdjeb-Pacha, instigateur secret des troubles qui, depuis plus de deux mois, tourmentaient la capitale. Le 28 chewwal 1041 (18 mai 1632), Rèdjeb-Pacha fut appelé au sérail, et exécuté sur l'ordre et sous les yeux du Sultan. La vue du cadavre du traître, jeté devant la porte du palais, glaça d'effroi les révoltés, qui se dispersèrent sans oser rien entreprendre.

Ce fut à compter de ce jour que Sultan-Murad commença réellement à régner par lui-même. Le 10 zilka'dè (29 mai), une distribution solennelle d'emplois (*) usurpés par les sipahis eut lieu dans l'Hippodrome. Le Sultan, assis sur son trône, présida un divan à pied dans le kiosque de Sinan-Pacha, situé au bord de la mer, et exigea un serment solennel des janissaires et des chefs des sipahis, qui le prononcèrent sur le Coran, *par Dieu, avec Dieu, et au nom de Dieu! (Wallahi! billahi! tallahi!)* Les juges des provinces de l'empire se justifièrent des reproches de vénalité que leur adressait le Sultan, et prêtèrent aussi serment. Un écrit fut dressé pour constater cette cérémonie et pour supprimer la survivance des sipahis aux emplois qui revenaient de droit aux *mulazims*. Ahmed-Aga, général des silihdars et des

---

(*) Ces emplois viagers et inamovibles étaient des charges d'administrateurs, d'inspecteurs, de receveurs et d'écrivains, qui revenaient de droit aux *mulazims* ou candidats, dont les travaux antérieurs les rendaient propres à ces places.

sipahis, ayant refusé de livrer les chefs de la révolte, fut décapité sur-le-champ. Quatre des principaux factieux furent mis à mort, cinq autres parvinrent à s'échapper; mais ces mesures énergiques portèrent leurs fruits, et l'insurrection fut étouffée. Les deux rebelles, Dèli-Ilahi, qui avait su se rendre tout puissant en Karamanie, et Dèrèli-Khalil, son ennemi, périrent tous deux; le premier avait eu l'imprudence de se rendre à Constantinople; et le second fut écartelé à Sidi-Chèhri, sur l'ordre d'Ahmed-Pacha, gouverneur de Karamanie, qui s'empara du trésor du coupable et épousa sa veuve.

Elias-Pacha, auquel le Sultan avait donné le gouvernement de Damas, et qui, au lieu de s'y rendre, avait envoyé son muteçellim Youçouf pour en prendre possession en son nom, fut poursuivi et battu par les beïler-beïs d'Anatolie et de Karamanie. Il se réfugia alors dans le château de Pergame, et obtint une capitulation par laquelle les deux pachas lui garantissaient le pardon du Grand Seigneur. Mais Sultan-Murad n'approuva pas la transaction, et fit trancher, devant lui, la tête du coupable, qui était venu au palais d'Istavros solliciter sa grâce.

Depuis que Sultan-Murad avait triomphé de la rébellion, il ne cessait de faire tomber les têtes de ceux qu'il soupçonnait d'y avoir pris part : accompagné d'une troupe fidèle, couvert d'une armure à l'épreuve, il parcourait courageusement la ville, et s'élançait lui-même au milieu des rassemblements tumultueux, qui se dissipaient à sa vue, tant était grande la terreur qu'il avait su inspirer aux mutins!

Dans les provinces, la même sévérité était déployée contre les artisans de troubles : la révolte des Druses du Liban fut comprimée par Kutchuk-Ahmed, gouverneur de Damas. Des rebelles turcomans arrachés par ruse de leur retraite dans les montagnes d'Ardjich, et conduits à Alep, y furent crucifiés.

Roum-Muhammed, qui avait aidé le Sultan à triompher de l'insurrection, s'étant lui-même mis en état de révolte, se fortifia dans Aïntab : forcé dans cet asile par Ali-Beï, le rebelle et toute la garnison périrent du dernier supplice.

Pendant que la sévère justice du Sultan étouffait la révolte dans l'Asie Mineure et à Constantinople, l'Arabie était en proie aux troubles de la guerre civile. Après trois ans de fatigues et de combats, pendant lesquels la victoire passait tour à tour des Ottomans aux Arabes, Kior-Mahmoud, aga de la bannière rouge, profitant de la retraite du chèrif Seïd au désert, s'empara de la Mecque dans le mois de cha'ban 1040 (mai 1631), la livra au pillage, et accomplit ensuite les devoirs de sa religion en faisant sept fois le tour de la Kaaba.

Après cette expédition, Kior-Mahmoud prit la route de Basra : poursuivi par les Arabes, abandonné par une grande partie des siens, dont les uns, sous la conduite de Moustapha-Beï, prirent la route de Constantinople, et les autres, guidés par l'émir-ul-hadj-Ibrahim-Beï, gagnèrent la Syrie, Kior-Mahmoud fut fait prisonnier et conduit à la Mecque, où il périt dans les tortures. A la suite de diverses révolutions, la dignité de chèrif fut définitivement rendue à Seïd, qui régna sans partage dans l'Yèmen.

En 1043 (1633), tandis que Constantinople célébrait la naissance d'un fils de Sultan-Murad, un violent incendie consuma une portion de la ville. Ce désastre ayant excité les murmures du peuple, le Grand Seigneur ordonna la suppression de tous les cafés, et défendit, sous peine de mort, l'usage du tabac : par ces mesures, qui furent rigoureusement exécutées, on détruisit tous les foyers d'insurrection, en empêchant les oisifs et les mécontents de se rassembler.

Vers la fin de cette même année 1633, le supplice de Gumuch-Zadè, juge de Nicomédie, pendu par ordre du Sultan, à cause du mauvais état des routes aux environs de Nicée, vint alarmer les oulèmas. Le mufti écrivit à la Sultane-Validè, et la supplia de représenter au Sultan combien il était impolitique de s'attirer la haine des oulèmas. Le cheïkh-ul-Islam paya cher sa hardiesse. Le Sultan, averti par sa mère, fit saisir le mufti et son fils, qui était *Istambol-efendiçi* (juge de Constantinople), et les exila à Chypre; mais le vaisseau qui portait le premier ayant été forcé de relâcher près de San-Stephano, village peu éloigné du château des Sept-Tours, le Sultan y envoya le bostandji-bachi, avec l'ordre de s'emparer du mufti, et de le mettre à mort : cet arrêt, inouï dans l'histoire ottomane, fut exécuté sans opposition. Dans toute autre circonstance, le trépas du plus haut dignitaire de la loi n'eût pas manqué de soulever la nation; mais la terreur qu'inspirait Sultan-Murad était si grande, qu'il se montra le jour même à l'Hippodrome, et s'y livra à l'exercice du djérid, sans que le peuple osât faire entendre le moindre murmure.

Les Druses du Liban étaient gouvernés depuis plus de trente années par le prince Fakhr-uddin-Ben-Ma'an, qui était soupçonné de protéger en secret le christianisme, et qui se plaisait du moins à adopter ouvertement les coutumes européennes. Il avait conclu un traité avec le grand-duc de Toscane, et s'était même rendu à Florence pour resserrer personnellement cette alliance politique : à ces causes de mécontentement pour la Porte, se joignait encore le grief plus explicite des hostilités commises par les troupes de Fakhr-uddin contre les sipahis que Khosrew-Pacha avait établis en Syrie. Le Grand Seigneur résolut, en conséquence, de se venger du prince rebelle. Une armée nombreuse, dont le commandement fut déféré à Kutchuk-Ahmed-Pacha, gouverneur de Damas, se disposa à attaquer les Druses. Un corps d'Ottomans, sous les ordres du kiahïa Ibrahim, fut battu d'abord à Mizereb. L'émir-ul-hadj Ferroukh-Oghlou s'avança ensuite, à la tête de l'armée ottomane, contre le fils de Fakhr-uddin, Emir-Ali, qui fut tué dans cette rencontre, et dont la mort entraîna la défaite des troupes qu'il commandait. Kutchuk-Ahmed-Pacha marcha lui-même contre le père du vaincu, et le battit à Safed. Fakhr-uddin fut réduit à chercher un asile au sein des cavernes de Chouf, dans le Liban. Pour s'ouvrir un chemin jusqu'à cette retraite, Ahmed-Pacha fit établir des brasiers pour chauffer les roches calcaires dont se compose cette montagne, et puis on y répandit du vinaigre : on réussit par ce moyen à percer quelques ouvertures à travers lesquelles on fit pénétrer de la fumée dans l'asile de Fakhr-uddin, qui fut obligé de se rendre. Kutchuk-Ahmed-Pacha lui accorda la vie, s'empara de ses trésors et l'envoya à Constantinople : le Sultan lui pardonna, et reçut même les deux fils de Fakhr-uddin, Mas'oud-Beï et Huçeïn-Beï, parmi les pages de Galata-Sèraï (collége des *itch-oglans*, ou pages du Grand Seigneur). Mais, au mois d'avril 1635, on apprit que Melhem, petit-fils de Fakhr-uddin, avait pillé les villes de Tyr, de Beïrout, de Saint-Jean d'Acre et de Seïde, et mis en déroute l'armée d'Ahmed, pacha de Damas. Cette nouvelle détermina le Sultan à ordonner le supplice du prince druse, dont la tête fut exposée à la porte du sérail, avec cette inscription : « Ceci est la tête du rebelle Fakhr-« uddin. » Son fils aîné Mas'oud-Beï fut étranglé; mais Huçeïn, plus heureux, quitta Galata-Sèraï, et fut admis dans la chambre des pages de l'intérieur, au palais impérial (*).

(*) Un historien de l'empire ottoman donne sur la soumission de Fakhr-uddin des détails très-différents de ceux qui se trouvent dans les autres auteurs. Nous mettons cette version sous les yeux de nos lecteurs, quoique nous la croyions moins exacte que celle que nous avons adoptée dans notre texte :

« Après la mort de son fils Ali (dit l'écrivain que nous citons), Fakhr-uddin fut réduit à chercher un asile dans les cavernes du Liban. Le bruit se répandit bientôt qu'il y avait enfoui des trésors immenses : Sultan-Murad, dans l'espoir d'obtenir l'aveu du lieu où ils étaient cachés, fit publier qu'il accordait sa grâce à Fakhr-uddin, et que la tête de ce prince était aussi inviola-

Un autre ancien rebelle, Abaza, récompensé de sa soumission par le gouvernement de Bosnie, y déploya la plus grande sévérité contre les janissaires; car il les détestait toujours, malgré la réconciliation apparente qui avait eu lieu autrefois entre eux; le Sultan se crut obligé de le déposer pour le punir de ces rigueurs. Par cette mesure, le Grand Seigneur satisfaisait en même temps aux vives réclamations du baile vénitien, suscitées par l'attaque inopinée de la ville de Kilis, dont Abaza cherchait à s'emparer; mais sa déposition l'obligea de renoncer à cette entreprise. Il se retira à Belgrade; et, après avoir cherché inutilement à obtenir le pachalik de Bude, il fut nommé gouverneur de Widdin, et se rendit sur les bords du Danube, pour aller commander le corps d'armée qui occupait les frontières d'Oczakow et de Silistrie, où, à l'instigation de la Russie, se faisaient de grands préparatifs de guerre contre la Pologne. Un ambassadeur de cette dernière puissance, Alexandre Trzebinski, reçu en audience par le Sultan, lui parla avec une noble fierté qui excita l'admiration du Grand Seigneur, et lui arracha cet éloge: « Voilà les serviteurs qu'il me « faudrait! » Malgré cet hommage éclatant rendu au caractère de l'envoyé de la Pologne, Sultan-Murad n'en poussait pas moins activement les hostilités contre cette puissance. Vers la fin du mois de chewwal 1043 (avril 1634), il arriva à Andrinople: là, il apprit, par l'intermédiaire du grand écuyer Chahin-Aga, ambassadeur auprès du roi de Pologne, que ce monarque était prêt à signer la paix avec la Porte: cette nouvelle arrêta la marche de Sultan-Murad, qui rentra à Constantinople au mois d'août 1634. Au mois d'octobre suivant, un traité fut conclu entre ces deux puissances.

Paul Strassburg, venu à Constantinople en 1632, établit les premières relations politiques entre la Suède et la Porte; mais ses efforts furent contrariés par l'influence autrichienne, qui empêcha surtout l'effet d'une ambassade suédoise auprès du khan des Tatares.

Cette même année, la Hollande renouvela ses capitulations avec l'empire ottoman; et l'Autriche envoya en ambassade à Constantinople le comte Jean Rodolphe de Puchaimb. Ce plénipotentiaire assista, avec les ambassadeurs des autres nations, au départ du Grand Seigneur pour Andrinople. Dans cette circonstance, le représentant de la France, M. de Marcheville, qui avait gardé son chapeau sur la tête devant le Sultan, obligé, sur l'injonction d'un ministre ottoman, de se découvrir et de saluer, lui répondit ironiquement qu'il le remerciait de l'avoir réveillé. Ce même ambassadeur, pour se soustraire à l'ordre positif que lui signifia un tchaouch de céder le pas au comte de Puchaimb, prétexta une maladie, et évita ainsi de se trouver à l'église le jour de Pâques avec son compétiteur. Malgré ces marques de préférence accordées par le Sultan à l'ambassadeur autrichien, celui-ci ne put obtenir satisfaction sur les griefs dont il se plaignait, et il repartit en n'emportant que des promesses illusoires.

Le 29 safer 1044 (24 août 1634) périt, par ordre de Sultan-Murad, le

ble que celle du padichâh lui-même. Cette proclamation produisit l'effet que le Sultan en attendait. Le prince druse rassembla quatre cents cavaliers, chargea de ses richesses un grand nombre de chameaux, et partit pour Constantinople, dans l'espoir d'obtenir son pardon. Sultan-Murad, déguisé en pacha, vint au-devant de Fakhr-uddin, et s'entretint longtemps avec lui; mais le vieil émir avait été averti en secret que le prétendu pacha n'était autre que le Grand Seigneur lui-même: profitant de cet avis, il sut tirer parti de sa position, et flatta avec tant d'adresse le Sultan, qui ne croyait pas être connu de Fakhr-uddin, que Sa Hautesse, loin de le faire périr comme elle en avait le projet, lui pardonna et le combla de faveurs. Mais les grands de l'empire, jaloux du nouveau favori, le perdirent dans l'esprit du Sultan, à qui ils persuadèrent que Fakhr-uddin, partisan de la religion chrétienne, avait renoncé en secret à l'islamisme. Victime de ces perfides accusations, le prince druse fut mis à mort. »

fameux Abaza-Pacha, cet ancien rebelle, qui, depuis sa soumission, avait rendu de si grands services à son maître. La mort de l'ex-gouverneur de Bosnie causa d'autant plus d'étonnement, qu'il avait gagné au plus haut point la bienveillance du Grand Seigneur. Son amitié pour le nouveau favori était si grande qu'il ne pouvait se passer de lui, et se plaisait à imiter ses manières et jusqu'à la coupe et à l'arrangement de ses vêtements, qui servaient de modèle à tous les courtisans, attentifs à suivre l'exemple du monarque. Cette haute faveur ne put néanmoins garantir Abaza des traits de l'envie : le kaïm-mèkam Beïram-Pacha, le mufti Yahïa-Efendi, et Moustapha, l'un des favoris du Sultan, se liguèrent en secret contre Abaza, et parvinrent à éveiller les soupçons de Sultan-Murad. La querelle des Grecs et des Arméniens relativement à l'église du Saint-Sépulcre (*Camama*) à Jérusalem, occupait alors tous les esprits : Abaza, moyennant une somme de vingt mille piastres, avait promis à ces derniers de parler pour eux. Le Sultan fut instruit de cette circonstance, et questionna à ce sujet Abaza, qui se troubla et assura qu'il n'avait reçu que douze mille piastres. Cette dissimulation irrita tellement Sa Hautesse, qu'elle remit elle-même au kapoudji-bachi le ferman de mort. Abaza, en le recevant, ne dit que ce peu de mots : « C'est la volonté de mon « padichâh ! » Et, après avoir fait sa prière, il tendit avec résignation la tête au bourreau. Son corps fut déposé dans le caveau du fameux grand vézir Murad-Pacha, surnommé le *Cureur de puits* (Kouïoudji.)

Le 4 de ramazan 1044 (21 février 1635), la tente du Grand Seigneur fut dressée à Scutari, et, dix-neuf jours après, il sortit de Constantinople avec la plus grande pompe : il était escorté par ses gardes du corps, par les vézirs, les oulémas, les agas de la cour intérieure et de la cour extérieure; et sur ses pas se pressait la population tout entière de la capitale. Il allait se mettre lui-même à la tête de l'armée qui devait envahir la Perse.

La marche de Sultan-Murad jusqu'à Erivan fut marquée par une série non interrompue de supplices; et sa sévérité inouïe, qui punissait de mort les moindres fautes, répandit la terreur sur sa route. Le siége d'Erivan dura huit jours, pendant lesquels le Sultan déploya la plus grande activité, et mit en usage, auprès de l'armée, tous les moyens d'encouragement qu'il avait en son pouvoir : non content de parler en particulier à chacun des officiers supérieurs, il s'adressait même aux simples soldats : « Ne vous lassez pas, « *mes loups*, leur disait-il : *mes fau-* « *cons*, l'heure est venue de déployer « vos ailes ! » Il leur prodiguait en outre l'or et l'argent : des groupes de chirurgiens, debout autour de lui, pansaient les blessés, et il faisait distribuer par ses pages des sorbets à ceux qui lui apportaient des têtes. Enfin le khan Emirgoun, gagné par le Sultan, lui fit ouvrir les portes de la ville (le 23 safer 1045 : 8 août 1635) : il reçut en récompense le pachalik d'Alep, le rang de vézir, trois kaftans, l'étendard, les trois *thoughs*, un poignard et un cimeterre enrichis de diamants, et de riches colliers. Après la conquête d'Erivan, Sultan-Murad envoya à Constantinople deux messagers avec l'ordre ostensible de faire illuminer la ville, et avec la mission secrète de mettre à mort ses deux frères, les princes Baïezid et Suleïman (*) Cette cruelle exécution vint troubler les réjouissances publiques ordonnées pour célébrer le triomphe des armes ottomanes. Le Sultan assista, dans la grande mosquée d'Erivan, à la prière du vendredi; et dans la capitale, non-seulement les mahométans, mais encore les juifs et les chrétiens furent obligés d'adresser des vœux au ciel pour la prospérité

(*) Cet événement a fourni à Racine le sujet de sa tragédie de *Bajazet*. Nous remarquerons à cette occasion que tout, dans cet ouvrage, hormis la mort du héros, est de l'invention du poëte ; et que, non-seulement les faits, mais encore les usages du sérail et même les noms propres y sont entièrement défigurés.

du vainqueur. L'armée passa ensuite l'Araxe, où Sultan-Murad sauva lui-même la vie à un de ses archers que le fleuve emportait. Le 29 rebi'ul-ewwel 1405 (12 septembre 1635), le Sultan entra dans Tebriz, qu'il livra au pillage et détruisit par l'incendie : la belle mosquée d'Ouzoun-Haçan fut seule épargnée sur la demande du mufti. Des propositions de paix, faites par Rustem-Khan à Mortèza-Pacha, n'amenèrent aucun résultat, et l'approche de l'hiver décida le Sultan à battre en retraite. Après quinze jours de marche rétrograde, l'armée s'arrêta devant Kotour, dont elle entreprit le siège; mais les neiges qui commençaient à tomber l'obligèrent d'y renoncer.

Vers la fin de décembre, le Grand Seigneur fit son entrée triomphale à Constantinople : il était armé de pied en cap, et son casque d'or, entouré d'un petit turban blanc, était surmonté de plumes noires de héron que fixait une agrafe de diamants. Les murs de la capitale avaient été réparés et blanchis pour cette solennité.

En 1632, l'ambassadeur français, M. de Marcheville, avait éprouvé les effets de la tyrannie de Sultan-Murad. Le fils de cet ambassadeur avait été emprisonné, et un navire français mis sous le séquestre. M. de Marcheville réclama vivement, par l'intermédiaire de son interprète, au sujet de cette violation des droits garantis par les traités, et le malheureux drogman fut empalé. Lors de son arrivée à Constantinople, M. de Marcheville avait déjà vu un de ses drogmans condamné au supplice de la potence, pour donner satisfaction au kapoudan-pacha des plaintes que notre ambassadeur élevait contre ce haut dignitaire, qui avait insulté à Chio le pavillon français. Marcheville lui-même, au sortir de l'audience du Grand Seigneur, fut embarqué sur un bâtiment, qui, retenu dans le port par les vents contraires, se fit remorquer par deux galères et gagna la haute mer.

Ce même ambassadeur français eut aussi de vives altercations avec le résident impérial Rodolphe Schmid, au sujet des églises d'Orient, dont Marcheville prétendait que le roi de France était l'unique protecteur. Des religieux franciscains ayant été envoyés en Valachie par la légation autrichienne, Marcheville leur opposa en vain des capucins français : toutes ces mesquines tracasseries portaient le plus grand tort à la considération dont les représentants des puissances chrétiennes auraient dû chercher à s'entourer. Le kaïm-mèkam Rèdjeb, profitant de cette mésintelligence, fit fermer deux églises catholiques pour les consacrer au culte de l'islamisme.

A peine Sultan-Murad était-il rentré dans sa capitale, que l'on apprit l'arrivée de l'armée persane sous les murs d'Erivan. Le gouverneur Mortèza-Pacha ayant été tué pendant le siége, la place ne tarda pas à capituler avant que le grand vézir pût lui porter secours. Le Sultan feignit de recevoir cette nouvelle avec le plus grand calme; il écrivit même au grand vézir pour le consoler, et réserva toute sa colère pour Osman-Efendi, secrétaire des janissaires, qui, afin de remplir ses cadres, avait enrôlé jusqu'à des enfants. Mais, selon son habitude, Sultan-Murad ne pardonna pas à son premier ministre la perte d'Erivan, et au commencement de l'année suivante (1637), il fut remplacé par le kaïm-mèkam Behram-Pacha.

Le 28 muharrem 1046 (2 juillet 1636), Djan-Poulad-Zadè-Moustapha-Pacha paya de sa tête l'offense qu'il avait faite au Sultan en abandonnant le favori Mouça aux coups des factieux : quelques supplices injustes, ordonnés en Karamanie par Djan-Poulad furent le prétexte dont le Grand Seigneur colora cette vengeance personnelle.

Au milieu de rebi'ul-akhir (septembre), une bataille acharnée se livra dans la plaine de Mihreban, entre les Osmanlis et les Persans. Rustem-Khan commandait ces derniers, et les premiers étaient sous les ordres de Kutchuk-Ahmed-Pacha, auquel s'était réuni Ahmed-Khan, beï kurde que les intrigues du roi de Perse Châh-Sèfi avaient mécontenté, et par suite poussé dans les rangs ennemis. Après un combat qui dura deux jours et deux nuits, les Persans, grâce à leur supériorité numérique, mirent les Ottomans en déroute. Kutchuk-Ahmed-Pacha, affaibli par une maladie, ne put poursuivre sa route; les vainqueurs lui tranchèrent la tête, et bientôt Ahmed-Khan, retourné à Mouçoul, y mourut de chagrin.

Au moment de la mort de Betlen Gabor, roi de Transylvanie et de Hongrie (1628), ces provinces se trouvèrent déchirées par l'ambition de trois prétendants : c'étaient Seckel Moses, appuyé par la Suède; Étienne Betlen, soutenu par la Porte, et Rakoczy, qui avait un parti à la cour de Vienne : ce dernier ayant remporté une victoire complète sur l'armée ottomane, commandée par Naçouh-Zadè, le Sultan se décida à reconnaître Rakoczy comme prince de Transylvanie (1046-1636).

Après avoir passé trois mois en captivité, l'ex-grand vézir Rèdjeb fut nommé gouverneur d'Oczakow. En 1045 (1635), Djanibek-Gheraï, khan de Crimée, ayant refusé de marcher contre les Persans, avait été déposé par le Grand Seigneur et remplacé par Inaïet-Gheraï. Ce nouveau khan employa les premiers moments de son règne à combattre Kantemir, prince des Noghaïs, qui, appelé à Constantinople, ne put défendre ses possessions. Inaïet-Gheraï pilla Kaffa et les environs d'Ak-Kerman, s'empara des trésors et de la famille de son adversaire, et transplanta en Crimée les habitants de la Bessarabie (Boudjak). Mais ayant osé, après sa victoire, demander à la Porte la retraite des troupes ottomanes, la remise d'otages en garantie de la paix, et l'extradition de Kantemir, Inaïet-Gheraï fut destitué à son tour et remplacé par Bèhadir-Gheraï, fils de Sèlamet-Gheraï. Battu par les frères de Kantemir, Orak et Selman-Châh, qui tombèrent à l'improviste sur le camp tatare, Inaïet-Gheraï se rendit à Constantinople, où le Sultan le cita devant lui avec son adversaire Kantemir. Le Grand Seigneur, après avoir reproché au khan son ingratitude, ne voulut pas même entendre sa justification et le fit étrangler sur-le-champ. Kantemir fut nommé sandjak-beï de Kara-Hyçar : mais son troisième fils ayant tué un musulman, Sultan-Murad ordonna la mort du coupable, et envoya son cadavre sanglant au malheureux père, dont il ne tarda pas à prononcer aussi la sentence, craignant sans doute le ressentiment de ce redoutable sujet. Le supplice du brave Kantemir répandit la consternation parmi les Noghaïs; et la tribu des Mansours, dont il était le chef, se soumit au khan de Crimée.

Le 17 rebi' ul-ewwel 1047 (9 août 1637), l'ambassadeur persan Makçoud-Khan, arrivé depuis peu de temps, fut admis à l'audience de Sa Hautesse. Malgré les magnifiques présents qu'il apportait, il ne put faire agréer ses propositions de paix, et fut, contre le droit des nations, emprisonné dans le palais de Daoud-Pacha, dont les fenêtres, les portes, les cheminées, et enfin toutes les ouvertures par où le jour aurait pu pénétrer, furent rigoureusement fermées, de sorte que Makçoud-Khan passa le temps de sa captivité dans de profondes ténèbres. Cet ambassadeur ayant tenté de faire parvenir à son maître des dépêches secrètes, les porteurs furent découverts et pendus, après avoir eu le visage mutilé.

Vers cette époque, le patriarche grec Cyrille, ennemi déclaré des jésuites, accusé d'entretenir des intelligences avec la Russie, fut arraché de son palais, et mis à mort pendant la nuit dans le château des Sept-Tours. Son successeur, Carfila, favorable à la compagnie de Jésus, fut obligé de compter au trésor impérial cinquante mille écus pour obtenir son diplôme.

Cependant Sultan-Murad, qui avait résolu le siège de Bagdad, pressait avec activité les préparatifs de la campagne contre la Perse. Le grand vézir Behram-Pacha partit le premier, et, après avoir inspecté les frontières de Kars et d'Erzroum, il revint, le 1er safer 1047 (25 juin 1637), dans ses quartiers d'hiver à Amassia.

Le Sultan, avant de se mettre en route, fit périr un de ses frères, Sultan-Kaçim, dont les brillantes dispositions avaient éveillé la jalousie de Murad. Pendant sa marche dans l'Anatolie, le Sultan apprit qu'un derviche fanatique faisait déserter un grand nombre de soldats, en se donnant pour le *mehdi*, et en prêchant la nécessité de rallier les enfants d'Ali et ceux d'Omar. Quelques mille hommes, qui s'étaient déclarés les disciples de cet imposteur, battirent le beïler-beï d'Anatolie ; mais le kiahïa de ce dernier ayant réuni trois à quatre mille hommes, le derviche fut fait prisonnier, et périt dans les supplices les plus barbares.

Le 6 rèbi'ul-akhir 1048 (17 août 1638), le grand vézir Behram-Pacha mourut à Djoulab de mort naturelle, circonstance remarquable dans un poste si dangereux et sous un maître si cruel. Ce ministre plein de mérite fut pleuré par le Sultan : Taïïar-Muhammed-Pacha, gouverneur de Mouçoul, reçut le sceau de l'empire.

Enfin, le 8 rèdjeb 1048 (15 novembre 1638), cent quatre-vingt-dix-sept jours après son départ de Scutari, l'armée ottomane arriva sous les murs de Bagdad. La tente du Grand Seigneur fut dressée sur une colline voisine : ce prince, revêtu de l'uniforme de janissaire, ranimait par sa présence l'ardeur des soldats qui travaillaient à l'ouverture des tranchées ; on dit même qu'il leur donnait l'exemple en mettant la main à l'œuvre : cette conduite fit naître le plus grand enthousiasme dans l'armée, et eut les plus heureux effets. C'est à l'occasion du siége de Bagdad que Sultan-Murad mérita le titre de *Ghazi*, qui lui fut décerné d'une voix unanime. Après que les feux d'une artillerie bien nourrie eurent abattu une portion des murs jusqu'au niveau du sol, un assaut général eut lieu le 17 cha'ban 1048 (24 décembre 1638). Le grand vézir Taïïar-Muhammed-Pacha, s'élançant sur le rempart comme un simple volontaire, eut la tête traversée par une balle ; et, suivant les expressions d'un écrivain oriental, l'*oiseau de son esprit s'envola de sa cage terrestre dans les bosquets de roses du paradis*. Le kapoudan-pacha Moustapha remplaça sur-le-champ Taïïar-Pacha ; et, sans être effrayé du sort de son prédécesseur, monta à l'assaut avec une intrépidité qui ranima l'ardeur des assiégeants et leur assura la victoire. Le lendemain, après avoir soutenu un siége de quarante jours, ce boulevard de la frontière persane se rendit par capitulation. Bagdad fut alors incorporé à l'empire ottoman, dont il fait encore partie aujourd'hui. Le khan, qui avait traité pour la reddition de la place, fut admis à l'audience solennelle du Sultan, et en reçut de riches présents. Murad lui avait promis de respecter la vie et les biens des vaincus, en lui enjoignant de faire évacuer la ville avant midi. Mais la garnison n'ayant pas tenu compte de l'ordre du khan, les Ottomans pénétrèrent de vive force dans Bagdad, et firent un horrible carnage des vaincus : trente mille Persans furent massacrés le jour même de la capitulation.

Le gouvernement de Bagdad fut confié à Haçan, aga des janissaires ; Bektach-Aga eut le commandement de la garnison. Peu de jours après, une inondation vint emporter tous les travaux faits pour le siége, et détermina la retraite des Ottomans. Mais, avant de quitter sa conquête, Sultan-Murad, dans un accès de colère occasionné par l'explosion de la poudrière de Bagdad, fit trancher la tête à mille prisonniers persans (*). Il repartit en-

---

(*) Parmi ces prisonniers se trouvait un célèbre musicien, nommé Châh-Kouli, qui demanda au Sultan de lui faire grâce, afin, disait-il, que le bel art de la musique ne descendît pas avec lui dans la tombe. Sultan-Murad, curieux de juger si le talent de cet artiste répondait à sa renommée, fit suspendre l'exécution, et lui permit de montrer ce qu'il savait faire : Châh-Kouli prit alors un instrument appelé *chechtar* (sorte de guitare à six cordes), et chanta, en s'accompagnant, la chute de Bagdad et le triomphe du vainqueur. Le choix du sujet et le charme de la voix de Châh-Kouli plurent

suite pour Constantinople, où il arriva le 8 safer 1049 (10 juin 1639). Son entrée se fit avec une pompe digne de l'importance de la conquête : Sa Hautesse à cheval, vêtue à la manière des anciens héros persans, et les épaules couvertes d'une peau de léopard, était précédée par cent timballiers et trompettes persans, qui jouaient des airs nationaux; et, à ses côtés, vingt-deux khans enchaînés ornaient la marche du triomphateur.

Le 21 djèmazi-ul-ewwel (19 septembre), l'ambassadeur persan Muhammed-Kouli-Khan présenta au Sultan le traité de paix, réglé avec le grand vézir, et par lequel la Perse cédait Bagdad à la Porte, et recevait en échange la province d'Érivan. L'audience solennelle dans laquelle Sultan-Murad donna sa ratification, fut remarquable par l'éclat et la magnificence que le vainqueur voulut déployer. Sa Hautesse, richement vêtue, et le turban entouré d'une chaîne de diamants, était assise sur un coussin cramoisi, brodé de perles, placé sur un superbe trône d'or, à colonnes d'argent massif; la main du célèbre calligraphe Mahmoud-Tchèlèbi y avait gravé une *Kacidè* composée par le poète Djewri, en l'honneur de Sultan-Murad. On y lisait entre autres ces vers :

« Tu es le pôle vers lequel l'univers « se tourne en frémissant, comme l'ai« guille de la boussole. Il ne tremble pas « de la crainte d'être anéanti, il trem« ble du désir de s'offrir en holocauste « devant ton trône puissant. »

Lorsque le grand vézir rentra dans Constantinople, il fut accueilli avec la plus grande faveur par le Sultan, qui le fit revêtir d'une fourrure de martre zibeline, et lui adressa ces paroles bienveillantes : « Lala, sois le bien« venu ! le pain que je te donne est lé« gitimement gagné. »

Quelque temps avant l'arrivée du Grand Seigneur à Constantinople, Pialè-Kiahia avait poursuivi et prestellement à Sultan-Murad qu'il fit grâce au musicien et l'emmena avec lui à Constantinople.

que entièrement détruit une flottille de Cosaques qui infestaient les rives de la mer Noire.

Pendant l'expédition contre Bagdad, une révolte d'Albanais avait éclaté dans les monts de Saint-Clément (Klèmenta-Daghy), âpres solitudes habitées par des hommes demi-sauvages, armés de lances, de frondes et de larges coutelas; aussi agiles que les chamois des Alpes, à l'aide des crampons dont leurs pieds sont garnis, ils gravissent les cimes les plus escarpées, ou descendent sans crainte au fond des plus affreux précipices : la chevelure de ces montagnards, dont ils entourent leur cou et leurs oreilles, est divisée en quatre tresses enlacées de chaînes d'argent, symboles des quatre chaînes qui partent du mont Clementa et séparent le pays en quatre vallées. L'ex-bostandji Doudjè-Pacha, sandjak-beï de Bosnie, fut appelé au gouvernement d'Essek, et chargé de réduire les rebelles. Il s'enfonça, au cœur de l'hiver, dans ces dangereux défilés; et, malgré la résistance désespérée des Albanais qui faisaient rouler sur ses soldats d'énormes quartiers de rocs, il parvint à les soumettre : il envoya au Sultan quelques têtes de rebelles, ornées de leurs chaînes d'argent et de leurs pendants d'oreilles : « Voyez, » dit à cette occasion Sa Hautesse à quelques seigneurs albanais qui l'entouraient, « voyez comme Doudjè a « paré les têtes de nos sujets d'Albanie. »

Dans cette pénible expédition, l'intrépide pacha d'Essek avait adopté la chaussure des montagnards; malgré sa goutte, il gravissait les rochers les plus inaccessibles, et surprit ainsi un des kniez ou chefs des rebelles. La rigueur du froid et la disette ajoutèrent aux difficultés de l'entreprise; pendant toute la campagne, Doudjè-Pacha n'eut d'autre nourriture qu'un peu de riz. Le Sultan, par une lettre très-flatteuse, lui témoigna toute sa satisfaction pour sa glorieuse conduite. Après avoir élevé un fort sur le mont Islit, et rebâti celui de Roschaï, mesures qui rétablirent la sûreté des communications, il retourna dans son gouvernement. Malgré le service que Doudjè venait de rendre à l'empire, il n'en fut pas moins destitué peu de temps après, pour avoir traité secrètement de la rançon d'un chef de partisans hongrois, qui ravageaient les frontières de la contrée de Bihacz : le rachat du captif avait été fixé à douze mille écus ; mais le Sultan, trompé par de faux rapports, crut que le prix s'en élevait à quarante mille ; et il réclama impérieusement cette somme et la tête de six chefs des rebelles.

En 1637, une escadre de Barbaresques, sous les ordres d'Ali-Picenino, avait ravagé les côtes de la Pouille et s'était emparée d'un navire vénitien : l'année suivante, l'amiral de la république, Marini Capello, poursuivit les corsaires jusque dans Valona, port appartenant aux Ottomans. Après un mois de blocus, l'escadre barbaresque fut prise par Capello sous le canon de la place. Sultan-Murad, irrité de cette violation de la trêve, ordonna le massacre de tous les Vénitiens qui se trouvaient dans l'empire, sentence barbare qui fut commuée plus tard, sur les représentations du grand vézir et du silihdar, en un arrêt de captivité : mais le Grand Seigneur, pour se venger de Venise, donna l'ordre de rompre toute relation commerciale entre cette république et la Bosnie : le defterdar, ayant combattu vivement cette dernière mesure, qui enlevait au trésor environ cinq millions d'aspres, produit des douanes de Spalatro, fut condamné à mort. Le baile Luigi Contarini fut gardé à vue dans son hôtel par quatre tchaouchs. Pendant sa captivité, il fut instruit le premier de la naissance de Louis XIV, et il se hâta d'en communiquer la nouvelle au comte de Césy, notre ambassadeur, qui fit aussitôt chanter un *Te Deum* et tirer plusieurs salves d'artillerie. On était alors en septembre 1638, et le Sultan se trouvait encore à Bagdad. Les sultanes, alarmées par le bruit du canon, envoyèrent le bostandji-bachi savoir le motif de ces explosions inusitées : le fils de l'ambassadeur ayant répondu que les Français célébraient la venue au monde du premier-né de leur padichâh, le musulman répliqua qu'il n'y avait sur la terre qu'un padichâh, celui des Ottomans, et il emmena le jeune homme prisonnier ; mais il fut relâché sur-le-champ, sur la demande de son père, qui menaça de déclarer la guerre à l'empire ottoman au nom du roi de France. Cependant un tchaouch fut expédié à Venise, et les relations avec la république furent renouées après le retour du Sultan dans sa capitale.

Depuis la dernière campagne de Perse, Sultan-Murad était sujet à des attaques de sciatique ; et quoique, d'après l'avis des médecins, il eût renoncé pendant quelques mois aux excès de la table, il éprouva le 1er chewwal 1049 (25 janvier 1640), un violent accès qui menaça sa vie. Dès qu'il fut hors de danger, il célébra son rétablissement par une orgie nocturne où il s'abandonna plus que jamais à son penchant pour le vin, passion qu'une abstinence forcée semblait avoir encore accrue ; et, comme dit un historien ottoman, « après avoir été séparé pendant « quelque temps de la fille de la vigne, « qu'il aimait avec ardeur, et avoir re- « noncé pendant plusieurs mois à se « mirer dans le cristal de la coupe du « matin, qui, depuis tant d'années, « avait brillé sur la couche du plaisir, « au premier jour du beïram le maître « du monde consentit à voir étinceler « de nouveau cette liqueur matinale « dans la coupe séduisante..... et il « recommença à baiser les lèvres de « rubis du cristal où écumait la boisson « rosée. »

Les suites de cette débauche ne tardèrent pas à se faire sentir, et la santé de Sultan-Murad déclina visiblement : tyran jusque sur son lit de mort, il menaça les médecins du dernier supplice s'ils ne le guérissaient pas, et donna l'ordre d'étrangler son frère Sultan-Ibrahim : ce prince avait dû jusqu'alors son salut au mépris que sa faiblesse corporelle et une sorte d'imbécillité affectée avaient inspiré à Murad. La Sultane-Validè prit sur elle d'empêcher l'exécution d'Ibrahim ; mais, pour ne pas réveiller le terrible courroux du Sultan moribond, elle lui fit dire qu'il était obéi et que son frère n'existait plus. Le soupçonneux monarque voulut voir le cadavre du prince; et comme les médecins s'opposaient à ce désir, sous le prétexte que ce spectacle redoublerait son mal, il s'élança hors du lit; mais, trop faible pour se soutenir, il retomba dans les bras de son favori le silihdar-pacha. Enfin, après quinze jours de maladie, Sultan-Murad expira le 16 chewwal 1049 (9 février 1640) : il était âgé de vingt-neuf ans et en avait régné dix-sept. Suivant quelques historiens, sa santé était altérée depuis plusieurs mois par les craintes superstitieuses où l'avait jeté une éclipse de soleil. Vainement ses astrologues cherchèrent-ils à le rassurer en lui prédisant un règne long et fortuné; Murad, qui cultivait lui-même les sciences occultes, voulut s'instruire de sa destinée par des moyens surnaturels; il ouvrit le Djefr-Kitabi, livre mystérieux écrit en caractères magiques. Apporté d'Égypte par Sélim Ier, ce livre renferme, si l'on en croyait une tradition populaire, le nom de tous les princes qui régneront dans cette contrée jusqu'à la fin du monde; on y trouve aussi la série de tous les sultans ottomans, et même le récit prophétique de leurs destinées. Murad étudia longtemps cet ouvrage, crut y voir la prédiction de sa mort prochaine, et, dans son effroi, cacheta le funeste livre, et prononça mille anathèmes contre ceux qui y toucheraient à l'avenir. Ses craintes redoublèrent encore lorsqu'il apprit qu'un cheïkh de la Mecque, renommé par son talent pour la divination, avait assuré au silihdar que la lune de chewwal, pendant laquelle le Sultan était né, indiquait quelque chose de sinistre pour cette année 1049 (1640). Afin de détourner la fâcheuse influence des astres, Murad ordonna des aumônes et des sacrifices, et fit mettre en liberté un grand nombre de prisonniers; mais, frappé d'une terreur insurmontable, il n'en mourut pas moins pendant la lune fatale de chewwal, ainsi qu'on vient de le voir.

Ce prince était d'un extérieur qui répondait parfaitement à l'idée que sa conduite sanguinaire pouvait en donner. Quoiqu'il ne fût que d'une taille un peu au-dessus de la moyenne, son corps, constitué vigoureusement, annonçait la force athlétique dont il était doué. Sa chevelure était brune, sa barbe épaisse et noire, son teint olivâtre. Son regard, brillant mais sombre, inspirait la terreur; son front vaste était sillonné, entre les sourcils, de quelques rides verticales, qui se creusaient profondément lorsque la colère l'agitait. L'ensemble de sa personne était plein d'une majesté grave et fière qui commandait le respect. Peu de souverains ont été aussi redoutés que lui; et l'effroi qu'il faisait naître était si grand que ses sujets s'enfuyaient à son approche, ou bien, lorsqu'ils ne pouvaient éviter sa présence, demeuraient dans le silence le plus profond: on n'osait prononcer son nom qu'en tremblant, et l'on a vu des personnes qui se sentaient coupables d'infraction à ses ordonnances, s'évanouir de frayeur en entendant annoncer sa venue. Cette épouvante n'était pas sans motifs; et malheur à celui qui, à tort ou à raison, réveillait la terrible colère de ce prince impitoyable. Lorsqu'il sortait pendant le jour, les janissaires écartaient le peuple à coups de bâtons et de pierres: dans la nuit, il se dérobait quelquefois de l'appartement des femmes; et courant dans les rues, le cimeterre en main, il tuait tous ceux qu'il rencontrait. D'autres fois il se plaisait à tirer des flèches sur ceux qui passaient devant les fenêtres du sérail : dans un des accès de délire sanguinaire où le jetait son état d'ivresse presque habituel, il fit noyer des femmes qui dansaient dans une prairie, parce que leur gaieté l'importunait. Nous nous bornerons à citer quelques-uns des innombrables traits de barbarie qui l'avaient rendu un objet d'horreur et d'effroi; ils suffiront pour faire connaître à nos lecteurs le caractère de ce terrible despote.

Pendant un voyage à Andrinople, en 1634, Sultan-Murad traversait à cheval un pont sous lequel trente derviches s'étaient cachés, afin de voir l'empereur de plus près. A son approche, ces malheureux sortirent précipitamment de leur retraite, et, par cette brusque apparition, effrayèrent le cheval, qui se cabra et désarçonna son cavalier : ils furent tous décapités sur-le-champ.

A Bêchik-Tach un paysan qui se trouva sur la route du Sultan, et dont le chariot embarrassait le chemin, fut percé d'un coup de flèche par Murad, qui, en le voyant tomber, ordonna au bostandji-bachi de l'achever; mais le rusé campagnard se hâta de s'écrier : « Longue vie à mon padichâh ! L'âme « de l'insolent s'est envolée de son « corps lorsqu'il a reçu votre flèche! » Cette répartie lui sauva la vie.

Nous avons déjà dit que la marche du Grand Seigneur à travers l'Asie Mineure et l'Arménie, lorsqu'il se rendait au siége d'Érivan, ne fut, pour ainsi dire, qu'une longue suite de supplices : après avoir fait exécuter, à Sidi-Ghazi, un chef de rebelles nommé Kara-Yilan-Oghlou (le fils du serpent noir); il ordonna aussi la mort de tous ses enfants, qui n'avaient point pris part à la révolte de leur père.

A Bardakli, il fit mettre à mort le sandjak-beï de Magnésie, Toutidji-Haçan-Pacha, qui rejoignait l'armée avec deux mille soldats très-bien équipés. Le Sultan, à sa vue, se rappela que dans les derniers troubles qui avaient eu lieu dans son gouvernement, ce pacha avait eu peine à réduire les factieux : « Ah! maudit! s'écria-t-il, toi « qui ne pouvais venir à bout d'une « demi-douzaine de rebelles, voilà « qu'aujourd'hui tu fais des marches « triomphales !... Qu'on lui coupe la « tête ! »

Sultan-Murad avait en grande aversion l'opium et le tabac, et il avait fulminé des ordonnances terribles contre ceux qui s'en permettraient l'usage. A Nakorazèn-Tchaïri (prairie du trompette), le tchaouch Djewhèri-Zadè fut décapité; son crime était d'avoir fumé une pipe de tabac. Soixante-quatre fumeurs arrêtés à Alep, à Hadjèghez, à Roha et à Utch-Pounar, périrent dans les supplices, les uns pendus, les autres écartelés, décapités, ou écrasés à coups de marteaux. Dans une autre occasion cependant il se montra plus humain : un fumeur passionné n'ayant pu se résoudre, malgré les défenses du Sultan, à renoncer aux charmes de la pipe, avait creusé une fosse profonde dans laquelle il descendait pour se livrer à son goût favori, et qu'il recouvrait de gazon pour en dérober la vue aux passants; un jour le fumeur souterrain fut surpris en flagrant délit par Murad, qui, tirant son cimeterre, se préparait à venger sur le coupable le mépris de l'ordonnance impériale; mais celui-ci, sans s'émouvoir, se mit à dire gaiement : « Hors « d'ici, fils d'une femme esclave! ton « édit est fait pour là-haut, et ne s'é- « tend pas sous terre. » Le Sultan rit de la répartie et pardonna; il accorda même au délinquant le privilége spécial de fumer tant sur terre que dessous, et en outre il lui donna un emploi à la cour.

En 1634, un marchand vénitien fut pendu pour avoir dirigé de sa maison une lunette d'approche sur le sérail. Les biens de la victime furent confisqués. Plusieurs Anglais et Français furent emprisonnés, et ne purent obtenir leur liberté qu'en payant une avanie de quarante mille écus. Sultan-Murad regardait les Francs comme solidaires les uns des autres, sans aucune distinction. Il alla jusqu'à ordonner des perquisitions chez les négociants, et même chez les ambassadeurs, et fit saisir toutes leurs armes. Le représentant de l'Angleterre, sir Peter Wych, fut dépouillé de l'épée avec laquelle son souverain l'avait armé chevalier.

Émir-Tchèlèbi, premier médecin de Murad, fut la victime de la cruauté de son maître envers ceux qui enfreignaient ses édits. On l'avait accusé de faire un usage continuel du tabac et de l'opium; il répondit aux reproches foudroyants de Sa Hautesse par des protestations d'innocence qui persuadèrent le Sultan; mais le silihdar-pacha, ennemi secret d'Émir-Tchèlèbi, ayant gagné un de ses gens, apprit que le premier médecin portait toujours de l'opium sur lui, et qu'il en prenait toutes les fois que, sous prétexte de faire ses ablutions, il sortait de la tente impériale. Le silihdar en instruisit le Sultan, qui, à sa première entrevue avec Émir-Tchèlèbi, le fouilla lui-même, et trouva, cachée dans ses vêtements, une boîte d'or contenant un certaine quantité d'opium : le médecin, glacé d'effroi, répondit en tremblant aux sévères interrogations du Sultan que ce n'était point de l'opium pur, mais un opiat des plus innocents, dans lequel il n'entrait qu'une faible dose de cet électuaire. Sultan-Murad lui ordonna alors d'avaler tout ce qui lui en restait : Émir-Tchèlèbi, après en avoir pris quelques pilules, représenta à Sa Hautesse qu'une plus grande quantité pourrait faire l'effet d'un poison ; mais le Sultan insista, en disant qu'un médecin si habile saurait bien y trouver un antidote ; et lorsqu'Émir-Tchèlèbi eut pris toute la dose, son maître se fit un barbare plaisir de le forcer à jouer trois parties d'échecs, et ne consentit à le laisser aller que lorsqu'il le vit presque mourant. Transporté chez lui, Émir-Tchèlèbi désespéré but un verre d'eau à la glace, et il expira dans la journée (*).

La terreur que Sultan-Murad inspirait à ses sujets était doublée par les preuves qu'il leur donnait de la vigueur surnaturelle dont il était doué, en se faisant souvent lui-même l'exécuteur de ses propres arrêts de mort. Mais, tandis que ces exécutions glaçaient d'effroi les soldats, des traits de force et de courage leur inspiraient pour lui la plus haute admiration.

Dans un moment de colère contre le vézir Moustapha-Pacha, qui était d'une vigueur peu commune et d'une taille gigantesque, le Sultan saisit son ministre par le ceinturon, et le tint suspendu en l'air comme un enfant.

A Dèwèli-Kara-Hyçar, un bouc sauvage effraya les chevaux du Sultan : Murad s'élança au galop, atteignit l'animal, et, d'un seul coup de bâton vigoureusement assené, l'étendit mort à ses pieds : « Le bras de Dieu est « avec notre padichâh ! » s'écrièrent les spectateurs saisis d'admiration.

A Mouçoul, un ambassadeur indien offrit à Sultan-Murad des présents remarquables par leur richesse et leur singularité, et, entre autres, un bouclier d'oreilles d'éléphants, recouvert de peau de rhinocéros, et que l'on assurait être à l'épreuve du sabre et du mousquet. Le Sultan, voulant donner une idée de sa force à l'envoyé indien, saisit une hache d'armes, et du premier coup fendit le bouclier en deux.

Sultan-Murad, malgré son génie et ses lumières, ne fut point à l'abri des terreurs superstitieuses qui dominèrent la plupart des princes de sa race. Le 14 zilka'dè 1039 (25 juin 1630), il était assis, dans son palais de Bèchik-Tach, sous le superbe kiosque élevé par son père Sultan-Ahmed ; il tenait en main les satires de Nêfi'i, ouvrage gai, mais impie, qu'il parcourait avec plaisir, lorsque tout à coup la foudre frappe le kiosque et tombe au milieu de l'appartement. Les officiers de la suite du Sultan se jettent la face contre terre ; et Murad, croyant voir dans cet accident une preuve de la colère du ciel, déchire le livre, en maudit l'auteur, récite des prières, et ordonne des aumônes et des sacrifices.

Dans la même année, une inondation détruisit de fond en comble le temple de la Kaaba : cet événement répandit la consternation parmi tous les peuples musulmans ; et Sultan-Murad, autant par religion que par politique, s'occupa avec ardeur de la reconstruction de ce sanctuaire. L'inspection des travaux fut confiée à Sofdji-Seïd-Muhammed-Efendi, chef des émirs et molla de Médine : le tribut annuel des chrétiens d'Égypte (*coptes*) fut assigné à cette œuvre pieuse. Un fetwa du mufti avait permis de réédifier l'édifice sacré, mais sous la condition de lui conserver sa forme et son étendue primitives, et d'y employer, autant que possible, les anciens matériaux. On changea à cette époque, trois

(*) On prétend que l'eau glacée, prise sur une forte dose d'opium, accélère l'effet du poison.

des colonnes d'ébène du temple, et l'on en fit des chapelets, que les pèlerins achetaient fort cher : ces chapelets portaient les noms de ces trois colonnes, *Hanan*, *Mènan* et *Déïan* (*). La Kaaba actuelle est donc l'ouvrage de Sultan-Murad IV : suivant les historiens musulmans, elle avait été déjà réédifiée dix fois (**).

(*) De nos jours encore, on vend à la Mecque des chapelets faits sur le modèle de ces premiers : ils sont composés de quatre-vingt-dix-neuf grains, nombre correspondant aux attributs de Dieu.

(**) D'après la tradition mahométane, la Kaaba fut bâtie par les anges. Adam la reconstruisit ensuite avec des pierres que les esprits célestes apportèrent du Liban, du mont Ararat, du Sinaï, des montagnes de Hara et des Oliviers. Mais la Kaaba ayant été enlevée au ciel avec Adam, son fils Seth en édifia une autre qui, plus tard, fut engloutie par le grand cataclysme du déluge. Abraham la reconstruisit une quatrième fois, et la mit sous la garde de son fils Isma'il. La Kaaba resta isolée au milieu d'un champ jusqu'à *Kouça*, quadrisaïeul de Mahomet, qui acheta, pour une cuve de vin, les clefs de cet édifice, auquel était attachée la souveraineté de la Mecque. Il fit bâtir autour de ce sanctuaire le temple appelé *Mesdjid-Chèrif*, qui subsiste encore de nos jours. La Kaaba, que les musulmans sont obligés de visiter une fois dans leur vie, ne s'ouvre qu'à six époques de l'année, le quinzième jour des mois de ramazan, de zilka'dè et de zilhidjè pour les hommes, et le seizième des mêmes mois pour les femmes. On y entre depuis l'aurore jusqu'à midi : la porte est élevée de cinq pieds environ au-dessus du sol, et on ne peut y atteindre qu'au moyen d'un escalier portatif. Les murs sont tapissés de versets du Coran écrits en caractères kufiques. Les mahométans croient que l'intérieur du sanctuaire est habité par des esprits célestes, et que le plafond resplendit d'une lumière si éblouissante, que ceux qui oseraient y fixer un regard indiscret seraient frappés d'aveuglement. Ils disent encore qu'aucun oiseau n'ose se percher sur le toit, hormis une seule espèce de colombes, de la race de celles qui déposèrent leurs œufs dans la grotte *Ghâri-Sewr*, le même jour que le prophète vint y chercher un refuge contre les habitants de la Mecque. Il est encore de tradition que tout animal féroce devient

Sultan-Murad renouvela en 1043 (1633) les lois qui proscrivaient les boissons fermentées, et il livra aux bourreaux les personnes ivres, et même celles dont l'haleine sentait encore le vin : mais peu de temps après avoir fulminé ce terrible édit, il rencontra, dans une de ses rondes nocturnes, un homme du peuple nommé Bikri-Moustapha, qui, dans son ivresse, loin de s'effrayer de la présence du Sultan, lui ordonna de lui faire place : Sultan-Murad, étonné d'une pareille témérité, lui répondit qu'il était le *padichâh* : « Et moi, reprit hardiment « l'ivrogne, je suis Bikri-Moustapha, « et j'achèterai Constantinople si tu « veux me la vendre. — Où trouveras-« tu assez d'or pour la payer? répliqua « Murad. — Ne t'embarrasse pas de « cela, dit Moustapha; je ferai bien « plus, j'achèterai aussi *le fils de l'es-« clave.* » Sultan-Murad accepta le marché, et fit transporter Bikri au palais. Le lendemain, lorsque les fumées du vin furent dissipées, Bikri-Moustapha, appelé devant le Sultan, fut sommé de tenir sa promesse; tirant alors, de dessous sa robe, un flacon de vin : « O padichâh! dit Bikri, « voilà le trésor qui fait du mendiant « un conquérant, et du dernier fakir « un Alexandre à deux cornes (*Isken-« der-Zoul-Karneïn*). » Étonné de la confiance joyeuse du buveur, Murad se laissa persuader, vida la bouteille, et dès ce moment il prit tant de goût au vin qu'il s'enivrait presque tous les jours : Bikri-Moustapha fut admis au nombre des *muçahibs* ou *conseillers privés*, et devint le compagnon inséparable du Sultan dans ses fréquentes

doux et apprivoisé en entrant sur le territoire de la ville sainte. Les criminels qui parviennent à se réfugier dans le Kaaba ou dans le Mesdjid-Cherif ne peuvent être arrêtés : cet usage rappelle le *droit d'asile*, dont jouissaient les temples chrétiens au moyen âge, usage presque généralement aboli de nos jours, mais qui s'est encore conservé dans certaines contrées où les églises, les couvents, les temples et les édifices consacrés au culte public sont considérés comme d'inviolables sanctuaires.

orgies. Quelques écrivains ont cherché à rejeter sur son état d'ivresse à peu près habituel, cette foule d'actions atroces qui ternissent la renommée de Murad IV; car, malgré son odieuse tyrannie, on ne peut refuser à ce prince la gloire d'avoir rendu à l'empire ottomans, affaibli sous ses prédécesseurs, sa force et son premier éclat : il supprima un grand nombre d'abus, étouffa l'esprit de révolte parmi les janissaires, accrut les revenus de l'État, régénéra l'armée, et, par la crainte de sa sévère justice, retint les grands dans le devoir et les empêcha d'opprimer et de dépouiller le peuple. Mais ses grandes qualités sont effacées par les actes sanguinaires qui souillèrent son règne. Plusieurs historiens font monter le nombre de ses victimes jusqu'à cent mille : on lui attribue l'invention du cruel supplice *du crochet*. Il consistait à précipiter les patients sur d'énormes crochets de fer scellés dans la muraille; ces malheureux y restaient suspendus par le flanc, et respiraient encore assez longtemps dans cette horrible position avant de cesser de souffrir. Au reste, Sultan-Murad a peint lui-même son naturel vindicatif et implacable par ce mot caractéristique, que l'histoire a conservé : « Les vengeances ne vieillissent pas, quoiqu'elles puissent blanchir. »

CHAPITRE XIX.

SULTAN-IBRAHIM-KHAN, FILS DE SULTAN-AHMED-KHAN Ier, ET FRÈRE DE SULTAN-MURAD-KHAN IV.

Sultan-Murad n'ayant point laissé d'enfants, le trône revenait de droit à son frère Ibrahim, dernier rejeton de la famille d'Osman : les grands de l'empire s'empressèrent, dès que le Sultan eut rendu le dernier soupir, de marcher vers le *kafès* (*), pour annoncer au nouveau souverain son avénement. Lorsque ce prince entendit le bruit des pas et le tumulte inaccoutumé qui troublaient le silence de sa retraite, il crut qu'on lui apportait le fatal cordon, et refusa d'ouvrir sa porte. On fut obligé de la briser pour arriver jusqu'à lui : mais, malgré les félicitations des hauts dignitaires de l'empire, Ibrahim craignait toujours que leur démarche ne fût une ruse de Sultan-Murad pour éprouver ses sentiments : il repoussa longtemps le sceptre, en disant qu'il préférait sa tranquille solitude à tous les trônes de la terre, et la société des petits oiseaux qu'il élevait à celle des hommes. Ce ne fut que lorsque Keuçem-Sultane, sa mère, lui eut donné la preuve de la mort de Murad, en faisant apporter son cadavre, qu'Ibrahim reprit sa sérénité; et, changeant tout à coup de langage, s'écria que l'empire était délivré de son bourreau. Après avoir reçu les hommages des ministres, des oulèmas et des agas, il reconduisit le corps de son frère jusqu'à la porte du palais, et ordonna de procéder aux funérailles. Elles eurent lieu avec la plus grande solennité : on remarquait, devant le cercueil, trois des chevaux que Sultan-Murad avait montés dans la campagne de Bagdad, et dont on avait placé les selles à rebours, comme cela se pratiquait aux obsèques des plus anciens rois de la Perse.

Sultan-Ibrahim avait un extérieur peu fait pour plaire au peuple qui venait de perdre un souverain remarquable par ses avantages physiques. Sa taille était grêle, son visage pâle, maigre et défiguré par les ravages de la petite vérole; aussi le grand vézir Kara-Moustapha retarda-t-il de plusieurs jours la présentation du Sultan à l'armée, afin qu'il pût apprendre au moins à monter à cheval : mais les leçons d'équitation que ce ministre donnait lui-même à son souverain ayant été infructueuses, il prit le parti de le faire conduire par eau à la mosquée d'Eïoub, où le prince ceignit le cimeterre et fut salué empereur. Toutes les précautions prises pour dissimuler les désavantages physiques du monarque ne purent néanmoins affaiblir l'impression fâcheuse que sa vue produisit sur la multitude;

(*) Appartement des princes ottomans dans le sérail. Voyez la note de la page 45, règne de Sultan-Baïezid-Ildirim.

du reste, elle eut peu d'occasions de revoir son maître, qui, abandonnant la conduite des affaires à la Sultane-Validè et au grand vézir, ne songea plus qu'à se plonger dans les plaisirs du harem.

Sultan-Ibrahim fit annoncer son avénement aux puissances de l'Europe, et renouvela les anciennes capitulations avec l'Autriche, la Pologne et Venise. Les ambassadeurs de France et d'Angleterre reçurent l'assurance du maintien de la paix ; et les envoyés persan, russe, polonais, transylvanien et ragusais furent bien accueillis. Le premier eut la satisfaction de délivrer les Persans prisonniers qui restaient encore enfermés au château des Sept-Tours ; et, avant son départ, il vit exécuter le traître Emirgoun-Khan : ce transfuge, compagnon de débauche de Sultan-Murad, vivait retiré dans un superbe palais sur la rive européenne du Bosphore, où s'élève aujourd'hui un village qui conserve encore le nom de ce seigneur persan (*Emirgoun-Oghlou*).

En novembre 1642, un nouvel ambassadeur de Perse vint annoncer l'avénement de Châh-Abbas II, meurtrier de son père Châh-Sèfi. Les magnifiques présents que le nouveau Châh envoyait au Sultan valurent l'accueil le plus gracieux au personnage chargé de les offrir à Sa Hautesse.

Les débauches dans lesquelles Sultan-Ibrahim s'était plongé dès le commencement de son règne altérèrent d'abord sa santé au point de faire craindre l'extinction de la race d'Osman : mais le 30 ramazan 1051 (2 janvier 1642), la naissance d'un héritier de la couronne, Sultan-Muhammed, vint renverser les espérances du khan des Tatares, qui se flattait d'occuper bientôt le trône ottoman. Trois mois plus tard, un nouveau fils du Sultan naquit ; il fut appelé Suleïman. Ces deux princes régnèrent l'un et l'autre.

Cinq ans avant la mort de Sultan-Murad, les Cosaques s'étaient emparés de la ville d'*Azak* (Azow). Dès la deuxième année du règne de Sultan-Ibrahim, une expédition fut dirigée contre cette place forte. Siawouch-Pacha eut le commandement de la flotte, et Huçeïn-Pacha, nommé sèrasker de l'armée de terre, devait agir de concert avec le khan Bèhadir-Gheraï. Mais la désunion se glissa bientôt entre les chefs tatares et ottomans, et l'armée assiégeante fut obligée de se retirer, après avoir perdu devant Azow environ huit mille hommes. Pour comble de malheur, une partie de la flotte échoua à l'embouchure du Don, et tomba au pouvoir des Cosaques. Le kapoudan-pacha Siawouch fut disgrâcié à la suite de cette malheureuse expédition : Pialè-Pacha le remplaça. Le khan tatare Bèhadir-Gheraï mourut au retour d'Azow, et eut pour successeur son frère puîné, Muhammed-Gheraï. L'année suivante (1052-1642), le Sultan envoya une nouvelle expédition contre Azow ; il donna le commandement de l'armée au pacha de Silistrie, Muhammed-Sultan-Zadè (ainsi surnommé parce qu'il était petit-fils d'une sultane), appelé aussi *Djiwan-Kapoudji-Bachi*; et Pialè fut nommé kapoudan-pacha. Muhammed-Gheraï, à la tête de cent mille Tatares, marcha sur Azow, et fut rejoint, trois jours plus tard, par Muhammed-Pacha. Les Cosaques, effrayés de ce déploiement de forces, abandonnèrent la ville, après l'avoir détruite par l'incendie et l'inondation. Lorsque les Ottomans entrèrent dans la place, vide d'habitants et dégarnie de maisons, ils furent obligés de la reconstruire en entier. Islam-Pacha fut nommé gouverneur de la ville, avec une garnison de vingt-six mille hommes.

Cette même année, le silihdar Moustapha, ancien favori de Sultan-Murad, périt victime de la haine du grand vézir. Les richesses que ce favori avait accumulées sous le règne de son protecteur vinrent grossir le trésor impérial. Kara-Moustapha, qui avait sacrifié à sa haine le silihdar, contre la volonté de la Sultane-Validè, fut lui-même mis à mort le 1er muharrem 1053 (22 mars 1643). Ce ministre succomba devant la coalition de trois personnages tout-puissants à la cour de Sultan-Ibrahim : c'étaient Huçeïn-Djindji, précepteur du Sultan; Youçouf, écuyer et confident de Sa Hautesse ; et Sultan-Zadè-Muhammed-Pacha, *koubbè-vèziri* (*). Ils se prévalurent, pour perdre Kara-Moustapha-Pacha, de quelques-uns de ses actes administratifs qui avaient déplu au Sultan et à la Sultane-Validè : le grand vézir détermina lui-même sa chute, en essayant de ruiner le crédit d'Youçouf, par une intrigue qui fut dévoilée. S'étant présenté au sérail, à l'issue d'un divan, sans y avoir été appelé, il eut à essuyer la colère de Sultan-Ibrahim, qui lui retira le sceau de l'empire. Kara-Moustapha-Pacha, à peine sorti du palais, s'empressa de se déguiser et de s'enfuir par le toit de son harem. Le bostandji-bachi, envoyé à sa poursuite, l'ayant découvert sous une meule de foin, le malheureux grand vézir fut étranglé. On trouva dans son palais un trône sur lequel étaient fixés par des clous d'acier, son propre portrait et celui de quatre autres hauts dignitaires ; ce que l'on regarda comme une preuve des opérations magiques auxquelles la voix populaire accusait le ministre de se livrer (**). Un Maure (*Maghrébi*) qui,

(*) Koubbè-vèziri, *vézir de la coupole ou du dôme*. On désignait ainsi, jusqu'au règne d'Ahmed III qui supprima cette dignité, certains personnages en faveur, qui étaient admis, avec le titre de pacha, dans le divan présidé par le grand vézir. Ce divan se tenait au sérail, dans la troisième cour, et d'ordinaire sous les yeux mêmes du Sultan, qui demeurait caché derrière une jalousie, d'où il voyait et entendait tout.

(**) Aujourd'hui encore des accusations du même genre se reproduisent contre les personnages que leurs ennemis et leur ambition précipitent dans la disgrâce. Nous en avons vu nous-même de tristes exemples, surtout en 1819, lorsque la famille arménienne catholique des Duz-Oghlou tomba victime d'intrigues de tout genre, qui se réunirent pour accabler une maison jouissant depuis près de deux siècles de la confiance des Sultans. Cet *odjak*, pour nous servir du mot local dont nous avons donné l'explication (page 153), offrait un phénomène unique dans l'empire ottoman. Les Duz-Oghlou, *chrétiens*, et descendants d'un prisonnier hongrois marié à une dame arménienne et

disait-on, lui avait enseigné les sciences occultes, fut condamné au bannissement. Quoique Kara-Moustapha fût entièrement illettré, les talents qu'il déploya dans sa carrière administrative, ses institutions et ses fondations utiles, lui assurent une place honorable parmi les hommes d'État de l'empire ottoman.

Avant sa mort, ce ministre était venu à bout de réduire un rebelle redoutable, Naçouh-Pacha-Zadè-Huçeïn, qui, fier de sa naissance, avait parlé avec mépris du grand vézir, Albanais obscur, et avait refusé d'obéir à ses ordres. Poussé, par son orgueil indomptable, à une révolte ouverte, Naçouh-Pacha-Zadè s'était avancé jusqu'au mont *Boulghourlou* (*), après

que son habileté dans l'art de manier les métaux précieux avait fait nommer joaillier de Sa Hautesse, avaient eu l'adresse et le bonheur de se maintenir dans cette position difficile, sous les règnes de douze Sultans. Le chef actuel de cette respectable famille, M. le chevalier Jacques Duz, a repris, depuis quelques années, la position de ses aïeux ; et Sultan-Mahmoud, aujourd'hui régnant, ne cesse de donner de nouveaux témoignages de sa confiance à un homme qui la mérite à tous égards : ainsi, un Arménien catholique, qui a hérité du titre de beï, accordé en 1818 à ses deux frères aînés, se trouve en 1838 directeur des monnaies impériales à Constantinople, joaillier et bijoutier de la cour, trésorier particulier de S. H., et membre de commissions où sa rare probité, ses connaissances variées, et surtout celle de la langue française lui procurent une grande influence.

(*) Montagne qui domine Scutari et le Bosphore, et d'où l'on jouit d'une vue admirable : le sommet est comme le centre d'un panorama magnifique ; on a devant soi le vaste triangle qu'occupe la Rome de Constantin, la Corne d'Or, les villes d'Eïoup, au fond du port, de Galata, de Scutari, avec leurs longs faubourgs, Top-Khanè, Dolma-Baghtchè, Bèchik-Tach, et les rives enchantées du Bosphore ; à gauche, la mer de Marmara, et le groupe qu'on appelle les îles des Princes ; et à l'horizon, les terres qui séparent le golfe de Nicomédie de celui de Moudania, et que domine l'Olympe de Bithynie. La droite du spectateur est occupée par

avoir battu les troupes qu'on lui opposait. S'il eût profité de la terreur inspirée par sa marche, il aurait pu s'emparer de Scutari; mais il se laissa tromper par de faux avis, qui lui assuraient qu'il allait obtenir le sceau de l'empire. Il poussa même l'aveuglement jusqu'à se rendre de l'autre côté du Bosphore pour recevoir le diplôme de gouverneur de Roumilie. S'étant aperçu trop tard du piége où l'avait entraîné sa crédulité, il voulut s'enfuir auprès du khan des Tatares; mais, arrêté au moment d'atteindre la ville de Roustchouk, il fut chargé de chaînes et conduit à Constantinople, où il périt dans les tortures.

Le trône de Crimée était occupé par Muhammed-Gheraï, au détriment de son frère aîné Islam-Gheraï. Ce dernier, qui avait trouvé dans le grand vézir Kara-Moustapha un obstacle invincible à son avénement, fut, après la mort du ministre, investi par Sultan-Ibrahim de la dignité de khan. Islam-Gheraï, dans l'entrevue qu'il eut avec Sa Hautesse, lui promit de ne jamais abandonner sa cause, et reçut un kaftan d'honneur et un cimeterre orné de pierreries. Muhammed-Gheraï fut exilé à Rhodes.

Les rapports diplomatiques avec la Pologne, la Russie et l'Autriche, étaient, depuis le commencement du règne de Sultan-Ibrahim, de nature à faire craindre la rupture de la paix. Le roi Vladislas s'était plaint à Sa Hautesse des prétentions injurieuses du khan des Tatares, qui exigeait de lui le présent stipulé sous Sigismond III. Ibrahim, en lui répondant qu'il avait défendu au khan de pareilles exigences, demanda passage à travers le territoire polonais pour une armée ottomane destinée contre la Russie; mais il ne put l'obtenir. Trois ans plus tard, de nouvelles plaintes sur les courses des Tatares et des menaces de représailles furent adressées à Sultan-Ibrahim.

En 1645, Alexis Michaëlowicz annonça son avénement à la Porte : les ambassadeurs russes, chargés d'offrir des présents au Sultan, furent très-bien accueillis, et rapportèrent au czar une lettre de félicitations de Sa Hautesse.

Un an après le renouvellement de la paix de Szoen, Rakoczy, prince de Transylvanie, avait conclu avec Torstenson, général en chef de l'armée suédoise, une alliance offensive et défensive contre l'Autriche. Ce dernier remporta de grands avantages, et s'avança jusqu'aux portes de Vienne; mais Rakoczy ayant été battu par Puschaimb, tout changea de face : le prince de Transylvanie, que, sur l'ordre d'Ibrahim, les pachas des frontières avaient abandonné, fut obligé de conclure la paix et de se contenter des sept comitats possédés autrefois par Betlen Gabor, au lieu des quatorze qu'il demandait : des biens considérables en Hongrie lui furent en outre accordés, et son tribut envers la Porte fut réduit de cinq mille ducats. Enfin le baron de Czernin, qui, vingt-huit ans auparavant, avait porté à Constantinople le traité de la paix de Vienne, revint dans la capitale de l'empire ottoman, et obtint du Grand Seigneur l'échange des ratifications de la trêve renouvelée à Szoen et diverses conditions favorables, entre autres l'ordre à Rakoczy de rompre avec la Suède. Lorsque, au printemps de 1645, le baron de Czernin retourna à Vienne, il fut accompagné par un ambassadeur ottoman, Ibrahim-Pacha, qui apporta à l'empereur Ferdinand III l'assurance de l'amitié du Sultan.

La Porte enviait depuis longtemps aux Vénitiens l'île de Candie. Les suites d'une simple intrigue du sérail attirèrent les armes ottomanes sur cette possession de la république : le kyzlar-agaçi Sunbullu avait dans son harem une jeune et belle esclave qu'il

---

une suite de collines boisées, riches de verdure, et qui s'étendent jusqu'à la mer Noire. En se retournant, on jette les yeux sur cette terre d'Asie, théâtre où l'Orient et l'Occident se sont souvent donné rendez-vous, et qui sera encore témoin d'événements plus ou moins rapprochés, destinés peut-être à changer de nouveau la face du monde.

avait achetée enceinte, et qui accoucha d'un garçon, en même temps qu'une favorite donnait le jour au prince Muhammed. Sunbullu-Aga fit obtenir à son esclave l'emploi de nourrice du jeune prince : elle sut se concilier si bien les bonnes grâces du Sultan, que la vive affection qu'il ressentait pour elle passa jusqu'à son fils, et qu'il le préférait même au sien propre. Cette injuste prédilection, et la faveur dont jouissaient la nourrice et son protecteur le kyzlar-agaçi, excitèrent la jalousie de la Sultane-Khassèki, mère du prince Muhammed. Un jour qu'Ibrahim se promenait dans les jardins du sérail, accompagné de la nourrice du prince, et de l'enfant de cette esclave, auquel il prodiguait ses caresses, la Sultane-Khassèki, qui les observait, s'approcha du Grand Seigneur, et lui montrant le jeune Muhammed qu'elle tenait dans ses bras : « Voilà, dit-elle « avec véhémence, voilà celui qui est « votre fils et qui a droit à votre « amour! » Cette brusque apostrophe irrita tellement le Sultan, qu'il arracha Muhammed du sein de sa mère et le jeta dans une citerne, où le rejeton impérial aurait péri, si on ne lui eût porté de prompts secours. Après une semblable scène, le kyzlar-agaçi redoutant la vengeance de la Sultane-Khassèki, obtint la permission de quitter le sérail avec l'esclave et son fils, sous prétexte de faire le pèlerinage de la Mecque. Sunbullu-Aga partit avec une petite flotte, qui fut attaquée par les chevaliers de Malte, et tomba en leur pouvoir : le kyzlar-agaçi périt en combattant. Les vainqueurs crurent s'être emparés de l'héritier présomptif du trône des Osmanlis, et le petit esclave fut traité avec les plus grands honneurs : lorsque les chevaliers apprirent leur erreur, ils le firent élever dans la religion chrétienne et le destinèrent à l'état monastique; ce personnage fut connu dans la suite sous le nom de *Padre Ottomano*, et passa dans toute l'Europe pour un descendant du Sultan. L'escadre maltaise, après sa victoire, fut obligée de relâcher à Candie, où les Vénitiens l'accueillirent très-bien; et ce fut là le prétexte dont se servit Sultan-Ibrahim pour déclarer la guerre à la république.

Candie (*Kirid*), si célèbre dans l'antiquité sous le nom d'île de Crète, offrait, par sa fertilité et l'étendue de son territoire, une proie trop riche pour ne pas tenter l'ambition de la Porte. Le siége en fut donc résolu. Le 4 rebi'ul-ewwel 1055 (30 avril 1645), la flotte ottomane, composée de plus de quatre cents voiles, et montée par cent mille hommes, partit de Constantinople : après une navigation périlleuse, elle arriva le 24 juin suivant dans la baie de Cogna, et le lendemain l'armée ottomane campa sur les collines en face de la Canée (*Khania*), l'une des principales villes de l'île de Candie. Les habitants furent saisis de terreur à l'aspect du danger imprévu qui les menaçait ; car le secret avait été bien gardé sur cette expédition, et Venise douta jusqu'au dernier moment de l'intention de Sultan-Ibrahim, et mit, dans ses mesures de défense, une hésitation funeste. Les vaisseaux ottomans, qui, dans la traversée, avaient été dispersés par la tempête et jetés sur les possessions de la république, y furent accueillis avec des démonstrations amicales. Le provéditeur vénitien de Cerigo (*Cythère*) envoya au kapoudan-pacha le présent ordinaire de sucre et de café; et à Constantinople, le baile lui-même ne se doutait encore de rien, quand on le mit au château des Sept-Tours.

Le 27 juin, toute l'artillerie et les munitions étant débarquées, la tranchée fut ouverte, et, au bout de cinquante jours, la Canée capitula. Le sérasker Youcouf-Pacha accorda à la garnison les honneurs de la guerre. Une semaine après l'entrée des vainqueurs dans la place, la cathédrale et deux autres églises furent converties en mosquées. Ce ne fut qu'un mois plus tard que les flottes vénitiennes commencèrent à paraître, mais sans pouvoir atteindre l'escadre ottomane.

Constantinople célébra la conquête de la Canée par des réjouissances publiques; et le Sultan envoya au silihdar un kaftan et un cimeterre d'honneur. L'influence que l'heureuse issue de l'expédition de la Canée avait donnée à Youçouf-Pacha éveilla bientôt la jalousie du grand vézir Sultan-Zadè-Muhammed. Des suggestions perfides ébranlèrent l'amitié du Sultan pour son favori; mais, bientôt détrompé, le monarque fit tomber sa colère sur le premier ministre, qui fut destitué; le sceau impérial fut donné alors au defterdar Salih-Pacha. Cependant le vainqueur de la Canée, après avoir résisté aux accusations de l'envie, succomba bientôt devant un caprice de son maître. Sultan-Ibrahim ayant voulu l'envoyer avec de nouvelles troupes au siége de Candie pendant l'hiver, Youçouf-Pacha lui représenta que la mer n'était pas navigable, et que c'était exposer les vaisseaux à une perte inévitable. Irrité de ce refus d'obéir, le Sultan s'emporta : Youçouf eut l'imprudence de répondre à S. H. qu'elle *n'entendait rien aux affaires de mer*; ces mots exaltèrent au plus haut degré la colère de ce monarque, non moins entêté qu'inhabile, et il ordonna la mort de son ancien favori. Youçouf qui était gendre du Sultan, lui écrivit en vain pour solliciter son pardon : Ibrahim fut inflexible, et la cruelle sentence fut exécutée. Cette injustice causa une rumeur violente parmi les troupes; mais le supplice de quelques-uns des mécontents ramena bientôt la terreur et l'obéissance.

Cependant la flotte vénitienne, qui n'avait pu arriver assez à temps pour empêcher la prise de la Canée, se vengea en abordant à Patras (*Balia-Badra*), à Coron et à Modon, où elle fit cinq mille prisonniers. Sultan-Ibrahim, furieux de cette perte, ordonna un massacre général des chrétiens établis dans son empire. Si cette cruelle sentence avait été exécutée, la capitale seule aurait vu tomber deux cent mille têtes de Grecs et d'Arméniens ; mais, sur les représentations du mufti Abou-Sa'id, le Sultan renonça à cette mesure sanguinaire.

A l'époque de l'arrivée à Constantinople de M. de Vantelet, le bruit ayant couru qu'il apportait de fortes sommes d'argent, ses caisses furent enlevées, ainsi que dix mille écus qu'elles renfermaient; et il fallut l'intervention du grand vézir pour en obtenir la restitution.

Cependant Rakoczy continuait, malgré les ordres du Sultan, ses incursions sur le territoire autrichien. Après avoir conclu la paix avec l'empereur, le prince de Transylvanie envoya à la Porte le conseiller Étienne Szalanczi : il portait des présents pour les vézirs et le tribut de la principauté, mais non celui de vingt mille écus, stipulé pour les sept comitats hongrois. Cet ambassadeur fut si mal reçu, qu'il fit une maladie occasionnée par l'effroi où le jeta la colère du Sultan.

Dans le mois de safer 1056 (avril 1646), l'ex-grand vézir Sultan-Zadè-Muhammed, nommé sérasker de l'expédition contre la Crète, partit avec le kapoudan-pacha Mouça, pour s'opposer aux progrès des Vénitiens qui ravageaient Ténédos et la plaine de Troie. Ces derniers furent en effet obligés de se rembarquer; mais la mésintelligence s'étant mise entre Mouça-Pacha et Sultan-Zadè-Muhammed, il n'y eut point d'engagement sérieux entre les flottes ottomane et vénitienne. Deux mois plus tard, le sérasker mourut de la fièvre dans l'île de Crète, où l'escadre du Sultan avait abordé le 10 rebi'ul-akhir 1056 (26 mars 1646). Avant cette arrivée, plusieurs avantages avaient été remportés par les troupes ottomanes qui avaient ouvert la campagne de Crète : un couvent fortifié, appelé *le Cloître des citernes*, les villes de Kisamo, de Gladisso et d'Apricorno tombèrent au pouvoir des Osmanlis; et plus tard Huçein-Pacha, nommé général en chef après la mort de Sultan-Zadè-Muhammed, et le gouverneur de la Canée, s'emparèrent de Rétimo (en turc *Resmo*, autrefois *Rhitymna*), l'une des principales places de l'île. Le siége dura quarante jours, et la garnison obtint la libre retraite et les honneurs de la guerre. La cathédrale de la ville conquise fut consacrée à l'islamisme. La conquête de Rétimo causa la plus grande joie à Constantinople, et y fut célébrée par des fêtes qui durèrent trois jours.

A Erzroum, un faux Abaza chercha à faire révolter la population : il prétendait avoir échappé au bourreau qui, sous Murad IV, avait été chargé de le mettre à mort. Le gouverneur d'Erzroum envoya à Constantinople la tête de l'imposteur.

Une année après la conquête de Rétimo, l'armée ottomane essaya vainement de réduire la ville de Candie (*Kandia*), capitale de l'île : mais l'honneur de la soumettre n'était pas réservé à Sultan-Ibrahim ; et ce ne fut que vingt-cinq ans plus tard, et sous le règne suivant, qu'elle céda aux efforts du célèbre Kupruli, vulgairement *Cuproli*, grand vézir de Muhammed IV. Quelques escarmouches sans résultat eurent lieu ; et Mouça-Pacha ayant été bloqué dans le port d'*Anapoli* (Naples de Romanie) par les Vénitiens, on le déposa, et sa place fut donnée à Fazli-Pacha, gendre du Sultan. Le nouveau kapoudan-pacha arriva en Candie le 28 cha'ban 1057 (28 septembre 1647), après un long combat avec la flotte chrétienne.

Pendant que ces événements se passaient en Crète, une armée de vingt mille hommes, sous les ordres d'Ali-Beï, gouverneur de Licca, attaquait les Vénitiens dans la Dalmatie : cette campagne en terre ferme n'eut pas un grand succès : les Ottomans perdirent les villes de Macarsca, d'Iacinizza, de Zemonico, de Polissane, d'Islam, de Succovar et quelques autres encore : ils s'emparèrent en revanche de Zara-Vecchia, de Vodizza, de Rasanza, de Torretta et de Novigrad ; mais cette dernière place fut bientôt reprise par les Vénitiens.

Tandis que la guerre désolait la Crète et la Dalmatie, Sultan-Ibrahim s'abandonnait de plus en plus aux plaisirs du sérail, et se livrait à tous les caprices de son despotisme. Ayant été retardé plusieurs fois dans ses promenades par des chariots qui obstruaient la voie publique, il avait défendu au grand vézir Salih-Pacha de les laisser entrer dans Constantinople. Un jour que le Sultan se rendait au quartier de Daoud-Pacha, il fut encore une fois arrêté par un chariot, et, dans sa colère, il condamna à mort le malheureux ministre, sans même lui laisser le temps de prononcer un mot pour sa justification.

En mars 1648, la flotte vénitienne fut anéantie à Ipsara, dans l'Archipel, par une violente tempête. Le sèrasker commença à dresser de nouvelles batteries et à ouvrir les tranchées devant Candie ; mais ce fut encore inutilement, et les troupes ottomanes ne firent point de progrès dans l'île pendant toute cette année.

De nouvelles rébellions, occasionnées par la cruauté du Sultan, troublèrent encore l'empire : le fils de Salih-Pacha, Muhammed, gouverneur d'Erzroum, fut chargé par le nouveau grand vézir Ahmed-Pacha de réduire la garnison de Kars, qui s'était révoltée. Craignant que le premier ministre ne voulût l'envoyer à la mort, comme il l'avait déjà fait pour les frères de Salih-Pacha, Muhammed, au lieu de se rendre à Kars, se sauva dans Ak-Sèraï, où il s'entoura des anciens serviteurs de son père et de ses oncles, et de toutes les troupes qu'il put gagner à sa cause : il se réunit à Wardar-Ali-Pacha, gouverneur de Siwas (*Sebaste*), qui s'était aussi attiré la haine du grand vézir pour avoir refusé d'envoyer au harem d'Ibrahim la jeune Pèri-Khanum, fille de Marouk-Khan et fiancée à Ipchir-Pacha. Mais ce dernier, loin d'être reconnaissant envers Wardar-Ali-Pacha, le fit prendre par trahison et étrangler avec ses principaux officiers. Sultan-Ibrahim ordonna, en outre, que l'épouse du rebelle serait attachée à quatre pieux et déshonorée publiquement ; mais, sur les représentations de ses ministres, il révoqua cette honteuse sentence.

Sultan-Ibrahim joignait à son goût pour la débauche, celui d'une prodigalité ruineuse et insensée : le grand vézir Ahmed-Pacha, dans l'espoir de devenir gendre de son souverain, avait répudié sa femme : celle-ci entra dans le harem de S. H., qui donna Bibi-Sultane, sa plus jeune fille, en mariage au premier ministre. Dans les fêtes auxquelles cette double union donna lieu, le luxe le plus inouï fut déployé : on remarquait surtout deux palmes de noce aussi hautes que des minarets, et incrustées d'or et d'argent.

Un des caprices les plus coûteux de Sultan-Ibrahim fut la manie des fourrures qui s'empara de lui. Il voulut faire garnir de pelleteries tout l'intérieur du palais d'Ibrahim-Pacha, séjour de son esclave favorite Telli; et, pour satisfaire à cette passion extravagante, on fut obligé d'établir un nouvel impôt, qui s'appela *taxe de fourrure et d'ambre*, et tous les gouverneurs de l'empire furent obligés de fournir de grandes quantités de peaux.

Cédant sans doute à une fantaisie de ses femmes, un jour Sultan-Ibrahim fit tresser dans sa barbe des bagues ornées de pierres précieuses, et parut ainsi en public. Une autre fois, il envoya un cavalier qui parcourut la ville en faisant fermer toutes les boutiques, et même les portes de Constantinople; mais à peine cette mesure était-elle exécutée, que des crieurs publics les firent rouvrir, sans que l'on pût savoir le motif de ces ordres bizarres.

Épuisant le trésor de l'État en futiles dépenses, le Sultan employa une somme considérable à la construction d'un bateau (*caïk*) enrichi de pierreries, et fit fabriquer des couronnes magnifiques pour deux de ses favorites.

Ce luxe effréné, ces caprices ruineux ou tyranniques, excitèrent un mécontentement général; mais le Sultan ne tenait aucun compte des plaintes ni des avis : la Sultane-Validé lui ayant fait des représentations à ce sujet, fut exilée dans le jardin d'Iskender-Tchèlèbi. Cette conduite odieuse et imprudente faisait fermenter sourdement des levains de révolte : un nouvel acte de despotisme barbare vint bientôt faire éclater l'irritation populaire longtemps contenue : le 16 rèdjeb 1058 (6 août 1648), Baky-Beï, fils du grand vézir, fut fiancé avec une fille d'Ibrahim, âgée de huit ans; des fêtes eurent lieu à cette occasion, et les principaux officiers des janissaires y furent invités par Ahmed-Pacha. Avertis à temps que cette invitation était un piége, et qu'ils devaient être assassinés pendant le festin, ils réussirent à se sauver, se réfugièrent dans la mosquée du centre (*orta-djami*), et convoquèrent leurs soldats, ainsi que les sipahis. On envoya le prédicateur de la mosquée vers le mufti, qui rassembla le corps des oulèmas et se rendit avec eux auprès des révoltés. Alors la déposition d'Ahmed-Pacha fut décidée, et sa place donnée au vieux Muhammed-Pacha : le nouveau grand vézir fut député vers le Sultan qui lui donna le sceau, et lui dit qu'il comptait sur son dévouement pour obtenir la délivrance d'Ahmed-Pacha; mais les rebelles, à qui Muhammed-Pacha rapporta les paroles du Sultan, exigèrent impérieusement que l'ex-ministre leur fût livré. Tandis que Muhammed-Pacha répétait en tremblant à Ibrahim les volontés du peuple, le Sultan, qui lui attribuait ce soulèvement, saisit le vieillard par la barbe et s'oublia jusqu'à le frapper : le vieux ministre, saisi d'effroi, renvoya le sceau de l'empire au mufti, en le priant de faire accepter sa démission; mais les agas des janissaires le rassurèrent et le reconduisirent à la mosquée. Les révoltés s'emparèrent alors des portes de la ville; ils décidèrent de mettre à mort Ahmed-Pacha, de déposer Sultan-Ibrahim, et de le remplacer par un de ses fils. Le *khaznèdar* (trésorier) Moustapha, envoyé vers les rebelles pour les sommer, au nom du Sultan, de se disperser, ne put réussir, et fut chargé par eux de demander à Sa Hautesse la suppression de la vénalité des charges, l'éloignement des sultanes favorites, et la mort du grand vézir. Cependant ce dernier, redoutant la vengeance populaire, s'était d'abord retiré dans son harem, et ensuite, ne s'y croyant pas en sûreté, il avait gagné la demeure d'un de ses amis nommé Dèli-Burader. Mais un *muhzur* (huissier) ayant suivi ses pas, avertit le *muhurdar* (garde du sceau) et le khaznèdar qui vinrent retrouver leur maître; Dèli-Burader nia de l'avoir reçu chez lui : Ahmed craignant d'être découvert se réfugia successivement chez deux personnes en qui il avait confiance; le second, Hadji-Behram, livra le malheureux fugitif à son rival Muhammed-Pacha. Celui-ci le reçut avec tous les dehors de l'amitié, et se leva pour l'embrasser : Ahmed-Pacha demanda la vie à Muhammed, qui tacha de le rassurer, et lui fit espérer que les troupes pourraient être apaisées avec de l'argent. Pendant ce temps, le nouveau vézir avait fait demander au mufti un fetwa qui décidât du sort du prisonnier. Ahmed, resté seul avec ses deux pages, vit bientôt paraître le kiahïa de Muhammed-Pacha, Huçein-Aga, qui lui demanda la liste de ses richesses, et reçut sept mille sequins qu'Ahmed le pria d'offrir à son maître. A peine ce messager était-il sorti, qu'on vint chercher Ahmed-Pacha : conduit aux portes de la ville par le bourreau et son aide, l'ex-grand vézir fut étranglé, et son corps transporté sur l'Hippodrome (*), où bientôt les soldats vinrent aussi jeter les restes sanglants de Muslihud-din, grand juge de Roumilie, que sa vénalité et ses débauches avaient rendu l'horreur de l'armée. L'ancien juge de la Mecque, Bëiazi-Haçan-Efendi, fut envoyé auprès du Sultan pour l'engager à se montrer aux troupes, mais il ne put l'y décider. La Sultane-Validé, sur l'invitation des rebelles, se rendit à la mosquée, et chercha vainement à les dissuader du projet de déposer Ibrahim. Voyant enfin que la résolution des troupes était inébranlable, elle alla, à leur demande, chercher son petit-fils Muhammed, âgé seulement de sept ans, qui, reçu aux acclamations générales, fut salué empereur, le 18 rèdjeb 1058 (8 août 1648).

Le silihdar, le tchokadar et le bostandji-bachi, suivis des vézirs et des oulèmas, se rendirent alors auprès d'Ibrahim, et lui signifièrent sa déposition et l'élévation au trône de son fils Sultan-Muhammed. Ibrahim discuta longtemps avec eux, les accabla de reproches et de malédictions; enfin, voyant que la résistance était inutile, il se laissa conduire en prison, en s'écriant : « *Ceci m'était écrit sur le « front; c'est l'ordre d'Allah!* »

A peine dix jours s'étaient-ils écoulés depuis l'emprisonnement de Sultan-Ibrahim, que les sipahis murmurèrent d'être gouvernés par un enfant, et demandèrent la réinstallation de son père. Dans ces circonstances critiques, le mufti et les principaux dignitaires qui avaient renversé Ibrahim, craignant son retour au pouvoir, résolurent sa mort. Le 28 rèdjeb 1058 (18 août 1648), ils se rendirent au sérail avec le bourreau Kara-Ali. Tous les serviteurs du palais s'étaient enfuis, effrayés de la scène sanglante qui allait s'y passer. Le bourreau lui-même, tremblant de porter la main sur le padichâh, se jeta aux pieds du grand vézir, et le supplia en pleurant de le mettre à mort plutôt que de l'obliger à remplir son terrible office. Mais Muhammed-Pacha lui donna un coup de bâton sur la tête, en lui disant : « Viens, maudit ! » et il entra dans la prison avec le mufti, suivi de Kara-Ali et de son aide. Ibrahim, en les voyant, se leva avec effroi, et s'écria : « N'y a-t-il parmi ceux « qui ont mangé mon pain, personne « qui prenne pitié de moi et veuille me « protéger?..... Ces cruels veulent me « tuer! Grâce! grâce! Vois, Abdurra- « him! ajouta-t-il en s'adressant au « mufti; Youçouf-Pacha m'avait con- « seillé de te faire mourir comme un « traître.... Je ne t'ai point tué, et tu « veux me tuer maintenant ! Lis l'Écri-

---

(*) Lorsqu'on enleva de l'Hippodrome le corps d'Ahmed-Pacha, un janissaire eut la singulière idée de vendre la chair de l'ex-grand vézir, à raison de dix aspres le morceau. Suivant ce boucher, médecin d'une nouvelle espèce, ces lambeaux sanglants étaient un excellent remède contre les névralgies. Le peuple, instruit de la vertu curative que l'on attribuait au cadavre d'Ahmed-Pacha, accourut avec des couteaux, et se partagea ses restes. C'est cette circonstance bizarre qui a fait donner à Ahmed-Pacha le surnom de *hèzarparè* (déchiré en mille morceaux.)

« ture sainte, le Coran, la parole de
« Dieu, qui condamne les cruels et les
« injustes! » Mais toutes ses supplications furent inutiles; et tandis qu'il exhalait son désespoir en blasphèmes et en malédictions contre le peuple ottoman, les bourreaux le saisirent et serrèrent le funeste cordon : son corps fut ensuite lavé, et enseveli dans le turbè de Sultan-Moustapha.

Sultan-Ibrahim avait régné neuf ans et neuf mois lunaires. Ce monarque, d'une nullité déplorable sous le rapport de la capacité et de l'énergie, s'abandonnant à tous les excès de la débauche, passa, pour ainsi dire, sa vie au fond du harem. Pour ranimer la vigueur épuisée de son fils, la Sultane-Validè, accompagnée des vézirs, lui amenait chaque vendredi de jeunes et belles esclaves. Sous le règne de ce Sultan, leur prix s'éleva jusqu'à deux mille piastres, somme énorme pour le temps. L'abus immodéré de ces plaisirs, pour lesquels il paraissait peu fait, altéra sa santé, et le rendit hypocondriaque et sujet à de fréquentes attaques d'épilepsie. Pour se fortifier les nerfs, il avait pris l'habitude de boire de l'ambre dissous dans du café très-chaud, ou de le respirer en parfum; aussi cette substance odorante se vendit à des prix exorbitants. Une nuit, Ibrahim ayant demandé de l'ambre, dont le harem se trouvait dépourvu dans ce moment, on envoya chercher à Galata un négociant anglais qui en avait un énorme morceau : réveillé brusquement au milieu de son sommeil par l'ordre de Sa Hautesse, le commerçant effrayé se crut un instant la victime d'un caprice du despote, et ne se rassura qu'à la vue des treize mille piastres qui lui furent comptées pour sa précieuse marchandise.

Ce prince efféminé eut sept Sultanes-*Khassèkis* ou *intimes*, qui avaient chacune les revenus d'un sandjak, possédaient de plus des voitures et des barques enrichies de pierreries, et s'entouraient d'une cour nombreuse : outre les Sultanes-Khassèkis, il y avait encore les esclaves favorites, qui disposaient à leur gré des charges de l'État et des trésors de leur maître. Tout le temps qu'Ibrahim ne consacrait pas à ses femmes, il le passait au milieu des musiciens (*zurnadar*, *neïzen* et *tablzèn*), ou des bouffons et des baladins. Dans un accès d'enthousiasme, il conféra à l'un de ces derniers le titre d'aga des janissaires, et à un artificier qui avait représenté un combat naval, la dignité de kapoudan-pacha.

Dans cette cour voluptueuse, les plaisirs et les raffinements du luxe et de la mollesse étaient regardés comme l'affaire la plus importante : le juge de Brousse, Idris-Efendi, mettait tout son zèle à approvisionner le sérail d'une grande quantité de neige pour faire des sorbets, et allait lui-même la chercher sur le mont Olympe (*). S'y étant égaré un jour, on crut qu'il avait été enseveli sous quelque avalanche; et lorsqu'il reparut et rentra à Brousse, il trouva sa place occupée par un protégé de la blanchisseuse du harem.

Sous Ibrahim, l'empire ottoman, ébranlé par de fréquentes commotions intérieures, et appauvri par des prodigalités insensées, marchait avec rapidité vers sa décadence, lorsque la mort de ce prince vint arrêter les progrès du mal. D'ailleurs l'armée obéissait encore à l'impulsion donnée par le sévère Murad IV; et les triomphes qu'elle obtint au dehors servirent de contrepoids aux troubles occasionnés par les sanglants caprices et la honteuse dissolution d'un souverain indigne d'occuper le trône des Osmanlis.

CHAPITRE XX.

SULTAN-MUHAMMED-KHAN IV, FILS DE SULTAN-IBRAHIM-KHAN.

Le 26 rèdjeb 1058 (16 août 1648), le jeune Sultan Muhammed, richement

---

(*) C'est une des redevances de la province de Brousse (*le Khoudawendghiar*); et des transports journaliers à dos de mulet sont organisés pour faire arriver au sérail la quantité de glace et de neige qui est nécessaire à la consommation du palais impérial et des grands officiers de l'empire.

vêtu, et la tête couverte d'un *sèlimi* (turban inventé par Sultan-Sèlim Ier) surmonté de plumes de héron que fixait une agrafe de diamants, se rendit à la mosquée d'Eïoub pour y ceindre le cimeterre. Le nouveau souverain, à peine âgé de sept ans, était monté sur un superbe cheval que le grand écuyer (*mir-akhor-ewwel*) (*) conduisait par la bride : à ses côtés s'avançait le grand vézir Soufi-Muhammed-Pacha ; au lieu du riche kaftan et du turban à lames d'or, le ministre avait pris le modeste costume des derviches Mewlèwis. Après cette cérémonie publique, il fallut s'occuper de payer aux troupes le denier d'avénement. La pénurie du trésor, épuisé par les prodigalités de Sultan-Ibrahim, obligea de recourir à des mesures extraordinaires. Djindji-Khodja, qui, sous le règne précédent, avait amassé une immense fortune, fut sommé de contribuer au présent d'usage. Après avoir abandonné à regret ses trésors, Djindji subit une détention d'un mois, et partit ensuite pour le sandjak d'Ibrim en Nubie, dont il avait obtenu le commandement; mais, ayant laissé échapper des paroles imprudentes sur la spoliation dont il était victime, il fut mis à mort à Moukhalidj, où un accès de goutte le força de s'arrêter. Ce personnage, qui joua un grand rôle sous Sultan-Ibrahim, n'était d'abord qu'un simple *softa*, ou étudiant dans un mèdrèçè de Constantinople. Il s'appelait alors Molla-Huçeïn : adonné à la pratique des sciences occultes, il avait su s'attirer la confiance du peuple, et surtout celle des femmes : sa réputation parvint aux oreilles de la Sultane-Validè, mère d'Ibrahim, dans un moment où ce prince, épuisé de débauches, cherchait, par des moyens surnaturels, à retrouver des forces que toute la science des médecins ne pouvait lui rendre. Les heureux effets qu'Ibrahim crut ressentir des pratiques cabalistiques de Molla-Huçeïn firent la fortune de cet imposteur, qui, depuis, fut connu sous le nom de *Djindji-Khodja*, c'est-à-dire, le maître qui conjure les esprits malfaisants. Après avoir passé rapidement par les divers grades du corps des oulèmas, il parvint à la dignité de kazi-asker, et fut longtemps le premier officier du sérail et le favori de Sultan-Ibrahim.

Le commencement du règne de Sultan-Muhammed fut signalé par une révolte des itch-oghlans, ou pages de Galata-Sèraï. Elle fut provoquée par l'oubli volontaire des promotions d'usage à chaque nouveau règne, époque où un certain nombre d'itch-oghlans étaient élevés à diverses places, ou bien passaient dans les rangs des sipahis. Ces derniers, mécontents du grand vézir Soufi-Muhammed-Pacha, se joignirent aux pages révoltés ; et l'on ne put parvenir à réprimer la rébellion qu'en armant les janissaires, qui firent un grand massacre des pages et des sipahis.

Tandis que la capitale était agitée par ces troubles, l'Asie Mineure devenait aussi le théâtre de la guerre civile : Ahmed-Pacha, gouverneur de l'Anatolie, après avoir battu le rebelle Haïder-Oghlou et son lieutenant Katirdji-Oghlou, tomba entre les mains du premier, qui le fit dépouiller et le renvoya avec mépris. Mais bientôt poursuivi et atteint par Katirdji-Oghlou moins clément que son chef, Ahmed-Pacha fut massacré. Muhammed-Pacha, qui le remplaça dans son gouvernement, chargea le mutèçellim Haçan de venir à bout du rebelle. Attaqué à l'improviste, dans une vallée près de Sparta, Haïder-Oghlou fut blessé dans la mêlée, fait prisonnier et conduit à

(*) *Le grand écuyer* (mir-akhor-ewwel, ou buïuk-imrohor) est un des cinq officiers appelés *agas de l'étrier impérial* (rèkiab-aghalari), et qui portent le costume des oulèmas. Le *mir-akhor-ewwel* est le chef des écuyers et des équipages du Sultan ; il a l'intendance des prairies domaniales, qui s'étendent, d'un côté, jusqu'à Andrinople, et de l'autre jusqu'à Brousse. Il fait payer une redevance aux personnes qui veulent y faire paître leurs chevaux. Il a sous ses ordres les écuyers, les palefreniers, les *voïnouks* ou valets de l'armée, les *korou-aghas* (forestiers), les selliers, muletiers et chameliers du palais.

Constantinople, où il fut pendu près de la porte appelée *Parmak-Kapouçi*. Son vainqueur Haçan fut nommé *turkmen-agaçi* (chef des hordes turcomanes de l'Anatolie), et reçut un kaftan d'honneur.

Le grand vézir Soufi-Muhammed, après voir triomphé de l'insurrection des itch-oghlans et des sipahis, devait tomber devant la coalition de la Sultane-Validé, de l'aga des janissaires Murad, et du silihdar Kara-Tchaouch. Une circonstance favorable se présenta bientôt pour mettre à exécution leur projet. Dèli-Huçeïn, qui assiégeait l'île de Crète, avait été forcé de lever le siége, à cause du manque de soldats et de munitions de guerre : une flotte fut envoyée à son secours; le kapoudan-pacha, qui la commandait, livra bataille à l'escadre vénitienne près de l'ancienne Phocée : abandonné par les vaisseaux que montaient les janissaires, dont la révolte éclata dès le commencement de l'action; privé de ses plus forts navires, qui étaient ancrés à Métélin, et en ayant perdu quelques autres, incendiés par l'ennemi, le kapoudan-pacha se retira à Rhodes, d'où il mit à la voile pour Candie. Les adversaires du grand vézir s'en prirent à lui du malheur arrivé à la flotte ottomane, et en profitèrent pour le perdre. Dans un conseil tenu au sérail, et présidé par le jeune Sultan assisté de son aïeule, Soufi-Muhammed-Pacha, réprimandé de la bouche même du souverain, enfant de sept ans qui répétait la leçon que la Sultane-Validé lui avait apprise, se vit destitué, et remplacé, séance tenante, par son ennemi Kara-Murad, aga des janissaires. Soufi-Muhammed-Pacha, relégué à Malghara, fut étranglé peu de temps après son arrivée au lieu de son exil. Ce ministre laissa la réputation d'un homme dur, vindicatif, avide de richesses, et qui cachait ses vices sous les dehors de la piété.

Des ambassadeurs de diverses puissances d'Europe et d'Asie vinrent, dans la seconde année du règne de Sultan-Muhammed, lui porter les félicitations de leurs souverains et renouveler les traités de paix. Le prince des Uzbeks et le Châh de Perse envoyèrent de riches présents. Le fils de Rakoczy fut confirmé dans la souveraineté de la Transylvanie; et la Porte s'engagea à le défendre contre les incursions de ses voisins.

Le 1ᵉʳ juin 1649, la trêve de Sitvatorok fut renouvelée avec l'Autriche pour vingt-deux années : l'interprète impérial s'efforça vainement de faire supprimer le tutoiement dans la lettre de ratification du Sultan, adressée à l'empereur Ferdinand III.

L'avénement de Sultan-Muhammed fut notifié à la Russie, à la Pologne et à l'Espagne; et, malgré les efforts de l'ambassadeur français relativement à cette dernière puissance, le tchaouch Ahmed fut accrédité auprès de la cour de Madrid.

Une nouvelle révolte dans l'Asie Mineure vint encore troubler la tranquillité publique : Gurdji-Nèbi, chef de l'insurrection, se réunit au rebelle Katirdji-Oghlou, et marcha sur Constantinople. Les sipahis et les janissaires furent dirigés conjointement du côté de Nicomédie, où les mutins avaient déjà leurs avant-postes. Ceux-ci accueillirent amicalement les janissaires, burent le café avec eux, et leur dirent qu'ils ne leur en voulaient pas, et ne demandaient autre chose que la destitution du mufti. Le grand vézir, qui s'était rendu à Scutari avec dix mille hommes, écouta les propositions d'arrangement que lui fit faire Gurdji-Nèbi; et il était sur le point d'entrer en accommodement avec lui, lorsque la désertion du beï de Brousse, qui passa du côté des rebelles avec tous ses soldats, vint forcer Kara-Murad au combat. Il eut lieu le 26 djemazi-ul-oukhra 1059 (7 juillet 1649), et se termina à l'avantage des factieux. Mais la désunion s'étant bientôt glissée entre eux, les chefs se séparèrent; Gurdji-Nèbi fut défait par Ishak, beï de Kyr-Chèhri, qui envoya au Sultan la tête du rebelle, et reçut, en récompense, le gouvernement de Karamanie.

En Crète, la mort du kapoudan-pacha Ahmed, et une révolte des troupes avaient arrêté les opérations du siége de Candie : les soldats refusaient de se battre tant qu'on ne leur enverrait pas des mineurs et des armuriers. Pour surmonter cette difficulté, les capitaines des navires de guerre offrirent au sèrasker Huçeïn-Pacha leurs pionniers, leurs *lewends* (soldats de marine) et leurs matelots; et le siége recommença le 21 cha'ban 1059 (30 août 1649). Il dura deux mois : au bout de ce temps, un khatti-chèrif, sollicité par les envieux du sèrasker Huçeïn, ayant autorisé quinze cents janissaires à quitter le camp, les autres troupes refusèrent de rester davantage; et le sèrasker fut obligé d'abandonner l'attaque de Candie et de prendre ses quartiers d'hiver.

Vers la fin de 1649, le jeune Sultan et ses trois frères furent circoncis. Par un dérangement de l'appareil, le Sultan ayant éprouvé une perte de sang qui le fit évanouir, le kyzlar-agaçi Ibrahim, que l'on voulut rendre responsable de cet accident, fut exilé en Égypte.

Les rebelles Boïouni-Yarali-Muhammed, ex-gouverneur d'Anatolie, et Katirdji-Oghlou, ancien compagnon d'armes du fameux Haïder, furent graciés tous les deux. En présentant le dernier au Sultan, le grand vézir s'exprima en ces termes : « Ceci est le « sanglier (*khynzir*) (*), nommé Ka- « tirdji-Oghlou, qui vient se traîner à « vos pieds dans la poussière pour de- « mander sa grâce. »

Peu de temps après que le calme eut été rétabli dans Constantinople, le grand vézir Kara-Murad se résigna à remettre volontairement le sceau de l'empire entre les mains du Sultan : cette mesure lui fut dictée par la conviction où il était qu'il ne pourrait résister aux intrigues de son ennemi le koulkiahïa (lieutenant général des janissaires), qui était soutenu par la jeune Sultane-Validè. Kara-Murad fut nommé gouverneur de Bude, et Mèlek-Ahmed-Pacha obtint le grand vézirat.

Cependant la guerre contre Venise continuait en Crète et en Dalmatie. Deux forts furent construits devant Candie. Le général vénitien réussit à s'emparer de San-Todero; et la flotte de la république établit un blocus rigoureux à l'embouchure des Dardanelles, où le kapoudan-pacha, sorti de Constantinople en mai, fut forcé de s'arrêter. Vers la fin d'août 1650 (ramazan 1060), les Ottomans remportèrent un avantage signalé sous les murs du château d'Istina en Dalmatie.

Dans le mois de djemazi'ul-oula 1061 (mai 1651), le mufti Bèhaïi-Efendi, homme d'un caractère très-emporté, fut déposé. Nous ne parlerions pas de cette disgrâce, peu intéressante comme fait isolé, si elle n'avait eu quelque influence sur les affaires politiques. Bèhaïi s'était attiré la haine de tous ceux qui, sous le nom d'orthodoxes (*sunnis*), blâmaient les danses et les chants des derviches, comme contraires à la pureté de l'islamisme. Le mufti, protecteur des ordres des Mewlèwis et des Khalwètis, dont les exercices religieux se faisaient en dansant au son des flûtes, avait en outre déclaré légitime l'usage de la pipe et du café : c'en était assez pour soulever contre lui les rigides disciples du cheikh Oustouwani : ils mirent donc tout en œuvre pour déterminer la chute de leur ennemi; ils dressèrent une liste de toutes les nominations illégales faites par le mufti aux places de muderris et de juges, et la firent présenter à la Sultane-Validè : mais cette princesse refusa de sacrifier Bèhaïi à ses adversaires. La conduite imprudente du mufti envers l'ambassadeur anglais, que Bèhaïi retint prisonnier, après avoir eu une vive altercation avec lui, provoqua de la part des agas des janissaires une nouvelle démarche auprès de la Sultane-

---

(*) Cette épithète de mépris est trop fréquemment dans la bouche des Osmanlis, qui l'appliquent à leurs ennemis vaincueurs ou vaincus. Il en est de même d'une foule d'autres expressions grossières que les écrivains nationaux ne se font pas scrupule de répéter, et qui nous semblent indignes de la gravité de l'histoire et des personnages élevés qui ont pu s'en servir.

Validè pour obtenir la déposition du mufti. Cette seconde tentative n'ayant pas mieux réussi que la première, les janissaires, qui s'étaient rassemblés dans le palais d'Ibrahim sur l'Hippodrome, déclarèrent qu'ils ne se sépareraient que lorsqu'on aurait fait droit à leur demande. Cette démonstration énergique des troupes put seule décider le conseil du Sultan à céder. Le grand-juge Kara-Tchèlèbi-Zadè-Aziz-Efendi fut revêtu de la dignité de mufti, et Bèhaïï fut exilé à Lamsaki (*Lampsaque*).

Quatre mois plus tard, le grand vézir Mèlek-Ahmed, dont les mesures financières excitaient le plus grand mécontentement, dut se retirer devant une émeute de tous les corps de métiers, qui ne voulurent pas accepter la monnaie altérée que ce ministre avait fait frapper. Siawouch-Pacha lui succéda.

Cependant une révolution plus importante se préparait. Jalouse de l'autorité que la jeune Validè Tarkhan-Sultane, mère de Muhammed, cherchait à s'arroger pendant la minorité de son fils, la vieille Sultane-Validè-Keuçem excita secrètement les janissaires à demander la tête du kapou-agaçi Khadim-Suleïman, et de quelques autres dignitaires, partisans de sa rivale. Divers historiens assurent même que pour ruiner entièrement le pouvoir de Tarkhan-Sultane, elle forma le projet d'empoisonner Sultan-Muhammed, et de donner le trône à Suleïman, son frère cadet, dont la mère, d'un caractère faible, n'était pas capable de disputer la domination à la vieille sultane. Les janissaires révoltés demandèrent le bannissement en Égypte des trois conseillers de la sultane mère. Cent vingt *zulufli-baltadjis* (*) dévoués à Khadim-Suleïman-Aga, se joignirent aux pages du sérail, et commencèrent par massacrer le *khass-oda-bachi* (*), qui était partisan de la Sultane-Keuçem. Ils envahirent ensuite, conduits par Khadim-Suleïman-Aga, la demeure de cette princesse, qui crut d'abord que c'étaient les janissaires : elle reconnut bientôt son erreur, et s'enfuit dans la pièce la plus reculée de ses appartements, où elle se cacha au fond d'une armoire. Elle en fut bientôt arrachée ; et, après avoir essayé inutilement de se débarrasser de ses persécuteurs en répandant l'or et les bijoux devant eux, elle fut étranglée avec les cordons d'un rideau. Son corps fut déposé dans la mosquée de Sultan-Ahmed.

Keuçem-Sultane était une femme remarquable par son caractère ferme, ses grandes qualités et l'étendue de ses facultés intellectuelles : elle exerça la plus haute influence sur l'État pendant les règnes de quatre empereurs, Sultan-Ahmed, dont elle eut plusieurs enfants, de ses fils Murad IV et Ibrahim, et de son petit-fils Muhammed IV. Tous les historiens sont unanimes dans les éloges qu'ils prodiguent à Keuçem-

---

(*) Les *zulufli-baltadjis* étaient des gardes du sérail attachés au service des officiers de la chambre (*khass-odaïs*), et subordonnés au silihdar-aga, *porte-glaive*. Ils avaient le même uniforme que les baltadjis : seulement leur bonnet de feutre fauve (*kulah*) était moins pointu, et il s'en échappait deux tresses de laine qui leur pendaient sur les joues ; c'est de ces tresses, appelés *zulf*, (mot arabe qui signifie *boucle de cheveux*) que dérive le nom de *zulufli-baltadjis*. Ils étaient commandés par dix officiers : le kiahïa, ou chef de la compagnie ; trois *eskiler*, c'est-à-dire, *anciens*; et six *couchdjis*, dont l'emploi consistait à faire les messages du Sultan et du *silihdar-aga*.

(*) Le *khass-oda-bachi* est, après le *kapou-agaçi*, le principal officier des *ak-agalar* ou eunuques blancs. Il est le dépositaire de l'un des trois cachets impériaux montés en bague, qui servent à sceller les fioles remplies d'eau bénite par l'immersion d'un bout du manteau de Mahomet, que le Sultan fait distribuer, le 15 du mois de ramazan, aux grands de sa cour. Le khass-oda-bachi était encore chargé de revêtir du kaftan les personnes honorées de cette distinction. Lorsque le Sultan se faisait raser la tête, les officiers de service se rangeaient devant lui, les mains croisées sur la ceinture ; et le khass-oda-bachi, la main droite appuyée sur un bâton à lames d'or et d'argent, se plaçait à quelques pas du sopha impérial.

Sultane ; ils ne cessent de louer ses bienfaits et le noble usage qu'elle fit de son pouvoir. Elle employait la plus grande partie de ses revenus à secourir l'infortune et à fonder des établissements de piété ou d'utilité publique, tels que le grand-khan, appelé khan de la Sultane-Validè; à Scutari, la mosquée qui porte le nom de cette princesse; à Constantinople, une autre mosquée qu'elle ne put achever; et enfin, en Égypte, l'aqueduc qui conduit l'eau du Nil dans le cloître des derviches khalwètis. Elle était si charitable qu'elle allait porter elle-même ses dons jusque dans les prisons et les hôpitaux. A la plus grande fermeté dans les affaires publiques, elle unissait, dans son intimité, une douceur de caractère qui la faisait adorer de ses serviteurs : elle donnait la liberté aux femmes, ses esclaves, dont elle était contente, et les mariait ordinairement à des officiers du sérail ; elle dotait même de pauvres filles qui n'étaient pas à son service ; enfin sa bonté s'étendait jusque sur ses pages, auxquels elle imposait un service moins sévère et moins rigoureux qu'auparavant. D'après tous ces détails, affirmés par les historiens orientaux, et qui peignent l'âme grande et généreuse de cette princesse, on peut à la rigueur admettre que, pour ruiner le crédit de la jeune Sultane-Validè, elle excita secrètement les janissaires à demander la tête des partisans de sa rivale; mais on répugne à croire qu'elle ait poussé l'amour de la domination jusqu'à projeter l'empoisonnement de son petit-fils Sultan-Muhammed.

Après la mort de Keuçem-Sultane, le grand vézir Siawouch se rendit au sérail, et prit toutes les mesures nécessaires pour la défense du palais. Le bostandji-bachi et le kirèdjdji-bachi(*), créatures de la vieille Sultane-Validè,

furent mis à mort : l'étendard du prophète fut déployé, et les itch-oghlans, les bostandjis, les baltadjis, entourèrent, l'épée à la main, le trône sur lequel Sultan-Muhammed vint s'asseoir.

Cependant la révolte n'était point encore apaisée. Le mufti et une partie des oulémas s'étaient réunis aux janissaires rebelles qui occupaient Orta-Djami, et demandaient l'expiation du meurtre de la Sultane-Validè; mais le plus grand nombre des légistes étaient accourus au sérail et avaient fait nommer Abou-Saïd à la dignité de mufti, en remplacement de Bèhaïi. Sur l'ordre du Sultan, les muezzins, du haut des minarets, rallient le peuple autour du drapeau de Mahomet : à leur appel, les janissaires des vieilles casernes abandonnent la cause de leurs frères d'armes, et sont suivis par les djèbèdjis et les sipahis. Enfin un khati-chérif, qui ordonnait au reste des rebelles de se présenter au divan, vint porter le dernier coup aux chefs de la révolte, en les laissant presque seuls dans Orta-Djami, d'où les oulémas et les janissaires s'échappaient pour se rendre au sérail. Le koul-kiahïa et les agas se voyant entièrement abandonnés, offrirent par écrit leur soumission qui fut acceptée. Ce premier, ainsi que deux autres chefs, principaux auteurs de la révolte, furent nommés au gouvernement de Temeswar, de Bosnie et de Brousse; mais, soupçonnant avec raison que leur nomination n'était qu'une proscription déguisée, ils cherchèrent à sauver leur vie, l'un d'eux en se cachant, et les autres en partant sur le champ pour le lieu de leur exil; mais ils ne purent échapper au sort qu'ils avaient prévu, et ils périrent tous les trois peu de temps après. Le mufti dépossédé, Bèhaïi-Efendi, fut relégué à Chio pour le reste de ses jours. Il y eut encore quelques autres destitutions et des bannissements qui achevèrent de réprimer la sédition. Jamais peut-être une révolte aussi grave n'avait fait couler si peu de sang; mais l'impression que ces scènes de désordre, et surtout le meurtre de son aïeule, pro-

---

(*) Le *kirèdjdji-bachi* (l'intendant des chaufourniers) appartenait au corps des *khassèkis*. Cet officier avait la ferme très-lucrative de la chaux (*kiredj*); il était encore soumis naguère à payer une forte redevance au bostandji-bachi.

duisirent sur le jeune Sultan, ne s'effaça jamais de son esprit, et lui inspira, pour toute sa vie, une grande crainte des janissaires.

Après la fin tragique de Keuçem-Sultane, l'eunuque Suleïman-Aga, principal artisan de cette catastrophe, fut nommé kyzlar-agaçi, et exerça dès lors une telle influence sur les affaires du palais, que le grand vézir Siawouch-Pacha ayant voulu secouer le joug de ce honteux esclavage, fut destitué et envoyé en exil à Malghara, après avoir vu confisquer tous ses biens. Sa place fut donnée à l'octogénaire Gurdji-Muhammed-Pacha (*), vieillard incapable, que le kyzlar-agaçi espérait mener à son gré. Le nouveau ministre commença par chasser de la capitale tous ceux dont le mérite lui faisait ombrage, et entre autres le vézir Kupruli-Muhammed, qui avait été désigné à la Sultane-Validé comme le plus apte à remplacer Siawouch-Pacha.

Des relations diplomatiques eurent lieu, pendant le ministère de Gurdji-Muhammed-Pacha, avec l'Autriche, l'Espagne et Venise. Après la délivrance et le départ du baile, l'ambassadeur français, M. de la Haye, continua les négociations que ce premier avait entamées pour rétablir la paix entre la république et la Porte. Plus tard (en 1653), ce même ambassadeur demanda au divan un passe-port pour l'envoyé extraordinaire Capello, que Venise accréditait auprès du Sultan; mais, comme ce plénipotentiaire n'était pas chargé de faire officiellement la cession de Candie, il fut retenu à Andrinople, et traité comme un prisonnier.

Dans l'Asie Mineure, à la suite de sa destitution imméritée, le voïvode des Turcomans d'Anatolie, Abaza-Haçan, le vainqueur de l'ancien rebelle Haïder-Oghlou, avait lui-même levé l'étendard de la révolte. N'ayant pu obtenir justice du divan, Abaza-Haçan prit les armes, pilla des convois de chevaux et de chameaux, et coupa le nez et les oreilles aux janissaires qui tombèrent entre ses mains. On envoya contre lui Dèli-Haçan-Benli, qui vit tous ses soldats passer dans le camp des rebelles. Ipchir-Pacha, nommé pour remplacer Dèli-Haçan, ménagea tellement Abaza, pour qui il conservait de l'amitié, que le grand vézir lui retira le commandement des troupes, et le confia au gouverneur de Karamanie, Katirdji-Oghlou, ancien chef de rebelles. Battu par Abaza, le nouveau sèrasker se retira à Konia. Dans ces circonstances, Ipchir se réunit à son ami Abaza : ces deux chefs soumirent Angora, appelèrent sous leurs drapeaux les habitants d'Eski-Chèhir et des environs, et demandèrent par écrit au Sultan les têtes de huit grands dignitaires qu'ils haïssaient. Enfin le Sultan leur ayant fait faire des propositions avantageuses, Ipchir et Abaza se soumirent : celui-ci fut confirmé dans la charge de voïvode des Turcomans, et le premier fut nommé gouverneur d'Alep.

Le 12 rèdjeb 1062 (19 juin 1652), le vieux et inhabile grand vézir Gurdji-Muhammed-Pacha fut destitué, et remplacé par Tarkhoundji-Ahmed-Pacha, à qui Sultan-Muhammed, en remettant le sceau, adressa cette leçon sévère : « Fais attention que tous les ministres « ne sont pas quittes de leurs fautes « par la destitution; si tu administres « mal, je te ferai couper la tête. » Le nouveau vézir accepta, à condition qu'il gouvernerait sans entraves, ce qui lui fut garanti par le Grand Seigneur. Dès son installation, Ahmed-Pacha mit la plus grande rigueur à rétablir l'ordre dans l'empire et dans les finances, et à secouer le joug des favoris. Aussi le kyzlar-agaçi Suleïman, voyant que le temps de sa puissance était passé, n'aspira plus qu'à se retirer en Egypte (*), où quelques paroles de dépit le firent bientôt exiler.

(*) Gurdji-Muhammed-Pacha avait déjà occupé le grand vézirat en 1031 (1621), sous Sultan-Moustapha Ier.

(*) C'est en Égypte que se retiraient toujours les kyzlar-agaçis déposés, quand ils ne périssaient pas avant d'atteindre cette terre d'exil, victimes de leurs propres fautes ou des intrigues de leurs ennemis.

Au commencement de l'année 1653 (1063), un tremblement de terre, qui dura quarante jours environ, renversa un grand nombre d'édifices dans diverses villes de l'Asie Mineure; et le sol vomit des sources d'une eau entièrement noire, phénomène qui fut attribué par les superstitieux musulmans aux crimes des habitants de cette contrée.

Après neuf mois d'une administration sévère, qui lui attira l'inimitié de tous les courtisans, le grand vézir Tarkhoundji-Ahmed-Pacha succomba sous leur haine; il fut étranglé le 20 rèbi'ul-akhir 1063 (20 mars 1653), et son cadavre fut jeté devant la porte du sérail (Demir-kapouçi). Son successeur, le kapoudan-pacha Derwich-Muhammed, débuta dans la carrière administrative par de sanglantes exécutions et d'odieuses mesures fiscales.

Vers cette époque, un cheïkh nommé Satchli-Mahmoud (*), qui avait osé se livrer dans Constantinople à des déclamations publiques contre l'influence de la Sultane-Validè, fut d'abord enfermé dans l'hôpital de fous de la mosquée Suleïmaniïè, et, plus tard, exilé loin de la capitale.

Cette même année, Sultan-Muhammed fit renfermer son frère Suleïman dans l'appartement *du jardin au buis* (Tchimchir-baghtchèçi), où ce prince fut retenu en captivité, suivant l'usage établi depuis le règne de Sultan-Muhammed III.

Au mois de février 1653, Seïd-Hadji-Muhammed, ambassadeur de Châh-Djihân, empereur des Indes, arriva à Constantinople: en retour des riches présents qu'il apportait, Sultan-Muhammed lui fit remettre, pour son souverain, un superbe cheval dont la selle et les brides valaient des sommes considérables, vingt esclaves d'une rare beauté, un poignard garni d'émeraudes, et une lettre. Onze mois plus tard, on vit paraître l'ambassadeur polonais, Nicolas de Grzymata Bieganowski; et, trois semaines après, des députés cosaques vinrent réclamer la protection du Sultan, en lui offrant de payer annuellement un tribut de quarante mille ducats, lorsqu'il leur aurait cédé la Podolie, et que la paix serait rétablie avec la Pologne.

Le 25 djemazi-ul-oukhra 1064 (13 mai 1654), le kapoudan-pacha Murad remporta sur la flotte vénitienne une victoire qui coûta aux Ottomans cinq cents hommes; mais l'escadre de la république en perdit trois mille, et eut quatre vaisseaux brûlés ou coulés à fond. Après avoir reçu de Constantinople des munitions et de nouvelles troupes, Murad-Pacha ravagea pendant quarante-huit heures l'île de Tine, et fit voile ensuite pour Milo, où s'étaient réfugiés les vaincus. Leur flotte sortit du port dans la nuit, passa le lendemain matin à portée de canon de l'escadre ottomane, et se retira sans obstacles, après avoir échangé quelques boulets avec l'ennemi. Le kapoudan-pacha parcourut tout l'Archipel, rentra ensuite à Constantinople, et offrit cinq cents prisonniers au Sultan, qui lui fit don de trois habits d'honneur, et confirma tous ses officiers dans leurs grades pour l'année suivante.

En juillet 1654, mourut Islam-Gheraï, khan de Crimée: il eut pour successeur son frère Muhammed Khan, que le Sultan rappela de Rhodes, où il s'était retiré.

Cette même année, les destitutions d'Imam-Zadè, juge de Roumilie, et de Mèmek-Zadè, juge d'Anatolie, furent provoquées par leur ennemi le mewkoufatdji Kara-Abdullah-Efendi; la manière adroite dont il s'y prit mérite d'être rapportée; cette anecdote donnera d'ailleurs une idée du caractère original et caustique des Ottomans.

Un jour de divan, Kara-Abdullah-Efendi demanda la parole, et commença un discours dans lequel il prodiguait à Imam-Zadè les éloges les plus exagérés. Ce langage étonna d'autant plus, que la haine du mewkoufatdji pour le grand juge de Roumilie n'était un mystère pour personne. Aussi le grand vézir l'interrompit-il

---

(*) *Satchli*, le chevelu.

bientôt en lui demandant le motif de ce panégyrique : « Gracieux seigneur, « répondit Abdullah-Efendi, un de mes « esclaves avait une fièvre intermittente « que ni remèdes ni talismans ne pou- « vaient guérir; enfin j'invoquai contre « la fièvre tous les péchés du grand « juge d'Anatolie, et la fièvre quitta aus- « sitôt le jeune enfant. » A ces mots, un rire bruyant éclata dans l'assem- blée : « Mais pourquoi, reprit le mi- « nistre, n'as-tu pas songé pour cette « conjuration au grand juge de Rou- « milie? Gracieux seigneur, reprit « Abdullah, je n'emploie pas celui-là « pour si peu ; je le réserve pour un « cas de peste. » Cette réplique redou- bla l'hilarité générale; et Derwich-Mu- hammed destitua les deux grands juges que Kara Abdullah venait de livrer à la risée publique.

En octobre 1654 (zil-ka'dè 1064), le grand vézir fut frappé d'une atta- que d'apoplexie, ce qui nécessita son remplacement. Ipchir-Pacha, gouver- neur d'Alep, fut placé à la tête des affaires. Lorsque le grand écuyer lui apporta le sceau de l'empire, le nouveau ministre refusa de partir sur-le-champ pour Constantinople, et écrivit au Sultan qu'il ne s'y rendrait que lorsqu'il aurait réprimé les trou- bles qui désolaient la Syrie, l'Égypte et l'Anatolie. Cette détermination du grand vézir fit repentir le Grand Sei- gneur de son choix, et excita un mécon- tentement général. Ipchir-Pacha ne s'en effraya point, et ne rentra dans la capitale que lorsqu'il crut que sa pré- sence n'était plus nécessaire dans les provinces. Sultan - Muhammed, in- fluencé par les ennemis d'Ipchir-Pacha, fut sur le point de lui ôter le sceau pour le punir de sa désobéissance; mais il n'en fit rien, d'après le con- seil du kapoudan-pacha Murad. Les premiers actes de l'administration du grand vézir lui firent de nom- breux ennemis : le kapoudan-pacha lui-même, qui avait récemment parlé en faveur du ministre, organisa en secret une sédition de janissaires, et, par ce moyen, obtint du Sultan la destitution et la mort d'Ipchir-Pacha,

auquel il succéda. Mais, à peine eut-il gardé trois mois le pouvoir, qu'il rési- gna le poste périlleux où, à son tour, il était en danger de perdre la vie. Su- leïman-Pacha, un des vézirs de la Cou- pole (*koubbè-véziri*), fut alors nommé premier ministre. Le commencement de son administration fut signalé par des troubles assez graves en Asie et en Afrique. Bientôt de nouveaux embar- ras, causés par la pénurie du trésor et l'altération des monnaies, détermine- rent Suleïman-Pacha à donner sa dé- mission. La Sultane-Validè envoya le sceau au sèrasker Huçeïn, qui était occupé depuis dix ans dans l'île de Candie à lutter contre les forces des Vénitiens.

Cependant les troupes, qui depuis longtemps murmuraient du retard apporté au payement de leur solde, finirent par se soulever. Les janissaires et les sipahis se rendirent sur l'hippo- drome, ce théâtre de toutes leurs émeutes, et réclamèrent à grand bruit un *divan à pied* (*). Le Sultan crut les apaiser en faisant quelques change- ments parmi leurs officiers : il envoya ensuite successivement vers les rebelles le nichandji, le vézir Taoukdji-Bachi et le grand juge Boulewi, qui ne purent réussir à les calmer. Le troisième jour, le mewkoufatdji Kara-Abdullah-Efendi s'offrit pour négocier avec les mutins, et fut massacré par les sipahis. Sultan- Muhammed se décida alors à convo- quer un divan à pied près de l'Alaï- Kiochky. Le prince était placé derrière une fenêtre grillée, d'où il assistait ordinairement aux fêtes publiques; mais la foule ayant demandé que la fenêtre fût ouverte, Sultan-Muham- med condescendit à ce désir et se

(*) Les grands conseils, connus sous le nom d'*Aïak-diwani* (divan à pied), parce que tout le monde se tenait debout, comme au- trefois chez les Grecs et les Romains, et plus récemment dans les diètes polonaises, ne se réunissaient que pour des circonstances extraordinaires ; c'est dans une assemblée de ce genre, à laquelle Sultan Mahmoud II avait convoqué tout ce qui était fidèle et bon musulman, que de nos jours a été con- sommé l'anéantissement des janissaires.

montra aux soldats : il avait près de lui le mufti, le kaïm-mèkam, le kyzlar-agaçi et le kapou-agaçi (les chefs des eunuques noirs et blancs). On exigea que ces dignitaires se retirassent : les deux premiers s'éloignèrent, mais les autres restèrent accroupis derrière la fenêtre et près du Sultan, pour lui dicter ses réponses. Une liste de proscription fut envoyée au Grand Seigneur, au moyen d'un cordon qu'il fit descendre du kiosque; et lorsque le kaïm-mèkam vint dire, au nom du padichâh, que les personnes désignées seraient bannies, les révoltés lui crièrent : « Nous ne voulons plus de toi! » Le jeune Sultan, dans son effroi, ordonna la mort des deux chefs des eunuques : ils furent immédiatement étranglés, et leurs cadavres jetés à la foule, qui les pendit, avec six autres hauts fonctionnaires, au platane de l'hippodrome (*). Cette insurrection coûta aussi la vie à la favorite Mèlèkè, à son époux Cha'ban-Khalifè, au tchaouch-bachi (*grand maréchal de la cour*), et à l'inspecteur des douanes, qui avait altéré la monnaie.

Moustapha-Pacha, auteur des derniers troubles, fut nommé grand vézir, et déposé quatre heures après, sur les représentations des janissaires et des sipahis : le second vézir Siawouch-Pacha le remplaça. Ce qu'il y a d'assez étrange dans ces événements, et ce qu'il faut attribuer sans doute au désordre qui régnait à la cour, c'est que, au moment de la démission de Suleïman-Pacha, le sceau de l'empire avait été envoyé par la Sultane-Validè au sèrasker Huçeïn, comme nous l'avons dit plus haut, et que cette nomination resta sans résultat.

La révolte ne fut apaisée que le 12 djemazi'ul-oula 1066 (8 mars 1656), lorsqu'on eut promis aux rebelles de faire mourir les victimes désignées par eux. L'exécution de cette promesse entraîna un bouleversement général dans l'administration. Un mois après son installation, le nouveau grand vézir Siawouch mourut d'une attaque de goutte, et le jour même où le defterdar Muhammed-Pacha périt par son ordre. Le sceau fut envoyé à Muhammed-Pacha, gouverneur de Syrie, surnommé *Boïni-egri* (*). Comme les factieux réunis sous le nom de *at-meïdáni-aghalari* (seigneurs de l'Hippodrome), voulaient encore imposer leurs caprices au Sultan, le kaïm-mèkam Youcouf-Pacha, aidé du mufti, du defterdar et du reis-efendi, parvint à s'emparer par ruse des quatre principaux chefs de la rébellion. Leur supplice, en effrayant leurs partisans, assura enfin la tranquillité de la capitale. Ceci se passa le 14 redjèb (8 mai).

Dans le courant de ce même mois, l'ambassadeur indien Kaïm-Beg fut reçu en audience par le Sultan, qui, sur sa requête, consentit à envoyer à Ahmed-Abad un architecte, pour construire le dôme de Nour-Mahal. Kaïm-Beg fut moins heureux dans ses autres demandes, et sollicita inutilement l'envoi de troupes ottomanes pour reconquérir Kandahar sur les Persans, et la concession d'un édifice à la Mecque, destiné à recevoir les pèlerins indiens. Cependant, malgré ces refus, Sultan-Muhammed députa au Châh des Indes Ma'anzadè-Huçeïn, fils du célèbre prince druse Fakhruddin (voyez plus haut, page 231). A la même époque, des envoyés cosaques et polonais arrivèrent à Constantinople, et tâchèrent d'engager le Sultan dans une guerre contre la Suède, qui, de son côté, excita Rakoczy à faire des excursions sur le territoire polonais.

(*) Ce platane joue un grand rôle dans l'histoire des révolutions ottomanes. Ses branches, qui, sous Muhammed IV, servirent de gibet aux victimes du despotisme des troupes, ombragèrent, sous Mahmoud II, les têtes des rebelles, lors du coup d'État dont fut frappé le terrible corps des janissaires au mois de juin 1826. La destruction de ces prétoriens avait été souvent tentée par les prédécesseurs du Sultan régnant; et ces tentatives ont coûté l'empire et la vie à cinq d'entre eux.

(*) *Boïni-egri*, au cou penché ou de travers, surnom donné à ce pacha, à cause des blessures qui lui faisaient porter la tête de côté.

Le 14 ramazan 1066 (6 juillet 1656), l'amiral vénitien Mocenigo remporta, devant le détroit des Dardanelles, une victoire complète sur le kapoudan-pacha Ken'an : celui-ci parvint à se sauver avec quatorze galères, mais il perdit soixante-dix vaisseaux et trois cent soixante hommes. L'escadre victorieuse s'empara ensuite des îles de Ténédos, de Samothrace et de Lemnos. Ces désastres, dont la nouvelle arriva à Constantinople vers l'époque où le nouveau grand vézir Muhammed-Pacha entrait en fonctions, servirent de prétexte aux ennemis du premier ministre pour solliciter sa déposition. Le mufti Maç'oud-Efendi conçut l'audacieux projet de détrôner Sultan-Muhammed. Mais, pour arriver à ce but, il fallait auparavant écarter le grand vézir. Ce dernier, ayant découvert ce complot, le dénonça à la Sultane-Validè, qui fit exiler Maç'oud à Diarbèkir. Accusé de retarder son départ et d'enrôler des segbans, le mufti fut cerné dans sa demeure, et périt après avoir défendu sa vie avec courage. L'ex-kaïmmèkam Haïder-Aga-Zadè, le kiahïa-beï Kara-Tchèlèbi-Zadè-Muhammed, et le kiahïa de la Sultane, mère de Suleïman, complices du mufti, furent étranglés. Le koul-kiahïa (*) Kètchèdji-Oghlou, aussi coupable qu'eux, en fut quitte pour le bannissement dans sa terre de Moukhalid, grâce à l'intervention auprès de la Sultane-Validè, du chéïkh Kara-Haçan-Zadè-Huçeïn. Quelques exécutions signalèrent encore le début de l'administration du grand vézir Muhammed-Pacha. Ces actes de rigueur commencèrent à indisposer le peuple ; et une grande cherté dans les prix de tous les comestibles, conséquence du blocus sévère de l'Hellespont maintenu par les Vénitiens, augmenta le mécontentement général. Peu après, le Sultan ayant témoigné, dans le conseil, le désir d'entrer lui-même en campagne, le grand vézir opposa à ce dessein quelques objections qui déplurent au Grand Seigneur. Les adversaires de Muhammed-Pacha exploitèrent adroitement ces circonstances, et réussirent enfin à lui arracher le sceau, et à faire nommer à sa place le sage et habile Kupruli-Muhammed-Pacha. Le nouveau ministre n'accepta la direction des affaires que sous la condition qu'il gouvernerait sans contrôle et que le Sultan approuverait ses rapports dès leur présentation : la Sultane-Validè le lui promit formellement.

Le premier usage que Kupruli-Muhammed-Pacha fit de son pouvoir fut d'obtenir la révocation de l'arrêt de mort prononcé contre son prédécesseur Boïni-Egri-Muhammed-Pacha : non content de cet acte d'humanité, il lui fit assigner le revenu du gouvernement de Kanischa.

Huit jours après l'élévation de Kupruli au grand vézirat, les *sunnis* ou orthodoxes puritains, ennemis irréconciliables des ordres religieux (*), se rassemblèrent dans la mosquée de Muhammed II, et résolurent de détruire entièrement les derviches mewlevis, khalwètis, djelwètis et chemsis. Kupruli-Muhammed fit signer par le Sultan la sentence de mort des principaux acteurs de ce mouvement, et la commua en un ordre d'exil. Deux favoris de la Sultane-Validè, l'ex-defterdar Kara-Gueuz-Muhammed-Pacha et Abaza-Ahmed-Pacha furent moins heu-

(*) Le *koul-kiahia*, ou intendant du corps des janissaires, était l'un de leurs officiers supérieurs ; il avait la surveillance de tout ce qui regardait la police de ce corps, son économie et le maintien de ses règlements. En sa qualité de chef du premier *orta* de la division des *buluks*, dans lequel l'usage voulut que fût inscrit en tête des rôles de la légion le nom du Sultan régnant comme simple *néfer* ou soldat, il était censé chargé de la garde des princes du sang enfermés au sérail. Mais ce dernier emploi n'était que de pure forme.

(*) Ces ordres se sont successivement établis dans l'islamisme, malgré de sanglantes oppositions ; ils professent pour la plupart, et plus ou moins secrètement, des doctrines qui se rapprochent beaucoup de celles des partisans d'Ali et des imams, et ils y joignent des principes d'une philosophie mystique qui les font considérer par beaucoup de zélés mahométans comme des infidèles, des renégats et des athées.

reux; leur protectrice ne put les empêcher d'être mis à mort. Le kapoudan-pacha Sidi-Ahmed, que les ennemis du grand vézir lui avaient opposé, fut destitué et remplacé par Topal-Muhammed-Pacha (*le boiteux*). Vers la même époque, l'ambassadeur persan Pir-Ali-Khan présenta au Sultan une lettre amicale du Châh, et fut accompagné, à son retour en Perse, par Ismaïl-Aga, qui offrit à Abbas II de riches présents. Quelques mois plus tard, Léopold Ier, nouvel empereur d'Allemagne, accrédita auprès de la Porte le résident impérial Simon Reninger.

L'envoyé du roi de Suède fit d'inutiles efforts pour décider le Sultan à se liguer avec Charles-Gustave contre la Russie. Kupruli-Muhammed-Pacha lui répondit que la Porte accepterait cette alliance lorsqu'il aurait fait la paix avec la Pologne. Peu de temps après, une nouvelle ambassade suédoise, à laquelle s'étaient joints les envoyés de Rakoczy, vint exciter les Ottomans contre les Polonais. Les députés transylvaniens furent emprisonnés aux Sept-Tours, à cause de l'alliance que leur maître avait contractée avec la Suède et les Cosaques, sans l'autorisation du Sultan. Rakoczy se ligua alors avec les voïvodes de Valachie et de Moldavie, mais cette ligue n'eut pas de suite. Après plusieurs autres intrigues, trop peu importantes pour que nous les rapportions, Rakoczy fut destitué par la Porte et remplacé par François Rhédéi.

La vigilance et la sévérité du grand vézir prévinrent une sédition qui était sur le point d'éclater: s'étant assuré de l'appui du mufti, de l'aga et du lieutenant général des janissaires, il vint à bout, à force de supplices, de comprimer la révolte. Plus de quatre mille cadavres furent jetés à la mer pendant la nuit. Le patriarche grec, accusé de trahison, fut pendu à la porte de Parmak-Kapouçi (*).

(*) Nous avons vu la même scène se renouveler le 22 avril 1821 sur la personne du patriarche Grégoire, également accusé

Le 9 djemazi'-ul-oula 1067 (23 février 1657), la flotte ottomane sortit des Dardanelles. Dès qu'il en eut avis, le capitaine général Mocenigo mit en mer, dispersa les barbaresques qui devaient se joindre au kapoudan-pacha, et s'empara ensuite de la forteresse de Soughadjik. Pour venger ces échecs, le grand vézir fit partir pour les Dardanelles une escadre de cent cinquante voiles, sous les ordres de Chemsi-Pacha-Zadè, et s'y rendit lui-même avec les janissaires et d'autres troupes. Il fit dresser des batteries sur les deux rives de l'Hellespont, et donna le commandement de l'escadre ottomane à Tcherkess-Osman-Pacha. Le 5 chewwal (17 juillet), un engagement eut lieu avec la flotte vénitienne. Les ottomans eurent d'abord le désavantage: les janissaires, dès le commencement du combat, s'enfuirent, et débarquèrent dans la baie de Kafir-Boudjaghi. Pendant ce temps, le beï d'Alaïe, Kutchuk-Muhammed, repre-

de trahison lors du soulèvement des Grecs en Morée, dans l'archipel et dans les principautés de Valachie et de Moldavie. Aux yeux du gouvernement et du peuple ottoman, le patriarche méritait la mort, pour avoir manqué à tous les devoirs que lui imposait sa double qualité de chef politique et de chef religieux de la nation grecque, qu'il aurait dû rappeler à la soumission, et détourner de tout sentiment de révolte. L'Europe entière a poussé un cri de réprobation contre cet acte; et elle a accusé la Porte d'avoir impolitiquement foulé aux pieds la dignité du sacerdoce, que les musulmans ont toujours respectée, même chez les prêtres des cultes étrangers à l'islamisme. La Porte a repoussé cette accusation, en disant que ce n'était point un patriarche qu'elle avait puni du supplice des traîtres, mais un simple *papas*, puisque, par le fait de sa trahison, il s'était dégradé lui-même de la haute dignité dont l'avait investi la confiance du Sultan, et qu'un successeur légalement élu, occupait déjà le siège patriarcal, qui n'était point resté vacant.

Nous avons cru devoir faire connaître, sans improbation ni approbation, les motifs de la conduite du gouvernement ottoman, pour remplir la tâche d'impartialité que nous nous sommes imposée.

naît une *mahone* (sorte de bâtiment de transport) que les Vénitiens avaient enlevée. Les janissaires, sur les instances du grand vézir, revinrent à la charge; mais leurs vaisseaux ne purent soutenir l'attaque des escadres maltaise et florentine, et s'enfuirent encore : une portion des navires vaincus se réfugia à Buïuk-Kipos; et le reste, voulant gagner Kutchuk-Kipos, fut poussé par le vent contraire jusqu'au château de Koum-Bournou, où, protégés par les batteries du rivage, les Ottomans opposèrent à l'ennemi une vive résistance. Un incident heureux pour les vaincus vint changer leur défaite en victoire : le vaisseau amiral vénitien ayant passé devant le château de Koum-Bournou, le canonnier Kara-Muhammed fut assez adroit pour lancer à bord un boulet qui mit le feu à la sainte-barbe. L'explosion fut terrible; le navire sauta avec un fracas épouvantable, lançant au loin des débris et des cadavres. Cette catastrophe coûta la vie, entre autres victimes, au brave amiral Mocenigo et à son frère Francesco.

Kupruli-Pacha punit sévèrement les lâches qui avaient contribué à la perte de la flotte, et récompensa magnifiquement les actes de bravoure qui ennoblirent cette défaite. Kutchuk-Muhammed-Beï reçut une bourse d'or, deux riches aigrettes (*tchéleng*), et le propre kaftan du grand vézir, qui lui baisa les yeux et le front, et lui dit : « Mon faucon royal, que le pain du « padichâh soit ta légitime nourriture; « que Dieu récompense les vaillants et « les zélés tels que toi ! » — L'adroit canonnier, dont le boulet avait fait sauter le vaisseau amiral, eut en récompense cent ducats, un kaftan d'honneur et une place de sipahi, avec un revenu de soixante-dix aspres par jour. Mais tous ceux qui avaient donné l'exemple de la fuite furent étranglés ou pendus, et leurs cadavres jetés à la mer.

Le 21 zil-ka'dè 1067 (31 août 1657), six semaines après la bataille des Dardanelles, Kupruli-Muhammed-Pacha s'empara, au bout de six jours de siége, de l'île de Ténédos (*Bokhtcha-Adaçi*), que les Vénitiens occupaient depuis une année environ. Cette conquête valut au grand vézir une lettre de félicitations du Sultan, accompagnée d'un cimeterre et d'un habit d'honneur. A l'occasion du payement des troupes, pour lequel Kupruli-Pacha emprunta trois cents bourses au trésor privé, le ministre avait déjà reçu un kaftan de zibeline, et un poignard incrusté de pierres précieuses, comme preuve de la satisfaction du Sultan pour la sagesse de ses mesures.

La conquête de l'île de Ténédos fut suivie de celle de Lemnos (*Limni*); mais le siége de cette dernière dura plus de deux mois, à cause de la forte position de la citadelle, bâtie sur des rochers que la sape ne pouvait entamer. L'hiver qui suivit cette conquête fut employé par Kupruli-Muhammed-Pacha à organiser une expédition contre Rakoczy, qui, bien que déposé par la Porte, ainsi que nous l'avons dit précédemment, n'en continuait pas moins ses intrigues. Après sa déposition, le choix de Rhèdeï par les États transylvaniens n'avait point été approuvé par le Sultan, qui conféra cette principauté à Barcsay. En avril 1658, les hostilités recommencèrent. La ville de Jenoë fut prise en vingt-quatre heures; Weissenbourg (*Alba Julia*) fut dévasté par les Tatares et les Cosaques, qui ruinèrent le pays, et massacrèrent ou firent prisonniers cent cinquante mille habitants. Le nouveau voïvode Barcsay n'avait reçu l'investiture de la Transylvanie que sous la condition de payer un tribut de quarante mille ducats, au lieu de quinze mille comme auparavant; en outre, il s'engagea, entre autres conditions, à supporter les frais de la dernière guerre et à repousser Rakoczy.

Cette heureuse campagne du grand vézir lui valut encore un kaftan d'honneur et un cimeterre enrichi de diamants, suivant l'usage des sultans envers leurs généraux vainqueurs.

A peine Kupruli-Muhammed-Pacha était-il de retour de son expédition en Transylvanie, qu'il repartit pour l'Asie

Mineure, où Abaza-Haçan venait d'organiser une sédition formidable dans laquelle trempaient plusieurs pachas et sandjak-beïs. Au mépris des ordres du Sultan, qui leur avait enjoint de se rendre au camp du grand vézir, ils s'avancèrent sur Constantinople, en demandant la destitution du premier ministre; mais le Grand Seigneur, irrité de leur audace, soutint hautement Muhammed-Pacha et mit les rebelles au ban de l'empire. Mourtèza-Pacha, gouverneur du Diarbékir, fut nommé sèrasker, et reçut l'ordre de marcher contre Abaza. Le 15 rebi'ul-ewwel 1069 (11 décembre 1658), le chef des rebelles surprit Mourtèza-Pacha, près d'Ilghoum, et le battit complètement. Cette défaite, qui, dans toute autre occasion, eût fait destituer le sèrasker, ne servit qu'à lui assurer la confiance de Kupruli, qui, jusqu'alors, avait douté de la fidélité du général en chef. Celui-ci ne pouvant venir à bout d'Abaza par la force, eut recours à la ruse. Des proclamations répandues avec adresse dans le camp du rebelle détachèrent de sa cause un grand nombre de ses partisans, et entre autres les chefs des Lewends. Abaza, aussi confiant que brave, fut aisément trompé par l'un de ces derniers, qui lui persuada de se rendre à Alep, où Mourtèza-Pacha le reçut d'abord avec les démonstrations les plus amicales, et le fit massacrer peu après avec toute sa suite, le 25 djemazi'ul-oula 1069 (17 février 1659), à la fin d'un repas qu'Abaza avait accepté du sèrasker. La perfidie de Mourtèza-Pacha fut récompensée par une lettre flatteuse du Sultan, et par l'envoi d'un cimeterre enrichi de pierreries. Mais le peuple ne fut pas si indulgent dans le jugement qu'il porta de l'action du sèrasker, et il regarda comme une preuve du courroux céleste un violent tremblement de terre et un incendie, qui suivirent de près cette conduite odieuse, dont on trouve de si fréquents exemples dans les annales de l'empire ottoman.

Kupruli, fort de la protection du Sultan, s'abandonna à son penchant pour la vengeance : il voulut faire périr le sèrasker Dèli-Huçeïn-Pacha, qui avait si courageusement combattu les Vénitiens pendant douze années; mais son ami le reïs-efendi sut détourner la haine du grand vézir, et lui persuada même d'accorder à Dèli-Huçeïn le grade de kapoudan-pacha. En l'élevant à cette dignité, Kupruli espérait pouvoir trouver son ennemi en défaut, et avoir ainsi un prétexte pour le sacrifier; mais Dèli-Huçeïn-Pacha, averti du piège, sut ne pas y tomber, et se conduisit avec tant de prudence qu'il ne donna aucune prise à la haine de son puissant ennemi. Kupruli ne renonça point cependant à se venger : voyant que Dèli-Huçeïn ne lui fournissait nul prétexte d'accusation dans la place de kapoudan-pacha, il le nomma gouverneur de Roumilie. Le grand vézir pensait que son ennemi oublierait dans ce nouvel emploi sa prudence ordinaire. En effet, Dèli-Huçeïn se livra à quelques exactions, bien moindres que celles qui avaient été commises par les gouverneurs précédents, mais qui suffirent pour motiver sa disgrâce et son supplice.

Dèli-Huçeïn-Pacha, qui était parvenu au grade élevé de sèrasker de l'expédition de Candie, avait commencé, sous Sultan-Murad IV, par être simple *baltadji*. Un jour qu'il montait du bois chez le kyzlar-agaçi, il trouva dans ses appartements un arc apporté par l'ambassadeur persan, et dont aucun archer de Constantinople n'avait encore pu se servir : Dèli-Huçeïn s'amusait à le tendre, lorsqu'il fut surpris par le kyzlar-agaçi, qui, étonné de cet acte de force extraordinaire, fit présenter au Sultan le vigoureux baltadji : ce fut là le principe de l'élévation de Dèli-Huçeïn. Nommé aussitôt grand écuyer, il fut élevé successivement aux dignités de gouverneur (*wali*) d'Égypte, de Chypre et de Bagdad, et enfin général en chef. Il était très-aimé du peuple, qui aurait voulu le voir arriver au grand vézirat : il est probable que la connaissance du vœu populaire décida Kupruli à perdre son rival. Le mufti qui avait refusé de légitimer, par un fetwa, l'exécution de Dèli-Huçeïn-Pa-cha, fut destitué et remplacé par Muhammed-Efendi, kazi-asker de Roumilie.

L'ambassadeur français, M. de la Haye, éprouva aussi les effets de la vengeance de Kupruli. Lors de l'élévation de ce personnage au grand vézirat, M. de la Haye, croyant qu'il en serait de ce ministre comme de la plupart de ses prédécesseurs, qui n'avaient fait, pour ainsi dire, que passer au pouvoir, ne se hâta point de lui offrir les présents d'usage : ce ne fut que lorsqu'il le vit bien affermi dans son poste qu'il songea à réparer cette omission volontaire. Mais Kupruli, qui avait été profondément offensé de cette négligence, ne fut pas adouci par cette tardive réparation, et trouva bientôt l'occasion d'en manifester tout son ressentiment. Le capitaine général des troupes de la république à Candie avait remis des lettres écrites en chiffres, pour M. de la Haye et pour le secrétaire vénitien Ballarino, à un Français nommé Vertamont. Celui-ci instruisit de ce fait le kaïm-mèkam. Le secrétaire de l'ambassadeur français, chargé du déchiffrement des dépêches, tremblant pour sa vie, disparut de Constantinople. M. de Vantelet, fils de M. de la Haye, s'étant rendu à Andrinople, en remplacement de son père qui était malade, fut interrogé par le grand vézir lui-même, condamné ensuite à recevoir la bastonnade, et enfin jeté en prison. M. de la Haye n'ayant pu donner la clef des lettres en chiffres, fut aussi incarcéré (*).

(*) Les relations entre la France et la Porte éprouvèrent de fâcheuses altérations, sous le règne de Sultan-Muhammed IV, et pendant les longs ministères de Kupruli-Muhammed-Pacha et de son fils qui lui succéda en 1662. Pour ne point nous écarter du système de rédaction que nous avons adopté dans le texte de cet ouvrage, nous avons dû passer peut-être trop rapidement sur ces détails. Aussi croyons-nous convenable de donner en note un extrait du voyage de Chardin, dont le récit naïf, fait sur les lieux, nous a présenté un caractère de vérité qui ne peut manquer d'intéresser nos lecteurs, et qui, en outre, a le mérite de retracer fidèlement la conduite que la Porte tenait, aux époques de sa prospérité, envers les puissances chrétiennes et leurs représentants.

« Au commencement du règne de Mahomet IV, qui parvint à l'empire à l'âge de sept ans, l'an 1648, l'État était gouverné par des femmes, et par des eunuques, qui remplissaient les premières charges comme il leur plaisait. Les Turcs demeurent d'accord que la cour ottomane ne fut jamais si corrompue, et dans un si étrange dérèglement de conduite. Presque tous les mois on voyait un nouveau grand vézir, auquel, après quelques jours de ministère, on ôtait la charge, et souvent la vie. C'est la coutume de Turquie, qu'à l'avènement d'un grand vézir tous les gens de condition le vont voir, et lui font un présent. Les ambassadeurs particulièrement y sont comme obligés. Monsieur de la Haye le père, qui était alors ambassadeur de France à la Porte, voyant les fréquents changements de grand vézir qui arrivaient en ce temps-là, crut que, durant tout le bas âge de Sa Hautesse, les choses n'iraient point autrement, et qu'ainsi la visite et les présents qu'il faisait à chaque nouveau grand vézir étaient visite et présents perdus, puisqu'on en changeait presque tous les mois, et quelquefois plus souvent. De façon qu'il prit la résolution de regarder tranquillement ces changements de premier ministre, sans faire de visite, ni de présent à aucun.

« Il arriva peu après que Cuperly-Mahomet-Pacha eut le sceau de l'empire, c'est-à-dire, qu'il fut fait grand vézir. L'ambassadeur crut que la fortune de celui-ci ne serait pas meilleure que celle de ses prédécesseurs, et qu'elle n'aurait aussi qu'une fort courte durée; mais il se trompa, et la chose réussit tout autrement. Ce grand vézir se maintint dans la charge jusqu'à sa mort, qui arriva l'an 1662.

« Dès qu'il y fut entré, chacun lui fit sa visite et les présents accoutumés, entre autres les ministres étrangers, excepté l'ambassadeur de France. On dit à celui-ci plusieurs fois d'en faire autant, et même on l'en pressa; mais le désir d'épargner un présent à sa nation le retint : néanmoins, voyant enfin que Cuperly s'établissait à la

M. de Blondel, maréchal de camp, fut alors envoyé à Constantinople par

Louis XIV, pour demander satisfaction au Sultan ; Kupruli ayant voulu en vain le forcer à déployer le caractère d'ambassadeur, ne lui permit pas

cour sur la ruine de plusieurs grands, et que, selon toutes les apparences, il serait quelque temps grand vézir, il l'alla voir, et lui fit son présent. Ce fut là véritablement une visite et un présent perdus, car le vézir, indigné de la négligence et du peu de considération qu'il avait témoignés pour lui en cette importante rencontre, avait formé le dessein de s'en venger sur lui, et même sur toute la nation française. C'est là au vrai la source et l'origine de la mauvaise correspondance qu'il y a eu entre la France et la Turquie, durant tout le ministère de ce vézir, qui a été de douze années, et depuis même sous le ministère de son fils qui lui succéda. De manière que la dureté de la Porte envers les trois derniers ambassadeurs de France, *monsieur de la Haye* le père, *monsieur de la Haye* le fils, et *monsieur de Nointel*, et les diverses avanies qui ont été faites aux Français pendant vingt ans, se doivent rapporter originairement à un chagrin personnel, nonobstant les raisons sur quoi on les a fondées dans la suite; dont les principales et les plus justes étaient l'entreprise sur Gigeri, et les secours donnés à l'empereur et aux Vénitiens.

« Le vézir ne fut pas longtemps à chercher l'occasion de faire éclater son ressentiment. Il s'en présenta bientôt une, telle qu'il la pouvait souhaiter pour un si mauvais dessein. C'était le temps de la guerre de Candie; la France avait assisté secrètement les Vénitiens dès le commencement de la guerre, et l'on tient que monsieur de la Haye eut ordre d'avoir un commerce secret avec les Vénitiens, et de leur faire savoir les desseins des Turcs. Il arriva l'an 1659 qu'un Français, qui se faisait appeler Vertamont, et qui avait un emploi assez honorable en Candie dans les troupes vénitiennes, alla demander congé au capitaine général d'aller voir Constantinople. Le capitaine général lui fit expédier un passe-port, et le chargea d'un gros paquet de lettres pour l'ambassadeur de France. Le Français, qui n'avait point d'autre dessein que de se faire Turc, se présenta au caïmacan de Constantinople, lui dit qu'il avait quitté le camp des chrétiens, parce qu'il voulait abjurer leur religion pour embrasser le mahométisme; au reste qu'il avait un paquet de lettres de grande importance à mettre entre les mains du grand vézir. Le caïmacan le fit

aussitôt conduire à Andrinople, où était la cour en ce temps-là. Ce perfide déserteur ne se contenta pas de renier la foi, il découvrit au grand vézir le commerce de l'ambassadeur de France avec les Vénitiens, et lui dit que le paquet de lettres qu'il lui remettait, le lui ferait connaître fort clairement.

« Le grand vézir avait eu des soupçons de ce commerce caché, et il en devenait comme assuré par les choses qu'il entendait dire à ce renégat. On peut juger à quel point il s'emporta contre l'ambassadeur de France, irrité comme il était, et de plus naturellement inhumain et sanguinaire. Il se posséda néanmoins, et témoigna dans cette rencontre plus de retenue et de modération qu'il n'y avait lieu d'en espérer.

« Monsieur de la Haye, qui avait su le dessein de Vertamont, et ce qu'il allait faire à la cour, et qui d'ailleurs connaissait le naturel du grand vézir, la disposition de son esprit ennemi, et l'importance de ce qui se passait, ne douta point que le paquet intercepté ne lui fît une grande affaire. Il en communiqua avec ses interprètes et ses secrétaires. Celui des chiffres prit une telle épouvante, qu'il résolut de s'enfuir, sachant que le grand vézir, sur un pareil sujet d'une lettre en chiffres interceptée, avait fait mourir sous le bâton un interprète des Vénitiens. Il dit à monsieur de la Haye : *Monseigneur, je suis craintif de mon naturel, et je déclare à votre excellence, que, dès que je sentirai le bâton, il n'y a point de secret que je ne révèle ; faites-moi cacher ou évader.* L'ambassadeur le fit conduire en un lieu secret et bien assuré, et se prépara à ce qui en arriverait. Il était au lit travaillé de la pierre, tellement qu'il ne put aller à Andrinople, lorsqu'il reçut ordre de s'y rendre. Il fit dire au caïmacan, qui lui envoya cet ordre de la part du grand vézir, qu'il était au lit, et qu'il lui était impossible de se mettre en chemin, mais qu'il enverrait son fils en sa place.

« Tout ce que le grand vézir avait trouvé dans le paquet du capitaine général des Vénitiens était écrit en chiffres; on avait en vain appelé les renégats et les interprètes qui étaient à la cour ottomane, aucun n'avait été capable de rien déchiffrer. Cela irritait toujours de plus en plus le grand vézir. Monsieur de la Haye le fils le trouva

même de voir Sa Hautesse. M. de Blondel devait présenter au Grand Seigneur une lettre du roi de France, qui, en réparation de l'outrage fait à

en cette méchante humeur, lorsqu'il arriva à Andrinople, et lui ayant répondu peut-être avec un peu plus de fermeté que la circonstance ne le requérait, Cuperly, que la passion emportait, le fit outrager en sa personne, et le fit emprisonner en une tour qui est attachée aux murailles d'Andrinople, en disant : *Qu'il ne fallait pas endurer dans le député d'un ambassadeur, quoique son fils, ce qu'il faudrait endurer dans l'ambassadeur même.* Le grand vézir ne fit aucun outrage aux marchands, ni aux interprètes, qui étaient venus avec monsieur de la Haye. Il n'en fit point non plus au secrétaire, ni au chancelier. Il se contenta de les faire menacer de grands tourments et de la mort, s'ils ne déchiffraient les lettres du capitaine général; mais ils ne souffrirent rien, et ils en furent quittes pour beaucoup de crainte.

« La cour ottomane était alors à Andrinople, et elle se préparait à la guerre de Transylvanie. Monsieur de la Haye le père, apprenant que le grand vézir était prêt à partir pour y aller, et craignant qu'il ne partît sans élargir son fils, comme il arriva en effet, fit un effort sur son mal, et entreprit d'aller à Andrinople; madame de la Haye, sa bru, l'animant à ce voyage, et lui représentant sans cesse, que, s'il n'agissait lui-même promptement pour la délivrance de son fils, il courait risque de le perdre; que le grand vézir était cruel et irrité, et qu'il fallait l'adoucir.

« Un mois avant son départ, il avait fait un coup hardi, et qui mérite qu'on le raconte. Voici ce que c'est. Peu avant la venue de Vertamont à Constantinople, il arriva un Français nommé Quiclet, avec sa femme, et un autre Français nommé Poulet, qui aimait assez cette femme, pour l'avoir voulu accompagner en toutes ses courses. Ce Quiclet était grand déchiffreur, homme de lettres, mais de peu de jugement. Il avait servi au déchiffrement sous des ministres d'État et des ambassadeurs. Il était gueux autant presque qu'on le peut être. Une je ne sais quelle mauvaise étoile l'avait conduit à Constantinople. On dit qu'ayant appris les récompenses que le grand vézir promettait à qui déchiffrerait les lettres du capitaine général, la femme de ce misérable alla dire à des gens de monsieur de la Haye : *Son Excellence refuse de prêter de l'argent à mon mari; mais, s'il veut, il en peut avoir du grand vézir tant qu'il voudra.* Je ne sais pas assurément si la chose est comme on me l'a racontée; mais, quoi qu'il en soit, monsieur de la Haye qui savait la grande envie qu'avait Cuperly d'apprendre ce que contenaient ces lettres interceptées, qui appréhendait qu'il n'y eût des choses qui le perdissent, et tous les Français du Levant, et qui savait la pauvreté du déchiffreur français, l'envoya quérir, le mena sur une terrasse du palais qui regarde le jardin, et, après lui avoir fait faire quelques tours, l'entretenant de discours qu'on n'a point sus, il fit signe à des gens apostés qui lui firent sauter la terrasse; d'autres gens, postés aussi à l'endroit où il tomba, voyant qu'il n'était pas mort de sa chute, l'achevèrent et l'ensevelirent secrètement.

« L'ambassadeur de France étant allé à l'audience du grand vézir, ce ministre fit apporter d'abord les lettres interceptées, et lui dit de les expliquer. Monsieur de la Haye lui répondit que tout le monde savait que les ambassadeurs et les ministres des princes de la chrétienté ne s'écrivaient l'un à l'autre qu'en chiffres, de quelque matière que ce pût être, et néanmoins qu'ils ne s'entendaient point eux-mêmes aux chiffres; qu'ils avaient des secrétaires qui les composaient et les expliquaient; que depuis six mois il avait envoyé en France celui dont il se servait pour cela; toutefois que si le grand vézir voulait qu'il emportât les lettres à son logis, il travaillerait à les déchiffrer, et que, s'il en pouvait venir à bout, il lui ferait savoir ce qu'elles contenaient. Le grand vézir ayant entendu cette réponse, ne fit que sourire à l'ambassadeur, et aussitôt il se leva sans lui rien dire. Peu de jours après il partit pour la Transylvanie, laissant monsieur de la Haye le fils en prison, mais un peu moins resserré, et monsieur de la Haye le père sans aucune sorte de réponse.

« Le Grand Seigneur n'alla pas à cette guerre de Transylvanie, il demeura à Andrinople. L'ambassadeur s'y tint pendant toute l'absence du grand vézir, pensant obtenir de Sa Hautesse l'élargissement de son fils, mais personne n'osait en parler sans l'ordre du grand vézir. Ce ministre termina promptement la guerre, et revint victorieux à Andrinople. Aussitôt qu'il y fut arrivé, on lui parla de messieurs de la Haye. Il répondit avec une feinte surprise : *Eh quoi! ces messieurs sont-ils encore ici?* Cela voulait dire *qu'ils*

son représentant, demandait la déposition du grand vézir. Cette lettre n'ayant pu être remise, il fallut se contenter de la délivrance de M. de la Haye et de son fils, qui se disposèrent à quitter Constantinople. Mais, avant de pouvoir effectuer leur départ, ils furent de nouveau privés de leur liberté et enfermés aux Sept-Tours, sous le prétexte qu'un bâtiment français était sorti du port avec des marchandises turques; et ils n'obtinrent qu'à prix d'argent la faculté de partir pour la France.

Le 26 août 1661, la flotte ottomane, déjà mise en désordre par un orage, fut attaquée devant Milo, et battue par l'escadre vénitienne. Le kapoudan-pacha Abdul-Kadir, malgré sa défaite, vint attaquer Attalia, dont le gouverneur s'était révolté. Les habitants de cette place, pour échapper au bombardement, persuadèrent à ce beï qu'il lui serait facile d'acheter son pardon du kapoudan-pacha : dans cette conviction, l'imprudent gouverneur se rendit à bord du vaisseau amiral, où il fut étranglé avec ses frères, son kiahïa et son buluk-bachi. Ce succès d'Abdul-Kadir apaisa la colère que le grand vézir avait ressentie de la perte de la bataille de Milo, et sauva la vie au grand amiral, qui en fut quitte pour résigner sa dignité entre les mains de Moustapha-Pacha, gendre de Kupruli.

Dans la haute Égypte, une révolte de Muhammed-beï de Djirdjè, contre le gouverneur Cheh-Souwar-Muhammed-Pacha, avait troublé la tranquillité du pays. Mais elle y fut bientôt rétablie : le rebelle, battu, fait prisonnier et envoyé au Caire, y fut condamné à mort. Sa tête, portée à Constantinople, fut exposée à l'entrée du sérail avec celles des principaux rebelles de l'Asie Mineure.

Le Grec Michnè, voïvode de Valachie, s'était aussi mis en révolte ouverte : il avait fait périr les boyards dévoués à la Porte, s'était emparé de Tergowitz (*Tergowitch*), avait passé au fil de l'épée tous les Ottomans qui s'y trouvaient; et, marchant sur Braïla et Djurdjèwo, il avait pillé et incendié ces deux places. Il battit ensuite, près d'Yassi, Ghika, prince de Moldavie; après sa défaite, ce dernier se retira à Andrinople. Rakoczy, qui s'était ligué avec Michnè, fut battu près de Deva par Sari-Huççin-Pacha, en novembre 1659. L'année suivante, il éprouva un second revers entre Szamosfalva et Clausenbourg : blessé grièvement dans cette bataille, il se sauva dans le fort de Gross-Wardeïn, où il mourut au bout de dix-huit jours. Barcsay fut confirmé dans la dignité de prince de Transylvanie.

Le nouveau voïvode envoya à Constantinople son internonce Michel Szara avec quarante mille écus, formant seulement la moitié du tribut écrasant imposé à la Transylvanie. Sultan-Muhammed, mécontent de ne pas recevoir la somme entière, fit emprisonner l'envoyé de Barcsay, et ne lui rendit la liberté que lorsque le reste du tribut fut arrivé.

En 1660, le comte de Souches, général des troupes impériales en Hongrie, avait occupé les châteaux de Szathmar, de Kallo et de Tokay, et les deux palatinats de Szathmar et de Szabolcs. Sidi-Ali, pacha de Bude, s'en plaignit dans une lettre à M. de Souches, qui répondit qu'il n'avait agi de cette façon que pour protéger les frontières contre les incursions des Tatares. Sidi-Ali marcha alors sur la ville de Gross-Wardeïn. A son approche, le commandant de la place, François Giulay, abandonna son poste, en n'y laissant qu'une garnison de neuf cent cinquante hommes, qui se retirèrent dans la citadelle après avoir incendié les faubourgs. Repoussé à un premier assaut, Sidi-Ali réussit à s'emparer, par trahison, de cette forteresse presque inexpugnable, *dont les remparts sont si élevés*, dit hyperboliquement un historien ottoman, *qu'aucun oiseau ne saurait atteindre leur cime, et dont les fossés sont si larges, que l'imagination la plus hardie ne pour-*

---

pouvaient s'en aller : en effet le fils fut aussitôt élargi, et l'un et l'autre s'en retournèrent à Constantinople, sans avoir vu le vézir. »

rail concevoir l'idée de les franchir.

Tandis que Sidi-Ali-Pacha était occupé devant Gross-Wardeïn, les Tatares et les Cosaques faisaient une incursion en Russie, et anéantissaient l'armée du czar près de Konotop. Le khan Muhammed-Gheraï, après avoir fait massacrer tous les prisonniers, envoya dans l'intérieur de la Moscovie des corps de Tatares qui la ravagèrent pendant quinze jours. Dans cette campagne, cent vingt mille Russes furent tués et cinquante mille conduits en esclavage. Lorsque la nouvelle de cette grande victoire arriva à Constantinople, on venait d'y recevoir trois cents têtes, provenant d'un succès remporté sur les Hongrois par Mélek-Ahmed-Pacha, gouverneur de Bosnie. Ce double triomphe fut célébré par des réjouissances publiques qui durèrent une semaine entière.

A la suite de cette campagne, un ambassadeur russe se rendit à Constantinople, où il implora inutilement l'intervention de la Porte dans les différends du czar avec le khan de Crimée. Un envoyé des Cosaques vint, de son côté, demander du secours contre les Russes. Le Sultan reçut aussi, vers le même temps, l'ambassadeur polonais Szomowski. Trois mois auparavant, le Grand Seigneur avait donné audience à l'envoyé de Ramadhan, deï d'Alger, successeur de Khalil, qui avait chassé le gouverneur installé par la Porte, et s'était fait proclamer deï. En 1660 (1071), Winchelsea, ambassadeur d'Angleterre, vint notifier l'avénement de Charles II, qui était monté sur le trône le 8 mai de cette année : l'envoyé britannique reçut un présent de bien-venue. Le *taïn*, ou ration journalière que la Porte fit délivrer à l'ambassadeur, se composait de dix moutons, cinquante poulets, cent pains, vingt pains de sucre, dix grosses bougies de cire blanche et autant de cire jaune; il obtint en outre dix-neuf kaftans, au lieu des dix-huit que l'usage faisait accorder aux autres ambassadeurs européens; et, à son départ, il lui fut permis de délivrer trois esclaves anglais.

Nous avons vu déjà plus haut que l'ambassadeur français était loin de jouir de la même faveur à la cour ottomane, à cause de la haine implacable du grand vézir, et des secours que la France envoyait peut-être un peu trop ouvertement aux braves défenseurs de Candie.

Pendant le siége de Gross-Wardeïn, un terrible incendie éclata à Constantinople, et dévasta cette grande capitale pendant trois jours. Les pertes de toute espèce furent immenses (*). Vers la même époque, le feu dévasta aussi Kanischa, Brousse, Yassi, Tokat, Sofia et Silistrie. L'incendie de la première de ces villes ayant fait sauter le magasin des poudres, le général autrichien Zriny vint attaquer cette place, et s'en serait emparé, si des ordres supérieurs ne l'avaient forcé de l'abandonner au moment qu'il allait la réduire. Zriny, avant de se retirer, éleva, à une lieue de Kanischa, et près de la rivière de la Murr, une forteresse qu'il nomma Serinwar.

Cependant Kupruli-Muhammed-Pacha continuait à faire périr sans ménagement tous ceux qui s'étaient attiré sa haine. Le vézir Sidi-Ahmed-Pacha, le gouverneur d'Alep, Khassêki-Muhammed-Pacha, beau-frère du Sultan,

(*) Nous ne pouvons nous empêcher de sourire en lisant les extravagantes exagérations des historiens nationaux : à les en croire, 280,000 maisons, 300 palais, 100 khans ou caravansérails, furent consumés, et même 40,000 personnes périrent au milieu des flammes. Ces évaluations ne soutiennent pas l'examen; et les progrès que la statistique a faits aujourd'hui peuvent servir à démontrer l'absurdité de ces détails. Il suffit, par exemple, de citer le résultat qu'on obtient en multipliant seulement par 5 (nombre présumable et non exagéré des habitants d'une des maisons de Constantinople) le chiffre des 280,000 maisons brûlées; et on aura un produit de 1,400,000 habitants, pour la partie incendiée. Or cette capitale, y compris les trois villes d'Eïoub, de Galata et de Scutari, avec leurs faubourgs et les villages qui bordent les deux rives du Bosphore, n'a jamais eu plus de 900,000 habitants.

Séad-uddin-Zadè-Rouhullah-Efendi, juge de Constantinople, le poète Vidjidi, secrétaire d'État, le chambellan Kemal-Zadè-Muhammed, Chèh-Souwar, gouverneur d'Égypte, Taoukdji-Muhammed, pacha de Crète, et encore quelques autres personnages éminents, furent sacrifiés à la vengeance du terrible ministre. Malgré son grand âge, et quoique déjà atteint de la maladie à laquelle il succomba, Kupruli-Muhammed Pacha semblait redoubler chaque jour d'activité et d'énergie. Voulant arracher Sultan-Muhammed à la vie efféminée du sérail, et lui faire embrasser la vie active qui convient à un souverain, il engagea Sa Hautesse à se rendre à Constantinople pour hâter les préparatifs de la guerre de Hongrie. Il s'occupait en même temps de constructions destinées à la sûreté de l'empire ou à son embellissement. Deux châteaux à l'embouchure du Don et du Dnieper, un troisième fort dans les champs de Heïhat, au milieu des steppes de la Tatarie, son tombeau, une école pour l'enseignement des traditions du prophète, et un caravansérail, qui conserve encore son nom, tels furent les monuments qu'il fit élever dans la dernière année de sa vie. Enfin le 31 octobre 1661 (7 rebi'ul-ewwel 1072), Kupruli-Muhammed-Pacha termina sa longue carrière. Il avait été grand-vézir pendant cinq années; il s'était rendu redoutable par une cruauté, qui, à en juger par ses antécédents lorsqu'il n'était que gouverneur de province, paraît avoir été le résultat de son système gouvernemental, plutôt que de son caractère. On assure qu'il fit périr plus de trente mille personnes; il croyait que c'était là le seul moyen d'obtenir une obéissance absolue. Avant d'expirer, il conseilla au Sultan de se méfier de l'influence des femmes; de ne jamais choisir un ministre *trop riche* (*);

d'accroître à tout prix les revenus de l'État; de ne point laisser amollir les troupes dans le repos, et de mener lui-même la vie la plus active. Ce monarque lui ayant demandé, comme un dernier service rendu à l'État, de lui désigner celui qu'il croyait le plus propre à le remplacer dans le grand vézirat, le ministre moribond répondit qu'il ne connaissait personne qui en fût plus capable que son propre fils Ahmed. Sur ce témoignage, le Sultan confia le sceau de l'empire à Kupruli-Ahmed-Pacha, quoiqu'il ne fût âgé que de vingt-six ans. C'était la première fois, depuis la fondation de l'empire ottoman, qu'un fils succédait à son père dans la dignité de grand vézir; et, ce qu'il y a de plus étonnant encore, c'est qu'il l'a transmise comme un héritage à son fils et à son petit-fils.

Kupruli-Ahmed-Pacha signala le début de son administration par quelques actes de sévère justice, et par la continuation du système politique de son père. Kupruli-Muhammed-Pacha, peu de temps avant sa mort, avait déclaré au résident impérial Reninger que la Porte ne souffrirait pas l'intervention de l'empereur dans la nomination du prince de Transylvanie, et que l'armée ottomane ne quitterait point cette province avant d'y avoir fait reconnaître pour voïvode Apafy, au lieu de Kemeny, protégé par Léopold Ier. En conséquence, Kupruli-Ahmed-Pacha, pour soutenir ce qu'avait avancé son prédécesseur, envoya en Transylvanie le khan des Tatares et Ahmed-Pacha, gouverneur de Silistrie. Kemeny se retira d'abord en Hongrie; mais ayant voulu, l'année suivante (1662), attaquer Megyes, séjour de son concurrent, il fut défait par Kutchuk-Muhammed-Pacha, et périt dans la mêlée.

Dès les premiers temps de son administration, Kupruli-Ahmed-Pacha

---

(*) Un prince contemporain, Louis XIV, a lui-même mis en pratique le conseil de Kupruli : après la mort du cardinal de Mazarin, il ne voulut appeler dans ses conseils ni princes de l'Église, ni grands seigneurs trop puissants; il choisit ses ministres parmi des hommes d'une rare capacité, mais non de très-haute naissance, tels que Colbert, Louvois, Pomponne, etc.

s'attira, par le renvoi du defterdar Huçeïn-Efendi, protégé de la Sultane-Validè et du kyzlar-agaçi, la haine de cette princesse et du chef des eunuques noirs. Mais le grand vézir agit si adroitement envers la Sultane-Validè, qu'il parvint à la désarmer et à faire exiler en Egypte le kyzlar-agaçi Solak-Muhammed.

Les préparatifs de guerre que la Porte poussait avec ardeur contre la Hongrie décidèrent les Vénitiens à entamer des négociations pour la paix; mais elles furent interrompues par la nouvelle qui arriva à Constantinople d'une victoire de la flotte de la République sur une escadre venant d'Égypte. L'ambassadeur anglais Winchelsea, qui obtint le renouvellement des capitulations, éprouva aussi de grandes entraves, à cause d'une querelle sanglante que des marins de sa nation eurent avec des Ottomans. A la même époque, Louis XIV réclama du Sultan la satisfaction due à M. de la Haye. On choisit pour le remplacer M. de Vantelet, fils de ce dernier ambassadeur, et l'on s'attendait à un accueil favorable promis par le nouveau grand vézir. Les espérances du roi furent loin de se réaliser, comme nous le dirons plus tard.

En juillet 1662, le résident impérial Simon Reninger tenta de renouveler le traité de paix; mais la Porte n'ayant voulu accorder aucun des points demandés par l'Autriche, on ne put rien conclure.

Dans le mois de cha'ban 1073 (mars 1663), la guerre contre la Hongrie fut décidée, et le Sultan se rendit avec son ministre à Andrinople. Revêtu de deux kaftans d'honneur, et le front orné d'un double panache de plumes de héron que Sa Hautesse attacha elle-même, le grand vézir reçut encore, de la main de son souverain, un cimeterre enrichi de diamants et l'étendard de Mahomet. Il partit ensuite pour Belgrade, où il fit une entrée triomphale : là, il donna audience aux plénipotentiaires autrichiens, le baron de Goes et le conseiller aulique Beris. Dans cette entrevue, ainsi que dans une seconde qui eut lieu à Essek, quinze jours plus tard, Kupruli-Ahmed-Pacha réclama la démolition du fort de Serinwar, la cession de Szekelhyd, et un tribut annuel de trente mille ducats. Dans une troisième réunion, à Bude, ces prétentions ayant été renouvelées, les plénipotentiaires demandèrent un délai de quatorze jours pour les communiquer à leur maître. Le délai fut accordé, mais l'armée ottomane n'en continua pas moins sa marche. Arrivée à la hauteur de Gran, elle jette un pont de bateaux sur la rivière; à peine huit mille hommes y ont-ils passé, que le comte de Forgacs, général des Hongrois, trompé par une ruse de guerre, croit que ce pont est brisé. Il forme aussitôt le projet de faire main-basse sur ce corps isolé du gros de l'armée ottomane : il s'avance à la tête de forces supérieures; et, tandis qu'il ne doute plus du succès, la portion de bateaux que l'on avait enlevée à dessein est replacée : vingt mille Ottomans effectuent leur passage, enveloppent les Allemands, et en font un grand massacre. Le comte de Forgacs, échappé à grand'peine avec un petit nombre des siens, regagna Neu-Häusel, qu'il avait quitté pour aller au-devant de l'ennemi. Le 13 muharrem 1074 (17 août 1663), le grand vézir somma Forgacs de se rendre, et, sur son refus, le siège de Neu-Häusel fut entrepris. Le 23 safer (28 septembre), la garnison hongroise évacua la citadelle avec les honneurs de la guerre, et quatre mille soldats ottomans occupèrent cette place. La conquête en fut célébrée à Constantinople par des fêtes qui durèrent sept jours. Cette forteresse avait été regardée jusqu'alors comme imprenable, et la chute de ce boulevard de la Hongrie causa la plus grande consternation parmi les vaincus. Immédiatement après la prise de Neu-Häusel, le grand vézir somma les châteaux environnants de se rendre : celui de Neutra obéit; mais Novigrad et Lewenz résolurent de se défendre, et furent soumis plus tard par le grand vézir. La Moravie, la Hongrie, la Silésie étaient dévastées, à cette époque, par des hordes tatares, qui emmenèrent en esclavage près de quatre-vingt mille chrétiens.

Au milieu du mois de janvier suivant, pendant que les troupes ottomanes étaient dans leurs quartiers d'hiver, le comte Wolf Jules de Hohenlohe, général des troupes impériales, sortit de Pettau (l'ancienne *Pettovium*), et se réunit à Zriny, prince ou ban des Croates : ils marchèrent ensemble sur Presnitz, dont ils s'emparèrent au bout de deux jours, ainsi que de Babocsa et de Barcs. Ils s'avancèrent ensuite jusqu'à Fünf-Kirchen, qu'ils incendièrent, sans pouvoir cependant, faute d'artillerie de siége, s'emparer de la citadelle. Cinq cents villages environ, et le magnifique pont d'Essek, monument élevé par le Grand-Suleïman, furent aussi la proie des flammes. En apprenant ces désastres, le grand vézir envoya Muhammed-Pacha à la rencontre de Zriny, qui s'avançait vers Szigeth ; Kupruli-Ahmed-Pacha partit lui-même avec trois mille hommes : mais les Hongrois ayant renoncé à attaquer Szigeth, il retourna à Belgrade, après avoir confié la défense de Szigeth à Muhammed-Pacha, et celle de Fünf-Kirchen à Kaplan-Pacha et à cinq autres beïs.

Cependant, le grand vézir n'abandonnait pas ses projets contre la Hongrie : le 22 cha'ban 1074 (20 mars 1664) il établit son camp dans la plaine de Semlin, et s'occupa de compléter l'armée ; des prières publiques furent ordonnées pour appeler les eaux du ciel sur la terre desséchée, et les bénédictions d'Allah sur les armes ottomanes. Le 8 zilka'dè suivant (2 juin), la naissance du prince Moustapha, fils de Rébi'a-Gulnouch-Sultane, qui fut aussi mère de Sultan-Ahmed III, vint combler de satisfaction le Grand Seigneur. Après les sept jours de réjouissances publiques ordonnées dans tout l'empire, Kupruli-Ahmed-Pacha se mit enfin en campagne.

Léopold Ier avait profité du moment d'inaction que la rigueur de la saison avait imposé aux Ottomans, pour recruter de nouvelles troupes. Le comte de Strozzi fut mis à la tête de soixante mille hommes. Le jour même du départ du grand vézir, il apprit que Neutra s'était rendue au comte de Souches qui avait battu Kutchuk-Muhammed-Pacha, et marchait sur Lewenz. Peu après, Huçeïn, pacha de Kanischa, demanda de prompts secours pour pouvoir résister aux attaques de Strozzi, de Hohenlohe et de Zriny ; mais ces chefs, craignant l'arrivée du grand vézir, se replièrent sur Neu-Serinwar. Kupruli-Ahmed-Pacha poursuivit l'ennemi et se décida à franchir la rivière de la Murr ; six cents janissaires et seymens passèrent sur des radeaux, mais ils furent presque tous exterminés dans une attaque impétueuse du comte de Strozzi, qui périt lui-même dans cette affaire. Le célèbre Montecuculli le remplaça dans le commandement de l'armée impériale, à laquelle se joignirent six mille auxiliaires français, sous les ordres du comte de Coligny, que Louis XIV envoyait au secours de l'empereur d'Allemagne. Les Ottomans assiégèrent Serinwar avec tant de fureur et de constance, qu'après plusieurs tentatives infructueuses, ils finirent par s'emparer de cette place, malgré la bravoure de ses défenseurs. Onze cents Hongrois périrent dans le dernier assaut, qui eut lieu le 5 zilhidjè 1074 (29 juin 1664). Sept jours plus tard, les fortifications de Serinwar furent démolies, et l'artillerie, abandonnée par la garnison, fut transportée à Kanischa. Le grand vézir marcha ensuite vers la Raab. Chemin faisant, il détruisit le fort du Petit-Komorn, dont il fit massacrer les défenseurs, quoiqu'il leur eût promis la vie sauve ; il s'empara des palanques d'Egerwar et de Kemendwar, ainsi que de Kapornak, et les fit aussi raser ; enfin, arrivé sur les bords de la Raab, en face de Koermend, le grand vézir essaya de passer la rivière, mais il fut repoussé par Montecuculli et Coligny. Les Français se couvrirent de gloire en cette occasion, et contribuèrent puissamment à la défaite des troupes ottomanes. Kupruli-Ahmed ne pouvant réussir à traverser le fleuve, en suivit la rive droite, tandis que les Impériaux longeaient la rive gauche. A la hauteur de Czakan, l'avant-garde des Osmanlis fit une nouvelle tentative pour passer la Raab, et fut encore repoussée. Enfin, le 7 muharrem 1075 (31 juillet), le grand vézir se décida à franchir le fleuve à la vue des Autrichiens et quoi qu'il en pût résulter. Son armée se trouvait campée près du village de Saint-Gothard, où s'élève un couvent de ce nom, habité par des moines de l'ordre de Cîteaux. Les chrétiens n'étaient séparés des musulmans que par la Raab, très-resserrée en cet endroit. On représenta à Kupruli le danger qu'il courait en se plaçant entre une armée et une rivière; mais il croyait tellement au succès de son entreprise, qu'il répondit avec résolution : « *Quand on veut vaincre, il ne* « *faut pas regarder derrière soi.* » On assure même que, dans sa confiance présomptueuse, il écrivit au Sultan, peu de moments avant la bataille, pour lui annoncer que *les enfants du prophète* allaient remporter une victoire éclatante sur *les infidèles*. Mais son attente fut trompée; toute la bravoure de ses troupes échoua contre l'habileté de Montecuculli. Le 8 muharrem (1ᵉʳ août 1664), les Ottomans passèrent à gué la rivière, se retranchèrent à Moggersdorf, et enfoncèrent le centre de l'armée chrétienne; mais les Français, commandés par le duc de la Feuillade, relevèrent la bataille. On dit que lorsque Kupruli-Ahmed vit s'avancer nos compatriotes, reconnaissables à leurs perruques poudrées, il demanda quelles étaient ces jeunes filles. Il fut bientôt détrompé : les Français, s'élançant avec l'impétuosité de ce premier choc auquel il est si difficile de résister, repoussèrent les Ottomans et en firent un carnage horrible. Ceux des janissaires qui échappèrent à la mort se rappelèrent longtemps avec terreur les cris de : *Allons! allons! tue! tue!* que poussaient les Français; et le nom de leur intrépide chef, le duc de la Feuillade, fut transformé par les vaincus, grâce à l'analogie des sons, en celui de *Fouladi*

(homme d'acier : *chalybeus, ferreus*).

Cette victoire, connue sous le nom de bataille de *Saint-Gothard*, était la plus glorieuse que les chrétiens eussent remportée, depuis trois siècles, sur les mahométans. Ces derniers perdirent environ vingt-cinq mille hommes, et leur désastre eût été sans doute plus considérable, si trente mille cavaliers n'étaient restés sur l'autre rive pendant la durée du combat, et n'avaient pris la fuite en voyant la défaite de leurs compagnons d'armes. Lorsque la nouvelle de cette déroute parvint à Andrinople, il fallut interrompre les fêtes publiques que le Sultan avait ordonnées, pour célébrer d'avance la victoire prédite par le grand vézir; et le divan s'empressa de conseiller à Sultan-Muhammed de faire la paix avec l'empereur Léopold. En effet, dix jours après, Kupruli-Ahmed signa à Vasvar les articles du traité : Apafy fut reconnu prince de Transylvanie, sous la condition de payer tribut au Grand Seigneur; entre autres clauses, une trêve de vingt ans fut stipulée. Cette paix, en général plus favorable aux Ottomans qu'aux Hongrois, fit reprendre à Andrinople les réjouissances interrompues.

Vers la fin de décembre 1665, la France châtia les pirates algériens qui ravageaient les côtes de la Provence. Le duc de Beaufort remporta une victoire navale sur ces corsaires, dont les vaisseaux furent en partie détruits ou dispersés. Mais les Algériens se vengèrent bientôt de cette défaite : douze mille Français, établis en colonie à Gigeri, où ils avaient élevé un château, furent surpris par les Barbaresques et massacrés ou conduits en esclavage.

Dans le mois de rebi'ul-akhir 1076 (octobre 1665) fut terminée la mosquée qui avait été commencée à Constantinople par Keuçem-Sultane. Le jour de l'inauguration de cette mosquée, la Sultane-Validè lui donna le nom de *Adliïé* (la Juste), offrit à son fils Sultan-Muhammed des présents magnifiques, et distribua un grand nombre de bourses et de fourrures aux seigneurs de la cour. Quelques jours plus tard, le Sultan accorda une audience de congé à l'ambassadeur impérial, le comte Walter de Leslie, qui s'était distingué par la richesse et la singularité des cadeaux qu'il offrit à Sa Hautesse. Les résultats de la mission de Leslie furent l'obtention du libre exercice du culte catholique et quelques avantages commerciaux. Un ambassadeur de la Porte avait été reçu en audience solennelle, le 18 juin de la même année, par l'empereur Léopold.

Peu de temps avant le départ du comte Leslie, M. de la Haye-Vantelet arriva à Constantinople, où il fut reçu avec hauteur et mépris par le grand vézir, qui ne daigna pas même se lever, selon l'ancien usage établi envers les ambassadeurs de tous les souverains. Il reprocha en outre, avec beaucoup d'aigreur, à M. de Vantelet les secours que la France avait envoyés en Candie et en Hongrie, et l'expédition de Gigeri. L'ambassadeur ne répondit rien à ces reproches, espérant toujours que le ministre changerait de manières; mais il n'en fut pas ainsi, et la réception se termina aussi froidement qu'elle avait commencé. M. de Vantelet demanda alors une seconde audience, à condition qu'il serait reçu avec le cérémonial d'usage; mais le grand vézir s'étant conduit avec le même dédain, l'ambassadeur lui dit vivement que puisqu'il ne lui accordait pas les honneurs dus au représentant du plus grand monarque de la chrétienté, il avait ordre de rendre les capitulations et de retourner en France. Le grand vézir, irrité de la fierté de ce discours, y répondit par quelques paroles injurieuses. M. de Vantelet ne put les supporter, jeta violemment les capitulations aux pieds du ministre, se leva et sortit aussitôt; mais il fut arrêté à la porte de la salle d'audience, et renfermé dans un appartement du grand vézir. Celui-ci, après avoir consulté sur cet événement le mufti Wani-Efendi et le kapoudan-pacha, en écrivit au Sultan. Sa Hautesse était à la chasse à vingt lieues de Constantinople, de sorte que sa réponse n'arriva qu'au bout de trois jours. Dans cet intervalle, le kapoudan-pacha négocia avec M. de Vantelet; et, après bien des difficultés, il fut convenu qu'une nouvelle audience serait accordée à l'ambassadeur avec le cérémonial accoutumé, et que les deux premières seraient regardées comme non avenues. Cette réception eut lieu en janvier 1666 : le grand vézir, pour n'être pas obligé de se lever, fit introduire M. de Vantelet dans un salon particulier, où il alla le trouver. Il lui tendit la main et lui parla avec civilité; l'ambassadeur répondit convenablement à ses politesses : on lui présenta du café, des sorbets, des parfums; et vingt-quatre kaftans d'honneur furent délivrés à sa suite. Le mois suivant, M. de Vantelet fut aussi présenté à Sa Hautesse, qui le reçut gracieusement, et les altercations qui avaient marqué les deux premières audiences de l'ambassadeur français parurent oubliées. Mais l'aigreur ne tarda pas à renaître dans les relations de l'ambassade française avec le grand vézir. M. de Vantelet ayant demandé, d'après ses instructions, le renouvellement des traités, et la liberté, pour nos navires, de négocier avec les Indes par la mer Rouge, Kupruli-Ahmed repoussa obstinément ces demandes, et partit, au mois de mars suivant, pour Candie. Alors M. de Vantelet se rendit à Andrinople, où il eut avec le kaïm-mékam plusieurs conférences qui furent sans résultat, ce dignitaire n'osant rien terminer sans l'autorisation du premier ministre.

Dans le mois de rebi'ul-akhir 1077 (octobre 1666), le Sultan reçut sous une tente, élevée au bord de la Toundja, l'ambassadeur russe, qui remit à Sa Hautesse une lettre du czar Alexis Michaïlowitz : les demandes qu'elle contenait furent accueillies par le Grand Seigneur.

Cependant Venise, craignant que la paix de Vasvar ne permît aux Ottomans de recommencer les hostilités contre la république, chargea Ballarino de traiter avec la Porte. Une seule des conditions imposées par le grand vézir n'ayant pas été acceptée, ce ministre résolut de pousser avec plus de

18.

vigueur que jamais la guerre contre Candie, dont le siège avait été repris et abandonné tant de fois depuis vingt ans. Quinze mille bourses (*) furent mises à la disposition du defterdar, et une flotte nombreuse partit sous les ordres de Kaplan-Pacha. Le grand vézir reçut l'étendard sacré des mains de Sa Hautesse, et se dirigea sur Candie. Mais le Sultan, d'une humeur moins guerrière que ses prédécesseurs, n'accompagna point son ministre, et continua de se livrer avec ardeur à son amour de la chasse, exercice pour lequel il était si passionné, qu'il passait quelquefois cinq ou six jours sans rentrer au sérail. Vers cette époque, la naissance d'un héritier du trône vint accroître l'influence de la Sultane favorite, Rèbia-Gulnouch, femme grecque de Retimo, qui avait pris beaucoup d'ascendant sur le Grand Seigneur. Afin d'assurer la couronne à cet enfant, Sultan-Muhammed voulut faire étrangler ses deux propres frères, Ahmed et Suleïman; mais le mufti refusa de légitimer, par un fetwa, ce double fratricide, et réussit même à en détourner Sa Hautesse, en lui faisant observer que la succession à l'empire n'était pas assez assurée par la naissance d'un seul enfant.

Au moment du départ de l'armée ottomane pour la Crète, des prières publiques furent ordonnées pour le succès de cette expédition. Une espèce de comédie religieuse vint en même temps fixer l'attention publique. Suivant une croyance populaire, l'année 1076 (1666) devait être signalée par un événement extraordinaire : les chrétiens attendaient l'*Antechrist*, les musulmans le *Dèdjal*, et les juifs le *Messie*. Un Israélite de Smyrne, nommé Sabathaï Lévi, profita de cette croyance populaire, et se donna pour le Messie. Cet imposteur, fils d'un courtier de la factorerie anglaise, avait de l'éloquence et un extérieur avantageux; il affectait une grande modestie, parlait en oracle, et disait partout que *les temps étaient accomplis*. Il se rendit à Jérusalem, d'où il écrivit à tous les juifs de l'empire ottoman; il prenait dans ses lettres le titre de *premier-né, de fils unique de Dieu* et *de sauveur d'Israël*. Non-seulement presque tous les juifs de la Turquie, mais encore ceux de l'Allemagne, de la Hollande et de l'Italie, furent persuadés, et quittèrent tout pour se disposer au voyage de Jérusalem. Les partisans du nouveau Messie répandirent le bruit qu'il faisait des miracles, et sa réputation s'étendit si rapidement, que le gouverneur de Smyrne voulut le faire arrêter; mais Sabathaï partit pour Constantinople avec un grand nombre de ses disciples. Kupruli-Ahmed-Pacha, sans respect pour la prétendue mission de cet imposteur, l'envoya saisir sur le bâtiment qui devait le conduire dans la capitale, et le fit emprisonner. Tous les juifs qui regardaient cette persécution comme une preuve de l'accomplissement des prophéties, sollicitaient vivement la permission de lui baiser les pieds; on la leur accordait aisément pour de l'ar-

---

(*) Une *bourse* (kicè) est composée de 60,000 *aspres* (aktché), ou de 500 piastres de 40 paras, ou de 120 aspres l'une. Ces 15,000 bourses ou 7,500,000 piastres représenteraient, *en nombre*, environ 23 millions de francs de notre monnaie; mais leur valeur relative, en remontant au milieu du dix-septième siècle, ne saurait être portée à moins de 40 millions d'aujourd'hui.

Dans l'état actuel d'altération du coin du Grand Seigneur, une *bourse* vaut à peine 115 *francs*, au lieu de 1500 *livres tournois*, lorsqu'un petit écu (de *trois livres*) représentait une piastre turque (*ghrouch*). Ce taux a été régulièrement admis dans les transactions commerciales, pendant les soixante-dix premières années du dix-huitième siècle : mais la monnaie turque subit une première et bien fâcheuse altération après le traité de Kaïnardji (1774), lorsqu'il s'agit de payer aux Russes les frais de la guerre. Néanmoins la piastre du Grand Seigneur valait encore 2 francs en 1800. Depuis, elle a éprouvé de si fréquentes altérations, que de 1 fr. 60 c. (1803), elle a été successivement réduite à 1 fr. (1812), à 0 fr. 85 et 90 c. (1818), 0 fr. 60 c. (1824), 0 fr. 45 c. (1826), 0 fr. 30 c. (1832). Maintenant elle vaut à peine 23 cent. (*nov.* 1838).

gent, de sorte que la prison était toujours remplie de ses sectateurs. Les juifs, exaltés par ses prédications, commencèrent à exciter quelques troubles dans Constantinople. Sabathaï fut alors transféré au château des Dardanelles, et de là conduit au sérail d'Andrinople; car le bruit de ses miracles était si grand, que Sultan-Muhammed voulut interroger lui-même cet homme qui se disait *le roi d'Israël*. Amené devant le Grand Seigneur, il répondit en mauvais turc à Sa Hautesse. « *Tu « parles bien mal*, lui dit le Sultan, « *pour un Messie qui devrait avoir le « don des langues. Fais-tu des mira- « cles? — Quelquefois,* » répondit modestement Sabathaï. Le Grand Seigneur voulut alors le mettre à l'épreuve; il ordonna de le dépouiller de ses vêtements, et de le faire servir de but aux flèches des itch-oghlans, afin de voir s'il était invulnérable. A cet ordre, le pauvre Messie se jeta à genoux, et dit que ce miracle dépassait son pouvoir. On lui proposa alors d'embrasser l'islamisme ou d'être empalé. Il ne balança point et se fit mahométan; il poussa même l'humilité jusqu'à accepter, en échange de la royauté d'Israël, une bourse d'argent et un emploi de gardien du sérail. Il chercha alors à pallier la honte de ce dénoûment ridicule, en prêchant qu'il n'avait été envoyé que pour remplacer la religion juive par celle de Mahomet, suivant les anciennes prophéties. On employa ce moyen pour attirer au culte de l'islam un grand nombre de juifs. Après avoir ainsi, pendant dix ans, servi d'instrument à la politique ottomane, Sabathaï fut exilé en Morée, où il vécut encore dix autres années.

Tandis que ce juif se faisait passer pour le Messie, un jeune Kurde se donnait pour le *Mehdi*, et attirait à lui de nombreux partisans. Fait prisonnier par le beïlerbeï de Mouçoul et amené devant le Sultan, le nouveau Mehdi renonça de bonne grâce à son rôle de précurseur, et, à l'exemple du faux Messie, accepta un emploi de page près de la chambre du trésor (khaziné-odaçi).

Cette même année 1668, des troubles éclatèrent à Basra, à la Mecque et en Égypte, et furent apaisés par des mesures vigoureuses. Dans cette dernière contrée, des phénomènes effrayants vinrent en outre consterner les populations: des grêlons d'une grosseur prodigieuse, et dont quelques-uns pesaient jusqu'à deux livres, tuèrent des oiseaux et même du bétail, et plusieurs tremblements de terre renversèrent des villes et firent disparaître des montagnes; la peste se joignit à tous ces désastres et frappa surtout le corps des mollas.

Le 10 cha'ban 1078 (25 janvier 1668), un ambassadeur russe fut admis à l'audience du Sultan, et y éprouva le traitement le plus ignominieux, pour s'être refusé à suivre le cérémonial en usage dans ces présentations. Nonobstant ces outrages, le Sultan répondit amicalement à la lettre du czar Alexis Mikhaïlowitz. Avec l'ambassadeur russe parut à la cour un mirza tatare; et, trois mois après, un envoyé des Cosaques soumis à la Porte, Barabach, fut présenté à Sa Hautesse, et réclama sa protection contre leurs compatriotes révoltés: il eut aussi à éprouver la brutalité des chambellans ottomans, qui lui firent courber la tête jusqu'à terre. La Pologne envoya dans l'espace d'un an plusieurs internonces, dont le dernier, Franz Wysocki, conclut enfin une paix qui n'était guère que la confirmation des traités précédents.

A cette époque, la Porte se plaignait amèrement de l'assistance que la France prêtait aux Vénitiens assiégés dans Candie. Pour se venger de ce procédé peu amical, le gouvernement ottoman faisait éprouver de continuelles avanies aux négociants français. Le marquis de Durazzo, ambassadeur génois, fut très-bien reçu, malgré les protestations de M. de Vantelet, qui y mêla des expressions blessantes pour les membres du divan. Ils répondirent aux plaintes de notre ambassadeur que son maître n'avait pas le droit de s'opposer à la réception de qui que ce fût, et qu'il devait se contenter d'être reconnu, par le Grand Seigneur, comme *padichâh*. M. de Vantelet répliqua que le roi de France ne tenait ce titre que de Dieu et de ses armes victorieuses. La fierté de ces paroles choqua d'autant plus le divan, que le titre de *padichâh* est, suivant les Ottomans, exclusivement réservé au Grand Seigneur. M. de Vantelet réclama en vain le renouvellement des capitulations, et la réduction des droits de douane que les Français payaient à raison de cinq pour cent, tandis que les Anglais, les Hollandais et les Génois n'étaient soumis qu'à trois pour cent. Vers la fin de 1668, il reçut l'ordre de revenir en France, puisque sa dignité d'ambassadeur du roi n'était pas respectée par les ministres de Sa Hautesse. Il fit part de cet ordre au gouverneur de Larisse (*Yéni-chéhir*), où il s'était retiré, en lui déclarant qu'il laisserait un secrétaire ou un négociant français pour résident. Le gouverneur lui dit de s'adresser au kaïm-mékam de Constantinople, qui en référa lui-même au grand vézir, alors occupé au siége de Candie. Sa réponse n'arriva qu'en mars 1669.

Quelques difficultés s'élevèrent aussi entre l'ambassadeur anglais et la Porte, relativement à un droit de deux et demi pour cent, que le directeur des douanes syriennes exigeait illégalement à Alexandrette, indépendamment des trois pour cent perçus à Alep, en vertu des traités; mais la Porte reconnut l'injustice du recouvrement des deux et demi pour cent exigés à Alexandrette, et promit de ne plus les recevoir. La Hollande, qui avait également à se plaindre de la Porte, envoya un nouveau résident, M. Colier, qui obtint le renouvellement des capitulations et la liberté du commerce hollandais à Constantinople, à Smyrne et à Alep.

Cependant le grand vézir, parti pour Candie dans le mois de zilhidjè 1076 (mai 1666), mit quatre mois à traverser l'Asie Mineure, s'embarqua à Isdin (*Istina*), et prit terre le 5 djemazi-ul-oula (3 novembre 1666) devant la ville de la Canée, dans laquelle les Ottomans s'étaient fortifiés, et dont ils avaient fait leur place d'armes. Ahmed-Pacha ranima par sa présence le courage des troupes, retenues depuis vingt-deux ans par cette interminable guerre de Crète. Le 2 ramazan 1077 (26 février 1667), une flotte égyptienne de vingt-huit voiles, qui venait au secours de l'armée assiégeante, fut attaquée et battue par l'escadre vénitienne : le vaisseau amiral, commandé par Ramazan-Beï, fut incendié, et ce chef tomba au pouvoir des chrétiens, qui se rendirent maîtres aussi de cinq navires. Enfin le 2 zilka'dè (26 avril), l'armée navale ottomane, composée de trente bâtiments sous les ordres du kapoudan-pacha Kaplan-Moustapha, mouilla devant la Canée : de là, elle se rendit à Giropetra. Un conseil de guerre fut convoqué et régla le plan de l'attaque. La tranchée fut ouverte le 3 zilhidjè 1077 (28 mai 1667). Jamais peut-être on n'avait vu tant de courage dans le siége d'une place forte, ni tant d'opiniâtreté dans la défense, et jamais l'art des mines n'avait été poussé si loin : souvent des bataillons entiers sautaient au milieu des fortifications qui paraissaient les plus solides; des portions de remparts que les assiégés étaient obligés d'abandonner se trouvaient tout à coup reconstruites à quelque distance en arrière, et on eût dit que la ville ne faisait que resserrer son enceinte devant les assiégeants. Aux approches de l'hiver, le grand vézir ordonna de suspendre les travaux : vingt mille quintaux de poudre avaient été employés dans cette campagne, pendant laquelle huit mille Ottomans avaient péri. Douze vaisseaux, détachés de l'escadre du kapoudan-pacha, croisèrent devant Candie, et le reste fit voile pour Constantinople.

Au retour de l'été, le siége recommença avec une nouvelle ardeur. Le marquis Dupuy-Montbrun de Saint-André, officier français qui commandait une partie des troupes vénitiennes, fut blessé dans cette campagne. En décembre, un plénipotentiaire de la république offrit de l'argent au grand vézir pour l'engager à lever le siége; mais Kupruli-Ahmed répondit : « Nous

« ne sommes pas des marchands; nous « avons assez d'or, et nous n'abandonnerons Candie à aucun prix. »

Le 1ᵉʳ muharrem 1080 (1ᵉʳ juin 1669), une dépêche du Sultan demanda au grand vézir la conquête de Candie pour cette nouvelle année : Kupruli-Ahmed communiqua cette lettre au conseil de guerre, qui décida de redoubler d'efforts pour s'emparer enfin de la forteresse. Le 19 du même mois, la flotte du kapoudan-pacha arriva devant la Canée. Bientôt après parut l'escadre auxiliaire chrétienne, composée de trente-cinq bâtiments, dont quinze français, sept maltais, quatre dalmates, et neuf appartenant au pape. La flotte française était commandée par le duc de Noailles : il avait sous ses ordres six à sept mille hommes, parmi lesquels on remarquait le jeune duc de Beaufort, qui périt cinq jours après son arrivée, le maréchal de la Mothe-Fénelon, le chevalier de Vendôme, à peine âgé de quinze ans, le comte de Saint-Pol-Longueville, le chevalier d'Harcourt, MM. de Dampierre, Colbert, de Castellane, de Beauvau, de Sévigné, et une foule d'autres seigneurs distingués dans la noblesse de France. Ces secours, combinés avec les forces des assiégés, auraient pu relever la cause de ces derniers; mais la mésintelligence éclata bientôt entre le gouverneur Morosini et le duc de Noailles; et les escadres alliées furent rappelées. Après leur retraite, la garnison de Candie se trouva réduite à quatre mille hommes, incapables de défendre plus longtemps des fortifications ruinées par l'explosion continuelle des mines. Les assiégés se décidèrent alors à capituler; pendant six jours les envoyés vénitiens débattirent les conditions du traité avec les plénipotentiaires ottomans : l'un d'eux, le fameux Grec Panaïotti, interprète de la Porte, fort en faveur auprès du grand vézir, contribua puissamment par son adresse à la conclusion de la paix, basée sur la reddition de la ville et de presque toute l'île de Candie. Cette capitulation ne fut cependant pas sans gloire pour les assiégés, à qui elle assura, en Crète, la conservation des trois ports de Spinalonga, de la Sude et de Karabousa, avec les terrains attenants, et, en Dalmatie, la ville de Kilis. Le 27 septembre, à neuf heures du matin, les clefs de la place furent remises à Kupruli-Ahmed-Pacha : ce ministre récompensa magnifiquement le bourgeois qui les lui présenta. Le commandant Morosini fut traité avec tous les égards dus à sa bravoure, et reçut même du grand vézir de riches présents; cette politesse, si peu dans les mœurs des Ottomans à l'égard des chrétiens, servit plus tard de texte à une accusation de trahison contre le brave général de la république, auquel le sénat demanda compte de sa conduite.

Pendant l'hiver qui suivit la prise de Candie, le grand vézir employa ses soldats à relever les fortifications, qui n'étaient plus que des ruines : il convertit en mosquées toutes les églises, hormis deux qui furent achetées par l'interprète Panaïotti, pour les Grecs et les Arméniens.

Jamais on n'avait vu dans l'histoire d'aucun pays un siége aussi mémorable que celui de Candie : il dura vingt-cinq années; l'empire ottoman y déploya toutes ses forces; des préparatifs immenses le précédèrent; trente mille Vénitiens et plus de cent mille Ottomans y perdirent la vie. Ce ne fut que trois semaines après cette conquête si importante, que Kupruli-Ahmed en donna la nouvelle au Sultan : le grand vézir avait voulu attendre, avant d'expédier la dépêche, que, suivant les clauses du traité, tous les Vénitiens fussent sortis de Candie. Le Sultan fut si ému de cette nouvelle, qu'il ne put lire lui-même la lettre de son ministre. Des réjouissances publiques, pendant trois jours et trois nuits, eurent lieu dans tout l'empire. Le 14 safer 1081 (3 juillet 1670), Kupruli-Ahmed fut reçu à Dèmir-Tach par le Sultan qui lui fit l'accueil le plus gracieux. Pour remercier Allah du triomphe éclatant qu'il venait d'accorder aux armes musulmanes, le Grand Seigneur renouvela la défense de boire du vin, liqueur si expressément prohibée par le fondateur de l'islamisme.

En décembre 1670, le kapoudan-pacha fit son entrée triomphale à Constantinople : son navire traînait à la remorque quelques bâtiments maltais, sur lesquels on avait placé des esclaves grotesquement affublés de perruques et de jaquettes, et qui, suivant les Ottomans, représentaient des personnages distingués parmi les chrétiens.

Comme nous l'avons dit précédemment, la réponse que l'ambassadeur français, M. de Vantelet, attendait du grand vézir, n'arriva qu'en mars 1669. Dans cet intervalle, une flottille de quatre vaisseaux, commandée par M. d'Alméras, entra dans le port de Constantinople ; et, lorsque M. de Vantelet, d'après la lettre de Kupruli, se fut rendu à la cour, il écrivit à l'amiral français de venir prendre à Volo, port de mer dans le golfe de Salonique, un ambassadeur que le Sultan envoyait en France : c'était le mutèferrika Suleïman-Aga ; il arriva à Paris vers la fin de 1669, et en partit au mois d'août suivant. Cependant M. de Vantelet avait reçu, en octobre, l'ordre de s'embarquer sur les vaisseaux de M. d'Alméras ; et, si le kaïm-mèkam l'en empêchait, de déposer à l'instant le caractère d'ambassadeur. M. de Vantelet, que cet ordre contrariait, répondit que l'on avait beaucoup de respect et de considération pour lui à la cour ottomane ; et que, d'ailleurs, il ne pouvait la quitter, puisque les vaisseaux de M. d'Alméras avaient déjà fait voile pour la France. Malgré cette réponse, M. de Vantelet fut rappelé. Les Provençaux établis à Constantinople, et qui haïssaient cet ambassadeur, avaient écrit à Paris que, tant qu'il conserverait ce poste, les capitulations ne seraient point renouvelées, à cause de la haine personnelle que le grand vézir lui portait. Ainsi il fut résolu qu'on le remplacerait par un autre ambassadeur. M. de Nointel, conseiller au parlement de Paris, fut choisi, partit au mois d'août 1670, et arriva le 22 octobre suivant, avec une escadre de quatre vaisseaux, commandés par M. d'Apremont. Cet officier voulait obtenir du kaïm-mèkam et du kapoudan-pacha que les batteries du sérail lui rendissent le *salut royal*; cette demande fut repoussée : l'escadre française refusa alors de tirer les salves d'usage, et peu s'en fallut qu'un combat naval ne s'engageât. Mais la Sultane-Validè ayant demandé à M. d'Apremont de la saluer lorsqu'elle se rendrait à Scutari, le galant amiral s'empressa de condescendre à ce désir, en faisant jouer toute l'artillerie de sa petite escadre. Le kapoudan-pacha, dans son dépit, accusa les capitaines français d'avoir reçu à bord de leurs vaisseaux un grand nombre d'esclaves échappés des prisons ; mais le grand vézir ne voulut pas permettre que des recherches fussent faites sur les navires français, dans la crainte d'exciter quelque nouvelle altercation.

Le 11 novembre 1670, M. de Nointel fit son entrée à Constantinople avec une magnificence qui parut hors de saison aux Ottomans. M. de Vantelet ayant obtenu la permission de se retirer, s'embarqua en décembre sur le vaisseau commandant. Peu après ce départ, M. de Nointel alla à Andrinople, et y fut reçu avec tous les honneurs accoutumés. L'usage constant de la Porte est que les ambassadeurs déclinent d'avance le sujet pour lequel ils demandent audience ; M. de Nointel ne voulut pas se conformer à ce cérémonial, à cause de la teneur de ses instructions secrètes, qui lui prescrivaient d'adresser sa plainte au Sultan lui-même ; car on était persuadé à la cour de France que Sa Hautesse n'avait aucune connaissance des procédés du grand vézir envers notre ambassadeur. Mais ne pouvant obtenir audience, celui-ci finit par mettre entre les mains de l'interprète Panaiotti un mémoire en trente-deux articles, qui parurent renfermer des prétentions si exorbitantes, que Kupruli-Ahmed-Pacha feignit de croire que l'on cherchait un prétexte pour rompre avec la Porte, ou bien que ces propositions n'émanaient pas du roi de France. Le grand vézir demanda, en conséquence, à M. de Nointel s'il avait des lettres de son souverain qui continssent les demandes insérées dans le mémoire présenté de sa part; l'ambassadeur ayant répondu que ses lettres de créance devaient suffire, le grand vézir ne voulut lui accorder une audience solennelle que sous la condition que, dans six mois, il ferait venir une lettre du roi, qui contiendrait clairement les étranges réclamations communiquées par M. de Nointel. Notre ambassadeur fut obligé de faire cette promesse, et fut reçu alors en audience, d'abord par le grand vézir, et ensuite par le Sultan. Kupruli-Ahmed répondit avec froideur ou par des épigrammes aux emphatiques et longs discours de M. de Nointel. Ainsi, lorsqu'il s'étendit avec complaisance sur la grandeur et la puissance de Louis XIV, le grand vézir répondit : « Oui, le pa« dichâh de France est un grand mo« narque, mais son épée est encore « neuve. » Lorsque notre ambassadeur ajouta que les Français étaient les vrais amis des Ottomans, Kupruli répliqua en souriant : « Les Français sont nos « amis, mais nous les trouvons par« tout avec nos ennemis (*). » Enfin, M. de Nointel ayant dit, en terminant son discours, qu'il avait ordre de recommander fortement au grand vézir l'affaire du commerce de la mer Rouge; que Sa Majesté l'avait extrêmement à cœur, et désirait vivement que la Porte le contentât sur ce point : « Comment « se peut-il, reprit sèchement le mi« nistre, qu'un aussi grand padichâh « s'intéresse si fort à une affaire de « marchands ! »

M. de Nointel ne fut guère plus satisfait de l'audience qu'il obtint du Grand Seigneur : conduit devant Sa Hautesse, il prononça un discours qui dura un quart d'heure, et que Panaiotti traduisit brièvement au vézir, qui le transmit en deux mots au Sultan. M. de Nointel parla ensuite d'affaires à ce prince, qui répondit, en regardant son ministre : « Que l'am« bassadeur s'adresse à notre *Lala*. » Après l'audience, il fut convié, suivant l'usage, au repas donné dans le divan, et essaya encore de parler politique ; mais le grand vézir l'interrompit, en lui disant : « Monsieur l'am« bassadeur, tenez-vous-en à ce que « vous avez promis ; nous saurons dans « six mois si nous sommes amis ou « ennemis. »

Peu de jours après cette audience, M. de Nointel s'efforça inutilement, dans une conférence avec le reïs-efendi, d'obtenir la sanction des trente-deux articles demandés précédemment : le grand vézir lui dit, en le congédiant, que, s'il ne voulait pas renouveler les capitulations aux mêmes conditions qu'auparavant, il pouvait retourner en France. M. de Nointel demanda alors de nouvelles instructions à sa cour ; et il lui fut prescrit, en réponse, de revenir immédiatement à Paris, puisqu'il n'était pas traité conformément aux promesses faites par le dernier ambassadeur ottoman, Suleïman-Aga. Cependant M. de Nointel parvint à renouveler les capitulations avec quelques nouveaux avantages ; entre autres, la clause que les droits de douane sur les marchandises françaises seraient réduits à trois pour cent. Mais le grand vézir, sous prétexte que la campagne avec la Pologne allait s'ouvrir, ne signa pas le traité, qui ne fut sanctionné que deux ans plus tard.

Le 2 octobre 1673, mourut le célèbre Panaiotti Nikousi, après vingt-cinq ans de drogmanat. Il avait été d'abord attaché à la légation de l'empereur ; il fut ensuite admis au service de la Porte. C'était un homme de beaucoup d'esprit, qui parlait et écrivait plusieurs langues. Il laissa la réputation méritée d'habile négociateur, quoique sa politique large fût accompagnée d'une droiture que l'on rencontre rarement chez les diplomates : il contribua puissamment à la paix conclue entre l'empereur d'Allemagne et le Sultan, et surtout à l'arrangement des affaires de Candie. Grec de naissance,

---

(*) Les Ottomans se sont souvent cru en droit de nous adresser le même reproche ; et depuis plus de soixante ans de nombreuses circonstances semblent leur avoir permis de le renouveler.

il défendit avec énergie les droits civils et religieux de ses compatriotes, sans jamais s'écarter cependant de sa fidélité envers la Porte, qui perdit en lui un agent habile et dévoué. La république de Gênes l'avait anobli, en récompense des bons offices qu'il rendit au marquis de Durazzo. Il avait le titre de *premier interprète et secrétaire de l'empire ottoman*; et au moment de la signature de la paix de Candie, le grand vézir, pour preuve de sa haute satisfaction, lui avait accordé le revenu de l'île de Miconi, dans l'Archipel, s'élevant à quatre mille écus par an.

Deux années après la trêve de Saint-Gothard, Bruchoweski, hetman ou chef des Cosaques *Zaporogues* ou *des cataractes*, partisan du czar, et Doroszenko, hetman des Cosaques *Sari-Kamich* (*roseaux jaunes*), dévoué au roi de Pologne, se trouvèrent en présence sur les deux rives du Dniéper (*). Ces deux chefs députèrent au Sultan des envoyés pour lui offrir la suzeraineté de l'Ukraine. Doroszenko fut reconnu par la Porte pour hetman de cette province, avec le titre de sandjak-beï, et reçut en conséquence les queues de cheval (*though*), l'étendard (*alèm*) et la masse d'armes (*topouz*), symboles de sa dignité. A cette nouvelle, le roi de Pologne marcha contre Doroszenko : ce fut en vain que Sultan-Muhammed invita Michel Thomas Visniovicky à ne point inquiéter Doroszenko, qui, était-il dit dans la lettre de Sa Hautesse, *s'est réfugié à l'ombre de nos ailes;* le roi ne tint aucun compte de l'avertissement du Grand Seigneur. Le brave général Sobieski, que les vœux secrets des Polonais désignaient d'avance comme successeur de Michel, enleva rapidement aux Cosaques les places les plus fortes de la frontière. Le 8 safer (5 juin), le Sultan quitta Andrinople avec un nombreux cortége, et le 23 rebi'ul-akhir 1083 (18 août 1672), l'armée ottomane arriva devant Kaminiec. Cette ville, située à trois heures de distance du Dniester, est environnée d'un torrent rapide dont les bords, hérissés de rochers escarpés, ressemblent à des fortifications inaccessibles, élevées pour la protéger. Au centre de la place est bâtie la citadelle, remarquable par la hauteur et l'épaisseur de ses murailles. Le grand vézir commanda lui-même la première attaque : au bout de huit jours, les assaillants plantèrent leur étendard sur un des bastions. Le lendemain, une mine fit sauter le rempart extérieur; et les assiégés épouvantés arborèrent le drapeau blanc. La capitulation accordée par Kupruli-Ahmed-Pacha permettait aux habitants de se retirer ou de rester à leur volonté, leur garantissait la vie sauve, et proclamait le respect des propriétés. Au moment de la sortie de la garnison, une explosion de la poudrière de la ville fit sauter une portion des remparts : on ne put savoir si cette catastrophe avait été l'effet du hasard ou celui d'un dessein prémédité. Ce fut le 6 djemazi'ul-oula (30 août) que le commandant de cette place importante en remit les clefs : le Sultan le fit revêtir d'un kaftan, et lui accorda trois cents chariots pour le transport de ses bagages.

Après cette conquête, le Sultan fit remettre à l'internonce du roi Michel une déclaration dans laquelle Sa Hautesse menaçait de dévaster la Pologne, si la Podolie ne se reconnaissait pas tributaire de la Porte. La prise si rapide de Kaminiec, place réputée inexpugnable, avait consterné les Polonais. Le grand vézir voulant profiter de la terreur des vaincus, envoya Kaplan-Pacha, gouverneur d'Alep, avec le khan de Crimée, six beïlerbeïs et l'hetman Doroszenko, faire le siège de Lemberg (Leopol), qui succomba le 16 djemazi'ul-oula 1083 (9 septembre 1672). Peu de temps après, les palanques de Buczacs, de Jazlowiec et de Zadlo-

(*) Les Cosaques étaient séparés en trois grandes divisions : les Cosaques du Don ou de Tcherkask, leur capitale; ceux qu'on nomme *Zaporogues*, parce qu'ils faisaient leur séjour près des cataractes; et enfin les derniers, subdivisés encore en trois classes, appelés les uns *Barabach*, du nom de leur chef; les autres *Sari-kamich*, à cause des marais situés entre le Dniéper et le Bug; et les troisièmes *Potkal*, du nom d'une île voisine.

tanka, se rendirent aux Ottomans : enfin les Polonais envoyèrent des ambassadeurs au khan de Crimée, en le priant d'intercéder en leur faveur ; et ce fut par son intermédiaire qu'un traité fut conclu entre la Porte et la Pologne ; traité honteux pour cette dernière puissance, qui s'obligeait, entre autres conditions, à payer au Sultan un tribut annuel de 220,000 ducats, à lui remettre la Podolie, à céder l'Ukraine aux Cosaques et à traiter en ami leur hetman Doroszenko. Cependant, après la prise de Lemberg, Sobieski ne tarda pas à chasser les Ottomans de cette ville, ainsi que de Lublin et de Belczice : il avait fait en outre trente mille prisonniers aux troupes tatares qui s'étaient mesurées avec lui à Calusz et avaient été complétement battues, malgré leur immense supériorité numérique.

Sultan-Muhammed et le grand vézir étaient à peine de retour à Andrinople qu'on apprit que les Polonais, excités par le pape et l'empereur d'Allemagne, refusaient de payer le tribut et se préparaient de nouveau à la guerre, secondés par les Valaques, les Moldaves et les Cosaques, qui avaient passé dans leurs rangs. Au printemps suivant, Sobieski concentra ses forces près de Khotchim (*Chocim*), et vint attaquer Huçeïn-Pacha : celui-ci passant le pont du Dniester, se retira sur Kaminiec, suivi en désordre par son armée, qui périt presque tout entière sous le feu des ennemis ou dans les eaux du fleuve : le grand vézir gagna Cecora, où Kaplan-Pacha alla le rejoindre ; de là, ils se rendirent à Baba-Daghy, où se trouvait le Sultan. Le 3 ramazan 1084 (12 décembre 1673), la naissance d'un second fils, que l'on nomma Ahmed, vint faire trève au chagrin que le Grand Seigneur éprouvait de la défaite des troupes ottomanes ; et des illuminations eurent lieu pendant trois nuits dans tout l'empire.

Les avantages signalés que venait de remporter Sobieski auraient pu sans doute lui ouvrir le chemin à d'autres conquêtes ; mais la nouvelle de la mort de Michel, roi de Pologne, obligea Sobieski de retourner à Varsovie, où les suffrages unanimes de la noblesse polonaise lui décernèrent la couronne : il en était digne, moins par sa haute naissance que par son mérite personnel et par les victoires signalées qu'il venait de remporter sur les Ottomans.

Dans le mois de mai 1674, Siekierzynski, internonce de la Pologne, arriva à Baba-Daghy : il était chargé d'exprimer les intentions pacifiques du nouveau roi ; mais Kupruli-Ahmed-Pacha répondit que la paix devait être traitée par *ambassadeur*. Peu de jours après, on se prépara à entrer de nouveau en campagne. Au mois de juillet, l'armée passa le Dniester près de Soroka, dans la plaine d'Ispel. Après quelques avantages peu importants, les Ottomans s'emparèrent de Ladyzyn, où huit cents Polonais furent faits prisonniers. Le grand vézir reçut ensuite en audience Jean Karwewski, envoyé de Sobieski : il réclamait la restitution de l'Ukraine et de la Podolie ; mais ses demandes furent mal accueillies. En même temps le roi de Pologne envoyait des députés au khan des Tatares, pour obtenir, par son intervention, le consentement du Sultan aux propositions de paix. Vers le milieu de septembre, les Ottomans commencèrent à se retirer sur Andrinople, tandis que Sobieski et son général Jablonowski chassaient devant eux les Tatares, battaient Adil-Gheraï, s'emparaient de douze villes, et faisaient rentrer l'Ukraine sous la domination polonaise.

L'hiver se passa en négociations : l'évêque de Marseille, ambassadeur de France en Pologne, tenta inutilement de rétablir la paix entre cette dernière puissance et la Porte ; le grand vézir repoussa ses propositions. Le sèrasker Chichman-Ibrahim-Pacha marcha sur Lemberg, nommé *Ilba* par les Ottomans : Sobieski s'empressa d'y accourir. Le héros polonais remporta, sous les murs de cette place, une victoire d'autant plus glorieuse que son armée était très-inférieure à celle de son ennemi. Ibrahim-Pacha se vengea de sa défaite, en s'emparant de Mitelène, de Podhaice et du château de Zawale, avant que Sobieski pût les secourir. Le sèrasker attaqua ensuite la forteresse de Trembowla, où le brave commandant Chrazanowki soutint quatre assauts terribles, et donna le temps au roi de venir le délivrer.

En mai 1675, la circoncision du prince Moustapha donna lieu à des fêtes magnifiques. Les Francs furent obligés de payer un petit impôt pour subvenir aux frais des réjouissances publiques; les familles chrétiennes établies à Andrinople s'acquittèrent en poulets, en oies et en canards : quinze jours furent consacrés à ces fêtes. Ainsi que cela avait eu lieu sous le règne de Sultan-Murad III, les corps de métiers offrirent des présents au Sultan : le plus remarquable était celui des orfévres : il figurait un jardin, avec des cyprès d'argent sur lesquels étaient perchés des rossignols en pierreries. Les fourreurs, habillés de pelleteries et des peaux de tous les animaux dont ils font commerce, en portaient un grand nombre empaillés; ils avaient même couvert de zibeline et d'autres fourrures précieuses une petite maison que trente-six membres de leur corporation portaient sur leurs épaules.

Peu de temps après les fêtes de la circoncision, on célébra le mariage de Khadidjè-Sultane, fille de Sultan-Muhammed, avec le vézir Moustapha-Pacha. Quelques jours avant l'ouverture des fêtes de la circoncision, les envoyés de Raguse et de la Transylvanie avaient été reçus en audience, ainsi que lord John Finch, ambassadeur anglais, qui fut assez mal accueilli, et logé dans un local indigne du représentant d'une grande puissance. Il parvint cependant à obtenir le renouvellement des capitulations.

Le 25 janvier 1676, la garde du saint sépulcre, objet constant des vœux et des sollicitations des Latins et des Grecs, fut concédée définitivement à ces derniers, en vertu d'un khatti-chérif obtenu dans le temps par l'interprète Panaïotti, et dont le patriarche grec se prévalut, lorsque les moines franciscains voulurent se mettre en possession des saints lieux. Un bèrat de Sultan-Muhammed déposséda ces religieux, et accorda les clefs, les tapis et les candélabres de Jérusalem aux Grecs, à condition qu'ils payeraient une rente annuelle de mille piastres pour l'entretien de la mosquée de Sultan-Ahmed (*).

Depuis dix ans environ, Sultan-Muhammed avait quitté le séjour d'Istambol pour celui d'Andrinople : il retourna dans la capitale le 23 muharrem 1087 (7 avril 1676); et, sans descendre au sérail, il se rendit sur la place d'Ok-Mëïdani, d'où il assista au départ de la flotte du kapoudan-pacha Sidi-Muhammed, et d'une seconde escadre sous les ordres d'Huçeïn-Pacha, amiral en second, l'un faisant voile pour la mer Égée, et l'autre vers le Pont-Euxin. L'armée de terre avait marché sur Kaminiec, et opéré sa jonction avec le khan des Tatares.

En août 1676, le sèrasker Chichman-Ibrahim-Pacha étant mort, Cheïtan-Ibrahim lui succéda. Il se dirigea d'abord vers la Galicie, et soumit au joug ottoman les Grecs de la Podolie et de la Pokusie. Pendant ce temps, Kupruli-Ahmed-Pacha était grièvement malade à Constantinople, et le Sultan s'abandonnait avec ardeur à sa passion pour la chasse. Les janissaires, las des fatigues de la guerre, commencèrent à murmurer de ne voir à leur tête ni le Sultan, ni son premier ministre. D'un autre côté, le khan de la Tatarie-Crimée, à qui la guerre était plus désavantageuse que profitable, poussait en secret le sèrasker à la paix, en lui représentant que le roi de Po-

(*) Nous avons vu jusqu'à nos jours se renouveler d'interminables querelles entre les Latins et les Grecs, sur la possession des lieux saints, et sur la suprématie que les uns et les autres s'y attribuent avec le plus déplorable acharnement. Un système de bascule fort productif avait été adopté par la Porte; et il en résultait des avanies, source inépuisable de plaintes et de mutuelles récriminations. On ne peut se faire une idée des mille intrigues politico-religieuses qui en découlaient, et qui entraînaient d'immenses sacrifices pécuniaires, au profit des grandes et des petites sangsues protectrices.

logne était très-disposé, par nécessité, à tout accorder pour se tirer de la position dangereuse où il se trouvait; tandis que, si on le poussait à bout, il était à craindre que le désespoir, en doublant le courage de ses troupes, ne devînt fatal aux Ottomans. Cheïtan-Ibrahim-Pacha, ébranlé par ces raisons, se décida à traiter avec Sobieski. Six plénipotentiaires de chaque nation réglèrent les conditions de la trêve. Les soldats ottomans, heureux de voir approcher la fin de leurs fatigues, et regardant la paix comme déjà faite, mirent de la négligence à garder leur camp. Sobieski profita de cette circonstance, et, fondant sur quelques milliers de Tatares campés à Mohilow, il les mit en fuite. La nouvelle de cet échec parvint à Cheïtan-Ibrahim-Pacha pendant qu'il était à table avec les négociateurs polonais. Il entra dans une grande colère, les accabla de reproches, et ordonna sur-le-champ à sa cavalerie de marcher au secours des Tatares. Elle rencontra les Polonais devant Zurawna, le 19 rèdjeb 1087 (27 septembre 1676), et les attaqua avec fureur; mais la nuit vint séparer les combattants, avant que la victoire se fût décidée pour aucun parti. Sobieski se retrancha dans une position avantageuse : ce système eut de si bons résultats, que les Polonais purent tenir pendant vingt jours contre toute l'armée ottomane; mais les vivres commençant à manquer dans le camp des chrétiens, ils allaient être réduits à risquer les chances d'une bataille, lorsque le sèrasker et le khan de Crimée leur adressèrent des propositions de paix. Par le traité signé, le 19 cha'ban (27 octobre), Kaminiec et la Podolie restèrent à la Porte, ainsi que toute l'Ukraine, hormis Piarzako et Pawolocza. Le grand vézir voulut, malgré sa maladie, suivre le Sultan qui retournait à Andrinople; mais il se trouva si faible en sortant de Bourghaz, qu'il fut obligé de s'arrêter dans la métairie de Karabèber, où il expira le 22 cha'ban (30 octobre). Son corps fut transporté à Constantinople, et déposé dans le tombeau de son père.

Kupruli-Ahmed était âgé de quarante et un ans, et en avait passé quinze dans l'exercice du grand vézirat. Jamais peut-être l'empire ottoman n'avait eu de ministre plus capable. D'un naturel plus doux et moins sanguinaire que son père, il évitait dans sa conduite l'oppression et la tyrannie, autant qu'il recherchait la justice et le désintéressement. Inaccessible à la corruption, il poussait si loin cette qualité, qu'il suffisait de lui faire des présents pour n'obtenir ni grâces ni emplois. Il avait l'esprit étendu et pénétrant, la mémoire heureuse, le jugement sûr et droit, et il arrivait ordinairement par le chemin le plus court à la connaissance de la vérité. Il parlait peu et avec réserve, mais ses discours étaient pleins de lucidité et de justesse. Son père Kupruli-Muhammed-Pacha, qui, bien qu'entièrement illettré, sentait tout le prix de l'instruction, l'avait placé sous le patronage du célèbre historien le mufti Kara-Tchèlèbi-Zadè-Abdul-Aziz-Efendi, qui le garda auprès de lui en qualité de *mulazim* (élève aspirant) jusqu'à l'âge de seize ans. Il fut attaché alors, avec le titre de *muderris*, à la mosquée de Sultan-Muhammed II, et suivit pendant dix ans cette carrière; il l'abandonna au bout de ce temps, pour se livrer à la poursuite des dignités politiques, qui souriaient à son ambition : mais la science qu'il avait acquise dans sa jeunesse lui fut d'un grand secours dans le cours de son administration; aussi la bibliothèque publique, qu'il a fondée à Constantinople, est-elle comme un hommage rendu à l'utilité de l'étude : c'est, du reste, le seul monument que les guerres intestines qui signalèrent son ministère lui aient laissé le temps d'élever. Il confia souvent des fonctions administratives à des savants, à des littérateurs et à des jurisconsultes.

Kupruli-Ahmed-Pacha avait la taille haute et bien prise, les yeux grands et très-ouverts, les traits réguliers, le teint blanc, l'aspect à la fois grave, modeste et affable, quoiqu'il affectât quelquefois de prendre un air sombre pour imposer aux séditieux ; mais l'expression naturelle de son visage était la bienveillance ; et on eût trouvé avec difficulté, non-seulement parmi ses compatriotes, mais encore chez les chrétiens, quelqu'un qui poussât plus loin que lui la douceur et la politesse. Sultan-Muhammed donna une grande preuve de l'estime que lui avait inspirée son ministre, en renonçant au droit que la loi de l'État lui accordait sur l'héritage du grand vézir, et en laissant passer à ses enfants sa succession tout entière. Cependant, au lieu de donner le sceau à Moustapha-Beï, frère de Kupruli, le Sultan le remit à son gendre, Kara-Moustapha, beau-frère et compagnon d'enfance du dernier ministre, avec qui le vieux Kupruli-Muhammed l'avait fait élever. Mais Kara-Moustapha n'apporta qu'orgueil, avarice et cruauté dans ce poste où les deux Kupruli avaient déployé tant de talent et de vertu.

En février 1677, le Sultan ayant appris que l'hetman Doroszenko s'était mis sous la protection de la Russie, nomma, à la place du rebelle, George Chmielnicki, fils de l'ancien hetman Bogdan-Chmielnicki, tué sur le champ de bataille : depuis la mort de son père, George languissait dans le château des Sept-Tours, d'où il sortit, par un caprice du Grand Seigneur, pour prendre le commandement des Cosaques. La guerre fut déclarée en même temps à la Russie, et Ibrahim-Pacha, nommé sèrasker, fut chargé d'attaquer Cehryn, de concert avec le khan de Crimée.

Au commencement de mai, M. de Nointel alla rendre sa première visite au nouveau grand vézir : la fierté de l'ambassadeur français, qui refusa de s'asseoir au-dessous du sopha sur lequel était placé le siége du ministre ottoman, occasionna une scène scandaleuse : M. de Nointel remporta ses présents et se retira à sa maison de campagne, où il fit tirer un feu d'artifice en réjouissance des victoires de Louis XIV en Flandre : il reçut bientôt l'ordre de retourner à Péra, avec défense de sortir de son hôtel. Kara-**Moustapha-Pacha**, en rendant compte au Sultan de la conduite de M. de Nointel, prétendit qu'elle n'avait rien d'étonnant pour des Français, qui, dit-il *ont toujours fait des folies.*

L'ambassadeur vénitien fut reçu le lendemain par le grand vézir ; plus tard, parurent le résident hollandais et l'ambassadeur polonais Gninski, palatin de Kulm, qui déploya, dans son entrée publique à Constantinople, une magnificence extraordinaire : sa suite était composée de trois cent soixante personnes splendidement vêtues ; pour donner aux Ottomans une haute idée de la richesse de la Pologne, il ordonna de mettre aux pieds de ses chevaux des fers d'argent, à peine retenus par deux clous, afin qu'ils se détachassent en route. En apprenant cette profusion ridicule, le grand vézir s'écria : « Cet infidèle se sert de « fers d'argent, mais il a une tête « d'airain : un homme de sens pousse- « rait-il l'extravagance jusqu'à prodi- « guer ainsi ses richesses ?... » Il ajouta, en faisant allusion à la suite de Gninski : « S'il mène tant de monde avec lui « dans le but de prendre Constanti- « nople, sa suite n'est pas assez nom- « breuse ; mais elle l'est trop s'il n'a « d'autre désir que de baiser le seuil « de la Sublime Porte ; et je crains « qu'elle ne soit souillée par le con- « tact des lèvres de tant de chrétiens : « du reste, Sa Hautesse est autant en « état de nourrir trois cents Polonais « que trois mille de leurs compatriotes « qui rament à bord de ses galères. » Malgré ces paroles dédaigneuses du grand vézir, l'ambassadeur polonais réussit à conclure un traité, qui ne fut signé que l'année suivante (1678), et par lequel la partie de l'Ukraine que possédaient les Ottomans fut cédée aux Polonais ; ceux-ci en revanche évacuèrent les villes de Bar et de Miedziboz.

Cependant le sèrasker Ibrahim-Pacha et le khan des Tatares marchaient sur Cehryn : le 14 août 1677, ils assiégèrent cette forteresse ; mais l'infériorité numérique de leurs troupes ne leur permit pas de s'en emparer ; ils furent même réduits à lever le siége et à s'enfuir en toute hâte, poursuivis par la garnison : dans cette déroute, ils perdirent leur artillerie et leurs bagages, et ne s'arrêtèrent qu'à Tchin (*Bender*).

Cette défaite aurait été fatale à Ibrahim-Pacha, si le Sultan, qui l'avait d'abord condamné à mort, et ensuite à être enfermé aux Sept-Tours, ne s'était laissé fléchir par sa nourrice, épouse d'Ibrahim-Pacha. Mais le khan de Crimée, Séim-Gheraï, ne put éviter la destitution : il fut remplacé par le fils de Mubarek-Gheraï.

Sultan-Muhammed, voulant réparer le dernier échec, fit de grands préparatifs pour la prochaine campagne : on frappa de nouvelles contributions, et tous les sujets ottomans qui recevaient une solde furent sommés de se tenir prêts à marcher. De nouveaux canons furent fondus; on dressa sur l'Hippodrome les tentes du Grand Seigneur, qui donna deux millions de son trésor particulier pour subvenir aux frais de la guerre. A la fin de mars, les queues de cheval furent arborées à Daoud-Pacha : le grand vézir reçut dans sa tente un ambassadeur russe, porteur d'une lettre pour le Sultan; mais cet envoyé, ayant répondu au ministre ottoman avec une fermeté qui lui déplut, ne put obtenir audience de Sa Hautesse, et fut renvoyé avec une réponse dans laquelle on réclamait du czar la cession de l'Ukraine.

Le 11 rebi'ul-akhir 1089 (2 juin 1678), le Sultan se sépara de l'armée; avant de quitter le grand vézir, il fixa au turban de ce ministre un panache de héron à aigrette de diamants, lui remit l'étendard sacré, et lui fit ses adieux par cette formule d'usage : « Que mes prières soient avec toi ! » (*Douam séninilé olsoun!*)

Dans les premiers jours de juillet, deux Russes, faits prisonniers, assurèrent que l'armée du czar s'élevait à plus de cent mille hommes : les Ottomans, campés en ce moment sur les bords du Dniester, continuèrent leur marche jusqu'à Cehryn. Avant d'arriver devant cette place, ils furent rejoints par le khan des Tatares, à qui le grand vézir fit don d'un arc, d'un carquois, d'un sabre et d'un poignard ornés de pierreries, et d'une armure enrichie de diamants et recouverte d'une fourrure de zibeline. Le siége de Cehryn commença le 20 juillet, et dix-sept jours se passèrent en légères escarmouches. Ce ne fut que le 12 août qu'un engagement général eut lieu : les Ottomans furent battus, et abandonnèrent leur camp aux vainqueurs; mais neuf jours après cette défaite, et tandis que les Russes et les Cosaques célébraient la fête de saint Mathias, les Ottomans firent jouer deux mines qui ouvrirent une énorme brèche par laquelle ils pénétrèrent dans la ville; la garnison surprise abandonna la forteresse, après avoir encloué les canons; les assaillants s'en étant rendus maîtres, y mirent le feu. Pendant la nuit un magasin de poudre sauta, et deux mille musulmans furent victimes de cette explosion. Le lendemain, au point du jour, l'étendard de Mahomet flottait sur les murs de Cehryn : cette conquête, qui causa aux Ottomans de grandes pertes, fut annoncée à tout l'empire par de pompeuses lettres de triomphe; et le Sultan, pour faire honneur au grand vézir, envoya au-devant de lui les archers de la garde.

En février 1679, un château fort fut construit à l'embouchure du Dniéper, dans le but d'en interdire le passage aux Cosaques qui ravageaient ses bords. Mais Sircow, hetman des Cosaques zaporogues, surprit et tailla en pièces les Tatares employés à ces travaux : George Chmielnicki, que le Sultan avait nommé hetman, périt dans cette affaire.

Le 3 mai suivant, l'envoyé russe Vasili présenta au grand vézir une lettre du czar Fédor Alexiéwich, dans laquelle ce monarque faisait des propositions de paix à la Porte; l'ambassadeur polonais Spandoschi offrit sa médiation entre les deux puissances, mais ce fut inutilement. Vasili, après avoir attendu pendant trois mois une réponse définitive, se décida à partir sans avoir rien conclu.

Le 17 janvier 1680, l'ambassadeur

français, comte Joseph de Guilleragues, arrivé depuis trois mois, obtint enfin du grand vézir une première audience; mais les prétentions que notre envoyé éleva sur le cérémonial à observer à son égard, et auxquelles le ministre ottoman ne voulut pas condescendre, firent borner cette audience à une entrevue particulière.

L'ambassadeur français ne fut pas le seul à éprouver les effets de l'orgueil despotique du grand vézir Kara-Moustapha, qui semblait avoir pris à tâche de mécontenter les représentants de toutes les puissances chrétiennes : ainsi le nouveau baile vénitien Cuirano, ne pouvant supporter les humiliations qu'il éprouvait, se retira, avec son prédécesseur Morosini, à bord des vaisseaux de la république; l'envoyé russe Nicéphore, reçu avec la plus grande hauteur, ne put obtenir la permission de s'asseoir devant le ministre ottoman, qui lui refusa aussi le *taïn* d'usage, et ne voulut pas même lui accorder l'autorisation de présenter au Sultan la lettre du czar; M. de Khuniz, résident impérial, en réponse à ses propositions de paix et aux plaintes qu'il fit entendre relativement aux fortifications élevées par le pacha de Wardein, n'arracha du vézir que des phrases insignifiantes ou des récriminations. Joignant l'avidité à l'orgueil, Kara-Moustapha savait, par toutes sortes de moyens, extorquer aux légations chrétiennes des sommes qu'il faisait entrer dans son trésor particulier. Le résident hollandais, Colier, acheta, par un énorme sacrifice d'argent, l'audience du grand vézir, et paya, en outre, trente mille écus pour le renouvellement des capitulations. L'ambassadeur d'Angleterre fut sommé de rembourser cent dix bourses et la valeur de quelques pierreries qui avaient été enlevées par un corsaire anglais à Berber Ali-Pacha. Pendant la campagne de Cehryn, les voïvodes de Moldavie et de Valachie payèrent chacun sept cents bourses à l'avare ministre; plus tard, Cantacuzène Scherban lui acheta pour treize mille bourses la principauté de Valachie; enfin le chargé d'affaires de Démétrius Cantacuzène, prince de Moldavie, Antoine Roseti, qui, après la fuite en Pologne de son maître, avait été choisi pour lui succéder, fut emprisonné et fustigé pour obtenir l'aveu de ses trésors, et se vit obligé de livrer trois cents bourses.

Le 24 rebi'ul-ewwel 1091 (24 avril 1680) eut lieu, pour la première fois depuis la fondation de l'islamisme, l'application de la peine sévère de la lapidation dont le Coran punit l'adultère : la femme d'un cordonnier, convaincue de ce crime par la déposition de quatre témoins, dont (suivant l'historien ottoman Rachid) l'intégrité était fort douteuse, fut placée dans une fosse creusée devant la mosquée Ahmediïé, et lapidée en présence du Sultan et d'une foule immense accourue pour assister à cet horrible spectacle : son complice, marchand juif, avait demandé la faveur de devenir musulman, dans l'espoir d'échapper au supplice; mais il n'obtint pour toute grâce que d'avoir la tête tranchée.

Environ trois mois après cette exécution, le Sultan revint au funeste projet qu'il nourrissait depuis longtemps, de se débarrasser de ses deux frères; mais il en fut encore une fois détourné par les représentations de tous les membres du divan, et surtout par celles du mufti Ali-Efendi.

Cette même année 1091 (janvier 1681), l'intervention du khan des Tatares aboutit à faire signer entre la Porte et la Russie une trêve de vingt années; et, au mois de septembre suivant, l'internonce russe annonça que l'ambassadeur du czar était parti pour Constantinople; mais il mourut avant d'avoir mis le pied sur le territoire ottoman : son secrétaire André Bokow Woldonowich fut reçu à sa place, et offrit, le jour de l'audience solennelle (7 rebi'ul-ewwel 1092, 27 mars 1681), un présent composé d'oiseaux de proie dressés pour la chasse, de dents de *morses* ou *éléphants de mer*, et de près de douze cents peaux de martes zibelines.

A peu près à cette époque, notre célèbre marin Duquesne poursuivit des pirates de Tripoli jusque dans le port de Chio ; l'artillerie de huit navires de guerre qu'il commandait causa de grands dommages à quelques mosquées et à plusieurs autres édifices, et tua ou blessa près de neuf cents habitants. A cette nouvelle, le kapoudan-pacha partit pour Chio avec une flotte de quarante-huit galères, dans le but de réconcilier les Français et les Barbaresques. M. de Guilleragues fut menacé, par le kiahïa du grand vézir, de perdre la liberté et peut-être même la vie, ainsi que tous les Français habitant l'empire ottoman, s'il ne versait une forte somme d'argent. L'ambassadeur répondit avec fermeté qu'il se confiait en la justice du Sultan et en la puissance du roi de France. Le grand vézir essaya inutilement d'amener M. de Guilleragues à lui compter sept cent cinquante bourses (trois cent soixante et quinze mille piastres ou écus), en réparation des dommages causés à Chio par l'escadre de Duquesne ; le diplomate français résista aux menaces du ministre, et finit par être enfermé aux Sept-Tours : pendant sa captivité, il rejeta dédaigneusement tout ce que le grand vézir lui offrit, et fit venir de son hôtel ce qui lui était nécessaire. Enfin il ne recouvra sa liberté qu'après s'être engagé à faire au Sultan un présent dans le délai de six mois : cet engagement ne fut point pris au nom de Louis XIV, mais simplement au nom privé de M. de Guilleragues. L'exécution de cette promesse entraîna de nouvelles difficultés : comme la valeur des cadeaux n'avait pas été fixée, il y eut encore de grands débats à ce sujet ; enfin M. de Guilleragues fit offrir au Sultan un présent s'élevant environ à cent vingt bourses (soixante mille piastres). Suivant un historien ottoman, l'énergie que M. de Guilleragues déploya dans ces circonstances lui gagna l'estime de Sa Hautesse, au point qu'elle demanda le portrait de cet ambassadeur.

Depuis 1665, les Hongrois gémissaient sous le joug de l'empereur d'Allemagne, qui avait sacrifié à sa politique, ou au fanatisme religieux, un grand nombre de personnages de haute naissance : l'exécution de plusieurs magnats, l'exil ou l'envoi aux galères de la plupart des prédicateurs protestants, la dure oppression que les conseillers de Léopold et ses généraux exerçaient contre la Hongrie, finirent par en exaspérer les malheureux habitants : le fils de l'un des nobles proscrits, le jeune Émeric, comte de Tekeli, s'était échappé de sa prison, et avait réuni autour de lui ses concitoyens, en inscrivant sur ses drapeaux cette noble devise : *Pro Deo et patriâ*. Depuis 1677, Tekeli avait battu plusieurs fois les oppresseurs de son pays : mais, vers la fin de 1681, l'Empereur, à la diète d'Oldenbourg, apaisa, en grande partie, les plaintes des Hongrois ; et Tekeli, se voyant abandonné par la plupart des magnats, députa trois envoyés au Sultan : ils furent reçus en audience solennelle le 9 janvier 1682, et offrirent de reconnaître la suzeraineté de la Porte. Apafy, prince de Transylvanie, appuyait les réclamations des Hongrois. Sans tenir compte de la trêve conclue en 1075 (1665) avec l'Autriche par Kupruli-Ahmed-Pacha, Sultan-Muhammed assembla son conseil pour décider si l'on prendrait ouvertement fait et cause pour Tekeli, ou bien si l'on se bornerait à le soutenir secrètement : le premier parti, quoique injuste, puisque Léopold avait observé les conditions du traité, fut adopté, d'après l'avis du Sultan et de son grand vézir, qui pensèrent que l'occasion d'ouvrir aux armes ottomanes le boulevard de la chrétienté, était trop favorable pour la laisser échapper. Tekeli, nommé par la Porte roi des Kruczes (*Kourous-Krali*), fut soutenu dans ses prétentions par le sérasker Ibrahim-Pacha, gouverneur de Bude, qui avait sous ses ordres Michel Apafy, prince de Transylvanie, six sandjak-beis, dix-huit ortas de janissaires, commandés par le samsoundji-bachi, et deux compagnies (*buluks*) de sipahis. Tekeli rejoignit le sérasker dans la plaine de Pest, et assiégea, de concert avec lui, la place forte de Fülek, qui succomba au bout de dix-sept jours, et fut rasée : c'est dans cette ville que Tekeli reçut l'investiture de sa nouvelle royauté. L'envoyé impérial, comte Albert de Caprara, arriva à Constantinople dans le mois de cha'ban (août) ; mais toutes ses démarches ne purent empêcher que les queues de cheval ne fussent arborées, dans la plaine de Daoud-Pacha, en signe de guerre contre la Hongrie. Le Sultan se rendit à Andrinople ; et, le 6 octobre 1682, il en sortit avec un cortége magnifique : jamais les Ottomans n'avaient déployé une si grande pompe dans un appareil de guerre ; les tentes du Sultan valaient plus de cent mille écus ; son harem le suivait dans cent brillantes voitures (*koutchi*) ; celle de la Sultane-Khassèki surpassait toutes les autres en somptuosité ; les roues en étaient garnies d'argent, et les chevaux d'attelage portaient des selles et des harnais garnis de velours. Les soldats disaient que l'armée des femmes était peu inférieure en nombre à celle des hommes. Le 18 mars, pendant que le Sultan passait la revue des janissaires, un violent coup de vent fit tomber son turban, accident qui fut regardé comme de mauvais augure. Après que Kara-Moustapha-Pacha eut reçu de Sa Hautesse l'étendard de Mahomet, un sabre, un cheval, une pelisse fourrée de zibeline, et un panache de héron, il se remit en marche, guidé par Tekeli. La ville de Weszprim fut enlevée par Kara-Muhammed-Pacha, gouverneur de Diarbèkir ; et une garnison de quatre cents hommes fut laissée dans cette place : le grand vézir assembla un conseil de guerre, auquel il déclara qu'il était décidé à marcher sur Vienne ; et, malgré l'avis contraire de Tekeli, du vieux gouverneur de Bude, Ibrahim-Pacha, et de plusieurs membres de l'assemblée, il n'en persista pas moins dans son plan. Sur les bords de la Raab, il y eut une affaire d'avant-garde entre les armées ennemies ; l'avantage demeura aux Ottomans. Le grand vézir se porta ensuite en toute hâte sur la capitale de l'Autriche : Léopold et sa cour quittèrent cette ville, que le comte de Wurtemberg fut chargé de défendre avec une garnison de dix mille hommes environ. Le pillage, le meurtre, l'incendie, signalèrent le passage de l'armée ottomane, depuis les rives de la Raab jusque sous les murs de Vienne. Elle arriva devant cette capitale le 19 rèdjeb 1094 (14 juillet 1683), au nombre de deux cent mille hommes : les travaux du siége commencèrent dès la nuit suivante. Le duc de Lorraine, en traversant le Danube avec son corps d'armée, fut poursuivi par les Ottomans, qui entamèrent son arrière-garde. Cependant les assiégés se préparaient à opposer la plus vive résistance ; les bourgeois et les étudiants s'organisèrent en cinq corps réguliers, se partagèrent le service de la place, et s'en acquittèrent avec le plus ardent patriotisme. Le camp des assiégeants, formé en un vaste demi-cercle, se déroulait sur un espace de sept lieues. Toutes les portes de la ville, sauf une seule, furent murées : pendant soixante jours, quarante mines et dix contre-mines firent explosion ; les Ottomans livrèrent dix-huit assauts partiels, et la garnison effectua vingt-quatre sorties. La plupart des ouvrages extérieurs avaient été enlevés par les assaillants ; des brèches considérables leur auraient offert des chances de victoire, si le grand vézir eût ordonné une attaque générale ; mais l'avarice l'empêcha de profiter de l'ardeur de son armée : dans la persuasion que Vienne devait renfermer d'immenses trésors, il ne put se décider à les abandonner au pillage, et refusa obstinément l'ordre de livrer l'assaut. L'armée chrétienne, commandée par Sobieski, arriva enfin au secours des assiégés : cet événement, que l'incapacité présomptueuse de Kara-Moustapha n'avait su ni prévoir ni empêcher, suscita les plus grands murmures dans l'armée ottomane : le camp fut alors transporté en face de la montagne de Calemberg, qui séparait les troupes autrichiennes et polonaises de la plaine où les Osmanlis s'étaient rangés en bataille. Le 12 septembre, aux premières clartés du jour, ils aperçurent les chrétiens postés sur les cimes du Calemberg, qu'ils avaient gravi pendant la nuit. Le pieux roi de Pologne fit élever un autel, sur lequel fut célébré le saint sacrifice, que Sobieski et son armée entendirent à genoux et dans le plus profond recueillement; après cette cérémonie, cinq coups de canon annoncèrent le commencement de la bataille : Sobieski se précipita du sommet de la montagne sur les ennemis, et jeta le désordre dans leurs rangs : secondé par le duc de Lorraine, qui commandait l'aile gauche, il enfonça la première ligne ennemie composée des janissaires ; le centre de l'armée chrétienne, arrivant alors sur le terrain, acheva la déroute des Ottomans. Le grand vézir, voyant la bataille perdue sans retour, se sauva précipitamment avec l'émir porteur de l'étendard de Mahomet : les vaincus laissèrent sur le théâtre de leur défaite tous leurs autres drapeaux, trois cents pièces de canon, cinq mille tentes, leurs armes, les caisses de l'armée, et dix mille morts. Dans la part de butin qui échut à Sobieski, et dont le détail nous a été conservé par une lettre que ce prince écrivit à la reine son épouse sur le champ de bataille même et immédiatement après la victoire, on remarquait de magnifiques fourrures de zibeline, des montres et des ceintures enrichies de diamants, des carquois ornés de perles, de rubis et de saphirs, et une cassette en or massif, dans laquelle étaient renfermées trois lames du même métal, chargées de caractères *magiques*. Le lendemain, un *Te Deum* fut chanté dans l'église cathédrale de Saint-Étienne ; et Sobieski, accompagné du duc de Lorraine et des électeurs de Saxe et de Bavière, visita les fortifications, et traversa à cheval, et aux acclamations du peuple accouru sur le passage de ce héros, la ville qui lui devait sa délivrance.

Kara-Moustapha-Pacha se dirigea sur Raab, où il rallia les débris de son armée. Honteux de ce revers auquel son orgueil s'attendait si peu, il voulut en rejeter la responsabilité sur celui-là même qui s'était opposé avec le plus de chaleur à cette malheureuse entreprise ; et Ibrahim-Pacha, beïlerbeï de Bude, fut sacrifié à la colère du ministre vaincu.

Après que les troupes ottomanes eurent pris quelques jours de repos à Raab, elles marchèrent sur Bude. La ville de Lilienfeld, en Styrie, attaquée par le grand vézir, dut son salut à la vigoureuse résistance du prélat Mathias Kalweis : chassés de la haute Styrie, les Osmanlis se rejetèrent sur la basse Styrie, et la mirent à feu et à sang.

En octobre suivant, Sobieski et le prince royal, tombés en embuscade aux environs de Parkany, faillirent être pris ; deux mille hommes de leur escorte furent massacrés. Deux jours après cet échec, les Polonais eurent leur revanche : une rencontre eut lieu entre ces derniers et les Osmanlis, près du pont de bateaux construit à Parkany sur le Danube : sept mille musulmans périrent, soit dans les eaux du fleuve, soit sous le fer des vainqueurs, qui firent, en outre, douze cents prisonniers. Enfin, la forteresse de Gran tomba au pouvoir des Polonais au bout de quatre jours de siége. A cette nouvelle, le grand vézir, alors à Belgrade, donna ordre de faire périr les chefs qui avaient rendu cette place. Mais, tandis que Kara-Moustapha-Pacha se vengeait sur ses inférieurs du mauvais succès des armes ottomanes, les ennemis de ce ministre profitaient de ses revers et de la haine qu'il avait inspirée depuis longtemps, pour le perdre dans l'esprit de Sa Hautesse. Les suggestions du grand écuyer, du kyzlar-agaci, et de la sœur de Sultan-Muhammed, veuve du vieux Ibrahim-Pacha, que Kara-Moustapha avait si injustement fait périr, décidèrent le Grand Seigneur à signer l'arrêt de mort de son ministre : le grand chambellan fut chargé de l'exécution de l'ordre fatal, et s'en acquitta le 6 muharrem 1095 (25 décembre 1683). Ibrahim-Pacha, kaïm-mékam de Constantinople à cette époque, fut désigné pour le remplacer ; mais il n'accepta le sceau impérial qu'avec la plus grande répugnance, et voulut du moins se mettre à l'abri de la terrible responsabilité qu'entraînaient les désastres militaires; dans ce but, il envoya des séraskers prendre le commandement des troupes. La Porte avait alors trois luttes à soutenir : il fallait s'opposer à la fois à Sobieski, qui combattait sur le sol même de la Pologne; au duc de Lorraine qui envahissait la Hongrie; et enfin aux Vénitiens qui, aidés du pape, des Florentins et des Maltais, et voulant se dédommager de la perte de Candie, tentèrent la conquête de la Morée. Le duc de Lorraine s'empara, le 18 juin 1684, de Wissegrad; et, neuf jours après, il remporta, près de Waitzen, une victoire qui décida la chute de cette dernière ville. Pest, abandonnée par sa garnison, tomba aussi au pouvoir des Impériaux, qui, continuant leur marche victorieuse, battirent les Osmanlis près de Saint-André ou *Ak-Kilis* (l'église blanche), et poursuivirent les vaincus jusqu'à Bude : mais la résistance désespérée des assiégés, les maladies qui vinrent décimer les Impériaux, et l'approche de la mauvaise saison, décidèrent les généraux de l'Empereur à lever le siége. Les musulmans attribuèrent la retraite des chrétiens à un miracle, et assurèrent avoir vu deux fois le prophète Mahomet planant au-dessus des remparts à l'heure de la prière. En récompense de la belle défense d'Ibrahim-Pacha, qui avait succédé dans le commandement de Bude à Kara-Muhammed, tué par un éclat de bombe, le Sultan écrivit de sa main au premier, et lui fit remettre des panaches de héron, des sabres, un poignard orné de diamants et une pelisse de zibeline.

Pendant la durée du siége de Bude, le duc de Lorraine avait battu, devant Hamzè-Bëi, le sérasker Suleïman-Pacha, tandis que les généraux Trauttmannsdorf et Leslie s'emparaient de Veroviz en Croatie, après avoir vaincu les pachas de Gradiska et de Bosnie; quelques autres châteaux forts tombèrent aussi au pouvoir des Impériaux.

Après la levée du siége de Vienne, l'Autriche avait formé une sainte alliance avec le pape et Venise. Le 15 juillet, cette république fit notifier au kaïm-mékam la déclaration de guerre par le baile Capello, qui, après avoir rempli cette mission périlleuse, parvint à s'échapper sur un navire de Chio. Les Vénitiens et les Morlaques ravagèrent la Dalmatie, et s'emparèrent ensuite de Sainte-Maure et de Prevesa.

L'ambassadeur français, qui, jusqu'à ce jour, avait eu à se plaindre du ministre ottoman, se vit bien mieux traité depuis la campagne de Vienne, et sans doute en considération de l'état d'hostilités qui continuait d'exister entre la France et l'Empire. En octobre 1684, M. de Guilleragues fit son entrée solennelle dans Andrinople avec huit voitures d'apparat, et une escorte d'honneur composée d'un orta de janissaires et de soixante tchaouchs : vingt maisons furent destinées à son logement et à celui de sa suite; le grand vézir le reçut avec la plus grande affabilité, lui fit don de trente chevaux, et lui permit de se placer sur un siége élevé à la hauteur de l'estrade sur laquelle le ministre était lui-même assis. M. de Guilleragues, profitant des bonnes dispositions du Sultan à l'égard de la France, sollicita l'insertion dans les traités d'une nouvelle clause qui concédât à cette puissance la protection du saint sépulcre, ce qui ne fut accordé que plus tard; il obtint aussi divers fermans avantageux aux Français.

L'ambassadeur d'Angleterre, lord Sandwich, fut moins favorisé que celui de France, et il ne put obtenir même la permission de venir à Andrinople : mais l'envoyé du czar fut bien accueilli, ainsi que le plénipotentiaire hollandais Colier, et le représentant de Tekeli, chargé d'offrir le tribut promis par son maître.

Des préparatifs immenses furent faits pendant l'hiver de 1684 à 1685, et trois armées formidables s'organisèrent, destinées à combattre en même temps l'Autriche, la Pologne et Venise. En Dalmatie, le próveditеur Pietro Valiero mit le siège devant Sign, et fut obligé de le lever à l'approche du pacha de Bosnie. Les peuplades chrétiennes des montagnes de Dalmatie, d'Albanie et de Morée, s'unirent aux ennemis de la Porte : les Maïnotes battirent Siawouch-Pacha, gouverneur de Morée, et les Chimarriotes (habitants des monts Chimarra) envoyèrent aux Vénitiens les têtes des chefs ottomans, dont ils avaient secoué le joug. D'un autre côté, les redoutables pirates de Dulcigno et de Castelnuovo armèrent en course contre les chrétiens et firent de nombreux prisonniers.

En Hongrie, la forteresse de Waitzen fut reprise par les Osmanlis ; mais ils échouèrent dans l'attaque de Raab et de Wissegrad ; et Ismaïl-Pacha, beïler-beï de Roumilie, fut obligé de se retirer devant le général Haüsler, qui s'était emparé de Szarvas et de Szolnok.

En juillet 1685, le duc de Lorraine assiégea Neuhäusel ; mais ayant appris, dans le mois suivant, que le sérasker Ibrahim-Pacha pressait Gran, il vint, avec une portion de ses troupes, délivrer cette dernière ville, et retourna devant Neuhäusel, qu'il prit le 19 août, à la suite d'un assaut général. La garnison presque tout entière périt dans cette journée ; quatre-vingt-treize canons et un magnifique étendard vert brodé d'or et chargé de versets du Coran et de symboles de l'islamisme, tombèrent aux mains des chrétiens. Cette victoire éclatante fut célébrée par des fêtes dans l'Allemagne, la Pologne et l'Italie.

Tandis que le duc de Lorraine se couvrait de gloire devant Gran et Neuhäusel, le général comte de Herberstein ravageait le territoire de Licca, la Corbavie, la vallée d'Udwina, et rasait Wuniz : de son côté, Leslie marchait sur Essek, mettait le feu à cette ville, et s'enfuyait ensuite, entraîné par ses soldats qu'une terreur panique saisit tout à coup. Un mois plus tard (en septembre), Leslie entra à son tour dans la contrée de Licca qu'il dévasta.

Dans la haute Hongrie les gouverneurs ottomans abandonnèrent, après y avoir mis le feu, les forteresses de Waitzen, Novigrad et Wissegrad ; et le roi de Transylvanie, Tekeli, avait été forcé par le général Schulz d'abandonner Eperies, Ungwar et Crasnahorka.

Les revers multipliés que venait d'éprouver la Porte furent rejetés par le grand vézir Kara-Ibrahim sur Tekeli ; par suite de cette accusation le prince fut arrêté et emprisonné aux Sept-Tours.

Démétrius Cantacuzène, voïvode de Valachie, dut à l'inimitié du ministre ottoman la perte de sa principauté, dans laquelle il fut remplacé par Constantin Cantemir, prince d'une ancienne famille connue chez les Tatares Noghaïs (*).

Sobieski chercha à décider Constantin Cantemir à se joindre à lui, et, ne pouvant l'y résoudre, il l'attaqua à Bojan et fut battu par le prince moldave. Cherban, voïvode de Valachie, qui s'était aussi attiré la haine du grand vézir, conserva cependant son siège ducal, au moyen d'un présent de cent mille piastres.

En 1685, M. de Guilleragues étant mort subitement, M. Fabre, premier député du commerce français, le remplaça par intérim, jusqu'à l'arrivée du nouvel ambassadeur, M. de Girardin, conseiller au parlement, qui arriva à son poste en janvier 1686. Il eut, comme son prédécesseur, les honneurs du sopha, et obtint la permission de reconstruire trois églises, l'une à Milo, l'autre à Alep, et la troisième à Galata.

La Russie envoya, vers la même époque, un ambassadeur qui renouvela les capitulations, et eut aussi l'autorisation de rebâtir, à Constantinople, l'église grecque de Saint-Jean.

Cependant le grand vézir Kara-Ibra-

(*) Ce Constantin Cantemir est le père du prince Démétrius, auteur de l'*Histoire de l'agrandissement et de la décadence de l'empire ottoman*, écrite en latin ; il a publié aussi plusieurs autres ouvrages en russe, en grec et en moldave.

him-Pacha, craignant que les revers des armes ottomanes ne lui fussent attribués, prit le parti de les imputer aux séraskers commandant les divers corps de l'armée ottomane. Ainsi Cheïtan-Ibrahim fut mis à mort à Belgrade sous le prétexte qu'il avait laissé prendre Neuhäusel, et surtout parce qu'il avait envoyé en secret son confident Ahmed-Tchèlèbi faire des ouvertures pacifiques au duc de Lorraine. Suleïman-Pacha, sérasker en Pologne, aurait subi le sort de Cheïtan-Ibrahim, s'il n'avait su, par son adresse et avec l'aide du kyzlar-agaçi, ennemi du grand vézir, non-seulement détourner le coup, mais encore le faire tomber sur Kara-Ibrahim lui-même. Le Sultan, au lieu de punir Suleïman-Pacha, lui remit le sceau de l'empire, et destitua Kara-Ibrahim, qui fut condamné à payer trois mille bourses, et exilé à Rhodes, où plus tard on lui envoya le cordon.

Dès que Suleïman fut installé dans sa nouvelle dignité, il s'empressa de rendre la liberté au brave Tekeli, et lui fit restituer l'argent et l'équipement que l'injustice du précédent grand vézir lui avait enlevés. Les premiers actes administratifs de Suleïman-Pacha prouvèrent sa capacité : il avait d'ailleurs toute la confiance des Ottomans ; ils étaient en effet persuadés que le chef qui n'avait essuyé aucun revers pendant que ses collègues étaient battus, pouvait seul sauver l'État dans cette terrible crise. Suleïman-Pacha fit de grands préparatifs de guerre, il renforça les divers corps d'armée, changea les officiers dont il doutait, opéra plusieurs autres mutations importantes, fit payer exactement la solde des troupes, et prodigua les paroles affables aux représentants des puissances étrangères. Il partit dans les premiers jours de mai pour la Hongrie, et, voulant mettre sa responsabilité à l'abri dans des circonstances aussi critiques, il obtint du Sultan de pleins pouvoirs illimités, et la promesse par écrit de ne point attenter à sa vie, en cas de revers. Il marcha ensuite au secours de Bude, assiégée par le duc de Lorraine qui était à la tête d'une armée de quatre-vingt-dix mille hommes, dans les rangs de laquelle on remarquait des grands seigneurs français, anglais, italiens, espagnols et allemands, et entre autres le fameux prince Eugène de Savoie. L'ouverture des travaux du siége eut lieu le 18 juin 1686 : après deux assauts meurtriers, suivis de deux sommations à Abdi-Pacha, qui refusa obstinément de rendre la place, une troisième attaque générale eut lieu le 2 septembre 1686, et fut enfin couronnée de succès. Le brave gouverneur ottoman périt sur la brèche, avec plus de quatre mille hommes de la garnison, et la ville fut livrée aux flammes et au pillage. Bude, depuis quarante-cinq ans au pouvoir des musulmans, était regardée par eux comme le *rempart de l'islamisme, le pivot de la guerre sainte, et la clef de l'empire ottoman*.

La chute de cette capitale de la Hongrie entraîna la reddition de Siklos, de Simontornia, de Tarda, de Kapuswar, de Fünfkirchen et de Szegedin. Le grand vézir établit ses quartiers d'hiver à Belgrade, et fit faire quelques propositions de trêve, qui n'eurent point de suite. Des contributions forcées furent imposées à tout l'empire, et le Sultan donna cinq cents bourses de son trésor particulier.

A l'ouverture de la campagne suivante, Suleïman-Pacha se trouvait à Essek avec soixante mille hommes et soixante-six pièces de canon : enfin le 25 ramazan 1098 (4 août 1687), il se mit en route pour aller au-devant de l'armée chrétienne, qu'il rencontra près de Mohacz : huit jours après, les Hongrois remportèrent une éclatante victoire sur le même champ de bataille où, cent soixante ans auparavant, leurs aïeux avaient vu périr leur souverain et leur indépendance. Cette défaite coûta aux Ottomans vingt mille hommes, avec tous les bagages et l'artillerie. La nouvelle de ce grand désastre causa une si profonde sensation au sérail, que le Grand Seigneur refusa de manger pendant trois jours, et que la Sultane favorite en tomba malade.

La consternation générale fut encore augmentée par les ravages qu'exercèrent à Constantinople un violent incendie et une famine causée par sept mois de sécheresse. Après la bataille de Mohacz, les Ottomans découragés abandonnèrent Essek, Valpo et quatorze châteaux forts de l'Esclavonie. Dans la Hongrie inférieure, Palota et Czokacu; en Croatie, Poschega, Czernik et plusieurs autres forts, se rendirent ou furent détruits, ainsi que Buschin, Dubiza et Castanoviz; en Transylvanie, Apafy négocia secrètement avec Léopold; enfin, en Moldavie, Constantin Cantemir était soupçonné par la Porte de s'entendre avec le roi de Pologne. Ce dernier battit les hordes de Tatares qui ravageaient les rives du Sireth, et ordonna ensuite la retraite.

Pendant la campagne suivante, les Russes s'allièrent aux Polonais, sans que cette réunion produisît rien de décisif contre les Ottomans; le prince Galitzin dut, au contraire, se porter au secours de la ville de Kiow, menacée par le Noureddin-Sultan; et Jacques Sobieski, fils du roi de Pologne, fut obligé de lever le siége de Kaminiec.

Dans la seconde année de la guerre de Venise avec les Ottomans, Morosini avait investi Coron; le 12 août 1685, il battit complétement Khalil-Pacha et Moustapha-Pacha, qui étaient venus au secours de cette place. Un drapeau musulman et deux queues de cheval tombèrent aux mains des chrétiens; le généralissime envoya au sénat ce trophée, qui fut suspendu dans l'église des Florentins à Venise. Après cette victoire, Morosini pressa le siége de Coron, qui se rendit au bout d'un mois. De concert avec les Maïnotes, il s'empara encore de Zernata, de Calamata, de Passava et de Chielafa; il quitta ensuite le Maïne et fit une descente sur la côte d'Albanie où il prit le château de Gomenizza.

Au commencement de la campagne suivante, le comte de Königsmark joignit ses troupes à celles de Morosini; les armées combinées soumirent successivement Navarin, Modon, Napoli de Romanie (*Nauplie*), Arkadia, Thermis, Sign, Castel-Nuovo, Patras, Lépante, Castel-Tornèse, Corinthe, Misitra et Athènes. Cette brillante campagne couvrit de gloire le général vénitien; le sénat ordonna de placer dans la grande salle du palais des doges, son buste avec cette inscription : « *Le sénat à Morosini le Péloponé-* « *siaque, de son vivant.* » Les lions de marbre qui semblaient garder le port du Pirée furent envoyés à Venise, où ils servirent de décoration à la porte de l'arsenal.

Les nombreux revers qui venaient d'accabler les Ottomans excitèrent au plus haut point le mécontentement de l'armée; les soldats demandaient la destitution du grand vézir, et allaient même jusqu'à souhaiter la déchéance de Sultan-Muhammed. Une expédition sur la rive du Danube, qui fut contrariée par un temps orageux, accrut l'irritation des troupes contre Suleïman-Pacha. Celui-ci crut les apaiser en leur offrant de l'argent ou des vivres; mais ils rejetèrent ses avances, et exigèrent qu'il remît l'étendard et le sceau. Effrayé des clameurs des rebelles, il gagna secrètement Peterwardein où il s'embarqua pour Belgrade, accompagné de cinq hauts dignitaires. Dès que sa fuite fut connue dans le camp, le koul-kiahïa et les agas des janissaires, des lewends, des silihdars et des sipahis s'assemblèrent, et élurent pour grand vézir Siawouch-Pacha : un *arz-mahzar* (requête solennelle) fut rédigé en grand divan; on y détaillait les griefs que l'armée avait contre Suleïman-Pacha; et cette pièce, signée par tous les officiers, fut envoyée au Sultan, tandis que celui contre qui elle était dressée s'embarquait à Belgrade pour Roustchouk, d'où il se rendit par terre à Constantinople : il y trouva la mort. Le Grand Seigneur, effrayé des progrès rapides du soulèvement des troupes, s'empressa de les contenter en envoyant au camp la tête de son ancien ministre, accompagnée d'une lettre dans laquelle Sa Hautesse promettait de satisfaire aux autres réclamations, et exhortait l'armée à ne point abandonner la frontière menacée par l'ennemi. Mais, malgré toutes ces concessions, Sultan-Muhammed ne put conjurer l'orage : les rebelles se mirent en route et s'avancèrent jusqu'à Solak-Tchechmèci. Ils y rédigèrent un second arz-mahzar, dans lequel ils enjoignaient au Sultan de descendre du trône. Dès que le kaïmmékam Kupruli-Moustapha-Pacha eut pris connaissance de cet écrit, il convoqua les oulèmas dans Sainte-Sophie et fit donner lecture de cette pièce. Les oulèmas se taisaient; mais Moustapha-Pacha rompit ce silence : « Puisque le padichâh, dit-il, ne s'occupe que de la chasse, et qu'il a éloigné tous les hommes en état de sauver l'empire, menacé de tous côtés par ses nombreux ennemis, hésiteriez-vous encore à déposer un prince qui néglige ainsi ses devoirs? Pourquoi vous taisez-vous? » L'assemblée, voyant où les choses en étaient venues, se décida à approuver tacitement la déchéance du Sultan. Elle se rendit ensuite au sérail, et signifia au monarque détrôné la volonté de la nation et de l'armée. Sultan-Muhammed tenta d'abord de justifier sa conduite; mais voyant que tous ses discours ne pouvaient changer les résolutions des séditieux, il s'écria : « *Que la volonté d'Allah s'accomplisse !* » On se rendit alors au *Chimchirlik*, où étaient renfermés les princes du sang, et on en tira Sultan-Suleïman, frère puîné de Sultan-Muhammed.

Après sa déposition, qui eut lieu le 2 muharrem 1099 (8 novembre 1687), Sultan-Muhammed, âgé seulement de quarante-huit années, en passa encore cinq emprisonné dans le sérail, et mourut enfin le 8 rebi'ul-akhir 1104 (17 décembre 1693) : cet événement ne fit que très-peu de sensation dans Constantinople, et le monarque oublié fut enseveli dans la mosquée construite par sa mère. Il avait vécu cinquante-deux ans et en avait régné environ quarante. Ce prince fut peu remarquable par ses qualités personnelles : d'un caractère faible plutôt que cruel, il n'a laissé d'autre souvenir que celui d'un infatigable chasseur. Mais son règne, illustré par le ministère des deux Kupruli, est une des époques les plus intéressantes de l'histoire ottomane. On y distingue deux périodes bien tranchées : la première, brillante de gloire, est signalée par les triomphes les plus éclatants : la conquête de Candie, de l'Ukraine, de la Volhynie, de la Podolie; l'humiliation de la Pologne, soumise à un tribut; une paix honorable avec l'Autriche; enfin le Sultan distribuant des couronnes aux princes chrétiens de la Moldavie, de la Valachie, de la Transylvanie et de la haute Hongrie. La seconde période n'offre, au contraire, que malheurs et que honte : une triple guerre affaiblit l'empire, les armées de Léopold s'emparent de Bude, celles de la république de Venise envahissent la Dalmatie, le Péloponèse, l'Attique; des ministres incapables sacrifient leurs meilleurs officiers pour cacher leur propre impéritie, soulèvent, par leur conduite tyrannique, les colères du peuple, et, faute de pouvoir détourner le fléau de la guerre civile, amènent enfin la chute de leur souverain. Tels sont les tableaux opposés que présentent les deux phases qui partagent naturellement le long règne de Sultan-Muhammed IV.

Sous ce monarque, la calligraphie s'éleva au plus haut point de perfection : une belle main était alors un titre de faveur; Kadri-Zadè, qui s'était fait remarquer par la pureté de son écriture, fut nommé *Molla* de Brousse. L'architecture et la musique furent aussi en grand honneur, et l'on compta plusieurs hommes distingués dans ces deux arts. Sultan-Muhammed, imitant en cela quelques-uns de ses prédécesseurs, tels que Baïezid Ier, Sélim II, Moustapha Ier, etc., ne dînait jamais qu'au son des instruments; aussi, lorsque, dans les premières années du règne de Sultan-Muhammed, le cheïkh Oustouwani, chef des orthodoxes qui avaient adopté le rigorisme de certains théologiens, voulut faire interdire aux derviches Khalwètis et Mewlèvis l'usage de danser au son des flûtes ces religieux trouvèrent un protecteur tout-puissant dans le mufti Bèhaïi-Éfendi, petit-fils de Sè'ad-uddin. La peinture partagea la faveur dont les autres arts jouissaient à la cour de Sultan-Muhammed ; et malgré la proscription dans laquelle le législateur arabe enveloppe tout ce qui a rapport à la représentation matérielle des êtres animés, surtout celle de l'homme, Sa Hautesse, à l'exemple du grand Suleïman, fit exécuter divers tableaux pour décorer ses appartements particuliers.

Sultan-Muhammed eut sept fils : deux seulement, Moustapha et Ahmed, parvinrent au trône ; les cinq autres moururent en bas âge.

CHAPITRE XXI.

SULTAN-SULEÏMAN-KHAN II, FILS DE SULTAN-IBRAHIM-KHAN.

Lorsque Sultan-Suleïman, après avoir passé environ quarante-six ans dans la retraite la plus absolue, vit le kaïm-mèkam Kupruli-Moustapha-Pacha se prosterner à ses pieds, en le saluant du nom de padichâh, il éprouva un profond sentiment de crainte à l'aspect de ces grandeurs périlleuses qu'il était loin de désirer. Il essaya même de refuser le trône ; mais, pressé par les oulèmas qui, disaient-ils, lui exprimaient les vœux de la nation, il se résigna à sa destinée, et se laissa couvrir, avec une soumission religieuse, des insignes du pouvoir suprême. Son premier acte d'autorité fut de confirmer dans ses fonctions le grand vézir Siawouch-Pacha, qui, arrivé devant Constantinople après la chute de Sultan-Muhammed, s'était rendu immédiatement à Daoud-Pacha, et avait salué son nouveau maître.

Le règne de Sultan-Suleïman commença au milieu de la révolte des troupes : les janissaires campèrent sur l'Et-Meïdani, et les sipahis sur l'At-Meïdani : ces derniers massacrèrent leur chef Kutchuk-Muhammed-Aga, et obtinrent du Sultan épouvanté la tête de l'ex-kaïm-mèkam Redjeb-Pacha. Sa Hautesse, craignant que la révolte ne gagnât les provinces, nomma deux chefs des rebelles aux gouvernements de Roumilie et de Djedda. Il ordonna ensuite de distribuer aux troupes le présent d'avénement ; et, profitant du moment de calme qui s'ensuivit, il alla ceindre le cimeterre dans la mosquée d'Eïoub. Les musulmans sont fort attentifs surtout aux premiers incidents qui signalent le début de chaque règne ; ils regardèrent comme de mauvais augure la chute du turban de Sa Hautesse, et la pluie d'orage qui tomba pendant toute la cérémonie avec tant d'abondance, que le Grand Seigneur fut obligé d'échanger ses vêtements blancs contre un costume de couleur rouge, que la superstition considère comme un signe de sanglantes calamités.

Bientôt la sédition, qui n'était que suspendue, recommence avec une nouvelle fureur : les janissaires massacrent leur nouvel aga, Ali de Kharpout, qui avait osé poignarder lui-même le tchaouch Fetwadji, l'un des chefs de la révolte ; ils dirigent ensuite leurs attaques contre les palais des ministres. Siawouch-Pacha, assiégé par cette milice inconstante qui l'avait élevé elle-même à la dignité de grand vézir, fut tué à la porte de son harem, qu'il défendit jusqu'à son dernier soupir : plus de trois cents assaillants périrent ou furent blessés. On vit alors un spectacle affreux, qui souleva l'indignation générale des musulmans, si jaloux de l'honneur de leurs femmes : les soldats violèrent l'asile sacré du harem, traînèrent dans la rue les victimes de leur licence, et les mutilèrent horriblement. Effrayés ensuite de leurs propres excès, ils se réunirent autour de leurs chefs, et invitèrent le mufti, le chef des émirs, les kazi-askers et le juge de Constantinople, à se rendre auprès d'eux, espérant se mettre ainsi sous la protection de ces hauts dignitaires. Mais le peuple, irrité des horreurs commises par la soldatesque, se rallie autour d'un émir dont les janissaires pillaient la maison ; la foule le suit jusqu'au sérail, où l'on avait arboré l'étendard de Mahomet ; elle massacre quelques-uns des chefs de la révolte, et se retire ensuite, d'après l'invitation des oulémas. Ismaïl-Pacha, vieillard septuagénaire, fut nommé grand vézir : le mufti, les deux kaziaskers et le juge de Constantinople, qui avaient obéi aux injonctions des janissaires, furent destitués ; l'aga de cette milice eut la tête tranchée, et quelques mutins subalternes furent pendus : ces actes de fermeté suffirent à réprimer momentanément la révolte.

Tandis que les troupes ottomanes, agglomérées au cœur de l'empire, y fomentaient le désordre au lieu de défendre les frontières menacées par les chrétiens, le général Caraffa s'emparait successivement d'Erlau, de Lippa et de Munkacs ; dans cette dernière ville, la courageuse épouse de Tekeli s'illustra par une résistance opiniâtre qui ne put néanmoins empêcher cette héroïne de perdre la liberté. En même temps, François Morosini soumettait Thèbes en Béotie ; et Cornaro, autre général vénitien, prenait Knin en Dalmatie. A toutes ces conquêtes, Venise ajouta encore celles de Sign, du Nouveau et du Vieux Obrovaz, et de vingt-quatre châteaux. En Bosnie, la garnison de Gradiska, saisie de terreur, abandonna la forteresse ; cet exemple détermina la reddition des palanques environnantes.

Tant de revers firent craindre au grand vézir qu'on ne voulût l'en rendre responsable : pour se décharger de cette dangereuse responsabilité, il nomma sèrasker Yèghen-Osman-Pacha, de la tribu turcomane des Toridis. Mais Yèghen-Osman s'étant mis en état de révolte ouverte, on envoya contre lui les troupes de l'Anatolie, et l'on emprisonna ou fit périr ceux d'entre ses partisans qu'il avait nommés, de sa pleine autorité, à de hauts emplois. Le nouveau sèrasker, Haçan-Pacha, essaya vainement de faire rentrer dans le devoir le rebelle Yèghen-Osman. Les chefs des janissaires, gagnés par les intrigues de ce dernier, abandonnèrent Haçan-Pacha, qui fut forcé de se retirer à Widdin, après avoir vu planter à côté de ses étendards ceux de son heureux concurrent. Le nouveau grand vézir Moustapha-Pacha de Rodosto, qui avait remplacé le vieux Ismaïl-Pacha, destitué le 1er rèdjeb (2 mai), eut la faiblesse de confirmer le rebelle Yèghen-Osman dans la dignité qu'il s'était arrogée lui-même. A cette première faute, Moustapha-Pacha en ajouta une autre non moins grave, en nommant les principaux Toridis à divers gouvernements. Une troisième mesure désastreuse prise par le grand vézir fut l'émission d'une monnaie de cuivre, appelée *okka*, dont on se servit pour payer une partie des troupes. De nouveaux impôts furent établis, et des moyens déplorables, tels que la vente de plus de trente mille emplois, subvinrent momentanément aux besoins du trésor.

Le 27 ramazan (26 juin), l'armée ottomane partit de Constantinople pour Daoud-Pacha ; et, le 2 zilka'dè (1er septembre), elle s'achemina vers Andrinople. Pendant ce temps, l'armée impériale investissait Belgrade : Yèghen-Osman, chargé de défendre ce point important, campa près de cette place forte, dans le village de Werltchar-Owaçi ; mais, dès qu'il eut vu les chrétiens traverser le fleuve au moyen de radeaux et d'un pont volant, il profita de l'obscurité de la nuit pour gagner en secret Semendria, où il fut suivi par Tekeli. Aussitôt que les habitants de Belgrade connurent la fuite du sèrasker, ils abandonnèrent la ville, après avoir livré aux flammes le faubourg. Tandis que les Impériaux assiégeaient cette forteresse, Yèghen-Osman mettait le feu à Semendria, qui tomba bientôt au pouvoir des chrétiens, ainsi que Columbacz et Stuhl-Weissenbourg. Après un long siège, Belgrade céda aussi aux forces de l'électeur de Bavière, le 8 septembre 1688 : parmi les mosquées de cette dernière ville qui furent converties en églises, celle qui renfermait le tombeau de Kara-Moustapha avait été cédée aux jésuites : à minuit, lorsque le silence et l'obscurité régnaient sous les voûtes du temple, un bruit sourd et inexplicable se fait entendre; les religieux accourent, armés de torches: mais quelle est leur épouvante, lorsque, en approchant du sépulcre du chef ottoman, ils reconnaissent que ce bruit sort de sa tombe! Bientôt, cependant, le mystère s'explique: sept pillards croates s'étaient glissés dans le monument, et l'avaient brisé, dans l'espoir d'y trouver des trésors. Les jésuites envoyèrent au cardinal Colloniz, archevêque de Vienne, le crâne de Kara-Moustapha et le linceul dans lequel il était enseveli: ces dépouilles funèbres existent encore de nos jours dans l'arsenal civil de la capitale de l'Autriche.

Tandis que l'électeur de Bavière soumettait Belgrade, le général Veterani réduisait Sickovar et Karansebes, en Esclavonie; mais Muhammed-Beï, gouverneur de Perzerin et de Doukaghin, et Siawouch-Beï de Bouzin, ayant réuni leurs forces, battirent les Impériaux près de Hyçardjik, et ravagèrent Komoran et le district voisin de Perepol. Le margrave Louis de Bade vengea cette défaite en incendiant Butica, Gradiska, Iesniwicz, et en remportant une victoire complète sur le pacha de Bosnie (septembre 1688): un mois plus tard, le vainqueur entra dans Zwornik. Pendant l'hiver de cette année, les Tatares ravagèrent la Volhynie, massacrèrent les habitants de Sandomir et du château du prince Czartoryski, ravitaillèrent Kaminiec, et s'avancèrent jusqu'à Lemberg et Bar. Dans le commencement de la campagne suivante, ils vainquirent les Polonais près du Sireth; et, plus tard, ils dévastèrent les districts de Czerkassy, de Kaniow, et tout le territoire compris entre les rivières d'Asman et de Ros; battus ensuite par le général Gallitzin, ils mirent le feu aux immenses steppes de ces contrées, et se retirèrent à la faveur de ce vaste incendie.

Les Vénitiens, après avoir étendu leurs conquêtes en Dalmatie, furent moins heureux en Grèce. Morosini chercha vainement à s'emparer de Salonique, de Candie et de Négrepont (*Egripos*): le siége de cette dernière ville fut bien funeste aux chrétiens: la résistance désespérée de la garnison ottomane, et le fléau de la peste, firent périr le tiers de l'armée assiégeante; le brave comte de Königsmark, général d'une éclatante valeur, qui avait été l'instrument de presque toutes les conquêtes des Vénitiens en Morée, succomba à la contagion. Morosini, rebuté, leva le siége, et se rendit par mer devant Napoli de Malvoisie, qu'il se mit en devoir d'attaquer.

La nouvelle de la prise de Belgrade, surnommée par les musulmans *Dar-ul-Djihad* (le boulevard de la guerre sainte), avait fait naître une consternation générale. Le Sultan, malgré son peu d'expérience de l'art militaire, voulut se mettre à la tête de l'armée, moins pour la commander que dans l'espoir de ranimer, par sa présence, le courage des soldats. L'épuisement du trésor ne permettant pas d'armer de nouvelles troupes, chaque famille de Constantinople fut obligée de payer l'équipement de deux cavaliers.

Les rebelles Yèghen-Osman et Kèduk-Muhammed-Pacha menaçaient de troubler encore la tranquillité de l'empire; les gouverneurs d'Asie, convoqués par un fetwa du cheïkh-ul-islam, marchèrent contre les deux chefs révoltés, les surprirent et envoyèrent leurs têtes à Constantinople.

Cependant les guerres intestines et extérieures, qui duraient depuis environ six années, avaient fait du repos une nécessité urgente pour la Porte. Une ambassade solennelle fut députée vers l'empereur Léopold pour traiter de la paix; mais ce but était déguisé sous le prétexte de notifier à l'Autriche l'avénement de Sultan-Suleïman. Zulfekar-Efendi et le Grec Maurocordato, interprète de la Porte, furent accrédités par le cabinet ottoman auprès de la cour de Vienne. Ils firent leur entrée dans cette capitale le 8 février 1689, et ne purent avoir leur première audience qu'au bout de trois mois, la république de Venise et la Pologne ayant retardé l'envoi des instructions nécessaires à leurs représentants, qui devaient traiter conjointement avec ceux de leurs alliés. Avant l'arrivée à Vienne des envoyés ottomans, le comte Caraffa avait déjà passé quatre mois à négocier avec eux, relativement au cérémonial à observer dans leur présentation à l'empereur Léopold; et, après ces longs débats, il avait enfin été décidé qu'ils se prosterneraient par trois fois, à l'entrée de la salle d'audience, au milieu, et ensuite au pied du trône, où ils devaient porter à leurs lèvres le manteau impérial, placer leurs lettres de créance sur une table disposée auprès du trône, et sortir de la salle sans tourner le dos à l'Empereur, et en s'inclinant encore trois fois. Dix mois se passèrent en négociations qui n'aboutirent à rien : dans une des conférences, les plénipotentiaires impériaux demandèrent l'extradition de Tekeli : Zulfekar, tout en la refusant, répondit cependant qu'il ne considérait Tekeli que comme le *chien* du Sultan, dont la vie ou la mort importait peu à Sa Hautesse. Dans un entretien particulier, l'ambassadeur hollandais Hope ayant rappelé ces paroles à Zulfekar : « Oui, répondit celui-ci, Tekeli est un « chien qui se couche ou se lève, qui « aboie ou se tait, d'après les ordres « du Sultan; mais c'est le chien du « padichâh des Ottomans ; et, à son « premier signe, il peut se métamor- « phoser en un lion terrible. »

Le Sultan, voyant que les négociations traînaient en longueur, se prépara à la guerre : il confia le commandement de l'armée du Danube à Arab-Rèdjeb-Pacha, gouverneur de Sofia : le sérasker, après avoir remporté un léger avantage à quelques lieues de Belgrade, fut obligé de reculer devant des forces supérieures, et de se replier sur Aladja-Hycar. En Bosnie, les Ottomans battirent un corps de Hongrois et de Heïduques, détruisirent les retranchements de Walpova et de Kargocza, saccagèrent quelques villages près de Sabacz et de Kopanik, et dispersèrent les troupes réunies à Barenidja et à Casrebina. Ils furent moins heureux en Croatie, où le comte Draskowiz détruisit, près de Castanoviza, un corps de cinquante mille musulmans. D'un autre côté, Zwornik et Feth-Islam tombèrent au pouvoir des Osmanlis; et les Impériaux, vaincus sur le Danube, levèrent le siége d'Orsova ; mais ils se vengèrent de cet échec en battant complétement Rèdjeb-Pacha à Batoudjina, où il perdit son artillerie et tous ses bagages. Les Impériaux reprirent ensuite avec la plus grande facilité Feth-Islam, Widdin et Florentin. Un second revers éprouvé par Rèdjeb-Pacha devant Nissa, et qui détermina la chute de cette ville, décida de la perte du sérasker qui fût décapité. Cependant l'armée impériale, après sa victoire, ayant voulu pénétrer jusqu'à Dragoman, fut battue par les pachas Omer et Kèmankech-Ahmed, et forcée de rétrograder. Mais si les armes ottomanes éprouvèrent de nombreuses défaites dans leur guerre avec l'Autriche, elles obtinrent en compensation plusieurs avantages sur la Russie, la Pologne et les Vénitiens : le général Galitzin fut battu; les Polonais, à l'approche de Moustapha-Aga, gouverneur de Baba-Daghy, abandonnèrent le siége de Kaminiec; et Morosini, qui pressait Malvoisie, se borna à la mettre en état de blocus.

Dans un divan extraordinaire tenu à Andrinople, à la suite des malheurs de la dernière campagne, le grand vézir Moustapha-Pacha fut destitué, et exilé à Maghalghara : il fut remplacé dans l'exercice de ses hautes fonctions par Kupruli-Zadè-Moustapha, frère du célèbre Kupruli-Ahmed-Pacha, le conquérant de Candie. Le nom de Kupruli semblait favorable aux Ottomans; et les premiers actes du nouveau ministre témoignèrent de sa sagesse : persuadé que le salut d'un État dépend principalement de ses ressources pécuniaires, qui permettent à la fois de faire la guerre avec succès au dehors, et de réprimer, au dedans, les désordres et les révoltes, il remplit les caisses du trésor aux dépens de ceux qui, sous son prédécesseur, avaient pressuré le peuple, et trouva cependant le moyen d'abolir plusieurs impôts odieux : il obtint aussi de Sultan-Suléïman la suppression des présents d'étiquette si dispendieux, que chaque grand vézir était tenu de faire à Sa Hautesse le jour du Beïram, aux deux époques de l'équinoxe, à celles du solstice, et enfin, à la fête de la nativité de Mahomet (*). Divers heureux changements eurent lieu dans les premières dignités de l'empire : Micirli-Zadè-Ibrahim-Pacha, gouverneur de Négrepont, fut nommé kapoudan-pacha, au lieu de Kalaïli-Ahmed-Pacha ; et Mezzo-Morto commanda une flottille sur le Danube. Le khan de Crimée, Sélim-Gheraï, fut chargé de réduire le rebelle Karpos, qui s'était mis à la tête de l'insurrection des Serviens, avait pris le titre de *kral* (roi), et avait fortifié Egri-Dèrè, Comanova et Katchanik. Un corps de l'armée chrétienne s'étant avancé dans les plaines de Kossovo, lorsque le khan était près de réduire Katchanik, il laissa Khalil-Pacha devant la place, marcha à la rencontre de l'ennemi, le défit, et lui enleva toute son artillerie et ses munitions. Sélim-Gheraï, comblé d'honneurs par le grand vézir, mais profondément affligé de la mort du Noureddin Azmet-Gheraï, abdiqua la dignité de khan, qu'il avait possédée deux fois, et entreprit le pèlerinage de la Mecque. Sè'adet-Gheraï, fils de Krim-Gheraï, lui succéda sur le trône de Crimée dans le mois de djemazi-ul-oukhra 1102 (mars 1691).

Après avoir appris, par les plénipotentiaires ottomans Zulfekar et Maurocordato, les nouvelles prétentions des puissances alliées, Kupruli désapprouva hautement les propositions désavantageuses dont son prédécesseur avait cru devoir faire l'ouverture, et se disposa avec ardeur à entrer en campagne contre les Impériaux. Mais, non content d'imposer aux ennemis par son attitude ferme et ses préparatifs hostiles, il se proposa aussi de leur enlever des partisans, en ramenant par la douceur les Grecs du Péloponèse et de l'Attique sous les lois ottomanes. Les Maïnotes, las du joug pesant des Vénitiens, qui, par une rigidité impolitique, tourmentaient leurs nouveaux alliés et voulaient leur imposer le rite de l'Église latine, trouvèrent dans Kupruli un protecteur tolérant, et rentrèrent d'eux-mêmes sous la domination de la Porte ; leur compatriote Liberius Geratchari, tiré du bagne où il avait passé sept années, fut nommé beï du Maïne. Kupruli, méprisant la routine fanatique de ses prédécesseurs, permit aux chrétiens de bâtir des églises, même dans des villages où il n'y en avait jamais eu : par cette politique habile il engagea des malheureux sans asile à se réunir en petites peuplades, qui s'accrurent considérablement dans peu d'années, et apportèrent de nouveaux tributs au trésor. A cette occasion, le sage ministre prononça ces paroles remarquables, surtout dans la bouche d'un musulman : « Voyez ce que produit la tolé-« rance ! j'ai augmenté la puissance du « Padichâh, et j'ai fait bénir son gou-« vernement par des gens qui le haïs-« saient. » Cherchant à guérir toutes les plaies de l'État, le grand vézir régla le cours des monnaies, envoya à la fonte le superflu de la vaisselle plate du sérail et toute sa propre argenterie, qu'il remplaça par de la simple vais-

---

(*) Sultan-Ahmed II, successeur de Sultan-Suleïman II, rétablit ces actes d'hommage. Postérieurement, Mahmoud Ier et Moustapha III en diminuèrent le nombre, qui resta fixé à quatre fois par an. Mais cette coutume devenait néanmoins très-onéreuse pour le premier ministre, par l'obligation où il était d'envoyer aussi des cadeaux à tous les princes du sang, à la Validè-Sultane, aux kadines et aux grands dignitaires du sérail. Ces présents se composaient essentiellement de bijoux de tout genre, d'étoffes précieuses, d'essences de rose, d'ambre gris, d'aloès, etc., et quelquefois de sommes en or, renfermées dans des bourses de satin. Outre l'accomplissement de cet usage d'étiquette rigoureuse, le grand vézir devait saisir toutes les autres occasions d'obtenir les bonnes grâces de son maître en lui faisant quelques offrandes de prix, telles qu'un cheval richement enharnaché, une jeune et belle esclave, une montre d'or garnie de diamants, etc.

selle de cuivre, donnant ainsi lui-même l'exemple des réformes économiques qu'il ordonnait.

Kupruli fut encore encouragé dans ses dispositions belliqueuses par la nouvelle que lui donna notre ambassadeur M. de Castagnères, marquis de Châteauneuf, que Louis XIV avait dirigé ses forces sur le Rhin, et qu'il voulait porter la guerre jusque dans le cœur de l'Allemagne : M. de Châteauneuf était chargé d'entretenir la Porte dans ses intentions hostiles contre l'empereur Léopold, de la disposer à la paix avec la Pologne, d'obtenir pour les Latins la garde du saint sépulcre, et surtout de s'opposer à ce que le Sultan reconnût le prince d'Orange comme roi d'Angleterre. Cette dernière prétention de la France fut repoussée par le grand vézir; il répondit que chacun était maître chez soi, et que les Ottomans qui, plus d'une fois, avaient déposé leurs sultans, ne pouvaient guère refuser aux autres nations le droit de changer de souverain. Ce fut vainement que M. de Châteauneuf insista sur ce point; il ne réussit pas plus à décider le Sultan à déclarer la guerre aux Anglais qu'à conclure la paix avec la Pologne.

Cependant le grand vézir avait tout disposé pour commencer les hostilités : de nouvelles recrues vinrent se ranger sous ses drapeaux; les janissaires et les sipahis, dont la solde était exactement payée, avaient repris courage, ainsi que la nation, et offraient l'exemple de la discipline unie à l'ardeur guerrière. Kupruli se mit en marche à la tête de l'armée : au commencement d'août il défit le général Schenkendorf, le chassa de Dragoman, et arbora les queues de cheval devant Chéhir-Keuï ou Pirot. De son côté, Tekeli passait le défilé de Tœrzbourg en Transylvanie, faisait prisonnier le général Haüsler, près de Zernescht, et détruisait son corps d'armée. A la suite de cette victoire, un diplôme impérial nomma Tekeli prince de Transylvanie.

Bientôt Nissa, assiégée par Kupruli, lui ouvrit ses portes, ainsi que Widdin : Semendria se rendit à Khalil-Pacha, beïler-beï d'Alep, et Kubelitsch, sur la Morava, à Kèmankech-Ahmed-Pacha, gouverneur du Diarbékir. Enfin Belgrade, après douze jours de siège, fut prise d'assaut : ce prompt succès fut dû à l'explosion d'un magasin à poudre, qui fit sauter une partie des remparts, et ouvrit ainsi l'entrée de la place aux Ottomans. Le grand vézir, après cette brillante campagne, se rendit à Constantinople, où il fut reçu avec les plus grands honneurs et la plus vive allégresse; la joie publique fut néanmoins un peu troublée par les nouvelles qui arrivèrent des divers points du théâtre de la guerre : on apprit que Huçeïn-Pacha avait été obligé de lever le siège d'Essek, ville située au confluent de la Drave et du Danube, et que les Impériaux avaient surpris Lessina. Les Vénitiens faisaient aussi de grands progrès : en Dalmatie, Vallona et Canino; en Morée, Napoli de Malvoisie, tombaient en leur pouvoir; mais, plus tard, ils éprouvèrent à leur tour une défaite, dans laquelle ils abandonnèrent aux Ottomans trois mille sept cents prisonniers, qui eurent tous la tête tranchée.

Pendant que ces événements se passaient, l'île de Chypre et la haute Égypte étaient en proie aux troubles et à la révolte : huit mille Maures, sous les ordres d'Ibn-Wani, ravageaient cette dernière contrée. En Chypre, Freng-Muhammed-Pacha avait rétabli l'ordre, et avait fait graver sur une pierre du marché de Nicosie, l'inscription suivante : « Si les troupes se révoltent de nouveau, je jure d'envoyer à Constantinople cinquante mille ducats provenant de confiscations, et d'y joindre trente têtes de rebelles. » Après la mort de Freng-Muhammed-Pacha, qui eut lieu cinq ans plus tard, cette inscription fut effacée. Les habitants massacrèrent leur gouverneur Tcholak-Muhammed : Halebli-Ahmed, sandjak-beï d'Aïdin, lui succéda, et voulut soumettre les rebelles; mais ceux-ci lui fermèrent les portes de Nicosie, dont il ne put se rendre maître que par famine. Les chefs de la révolte furent saisis et mis à mort : obligés de céder à la force, les autres rebelles se vengèrent en calomniant en secret Halebli-Ahmed auprès de la Porte, et en obtenant sa destitution.

Au commencement de mai 1691, le grand vézir fut confirmé dans le titre de sérasker, et reçut l'étendard sacré des mains de Sa Hautesse : mais à peine Kupruli se disposait-il à se remettre en campagne, qu'il fut arrêté par une maladie grave de Sultan-Suleïman : atteint d'hydropisie, ce prince succomba le 26 ramazan 1102 (23 juin 1691) : il avait régné seulement trois ans, huit mois et vingt-neuf jours lunaires ; il fut enseveli dans le tombeau de Suleïman-el-Kanouni.

Sultan-Suleïman, qui, avant son élévation au trône, n'avait eu d'autre occupation que de méditer les préceptes du Coran, poussait la dévotion jusqu'au scrupule ; sobre, ennemi des voluptés, rigide observateur de la loi de Mahomet, il passe pour un saint parmi les musulmans, qui lui ont même attribué le don des miracles ; son extérieur était peu avantageux, et son esprit médiocre : son règne n'aurait offert rien de remarquable, si le ministère de Kupruli-Moustapha-Pacha n'avait jeté de l'éclat sur cette courte période.

CHAPITRE XXII.
SULTAN-AHMED-KHAN II, FILS DE SULTAN-IBRAHIM-KHAN.

Après la mort de Sultan-Suleïman II, son frère Ahmed monta sur le trône ; et le 27 chewwal 1102 (14 juillet 1691), la cérémonie de la remise du sabre eut lieu, non dans la mosquée d'Eioub à Constantinople, suivant l'usage, mais à Andrinople, dans Eski-Djami. Kupruli, alors à Sophia, fut maintenu dans la dignité de grand vézir, et conserva, sous le nouveau prince, la haute influence qu'il avait obtenue sous le règne de son prédécesseur. Quelques historiens assurent même que Sultan-Ahmed, convaincu de sa propre incapacité et de la supériorité de son ministre, dans un mouvement de modestie assez rare chez un souverain, prononça les paroles suivantes : « J'abandonne « entièrement à Kupruli le soin de « gouverner l'État, de crainte que « mon intervention ne gâte tout le « bien que sa sagesse doit opérer. » D'après la coutume invariablement suivie à chaque changement de règne, quelques destitutions et mutations eurent lieu parmi les grands dignitaires de l'empire : Haïati-Zadè, *hèkim-bachi* (premier médecin) (*) de Sa Hautesse, accusé d'avoir abrégé les jours du Sultan par le régime sévère auquel il l'avait soumis, fut enfermé au château des Sept-Tours.

Vers la fin de juillet 1691, Kupruli-Moustapha-Pacha partit pour Belgrade, et marcha contre le margrave Louis de Bade, campé sous Peterwardein. Le 19 août, le grand vézir, contre l'avis de son conseil de guerre, attaqua, près de Salankemen, les avant-postes ennemis, et les enfonça : ce premier succès amena une affaire générale : les Ottomans se précipitent avec impétuosité sur les lignes chrétiennes : « Courage, leur criait Kèmankech-

(*) Le premier médecin du Sultan (*hèkim-bachi*), appartient au corps des oulémas : il a le grade de *muderris* (professeur). Les médecins, chirurgiens, oculistes et pharmaciens du palais sont sous ses ordres ; et il a la surveillance de tous ceux qui, dans l'étendue de l'empire, exercent ces diverses parties de l'art de guérir. Sa place est très-lucrative, car outre les largesses du Sultan, le hèkim-bachi reçoit des présents considérables des seigneurs de la cour auxquels il rend visite, d'après la volonté de Sa Hautesse : témoignage d'intérêt de la part du souverain envers son sujet, mais qui devient toujours très-onéreux à celui qui en est l'objet. Le premier médecin est chargé de la préparation d'opiats confortatifs (*madjoun*), dans la composition desquels entrent divers aromates, tels que l'ambre gris, l'aloès, l'essence d'opium, etc., voire même de l'or et des perles. Quinze jours avant l'équinoxe du printemps, il fait présenter à Sa Hautesse ces électuaires, renfermés dans des vases de porcelaine, offrande qui s'appelle *newrouziè*. Il en envoie aussi aux princes et princesses du sang, aux kadines, et aux grands de l'État, qui, en retour, lui font de riches cadeaux.

« Ahmed-Pacha, courage, enfants du « Prophète, les houris vous attendent. » Mais les Impériaux opposent un front inébranlable aux attaques des Osmanlis; trois fois ceux-ci sont repoussés. Le grand vézir, indigné de cette résistance, se met lui-même à la tête des Silihdars et des Guèdiklis, et s'élance, le cimeterre en main, au milieu des rangs ennemis : à l'instant, une balle l'atteint à la tempe : le brave Kupruli expire, et la victoire échappe à ses troupes. Vingt-huit mille Ottomans succombèrent dans cette journée : les vainqueurs s'emparèrent du camp ottoman et de cent cinquante pièces de canon. Ainsi périt le troisième Kupruli, dont on ne put même retrouver le corps sur le champ de bataille. La perte de cet habile ministre, que les Ottomans ont surnommé *Fazyl* (le vertueux), fut vivement sentie par la nation. Les écrivains orientaux font le plus grand éloge de cet homme d'État, et disent qu'il ne commit jamais un seul crime, ni ne prononça un mot inutile. Ils racontent qu'incapable de mentir à sa conscience, il congédia un jour, sans leur dire une parole, trois juges destitués, qui étaient venus lui rendre visite; son maître des requêtes lui ayant témoigné quelque étonnement de ce silence : « Je ne suis « pas un hypocrite, » répondit Kupruli. Ennemi du luxe, il était vêtu ordinairement d'un kaftan vert, garni de fourrures, et ne mettait pas moins de simplicité dans ses actions que dans ses vêtements : à la guerre, il encourageait les soldats par son exemple, et voyageait à pied comme eux : aussi juste envers les sujets chrétiens que pour les musulmans, il voulut, par son *Nizami-djèdid* (nouveau règlement), délivrer les premiers du joug avilissant qui pesait sur eux; car il n'avait rien, dans sa politique, de la tyrannie et du machiavélisme de son père et de son frère Ahmed; et son administration se distingua toujours par la douceur et la droiture.

Tandis que les Ottomans étaient battus sur terre à Salankemen, leur flotte triomphait de l'escadre chrétienne; mais cette victoire devint inutile par la mort funeste de Kupruli.

Ali-Pacha, kaïm-mèkam de l'étrier impérial (*), fut élevé au grand vézirat. Le nouveau ministre signala son entrée au pouvoir par la destitution du chérif de la Mecque, du mufti Feïzullah, du khan de Crimée Sè'adet-Gheraï, et de quelques autres hauts dignitaires : la coutume, introduite par le grand vézir, de faire conduire ignominieusement sur un araba (*voiture non suspendue*) traîné par des bœufs, les fonctionnaires qui encouraient sa disgrâce, valut à Ali-Pacha le surnom ironique d'arabadji (*conducteur* ou *constructeur d'araba*); mais cette innovation injurieuse fut la cause de sa perte : le kyzlar-agaçi Ismaïl, destitué par le grand vézir, était près de monter sur le char à bœufs, lorsque son successeur Nèzir-Aga réclama, auprès de la Khassèki-Sultane, au sujet de cet outrage fait à un seigneur de rang si élevé : instruit de cette violation de l'étiquette, le Sultan ôta le sceau à Ali-Pacha, et envoya ce ministre en exil à Rhodes sur l'araba même qu'il avait préparé pour l'ex-kyzlar-agaçi.

Hadji-Ali-Pacha, gouverneur d'Alep, fut promu à la première dignité de l'empire, et paya les dettes de l'État avec la fortune de son prédécesseur, et le produit de sa propre argenterie, qu'à l'exemple de Kupruli-Moustapha, Hadji-Ali-Pacha envoya à la monnaie.

En 1692 et 1693, divers représentants des puissances d'Europe et d'Asie arrivèrent à Constantinople. L'ambassadeur du Châh de Perse offrit au Sultan des présents magnifiques, dont les plus remarquables par leur singularité étaient cinq cents vessies de musc et cinquante bézoars minéraux. Déjà en 1689, sous le règne précédent, le chevalier Williams Hussey, envoyé de

(*) *Rèkiabi humaïoun kaim-mèkami* : c'est le titre que portait le lieutenant du grand vézir, résidant toujours auprès de Sa Hautesse, lorsque ce premier ministre était absent de la cour (*rèkiab*, étrier), soit pour commander l'armée en personne, soit pour exécuter quelque entreprise d'une haute importance.

Guillaume III pour annoncer son avénement au trône d'Angleterre, avait été très-bien reçu de la Porte, malgré les efforts de l'ambassadeur français pour dissuader le cabinet ottoman de reconnaître le prince d'Orange comme souverain de la Grande-Bretagne : l'intervention des plénipotentiaires anglais et hollandais contribua puissamment à faire continuer les négociations entamées avec la cour de Vienne. Harbond, nommé pour remplacer William Hussey, étant mort avant d'arriver à son poste, l'ambassadeur hollandais Hemskeerke, successeur de Colier, présenta au divan les propositions de l'empereur Léopold ; mais le grand vézir les jugea inadmissibles, et, malgré la conquête de Gross-Wardeïn par les Autrichiens, toutes les tentatives de paix restèrent sans résultat.

La campagne de 1692 ne se passa presque qu'en observation entre les Impériaux et les Ottomans, et le grand vézir retourna à Andrinople après avoir réparé les murs de Belgrade et approvisionné cette place forte.

Le 25 muharrem 1104 (6 octobre 1692), la naissance de deux princes jumeaux, Ibrahim et Sélim, fut célébrée par trois jours de réjouissances publiques. Cinq mois plus tard, le grand vézir Hadji-Ali-Pacha, ayant osé résister au Sultan, qui voulait destituer le defterdar, fut disgracié : le kaïm-mèkam Biyikli-Moustapha-Pacha, nommé pour remplacer Hadji-Ali, voulait refuser le sceau ; mais le Grand Seigneur irrité le menaça de le faire mettre à mort, s'il hésitait plus longtemps, et Biyikli-Moustapha se soumit alors à ce dangereux honneur. Sultan-Ahmed, indulgent envers Hadji-Ali, lui offrit, en dédommagement de sa destitution, le gouvernement qui lui conviendrait le mieux ; mais l'ex-ministre eut la générosité de se contenter d'une modique pension de quinze à seize bourses d'argent, en alléguant, pour motiver son désintéressement, unique dans l'histoire ottomane, les dépenses énormes que la guerre nécessitait.

Dans le mois de ramazan 1104 (mai 1693), un violent incendie éclata à Constantinople et consuma environ le quart de la ville : peu auparavant, la foudre avait tué cinq personnes dans la mosquée de Sélim II, au moment du *namaz* du soir. Vers cette époque, le grand cheïkh Mysri, accusé par la voix publique de pencher secrètement pour la religion chrétienne, se rendit à la mosquée de Sultan-Sélim à Andrinople : là, entouré de nombreux derviches, ses disciples, il prononça un discours dans lequel il attribuait les désastres des armes ottomanes à l'impiété des grands de l'empire, qu'il traita de *ghiaours* (infidèles) ; il désigna ensuite à la vengeance du peuple le grand vézir, l'aga des janissaires, le kaïm-mèkam, le defterdar et le reïsefendi. Le Sultan, instruit de ces détails, fit dire à Mysri de se rendre au palais ; mais, dès que le cheïkh fut sorti de la mosquée, les janissaires s'emparèrent de lui, et l'accompagnèrent jusqu'à Gallipoli, où on l'embarqua pour Brousse, son pays natal.

Le 5 zilka'dè 1104 (5 juillet 1693), le grand vézir partit d'Ak-Poungar (*Biñar*), et alla dresser ses tentes dans les champs de Roustchouk : là il fut rejoint par le khan des Tatares et par Constantin Brankowan, prince de Valachie. Il marcha ensuite sur Belgrade, pour s'opposer à l'armée impériale qui assiégeait cette ville ; mais, à l'approche des Ottomans, le général autrichien leva le siège. Le grand vézir fit réparer les fortifications endommagées par l'artillerie des Impériaux, et retourna à Andrinople dans le mois de rebi'ul-ewwel (novembre).

Au commencement de muharrem 1105 (septembre 1693), un nouvel incendie dévora une grande partie de la ville. Ce désastre, attribué à la malveillance, causa la destitution du kaïm-mèkam, qui fut remplacé dans ses fonctions par Kalaïli-Ahmed-Pacha. Le premier acte de son administration fut l'ordre intimé aux raïas de s'interdire les vêtements de couleur, les pantoufles jaunes et les kalpaks de zibeline, de se borner à s'habiller d'étoffes noires, et de porter des sonnettes, pour être distingués de loin des musulmans : à ces mesures, plus ridicules encore que tyranniques, il ajouta la défense expresse de monter à cheval dans la ville. Cette ordonnance décida les Francs à reprendre le costume européen qu'ils avaient généralement abandonné, pour se procurer plus de facilités dans leurs transactions journalières; mais elle rendit si populaire Kalaïli-Ahmed-Pacha, que le grand vézir, croyant voir en lui un rival dangereux, le priva de son emploi. Diverses destitutions eurent lieu encore; mais Biyikli-Moustapha-Pacha ayant voulu aussi éloigner le kyzlar-agaci Nèzir, le crédit de celui-ci auprès du Sultan détermina la chute du ministre : la magnificence du brillant cortége qui entourait le grand vézir, un jour qu'il se rendait à Dèmir-Tach, ayant excité la jalousie du Grand Seigneur, le chef des eunuques noirs profita de ce moment pour perdre son ennemi. Biyikli-Moustapha, destitué le 16 rèdjeb 1105 (13 mars 1694), fut remplacé par Surmèli-Ali-Pacha, gouverneur de Tripoli de Syrie. Le nouveau vézir, influencé par les insinuations de M. de Châteauneuf, notre ambassadeur, rejeta la médiation des puissances étrangères et marcha contre la Hongrie. Il attaqua pendant vingt-trois jours Peterwardein, mais des pluies d'orage détruisirent les tranchées, et forcèrent les Ottomans à abandonner leurs travaux. Le grand vézir transporta son camp dans la vallée de Weretschar, devant Belgrade. Cependant les armes ottomanes éprouvèrent quelques échecs en Pologne et en Dalmatie. Dans cette première contrée le mirza tatare Chehbaz-Gheraï tenta de ravitailler Kaminiec, mais il ne put y réussir et fut battu par les Polonais; en Dalmatie, le fort de Gabella tomba au pouvoir des Vénitiens, et Suleïman-Pacha essaya inutilement de le reprendre. Enfin, le 5 djemazi-ul-oula (22 décembre), le grand vézir retourna à Andrinople, et déposa l'étendard sacré aux pieds de Sa Hautesse.

Depuis quelques mois, les prédications d'un imposteur qui se donnait pour le *Mehdi*, troublaient la tranquillité d'Andrinople. Saisi par ordre du kaïm-mèkam, il se fit passer pour fou, et fut exilé à Lemnos. A la même époque, Yenli-Huçeïn-Pacha, ex-beïlerbeï de Tripoli, et un astrologue arabe, qui prêchaient la révolte, périrent l'un et l'autre, le premier par la main du bourreau, et le second dans les eaux de la Toundja. Outre ces troubles intérieurs, l'empire ottoman éprouvait des désastres plus graves encore. Les Vénitiens avaient débarqué, en septembre, dans l'île de Chio, et avaient forcé le commandant Huçeïn-Pacha à capituler. A cette nouvelle, les mesures les plus promptes furent prises par le grand vézir pour reconquérir cette importante possession : de nombreux enrôlements eurent lieu, des gratifications furent allouées aux troupes, et cent bâtiments de guerre furent construits et armés avec la plus grande activité. La reddition de Chio fut suivie de la disgrâce de Huçeïn-Pacha, qui fut emprisonné dans l'appartement du bourreau, et qui, à la surprise générale, en sortit, peu après, pour aller prendre le commandement d'Azof, tandis que le Kapoudan-Pacha Youçouf, accusé de n'avoir pas secouru Chio, fut destitué.

Pendant que cet échec consternait la Porte, un autre événement inquiétant venait encore ajouter à l'agitation que les nombreux revers accumulés depuis quelque temps causaient dans Constantinople. Il est d'usage que le gouvernement de Sa Hautesse, pour assurer, à travers les déserts d'Arabie, le passage des pèlerins qui se rendent au tombeau de Mahomet, paye une somme considérable au chérif de la Mecque. Cet émir, nommé Sa'ad, prétextant un refus de payement, se mit en campagne avec les Arabes qui lui étaient soumis, et pilla les caravanes. Isma'il-Pacha, chargé de punir le rebelle, escorta les pèlerins avec un nombreux corps d'armée, déposa Sa'ad, après une escarmouche nocturne contre ses tribus nomades, installa Abdullah comme chérif de la Mecque, et confia la garde de la ville sainte à Biyikli-Muhammed-Pacha, de Djedda.

A peine ces troubles étaient-ils apaisés en Arabie, que la mésintelligence éclata entre les puissances barbaresques. Les vaisseaux combinés des Tripolitains et des Algériens vinrent assiéger Tunis. La Porte nomma Omer-Pacha au gouvernement d'Alger, et Djari-Muhammed-Pacha à celui de Tripoli : ces mesures suffirent pour rétablir le calme.

Depuis quelques mois Sultan-Ahmed languissait, attaqué d'hydropisie, maladie de famille qui avait terminé les jours de ses frères Muhammed IV et Suleïman II; il succomba le 21 djemazi-ul-oula 1106 (6 février 1695 (*). Aussi insignifiant, comme prince, que son frère Suleïman II, Sultan-Ahmed, d'un naturel mélancolique et d'une piété très-étroite, avait des vertus privées qui le firent regretter. Il était si humain, qu'il ne punit de mort aucun des ministres qui encoururent sa disgrâce : son caractère était pourtant irascible, mais faible et facile à dominer; aussi son règne fut-il plutôt celui des grands vézirs, qui se succédèrent rapidement pendant la courte période qu'il passa sur le trône. Il ressemblait sous plusieurs rapports à son frère Sultan-Suleïman; et, par une conformité de destinée assez singulière, il ne régna comme lui que trois ans et huit mois. Il aimait la musique et la poésie, excellait dans l'art de la calligraphie, et était passionné pour la chasse. Son extérieur n'avait rien de remarquable. Sous son règne, la situation de l'empire ottoman éprouva peu de changement; et le besoin de repos se fit sentir avec plus de force que jamais : mais tandis que, d'une part, les négociations diplomatiques, entretenues par les ambassadeurs anglais et hollandais, empêchaient de pousser la guerre avec vigueur, de l'autre, les efforts des représentants de la France, neutralisant cette tendance politique, ranimaient par intervalle les hostilités, et s'opposaient à la conclusion de la paix, qui ne put être obtenue que sous le règne suivant et au prix des plus grands sacrifices.

CHAPITRE XXIII.

SULTAN-MOUSTAPHA-KHAN II, FILS DE SULTAN-MUHAMMED-KHAN IV.

Dès que la nouvelle de la mort de Sultan-Ahmed fut parvenue au grand vézir, qui venait de présider le divan, il convoqua le mufti et les principaux dignitaires, et se rendit avec eux au sérail, où eut lieu la cérémonie du baisemain. Le nouveau sultan, fils de Muhammed IV et neveu d'Ahmed II, se conformant à un ancien usage, aida lui-même à placer sur le char funèbre le corps de son prédécesseur.

Sultan-Moustapha annonça, dès le début de son règne, une volonté ferme et le projet de gouverner par lui-même. Dans un khatti-chérif qu'il rendit le troisième jour après son avénement, il blâma l'indolence des derniers Padichâhs qui, esclaves des voluptés et de la paresse, abandonnaient les rênes de l'empire aux mains des ministres; et il manifesta le désir de commander l'armée et de combattre en personne. Les vézirs ayant représenté au Sultan qu'il ne devait pas exposer aux chances de la guerre sa personne sacrée, il rendit un nouveau khatti-chérif ne portant que ce peu de mots : « Je persiste à marcher. » Devant cet ordre catégorique, il n'y avait plus qu'à obéir. Les mesures les plus promptes furent prises pour opérer de nouveaux enrôlements; et, attendu la pénurie du trésor, une portion seulement du présent d'avénement fut distribuée aux janissaires. Cette mesure d'économie excita leur mécontentement; ils refusèrent d'abord de marcher, et ne rentrèrent enfin dans le devoir que sur les instances de leurs chefs, que l'on avait gagnés par des cadeaux et des

---

(*) Quelques historiens ont placé l'époque de la mort de Sultan-Ahmed en janvier; mais c'est parce qu'ils ont calculé la concordance de l'hégire avec l'ère chrétienne, d'après le vieux style, encore suivi par les Grecs et par les Russes qui rejettent la correction grégorienne.

promesses. Le grand vézir Surmèli-Ali-Pacha, qui devait à l'État une somme de trois cent mille piastres, fut rendu responsable de cette émeute occasionnée par le manque d'argent, et condamné au dernier supplice. Elmas-Muhammed-Pacha, kaïm-mékam de Constantinople, reçut le sceau impérial (*).

En Arabie, le rebelle Sa'ad-ben-Sa'id ayant battu les troupes qu'on lui avait opposées, fut nommé définitivement chérif de la Mecque, la Porte étant hors d'état en ce moment de le faire rentrer dans le devoir.

La première campagne qui eut lieu, quelques jours après l'avenement de Sultan-Moustapha, s'ouvrit de la manière la plus brillante par une victoire navale : la flotte vénitienne, composée de quarante quatre voiles, fut battue, dans le canal de Chio, par l'escadre ottomane, à peu près égale en force. Après cet échec, les vaisseaux de la république se réfugièrent dans le port de Spalmadori, d'où ils sortirent dix jours après, et éprouvèrent une seconde défaite plus décisive encore que la première. Les vaincus cherchèrent un asile dans le port de Chio, qu'ils abandonnèrent dans la nuit, cédant ainsi sans résistance cette île aux Ottomans. Le succès de cette expédition maritime était dû principalement à Huceïn-Mezzomorto, qui, après la prise de Chio, fut élevé au grade de kapoudan-pacha, en remplacement d'Amoudja-Zadè-Huceïn-Pacha, nommé au gouvernement de la nouvelle conquête. Mezzomorto, né en Afrique, de parents maures, s'était adonné fort jeune à la piraterie, sous la régence de Tunis; il devient bientôt un des écumeurs de mer les plus redoutés.

(*) *Elmas* signifie *diamant, bijou*: ce surnom lui fut donné par Sultan-Muhammed IV, qui, frappé de la beauté du jeune Muhammed, le fit entrer parmi les itchoghlans du sérail : il en sortit après la mort de ce prince, et s'éleva progressivement sous le règne de ses successeurs Sultan-Ahmed II et Sultan-Moustapha II, jusqu'au poste de kaïm-mékam de Constantinople, d'où il passa enfin à la première dignité de l'État.

Dans un engagement avec les Espagnols, il fut blessé si dangereusement qu'on le crut mort; mais il réchappa de cette blessure, et c'est à cette occasion qu'on lui donna le surnom de *Mezzomorto* (à moitié mort), sous lequel il s'est rendu si fameux. Après dix-sept ans d'esclavage chez les chrétiens, il fut racheté, et recommença son métier de corsaire. N'étant que simple capitaine de galère, il prit la parole dans une assemblée du divan, proposa de reprendre Chio, et assura qu'il répondait sur sa tête du succès de l'entreprise, si on lui donnait seulement quatre vaisseaux de haut bord appelés *Sultanes*, et huit galères. Le kapoudan-pacha Amoudja-Zadè-Huceïn, qui penchait pour la guerre défensive, imposa silence à Mezzomorto avec des paroles de mépris; mais le pirate, ayant insisté avec énergie, attira l'attention du Sultan, qui assistait à la délibération, caché derrière le rideau (*perdé*) dont était recouverte la fenêtre mystérieuse pratiquée dans la salle du divan. Frappé du ton de confiance de Mezzomorto, Sa Hautesse lui accorda le commandement des vaisseaux qu'il demandait; et ce fut avec cette flottille que Mezzomorto contribua si puissamment à la reprise de Chio. Lorsque Mezzomorto fut revêtu de la dignité de kapoudan-pacha, il supplia le Sultan de ne point l'obliger à quitter son costume ordinaire de marin : sa demande lui fut accordée. Jusqu'alors les amiraux ottomans avaient eu le même costume que les autres pachas; mais Sultan-Moustapha voulut qu'ils portassent à l'avenir l'habit de matelot, à l'exemple de Mezzomorto : en effet, depuis ce jour, les kapoudans-pachas ont adopté ce vêtement, mais en remplaçant la grossière étoffe dont le pirate était revêtu, par des tissus précieux et de riches fourrures.

Tandis que les Ottomans reprenaient Chio, les Tatares, sous les ordres de Chehbaz-Gheraï, ravageaient la Pologne. Le khan ne s'arrêta qu'à Lemberg, où il éprouva une si vigoureuse résistance qu'il fut obligé de rétrograder. En Morée, Libérius Geratzari, beï de la Maïna, réuni à Haçan-Pacha, chef des Yuruks ou Turcomans, parcourut la Morée et brûla le bourg de Karindjé. Des convois de munitions furent dirigés dans l'Herzégovine pour approvisionner divers châteaux de cette contrée. Ayant appris en route que le gouverneur vénitien de Gabella venait de prendre le fort de Polindja, le chef ottoman qui commandait les convois, retourna sur ses pas, défit complètement les Vénitiens, et leur reprit tout le butin qu'ils avaient enlevé.

Vers la fin d'août, le Sultan, profitant de l'ardeur qu'avait inspirée à ses soldats la conquête de Chio, traversa le Danube sur un pont construit près du village de Wisnicsa, et se dirigea vers Pancsova et Ak-Biñar (*Carlsbourg*), avec l'aile droite de l'armée. Après s'être emparé d'une palanque élevée sur la Theiss, il marcha sur Lippa, qui fut prise au premier assaut, et dont les fortifications furent rasées. Arrivé à Temeswar, il apprit que Dja'fer-Pacha, gouverneur de Belgrade, s'était rendu maître du fort de Titel, au confluent de la Theiss et du Danube. L'armée continua ensuite sa route vers Lugos que menaçait le général autrichien Veterani : le 22 septembre 1695 les troupes ottomanes et impériales étaient en présence. Le Sultan, à la tête des silihdars, des sipahis, des lanciers et des archers de sa garde, attaqua lui-même le centre de l'armée chrétienne, tandis que le khan des Tatares la surprenait par derrière. Cette manœuvre fut couronnée d'un plein succès ; les Allemands, placés entre deux feux, perdirent la moitié de leurs soldats ; le brave Veterani, blessé mortellement, fut fait prisonnier et eut la tête tranchée. Cette victoire coûta cher aux Ottomans ; ils ne la durent qu'à leur extrême supériorité numérique, car ils étaient environ trente mille hommes, tandis que Veterani n'en avait sous ses ordres que six mille ; ils avaient été obligés de revenir trois fois à la charge, et ils laissèrent sur le champ de bataille près de quinze mille morts. Vers le milieu du mois de safer (septembre), le Sultan se mit en route pour Constantinople, où il fit son entrée triomphale le 10 de rebi'ul-akhir (10 novembre). On avait couvert de riches tapis le chemin que parcourut le vainqueur, précédé des drapeaux et des canons enlevés aux chrétiens, et trois cents prisonniers.

Six mois après la défaite de la flotte vénitienne dans le canal de Chio, elle fut encore attaquée deux fois par Mezzomorto. Le premier combat dura cinq jours sans qu'aucun des deux partis pût s'attribuer la victoire ; mais à la seconde rencontre, qui eut lieu trois jours plus tard, les Vénitiens furent vaincus ; Mezzomorto, dont le vaisseau était très-maltraité, alla réparer ses avaries dans le port de la vieille Phocée, et fit voile ensuite avec l'escadre pour Constantinople, où le Sultan le reçut dans le kiosque du rivage (*Yali-Kiochky*), le combla de louanges, et lui remit un kaftan d'honneur.

Le règne de Sultan-Moustapha semblait avoir ramené la victoire sous les drapeaux ottomans. Le célèbre czar Pierre le Grand céda lui-même aux armes victorieuses des Osmanlis, et, le 13 rebi'ul-ewwel 1107 (13 octobre 1695), il fut contraint de lever le siége d'Azof, qu'il attaquait depuis trois mois ; mais quoiqu'il y eût éprouvé une perte de trente mille hommes, il ne renonça point à ses projets sur cette place.

Le succès qui avait couronné jusqu'alors les entreprises de Sultan-Moustapha, imprimait une nouvelle ardeur aux troupes et à la nation tout entière. La nouvelle campagne s'annonçait sous les plus heureux auspices. De riches particuliers levèrent à leurs frais des corps de troupes qu'ils conduisirent eux-mêmes à l'armée ; les contributions de toute nature fournirent les fonds nécessaires aux dépenses extraordinaires qu'entraînaient les hostilités ; et lorsque toutes les mesures eurent été prises pour assurer le succès de l'expédition, le Sultan partit pour Andrinople. De là, il se rendit à Sofia, où il reçut la suite du beï de Maïna, ce Libérius Geratzari que la

Porte avait tiré du bagne pour le faire prince, et qui venait de déserter les drapeaux ottomans pour passer dans les rangs vénitiens. On apprit bientôt que Frédéric-Auguste, électeur de Saxe (*), était sous les murs de Témeswar : le Sultan, à cette nouvelle, accourut au secours de cette ville; les Impériaux, à son approche, abandonnèrent le siége et vinrent au-devant des Ottomans : une rencontre eut lieu près d'Olasch, et se termina à l'avantage de ces derniers. Après ce succès, le Sultan ordonna de renforcer les garnisons de Témeswar et de Belgrade, et de doubler leurs approvisionnements et leurs munitions de guerre : il retourna ensuite à Andrinople, où il fut rendu à la fin d'octobre.

Pendant cette campagne, diverses excursions avaient eu lieu sur les frontières de la Croatie; et quelques palanques avaient été prises ou détruites par les Impériaux. Pierre Ier avait aussi reparu sous les murs d'Azof avec plus de soixante mille hommes de troupes régulières, parmi lesquelles étaient enrôlés des artilleurs et des ingénieurs allemands; ces forces imposantes étaient soutenues par des nuées de Kalmouks et de Cosaques. Au bout de deux mois, la garnison d'Azof capitula. La perte de cette place forte fut vivement sentie par les Ottomans; Kalaïli-Ahmed-Pacha, qui la commandait, redoutant la colère du Sultan, avait pris la fuite : ses biens furent confisqués; son kiahia et trois vézirs, chargés de protéger la ville, payèrent sa reddition de leurs têtes.

Dans le mois de zilka'dè 1107 (juin 1696) la mort de Jean Sobieski, roi de Pologne, suivie des cabales et des troubles qui accompagnent ordinairement, dans ce pays, l'élection d'un nouveau souverain, ayant détourné la nation du soin de sa propre défense, les Tatares profitèrent de ces circonstances pour s'emparer de Sbaraz et s'avancer jusqu'à Lemberg et Stanislaw. Les Vénitiens avaient, pendant l'été, mis le siége devant Dulcigno, port de la mer Adriatique, qui servait de refuge aux pirates mahométans; mais ils n'avaient pu s'en emparer, et s'étaient contentés de dévaster les environs d'Athènes et de Thèbes.

Cependant la continuation d'une guerre onéreuse avait épuisé le trésor : de nouvelles mesures fiscales furent prises : le tabac à fumer et les terrains consacrés à sa culture furent frappés d'un impôt très-fort, qui rendit environ treize millions d'aspres. Cinq hôtels des monnaies, outre ceux de Constantinople, furent mis en activité à Andrinople, à Smyrne et à Erzroum, pour convertir les anciens sequins et les écus étrangers en piastres et en ducats frappés au coin du *toughra*. Les eunuques des sérails de Constantinople et d'Andrinople éprouvèrent une réduction d'un quart sur leur traitement; enfin le Sultan donna de son trésor particulier, près de deux mille cinq cents bourses pour payer la solde des marins employés aux flottes de la mer Blanche, de la mer Noire et du Danube, qui furent renforcées d'un grand nombre de galions, de caïques et de galères sortant des chantiers. Une fonderie de boulets fut établie à Piraouchta; et un château fort, construit à l'embouchure du Kuban, protégea les rives de la mer d'Azof.

Lorsque tout fut prêt pour entrer en campagne, le Sultan donna audience à l'ambassadeur du Chāh de Perse, Aboul-Ma'coum, khan du Khoraçan; en retour des présents qu'il offrit au Grand Seigneur, l'envoyé persan reçut un superbe cheval des écuries impériales, au mors d'argent, à la housse resplendissante de rubis et d'émeraudes, aux étriers de vermeil, à la selle chargée de riches broderies, et où étaient suspendus un cimeterre et un *topouz* (masse d'armes) en argent. Le coursier destiné au Chāh était encore

---

(*) Les Ottomans, suivant leur habitude de désigner par des sobriquets non-seulement leurs chefs, mais encore les généraux étrangers, avaient donné à Frédéric-Auguste le surnom de *na'al-kyran* (briseur de fers à cheval) : on sait que ce prince, d'une force prodigieuse, se plaisait à en faire preuve en cassant dans ses mains un fer à cheval.

plus magnifiquement caparaçonné : son mors et ses gourmettes en or, les étriers en vermeil, la bride, la housse, le *topouz* et le sabre, étincelaient de pierres précieuses de toutes les couleurs ; et enfin un panache de héron à agrafes de diamants complétait ce riche cadeau.

Après la réception d'Aboul-Ma'çoum-Khan, le Sultan quitta Andrinople et ouvrit lui-même la campagne. A Sofia il apprit que le général autrichien Auesperg avait été forcé de lever le siége de Bihacz, grâce à la vigoureuse défense de la garnison. A Belgrade, Dja'fer-Pacha, gouverneur de Témeswar, présenta à Sa Hautesse le commandant de la palanque de Karansebes, tombé aux mains des Ottomans en se livrant au plaisir de la chasse. On reçut aussi la nouvelle d'une victoire navale remportée par Mezzomorto sur la flotte vénitienne, commandée par Molino. Deux conseils de guerre furent assemblés par le Sultan, pour décider le plan de la campagne ; et d'après l'avis des vézirs, ligués en secret pour entraver les opérations du grand vézir Elmas-Muhammed-Pacha, ce ministre se dirigea vers la rivière de la Theiss et commença par s'emparer du fort de Titel, qu'il incendia. Il marcha ensuite sur Peterwardeïn : devant cette place campait l'armée autrichienne, commandée par le célèbre prince Eugène, l'un des premiers capitaines de son siècle. Après plusieurs marches et contre-marches savantes, ce général, voyant que les Ottomans longeaient les rives de la Theiss pour aller assiéger Szegedin, précipita sa marche, et atteignit les musulmans lorsqu'ils commençaient à effectuer, près de Zenta, au moyen d'un pont jeté sur la Theiss, le passage de cette rivière ; mais avant que ce mouvement fût entièrement terminé, une portion de l'armée impériale, se plaçant entre le pont et l'aile droite des Ottomans, leur coupa la retraite, tandis que le prince Eugène les attaquait de front ; cette manœuvre décida la victoire en faveur des chrétiens. De la nombreuse armée ottomane, vingt mille hommes périrent sur le champ de bataille, dix mille dans les flots ; Elmas-Muhammed-Pacha, certain du sort qui lui était réservé, préféra mourir en combattant ; il périt dans la mêlée avec un très-grand nombre de pachas (*). Les Impériaux firent un immense butin : outre l'artillerie, les bagages et les caisses de l'armée, ils s'emparèrent encore d'un trésor assez riche appartenant au Sultan, de dix femmes de son harem, de ses voitures, du sceau de l'empire, de sept queues de cheval, et de quatre cents étendards. Le Grand Seigneur, placé sur l'autre rive de la Theiss, s'enfuit dès qu'il vit la bataille perdue, et gagna en toute hâte Témeswar : là, il s'occupa de remplacer les hauts dignitaires qui avaient péri dans la défaite de Zenta. Kupruli-Amoudja-zadè-Huçeïn-Pacha, gouverneur de Belgrade, fut nommé grand vézir : son père, Kupruli-Haçan, était le frère puîné de Kupruli-Muhammed et l'oncle de Kupruli-Ahmed ; circonstance qui, pendant le ministère de ce dernier, avait fait donner à Kupruli-Huçeïn le surnom de *Amoudja-Zadè* (fils de l'oncle) : il prouva, par la sagesse de son administration, qu'il était digne de porter le grand nom de Kupruli. Le prince Eugène, après la bataille de Zenta, avait tourné ses armes vers la Bosnie, s'était emparé de deux châteaux forts et avait incendié Bosna-Seraï : on lui opposa Daltaban-Moustapha-Pacha, qui fut rappelé de Potschil, où il était exilé, et à qui le grand vézir envoya quatre cents bourses d'or et un corps de quatre mille cinq cents hommes. Ce brave chef repoussa les Allemands, les força de repasser la Save et de se retirer en Hongrie, où ils prirent leurs quartiers d'hiver.

Des mutations nombreuses eurent lieu, comme d'usage, au début de l'administration du nouveau grand vézir ; il s'occupa ensuite de lever des contri-

---

(*) Un poëte oriental a dit au sujet de la mort d'Elmas (*le diamant*) : « Nemtchè kour-« chounilè sildi elmaçi, » c'est-à-dire, « Le « plomb des Allemands a poli le diamant. »

butions de guerre : l'impôt dont était frappé le café fut augmenté ; ce droit additionnel s'appela *bid'ati-kahwè*; le versement au trésor de la fortune de l'aga des janissaires mort à Zenta, la confiscation des biens d'Ibrahim-Pacha, gouverneur du Diarbèkir, une retenue sur les émoluments des principaux dignitaires de Constantinople et sur les revenus des fondations pieuses, telles furent les autres mesures qui réparèrent en partie l'épuisement des finances.

Vers cette époque, un ambassadeur de Châh-Huçeïn, nouveau souverain de la Perse, vint remettre au Sultan les clefs de la ville de Basra, qui était tombée, par suite de la défaite du rebelle Ma'ni, au pouvoir du khan de Huweïzè : de riches présents accompagnaient l'envoi des clefs de Basra ; l'envoyé persan fut reçu avec la plus grande bienveillance. L'ex-reïs-éfendi Muhammed-beï partit aussitôt pour la Perse avec des présents magnifiques, qu'il offrit au Châh de la part de Sa Hautesse.

Quoique Sultan-Moustapha et son ministre fissent travailler avec ardeur aux préparatifs d'une nouvelle campagne, ils sentaient vivement le besoin de la paix, que rendaient indispensable pour l'empire ottoman le délabrement de ses finances et la supériorité reconnue du prince Eugène sur les généraux musulmans. L'ambassadeur anglais s'offrit pour médiateur entre la Porte et les puissances coalisées contre elle. Kupruli-Huçeïn-Pacha, persuadé que la continuation des hostilités ne pouvait qu'être désastreuse pour son pays, prêta l'oreille aux ouvertures de paix faites au nom de l'Autriche, et les négociations furent entamées. Carlowitz, ville située sur la rive droite du Danube, fut choisie pour le lieu des conférences ; et, à la fin d'octobre 1698, les plénipotentiaires autrichiens, russes, vénitiens, polonais, anglais, hollandais et ottomans s'y trouvèrent réunis en congrès. Quelques jours auparavant, un armistice avait été publié : mais, avant la suspension d'armes, Daltaban-Pacha avait repoussé les Croates qui attaquaient Galamotsch, ravagé le district de Pioka, incendié quinze villages, s'était emparé de Ghorab et de six autres forteresses, et avait rapporté de ses diverses excursions un butin considérable. D'un autre côté, un corps de Tatares s'était jeté dans Témeswar, après avoir fait quelques centaines de prisonniers aux Impériaux, campés près de Beckserek. Enfin, une bataille navale avait eu lieu entre les flottes vénitienne et ottomane, qui, après avoir éprouvé des pertes à peu près égales, s'étaient, l'une et l'autre, attribué la victoire.

Avant l'ouverture des conférences, des difficultés s'élevèrent entre les divers plénipotentiaires, sur l'étiquette à observer entre eux : la Porte était représentée par le reïs-éfendi Rami et le drogman Maurocordato, qui reçut à cette occasion les titres de *beï* et de *mahrèmi-esrar* (conseiller intime). Les ambassadeurs de l'Autriche étaient Wolfgang, comte d'OEttingen, et le comte de Schlick ; la Russie avait envoyé Procop Boganovitch Wasnitzinow ; la Pologne, le comte Stanislas Malachowski, voïvode de Posnanie ; le chevalier Ruzzini défendait les intérêts de la république de Venise ; enfin les plénipotentiaires médiateurs étaient l'Anglais Paget et le Hollandais Colier. Après de longues contestations sur le cérémonial à observer entre tous ces ambassadeurs, on parvint, au moyen d'une salle de conférences construite d'après l'avis de Maurocordato, à concilier toutes les prétentions élevées au sujet de la préséance. Alors seulement l'échange des pouvoirs put s'effectuer, et le congrès s'ouvrit. Pendant sa durée, qui fut de soixante-douze jours, trente-six conférences eurent lieu : par le traité qui en résulta, et qui fut signé le 26 redjeb 1110 (26 janvier 1699), l'Autriche et la Porte convinrent d'une trêve de vingt-cinq ans ; le Sultan resta maître du banat de Témeswar, céda à l'empereur Léopold la Transylvanie, tout le pays appelé *Batchkab*, situé entre le Danube et la Theiss, et renonça à toutes les sommes payées annuellement, à quelque titre que ce fût, par l'Allemagne. La Pologne conclut également une trêve du même nombre d'années, recouvra Kaminiec, la Podolie, l'Ukraine, fut affranchie du tribut honteux qu'elle payait au khan des Tatares, et restitua aux Ottomans Soczava, Nemoz et Soroka en Moldavie. Le czar Pierre ne signa qu'un armistice de deux ans, et conserva la ville d'Azof. Enfin, les Vénitiens restituèrent les conquêtes qu'ils avaient faites au nord du golfe de Corinthe et d'Égine, et retinrent la Morée jusqu'à l'Hexamilon, presque toute la Dalmatie, Sainte-Maure et les îles voisines; la république acquit de plus les villes de Castelnuovo et de Cattaro, et fut libérée de la rente à laquelle elle avait été soumise jusqu'alors pour la possession de Zante : il fut stipulé en outre que les fortifications de Lépante et du château des Dardanelles sur la côte de Roumilie et de Prévesa, seraient détruites par les Vénitiens, et que les Ottomans en resteraient possesseurs, ainsi que des îles de l'Archipel.

Un article du traité avec l'empereur Léopold décida que les Hongrois qui avaient voulu secouer le joug de l'Autriche, et qu'elle qualifiait de *rebelles*, expression que les plénipotentiaires ottomans essayèrent en vain de faire effacer de l'acte, obtiendraient leur grâce, ou la faculté de passer, s'ils le préféraient, sur le territoire de la Sublime Porte. Les Hongrois avaient tellement souffert du despotisme autrichien, que quatorze cents familles, profitant du bénéfice de cette disposition, vinrent s'établir sous la protection du Grand Seigneur : le brave Tékéli, après avoir combattu si longtemps pour la liberté de sa patrie, s'établit à Péra, où il mourut peu de temps après, dans un état voisin de l'indigence, à laquelle il n'échappa entièrement que grâce aux secours que Louis XIV assura à ce prince infortuné.

La paix de Carlowitz est un des événements politiques les plus remarquables de la fin du dix-septième siècle : outre les avantages matériels que les puissances chrétiennes en retirèrent, on peut dire qu'elle les affranchit moralement de la terreur qu'inspirait aux peuples occidentaux le nom seul des redoutables sectateurs du prophète conquérant, en dévoilant, aux yeux de tous, la décadence de l'empire d'Osman, décadence quelque temps retardée par le règne sanglant de Sultan-Murad IV, et par l'administration vigoureuse du premier Kupruli.

Sept mois environ après la signature de la paix de Carlowitz, Sultan-Moustapha se rendit d'Andrinople à Constantinople, afin de recevoir dans la capitale de l'empire les ambassadeurs des diverses puissances avec lesquelles la Porte devait échanger les ratifications du traité. Le départ du Grand Seigneur eut lieu avec la plus grande pompe : la description seule du cortége de Sa Hautesse a fourni à un historien, témoin de cette cérémonie, la matière de *quatre-vingt-cinq* chapitres !.. Nous ferons grâce à nos lecteurs des innombrables détails de sa relation, et nous nous bornerons à dire que le Sultan, vêtu d'un *chib-kèrakè* (kaftan de fourrures), et le carquois sur l'épaule, monta à cheval au point du jour, accompagné du grand vezir et des autres hauts dignitaires de l'empire, les vézirs, émirs, khodjaghians, le mufti, les deux juges d'armée, les oulémas. L'escorte se composait de dix-huit escadrons de *sipahis* (cavaliers), quinze *ortas* (chambrées) de janissaires, douze cents *djèbèdjis* (armuriers) et *toptchis* (canonniers), quatre cents *lagoumdjis* (mineurs) et cinq cents *bostandjis* (gardes du sérail), tous les domestiques du palais impérial, trois cent soixante tchaouchs, deux mille possesseurs de grands et petits fiefs (*ziamets* et *timars*), toute la maison du grand vézir, les gardes du corps du Sultan, les eunuques blancs et noirs, et jusqu'aux muets et aux nains.

Le Sultan, avant son départ d'Andrinople, avait reçu le nonce polonais Stanislas Rzewuskî, staroste de Chelm, qui apporta la confirmation de la paix et annonça l'arrivée d'un ambassadeur. Sa Hautesse avait envoyé ensuite, en ambassade extraordinaire à la cour de

Vienne, Ibrahim-Pacha, ancien khaznèdar (*trésorier*) du grand vézir Kara-Ibrahim. Ibrahim-Pacha arriva dans la capitale de l'Autriche le 31 janvier 1700, et déploya dans son entrée solennelle toute la magnificence orientale. Seize jours plus tard, le comte d'OEttingen, plénipotentiaire autrichien, était reçu à Constantinople, en audience publique, par le Grand Seigneur. L'envoyé polonais, Raphaël de Winiawa Leczynski se trouvait, à la même époque à Constantinople, où il fut traité avec moins d'honneurs que le comte d'OEttingen. L'ambassadeur vénitien Lorenzo Soranzo avait eu déjà audience du Sultan en novembre 1699 (djemazi-ul-oula 1111), et le plénipotentiaire russe Oukraintzow au commencement de 1700.

C'est vers cette époque qu'eut lieu une scène assez piquante, à l'audience accordée par le Sultan à l'ambassadeur français M. de Ferriol, marquis d'Argental. Ce seigneur n'ayant pas voulu quitter son épée au moment de paraître devant Sa Hautesse, ainsi que l'exige l'étiquette de la cour ottomane, fut renvoyé à son hôtel sans avoir vu le Grand Seigneur, qui lui fit rendre les présents qu'il avait apportés, et qui étaient déjà exposés dans la salle du trône. Cette fierté déplut tellement au Sultan, qu'il ne reçut pas une seule fois en audience notre ambassadeur pendant les dix années que celui-ci passa à Constantinople. L'historien ottoman qui raconte ce fait ajoute qu'il valut à M. de Ferriol l'épithète de *dèli-iltchi*, ministre fou.

La république de Raguse, tributaire de la Porte, lui devait depuis plusieurs années un arriéré considérable. Au mois de muharrem 1112 (juin 1700), le kapoudji-bachi Muezzin-Moustapha-Aga fut chargé de régler, avec l'envoyé ragusais, le payement du tribut. Vers le même temps, et tandis que des relations bienveillantes avaient lieu avec les souverains de la Perse et du royaume de Maroc, des révoltes éclataient sur la frontière de Perse, en Crimée, en Afrique, en Égypte et en Arabie.

Le canal de Diab, qui traverse les pays compris entre l'Euphrate et le Tigre, ayant débordé, par suite d'une irruption du premier de ces fleuves, inonda toutes les terres environnantes et obligea les habitants à renoncer à les cultiver et à abandonner leurs villages. Quelques chefs arabes, profitant de cette fuite, s'emparèrent de ces propriétés, et repoussèrent les troupes envoyées pour les leur faire restituer. Daltaban-Pacha, nouveau gouverneur de Bagdad, réunit des forces nombreuses, marcha contre les rebelles, les défit à Zouweita, le 19 cha'ban 1112 (29 janvier 1701), et éleva sur le champ de bataille une pyramide de mille têtes.

Les troubles de la Crimée furent plus difficiles à apaiser. Le vieux khan Sèlim-Gheraï ayant abdiqué, son fils aîné, le kalgha Dewlet-Gheraï, lui succéda, et fut lui-même remplacé dans la dignité qu'il quittait pour le trône, par son frère Chehbaz-Gheraï. Mais le nouveau khan, jaloux du mérite de Chehbaz, le fit empoisonner, et, par cette action infâme, souleva contre lui les Noghaïs d'Anapa, à la tête desquels se mit Ghazi-Gheraï, autre frère de Dewlet. Le prince révolté demanda à la Porte la destitution de Dewlet-Gheraï, ou la réinstallation de leur père Sèlim-Gheraï. Mais les gouverneurs d'Oczakow et de Kaffa s'étant réunis au khan contre Ghazi-Gheraï, et les Noghaïs étant rentrés sous l'obéissance de Dewlet-Gheraï, moyennant une convention qui leur assura quelques avantages particuliers, Ghazi-Gheraï s'enfuit à Andrinople, d'où il fut conduit en exil à Rhodes. A peine le repos était-il rétabli en Crimée, qu'il fut encore troublé par une nouvelle conspiration. Kaplan-Gheraï, frère du khan Dewlet-Gheraï, s'unit, pour le détrôner, au vézir Hadji-Merdan-Ali; poursuivis par le kalgha Sè'adet-Gheraï, les deux rebelles s'enfuirent à Constantinople, protégés par les janissaires, dans les rangs desquels ils avaient eu la précaution de se faire inscrire; mais, dès leur arrivée dans la capitale, ils furent arrêtés l'un et l'autre: Kaplan-Gheraï fut emprisonné dans le château du Bosphore, et Merdan-Ali exilé à Lemnos. Cependant le Sultan rendit la liberté au premier, sur la prière du vieux Sèlim-Gheraï.

Quelques difficultés relatives au pèlerinage de la Mecque et de Médine furent aussi réglées à cette époque; et la rétribution que payait l'Egypte fut augmentée de trois mille trois cents piastres, destinées à la célébration des fêtes en l'honneur de la naissance et de la mission de Mahomet. Le gouverneur de cette dernière province, Huçeïn-Pacha, redevable au trésor de sommes considérables en numéraire, et d'une grande quantité d'erdebs de blé, fut remplacé par Kara-Muhammed-Pacha, et jeté dans la prison appelée *Kasri-Youçouf* (le palais de Joseph) : son kiahïa fut enfermé dans l'*Arak-Khanè* (maison des sueurs ou chambre des tortures), dans laquelle Huçeïn-Pacha avait retenu antérieurement Kara-Muhammed-Pacha. Par une générosité rare, ce dernier, au lieu de profiter de sa position pour se venger de son persécuteur, obtint sa liberté, et paya le blé qu'il devait encore.

Dans le mois de zilhidjè 1113 (mai 1702), Khalil, beï de Tripoli de Barbarie, arriva en Égypte, vaincu par les Algériens, qu'il avait tenté de soumettre, de concert avec le beï de Tunis, et repoussé également par ses sujets et par ceux de son allié. Son éloignement ramena la tranquillité dans les régences barbaresques.

En Asie, le rebelle Bèbè-Suleïman, chef des Kurdes de Chehrezour, défait par Haçan-Pacha, avait été décapité avec dix-sept de ses principaux subordonnés : des fermans, adressés aux gouverneurs et sandjak-beïs de l'Asie Mineure, leur enjoignirent de poursuivre sans relâche les brigands qui infestaient cette contrée.

Toutes ces mesures énergiques rétablirent la tranquillité et permirent au grand vézir Kupruli de se livrer aux projets de réforme qu'il méditait. Diverses ordonnances du sage ministre rétablirent l'ordre dans l'administration, la discipline dans l'armée, l'économie dans les finances; réglèrent la législation maritime, et apportèrent un adoucissement à la position des sujets chrétiens. Mais le grand vézir, malgré la supériorité de son esprit, ne put se défendre des superstitions qui existaient à cette époque, et dont deux de ses ordonnances font foi : la première est relative aux revenants, et la seconde, à la magie. Du reste, Kupruli-Pacha fut puissamment secondé dans ses projets d'amélioration par le kapoudan-pacha Mezzomorto, par le mufti Feïz-ullah, et par son fils Ibrahim-Pacha, précepteur du prince Mahmoud. Le 2 zilhidjè 1112 (10 mai 1701), le jeune fils du Sultan reçut, du mufti lui-même, la première leçon de lecture dans le Coran : cérémonie qui fut célébrée par une fête solennelle.

Malheureusement cette concordance de vues entre le premier ministre et le chef suprême de la religion ne dura pas longtemps : après la mort de Mezzomorto, arrivée en 1113, le mufti s'unit au nouveau kapoudan-pacha et au kiahïa-beï pour renverser le grand vézir. Instruit de ces menées, celui-ci destitua son lieutenant, et le remplaça par Haçan-Aga; mais le Sultan lui-même donna ordre à Kupruli de renvoyer son protégé. Bientôt les destitutions successives du kaïm-mèkam de Constantinople, du tchaouch-bachi Moustapha-Aga, et enfin le supplice de Kyblèli-Zadè-Ali-Beï, neveu du ministre, accusé d'aimer secrètement une des sultanes, présagèrent au grand vézir, leur protecteur, sa chute prochaine. Accablé de chagrin et attaqué d'une maladie incurable, il demanda et obtint sa retraite le 12 rebï'ul-ewwel 1114 (5 septembre 1702). Dix-sept jours après, il expirait dans une de ses terres près de Siliwri.

Kupruli-Amoudja-Zadè Huçeïn-Pacha était le quatrième Kupruli qui eût occupé le premier poste de l'État : neveu du vieux Kupruli-Muhammed, cousin de Kupruli-Ahmed et de Kupruli-Fazyl (*le vertueux*), et élevé à leur école politique, Kupruli-Huçeïn, après avoir commandé les forteresses de Chehrezour, d'Amassia, les châteaux des Dardanelles, et avoir assisté à la défaite de Zenta, où il reçut du Sultan le sceau de l'empire, avait sauvé l'État en hâtant la conclusion de la paix. Les historiens ottomans lui ont décerné le surnom de *Sage*, qu'il mérita par sa conduite pleine d'humanité, par son caractère doux et généreux, son amour pour les sciences et les lettres, et sa politique prudente et modérée, qui, s'il avait eu le temps d'en développer les conséquences, eût, sans doute, retardé la décadence de l'empire. Pendant les cinq années que dura son administration, il fit élever à ses frais plusieurs mosquées, divers établissements d'utilité publique, des écoles, des fontaines, etc., et employa l'argent du trésor à l'érection ou à la réparation de quelques monuments non moins nécessaires, tels que des casernes, un magasin à poudre, le canal du Nil à Alexandrie, les forteresses de Belgrade, Témeswar et Nissa. Enfin, il ajouta un nouveau lustre au nom, déjà si justement célèbre, des Kupruli, cette famille destinée à donner à l'empire ottoman ses plus grands hommes d'État.

Après la retraite de Kupruli-Huçeïn, le Sultan avait envoyé le sceau à Moustapha-Daltaban-Pacha, vieux soldat illettré, mais déjà connu par la victoire remportée près de Basra sur les Arabes révoltés, et, antérieurement, par sa résistance en face du prince Eugène. Dès qu'il eut reçu le khatti-chérif de sa nomination, Daltaban-Pacha partit pour rejoindre son maître, auprès duquel il fut rendu le 5 djemazi-ul-oula (27 septembre). La première mesure administrative de l'avide ministre fut d'emprisonner le kiahïa, le khaznèdar, et le gendre de l'ex-vézir Kupruli-Huçeïn-Pacha, afin de s'emparer de leurs richesses. Il s'occupa ensuite de régler les costumes des chrétiens, des juifs et des femmes musulmanes, et renouvela, à l'égard des raïas, les ridicules prescriptions qui, sous le règne de Sultan-Ahmed II, avaient signalé le début de l'administration du grand vézir Kalaïli-Ahmed-Pacha. D'autres ordonnances plus utiles défendaient l'exportation des armes, établissaient le tarif des douanes, régularisaient le payement des troupes, retranchaient du nombre des tchaouchs soldés par le gouvernement, et qui s'élevait alors jusqu'à mille, tous ceux qui n'étaient pas activement employés; et, enfin, amélioraient l'administration des biens religieux, que Sultan-Suleïman-el-Kanouni avait accordés aux mosquées, sous la direction des grands vézirs.

Cependant Daltaban-Pacha, qui avait vu avec indignation les sacrifices par lesquels on avait acheté la paix de Carlowitz, résolut d'annuler le traité, et de punir le reïs-éfendi Rami, qui en avait été l'instrument. Mais le ministre trouva un antagoniste redoutable dans le mufti Feïz-ullah, qui prétendait que, d'après le Coran, on devait garder la foi jurée. Le grand vézir, porté par goût à la guerre, ne put supporter l'opposition du mufti, et résolut de se délivrer par le poison d'un ennemi si puissant. Mais celui-ci, averti par le kiahïa Ibrahim, se ligua avec Rami et Maurocordato contre Daltaban-Pacha, qu'ils peignirent sous les plus noires couleurs au Sultan. Déjà blessé par le despotisme et le caractère grossier et violent de son ministre, le Grand Seigneur signa l'arrêt de mort du vézir, qui, appelé au sérail sous un prétexte, y fut étranglé. Il n'avait gardé le pouvoir que pendant quatre mois. Au moment de mourir, il demanda de l'eau pour l'*abdest* (*), et, après avoir fait tranquillement sa dernière prière, il tendit le cou aux bourreaux, en leur disant : « Tuez, infidèles musulmans, « celui que n'ont pu tuer les infidèles « *Chiaours!* »

Moustapha, surnommé *Daltaban*, naquit au village de Petreitchik : il était très-ignorant, ne savait même ni lire ni écrire, et débuta par être simple janissaire. Il devint successivement *tchadir-mehter-bachi*, c'est-à-

---

(*) L'*abdest* est une purification ordonnée par la loi religieuse, et qui consiste en une ablution des mains, des pieds et de la tête.

dire, *chef des préposés à la garde des tentes et pavillons du Sultan* (*), chambellan (*kapoudji-bachi*), aga des *djébédjis* (armuriers), et enfin des janissaires. Élevé, sous le ministère de Biyikli-Moustapha, à la dignité de sèrasker de Baba-Daghy et pacha à deux queues, il combattit les Polonais, et montra beaucoup d'activité et une grande ardeur guerrière. Au bout de quatre ans, les troubles de l'Asie réclamant un homme de tête et d'exécution, Daltaban fut nommé beïlerbeï d'Anatolie : il y rétablit l'ordre par des mesures si terribles, que les habitants s'en plaignirent au grand vézir Elmas-Muhammed-Pacha. Ce ministre ne pouvant le mettre à mort, à cause de la protection que lui accordait le mufti Feïz-ullah, se contenta d'exiler Daltaban à Bihacz en Bosnie : il ne put ainsi assister à la bataille de Zenta, où tant de chefs ottomans perdirent la vie ; et ce bannissement devint la source de sa haute fortune. Après la défaite de l'armée ottomane, les Impériaux ayant porté leurs forces vers la Bosnie, les habitants, qui connaissaient la bravoure de Daltaban, le nommèrent leur sèrasker : il enleva à l'ennemi, dans cette campagne, vingt-quatre châteaux sur les bords de la Save. Plus tard, comme gouverneur de Bagdad, il réprima les Arabes révoltés, et, par la haute renommée militaire qu'il acquit en diverses occasions, se prépara la voie au grand vézirat. Il unissait à une valeur à toute épreuve une cruauté et une brutalité non moins grandes, et il méritait le nom de *Sirbul-Aci* (le Servien réfractaire) que lui donne un historien de Crimée.

(*) Les *mehters* ou *gardes-tentes* forment un corps de huit cents hommes, divisés en quatre compagnies. Leur emploi consiste à dresser des tentes, soit dans les jardins du sérail, soit en tout autre lieu où le Sultan va passer la journée. Quarante d'entre eux, sous les ordres du *veznèdar-bachi*, forment la compagnie des *veznèdars* (peseurs). D'autres font l'office de bourreau, et se tiennent près de l'*orta-kapou* (porte du milieu), pour mettre à mort les grands qui ont encouru la colère de Sa Hautesse.

Rami-Muhammed-Pacha succéda à Daltaban qu'il venait de renverser, et son avénement au ministère changea entièrement la direction de la politique. Ami de la paix, son premier soin fut de la maintenir à l'extérieur et de rétablir la tranquillité dans l'empire. Les Tatares Noghaïs, qui s'étaient révoltés de nouveau, furent réduits par Youçouf, pacha d'Oczakow, et les rebelles de la Mingrélie et du Gouriel par Kieucè-Khalil, pacha d'Erzroum. Rami s'occupa ensuite de la délimitation définitive des frontières, qui n'avait pas été réglée lors de la paix de Carlowitz. Il continua activement l'œuvre de la réforme administrative, commencée par l'avant-dernier grand vézir Kupruli-Huçeïn-Pacha, et fit rentrer au trésor des sommes considérables, qui en étaient détournées par des abus jusqu'alors tolérés. Mais, malgré son désir d'augmenter les revenus de l'État, il ne recourut point à des mesures odieuses ou injustes, et restitua, au contraire, les biens arbitrairement confisqués. Cette conduite, toute louable qu'elle était, lui attira la haine des hauts dignitaires, amis de la corruption et de l'injustice ; et la sévérité, inouïe jusqu'alors, qu'il déploya contre les grands et les chefs de l'armée, en infligeant à plusieurs d'entre eux la peine ignominieuse de la bastonnade (*), augmenta le mécontentement général, et prépara sa chute. Ses ennemis rappelèrent alors que Rami-Pacha n'était parvenu au premier poste de l'État qu'en renversant le brave guerrier Daltaban, un des *seigneurs du sabre*, (ehli-kylidj) dans les rangs desquels, jusqu'à ce jour, on avait choisi les grands vézirs, tandis que le nouveau ministre avait été pris parmi les *seigneurs de la plume* (ehli-kalem), dont tout le mérite consistait, dit-on, dans la pureté du style. D'un autre côté, les oulémas eux-mêmes ne le voyaient

(*) On lit dans les Annales ottomanes qu'un trésorier de la marine mourut des suites de ce traitement, et qu'un inspecteur des rôles des janissaires en fut malade pendant plusieurs mois.

pas de bon œil, car il n'avait dû son élévation qu'à sa complaisance pour le mufti Feïz-ullah, qui, au mépris de toutes les règles de l'avancement dans ce corps savant, donnait à ses parents les premiers emplois de l'empire, et se faisait haïr, en outre, par son caractère hautain et ambitieux.

A tous ces griefs de la part des grands de l'empire vinrent se joindre les plaintes du peuple, qui murmurait de l'oisiveté de son souverain. Sultan-Moustapha, dès que la paix de Carlowitz eut été signée, s'était retiré, pour jouir des douceurs du repos, dans un palais que son père, Sultan-Muhammed IV, avait fait bâtir sur la route de Constantinople à Andrinople, dans un lieu appelé *Karichtiran*, et très-propice à la chasse, plaisir favori du Sultan. On alla jusqu'à blâmer les dépenses qu'il fit pour l'ameublement du palais de ses trois filles, mariées à de hauts fonctionnaires, et pour son propre harem. L'esprit de révolte gagnant de jour en jour, quelques corps de djèbèdjis, dont la solde était arriérée, refusèrent de partir pour la Géorgie. Le kaïm-mèkam de Constantinople, ayant adressé un rapport à ce sujet au grand vézir, fut destitué, ainsi que le djèbèdji-bachi, qui avait appuyé la demande de ses soldats : le premier fut remplacé par le jeune Kupruli-Abdullah, neveu du ministre, et le second par son protégé Ibrahim-Aga. Un mois après, une nouvelle révolte des djèbèdjis éclata. Les janissaires se joignirent à eux, se rendirent à l'*Et-Meïdani* (place aux viandes), et plantèrent leurs drapeaux autour du *kazan* (la marmite). Dès lors, la révolte fut déclarée : la populace se réunit aux rebelles, chercha des auxiliaires dans les criminels, auxquels elle ouvrit les prisons, pilla le palais du kaïm-mèkam, et tua le segban-bachi. Le cadi Seïd-Mahmoud, conduit par force à la mosquée des janissaires, fut contraint de convoquer le corps des oulémas. Des crieurs parcoururent la ville, et rallièrent une foule de matelots, de portefaix, de toptchis et de top arabadjis (*soldats du train*), d'étudiants, de dresseurs de tentes, de palefreniers, etc., etc. Les bostandjis se firent ouvrir les portes du sérail, et plantèrent l'étendard du prophète à côté de celui des rebelles. Une députation partit pour Andrinople : elle était chargée de demander au Sultan son retour dans la capitale et la destitution du mufti et de ses fils. Le 8 rebi'ul-ewwel (22 juillet), jour où les mutins adressaient cette députation au Sultan, le mufti convoquait, dans son palais d'Andrinople, les oulémas, le grand vézir et les chefs de l'état-major des janissaires. Le *koul-kiahïaci* (lieutenant général des janissaires) fut dépêché aux rebelles, et chargé de leur distribuer trente bourses. Les jours suivants, plusieurs autres conseils eurent lieu chez Rami-Pacha. Le bostandji-bachi, envoyé avec cent hommes au-devant des députés, les rencontra à Hafsa, brûla leur pétition, et les conduisit prisonniers à la palanque d'Egri-Dèrè. Le grand vézir, le kaïm-mèkam, le selikdar, réunirent les *lewends* (soldats de marine) et *itch-oglans* (pages), et des volontaires furent enrôlés par l'aga des Turcomans. Mais la Sultane-Validè, effrayée de l'accroissement terrible de la révolte, obtint de son fils la déposition du mufti et de ses quatre fils. Bachmakdji-Zadè fut désigné pour lui succéder, et les députés des rebelles furent reçus à Andrinople.

Malgré toutes ces concessions du pouvoir, l'insurrection allait toujours croissant : bientôt le nombre des mutins s'éleva jusqu'au chiffre effrayant de cinquante à soixante mille hommes, qui s'établirent dans la prairie Tcherpoudji. Le Sultan leur écrivit de sa main pour confirmer les nominations qu'ils avaient faites, et pour leur assurer qu'il allait se rendre à Constantinople; mais, au lieu de tenir sa promesse, il leur adressa une nouvelle lettre pour excuser son retard. L'irritation des esprits fut alors à son comble : les oulémas furent contraints par la populace furieuse de rendre trois fetwas qui légitimaient tous ces actes de rébellion, et l'armée des insurgés partit, le 26 rebi'ul-ewwel

(9 août), de Daoud-Pacha pour Andrinople. Lorsque cette nouvelle parvint à la cour, le grand vézir se disposa à la résistance : quatre-vingt mille hommes furent rassemblés dans la plaine d'Andrinople, et il est probable que les rebelles n'auraient pu résister à des forces aussi imposantes, si Rami-Pacha, qui ne voulait qu'intimider les mutins, n'eût donné ordre à Haçan-Pacha de se retirer à leur première apparition. En conséquence, lorsque l'armée insurgée fut arrivée à Tchorli, Haçan-Pacha, au lieu de la repousser, se rendit à Andrinople pour consulter le grand vézir ; mais Rami-Pacha avait quitté cette ville et avait gagné Hafsa, où Haçan alla le rejoindre. Ce chef fut blâmé d'avoir battu en retraite, quoiqu'il n'eût fait en cela que suivre les ordres du ministre, et ce dernier écrivit au Sultan que tout était perdu, s'il ne venait lui-même se mettre à la tête de ses fidèles serviteurs. Le Grand Seigneur partit sur-le-champ pour Hafsa ; mais lorsqu'il fallut combattre, les janissaires, qui entretenaient des intelligences avec les mutins, passèrent dans leurs rangs, et rendirent ainsi toute résistance impossible. Sultan-Moustapha, se voyant trahi, retourna précipitamment à Andrinople, se rendit au sérail, et annonça lui-même à son frère Ahmed que les soldats l'avaient désigné pour leur padichâh. Ce fut le 9 rebi'ul-akhir 1115 (22 août 1703) qu'eut lieu la déposition de Sultan-Moustapha. Ce prince, enfermé dans le *kaféss* (*) avec ses quatre fils, y mourut le 22 chaban 1115 (31 décembre 1703 (**)). Il fut enseveli dans la mosquée de la Sultane-Validé, où reposait son père, Sultan-Muhammed IV.

Sultan-Moustapha II régna huit ans et quelques mois. Ce prince n'était pas dépourvu de mérite ; il avait le caractère doux, le jugement solide ; il aimait la justice, était avare du sang de son peuple, protégeait les savants et les littérateurs, et avait lui-même l'esprit cultivé. Néanmoins, il ne réalisa pas les espérances qu'avait fait concevoir le commencement de son règne. Brave dans sa première campagne, il fut bientôt découragé par la perte d'une seule bataille. Il montra, dès son début, la volonté de régner en maître, et se laissa pourtant dominer entièrement par ses ministres, et surtout par l'ambitieux mufti Feïz-ullah ; enfin, il se fit d'abord craindre et aimer des janissaires, et cependant il finit par déposer le sceptre devant le caprice de l'armée. La paix de Carlowitz est l'acte le plus important de son règne ; amenée par la tendance des événements, elle ne fut, pour ainsi dire, qu'un dénoûment inévitable et depuis long-temps prévu ; mais elle eut une influence cachée sur le peuple ottoman, en lui apportant, par les relations fréquentes des plénipotentiaires musulmans et chrétiens, le germe fécond de la civilisation européenne.

CHAPITRE XXIV.

SULTAN-AHMED-KHAN III, FILS DE SULTAN MUHAMMED-KHAN IV.

Après la déposition de Sultan-Moustapha II, son frère Sultan-Ahmed, à peine âgé de trente ans, monta sur le trône. Le 10 rebi'ul-akhir 1115 (23 août 1703), il reçut le serment de fidélité des hauts dignitaires de l'empire ; et, le lendemain, il se rendit à la mosquée, où la foule, pressée sur son passage, lui demanda la mort du mufti et la destitution des autres seigneurs qui s'étaient attiré la haine populaire. Le Sultan promit tout ce qu'on exigea de lui, et confirma dans leurs emplois les fonctionnaires nommés par les factieux. Il paya ensuite aux troupes le présent d'avènement, acquitta les arrérages de la solde des djèbèdjis, et abandonna aux rebelles le malheureux Feïz-ullah, qui fut mis à mort sur un fetwa de son successeur Muhammed-Éfendi, le seul mufti qui ait osé donner cet exemple inouï. Le cadavre de Feïz-ullah, mutilé par le

---

(*) Voyez la note de la page 45.

(**) Quelques auteurs fixent la date de la déposition du Sultan-Moustapha au 20 septembre 1703, et celle de sa mort en 1704.

peuple furieux, fut précipité dans la mer. Feïz-ullah-Éfendi, l'un des hommes les plus ambitieux et les plus influents du règne de Sultan-Moustapha III, était né à Erzroum, d'une famille de *seïds* ou descendants du prophète. Gendre du célèbre cheïkh Wani, il dut à la faveur dont jouissait son beau-père la confiance entière de Sultan-Muhammed IV, qui lui fit élever ses deux fils Ahmed et Moustapha. Après avoir passé par diverses charges législatives, il fut enfin promu, sous Sultan-Ahmed II, à la dignité de mufti, qu'il conserva sous Sultan-Moustapha II. Il dut son élévation plutôt à l'intrigue qu'à son mérite personnel: il n'était cependant pas dépourvu de savoir, et il a laissé quelques ouvrages assez remarquables; mais l'ambition fut la passion de toute sa vie. Il usa de l'ascendant prodigieux qu'il avait obtenu sur l'esprit du souverain pour placer avantageusement sa famille. Son avarice n'était pas moins grande que son ambition; et il n'hésitait pas à rendre, pour de l'argent, le fetwa le plus injuste.

Après la mort de Feïz-ullah, ses quatre fils, son kiahia, et son référendaire, furent exilés à Famagouste; et son gendre Mahmoud fut relégué à Brousse. Mais le Sultan, dès qu'il se sentit affermi sur le trône, prit des mesures énergiques contre les auteurs de la révolte. Les bostandjis, qui osaient réclamer un présent d'avénement, furent chassés du sérail. Tchalik, aga des janissaires, et plusieurs autres chefs des rebelles, furent mis à mort, ou envoyés en exil. Ahmed-Pacha, qui s'était mis à la tête des insurgés et avait été nommé par eux grand vézir, fut destitué, dépouillé de ses biens et banni.

Damad-Haçan-Pacha reçut le sceau de l'empire, et s'occupa immédiatement du rétablissement de l'ordre. Le nouveau ministre fit preuve d'une générosité rare, non-seulement en laissant la vie à son prédécesseur, mais encore en lui rendant sa fortune, et en le nommant gouverneur de Chypre: il montra aussi un désintéressement digne de louanges en refusant l'argent que lui offraient les dignitaires confirmés dans leurs emplois, ou ceux qu'il avait élevés à de nouvelles fonctions. Le mufti, qui avait pris une part si active à la dernière révolte, fut déposé et relégué à Brousse. Bachmakdji-Zadè-Ali-Éfendi le remplaça dans la première dignité spirituelle de l'État. Des lettres de notification de l'avénement de Sultan-Ahmed III furent ensuite expédiées aux diverses puissances.

Haçan-Pacha signala son administration en agissant vigoureusement contre les rebelles de Géorgie: les habitants révoltés de la Mingrélie, d'Imirette et du Gouriel furent soumis; et, pour les tenir en respect, on construisit deux forteresses à Bagdaddjik et à Batoum. Un château fut aussi élevé à l'entrée du défilé d'Amanus, sur la frontière de Syrie, afin de protéger les pèlerins et les caravanes. Un kiosque, un magasin de l'arsenal, une caserne pour les marins, une mosquée, des fours, des boutiques, furent encore construits par les ordres de Damad-Haçan-Pacha. Mais, malgré tous ces actes de bonne administration et sa parenté avec le Sultan, dont il avait épousé la sœur, il fut obligé, au bout de onze mois, de céder sa place à Kalaïli-Ahmed-Pacha, que les intrigues du kyzlar-agaci Suleïman, premier eunuque de la Sultane-Validè, avaient fait rappeler de Candie, dont il était gouverneur, pour lui confier le sceau de l'État. Damad-Haçan-Pacha fut exilé à Nicomédie.

Kalaïli-Ahmed-Pacha ne garda le pouvoir que trois mois: cette courte période lui suffit pour donner des preuves de son incapacité. Il ne s'occupa, pour ainsi dire, que d'inventer des costumes nouveaux, sous lesquels il se plaisait à étaler sa vanité ridicule, et de régler, par des ordonnances puériles, la vente de diverses sortes de gâteaux, le prix des pantoufles, des turbans, etc. Il était fils d'un potier d'étain, et c'est à cette circonstance qu'il dut le nom de *kalaïli* (étameur). Il avait été introduit au sérail comme simple *baltadji* (fendeur de bois); et, par un hasard assez singulier, il fut renversé et remplacé par Muhammed-Baltadji, dont le surnom indique aussi qu'il avait exercé le même emploi. Par une de ces intrigues si fréquentes à la cour ottomane, Muhammed-Baltadji, uni au kyzlar-agaci, à l'ex-kiahïa du grand vézir, et au lieutenant général des janissaires, parvint à irriter le Sultan contre Kalaïli, et à se faire remettre le sceau de l'empire.

Le 24 cha'ban 1116 (22 décembre 1704), mourut le vieux khan de Crimée, Sèlim-Gheraï, qui avait été investi quatre fois du pouvoir suprême. Il laissa dix filles et autant de fils: Ghazi-Gheraï, l'un d'eux, lui succéda, et Kaplan-Gheraï fut nommé kalgha.

Dans la première moitié du règne de Sultan-Ahmed III, les grands vézirs se succédèrent avec une telle rapidité que l'histoire n'a, pour ainsi dire, qu'à enregistrer leurs noms, car la plupart d'entre eux ne signalèrent leur passage au pouvoir par aucun acte mémorable. Baltadji-Muhammed, après une administration de seize mois, fut contraint de céder la place au silihdar Tchorluli-Ali-Pacha, que Baltadji-Muhammed avait voulu perdre par une intrigue, mais cette intrigue ayant été connue du Sultan, devint la cause de la destitution du grand vézir lui-même.

Dès son installation, Tchorluli-Ali-Pacha reçut la nouvelle que les Arabes du désert, de la tribu des Monteliks, ravageaient les environs de Basra; et il nomma le gouverneur de Bagdad sérasker de l'armée qui devait marcher contre les rebelles. A cette époque, et tandis que le Sultan était allé passer quelques jours auprès de la Validè-Sultane, une nouvelle révolte menaçait la capitale. Une partie des janissaires et des sipahis, voulant venger la mort de ceux de leurs compagnons qui avaient pris part à la dernière rébellion, s'unirent ensemble et marchèrent vers la grande mosquée; mais ils furent bientôt dispersés par les janissaires restés fidèles, et par les bostandjis.

En janvier 1706, Mortèza-Kouli-Khan, ambassadeur de Perse, fut reçu en audience solennelle par le Sultan. Quelques mois plus tard, la capitale vit arriver l'envoyé du prince des Uzbeks, et celui de la république de Venise; et enfin, en octobre suivant, l'internonce impérial Quarient de Rall, et l'envoyé de Raguse. Le diplomate autrichien eut à combattre l'opposition de l'ambassadeur français, M. de Ferriol, qui soutenait les rebelles hongrois contre l'empereur Joseph Ier, et tâchait de disposer favorablement Sa Hautesse pour les envoyés de Rakoczy, qui présentèrent à Sultan-Ahmed un mémoire dans lequel ils accusaient le czar de vouloir soumettre la Pologne et la Suède. L'année suivante, une nouvelle ambassade de Rakoczy annonça à la Porte que la diète de Hongrie avait déclaré l'empereur déchu de ses droits sur ce pays, et l'avait proclamé lui-même comme régent, en attendant une constitution définitive; et qu'en outre la Transylvanie l'avait choisi pour son prince.

Cependant, malgré la défiance qui régnait entre les cours russe et ottomane, on parvint à arrêter définitivement la délimitation du territoire; mais la Porte, peu confiante en ce traité, ne cessa pas de faire surveiller par une flotte la construction des forts que le czar élevait sur les bords de la mer Noire.

L'influence des jésuites français avait fait élever au patriarcat, un prêtre arménien schismatique nommé Avédik, qui avait promis d'être favorable aux catholiques; mais, loin de tenir sa parole, il les avait persécutés avec acharnement. M. de Ferriol, excité par la Société de Jésus, aurait, dit-on, fait enlever le patriarche, qui, embarqué sur un vaisseau de guerre, fut conduit en France et enfermé à la Bastille où il mourut (*). Cet enlèvement, au-

---

(*) M. de Hammer pense que le patriarche Avédik pourrait bien être le prisonnier mystérieux connu sous le nom de *l'homme au masque de fer*. Son opinion, motivée seulement sur l'époque de l'enlève-

quel M. de Ferriol nia toujours d'avoir pris part, fut cause de sa mésintelligence continuelle avec le grand vézir Tchorluli-Ali-Pacha, et fut suivi de mesures rigoureuses contre les jésuites et les arméniens catholiques. Dans cette persécution périt Der Comidas de Carbognano que la cour de Rome a préconisé comme un martyr, et que les Arméniens invoquent comme un saint confesseur de la foi.

Le khan Ghazi-Gheraï, qui avait négligé de s'opposer aux incursions des Tatares Noghaïs, fut destitué et remplacé par son frère Kaplan-Gheraï : celui-ci commença, dès son avénement, par essayer de ramener au devoir la tribu tcherkesse de Kabarta, qui, jusqu'alors tributaire des khans de Crimée, avait voulu se soustraire à leur joug, en s'enfonçant dans les montagnes escarpées de Balkandjan. Mais Kaplan-Gheraï fut complétement défait dans un défilé où il leur livra bataille, et n'échappa qu'avec peine à la mort. Le khan vaincu fut déposé par le Sultan, et remplacé par Dewlet-Gheraï, alors prisonnier à Andrinople, et qui monta pour la troisième fois sur le trône.

Dans le mois de muharrem 1120 (avril 1708), deux princesses, filles de Sultan-Moustapha II, furent mariées, l'une, appelée Eminè, au grand vézir; l'autre, nommée Aïchè, au second fils de Kupruli-Fazyl. Après ces noces, le Sultan fiança sa fille Fathmè, âgée de quatre ans, au silihdar-pacha. Ces trois alliances furent célébrées par des fêtes d'une magnificence extraordinaire. Sultan-Ahmed se plaisait à ces démonstrations fastueuses ; c'est sous son règne qu'eut lieu, pour la première fois, la *Fête du printemps*, pendant laquelle les parterres de tulipes situés dans la partie des jardins du sérail nommée *Chimchir-baghtchèci* (le jardin du buis), étaient illuminés en verres de couleur et formaient un coup d'œil admirable.

En 1119 (1707), le kapoudan-pacha El-Hadj-Muhammed fit une descente dans l'île de Négrepont, y détruisit un fort et un couvent, et emmena trois cents prisonniers. Il captura ensuite, dans les eaux de Paros, deux vaisseaux de l'ordre de Malte, et les conduisit en triomphe à Constantinople. Plus tard, la flotte algérienne s'empara d'Oran, dont les clefs furent présentées à Sa Hautesse. A cette occasion, le souverain de Fez et de Maroc, Muleï-Haçan, envoya au Sultan une ambassade extraordinaire, qui lui adressait un prétendu fils de Sultan-Muhammed IV; suivant le prince barbaresque, une épouse de ce dernier sultan avait été poussée par la tempête sur les rives de Fez, où elle avait donné le jour à un prince. Ce descendant apocryphe d'Osman fut décapité à Constantinople, et sa tête roula devant la porte du sérail.

En 1121 (1709), Charles XII, roi de Suède, vaincu à Pultawa par le czar Pierre Ier, alla chercher un asile en Turquie. L'apparition du monarque suédois sur le territoire ottoman avait été préparée par les liaisons que le grand vézir avait cherché à établir avec lui, lorsque les rapports de Youçouf-Pacha sur les triomphes remportés par la *tête de fer* (Dèmirbach), sur la *moustache blanche* (Ak-biyik)(*), avaient engagé la Porte à adresser un ambassadeur au vainqueur pour le féliciter. Charles avait accueilli les ouvertures de l'envoyé ottoman, et en avait obtenu la promesse d'une armée auxiliaire pour l'aider à chasser les Russes de la Pologne. Mais un traité existait entre la Russie et la Porte, et le Sultan ne voulait pas le violer ouvertement. Le grand vézir fit alors espérer en secret au roi de Suède que le khan de Crimée marcherait à son secours : Charles, ignorant le peu de fondement de

---

ment du patriarche, ne nous paraît pas assez appuyée de preuves pour être regardée autrement que comme une hypothèse de plus à ajouter à toutes celles qu'a fait naître cette affaire ténébreuse.

(*) Les Ottomans désignaient par le premier de ces surnoms, Charles XII, et par le second, Pierre Ier.

cette promesse, affronta, avec une faible armée de seize mille hommes, tant Suédois que Cosaques, l'armée formidable du czar, et fut battu complétement. C'est alors que Charles se réfugia en Turquie, et s'établit à Bender, où le Sultan lui assigna un *ta'iin* considérable. Dans sa fuite, Charles XII avait eu à lutter contre les Kalmouks et les Russes : au passage du fleuve du Bog, un engagement terrible eut lieu, et cinq cents Suédois furent faits prisonniers.

Cependant Charles cherchait, par tous les moyens possibles, à engager la Porte à conclure avec la Suède une alliance offensive et défensive contre la Russie. Le comte Poniatowski parvint à intéresser à la cause de son maître la Sultane-Validè. Séduite par la bravoure du roi de Suède, qu'elle appelait *arslanèm* (mon lion), elle poussait le Sultan à secourir Charles XII. Ce prince obtint la promesse d'une escorte pour faciliter son retour dans ses États; mais comme il exigeait qu'elle fût composée de cinquante mille hommes, la Porte, trouvant cette prétention exagérée, refusa d'y accéder. D'un autre côté, la Russie demandait, par l'entremise du comte de Tolstoï, que la Porte lui livrât l'hetman des Cosaques Mazeppa, qui avait facilité au roi de Suède l'invasion de l'Ukraine, et qu'elle refusât l'hospitalité à Charles XII. Le divan se plaignait, à son tour, de la violation du territoire ottoman par les Russes, qui avaient poursuivi les Suédois jusque sur les rives du Bog. Enfin, après bien des récriminations mutuelles, la paix fut sanctionnée de nouveau, sans autre condition que le retour de Charles dans ses États. Mais l'obstination de ce prince à ne pas s'éloigner contrariant vivement le Sultan, il s'en prit au grand vézir Tchorluli-Ali-Pacha, qui fut destitué et remplacé par Kupruli-Nou'man-Pacha, gouverneur de Négrepont.

Le nouveau ministre n'ayant pas rempli les espérances qu'avait fait concevoir le nom de Kupruli, céda bientôt à son tour la place à Baltadji-Muhammed, qui prit le sceau pour la seconde fois. Nou'man-Kupruli-Pacha laissa la réputation d'un homme juste, tolérant, consciencieux, actif, mais d'une activité trop minutieuse qui entravait les affaires publiques, au lieu de les faire marcher. D'ailleurs il ne songeait qu'à entretenir la paix avec la Russie, tandis que les janissaires et les partisans de Charles XII voulaient la guerre à tout prix. Nou'man-Kupruli-Pacha, en quittant le premier poste de l'État, reprit le gouvernement de Négrepont.

Dès que Baltadji-Muhammed-Pacha fut arrivé au pouvoir, tout changea de face : le Sultan consentit à la guerre; le khan des Tatares, Dewlet-Gheraï, reçut l'ordre de se tenir prêt à entrer en campagne; le mufti Bachmakdji-Zadè, réintégré dans ses fonctions, rendit un fetwa qui légitimait la guerre; des enrôlements nombreux s'effectuèrent; la flotte du kapoudan-pacha fut renforcée d'un grand nombre de bâtiments légers propres à naviguer sur la mer d'Azof. Les troupes ottomanes se rassemblèrent dans la plaine de Daoud-Pacha, et le grand vézir se mit à leur tête. Le czar, sur la nouvelle de la marche de Baltadji-Muhammed, avait passé le Pruth et s'était retranché entre cette rivière et une plaine marécageuse, dominée par des hauteurs, que les Ottomans occupaient. Dans cette mauvaise position, les Russes, cernés de tous côtés, résistèrent vaillamment aux attaques de l'ennemi; mais ils furent enfin obligés de rentrer dans leurs faibles retranchements, où le khan les tint étroitement bloqués. Pierre Ier était perdu sans ressource, si son épouse, la célèbre Catherine, n'avait réussi à le sauver par un sang-froid et un dévouement admirables. Tandis que le czar, accablé de douleur, s'était retiré dans sa tente, Catherine, loin de s'abandonner au désespoir, tenait un conseil avec les officiers généraux et le chancelier Schaffiroff. On décida de demander la paix au Sultan; la czarine donna toutes ses pierreries, y joignit tous les objets les plus précieux qu'elle put se procurer, et en composa un présent qu'elle envoya à Osman-Aga, kiahïa du grand vézir, par l'entremise de Schaffiroff, chargé aussi de remettre une lettre au premier ministre. Baltadji-Muhammed-Pacha prit en considération les propositions qui lui étaient faites, et, en dépit des protestations de Poniatowski et du khan de Crimée, la paix fut conclue avec la Russie, aux conditions les plus avantageuses pour la Porte. Le czar s'obligeait, entre autres clauses, à restituer Azof, à démolir les forteresses des Palus-Méotides, en laissant aux Ottomans toute l'artillerie qu'elles renfermaient, et à ne plus se mêler des affaires des Cosaques Potkal et Berabach. Un article spécial stipulait, en faveur de Charles XII, la liberté de retourner dans ses États, sans être inquiété dans sa marche. En garantie de l'exécution du traité, Pierre laissa en otage Michel Pétrovitch Scheremetieff et le chancelier Schaffiroff.

Cette paix, tout avantageuse qu'elle était pour la Porte, le fut en réalité plus encore pour le czar, qu'elle tira d'une position désespérée où il devait infailliblement perdre la liberté ou la vie. Aussi, lorsque Charles XII arriva au camp ottoman, au moment où le czar se retirait tambour battant et enseignes déployées, il ne put contenir son indignation, et reprocha amèrement à Baltadji-Muhammed-Pacha de n'avoir pas fait le czar prisonnier. « Et « qui donc aurait gouverné ses États ? « reprit sèchement le grand vézir ; il « n'est pas bon que tous les rois soient « hors de chez eux. » A ces mots, Charles, outré de colère, se jette sur un sofa, engage l'éperon de ses bottes dans la robe du ministre, la déchire avec rage, se lève précipitamment, monte à cheval et repart pour Bender.

Dès que le traité du Pruth fut signé, le kiahïa Osman-Aga partit, pour en porter lui-même la nouvelle au Sultan ; mais ce prince avait été déjà influencé par les ennemis de Baltadji-Muhammed-Pacha. Les rapports du khan Dewlet-Gheraï sur cette campagne, et la relation que le roi de Suède en fit remettre au Grand Seigneur, par l'entremise du comte Poniatowski, achevèrent de perdre le grand vézir dans l'esprit de Sa Hautesse. Le sceau lui fut donc enlevé, et passa aux mains de Youçouf-Pacha. Baltadji-Muhammed-Pacha, exilé à Lesbos, et ensuite à Lemnos, mourut dans cette île dans le mois de chewwal (novembre) de l'année suivante.

A la suite d'un conseil convoqué par le Sultan, le traité du Pruth fut déclaré nul, et la guerre déclarée de nouveau à la Russie. Osman-Aga, principal instigateur de la paix, et le reïs-éfendi Omer, qui avait rédigé le traité, furent mis à mort, ainsi qu'Abdul-Baky, écrivain des tchaouchs, convaincu d'avoir reçu de l'argent de Scheremetieff. Mais le grand vézir Youçouf-Pacha, opposé à la guerre, mit d'abord la plus grande lenteur dans les préparatifs qu'elle nécessitait, et finit, en avril 1712, par renouveler la paix avec la Russie pour 25 années. Cependant les commissaires chargés de régler les limites des deux empires, d'après les traités, annoncèrent que le czar ne se regardait pas comme engagé par des conditions que la nécessité lui avait arrachées. Cette nouvelle amena la destitution immédiate de Youçouf-Pacha ; il fut remplacé par Suleïman, proposé par le gendre et favori de Sa Hautesse, Damad-Ali, qui avait déjà fait nommer les deux ministres précédents. La guerre fut de nouveau résolue : les ambassadeurs du czar furent enfermés aux Sept-Tours, et les queues de cheval arborées devant le sérail, le 19 novembre 1712. Le 21 avril de la même année, le Sultan avait écrit au roi de Suède que le grand écuyer et le sérasker de Bender avaient ordre de le reconduire dans son royaume, et de subvenir à tous les frais de la route. Mais Charles, dont l'obstination n'était pas facile à vaincre, crut retarder son départ en demandant mille bourses, destinées, disait-il, à payer ses dettes avant de partir. Le Grand Seigneur lui en accorda douze cents. Le roi, après avoir reçu l'argent, n'en refusa pas moins de quitter Bender, et demanda mille autres bourses. Indigné de cette conduite, le Sultan résolut d'employer la force pour renvoyer Charles dans ses

États. C'est alors que ce monarque prit la résolution la plus étrange dont l'histoire fasse mention. Avec trois cents Suédois, quelques officiers et ses domestiques, il soutint l'attaque de vingt mille Tatares et six mille Ottomans; et lorsqu'il eut vu ses braves Suédois enveloppés par l'ennemi, il se barricada dans sa maison de Varnitza avec soixante personnes en tout, s'y défendit avec acharnement, tua deux cents hommes aux assaillants, et fut pris enfin en exécutant une sortie pour se dérober à l'embrasement de sa maison qu'il avait incendiée lui-même. Conduit au château de *Démir-tach* (pierre de fer), et de là à Demotika, Charles XII obtint de Sa Hautesse la permission d'y résider, et un nouveau *ta'iin*. La générosité de la nation ottomane avait été révoltée par les procédés honteux du grand vézir et du mufti envers l'hôte royal de la Porte : ces deux dignitaires furent destitués, ainsi que le khan des Tatares et le gouverneur de Bender.

Le 10 r'ebi'ul-ewwel 1125 (6 avril 1713), Khodja-Ibrahim fut élevé au grand vézirat. D'abord simple rameur du sérail, il avait su si bien gagner les bonnes grâces de Sultan-Ahmed III, que ce prince l'avait comblé de faveurs et élevé au grade de kapoudan-pacha, d'où il passa enfin au premier poste de l'empire. Mais il ne put s'y soutenir que trois semaines : ayant conspiré le renversement du gendre du Sultan, ce puissant favori fit destituer et mettre à mort l'imprudent ministre, et saisit enfin lui-même les rênes du gouvernement, qu'il avait jusqu'alors dédaigné de prendre, se contentant d'exercer l'autorité de grand vézir sans en avoir le titre.

Damad-Ali-Pacha était porté pour la paix; son premier soin fut de la rétablir avec la Russie, et elle fut signée à Andrinople pour vingt-cinq ans. Dès ce moment, Charles dut perdre toute espérance. Sur ces entrefaites, la princesse sa sœur lui écrivit que la défense de la Suède exigeait son retour, et qu'elle le suppliait de ne point abandonner son peuple. Cette lettre le décida entièrement, et il demanda lui-même à s'en retourner. La Porte lui donna une escorte de six cents tchaouchs, et lui fit cadeau de huit beaux chevaux de race, d'une tente brodée d'or, et d'un cimeterre enrichi de pierreries. Ce fut le 1ᵉʳ octobre 1714 (*) que Charles XII quitta enfin la Turquie, après deux années de séjour.

A l'époque de la campagne du Pruth, une sédition excitée au Caire par Kaïtas-Beï, chef du parti des Zulfèkarlis, opposés aux Kaçimlis, ensanglanta l'Égypte. Cette révolte, commencée en 1120 (1708), ne fut apaisée qu'en 1126 (1714), sous le vézirat de Damad-Ali-Pacha, gendre du Sultan.

Jamais, peut-être, tant d'intrigues n'avaient été fomentées à la cour ottomane que depuis le règne de Sultan-Ahmed III; jamais on n'avait vu les ministres se succéder avec tant de rapidité, et le divan adopter tantôt le parti de la guerre et tantôt celui de la paix, suivant l'impulsion donnée par les grands vézirs, qui perdaient tour à tour le pouvoir ou la vie, les uns pour avoir voulu combattre Pierre Iᵉʳ, les autres pour avoir négocié avec lui. Damad-Ali-Pacha projetait depuis longtemps de reprendre aux Vénitiens la Morée et de s'emparer de la Hongrie : c'est à cette pensée que l'on doit attribuer le désir qu'il montra toujours d'être l'allié plutôt que l'ennemi du czar. Dès que la tranquillité de l'empire permit au ministre de songer à exécuter son plan favori, il persuada au Sultan que la conquête de la Morée n'offrirait que peu de difficultés, la population grecque étant très-portée pour la domination ottomane; assertion qui, du reste, était vraie à cette époque. Le Sultan embrassa l'avis de son favori; mais il fallait un prétexte à cette guerre : on le trouva aisément dans une révolte des Monténégrins, excitée par la république de Venise; dans quelques escarmouches entre des

---

(*) Un historien ottoman fixe le départ de Charles XII au 10 ramazan 1126 (19 septembre 1714.)

vaisseaux des deux puissances, et dans le pillage du navire qui portait les trésors de l'ex-grand vézir Haçan-Pacha.

En muharrem 1127 (janvier 1715), les queues de cheval furent arborées devant le sérail; on pressa l'armement de la flotte, et, quatre mois après, le Sultan et le grand vézir se mirent en marche avec les troupes. Bientôt on apprit que le kapoudan-pacha Djanum-Khodja s'était emparé de l'île de Tine (*Tenos*) dans l'Archipel : cet heureux début excita l'ardeur de l'armée, déjà encouragée par les pronostics de bon augure que le Sultan avait tirés de l'épreuve du *fâl*(*). En juin, le sèrasker entra en Morée, et trois semaines après, le château de Corinthe se rendit aux Ottomans. Égine, Napoli de Romanie, Coron, Navarin, Modon, le château de Morée, Malvasie, Cerigo; dans l'île de Crète, la Sude et Spinalunga tombèrent tour à tour devant les heureux efforts des musulmans. A la fin de novembre 1715, les Vénitiens avaient perdu toutes leurs possessions de l'Archipel et la presqu'île de la Morée.

Après cette glorieuse campagne, Damad-Ali-Pacha se hâta de retourner à Andrinople : il y fut reçu en triomphateur. Mais la joie que le Sultan ressentait du succès de ses armes fut troublée par la mort de sa mère, la Sultane-Validè, qui expira le 10 zilhidjé 1127 (7 décembre 1715). Épouse de Sultan-Muhammed IV, après la déposition de ce prince, elle passa huit ans dans le vieux sérail; mais, sous les règnes de Sultan-Moustapha II et Sultan-Ahmed III, elle jouit, pendant vingt années, des plus grands honneurs, de l'amour de ses fils et de l'affection du peuple, qui chérissait la bienfaisance et la piété dont elle avait fait preuve en fondant un établissement pour nourrir les pauvres, et des mosquées à Galata et à Scutari.

(*) L'épreuve du *fâl* consiste à ouvrir au hasard un livre de religion, comme le Coran, et à faire l'application, à la circonstance présente, du premier passage qui s'offre aux regards.

Cependant le grand vézir, enorgueilli de ses succès en Morée, ne respirait plus que la guerre, et brûlait de se mesurer avec le célèbre prince Eugène. D'un autre côté, l'empereur d'Allemagne, Charles VI, sollicité par les Vénitiens, était disposé à les aider à recouvrer leurs possessions; mais ne voulant pas rompre le premier le traité de Carlowitz, que les Ottomans avaient respecté à l'égard de l'Autriche, il commença par proposer sa médiation aux parties belligérantes. Cependant le divan n'ayant tenu aucun compte de cette offre, l'empereur conclut avec Venise une alliance offensive et défensive, rappela son ambassadeur, et somma le Sultan d'indemniser la république des pertes qu'il lui avait fait éprouver en violant la paix. Dès lors, Damad-Ali-Pacha, profitant de l'occasion qui s'offrait de pousser à la guerre, rassembla les grands officiers de l'État et les chefs militaires, et on agita, dans trois conseils successifs, la question de la guerre ou de la paix. Le corps des oulémas, rigoureux observateur du Coran, qui recommande le respect des traités, s'opposa à la rupture de la trêve de Carlowitz; mais la volonté du grand vézir finit par l'emporter, et l'armée reçut ordre de marcher sur Belgrade.

Arrivé sous les murs de cette place forte, le grand vézir convoqua un nouveau conseil de guerre pour décider si l'on marcherait sur Témeswar ou sur Peterwardeïn. Les avis furent partagés, et Damad-Ali-Pacha ne fit pas connaître son opinion. Kurd-Muhammed-Pacha, chef des éclaireurs, rencontra les troupes légères des ennemis près de Carlowitz, obtint la permission de les combattre, les battit, et envoya au camp les têtes des morts comme un gage de sa victoire. Le lendemain de cette escarmouche, l'armée ottomane continua sa marche sur Peterwardeïn, où le prince Eugène s'était déjà transporté. Le grand vézir fit ouvrir des tranchées, et attendit l'attaque des Impériaux. Mais ceux-ci ne firent aucun mouvement, et ce ne fut que le jour suivant (5 août 1716) que le prince Eugène offrit la bataille aux musulmans. Ces derniers étaient au nombre de cent cinquante mille hommes, et les chrétiens n'avaient à leur en opposer que quatre-vingt mille. L'action commença à sept heures du matin, et finit à midi par la déroute complète des Ottomans. Le grand vézir, désespéré, se jeta au plus fort de la mêlée et y périt en héros. Les débris de son armée se réfugièrent à Belgrade. Les Ottomans laissèrent sur le champ de bataille cent quatorze canons, cent cinquante drapeaux, cinq queues de cheval et six mille hommes; les vainqueurs n'en perdirent que trois mille.

Damad-Ali-Pacha, à qui la conquête de la Morée avait donné le renom d'un grand guerrier, était loin cependant de pouvoir lutter avec son redoutable rival le prince Eugène : le tort du sèrasker fut de ne pas reconnaître la supériorité incontestable qu'avait sur lui un des premiers capitaines de son siècle; mais, pour nous servir des expressions d'un écrivain oriental, *son orgueil outré avait tendu le voile de la négligence devant l'œil de sa vigilance.* Sa foi dans l'astrologie contribua encore à l'aveugler davantage; et son kiahïa, qui prétendait avoir lu dans les astres l'heureuse issue de cette campagne, l'affermit dans sa confiance présomptueuse, et fut la véritable cause de sa perte. Mais à part ces faiblesses, que sa position et son époque peuvent faire excuser, Damad-Ali-Pacha était un homme d'État distingué et digne du premier poste de l'empire. Ses mesures administratives témoignent de son amour de la justice : il rétablit le collége de Galata-Seraï, destiné à l'éducation des pages du Sultan; il conserva l'ordre d'avancement, parmi les oulémas, selon l'esprit de la loi; il défendit la vente des emplois de *mulazims* (aspirants à l'emploi de recteur); il restitua à la gestion de l'État les *malikianè* (baux à vie), qui, étant accaparés et sous-affermés par les gens riches, portaient tort au peuple, que les sous-fermiers pressuraient pour retirer le prix de leur fermage et y

trouver du bénéfice. Il essaya de corriger les irrégularités du service des postes, fit vérifier les registres de diverses administrations où régnait la confusion la plus grande, et enfin montra son humanité en ne condamnant que pour de très-graves motifs à la peine capitale. Khalil-Pacha, gouverneur de Belgrade, fut choisi par le Sultan pour remplacer Damad-Ali-Pacha.

Vingt jours après la victoire de Peterwardeïn, les Impériaux allèrent mettre le siége devant Témeswar. Kurd-Pacha, envoyé au secours de la place, échoua dans la tentative d'y introduire douze mille hommes et des vivres. Au bout de quarante-quatre jours de travaux et d'attaques, les assiégeants entrèrent dans la ville. Le prince Eugène permit à la garnison de se retirer en emportant ses bagages, et à tous les habitants grecs, arméniens, albanais, de demeurer dans Témeswar.

Pendant que l'armée ottomane était battue devant Peterwardeïn, le kapoudan-pacha Djanum-Khodja et le serdar Kara-Moustapha-Pacha assiégeaient conjointement Corfou. Mais la jalousie qui régnait entre ces deux chefs nuisit à l'ensemble des opérations, que vint paralyser entièrement la nouvelle de la défaite du grand vézir. Cette dépêche, qui aurait dû être tenue secrète, ayant été lue publiquement, il fut impossible d'empêcher les troupes de se rembarquer avec précipitation. La conduite imprudente du kapoudan-pacha causa sa disgrâce et son emprisonnement aux Sept-Tours : cette charge fut donnée à Ibrahim-Pacha.

Le nouveau grand vézir, Khalil-Pacha, après avoir pris toutes les mesures convenables pour réparer les revers de la dernière campagne, partit d'Andrinople avec une armée de cent cinquante mille hommes, et se dirigea vers Belgrade, dans le dessein d'en faire lever le siége au prince Eugène, qui l'attaquait depuis trois semaines. Mais la terreur que le général chrétien inspirait aux musulmans était si grande, qu'ils passèrent quinze jours sans oser se mesurer avec lui. Enfin, le 16 août 1717, Eugène offrit la bataille au grand vézir, qui l'accepta et fut battu complétement. Le sèrasker abandonna toute son artillerie, ses munitions, la plus grande partie de ses drapeaux, et jusqu'à sa tente, dont s'empara le prince Eugène, ainsi qu'il l'avait fait de celle de Damad-Ali-Pacha, prédécesseur de Khalil-Pacha. Deux jours après cette bataille, la garnison de Belgrade capitula, et se retira avec les honneurs de la guerre.

La nouvelle de ce désastre répandit l'alarme dans l'empire ottoman. Le gendre de Sa Hautesse, à qui ce prince offrit le sceau, le refusa prudemment et le fit donner au nichandji Muhammed-Pacha.

Pendant la malheureuse campagne de Belgrade, la Bosnie, la Dalmatie et la Transylvanie étaient le théâtre de divers événements militaires. Le serdar Rèdjeb-Pacha s'empara, dans cette dernière province, de Mahadia, et se replia ensuite sur Orsova et Widdin. En Bosnie, Kupruli-Pacha s'opposait heureusement aux efforts du général Petrasch, qui cherchait à prendre Zwornik. Les forts ottomans de Novi, de Maïdan et de Kamingrad, situés sur les bords de l'Unna, échappaient aussi aux tentatives des commandants de Costanizza et de Zrin. En Dalmatie, le général Mocenigo secourait Popovo, Ottovo, Zarina, et s'emparait d'Imoschi, frontière de l'Herzégovine; mais il échouait devant Antivari, qui fut délivré par le pacha de Scutari. Sur mer, quelques rencontres peu importantes eurent lieu entre l'amiral Fiangini et le kapoudan-pacha Ibrahim; celui-ci, ayant perdu quelques bâtiments qui échouèrent ou brûlèrent en rentrant à Constantinople, fut remplacé par le précédent kapoudan-pacha. Le mufti Isma'ïl-Efendi, ayant osé s'opposer aux volontés du gendre du Sultan, céda la place à Abduliah-Efendi, et le grand vézir lui-même, Nichandji-Muhammed-Pacha, dut se retirer devant le crédit du tout-puissant favori, qui s'empara enfin du sceau de l'empire, et le garda pendant douze années.

Le nouveau ministre s'occupa, dès son entrée au pouvoir, de la négociation de la paix avec l'Autriche. Des conférences s'établirent à Passarowitz, entre les plénipotentiaires musulmans et chrétiens; et, après soixante-dix jours, la paix avec l'empereur et Venise fut signée le 21 juillet 1718. Le traité de Passarowitz régla la délimitation des frontières entre les trois puissances : le Sultan vit son territoire se resserrer du côté de la Hongrie, mais il rentra en possession de la Morée. L'Autriche acquit Belgrade, Témeswar, la Valachie jusqu'à la rivière de l'Aluta, et une portion de la Servie; et la république vénitienne conserva les places fortes qu'elle avait conquises en Albanie.

Aussitôt que la paix fut rétablie, le grand vézir Ibrahim-Pacha se livra sans relâche à l'expédition des affaires les plus importantes. Diverses ordonnances furent rendues pour faire rentrer de l'argent au trésor, en régularisant le recouvrement des impôts, et en réprimant les abus introduits dans le payement de la solde des janissaires. Des corps de troupes connus par leur turbulence, tels que les lewends et les sipahis, furent licenciés. On régla le cours des monnaies anciennes, et on en frappa de nouvelles. Des palais, des mosquées, furent construits ou réparés; et les forteresses importantes de Nissa et de Widdin, devenues frontières depuis la perte de Témeswar et de Belgrade, furent rétablies à grands frais.

Quatre jours avant la signature du traité de Passarowitz, une partie de Constantinople avait été dévorée par les flammes (17 juillet 1718). Un an plus tard, éclata dans la capitale un nouvel incendie, pendant lequel les janissaires se battirent contre les Grecs, qui voulaient les empêcher de démolir une église. Deux mois auparavant, un tremblement de terre avait renversé les murs de la ville près des Sept-Tours, et avait fendu les dômes de quelques mosquées. Le règne de Sultan-Ahmed fut fécond en catastrophes de ce genre · on y compta jusqu'à cent quarante incendies, et Constantinople fut, dit-on, rebâtie cinq fois.

Sous l'administration d'Ibrahim-Pacha, la Porte accorda à la France, par l'intermédiaire de son ambassadeur le marquis de Bonnac, la protection du saint sépulcre, et la permission de réparer les édifices du culte chrétien à Jérusalem. Cette faveur fut reconnue par la délivrance de cent cinquante prisonniers ottomans.

Lorsque le moment de l'échange des ratifications de la paix de Passarowitz fut arrivé, le Sultan, voulant donner aux habitants de Vienne une haute idée de la magnificence orientale, déploya un luxe inouï dans le cortége de son plénipotentiaire et dans les présents envoyés à l'empereur. On y remarquait, entre autres objets précieux, une riche tente à dix-huit compartiments, dont les deux côtés étaient brodés, les colonnettes incrustées de nacre, les pieux dorés et le pommeau en argent massif; trois paires de pistolets garnis de soixante et onze diamants, ornés d'émail rouge et vert sur un fond d'or; des harnais, les uns à fond d'or avec quatre cent quatre-vingt-quatorze diamants, et émaillés en rouge, vert, blanc et bleu, les autres à fond vert et blanc et émail bleu, avec deux cent soixante et dix saphirs et trois cent trente-quatre émeraudes; une chaîne d'or attachée sur un fond d'azur, avec cent cinquante-cinq diamants et quatorze rubis; des étriers en argent doré, ornés de vingt diamants et de cent soixante rubis, entre lesquels on voyait un filet d'or ouvré, appelé *Mouchebbek*; une selle garnie de quatre-vingt-huit émeraudes et d'autant de rubis; une massue d'or, incrustée de cinquante-deux rubis et saphirs et de quatre-vingt-sept émeraudes, et à poignée ciselée; une grande housse, rouge au milieu, noire sur les bords, richement brodée à la mode indienne, ornée de quarante et un rubis, de cent soixante et douze émeraudes, de coraux, de perles, doublée de satin rouge et garnie de franges d'or, etc., etc. La suite de l'ambassadeur, porteur de ces brillants cadeaux, était composée de sept cent soixante-trois hommes et neuf cent vingt-cinq chevaux, mules et chameaux; et il reçut cent dix mille piastres pour ses frais de voyage.

De son côté, l'empereur envoya à Constantinople le comte de Virmont, qui régla avec le grand vézir divers points de détail, et obtint plusieurs fermans favorables aux sujets autrichiens, aux prisonniers chrétiens, aux prêtres de Jérusalem, etc.

A cette époque, l'ambassadeur russe Daschkoff négocia avec la Porte le renouvellement de la trêve du Pruth; et, le 16 novembre 1720, elle fut convertie en une paix qui, aux termes du traité, devait être perpétuelle. Auguste II, roi de Pologne, envoya aussi à Constantinople l'internonce Wilkomir-Jean Strutinski, qui porta au Sultan des protestations amicales.

Le 4 zilhidjè 1132 (7 octobre 1720), Ibrahim-Pacha adressa au duc d'Orléans, régent de France pendant la minorité de Louis XV, Muhammed-Efendi, en qualité d'ambassadeur. Il était chargé d'étudier secrètement la politique des puissances chrétiennes, et de s'instruire de la vraie situation des affaires d'Europe. On a inséré dans les Annales ottomanes la relation de cette ambassade, qui a été traduite en français.

Dans le mois de zilkadè 1132 (septembre 1720), on célébra, avec une magnificence extraordinaire, les mariages de trois filles du Sultan, de deux de ses nièces, et la circoncision de quatre de ses fils. Nous avons déjà décrit de pareilles fêtes (*), et ne reviendrons pas sur des détails toujours à peu près semblables; seulement, pour donner une idée des proportions colossales dans lesquelles ces solennités étaient conçues, nous ferons remarquer que le *matbakh-emini* (intendant des cuisines et des offices du palais) dut se procurer dix mille assiettes en bois, autant de vases à sorbets, et plus de quinze mille pièces de volaille.

Le grand vézir s'occupa encore de plusieurs mesures d'ordre dans l'Ana-

(*) Voyez page 170 et suivantes.

tolie, l'Égypte et la Tatarie; et surtout se livra sans contrainte à son goût pour les fêtes publiques et la construction de beaux monuments. C'est sous son administration que s'établit l'usage de l'illumination des parterres de tulipes, et que fut créé l'emploi de *chukoufédji-bachi* (maître des fleurs). Le diplôme de ce nouveau dignitaire était orné de roses dorées et de diverses fleurs, et écrit d'un style en rapport avec les fonctions de sa place; on y lisait : « Nous ordon-
« nons que tous les horticulteurs re-
« connaissent pour leur chef le porteur
« du présent diplôme; qu'ils soient en
« sa présence tout œil comme le nar-
« cisse, tout oreille comme la rose; qu'ils
« n'aient pas dix langues comme le lis;
« qu'ils ne transforment pas la lance
« pointue de la langue en une épine de
« grenadier, en la trempant dans le
« sang de paroles inconvenantes ; qu'ils
« soient modestes et qu'ils aient, com-
« me le bouton de rose, la bouche fer-
« mée, et ne parlent pas avant le temps,
« comme l'hyacinthe bleue, qui répand
« ses parfums avant qu'on les souhaite;
« enfin, qu'ils s'inclinent modestement
« comme la violette, et qu'ils ne se
« montrent pas récalcitrants. »

Le 5 rebi'ul-ewwel 1134 (24 décembre 1721), Mortéza-Kouli-Khan, ambassadeur de Châh-Sultan-Huçeïn, roi de Perse, fit son entrée solennelle à Constantinople. Dix mois plus tard (octobre 1722), Châh-Huçeïn, dernier souverain réel de la dynastie des Sèfis, signait son abdication en faveur de Mir-Mahmoud, neveu de Mir-Weïs, gouverneur de l'Afghanistan. Mahmoud, après avoir assassiné son oncle, qui s'était déclaré indépendant, avait marché sur Ispahan, s'en était emparé, et avait forcé le malheureux Châh-Huçeïn à détacher de son propre turban l'aigrette en diamants, insigne du pouvoir suprême, et à la placer de sa main sur la tête du sujet qui le détrônait. Châh-Huçeïn, relégué dans un petit palais, n'y fut mis à mort qu'au bout de sept années. La Porte, profitant de l'état de trouble dans lequel cette révolution avait plongé la Perse, chercha à s'agrandir aux dépens de cet empire.

Sur les demandes des habitants de la province persane du Chirwan, qui professaient la doctrine des *sunnis* (orthodoxes) et étaient ennemis naturels des Persans *chiïs* (hérétiques), Sultan-Ahmed nomma Daoud-Khan gouverneur de cette province. De son côté, le czar Pierre Ier, dans le même but de conquête que le monarque ottoman, s'avança vers le Daghistan et envahit quelques provinces voisines de la mer Caspienne. La Porte, effrayée de la marche des Moscovites, s'en plaignit au résident russe Nepluieff, qui demanda à son tour que les Ottomans suspendissent leurs plans d'invasion. Mais, pendant que son plénipotentiaire négociait, le czar s'emparait de Tèrek, de Derbend, de Bakou, et s'avançait sur le Ghilan et le Mazenderan. A peine le Grand Seigneur eut-il connaissance de ces faits, qu'il déclara la guerre à la Perse, et envahit la Géorgie, tandis que les Russes franchissaient les défilés du Caucase. La Porte parut alors vouloir s'opposer à la marche de la Russie; mais, après plusieurs conférences entre Nepluieff et les ministres ottomans, ces deux puissances, qui convoitaient l'une et l'autre l'héritage de Châh-Tahmasp, fils de Châh-Sultan-Huçeïn, s'entendirent ensemble pour démembrer la Perse et se partager la meilleure portion de son territoire; et il fut convenu que l'on en laisserait une partie à Châh-Tahmasp, à condition qu'il souscrirait à ce démembrement de ses États. En cas de refus de la part du souverain légitime, de reconnaître ce honteux traité, les hautes parties contractantes placeraient sur le trône de Perse un prince de leur choix. Ce pacte spoliateur fut conclu le 24 juin 1724, par l'entremise de notre ambassadeur le marquis de Bonnac.

Au commencement de janvier de l'année suivante, le comte Romanzoff, porteur de la ratification de Pierre le Grand à l'acte de partage, arriva à Constantinople le 28 du même mois; le czar expirait; et Catherine envoya son adhésion au traité de paix perpétuelle conclu avec la Porte. La campagne s'ouvrit bientôt par le siége d'Hamadan (*Ecbatane*), qui tomba au pouvoir des Ottomans après deux mois de tranchée. Cette conquête fut suivie de la soumission du bourg de Samin et de la ville d'Açitanè. Érivan, après avoir supporté quatre assauts terribles, capitula à des conditions honorables. Cet éclatant triomphe fut célébré à Constantinople par une illumination de trois jours; et une lettre autographe du Sultan remercia les vainqueurs qui, dans leur dévouement pour la guerre sainte, *avaient pour lit la pierre, et pour tapis la terre nue*. La chute d'Érivan fut suivie de celle de Nèhawend et d'Oulougherd. Le gouverneur de Wan, Kupruli-Abdullah, se dirigea vers Tèbriz (*Tauriz*) : un engagement eut lieu, près de cette dernière ville, entre les Ottomans et les Persans accourus à son secours : les premiers eurent l'avantage; néanmoins le sèrasker, vu l'approche de la mauvaise saison, et le peu de résultat de quelques assauts qu'il avait tentés, leva le siége à la fin de septembre 1724. Son fils Abdurrahman fut laissé en quartiers d'hiver à Tècoudj; et, en attendant la campagne prochaine, les avant-postes ottomans s'établirent à dix lieues de Tèbriz. Au mois de juillet 1725, le siége fut repris avec ardeur, et le 1er août la ville capitula. Cette conquête coûta vingt mille hommes aux vainqueurs : les Persans en perdirent trente mille.

Tandis que Kupruli-Abdullah s'emparait de Tèbriz, Ahmed-Aarif, gouverneur de Hamadan, soumettait la petite province du Louristan; la ville d'Ardébil se rendait d'elle-même, ainsi que les khans de Karabagh, de Mèragha, d'Ouroumiïè et du Moughan. Enfin, dans une seule campagne, toute la portion du territoire persan abandonnée par la Russie à la Porte, fut au pouvoir de cette dernière puissance. Ce succès était dû à l'habileté des trois sèraskers qui commandaient les corps d'armée de l'expédition contre la Perse.

Pendant que les deux puissances coalisées démembraient ce malheureux empire, la guerre intestine continuait avec fureur, et achevait de l'affaiblir. L'usurpateur Mir-Mahmoud, après s'être baigné dans le sang des défenseurs du souverain légitime, s'était retiré dans une caverne, où il tâchait d'apaiser le cri de sa conscience par le jeûne et les macérations, pénitence que les Persans nomment *taubè*. Mais, au sortir de cette expiation religieuse, Mahmoud, dont les austérités ou les remords avaient troublé la raison, massacra lui-même plus de cent fils, oncles et frères de Châh-Huçeïn; et finit, dans son délire, par arracher et dévorer des lambeaux de son propre corps. Ce tyran frénétique fut étranglé sur l'ordre de son cousin Echref, qui s'empara du pouvoir. Le nouvel usurpateur envoya en mission à Constantinople Abdul-Aziz-Khan, commandant du faubourg arménien d'Ispahan, appelé *Djulfa*. L'ambassadeur persan réclamait la portion de territoire enlevée au royaume des Afghans, demandait une nouvelle délimitation des frontières, et enfin représentait comme impie une guerre entre musulmans-sunnis. Cette adroite affectation de zèle religieux fit impression sur les soldats ottomans, qui délibéraient déjà s'ils devaient combattre leurs frères. Mais un fetwa du mufti qui déclarait la guerre légitime, trancha la difficulté, et les hostilités contre Echref recommencèrent. Cependant le roi détrôné, Châh-Tahmasp, fit offrir à la Porte la souveraineté des provinces qu'elle avait conquises dans la dernière campagne, si elle voulait le reconnaître en qualité de Châh. Sa proposition fut bien accueillie, et un plénipotentiaire fut chargé de négocier avec Tahmasp. L'armée ottomane, forte de soixante et dix à quatre-vingt mille hommes, s'avança contre celle d'Echref, qui n'était composée que de dix-sept mille combattants, et qui, malgré son infériorité numérique, remporta une victoire éclatante. Loin de profiter de son triomphe, Echref, dont le seul but était de faire la paix avec la Porte, ne poursuivit pas les vaincus et leur renvoya leurs prisonniers. Cette conduite généreuse et politique lui concilia l'affection de la nation ottomane, et engagea le gouvernement à écouter les propositions pacifiques qu'il fit faire au sérasker Ahmed-Pacha. Bientôt fut conclu un traité, par lequel Echref assurait aux Ottomans toutes leurs possessions actuelles et la restitution de plusieurs villes tombées au pouvoir des Persans; à ces conditions, il était reconnu pour souverain de l'Iran.

Au Caire, une révolte, fomentée par Muhammed-Tcherkess, beï des mamlouks, fut apaisée par la défaite du rebelle, qui s'enfuit à Tripoli. En Crimée, des troubles excités par les Noghaïs de Bessarabie et du Kouban, furent terminés par la force des armes et par la destitution des principaux chefs des insurgés. D'autres soulèvements éclatèrent encore sur divers points de l'empire, à Érivan, à Azof, à Kaffa, et dans l'Asie Mineure : tous ces germes de discorde furent à peine étouffés que l'insurrection des tribus persanes Chèkaky et Châh-Sèwen obligea les Ottomans à leur livrer plusieurs combats dont ils sortirent vainqueurs.

Tandis que l'usurpateur Echref croyait consolider sa puissance en cédant à la Porte et à la Russie les plus belles provinces de l'empire de Tahmasp, la fortune du souverain légitime était près de se relever, grâce au secours miraculeux que lui prêta un jeune chef nommé Nadir-Kouli-Bek-Efchar, qui, d'abord obscur conducteur de chameaux, se mit à la tête d'une bande de voleurs, où son audace lui acquit une grande réputation, s'engagea ensuite, avec sa petite troupe, au service de son souverain, et finit par obtenir le commandement de l'armée persane. Châh-Tahmasp, retiré dans le Khoraçan, avait gagné à sa cause deux tribus d'Efchars et la tribu turcomane des Kadjars. Nadir, avec leur aide, s'empara de Mechhed et de Hérat; battit, dans trois rencontres, l'usurpateur Echref, et le força de s'enfuir dans les arides déserts du Sistan, où il fut surpris et mis à mort par les tribus nomades du Béloudjistan, tandis que Châh-Tahmasp rentrait dans Ispahan aux acclamations de ses anciens sujets, et retrouvait dans son palais sa vieille mère, qui, cachée sous des haillons d'esclave, en avait rempli pendant sept ans les humiliantes fonctions.

Dès qu'il fut rentré en possession du trône de ses pères, Châh-Tahmasp envoya à Constantinople un ambassadeur chargé de sommer le Sultan-Ahmed de restituer les places que l'usurpateur Echref avait cédées à la Porte. Sa Hautesse et le grand vézir, peu portés pour les entreprises guerrières, entrèrent en négociations avec l'envoyé du Châh; mais bientôt le bruit se répandit dans la capitale que Nadir avait envahi les frontières ottomanes. A cette nouvelle, un divan fut convoqué, et la guerre y fut décidée.

Le 18 muharrem 1143 (3 août 1730), le grand vézir partit pour Scutari, où devait le suivre Sa Hautesse; mais le Sultan, que cette décision contrariait, tarda de s'y rendre, et ce retard irrita les troupes, qui désiraient vivement la reprise des hostilités. Sultan-Ahmed, cédant à leur vœu, se mit enfin en route à une heure de l'après-midi, circonstance regardée par les superstitieux musulmans comme de mauvais augure. Bientôt des rumeurs sinistres circulèrent parmi la population de la capitale : on disait qu'un convoi de six cents chameaux chargés de vivres avait été enlevé, que Kupruli-Zadè avait été battu, enfin que Tèbriz avait ouvert ses portes aux Persans. Tous ces désastres, attribués par la malveillance aux mesures prises par le grand vézir, augmentèrent l'exaspération des janissaires; et bientôt on vit s'organiser dans Constantinople une des séditions les plus étonnantes dont cette capitale ait jamais été le théâtre.

Le 15 rebi'ul-ewwel 1143 (28 septembre 1730), un faible attroupement de janissaires, conduit par l'un d'eux, nommé Patrona-Khalil, parcourut la ville en invitant le peuple à le suivre. Sa petite troupe, grossie bientôt de nombreux partisans, se réunit à l'Et-Meïdani, et de là se dirige vers la maison de l'aga des janissaires, à qui

Patrona-Khalil demande impérieusement la liberté de tous les criminels emprisonnés. L'aga, effrayé du langage de ce rebelle, se retire à l'instant, change de costume, court au port, et se jette dans une barque qui le conduit à Scutari. Le kiahïa suit cet exemple, et dès ce moment rien ne peut arrêter les progrès de la révolte. Les prisons sont forcées : un ramas de bandits se joint aux insurgés, et bientôt Patrona-Khalil se voit à la tête de quelques mille hommes qui obéissent à ses ordres. Le kapoudan-pacha, instruit de la sédition, se rendit à Scutari, où le grand vézir assembla sur-le-champ un conseil : on y décida que le Sultan retournerait dans sa capitale accompagné de tous les ministres. Arrivé à Constantinople à dix heures du soir, Sultan-Ahmed se transporte au sérail, où une délibération agitée s'établit. L'étendard de Mahomet est arboré à Orta-kapou : un officier des bostandjis, porteur d'un message impérial, est envoyé vers les rebelles, qui refusent de se séparer, et demandent qu'on leur livre, dans le délai de vingt-quatre heures, le grand vézir, le mufti, le kapoudan-pacha et le kiahïa-beï. Le Sultan, qui voulait sauver son favori et le mufti, fit dire aux mutins qu'il allait destituer ces deux dignitaires, et que si le peuple se contentait de cette satisfaction, les deux autres leur seraient abandonnés. Les rebelles répondirent qu'ils voulaient bien épargner le mufti, mais qu'il leur fallait la tête de Damad-Ibrahim-Pacha. Le Sultan, ayant essayé vainement de soustraire son vézir à la fureur populaire, le fit mettre à mort ainsi que le kapoudan-pacha et le kiahïa-beï, et les trois cadavres furent livrés au peuple. Mais cette condescendance, loin d'apaiser les révoltés, ne fit que les rendre plus exigeants; ils feignirent de croire qu'on avait substitué à Ibrahim-Pacha un bostandji qui lui ressemblait, et le cri de *vive Mahmoud!* poussé par quelques voix, annonça que le règne de Sultan-Ahmed était fini.

Bientôt le prince Mahmoud, fils de Sultan-Moustapha II, fut amené dans la salle du divan, où son oncle, Sultan-Ahmed, le reconnut pour padichâh en le baisant au front et à la main. Le nouveau Sultan monta sur le trône et y reçut les hommages des envoyés des rebelles, des agas de l'intérieur, du corps des oulémas et des chefs militaires.

Sultan-Ahmed III, après sa déposition, rentra dans la retraite, d'où une révolution l'avait tiré, et où une révolution le reléguait encore. Il y vécut paisiblement pendant six années, et c'est là une nouvelle preuve de l'adoucissement remarquable qui se manifestait dans les mœurs ottomanes(*). Déjà nos lecteurs ont dû remarquer que, depuis quelque temps, les princes de la famille d'Osman, après avoir passé leur jeunesse dans le sérail, en sortaient pour monter sur le trône de leurs frères, d'où ils redescendaient ensuite pour rentrer dans la vie privée, sans que la perte du pouvoir suprême entraînât celle de leur vie. Le même système d'humanité commençait aussi à prévaloir à l'égard des ministres; une foule de grands vézirs prirent en main le timon de l'État, échouèrent dans leurs entreprises, et résignèrent leur emploi pour aller vivre dans l'exil ou même dans un poste honorable. Le caractère doux et faible de Sultan-Ahmed III contribua sans doute à diminuer le nombre des exécutions, et il est juste de dire que celles qui ensanglantèrent son règne lui furent imposées par les factieux, qui, tour à tour, lui donnèrent et lui arrachèrent le sceptre. Ce prince, ami des arts, possédant une instruction assez étendue, surtout dans l'histoire de son pays, adoré des femmes de son harem, dont

---

(*) Suivant quelques auteurs, Sultan-Ahmed III fut empoisonné en 1159 (1736), au moment où l'empire ottoman était menacé de la guerre avec la Russie et la Perse. Mais cette opinion, dénuée de preuves, n'est qu'une conjecture, fondée sur la crainte que pouvait éprouver le sultan régnant, d'offrir par la présence de Sultan-Ahmed au sérail, un prétexte à la rébellion, dans des circonstances aussi critiques.

il se plaisait à embellir la retraite par des fêtes brillantes, ne se mêla guère du gouvernement, mais il eut du moins la sagesse de ne jamais confier les rênes de l'administration qu'aux mains du premier ministre, et de se soustraire à l'influence pernicieuse des favoris ; aussi son règne fut-il un des plus heureux pour l'empire ottoman, qui, par trois traités de paix, s'agrandit de l'acquisition de la Morée, d'une partie de la Perse et de l'importante forteresse d'Azof. Le grand vézir Ibrahim-Pacha, dont la modération et les talents politiques étaient appréciés par son maître, qui lui conserva le pouvoir pendant les douze dernières années de son règne, mérite une grande partie des éloges que les historiens ottomans accordent à Sultan-Ahmed III : ce sage ministre établit la plus grande harmonie entre les hauts fonctionnaires, dota l'empire d'institutions utiles et d'édifices remarquables, réprima, par des ordonnances somptuaires, le luxe effréné de la parure des femmes, et abolit un grand nombre d'abus ; enfin, sous son administration, quatre bibliothèques (*kitab-khanès* (*)) furent fondées à Constantinople, et le bel art de l'imprimerie fut introduit dans l'empire ottoman (*).

CHAPITRE XXV.

SULTAN-MAHMOUD-KHAN Ier, FILS AÎNÉ DE SULTAN-MOUSTAPHA-KHAN II.

Les principaux auteurs de la révolution qui venait de renverser du trône Sultan-Ahmed III étaient deux simples janissaires, Muslih et Patrona-Khalil : mais celui-ci, par le caractère d'intrépidité qu'il déploya dans la sédition, prit dès le premier moment un ascendant marqué sur son camarade. Il parut devant le prince auquel il avait donné le pouvoir suprême, et lui dit avec hardiesse : « Je sais le sort qui « m'attend, car jamais aucun de ceux « qui ont osé déposer des padichâhs n'a

---

(*) Vers la fin du dix-huitième siècle, il existait trente-cinq *kitab-khanès* ou bibliothèques publiques dans la seule ville de Constantinople, qui en compte aujourd'hui près de quarante. Les *kitab-khanès* sont généralement placés dans les mosquées impériales et même dans celles qui ont été fondées par des particuliers. Les plus considérables de ces bibliothèques sont celles d'Aïa-Sophia, de Sultan-Baïezid, de Nouri-Osmani, de Sultan Sulim, de Sultan-Seleïman, de Sultan-Muhammed, d'Eïoub et de Châh-Zadè-Djamiçi. Il existe cependant quelques *kitab-khanès* qui sont séparés des mosquées, tels que ceux d'Abdul-Hamid Ier, des grands vézirs Kuprulı-Ahmed-Pacha et Raghib-Pacha, d'Aarif-Efendi et d'Ismaïl-Efendi. Ces édifices sont bâtis avec élégance, et chacun d'eux contient de mille à cinq mille volumes, soigneusement renfermés dans des étuis de maroquin, et rangés dans des armoires garnies de glaces ou de treillages ; quelquefois les livres sont placés au milieu de la salle, dans une grande cage en tringles de bronze doré. Ces bibliothèques, ouvertes tous les jours, excepté les mardis et les vendredis, sont confiées aux soins de trois ou quatre *hafyzi-kutab* (bibliothécaires), chargés de fournir aux lecteurs les ouvrages qu'ils demandent. Les règlements permettent de faire des extraits de ces livres et même de les copier en entier, mais sans les emporter hors de la bibliothèque, d'où il est expressément défendu de les laisser sortir.

(*) La direction de la première imprimerie établie à Constantinople fut confiée au renégat hongrois Basmadji-Ibrahim-Efendi, qui en avait présenté le projet, dans un mémoire où il exposait très au long tous les avantages de l'imprimerie. Mais pour faire adopter cette innovation, qui choquait les préjugés nationaux, il fallut condescendre à l'opinion des oulémas qui jugèrent contraire à la religion musulmane de permettre l'impression du Coran et de tous les traités canoniques : ces livres sacrés, disaient les docteurs de la loi, ayant été transmis en manuscrit, devaient passer à la postérité sous les mêmes caractères. Le khatti-chérif, sous la date du 15 zilkadé 1139 (5 juillet 1727), par lequel Sultan-Ahmed III autorisa l'établissement de l'imprimerie, est remarquable par le zèle, bien étonnant à cette époque et dans un tel pays, que le souverain ottoman y montre pour la propagation des lumières. Depuis leur création jusqu'en 1830, les presses ottomanes ont mis au jour quatre-vingt-dix-sept ouvrages tant originaux que traduits.

« échappé à la mort; mais je ne me fé-
« licite pas moins de te voir assis sur
« le trône d'Osman et d'avoir délivré
« l'empire de ses oppresseurs. — Je te
« jure par mes aïeux, répondit le Sultan
« étonné du langage de cet homme,
« que je n'attenterai point à ta vie; je
« veux, au contraire, te récompenser :
« demande-moi une grâce, et tu l'ob-
« tiendras! » Patrona se contenta d'exiger l'abolition des *malikiané* (baux à
vie) qui pesaient sur le peuple : ils furent supprimés à l'instant. Mais bientôt, fier de la faveur publique, Patrona
abusa de sa position et montra des
prétentions exorbitantes : il voulut que
la populace qui s'était rangée momentanément sous la bannière des janissaires, participât au *denier d'avénement;*
et il tua de sa main le *segban-bachi*
(premier lieutenant général des janissaires), qui s'opposait à cette infraction de l'usage. Lorsque le Sultan se
rendit à la mosquée d'Eïoub, Patrona
et Muslih, tous deux à cheval, les jambes nues, et revêtus de l'uniforme de
simples janissaires, précédaient Sa Hautesse et jetaient de l'argent au peuple.
Dans ce trajet, les rebelles demandèrent la permission de brûler toutes les
maisons élevées par divers ministres
et seigneurs sur les rives du *Canal
des eaux douces;* et il leur fut accordé, non de les incendier, mais de
les démolir. Sur la demande de Patrona,
plusieurs fonctionnaires furent révo-
qués, bannis ou mis à mort. La voïvode de Moldavie, Grégoire Ghika, fut
déposé et remplacé par un boucher
nommé Yanaki, créature de Patrona,
à qui il avait vendu de la viande à crédit. Comme le grand vézir Muhammed-
Pacha, choqué de cette exigence, prétendait qu'il ne pouvait y consentir
sans l'ordre du Sultan : « Allez donc
« trouver Sa Hautesse, répliqua inso-
« lemment Muslih; mais songez avant
« tout à accomplir les volontés de Pa-
« trona-Khalil! » Enfin la tyrannie de
ce chef des rebelles devint si insup-
portable, que le kyzlar-agaçi Béchir
résolut d'en délivrer son maître. Il
s'adjoignit secrètement le kapoudan-
pacha Djanum-Khodja et Kaplan-Gheraï, que les insurgés avaient nommé
khan des Tatares en remplacement de
Mengli-Gheraï, mais qui, tout en ayant
l'air d'être leur partisan, ne songeait
qu'à se défaire de ces dangereux amis.
Patrona avait contracté l'habitude de
se présenter au divan, où il s'asseyait
à côté des ministres, prenait part aux
délibérations, et dictait ses volontés.
Au sortir d'un conseil qui s'était tenu
chez le grand vézir, et où Patrona avait
proposé de déclarer la guerre à la Russie, le premier ministre lui offrit le
gouvernement de Roumilie; mais Patrona, qui aspirait à devenir aga des
janissaires, refusa un emploi qui l'aurait éloigné de la capitale. Il se rendit
ensuite au sérail, pour obtenir le
consentement du Sultan relativement
à la déclaration de guerre au czar.
Dès que le Grand Seigneur fut assis,
le grand vézir frappa trois fois dans
ses mains, et Khalil-Pehliwan, chef
du septième régiment des janissaires,
accompagné de trente-deux de ses soldats, parut aussitôt dans la salle du
conseil. Là, s'adressant à Patrona :
« Quel est le misérable assez hardi,
« lui dit-il rudement, pour aspirer au
« grade d'aga des janissaires? » A cette
interpellation inattendue, Patrona ne
répondit qu'en tirant de sa ceinture
son *palè* (espèce de poignard), et en
se jetant sur celui qui osait l'apos-
tropher ainsi. Mais enveloppé à l'instant, il fut massacré, ainsi que Muslih
et vingt-six hommes de leur suite,
que l'on fit entrer un à un dans la salle,
sous prétexte de leur donner une récompense que leur chef avait obtenue
pour eux. Dans les trois jours suivants,
plus de sept mille rebelles furent mis
à mort, et entre autres le boucher
prince de Moldavie, qui ne jouit que
vingt et un jours de sa dignité.

Délivré du joug des rebelles, le
Sultan rendit un khatti-chérif pour
remercier de leur fidélité les janissaires, à qui une nouvelle gratification
fut accordée ainsi qu'aux *toptchis* et
aux *djébédjis.* Il récompensa ensuite le
grand chambellan Kabakoulak-Ibra-
him-Aga, qui avait indiqué le moyen
à prendre pour se délivrer des rebel-

les, en l'élevant à la dignité de pacha d'Alep avec le titre de vézir. Muhammed-Pacha, jaloux de la faveur de celui qu'il regardait comme un concurrent dangereux, voulut le perdre, mais il fut lui-même la victime de ses intrigues, et céda le sceau de l'empire à Kabakoulak, devenu ainsi Ibrahim-Pacha, le 13 redjeb 1143 (22 janvier 1731).

Deux mois après son installation, le grand vézir eut encore à combattre la révolte : une nouvelle émeute venait d'éclater parmi les janissaires, qui se rassemblèrent encore sur l'Et-Meïdani. Mais on s'aperçut bientôt que l'âme de leurs complots, Patrona-Khalil, n'existait plus; et ils furent mis en fuite après une faible résistance.

Pour étouffer entièrement tous les germes de révolte, le grand vézir usa de la plus grande rigueur : pendant six mois, quinze mille personnes furent exécutées en secret ou publiquement. Malgré cette excessive sévérité, une dernière tentative d'insurrection eut lieu, mais elle fut réprimée sur-le-champ. Peu après, Ibrahim-Pacha, qui s'était attiré la haine populaire par tant de sang répandu, céda la place à Osman-Pacha, surnommé *topal* (le boiteux); mais Kabakoulak dut sa destitution moins à la haine qu'avaient inspirée ses mesures sanguinaires qu'à un caprice du tout-puissant kyzlar-agaçi qui l'avait élevé au pouvoir et se plaignait de son ingratitude.

Lorsque toutes ces agitations intérieures furent apaisées, le gouvernement s'occupa des affaires du dehors. Dès l'avénement de Sultan-Mahmoud, quatre nouveaux sérasskers avaient été nommés pour continuer la guerre avec la Perse, Ahmed-Pacha, gouverneur de Bagdad, Aarifi-Ahmed-Pacha, ancien beïlerbeï de Karamanie, Ibrahim-Pacha, commandant de Ghendjè, et enfin Rustem-Pacha, qui avait refusé le grand vézirat que lui offraient les rebelles. Bientôt les places de Kermauchahân, d'Ardelan et de Hamadan, furent reprises sur les Persans; et Châh-Tahmasp, qui s'était mis à la tête d'une armée de plus de quarante mille hommes, éprouva dans la plaine de Koridjan une défaite complète. Les vaincus se replièrent sur Koum et sur Kachan, poursuivis par les Ottomans qui ravagèrent toute la contrée. D'un autre côté, Rustem-Pacha s'emparait de la ville d'Ouroumïè(*), et Ali-Pacha réduisait, sans coup férir, l'importante place de Tèbriz.

Cependant Châh-Tahmasp, retiré à Téhéran, avait envoyé un plénipotentiaire au sérasker Ahmed-Pacha; et le 10 janvier 1732 la paix était conclue. Par ce traité la Perse conservait Tébriz, Ardelan, Kermauchahân, Hamadan, Huweizè, et tout le Louristan, et la Porte gardait le Daghistan, Chamakhi, le Karthli, le Kakhêti, Nakhtchivan, Erivan, Tiflis et Ghendjè : ainsi l'Araxe devint du côté de l'Azerbaïdjan, la limite des deux empires.

Le Sultan, mécontent de la cession de Tébriz, dont Topal-Osman-Pacha et le mufti avaient soutenu l'opportunité dans le conseil, sacrifia son ministre et le chef de la loi; et ces deux destitutions, en satisfaisant le ressentiment du Grand Seigneur, apaisèrent aussi les murmures de la nation, qui se plaignait hautement de la perte d'une des plus belles conquêtes des armes ottomanes. Hèkim-Zadè-Ali-Pacha reçut le sceau de l'État.

Pendant l'administration de Topal-Osman-Pacha, le khazinè-kiahiaçi (grand trésorier), en inspectant les caisses du trésor impérial, y trouva une pierre sur laquelle était marquée l'empreinte de deux pieds. Les oulémas crurent y reconnaître la trace des pieds du Prophète, et cette relique précieuse fut incrustée dans le mur de la mosquée d'Eïoub, où, dit un écrivain oriental, *elle brille de reflets pareils à ceux du front des houris.*

Ce ne fut que deux mois et demi après sa nomination que Hèkim-Zadè-

(*) Cette ville, située à peu de distance de la rive méridionale du lac Chahi, a le nom de *Romaine* (*ouroumiiè*), parce que les habitants d'Antioche furent transportés dans cette partie de l'Azerbaïdjan lors de l'invasion de la Syrie par Khosrew-Perwiz.

Ali-Pacha, qui se trouvait alors à Érivan, arriva à Constantinople, et y fut installé comme premier ministre. Il débuta, comme ses prédécesseurs, par opérer des mutations et des destitutions parmi les officiers de la Porte. Il s'occupa ensuite des affaires de la Perse. Nadir-Kouli-Bek-Efchar(*), jeune guerrier dont nous avons déjà parlé, attirait alors tous les yeux sur sa haute fortune : après avoir rétabli Châh-Tahmasp sur le trône de Perse, il reçut de son souverain le titre de sultan et le commandement du Sistan, de l'Azerbaïdjan, du Mazenderan et du Khoraçan. Mais Nadir, craignant sans doute d'éveiller l'envie, se contenta, au lieu du titre que lui conférait Châh-Tahmasp, de celui de Tahmas-Kouli-Khan (*le khan esclave de Tahmasp*). Cependant, malgré cette apparente modestie, il fit battre monnaie à son nom, et travailla en secret à sa propre élévation. La conclusion de la paix avec la Porte lui fournit bientôt une occasion d'exécuter ses projets. Il désapprouva hautement ce traité, dont il se plaignit dans une lettre adressée à tous les gouverneurs de l'empire, marcha sur Ispahan, détrôna Châh-Tahmasp, le relégua dans le Mazenderan, et se déclara régent du royaume pendant la minorité du fils du monarque dépossédé, qui portait le nom d'Abbas III.

Le premier acte d'autorité de l'usurpateur fut d'annuler le traité conclu par son prédécesseur et de sommer les Ottomans de rendre la portion du territoire persan qui leur avait été cédée précédemment, ou bien de se préparer à la guerre. Il s'approcha en même temps de Bagdad avec une nombreuse armée, s'empara d'Erbil, battit les troupes ottomanes près du pont d'Adana, à dix-huit lieues de Bagdad, et après quelques autres légers avantages, fit des propositions de paix : mais elles ne furent point acceptées ; et à l'issue d'un divan tenu à Constantinople, l'ex-grand vézir Topal-Osman-Pacha fut nommé sérasker d'une armée de quatre-vingt mille hommes.

Cependant Tahmas-Kouli-Khan avait forcé l'ennemi à se replier sur Bagdad, et avait réussi lui-même à passer le fleuve du Tigre. Bientôt la ville fut entièrement cernée, et Nadir, se croyant sûr de s'en emparer, adressa au commandant de la place une voiture chargée de melons d'eau, dans le but d'insulter à la détresse dans laquelle il supposait que se trouvaient les assiégés. Ahmed-Pacha lui envoya, en échange, du pain blanc, fait avec de très-belle farine, afin de lui prouver que la garnison ne manquait de rien. Néanmoins deux parlementaires vinrent demander à Nadir quelques jours de réflexion avant de livrer Bagdad. Sur ces entrefaites, on apprit que Topal-Osman, après avoir rallié à son armée environ vingt mille hommes des tribus du Kurdistan, s'avançait pour secourir Bagdad. Nadir lui écrivit une lettre railleuse, dans laquelle il le priait d'accélérer sa marche, car il désirait de le battre avant d'entrer à Constantinople, et comptait prendre, ajoutait-il, non-seulement son armée, mais Topal-Osman lui-même, *comme un enfant au berceau.* A ces fanfaronnades, Osman-Pacha répondit que Nadir ne devait pas s'étonner si un boiteux (*topal*) était plus lent dans ses mouvements qu'un chef de voleurs, habitué aux expéditions promptes et aventureuses ; mais que, cependant, il espérait bien le rencontrer un jour, et lui faire subir le sort de Nemrod(*). Nadir, laissant alors un corps de douze mille hommes sous

---

(*) La tribu des Efchars, qui acquit une grande illustration par Nadir, est encore la plus nombreuse et la plus puissante des tribus guerrières de la langue turque ; elle est établie dans diverses provinces de la Perse, en Khoraçan, en Azerbaïdjan, dans l'Irak, etc.

(*) Suivant les Arabes le mot *nemrod* signifie la même chose que *mared*, c'est-à-dire *un rebelle*, nom qui convient fort bien, disent les écrivains orientaux, à celui qui, par la construction de la tour de Babel, fut l'auteur de la première révolte contre Dieu.

les murs de Bagdad, s'avança avec le reste de ses troupes au-devant de Topal. Le 6 safer 1146 (19 juillet 1733), les deux armées se rencontrèrent à Douldjeïlik, village au bord du Tigre, s'attaquèrent avec fureur et combattirent sans relâche pendant neuf heures. Enfin la victoire se déclara pour les Ottomans. Tahmas-Kouli-Khan, grièvement blessé, fut entraîné par les fuyards, et Bagdad échappa à l'orgueilleux ennemi qui s'en croyait déjà maître.

Ce triomphe de Topal-Osman-Pacha excita la plus vive joie à Constantinople, où il fut célébré par trois jours de réjouissances publiques. Un cimeterre orné de pierreries et un panache de héron furent envoyés au vainqueur. A trois mois de distance de cette victoire, Topal battit encore une fois, près de Leïtam, l'armée persane; mais, à une troisième rencontre avec le général persan, le sèrasker éprouva à son tour une défaite complète, et périt glorieusement sur le champ de bataille.

Topal-Osman-Pacha était né en Morée : attaché d'abord aux jardins du sérail, il fut bientôt nommé *pandoulbachi* (capitaine des pandours); à vingt-quatre ans il avait déjà le rang de beïlerbeï. Deux années plus tard, il fut chargé d'une mission pour le gouverneur de l'Égypte, s'embarqua pour se rendre à sa destination, et tomba entre les mains d'un corsaire espagnol, qui le conduisit à Malte. Le capitaine de port, dans cette île, était un Marseillais nommé Vincent Arnaud. Topal-Osman s'adressa noblement à lui pour obtenir la liberté, en protestant que s'il faisait cette belle action, il n'aurait pas à s'en repentir. Arnaud, dont l'âme généreuse était capable de répondre à la confiance du musulman, paya sa rançon, le fit guérir de ses blessures, et lui donna de l'argent pour se rendre au lieu de sa mission. Topal-Osman, arrivé en Égypte, envoya à son libérateur une somme considérable et de belles fourrures. Lorsque, plus tard, il fut nommé sèrasker en Morée, il appela auprès de lui Arnaud et son fils, leur fit de riches présents, et leur accorda dans le pays des priviléges, qui leur valurent une belle fortune. Non content de combler de bienfaits son libérateur, Osman porta toujours aux Français une amitié inaltérable, et ne cessa de les protéger. Un an avant la déposition d'Ahmed III, Topal-Osman, gouverneur de Roumilie, reçut encore, dans sa résidence de Nissa, Arnaud et son fils, leur fit l'accueil le plus amical, et les fit asseoir sur le même sopha que lui, faveur qu'un seigneur musulman n'accordait jamais à un chrétien. Enfin, lorsque Topal fut élevé au grand vézirat, il invita, par l'intermédiaire de l'ambassadeur français, Arnaud et son fils à venir à Constantinople. Ceux-ci, en se rendant à son invitation, lui ramenèrent douze musulmans qu'ils avaient tirés du bagne de Malte. Le ministre traita ses libérateurs avec la plus grande distinction, prit par la main Arnaud le père, respectable vieillard alors âgé de soixante et douze ans, et, le présentant aux premiers dignitaires de la cour, leur raconta qu'il devait à la générosité de cet homme la liberté, la vie et le bonheur : « Quel est, ajouta « le grand vézir dans l'enthousiasme de « sa reconnaissance, quel est le mu- « sulman capable d'un si beau trait? » Pendant le séjour d'Arnaud et de son fils à Constantinople, il les reçut à toute heure, bannit pour eux tout cérémonial, s'informa avec sollicitude de leur position et de leur fortune, et enfin les renvoya comblés de riches présents : rare et noble exemple d'une reconnaissance que le temps ni les honneurs n'avaient point affaiblie! Topal-Osman-Pacha, outre la gloire pure qui s'attache au souvenir de l'homme vertueux, mérita encore la renommée de bon administrateur et de guerrier habile; et quoique, sous ce dernier rapport, il fût bien inférieur à son heureux rival, les victoires qu'il remporta sur ce grand capitaine ont suffi à la réputation militaire du sèrasker ottoman.

L'administration du successeur de

Topal-Osman, Hèkim-Zadè-Ali-Pacha, fut remarquable par sa douceur et sa sagesse ; mais ayant témoigné le désir de se mettre à la tête de l'armée destinée à envahir la Perse, cette proposition, qui déplut au kyzlar-agaçi, causa la destitution du grand vézir. Il fut remplacé par Ismaïl-Pacha : celui-ci dut cet honneur au refus qu'il fit, dans le temps, d'accepter la place de koul-kiahïaçi (deuxième lieutenant général des janissaires) que voulaient lui donner les rebelles, sous le vézirat de Damad-Ibrahim. En récompense de sa bonne conduite, ce grade lui fut accordé par le Sultan, qui l'éleva successivement à ceux de segban-bachi (premier lieutenant général), d'aga des janissaires (colonel général), de vézir, de gouverneur de Roumilie, de Thèrabèzoun (*Trébisonde*) et de Bagdad, et, enfin, au premier poste de l'État. Pendant les six semaines seulement qu'il resta au pouvoir, Ismaïl-Pacha fit quelques règlements relatifs aux postes, aux monnaies, et aux broderies employées à la parure des femmes, *ces êtres à l'intelligence bornée*, comme les appelait fort peu galamment Mahomet le prophète. Vers la fin de son administration, le grand vézir reçut, de la part de Nadir-Châh (*), des propositions de paix dont sa destitution ne lui permit pas de s'occuper. Ismaïl-Pacha dut sa disgrâce aux plaintes qu'il avait eu l'imprudence de faire à quelques confidents du Sultan, sur la toute-puissance du kyzlar-agaçi. Exilé à Chio, Ismaïl-Pacha ne sauva sa tête qu'au prix de deux millions de piastres. Il ne fut remplacé que seize jours après son renvoi, par le kaïm-mèkam Esseïd-Muhammed-Pacha.

A cette époque, la guerre entre la Russie et la Porte éclata de nouveau. L'explication des causes de cette rupture, amenée par les intrigues de la diplomatie européenne, nous oblige à dérouler les événements qui se passèrent sur la frontière asiatique de l'empire ottoman et de la Russie, après la mort du brave Topal-Osman-Pacha.

Les Persans, profitant de leur victoire, pénétrèrent dans Chehrezour, et reprirent Kerkouk et Dernè : alors le khan des Tatares, Kaplan-Gheraï, reçut l'ordre de marcher contre la Perse, et s'avança vers le Caucase en passant sur le territoire russe le long des fleuves du Kouban et du Tèrek ; les Russes voulurent s'opposer à cette violation de leurs frontières, et livrèrent aux Tatares un combat qui dura deux heures, et après lequel ces derniers commencèrent à rétrograder, conformément à l'ordre qu'ils venaient d'en recevoir de la Porte, sur les réclamations du résident de Russie Nepluïeff. De son côté, le cabinet ottoman se plaignait de l'entrée de troupes russes en Pologne, comme contraire au dernier traité. Le résident impérial Talman, dans une conférence avec les ministres du Sultan, leur expliqua que ce mouvement de l'armée moscovite était justifié par la nécessité de déjouer les intrigues de la France, qui tâchait de faire appeler Stanislas Leczynski à la royauté de Pologne ; mais le divan n'accepta point ce prétexte, et soutint que le traité de paix s'opposait à toute intervention armée. Poussé par les ambassadeurs français et polonais et par le fameux comte de Bonneval, devenu Ahmed-Pacha, le grand vézir écrivit aux premiers ministres de Russie et d'Autriche, le comte Golowkin et le prince Eugène, pour se plaindre de la violation des traités. Enfin, après des négociations interminables entre la Porte et la Russie, et tandis que les puissances maritimes faisaient tous leurs efforts pour prévenir la guerre, à laquelle poussaient vivement la France et la Pologne, les hostilités commencèrent en mars 1736, par le siége d'Azof. A cette nouvelle, le Sultan déclara solennellement la guerre à la Russie, et le 6 safer 1149 (16 juin 1736), le grand vézir partit du camp de Daoud-Pacha.

Cependant, pour résister avec succès aux armes de la Russie, il fallait pou-

---

(*) Tahmas Kouli-Khan, en s'emparant du pouvoir souverain, avait pris le titre de *Châh* ; il le joignit à son nom primitif *Nadir*, qui signifie *rare, extraordinaire*.

voir leur opposer toutes les forces ottomanes : la paix avec la Perse était donc d'absolue nécessité, d'autant plus que les troupes du Sultan avaient essuyé bien des revers depuis la mort de Topal-Osman. La défaite la plus décisive qu'éprouvèrent les Osmanlis eut lieu, le 22 muharrem 1148 (14 juin 1735), dans une vaste plaine située entre Baghawerd et Akhikendi. L'armée ottomane y fut anéantie : Sari-Moustapha, gouverneur du Diarbèkir, et le sèrasker Kupruli-Abdullah, fils de Kupruli-Moustapha, tombèrent sur le champ de bataille, et leurs têtes furent déposées aux pieds du vainqueur.

Ahmed-Pacha, gouverneur de Bagdad, nommé sèrasker en remplacement de Kupruli-Abdullah, envoya des plénipotentiaires à Tiflis pour traiter de la paix. Ils assistèrent au couronnement de Nadir-Châh, qui, las du titre de régent de l'empire, s'en fit nommer souverain, cédant, disait-il hypocritement, à un prétendu vœu national. L'usurpateur renvoya alors les ambassadeurs ottomans, et nomma trois plénipotentiaires pour négocier avec la Porte. Enfin la paix fut conclue en djemazi-ul-ewwel 1149 (septembre 1736), après huit conférences, où l'on discuta, outre les questions politiques, les points de controverse religieuse qui divisaient les Ottomans et les Persans. Par ce traité, la Porte reconnaissait Nadir-Châh pour souverain de l'Iran, s'engageait à protéger les pèlerins persans qui iraient visiter les tombeaux des imams Ali et Huçeïn, et à les regarder comme *sunnis* (orthodoxes), à condition qu'ils prononceraient avec respect les noms des quatre premiers khalifes et des compagnons d'armes du Prophète, et ne parleraient qu'avec vénération de la famille de Mahomet. Les limites des deux empires furent fixées conformément au traité conclu avec Sultan-Murad IV, en 1639.

Pendant que la Porte négociait avec Nadir-Châh, l'armée russe, sous le commandement du feld-maréchal Münich, poursuivait sa marche militaire, s'emparait des places d'Orkapou, de Kilbouroun, de Gheuslèwè (*Koslow*), de Baghtchè-Sèraï (*palais du jardin*), d'Ak-Mesdjid (*mosquée blanche*) (*) ; Azof avait succombé antérieurement sous les efforts du général Lascy.

Le khan Kaplan-Gheraï, qui avait si mal défendu ses États, fut remplacé par Feth-Gheraï. Ce dernier, après avoir pris les ordres du grand vézir, retourna en Crimée, où il ramena la victoire et vengea les défaites précédentes.

Cependant le cabinet ottoman penchait toujours pour la paix, et flottait entre la médiation de l'empereur d'Autriche et celle que lui offraient en même temps la France et la Suède. L'ambassadeur impérial Talman reçut du kiahïa-beï l'assurance que la Porte voulait à tout prix l'alliance de l'Autriche. Les représentants des puissances maritimes, sur l'invitation de la Porte, s'entremirent pour assurer la continuation de la paix : un congrès fut proposé à Niemirow, ville située en Pologne à quelque distance des frontières de la Turquie. Mais tandis que ces négociations avaient lieu, l'Autriche et la Russie s'unissaient par un pacte offensif et défensif contre le Grand Seigneur. Malgré ces démonstrations hostiles, les plénipotentiaires ottomans, autrichiens et russes, se réunirent à Niemirow. Après quelques conférences, ils se séparèrent sans avoir rien conclu, les demandes exorbitantes de la Russie ayant obligé les ministres de la Porte à en référer au grand vézir. Deux mois furent fixés pour avoir sa réponse; mais Muhsin-Zadè-Abdullah-Pacha, successeur d'Esseïd-Muhammed-Pacha, ayant laissé écouler ce terme sans s'expliquer, le congrès fut dissous.

Dans la campagne de 1737, le maréchal Münich s'empara d'Oczakow. La perte de cette place importante valut leur destitution au grand vézir et au khan Feth-Gheraï, qui fut remplacé par Menghli-Gheraï. Cependant le gé-

(*) C'est la ville qu'on appelle aujourd'hui *Simphéropol*, ou *Achmetchet*, altération de *Ak-mesdjid*. Le gouverneur de la Crimée y réside.

néral Lascy envahissait la Crimée, et une flotte, sous les ordres du contre-amiral Bredal, parcourait la mer Noire. De leur côté, les Ottomans essayaient vainement de reprendre Oczakow, et perdaient plus de vingt mille hommes devant cette place.

Pendant que les Russes marchaient de succès en succès, la Servie, la Bosnie et la Valachie, étaient attaquées en même temps par trois armées autrichiennes : la première était sous les ordres du duc de Lorraine et du feld-maréchal Seckendorff; la seconde sous le commandement du prince de Hildburghausen, et la troisième obéissait au général de Wallis. La campagne commença heureusement pour les Impériaux : les Ottomans leur abandonnèrent d'abord huit villes, et plus tard Nissa, avec toutes les munitions de guerre que cette place forte renfermait. Mais bientôt la fortune changea de parti. La mésintelligence se mit entre les généraux autrichiens; et dès lors leurs opérations n'étant plus combinées avec cet accord nécessaire à la réussite d'un plan de campagne, les Ottomans reprirent le dessus. Les Impériaux, complétement défaits devant Banyalouka, se retirèrent en désordre; les troupes autrichiennes qui assiégeaient les châteaux de Czetin et de Busin abandonnèrent l'entreprise, et rejoignirent le prince de Hildburghausen. Un autre corps de troupes allemandes fut rencontré à Vallievo et battu par Beï-Zadè-Muhammed-Aga, qui s'empara de cette ville. De nouveaux désastres accablèrent encore, en Servie, les armes de l'empereur : Nissa fut reprise par les Osmanlis, ainsi que Kraïova; les Impériaux furent chassés de la Valachie, de la Moldavie, d'Orsova, et sept bâtiments de leur flotte furent brûlés par les vainqueurs, en face du fort de Sainte-Élisabeth. Néanmoins, après cette campagne glorieuse pour les musulmans, le grand vézir Muhsin-Zadè-Abdullah-Pacha dut céder le sceau au kaïm-mèkam Yèghen-Muhammed-Pacha.

Le nouveau ministre, animé d'un esprit plus belliqueux que ses prédécesseurs, ne voulait pas accepter d'abord la médiation que l'ambassadeur français, M. de Villeneuve, ne cessait d'offrir à la Porte; pourtant le grand vézir consentit enfin à recevoir ce diplomate, qui le décida à la réunion d'un congrès pour négocier la paix générale. Mais le but secret du ministre ottoman était de conclure un traité séparé avec l'Autriche ou la Russie, et de se passer de la médiation française. Néanmoins, M. de Villeneuve ne se découragea point, et redoubla d'efforts pour renouer les négociations. Sur ces entrefaites, l'armée impériale entra en campagne et vint au-devant des Ottomans. Seckendorff et Hildburghausen, ayant perdu la confiance de l'empereur, n'étaient plus à la tête de ses armées : le prince de Lorraine les commandait en chef, et on lui avait adjoint le feld-maréchal Kœnigsegg.

Les Ottomans, dans cette nouvelle campagne, commencèrent par être battus à Kornia, près de la ville de Mahadia, qui tomba au pouvoir de l'ennemi. Mais ces échecs furent bientôt réparés par la conquête de Sèmendrie, la reprise de Mahadia et d'Orsova, et la destruction d'un corps de hussards, presque sous les murs de Belgrade.

Les armes du Sultan ne furent pas moins heureuses contre les Russes : le général Münich fut battu près du Dniester, et les maladies décimèrent son armée. Dans la mer d'Azof, une flotte moscovite fut rencontrée par le kapoudan-pacha Suleïman; ne pouvant lui résister, l'amiral russe hala ses vaisseaux à terre et y mit le feu; enfin les Tatares forcèrent l'armée russe à repasser le Borysthène.

Cependant la médiation de l'ambassadeur français avait été définitivement acceptée par la Porte, l'Autriche et la Russie; mais, pendant le cours des dernières hostilités, les négociations conduites par M. de Villeneuve finirent par être rompues, parce que le grand vézir réclamait obstinément Azof, et refusait de rendre Orsova. Yèghen-Muhammed-Pacha continua à pousser avec ardeur les préparatifs de la prochaine campagne, malgré la vive opposition du khan des Tatares, qui rallia à lui tous les partisans de la paix, et réussit à faire exiler le belliqueux ministre. El-Hadj-Muhammed-Pacha, gouverneur de Widdin, lui succéda, et s'occupa activement de l'enrôlement des troupes pour la nouvelle campagne. Il se mit ensuite en marche à la tête de l'armée, atteignit, près d'*Hycardjik* (Krozka), les Impériaux, commandés par Wallis, et leur fit éprouver, le 16 rebi'ul-akhir 1152 (23 juillet 1739), une déroute complète, due principalement aux fausses manœuvres du général autrichien. Le combat dura près de quinze heures, et si le grand vézir avait su profiter de sa victoire, c'en était fait de l'armée impériale tout entière, tandis que la cavalerie et une partie de l'infanterie, qui n'avaient pu se mêler à la bataille, furent sauvées.

Trois jours après cette mémorable victoire, le grand vézir ouvrait la tranchée devant Belgrade, et sommait la garnison de se rendre. L'ambassadeur français avait suivi le camp ottoman : un armistice fut convenu entre Wallis et le grand vézir, et les négociations dirigées par M. de Villeneuve se terminèrent par la signature de la paix. La reddition de Belgrade par les Autrichiens en était la première condition, et l'on débattit longtemps pour savoir si ses fortifications seraient détruites ou conservées ; enfin on décida que les nouveaux ouvrages seraient seuls démolis et que l'on laisserait subsister les anciens. En outre, l'Autriche rendait la Valachie et la Servie, Orsova et le fort de Sainte-Élisabeth. Le Danube et la Save devinrent la limite des deux empires. La trêve devait durer vingt-sept ans.

La convention avec la czarine portait, entre autres clauses, la démolition de la forteresse d'Azof, l'obligation, pour la Russie, de n'avoir de vaisseaux ni dans la mer d'Azof ni dans la mer Noire, d'y commercer seulement par navires étrangers, et de rendre toutes les conquêtes que les Russes avaient faites dans la guerre qui venait de se terminer ; clause à laquelle on n'aurait pas dû s'attendre d'après les avantages que les Moscovites avaient remportés, en dernier lieu, sur les Ottomans, qu'ils avaient battus à Savoutchanè, et auxquels ils avaient enlevé Choczim, Yassi, et toute la Moldavie. En compensation des avantages accordés à la Porte, elle assurait aux Russes tous les avantages commerciaux dont jouissaient d'autres nations ; le libre exercice de leur culte dans l'empire ottoman ; la résidence à Constantinople d'un ambassadeur moscovite, qui serait traité à l'égal des ministres des plus grandes puissances de l'Europe ; enfin le Sultan s'engageait à donner à la czarine le titre d'impératrice, qu'il lui avait refusé jusqu'alors.

Le traité de Belgrade est un des plus glorieux qui aient été conclus par la Porte. Les généraux et plénipotentiaires autrichiens Wallis et Neipperg, dont la conduite politique et militaire avait amené cette paix désastreuse, furent disgraciés par l'empereur Charles VI.

Le marquis de Villeneuve, qui avait conduit les négociations du traité de Belgrade, était en grand crédit auprès de la Porte : il décida le Sultan à conclure, le 20 janvier 1740, une alliance défensive avec la Suède. Cette puissance fut reconnue comme alliée de l'empire ottoman ; et, pour acquitter la dette contractée par Charles XII envers Sultan-Ahmed III, elle fit don à la Porte d'un vaisseau de ligne et de trente mille fusils. L'ambassadeur français, en récompense du zèle qu'il avait montré dans ces circonstances, obtint du Grand Seigneur de nouveaux priviléges pour notre commerce.

Après la conclusion de la paix, on ne laissa pas même le temps au grand vézir Élias-Pacha de travailler à la délimitation avec la Russie et l'empire d'Allemagne ; les sceaux lui furent retirés par l'influence de la Sultane-Validè et du kyzlar-agaçi, et confiés au kaïm-mèkam Ahmed-Pacha.

La paix de Belgrade venait à peine de donner le repos à l'Europe, qu'un événement imprévu ralluma la guerre : la mort de l'empereur Charles VI, arrivée le 20 octobre 1740, arma contre sa fille Marie-Thérèse toutes les puissances chrétiennes, avides de dépouiller l'auguste orpheline. Sultan-Mahmoud fut le seul souverain qui donna, en cette occasion, l'exemple du désintéressement et du respect de la foi jurée. Loin de prendre part à la lutte, qui lui pouvait faire espérer de recouvrer ses anciennes possessions et d'en acquérir de nouvelles, il écrivit aux monarques de l'Europe une lettre, par laquelle il les engageait à la paix, et offrait sa médiation (*) : elle ne fut pas acceptée ; et le Sultan, n'ayant pu faire prévaloir ses conseils généreux, resta spectateur neutre de la longue guerre qui ne fut terminée qu'en 1748, par le traité d'Aix-la-Chapelle.

Sur ces entrefaites, le vieux kyzlar-agaçi, qui partageait avec la Sultane-Validé le privilége de gouverner le faible Mahmoud, mourut âgé de quatre-vingt-dix ans. Il fut remplacé par un jeune Indien, nommé Bèkir, qui ne tarda pas à exciter contre lui la clameur publique. Aidé d'un esclave appelé Suleïman, et de l'Arménien Agop, instruments de ses rapines, il poussa l'audace et le mépris des lois jusqu'à faire assassiner le mollah de Scutari, qu'il avait outragé, et qui avait osé demander hautement justice. Tout le corps des oulémas jura de venger la mort d'un de ses membres ; mais Sultan-Mahmoud, invisible à ses sujets, était enfermé au fond du sérail, et la plainte ne pouvait arriver jusqu'à lui. Un moyen bizarre, qui s'est souvent renouvelé depuis, fut imaginé par le peuple pour se faire comprendre de son maître : des flèches, armées d'étoupe soufrée, appelées *kondaks*, furent lancées dans la nuit sur les toits des maisons de Constantinople, qui sont construites en bois (*) ; pendant vingt nuits consécutives, ces signaux effrayants portèrent au Grand Seigneur le vœu muet de la nation ; il comprit enfin qu'il fallait punir quelque grand coupable, et commença par déposer son premier ministre. Mais les feux continuèrent ; et le Sultan allait peut-être, pour obtenir la solution de cette effrayante énigme, frapper encore quelques têtes innocentes, lorsque le mufti osa lui dévoiler les crimes de Bèkir et de ses deux complices, lui en demanda justice, en ne lui cachant pas qu'un refus compromettrait son trône et sa vie, et obtint la mort des trois coupables. Cette exécution apaisa le peuple, et enrichit le trésor de quarante-cinq millions d'argent monnayé, sans comp-

(*) Voici quelques fragments de cette lettre remarquable, dans laquelle le grand vézir, parlant au nom de son maître, d'un souverain *mahométan*, tâche de ramener des princes *chrétiens* aux sentiments de la justice et de l'humanité, en leur faisant le tableau des maux qu'entraîne la guerre.

« Quelle âme sensible, quel être humain
« ne frémit pas de tous les maux qui accom-
« pagnent la guerre !... des ruisseaux de sang
« abreuvent les campagnes ; les vainqueurs
« ne sont pas plus épargnés que les vaincus
« par l'ange de la mort ; les hideuses mala-
« dies contagieuses suivent les pas des com-
« battants, les attaquent, les abattent, les dé-
« vorent jusque dans les bras de la victoire,
« et les jettent enfin dans l'ignoble fosse où
« la mort les confond et les égalise avec les
« animaux eux-mêmes ; et c'est ainsi qu'elle
« punit les hommes dégradés, d'avoir imité
« la férocité des bêtes dans leurs fureurs
« insensées.

« L'affreux génie du mal, en poussant le
« cri de la guerre, tranche de sa flamboyante
« épée le lien des nations : plus de com-
« merce entre les frères ; le droit du plus
« fort redevient le code des enfants d'Adam ;
« le sang ou les larmes des victimes attestent
« sur ses tables d'airain que chaque vertu
« a retrouvé son outrage, la faiblesse son
« bourreau, l'innocence son oppresseur, et
« la pudeur son sacrilége. C'est pour pré-
« venir le retour de tant de crimes et de
« tant de malheurs, c'est pour remplir les
« vues de Dieu, que mon sublime empe-
« reur, qui n'est rien moins que l'ombre
« d'*Allah* sur la terre, invite les princes
« chrétiens à se réconcilier, et leur offre sa
« puissante médiation.

(*) Il n'y a guère à Constantinople que les khans, les mosquées et quelques palais qui sont bâtis en pierre. Cette circonstance explique la fréquence et l'intensité des incendies dans cette capitale.

ter les pierreries et les autres objets précieux qu'avait amassés l'avide favori. Cet acte de terrible justice mit un frein, pour quelque temps, aux spoliations qu'exerçaient impunément les grands de l'empire.

A cette époque (1746), parut dans l'Arabie la secte des *Wehhabis*, faible et méprisée à sa naissance, mais qui devait, un jour, devenir la terreur de l'empire ottoman. Un cheïkh, appelé Muhammed, né dans l'Yémen, s'annonça comme réformateur de la religion musulmane. Tout en reconnaissant l'origine divine du Coran, il le commentait d'une manière différente des Mahométans-*Sunnis*, et prétendait le ramener à sa pureté primitive. Il appuya sa vocation sur de prétendues prophéties, et s'appliqua une tradition répandue dans l'Égypte, et annonçant la mission du nouvel envoyé de Dieu : on disait que Suleïman, simple pasteur, aïeul du cheïkh Muhammed, avait vu en songe une flamme, sortie de son corps, se répandre rapidement dans la campagne et en dévorer les habitants. Cette vision, expliquée par les cheïkhs, annonçait, disaient-ils, qu'un des fils de Suleïman soumettrait l'Arabie à ses lois. Cependant, en dépit de la prophétie, Abdul-Wehhab, fils de Suleïman, ne fut pas le législateur attendu, mais seulement le père du réformateur Cheïkh-Muhammed, qui, sans doute pour ne pas faire mentir l'oracle, donna à ses sectateurs le nom de *Wehhabis*. Après trois années de courses inutiles en Syrie et sur les rives de l'Euphrate, repoussé de la Mecque, de Damas, de Bagdad, de Bassora, il revint en Arabie ; là, soutenu par l'émir Ibn-Sèoud, qu'il avait gagné à la nouvelle doctrine, et qui entraîna par son exemple la tribu qui lui obéissait, il commença à convertir les peuplades voisines par la force des armes, et préluda, par ces premiers succès, à la conquête de l'Arabie, qu'il entreprit quelques années plus tard. Ainsi que tous les néophytes, les disciples de Cheïkh-Muhammed se distinguaient par leur enthousiasme fanatique, l'austérité des mœurs, et le mépris de la mort, source de ces triomphes presque miraculeux qui signalent toujours les premiers pas des législateurs conquérants. Sultan-Mahmoud, uniquement occupé du soin de maintenir la paix au dehors de son empire et la tranquillité au sein de sa capitale, méprisa des adversaires si peu redoutables encore, et tourna ses regards du côté de la Russie. Cette puissance, qui ne considérait ses traités avec la Porte que comme des trêves nécessaires pour reprendre des forces et recommencer les hostilités, se permettait de violer les clauses les plus explicites des conventions, en établissant des villages et des forts dans les vastes solitudes qui s'étendent du Bog au Dniéper, barrière naturelle qui séparait les deux empires. Sultan-Mahmoud, inquiet de cette infraction patente des traités, exigea formellement la cessation des travaux, satisfaction que la czarine Élisabeth ne put lui refuser : mais ils ne furent interrompus que pour quelques mois. La santé du Sultan était grièvement altérée depuis plusieurs années : attaqué d'une fistule qui ne lui permettait plus de se tenir à cheval, il voulut, pour se conformer à une loi à la fois politique et religieuse, se rendre le vendredi à la mosquée de Sainte-Sophie. Cette imprudence, motivée par la crainte de mécontenter le peuple, lui fut fatale : vaincu par la violence du mal, il eut à peine le temps d'arriver au sérail, où il expira, le 13 décembre 1754 (22 safer 1168), entre les bras des *tchohadars* (*)

(*) Les *tchohadars* sont les valets de chambre du Sultan : leur nombre est de quarante. Ils suivent Sa Hautesse à la mosquée ; ils sont richement vêtus et portent à leur ceinture un fouet avec de longues chaînes en argent, un coutelas et un poignard garnis du même métal. Leur chef, le *back-tchohadar*, a ces ornements en or : il marche à la droite du Grand Seigneur, et tient la main posée sur la croupe de son cheval. Il porte dans la poche de sa robe, sur sa poitrine, les sandales de son maître enveloppées d'un fourreau de satin. Son lieutenant l'*ikindji-tchohadar*, est à la gauche du Sultan. Le *tchohadar-aga* ou maître de la garde-robe,

qui l'accompagnaient. Il était âgé de cinquante-huit ans, et en avait régné vingt-quatre.

Sultan-Mahmoud fut universellement regretté. Il dut l'affection de ses sujets à son caractère doux, humain, affable, car il ne faut pas imputer à sa cruauté les exécutions des rebelles qui menaçaient la tranquillité de l'État, et que l'intérêt public lui ordonnait de sacrifier : naturellement porté à la clémence, il épargna la vie des ministres qui encoururent sa disgrâce. Il aimait les arts libéraux et mécaniques, et était habile dans la bijouterie et l'orfévrerie. Son règne, commencé par des actes de sévère justice, ne fut pas sans gloire, et les armes ottomanes brillèrent plus d'une fois d'un éclat qui rappelait leurs premiers triomphes. L'Allemagne, la Russie, la Perse furent réduites à conclure des traités à l'avantage de la Porte ; enfin ce prince, grâce à la sollicitude avec laquelle il veilla au maintien de la paix et au bonheur de son peuple, laissa à sa mort l'empire dans un état de prospérité incontestable.

CHAPITRE XXVI.

SULTAN-OSMAN-KHAN III, FILS DE SULTAN-MOUSTAPHA-KHAN II ET FRÈRE DE SULTAN-MAHMOUD-KHAN Ier.

Lorsque, par la mort de son frère Sultan-Mahmoud Ier, Sultan-Osman se trouva en possession du trône, il avait déjà passé cinquante-trois années dans la retraite du vieux sérail. Étonné et ébloui de sa grandeur nouvelle, ce prince, étranger au gouvernement autant qu'à la liberté, ne se préoccupa d'abord que de la pompe qui l'environnait, et dont le brillant spectacle amusait sa curiosité puérile. Ainsi, quand le comte de Vergennes, ambassadeur de France, se rendit à l'audience du grand vézir, Sultan-Osman, déguisé en homme de loi, se mêla à la foule et accompagna le cortége. Un souverain dont l'esprit était aussi futile avait besoin d'un guide dans la haute position où le sort le plaçait : convaincu lui-même de son insuffisance, il se hâta de confier la direction des affaires au kyzlar-agaçi, successeur de Bèkir. Bientôt l'influence de ce favori enleva le sceau au premier ministre pour le donner à Saïd-Éfendi, qui, en 1721, avait été ambassadeur en France ; mais celui-ci ne resta pas longtemps au pouvoir : par un nouveau caprice du chef des eunuques, Saïd-Éfendi fut remplacé par Ali-Pacha-Oglou, qui possédait l'affection du peuple et de l'armée. Cette double garantie ne put cependant l'empêcher de tomber à son tour : jaloux de la faveur dont le Sultan honorait le jeune Ali, son silihdar-aga, le grand vézir intrigua pour éloigner ce dernier ; mais ses menées furent découvertes, et au bout de cinquante jours Ali-Pacha-Oglou céda la place à son rival.

A peine arrivé à la première dignité de l'empire, l'ex-silihdar Ali-Pacha abusa de sa position pour se livrer à des concussions criantes ; à ces torts se joignit une accusation bien plus grave aux yeux du méfiant et cruel Osman : dans la crainte que le vœu de la nation n'appelât au trône quelqu'un de ses neveux, fils d'Ahmed III, il avait déjà fait mourir trois d'entre eux, les princes Muhammed, Baïezid et Orkhan : deux autres frères, Moustapha et Abdul-Hamid, vivaient encore ; mais le premier n'avait échappé à la mort qu'en forçant, le poignard à la main, le *djerrah-bachi* (chirurgien en chef), qui lui présentait un breuvage empoisonné, à le boire lui-même. Le grand vézir fut accusé d'entretenir des intelligences avec les princes prisonniers : Sultan-Osman, furieux, manda le ministre au palais, et, se livrant à la violence de son caractère, il l'aurait frappé de son topouz (masse d'armes), si le mufti, témoin de cette scène, ne s'y fût opposé. Mais le malheureux Ali-Pacha n'échappa point à la mort : les bourreaux l'attendaient dans la galerie appelée *Iki-Kapou-Araçi* (intervalle entre les deux portes), lieu

pendant le trajet du sérail à la mosquée, jette au peuple des poignées de petites pièces d'argent neuves.

funeste aux seigneurs disgraciés; et bientôt sous sa tête, exposée dans un plat d'argent à la porte extérieure du sérail, on lut cette inscription menaçante : « Ainsi doivent périr les traî- « tres qui abusent de la faveur de leur « maître. »

Une grande catastrophe signala le commencement de l'année 1755 : le feu se déclara dans une maison près des murs du sérail et des remises de la marine; le vent du nord soufflait avec violence, et bientôt le palais du grand vézir fut atteint par l'incendie. Le gardien posté sur la tour du palais de l'aga des janissaires donna le premier l'éveil, en frappant sur de gros tambours destinés à avertir le peuple. A ce signal, les gardiens des quartiers parcoururent la ville en battant le pavé avec des bâtons ferrés, et en poussant le cri d'alarme ordinaire : *Yanghin var* (il y a incendie)! Mais les secours n'arrivaient pas tout de suite, par l'effet d'une mesure de police, prise dans le but d'empêcher le pillage des propriétés, et qui défend de s'approcher du foyer de l'incendie avant que les janissaires, les baltadjis et leurs chefs y soient arrivés, l'embrasement s'accrut avec une effrayante rapidité, et gagna les murs du sérail. Le Sultan et tous les grands officiers de la cour se rendirent au milieu des travailleurs, qu'ils encourageaient par leur présence. On espérait que la mosquée de Sainte-Sophie pourrait, par son énorme masse, opposer une digue aux flammes; mais le plomb de la coupole, liquéfié par la chaleur de l'atmosphère, ruissela en torrents embrasés sur la foule, qui s'enfuit en poussant des cris de douleur et d'effroi. Dès ce moment, il ne fallut plus songer à arrêter les progrès des flammes, et on leur abandonna tous les édifices placés sous la direction du vent du nord, qui soufflait toujours avec force. Mais tout à coup le vent passa rapidement à l'est, et poussa vers le centre de la ville le rideau de feu, qui se déployait sur un espace de plus de douze cents toises. Treize branches enflammées, pareilles à des fleuves de lave, enveloppèrent Constantinople, qui présenta bientôt le plus effrayant spectacle. Un orta de janissaires, occupé à isoler le feu en démolissant quelques maisons, un nombre incalculable d'habitants, de femmes, d'enfants, périrent, victimes de ce terrible incendie qui dévora les deux tiers de la ville.

Un trait de justice, qui se rattache à cette grande catastrophe, fait trop d'honneur à Sultan-Osman pour que nous le passions sous silence. Lorsqu'il fut question de reconstruire le palais du grand vézir, on résolut de l'isoler entièrement, afin de le mettre désormais à l'abri d'un semblable malheur; dans ce but, on acheta, pour les abattre, quelques maisons contiguës : une vieille femme s'obstina seule à ne point vendre sa propriété, et résista aux offres comme aux menaces, en disant qu'elle voulait mourir là où étaient morts ses pères. Les ministres étaient d'avis de lui arracher par la violence la maison qu'elle refusait de vendre, mais le Sultan s'y opposa : « Cela ne peut se faire, dit-il, c'est sa « propriété! » Bel exemple de respect pour les lois et l'équité, donné par le despotisme (*)!

Mais si Sultan-Osman observait envers ses sujets les devoirs de la plus stricte justice, il n'en était pas moins jaloux de son autorité. Huit grands vézirs s'étaient succédé pendant deux ans de règne : le mufti qui avait été témoin de la disgrâce du dernier, le malheureux Silihdar-Aga, possédait toute la confiance de son maître; il

---

(*) Cette anecdote fait souvenir de celle du *Meunier de Sans-Souci*, et l'on ne peut s'empêcher de reconnaître, en comparant les deux traits, que l'avantage est du côté du souverain ottoman; car Frédéric II, pour ne pas commettre une injustice, eut besoin d'être rappelé à lui-même par la réponse hardie de son sujet, tandis que Sultan-Osman s'opposa, de son propre mouvement, à l'acte arbitraire auquel le poussaient ses ministres.

Au surplus, il n'y a guère de nation qui n'ait à raconter une histoire de ce genre, attribuée à quelque prince renommé par sa justice.

crut pouvoir prendre un ascendant favorable au corps des oulémas, dont le cheïkh-ul-islam est le chef; mais Sultan-Osman s'irrita tellement de ces prétentions, qu'il fit préparer à l'instant les instruments du dernier supplice. Cette mesure refroidit singulièrement l'humeur ambitieuse du mufti.

A cette époque, Muhammed-Raghyb-Pacha reçut le sceau de l'empire : ce ministre, diplomate habile et bien fait pour la place de grand vézir, ne l'aurait néanmoins pas gardée plus longtemps que ses prédécesseurs, si un accident imprévu ne lui avait conservé le pouvoir. Sultan-Osman venait de subir l'amputation d'une loupe à la cuisse, et cette opération avait mis sa vie en danger, lorsque, par suite de ce caractère puéril dont nous avons déjà cité des exemples, il se fit transporter dans le kiosque de la pointe du sérail pour voir rentrer la flotte qui revenait de l'Archipel. Cette imprudence aggrava sa situation, et, ramené presqu'aussitôt au palais, il expira le 15 safer 1171 (29 octobre 1757).

Sultan-Osman ne régna que trois années, pendant lesquelles il ne se passa rien d'extraordinaire : au dehors, la paix fut maintenue avec toutes les puissances; au dedans, l'événement le plus remarquable fut l'achèvement de la belle mosquée *Nouri-Osmaniié*, commencée sous Sultan-Mahmoud, d'après les dessins de ce prince, qui n'eut pas le temps de la terminer, et laissa à son frère la gloire de lui léguer son nom. Près de cet édifice, il établit un *médrèçè* (université) composé de trois colléges, où sont nourris et entretenus plus de cent soixante et dix *danichmends* (étudiants); enfin il fit bâtir, en 1755, un *kitab-khanè* (bibliothèque) qui porte son nom, et où l'on remarque, entre autres manuscrits précieux, deux Corans, l'un de la main d'Ali, le gendre du prophète, l'autre de celle de Sultan-Osman Ier, le fondateur de l'empire.

CHAPITRE XXVII.

SULTAN-MOUSTAPHA-KHAN III, FILS AINÉ DE SULTAN-AHMED-KHAN III.

Par la mort de Sultan-Osman III, Muhammed-Raghyb-Pacha se trouva tranquille possesseur du sceau de l'État, que son maître était sur le point de lui enlever. Le grand vézir s'empressa de faire sortir du vieux sérail le prince Moustapha et de le proclamer padichâh. Mais à peine était-il monté sur le trône, que la nouvelle d'un sacrilége inouï vint attrister le début de son règne et remplir d'effroi les pieux musulmans. La caravane de la Mecque avait été pillée et massacrée par les Bédouins, irrités du refus qu'avait fait l'émir-ul-hadj de leur remettre le tribut que les sultans se soumettaient à payer à ces hordes nomades, afin d'assurer le passage des pèlerins au milieu des déserts de la Syrie et de l'Arabie. Saisi de douleur et d'une crainte superstitieuse, le peuple regardait cet événement comme un présage des malheurs qui devaient marquer le gouvernement du nouveau sultan : heureusement, on sut bientôt que la date de cette catastrophe était antérieure à la mort de Sultan-Osman, et avait, pour ainsi dire, annoncé sa fin. Dès lors, les esprits se calmèrent, la confiance reparut, et une mesure politique de l'autorité acheva de rétablir la tranquillité : le kyzlar-agaçi, qui avait causé le désastre de la caravane, en déposant l'émir-ul-hadj que les Arabes affectionnaient, fut sacrifié à la haine publique.

Le jour où le nouveau Sultan se rendit à la mosquée d'Eïoub pour ceindre le cimeterre d'Osman, il s'arrêta devant la caserne des janissaires, qui, suivant l'usage établi depuis Sultan-Suleïman-el-Kanouni, lui présentèrent, par les mains de leur aga, la coupe de *cherbet* : « Camarades! leur « dit alors Sa Hautesse, j'espère, au « printemps prochain, le boire avec « vous sous les murs de Bender. » Ce langage plut aux soldats, et leur fit présager un règne plus glorieux que celui qui venait de s'écouler.

Aidé des conseils et de l'expérience de Raghyb-Pacha, Sultan-Moustapha rétablit l'ordre dans les finances, réprima les abus, onéreux surtout au peuple, mit un frein au luxe en faisant revivre les lois somptuaires, et chercha à ramener parmi les musulmans ces antiques vertus qui avaient fait la force de l'empire. Il dépouilla le kyzlar-agaci de l'influence pernicieuse qui entravait la marche du gouvernement, et remit ainsi toute l'autorité entre les mains de Raghyb-Pacha, dont il estimait les talents et le caractère. Ce ministre penchait pour la guerre, car il voyait les circonstances favorables pour attaquer l'Autriche, cette éternelle ennemie de l'empire du croissant, et, en outre, il flattait ainsi le désir que manifestait le Sultan de mériter, à l'exemple de plusieurs de ses ancêtres, le glorieux surnom de *Ghazi* (le Conquérant).

A cette époque, une révolte d'un genre nouveau vint troubler un moment la tranquillité de Constantinople. La disette régnait dans cette ville, par suite du naufrage de soixante et dix bâtiments chargés de grains venant de la mer Noire. Des femmes du peuple, ameutées par le besoin, forcèrent des magasins de riz et de blé, et, malgré la présence de l'aga des janissaires et même du grand vézir, ne se retirèrent qu'après avoir obtenu qu'une distribution eût lieu sur-le-champ.

En 1760, un esclave chrétien, à bord du vaisseau amiral monté par le kapoudan-pacha, forma l'audacieux projet de recouvrer la liberté en s'emparant de la *Kapoudana* (vaisseau amiral). En ce moment, l'escadre était mouillée devant l'île de Stanco (*Cos*); profitant du moment où le kapoudan-pacha et ses officiers étaient à terre, cet esclave, nommé Simon, aidé de soixante et dix de ses compagnons d'infortune qu'il avait initiés au complot, exécuta son entreprise : les câbles furent coupés, quelques musulmans qui restaient à bord furent tués ou jetés à la mer, et le vaisseau amiral fut heureusement conduit à Malte. Mais Louis XV le racheta, et le rendit au Sultan. Le kapoudan-pacha, qui n'avait pu prévoir ni empêcher un pareil trait d'audace, fut néanmoins décapité.

Depuis longtemps, la conduite d'Ahmed-Pacha, gouverneur de Bagdad, avait excité le mécontentement du Sultan. Enorgueilli de sa puissance, de ses richesses, et se confiant dans son éloignement de la capitale, dans le difficile abord de la province où il commandait, et surtout dans la mollesse des sultans, qui ne quittaient guère le sérail, Ahmed-Pacha, tout en répondant dans les termes les plus respectueux aux ordres de la cour, ne les exécutait que lorsqu'ils étaient à sa convenance. Sultan-Moustapha voulut se délivrer d'un sujet indocile, et chargea un kapoudji-bachi d'aller chercher la tête du coupable. Cette mission était périlleuse : l'envoyé du Sultan usa d'adresse et se rendit à Bagdad sous un prétexte quelconque. Mais Ahmed-Pacha avait des espions à la cour : instruit de la mission secrète du kapoudji-bachi, il lui fit trancher la tête, et l'envoya insolemment à la Porte à la place de la sienne.

En 1762, le grand vézir Muhammed-Raghyb-Pacha mourut : l'empire ottoman perdit en lui un homme d'État distingué et un digne émule des illustres Kupruli. Amené encore enfant à Constantinople, il étonna ses maîtres par son ardeur pour l'étude, et en reçut le surnom de *Raghyb* (le Studieux). En 1739, il fut employé à la rédaction du traité de Belgrade, en qualité de *mektoubtchi*, ou premier secrétaire du grand vézir. Successivement plénipotentiaire au congrès de Niemirow, reïs-éfendi, pacha du Caire, d'Aïdin, d'Alep, il arriva enfin, dans les derniers jours du règne de Sultan-Osman III, à la dignité de premier ministre. Il possédait tous les talents qu'exige un poste si dangereux : politique profond, patient, dissimulé, d'une fermeté inébranlable et qui allait quelquefois jusqu'à la cruauté, plein de jugement et d'instruction, il exerça sur Sultan-Moustapha un ascendant d'autant plus grand, que l'adroit ministre ne le fit jamais sentir à son maître. Zélé pour le bien public, il voulut établir des lazarets contre la peste; ami des sciences, il fonda à Constantinople un *kitab-khané* (bibliothèque(*)), et donna la preuve de son amour pour les lettres en écrivant lui-même des ouvrages de morale et de philosophie. L'anecdote suivante prouvera combien l'esprit supérieur de ce ministre était dégagé des préjugés superstitieux de sa nation. Un chrétien, qui voulait embrasser l'islamisme, assurait que Mahomet s'était montré à lui pour l'engager à se rendre digne des faveurs qu'il réserve aux vrais croyants : « Voilà un étrange coquin, « dit le grand vézir; quoi ! Mahomet « est apparu à un infidèle! tandis que « depuis plus de soixante et dix ans que « je suis exact aux cinq *namaz*(**), il « ne m'a jamais fait cet honneur. Dites-« lui, drogman, qu'on ne me prend « pas si aisément pour dupe, et que « s'il n'avoue pas le vrai motif qui l'a « porté à quitter son pays, je le ferai « pendre. » Nous devons ajouter cependant que l'envie ternit un si beau caractère et lui fit commettre des actions criminelles. C'est ainsi qu'il sacrifia à sa basse jalousie un *defterdar* dont le peuple exaltait le mérite, et qu'il fit exiler le mufti Vèli-Efendi qui cherchait à se mêler des affaires de l'État.

L'année de la mort de Muhammed-Raghyb-Pacha (1762), la naissance du prince Sélim, fils de Sultan-Moustapha, fut célébrée par des fêtes qui durèrent dix jours, et pendant lesquelles des troupes de juifs et de Grecs, à la faveur de la licence qui accompagne presque toujours la joie populaire, osèrent parodier les fonctions du grand vézir et des autres hauts dignitaires de l'empire, et poussèrent la hardiesse jusqu'à contrefaire le Sultan lui-même. Ce qu'il y a de plus étonnant peut-être dans ces saturnales, c'est qu'elles pussent se faire impunément.

Tandis que le divan ne songeait qu'à assurer la paix et la sécurité de l'empire, deux événements inattendus, l'avénement au trône de Russie de Catherine II et la mort du roi de Pologne Auguste III, ouvrirent de nouvelles scènes de guerre et de troubles dans l'Europe. Une persécution exercée contre les protestants polonais, connus sous le nom de *dissidents*, fut le prétexte dont l'ambitieuse czarine se servit pour faire entrer des corps de troupes en Pologne : bientôt maîtresse, par la corruption ou la crainte, des délibérations de la diète, elle fit placer, en 1764, sur le trône des Jagellons, le comte Stanislas-Auguste Poniatowski, ancien *favori* de Catherine lorsqu'elle n'était encore que grande-duchesse. Ce prince, soumis à l'impératrice par l'amour et la reconnaissance, ne devait être que son premier sujet. Sultan-Moustapha qui, d'après les conseils de la France et de la Prusse, s'était montré contraire à Poniatowski, fut irrité de ce choix; mais il fut détourné de la guerre par les membres du divan et par l'ambassadeur français, qui ne croyaient pas que l'armée ottomane fût en état d'entrer en campagne. Les janissaires, les sipahis, amollis par l'oisiveté et le luxe,

---

(*) On lit sur la porte de ce monument cette simple inscription : « Honneur et gloire « à Dieu ! Sous le bon plaisir de Dieu et dans « la vue de lui plaire, Muhammed, grand « vézir, surnommé *Raghyb*, a fondé cet éta-« blissement, l'an de l'hégire 1176. »

(**) Mahomet a déterminé lui-même les heures consacrées aux cinq *namaz*, indispensables pour tout musulman. Ces heures sont ainsi réglées : La prière du matin, *salat-subh* ou *salat-fedjr*, et en idiome turc *sabah-namazy*, est depuis l'aurore jusqu'au lever du soleil; celle de midi *salat-zuhur*, en turc *euïlé-namazy*, compte depuis le déclin du soleil jusqu'à l'heure du *namaz* de l'après-midi; celle de l'après-midi, *salat-asr*, en turc *ikindy-namazy*, commence au moment que le cadran solaire présente une ombre d'une double longueur de son aiguille, et finit au coucher du soleil; la prière du soir, *salat-maghrib*; en turc *ahcham-namazy*, est depuis le coucher du soleil jusqu'à l'heure où commence la prière de la nuit; celle de la nuit, *salat-icha*, en turc *yatcy-namazy*, compte depuis l'entière obscurité de l'horizon jusqu'à l'aurore, où commence l'heure de la prière du matin.

n'avaient plus cette ardeur belliqueuse qui les avait rendus autrefois si redoutables ; l'Égypte était agitée, et les Wehhabis menaçaient la Mecque : dans ces pénibles conjonctures, le Sultan, obligé de céder à l'avis pacifique de ses conseillers, se contenta de l'assurance que lui donna Catherine de retirer ses troupes de la Pologne et de respecter les libertés de ce royaume. Le brave khan des Tatares, Krim-Gheraï, qui, poussé par son bouillant courage, voulait, malgré la décision du divan, commencer les hostilités, fut destitué et exilé. Néanmoins, Sultan-Moustapha, qui avait consenti à regret à la déposition du khan, l'accueillit avec faveur à son passage à Constantinople ; et aux nobles paroles de Krim-Gheraï, qui cherchait à lui communiquer son énergie, répondit par des plaintes sur la mollesse et la corruption de tout ce qui l'entourait, et sur le peu de bonne volonté qu'il trouvait dans les grands de l'empire.

Cependant la czarine s'emparait peu à peu de tous les droits constitutionnels de la Pologne, et, contre sa promesse formelle, y entretenait toujours des troupes. La population, indignée, frémissait sous le joug étranger ; et enfin, en 1768, la ville de Bar, en Podolie, devint le centre d'une ligue patriotique contre l'ambition de Catherine. Le Sultan, quoiqu'il vît avec peine la conduite des Russes, ne voulait pas déclarer la guerre, tant qu'ils respecteraient les limites de l'empire ottoman ; il se borna à prendre des mesures de précaution : un corps de six mille janissaires, djèbèdjis, et autres armes, fut envoyé à Choczim, et un pareil nombre à Bender et à Okzakow. Il résista même aux instances des confédérés de Bar, qui suppliaient le Sultan de les aider à repousser les Russes, et lui offraient, en retour de ce service, la possession de la Podolie. Mais bientôt les Russes levèrent eux-mêmes tous ses scrupules : un corps de cavaliers moscovites, en poursuivant quelques confédérés polonais, fut attiré sur le territoire ottoman par une ruse combinée entre ces derniers et Yakoub-Aga, grand douanier de Balta, entra dans cette ville et y massacra, sans distinction, Polonais et musulmans. Cette violation manifeste du traité souleva tous les esprits : le *sandjak-chérif* fut arboré (*) ; on récita la prière appelée *El-Fatiha* (**), et la guerre fut déclarée. Krim-Gheraï, rappelé de son exil, fut réintégré dans sa dignité, et chargé d'ouvrir la campagne. Il se signala bientôt par une entreprise hardie : en 1182 (janvier 1769), il fit une incursion dans la Nou-

(*) Le *sandjak-chérif* (étendard de Mahomet) est l'oriflamme des musulmans : il ne sort du sérail que lorsque le Sultan ou le grand vézir marche à la tête de l'armée. Une riche tente, spécialement réservée pour le sandjak-chérif, est dressée en ces occasions, sur un pieu de bois d'ébène garni d'anneaux d'argent. Au retour de la campagne on enferme le saint drapeau dans une caisse ornée avec luxe, autour de laquelle on fait des prières et l'on brûle pendant plusieurs jours des parfums d'aloès et d'ambre gris. Les porteurs de cet étendard se nomment *sandjakdars* : ils sont tirés du corps des *harem-kapoudjiléri* du sérail.

L'enthousiasme excité par la vue de l'étendard du Prophète fut cause, en cette occasion, d'une catastrophe, fatale aux Européens de Constantinople : poussés par la curiosité, plusieurs d'entre eux avaient loué, pour quelques sequins, des fenêtres dans des maisons musulmanes, d'où, cachés derrière les persiennes, ils regardaient défiler le cortége. Tout à coup, un des émirs qui précédaient le sandjak-chérif, s'écrie en s'adressant au peuple : « Des *ghiaours* osent « profaner de leurs regards impurs le dra- « peau sacré du Prophète ; que ces *chiens* « soient punis ! » A ces mots une multitude fanatique s'élance avec furie, enfonce les portes, et massacre sans pitié pour l'âge ni le sexe, tous les chrétiens qu'elle peut découvrir ; des femmes enceintes furent traînées par les cheveux et foulées aux pieds : l'épouse et les filles de l'internonce impérial périrent de cette manière. Le grand vézir témoigna l'intention de punir les coupables, mais l'impossibilité de les découvrir leur assura l'impunité.

(**) *El-Fatiha* est le premier chapitre du Coran. Ce mot signifie *ouverture*.

velle-Servie, y incendia tous les établissements russes, et revint à Bender avec trente-cinq mille prisonniers et un immense butin. Il se préparait à attaquer de nouveau l'ennemi, lorsqu'une mort subite vint mettre un terme à ses triomphes. Suivant quelques auteurs, le grand vézir Muhammed-Émin-Pacha, jaloux de la supériorité incontestable du khan de Crimée, et de la faveur dont il jouissait auprès du Sultan, se débarrassa par le poison du prince tatare. Dewlet-Gheraï, que la voix des chefs du pays appelait au pouvoir, remplaça Krim-Gheraï.

Cependant la czarine, qui ne s'attendait pas à un si prompt commencement d'hostilités, n'avait encore que vingt-quatre mille hommes à opposer à la nombreuse armée des musulmans. Le prince Galitzin s'avança néanmoins au-devant des Ottomans; il passa le Dniester et s'approcha de Choczim. La garnison de cette ville, emportée par son ardeur et enhardie par la nouvelle de l'approche de la grande armée musulmane, voulut faire une irruption du côté de Ruzvandja. Ce fut en vain que Huçeïn-Pacha, commandant de la place, s'opposa à ce projet imprudent; les soldats, animés du désir du pillage, se révoltèrent et massacrèrent leur chef. Instruits de cette sédition, les Russes s'avancèrent à marches forcées, et vinrent attaquer la ville. La résistance de la garnison fut si vigoureuse, que le général Galitzin désespéra de la vaincre et rentra en Pologne, poursuivi par un corps de troupes ottomanes, qui arrivait au secours de Choczim. Ce léger triomphe, donné par le grand vézir pour une victoire importante, produisit une vive sensation à Constantinople, et fit décerner, un peu trop prématurément, le surnom de *Ghazi* (victorieux) à Sultan-Moustapha. Enivrés de ce succès, les Osmanlis continuèrent à se porter en avant, et traversèrent la Moldavie, que leur innombrable armée affama bientôt : la disette fit naître dans le camp les murmures et l'indiscipline : on se plaignit hautement de l'avarice et de l'imprévoyance du grand vézir Muhammed-Émin, qui, à son tour, accusait les pachas sous ses ordres. C'est au milieu de ce mécontentement général que les opérations commencèrent. Le khan des Tatares fut désigné pour passer le Dniester; un sérasker, conduit par Potocki, l'un des chefs de la confédération de Bar, se dirigea vers la Pologne, et le grand vézir prit position devant Bender. Pendant que ces mouvements s'opéraient, les Russes attaquaient à l'improviste l'armée ottomane sur la route de Choczim. Cette affaire se termina au désavantage des musulmans qui se réfugièrent partie à Yassi et partie à Bender. Les Russes investirent aussitôt Choczim, où Potocki s'était jeté avec quelques mille hommes : sa courageuse résistance donna le temps à un corps d'armée ottoman de venir au secours de la place; mais Galitzin avait rangé ses troupes sur la rive opposée du fleuve, et son artillerie balayait tout ce qui osait approcher. Les troupes du sérasker murmuraient hautement de la position périlleuse où son imprudence les plaçait; et bientôt le malheureux ministre, victime des intrigues de ses ennemis auprès du Sultan, paya de sa tête les revers de cette campagne. Moldovandji-Ali-Pacha reçut, avec le sceau de l'empire, le commandement en chef des armées. Le nouveau sérasker, homme de cœur et de tête, s'était élevé, par son courage et ses talents, d'un rang infime à la première dignité de l'État : il voulut justifier ce choix honorable par quelque triomphe éclatant. D'après son ordre, un pont est jeté sur le Dniester; des nuées de Tatares et de volontaires passent le fleuve, et se précipitent sur le camp retranché de Galitzin. Malgré le peu d'ensemble que ces hordes indisciplinées mettaient dans leurs attaques, le grand nombre de ces barbares, qui se succédaient sans cesse, rendait la position des Russes extrêmement critique. Tout à coup une crue des eaux du fleuve ébranle le pont; les soldats épouvantés s'y élancent en foule pour regagner la rive : il cède au poids et se brise, entraînant dans sa chute les malheureux qui cherchaient à se sauver. Un corps de six mille hommes qui, placé à la tête du pont, protégeait le passage, reste isolé sur la rive; il est entièrement détruit par les Russes. La terreur s'empare du reste de l'armée, elle regagne le Danube; la garnison de Choczim, cédant à l'effroi général, évacue honteusement la place; et Galitzin, osant à peine croire à un bonheur si inespéré, se hasarde à passer le fleuve quelques heures après, et prend possession de Choczim dont les portes étaient ouvertes, et où il ne trouva que des vieillards et des femmes. Favorisé par les éléments et par la frayeur de l'ennemi, le général russe poursuit sa marche, entre sans obstacles en Moldavie et en Valachie, et étend ses conquêtes jusqu'au Danube.

Ainsi se termina la campagne de 1769. Moldovandji-Ali-Pacha, dont le courage n'avait pu lutter contre la lâcheté de ses soldats, fut destitué le 13 cha'ban 1183 (1ᵉʳ décembre 1769), et passa au commandement des Dardanelles. En même temps, son heureux antagoniste, le prince Galitzin, général médiocre qui devait ses succès plutôt au hasard qu'à ses combinaisons stratégiques, fut rappelé à Pétersbourg, et remplacé par le comte Romanzoff. Cependant les succès des armes russes avaient fait germer dans l'esprit de l'ambitieuse Catherine les plus vastes desseins : secondée dans ses vues par le maréchal Münich, aussi habile diplomate que bon capitaine, elle résolut de réveiller dans le cœur des Grecs cet amour de la liberté qui avait enfanté tant de prodiges parmi leurs glorieux ancêtres. Un lien commun, la conformité de croyance religieuse, rapprochait des peuples soumis à des maîtres différents : ainsi les Valaques, les Moldaves, les habitants de l'Épire, de l'Attique, de la Thessalie, du Péloponèse, esclaves de la Porte, devaient accueillir avec faveur des chrétiens qui venaient les délivrer du joug des infidèles. Comptant sur ces secrètes sympathies, Catherine songea à organiser le soulèvement de la Grèce.

Un aventurier de ce pays, Papas-Oglou, fut chargé de cette mission périlleuse. Il se rendit d'abord en Morée, et s'adressa secrètement à un vieillard nommé Benaki, primat de la ville de Calamata, et qui, par son esprit et ses richesses, avait acquis sur ses compatriotes, et même sur les pachas de la presqu'île, une influence assez grande. Il possédait aussi la confiance entière des Maïnottes, ces montagnards à demi sauvages qui se font gloire de descendre des Spartiates, et qui n'en ont conservé qu'un farouche instinct de liberté. Après bien des négociations, Papas-Oglou réussit à faire souscrire une espèce d'alliance entre les Grecs des montagnes et ceux des plaines; quelques primats, plusieurs évêques, des amis et des parents de Benaki, séduits par l'espoir de recouvrer leur liberté à l'aide de la Russie, signèrent un engagement; et le négociateur, avec d'aussi faibles bases, osa assurer à la czarine qu'à la vue d'une flotte russe, cent mille Grecs se lèveraient comme un seul homme et briseraient leurs chaînes. Trompée par ces promesses insensées, Catherine crut le moment favorable pour tenter la délivrance de la Grèce. En septembre 1769, une escadre de sept vaisseaux de ligne, de quatre frégates et de quelques bâtiments de transport, partit des rives de la Néva pour la mer Égée. A la nouvelle de cet armement naval, dont aucune puissance ne connaissait la destination, et que l'on croyait destiné à tenir en respect les Suédois, le Sultan, dont toute l'attention se portait vers le Danube, se contenta de renforcer les places de guerre qui bordent ce fleuve, et d'envoyer quarante mille hommes pour protéger, en cas d'attaque, Oczakow et Bender.

Pendant que la Porte s'abandonnait à cette dangereuse sécurité, l'amiral russe Spiridow passait le Sund, radoubait ses vaisseaux en Angleterre, entrait dans la Méditerranée, et enfin jetait l'ancre devant le golfe de Coron. L'aspect inattendu du pavillon russe sema l'effroi parmi les Ottomans, qui se réfugièrent dans leurs citadelles.

C'était le moment de profiter de cette terreur et de s'emparer des points importants de la côte; mais les moyens des Russes étaient trop faibles pour arriver au brillant résultat que leur souveraine avait en vue. Huit cents hommes de débarquement composaient toutes les forces dont ils pouvaient disposer en faveur des Grecs. Ceux-ci, qui croyaient n'avoir qu'à se rallier à une armée assez puissante pour les protéger et briser leurs chaînes, s'alarmèrent en comptant le petit nombre de leurs libérateurs : les Russes, à leur tour, persuadés, d'après les rapports de Papas-Oglou, que toute la population accourrait à leur aide, furent étonnés et mécontents du peu d'ardeur qui animait les Hellènes. Cependant, le primat Benaki leva un corps de quatre mille hommes, qui adoptèrent l'uniforme russe et prirent le nom de légion orientale et occidentale de Sparte. Une partie de cette petite troupe parcourut la presqu'île pour rallier des partisans; l'autre assiégea la ville de Coron. Cette place, mal fortifiée, et défendue par une garnison de quatre cents Ottomans, résista pendant deux mois aux efforts infructueux des assiégeants, qui se retirèrent à l'approche de l'hiver : la flotte se réfugia dans le port de Navarin, dont un détachement de troupes russes s'était emparé par surprise.

Au printemps suivant, une flottille, sous les ordres de l'amiral Elphinston, vint renforcer l'escadre de Spiridow. De son côté, le Sultan avait armé vingt vaisseaux de ligne, qui firent voile pour le Péloponèse. Le kapoudan-pacha, après avoir laissé la moitié de sa flotte dans l'Archipel, s'approcha de la Morée : des dix navires qui lui restaient, quatre débarquaient des munitions et des troupes dans le port de Napoli, lorsque Elphinston attaqua les six autres. Un seul osa attendre l'amiral russe, et, malgré la fuite honteuse des cinq bâtiments qui l'accompagnaient, il résista longtemps aux efforts et aux bordées de toute l'escadre ennemie, et finit, après une glorieuse résistance, par se dégager et se réfugier sous la protection des forts de Napoli. Le brave musulman qui commandait ce navire s'appelait Haçan-Beï, et annonçait par ce début brillant qu'il deviendrait un jour l'émule des plus illustres marins ottomans. Elphinston, obligé de renoncer à le poursuivre, se retira vers Cérigo.

Lorsque le reste de la flotte ottomane eut rejoint Haçan-Beï, cet intrépide capitaine voulait poursuivre Elphinston; mais le kapoudan-pacha ne cherchait qu'à éviter l'ennemi, et appuyait sa conduite prudente sur des raisons assez plausibles : les Russes n'avaient en leur pouvoir que Misitra, Calamate et Navarin, et éprouvaient les plus grandes difficultés à se procurer des vivres; tandis que les Ottomans réunissaient de tous côtés leurs forces, et pourraient incessamment attaquer l'ennemi avec une supériorité incontestable. En effet, déjà les milices albanaises, réunies aux troupes ottomanes, marchaient sur le Péloponèse : bientôt Patras est réduit en cendres; Tripolitza, le territoire de Mégalopolis, la Laconie, la Messénie sont ravagées; les vainqueurs poursuivent avec un égal acharnement les Grecs et les Moscovites, et signalent leur barbarie par des excès épouvantables, dont la Morée portait encore des marques trente ans plus tard. Les Russes échappés au massacre remontent sur leurs vaisseaux, où ils recueillent le primat Benaki, Papas-Oglou, et une foule de blessés, de malades et de chefs de cette fatale insurrection.

Cependant le kapoudan-pacha, fidèle à son système de prudence, s'éloignait dès qu'il voyait paraître le pavillon russe; mais enfin, atteint par l'escadre ennemie dans l'étroit canal qui sépare l'île de Chio de la côte d'Asie, il ne put refuser le combat : il rangea sa flotte en forme de croissant le long du rivage, sur lequel étaient établies des batteries qui la protégeaient. Dans cette position il attendit l'attaque des Russes, et lorsque ce moment fut arrivé, il se fit mettre à terre, sous prétexte d'y ordonner quelques mesures nécessaires. La flotte d'Elphinston, composée seulement de neuf vaisseaux, fut partagée en trois divisions. Après quatre heures d'un feu soutenu, le vaisseau amiral russe aborda la *Kapoudana* (*), où le brave Haçan-Beï avait remplacé le timide kapoudan-pacha : les grappins furent jetés, et l'abordage commença. Mais bientôt une épouvantable catastrophe sépara les combattants : le feu prit à la *Kapoudana*, gagna le vaisseau amiral, et les deux navires sautèrent ensemble. Haçan-Beï et quelques officiers échappèrent presque seuls à ce désastre. Épouvanté par cette explosion, et craignant d'être atteint par l'incendie, Dja'fer-Beï, commandant d'une division de la flotte ottomane, gagna la petite baie de *Tchechmè* (l'ancienne Cyssus), et y fut suivi par le reste de l'escadre, qui s'y amoncela après lui, malgré les représentations d'Haçan-Beï, convaincu de tout le danger de cette position. Les Russes ne tardèrent pas à profiter de cette faute : des brûlots, lancés pendant l'obscurité, mirent le feu aux vaisseaux entassés dans le port de Tchechmè; et dans la nuit du 6 au 7 juillet 1770 (24 rebi'ul-ewwel 1184), la flotte ottomane fut anéantie : les secousses causées par l'explosion des navires qui sautaient, et les boulets que lançaient les canons atteints par les flammes, renversèrent les édifices et les fortifications de Tchechmè : cet épouvantable fracas fut entendu, assure-t-on, jusqu'à Athènes, éloignée de cinquante lieues du théâtre de la catastrophe. Un seul vaisseau ottoman, échappé aux flammes, tomba au pouvoir des Russes.

Elphinston, voulant profiter de cette victoire, proposa de forcer sur-le-champ le détroit des Dardanelles (*), que le baron de Tott, sur l'ordre du Sultan, venait de fortifier à la hâte. Le général en chef de l'expédition, le comte Orloff, refusa son autorisation à cette entreprise. Désespéré de ce refus, l'amiral écossais pénétra dans le canal de l'Hellespont avec ses trois vaisseaux ; mais ne se voyant pas suivi, il en ressortit sans être atteint par les batteries du rivage. Il rejoignit ensuite l'escadre russe, et se rendit avec elle devant l'île de Lemnos, dont le siège fut entrepris.

Cependant l'armée des Ottomans était aussi malheureuse que leur flotte. Le général Romanzoff avait pris ses quartiers d'hiver en Moldavie : Khalil-Pacha, qui venait d'être nommé grand vézir et sérasker, se tenait sur la rive droite du Danube, tandis que Romanzoff occupait l'autre bord, et que le comte Panin arrivait avec soixante mille Russes et Kalmouks pour assiéger Bender. Un fort détachement de cette armée fut chargé de s'opposer aux invasions des Tatares de Crimée; mais ceux-ci, au nombre de cinquante mille, repoussèrent les Russes, traversèrent le Dniester, firent leur jonction avec Khalil-Pacha, qui accourait au secours de Bender, et protégèrent son passage sur le Danube. Dès que Romanzoff sut que l'avant-garde musulmane avait traversé le fleuve, il la surprit au point du jour, la chassa, et

---

(*) La *Kapoudana* est le vaisseau amiral des Ottomans ; la *Patrona* et la *Reala* viennent ensuite : ces trois navires tirent leur nom des officiers supérieurs qui les commandent, et dont le premier correspond pour le rang à un amiral, le second à un vice-amiral, et le troisième à un contre-amiral. Depuis 1764, on donne au vaisseau monté par le kapoudan-pacha ou grand amiral, le nom de *vaisseau du pacha*. Ces quatre navires portent la dénomination de *sandjak-guèmilèri* (à pavillon), et les autres vaisseaux de ligne celle de *alaï-guèmilèri*. On appelle *caravèla* les frégates, et *fircata* les brigantins. Outre ces diverses espèces de bâtiments, la marine ottomane entretenait anciennement une quarantaine de galères à seize bancs de rameurs, commandées par des pachas à deux queues : mais l'usage de ces sortes de navires a été abandonné depuis Sultan-Moustapha III et Sultan Abdul-Hamid Ier, et l'on n'a conservé que la galère du kapoudan-pacha, appelée *Bachtarda*, qui est richement décorée, et dont on se sert dans certaines cérémonies publiques.

(*) Ce détroit est surnommé par les Ottomans *Kilidi-Béhar*, c'est-à-dire *Cadenas de la mer*.

lui enleva une portion de son artillerie; mais pendant qu'il remportait ce léger avantage, cinquante mille Tatares manœuvraient sur les derrières de son armée, et cent trente mille Ottomans avaient passé le Danube. Le général russe, sur le point d'être enveloppé, risqua la bataille; après un engagement de huit heures, il parvint, par la supériorité de sa tactique, à tourner le camp ennemi, et à remporter, près de Cahoul, une éclatante victoire : cinquante mille musulmans périrent dans cette journée. Les débris de l'armée repassèrent en désordre le Danube, et gagnèrent Constantinople au moment où la nouvelle de la catastrophe de Tchechmè et de l'apparition d'Elphinston aux Dardanelles semait la terreur dans la capitale. Dans ces circonstances critiques, le Sultan convoqua un divan; il y rendit compte de sa position et des offres amicales que lui faisaient, en qualité de médiatrices, les cours de Vienne et de Berlin : le conseil tout entier opina pour la paix; mais, pour rendre les négociations plus fructueuses, Sultan-Moustapha continua les préparatifs de guerre. L'armée du Danube fut renforcée, et confiée à Silahdar-Muhammed-Pacha, nouveau grand vézir : on fit des levées en Bosnie et en Albanie; et une quantité considérable de munitions de guerre fut embarquée pour Varna, sous la direction du baron de Tott, chargé de la formation des artilleurs, des bombardiers et des pontonniers. Malheureusement l'indiscipline des soldats ottomans neutralisait les efforts de ce chef et les bonnes intentions du Sultan.

Après la défaite de l'armée ottomane à Cahoul, les Tatares, abandonnés par Khalil-Pacha, s'étaient jetés partie dans la Bessarabie, et partie dans la place forte d'Isma'il qu'ils se préparaient à défendre, tandis que le comte Panin assiégeait Bender, et l'enlevait d'assaut, malgré la résistance d'un corps d'Arabes, qui formait la principale force de la garnison. Peu de jours après, Akerman ouvrit ses portes aux Russes. Les musulmans, découragés et épouvantés par les succès des Moscovites, évacuèrent les forteresses de la rive gauche du Danube; et ces derniers entrèrent, sans coup férir, dans la ville d'Isma'il, qui leur avait résisté jusqu'alors.

Cependant Catherine poursuivait avec ardeur l'œuvre de la destruction de l'empire ottoman; tous les malheurs frappaient à la fois Sultan-Moustapha : la Géorgie s'insurgeait; Azof se rendait pour la troisième fois aux Russes; une flottille moscovite s'apprêtait à dévaster les côtes de la mer Noire, et à s'emparer des approvisionnements dirigés sur Constantinople par le Pont-Euxin, tandis que l'escadre d'Orloff devait arrêter les bâtiments de transport dans les mers de la Grèce; en Palestine, l'autorité du Grand Seigneur était méconnue; Ali-Beï, chef des Mamlouks, aspirait à la souveraineté de l'Égypte; enfin, Sultan-Moustapha ne voyait autour de lui que revers ou révoltes; et il fallait une âme d'une trempe peu commune pour envisager sans désespoir un pareil tableau.

Depuis trois mois, les Russes, fiers de leur supériorité, bloquaient Lemnos, et attendaient patiemment que la famine leur livrât la forteresse, qui manquait de vivres. L'intrépide Haçan-Beï, *ce crocodile de la mer des batailles*, comme l'appelle un écrivain oriental, résolut de profiter de la négligence que l'ennemi apportait à ce siége : dans une nuit obscure, il part des Dardanelles avec quinze cents hommes, débarque sur la plage de Lemnos, et, afin que ses soldats ne cherchent plus leur salut que dans la victoire, il repousse au large les bateaux qui les ont apportés. Il surprend les assiégeants, qui, saisis d'effroi, ne songent qu'à fuir, gagnent leurs vaisseaux et appareillent en toute hâte. Après ce hardi coup de main, Haçan-Beï ravitaille la place et revient en triomphe aux Dardanelles. La dignité de kapoudan-pacha fut le prix de cette belle action, et imposa silence à ses envieux, qui lui reprochaient d'avoir fui à la malheureuse affaire de Tchechmè.

Les Russes ne furent pas si heureux pendant la campagne de 1771 qu'ils l'avaient été dans la précédente : ils échouèrent dans leurs tentatives sur Trébisonde et la Géorgie : d'un autre côté, la flottille armée dans le port d'Azof ne put sortir des Palus-Méotides, faute de pilote, et les chefs de l'expédition retournèrent à Saint-Pétersbourg. En revanche, le prince Dolgorouki s'empara, en trois semaines, de presque toute la Crimée, conquête qui valut à ce général le surnom de *Krimski*. Sur les bords du Danube, les succès et les revers étaient balancés entre le sérasker et le général Romanzoff, qui occupèrent tour à tour la rive droite et la rive gauche du fleuve. Enfin le besoin de la paix se faisait également sentir aux deux parties belligérantes : les triomphes des Russes avaient été chèrement achetés ; la peste désolait leurs armées, et avait pénétré jusqu'à Moscou même. L'Autriche et la Prusse poussaient à un accommodement, dans leur intérêt commun ; car, suivant un accord avec la Russie, ces trois puissances devaient se partager une portion de la Pologne. Un armistice fut conclu devant Giurgewo, et un congrès s'ouvrit à Focziani en Moldavie. De longues discussions s'établirent : mais les demandes de la Russie parurent trop exagérées à la Porte ; et, après une dernière entrevue qui eut lieu à Bucharest entre le grand vézir Muhsin-Oglou et le général Romanzoff, les conférences furent rompues, et les hostilités recommencèrent.

Dans la campagne de 1773, les armes ottomanes reprirent l'avantage, quoique sans résultat décisif. Quatorze mille Russes essayèrent de passer le fleuve, et furent repoussés par les musulmans qui firent six cents prisonniers : le prince Repnin se trouva de ce nombre, et fut envoyé à Constantinople, où on l'enferma aux Sept-Tours. Deux tentatives de Romanzoff, le siége de Silistrie et celui de Varna, n'eurent pas plus de succès. Ce général rentra en Valachie, et les Ottomans prirent à leur tour l'offensive. Le kapoudan-pacha Haçan, le vainqueur de Lemnos, qui n'avait plus de flotte à commander, et dont la bouillante valeur ne pouvait souffrir l'inaction, se mit à la tête d'un corps de sipahis, chassa les Russes au delà du Danube, s'empara de leur artillerie et de leurs munitions, et termina la campagne par ce brillant fait d'armes.

C'est au milieu de ces triomphes, qui consolèrent les derniers instants de Sultan-Moustapha, que ce prince mourut le 20 zilka'dè 1187 (21 janvier 1774) (*). Avant d'expirer, il exposa à son frère Sultan-Abdul-Hamid la situation critique de l'État, et l'éclaira de l'expérience qu'il avait acquise pendant un règne de dix-sept années. Sultan-Moustapha III fut justement regretté de ses sujets, qui reconnaissaient la sollicitude dont il était animé pour leur bonheur et pour la gloire de l'empire : arrivé au trône à un âge mûr, il avait pu tirer un enseignement utile de la déposition de son père Sultan-Ahmed III : exposé depuis, par la jalousie de son cousin Sultan-Osman, à une mort presque certaine, il n'échappa au poison que par sa prudence et l'étude qu'il avait faite de la médecine ; mais sa figure, d'une pâleur effrayante, semblait garder la trace des criminelles tentatives auxquelles il avait été en butte. Cette position précaire avait donné à son caractère une teinte de mélancolie qu'il conserva toujours : il était porté à la réflexion, aimait le travail, et avait acquis quelques connaissances. Il estimait les savants, et ne cherchait qu'à s'instruire : il fit traduire *le Prince* de Machiavel, l'*Anti-Machiavel* du roi de Prusse, et les *Aphorismes* de Boërhaave. Il fonda à Constantinople une académie qui porte son nom ; il fit réparer le

(*) Vassif-Efendi, historien ottoman contemporain de Sultan-Moustapha III, fixe la mort de ce prince au 8 zilka'dè (9 janvier). On peut concilier ces deux dates, car le 21 janvier 1774, *nouveau style*, répond au 9 janvier du calendrier grec non-réformé, qui est suivi par les Turcs aussi bien que par les Arméniens et les autres chrétiens sujets de la Porte.

kitab-khanè attenant à la mosquée de Sultan-Muhammed II, et élever celle de *Nouri-Moustapha*, que le peuple désigne sous le nom de *Lalèli-Djamici* (mosquée des tulipes). Observateur rigide de la loi religieuse, sage réformateur, esprit juste, il remit en vigueur les lois somptuaires, et s'efforça de rappeler les musulmans aux vertus austères de leurs ancêtres. Dans son zèle infatigable, il voulait tout connaître par lui-même, et travaillait sans cesse pour suppléer à l'incapacité ou à la paresse de ses ministres. Il répondait à ceux qui lui représentaient que ce genre de vie nuirait à sa santé : « Il faut bien que « je fasse la besogne, puisqu'aucun de « vous ne sait la faire. » Avec un pareil dévouement à ses devoirs, il est probable que ce prince eût porté l'empire ottoman à un très-haut degré de prospérité, s'il avait été secondé par ses grands vézirs, et surtout si les circonstances ne lui avaient été presque toujours contraires. Mais, du moins, les malheurs qu'il éprouva firent briller en lui la plus difficile de toutes les vertus, une constance inébranlable dans les revers de la fortune. Malgré la supériorité de son esprit, il paya le tribut aux préjugés de son époque, en montrant un grand penchant pour les sciences occultes : il envoya un exprès au souverain de Fez pour lui demander un habile astrologue ; et, pendant la guerre contre les Russes, il régla souvent ses opérations sur la prétendue influence des astres. Nous devons ajouter, à sa louange, qu'à la fin de son règne, il eut la force morale de reconnaître l'absurdité d'un art dans lequel il avait eu jusqu'alors la plus aveugle confiance.

CHAPITRE XXVIII.

SULTAN-ABDUL-HAMID-KHAN, FRÈRE DE SULTAN-MOUSTAPHA-KHAN III, ET FILS DE SULTAN-AHMED III.

Sultan-Moustapha III avait laissé, en mourant, à son frère Sultan-Abdul-Hamid le soin de terminer la malheureuse guerre contre les Russes : mais le nouveau souverain, par son caractère doux, bienfaisant, ami du repos, et même faible et timide, était au-dessous de la tâche pénible que lui imposait la gravité des circonstances. Le trône d'Osman chancelait, ébranlé à la fois par la guerre étrangère et les divisions intestines : les Russes avaient envahi la Crimée et toutes les provinces septentrionales des bords du Danube; Catherine avait gagné à sa cause Héraclius, prince de Géorgie et vassal de la Porte; en Albanie, Mahmoud, gouverneur de Scutari, était en pleine révolte; Ali, pacha de Yanina, jetait les fondements de cette puissance indépendante et despotique qu'il conserva pendant près d'un demi-siècle; sur la frontière orientale de l'empire, Ahmed, pacha de Bagdad, ne reconnaissait que de nom la suzeraineté du Sultan; la Palestine obéissait au vieux cheïkh arabe Daher, qui, soutenu par les tribus nomades du désert, avait pris le titre de cheïkh d'Acre et de Galilée; enfin, en Égypte, Muhammed-Beï, fils adoptif d'Ali-Beï, chef des Mamlouks, avait chassé ce dernier, et, tout en se disant l'esclave du Sultan, ne conservait que l'apparence de la fidélité. C'est au milieu de tant d'éléments de désordre qu'eut lieu l'avénement d'un prince pacifique, qui, âgé de près de cinquante ans, ne s'était occupé jusqu'alors, dans sa retraite d'*Eski-Sèraï* (le vieux sérail), qu'à transcrire le Coran et à fabriquer des arcs et des flèches.

Le premier usage que fit de son pouvoir Sultan-Abdul-Hamid, fut de donner une entière liberté à son neveu Sèlim, et de déclarer qu'il voulait lui servir de père : cette conduite généreuse, si contraire à celle de ses prédécesseurs, lui attira la vénération des musulmans, qui, suivant l'usage consacré parmi eux, attentifs à la première action de leur nouveau souverain, conçurent les plus belles espérances d'un règne qui débutait par une action vertueuse. Depuis Baïezid II, aucun des sultans n'avait pu se dispenser de distribuer aux janissaires le *djulous-aktchèçi* ou *denier d'avéne-*

ment; et, jusqu'à Sultan-Abdul-Hamid, la seule intention, manifestée par les souverains nouvellement couronnés, de retrancher cette gratification d'usage, avait toujours occasionné des émeutes parmi cette milice indisciplinée; mais la pénurie du trésor épuisé par une guerre malheureuse permit à Sultan-Abdul-Hamid de se refuser à cette largesse, qui eût été très-onéreuse à l'État dans des circonstances si difficiles. Il s'occupa ensuite, malgré son peu de goût pour la guerre, des préparatifs nécessaires pour la prochaine campagne. Une armée de quatre cent mille hommes se rassembla sur la rive droite du Danube, et le Sultan assista en personne aux manœuvres des artilleurs et des soldats exercés à l'européenne par les soins du baron de Tott.

Cependant l'armée de Romanzoff, affaiblie par ses revers et même par ses succès, n'était pas en état d'agir avant d'avoir reçu des renforts; mais, en ce moment, une révolte dangereuse éclatait dans l'intérieur de l'empire russe : le rebelle Pugatschef, qui se faisait passer pour le czar Pierre III, échappé miraculeusement, disait-il, au fer des assassins, marchait sur Moscou, soutenu par une multitude crédule : dans ce péril imminent, Catherine sut arrêter les progrès de l'insurrection, et, en même temps, envoyer des secours à Romanzoff, qui se hâta de reprendre l'offensive. Secondé par les généraux Souwaroff et Kramenski, il effectua le passage du Danube, malgré les efforts des Ottomans; bientôt, par une savante manœuvre, Romanzoff tourna la position du grand vézir et le sépara de la place de Warna, où se trouvaient les magasins. Effrayés de cette situation critique, les musulmans se révoltent contre leurs chefs, et se débandent : douze mille hommes restent seuls auprès du sèrasker Muhsin-Zadé. Dans cette position pénible, il écrivit au Sultan pour se justifier d'un événement aussi imprévu; et ce prince, résigné, en bon musulman, à la volonté d'Allah, répondit, en s'appuyant sur un fetwa du mufti, que le grand vézir ne pouvait vaincre sans soldats; et que, puisque son armée l'avait abandonné, le Prophète ordonnait qu'il fît la paix. D'après cette autorisation, le sèrasker signa, le 24 djèmazi-ul-oula 1188 (21 juillet 1774), à Kutchuk-Kaïnardji, en Bulgarie, un traité par lequel la Porte reconnaissait l'indépendance des Tatares de la Crimée, du Budjak et du Kouban, accordait aux Russes la libre navigation dans toutes les mers de l'empire ottoman, leur cédait les places d'Azof, de Kilbouroun et quelques autres forteresses, et enfin acceptait le partage de la Pologne. Catherine, en compensation, restituait aux Ottomans la Bessarabie, la Moldavie, la Valachie, et les îles que la Russie occupait dans l'Archipel.

Cette paix, tout humiliante qu'elle était pour la Porte, fut accueillie par la nation avec de grands transports de joie, tant on éprouvait le besoin du repos. Le grand vézir Muhsin-Zadè-Muhammed-Pacha, à qui l'indiscipline de ses troupes avait causé un si vif chagrin qu'il en était dangereusement malade, se mit néanmoins en route pour rapporter à Constantinople le sandjak-chérif; mais, avant qu'il fût arrivé à Karin-Abad (*Carnabat*), ville située au milieu du défilé du Balkan, *l'oiseau de son âme s'échappa de sa cage et prit son vol vers les cieux.* Izzet-Muhammed-Pacha, kaïm-mèkam de Constantinople, lui succéda, et remit le drapeau sacré entre les mains du Sultan : Sa Hautesse, ajoute l'historien ottoman à qui nous empruntons ces détails, retourna ensuite au palais impérial, *qui est la nacre où se renferme la perle précieuse de son auguste personne, et le centre glorieux d'où le soleil de sa puissance répand ses rayons sur l'univers* (*).

(*) Les écrivains musulmans se servent toujours de termes figurés pour retracer les actions ou la mort des personnages dont ils racontent l'histoire. Le besoin de varier ces expressions métaphoriques les jette dans

La paix de Kutchuk-Kaïnardji, en assurant l'indépendance de la Crimée et en accordant aux vaisseaux russes la libre navigation dans les mers de l'empire ottoman, enlevait au Sultan l'appui de son ancien et utile allié le khan des Tatares, et ouvrait la route de Constantinople aux flottes moscovites; aussi la Porte ne cherchait-elle qu'un prétexte pour rompre ce traité. En attendant que cette occasion se présentât, le Grand Seigneur voulut se venger des rebelles qui, pendant la guerre, avaient tenté de se soustraire à la domination ottomane. Le hospodar de Moldavie, Grégoire Ghika, paya de sa tête sa révolte; et le cheikh Daher, assiégé par mer et par terre dans la ville d'Acre, fut tué d'un coup de fusil en cherchant à se sauver dans les montagnes de Safad. Quelques autres exécutions eurent encore lieu; mais ces châtiments partiels ne suffisaient pas à la colère du divan, qui proposa d'exterminer en masse les Grecs de la Morée : cette cruelle mesure fut un peu adoucie sur les représentations du kapoudan-pacha, et l'on se contenta du supplice des principaux moteurs des troubles. Haçan-Pacha, auteur de cette proposition moins barbare, fut chargé de l'exécuter, et y mit une rigueur qui démentit la modération de son langage dans le conseil : des milliers de têtes tombèrent sous le fer du bourreau, et, amoncelées en sanglantes pyramides, portèrent la terreur parmi les malheureux Grecs. Mais ces terribles exemples, en épouvantant les populations, leur inspiraient encore un plus vif désir d'échapper à leurs tyrans. L'impératrice Catherine, dont tous les efforts tendaient à abaisser l'empire ottoman, avait accordé de grands priviléges aux Moldaves et aux Valaques : les Grecs de la Bulgarie, séduits par les avantages qu'elle leur offrait aussi, passèrent le Danube et se rangèrent sous la puissante protection de la czarine : non contente d'avoir enlevé la Crimée aux Ottomans en la faisant déclarer indépendante, elle voulut encore s'approprier une province qui lui convenait si bien. Une intrigue ourdie avec habileté mit la dissension entre les membres de la famille du khan de Crimée; bientôt une sédition, fomentée par les agents secrets de la Russie, arracha le pouvoir à Dewlet-Gheraï, qui, dévoué au Sultan, se réfugia à Constantinople. Chahin-Gheraï, protégé par Catherine, fut nommé khan, et se mit sous la protection ou plutôt sous la dépendance de l'impératrice. La Porte voulut alors reprendre les armes; mais elle fut détournée de ce projet par l'influence du prince Repnin et du comte de Saint-Priest, ambassadeur de France. Déjà ce dernier avait fait confirmer le traité de Kutchuk-Kaïnardji par la convention d'*Aïnaly-Cavak* (kiosque des miroirs), conclue en 1779. Cependant Catherine n'abandonnait pas ses desseins ambitieux : de nouveaux troubles, excités par cette princesse, obligèrent Chahin-Gheraï à se réfugier à Taganrok, et fournirent à la Russie l'occasion d'envoyer en Crimée une armée de soixante-dix mille hommes commandée par le prince Potemkin : cette invasion fut colorée du prétexte de secourir le khan contre ses sujets; mais la Porte, devinant aisément le motif qui guidait l'impératrice, prit la précaution de faire occuper par un pacha la ville de Taman, sur le détroit de Yéni-Kal'a. Les troupes russes s'avançant alors pour repousser les Osmanlis, traversèrent les États de Chahin-Gheraï, qui, dégoûté d'un pouvoir illusoire, se vit bientôt réduit à céder tous ses droits à l'impératrice, moyennant une pension de huit cent mille roubles : en avril 1783, la Russie entra en possession de la Crimée et du Kouban.

Au commencement de l'année suivante, la Porte fut obligée, malgré sa

---

un luxe de tropes bizarres qui impriment à leur style ce caractère pompeux et emphatique, si étrange à nos yeux, mais qui plaît tant aux Orientaux. Nous avons reproduit, de loin en loin, dans notre récit, quelques-uns de ces traits, afin de donner à nos lecteurs une légère idée de la phraséologie des auteurs nationaux.

répugnance, de ratifier ce marché; mais elle s'en vengea sur le malheureux Chahin-Gheraï: ce prince, peu de temps après la cession de son royaume à Catherine, mécontent de sa position, obtint un asile à Constantinople; mais à peine eut-il le pied sur le territoire ottoman, qu'il fut mis à mort par ordre du Sultan.

Cependant toutes les humiliations qu'avait à subir la Porte, excitaient un vif mécontentement dans la nation, qui s'indignait de la patience de son maître à souffrir tant d'outrages: la guerre était demandée à grands cris; et les moyens de la soutenir avec honneur ne manquaient pas: une nombreuse armée de terre, une escadre très-forte, une école d'artillerie, des fonderies établies par le baron de Tott, la tactique européenne enseignée aux soldats ottomans par des officiers français que Sultan-Abdul-Hamid avait engagés à venir à Constantinople, telles étaient les ressources que possédait la Porte pour s'opposer aux vues ambitieuses de l'impératrice de Russie.

Vers la fin de 1786, cette princesse alla parcourir la Crimée, et visita ensuite Kherson, nouvelle ville qui venait de s'élever, par son ordre, sur les bords du Dnieper, et qui assurait à la Russie l'empire de la mer Noire. Joseph II et Catherine y eurent une entrevue, et conclurent une alliance offensive et défensive contre la Porte. Quoique ce pacte eût été arrêté en secret, il ne fut pas difficile au cabinet ottoman de deviner les projets de conquête des deux souverains: et cette circonstance décida le Grand Seigneur à satisfaire aux vœux de ses sujets, en prenant l'initiative. Suivant l'usage établi à cette époque à la cour ottomane, la déclaration de guerre à la Russie fut précédée de l'emprisonnement aux Sept Tours de l'ambassadeur de cette puissance. Le Sultan, en se décidant à recommencer les hostilités, comptait sur l'appui de la Suède et de la Pologne; l'ambassadeur d'Angleterre lui avait fait espérer qu'elles armeraient en faveur de la Porte, et qu'en outre, le roi de Prusse se chargerait de s'opposer à l'empereur Joseph. En conséquence, se croyant sûr d'être soutenu, le Sultan commença par diriger le pacha d'Oczakow, avec des forces considérables, contre Kherson et Kilbouroun, tandis qu'une seconde armée s'avançait sur les bords du Danube. De son côté, le kapoudan-pacha, après avoir apaisé une révolte en Égypte, alla bloquer, avec une flotte de vingt-quatre voiles, l'embouchure du Dniéper, afin de seconder l'attaque de Kherson et de Kilbouroun. Cette dernière place, défendue par le célèbre général Souwaroff, résista à tous les efforts des Ottomans: trois fois ceux-ci s'emparèrent des retranchements, et trois fois les Russes parvinrent à les en chasser.

Cependant l'empereur d'Allemagne dirigeait ses forces sur Belgrade, dont il espérait s'emparer par surprise. Le pacha qui commandait la place dit avec mépris, en apercevant les Allemands: « *Ce sont des chiens qui aboient.* » Néanmoins il prit l'alarme lorsqu'il se vit attaqué subitement, et il en écrivit au divan, qui se plaignit à l'internonce impérial, et lui accorda néanmoins la permission de quitter l'empire ottoman. La tentative des Autrichiens n'ayant pas réussi, le grand vézir fondit sur eux avant qu'ils eussent pu opérer leur jonction avec l'armée de Romanzoff, les fit reculer jusqu'à Loughosch, s'empara de plusieurs places de la Hongrie, brûla et saccagea le banat de Témeswar, et fut sur le point de faire prisonnier Joseph II lui-même.

Ces triomphes des Ottomans étaient contre-balancés par la perte de quelques places en Moldavie, dont le hospodar avait été audacieusement enlevé au sein de sa capitale. Le prince de Saxe-Cobourg et le général Romanzoff attaquèrent de concert Choczim, qui leur ouvrit ses portes après une faible résistance. Enfin le prince Potemkin mit, en décembre 1788, le siége devant Oczakow, avec une armée de quatre-vingt mille hommes. Le kapoudan-pacha, dont l'escadre, renforcée de deux vaisseaux de haut bord, de six frégates et de plusieurs bâtiments inférieurs, s'élevait alors à plus de soixante voiles, se prépara à soutenir par mer Oczakow, qui n'était défendue que par de vieilles fortifications. Tandis que la garnison inquiétait, par de vigoureuses sorties, l'armée de Potemkin, Haçan-Pacha cherchait à engager le combat avec l'escadre russe, inférieure en nombre à la flotte ottomane, mais composée de petits bâtiments légers qui manœuvraient plus facilement. L'amiral russe, en feignant d'éviter le kapoudan-pacha, dépassa l'embouchure du Dniéper, et attira entre ses deux rives les navires ennemis : là, gêné autant par le défaut de largeur que par le peu de profondeur du fleuve, Haçan-Pacha, non-seulement ne put déployer toutes ses forces, mais encore vit trois de ses vaisseaux de ligne échouer sur le sable, d'où il ne parvint à les dégager qu'avec une grande perte d'hommes et de fortes avaries. L'amiral russe, profitant du désordre que cet accident occasionna parmi la flotte ottomane, l'attaqua vigoureusement, prit, coula à fond ou brûla quinze bâtiments, et lui tua onze mille marins. Pendant ce combat, le général Souwaroff, posté sur le rivage devant Kilbouroun, où il avait établi une batterie formidable, foudroyait les vaisseaux ottomans, et achevait leur défaite. Cette victoire navale décida de la perte d'Oczakow : l'armée de terre donna l'assaut, et s'empara de la ville. Les vainqueurs souillèrent leur triomphe par des cruautés inouïes, et vingt-cinq mille victimes tombèrent sous leurs coups.

Les revers multipliés que les armes ottomanes venaient d'éprouver avaient abreuvé de dégoûts les derniers jours de Sultan-Abdul-Hamid, qui succomba à ses chagrins le 7 avril 1789. Il était âgé de soixante-quatre ans et en avait régné quinze. Ce prince pacifique, éclairé et ami de la civilisation, releva l'établissement de l'imprimerie, presque abandonné depuis la mort du renégat Basmadji-Ibrahim. Sa conduite généreuse envers son neveu Sélim lui concilia l'amour du peuple, et sa bonté naturelle le fit adorer de tous ceux qui l'approchaient. Son indulgence et sa douceur étaient si bien connues dans le sérail, que les jeunes filles du harem ne craignirent pas de le jouer lui-même, pendant les fêtes qu'occasionna, en 1780, la naissance de la princesse Rèbia-Sultane. Par un motif louable, ce prince, voulant mettre des bornes au luxe des vêtements, avait défendu que les femmes portassent des manteaux à longs collets. Dans une de ces tournées incognito dont il avait contracté l'habitude pour surveiller par lui-même l'exécution de ses ordres, il aperçut des dames qui, bravant ses règlements somptuaires, se promenaient en étalant avec complaisance les collets démesurés de leurs manteaux. Cette vue excita sa colère à un tel point, qu'il courut sur les coupables élégantes, et voulut raccourcir de ses propres mains le vêtement en contravention. Cet événement fit sensation dans Constantinople; et il n'était pas encore oublié, lorsqu'il fut parodié par les filles du sérail : l'une d'elles, vêtue comme le Sultan, s'élança, armée d'un poignard, sur un groupe de ses compagnes, dont elle avait l'air de vouloir couper les collets, et qui se sauvaient de tous côtés en poussant de grands cris. Sultan-Abdul-Hamid était placé, avec les Sultanes, dans une tribune grillée; et cette scène improvisée, critique indirecte, mais hardie, des vues un peu étroites de ce prince, loin de le fâcher, l'égaya beaucoup.

Sous le règne de Sultan-Abdul-Hamid, la Russie parvint à s'ouvrir le chemin du Bosphore; elle dut ce triomphe, non-seulement à l'adresse et aux intrigues de Catherine II, mais encore aux grands progrès que fit la nation moscovite dans l'art militaire, tandis que les Ottomans restaient stationnaires au milieu du mouvement général; car, malgré les intentions de Sultan-Abdul-Hamid, et l'aide que lui prêtèrent les officiers français appelés à Constantinople, les soldats musulmans ne purent se former à la tactique et à la discipline européennes. La répugnance des janissaires pour ces innovations était si forte, qu'elle occasionna, dans la dernière guerre, une émeute qui faillit coûter la vie au grand vézir Youçouf-Pacha. Ce ministre ayant voulu ranger l'infanterie ottomane sur trois lignes et la faire manœuvrer comme nos troupes, l'indocile milice s'y prêta d'assez mauvaise grâce pendant quelques heures, dans l'espoir d'une gratification ; mais ces évolutions n'ayant été suivies d'aucune distribution d'argent, un soulèvement eut lieu, et l'imprudent Youçouf-Pacha fut obligé de se dérober à la fureur des soldats, qui ne se calmèrent que lorsque le reïs-efendi leur eut fait compter douze cent mille livres. La frayeur du vézir fut si grande en cette occasion, qu'il se crut obligé de sacrifier *huit* agneaux au prophète, pour le remercier de l'avoir tiré de ce mauvais pas.

C'est à cette obstination du peuple de Mahomet à ne jamais sortir des habitudes et de la routine léguées par ses ancêtres, qu'il faut attribuer les grands et nombreux désastres qui l'ont accablé sous les derniers Sultans, et lui ont fait perdre cette supériorité que lui avaient acquise, sur les nations chrétiennes, son fanatisme religieux et guerrier et le brillant courage de ses premiers maîtres.

CHAPITRE XXIX

SULTAN-SELIM-KHAN III, FILS DE SULTAN-MOUSTAPHA-KHAN III.

Les Ottomans, humiliés par les revers qui, sous des souverains d'un âge avancé et privés d'énergie, avaient signalé les règnes précédents, virent avec joie un jeune prince monter sur le trône d'Osman. Sultan-Sélim III n'avait que vingt-sept ans environ lorsqu'il succéda à son oncle Sultan-Abdul-Hamid : sa physionomie était agréable et expressive, son esprit actif, son caractère affable ; et le peuple, séduit autant par le charme de son extérieur que par ses heureuses qualités, se livra à l'espérance de voir l'empire recouvrer son ancienne splendeur et reprendre sa prépondérance guerrière.

Sultan-Sélim, dès son avénement, porta toute son attention sur l'amélioration de l'armée et de la marine : des ordres furent donnés pour la nouvelle campagne, et les troupes se rassemblèrent à Sophia, d'où devait avoir lieu le départ du grand vézir. La plus vive ardeur se manifestait parmi les musulmans ; une circonstance favorable à leur cause vint encore les encourager : Gustave III, roi de Suède, déclara la guerre à la Russie ; la Prusse, qui avait promis d'en faire autant, ne tint pas cet engagement ; et cette défection sauva Catherine, qui n'aurait pu suffire à toutes ces attaques. Les escadres russe et suédoise se rencontrèrent près de Hogland, dans la Baltique ; et il s'ensuivit une action dans laquelle les Moscovites et les Suédois s'attribuèrent l'avantage. Les vaisseaux de Gustave quittèrent alors ces parages et retournèrent à Stockholm, où une révolte rappelait le roi. Dès lors, les Russes, délivrés de toute inquiétude de ce côté, se disposèrent à repousser les troupes du Sultan, sous les ordres du pacha de Widdin, qui venait d'être nommé grand vézir. Le kapoudan-pacha Haçan, depuis la destruction de sa flotte, commandait l'avant-garde ottomane : il fut battu, le 21 juillet 1789, à Fokschany (*), par les forces combinées de Souwaroff et du prince de Saxe-Cobourg. Cette victoire fut le prélude de celle que ces deux généraux remportèrent, deux mois plus tard, sur le gros de l'armée ottomane, qui éprouva une défaite complète à Martinestje sur le Rimnik. Les vaincus perdirent vingt mille hommes, toute leur artillerie, leurs munitions et cent drapeaux. Après cette défaite, obligé de remettre le sceau à Haçan-Pacha, le grand vézir se retira en Roumilie.

Encouragés par leurs succès, les Russes et les Autrichiens marchent de

(*) Petite ville sur la frontière de la Moldavie et de la Valachie, et faisant partie de ces deux principautés, par portions inégales, dont la plus considérable appartient à la Valachie.

concert à de nouveaux triomphes : ils s'emparent de Belgrade, de Bender, et sont bientôt maîtres de la Valachie, de la Servie, de toutes les villes qui protégeaient les rives du Danube, et menacent l'importante place forte d'Ismaïl, dernier boulevard de la Turquie. Tout à coup un événement inattendu délivra la Porte d'un des puissants ennemis ligués contre elle. Le 20 février 1790, Joseph II mourut : son frère Léopold, grand-duc de Toscane, lui succéda. Prenant en considération les menaces de la Suède et de la Prusse, et, peut-être aussi, prévoyant qu'il aurait besoin de toutes ses forces contre l'orage effrayant de la révolution française, il sépara ses intérêts de ceux de la czarine, et, le 4 août 1791, signa avec la Porte, étonnée elle-même de cette heureuse conclusion, le traité de Szistow, par lequel l'Autriche rendait toutes ses conquêtes, et conservait seulement Choczim jusqu'à ce que la paix fut rétablie entre le Grand Seigneur et la Russie. Cette dernière puissance n'avait pas voulu consentir à un accommodement avec le Sultan, et poursuivait le cours de ses conquêtes. Le terrible Souwaroff cernait Ismaïl. Cette ville, protégée par une garnison de quarante mille hommes et pourvue de tous les moyens de résistance, était disposée à une défense vigoureuse : aux fortifications qui l'entouraient, on avait joint un double rang de palissades; les fossés larges et profonds étaient remplis par les eaux du Danube. Pleins de confiance dans leur courage et la solidité de leurs remparts, les musulmans disaient avec orgueil : « On « verra le Danube s'arrêter dans son « cours ou le ciel s'abaisser sur la « terre, avant que les ghiaours moscovites entrent dans Ismaïl. » Malgré tous ces obstacles, Souwaroff n'hésite pas à donner l'assaut : les Russes s'élancent avec ardeur, mais, foudroyés par l'artillerie ennemie, ils reculent en désordre. Leur général les ramène à la charge; bientôt ils envahissent les remparts, et pénètrent dans la ville. Les Ottomans, poursuivis de rue en rue, se défendent pendant douze heures avec le courage du désespoir. Ils cèdent enfin, et le drapeau russe flotte sur les murs d'Ismaïl. C'est le 22 décembre 1790 qu'eut lieu cette importante conquête. Les vainqueurs souillèrent leur triomphe par l'impitoyable massacre des vaincus; il dura trois jours entiers. Un soldat de la garnison, échappé à cette horrible boucherie, alla porter à Constantinople la nouvelle de ce grand désastre. Les Russes trouvèrent dans la place deux cent trente canons, une immense quantité de munitions de guerre, et des richesses incalculables; car les Ottomans avaient rassemblé à Ismaïl tout le butin qu'ils avaient enlevé à Bender, à Ackerman et à Kilia-Nova, lors de la conquête de ces villes.

Quand le peuple de Constantinople apprit cette sanglante catastrophe, sa fureur ne connut plus de bornes. Déjà, dès les premiers revers de la campagne, il avait manifesté son mécontentement par des incendies et des rassemblements séditieux : il lui fallait une victime; il demanda à grands cris la tête du vézir Haçan-Pacha. Sultan-Sélim n'osa refuser cette satisfaction aux mutins : l'ancien ministre Youcouf-Pacha reprit les sceaux et le commandement des troupes.

Haçan-Pacha, l'un des hommes les plus remarquables de son époque, était né en Perse : dans son enfance il fut enlevé par les Ottomans, et vendu à un habitant de Rodosto, ville sur la Propontide. Trop fier pour supporter l'esclavage, Haçan, dès qu'il eut atteint l'adolescence, s'échappa de chez son maître, et se rendit, par un bateau grec, à Smyrne, où il trouva à s'enrôler au service de la régence d'Alger. Admis bientôt dans la garde du deï, où son courage le fit remarquer, il en sortit pour aller commander une province. Les richesses qu'il amassa le rendirent suspect aux chefs de l'Odjak, et Haçan fut obligé de s'enfuir en Espagne, d'où il passa à Naples. A la recommandation du comte de Ludolf, ambassadeur du roi des Deux-Siciles auprès de la Porte, le grand vézir Raghyb-Pacha appela Haçan à Constantinople, et lui confia le commandement d'un vaisseau. Dès ce jour, il donna tant de preuves d'habileté et de courage, qu'il parvint, de grade en grade, à celui de kapoudan-pacha, et enfin au premier poste de l'empire, où ce vieux soldat, dont la vie n'avait été qu'une suite d'actions glorieuses, expia, par le supplice du cordon, des revers que les musulmans ne devaient qu'à leur indiscipline. On dit qu'Haçan avait toujours auprès de lui un lion apprivoisé; cet animal féroce, mais généreux et fidèle, et dont le seul aspect glaçait d'effroi tous ceux qui abordaient le terrible guerrier, était le vivant emblème de son maître.

Cependant l'armée moscovite, poursuivant sa marche victorieuse, avait passé le Danube, et battu, en juillet 1791, les Osmanlis à Matchin. Le sèrasker, incapable de résister aux efforts des habiles généraux de Catherine, cherchait vainement à s'opposer aux armes russes qui menaçaient d'envahir tout l'empire ottoman, lorsque, heureusement pour la Porte, l'Angleterre et la Prusse intervinrent, et mirent un terme aux hostilités. Les négociations, entamées sous l'influence des puissances médiatrices, amenèrent enfin la paix d'Yassi. Par ce traité, signé le 9 janvier 1792, la Russie eut la Crimée, l'île de Taman, une partie du Kouban et de la Bessarabie, la ville d'Oczakow, et les pays enclavés entre le Bog et le Dniester : ce dernier fleuve devint la limite des deux empires. Près de son embouchure s'élevèrent bientôt Odessa et d'autres villes, qui commencèrent à peupler ces contrées presque désertes.

Après la conclusion de la paix, Youcouf Pacha retourna à Constantinople, où l'attendait sa disgrâce. Il fut remplacé par Melek-Muhammed-Pacha, alors âgé de quatre-vingt-six ans. La place de kapoudan-pacha fut donnée, à la même époque, à Kutchuk-Huçeïn-Pacha, jeune Géorgien, favori du Sultan : quoique élevé dans le repos du sérail, et sans aucune notion de la marine, il ne tarda pas à montrer de grands talents : il débuta par s'emparer des vaisseaux d'un pirate grec, nommé Lambro-Cazzioni, qui désolait les mers de l'Archipel. Vaincu par l'escadre ottomane, ce forban n'eut d'autre ressource que de se jeter dans sa chaloupe, et de gagner les côtes de la basse Albanie (Épire).

Après cet exploit, Kutchuk-Huçeïn-Pacha s'occupa de réparer les places fortes des frontières, que la guerre avait endommagées. Sûr de la faveur du Sultan, dont il partageait les idées de civilisation, plein de hardiesse, d'activité et d'intelligence, d'un caractère ferme, mais en même temps juste et généreux, il résolut d'aider de tout son pouvoir son souverain dans les réformes dangereuses que méditait ce prince. Sur l'avis de Kutchuk-Huçeïn, on fit venir de France et de Suède de nouveaux ingénieurs. Plusieurs vaisseaux furent construits d'après la coupe et les proportions en usage dans les chantiers de Toulon, et les Ottomans adoptèrent les dénominations employées par la marine française : les magasins furent pourvus des munitions qui leur manquaient ; l'école de marine, fondée par le baron de Tott, fut réorganisée ; des professeurs habiles y instruisirent plus de deux cents élèves, destinés à fournir des officiers de mer et des constructeurs de navires. Les *lewends* (soldats de marine), les *kalioundjis* (simples matelots), les *ailakdjis* (marins spécialement chargés de la manœuvre), qui, pendant leur séjour à terre lorsque la campagne navale était terminée (*), devenaient, par leur licence et leurs excès, le fléau de la capitale, furent contenus par l'inexorable sévérité du kapoudan-pacha, et envoyés fréquemment en croisière dans les mers de la Syrie et de l'Archipel, où ils s'exerçaient aux manœuvres et étaient récompensés de leurs progrès par les largesses de Kutchuk-Huçeïn. Enfin des coupes régulières furent exécutées dans les belles forêts de la chaîne mé-

(*) Les marins sont engagés au mois de mars pour une campagne qui commence à la Saint-Georges et finit à la Saint-Dimitri. (calendrier grec).

ridionale du Taurus ; et le cuivre nécessaire au doublage des vaisseaux fut tiré des riches mines de Tokat et de Trébisonde.

De son côté, le Sultan poursuivait avec ardeur, sur l'armée de terre, le cours de ses innovations. Des casernes s'élevèrent d'après de nouveaux plans : la fonderie de Top-Khanè fut mise sous la direction d'officiers français, qui firent renoncer à l'usage de couler des canons d'une dimension colossale, pièces d'artillerie plus embarrassantes qu'utiles, à cause des difficultés que présentait leur service. Des compagnies de canonniers (*toptchis*), de fusiliers, de bombardiers (*khoumbaradjis*), furent exercées à l'européenne : ces derniers, portés à trois mille hommes, obéirent à un renégat anglais appelé Ingliz-Moustapha (*). Toutes ces améliorations choquaient les autres milices, et ce ne fut qu'à grand'peine, en augmentant leur solde et en ne changeant rien à leur ancienne routine, que le Sultan put étouffer momentanément leurs murmures séditieux.

Cependant la Russie, malgré les nombreux avantages que lui avait assurés le traité d'Yassi, élevait de nouvelles prétentions ; il fallut encore l'intervention de la diplomatie européenne pour rétablir la tranquillité, et le Sultan ne crut pas l'acheter trop cher par le sacrifice de deux cent trente mille piastres. La paix avec la Russie était d'autant plus urgente en ce moment, que l'intérieur de la Turquie était troublé par des séditions et des brigandages : Andrinople venait d'être surprise par une nuée de vagabonds armés, qui avaient levé une forte contribution sur la seconde capitale de l'empire ; d'un autre côté, Passwan-Oglou, pacha de Widdin, s'était déclaré indépendant, avait réduit plusieurs villes, et poursuivait sa marche victorieuse sur les rives du Danube. La Porte lui opposa de nombreuses troupes, et après une suite de succès et de revers, finit par lui laisser, pendant le reste de sa vie, la souveraineté absolue de Widdin.

Tandis que l'armée ottomane commandée par le sèrasker combattait le pacha de Widdin, le kapoudan-pacha, sur l'ordre du Sultan, était revenu à Constantinople, où il pressait les armements maritimes. A cette époque (mai 1798), la France organisait à Toulon une flotte de treize vaisseaux de ligne et trois cent cinquante bâtiments de transport, avec trente-cinq mille hommes de débarquement. La destination inconnue de cette escadre attirait l'attention inquiète de l'Europe. Le Sultan crut que cette expédition avait pour but de soulever contre la Porte les Grecs de l'Épire et de la Morée, et cette crainte avait motivé les préparatifs du kapoudan-pacha. Le général Bonaparte, déjà célèbre par ses brillantes campagnes d'Italie, était à la tête de l'armement, et son nom seul présageait quelque projet extraordinaire. Il n'entre point dans notre plan de suivre pas à pas dans cette entreprise aventureuse l'homme de génie qui la conduisit ; les détails de cette mémorable expédition sont du domaine de l'historien de l'Égypte moderne : nous nous bornerons donc à indiquer rapidement les événements en contact avec la nation ottomane et nécessaires au développement de ses annales.

Bonaparte, sorti de la rade de Toulon, le 19 mai 1798, s'était emparé, dans le mois de juillet suivant, d'Alexandrie, de Rosette, et avait dirigé une partie de son armée vers la célèbre ville du Caire. Dès que le bruit de ses premiers succès parvint à Constantinople, le Grand Seigneur fit enfermer aux Sept Tours le chargé d'affaires français, et se hâta de conclure une alliance avec l'Angleterre et la Russie. Ces deux puissances réunirent leurs flottes à l'escadre ottomane, et se préparèrent à s'opposer à la marche des Français. Le Sultan donna le sceau

---

(*) Le renégat connu des musulmans sous le nom d'Ingliz-Moustapha, était un officier anglais très-intelligent, appelé Campbell, qui avait eu un grade élevé dans les armées britanniques. Il mourut à Constantinople dans la plus profonde misère.

de l'empire à Zia-Youçouf, appela à son aide les pachas d'Anadolie et de Syrie, et réunit promptement deux armées qui devaient concerter leurs opérations. Dans cet intervalle, Bonaparte remporte sur les Mamlouks les célèbres victoires des Pyramides et d'Embabè, arrive au Caire, y apprend la destruction de la flotte française à Aboukir, continue, sans se décourager de ce revers, à se porter en avant; et après plusieurs glorieux faits d'armes, vient échouer devant Saint-Jean d'Acre, d'où il opère sa retraite sur le Caire.

Peu de temps après (juillet 1799), le sèrasker de Roumilie Moustapha-Pacha, parti de l'île de Rhodes, débarque sur la plage d'Aboukir avec une armée de dix-huit mille hommes. Instruit de l'arrivée des musulmans, Bonaparte accourt, les attaque avant qu'ils aient eu le temps de se retrancher, et les taille en pièces. Moustapha-Pacha engagea, pendant l'action, un combat singulier avec Murat, fut blessé, et se rendit au brave général français.

Cette victoire fut la dernière remportée en Égypte par Bonaparte. Le grand capitaine méditait déjà, sans doute, le plan de sa haute fortune; il remit le commandement en chef à Kléber, et partit, le 22 août 1799, pour la France.

A peu près vers l'époque où Moustapha-Pacha avait quitté Rhodes pour se rendre à Aboukir, la Russie et la Porte entreprirent une expédition dans le but d'enlever à la France les îles Ioniennes qu'elle possédait depuis le traité de Campo-Formio. Trop faibles pour résister aux forces réunies de leurs ennemis, les Français perdirent Cérigo, Sainte-Maure, Corfou et plusieurs autres petites îles, et de plus Prévésa, Voïnitza, Butrinto et Parga sur la côte de l'Épire. Dans cette malheureuse campagne, les Français donnèrent des preuves du plus brillant courage. Le général La Salcette, retranché avec quatre cents hommes près des ruines de l'ancienne Nicopolis, fut enveloppé par un corps nombreux de cavaliers albanais que commandait Moukhtar, l'un des fils du fameux Ali-

pacha de Janina : nos soldats se firent presque tous tuer les armes à la main, et ceux qu'épargna le cimeterre musulman furent contraints de porter jusqu'à Constantinople les têtes de leurs braves compagnons. Butrinto et Voïnitza furent occupés par Ali-Pacha, et Parga se rendit à l'amiral Okzakoff. Enfin un traité, conclu le 21 mars 1800, entre la Russie et la Porte, céda à cette dernière puissance Prévésa, Parga et quelques autres points de la côte, constitua en république les sept îles Ioniennes et leurs dépendances, et les plaça sous la protection du Sultan, à qui elles payèrent un tribut.

Après que Bonaparte eut quitté l'Égypte, l'assassinat de Kléber par un jeune Syrien fanatique, et les fautes que commit le général Menou, déterminèrent la retraite définitive des Français, qui évacuèrent ce pays en septembre 1801.

Un mois plus tard, Esseïd-Ali-Efendi, ambassadeur de la Porte, signa à Paris un traité relatif à l'échange des prisonniers et au renouvellement des relations politiques et commerciales de la France avec la Turquie.

Cependant, malgré ces heureuses circonstances, l'empire ottoman ne prospérait pas et était toujours livré à de nouvelles agitations. Sultan-Sélim voyait avec inquiétude le séjour prolongé des Anglais à Alexandrie et dans quelques autres places. En outre, il avait à combattre, en ce moment, le rebelle Passwan-Oglou, dont nous avons raconté plus haut la soumission, en anticipant sur les événements, afin de présenter à la fois au lecteur tout ce qui se rattache à la destinée de ce pacha, qui ne rentra dans le devoir qu'en 1803. A Belgrade, les janissaires, dont le mécontentement était excité par les innovations du Sultan, avaient massacré le pacha et s'étaient emparés de la ville et de la citadelle. Des brigands, connus sous le nom de *Kirzalis* et de *Haïdouts*, ravageaient la Bulgarie et la Thrace; l'Égypte n'était pas moins agitée que les provinces de la Turquie européenne; les beïs-mamlouks étaient parvenus à acquérir, dans les contrées que baigne le Nil, une puissance sans bornes, et avaient réduit le pacha ottoman à n'y avoir plus qu'une autorité nominale : enfin les Wehhabis, ces sectaires dont nous avons fait connaître l'origine, et qui, depuis quarante ans, s'étendaient au sein de l'Arabie, menaçaient les possessions ottomanes.

Au milieu de tous ces éléments de troubles, la population de Constantinople fut détournée un moment de ses tristes pensées par un spectacle si nouveau pour elle et si étranger aux contrées orientales, que la sensation qu'il y produisit fut ineffaçable. Le 7 octobre 1802, plus de trente mille habitants se réunirent dans la plaine de *Dolma-Baghtché*; les femmes, toutes voilées, se placèrent d'un côté, et les hommes de l'autre; parmi ceux-ci les costumes si variés des Ottomans, des Grecs, des Arméniens, des Juifs, des Arabes, des Barbaresques, offraient un coup d'œil admirable. Bientôt parut le kapoudan-pacha, escorté par une troupe de cavaliers mamlouks; enfin le Sultan, entouré d'une garde nombreuse et de cent esclaves aux vêtements éclatants de blancheur, vint se placer sous un kiosque magnifique. Un instant après l'arrivée de Sa Hautesse, un superbe aérostat, orné de croissants et d'étoiles, s'éleva majestueusement du milieu de l'enceinte où il avait été retenu jusqu'alors : on ne saurait peindre l'étonnement et l'enthousiasme de la foule, à la vue de cette ascension merveilleuse : après un moment d'admiration muette, de longs cris d'*Allah* interrompirent ce silence; le ballon, poussé par un léger coup de vent, s'étant incliné du côté où se trouvait le Grand Seigneur, le peuple crut que c'était pour saluer Sa Hautesse, et redoubla ses cris de joie. Enfin les spectateurs émerveillés ne purent se décider à se retirer que lorsqu'ils eurent entièrement perdu de vue l'aérostat, qui prit sa direction au-dessus du canal et alla tomber en Asie. Deux physiciens anglais étaient les auteurs de ce prodige, inexplicable pour les habitants de Constantinople, qui l'attribuèrent à la magie.

En mars 1803, les Anglais évacuèrent l'Égypte, et remirent la place d'Alexandrie à Kourchid-Pacha. Au commencement de la même année, le maréchal Brune était arrivé à Constantinople en qualité d'ambassadeur du gouvernement français, et avait été très-bien accueilli par Sa Hautesse.

Cependant les Russes, malgré leur alliance avec l'empire ottoman, se livraient à des hostilités sur les frontières, et soutenaient les Serviens, qui, sous les ordres de George Petrowitz, surnommé *Czerni* (le noir), venaient de se proclamer indépendants. D'un autre côté, Ali, pacha de Yanina, parvenait enfin, au bout de quinze ans, à triompher des Souliotes, peuplade belliqueuse qui habitait quelques âpres montagnes de l'Albanie; et le tyran de l'Épire, fier de ses succès, bravait la puissance du Sultan. Sur ces entrefaites, la guerre, à laquelle le traité d'Amiens avait mis un terme en Europe depuis 1802, se ralluma entre l'Angleterre et la France. Le Sultan déclara qu'il garderait une neutralité absolue; et, pour la faire respecter, il poussa activement l'armement de sa flotte et l'organisation de ses armées de terre. Il avait d'ailleurs à combattre, au dedans, des révoltes sans cesse renaissantes. A Saint-Jean d'Acre, Ismaïl-Pacha s'empara de l'autorité, et refusa de reconnaître le gouverneur envoyé par la Porte. D'un autre côté, les *Wehhabis* faisaient des progrès dans le midi de l'Arabie, et s'emparaient successivement de la Mecque et de Médine, qu'ils profanaient par le meurtre et le pillage. La caravane des pèlerins fut attaquée par ces sectaires et massacrée en grande partie; événement qui mit, pendant plusieurs années, les musulmans dans l'impossibilité d'accomplir un des préceptes les plus sacrés de leur religion.

Au mois de juillet 1804, le maréchal Brune notifia au divan l'avénement au trône de France de l'empereur Napoléon; mais la Porte répondit d'une manière évasive à cette notification, et, après avoir tergiversé pendant quelques mois, elle laissa partir le général français sans lui donner de réponse satisfaisante. Mais lorsque la brillante campagne de 1805 eut ajouté un nouvel éclat à la gloire militaire de Napoléon, lorsque ses armées eurent occupé la capitale de l'Autriche et battu les Russes à Austerlitz, le Sultan, ébloui par ces glorieux faits d'armes, s'empressa de reconnaître l'empereur et lui donna le titre de *padichâh de France*. Halet-Éfendi se rendit ensuite à Paris, en qualité d'ambassadeur, pour complimenter le monarque français, à qui il porta de riches présents.

Cependant la paix imposée par Napoléon aux puissances qu'il avait vaincues ne pouvait être de longue durée : une nouvelle coalition, fomentée par l'or et les intrigues de l'Angleterre, s'était formée contre la France. Sultan-Sèlim, instruit de ces symptômes de discorde, sentit le besoin, pour faire respecter sa neutralité, de renforcer ses moyens de défense. Il ordonna de diriger sous les murs d'Andrinople une armée destinée en même temps à agir contre les Serviens révoltés et à défendre les frontières, en cas d'attaque par quelque puissance étrangère; il décida que cette armée serait composée en partie de troupes exercées et habillées à l'européenne, appelées *nizam-djèdid* (nouvelle ordonnance). Un khatti-chèrif ordonna à Kadi-Pacha (*), gouverneur de la Karamanie, d'incorporer dans les régiments *nizam-djèdid* les jeunes gens au-dessous de vingt-cinq ans, et de les conduire à Constantinople, pour se rendre de là dans la seconde capitale de l'empire. Bientôt Kadi-Pacha envoya dans Andrinople des commissaires pour préparer les logements nécessaires aux seize mille hommes qu'il avait rassemblés; mais ces envoyés furent chassés par les habitants, qui, excités par les janissaires, ennemis déclarés de la nouvelle milice, prirent les armes et se disposèrent à défendre l'entrée de leur ville aux *nizam-djèdid*. A cette nouvelle, le divan envoya aux insurgés un kapoudji-bachi chargé de concilier les esprits; mais il fut massacré dès son arrivée. Les révoltés marchèrent ensuite contre l'armée de Kadi-Pacha, et se retranchèrent dans la petite ville de *Baba-Eski*. Kadi-Pacha ayant voulu les déloger de ce poste, vit ses braves soldats écrasés par le feu des maisons, et fût obligé de se retirer. Il se dirigea alors sur Selivria, dans le but de se rapprocher de Constantinople; devancé par les janissaires, qui occupaient Tchorlou, il voulut emporter cette ville d'assaut, échoua encore, et alla attendre, pendant quinze jours, à Selivria, les renforts que la Porte lui promettait.

Tandis que ces événements se passaient, les janissaires de Constantinople offraient tous les symptômes de la rébellion : des réunions séditieuses avaient lieu, on n'entendait que menaces contre les ministres et injures contre le Sultan. Pour calmer cette effervescence dangereuse, on employa les voies de la persuasion; le mufti s'offrit comme intermédiaire entre le peuple et le Grand Seigneur, et grâce à la nomination de l'aga des janissaires au poste de grand vézir, à l'exil des ministres et au sien propre, l'adroit mufti, par ces mesures qu'il avait conseillées lui-même, parvint à ramener momentanément le calme. Les *nizam-djèdid* retournèrent en Asie, et l'on renonça à faire entrer les janissaires dans le nouveau corps. Mais le khatti-chèrif qui en avait donné l'ordre ne fut pas révoqué, et cette circonstance entretint la fermentation dans les esprits.

Pendant ces troubles, le général Sébastiani, nouvel ambassadeur français, arriva à Constantinople, en août

(*) Kadi-Pacha s'appelait Abdurrahman, et avait commencé par suivre la carrière de la magistrature, où il avait eu le rang de *kadi* ou juge : poussé par son goût pour les armes, il renonça à son premier état, et gagna par ses talents militaires la dignité de pacha; suivant l'usage, adopté chez les Orientaux, de désigner les hauts personnages par un surnom, il reçut celui de Kadi-Pacha sous lequel il est plus connu que sous son nom véritable.

1806, et y fut accueilli avec la plus grande distinction : il était chargé secrètement de tâcher d'entraîner la Porte à une guerre contre la Russie; et il parvint à son but, en faisant destituer les princes Ipsilanti et Morousi, hospodars de Moldavie et de Valachie, protégés par les Russes. Dès que l'empereur Alexandre apprit cette déposition contraire aux traités, il envahit, sans déclaration préalable, ces deux provinces. Les pachas des frontières essayèrent inutilement d'arrêter les troupes russes sous les ordres du général Michelson. La Porte déclara alors la guerre à la Russie; mais, sur les représentations de tous les ambassadeurs et même du général Sébastiani, le ministre de cette puissance, M. d'Italinski, ne fut point emprisonné, et eut même la liberté de se retirer. Sultan-Sélim donna, en cette occasion, une preuve de son humanité et du désir qu'il avait de mettre son gouvernement au niveau de la civilisation européenne.

Cependant, tandis que la Russie attaquait par terre l'empire ottoman, l'Angleterre fit une tentative hardie pour décider le Sultan à se réunir aux puissances liguées contre la France. Une escadre anglaise, sous les ordres du vice-amiral Dukworth, menaça les Dardanelles. A l'apparition de cette flotte, le kapoudan-pacha fit sortir ses vaisseaux du port, et l'on entreprit des travaux, à la vérité assez lents, pour mettre les batteries du détroit en état de défense. M. Arbuthnot, ambassadeur britannique, après avoir eu une audience du reïs-éfendi, qui répondit avec énergie à ses prétentions (*), se retira à Ténédos, d'où il continua ses négociations avec la Porte;

(*) Voici quelles étaient les demandes de l'ambassadeur anglais : l'alliance de la Porte avec l'Angleterre et la Russie; la remise immédiate des forts et batteries des Dardanelles, ainsi que de la flotte ottomane, à la première de ces puissances, et la cession de la Moldavie et de la Valachie à la seconde; enfin la déclaration de guerre à la France et l'expulsion du général Sébastiani.

il eut l'adresse, en entretenant les ministres ottomans des intentions pacifiques de l'Angleterre, de leur faire négliger la réparation des Dardanelles. Malgré les représentations du général Sébastiani, qui avertit le Sultan que les forts et les batteries du détroit n'étaient point en état d'arrêter l'ennemi au passage, les travaux ne marchaient qu'avec lenteur; car les ministres ottomans ne partageaient pas, à cet égard, la conviction de l'ambassadeur français. Profitant de cette dangereuse incurie, l'amiral anglais arriva, le 20 février, dans la matinée, devant les deux premiers châteaux, dont le feu peu actif ne put l'arrêter : parvenu à la hauteur des forts de *Kilid-ul-Bahr* (clef de la mer) et de *Sultanïè*, le vaisseau amiral fit jouer toute son artillerie, et le reste de sa flotte suivit cet exemple; celle des Ottomans y répondit, et la canonnade devint très-active, mais sans pouvoir empêcher la marche des navires. Le kapoudan-pacha, qui s'était placé dans une des principales batteries, se retira bientôt, effrayé de l'effet des boulets de l'ennemi. Son départ fut le signal de la fuite des canonniers musulmans, qui laissèrent seuls quelques officiers français (*), désignés pour les commander. L'escadre ottomane, stationnée en avant de Gallipoli, fut brusquement attaquée : elle ne se composait que d'un vaisseau de ligne, de cinq frégates et d'un brick; une partie des équipages se trouvait à terre pour célébrer la fête du *Courban-Beïram*. Aussi, sauf une seule frégate qui fit une vigoureuse résistance, cette flottille fut détruite sans difficulté.

Lorsque la nouvelle du passage des Dardanelles par la flotte anglaise parvint au sérail, elle y excita une terreur et une confusion inexprimables. Le divan, rassemblé à la hâte, opina tout entier pour une prompte adhésion aux volontés de l'Angleterre : l'effroi de ses pusillanimes conseillers gagna le

(*) On comptait parmi eux des officiers devenus célèbres depuis, tels que les généraux Foy, Haxo, M. de Tracy, etc.

Sultan lui-même : Il envoya sur-le-champ Ismaïl-Beï, l'un de ses favoris, pour annoncer à l'ambassadeur français la décision du divan, et pour l'engager à partir. Mais le général Sébastiani s'y refusa avec dignité, en disant que l'arrivée de la flotte anglaise ne l'effrayait pas; qu'accrédité auprès de la Porte, il se trouvait sous sa sauvegarde, et qu'il ne quitterait Constantinople que sur l'ordre formel de Sa Hautesse.

Cependant les habitants de la capitale, loin de partager la terreur du divan, montraient un élan extraordinaire : les toptchis couraient aux batteries; les janissaires s'armaient de fusils et de yatagans; les vieillards, les enfants aidaient aux travaux, et portaient de la terre ou des fascines. Sultan-Sélim profita de l'enthousiasme de la population : il ordonna sur-le-champ d'achever les batteries commencées, et mit les travaux sous la surveillance immédiate des ministres. Le général Sébastiani, charmé de cette résolution énergique, offrit à Sa Hautesse les services de deux cents Français; ils furent acceptés avec reconnaissance; l'ambassadeur lui-même se rendit aux batteries, prodigua l'or aux travailleurs et aux canonniers, et y laissa des officiers de sa suite pour diriger les efforts des Ottomans.

Pendant que la Porte prenait avec ardeur ces mesures défensives, la flotte anglaise se déployait à deux lieues au large, en face de Constantinople; le vent du sud lui ayant manqué, elle fut obligée de jeter l'ancre à la hauteur de *Proti*, la plus occidentale des Iles des Princes. Le lendemain, l'ambassadeur anglais envoya au divan des officiers parlementaires, pour engager la Porte à accéder aux propositions de l'Angleterre : effrayés par l'accueil que leur firent les officiers et les marins musulmans, ces envoyés, appelés au sérail, crurent que leur dernière heure était venue, et, au lieu de se rendre au palais, retournèrent, à force de rames, à bord de leurs vaisseaux. Ces retards, et le soin que mit le divan à traîner les négociations en longueur, furent très-favorables à la cause des Osmanlis, en leur laissant le temps de pousser les travaux militaires avec une rapidité sans exemple. Les fortifications s'élevaient à vue d'œil sous l'inspection de Sultan-Sélim, qui parcourait lui-même les nouvelles batteries, distribuant des éloges et des largesses à ses sujets de tout rang et de toute religion. Au bout de cinq jours, plus de neuf cents pièces d'artillerie hérissèrent le rivage, dix vaisseaux de guerre ottomans se placèrent en ordre de bataille, et Constantinople se trouva dans un état de défense formidable.

Cependant les négociations continuaient, mais l'occasion d'imposer des lois à la Porte était perdue, et l'ambassadeur anglais se relâcha de ses prétentions exorbitantes. Malgré cet adoucissement, le Grand Seigneur ne voulut jamais entendre à aucun accommodement avant que l'escadre anglaise fût sortie du détroit des Dardanelles; et l'amiral Dukworth, renonçant à des sommations inutiles et craignant que les vents contraires ne missent sa flotte en danger, leva l'ancre, et se retira sans rien tenter, aux cris de joie de toute la population de Constantinople accourue sur le rivage. En repassant le canal de l'Hellespont, les Anglais furent très-maltraités par le feu des batteries et des châteaux : deux corvettes coulèrent bas, et plusieurs vaisseaux de haut bord éprouvèrent de grandes avaries.

Sorti avec honneur de cette crise, le Sultan s'occupa de récompenser les braves qui avaient contribué à cet heureux succès, mais il punit sévèrement les lâches : Feïzi-Efendi, chargé de la défense des Dardanelles, lors de l'entrée des Anglais, et qui s'en était acquitté avec tant de négligence, fut décapité; le kapoudan-pacha, qui avait déserté son poste, fut exilé, et sa place donnée à un officier algérien nommé Seïd-Ali, célèbre par ses faits d'armes dans la dernière guerre contre les Russes.

Le gouvernement anglais, pour se venger du peu de succès de sa tentative sur Constantinople, voulut arracher au Sultan la riche province de l'Égypte. En conséquence, lorsque le vice-amiral Dukworth eut radoubé ses vaisseaux à Malte, il reçut l'ordre de se préparer à soutenir la flotte de l'amiral Lewis, qui fit voile pour Alexandrie : mais cette expédition n'eut pas un résultat plus heureux que celle qui avait été tentée aux Dardanelles. Les Anglais, après s'être rendus maîtres d'Alexandrie, grâce à la trahison d'Elfi-Beï, se laissèrent battre par Muhammed-Ali-Pacha, gouverneur du Caire; et n'étant pas soutenus par les beïs-mamlouks, sur l'appui desquels ils avaient compté, ils furent obligés d'évacuer l'Égypte, le 22 août 1807.

Ces deux entreprises de l'Angleterre contre Constantinople et l'Égypte, en témoignant de la mauvaise volonté du cabinet britannique contre la Porte, déterminèrent le Sultan à déclarer officiellement la guerre à la Grande-Bretagne, et à contracter alliance avec la France. Mais l'Angleterre, dans la vue d'adoucir le Grand Seigneur, ne répondit pas à cette déclaration, éloigna ses vaisseaux des côtes de Syrie et de l'Archipel, et employa toutes les mesures propres à faire cesser les hostilités. Se trouvant aussi en guerre avec la Russie, dont une flotte de vingt-deux voiles, sous les ordres de l'amiral Siniavin, surveillait les Dardanelles, tandis que son armée de terre occupait la Moldavie et la Valachie, la Porte prit toutes les dispositions nécessaires pour résister à cette double attaque. Le kapoudan-pacha Seïd-Ali attaqua, avec dix-huit vaisseaux, l'escadre moscovite : le combat fut vif et opiniâtre, mais enfin les Ottomans furent vaincus. Seïd-Ali, obligé de rentrer dans le canal des Dardanelles, accusa de cette défaite le *patrona* (vice-amiral) Chèrèmet-Beï, et le fit décapiter. Malgré sa victoire, l'amiral russe, dont la flotte avait souffert dans l'action, retourna aux îles Ioniennes et ne reparut plus dans l'Archipel, circonstance qui fit regarder Seïd-Ali-Pacha comme un libérateur, quoiqu'il eût eu le désavantage en bataille rangée.

D'un autre côté, et pour chasser les Russes des deux provinces qu'ils venaient d'envahir, le Sultan ordonna une levée extraordinaire. Le pacha de Bosnie eut ordre de soumettre les Serviens qui prétendaient former une principauté indépendante, sous la seule condition de payer un tribut annuel à la Porte; les autres troupes envoyées par les pachas d'Asie devaient se diriger sur Chumla, où allait se rendre le grand vézir Ibrahim-Pacha, accompagné, suivant l'ancien usage, des ministres du divan et de leur entourage. Lorsque ces dignitaires eurent quitté Constantinople, ils furent remplacés dans cette capitale par le kaïmmékam Moustapha et par des *vékils* ou substituts, qui remplirent les fonctions des ministres absents. Moustapha-Pacha, ennemi secret des nouvelles institutions, se ligua avec le kazi-asker de Roumilie, qui venait de remplacer le mufti dont les sages conseils et le dévouement avaient aidé Sultan-Sèlim à triompher d'une première révolte. Le nouveau chef de la loi partageait l'aversion du kaïm-mèkam pour les réformes; mais il avait caché jusqu'alors ce sentiment, et était parvenu ainsi à en imposer à son maître, qui le croyait dévoué à la cause de la civilisation.

Cependant, la crainte d'occasionner une émeute parmi les janissaires empêcha le Sultan d'envoyer les troupes du *nizam-djédid* sur les bords du Danube; on en plaça une partie dans les forts et les batteries du Bosphore; le reste demeura en Asie. On avait adjoint à ces premiers environ deux mille soldats, appelés *yamaktabialis* (servants de batteries), qui reçurent la même solde et occupèrent les mêmes casernes que les nizam-djédid. On espérait ainsi leur inspirer le goût des exercices de ces troupes nouvelles et les incorporer avec elles. Mais la mauvaise volonté du kaïm-mèkam empêcha cet heureux résultat : ses intrigues semèrent bientôt la désunion entre les deux corps. Moustapha-Pacha ordonna alors à l'ancien reïs-éfendi, Ingliz-Mahmoud, d'aller payer la solde des yamaks et de leur porter l'uniforme des nizam-djèdid, pour décider les premiers à s'en revêtir. Cette mesure perfide porta les fruits que le kaïm-mèkam en attendait : Mahmoud-Efendi ayant ordonné aux yamaks d'adopter le nouvel uniforme, ils se précipitèrent sur lui, et l'auraient assassiné, si les nizam-djèdid ne l'avaient défendu. Pendant cette lutte, Mahmoud parvint à s'échapper et à gagner le village de Buïuk-Dèrè; mais il y fut atteint par quelques tabialis et massacré sur-le-champ. Ce meurtre fut le signal d'un conflit général entre les deux corps rivaux : les yamak-tabialis, plus nombreux que les nizam-djèdid, parvinrent à les chasser de tous les forts, tuèrent le commandant des batteries de la côte d'Asie, et jetèrent son cadavre à la mer. Loin de réprimer ces désordres, le kaïm-mèkam trompa le Sultan par de faux rapports, et parvint, par ses manœuvres ténébreuses, à persuader aux janissaires et aux yamaks que le moment était venu de détruire la nouvelle milice et de punir de mort les ministres qui avaient établi ce système d'organisation militaire. Bientôt les yamaks se réunirent dans la grande vallée de Buïuk-Dèrè, élurent pour chef Kabaktchi-Oglou, et après une inaction de trois jours, marchèrent sur Constantinople au nombre de six cents; là ils massacrèrent le defterdar, le zarabkhanè-émini, et quelques autres hauts personnages que le kaïm-mèkam voulait faire périr, et qu'il avait invités à se rendre auprès de lui. Les nizam-djèdid avaient été consignés dans leurs casernes; et Kabaktchi-Oglou, ne rencontrant point de résistance, renforça sa troupe de sept à huit cents janissaires, de deux cents *galioundjis*, et du corps des *toptchis*. Se voyant à la tête de forces imposantes, Kabaktchi s'établit sur la place de l'Et-meïdani, fit apporter les kazans des ortas; et dans une allocution aux rebelles, et au peuple qui s'était joint à eux, il les poussa à détruire le corps des nizam-djèdid, à défendre les règlements institués par le vénérable cheïkh Hadji-Bektach, et à punir les ministres qui les avaient violés. Il leur lut aussitôt la liste des proscrits, que le kaïm-mèkam lui avait envoyée; et la populace, instruite du nom des victimes qu'elle devait frapper, se mit à leur recherche, et massacra la plus grande partie de ces infortunés. Mais le bostandji-bachi, retiré au sérail, était à l'abri de la fureur populaire; les portes de l'enceinte du palais étaient fermées, les itch-oghlans et les bostandjis avaient pris les armes. Les rebelles, rassemblés devant la porte impériale (*Bab-Humaïoun*), demandaient à grands cris la tête du bostandji-bachi. Sultan-Sèlim, quoique effrayé de la fureur du peuple, résistait noblement aux instances de ses ministres tremblants qui le suppliaient de livrer cette victime pour rétablir le calme. Le bostandji-bachi lui-même, se prosternant aux pieds de son maître, le conjura de sauver sa personne sacrée en livrant son esclave aux yamaks. Attendri de ce dévouement généreux, Sultan-Sèlim couvre de ses deux mains ses yeux mouillés de larmes, et cède à la cruelle nécessité : « Puisque « tu consens à ce douloureux sacrifi- « ce, meurs, ô mon fils! dit-il en san- « glotant, et que la bénédiction d'Al- « lah t'accompagne! » A peine a-t-il prononcé ces mots, que la tête du bostandji-bachi tombe sous le sabre de l'exécuteur, et, jetée par les créneaux, roule devant les yamaks, qui la portent en triomphe jusqu'à l'Et-meïdani, où elle prit place parmi les dix-sept têtes des principaux dignitaires, rangées sur une ligne parallèle à celle des kazans. Les massacres duraient depuis deux jours, tous les ministres partisans du nouveau système avaient péri; dans cette conjoncture critique, Sultan-Sèlim supprima le corps des nizam-djèdid, prétexte de tant de troubles. Le triomphe des janissaires était complet, et cependant les rebelles ne se séparaient point. Enhardis par ce succès, les chefs cachés de la conspiration résolurent de déposer un souverain dont les lumières et le penchant pour la civilisation ne pouvaient convenir aux barbares ennemis de toute innovation utile. Kabaktchi-Oglou se chargea de décider les soldats à ce nouveau crime ; dans une harangue artificieuse, il peignit Sultan-Sèlim comme l'ennemi implacable des janissaires, leur fit craindre sa vengeance, et les détermina à proposer au mufti cette question insidieuse : « Tout padichâh qui, par sa « conduite et ses règlements, combat « les principes religieux consacrés par « le Coran, mérite-t-il de rester sur le « trône ? » Le mufti, prévenu de cette démarche, joua son rôle avec la plus grande hypocrisie ; il feignit la douleur et l'abattement, plaignit le malheureux monarque, égaré, dit-il, par des conseils perfides, et que le prophète abandonnait parce qu'au lieu de mettre sa confiance en Dieu, il voulait assimiler les Osmanlis aux infidèles. Après ce discours, dont l'application n'était pas difficile, il écrivit son fetwa avec la formule négative : « *Olmaz* (cela ne se peut pas), » en y ajoutant les mots sacramentels : « *wè allahou A'lem* (mais Allah sait ce qui vaut le mieux). » Cette décision, suffisamment expliquée par les paroles dont le mufti l'avait fait précéder, fut regardée comme la condamnation du souverain ; et Kabaktchi-Oglou déclara que, d'après le fetwa du mufti et le vœu des Osmanlis, Sultan-Sèlim avait cessé de régner, et que Sultan-Moustapha, fils de Sultan-Abdul-Hamid, devenait, dès ce moment, padichâh et souverain légitime de l'empire ottoman.

Il fallait cependant signifier sa déposition à Sultan-Sèlim, qui était encore maître du sérail, défendu par les itch-oghlans et les bostandjis, et qui avait en son pouvoir Sultan-Moustapha. Cette mission était périlleuse ; le mufti s'en chargea : rassuré par son caractère sacré et par la douceur de son souverain, il se rendit dans la grande salle du palais, où Sultan-Sèlim, assis dans l'angle d'un sopha, était entouré de ses officiers et de ses domestiques consternés. Le cheïkh-ul-islam se prosterna aux pieds de son maître, et lui déclara avec l'accent de la plus profonde tristesse et avec tous les ménagements possibles, que le peuple avait prononcé sa déchéance, et que toute résistance ne servirait qu'à faire répandre inutilement le sang de ses fidèles serviteurs. Le Sultan entendit avec calme le discours hypocrite du mufti, se leva, promena ses regards attendris sur les témoins de cette scène, et alla se renfermer de lui-même dans le *Kafèss*. Lorsqu'il y entra, Sultan-Moustapha se préparait à en sortir : Sèlim l'embrassa affectueusement, lui adressa quelques paroles touchantes, et lui recommanda surtout de travailler au bonheur du peuple. Sultan-Moustapha, empressé de jouir des douceurs de la toute-puissance, et d'ailleurs peu fait pour goûter le discours de Sultan-Sèlim, y prêta à peine l'oreille ; mais ce monarque infortuné trouva une grande consolation dans les témoignages d'amitié que lui donna Sultan-Mahmoud, qui, doué d'un cœur élevé et des plus heureuses dispositions, avait su apprécier, mieux que son frère Sultan-Moustapha, les vertus et les bienfaits de leur cousin. Sultan-Sèlim s'attacha vivement au compagnon de sa captivité, et se voua entièrement à son éducation politique.

La suppression des nizam-djèdid suivit immédiatement la déposition de leur fondateur ; ils se dispersèrent, et leurs casernes furent pillées par les troupes de Kabaktchi-Oglou.

Sultan-Sèlim, déposé en mai 1807, avait régné dix-huit ans, pendant lesquels il s'était principalement occupé de faire entrer les Ottomans dans la voie de la civilisation. Cette généreuse pensée fut cause de la perte de ce monarque vertueux, humain, juste et éclairé, mais qui, malgré ses lumières, ne comprit point que la nation musulmane, par l'essence même de ses institutions stationnaires et de sa religion exclusive, est mal disposée à se fondre avec les peuples chrétiens, et à s'associer à leur marche progressive. Cependant l'époque semblait favorable à l'accomplissement des projets de Sultan-Sèlim : les mœurs des Osmanlis s'adoucissaient depuis plusieurs règnes ; de grands événements militaires avaient mis les soldats de la Porte en contact avec ceux des puissances européennes ; on pouvait croire qu'ils apprendraient d'elles l'art de la guerre, et qu'ils perdraient cette horreur et ce mépris que les mahométans ont toujours montré pour nos institutions, et qui ne proviennent que du fanatisme et de l'ignorance auxquels Sultan-Sèlim tenta de les soustraire : mais il fut trompé dans son attente ; et cette épreuve dangereuse lui coûta d'abord le trône, et plus tard la vie. Nous raconterons, dans le chapitre suivant, les détails de cette sanglante catastrophe.

CHAPITRE XXX.
SULTAN-MOUSTAPHA-KHAN IV, FILS DE SULTAN-ABDUL-HAMID-KHAN.

La révolution qui venait de s'opérer tenait les habitants de Constantinople dans la plus grande inquiétude : les *Francs* (*) et les juifs craignaient surtout que la soldatesque ne passât du pillage des casernes à celui des habitations particulières : toutes les boutiques étaient fermées, et la consternation régnait dans la ville. Bientôt des salves d'artillerie et les proclamations des crieurs publics annoncèrent l'avénement de Sultan-Moustapha. Les ministres mis à mort étaient déjà remplacés ; et ceux qui avaient survécu à cette crise étaient confirmés dans leurs emplois. Les yamaks, à qui une gratification avait été accordée, retournèrent aux châteaux du Bosphore, dont Kabaktchi-Oglou obtint le commandement, et les janissaires rentrèrent dans leurs casernes. Les représentants des puissances étrangères reçurent l'assurance qu'ils n'avaient rien à craindre ; les affaires publiques et les relations des habitants reprirent leur cours habituel, et toutes les craintes se dissipèrent.

La chute de Sultan-Sèlim devait entraîner nécessairement la ruine des institutions qui avaient soulevé contre lui un peuple ignorant et fanatique ; mais, quoique le kaïm-mèkam et le mufti se fussent empressés d'annoncer à la foule, réunie sur la place de l'Etmeïdani, que le nouveau padichâh allait rétablir les anciens usages et effacer jusqu'à la trace des innovations de son prédécesseur, les taxes établies pour l'entretien des nizam-djèdid n'en furent pas moins maintenues ; et, comme il arrive souvent, le peuple, qui avait fait la révolution, n'y gagna que quelques impôts de plus.

La nouvelle du changement de règne produisit à l'armée du Danube des sensations diverses : les janissaires en témoignèrent une grande joie ; mais leur aga, qui devait sa place à Sultan-Sèlim, blâma hautement la conduite des yamaks, et déclama avec si peu de ménagement contre les rebelles qui s'étaient arrogé le droit de déposer leur souverain, que les soldats indignés se révoltèrent et lui arrachèrent la vie. Le grand vézir, qui partageait les sentiments de l'aga des janissaires, fut destitué et remplacé par Tchèlèbi-Moustapha-Pacha. Ces changements paralysèrent les opérations de l'armée, et furent favorables aux Russes, qui, trop faibles pour résister aux Ottomans si les pachas avaient envoyé les contingents qu'ils devaient fournir, auraient été forcés de se replier derrière le Dniester. Mais le général Michelson, voyant l'inaction de l'ennemi, rentra dans la Valachie, qu'il avait déjà abandonnée ; et l'occasion fut perdue pour les Osmanlis de se venger des Russes, auxquels les progrès rapides de Napoléon ne permettaient pas d'employer toutes leurs forces contre la Porte. Bientôt la paix de Tilsitt, conclue entre la France, la Russie et la Prusse, mit aussi un terme momentané aux hostilités sur les bords du Danube.

Moustapha-Pacha et le mufti, prin-

(*) On comprend indistinctement sous la dénomination de *Frenk* ou *Efrendj* (Francs), tous les chrétiens non sujets de la Porte, de quelque nation qu'ils soient, Français, Anglais, Italiens, etc. ; mais dans les actes publics ils sont désignés par la qualification de *musteemen*, c'est-à-dire ceux qui ont demandé merci, ou qui sont en paix avec les musulmans, en opposition à la qualité de *harbi*, ennemi en état de guerre constant.

cipaux acteurs de la conspiration, devinrent les maîtres absolus du gouvernement, sous un prince faible et frivole ; mais ces deux hommes, faux et ambitieux, ne purent être longtemps d'accord : le kaïm-mèkam voulait régner sans partage, et le mufti croyait avoir le droit de contrôler les actes de ce ministre. Bientôt la mésintelligence éclata entre eux, et leur désunion fit la force de Kabaktchi-Oglou. Ce chef, aimé de ses soldats et admiré par le peuple, vivait tranquillement au château de Fanaraki, et paraissait ne plus s'occuper des affaires politiques ; mais l'affection que lui portaient les yamaks en pouvait faire un auxiliaire utile : il se rangea du côté du mufti, et coopéra activement à la chute du kaïm-mèkam, qui fut exilé. Taïar-Pacha lui succéda, et s'appliqua d'abord à plaire au mufti et au redoutable chef des yamaks.

Cependant Sultan-Moustapha cherchait à ramener, par la voie de la douceur, les Serviens à l'obéissance ; il leur envoya en députation un évêque grec, qui leur offrit l'oubli du passé, s'ils voulaient reconnaître la souveraineté du Sultan, et envoyer des députés auprès de lui pour conclure un arrangement définitif ; mais les Serviens, forts de l'appui de la Russie, rejetèrent les prétentions du Sultan, et se préparèrent à se défendre.

L'Angleterre, qui désirait rétablir ses relations amicales avec la Porte, chargea sir Arthur Paget d'entrer secrètement en négociation avec les ministres ottomans. Ce plénipotentiaire était sur le point de réussir, lorsque le général Sébastiani, instruit de ces démarches par le drogman de la Porte, Alexandre Suzzo, éclata en menaces, et parvint à effrayer le divan, qui rompit avec le négociateur anglais. Alexandre Suzzo, convaincu d'avoir trahi les secrets de l'État, eut la tête tranchée. Bientôt après Taïar-Pacha, qui avait provoqué cette exécution, fut destitué par l'influence de Kabaktchi-Oglou et du mufti, et se retira à Roustchouk, auprès du fameux Moustapha-Baïrakdar, partisan de Sultan-Sélim et ennemi secret de ceux qui avaient provoqué la déchéance de ce prince auquel il devait la dignité de pacha à trois queues. Ce brave chef, qui méditait déjà le rétablissement de son bienfaiteur, se concerta avec l'ex-kaïm-mèkam pour renverser le Sultan régnant et ses ministres. Voulant gagner le grand vézir, Moustapha-Baïrakdar envoya auprès de lui, à Andrinople, le mat-bakh-émini Beïji-Éfendi, élève de l'école du génie militaire, et qui haïssait les oulémas et les janissaires autant qu'il vénérait Sultan-Sélim. Cet émissaire s'insinua adroitement dans la confiance du grand vézir et des autres ministres, et les disposa, par des promesses et des présents, à soutenir Moustapha-Baïrakdar dans ses projets, dont il ne leur dévoila qu'une partie : il se borna à leur faire connaître le dessein qu'avait formé le pacha de Roustchouk de renverser le mufti et Kabaktchi-Oglou, ces deux chefs d'une insolente faction, qui s'étaient emparés des rênes du gouvernement, et ne laissaient aux vrais ministres qu'une ombre d'autorité ; mais il leur cacha soigneusement les intentions de Baïrakdar relatives au rétablissement de Sultan-Sélim. Lorsque Beïji-Éfendi fut certain de l'assentiment du grand vézir, qui avait embrassé avec avidité l'espoir de se délivrer de rivaux qu'il détestait, il se rendit à Constantinople, où il eut l'adresse, sans éveiller les soupçons de Kabaktchi-Oglou et du mufti, de préparer les ressorts de la conjuration contre la faction des yamaks. Il fut convenu que Baïrakdar irait à Andrinople avec quatre mille hommes, afin d'imposer au petit nombre de janissaires qui s'y trouvaient ; mais le pacha de Roustchouk, qui avait d'autres vues, se mit en marche avec quatre mille soldats d'élite, et se fit suivre par douze mille autres, formant le reste de son armée. L'approche de ces forces effraya les ministres : Baïrakdar les rassura en ayant l'air de venir se mettre entre leurs mains, et en disséminant son monde dans des villages à plusieurs lieues d'Andrinople. Il leur conseilla ensuite de quitter cette ville, où, depuis l'armistice avec la Russie, leur présence n'était plus nécessaire, et de faire rentrer à Constantinople le sandjak-chérif. Il leur promit de les suivre de près pour les soutenir, et de se retirer dès que les yamaks et leurs chefs seraient détruits. Pour plus de sûreté, on décida, en outre, d'envoyer en secret un détachement de cavalerie à Fanaraki, sur le Bosphore, afin de surprendre Kabaktchi-Oglou, qui s'y maintenait toujours. Hadji-Ali, homme audacieux, fut choisi pour cette expédition, et partit à la tête de cent cavaliers, et muni d'un ferman du grand vézir, qui l'autorisait à mettre à mort le chef des yamaks, et à le remplacer dans le commandement des châteaux du Bosphore. Hadji-Ali arriva dans la nuit à Fanaraki, cerna la maison de Kabaktchi-Oglou, et, accompagné de quatre hommes armés, s'en fit ouvrir la porte, sous prétexte d'une dépêche très-pressée de la part du kaïm-mékam. Dès qu'il est introduit, Hadji-Ali fait garrotter les domestiques de Kabaktchi, qui était couché dans son harem, pénètre dans cette enceinte respectée, et saisit sa victime au milieu de ses femmes tremblantes : « Que voulez-« vous de moi? s'écriait Kabaktchi; « qu'ai-je fait? et par quel ordre venez-« vous m'arracher à ma demeure et à « ma famille?... Laissez-moi, au « moins, un moment pour faire ma « dernière prière!... » — « Il n'est plus « temps de prier, meurs, scélérat! » répond Hadji-Ali en le frappant d'un poignard. Le malheureux Kabaktchi tombe, et sa tête est portée sur-le-champ à Baïrakdar et au premier ministre.

Au point du jour, Hadji-Ali, le ferman du grand vézir à la main, se présenta aux yamaks, qui ignoraient l'événement de la nuit, leur apprit la mort de leur chef, la marche des ministres et de Baïrakdar sur Constantinople, et les somma de le reconnaître pour leur commandant. Les yamaks, surpris et consternés, allaient obéir, lorsque des cris lamentables frappent leurs oreilles : les femmes et les enfants de Kabaktchi se jettent, en pleurant, aux pieds des soldats, et demandent vengeance : « Prenez garde à ce que « vous faites, braves janissaires! s'é-« crie un de ses parents; ne vous lais-« sez pas tromper par d'infâmes assas-« sins! Sultan-Moustapha aimait votre « chef, il n'a point voulu sa mort; elle « est l'œuvre de ce perfide grand vézir, « de ce traître Baïrakdar, les protec-« teurs de nos ennemis les nizam-« djédid.... Vengeons notre père, pu-« nissons ses meurtriers, violateurs de « nos antiques lois et des saints pré-« ceptes du Coran, et prévenons notre « perte et celle de notre glorieux padi-« châh ! » Ce discours enflamme les yamaks, déjà émus par les pleurs de la famille de Kabaktchi; ils courent aux armes : les soldats d'Hadji-Ali n'ont que le temps de se barricader dans quelques maisons voisines, où ils se défendent vigoureusement. Mais les yamaks, exaspérés, mettent le feu au bourg; l'incendie se propage; pressés par les flammes, Hadji-Ali et les siens font une sortie, et parviennent à gagner la tour du Fanal d'Europe. Le feu ne pouvant rien contre cet édifice isolé et solidement construit, les yamaks le canonnèrent pendant trois jours, mais sans pouvoir l'entamer. Cependant le fracas de l'artillerie était entendu jusqu'à Constantinople, et y répandait l'alarme. Des bruits sinistres et contradictoires circulaient dans cette capitale : les uns disaient qu'une bande de voleurs, après avoir assassiné Kabaktchi-Oglou, avait mis le feu au village de Fanaraki, et s'était sauvée dans la tour du Fanal, où les yamaks l'assiégeaient; d'autres assuraient que les brigands de la Roumilie s'avançaient sur Constantinople, conduits par Hadji-Ali qui leur en promettait le pillage. Mais bientôt les yamaks, voyant le peu d'effet de leur canonnade et ne recevant ni secours ni ordres du divan, abandonnèrent l'attaque de la tour : Hadji-Ali et ses soldats se rallièrent alors à Moustapha-Baïrakdar, et marchèrent avec lui sur Constantinople, dont ils n'étaient plus qu'à une journée.

Sultan-Moustapha et les ministres suppléants, instruits de la mort de Kabaktchi et du mouvement du grand vézir et du pacha de Roustchouk, ne se faisaient point d'illusion sur le motif qui ramenait ces derniers dans la capitale sans l'ordre de leur souverain; mais ne pouvant leur opposer ni les janissaires de Constantinople, ni les toptchis, qui n'auraient jamais voulu combattre leurs compagnons d'armes, ni les yamaks, entièrement dispersés et sans chefs, on ne prit aucune mesure décisive et on attendit l'arrivée des rebelles.

Bientôt le reïs-éfendi vint de la part du grand vézir supplier Sultan-Moustapha de déposer le mufti, d'abolir le corps des yamaks, qui depuis quinze mois se livraient aux plus grands excès, et de mettre ainsi un terme aux maux qui pesaient sur les habitants de la capitale. Cet envoyé protestait d'ailleurs de la fidélité du premier ministre, de Moustapha-Baïrakdar et de leurs troupes, et demandait pardon, en leur nom, du mouvement qu'ils venaient de faire sans l'ordre de Sa Hautesse, pour qui ils étaient prêts à verser tout leur sang. Sultan-Moustapha, qui s'attendait à perdre le trône et peut-être la vie, se crut trop heureux d'en être quitte au prix de quelques concessions : il se hâta donc de licencier les yamaks, de destituer le mufti, et de confisquer les biens des *vékils* (ministres suppléants) qui avaient déplu au grand vézir et à Moustapha-Baïrakdar; le lendemain il se rendit lui-même au camp, où il fut reçu avec toutes les marques d'un profond respect par le rusé pacha de Roustchouk, à qui le Sultan, de son côté, prodigua les cajoleries et les promesses.

Tout semblait terminé, puisque le but de l'insurrection était atteint, et Baïrakdar annonçait hautement qu'il quitterait Constantinople dès que ses soldats seraient remis de leurs fatigues. Le Sultan, complètement rassuré, recommença à se livrer à son goût pour les fêtes et les promenades; mais, tandis qu'il s'abandonnait aux plaisirs, Baïrakdar travaillait dans l'ombre à l'accomplissement du grand projet du rétablissement de Sultan-Sélim, et se concertait, par l'intermédiaire de ses agents, avec tous les partisans du prince détrôné.

Le 28 juillet, Sultan-Moustapha sortit de bonne heure du sérail pour aller *faire binich* (*) et passer la journée au kiosque de *Gueuk-Souï*. Baïrakdar, profitant de l'absence de Sa Hautesse, s'empressa de convoquer les conjurés : il invita ensuite le grand vézir à se rendre au camp, pour une communication importante, et l'instruisit du changement qui se préparait. Celui-ci s'étant troublé à cette nouvelle, Moustapha-Baïrakdar le fait arrêter et lui enlève le sceau. A l'instant, il ordonne aux troupes de prendre les armes pour conduire le *sandjak-chérif* au sérail, et entre dans la capitale aux acclamations des habitants, persuadés que la paix venait d'être conclue avec la Russie. A la vue de l'étendard sacré, les janissaires postés à *Bab-Humaïoun* laissèrent pénétrer, dans la première cour, la nombreuse colonne qui l'accompagnait; mais quand elle atteignit la porte intérieure nom-

(*) Le Sultan va souvent passer la journée dans un des nombreux kiosques qui embellissent les jardins du sérail, ou qui s'élèvent sur les rives du Bosphore et de la Propontide. *Binich*, c'est-à-dire *cavalcade*, est le mot consacré pour désigner ces parties de plaisir, même quand elles ont lieu par eau. Le Sultan reste ordinairement jusqu'au coucher du soleil dans le lieu de plaisance où il s'est rendu vers les dix heures du matin : là, il se divertit à voir les *djindis* montés sur des chevaux fougueux, fondre avec impétuosité les uns sur les autres en se lançant le *djérid*, sorte de javelot à pointe émoussée (voyez la note des pages 64 et 65). Tantôt de jeunes itch-oghlans, la main armée d'un long cordon de cuir, terminé par un *tomak* (balle en laine), se livrent un combat simulé; ou bien des *pehliwans* (lutteurs), nus jusqu'à la ceinture et le corps frotté d'huile, comme les anciens athlètes, font assaut de force et d'adresse. Des courses à pied, à cheval, des sauts sur la corde, des danses voluptueuses, exécutées par des baladins grecs, complètent les amusements de la journée.

mée *Orta-Kapou*, le bostandji-bachi s'empressa de faire fermer la seconde cour. Aux coups redoublés dont les soldats de Baïrakdar firent retentir la seconde porte, le kapou-aga (chef des eunuques blancs) parut à un des créneaux de la muraille, et d'une voix grêle et tremblante demanda aux conjurés ce qu'ils voulaient : « Ouvre à « l'instant, répond d'une voix tonnante « le terrible Baïrakdar; nous rap- « portons le sandjak-chérif ! » Mais le bostandji-bachi, repoussant le timide kapou-aga, prend la parole : « La porte « ne s'ouvrira, dit-il, que sur l'ordre « de Sultan-Moustapha. — Vil esclave! « s'écrie avec fureur Baïrakdar, il ne « s'agit plus de Sultan-Moustapha ; « c'est à Sultan-Sèlim à commander « ici ; lui seul est notre padichàh, nous « venons l'arracher à ses ennemis et « le remettre sur le trône d'Osman ! » Les paroles menaçantes du pacha de Roustchouk, sa redoutable colère, les cris furieux de ses soldats, avaient glacé d'effroi les officiers du sérail, et ils allaient céder aux injonctions des rebelles, lorsque Sultan-Moustapha parut.

Averti par la Sultane-Validè de la marche de Baïrakdar vers le sérail, et devinant les intentions du pacha de Roustchouk, le Sultan s'était hâté de revenir incognito au palais, favorisé dans son retour par l'imprudence des conjurés, qui avaient négligé de couper les communications du sérail avec le dehors. Dès qu'il est arrivé, il fait dire à Baïrakdar, par le kyzlar-agaci, d'attendre un moment, qu'on allait chercher Sultan-Sèlim, et qu'il ne tarderait pas à paraître. Ces paroles adoucissent la fureur des soldats, le calme se rétablit pendant quelques instants. Sultan-Moustapha profite de ce répit, et envoie auprès de Sultan-Sèlim le kyzlar-agaci, accompagné de plusieurs eunuques noirs. C'était l'heure du *salat-asr* ou *ikindi-namazy* (prière de l'après-midi) : Sultan-Sèlim, agenouillé et tourné vers la Mecque, commençait à réciter le *namaz*, lorsque les émissaires de Sultan-Moustapha entrèrent. Le prince ne s'alarmant point de leur présence, qu'il croyait motivée par quelque message de son cousin, continue sa prière; mais au moment où il se prosternait de nouveau, le kyzlar-agaçi se jette sur sa victime et lui passe un cordon autour du cou : trois de ses satellites viennent à son aide ; les autres contiennent les serviteurs de Sèlim en leur posant le poignard sur la poitrine. Une lutte affreuse s'engage entre le prince et ses bourreaux : doué d'une force athlétique, Sultan-Sèlim se relève, les renverse ou les écarte par des coups vigoureux, et appelle à son secours ses fidèles domestiques. A la voix de leur maître, ceux-ci cherchent à arracher le fer des mains des eunuques ; mais le kyzlar-agaçi, que Sultan-Sèlim avait terrassé et fait rouler à ses pieds, s'attache à lui, le serre avec rage, et ne lâche prise que lorsque ce prince tombe enfin frappé au cœur. Son corps est porté aussitôt à Sultan-Moustapha : il le contemple un instant en silence, et se retire dans son harem, en disant : « Remettez Sultan-Sèlim au pacha de « Roustchouk, puisqu'il le demande! »

A cet ordre, la porte s'ouvre ; Moustapha-Baïrakdar s'approche avec joie pour saluer son maître..... On lui jette son cadavre défiguré !..... « Malheureux « prince ! qu'ai-je fait ?.... s'écrie Baï- « rakdar; c'est donc le plus fidèle de « tes serviteurs qui a causé ta mort !.... « Était-ce là le sort réservé à tes ver- « tus ?.... » Mais ses sanglots lui coupent la parole ; il se précipite sur ce corps inanimé, lui baise les pieds et les mains, verse d'abondantes larmes, et s'abandonne à un affreux désespoir, tandis qu'autour de lui ses soldats consternés pleurent en silence.

Cependant, le kapoudan-pacha Seïd-Ali craignant que cette inaction n'ait des suites funestes, relève Baïrakdar : « Pacha, lui dit-il, c'est assez pleurer « comme une femme ! vengeons Sul- « tan-Sèlim, punissons ses assassins, « et surtout sauvons son cousin Sultan- « Mahmoud, qu'un nouveau crime peut « nous ravir !.... » Ces mots rappellent Baïrakdar à lui-même ; il s'élance, suivi de ses soldats : Sultan-Moustapha est arrêté et conduit à l'instant dans l'appartement où Sèlim venait d'expirer. On cherche longtemps Sultan-Mahmoud sans pouvoir le trouver; enfin on le découvre blotti sous des tapis et des nattes, où quelques fidèles serviteurs l'avaient fait cacher pour le dérober à la fureur de son frère.

Dès que Sultan-Mahmoud parut, Moustapha-Baïrakdar le salua du nom de padichâh, se prosterna devant lui, baisa la terre, et, le front dans la poussière, attendit les ordres de son maître. Sultan-Mahmoud s'empressa de le relever, le proclama son libérateur, et lui conféra sur-le-champ la dignité de grand vézir.

Ainsi se termina, le 28 juillet 1808, la révolution qui coûta la vie à Sultan-Sèlim et le trône à Sultan-Moustapha. Ce dernier prince n'avait régné qu'une année: il ne fut point regretté, car son caractère frivole et cruel en même temps n'avait inspiré à son peuple ni affection ni estime.

CHAPITRE XXXI.

SULTAN-MAHMOUD-KHAN II, FRÈRE DE SULTAN-MOUSTAPHA-KHAN IV, ET FILS DE SULTAN-ABDUL-HAMID-KHAN.

Le nouveau règne commença par de nombreuses exécutions. Baïrakdar-Moustapha-Pacha, devenu le maître du pouvoir et l'idole du jour, vengea la mort de Sultan-Sèlim par le supplice de ses meurtriers, de leurs complices, et des favoris de Sultan-Moustapha. Le jour même de l'installation du premier ministre, on exposa, à la porte du sérail, trente-trois têtes, parmi lesquelles on remarquait celles du *buïuk-imrokhor* (grand écuyer), du bostandji-bachi, qui avait refusé d'ouvrir la porte de la seconde cour, et enfin du kyzlar-agaçi, principal acteur dans l'assassinat de Sultan-Sèlim. A cause de l'importance hiérarchique du chef des eunuques noirs, sa tête fut placée sur un plat d'argent (*). Tous les officiers des yamaks que l'on put atteindre furent étranglés; et l'on poussa la cruauté jusqu'à coudre dans des sacs et jeter à la mer quelques malheureuses femmes du sérail, qui s'étaient réjouies de la fin tragique de Sultan-Sèlim.

Après ces actes de rigueur, on s'occupa des funérailles: la plus grande pompe y fut déployée; et le peuple, qui, pendant la vie de ce prince, l'avait dénigré avec acharnement, donna, à sa mort, des marques de la plus vive douleur. Sur les places de la ville, dans les cafés, des conteurs publics, toujours entourés d'une foule nombreuse, répétaient tous les détails de la sanglante catastrophe qui avait terminé les jours de Sultan-Sèlim, et partout leurs récits excitaient la pitié et les larmes.

Le 11 août 1808, Sultan-Mahmoud se rendit à la mosquée d'Eïoub pour y ceindre le sabre d'Osman. Cette cérémonie fut remarquable par une circonstance qui attira au nouveau grand vézir le blâme général: les musulmans évitent avec soin de montrer des armes dans les fêtes publiques, pendant lesquelles les janissaires même et les autres milices ne portent que de simples bâtons blancs; bravant cet antique usage, Moustapha-Pacha parut au cortége avec une escorte de trois cents Albanais, armés de fusils, de pistolets, de sabres et de yatagans. Les ennemis du grand vézir ne manquèrent pas de dire que sa conduite, en cette occasion, était celle d'un parvenu enivré de sa haute fortune, et qui se croit au-dessus des usages et des lois.

Dès que Baïrakdar-Moustapha-Pacha eut le pouvoir en main, il songea à écarter tous ceux qu'il regardait comme des rivaux dangereux. Ainsi l'ex-kaïm-mèkam Taïar-Pacha, qui aspirait au grand vézirat, fut décapité, et le kapoudan-pacha Seïd-Ali envoyé en exil dans une île de l'Archipel. Ramis-Pacha remplaça ce dernier: Beïji-Éfendi, l'un des agents du pacha de Roustchouk, entra aussi au ministère, qui bientôt ne se trouva composé que de créatures du nouveau grand vézir. Ce ministre, partisan des améliora-

(*) Voyez la note de la page 39.

tions que Sultan-Sèlim avait tenté d'introduire dans l'armée, et poussé dans cette voie par ses principaux confidents, Ramis-Pacha et Beïji-Éfendi, tous les deux élèves de l'école du génie, recommença l'œuvre téméraire de l'extirpation des abus enracinés dans le corps des janissaires. Mais, afin de surmonter tous les obstacles que présentait cette réforme, odieuse aux soldats et à la plupart des chefs, le grand vézir voulut s'appuyer sur une force assez puissante pour vaincre les préjugés nationaux. Il invita, dans ce but, tous les pachas et les principaux aïans à se rendre en personne à Constantinople, vers le milieu de rèbi'ul-akhir (commencement d'octobre), ou à s'y faire représenter par un agent muni de leurs pleins pouvoirs. Dans ce divan solennel, on devait leur soumettre les projets relatifs à la formation d'une armée régulière, et à la création de quelques *ortas-modèles*, sous le nom de *seymens réguliers*. À l'époque indiquée, les deux tiers environ des dignitaires convoqués s'étant rendus à Constantinople, Baïraktar-Moustapha-Pacha les réunit dans son palais, leur exposa la nécessité de réformer, sans le détruire, le corps des janissaires, tombé dans l'indiscipline et l'ignorance de l'art de la guerre; pour y parvenir, il proposa diverses mesures propres à régénérer cette milice, et à la mettre au niveau des troupes européennes; il réclama l'appui des hauts fonctionnaires qui l'écoutaient, leur demanda leur adhésion par écrit, et la promesse de verser tout leur sang, s'il le fallait, pour soutenir l'exécution du khatti-chèrif que Sa Hautesse se proposait de rendre, relativement à la destruction des abus et aux réformes à opérer dans les corps militaires. Tous les pachas présents à cette assemblée approuvèrent les vues du ministre, et signèrent l'obligation qu'il exigeait d'eux. Le mufti accorda, sans difficulté, un fetwa qui autorisait les projets du grand vézir; mais les pachas et les *aïans* qui ne s'étaient pas rendus au divan, et parmi lesquels se trouvait le fameux Ali, pacha de Yanina, se bornèrent à une approbation vague et sans engagement formel. Kadi-Pacha, ancien chef des nizam-djèdid, qui avait amené trois mille hommes à Constantinople, offrit d'y rester tant que l'on aurait besoin de son secours; enfin tout semblait marcher au gré de Moustapha-Pacha. La facilité qu'il éprouvait à réussir lui inspira une si grande confiance en lui-même, qu'il se crut appelé par son étoile à changer la face de l'empire : dès lors, oubliant sa prudence et sa modération antérieures, il mécontenta ses meilleurs amis, et, par son insolence et son orgueil, s'attira la haine générale. Il brusqua sans ménagement des réformes qu'il aurait fallu tenter d'introduire peu à peu et avec douceur; il força les hauts fonctionnaires à lui céder les deux tiers des *timars* (*), qu'ils s'étaient appropriés. Au lieu d'accorder de grands avantages aux individus qui voudraient faire partie des nouveaux corps de *seymens réguliers*, il ne leur concéda aucun privilège, leur donna pour chefs les anciens officiers des nizam-djèdid, et les logea dans les casernes de Scutari et de Lewend-Tchiftlik, qu'avaient occupées ces derniers; ce qui fit considérer les seymens comme de véritables nizam-djèdid sous une autre dénomination. Outre la haine de l'armée, il s'attira encore celle des oulémas, par son mépris pour ce corps puissant, et par son avidité insatiable, qui leur faisait craindre qu'il ne s'emparât des biens des mosquées. Les officiers du sérail étaient choqués aussi de le voir disposer, sans leur participation, de tous les emplois et des honneurs; le peuple, influencé par les nombreux ennemis de Baïrakdar, prit bientôt en exécration ce ministre naguère son idole. Enfin le Sultan lui-même ne voyait pas avec faveur un sujet dont l'ambition et le caractère audacieux ne lui laissaient qu'une ombre d'autorité.

Le fier Baïrakdar, tranquille au mi-

(*) Voyez à la page 35, l'explication relative aux *timars*.

lieu des ennemis dont il était entouré, se plaisait à les braver : il n'avait pour unique soutien que le corps de seize mille hommes qu'il avait amené de Roustchouk, et trois mille autres soldats campés près de Scutari, sous les ordres de Kadi-Pacha, qui lui était entièrement dévoué. Les adversaires cachés du grand vézir engagèrent secrètement Molla-Aga, aïan de Philippopoli, à entrer à main armée dans le pachalik de Roustchouk. Dès que Baïrakdar eut avis de cette agression, il se hâta d'envoyer des troupes contre le rebelle, et, ainsi qu'on l'avait espéré, commit l'imprudence de ne garder auprès de lui qu'environ six mille hommes, qu'il laissa dispersés dans différents quartiers de la capitale. Lorsqu'on eut réussi à l'affaiblir, on travailla avec plus d'ardeur que jamais à le rendre odieux à la nation tout entière. Les plaintes de ceux qui avaient souffert des réformes du ministre, les bruits calomnieux qu'ils semaient contre lui dans les cafés et les autres lieux publics, finirent par exaspérer à tel point la populace, qu'elle disait hautement qu'il fallait en finir avec ce chien de *ghiaour*. Des placards, affichés jusque sur les murs de son palais, annonçaient même, pour les fêtes du Beïram, qui étaient très-prochaines, la mort du grand vézir et de ses créatures. Loin de s'effrayer de tous ces symptômes de révolte, Baïrakdar, à qui ses amis conseillaient de se rendre à Andrinople avec Sultan-Mahmoud, persista dans son aveugle sécurité, et continua de défier la haine populaire. Le 14 novembre, troisième jour avant la fin du Ramazan, le grand vézir, suivant l'usage établi à la cour ottomane, alla rendre visite au mufti. Le ministre n'avait autour de lui qu'une garde de deux cents hommes; sa marche étant ralentie par la foule qui se pressait sur son passage, il ordonna à ses *tchaouchs* de frapper de leurs *topouz* tous ceux qui ne s'écarteraient pas assez promptement. La populace se réfugia dans les cafés voisins; mais plusieurs personnes avaient été atteintes des coups largement distribués par l'ordre de Baïrakdar. La dureté qu'il venait de montrer exalta au plus haut degré l'indignation publique : d'un mouvement unanime, une foule immense se porta chez l'aga des janissaires, où se rendirent aussi quelques oulémas : là, il fut décidé que l'on attaquerait les soldats de Baïrakdar dispersés dans la ville. Cette résolution s'exécuta sur-le-champ : ces derniers, pris à l'improviste, se sauvèrent dans la campagne après une résistance fort courte; d'un autre côté, quelques janissaires mirent le feu à des maisons voisines du palais du grand vézir, et ce bâtiment fut bientôt atteint par les flammes. Les gardes de Baïrakdar voulurent éteindre l'incendie, mais un corps de six mille janissaires, qui venait investir sa demeure, les dispersa, et forma un cordon autour de l'édifice embrasé, afin d'empêcher l'arrivée des pompes à feu. Ce fut dans ce moment terrible que les domestiques de Baïrakdar se décidèrent à le prévenir des dangers qui le menaçaient : il s'était couché, en rentrant au palais, et avait expressément défendu d'interrompre son sommeil, à moins qu'un violent incendie n'exigeât sa présence. Réveillé en sursaut, voyant son palais dévoré par les flammes et cerné par ses implacables ennemis les janissaires, n'entendant que le fracas des murs qui s'écroulaient, ou les cris plaintifs de ses esclaves, qui, en cherchant à se sauver, étaient impitoyablement massacrés, cet homme, jusqu'alors si intrépide, fut saisi d'une terreur invincible; il ramassa à la hâte de l'or et des bijoux, et courut se renfermer, avec une de ses favorites et un eunuque noir, dans une tour en pierre, où il espérait être à l'abri de l'incendie. Pendant que le grand vézir prenait cette résolution pusillanime, le kapoudan-pacha Ramis ordonnait à deux vaisseaux de ligne de s'embosser vis-à-vis du quartier où se trouvaient le palais de l'aga et le corps de réserve des janissaires, et de faire feu; il accourait lui-même avec ses marins, se réunissait aux soldats du toptchi-bachi, et marchait au secours du grand vézir, tandis que Kadi-Pacha se dirigeait, avec deux mille hommes, vers le sérail, pour protéger le Sultan, et que le reste de ses troupes contenait les janissaires de Scutari. Ces sages mesures, en opposant une résistance opiniâtre aux mutins, refroidirent leur ardeur. Exposés à la fois au feu des seymens réguliers qui tiraient du haut des murs du sérail, et à la canonnade des vaisseaux, les janissaires, après s'être battus pendant tout un jour, commencèrent à désespérer de leur cause. Bientôt un bruit sinistre, qui circula dans leurs rangs, acheva de les décourager : on assurait que Baïrakdar s'était sauvé, déguisé en femme, et allait reparaître à la tête de forces imposantes. Instruit de la terreur des insurgés, le kapoudan-pacha voulut leur proposer une amnistie; mais Kadi-Pacha, ennemi implacable des janissaires, qui avaient défait en 1806 le corps des nizam-djèdid sous ses ordres, tenait à se venger, et fut d'avis de faire une sortie générale. Sultan-Mahmoud penchait pour la clémence; mais il fut forcé, par les cris des soldats de Kadi-Pacha, de céder à l'avis de leur chef, en lui recommandant expressément de ne pas incendier les maisons dont les habitants opposeraient de la résistance.

Quatre mille hommes, précédés de quatre pièces de canon, et commandés par Kadi-Pacha, sortirent du sérail, repoussèrent les janissaires qui attaquaient ce palais, s'emparèrent d'une de leurs casernes près de Sainte-Sophie, et dissipèrent le détachement qui cernait la demeure du grand vézir. Ignorant le sort de Baïrakdar, et ne pouvant pénétrer dans son habitation que dévoraient les flammes, Kadi-Pacha laissa une partie de ses troupes sur l'At-Meïdani, divisa le reste en trois colonnes, ordonna à deux d'entre elles de se diriger vers le quartier des Sept-Tours et sur la mosquée Suleïmaniïè, en massacrant tous ceux qui s'opposeraient à leur passage, et leur donna rendez-vous au palais de l'aga des janissaires, où il se rendit lui-même à la tête de la troisième colonne. Les excès que commirent les soldats exaspérèrent le peuple : il se réunit aux janissaires, qui avaient inutilement tenté de chasser les seymens des casernes qu'ils occupaient, et qui finirent par y mettre le feu. Dès ce moment, tout changea de face : les seymens périrent écrasés sous les décombres ou consumés par les flammes; Kadi-Pacha se vit forcé de rentrer au sérail après avoir éprouvé de grandes pertes; l'incendie n'étant arrêté par personne, fit des progrès effrayants, et les cris lamentables des malheureuses victimes, qui demandaient en vain du secours et disparaissaient bientôt sous des ruines brûlantes, étaient à peine écoutés par les combattants acharnés au carnage. Sultan-Mahmoud voyait, du haut d'une tour du sérail, cet horrible spectacle; son cœur en fut ému : il ordonna de cesser sur-le-champ le massacre et de travailler à éteindre l'incendie : la fusillade s'arrêta; l'aga des janissaires, n'osant désobéir au Sultan, envoya chercher les pompiers, et fit abattre quelques maisons afin d'isoler le feu; mais il était trop actif pour être aisément éteint, et il ne put être arrêté que par les places publiques et les coupoles en pierre des mosquées.

Cependant la foule, enhardie par la cessation des hostilités, se précipita vers *Bab-Humaïoun*, et fit entendre des menaces contre les seymens et leurs chefs, et même contre le souverain qui venait d'épargner les mutins. Quelques-uns osèrent dire qu'il fallait déposer Sultan-Mahmoud et rétablir Sultan-Moustapha. Ces cris du peuple furent l'arrêt de mort du prince auquel il voulait rendre le trône. Sultan-Mahmoud, depuis la veille, résistait noblement aux instances de ses ministres, qui lui conseillaient de faire périr son frère; il céda enfin à regret à la nécessité de pourvoir à sa propre sûreté; l'ordre fatal lui fut arraché, et Sultan-Moustapha livré aux bourreaux. Sa mort n'excita aucun regret, et parut juste, même aux yeux de ses partisans.

Lorsque la flamme eut consumé le palais du grand vézir, quelques hommes se glissèrent parmi les décombres dans l'espoir d'y trouver de l'or : en écartant ces débris fumants et ces cendres encore brûlantes, ils découvrirent, au pied d'une haute tour, une porte en fer, l'enfoncèrent, et arrivèrent par un étroit passage à une seconde porte, qui, cédant aussi à leurs efforts, leur ouvrit l'entrée d'une chambre basse : trois cadavres étaient étendus auprès de sacs remplis d'or et de magnifiques écrins de pierreries. Avertis de cette découverte, les janissaires se hâtèrent d'accourir, et reconnurent avec joie leur plus cruel ennemi, le terrible Baïrakdar, dont ils craignaient encore le retour, et qui avait été asphyxié avec sa favorite et son premier eunuque. Le corps du grand vézir fut empalé et exposé pendant trois jours sur la place de l'Et-Meïdani (*).

Moustapha-Pacha, surnommé *baïrakdar* (porte-étendard), était fils d'un pauvre laboureur, et suivit d'abord la profession de son père ; il se fit ensuite marchand de chevaux ; mais son génie belliqueux ne put supporter longtemps cette vie obscure et pacifique : il s'enrôla dans les troupes du pacha de Roustchouk, s'éleva rapidement, par son seul mérite, aux premiers grades militaires, et finit, après avoir gouverné avec distinction le pachalik où il commença à servir comme simple soldat, par arriver à la plus haute dignité de l'empire. Il montra d'abord, dans ce poste élevé, de l'adresse, de la modération, un esprit supérieur aux préjugés de ses compatriotes, et un grand amour pour la justice. L'anecdote suivante donnera une idée du noble usage qu'il faisait du pouvoir, avant de s'être laissé aveugler par un orgueil démesuré :

Un jeune Grec, remarquable par une figure charmante et une élégance de formes qui rappelait les chefs-d'œuvre de la statuaire antique de sa patrie, exerçait à Constantinople l'humble état d'épicier. Au-dessus de son magasin demeurait une belle musulmane, veuve à vingt ans d'un vieil Osmanli, qui lui avait laissé une grande fortune. Dans les loisirs de ses longues heures de solitude, la jeune femme s'amusait à examiner, à travers les jalousies de sa fenêtre, le beau jeune homme son voisin. Cette dangereuse occupation ne tarda pas à faire naître dans le cœur de la tendre veuve un amour d'autant plus violent qu'elle ne pouvait le témoigner à celui qui l'inspirait ; car, en Turquie, un homme, et surtout un *ghiaour*, n'entre jamais chez une musulmane. Mais sa passion, irritée par les obstacles, lui suggéra un stratagème pour arriver à son but. Elle envoya prendre chez le beau marchand quelques articles dont elle fit demander le compte. Le mémoire fut remis ; mais on le trouva obscur, on n'y pouvait absolument rien comprendre. Étonné du peu d'intelligence de sa voisine, le jeune Grec donna *par écrit* d'amples explications, qui ne satisfirent pas davantage la rusée musulmane. Il fallait cependant régler ce compte si embrouillé, et pour y par-

(*) Il existe sur la fin tragique de Baïrakdar-Moustapha-Pacha, une version toute différente de celle que nous avons adoptée dans notre texte, d'après des autorités dignes de foi. Nous croyons devoir mettre sous les yeux de nos lecteurs cette seconde relation, plus conforme que la nôtre au caractère d'intrépidité bien connue du pacha de Roustchouk.

D'après les historiens à qui nous empruntons les détails suivants, lorsque les janissaires marchèrent sur le sérail pour délivrer Sultan-Moustapha et le remettre sur le trône, Baïrakdar vint à leur rencontre à la tête des seymens réguliers, et livra aux rebelles un combat opiniâtre ; mais accablé par la supériorité numérique des insurgés, il fut contraint de reculer, gagna une tour fortifiée du sérail, et s'y retrancha. Poursuivi par les vociférations des janissaires, qui le sommaient de leur livrer Sultan-Moustapha, Baïrakdar leur jeta le corps sanglant de ce prince : à cette vue, leur fureur redoubla ; ils s'armèrent de torches, et l'incendie leur ouvrit un passage pour atteindre le ministre qui les bravait. L'intrépide pacha combattait encore, mais enfin, se voyant près de tomber entre les mains de ses implacables ennemis, il mit le feu à un magasin à poudre, et s'ensevelit avec eux sous les débris de la tour.

venir, elle fit prier l'épicier de monter chez elle, où il trouverait à qui parler. Le jeune homme se décida à cette démarche : il fut reçu par une esclave, qui lui dit qu'elle allait l'introduire auprès de sa maîtresse. Le pauvre marchand, effrayé de cette irrégularité, se laissa conduire en tremblant. Resté en tête-à-tête avec la belle veuve, il voulut lui parler de son mémoire, elle répondit par une déclaration d'amour. Épouvanté des terribles conséquences d'une intrigue avec une musulmane, le prudent épicier cherchait à fuir, mais elle le menaça de le dénoncer au kadi, comme ayant tenté de lui faire violence. Quel parti prendre?... De tous côtés, le péril était égal, la dame était jeune et belle, le Grec se décida pour le danger le moins imminent.

Cette intrigue dura quelque temps sans mésaventure, et le jeune homme commençait à ne plus trembler de son bonheur, lorsqu'un jour qu'il était auprès de la belle veuve, deux janissaires entrèrent dans le magasin et demandèrent des objets que les garçons ne trouvèrent point. Il fallut faire descendre leur maître : à la vue des janissaires, il montra une si grande émotion, que ceux-ci, curieux de connaître la cause de ce trouble extraordinaire, parvinrent, en lui promettant le secret, à lui faire avouer sa faute. Indignés d'apprendre qu'un *ghiaour* possédait les faveurs d'une musulmane, les janissaires s'empressèrent de tout déclarer au kadi, qui condamna à mort le chrétien. Le grand vézir, instruit de l'affaire, cassa le jugement, fit grâce au jeune Grec, et voulait, dans son impartiale justice, punir la musulmane qui l'avait séduit, et, pour ainsi dire, forcé à commettre le crime; mais les oulémas obtinrent le pardon de la coupable. Baïrakdar fit ensuite appeler le marchand : « Raïa, lui « dit-il, j'ai pu te sauver du supplice, « mais je ne puis te préserver des poi- « gnards qui menacent ta vie; mets « ordre à tes affaires, quitte dans trois « jours Constantinople, retourne dans « ton pays, et garde-toi de parler de « ton aventure. »

Sultan-Mahmoud, resté seul de la famille d'Osman, n'avait plus rien à craindre des janissaires : il s'empressa de mettre un terme aux malheurs qui désolaient la capitale. Il profita habilement de la terreur inspirée aux seymens et aux soldats de Kadi-Pacha, par la vue du cadavre de Baïrakdar, pour les réconcilier avec les janissaires. Trop humain pour livrer à la fureur populaire les auteurs des derniers désordres, il permit à Ramis-Pacha, à Kadi-Pacha, à Beïji-Efendi, et à tous les amis de Baïrakdar, de s'embarquer sur une chaloupe qui se trouvait à la pointe du sérail : ils gagnèrent Silivria et ensuite Roustchouk, où ils furent accueillis par les partisans de Moustapha-Pacha.

Les janissaires, voulant détruire toute trace des nizam-djédid, brûlèrent les belles casernes de Lewend-Tchiftlik et de Scutari ; ils envoyèrent ensuite des députés au Sultan pour protester de leur soumission, et obtenir le pardon de leur dernière révolte. Le mufti et les oulémas félicitèrent Sa Hautesse du triomphe de la religion et des anciennes lois ; et le calme fut entièrement rétabli.

Les exilés de Constantinople qui avaient trouvé un asile dans le pachalik de Roustchouk furent bientôt contraints de fuir devant les menaces de la Porte. Ramis-Pacha, né en Crimée, se réfugia à Pétersbourg et se mit sous la protection du nouveau souverain de son pays. Kadi-Pacha se déguisa en derwiche, fut reconnu à Kutahïé et mis à mort, ainsi que Beïji-Efendi, qui avait eu l'imprudence de se montrer.

Sultan-Mahmoud, qui, aux brillantes qualités de Sultan-Sélim joignait une fermeté de caractère dont ce dernier était dépourvu, ne renonça pas à ses desseins, comme la suite l'a bien prouvé ; mais, forcé de dissimuler, il parut abandonner tout projet de réforme, affecta de suivre l'ancien système, de ne parler que du passé, de ne point s'inquiéter de l'avenir, et de s'endormir, en vrai musulman, dans le dogme du fatalisme.

Après la violente secousse qui venait d'ébranler l'empire, le Grand Seigneur s'occupa de ses rapports avec les puissances étrangères. Engagé dans une guerre malheureuse contre la Russie, le gouvernement ottoman consentit à envoyer des plénipotentiaires à Yassi; mais des intrigues politiques retardèrent l'ouverture du congrès. L'Angleterre n'avait pas renoncé à l'espoir d'un rapprochement avec la Porte : des négociations secrètes furent entamées. M. Adair, envoyé anglais, et M. de Stürmer, internonce d'Autriche, parvinrent, au bout de trois mois de sollicitations, à décider Sultan-Mahmoud; et le 5 janvier 1809, la paix fut signée avec la Grande-Bretagne. Par ce traité, cette dernière puissance s'engageait à remettre tous les forts et places appartenant à la Porte, qui, de son côté, devait lever le séquestre mis sur les marchandises et les vaisseaux anglais, reconnaître les anciennes capitulations et tous les priviléges établis par les actes subséquents, mais à condition que l'Angleterre accueillerait dans ses ports les navires ottomans, et ne tenterait plus d'entrer à main armée dans le canal de Constantinople. Ce fut inutilement que M. de Latour-Maubourg, chargé d'affaires de France, voulut empêcher ce traité, et que la Russie, alors en opposition d'intérêts avec la Grande-Bretagne, fit faire à la Porte des représentations à ce sujet; le Sultan n'en persista pas moins dans sa politique, et reçut avec les plus grands honneurs le ministre de son nouvel allié.

Cette circonstance devait nécessairement apporter des obstacles à la conclusion de la paix entre la Russie et la Porte. Aussi la réunion à Yassi des plénipotentiaires de ces deux puissances n'eut-elle d'autre résultat qu'une déclaration de guerre. Les pachas et les *aïans* des bords du Danube reçurent l'ordre de rassembler leurs troupes et de se préparer à résister aux Russes. On s'occupa aussi de réprimer les Serviens, qui, en apprenant l'issue du congrès, avaient repris les armes contre la Porte. Le sceau fut donné à Zia-Youçouf-Pacha, vieillard de soixante et douze ans, qui avait déjà, en qualité de grand vézir, commandé l'armée ottomane, lors de l'invasion des Français en Égypte, et qui fut si maltraité par Kléber à la bataille d'Héliopolis.

Le général russe ouvrit la campagne par la prise de la forteresse de Slobodsa, et par la défaite, devant Ibraïl, d'un corps d'armée ottoman. D'un autre côté, les pachas de Bosnie et de Nissa battaient les troupes serviennes et bloquaient Déligrad et quelques autres places. Pendant que ces événements militaires avaient lieu, l'ambassadeur anglais essayait de soulever contre les Français les habitants des îles Ioniennes, concédées à Napoléon par l'empereur de Russie, lors du traité de Tilsitt. Mais les efforts de M. Adair échouèrent : le sénat ionien publia un décret de bannissement contre un Corfiote, nommé Dendrino, que l'ambassadeur britannique avait nommé, de sa propre autorité, chancelier de la république des Sept-Iles à Constantinople; les émissaires anglais furent chassés d'Ithaque et de tout le territoire; et la Porte déclara solennellement à notre chargé d'affaires que le Sultan s'opposerait aux manœuvres qui auraient pour but de soustraire les îles Ioniennes à l'autorité française.

Cependant les Russes continuaient avec vigueur la guerre sur le Danube. Diverses places des deux rives de ce fleuve tombèrent en leurs mains; le général en chef Bagration passa le Danube, battit les Osmanlis près de Silistrie, et s'empara de Rassewat; peu de jours après, l'importante forteresse d'Ismaïl se rendait à un autre corps d'armée russe; et les villes de Mangalia et de Kavarna, sur la mer Noire, succombaient sous les efforts des généraux Markoff et Platoff. Ces nombreux revers ne découragèrent point le grand vézir : campé devant les murs de Silistrie, il attendit, sans s'effrayer, l'attaque du prince Bagration, et lui opposa une si vive résistance, que ce général, après avoir perdu près de dix mille hommes, se retira sur Hirsowa, et fit repasser le Danube à la plus grande partie de ses troupes, en laissant seulement des garnisons dans les forteresses qu'il avait prises sur la rive droite du fleuve. Cette défaite des Russes fut compensée par la conquête que le général Essen fit, à cette même époque, de la forteresse d'Ibraïl.

Sur ces entrefaites, on apprit que Napoléon venait de conclure la paix avec l'Autriche, après avoir gagné, sous les murs de Vienne, la fameuse bataille de Wagram. Profitant de l'influence que les triomphes de la France devaient exercer sur l'esprit des ministres ottomans, M. de Latour-Maubourg insista vivement pour engager le divan à accéder au système continental, et à renvoyer M. Adair. Après une longue hésitation, la Porte, voulant terminer ses différends avec la Russie, accepta la médiation de la France. Néanmoins, le Sultan fit les plus grands préparatifs pour la prochaine campagne, car son intention était non-seulement d'opposer une vigoureuse résistance aux troupes russes en cas d'hostilités, mais encore de reprendre sur les Wehhabis les villes saintes (la Mecque et Médine), dont les musulmans ne pouvaient plus approcher.

Malgré toutes les mesures prises par le Grand Seigneur, la campagne de 1810 ne fut pas heureuse pour les Osmanlis. Le grand vézir avait établi son quartier général à Chumla, ville de Bulgarie à vingt-cinq lieues du Danube. Les Russes, sous les ordres de Kamensky, se rendirent d'abord maîtres des côtes maritimes, prirent d'assaut Bazardjik, et successivement un certain nombre d'autres villes.

Sultan-Mahmoud, loin de se laisser décourager par ces revers, annonça qu'il allait se mettre lui-même à la tête de l'armée. Dans un ferman adressé aux troupes du grand vézir, il leur rappela les exploits des anciens Osmanlis, et essaya de réveiller en eux ce fanatisme guerrier qui avait jadis opéré tant de prodiges. Cependant le désir que témoignait le Sultan de se rendre au camp, déplaisait aux oulémas et aux chefs des janissaires : ces deux corps puissants craignaient que le souverain ne profitât, pour s'affranchir de leur tutelle, du moment où il serait entouré de ses soldats. En conséquence, le départ de Sa Hautesse était entravé par mille intrigues. Les pachas Tchapan-Oglou et Kara-Osman-Oglou, connus pour être de zélés partisans de la réforme tentée par Baïrakdar, devaient se rendre, avec leur contingent s'élevant à vingt mille hommes, au camp du grand vézir, en passant par Constantinople. Les janissaires crurent que l'on avait rassemblé ces forces dans la capitale pour favoriser le rétablissement du nizam-djédid; et, sur leurs clameurs, le Sultan fut obligé de faire changer de route aux troupes de ces deux chefs.

D'un autre côté, les Russes avaient remporté, du côté de la Géorgie, une victoire complète sur les Persans réunis au prince d'Imirette ; et, à la suite de cette affaire, la paix entre les cours de Téhéran et de Pétersbourg semblait près de se conclure. Cette circonstance fâcheuse pour les Ottomans, et les revers qu'ils avaient éprouvés dans la dernière campagne, leur faisaient vivement désirer la cessation de la guerre : mais les prétentions inadmissibles du général Kamensky firent suspendre les négociations que le grand vézir avait entamées ; et les Russes prirent leurs quartiers d'hiver dans la Valachie, la Moldavie et la Bessarabie, en laissant des garnisons à Nicopolis, à Silistrie et à Roustchouk. De son côté, le grand vézir profita de la morte-saison pour augmenter, sous la direction d'ingénieurs européens, les fortifications de son camp.

A cette époque, Suleïman-Pacha, gouverneur de Bagdad, ayant refusé de fournir de l'argent et des troupes, fut déclaré rebelle, et poignardé par ordre de l'ex-reïs-éfendi Thal'at, que le Grand Seigneur avait envoyé auprès du pacha révolté. Suleïman était, en outre, accusé d'entretenir des intelligences avec les Wehhabis. Le Sultan fit preuve, en cette occasion, d'une grande énergie, en refusant la grâce du coupable à l'ambassadeur d'Angleterre, qui avait donné à sa réclamation un ton de menace dont Sa Hautesse ne tint aucun compte.

Au commencement de 1811, des événements graves se passèrent en Égypte : ces faits appartenant à l'histoire de cette contrée, nous nous bornerons à les indiquer à grands traits.

Muhammed-Ali, gouverneur de cette province, avait reçu du Sultan l'ordre de marcher contre les Wehhabis; mais, avant d'entreprendre cette expédition, le pacha voulut soumettre les beïs-mamlouks, auxquels il avait laissé une partie de la haute Égypte, lors de la tentative des Anglais sur Alexandrie. La jalousie ayant divisé les chefs des mamlouks, plusieurs d'entre eux vinrent se mettre sous la protection de Muhammed-Ali-Pacha. Ce gouverneur, en flattant les beïs de l'espoir d'un traité favorable, parvint à en attirer un grand nombre au Caire, où, par une horrible perfidie, il les fit massacrer. Des ordres furent donnés aux commandants des provinces pour mettre à mort les mamlouks qui ne s'étaient pas rendus au Caire : ces malheureux périrent presque tous, et la ruine de cette brave milice fut consommée. La conduite du gouverneur de l'Égypte fut approuvée par la Porte, qui se trouva ainsi délivrée d'un corps qu'elle redoutait.

Cependant, après la campagne de 1810, les négociations entre les Russes et les Ottomans avaient recommencé, mais sans résultat satisfaisant. Le général en chef Kamensky, atteint d'une maladie grave qui le rendait incapable de commander, avait été remplacé, en mars 1811, par Kutusoff. A cette même époque, le grand vézir Zia-Youçouf-Pacha, qui, à cause de son âge avancé, ne pouvait plus remplir les fonctions pénibles de sèrasker, fut remplacé par Ahmed-Pacha, ex-nazir d'Ibraïl. Le sultan écrivit de sa main au ministre octogénaire, pour adoucir le chagrin de sa déposition, et lui assura qu'il ne lui retirait point sa bienveillance.

Le nouveau grand vézir réunit une armée de soixante mille hommes avec soixante-dix-huit pièces d'artillerie, arme dont le service s'était bien perfectionné chez les Ottomans; et au mois de juin, il se dirigea vers Roustchouk, ce qui détermina Kutusoff à envoyer un corps d'armée à Giurgewo, et à y établir son camp. Ce général, à cause du rappel de quatre divisions de son armée, destinées à former un corps d'observation en Pologne, ne pouvait guère que se tenir sur la défensive; en conséquence, il fit raser les fortifications des villes placées entre Silistrie et Roustchouk. Cette place forte avait été nouvellement mise en bon état de défense; trente mille Russes occupèrent les hauteurs qui la dominent. Les Ottomans attaquèrent avec vigueur; mais ils ne purent jamais entamer l'armée ennemie, et furent obligés, après une affaire très-chaude, de regagner leur camp, établi à Kadi-Keuï, à deux lieues et demie de Roustchouk. Malgré cet avantage, Kutusoff craignant pour cette dernière place, où il aurait fallu laisser une garnison de dix mille hommes au moins, se décida à l'abandonner. Le 5 juillet 1811, il passa le Danube, fit évacuer Roustchouk par plus de six cents familles bulgares qui l'occupaient, détruisit une partie des fortifications, et incendia la ville. L'armée russe campa ensuite sur la rive gauche du fleuve, près de Giurgewo. Ismaïl-beï et Kara-Osman-Pacha passèrent eux-mêmes le Danube et se retranchèrent sur ses bords. L'intention du grand vézir était de porter la plus grande partie de ses troupes sur la rive gauche, et d'attaquer l'armée russe; mais une savante manœuvre du général Kutusoff déjoua ce projet. Le camp ottoman fut envahi : le grand vézir, qui se trouvait de l'autre côté du fleuve, demanda un armistice, et n'ayant pu l'obtenir, se jeta dans une nacelle et gagna Roustchouk à la faveur de la nuit. En même temps, un corps d'armée russe reprenait Silistrie; Véli-Pacha, qui avait établi un camp à Turtukaï, abandonnait cette position;

et Ismaïl-Pacha, beï de Sèrès, qui avait envahi la petite Valachie, fuyait devant le général Sass et se hâtait de repasser le Danube.

Tant de désastres obligèrent le sèrasker à solliciter de nouveau une suspension d'armes : elle lui fut accordée pour tout le temps de la durée des négociations pour la paix. Mais lorsque la nouvelle de ces revers et de l'armistice conclu à leur suite arriva à Constantinople, le divan désapprouva hautement le grand vézir, et prit sur-le-champ les mesures les plus énergiques. On enrôla tous les hommes en état de porter les armes, et on les dirigea sur Chumla; la garnison de Varna fut renforcée, et les troupes asiatiques reçurent ordre de ne pas quitter leurs drapeaux.

C'est au milieu de ces préparatifs pour une guerre désastreuse que naquit, le 24 novembre 1811, le premier fils de Sultan-Mahmoud, qui n'avait eu jusqu'alors que quatre filles. Le jeune prince reçut le nom de Sultan-Murad : sa naissance causa une grande joie au peuple, qui craignait l'extinction de la race d'Osman (*). Néanmoins, à cause des circonstances pénibles où se trouvait l'empire, les grandes fêtes, appelées *Donanma*, qui durent pendant sept jours, n'eurent pas lieu, et l'on se borna à célébrer cet heureux événement dans l'intérieur du sérail. A cette occasion, les ambassadeurs étrangers offrirent au Sultan des plateaux couverts de sucreries, de rafraîchissements et de fleurs, selon l'ancien usage.

Cependant les négociations, qui avaient commencé à Giurgewo et se continuaient à Bucharest, furent rompues par les Russes, et l'on se prépara à reprendre les hostilités. Néanmoins les plénipotentiaires ne quittèrent pas le lieu du congrès; mais, dans un divan général, le mufti déclara qu'il ne donnerait point son fetwa en faveur de la paix, et tous les membres du conseil votèrent à l'unanimité pour la guerre.

De son côté, l'empereur Alexandre avait l'intention de renforcer l'armée de Kutusoff; deux divisions étaient déjà arrivées à Yassi, lorsqu'elles reçurent l'ordre de rétrograder et de repasser le Dniester. Cette disposition nouvelle était nécessitée par la prévision d'une rupture avec la France; en outre, la Russie avait à soutenir la guerre contre les Persans, qui venaient de remporter un avantage aux environs de Koubbè : mais ces succès ne continuèrent pas, les Russes reprirent le dessus, et finirent par envahir presque toute la Géorgie. Enfin, au moment où les hostilités allaient recommencer entre la Porte et la Russie, la déclaration de guerre de Napoléon à cette dernière puissance changea subitement la face des affaires. M. d'Italinsky, plénipotentiaire russe, modifia singulièrement ses prétentions, et les ministres ottomans acceptèrent les nouvelles conditions qu'il proposa. La paix fut signée à Bucharest le 28 mai 1812, et ratifiée à Wilna le 23 juin suivant. Le Pruth devint la frontière des deux empires. Ce traité, qui assurait à la Russie les bouches du Danube avec une partie de la Moldavie et de la Bessarabie, fut approuvé à regret par Sultan-Mahmoud, qui le trouvait trop peu avantageux dans un moment où l'empereur Alexandre avait besoin de toutes ses forces pour s'opposer à l'invasion des Français.

Deux mois s'étaient à peine écoulés depuis que la Porte avait conclu la paix avec les Russes, et déjà ceux-ci, vaincus dans plusieurs batailles, reculaient devant la *grande armée* française, qui s'avançait vers Moscou. La consternation régnait non-seulement parmi les troupes moscovites campées près du Danube, mais encore chez les Valaques, les Moldaves et les Serviens, qui, voyant chanceler la puissance de leurs protecteurs, craignaient de retomber sous le joug ottoman.

(*) Ce prince mourut l'année suivante au mois de juillet. Sultan-Mahmoud a eu en tout vingt-six enfants, dont cinq seulement ont survécu à leur père, mort le lundi 1er juillet 1839. Sultan-Abdul-Medjid, qui vient de s'asseoir sur le trône, a un frère nommé Abdul-Aziz, né le 9 février 1830 (15 cha'ban 1245.)

Dans ces circonstances critiques, le général en chef Kutusoff, appelé au commandement de l'armée qu'Alexandre opposa aux Français, fut remplacé à Bucharest par l'amiral Tchitchakoff. Mais bientôt le danger augmentant de jour en jour, ce dernier reçut l'ordre de quitter les provinces qu'il occupait encore, et de conduire à marches forcées ses troupes sur le Pruth, et de là en Podolie.

Pendant que les Russes abandonnaient ainsi le territoire ottoman, pour se porter là où le péril était le plus grand, le général Andreossy arrivait à Constantinople. Le but de sa mission était d'engager le Sultan à ne point se séparer de Napoléon, et à se soustraire à l'influence de l'Angleterre. Cette ambassade, qui dura pendant les deux années de la plus grande crise pour la France (de 1812 à 1814), fut difficile et orageuse, et ne put remplir les intentions de Napoléon, dont Sultan-Mahmoud n'avait point oublié les menaces outrageantes dans ses discours au sénat, et le déplorable abandon à l'époque du traité de Tilsitt.

Peu de temps après l'arrivée de l'ambassadeur français, le Sultan, mécontent des conditions de la paix de Bucharest, déposa le grand vézir et les autres plénipotentiaires qui l'avaient négociée. Démétrius Morouzi, drogman du camp, et son frère Panaïoti, ex-premier interprète de la Porte, accusés d'avoir dévoilé aux ennemis les secrets de l'État, furent mis à mort. Khorchid-Ahmed-Pacha, ancien gouverneur de l'Égypte, reçut le sceau (août 1812).

Le Sultan, dont le caractère énergique se déployait de plus en plus, prit des mesures propres à contenir les janissaires dans le devoir, en introduisant parmi eux une nouvelle discipline : il domptait en même temps la rébellion de quelques *aïans* (*) et pachas, et

(*) Les *aïans* (notables) ou *ich-erlèris* (agents) sont des espèces d'officiers municipaux, élus par les principaux habitants d'une province et confirmés par la Porte. Ils assistent le pacha dans les affaires administratives.

entre autres celle du gouverneur de Widdin, Molla-Pacha, successeur du fameux Passwan-Oglou. Ramis-Pacha, qui, ainsi que nous l'avons dit précédemment, s'était réfugié à Pétersbourg, crut, après la conclusion de la paix, pouvoir rentrer sur le territoire ottoman; mais, arrivé aux environs de Bucharest, il fut attaqué par une petite troupe, sous les ordres du *bin-bachi* (colonel) du grand vézir, et mis à mort après une lutte terrible.

De son côté, le chef des Serviens insurgés, le célèbre Czerni-George, si connu par son courage et sa sévérité inflexible, se disposait à défendre ses compatriotes contre les prétentions de la Porte, qui ne voulait les amnistier qu'en rentrant en possession de leurs forteresses.

A Alexandrie, Muhammed-Ali-Pacha, délivré de la crainte des mamlouks, dont les faibles restes s'étaient réfugiés dans la haute Égypte, faisait d'immenses préparatifs, et épuisait ses ressources pour les frais de la grande expédition contre les Wehhabis. Leur prince, l'émir Sè'oud, marcha, avec quarante mille hommes, au secours de la Mecque et de Médine, menacées par Toçoun-Pacha, fils de Muhammed-Ali-Pacha, qui lui avait confié le commandement de ses troupes. Après avoir éprouvé une défaite dans les défilés de Djédidè, occupés par les Wehhabis, Toçoun prit bientôt une revanche éclatante, s'empara des villes de Bahr, Djèdidè, Safra, et entra enfin en vainqueur dans Médine. Les clefs de cette ville *sainte*, envoyées à Constantinople, y arrivèrent le 30 janvier 1813. Ce fut un jour de fête pour les pieux musulmans : des salves d'artillerie annoncèrent l'entrée dans la capitale des commissaires de Muhammed-Ali-Pacha; vers midi, le Sultan, accompagné d'un brillant cortège, se rendit à la mosquée d'Eïoub, où il récita solennellement le *salat-zuhur* ou *euïlè-namazy* (prière de midi), reçut les clefs de Médine, et les fit porter, en grande pompe, au sérail : elles furent déposées parmi les reliques du prophète. L'envoyé du gouverneur d'Égypte fut revêtu d'un kaftan de zibeline, et on accorda des pensions à vie aux Tatares qui avaient porté la première nouvelle du triomphe de Toçoun-Pacha.

Bientôt Abdallah, fils de l'émir Sè'oud, évacua la Mecque, où les Ottomans entrèrent aussitôt (mars 1813). La réception des clefs de cette ville et de la Kaaba occasionna, à Constantinople, de nouvelles fêtes, qui furent marquées par le supplice du cheïkh arabe Ibn-Haçan-el-Kalaï, l'un des plus fanatiques Wehhabis. La guerre avec ces sectaires se prolongea pendant plusieurs années; mais l'émir Sè'oud étant mort à Derr'iïè, sa capitale, son fils Abdallah conclut, en 1815, un traité honteux avec Toçoun-Pacha. Muhammed-Ali ayant voulu obliger Abdallah à se rendre à Constantinople pour y solliciter le pardon de Sa Hautesse, ce chef se décida de nouveau à la guerre. Enfin, après une alternative de succès et de revers contre Ibrahim, second fils de Muhammed-Ali-Pacha, Abdallah, assiégé pendant sept mois dans Derr'iïè, fut forcé, par la clameur publique, à se rendre. Il se mit entre les mains d'Ibrahim, qui l'envoya à son père. Le vice-roi d'Égypte fit partir le malheureux prince pour Constantinople, où il fut décapité sur la place d'*Aïa-Sofia*. Cet événement, qui eut lieu en 1818, abattit pour longtemps la secte des Wehhabis.

Depuis la fin de 1813, la Porte, en paix avec la Russie, songeait à soumettre entièrement la Servie. Des forces considérables se dirigèrent contre cette province. Rèdjeb, pacha de Widdin, emporta d'assaut le camp des Serviens. Bientôt, presque toutes les villes qu'ils occupaient, et Belgrade même, leur capitale, tombèrent au pouvoir des Ottomans. Les débris de l'armée des vaincus se réfugièrent dans les forêts les plus épaisses et sur les monts escarpés de cette contrée. Czerni-George, voyant sa cause perdue, passa en Russie, où l'empereur Alexandre lui accorda le grade de général et la décoration de l'ordre de Sainte-Anne. Quelques années après, ennuyé de l'inaction dans laquelle il vivait, ce chef traversa la Gallicie et la Hongrie pour rentrer dans son pays : son but était probablement d'y organiser un nouveau soulèvement contre la Porte; mais, reconnu à Semendria, il y fut arrêté et mis à mort, sur l'ordre du chef servien Milosch-Obrenowitch, qui, sans doute, obéit en cette occasion aux prescriptions du Grand Seigneur.

Czerni-George, né dans un rang obscur, s'était élevé, par le seul ascendant de son caractère, au rang de hospodar de Servie. Confirmé dans cette dignité par le Sultan, que les circonstances forcèrent à cette concession, ce chef ne cessa d'exciter des troubles dans l'empire ottoman. Son naturel énergique et féroce, n'ayant pas été tempéré par l'éducation, lui fit commettre les actes les plus cruels, mais cependant toujours empreints d'une sorte d'héroïsme qui rappelait les rudes vertus des premiers Romains et leur justice impitoyable. Comme Romulus, il fit périr son frère, qui avait méprisé ses ordres; son père même fut la victime du fanatisme patriotique de George : ce vieillard, fatigué des calamités sanglantes que son fils attirait sur la Servie, le menaça de découvrir sa retraite aux Ottomans, s'il ne renonçait à ses idées d'indépendance et ne cessait d'attiser la révolte. Czerni-George, désespéré, se jeta aux genoux de son père, en le suppliant d'abandonner ce dessein; mais celui-ci fut inflexible. Voyant qu'il ne pouvait vaincre son obstination, George se relève, s'arme d'un pistolet : « Malheureux vieillard! s'écrie-t-il, tu ne trahiras ni ton fils, ni ta patrie! » A ces mots, il fait feu, et son père tombe mort à ses pieds.

Un dernier trait achèvera de peindre ce terrible *justicier*. Un paysan des environs de Topola ayant perdu son père, voulut célébrer ses obsèques avec les cérémonies d'usage en ce pays, et s'adressa, dans ce but, au curé du canton. Ce prêtre grec, avide comme le sont presque tous ses compatriotes, exigea cinquante piastres pour les frais de funérailles; mais le pauvre orphelin n'en possédait que trente, et l'avare ecclésiastique refusait de rendre, à ce prix, les derniers devoirs au défunt. Le jeune homme, au désespoir, alla trouver Czerni-George et lui peignit son embarras. Ce chef donna aussitôt au bon fils les vingt piastres qui lui manquaient, lui ordonna de faire creuser deux fosses, et fixa l'heure de l'enterrement, auquel, dit-il, il voulait assister. En effet, au moment de la cérémonie funèbre, George, accompagné de quelques soldats portant un cercueil, arriva au cimetière. Lorsque le mort fut enseveli, Czerni demanda au pasteur combien il avait d'enfants. Le curé répondit que le ciel lui en avait accordé cinq. « Eh bien, reprit George « d'une voix terrible, comme, si tu ne « laisses point de fortune, ils peuvent « se trouver un jour dans la même « peine que ce pauvre jeune homme, « je veux pourvoir moi-même à ton « enterrement. » Quoique effrayé de l'air menaçant de George, le prêtre ne comprit pas d'abord le sens de ces paroles ; mais, sur un geste de Czerni, ses gardes renversent le malheureux ecclésiastique, le lient fortement, l'étendent dans le cercueil qu'ils avaient apporté, clouent le couvercle sur lui, et, malgré ses cris et ses larmes, l'enterrent dans la fosse creusée à côté de celle du paysan, dont il venait de célébrer lui-même les funérailles.

Napoléon, vaincu par les puissances alliées, venait d'abdiquer : Louis XVIII était monté sur le trône de France (avril 1814), et la paix générale avait signalé son avénement. Sultan-Mahmoud, qui, depuis le désastre de Moscou, attendait avec anxiété l'issue de ces grands événements, applaudit au retour de la tranquillité et de l'ordre, et montra les dispositions les plus amicales pour la France rendue aux héritiers de ses anciens rois. Ce fut à cette époque de calme que Sultan-Mahmoud revint aux projets de réforme qu'il nourrissait en secret, et que n'avait pu lui faire abandonner l'exemple de la terrible catastrophe de Sultan-Sélim. En juillet 1814 parut un ferman relatif à la formation d'une troupe d'élite choisie parmi chaque orta de janissaires. Cette disposition ayant été accueillie avec faveur, le Sultan espéra que l'on pourrait soumettre peu à peu l'armée à une nouvelle discipline, et donner une meilleure direction au système militaire.

Dans le mois de novembre suivant, le général Andreossy, rappelé à Paris, quitta Constantinople. M. Ruffin resta chargé des affaires de la France jusqu'à l'arrivée de M. le marquis de Rivière, nommé ambassadeur du roi, depuis le 12 septembre 1814, mais qui, à cause des événements des cent jours, ne put être rendu à Constantinople que le 4 juin 1816. Le 16 juillet suivant, M. de Rivière fut reçu en audience solennelle, et le Sultan dicta lui-même au grand vézir Rèouf-Muhammed-Pacha(*) la réponse amicale que ce ministre devait faire au nom de Sa Hautesse.

Le mois d'août suivant fut signalé par un événement qui causa quelque inquiétude à la Porte. L'Angleterre ayant à se plaindre de violences exercées par des pirates algériens contre des pêcheurs anglais, envoya l'amiral Exmouth pour tirer vengeance de cette insulte. Informé de cet armement, le deï sollicita les secours de son suzerain ; mais Sultan-Mahmoud, désirant rester en paix avec le gouvernement britannique, refusa de soutenir son vassal, et resta spectateur de la lutte ; elle se termina, après huit heures de bombardement, par la destruction de presque toute la marine algérienne, et par la soumission du deï, heureux de sauver son trône en souscrivant à toutes les conditions que lui imposèrent les vainqueurs. Le Sultan, qui n'avait pas osé empêcher la ruine de la régence, lui accorda en dédommagement plusieurs frégates et corvettes complétement armées.

En janvier 1818 (safer 1233), des changements importants eurent lieu dans le ministère. Le reïs-éfendi, le kiahïa-beï, le mufti et le grand vézir

(*) Il avait remplacé, en mars 1815, Khorchid-Ahmed-Pacha.

furent déposés. Derwich-Muhammed-Pacha, sandjak-beï de Brousse, reçut le sceau impérial. Ces destitutions avaient principalement pour but de satisfaire le peuple, qui, exaspéré par la cherté des vivres, s'en prenait aux ministres, et témoignait son mécontentement en mettant le feu à divers quartiers de la capitale. Dans un incendie qui avait eu lieu le 23 septembre 1816, à Bèchik-Tach, près de la résidence d'été du Sultan, le feu gagna le harem; mais l'imminence du danger ne put décider les gardiens du sérail à en violer les rigoureuses lois. Des eunuques, le sabre en main, repoussèrent tous ceux qui se présentaient pour porter des secours; et on ne les laissa agir que lorsque les femmes eurent été soustraites aux regards indiscrets. Une jeune fille du Sultan périt dans les flammes avec sa nourrice.

En 1819, la Porte reconnut l'indépendance des îles Ioniennes, sous la protection anglaise, et obtint en échange Parga, qui fut livrée au pacha de Yanina par l'amiral Maitland. Mais les Parganiotes, redoutant la domination du terrible Ali, brûlèrent les ossements de leurs ancêtres, et abandonnèrent, en pleurant, leur ville natale. Cette malheureuse peuplade se réfugia presque toute à Corfou et dans l'île de Paxo.

Cependant il existait à Constantinople une sorte d'inquiétude et de sourde fermentation : de nouvelles ordonnances de police occasionnèrent des scènes de désordre, des rixes sanglantes éclatèrent entre divers corps de la milice. Des placards, affichés aux murs du sérail, demandaient le renvoi des ministres. Le Sultan, cédant encore une fois au vœu public, renouvela tout son ministère, et donna le sceau à Ali-Pacha, en décembre 1819. Grâce à la bonté de son maître, l'ex-grand vézir Derwich-Muhammed-Pacha conserva toute sa fortune, et se retira à Gallipoli.

Au milieu de ces changements et de cette agitation intérieure, le fameux pacha de Yanina fut déclaré *Fermanli* (c'est-à-dire, fut mis au ban de l'empire), et sommé de venir en personne à Constantinople pour rendre compte de sa conduite. Loin d'obéir, l'audacieux vassal, qui, jusqu'alors, avait caché ses vues sous des apparences de soumission, jeta le masque et se déclara indépendant. Sa puissance, ses richesses, dont il se servait pour fomenter mille intrigues, ses talents militaires, tout contribuait à faire d'Ali-Pacha un adversaire redoutable. Aussi le Sultan ne négligea-t-il rien pour le réduire. De nombreux armements furent préparés, et toutes les forces de l'empire se disposèrent à marcher contre Yanina. Dans ce danger, Ali-Pacha songea à se créer des auxiliaires. Les Grecs ne supportaient plus qu'avec impatience le joug ottoman : Ali les appela aux armes; ses agents parcoururent la Morée, la Livadie, la Béotie; et, en faisant entendre le mot de *liberté* aux malheureux esclaves qui peuplaient ces contrées, ils les décidèrent à se lever en faveur du despote. Les émissaires d'Ali cherchèrent encore des soldats en Moldavie, en Servie, en Valachie, partout enfin où l'esprit de révolte contre la Porte s'était montré.

Les montagnards connus sous le nom de *Klephtes* (mot qui signifie voleurs de grands chemins, brigands), séduits par l'appât d'une forte paye et du pillage, se rangèrent sous les drapeaux du pacha de Yanina (1820). Ses trois fils, Moukhtar, Vèli et Salyh, commandaient, l'aîné à Bèrat, le second à Prevesa, et le dernier à Lépante (Aïnè-Bakhti). Ali-Pacha leur envoya des secours et des instructions; il fortifia ensuite la citadelle de Yanina, qu'il pourvut de vivres et de munitions de guerre achetés aux Anglais. Mais bientôt il apprit la défaite ou la défection de ses fils; et, réduit à ses propres forces, il alla s'enfermer dans son château, après avoir été battu, le 31 août 1820, à quelques lieues de Yanina, par Pehliwan-Pacha, aidé d'Ismaïl-Pacha, que la Porte venait de nommer au pachalik de Yanina, en remplacement de Tèpèdèlenli-Ali, déclaré rebelle. Bloqué par les troupes du Sultan, Ali-Pacha fait murer les portes de sa forteresse et se prépare, avec sept à huit cents hommes et deux cents pièces de canon, à une vigoureuse résistance. En effet, plusieurs mois se passent sans que l'on puisse le réduire : le Grand Seigneur, irrité de la lenteur du siége, remplace Pehliwan-Pacha par Khorchid-Pacha, qui n'est pas plus heureux que son prédécesseur. Voyant son armée affaiblie par la désertion, il se retire à Arta dans les premiers jours de décembre, pour y attendre du secours. Ali, profitant de cette heureuse circonstance, rallie à sa cause un corps de six mille Souliotes, et se dispose à reprendre l'avantage sur l'armée ottomane, menacée de toutes parts d'une révolte qui devait avoir des résultats d'une si haute importance.

La Grèce, en effet, commençait à s'agiter. En Moldavie, Alexandre Ipsilanti, fils d'un ancien hospodar, publia, en mars 1821, d'accord avec le prince Michel Suzzo, plusieurs proclamations, dans lesquelles il appelait les Hellènes à la liberté, et les flattait de l'appui du czar. En Valachie, Théodore Wladimiresko, chef de Pandours, levait aussi l'étendard de la révolte. A la fin de mars, l'insurrection éclate aussi tout à coup sur plusieurs points de la Morée : la Laconie, la Messénie, l'Arcadie, la Béotie se soulèvent. Les îles d'Hydra, de Spezzia et d'Ipsara équipent une flotte de cent quatre-vingts voiles ; une riche Grecque, nommée *Bobelina*, dont le mari avait été tué par les Ottomans, arme trois bricks, et les commande elle-même. Dans ces circonstances critiques, le Sultan jugea qu'il fallait à la tête des affaires un ministre plus ferme que le grand vézir Ali-Pacha, et nomma à sa place, le 26 djèmazi'ul oukhra 1236 (31 mars 1821), Benderli-Ali-Pacha, alors en Asie, et qui n'arriva à Constantinople que le 21 avril.

Le lendemain, jour de Pâques, le nouveau ministre fait pendre le patriarche Grégoire, accusé d'avoir *vraisemblablement* pris part à la révolte de ses compatriotes, quoiqu'il eût, un mois auparavant, lancé une excommunication contre les rebelles (*). Ce supplice fut suivi de celui de l'évêque d'Ephèse, de plusieurs autres prélats, et d'un certain nombre de Grecs des familles les plus considérées. A Andrinople, le métropolitain Cyrille subit le même sort ; les massacres, la démolition des églises, les profanations de tout genre s'étendirent en Thrace, en Macédoine, dans l'Asie Mineure. Tout à coup, et au moment où l'on s'y attendait le moins, le nouveau grand vézir est destitué, et remplacé, le 26 redjeb (30 avril) par Pekeï-Salyh-Pacha, ex-kaïm-mèkam. La disgrâce si prompte de Benderli-Ali-Pacha, qui ne garda le sceau que dix jours, fut provoquée par les deux favoris du Sultan, Halet-Éfendi et le Berber-bachi, dont le premier ministre avait voulu détruire l'influence. Exilé d'abord en Chypre, il y fut mis à mort au bout de deux mois, et sa tête fut exposée au sérail avec le *yafta* (écriteau) des traîtres.

Cependant l'ambassadeur russe Stro-

(*) La Porte a cherché à expliquer sa conduite envers le patriarche par de tardives déclarations. En effet l'Europe, émue des cris de la Russie et des Hellènes, et enthousiaste de la cause des Grecs, ne prêta pas l'oreille à ces accusations, peut-être trop bien fondées, de trahison et de connivence avec les insurgés ou rebelles de la Morée et des provinces transdanubiennes. Mais indépendamment de ces explications, dont on ne fit aucun cas en chrétienté, il est positif que la déposition et le supplice instantané du chef de la nation grecque furent la suite d'atrocités horribles à décrire, exercées par les *insurgés* contre le *molla* de la Mecque, qui revenait en pleine sécurité à Constantinople, avec tout son *harem* (famille), sur un bâtiment d'Alexandrie. Ces affreuses cruautés, exercées contre des femmes enceintes, et sur un vieillard vénéré par son haut rang dans la magistrature ottomane, qui est à la fois religieuse et civile, excitèrent au dernier degré l'indignation des musulmans ; et Grégoire fut pendu par représailles. Telle est la triste vérité sur un fait mal connu en Europe.

gonoff, tout en désavouant les rebelles, réclamait le droit d'intervenir en faveur des principautés de Valachie et de Moldavie, et des raïas grecs, et demandait que ceux-ci ne fussent punis que d'après une enquête formelle, et non d'une manière arbitraire. Ces réclamations choquèrent le divan, qui répondit que le Sultan avait le droit de châtier les coupables comme il l'entendait ; les ministres ottomans se plaignirent de la protection que la Russie n'accordait que trop ouvertement aux insurgés ; des récriminations mutuelles aigrirent les relations des deux cabinets, et une rupture paraissait imminente. M. de Strogonoff, irrité, suspendit toute relation avec la Porte, abandonna avec éclat le palais de la légation russe à Péra, où, quelque temps auparavant, il avait été invité par la Porte à se rendre, et il retourna à son palais de Buïuk-Dèrè (*). Il s'y renferma avec toute sa suite, décidé à pousser les choses aux dernières extrémités.

En mai, les Ottomans entrèrent dans la Moldavie et la Valachie. La première de ces provinces était en proie aux plus grands désordres ; la division régnait entre les boyards et les chefs des Hellènes. Sur ces entrefaites, le prince Cantacuzène est battu à Galatz par le sèrasker Youçouf-Pacha ; la flottille grecque du Danube est détruite, et les *Hétéristes* (**) évacuent

Yassi. Alexandre Ipsilanti éprouve, à Dragatchèmy, une défaite complète, et se réfugie sur le territoire autrichien, où il est arrêté et emprisonné dans la citadelle de Munkatsch (juin 1821) Ismaïl-Pacha fait alors son entrée à Yassi, et devient maître de la Moldavie. Les débris des Hétéristes se réunirent à quelques Arnautes (Albanais), et commencèrent sur les montagnes, dans les forêts, dans les couvents fortifiés, une guerre de partisans qui fut très-meurtrière, et qui occupa, pendant toute l'année, près de trente mille Ottomans.

Cependant Démétrius Ipsilanti, frère cadet d'Alexandre, était parvenu à se faire reconnaître, à Hydra, comme *Archistratége*, et avait pris la direction des opérations militaires. En août, le jeune Cantacuzène s'empara de Napoli de Malvoisie et de Navarin : dans le mois suivant, les Ottomans furent battus à Cassandra, et, en octobre, ils éprouvèrent une autre défaite aux Thermopyles : Tripolitza fut prise d'assaut sur Nazir-Beï, kiahïa de Khorchid-Pacha, par les généraux grecs Colocotroni et Piétro Mavro-Michali : cette ville devint le siége d'un gouvernement provisoire, et le centre des opérations.

La flotte ottomane, sous les ordres de Kara-Ali-Pacha, s'était dirigée sur Samos, sans oser rien entreprendre contre cette île ; le kapoudan-pacha se réunit ensuite aux escadres de Tunis, d'Alger et d'Égypte ; et, quoique poursuivi et harcelé par la flottille d'Ipsara et d'Hydra, il parvint néanmoins à ravitailler les places de la Morée encore occupées par les musulmans, à incendier la ville de Galaxidi, et à s'emparer d'une trentaine de petits navires grecs.

Les îles de l'Archipel et la côte d'Asie, hormis Chio et Metelin, étaient en proie à la révolte ou à la vengeance

---

(*) Buïuk-Dèrè était en effet le foyer de toutes les intrigues ; et son isolement, si favorable à ces menées, inquiétait les ministres ottomans, qui avaient couvert leur invitation de venir à Péra, séjour du corps diplomatique, du prétexte que la légation moscovite était exposée, dans ce palais isolé, à de trop grands dangers de la part d'une soldatesque fanatique dont il était devenu impossible d'arrêter ou de prévenir les excès.

(**) A la chute de Napoléon, il s'était formé dans la capitale de l'Autriche une association qui prit le nom d'*Hétérie* ou *Société d'amis*. Tous les Grecs riches de Constantinople et des provinces entrèrent dans cette association, qui compta même parmi ses membres, des ministres, des seigneurs, et des savants de toutes les nations. Instituée dans le but apparent de répandre l'instruction et les lumières dans la Grèce, l'*Hétérie* finit par montrer sa tendance politique, qui n'était autre que l'émancipation des Grecs.

des Ottomans; des massacres ont lieu à Chypre, à Smyrne, à Salonique. Au milieu de tous ces désordres, l'empire ottoman est menacé d'une invasion des Persans; et, le 15 novembre 1821, la guerre éclate entre ces deux puissances musulmanes. Les hostilités n'eurent, pendant cette année, d'autres résultats que la prise de quelques places, telles que Kars et Toprak-Kal'è. La mort du prince Muhammed-Ali-Mirza, frappé par le choléra-morbus, arrêta bientôt les opérations de son armée contre Bagdad, qu'il voulait soumettre aux armes persanes, jaloux de la gloire de réunir à l'empire d'Iran une ville aussi célèbre, qui, depuis deux siècles, en avait été violemment séparée.

Vers la fin de la campagne, Khorchid-Pacha bloqua étroitement le pacha de Yanina, et lui enleva le fort de Litharitza, tandis que les Grecs serraient de près Prevesa et Arta, et s'emparaient de cette dernière place, où ils trouvèrent de grandes richesses. En novembre, Ali-Pacha en était réduit à se renfermer dans son château du Lac. Ismaïl-Pacha et Haçan-Pacha, qui avaient été forcés d'abandonner Arta aux Grecs, furent décapités, et Omer-Brioni-Beï fut nommé gouverneur de Yanina, en remplacement du premier.

En décembre 1821, un congrès, convoqué par Ipsilanti et Maurocordato, se réunit à Épidaure, et s'occupa de rédiger une constitution provisoire, qui fut promulguée en janvier 1822. Dès que le gouvernement fut régularisé, il se transporta à Corinthe, qui venait de tomber entre les mains d'Ipsilanti, et le conseil exécutif travailla à organiser la levée des impôts et le plan de défense. Heureusement pour les Grecs, l'hiver paralysait les opérations militaires des musulmans, et Khorchid-Pacha était, depuis trois mois, sous les murs du château du Lac, où il bloquait Ali-Pacha. Les Souliotes voulaient secourir ce dernier; mais, jaloux des succès des Grecs, Ali refusa leur aide. A la fin de 1821, le sèrasker poussait le siége avec vigueur, secondé par un Italien nommé Caretto, ingénieur d'Ali, et qui venait de déserter la cause du proscrit. En même temps que l'on attaquait la place de vive force, Khorchid-Pacha gagnait par l'intrigue les Arnautes à la solde d'Ali. Après un assaut dans lequel ils livrèrent aux Ottomans le château du Lac, Ali se trouva réduit à se réfugier, avec une centaine de serviteurs dévoués, dans une tour à trois étages, dont le plus bas était rempli de barils de poudre, auxquels ce redoutable pacha menaçait de mettre le feu, plutôt que de se rendre. Nonobstant cette menace, Khorchid-Pacha fait redoubler la canonnade: des brèches considérables vont offrir un passage aux assiégeants. Dans cette extrémité, les soldats d'Ali le pressent de se rendre, et c'est alors seulement qu'il consent à prêter l'oreille aux propositions de Khorchid-Pacha. Le sèrasker lui fit les offres les plus séduisantes, et lui promit solennellement un sauf-conduit. Oubliant sa défiance habituelle, Ali-Pacha livre la tour, et se retire dans une île regardée comme neutre, et située au milieu du Lac, à peu de distance du château, pour y attendre le pardon de Sa Hautesse. Au bout de trois jours, arrive un ferman du Grand Seigneur, qui condamnait à mort le pacha de Yanina. L'intrépide vieillard, se voyant trahi, saisit ses pistolets : « Lâches, qui violez vos ser- « ments, s'écrie-t-il, croyez-vous pren- « dre Ali comme une femme? » A ces mots, il fait feu, tue un des officiers qui venaient le saisir, en blesse un autre, et tombe enfin percé de plusieurs balles (5 février 1822). Sa tête, séparée du tronc, et exposée aux regards des soldats ottomans, leur inspirait encore une terreur mêlée d'admiration; car cet homme extraordinaire, assemblage d'avarice, de cruauté, de dissimulation, d'énergie, et devenu presque l'égal du Sultan, était, pour les musulmans, le type de l'intrépidité et du plus redoutable despotisme.

Délivré enfin de ce dangereux vassal, le Sultan ne songea plus qu'à soumettre les Grecs. En avril, les Ottomans réussirent à s'emparer de Chio, qui s'était enfin soulevée deux mois auparavant, à l'instigation des insurgés de Samos et d'Ipsara, jaloux des richesses et de la prospérité toujours croissante des Chiotes.

Il serait trop long de détailler ici les circonstances de cette expédition qui a eu tant de retentissement en Europe, où elles sont encore mal connues. Bornons-nous à dire que la plus grande partie des habitants furent dispersés; l'esclavage, la fuite, les massacres, réduisirent à vingt et quelques mille âmes une population qui naguère comptait près de cent mille habitants.

Après le succès de cette expédition, la flotte ottomane se disposait à opérer un débarquement à Samos, à Ipsara ou à Tine. Mais, par un hardi coup de main, Canaris attacha un brûlot au vaisseau amiral et le fit sauter. Le brave Ali-Pacha avait été écrasé par la chute d'un mât.

D'un autre côté, Khorchid-Pacha dirigea contre les Souliotes une armée de vingt mille soldats, commandée par Omer-Vrioni; trente mille hommes, sous les ordres de Drama-Ali-Pacha, marchèrent sur la Morée; enfin la flotte ottomane, ayant réparé ses avaries, fit voile pour cette dernière contrée avec de nombreuses troupes de débarquement. Dans le but de s'opposer à ces dispositions et de secourir les Souliotes, Maurocordato passa en Épire; mais il échoua, et cette province fut sur le point de retomber au pouvoir des Ottomans. Pendant que Maurocordato se retirait à Missolonghi, les troupes musulmanes entrèrent dans le Péloponèse, soumirent Corinthe (20 juillet 1822), et s'avancèrent sur Argos; mais elles furent battues par Colokotroni, au commencement d'août. A la fin du mois, il ne restait plus que de faibles débris de l'armée ottomane du Péloponèse.

Sur mer, le kapoudan-pacha (l'ancien toptchi-bachi Kara-Muhammed), cherchant à ravitailler Napoli de Romanie, fut battu à la hauteur de Spezzia. Enfin Odyssée repoussa aux Thermopyles Khorchid-Pacha, qui se retira à Larisse. Bientôt un kapoudji-bachi lui apporta la nouvelle de son remplacement; et le sérasker, succombant aux fatigues de la campagne et au chagrin, mourut en novembre 1822. Il eut pour successeur l'octogénaire Djèlal-Pacha, qui ne survécut pas de deux mois à son prédécesseur.

En Crète, les chances de la guerre étaient partagées entre les Grecs et les musulmans, quoique ces derniers eussent des troupes plus nombreuses et fussent en possession des forteresses, et que le vice-roi d'Égypte leur eût envoyé des secours.

Un brillant succès naval des Grecs termina la campagne: Canaris et Miaulis attaquent la flotte ottomane commandée par Kara-Muhammed-Pacha, et parviennent à incendier la *Kapoudana* et à disperser les autres vaisseaux.

Cependant les revers des Ottomans occasionnaient une grande effervescence à Constantinople. Les janissaires surtout étaient dans un état d'exaspération qui faisait craindre une des révoltes si fréquentes parmi cette milice. Ils demandèrent la déposition de Halet-Efendi, qu'ils regardaient comme un réformateur, et à qui ils attribuaient tous les malheurs dont l'empire était accablé. Le Sultan exila son favori à Konia; mais, malgré l'espoir que Halet-Efendi conservait de recouvrer son ancienne faveur, il ne tarda pas à être étranglé dans le couvent même des mewlewis d'*Iconium*, et au milieu de ses confrères, car il était lui-même membre de cet ordre religieux. Divers changements eurent lieu à cette occasion: le grand vézir Salyh-Pacha et le mufti, créatures d'Halet-Efendi, furent déposés, ainsi que le Berber-bachi (novembre 1822). Dèli-Abdullah-Pacha (ancien bostandji-bachi, et depuis kapoudan-pacha) reçut le sceau de l'empire.

Cependant la mauvaise saison ne put décider les Grecs à quitter les armes. Missolonghi était assiégée par Omer-Vrioni et Rèchid-Pacha, et ne pouvait leur opposer que quatre cents hommes de garnison; mais bientôt Mavro-Michali amena un renfort de quinze cents Hellènes, et la place fut débloquée, après un assaut qui dura environ quatre heures et causa de grandes pertes aux assaillants. A la suite de la retraite des Ottomans, les Grecs reconquirent l'Étolie et l'Acarnanie. Ils s'occupèrent ensuite de nommer les chefs qui devaient commander dans les diverses provinces. Odyssée fut désigné pour l'Attique, Marco-Bozzaris pour l'Étolie, Colokotroni pour le Péloponèse, et Mniaulis-Vôcos (vulgairement Miaulis) fut nommé *archinavarque* (amiral en chef).

De leur côté, les Ottomans, quoique la campagne de 1822 eût été bien malheureuse pour eux, n'en déployaient pas moins une grande activité dans les armements de terre et de mer. Le Sultan avait donné l'ordre de faire une levée de tous les musulmans entre quinze et cinquante ans, et une nombreuse flotte de bâtiments légers s'était réunie sous les ordres de Khosrew-Pacha. Sorti des Dardanelles en mai, le kapoudan-pacha débloqua Carystos en Eubée, fit voile ensuite pour la Morée, ravitailla Coron, Modon, et débarqua des troupes à Patras. Pour s'opposer aux immenses préparatifs de l'ennemi, le gouvernement grec appelle aux armes les Hellènes; une armée de huit mille hommes est rassemblée : c'était bien peu pour combattre trente mille musulmans; néanmoins, le 14 juillet, Colokotroni, ayant sous ses ordres Odyssée et Nikitas, remporte une victoire éclatante près du couvent de Saint-Luc; les débris de l'armée ottomane se retirent à Tricala. Plusieurs avantages suivirent ce triomphe des Grecs; mais les dissensions si fréquentes dans le camp des Hellènes vinrent les empêcher de retirer le fruit de leurs succès. Colokotroni s'empara de l'autorité, en se faisant nommer vice-président du conseil exécutif, et Maurocordato se retira à Hydra, où il pressa les armements maritimes. Marco-Bozzaris marcha, avec environ cinq mille hommes, au-devant de Djèlal-uddin-Beï, commandant l'avant-garde de l'armée de Moustapha-Pacha, qui venait d'envahir l'Étolie et menaçait Missolonghi. Le général grec tenta un coup de main audacieux; il pénétra de nuit dans le camp ottoman, établi près de Karpénitza, surprit les musulmans endormis, en massacra une grande partie, mit le reste en fuite, et périt, au milieu de sa victoire, atteint de deux coups de feu. La mort de ce brave chef, doué d'un grand caractère et de rares qualités guerrières, fut une perte irréparable pour la cause des Hellènes. Son frère Constantin lui succéda dans le commandement des troupes, et se renferma à Missolonghi.

De tous côtés la position des Grecs s'améliorait : Corinthe retombait en leur pouvoir (octobre); leurs flottilles, montées par d'habiles marins, conservaient toujours l'avantage; Miaulis incendiait deux frégates de la flotte de Khosrew-Pacha, et l'obligeait à regagner les Dardanelles.

Au commencement de novembre, Moustapha-Pacha commença le siége d'Anatolicon; mais il se retira sans avoir pu réduire cette ville.

Missolonghi était de nouveau menacée par les Ottomans : Maurocordato vint au secours de cette place avec une foule de volontaires embarqués sur une flottille équipée à Hydra. Il organisa le gouvernement de la Grèce occidentale; des bataillons d'étrangers se formaient et venaient offrir leur concours aux Hellènes; le célèbre poëte anglais lord Byron leur apportait des armes, des munitions, et des presses, avec lesquelles fut imprimé un journal grec intitulé *Chroniques helléniennes*, dont le premier numéro parut en janvier 1824; il établisssait un service des postes, négociait pour les Grecs un emprunt en Angleterre, et enfin se dévouait avec chaleur au succès d'une guerre que son imagination de poëte lui faisait regarder comme la plus belle et la plus sainte des causes. Mais les passions individuelles des chefs, leurs jalousies, leurs prétentions rivales, leurs querelles sans cesse renaissantes, en détruisant l'harmonie nécessaire au succès des grandes entreprises, les empêchaient de profiter des avantages que leur offrait le sort des armes. Nous n'entrerons pas dans le détail de ces dissensions intestines : nous ne devons dessiner qu'à grands traits les événements les plus importants de cette lutte mémorable entre les anciens maîtres et les sujets si impatients du joug qui avait longtemps pesé sur eux.

Cependant la Porte, qui regardait comme des actes d'hostilité de la part de la Grande-Bretagne les secours que des particuliers anglais portaient aux Grecs, et l'emprunt public qui se négociait à Londres, vit comme une nouvelle preuve du mauvais vouloir du cabinet britannique l'apparition devant Alger d'une escadre sous les ordres de sir Henri Neale : cet amiral avait pour mission d'obtenir une réparation du deï, au sujet de l'injure faite au consul anglais. Ce dernier avait été emprisonné à la suite d'une réclamation de la régence, relative à quelques Maures qui étaient au service de cet agent. Dans son irritation, le divan refusait même l'évacuation de la Moldavie et de la Valachie, que sollicitaient de concert lord Strangford et M. de Mintziacki, chargé d'affaires russe. Mais bientôt la bonne intelligence se rétablit entre la Porte et l'Angleterre : cette dernière puissance désavoua formellement les démarches faites par ses sujets en faveur des Grecs, et le Sultan satisfait promit d'évacuer les deux principautés.

Le commencement de l'année 1824 fut encore rempli par les troubles qu'excitait l'ambition personnelle des généraux grecs. Des changements importants furent opérés dans l'administration : la faction militaire, qui reconnaissait pour chef Colokotroni, était abattue ; Maurocordato, homme sage et modéré, était président. Colokotroni qui s'était révolté contre le gouvernement, avait été déclaré rebelle à la patrie, et avait fini par se soumettre.

Dans la Grèce occidentale, les Hellènes furent obligés, dès le début de la campagne, de lever le siége de Lépante. Vers la même époque, Missolonghi fut sur le point d'être livrée aux musulmans par des Souliotes qui faisaient partie de la garnison, et voulaient remettre la place à Youçouf-Pacha. Ce complot échoua ; mais il contribua néanmoins à entraver les opérations militaires. Lord Byron en éprouva un vif chagrin : peu de jours après, il fut attaqué de la maladie inflammatoire à laquelle il succomba le 19 avril 1824. Cet événement produisit une impression profonde sur les Grecs ; ils rendirent à la famille de l'illustre poëte ses dépouilles mortelles, mais ils obtinrent la permission de conserver son cœur, en souvenir du dévouement que cet homme célèbre avait montré pour leur cause. La mort de lord Byron eut une influence désastreuse sur les affaires de la Grèce : les fonds de l'emprunt anglais n'arrivèrent pas, le découragement s'empara des étrangers accourus au secours des Hellènes, et les troubles intérieurs empêchèrent la levée des contributions ; de sorte que le gouvernement grec se trouva dans la plus grande pénurie au commencement de la campagne de 1824.

Derwich, pacha de Widdin, fut nommé sérasker et wali (vice-roi) de Morée. Le kapoudan-pacha Khosrew, sortit, en avril, des Dardanelles ; il se dirigea sur Ipsara, et offrit, à plusieurs reprises, aux habitants de cette île, le pardon du Sultan, s'ils se soumettaient sans résistance. Mais les Ipsariotes rejetèrent avec mépris cette proposition : alors Khosrew-Pacha ordonna le débarquement. Après un engagement terrible, dans lequel les assiégés défendirent le terrain pied à pied avec le plus grand courage, ils furent forcés de céder au nombre. Malgré les ordres exprès de Khosrew-Pacha, qui voulait épargner les vaincus, d'horribles massacres eurent lieu ; les débris de la population échappés au carnage se sauvèrent par mer ou se cachèrent dans des cavernes. Cinq cents têtes et douze cents oreilles furent envoyées à Constantinople, où ces tristes trophées causèrent la plus grande joie. Elle ne fut pas de longue durée : une flotte grecque, sous les ordres de Miaulis et de Canaris, arriva devant Ipsara, peu de temps après le triomphe des musulmans, les attaqua à l'improviste, et reprit cette île; mais l'état de ruine dans lequel elle se trouvait, ne permettait pas d'en faire un point de défense, et les Grecs l'abandonnèrent, après en avoir enlevé l'artillerie et les munitions de guerre laissées par les Ottomans. La flottille grecque se partagea ensuite en deux divisions : l'une alla au-devant de l'escadre égyptienne qui devait partir d'Alexandrie; l'autre s'attacha à observer les vaisseaux de Khosrew-Pacha, et empêcha les Ottomans d'opérer leur débarquement à Samos. Le kapoudan-pacha, quittant alors ces parages, se rendit dans les eaux de Stanco (Cos), pour y attendre la flotte d'Ibrahim-Pacha, fils du vice-roi d'Égypte, Muhammed-Ali.

Les troupes de terre des musulmans n'obtinrent pas plus de succès cette année que leurs forces maritimes. En juillet, le sérasker Derwich-Pacha, battu complètement à Amplani, est forcé de se replier sur Larisse. Omer-Vrioni-Beï, arrivant après la défaite de Derwich-Pacha, avec qui il devait opérer sa jonction à Lépante, éprouva à son tour quelques échecs, et se retira à Carvassara, où il se maintint jusqu'en novembre. Les généraux grecs Goura, Odyssée, Colokotroni, Nikitas, remportèrent encore de nouveaux avantages sur les Ottomans, tandis que le kapoudan-pacha, qui avait réuni sa flotte à celle d'Ibrahim-Pacha, retournait à Constantinople, après avoir été battu, en septembre, par les vaisseaux grecs, et laissait à son allié le commandement d'une flotte encore très-nombreuse. Malgré la supériorité de ses forces navales, Ibrahim-Pacha, atteint, le 25 novembre, à la hauteur de Candie, par l'amiral Miaulis, essuya des pertes, et se retira du côté de la Morée, pour y attendre des renforts. Cette victoire de la marine des Hellènes, qui en exagérèrent beaucoup l'importance, termina la campagne, et fut célébrée par de grandes fêtes dans toute la Grèce.

Au milieu de ces circonstances critiques, le grand vézir Muhammed-Sélim-Pacha, qui avait succédé, le 14 septembre, à Seïd-Muhammed-Ghalib-Pacha, dut recourir, pour réparer l'épuisement du trésor, à des mesures extraordinaires dans la Moldavie et la Valachie, qui n'avaient pas encore été évacuées, malgré les promesses du divan.

Après les défaites éprouvées par le kapoudan-pacha, qui venait de rentrer aux Dardanelles avec un petit nombre de vaisseaux en fort mauvais état, on s'attendait à sa disgrâce : mais la surprise fut grande lorsqu'on apprit qu'il avait été bien accueilli par le grand vézir, et même revêtu d'un kaftan de zibeline. Cette manière d'agir avait pour but de faire croire au peuple que la campagne avait été heureuse; mais personne ne s'y trompa.

A la fin de 1824, de nouveaux troubles agitèrent la Grèce : Colokotroni se révolta une seconde fois; mais bientôt battu par les généraux envoyés contre lui, sur l'ordre de Conduriotis, président du conseil, le rebelle fut forcé de se soumettre : il avait perdu son fils dans un engagement contre les troupes du gouvernement; on le crut assez puni par ce malheur, et l'on accorda grâce entière à ce chef turbulent, mais qui avait rendu de grands services à sa patrie.

Une révolte des janissaires, arrêtée à sa naissance par les mesures rigoureuses que prit le Sultan, signala le commencement de l'année 1825. Une cinquantaine de rebelles furent mis à la torture et ensuite étranglés; d'autres furent noyés, et l'aga du corps reçut sa destitution.

A la même époque, une insurrection éclata en Servie : elle fut bientôt réprimée par la terrible sévérité que déploya le prince Milosch dans la punition des coupables. En récompense de sa fidélité, le Sultan lui envoya les insignes de la dignité d'hospodar.

Nonobstant ces embarras intérieurs, le Grand Seigneur pressait activement les préparatifs de la guerre, et versait des fonds de son trésor particulier pour subvenir à une portion des frais énormes qu'elle nécessitait.

Malgré les échecs qu'avait éprouvés Ibrahim-Pacha dans ses premières tentatives, il était loin de s'en laisser décourager, et poursuivait avec ardeur ses dispositions pour une nouvelle agression. Le 24 février, il débarqua devant Modon, et y établit son camp, sans être inquiété. A cette nouvelle, le gouvernement grec prit de promptes mesures pour s'opposer à l'invasion de la Morée; mais ces efforts ne purent empêcher Ibrahim-Pacha de s'emparer de Navarin, qui capitula le 18 mai 1825. La garnison obtint la permission de se retirer, en emportant ses bagages particuliers, mais en abandonnant les munitions de guerre; elle s'embarqua sur des bâtiments anglais et autrichiens, et fut transportée à Calamata. Ibrahim-Pacha montra, dans cette circonstance, la plus grande modération à l'égard des vaincus : non-seulement il veilla à ce qu'ils fussent à l'abri de toute insulte, mais il leur offrit même du service dans son armée, et un gouvernement presque libre, sous des hospodars choisis parmi les généraux grecs les plus distingués. Mais les propositions du vainqueur ne purent séduire la population de Navarin; elle s'enfuit dans les montagnes, et aucun Hellène ne passa dans les rangs égyptiens.

Dans la Grèce occidentale, Rèchid-Pacha faisait de très-grands progrès : à la fin d'avril il se trouvait devant Missolonghi, sans avoir éprouvé aucun obstacle dans sa marche : dès les premiers jours de son arrivée, il fit ouvrir la tranchée et commença le siége. Cependant, l'approche du danger réunissait les Grecs contre l'ennemi commun : les chefs des Hellènes oublièrent leurs prétentions rivales; Pierre Mavro-Michali, Colokotroni, et plusieurs autres factieux, rentrèrent en grâce auprès de leur gouvernement, et un décret d'amnistie générale termina la réconciliation.

Ibrahim-Pacha, après la prise de Navarin, avait divisé son armée en trois colonnes : l'une d'elles s'empara d'Arcadia, l'autre de Calamata, et la troisième de Tripolitza. Il battait ensuite Colokotroni à Tricorpha et Ipsilanti à Rizes et à Ardova. Effrayés et découragés par ces revers successifs, les Grecs invoquèrent alors la protection de l'Angleterre; mais cette démarche, fondée sur la nécessité, et qui s'appuyait sur le souvenir des services que la Grande-Bretagne avait rendus à la Grèce, n'eut point le résultat qu'on en attendait. Le cabinet de Londres ne répondit pas directement à la demande des Hellènes, et se borna à recommander aux officiers anglais l'observation de la neutralité la plus sévère. Néanmoins, on annonçait l'arrivée de lord Cochrane, qui abandonnait le Brésil pour venir à l'aide des Grecs; et l'on construisait en Angleterre des bateaux à vapeur qui leur étaient destinés.

Cependant les travaux du siége de Missolonghi duraient depuis environ trois mois. Cette place, serrée de près par Rèchid-Pacha, était dans la situation la plus critique. Le 2 août, le sèrasker somma la garnison de se rendre : elle s'y refusa. Le lendemain, au point du jour, les musulmans tentèrent l'assaut et furent repoussés. La flotte ottomane, qui manœuvrait près de Missolonghi, se retira devant une division de vingt-trois voiles, commandée par Miaulis, et fit route vers Alexandrie, pour y prendre des renforts. L'escadre égyptienne, qui se trouvait dans ce dernier port, avait couru, peu de temps auparavant, le plus grave danger : l'intrépide Canaris osa pénétrer en plein jour au milieu des vaisseaux ennemis, avec trois brûlots sous pavillons étrangers. Il fut bientôt reconnu, mais il parvint à s'échapper, sans avoir pu toutefois réaliser l'audacieux projet d'incendier la flotte d'Ibrahim-Pacha.

Enfin, après diverses tentatives pour s'emparer de Missolonghi, Rèchid-Pacha, dont les travaux étaient interrompus par les pluies de l'automne, prit le parti d'abandonner son camp, et alla établir son quartier général à Vrachori, d'où il dirigeait les opérations militaires et envoyait des détachements pour inquiéter la garnison, en attendant de reprendre le siége, dès que les renforts que devait lui amener le kapoudan-pacha seraient arrivés.

En Morée, les opérations militaires n'eurent rien d'important, et se bornèrent à de nombreuses escarmouches, et à quelques tentatives infructueuses des Grecs pour reprendre Tripolitza, où s'était établi Ibrahim-Pacha. Ce dernier se rendit, en novembre, à Navarin pour y recevoir la flotte d'Alexandrie, composée de cent trente-trois voiles : ayant renforcé son armée d'une partie des troupes de débarquement, il recommença à prendre l'offensive ; et, après avoir battu les Grecs en plusieurs rencontres, il revint établir son quartier général aux Dardanelles de Lépante.

Cependant Sultan-Mahmoud, plein de confiance dans la bravoure d'Ibrahim-Pacha, le chargea de reprendre le siége de Missolonghi, et donna ordre à Rèchid-Pacha et au kapoudan-pacha d'aider le général égyptien dans ses opérations militaires. Ces trois chefs se concertèrent pour donner, le 27 décembre, un assaut qui n'eut pas le succès qu'ils en attendaient. Après cet échec, la flotte ottomane se retira à Patras, et les troupes musulmanes abandonnèrent leurs travaux et gagnèrent les hauteurs du mont Aracynthe, où elles se fortifièrent.

A cette époque se répandit la nouvelle de la mort de l'empereur Alexandre, décédé à Taganrok le 1er décembre. Cet événement fut regardé par les Grecs comme une calamité, car le bruit courait parmi eux que le czar avait témoigné hautement le regret de ne les avoir pas soutenus. De son côté, le Sultan se flattait que l'avénement du successeur d'Alexandre amènerait en Russie des troubles qui empêcheraient le nouveau czar de s'occuper des affaires de la Grèce, et de l'évacuation, toujours éludée par la Porte, des principautés de Servie, de Valachie et de Moldavie. Aussi les négociations de l'ambassadeur anglais, M. Stratford-Canning, chargé d'intervenir en faveur des Grecs, ne réussirent-elles pas auprès du Grand Seigneur, qui aurait pu consentir à pardonner à ceux qu'il regardait comme des esclaves, mais qui ne voulait pas traiter avec eux. Néanmoins il fut trompé dans son attente, relativement à la Russie ; et il fut obligé de faire droit à toutes les réclamations que l'empereur Nicolas adressa au divan par l'intermédiaire de M. Minziacky.

Cependant le siége de Missolonghi continuait : une flottille grecque parvint, en janvier 1826, à ravitailler cette place forte ; mais Ibrahim-Pacha, qui venait de recevoir de l'artillerie, et qui disposait de nombreux moyens d'attaque, serra de près la citadelle, et, à la suite d'un grand nombre d'assauts, dans lesquels assaillants et assiégés combattirent avec un acharnement sans exemple, les Grecs furent obligés de céder au nombre : le 22 avril, Missolonghi tomba au pouvoir des Égyptiens. Nous ne donnerons pas la relation de ce siége mémorable, qui produisit une sensation profonde parmi les nations chrétiennes ; ces détails appartiennent plus spécialement à l'histoire de la Grèce : nous nous bornerons à dire que la défense fut aussi opiniâtre que l'attaque ; les assiégés ne songèrent à évacuer la ville que lorsque la famine les eut réduits aux plus affreuses extrémités : ils prirent alors l'héroïque résolution de s'ouvrir un passage à main armée au milieu des ennemis. Une faible partie de la garnison, des vieillards, des blessés, des enfants, des femmes, restèrent dans Missolonghi ; un grand nombre de ces dernières, habillées en hommes, ne voulurent pas abandonner leurs maris, et partagèrent les dangers de la sortie. Dix-huit cents Souliotes parvinrent seuls à gagner Salone, au milieu de périls et de fatigues incroyables, tandis que leurs braves frères d'armes, retranchés dans le bastion Botzaris, qu'ils avaient miné, le faisaient sauter, et s'engloutissaient sous ses décombres avec plus de deux mille musulmans.

La nouvelle du triomphe d'Ibrahim, et l'arrivée à Constantinople des têtes et des oreilles des vaincus, exalta au plus haut point la population de la capitale ; mais Sultan-Mahmoud ne se faisait point illusion sur un succès si chèrement acheté : il s'effrayait de la terrible résistance des Grecs, et ne pouvait se dissimuler la supériorité de leur valeur disciplinée sur le courage brut des soldats musulmans. Pour remédier à ce mal invétéré, source de tous les revers des armes ottomanes, il résolut de mettre enfin à exécution le plan qu'il nourrissait depuis plus de quinze années, et qu'il avait conçu pendant sa reclusion avec l'infortuné Sultan-Sélim III. Il s'agissait de changer tout le système militaire, et de soumettre l'armée, et principalement les janissaires, à la tactique européenne, seul moyen de résister à des voisins aguerris et dont les forces étaient doublées par l'emploi des habiles manœuvres de la stratégie moderne. Sultan-Mahmoud était persuadé en outre que l'ordre et la tranquillité ne pourraient régner dans l'empire tant que le corps indiscipliné des janissaires opprimerait la population ; *il crut enfin le moment venu*, dit l'historien ottoman qui a raconté ces graves événements, *de s'ouvrir par le glaive un chemin au bonheur public, en coupant ces buissons d'épines qui s'opposaient à sa marche et déchiraient son manteau impérial*. Après avoir consulté les premiers fonctionnaires de l'État et s'être assuré du concours des principaux officiers des janissaires, il convoqua une assemblée générale chez le mufti. Le grand vézir Muhammed-Sèlim-Pacha y prononça un discours dans lequel il déplora l'état d'insubordination, de lâcheté et d'ignorance où était tombé le corps des janissaires, et réclama les conseils des membres de cette réunion, pour remédier à des maux qui menaçaient d'entraîner la ruine de l'empire d'Osman. L'avis unanime fut qu'une réforme était d'absolue nécessité, et les chefs des janissaires, présents au conseil, s'empressèrent de reconnaître l'urgence de cette mesure. Le *mektoubdji* (premier secrétaire du grand vézir) lut alors le projet d'ordonnance (*) pour la formation d'un corps régulier d'*ekindjis*

(*) Nous donnons en entier l'*exposé des motifs* de cette ordonnance. Nos lecteurs pourront prendre, dans ce curieux document, une idée du style de la chancellerie ottomane.

« Depuis la naissance de la monarchie « ottomane, à l'ombre bienfaisante de la-« quelle nous avons le bonheur de vivre, « les sultans, successeurs d'Osman (puisse « le ciel étendre la chaîne de leur dynastie « jusqu'à la fin des siècles !), se sont mon-« trés zélés observateurs du précepte divin « qui commande de combattre les infidèles. « Grâce au soin constant qu'ils ont eu d'ex-« citer l'ardeur guerrière des musulmans, « et de les conduire à la guerre sacrée, la « réputation des armées ottomanes a rempli « le monde. Longtemps les ennemis qui se « présentaient devant les rangs pressés de « nos bataillons, ont été la proie du glaive ; « et les héros musulmans, chargés des dé-« pouilles des nations, ont eu le droit de se « pavaner dans l'arène de la gloire. Long-« temps les janissaires, ce corps institué « dans un esprit de conquêtes pour la foi, « ont été des guerriers favorisés du ciel, que « l'histoire nous fait voir triomphants en « toute rencontre.

« Mais, depuis près d'un siècle, des in-« trigants ont limé sourdement le collier de « leur discipline et rompu enfin la chaîne de « leur subordination envers les chefs. Au-« trefois les janissaires étaient tous soldats « actifs, *ekindjis*, touchant la paye portée en « leur nom sur les rôles. En campagne ils « étaient tous sous les drapeaux, prêts à « exécuter les ordres de leurs officiers. C'est « là ce que voulaient les règlements. En « l'année 1152, lors de la guerre de Morée « et de la conquête de la forteresse de Na-« poli, des ekindjis, par l'entremise de per-« sonnages imprévoyants, obtinrent, quoique « encore valides, des traitements de retraite, « en récompense de leurs services, et com-« mencèrent à introduire, parmi les mili-« taires retraités, le funeste usage de vendre « les billets de paye à des individus étran-« gers à l'armée. Cet abus s'est insensible-« ment accru, au point que l'*odjak* n'a pres-« que plus compté de véritables hommes de « guerre ; il n'a plus été qu'un grand corps « désorganisé, dans lequel, à la faveur du « désordre, des espions se sont glissés et « ont suscité des mouvements séditieux. Nos « ennemis cependant en ont profité pour « nous nuire ; enhardis par notre faiblesse,

(soldats actifs), tiré de cinquante et une *ortas* des janissaires, et pour leur organisation et leur instruction militaire. Après cette lecture, tous les assistants signèrent l'engagement formel de concourir de tout leur pouvoir à l'accomplissement des vues de Sa Hautesse; cet acte fut ensuite lu aux officiers et sous-officiers des janissaires, qui l'approuvèrent aussi et y apposèrent leurs cachets.

« ils ont osé étendre leurs mains impures
« vers l'œuf éclatant de blancheur de l'hon-
« neur musulman.

« Vengeance, peuple de Mahomet! et
« vous, serviteurs zélés de cette monarchie
« ottomane qui doit durer autant que le
« monde, officiers de tous grades, vous tous
« fidèles croyants, défenseurs de la foi,
« amis de la religion et de la gloire, venez
« à nous; unissons nos efforts pour réparer
« nos brèches, et élever devant notre pays
« le rempart d'une armée aussi instruite
« que brave, dont les coups, dirigés par la
« science, iront au loin atteindre le but et
« détruire l'arsenal des inventions guerrières
« de l'Europe chrétienne.

« Les éléments de force ne peuvent se
« puiser aujourd'hui que dans l'étude et la
« pratique des arts militaires, dont la con-
« naissance est indispensable pour combat-
« tre avec avantage un ennemi discipliné.
« C'est une vérité incontestable. Le Coran
« lui-même nous trace notre devoir à cet
« égard. Il a dit : *Employez, pour vaincre*
« *les infidèles, tous les moyens qui sont en*
« *votre pouvoir.* Ce texte sacré, le sens que
« lui donnent les plus doctes interprètes de
« la loi, plusieurs paroles du Prophète re-
« cueillies par la tradition, nous démon-
« trent jusqu'à l'évidence la nécessité d'ac-
« quérir la science militaire. C'est donc
« avec la conscience d'accomplir une obli-
« gation religieuse, que le gouvernement
« s'est décidé, sous l'inspiration de l'esprit
« du Prophète, dans la vue d'affermir la
« puissance ottomane et de rendre au nom
« musulman tout son éclat, à former un
« nouveau corps d'ekindjis tirés de l'odjak
« des janissaires, et à prendre les disposi-
« tions suivantes pour fixer le mode de leur
« organisation et de la nomination des offi-
« ciers, l'armement et le costume des sol-
« dats. » (Suivent les dispositions générales et disciplinaires divisées en quarante-six articles.)

En conséquence, on procéda à la formation du nouveau corps; et le 6 zilka'dè 1241 (12 juin 1826), les premières leçons d'exercice furent données sur l'Et-Meïdani, aux officiers seulement, par d'habiles instructeurs venus d'Égypte. Mais bientôt cette innovation servit de texte aux déclamations des ennemis de tout progrès, classe si commune chez les Ottomans. *Pour couper avec les ciseaux de la menace la langue de ces bavards dangereux*, le grand vézir publia une proclamation qui démontrait la nécessité et la légalité politique et religieuse des nouvelles mesures, et menaçait de punir ceux qui les blâmeraient. Mais plusieurs chefs des janissaires, ceux même qui avaient pris des premiers l'engagement de soutenir le projet du gouvernement, y étaient opposés en secret, et se concertèrent pour le faire échouer. Dans la nuit du 9 zilka'dè (15 juin), les conjurés se rendirent en foule à l'Et-Meïdani : un détachement alla attaquer l'aga des janissaires; mais ne l'ayant pas trouvé chez lui, cette horde furieuse brisa les portes et les fenêtres de l'hôtel, à coups de fusil, et y mit le feu, qui, heureusement, s'éteignit de lui-même. Des émissaires furent envoyés au koul-kiahïaçi Haçan-Aga, pour l'attirer au parti des rebelles; mais il se débarrassa d'eux par une réponse adroite, et resta chez lui, *dévoré d'angoisses, et le dos appuyé contre le mur de la stupéfaction.*

Au point du jour, les kazans étaient rassemblés sur l'Et-Meïdani. Des *kara-koulioukdjis* (sous-officiers) parcoururent les quartiers du château des Sept-Tours, d'*Asma-Alti*, d'*Oun-Kapani*, repaire de tous les vauriens de la capitale, pour y chercher des complices. Ils firent de nombreuses recrues, et bientôt les rebelles présentèrent une masse imposante. Le palais du grand vézir fut pillé : heureusement pour le premier ministre, il était à sa maison de campagne de Beïlerbeï (*); ses femmes se réfugièrent dans un

(*) Village à une lieue de Constantinople, sur la rive asiatique du Bosphore.

souterrain creusé au milieu du jardin, et échappèrent ainsi aux violences de la soldatesque.

Cependant les janissaires se répandirent dans la ville en vociférant des cris de mort contre les oulèmas et les ministres. Le grand vézir, averti de ce désordre, se jeta dans sa barque, gagna le kiosque appelé *Yali-Kiochky*, envoya prévenir le Sultan, réunit les *ridjals* (grands fonctionnaires), et donna l'ordre aux officiers de sa maison et aux chefs des janissaires d'amener leurs troupes au sérail. L'aga Djèlal-uddin s'était caché, et avait été remplacé par le koul-kiahïaci, qui députa aux rebelles Rachid-Efendi, chef des écrivains du corps, pour leur demander leurs intentions. Ils répondirent qu'ils voulaient la tête de ceux qui avaient conseillé la nouvelle ordonnance. Instruit de cette prétention, le grand vézir fait dire aux révoltés qu'il ne souffrira point que le nouveau système soit renversé, et qu'il va employer la force pour les réduire. Il se rend alors à l'*Arslan-Khanè* (ménagerie), bâtiment situé dans l'intérieur du sérail, où était indiqué le rendez-vous général. Bientôt accourent en foule les oulèmas, les *danichmends* (docteurs), les *khodjas* (professeurs), les *softas* (étudiants), les *lewends* (soldats de marine), les *laghoumdjis* (mineurs), les chefs de l'artillerie, amenant des canons : ils se rallient tous autour du grand vézir et attendent avec impatience l'arrivée du Sultan. Ce prince, alors à Bèchik-Tach, se hâte, dès qu'il reçoit l'avis du premier ministre, de monter sur le bateau destiné à ses promenades incognito, débarque au sérail, adresse à ses fidèles défenseurs une allocution qui excite au plus haut point leur enthousiasme : ils jurent de vaincre ou de mourir pour leur padichâh, le prient de faire sortir l'étendard du Prophète, et demandent à marcher à l'instant contre les rebelles. Le Sultan veut se mettre à leur tête, mais il cède aux supplications de ses officiers qui le conjurent de ne pas exposer sa personne sacrée. Des crieurs et des huissiers des tribunaux parcourent les rues de Constantinople en appelant les bons musulmans à la défense de leur souverain et du *sandjak-chèrif*. À leur voix, la population se lève presque tout entière, et accourt sur la place du sérail. Le Sultan fait distribuer des armes, remet au mufti le *cyprès majestueux du jardin de la victoire*, le *drapeau vert du prince des prophètes*, et va se placer dans le kiosque situé au-dessus de la porte impériale, d'où il voyait la place du palais et la foule qui courait se rallier à l'étendard de Mahomet.

Cependant le grand vézir, accompagné du mufti, des ridjals, des oulèmas, avait établi son quartier général dans la mosquée de Sultan-Ahmed, près de l'hippodrome. De là, il envoya au-devant des rebelles, Huçeïn-Pacha et Muhammed-Pacha, à la tête de plusieurs ortas régulières et de nombreuses troupes d'étudiants et de citoyens de toute classe. Après leur départ, le mufti invita l'assemblée à se mettre en prières, et récita le premier chapitre du Coran, que tous les assistants écoutèrent la face contre terre. Le *kiahïa-ïeri* (vice-intendant des janissaires) et quelques autres officiers de cette milice, s'approchant alors du grand vézir, baisèrent humblement le bas de sa robe, et essayèrent d'excuser leurs camarades ; mais le ministre ne se laissa point fléchir, et invita les musulmans qui se trouvaient dans la cour de la mosquée, à marcher sous les ordres de Nedjib-Efendi, inspecteur des poudrières, et de quatre kapoudji-bachis ; la foule les suivit en poussant le cri de guerre *Allah ekber!* (Dieu est au-dessus de tout!)

Les rebelles, inquiets de l'apparition du sandjak-chèrif, voulurent empêcher le peuple de se réunir autour de ce signe révéré, et placèrent des détachements aux environs de la mosquée de Sultan-Baïezid, et dans toutes les rues conduisant à l'Ahmediïè : mais ces postes furent promptement abandonnés ; les rebelles se réunirent tous sur l'Et-Meïdani, fermèrent les issues de cette place et les barricadèrent avec de grosses pierres.

Bientôt les troupes du Sultan cernèrent ce quartier, siége constant des rébellions prétoriennes. Avant d'en commencer l'attaque, Ibrahim-Aga tenta à diverses reprises de décider les janissaires à rentrer dans le devoir, en leur promettant le pardon de Sa Hautesse ; *mais vouloir persuader des têtes opiniâtres, c'est essayer de faire tenir une boule sur un dôme ;* les insurgés ne répondirent que par des huées. Les pachas ordonnèrent alors de faire feu : un boulet brisa un battant de la porte, et les assaillants pénétrèrent dans la place ; les janissaires ne songèrent plus qu'à se sauver, et se réfugièrent dans leur caserne. Un *toptchi* saisit une de ces mèches appelées *clair de lune,* et mit le feu aux *toumrouks* (étaux de bouchers) attenant aux *kichlao* (casernes) dont l'Et-Meïdani était environné. Bientôt ces édifices et tous les rebelles qu'ils renfermaient devinrent la proie des flammes, et des volées de mitraille achevèrent l'œuvre de destruction commencée par l'incendie.

Un messager à cheval partit sur-le-champ pour l'*Ahmediié*, et y annonça l'anéantissement des mutins. Cette nouvelle fut reçue avec des transports de joie, et le grand vézir s'empressa de la transmettre à Sa Hautesse. Les rebelles qui avaient échappé à la mort furent enchaînés et emprisonnés ; le soir même, sept d'entre eux furent étranglés et jetés au pied du fameux platane qui s'élève au milieu de l'hippodrome, et où, dans la journée, furent amoncelés plus de deux cents cadavres. A la vue du hideux spectacle qu'offrait l'Et-Meïdani, le poëte Muhammed-Izzet-Molla-Efendi improvisa des vers, dont voici la traduction :

« Jadis des hommes impies ont « pendu, devant la mosquée d'Ahmed-« Khan, d'innocents serviteurs de « Dieu (*). Aujourd'hui, à la même « place, des criminels sont étendus « sans vie. Arbre dont les rameaux « étaient naguère chargés de corps hu-« mains, et dont le pied est maintenant « entouré de cadavres épars, tu es « bien l'arbre de *ouacouac* (*) ; tes « fruits étaient mûrs, ils sont tom-« bés. »

La capitale avait vu non-seulement sans murmure, mais même avec satisfaction, le châtiment des janissaires. Le moment était propice pour détruire ce corps turbulent, dont tous les membres s'étaient dispersés frappés de terreur. Sultan-Mahmoud ne laissa point échapper une occasion si favorable. Le vendredi 10 zilka'dè (16 juin), un khatti-chérif prononça l'abolition de la milice des janissaires, et sa régénération sous un autre nom et une autre forme. Des ordres furent donnés aux gouverneurs des provinces pour l'exécution de l'ordonnance impériale. On s'occupa ensuite de récompenser les officiers et les fonctionnaires qui avaient servi la cause du Sultan : de nombreuses nominations eurent lieu ; on punit encore quelques coupables qui s'étaient soustraits au supplice, et la tranquillité fut rétablie dans la capitale.

Ainsi fut accomplie, en quelques jours, l'œuvre de la destruction des janissaires, insolents prétoriens qui, depuis plusieurs siècles, faisaient trembler leurs maîtres, et s'étaient même arrogé le droit de les déposer. On s'est livré à de grandes exagérations sur le nombre d'individus de cette milice qui périrent en cette occasion. On peut le porter, sans crainte de trop s'écarter de la vérité, à cinq ou six mille hommes tués dans l'action, brûlés dans les casernes, ou exécutés les jours suivants. En outre, quinze mille janissaires environ furent exilés en Asie. L'écrivain musulman qui nous a servi de

(*) Allusion à la révolte qui eut lieu en 1066 sous Sultan-Muhammed IV, et qui coûta la vie à six hauts fonctionnaires que le peuple pendit au platane de l'hippodrome. Voyez page 264.

(*) Cet arbre extraordinaire se trouve, suivant une tradition superstitieuse des musulmans, dans une île des mers de la Chine, aux confins de la terre : ses fruits sont des êtres humains qui se balancent, suspendus à ses branches, et qui poussent de temps en temps ce cri bizarre : *ouac ! ouac !*

guide dans le récit naïf de cet événement mémorable, dont nous avons été témoin, a voulu prouver, par des exemples, que les janissaires, au lieu d'être les défenseurs de la nation, n'étaient plus que ses oppresseurs. Dans le tableau détaillé qu'il présente des excès auxquels ils se livraient impunément, nous choisissons les traits les plus propres à donner aux lecteurs une idée du degré d'intolérable tyrannie qu'exerçaient les janissaires établis dans la capitale. Ils n'étaient, dans les derniers temps, composés que d'un amas d'individus pris dans les classes les plus basses de la société: bateliers, portefaix, etc., qui ne s'enrôlaient que pour pouvoir se livrer, sans crainte de punition, à tous leurs mauvais penchants, et disposer à leur gré de la propriété d'autrui. Les uns, s'emparant des boutiques placées au bord de la mer, à l'endroit où les jardiniers des environs apportaient leurs produits, obligeaient ces malheureux paysans à leur céder les fruits de leur culture, les vendaient à haut prix, dont ils ne donnaient aux propriétaires qu'une partie, ou même rien du tout, et poussaient quelquefois l'effronterie jusqu'à leur demander de l'argent pour la commission, le déchet, le loyer du magasin, les frais de pesée, etc. D'autres, sous prétexte de défendre, contre leurs camarades, les navires qui portaient à Constantinople des chargements de bois à brûler, de charbon, de planches, et autres objets de consommation, *les prenaient sous leur protection*, en attachant à la proue les marques distinctives de leur orta; et, dès ce moment, ils se prétendaient associés aux bénéfices, et en exigeaient la plus forte part. Ce *droit de protection*, fort envié, excitait souvent, entre les ortas, des rixes sanglantes qui troublaient la tranquillité publique. Tantôt un janissaire-crocheteur réclamait, pour le transport d'un fardeau, un prix égal à sa valeur, et se faisait payer d'avance; tantôt, des peintres, des menuisiers, des tailleurs de pierre, des manœuvres s'emparaient sans façon d'une bâtisse commencée, en chassaient les ouvriers, et la terminaient à leur fantaisie. Enfin, pour comble de méchanceté, au lieu de veiller, pendant la nuit, à la sécurité des habitants, les janissaires mettaient eux-mêmes le feu aux maisons, et profitaient de l'incendie qu'ils avaient allumé pour se livrer au pillage et à des excès plus révoltants encore. Il est aisé de comprendre qu'une milice capable d'actions pareilles à celles que nous venons de décrire, ne pouvait qu'être en horreur aux citoyens paisibles et amis de l'ordre, qui forment partout la plus grande partie des populations : aussi applaudit-on généralement au vigoureux coup d'État qui venait de consommer l'anéantissement des ennemis de tout repos et de toute amélioration. Le Sultan reçut dans la salle du divan, appelée coupole impériale (*koubbeï humaïoun*), les félicitations des grands officiers de la couronne, et prononça un discours dans lequel, après avoir remercié Dieu de lui avoir accordé une victoire refusée à ses ancêtres, il déclara que, délivré des obstacles qu'opposaient les janissaires à toute amélioration, il voulait désormais ne plus s'occuper que du bonheur de son peuple, et qu'en conséquence, il commençait par abolir la confiscation, au profit du fisc, de certaines successions, abus qui s'était introduit depuis Sultan-Mahmoud Ier. Il demanda ensuite aux membres de l'assemblée de rechercher avec soin quelles seraient les réformes à faire dans l'administration de l'État, et promit de suivre leurs avis.

Dans son enthousiasme pour le prince qui venait de faire preuve d'une si grande énergie et d'un véritable désir du bien public, Assad-Éfendi, historiographe de l'empire, se livre aux hyperboles les plus bizarres pour célébrer son héros. Ce curieux panégyrique mérite d'être cité :

« Mahmoud est un *Iskender* (Alexan-
« dre) terrible. Le moindre signe me-
« naçant de son visage arrêterait,
« comme une muraille, les efforts de
« cent mille *Yadjoudj* (*); un seul de

(*) *Yadjoudj* et *Madjoudj*, ou *Gog* et

« ses gestes puissants écraserait les « émules impies de *Cheddad* (*), qui « oseraient se mettre en hostilité contre « lui.

« Telle est la force, telle est la rectitude de son esprit, qu'il réduit au « silence les métaphysiciens et les lo-« giciens les plus subtils, les frappe « d'étonnement, et les oblige à cour-« ber humblement la tête devant sa « supériorité. Il est incomparable entre « les plus sages monarques, comme « l'exprime ce vers :

« *Il plaît également aux guerriers,* « *aux lettrés, aux hommes bien-*« *faisants, par ses exploits, ses dis-*« *cours, et sa libéralité.* »

« Il possède à un degré éminent « toutes les qualités, tous les talents. « Pour ne citer que quelques-uns de « ses mérites, son écriture, d'une « beauté extraordinaire, dont les points « sont autant d'étoiles fixes, est une « merveille digne d'être suspendue à « la voûte des cieux, près de la cein-« ture des gémeaux. Le style si vanté « de *Mir-Féridoun* est plat en compa-« raison du sien. Sa générosité est « telle, que les eaux de la mer ne se-« raient qu'une cuillerée de ses bien-« faits; les mines de la terre, qu'une « poignée de ses dons. Son adresse au « tir de l'arc et du fusil est attestée « par les innombrables colonnes blan-« ches qui s'élèvent autour des lieux « de ses promenades, et marquent la « place du but qu'il a frappé (**). Son « courage et sa bravoure sont au-des-« sus de tout ce qu'on peut dire.....

« Commenter dignement l'in-folio de « ses mérites, serait une tâche trop « forte, non-seulement pour ma ché-« tive plume, à moi qui suis un para-« site au festin de la littérature, un « petit enfant de l'école de la compo-« sition, mais aussi pour les plus ha-« biles maîtres de la science, qui « avouent leur impuissance à cet égard. « Je n'aurai point la présomption de « l'entreprendre. Ce mot d'un poëte : « *l'esclave ne peut offrir que ses priè-*« *res*, sera mon excuse et ma règle. « Je me bornerai donc à exprimer ici « mes vœux pour Sa Hautesse. Puisse « Allah conserver ce monarque, l'amour « des peuples, l'ornement du trône de « l'équité; étendre son ombre bienfai-« sante sur l'Orient et l'Occident, et « ne donner à la multiplication de « ses succès et de ses années, comme « à celle des quantités numériques, « d'autres limites que l'infini ! Amin ! « (*Amen!*) »

Sultan-Mahmoud, voulant assurer pour l'avenir la tranquillité de Constantinople, ordonna de diriger sur les provinces tous les gens sans aveu : par suite de cette mesure, plus de vingt mille vagabonds furent renvoyés de la capitale. Le corps des yamaks, principal auteur de la mort de Sultan-Sélim, fut ensuite licencié, quoiqu'il n'eût point pris part à la dernière insurrection; mais on craignit que ce calme ne fût qu'apparent, et ne se démentît à la première occasion. Quelques-uns d'entre eux s'enrôlèrent dans les nouvelles troupes; les autres furent renvoyés dans leur pays.

Cependant l'organisation du nouveau corps appelé *Açakir-Muhammediè* (soldats de Mahomet), se poursuivait avec activité. Au bout de quelques jours, le Sultan alla visiter le premier régiment complet, et fut étonné et charmé de l'aplomb avec lequel les nouveaux soldats exécutèrent l'exercice à feu, et diverses autres manœuvres à l'européenne. En témoignage de sa satisfaction, Sa Hautesse fit de riches cadeaux au sèrasker, au kapoudan-pacha, et à l'inspecteur Saïb-Éfendi.

La suppression des derwiches *Bektachis* suivit de près celle des janissaires. Cette secte, liée étroitement avec la milice proscrite, était accusée d'entretenir avec elle des intelligences cri-

---

Magog, sont les noms donnés par les Orientaux aux peuples les plus septentrionaux de l'Asie, appelés *Hyperboréens* par les Grecs.

(*) Suivant les musulmans, *Cheddad* était un puissant monarque de l'Arabie, qui, ayant méprisé les avis du patriarche *Houd* ou *Héber*, fut exterminé avec tous ses sujets.

(**) Voyez la première note de la p. 211.

minelles, d'avoir pris part à toutes ses révoltes, de professer des maximes contraires au Coran, et de se livrer dans les *tékiés* (couvents) à des orgies de tout genre. En conséquence, d'après l'avis du mufti et des principaux oulèmas, les trois chefs de la congrégation des bektachis furent exécutés publiquement le 4 zilhidjè (10 juillet), l'ordre entier fut aboli, les *tékiés* furent rasés, la plupart des derwiches exilés, et ceux qui obtinrent par grâce de rester à Constantinople quittèrent leur costume distinctif.

Sultan-Mahmoud ne s'arrêta point dans la route des améliorations qu'il jugeait nécessaires au bien de l'État. Les corps de cavalerie connus sous les noms de sipahis, silihdars, ouloufèdjis, n'étaient pas moins démoralisés que les janissaires dont ils avaient souvent partagé les révoltes : ils furent aussi abolis. Quant aux autres milices, comme les djèbèdjis, les bostandjis, les mehters, les solaks, etc., elles ne furent pas détruites, mais simplement réorganisées, conformément aux nouvelles ordonnances, et soumises à l'instruction à l'européenne.

C'est une question grave que de savoir si la destruction des janissaires fut un bien ou un mal pour l'empire ottoman. Frappée seulement des abus qui s'étaient introduits dans cette milice et de la tyrannie qu'elle exerçait impunément, éblouie en outre par l'énergie et le sang-froid que déploya Sultan-Mahmoud dans cette circonstance critique, la multitude accorda son admiration à ce hardi coup d'État : quelques esprits élevés, partageant l'enthousiasme irréfléchi de la foule, regardèrent même cette mesure décisive comme un de ces traits de génie qui sauvent les empires. Il semblait, en effet, que délivré d'une soldatesque despotique, ennemie de toute innovation et toujours disposée à braver ses ordres, Sultan-Mahmoud allait marcher d'un pas ferme dans la voie de civilisation qu'il venait de s'ouvrir par une sanglante catastrophe ; mais ce prince, irrité des obstacles que les janissaires opposaient à ses volontés, ne réfléchit pas sans doute que là où il y a résistance il y a force, et qu'en brisant cette force il affaiblissait nécessairement les ressorts de l'État, dont les janissaires, malgré leur insubordination et leurs caprices, étaient les plus braves défenseurs. En anéantissant cette troupe, intimement liée à l'empire ottoman par son ancienneté et l'espèce de consécration religieuse qu'elle avait reçue du vénérable cheïkh *Hadji-Bektach*, le Sultan détruisit aussi l'esprit de fanatisme, soutien tout-puissant de l'œuvre imparfaite du fondateur de l'islamisme, dont la législation repose tout entière sur le principe du prosélytisme à main armée. C'est à ce vice fondamental et à l'affaiblissement inévitable du mobile de l'enthousiasme religieux qu'il faut attribuer la décadence de la monarchie ottomane : et cependant, parmi les peuples nombreux qui professent le culte de Mahomet, la nation soumise aux successeurs d'Osman, grâce à des circonstances particulières, et surtout au mérite individuel de la plupart de ses souverains, fut la personnification la plus brillante de l'islamisme, et pendant quelques siècles étonna le monde par le rapide accroissement de sa puissance. Mais dès que cette société essentiellement conquérante fut obligée de renoncer à la guerre, principe vital de son existence, elle dut marcher à grands pas vers sa chute ; et l'anéantissement des janissaires, sorte de milice nationale répandue dans tout l'empire, en éteignant la dernière étincelle de l'ardeur belliqueuse des anciens Osmanlis, n'a pu qu'accélérer ce dénoûment inévitable et depuis longtemps prévu, mais que retarderont peut-être les intérêts des puissances européennes et leur désir de maintenir l'équilibre de la balance politique.

A la fin d'août, et au moment où l'on allait reporter le sandjak-chérif à la grande mosquée, un incendie se déclara aux environs de *Baghtchè-Kapouçi* (la Porte du Jardin), et, poussé par un violent vent du nord, dévora, en trente-six heures, environ la huitième partie de la ville. Le *Bèzesteïn*

(marché couvert) et un grand nombre d'hôtels magnifiques et de riches magasins furent la proie des flammes. Depuis 1780 on n'avait pas eu à déplorer une si terrible catastrophe : la perte générale fut évaluée approximativement à la somme énorme de trois cents millions de piastres (cent quarante millions de francs). Le peuple attribua cet incendie à la vengeance des partisans des anciennes institutions. Dans cette pénible circonstance, le Sultan montra une énergie et en même temps une humanité dignes de tous les éloges : il ouvrit les portes du sérail et de divers palais aux malheureux sans asile, leur fit distribuer des secours de tout genre, et ordonna de reconstruire à ses frais une portion des magasins et des marchés. Mais, d'un autre côté, ne voulant pas laisser aux mécontents la possibilité de profiter des troubles qu'occasionna un pareil désastre, il mit sur pied toutes les troupes régulières, et répandit dans la ville des agents déguisés qui, pénétrant dans les cafés et autres lieux publics, dénonçaient les personnes qui s'entretenaient des affaires politiques. Ces imprudents, de quelque rang qu'ils fussent, étaient décapités sans le moindre sursis : on n'épargnait pas même les femmes; mais, au lieu de leur trancher la tête, on les jetait à la mer après les avoir cousues dans des sacs. Ces mesures rigoureuses produisirent une profonde impression sur la capitale, et firent taire tous les murmures.

Néanmoins, vers le milieu d'octobre, une tentative d'insurrection eut lieu à Constantinople : un ex-derwiche bektachi, nommé Loulèdji-Ahmed, était à la tête du complot : il fut dévoilé à l'autorité par quelques toptchis, membres de la conjuration, mais qui reculèrent au moment décisif. Loulèdji-Ahmed, mis à la torture, supporta son supplice avec la plus grande fermeté. Un nombre considérable d'anciens janissaires subirent aussi la peine capitale ou furent déportés. Ce nouveau triomphe de Sultan-Mahmoud sur l'esprit d'insurrection et de routine assura le succès de ses réformes civiles et militaires; tous les officiers et soldats, stimulés par l'exemple du souverain, qui, revêtu d'un uniforme égyptien et une cravache à la main, assistait régulièrement aux manœuvres, rivalisaient de zèle dans l'étude des exercices à l'européenne, exécutés d'après le *Manuel du Soldat*, traduit du français en turc.

En Grèce, les opérations militaires d'Ibrahim et de Rèchid-Pacha continuaient. Le premier fut repoussé, au commencement de juillet, par les Maïnotes, et, après un combat acharné qui dura dix heures, se retira à Jaunitzamika, où il se retrancha. En août, Rèchid-Pacha attaqua deux fois les Grecs sous les murs d'Athènes; ces affaires n'eurent pas de résultats décisifs, mais elles donnèrent lieu à des démarches honorables pour nos compatriotes, et que nous nous plaisons à consigner ici : le contre-amiral de Rigny, dont la frégate était ancrée dans le détroit de Salamine, descendit à terre avec le comte d'Harcourt, député du comité philhellénique de Paris, et envoya des chaloupes à Éleusine pour prendre les blessés, qui furent traités par les chirurgiens de notre marine. M. de Rigny se rendit ensuite auprès du sèrasker, et en obtint la liberté des Philhellènes français tombés entre les mains des musulmans. Peu de jours après, Rèchid-Pacha rendit sa visite à M. de Rigny, et, par un hasard singulier, se rencontra, à bord du vaisseau amiral, avec le colonel Fabvier et le général grec Karaïskaki. Cette rencontre imprévue étonna d'abord les chefs ennemis; mais ils ne se déconcertèrent point, et se tirèrent de cette position embarrassante en gens bien élevés, tout en soutenant ce qu'ils appelaient leurs droits.

Le reste de la campagne n'offrit rien de remarquable, et tout se borna, sur terre, à quelques affaires devant Athènes, dans l'une desquelles périt le célèbre chef grec Gouras. Dans le mois de décembre, le colonel Fabvier parvint à se jeter dans la place avec un bataillon de *réguliers*. De son côté,

Rèchid-Pacha reçut des renforts : mais l'hiver ralentit les travaux du siége. Sur mer, le kapoudan-pacha Khosrew fit deux tentatives sur Samos, et fut toujours repoussé avec perte par l'amiral Sachtouri; Khosrew-Pacha rentra ensuite aux Dardanelles ; et, malgré les échecs qu'il avait éprouvés, fut très-bien accueilli par Sultan-Mahmoud, dont il secondait les vues de réforme avec le zèle le plus ardent.

Tandis que le Grand Seigneur poursuivait, sans se lasser, son système de régénération militaire et ses préparatifs pour soumettre les Grecs, les ambassadeurs de France, d'Angleterre et de Russie, négociaient auprès du Sultan en faveur des Hellènes, et s'efforçaient de le faire consentir à la pacification de la Grèce ; mais toutes leurs instances échouèrent contre la volonté inflexible de Sa Hautesse. Alors les trois puissances conclurent à Londres, le 6 juillet 1827, un traité par lequel elles offraient à la Porte leur médiation pour mettre fin à la guerre, et pour régler les relations qui devraient exister à l'avenir entre les Grecs et les Ottomans. D'après un article additionnel, il fut convenu que, sur le refus de ces derniers de cesser les hostilités, les trois puissances les y contraindraient par la force, et enverraient des consuls en Grèce. Mais rien ne pouvait vaincre l'obstination du Grand Seigneur, fondée qu'elle était sur l'intime conviction que l'alliance momentanée des trois puissances ne serait pas de longue durée ; car le Sultan n'ignorait point combien la France et l'Angleterre redoutaient l'agrandissement de la Russie ; et il en concluait assez logiquement que ces deux premières ne consentiraient jamais à l'anéantissement de la Porte. Sultan-Mahmoud espérait, en outre, pouvoir soumettre entièrement les Grecs avant que l'intervention étrangère, entravée par les lenteurs ordinaires des formes diplomatiques, eût pu agir ; et cette opinion était encore renforcée par l'heureux début de la campagne de 1827, dont nous devons dire un mot.

L'arrivée, si longtemps annoncée, de lord Cochrane, et celle de sir Richard Church, semblaient devoir relever la cause des Grecs. Le premier fut nommé *Navarque - Autocrator*, ou grand amiral, et le second généralissime des troupes de terre. En même temps, l'assemblée nationale des Hellènes, convaincue de l'absolue nécessité d'élire un chef étranger à tous les partis qui déchiraient la Grèce, mit à la tête du gouvernement le comte Jean Capo d'Istria, homme d'État distingué, et très en faveur à la cour de Russie. Dès le mois d'avril, toutes les dispositions étaient prises pour attaquer par terre et par mer les musulmans qui bloquaient la ville d'Athènes, au secours de laquelle Karaïskaki était déjà accouru. Lord Cochrane et le général Church débarquèrent au Pirée ; le 6 mai, ils tentèrent une attaque, mais, repoussés par Rèchid-Pacha, ils furent obligés de se retirer. Lord Cochrane regagna sa flotte ; sir Richard Church se maintint encore dans ses retranchements à Phalère jusqu'au 27 mai, époque à laquelle il battit en retraite, et se replia sur Salamine. La garnison d'Athènes, perdant alors tout espoir de secours, se décida à capituler, et obtint du sèrasker les conditions les plus honorables : le 5 juin, l'acropolis fut occupée par les musulmans.

Cependant Ibrahim-Pacha continuait à ravager la Morée ; et les Grecs, comme si ce n'était pas assez des maux dont l'ennemi les accablait, se livraient entre eux à toutes les fureurs de la guerre civile. Napoli de Romanie, siége du gouvernement grec, devint, en juillet, le théâtre d'une sanglante collision entre les divers partis. Le désordre fut porté à son comble, et la Grèce ne présentait alors que le tableau de la plus hideuse anarchie. Sur ces entrefaites, et lorsque la cause des Hellènes semblait perdue, les puissances médiatrices leur firent la notification officielle du traité d'intervention conclu le 6 juillet, et insistèrent sur la cessation des hostilités. Le gouvernement grec se hâta d'accepter la protection qui lui était offerte, et souscrivit à l'armistice proposé. Cet heureux incident calma pour quelque temps les dissensions intestines, étouffées par la joie générale et par l'espoir d'une prochaine délivrance. Mais cette joie fut de courte durée : la Porte refusa de traiter avec des sujets rebelles, et continua les hostilités. Ce fut alors que les trois puissances, d'après l'accord fait entre elles, résolurent d'employer la force pour amener le Sultan à consentir à leur intervention.

Cependant l'escadre égyptienne, sortie d'Alexandrie, entra le 9 septembre à Navarin. Le vice-amiral anglais, sir Ed. Codrington, se mit en croisière devant ce port, en attendant l'arrivée des vaisseaux français et russes : bientôt l'escadre du contre-amiral de Rigny rejoignit la division anglaise. Ces deux chefs communiquèrent à Ibrahim-Pacha les ordres qu'ils avaient reçus de leurs gouvernements, à la suite du traité du 6 juillet. Une convention provisoire fut conclue, par laquelle Ibrahim s'engageait sur l'honneur à ne pas laisser sortir sa flotte de Navarin, jusqu'à ce qu'il eût reçu les ordres ultérieurs de son père et du Sultan, auxquels il allait expédier des courriers. D'après cette assurance formelle, les escadres française et anglaise quittèrent leur croisière pour aller s'approvisionner, la première à Milo, et la seconde à Zante : mais à peine M. de Rigny et sir Codrington avaient abandonné ces parages, que deux divisions de la flotte égyptienne sortirent du port de Navarin. Avertis, par deux frégates en observation, de cette violation de la promesse d'Ibrahim-Pacha, les deux amiraux revinrent à toutes voiles, et furent rejoints par la flottille russe, commandée par le vice-amiral de Heyden. Il fut décidé alors que les trois flottes combinées prendraient position dans le port même de Navarin, pour renouveler à Ibrahim-Pacha les propositions qui lui avaient déjà été faites. Le commandement de cette expédition ayant été déféré à sir Codrington, le plus ancien des trois amiraux, le 20 octobre l'escadre anglaise pénétra la première dans le port;

elle était suivie par la flotte française ; les vaisseaux russes formaient l'arrière-garde. Les forces alliées consistaient en vingt et quelques bâtiments de diverses grandeurs : l'armée navale des musulmans, composée de plus de soixante voiles, s'était rangée sur le contour de la baie, en une triple ligne formant le croissant. Le feu s'engagea, on ne sait comment, dit-on ; mais le combat fut terrible : pendant trois heures et demie les vaisseaux musulmans opposèrent la plus stoïque intrépidité à l'habileté et au courage des marins des flottes chrétiennes. Les incendies et les explosions se succédaient dans l'étroite enceinte qui renfermait les combattants : à sept heures du soir, il ne restait plus à flot, de la nombreuse escadre égyptienne, qu'une vingtaine de bricks et de corvettes abandonnés par leurs équipages. La conduite des marins des escadres alliées fut admirable ; et les trois amiraux se plurent à le reconnaître dans leurs rapports respectifs et dans les lettres qu'ils s'adressèrent mutuellement.

Ibrahim-Pacha était absent lorsqu'eut lieu la destruction de sa flotte. De retour à Navarin quatre jours plus tard, il parut douloureusement affecté de ce désastre, mais il ne donna aucune marque de colère ; et loin de se livrer, comme on devait le craindre, à de cruelles représailles sur les chrétiens qui se trouvaient à Navarin, ou dans les places en son pouvoir, il déclara qu'il punirait de mort quiconque oserait porter la main sur un Franc, et s'occupa uniquement de rallier les tristes débris de sa flotte.

La Porte n'eut connaissance de la catastrophe de Navarin que le 1er novembre : la sensation que cette nouvelle produisit sur le divan fut profonde ; et les détails du combat, donnés plus tard par Tahir-Pacha, qui commandait la division ottomane, ne firent que rendre plus douloureuse cette première impression. Les ambassadeurs des trois puissances alliées s'efforcèrent en vain de décider le Sultan à reconnaître l'indépendance de la Grèce :

Sa Hautesse s'y refusa, demanda des dédommagements pour la destruction de sa marine, et, par un khatti-chèrif de la fin de rèbi' 1er 1243 (18 décembre 1827), appela tous les musulmans à une guerre nationale et religieuse, particulièrement contre les Russes : « Le but des infidèles, » est-il dit dans ce curieux document, « est d'anéantir « l'islamisme et de fouler aux pieds la « nation musulmane..... Que tous les « fidèles, riches ou pauvres, grands « ou petits, sachent que le combat est « un devoir pour nous ; qu'ils se gar- « dent donc bien de songer à une « solde mensuelle ou à une paye quel- « conque. Loin de là, nous devons sa- « crifier nos biens et nos personnes, « remplir avec zèle les devoirs que « nous impose l'honneur de l'islamisme, « unir nos efforts, travailler de corps « et d'âme pour le maintien de la reli- « gion jusqu'au jour du jugement. Les « musulmans n'ont pas d'autre moyen « d'obtenir leur salut dans ce monde « et dans l'autre. »

Tandis que Sultan-Mahmoud mettait en usage tous les moyens les plus capables d'exciter le courage de ses sujets, le colonel Fabvier débarquait, avec deux mille hommes, à Chio, où commandait Youçouf-Pacha, l'obligeait à lui céder la possession de l'île, et le cernait dans la forteresse. Mais bientôt Youçouf-Pacha reçut des secours de Tchechmè, et repoussa à son tour les Hellènes, qui finirent par lever le siége.

D'un autre côté, le général Church, à la tête d'une division de trois mille hommes, se dirigeait sur Missolonghi : dès qu'il en reçut la nouvelle, Rèchid-Pacha accourut pour défendre cette place ; mais la mauvaise saison vint bientôt arrêter toute opération militaire.

Le commencement de 1828 fut signalé par la proscription la plus sévère des Arméniens catholiques, originaires d'Angora : ces chrétiens étaient séparés de l'Église d'Orient et de celle de Rome depuis le sixième siècle ; dans le courant du dix-huitième, un grand nombre d'entre eux se réunirent à l'Église catholique, et reconnurent l'autorité spirituelle du pape. La Porte, qui ne s'était jamais inquiétée de leur réunion avec Rome, prit tout à coup l'alarme en apprenant qu'une quantité considérable d'Arméniens-unis passaient dans l'Arménie-Persane, pour se mettre sous la protection de la Russie, qui avait conquis cette province dans la dernière campagne contre le prince royal Abbas-Mirza. Irrité de cette démonstration d'attachement pour le czar, de la part des Arméniens-Angoréotiques, le Sultan prononça l'expulsion de Constantinople de tous ceux qui s'y étaient établis, au nombre d'environ vingt-sept mille ; et il leur fut enjoint formellement de retourner en Asie, ordre qui fut exécuté avec la plus grande rigueur : on ne leur accordait, pour se mettre en route, qu'un délai de dix jours. Des milliers de familles quittèrent les quartiers de Pera et de Galata, et s'embarquèrent à la hâte : plusieurs de ces malheureux exilés périrent sur mer ; d'autres ne purent résister aux fatigues d'une route pénible au milieu de montagnes escarpées et couvertes de neige ; et peu d'entre eux arrivèrent à leur destination.

Cependant, malgré son obstination à ne regarder les Grecs que comme des esclaves révoltés, le Sultan leur faisait offrir une amnistie générale : en février, quatre archevêques grecs et un agent civil (*Proto-Synkellos*) se rendirent à Poros, où ils furent reçus par le président, comte Capo d'Istria, arrivé en Grèce depuis le 18 janvier 1828. Ils étaient porteurs d'un rescrit du patriarche Agathangelos, qui engageait les Hellènes à accepter le pardon que leur offrait Sa Hautesse ; on leur promettait, pour prix de leur soumission, l'exemption de tous les impôts arriérés, et la conservation de leurs propriétés ; on leur faisait espérer, en outre, de nouveaux priviléges, et surtout un gouvernement tout paternel. L'acceptation de l'amnistie eût détruit l'indépendance de la Grèce, et l'eût fait redescendre du rang des nations où venait de la placer la protection des puissances alliées; dans une note du 9 juin, en réponse aux propositions de la Porte, le président les refusa formellement. Peu de jours après, on apprit la déclaration de guerre de la Russie aux Ottomans, et cette nouvelle importante causa la plus vive sensation parmi les Grecs; en effet, cette heureuse diversion favorisait leur cause, en obligeant le Sultan à employer toutes ses forces contre son redoutable adversaire.

Rien, en effet, de plus funeste au succès des réformes déjà tentées par ce prince. Néanmoins le Grand Seigneur, poursuivant avec activité ses travaux d'organisation militaire et ses préparatifs pour la campagne qui allait s'ouvrir, ne donnait pas le moindre signe d'inquiétude et de trouble. Des armes à feu étaient fabriquées dans les ateliers de Semendria et de Grabora; les vaisseaux échappés au désastre de Navarin étaient radoubés; d'autres étaient mis sur les chantiers; on fortifiait les châteaux des Dardanelles et les places de guerre des bords du Danube. Des ordres furent expédiés aux pachas des provinces d'Europe et d'Asie, pour qu'ils dirigeassent leurs contingents de troupes sur les rives de ce fleuve et sur les autres points menacés par l'ennemi. Au milieu de tous ces symptômes d'hostilités prochaines, le Ramazan se passa dans le calme le plus profond, et le Beïram fut célébré avec les solennités d'usage. Au sortir de ces fêtes, et lorsque le Sultan venait de partir avec son harem pour son palais d'été à Bèchik-Tach, on reçut à Constantinople le manifeste de la Russie, et la nouvelle que le feld-maréchal comte de Wittgenstein avait passé le Pruth. Le divan fut convoqué sur-le-champ, et il y fut décidé, à l'unanimité, que l'on repousserait la force par la force, et que l'on défendrait jusqu'à la dernière extrémité l'empire et l'islamisme menacés par les infidèles moscovites. Des proclamations sur les places publiques et dans les mosquées annoncèrent la guerre, et firent un nouvel appel aux fidèles musulmans. Les ambassadeurs étrangers s'efforcèrent vainement de ramener le Sultan à des intentions pacifiques; rien ne put détourner Sa Hautesse de ses projets de résistance à main armée. Le sérasker Huçeïn-Pacha fut nommé au commandement du corps destiné à protéger Choumla; Youçouf, pacha de Sères, et le kapoudan-pacha Izzet-Muhammed, furent chargés de défendre Varna; Khosrew-Pacha, favori intime du Sultan, reçut la direction des travaux et le commandement de la capitale.

En mai, le grand-duc Michel investit la ville d'Ibraïl, qui succomba le 18 juin, après une vigoureuse résistance, qui coûta beaucoup de monde aux assiégeants. Dans le courant du même mois, le lieutenant général Roudzewitch franchit le Danube vers Ishaktchè, qui fut bientôt réduite à capituler. Presqu'en même temps, les places du Dobruscha turc (*), Toultcha, Matchin, Hirsowa, Kustendji, ouvrirent leurs portes aux Russes. L'amiral Greigh et le prince Mentzikoff battirent les Ottomans près d'Anapa, place forte de la Grande-Abazie; et, le 11 juin, la ville tomba en leur pouvoir. Enfin, le 6 juillet, les Cosaques entrèrent, sans coup férir, dans Bazardjik, abandonnée par sa garnison.

Tant de revers des armes ottomanes, dès le début de la campagne, causèrent quelque rumeur à Constantinople; mais Sultan-Mahmoud n'en fut point ébranlé: un grand divan fut tenu, le 18 juillet, en présence de Sa Hautesse; on y discuta chaudement la question de savoir s'il fallait traiter avec la Russie ou tenter encore le sort des armes; les avis étaient partagés, lorsque le Sultan s'écria: « Qu'on ôte la « bride au cheval, il arrivera bientôt « au but. » Dès ce moment il ne fut plus question de paix; et le grand vézir Muhammed-Sèlim-Pacha se disposa à partir pour le camp de Daoud-Pacha: le Grand Seigneur lui-même

(*) Langue de terre d'environ huit à neuf lieues de longueur, entre le Danube et la mer.

annonça l'intention de se rendre à l'armée avec le sandjak-chèrif, et de ne rentrer à Constantinople que lorsque la guerre serait finie. Un camp de réserve fut dressé à Ramich-Tchiflik, où Sultan-Mahmoud arriva le 15 septembre au milieu d'une pompe militaire dont voici les principaux détails : l'avant-garde, composée de trois mille hommes de cavalerie asiatique et de troupes régulières, suivis des chevaux et chameaux qui portaient les trésors du Sultan et tous les objets à son usage, marchait au son d'une musique guerrière : venaient ensuite les officiers civils et militaires, les oulèmas, de nouveaux corps de troupes, le sèrasker Khosrew-Pacha, le kaïm-mèkam et les autres ministres, portant le turban blanc et la pelisse écarlate. On voyait après eux le mufti, entouré d'oulèmas de première classe, de kazi-askers et d'émirs ; il précédait la superbe voiture dorée qui sert à transporter l'étendard de Mahomet, le sandjak-chèrif, recouvert d'un fourreau de soie verte, et porté par le chef des émirs, environné de douze chantres du sérail, qui psalmodiaient des hymnes en l'honneur du Prophète. Derrière le sandjak-chèrif, Sultan-Mahmoud, vêtu avec la plus grande simplicité, et monté sur un beau cheval, s'avançait seul, sans escorte et sans gardes. A une distance respectueuse se tenaient ses premiers officiers, suivis par deux mille cinq cents hommes de troupes régulières, cavalerie et infanterie. Des corps de bostandjis, plusieurs voitures à six chevaux, et un grand nombre de pièces de canon terminaient le cortège.

Cependant les Russes marchaient de succès en succès. Le 20 juillet, ils s'étaient avancés jusqu'à Choumla : six jours auparavant, l'adjudant général Benkendorff s'était emparé de Pravadi ; sur le Danube, la forteresse de Silistrie était cernée ; le prince Mentzikoff et l'amiral Greigh, revenus de l'expédition d'Anapa, assiégeaient Varna ; Roustchouk et Giurgewo étaient observées par le corps d'armée du général Karniloff, et la petite Valachie était occupée par le baron de Geismar.

Tout semblait favoriser la cause des Russes : mais bientôt le manque de vivres et de fourrages, et le redoutable fléau de la peste, affaiblirent l'armée victorieuse et arrêtèrent sa marche. D'un autre côté, diverses affaires à l'avantage des musulmans eurent lieu dans la petite Valachie, sur les lignes de Choumla et devant Varna. Dans une sortie de la garnison de cette dernière place, le prince Mentzikoff fut si grièvement blessé par un boulet qu'il dut quitter le commandement de son armée. Le général comte de Woronzoff le remplaça, et poussa le siège avec vigueur : plusieurs brèches furent ouvertes, et l'on se disposait à un assaut général, lorsque, le 10 octobre, Youçouf-Pacha, qui, conjointement avec le kapoudan-pacha, commandait la place, se rendit au camp russe, et déclara que, dans son opinion, Varna ne pouvant résister plus longtemps, il était d'avis de capituler ; mais comme le kapoudan-pacha ne voulait pas absolument y consentir, Youçouf-Pacha prit l'étrange résolution de rester au camp moscovite, et de se mettre sous la protection du czar. Alors le kapoudan-pacha, se trouvant réduit, par la défection de la plus grande partie de la garnison, qui suivit l'exemple d'Youçouf, à un corps de trois cents hommes, s'enferma dans la citadelle et menaça de la faire sauter. Le czar accorda à ce brave musulman la permission de se retirer avec sa petite troupe.

La nouvelle de la reddition de Varna produisit la plus profonde sensation à Constantinople. Le premier mouvement de la population, et du Sultan lui-même, fut d'accuser de trahison Youçouf-Pacha. Sa Hautesse ordonna le séquestre de tous les biens du transfuge, et le mufti, partageant l'indignation générale, le voua à l'anathème. Le grand vézir Muhammed-Sèlim-Pacha fut aussi accusé de n'avoir point déployé, dans cette occurrence critique, les talents qu'on attendait de lui ; il fut destitué et exilé à Gallipoli : le sceau fut envoyé au brave kapoudan-pacha Izzet-Muhammed, qui seul avait voulu se défendre jusqu'à la dernière extrémité.

Malgré le chagrin qu'avait ressenti Sultan-Mahmoud de la chute de Varna, il ne se découragea point, ordonna de nouvelles levées, dirigea vingt mille hommes sur le Balkan, et envoya quelques beïs de l'Anatolie, entre autres le fameux Tchapan-Oglou, sur le Danube avec un corps nombreux de cavalerie asiatique. Bientôt la mauvaise saison obligea les Russes à battre en retraite; les sièges de Choumla et de Silistrie furent levés, et l'armée moscovite repassa le Danube, en abandonnant un immense matériel de guerre. Mais là se bornèrent les avantages que les Ottomans retirèrent des rigueurs d'un hiver prématuré, et qui les força eux-mêmes à abandonner la campagne.

A cette époque, une autre nouvelle alarmante vint aggraver les embarras du gouvernement ottoman : on apprit qu'une escadre russe bloquait les Dardanelles. Mais ce blocus, dont on se préoccupa vivement, n'eut pas de résultats décisifs; souvent contrarié par les courants et les tempêtes, il ne put empêcher l'approvisionnement de la capitale, et ne fut en effet qu'une démonstration inutile.

En Morée, des événements importants s'étaient passés dans le courant de cette campagne : au commencement de juillet, Ibrahim-Pacha, à la suite de diverses conférences avec les amiraux des puissances alliées, déclara qu'il était prêt à évacuer ce pays; mais il élevait des difficultés pour retarder son départ, et prétendait n'avoir pas l'autorisation de son père pour quelques articles qui restaient à régler. D'après cette réponse, et pour enlever à Ibrahim-Pacha tout prétexte de temporisation, l'amiral anglais, sir Ed. Codrington, alla traiter directement avec le vice-roi Muhammed-Ali-Pacha, et en obtint un traité, en vertu duquel Ibrahim-Pacha et l'armée sous ses ordres devaient être rappelés. Pendant cette négociation de l'amiral anglais, la France préparait, à Toulon, une expédition destinée à occuper la Morée, si Ibrahim-Pacha se refusait à l'évacuer de bonne volonté. Le général Maison, pair de France, avait le commandement de l'armée qui allait soutenir l'existence politique de la Grèce. A la fin d'août, la flotte française arriva en vue de Navarin. Sans entrer dans les détails de cette expédition, qui n'offrit à nos troupes qu'une seule occasion de se distinguer, à l'attaque du château de Morée, nous nous bornerons à constater que le but de l'expédition, c'est-à-dire l'expulsion des musulmans qui occupaient le Péloponèse, fut atteint, presque sans effusion de sang. Ibrahim-Pacha, avant de partir, voulut assister à une revue du corps d'armée français; il se rendit auprès du général Maison, suivit avec intérêt les manœuvres, complimenta avec la plus grande politesse nos officiers sur la belle tenue de leurs troupes, et fit plusieurs observations judicieuses ou légèrement caustiques : c'est ainsi qu'il demanda pourquoi les Français qui, il y avait cinq ans, étaient allés en Espagne pour faire *des esclaves*, venaient maintenant en Grèce pour faire *des hommes libres*. Ce mot d'Ibrahim suffira pour donner une idée de la finesse de son esprit. L'extérieur de celui qu'on nommait le dévastateur de la Morée n'offre rien de bien remarquable; mais son regard est spirituel et perçant, et il y a quelque chose d'agréable dans sa physionomie expressive.

Le 29 décembre 1828, un tiers des troupes de l'expédition de Morée, si heureusement terminée, partit pour la France. Peu de temps après, le général Maison reçut le bâton de maréchal, en récompense de la conduite à la fois ferme et modérée qu'il avait tenue dans une entreprise difficile, où, sans rompre ouvertement avec la Porte, on croyait devoir protéger contre ses armes un peuple à peine échappé à la domination de ses maîtres.

En Asie, les armes russes n'étaient pas moins heureuses qu'en Europe. Le général Paskevitch s'empara successivement de Kars, de Poti, d'Akhaltzikhè, de Baïezid, de Diadin, de Toprak-Kal'è; et, à cause de la rigueur prématurée de la température, prit ses quartiers d'hiver avant la fin d'octobre.

Lorsque la mauvaise saison eut suspendu les opérations militaires, la diplomatie européenne se livra de nouveau aux plus actives négociations. Les ambassadeurs de France, d'Angleterre et de Russie, ouvrirent à Poros des conférences où ils invitèrent le Sultan à se faire représenter, pour discuter la question de l'indépendance des Hellènes et des limites à assigner à la Grèce. Fidèle à son système de ne point traiter avec des rebelles, Sa Hautesse ne voulut pas envoyer d'agent à la réunion de Poros.

En janvier 1829, un négociateur français (M. Amédée Jaubert) arriva à Constantinople. L'objet de sa mission était de notifier au Sultan le protocole signé à Londres le 16 novembre 1828, entre les plénipotentiaires de France, d'Angleterre et de Russie, d'après lequel ces trois puissances déclaraient prendre sous leur protection la Morée et les Cyclades. Il devait, en outre, engager Sa Hautesse à reconnaître l'indépendance de la Grèce, et à souscrire à un armistice, pendant lequel les ambassadeurs qui avaient quitté Constantinople y reviendraient pour traiter des conditions de la liberté des Hellènes et des limites de leur territoire. Le divan, sans s'opposer au retour des ambassadeurs, répondit à ces ouvertures d'une manière évasive, suivant son usage, et fit de grands préparatifs pour la prochaine campagne. Quelques escarmouches aux environs de Bazardjik, de Pravadi et de Varna, dans lesquelles les Ottomans eurent l'avantage, furent annoncées aux musulmans comme des victoires, et ranimèrent leur ardeur. En février, le grand vézir Izzet-Muhammed-Pacha, qui n'avait pas rempli les espérances que le Sultan avait fondées sur lui, fut exilé à Rodosto, et remplacé par Muhammed-Rèchid-Pacha, connu par l'habileté militaire dont il avait fait preuve en s'emparant de Missolonghi et d'Athènes.

De son côté, l'empereur de Russie ne négligeait rien pour conserver l'avantage que ses troupes avaient eu pendant la dernière campagne : l'armée et la flotte furent renforcées. Dans les derniers jours de février 1829, le contre-amiral Koumany, sorti de Sebastopol avec quelques bâtiments de guerre, s'empara du port de Sizèboli, point militaire important, et que Huçeïn-Pacha essaya vainement de reprendre en avril suivant.

La perte de Sizèboli irrita le Sultan, et lui fit presser de plus en plus la levée et l'instruction de ses soldats. Par un khatti-chèrif du 3 mars, il fut enjoint à tous les musulmans en état de porter les armes d'abandonner l'ancien costume ottoman, c'est-à-dire, les vêtements larges, le turban, le châle, la pelisse, pour le *fess* (sorte de bonnet rouge) et le pantalon à la Cosaque. C'était l'uniforme des troupes régulières, et celui que portait Sultan-Mahmoud lui-même. Le Grand Seigneur activait en même temps la réparation des navires échappés au désastre de Navarin. Dès qu'ils furent en état de tenir la mer, le kapoudan-pacha mit à la voile pour aller nettoyer les côtes de la mer Noire et s'opposer à l'escadre de l'amiral Greigh. Après avoir navigué assez longtemps sans voir l'ennemi, les vaisseaux ottomans rencontrèrent les bâtiments moscovites près du cap Baba, les attaquèrent, et s'emparèrent de la frégate *le Raphaël*, qui fut remorquée en triomphe jusqu'à Constantinople, où la vue de cette prise causa une vive joie, car les succès maritimes étaient, depuis longtemps, fort rares chez les Ottomans ; mais ce triomphe n'eut pas de suites : peu de jours après, le kapoudan-pacha, voulant sortir de nouveau du Bosphore, en fut empêché par l'amiral Greigh, qui établit sa croisière sur ces parages, fit de nombreuses prises, inquiéta les côtes, de concert avec le contre-amiral Heyden, s'empara de plusieurs places maritimes, et réduisit la faible marine ottomane à un rôle absolument passif.

Sur terre, les chances de la guerre étaient encore en faveur des Russes. En mai, le général Diébitch, successeur du comte de Wittgenstein dans le commandement en chef, se dirigea sur Silistrie : à une journée de cette ville, son avant-garde fut attaquée par un détachement sorti de la place, mais qui fut forcé d'y rentrer, après avoir perdu près de cinq cents hommes. Le même jour, une rencontre plus importante avait lieu près de Pravadi, entre le général Roth et le grand vézir : au bout de cinq heures d'un combat acharné, les troupes de Rèchid-Pacha furent repoussées et se replièrent sur la vallée de Neweza.

Sans être découragé par ces échecs, dans lesquels, du reste, les nouvelles milices régulières des musulmans montrèrent une résolution et un ensemble de mouvements qui prouvèrent qu'elles pouvaient déjà tenir contre les troupes européennes, le sèrasker partit de Choulma, et se porta sur Pravadi. A cette nouvelle, le général Diebitch quitta, avec une partie de ses troupes, le siège de Silistrie, rencontra le grand vézir dans les défilés de Kulewtcha, et le battit complétement le 11 juin : Rèchid-Pacha se replia sur Choulma avec les débris de son armée.

Après cette victoire, le général russe envoya vers le sèrasker le conseiller d'État Fonton, porteur de propositions de paix : elles n'eurent pas de suites : Rèchid-Pacha éluda de donner une réponse définitive, sous le prétexte qu'il devait attendre la décision du Sultan : faute immense par les suites qu'elle entraîna.

Le général Diebitch ayant ainsi délivré Pravadi, retourna au siège de Silistrie, et le poussa avec vigueur : le 30 juin, l'explosion d'une mine ouvrit une brèche dans la forteresse; cet événement détermina la garnison à capituler; et, le 1er juillet, le pavillon russe flotta sur les remparts de la ville.

L'ouverture de la campagne d'Asie avait été retardée, de la part des Russes, par suite de la crainte d'une rupture avec la Perse, à l'occasion d'un attentat commis par la population de Téhéran sur la légation moscovite. Mais cette déplorable affaire ayant été étouffée par les satisfactions qu'offrirent le châh et le prince héréditaire Abbas-Mirza, le comte Paskewitch reprit l'offensive contre les Ottomans, qui avaient profité du moment d'hésitation qu'il montra. Ce général s'empara d'Erzroum, de Baïbourd, et battit le pacha de Trébizonde sur le Ghiaour-Daghy.

La prise de Silistrie ayant laissé libres les troupes qui en avaient fait le siége, le général Diebitch conçut le hardi projet de franchir les défilés si redoutés du Balkan. Le grand vézir était renfermé, avec l'élite de l'armée musulmane, dans Choumla, où il s'attendait à être attaqué. Diebitch entretint cette erreur en faisant partir, de nuit seulement, les corps destinés à l'expédition qu'il projetait. Cette ruse lui réussit à merveille : la chaîne du Balkan fut franchie sans aucun obstacle sur trois points différents, par les généraux Rudiger, de Pahlen et Roth. Ce dernier s'empara ensuite de Missivria, d'Anchiola, de Bourghas, tandis que le premier emportait d'assaut Aïdos et Karnabat. Le général Diebitch publia alors une proclamation dans laquelle il engageait les habitants des provinces conquises par les armes russes à ne point quitter leurs foyers; il leur garantissait le respect des propriétés et des personnes, et le libre exercice de leur religion, sous la seule condition de remettre leurs armes. Cette proclamation rassura les musulmans, et la guerre perdit, dès ce moment, le caractère d'acharnement et de fanatisme qui, jusqu'alors, l'avait rendue si désastreuse.

Le général russe, poursuivant ses avantages, prit d'assaut, le 11 août, la ville de Slivno (ou Selimno), et, continuant sa marche, arriva, huit jours après, sous les murs d'Andrinople. A l'approche subite de l'ennemi, gagnés par l'épouvante qui s'empara des habitants et des troupes même, Ibrahim-Pacha et Khalil-Pacha, qui commandaient la place, demandèrent à se rendre; mais avant que les conditions de la capitulation fussent réglées, la population tout entière, chrétiens et musulmans, vint, avec de grandes démonstrations d'amitié, au-devant des Russes, qui entrèrent à l'instant dans la ville, non comme des vainqueurs, mais comme des alliés. De cette position importante, le général Diebitch dirigea des corps avancés sur Keurk Kiliça, sur Loulè-Bourghas et sur Énos, dans le but de se mettre en communication avec le vice-amiral Heyden, qui commandait l'escadre russe chargée du blocus des Dardanelles, tandis que l'amiral Greigh suivait la côte, prenait possession de Midia, et s'avançait jusqu'à Kara-Bournou.

Lorsqu'on apprit à Constantinople la marche rapide des Russes, et que l'on y connut l'impossibilité de soulever les masses contre eux, l'épouvante se répandit dans cette capitale. Le découragement s'empara du Sultan lui-même, qui, vivement pressé par ses conseillers intimes et par les ministres étrangers, consentit enfin à envoyer au camp du vainqueur, en qualité de plénipotentiaires, le defterdar Muhammed-Sa'id-Efendi, et Abdul-Kadir-Beï, kazi-asker d'Anatolie.

A peine étaient-ils partis, que le sèrasker Khosrew-Pacha, gouverneur de Constantinople, découvrit un nouveau complot de janissaires. Le but des conjurés était d'assassiner le Sultan, son fils, les grands de l'empire, les membres du divan, les Francs, et enfin tous les partisans des idées nouvelles, et d'appeler ensuite tous les bons musulmans à la défense de l'islamisme en péril. Haçan-Aga, gouverneur des châteaux du Bosphore, chef présumé de la conspiration, un grand nombre d'officiers et près de six cents coupables, furent mis à mort, et l'on démolit les cafés où ils se rassemblaient.

Cependant les négociations continuaient entre les plénipotentiaires russes et ottomans; mais elles traînaient en longueur, car ces derniers ne pouvaient se décider à subir les conditions que leur imposaient les vainqueurs. Enfin, le 14 septembre 1829, la paix fut signée : d'après ce traité, la Russie rendit toutes ses conquêtes en Europe, et le Pruth redevint la limite des deux empires. Mais la suzeraineté du Sultan sur la Moldavie, la Valachie et la Servie, réduite à de vaines formalités d'investiture de leurs hospodars et à de légers tributs, n'était plus, pour ainsi dire, que nominale : ces provinces furent placées sous le protectorat du czar. L'ouverture des Dardanelles et du Bosphore fut stipulée pour toutes les nations, mais la Russie devait nécessairement en retirer le plus grand avantage. En Asie, l'empereur Nicolas rendit la majeure partie du territoire qu'elle avait conquis, mais il se réservait les places d'Anapa, de Poti, d'Akhaltziké, d'Atzkour et d'Akhalkalaki, comme compensation des frais de la guerre, et en à-compte des indemnités que la Porte s'engageait à lui payer, et qui furent portées à la somme énorme de dix millions de ducats de Hollande; il fut stipulé, en outre, une indemnité d'un million cinq cent mille ducats pour les pertes éprouvées par les sujets russes depuis 1806. Quant à la Grèce, la Porte donnait son adhésion entière au traité de Londres du 6 juillet 1827, et au protocole du 22 mars 1829; mais rien n'avait été décidé encore sur la fixation des limites du nouvel État et sur la question de la suzeraineté du Sultan.

A la suite de ce traité, les prisonniers russes et ottomans furent échangés, et l'ordre fut envoyé au grand vézir, ainsi qu'au pacha de Scutari, qui s'avançait sur Sophia avec quarante mille Albanais, de cesser les hostilités.

En Asie, la nouvelle de la paix ne put être connue assez promptement du général Paskewitch, par la faute des chefs musulmans de Trébizonde, qui refusèrent de laisser débarquer l'aide de camp porteur du message du général Diebitch. Ce retard donna lieu à une dernière affaire près de Baïbourd, dans laquelle les Ottomans furent mis en fuite, après avoir perdu beaucoup de monde. Le surlendemain, 29 septembre, arriva dans les deux camps la nouvelle du traité d'Andrinople, et le général russe entra en pourparler avec le sèrasker pour faire cesser immédiatement une inutile effusion de sang (*).

Dès que la paix fut signée, Sultan-Mahmoud envoya à Pétersbourg Khalil-Pacha, porteur de riches présents pour l'empereur Nicolas, et chargé de lui donner l'assurance que l'intention sincère de Sa Hautesse était de maintenir la paix à perpétuité. De son côté, le czar adressa au Sultan, par l'entremise du comte Orloff, une lettre autographe, dans laquelle le monarque russe lui témoignait le même désir.

En Grèce, la campagne de 1829 avait été marquée par divers faits d'armes glorieux pour les Hellènes. Vers la fin de janvier, le général Church s'etait emparé de Vonitza, occupée par une garnison Albanaise. En mars, Augustin Capo d'Istria, frère du président, entrait dans Lépante, qui avait capitulé après un blocus de quarante jours. Missolonghi et Anatolico retombaient, en mai, au pouvoir des Grecs. En septembre, et tandis que la paix se traitait à Andrinople entre les Russes et les Ottomans, paix qui assurait l'existence politique de la Grèce, un corps d'Albanais, sous les ordres d'Arslan-Beï, pénétrait dans la Livadie, et après avoir été défaits devant Pietra (ou Castelio di Petra) par Démétrius Ipsilanti, ces Albanais obtinrent de lui la permission de se retirer par les défilés du mont OEta; en outre, il fut convenu que les musulmans évacueraient les garnisons de Turkochori, de Livadia et de Fontana, et se replieraient sur Boudonitza. C'est le 25 septembre qu'eut lieu cette action, qui fut la dernière de la campagne : bientôt après, la nouvelle du traité conclu entre la Porte et la Russie fut connue en Grèce.

Sultan-Mahmoud, délivré des inquiétudes d'une guerre qui avait mis en péril son empire, et forcé de renoncer à sa lutte avec les Grecs, parut

(*) Cette version est celle du bulletin russe : mais les Osmanlis repoussent ce reproche et rejettent la faute sur leurs ennemis : au reste, cette conduite n'a rien de nouveau dans les annales militaires.

sentir le besoin du repos, et se renferma pendant quelque temps dans le sérail : mais avant la fin de l'année, il avait repris son activité, et poursuivait avec plus d'ardeur que jamais ses projets de réforme. Malgré le démenti que les événements de la guerre semblaient donner à son système d'innovation, il s'occupa de la réorganisation des troupes régulières, et, comme pour mieux braver les préjugés de son peuple, il introduisit dans la vie civile et dans l'administration les usages des peuples chrétiens. Il donnait des fêtes, des concerts, des bals à l'européenne; il obligeait les voyageurs à se munir de passe-ports, et, ce qui choqua plus encore les vieux croyants, imbus du dogme du fatalisme, il établissait des lazarets contre la peste. Bientôt une nouvelle insurrection vint protester contre les mesures antipopulaires du Sultan. Moustapha-Pacha, de retour en Albanie, était à la tête des révoltes. Rèchid-Pacha fut envoyé contre le rebelle avec environ vingt mille hommes, et, pendant tout le courant de 1830, employa tour à tour la voie des armes et celle des négociations, sans pouvoir parvenir à le réduire.

Mais d'autres sujets d'inquiétude plus graves agitaient le Sultan. Pour réparer le déficit du trésor, épuisé par le payement d'une portion des sommes dues à la Russie, le Grand Seigneur pressait le pacha d'Égypte d'acquitter ses contributions, arrierées de dix-huit mois, et lui demandait compte de son administration. Mais Muhammed-Ali, qui préludait déjà à ses projets d'indépendance, n'eut point d'égard à cet ordre, et prétendit que les sacrifices qu'il venait de faire dans la guerre contre la Russie équivalaient au tribut que réclamait Sa Hautesse. Cette réponse, dont il fallut bien se contenter, confirma les craintes du Sultan sur les intentions ambitieuses de son puissant vassal.

En mai, la Porte proclama la cession qu'elle faisait de l'Attique et de Négrepont en faveur de la Grèce, et déclara qu'elle s'en rapportait, pour les limites du nouvel État, et pour le choix de son souverain, aux décisions de la conférence de Londres.

Le 5 juillet 1830, la Porte perdit Alger par suite de l'expédition des Français contre cette régence. Nous ne nous étendrons pas sur cet événement mémorable, dont le récit sortirait du cadre qui nous est tracé. Nous dirons seulement que Sultan-Mahmoud fit tout ce qu'il put pour amener une conciliation avec Huceïn-Pacha : il lui adressa le kapoudan-pacha Tahir, dans le but de le décider à donner des satisfactions à la France. Mais lorsque l'envoyé ottoman arriva devant Alger, notre station navale ne lui permit pas d'y débarquer; il se détermina alors à se rendre en France, escorté par un bâtiment de guerre. Il rencontra en route la flotte française, communiqua avec les chefs de l'expédition, l'amiral Duperré et le général Bourmont, et les entretint du but de sa mission; il se dirigea ensuite sur Toulon. Arrivé dans ce port, il y fut retenu quelques jours en quarantaine, et remit à la voile pour Constantinople, fort mécontent des difficultés qu'on lui avait fait éprouver, et sans avoir obtenu aucun résultat de son voyage. Sultan-Mahmoud fut blessé du peu d'égards qu'on avait eu pour son ambassadeur; cependant il ne s'en plaignit point, et même lorsqu'il apprit, peu de temps après, la chute de Charles X, il n'en témoigna aucune satisfaction; mais le peuple ottoman crut y voir une prompte et juste punition du ciel pour le renversement du deï et les outrages faits par des infidèles à la religion de Mahomet.

Au commencement de 1831, et lorsque l'insurrection de la Pologne occupait les forces moscovites, l'ambassadeur français, M. le comte Guilleminot, dans la persuasion d'une rupture entre les souverains de l'Europe, engagea le Sultan à faire, dans ce cas, cause commune avec la France. Une note à ce sujet fut remise au divan : cette pièce diplomatique, qui aurait dû rester secrète, parvint à la connaissance des puissances étrangères, et le ministère français crut devoir rappeler M. le comte Guilleminot. La Porte parut alors se rapprocher de l'ambassadeur russe, M. de Boutenieff.

Cependant Sultan-Mahmoud poursuivait avec opiniâtreté le cours de ses réformes civiles et militaires, malgré l'opposition qu'elles rencontraient chez les musulmans. Outre la révolte de Moustapha-Pacha, qui occupait le grand vézir, plusieurs autres insurrections s'étaient déclarées en Macédoine, en Bosnie, à Bagdad, à Scutari; enfin le peuple de la capitale, poussé à bout, tenta, à diverses reprises, d'incendier Constantinople. En août 1831, le feu attaqua le faubourg de Pera, séjour des Francs et de leurs ambassadeurs. Dix mille maisons devinrent la proie des flammes, et un nombre considérable de familles chrétiennes furent entièrement ruinées. Aux lamentations des victimes de ce désastre, les musulmans répondaient par ces paroles, empreintes de leur fanatisme religieux et de leur haine contre les *ghiaours* : « Dieu est grand! il vous punit de « votre crime de Navarin. Voilà ce qu'a « fait le prophète pour apprendre au « renégat (le Sultan) à obéir à ses pré- « ceptes, et à ne point souiller le siège « de son empire en se liant avec les « infidèles! »

Cette effrayante protestation de la population de Constantinople ne put faire fléchir la volonté inébranlable du Sultan : peu de temps après la catastrophe de Pera, il donna une grande fête, pendant laquelle il distribua aux partisans de ses réformes les insignes de l'ordre civil et militaire de *Nichani-Iftikhar* (signe d'honneur). Enfin il mit le comble au mécontentement de son peuple, en faisant publier *le Moniteur ottoman*, journal écrit en français et en turc. Toutes ces innovations, jusqu'alors sans exemple, irritèrent au plus haut point la nation : de nouveaux incendies éclatèrent. Pour surcroît de malheur, la peste et le choléra ravagèrent plusieurs provinces. Le fanatisme musulman ne manqua pas de regarder ces fléaux comme des signes de la colère d'Allah.

Vers la fin de 1831, la rébellion du pacha de Scutari et de celui de Bagdad fut étouffée. Mais un adversaire bien plus redoutable, le vice-roi d'Égypte, faisait des préparatifs contre la Porte. Muhammed-Ali-Pacha, en différend avec Abdallah, pacha d'Acre, avait sollicité du Sultan la permission de se venger de son ennemi. Le Grand Seigneur, craignant que Muhammed-Ali n'abusât de la victoire, ne lui accorda l'autorisation de marcher contre Abdallah que sous les ordres du kapoudan-pacha, dont l'escadre devait se joindre à la flotte égyptienne. Mais ce dernier, arrivé à Rhodes, s'y arrêta en apprenant les affreux ravages que le choléra exerçait en Égypte : effrayé de l'intensité de l'épidémie, qui, dans l'espace d'un mois, avait enlevé soixante mille personnes dans la seule ville du Caire, le kapoudan-pacha retourna aux Dardanelles. Alors le vice-roi, jugeant l'occasion propice, jeta tout à fait le masque. Son fils Ibrahim-Pacha, partit, le 20 octobre, à la tête d'une armée de trente mille hommes : avant la fin du mois suivant, Gaza, Jaffa, Kaïffa, étaient en son pouvoir, et il arrivait sous les murs de Saint-Jean d'Acre.

A la nouvelle de la marche victorieuse d'Ibrahim-Pacha, le Sultan irrité lança contre le vice-roi d'Égypte un ferman sévère, par lequel il lui ordonnait de suspendre sur-le-champ les hostilités et de rappeler son armée. Sa Hautesse imposait en outre aux deux pachas ennemis l'obligation de lui soumettre leurs griefs, dont il s'établissait le juge suprême, leur promettant bonne et prompte justice. Mais Muhammed-Ali ne tint aucun compte des ordres ni des menaces de son souverain, et laissa son fils continuer le siége de Saint-Jean d'Acre. Cette place forte, célèbre par l'échec qu'elle avait fait éprouver au premier capitaine du siècle, opposait à Ibrahim-Pacha une vigoureuse résistance. Ce général, dont les troupes souffraient du climat pluvieux et froid de la Syrie, et dont la flotte avait éprouvé des avaries, autant par les bombes de l'ennemi que par la tempête, fut obligé de demander des secours à son père. Cette circonstance fit espérer sans doute au Sultan que les Égyptiens seraient arrêtés dans leurs conquêtes, et que Muhammed-Ali-Pacha n'oserait pas s'attaquer à son souverain. Mais il fut bientôt désabusé : le pacha d'Égypte, loin d'évacuer la Syrie, ne voulait faire acte de soumission que si le Sultan lui donnait l'investiture de cette province. Alors Sa Hautesse indignée déclara *fermanlis* (*) Muhammed-Ali-Pacha et son fils Ibrahim, et, en mars 1832, un corps d'armée ottoman se mit en route pour la Syrie. Il était commandé par Huceïn-Pacha, décoré du titre, inusité chez les Orientaux, de feld-maréchal ; le pachalik de l'Égypte lui était promis s'il pouvait triompher du rebelle. Cependant Ibrahim-Pacha, secondé par des officiers français et anglais, poussait avec vigueur le siége de Saint-Jean d'Acre. Le 27 mai, il donna un dernier assaut, et se rendit maître de la forteresse, après un combat acharné qui dura presque tout le jour, et dans lequel les Égyptiens perdirent beaucoup de monde. La résistance des assiégés fut si opiniâtre, qu'Ibrahim-Pacha fut obligé, pour arrêter ses Arabes, qui avaient pris la fuite, de faire diriger contre eux sa propre artillerie : dans sa colère, il trancha lui-même la tête d'un de ses officiers, et parvint enfin à ramener à l'assaut les fuyards.

Une fois maître de la ville, qui lui avait résisté six mois, Ibrahim-Pacha montra la plus grande modération : il maintint dans leurs biens et leurs dignités le mufti et les cheikhs, accorda la vie au brave Abdallah-Pacha, et l'envoya à Alexandrie, où Muhammed-Ali-Pacha, en politique habile, le reçut avec distinction.

Douze jours après la prise de Saint-Jean d'Acre, le vainqueur se dirigea sur Damas : le 15 juin, il entra dans cette grande ville ; la veille, il avait battu l'armée ottomane, campée à une lieue en avant de Damas. Ibrahim, marchant de succès en succès, défit encore, à Homs sur l'Oronte, vingt-cinq mille hommes composant l'avant-garde de

(*) Voyez page 392.

l'armée de Huçeïn-Pacha. Il entra ensuite, sans opposition, dans Alep, et y trouva un nombreux matériel d'artillerie et de munitions. Enfin, le 29 juillet, il rencontra le *feld-maréchal* ottoman au défilé de Beïlan, entre Alexandrette et Antioche, dispersa entièrement les trente-six mille hommes sous les ordres de Huçeïn-Pacha, et, le 1er août, termina la conquête de la Syrie en s'emparant de cette dernière ville. Ibrahim-Pacha s'avança ensuite jusqu'à Adana, où il établit son quartier général.

L'armée ottomane était anéantie, le peuple mécontent et découragé, le divan devenu désuni; mais Sultan-Mahmoud ne voulut point écouter les propositions d'accommodement que lui fit faire le pacha d'Égypte. Sa Hautesse s'occupa immédiatement de la formation d'une nouvelle armée, au commandement de laquelle Rèchid-Pacha fut nommé, en remplacement de Huçeïn-Pacha.

Le nouveau sèrasker, malgré ses talents reconnus et sa bravoure personnelle, ne fut pas plus heureux que son prédécesseur : depuis le milieu de novembre, Ibrahim-Pacha occupait la forte position de Konia, où il était entré sans résistance; en décembre, Rèchid-Pacha vint l'attaquer sous les murs de cette ville : le combat fut long et sanglant, et se termina enfin à l'avantage des Égyptiens. Le brave sèrasker ottoman, désespéré d'avoir vu fuir ses troupes, se précipita, le sabre au poing, au milieu des ennemis, et fut fait prisonnier. Trente mille hommes furent mis hors de combat, dans cette rencontre décisive, qui détruisit la dernière barrière que le Sultan pouvait opposer à l'heureux Ibrahim.

Pendant cette campagne, si malheureuse pour les Osmanlis, le gouvernement français essayait d'opérer un rapprochement entre ces deux parties belligérantes. Mais le Sultan n'avait été ébranlé ni par les instances de notre chargé d'affaires, M. de Varennes, ni par les progrès d'Ibrahim-Pacha, déjà maître, à cette époque, de toute la Syrie. Cependant une suspension d'armes tacite avait eu lieu après l'arrivée du vainqueur à Adana; et Muhammed-Ali-Pacha avait renouvelé alors sa demande de l'investiture de la Syrie, sans y recevoir encore de réponse péremptoire. En ce moment le gouvernement français crut devoir reproduire ses conseils de pacification. Le consul général de France à Alexandrie obtint de Muhammed-Ali-Pacha la promesse de cesser les hostilités, dès que le Sultan lui aurait envoyé un négociateur pour traiter sur les propositions suivantes : la cession au vice-roi d'Égypte des quatre pachaliks de la Syrie et du district d'Adana ; Muhammed-Ali-Pacha faisait entendre encore, mais vaguement, qu'il désirait avoir, dans ses rapports avec la Porte, une position à peu près pareille à celle des anciens deïs d'Alger.

Les négociations sur ces bases allaient commencer, lorsque l'arrivée à Constantinople du général russe Mouravieff vint changer l'état des affaires : cet envoyé offrit à Sa Hautesse les armées de la Russie, et lui apprit qu'il était chargé de se rendre à Alexandrie pour engager le pacha d'Égypte à se soumettre. Cette offre modifia entièrement les dispositions du Sultan; il se refusa à toute négociation ; et effrayé de la marche rapide d'Ibrahim-Pacha, dont on venait d'apprendre la victoire de Konia, il accepta avec empressement les offres de l'empereur Nicolas, et déclara qu'il donnait son approbation à la mission du général Mouravieff auprès du vice-roi. Mais bientôt les représentations de notre chargé d'affaires influencèrent les intentions du Sultan, qui consentit de nouveau à traiter avec Muhammed-Ali-Pacha, et envoya en Égypte l'ex-kapoudan-pacha Khalil. Mais malgré les efforts du Sultan pour détourner le général Mouravieff de se rendre dans cette contrée, celui-ci, obligé d'obéir aux ordres de sa cour, partit en janvier 1833 pour Alexandrie. M. de Varennes, d'accord avec le divan, écrivit alors à Muhammed-Ali-Pacha et à son fils, pour les inviter à suspendre les hostilités; mais Ibrahim-

Pacha répondit à notre chargé d'affaires qu'il ne pouvait y consentir sans l'ordre exprès de son père, et s'avança jusqu'à Kutahiïe, où son armée trouva des approvisionnements, dont elle commençait à sentir le besoin. En apprenant la réponse d'Ibrahim et ses rapides progrès, le Sultan recourut encore à la Russie, donc la flotte venait de partir de Séwastopol.

Pendant que ces événements se passaient, le général Mouravieff, après plusieurs conférences avec le pacha d'Égypte, l'avait décidé à traiter avec le Sultan. En conséquence, Muhammed-Ali-Pacha accueillit avec bienveillance Khalil-Pacha, plénipotentiaire de la Porte, écouta ses propositions d'accommodement, mais ne trouva pas que les conditions qu'on lui offrait fussent en rapport avec la position que lui avaient faite les chances de la guerre. Il demanda la cession d'Adana et de toute la Syrie : Khalil-Pacha s'empressa de transmettre cette réclamation au divan; et, pour la seconde fois, le Sultan, qui passait tour à tour de la crainte à la confiance, pria la Russie de suspendre la marche de son escadre.

Sur ces entrefaites, le baron Roussin, ambassadeur de France, arriva à Constantinople. La gravité des circonstances, et l'importance que prenaient les affaires d'Orient, avaient décidé notre gouvernement à faire occuper le poste vacant depuis la retraite de M. le comte Guilleminot. Le nouvel ambassadeur, dès le lendemain de son arrivée (18 février 1833), obtint du reïs-éfendi une audience, dans laquelle il s'offrit pour intermédiaire entre le Sultan et le pacha d'Égypte, et engagea vivement la Porte à refuser de recevoir l'escadre russe. Mais cette flotte, déjà partie de Sébastopol, entra dans le Bosphore le 20 février. Alors le Grand Seigneur, à l'instigation de l'ambassadeur français, demanda le renvoi immédiat des vaisseaux russes mouillés dans le canal. Le baron Roussin, de son côté, envoya deux aides de camp, l'un à Ibrahim-Pacha, l'autre à Muhammed-Ali-Pacha, pour les engager à accepter les conditions de paix que le Sultan leur faisait offrir. Mais le vice-roi refusa positivement ces conditions, tandis qu'Ibrahim-Pacha s'emparait de Magnésie, de Bali-Kèçer et d'Aïdin, et envoyait à Smyrne un de ses officiers, qui soumettait cette ville par la seule menace de l'approche du vainqueur, et y nommait un autre gouverneur, dévoué à la cause égyptienne.

Dans cet état de choses si alarmant pour la Porte, elle se retourna encore du côté de la Russie. La flotte moscovite ne quitta pas le Bosphore; et une expédition préparée à Odessa en partit le 29 mars.

Cependant le renversement de l'autorité ottomane à Smyrne ne fut que passager. Sur les réclamations du baron Roussin et des autres ambassadeurs, appuyées par l'arrivée dans ce port de quelques vaisseaux français sous les ordres du contre-amiral Hugon, Ibrahim-Pacha déclara que cet événement avait eu lieu sans son ordre, et Smyrne rentra sous l'obéissance de son ancien gouverneur.

Le 30 mars, le premier secrétaire de l'ambassade de France, accompagné de Moustapha-Rèchid-Beï-Efendi, dont nous aurons occasion de parler plus tard, et que nous avons vu représenter la Porte à Paris et à Londres, fut expédié à Ibrahim-Pacha : et, au bout de quatre jours de négociations, ces deux personnages obtinrent de lui qu'il évacuât l'Asie Mineure, moyennant l'investiture des pachaliks de Saint-Jean-d'Acre, d'Alep, de Tripoli et de Damas, avec leurs dépendances. En conséquence, Muhammed-Ali-Pacha fut déclaré, en avril, gouverneur de la Syrie tout entière, et fut revêtu de la dignité d'*émir-ul-hadj* (*). Quant à la question d'Adana, elle fut discutée dans le divan et avec les ministres étrangers. Le Sultan, rassuré par la présence des troupes russes, que la division navale partie d'Odessa venait de débarquer sur la côte d'Asie, vis-à-vis de Thérapia et de Buïuk-Dèrè,

(*) Voyez page 95.

se refusa longtemps à la cession d'Adana ; mais il céda enfin, et accorda ce district à Ibrahim-Pacha, à titre de *muhaçyllik* (c'est-à-dire comme *fermier général*).

Le lendemain de ce triomphe de notre ambassadeur sur l'influence russe, arriva le comte Orloff, envoyé extraordinaire du czar, et chef des troupes auxiliaires de terre et de mer; et la Russie reprit tout son ascendant sur la cour ottomane. Le ministre russe déclara qu'en dépit des réclamations du baron Roussin et de lord Ponsonby, ambassadeur anglais qui venait d'arriver aussi à Constantinople, l'armée moscovite resterait en Turquie, jusqu'à ce qu'Ibrahim-Pacha eût repassé le Taurus. Cette retraite eut lieu en effet ; et, à la fin de juin, l'Asie Mineure fut entièrement évacuée par les troupes égyptiennes.

Pendant la marche rétrograde d'Ibrahim-Pacha, le comte Orloff négociait en secret avec le divan, et, le 8 juin, un traité de paix et d'alliance offensive et défensive pour huit années fut conclu entre la Russie et la Porte : cette dernière puissance s'engageait, par un article additionnel, à fermer le détroit des Dardanelles à toute nation en guerre avec le czar. Après cette négociation, qui resta quelque temps ignorée des autres cours, l'armée et la flotte russes retournèrent à Séwastopol.

Dès que le traité entre l'empereur Nicolas et le Sultan fut connu de la France et de l'Angleterre, ce qui n'eut lieu qu'à la fin de septembre, ces deux puissances firent tous leurs efforts pour en neutraliser l'effet : elles y voyaient la destruction de l'indépendance politique de la Porte, par la faculté qu'aurait la Russie d'intervenir dans les affaires du Sultan, dès les premiers troubles intérieurs. En conséquence, la France déclara que ce traité, établissant entre la Porte et la Russie des relations d'un caractère tout nouveau, donnait aux autres souverains le droit de réclamer contre sa teneur. Le ministre répondit que le traité du 8 juillet était purement défensif, ne portait aucun préjudice aux intérêts des autres États, et n'opérait d'autres changements entre les relations des deux empires que de faire succéder l'intimité et la confiance à une trop longue inimitié. La cour ottomane répliqua dans le même sens aux notes des ambassadeurs français et anglais, et ajouta que, néanmoins, si ce traité excitait la défiance des cabinets étrangers, le divan offrait de leur en communiquer une copie textuelle.

Malgré ces explications, on crut pendant quelque temps à une rupture entre les puissances : de grands préparatifs eurent lieu dans leurs ports ; mais tout se réduisit à des craintes sans résultat.

Si le Grand Seigneur était délivré, pour le moment, de son ambitieux vassal et de la présence de son redoutable allié, il ne manquait pas de sujets d'inquiétude. De fréquents incendies prouvaient encore le mécontentement de la nation. En mai, les Serviens avaient chassé les autorités musulmanes des districts qui auraient dû, suivant les traités, être incorporés à la principauté. La Bosnie, où les partisans des janissaires se trouvaient en grand nombre, s'était aussi révoltée ; et l'Albanie, déjà disposée à la rébellion, avait suivi cet exemple. Enfin l'amour et le respect du peuple ottoman pour son padichâh allaient s'affaiblissant de jour en jour, et le lien de l'obéissance semblait près de se briser entièrement. Le Sultan, ne pouvant réduire par la force les insurgés, prit le parti de leur faire toutes les concessions qu'ils exigeaient. C'est ainsi qu'il apaisa la révolte de la Servie, en l'exemptant de tout impôt, moyennant un tribut annuel de cinquante-deux mille ducats, et en reconnaissant le prince Milosch comme indépendant, pour le terme de cinq années.

Au commencement de 1834, la France et l'Angleterre firent de nouvelles réclamations relativement au traité du 8 juillet 1833. Pendant que des notes s'échangeaient à ce sujet à Constantinople, la Porte concluait avec la Russie un nouveau traité, par lequel l'empereur Nicolas faisait remise au Sultan d'une partie des contributions de guerre que ce dernier devait payer, et promettait l'évacuation de la Moldavie et de la Valachie.

Malgré la tranquillité qui régnait dans l'empire ottoman, plusieurs symptômes prouvaient qu'elle n'était qu'apparente. Le divan, travaillé par la diplomatie étrangère, était partagé en partisans et en détracteurs de l'alliance russe ; les esprits étaient toujours en fermentation, et les armements ne cessaient ni en Turquie ni en Égypte : tout enfin présageait une reprise prochaine des hostilités entre le Grand Seigneur et Muhammed-Ali. Une circonstance défavorable à ce dernier vint probablement inspirer au Sultan l'idée de venger ses précédentes défaites : en décembre 1833, on avait découvert à Alep une conspiration, dont le but était de massacrer les Égyptiens et tous les partisans du vice-roi, et de livrer la ville aux Arabes. Cette conjuration fut étouffée à temps ; mais au mois de mai suivant, la Palestine et la Galilée tout entière s'insurgèrent contre le despotisme accablant de leur nouveau maître. Dans l'Yèmen, le cheïkh de la ville d'Acir prit aussi les armes et se proclama indépendant. Ces deux soulèvements finirent par être réprimés, mais ils occasionnèrent de grands embarras au pacha d'Égypte. Le Sultan, croyant le moment opportun, fit de grands préparatifs et envoya en Asie une armée de soixante à quatre-vingt mille hommes de troupes régulières. En même temps, il fit publier dans le *Moniteur ottoman* que Sa Hautesse ne pouvait voir avec indifférence verser le sang musulman au sein d'une province dont il se regardait toujours comme le souverain, et qu'elle avait ordonné les mesures réclamées par les circonstances. C'était indiquer clairement le désir de recommencer la querelle assoupie : la diplomatie européenne s'émut de ces paroles, et parvint encore, par la franchise et l'unanimité de ses représentations, à détourner le Sultan de ses projets d'agression ; mais ils avaient été conçus à Alexandrie, et y avaient rallumé l'ardeur belliqueuse du vice-roi, qui ne parlait de rien moins que de se proclamer souverain indépendant de l'Égypte, de la Syrie et de la presqu'île d'Arabie. L'accord des puissances étrangères et leur volonté bien prononcée d'empêcher une rupture firent naître un arrangement momentané. Le Sultan fit remise au vice-roi d'Égypte du tribut arriéré, et Muhammed-Ali-Pacha évacua le district d'Orfa en Asie, qu'il avait gardé jusqu'alors, au mépris de ses engagements.

En août 1834, le Sultan, toujours fidèle à son système de régénération et de civilisation, créa une nouvelle milice permanente et régulière, sous le nom de *Acakiri-rédifëï-mençouré*. Cette mesure devait contribuer efficacement à la consolidation de l'empire, en lui donnant une armée imposante, et toujours disponible, au lieu de ces levées en masse, qui ne produisaient que des bandes sans discipline et sans instruction : afin de ne jamais retomber dans cet inconvénient, on ouvrit des écoles spéciales, dans lesquelles les officiers, les sous-officiers et les soldats étaient obligés d'aller prendre les notions nécessaires à leur état. C'est à la même époque que la Porte renonça au système d'isolement qui, trop longtemps, avait été le fruit de son orgueil. Elle accrédita en France un ministre permanent, et fit choix, pour cette tentative politique, d'un homme destiné à remplir les plus hautes charges de l'État, dans la personne de Moustapha-Rèchid-Bëï-Éfendi, alors amedji (*référendaire*) du divan impérial (*).

En 1835, la Porte, grâce à l'intérêt politique des diverses puissances européennes, jouissant d'un repos à peu près complet, semblait y puiser une

---

(*) Nous aurons occasion de parler de ce personnage devenu Rèchid-Pacha, et que les principales cours de l'Europe ont eu l'occasion de voir et d'apprécier. Il est retourné depuis peu à Constantinople pour reprendre le poste de *ministre des affaires étrangères*, que lui a conservé le nouveau Sultan (novembre 1839).

nouvelle vie et retrouver une partie de son ancienne vigueur. La régence de Tripoli fut la première sur qui le Sultan essaya son autorité renaissante. Depuis longtemps ce petit État s'était comme affranchi du joug du Grand Seigneur, et ne lui rendait plus qu'un hommage illusoire. Le Sultan, que ses propres embarras avaient empêché jusqu'alors de songer à ramener son vassal au devoir, profita du répit que lui laissait la politique, et d'un événement favorable à son projet. Tripoli était, en ce moment, en proie à la guerre civile : le fils et le frère du dernier pacha défunt se disputaient le pouvoir ; le premier commandait dans les campagnes, et le second était maître de la ville. Ils avaient l'un et l'autre des partisans, même parmi les étrangers. Le 25 mai, une flotte ottomane parut tout à coup devant Tripoli. Moustapha-Nèdjib-Pacha, qui était chef de l'expédition, fit annoncer à Sidi-Ali-Pacha, possesseur de la ville, qu'il lui amènait des troupes et des vaisseaux pour l'aider à soumettre son neveu. Il débarqua en même temps une nombreuse artillerie, et près de cinq mille hommes qui occupèrent les fortifications de la place. Il invita ensuite le pacha à venir à bord pour s'entendre sur les mesures à prendre. Sidi-Ali se rendit auprès de Nèdjib-Pacha, eut avec lui une longue conférence, et, lorsqu'il voulut retourner à terre, fut retenu prisonnier. Nèdjib-Pacha prit possession de la ville au nom de Sa Hautesse, et envoya à Constantinople le beï dépossédé, auquel Sultan-Mahmoud laissa la vie, mais qui dut abandonner toute sa fortune, s'élevant à quinze millions de piastres. Sidi-Ali-Pacha fut le dernier beï de la dynastie des Karamanli, qui régnaient depuis deux siècles sur la régence de Tripoli.

Cette expédition, dont le motif apparent et assez plausible était le désir qu'éprouvait Sultan-Mahmoud de punir un vassal insoumis, cachait peut-être un but de plus haute portée, et que les hommes politiques soupçonnèrent avoir été indiqué à la Porte par quelque grande puissance jalouse de la France. En effet, en s'emparant de Tripoli, et plus tard, sans doute, de Tunis, le Sultan plaçait une barrière entre l'Égypte et les Français établis à Alger. En outre, il établissait comme un poste avancé sur les frontières de Muhammed-Ali-Pacha, mais surtout sur celles de l'Algérie où elles auraient fomenté de plus actives inimitiés contre les Français. Il est, au reste, digne d'attention que la mort de l'ex-deï d'Alger, Huçeïn-Pacha, arriva inopinément à Alexandrie dans le courant d'octobre. Depuis près de deux ans, il avait quitté Livourne, et s'était retiré en Égypte. Nouvellement revenu du pèlerinage de la Mecque, où sa dévotion, plus fervente depuis sa chute, l'avait appelé, il vivait tranquillement à Alexandrie. Une après-midi, en sortant de la mosquée, où il était entré bien portant, il fut saisi d'un mal subit qui mit fin à une existence déconsidérée, mais supportée avec résignation, et qu'on aurait cru pouvoir encore se prolonger.

On a lieu de penser que la première mission de Rèchid-Beï-Éfendi avait aussi pour but de faire valoir, auprès du gouvernement français, les droits de suzeraineté de la Porte sur l'Algérie. Mais ses tentatives furent repoussées ; et on ne laissa à la Porte aucun doute sur la manière dont la France était décidée à envisager la conquête qu'elle avait faite à si grands frais, sur un ennemi qui avait bravé ses armes.

Pendant que la Porte ramenait sous sa domination la régence de Tripoli, l'Albanie levait de nouveau l'étendard de la révolte. Les habitants de Scutari, fatigués de l'autorité du gouverneur, prirent les armes, se rendirent maîtres de la ville, et forcèrent le pacha à se renfermer dans la citadelle avec ses troupes. Quatre mois se passèrent ainsi ; mais enfin le vézir de Roumilie dirigea des forces imposantes contre Scutari, qui lui ouvrit ses portes le 18 septembre, et rentra sous l'autorité du Grand Seigneur.

En 1835, les affaires du dehors

n'offrirent aucun fait qui mérite d'être recueilli. On remarqua seulement la visite que lord Durham, nommé ambassadeur d'Angleterre à Saint-Pétersbourg, fit au Sultan. Le représentant de la Grande-Bretagne fut accueilli de la manière la plus honorable. En répondant au discours de lord Durham, Sa Hautesse exprima le désir que ce diplomate servît toujours de médiateur entre la Porte et la Russie, et ajouta qu'il regrettait que le court séjour de l'ambassadeur à Constantinople ne permît pas de lui montrer tout ce que cette capitale renferme de curieux. Lord Durham répliqua que les importantes innovations introduites par Sa Hautesse dans son empire l'avaient trop vivement occupé pour pouvoir se rappeler qu'il y avait, à Constantinople, d'autres objets dignes d'admiration. Cette adroite flatterie plut beaucoup à Sultan-Mahmoud.

La diplomatie européenne conclut aisément, de toutes les avances que l'Angleterre faisait au Sultan, qu'elle avait quelque motif particulier pour en agir ainsi. En effet, outre l'intérêt permanent que la Grande-Bretagne éprouvait de ne pas laisser tomber le Bosphore au pouvoir des Russes, elle désirait obtenir du Sultan un ferman qui ordonnât au pacha d'Égypte d'abolir, en Syrie, le monopole de la soie, dont souffrait le commerce anglais. Ce ferman fut accordé, et l'Angleterre se promit bien de le mettre à exécution, en supposant que le viceroi refusât d'y obtempérer.

Le mois de mai 1836 fut marqué, à Constantinople, par un événement qui aurait pu rompre toutes les relations amicales de l'Angleterre et de la Porte, si cette dernière puissance ne s'était empressée d'étouffer ce germe de discorde. Un négociant anglais, qui habitait momentanément le village de Cadi-Keuï (*Chalcédoine*), et qui était un des plus chauds partisans et défenseurs de la cause ottomane, étant sorti de la ville pour aller à la chasse, il eut le malheur de blesser, d'un coup de fusil, un enfant mahométan. Aussitôt l'étranger fut entouré de musulmans qui l'accablèrent de coups et de malédictions. La garde accourut au bruit, et, au lieu de protéger le négociant, elle lui donna la bastonnade, et le força ensuite à se traîner jusque devant le commandant de Scutari. Celui-ci, loin de faire rendre justice au malheureux Franc, ne voulut pas même l'écouter, s'élança sur lui, et lui dit mille injures. Conduit de là au *mehkémé* (tribunal du kadi), exténué de fatigue, en butte aux plus indignes traitements, l'Anglais fut enfin ramené à Constantinople. Il passa la nuit dans un cachot infect, et, le lendemain, fut jeté au bagne et chargé de chaînes. Un tel outrage au nom anglais ne pouvait être toléré. Lord Ponsonby adressa des représentations énergiques au reïseféndi, qui n'en tint pas compte. L'ambassadeur britannique déclara alors qu'il ne reconnaissait plus le ministre ottoman dans ses fonctions officielles, et qu'il n'aurait plus aucune relation avec lui. Cette démarche effraya le divan : le négociant anglais fut rendu à la liberté ; le kadi et tous les fonctionnaires qui avaient pris part à cette affaire déplorable furent destitués ou punis ; enfin, lord Ponsonby persistant toujours à ne recevoir aucune communication du reïs-éfendi, le Sultan se décida à renvoyer ce ministre. En outre, des avantages commerciaux furent accordés au négociant victime de la brutalité musulmane.

Depuis quelques mois un armement maritime se préparait à Constantinople, sans que l'on sût quelle était sa destination. Supposant que cette expédition pouvait avoir pour but de s'emparer de Tunis, comme, l'année précédente, la Porte l'avait fait de Tripoli, ou peut-être de donner au beï de cette première ville l'investiture du beïlik de Constantine, le gouvernement français envoya une escadre, commandée par le contre-amiral Hugon, pour surveiller les opérations de la flotte ottomane. Le kapoudan-pacha Tahir se dirigea, en juillet, sur Tripoli, débarqua deux mille cinq cents hommes, remit à la voile, et aborda sur la côte à l'est de Tripoli, devant Mezurata. Un Arabe, appelé Sidi-Osman, avait fomenté dans cette ville une révolte dont il était le chef. Tahir-Pacha assiégea le rebelle et s'empara, au mois d'août, de Mezurata. De là, le kapoudan-pacha retourna à Tripoli, où il essaya de réduire les peuplades indociles de la *Méchüë* (campagne de Tripoli); mais il fut obligé de se retirer, après de nombreuses rencontres sans résultat définitif. Dans tous ses mouvements, Tahir-Pacha avait été surveillé par l'escadre française.

En Asie, une tribu kurde, connue sous le nom de *Ravendouz*, et gouvernée par un beï qui s'était révolté et avait usurpé le titre de pacha, fut réduite, au mois de septembre, par Rèchid-Muhammed-Pacha; il envahit le territoire des insurgés, fit prisonnier leur chef, et l'envoya à Constantinople, avec cinquante otages des familles les plus considérables du pays.

Le 11 septembre, la place forte de Silistrie, l'une des clefs de l'empire ottoman sur la rive droite du Danube, et qui était restée aux mains des Russes, en garantie de l'indemnité de guerre due par la Porte, fut évacuée par les troupes moscovites. Cette évacuation eut lieu en vertu d'un arrangement conclu, le 8 avril 1836, entre M. de Boutenieff et le reïs-éfendi : par cet acte la Porte s'engageait à payer, dans les cinq mois suivants, quatre-vingts millions de piastres. Ce payement ayant été fait avec la plus grande exactitude, malgré l'état de pénurie des finances ottomanes, on pensa que l'or de l'Angleterre avait aidé le Sultan à se débarrasser de la garnison russe.

Dans le courant de ce même mois de septembre, trois nouvelles insurrections furent heureusement réprimées. En Bosnie, Ali-Widaïtch-Pacha, gouverneur de Bélina, chef d'un complot dans lequel trempaient les principaux habitants de Sèraïevo et plusieurs capitaines de la Bosnie, fut fait prisonnier par Vedjihi-Pacha, gouverneur général de cette dernière province, et fut envoyé à Constantinople. En Albanie, le rebelle Mahmoud-Pacha fut battu près de Monastir, et vit sa troupe dispersée. Enfin, en Bulgarie, une tentative de soulèvement fut réprimée à sa naissance par la fermeté du prince Milosch.

Chaque année qui s'écoulait semblait ajouter au désir de réformes et d'innovations hardies dont Sultan-Mahmoud était animé. En juillet 1836, il osa enfreindre une des lois les plus formelles du prophète, en faisant placer son portrait dans les casernes et en exigeant, pour ce simulacre, les mêmes respects que pour la personne même du padichâh. Le fanatisme religieux des oulémas ne put souffrir cette violation patente du Coran; et bientôt, à la vue des cadavres flottant sur le Bosphore, le peuple de la capitale comprit qu'une nouvelle conspiration venait d'être étouffée. Les mesures de police les plus sévères furent prises à cette occasion; et, pour empêcher les commentaires séditieux, on défendit à tout individu qui entrait dans un café d'y rester un moment de plus que le temps strictement nécessaire pour vider une tasse ou fumer une pipe.

Le 20 octobre, les Sultanes assistèrent à l'inauguration d'un nouveau pont allant de Constantinople à Galata : vêtues avec la plus grande magnificence, leurs beaux cheveux ornés de tresses d'or, elles parcoururent le pont sur des chariots grillés et dorés que traînaient des bœufs richement caparaçonnés. Quelques jours après, le Grand Seigneur partit pour Nicomédie, où il inspecta les nouvelles casernes, le chantier, et une mosquée récemment construite, et revint dans sa capitale sur un bateau à vapeur autrichien : autre innovation non moins blâmable aux yeux des zélés musulmans; car on n'avait jamais vu un padichâh emprunter aux *ghiaours* un navire pour transporter sa personne sacrée, *ombre d'Allah sur la terre*.

La peste qui vint, vers la fin de l'année, décimer la population ottomane, fut à ses yeux un signe manifeste de la colère du prophète. Le terrible fléau dépeupla des villages entiers, et réduisit considérablement le nombre des habitants des grandes villes. Au milieu des ravages de l'épidémie, les musulmans, victimes de leurs idées de fatalisme, parcouraient sans précaution les rues et les bazars de la capitale; mais Sultan-Mahmoud, supérieur aux préjugés de ses sujets, ne se plongea pas comme eux dans une apathie funeste; il convoqua les oulémas et les ministres à un divan extraordinaire. Après que le mufti eut récité les prières d'usage en ces occasions solennelles, le Sultan prit la parole: il peignit brièvement les maux effroyables que causait la peste parmi les Ottomans, et demanda pourquoi les vrais croyants étaient désolés par ce fléau, tandis que les infidèles n'en étaient point atteints. Les oulémas répondirent que les chrétiens devaient ce bonheur aux lois sanitaires en usage dans l'Europe, tandis qu'elles sont défendues par le Coran. Mais le mufti promit de publier un fetwa qui interpréterait les passages du livre sacré suivant la volonté de Sa Hautesse, afin qu'elle pût ordonner dans tout l'empire l'établissement de quarantaines et de lazarets.

Tous ces détails, quoique plusieurs d'entre eux puissent paraître d'une importance secondaire, méritent cependant d'être recueillis par l'histoire; car ils servent à faire connaître le caractère novateur et persévérant de Sultan-Mahmoud, et l'opposition non moins opiniâtre d'une portion de ce peuple sur lequel il tentait la dangereuse épreuve d'une civilisation improvisée et repoussée par les vieilles mœurs.

Un événement tragique signala le commencement de 1837. Le *zarabkhané émini* (directeur de la Monnaie) fut assassiné dans la mosquée d'*Aïa-Sofia*. Ce crime était l'ouvrage du parti antiréformateur: on a répandu en Europe le bruit non fondé qu'aux yeux des fanatiques, le directeur de la monnaie méritait la mort pour avoir frappé des pièces d'or portant l'effigie du Sultan, ce qui était contraire à l'ancien usage et aux prescriptions du Coran (*). On a même ajouté que le Grand Seigneur, en apprenant cette catastrophe, ordonna de suspendre la distribution des nouvelles monnaies, et fit même retirer son portrait des casernes et des autres lieux publics.

Peu de temps après, une scène d'un autre genre produisit une vive sensation à Constantinople. Au moment où le Sultan, entouré de ses gardes, traversait le pont de Galata, un derviche, connu sous le nom de Cheïkh-Satchli (le Chevelu), et que le peuple vénérait comme un saint, s'élança au-devant du cheval de Sa Hautesse, en s'écriant avec colère: « *Ghiaour-padichâh* (sou-
« verain infidèle), n'es-tu pas rassasié
« d'abominations? Tu répondras de-
« vant Allah de ton impiété. Tu détruis
« les institutions de tes frères, tu rui-
« nes l'islamisme, et tu attires la ven-
« geance du prophète sur toi et sur
« nous! » Comme Sultan-Mahmoud restait interdit à cette violente apostrophe, les officiers qui l'escortaient lui dirent que cet homme était fou. « Fou! reprit avec indignation le der-
« viche; non, non, je ne suis point
« fou!... c'est *ghiaour-padichâh* et ses
« indignes conseillers qui ont perdu la
« raison. L'esprit de Dieu qui m'anime,
« et auquel il faut que j'obéisse, m'a
« ordonné de dire la vérité et m'a pro-
« mis la couronne du martyre. Puissent
« mes paroles leur servir d'avertisse-
« ment! » A peine avait-il prononcé ces mots, qu'il fut arrêté et mis à mort. Ses confrères réclamèrent son corps, qui leur fut rendu. Le lendemain, le bruit courait dans la ville qu'une clarté brillante avait, pendant toute la nuit, entouré de l'auréole des saints le cadavre du martyr.

Le Sultan, pour affaiblir le scandale causé par cet incident inattendu, voulut prouver à ses sujets qu'il était au moins aussi bon musulman qu'eux: en conséquence, il rendit un khatti-chérif sévère, dans lequel il se plaignit de la négligence des vrais croyants à remplir les obligations religieuses que leur

(*) Voyez la note de la page 24.

imposait la loi du prophète; en outre, il fit insérer dans *le Moniteur ottoman* l'article suivant :

« Il est généralement connu que cha-
« que croyant est obligé d'observer
« strictement les prescriptions et les
« commandements de la religion, et
« de s'abstenir soigneusement de tout
« ce qui lui est contraire. On sait éga-
« lement que les cinq *namaz* (*) sont
« un des principes fondamentaux de
« notre religion, la seule vraie, afin
« que ceux qui accomplissent les com-
« mandements soient sauvés dans ce
« monde et dans le monde futur, tan-
« dis que ceux qui contreviendront
« seront condamnés au malheur dans
« l'un et dans l'autre. Il est donc évi-
« dent que la conduite de quelques
« écervelés, qui négligent l'observa-
« tion de ces commandements, parce
« que leur penchant les entraîne à ce
« qui est défendu, est la cause morale
« de la peste et des incendies qui affli-
« gent cette capitale et d'autres villes
« de l'empire. Comme notre glorieux
« padichah est le restaurateur des ob-
« servances religieuses et des principes
« politiques, il désapprouve et con-
« damne la moindre transgression des
« saintes observances, et il donne le
« premier l'exemple de la véritable
« piété. Toujours animé de cette piété
« qui s'est déjà manifestée par la rééd-
« ification de tant de mosquées, Sa
« Hautesse ordonne que toute per-
« sonne qui n'aurait pas *d'imam* s'en
« procure un à demeure, pour s'exer-
« cer dans la piété. Mais ceux à
« qui leur fortune ne le permettrait
« pas, seront tenus de cesser leurs tra-
« vaux pendant les heures de prière,
« et de se rendre dans la mosquée voi-
« sine pour y faire leurs dévotions.
« L'autorité aura à veiller à ce que
« tous les musulmans soient propres
« dans leurs vêtements et dans leur
« personne; chaque musulman qui né-
« gligerait ces devoirs, sera déféré à
« l'autorité pour en recevoir le châti-
« ment dû à sa négligence. Le présent
« article est publié afin que personne

(*) Voyez la note deuxième de la p. 349.

« ne puisse prétexter cause d'ignorance
« des ordonnances. »

Bientôt après avoir fait cette concession au parti religieux, Sultan-Mahmoud en revint à ses habitudes européennes. A l'imitation des souverains de la chrétienté, il voulut visiter son empire. Une proclamation annonça d'avance le projet du Sultan, afin de préparer les esprits à cet événement, fort rare dans l'histoire de la dynastie ottomane. Ce voyage était motivé sur le désir qu'éprouvait Sa Hautesse de se rendre dans les forteresses de Varna, Choumla, Silistrie, Roustchouk, pour les examiner en personne et *pour mettre sous la protection de son ombre éternelle les peuples et les raïas de ce pays, en faisant paraître à leurs yeux la lumière d'équité et de miséricorde*. Cependant, avant de partir, Sultan-Mahmoud crut devoir faire acte de soumission aux anciens usages : le 29 avril, il consulta le *munèdjim-bachi* (premier astrologue de la cour (*); et celui-ci ayant déclaré que ce jour était favorable pour se mettre en route, le Sultan s'embarqua sur une frégate, avec toute sa suite, et en présence d'un immense concours de peuple, accouru pour assister au départ de Sa Hautesse.

La tournée de Sultan-Mahmoud dura plus d'un mois : dans toutes les villes qu'il parcourut, il inspecta les casernes, les magasins militaires, les fortifications, les mosquées et les hô-

(*) Le *munèdjim-bachi* est le premier astrologue et astronome de la cour; car chez les mahométans, l'astronomie et l'astrologie sont désignées par le même nom et ne sont pour eux qu'une même science. Malgré la défense du Coran, qui proscrit l'art divinatoire, les musulmans croient à l'astrologie, et jusqu'à ces derniers temps, la Porte n'aurait rien osé entreprendre sans faire consulter les astres. Les travaux astronomiques du *munèdjim-bachi* se bornent à la rédaction du *Takwim* (Almanach), dans lequel on trouve, comme dans notre fameux *Mathieu Laensberg*, les jours heureux et malheureux, ceux qui sont favorables pour se mettre en voyage, prendre femme, porter un habit neuf, acheter des esclaves, etc., etc.

pitaux. Partout il ordonna des constructions nouvelles ou des améliorations; il fit manœuvrer devant lui les milices régulières, et distribua de riches présents à leurs chefs; accessible à tous ses sujets sans distinction, il s'informait de leurs besoins, et écoutait avec bonté leurs plaintes. Enfin, il fit donner lecture, aux autorités spirituelles et temporelles des provinces qu'il visita, d'un ferman portant en substance que son unique désir était de voir la tranquillité rétablie dans son empire, et la plus parfaite harmonie régner entre toutes les classes de ses sujets, *sans distinction d'origine ni de culte;* que c'était là le but essentiel de son voyage, et qu'il appelait tous les notables et les hommes influents du pays à concourir avec lui au maintien de l'ordre public, premier fondement du bonheur des nations.

Sultan-Mahmoud était à peine de retour à Constantinople que l'on découvrit une conspiration dont le but était, disait-on, d'assassiner Sa Hautesse, et d'incendier les faubourgs de Péra et de Galata. Suivant une autre version, les conspirateurs étaient des bateliers du Bosphore, réduits à la misère par l'innovation, introduite depuis peu, de bateaux à vapeur faisant le service de Top-Khane à Buïuk-Dèrè; on assurait aussi que d'anciens janissaires trempaient dans le complot. Quoi qu'il en fût, de nombreuses arrestations eurent lieu : parmi les prévenus, dont plusieurs tenaient un haut rang dans les fonctions publiques, les uns furent exécutés, les autres destitués et déportés. On comptait, entre ces derniers, Vassaf-Éfendi, secrétaire du Sultan, dont la faveur l'avait trop ébloui, et gendre de Pertew-Pacha, ministre de l'intérieur et chef du divan, à qui la disgrâce de son parent devait présager la sienne. En effet, au mois de septembre, Pertew-Pacha fut exilé à Andrinople. Ce ministre, qui possédait, depuis plusieurs années, la confiance de son maître, dut sa perte, suivant le journal officiel, au peu de capacité qu'il déploya dans les hautes fonctions qui lui étaient échues, et à son indulgence coupable pour les intrigues criminelles et les prévarications de son gendre et de son frère Émin-Éfendi, directeur du matériel de la guerre, qui fut entraîné par la chute de son protecteur. L'organe du gouvernement faisait un reproche plus grave encore à l'ex-ministre: il l'accusait d'avoir abusé de sa position pour entraver, par toutes sortes de manœuvres secrètes, l'effet salutaire des mesures prises par le Sultan pour la régénération et le bonheur de son peuple, et, dans ce but coupable, d'avoir souvent dérobé à Sa Hautesse la connaissance de la vérité : « C'est ainsi, ajoutait le *Moniteur ot-* « *toman*, que son administration, ob- « jet de tant d'espérances, n'en avait « réalisé aucune, et n'avait été, au « contraire, pour l'empire, qu'un far- « deau onéreux. »

Quoi qu'il en soit de ces accusations certainement exagérées, on pense que Pertew-Pacha était partisan des anciennes idées, et devait voir avec peine les changements que le Sultan s'efforçait d'introduire dans l'empire : cette seule opposition de vues avec son maître eût rendu plausible le renvoi de ce ministre, quand même les autres griefs dont on le chargeait eussent été faux. Ses ennemis disaient qu'il avait des liaisons clandestines avec les amis des janissaires, et même qu'il s'était laissé gagner à prix d'argent par le pacha d'Égypte. Cette accusation assez étrange, puisque Muhammed-Ali-Pacha était un réformateur non moins hardi, mais plus heureux que Sultan-Mahmoud, ne manquait pas néanmoins de probabilité; car, les musulmans attachés au système stationnaire plaçaient toute leur confiance dans le vice-roi, qui avait soin de fomenter ces opinions surtout dans l'Anatolie.

Peu de temps après son arrivée au lieu de son exil, Pertew-Pacha fut invité à dîner par le gouverneur d'Andrinople : vers la fin du repas, Émin-Pacha montra à son convive un ferman impérial qui le condamnait à mort. Pertew-Pacha le lut sans montrer le moindre trouble, demanda ensuite le poison, le but tranquillement, et déposa le vase sur la table, sans prononcer d'autre mot que celui d'*Allah!* Le poison tardant à produire son effet, quatre domestiques, porteurs du fatal lacet, se présentèrent; il ne fit aucune résistance et mourut avec la résignation d'un vieux musulman. Le lendemain ses obsèques eurent lieu; on y déploya la plus grande magnificence, et l'on répandit le bruit qu'il avait été frappé d'apoplexie.

Pertew-Pacha fut remplacé dans son ministère par l'ex-reïs-efendi Hadji-Akif-Pacha, que le Sultan avait cru devoir destituer, en mai 1836, à l'occasion de l'outrage fait à un sujet anglais, et dont nous avons parlé avec détail. Hadji-Akif-Efendi partageait les vues de réforme de son maître, et le Sultan l'avait sacrifié avec peine à la nécessité de donner satisfaction à l'ambassadeur britannique. Aussi Sa Hautesse profita-t-elle avec empressement de l'occasion de placer son protégé dans un poste encore plus élevé que celui qu'il avait perdu. On pouvait craindre que lord Ponsonby ne vît pas avec plaisir cette nomination; cependant ce diplomate, après avoir paru hésiter quelques jours, rendit la visite d'usage et présenta ses félicitations au nouveau ministre. A la vérité celui-ci avait publié, pour sa justification, un écrit dans lequel il se disait innocent des violences exercées sur le négociant anglais, et en rejetait la faute sur des employés subalternes.

Vers la fin de juillet 1837, une escadre, dont la destination avait été enveloppée du plus profond secret, partit de Constantinople; elle se composait de quatorze voiles. Cependant, malgré le mystère que la Porte avait mis à cette expédition, le gouvernement français crut deviner qu'elle devait aller à Tunis, pour mettre à exécution le plan qui avait échoué l'année précédente, et s'emparer de cette régence, dont le beï se voyait en butte, depuis longtemps, aux intrigues des émissaires de la Porte. La France se disposait, à cette époque, à envoyer une expédition contre Constantine, et il était urgent d'empêcher l'invasion d'un territoire voisin. C'est dans ce but que le contre-amiral Gallois partit de Toulon, avec ordre de se diriger sur Tunis, où il arriva le 26 août. Il mouilla près de la citadelle qui commande la rade (*), et fut rejoint par le contre-amiral Lalande, dont l'arrivée porta les forces de notre flotte à sept navires de haut-bord. Le kapoudan-pacha arriva sur ces entrefaites, et voyant cette escadre, contre laquelle il n'osa se mesurer, il alla débarquer à Tripoli des munitions et des troupes, pour remplacer les vides opérés dans la garnison par les ravages qu'y exerçait la peste. Il annonça ensuite qu'il retournait à Constantinople. Il fut suivi par le contre-amiral Gallois, qui l'accompagna jusqu'au détroit des Dardanelles, et ne le quitta que lorsqu'il sut les vaisseaux ottomans à l'ancre devant la capitale.

A cette époque, le pacha d'Égypte, obligé de tenir sur pied des armées considérables, pour soutenir une guerre permanente en Arabie, et pour contenir, par une attitude menaçante, les velléités hostiles de son suzerain, sentit le besoin de diminuer ses dépenses militaires. En conséquence, il fit l'offre au Sultan d'un tribut plus fort que celui qui était dû, mais sous la condition que l'Égypte et la Syrie seraient héréditaires dans sa famille. A ce prix, il promettait de désarmer sa flotte et de réduire son armée. Sultan-Mahmoud, tout en déclarant que cette concession était contraire aux droits du khalifat, y consentit pour l'Égypte seulement; quant à la Syrie, il demanda qu'elle lui fût restituée, comme compensation de la grâce qu'il faisait à son vassal. Cette dernière clause fit rompre les négocations, et un *statu quo* ruineux pour les deux pays fut maintenu, en attendant qu'une nouvelle occasion de rupture se présentât.

C'est un spectacle digne de fixer l'attention des hommes politiques et de tous les esprits graves, que cette lutte

---

(*) La Goulette, bâtie par Charles-Quint.

incessante d'un souverain réformateur contre les préjugés enracinés et les mœurs antiques de son peuple. Quoi que l'on puisse penser du mérite ou de l'opportunité des innovations poursuivies par Sultan-Mahmoud avec une constance si inébranlable, on ne peut s'empêcher de reconnaître, dans le prince capable de marcher à travers tant d'obstacles, à l'accomplissement d'une idée généreuse, un caractère de grandeur et d'énergie qui commande l'admiration. De tous les hommes qui ont tenté d'éclairer leur pays ou de le faire entrer dans des voies nouvelles, Sultan-Mahmoud est celui, peut-être, qui avait le plus d'écueils à éviter et de répugnances à vaincre. Détruire des institutions, consacrées par cinq siècles d'existence; obliger une nation ignorante et pleine de dédain pour les autres peuples, de renoncer à ses usages, basés, pour la plupart, sur une religion exclusive, et d'adopter les coutumes, les idées, le costume même de ceux qu'elle regarde comme de méprisables infidèles; renverser à la fois tous les objets de sa vénération, choquer ses croyances, humilier sa vanité en lui démontrant son infériorité politique et guerrière; tenter tout cela avant d'avoir dissipé les nuages du fanatisme et de l'ignorance, avant d'avoir préparé les esprits, par une éducation convenable, à recevoir les germes d'une civilisation bienfaisante, mais antipathique aux mœurs musulmanes, telle est la tâche laborieuse que s'était imposée Sultan-Mahmoud.

Vers la fin de décembre 1837, les habitants de Constantinople jouirent d'un spectacle tout nouveau pour eux, et qui témoignait du désir toujours plus vif de Sultan-Mahmoud de marcher à grands pas dans les voies de la civilisation européenne. Un bateau à vapeur de la force de cent chevaux, construit par M. Rhodes, ingénieur américain, fut lancé à l'arsenal de la marine. Sa Hautesse et les grands dignitaires de l'empire assistèrent à cette opération intéressante, qui réussit complètement. L'ingénieur reçut les félicitations et les éloges du Sultan, qui lui recommanda la prompte construction d'un second bateau à vapeur, destiné, comme le premier, à réparer les pertes qu'avait éprouvées tout récemment la marine ottomane.

Une autre importation non moins remarquable de nos usages, fut l'établissement de journaux chez les musulmans. Nous avons déjà parlé de la création du *Moniteur ottoman*, organe officiel du gouvernement de Sa Hautesse. De plus, au mois de mars 1838, la Porte adopta une mesure qui devait donner une impulsion immense à l'œuvre de régénération entreprise par Sultan-Mahmoud. Le principe de la législation sanitaire européenne fut reconnu par la Porte, et considéré comme base d'une nouvelle institution ; un grand divan, composé de tous les hauts dignitaires et de plusieurs oulémas, fut convoqué, et décida, à l'unanimité, qu'un système de quarantaine devait être organisé sans délai, afin de préserver à l'avenir le pays des ravages de la peste. On fut malheureusement bientôt dans le cas d'en faire l'application : en août suivant, la peste se déclara parmi les troupes stationnées à Haïder-Pacha, situé près de Scutari et vis-à-vis de la pointe du sérail; aussitôt un cordon sanitaire fut établi autour du camp; et, grâce aux mesures rigoureuses qui furent ordonnées, le fléau épargna Constantinople.

Attentif à remédier à tous les abus qui s'étaient introduits dans l'empire, le Sultan rendit, en janvier 1838, un ferman portant défense aux consuls et aux autorités étrangères de délivrer des saufs-conduits aux raïas ou aux sujets chrétiens de la Porte. Le but de cette mesure était d'empêcher ceux d'entre ces derniers qui commettaient quelque crime d'échapper à la juridiction ottomane, en se plaçant sous la protection des puissances étrangères, ce qui n'arrivait que trop souvent.

Quelques mois plus tard, le Grand Seigneur, sans cesse occupé de réformer l'administration, nomma une commission permanente et siégeant au palais même de Sa Hautesse; cette commission devait chercher les moyens les plus propres à favoriser le commerce, l'industrie et l'agriculture. En outre, le Sultan ayant reconnu l'insuffisance du Coran, unique guide jusqu'alors de la jurisprudence ottomane, ordonna de travailler à un code plus complet et en harmonie avec les mœurs nouvelles.

Le 30 mars, Akif-Pacha, ministre de l'intérieur, fut destitué, et remplacé par Rèouf-Pacha, qui cessa alors de porter le titre de grand vézir. Nous n'aurions point parlé de cette mutation, peu intéressante pour l'histoire, si elle ne se rattachait à une mesure gouvernementale digne de remarque; nous voulons dire la suppression de cette dignité, jusqu'alors la première et la plus importante charge de l'État. Rèouf-Pacha reçut simplement le titre de *Bach-Vèkil* (premier ministre). Par le fait de ce changement dans la hiérarchie administrative, la première cour de justice, nommée *Arz-Odaçi*, sous la présidence du grand vézir, fut abolie, et les affaires contentieuses, qui se portaient à son tribunal, tombèrent dans la juridiction du mufti (*).

Le 15 juin, un bateau à vapeur égyptien apporta à Constantinople la nouvelle que Muhammed-Ali-Pacha, dans une note adressée aux consuls de France, d'Angleterre, d'Autriche et de Prusse, au Caire, avait déclaré qu'à l'avenir il ne payerait plus aucun tribut à la Porte Ottomane, et qu'il se regardait comme souverain indépendant de l'Égypte, de l'Arabie et de la Syrie. Le Sultan, en apprenant cette déclaration de son vassal, fut tellement irrité, qu'il voulait sur-le-champ recommencer les hostilités. Les ambassadeurs de France et d'Angleterre parvinrent avec peine à le calmer, en lui représentant qu'une rupture de sa part avec Muhammed-Ali indisposerait sûrement les puissances alliées; et ils obtinrent de Sa Hautesse la promesse d'attendre, pour agir, qu'ils eussent reçu de nouvelles instructions de leurs cours. Mais on apprit bientôt que le vice-roi, sur les représentations des consuls européens, avait aussi modifié ses prétentions, et contremandé le départ de toute sa flotte, au moment où elle appareillait. En conséquence, les bruits de guerre ayant cessé, le Sultan, qui, peu auparavant, avait visité son escadre et se préparait à l'opposer à celle du vice-roi, en changea la destination, et commanda au kapoudan-pacha d'aller visiter Metelin, Chio et Rhodes, et de se diriger de là sur Tripoli, pour y installer le nouveau gouverneur, et peut-être aussi, disait-on, pour apporter des renforts aux troupes ottomanes campées dans la *Mèchiie*, dont les habitants étaient en révolte permanente contre l'autorité du Grand Seigneur, et ne payaient plus d'impôts. Mais ce n'était là qu'une supposition: à la fin d'août, une corvette ottomane débarqua en effet, à Tripoli, Asker-Ali, qui en avait été nommé pacha; il amenait deux beïs, l'un pour le gouvernement de Mezarata, l'autre pour celui de Bengazi. L'ancien gouverneur Haçan-Pacha fut obligé, avant son départ pour Constantinople, de compter cinquante mille sequins, montant de la solde des troupes, et qu'il avait jugé à propos de s'approprier.

Bientôt l'annonce de l'envoi fait au Sultan, par Muhammed-Ali, d'un million de talaris, arrérages qu'il devait à la Porte, vint rassurer tous les esprits et confirmer de plus en plus l'espoir que la paix ne serait pas troublée (*). Néanmoins, en août, l'armée ottomane, concentrée en Asie, fit un mouvement vers Adana; le sèrasker Hafiz-Pacha semblait n'attendre que le moment d'attaquer Ibrahim: mais celui-ci, contenu par les ordres sévères de son père, ne se livra à aucune démonstration hostile. La Porte faisait, en outre, de nombreux préparatifs militaires, et le Sultan semblait

---

(*) Le nouveau sultan, Abdul-Medjid, a rétabli dernièrement la dignité de grand vézir en la personne de Khosrew-Pacha.

(*) Le payement n'eut lieu que plus tard, en septembre, et fut réduit, au lieu d'un million, à sept cent cinquante mille talaris.

décidé à quelque résolution énergique.

Le 16 août, Sultan-Mahmoud conclut avec la Grande-Bretagne un traité de commerce, par lequel Sa Hautesse abrogeait formellement, dans toutes les parties de l'empire ottoman en Europe et en Asie, ainsi que dans les gouvernements d'Afrique et d'Égypte, le monopole qui pesait sur les produits de l'agriculture. La France adhéra bientôt à ce traité, qui fut notifié au vice-roi d'Égypte par un ferman lui imposant l'obligation de s'y conformer. On comptait que Muhammed-Ali s'y soumettrait. Par cette mesure, l'Angleterre assurait une nouvelle branche à son commerce, et remportait un triomphe éclatant sur l'influence russe. Mais, avant la fin de l'année, M. de Boutenieff avait réussi à reprendre une partie de son ascendant, et avait de fréquentes conférences avec le reïs-éfendi. En janvier 1839, un traité relatif à l'organisation définitive de la Servie fut conclu entre la Russie et la Porte. Le Sultan adressa immédiatement un khatti-chèrif au prince Miloch pour qu'il organisât une représentation nationale, suivant la teneur du traité.

Les mœurs européennes prenaient de jour en jour en Turquie une extension rapide. Un Italien, nommé Gaëtano Mele, obtint du Grand Seigneur l'autorisation de construire, à Péra, un théâtre consacré spécialement à l'opéra ultramontain, mais où l'on jouerait aussi des pièces françaises de tout genre. Ce qu'il y a de plus remarquable, peut-être, dans cet événement, c'est que la souscription ouverte pour réunir les fonds nécessaires fut remplie, en grande partie, par des musulmans. En novembre 1838, un cabinet de lecture fut établi à Péra : on y trouvait les journaux et ouvrages périodiques des principaux pays de l'Europe.

Au commencement de 1839, de nombreux incendies firent présager quelque mécontentement dans la population de Constantinople, qui, disait-on, était excitée par des agents secrets que la rumeur publique accusait d'être soudoyés par le vice-roi d'Égypte, ou, suivant d'autres bruits, par les cours de Saint-Pétersbourg et de Berlin. En février, on remarqua que des préparatifs de guerre se faisaient avec la plus grande activité : des recrues nombreuses de marins et de soldats du *Rèdif* (la milice) se faisaient dans tout l'empire. Convaincu de la nécessité de réorganiser la marine sur de nouvelles bases, le Sultan prenait pour modèle celle de la Grande-Bretagne, en imitait les détails, et faisait venir des officiers anglais, pour servir à la fois de chefs et d'instructeurs. On hâta la construction des navires qui se trouvaient sur les chantiers, et l'ordre fut donné au kapoudan-pacha de se disposer à mettre en mer au printemps prochain. On croyait que cette époque serait féconde en événements graves, soit sous le rapport de la question égyptienne, soit relativement à la Perse. Le Sultan montrait une grande animosité contre son vassal; et ces dispositions étaient entretenues par tout ce qui entourait Sa Hautesse. On fortifiait les villes de Konia et d'Angora; des officiers de marine anglais étaient enrôlés par Rèchid-Pacha, qui venait d'être rappelé de son ambassade à Londres. Tous ces symptômes de guerre inspiraient de vives appréhensions aux amis de la tranquillité; mais le gouvernement du Grand Seigneur donnait à tous ces bruits un démenti formel, et assurait que les armements n'avaient pour but que de compléter l'armée, comme il est d'usage de le faire toutes les années. On espérait, en outre, que les puissances européennes insisteraient sur le maintien du *statu quo*.

Dans son désir de pousser ses sujets dans la voie de la civilisation, Sultan-Mahmoud ne négligeait aucun moyen pour parvenir à ce but. Depuis quelques années, un certain nombre de jeunes Ottomans avaient été envoyés à Londres et à Paris, pour y étudier toutes les branches des connaissances européennes. Le Sultan ayant appris, par un rapport d'Ahmed-Pacha, son ambassadeur auprès du roi des Français, que quelques-uns de ces jeunes gens n'avaient pas les moyens pécuniaires de continuer leurs travaux, leur alloua des fonds destinés à les aider dans leur carrière studieuse. Cette mesure fait autant d'honneur au souverain ottoman qu'au ministre qui lui en suggéra l'idée. Peu confiant dans la routine ignorante des médecins musulmans, Sultan-Mahmoud avait pris à son service quatre docteurs allemands, et montrait une grande prédilection pour l'école de médecine qu'il avait fondée l'année précédente, et dont il ordonna que les professeurs seraient nommés au concours, d'après la méthode européenne.

Cependant, en mars, la guerre paraissait inévitable : le Sultan semblait résolu à se venger de son vassal, et à marcher lui-même à la tête de l'armée. Sa Hautesse avait adressé précédemment à Muhammed-Ali-Pacha le *Riala-Beï* (contre-amiral) Osman, chargé de solliciter le payement du tribut : mais cet envoyé n'ayant pu voir le vice-roi, qui était alors en tournée sur la frontière d'Abyssinie, et qui refusa de le recevoir au Caire avant le mois de septembre, le Sultan indigné ordonna de prendre toutes les mesures pour le cas probable de prochaines hostilités. Les batteries des Dardanelles furent renforcées ; les arsenaux se remplirent d'ouvriers ; un grand nombre de matelots grecs et arméniens furent engagés pour le service de la flotte ; des renforts furent envoyés à Hafiz-Pacha, sérasker de l'armée d'Asie, dont le quartier général était établi à Orfa, sur la frontière de Syrie, et qui reçut l'ordre de repousser vigoureusement toute attaque d'Ibrahim-Pacha. Excité en secret par la Russie et par l'Angleterre, le Sultan n'était retenu que par les vives représentations de l'ambassadeur français, le baron Roussin, qui mit sous les yeux de Sa Hautesse les malheurs qu'attirerait sur l'empire ottoman une conflagration imprudente, et lui fit sentir que ce n'était point par des guerres intestines qu'il parviendrait à la régénération de son peuple : œuvre difficile, qui demande à n'être exécutée qu'au milieu du plus profond repos. Sultan-Mahmoud parut ébranlé de ces raisons : en réponse à une note que lui adressèrent les ambassadeurs français, anglais et russe, au sujet des préparatifs de guerre, le Sultan donna l'assurance de ses intentions pacifiques. Néanmoins les armements continuèrent, et la flotte ottomane, forte de vingt-sept voiles, devait, disait-on, mettre en mer dans quelques jours.

Le gouvernement français offrit sa médiation pour amener un arrangement entre le Sultan et le vice-roi d'Égypte; mais Sa Hautesse n'accepta point cette offre, et parut, au contraire, plus disposée que jamais à traiter Muhammed-Ali en sujet révolté. De son côté, le vice-roi répondit aux représentations qui lui étaient faites par les consuls généraux de France, d'Angleterre, d'Autriche et de Russie, qu'il avait conquis par le glaive l'Égypte, l'Arabie, le Sennar et la Syrie, et qu'il les conserverait par le glaive; que si le Sultan mettait sa flotte en mer, lui, le vieux pacha à la barbe blanche, prendrait le commandement de l'escadre égyptienne, et tenterait les chances de la guerre, avec l'espoir de sortir victorieux du combat. D'après cette fière réponse, et les intentions non équivoques du Sultan, la rupture paraissant imminente, les ambassadeurs français et anglais à Constantinople conclurent un arrangement par suite duquel une escadre anglo-française, composée de vingt voiles, devrait surveiller l'escadre ottomane, dès qu'elle sortirait des Dardanelles; en outre, sir R. Stopford enverrait cinq vaisseaux de ligne à Alexandrie, et l'amiral Lalande en placerait trois en station à Tunis. On espérait, par ces mesures, empêcher une collision entre les flottes ottomane et égyptienne. En attendant, le vice-roi ordonna une nouvelle levée de cinquante mille hommes : il avait déjà, sous les ordres de son fils Ibrahim-Pacha, une armée de quatre-vingt mille hommes, dont trente mille à Alep et une forte réserve à Damas. Le 19 mars, Muhammed-Ali-Pacha n'ayant pas encore reconnu le traité de commerce entre la Porte et la Grande-Bretagne, le consul anglais à Alexandrie remit au vice-roi un ultimatum, dans lequel il le menaçait de la guerre avec l'Angleterre, si le ferman du Sultan n'était pas mis à exécution sur-le-champ. Dès que Muhammed-Ali eut pris connaissance de cette déclaration, il convoqua un conseil extraordinaire et ordonna de procéder à un armement général. Ainsi tout faisait croire à une crise prochaine.

Cependant en avril les craintes de guerre semblèrent complétement dissipées. Muhammed-Ali-Pacha paraissait convaincu, sur les représentations des consuls de France et d'Angleterre, que le sort des armes, fût-il tout à son avantage, n'établirait rien en sa faveur; il avait même promis, non-seulement de ne point attaquer le Sultan, mais encore, en cas d'agression de la part des Ottomans, de se tenir, autant que possible, sur la défensive. Quant au traité de commerce du 16 août, le vice-roi opposait à son exécution le doute dans lequel il était sur sa position de vassal ou de souverain indépendant : comme vassal, il ne devait agir qu'après avoir reçu l'ordre de son suzerain, ordre qui ne lui était point encore parvenu; comme indépendant, il offrait de faire un traité de commerce avec l'Europe pour l'abolition des monopoles. De son côté, le Sultan avait écouté avec la plus grande attention les raisonnements du baron Roussin, et Sa Hautesse avait exprimé le désir de rester en paix avec le vice-roi, pourvu que ce fût à des conditions honorables. En conséquence de ces nouvelles dispositions, le départ de la grande flotte fut ajourné, et la mission dont Émin-Pacha, gouverneur d'Andrinople, était chargé auprès de Hafiz-Pacha, fut contremandée. Cette tendance à la paix parut confirmée par l'accueil que le Sultan fit au capitaine anglais Walker, présenté à Sa Hautesse par le duc de Devonshire. Quoique reçu avec la plus grande affabilité par le Grand Seigneur, cet officier, qui n'était venu en Turquie que d'après le désir du Sultan, ne fut désigné pour aucune destination spéciale. Les autres marins anglais quittèrent Constantinople le 30 mars. On crut reconnaître dans la conduite de Sultan-Mahmoud l'influence de la Russie.

Cependant Ibrahim-Pacha et le sèrasker Hafiz-Pacha étaient toujours en présence, et semblaient sur le point de s'attaquer. Chaque semaine, quelque messager portait des instructions à Hafiz-Pacha, et les officiers dont les corps faisaient partie de l'armée du Kurdistan recevaient l'ordre de rejoindre dans le plus bref délai. Toutes ces mesures prouvaient que l'attention du Sultan était toujours concentrée sur l'armée du sèrasker, et que la moindre circonstance pourrait bien changer les intentions pacifiques attribuées à Sa Hautesse.

Vers le milieu d'avril, Rèchid-Pacha reçut l'ordre de revenir de Londres à Constantinople, pour se mettre à la tête du ministère comme ministre des affaires étrangères. Mais diverses circonstances retinrent ce personnage en France jusqu'au mois d'août; et il ne revit Constantinople que plus de deux mois après la mort de Sultan-Mahmoud. Au commencement du mois suivant, il était question de négociations importantes entre la Porte et la Russie, relativement à un traité d'alliance d'après lequel cette dernière puissance seconderait le Sultan dans sa lutte contre le vice-roi.

Hafiz-Pacha ayant pris, en avril, une position plus rapprochée de la frontière de Syrie, afin de mieux approvisionner son armée et de se garantir contre la possibilité d'une attaque, cette manœuvre donna quelque inquiétude aux partisans de la paix. Le Sultan, à cette occasion, dit à lord Ponsonby : « Je ne cherche qu'à me « défendre; ayez donc soin que je ne « sois pas attaqué, et la paix ne sera « point troublée! »

Le 21 avril, la première colonne de l'armée ottomane, sous les ordres d'Ismaïl-Pacha, franchit l'Euphrate près de Bir, pendant que quelques régiments d'infanterie, de cavalerie et d'artillerie, prenaient position sur la rive gauche. Le principal corps d'armée, commandé par Hafiz-Pacha, et fort de quarante à quarante-cinq mille hommes, avec quatorze batteries, était arrivé en même temps à Semisat, sur la droite du fleuve. Le 3 mai, Ismaïl-Pacha s'avança jusqu'à Nèzib, à trois lieues de Bir, sur la route d'Alep, dans le pachalik de Mar'ach; il occupa militairement Nèzib. Ibrahim-Pacha, qui avait toujours l'ordre d'éviter autant que possible un engagement, laissa quelques troupes en position à la frontière septentrionale du Taurus, et concentra le reste de son armée à Alep; cette ville n'était défendue que par une vieille enceinte crénelée, flanquée de tours, et lézardée de toutes parts depuis le tremblement de terre de 1832. Au centre de la place, sur une éminence formée de terres rapportées, s'élève une très-vaste citadelle encombrée de bâtiments, et dont les remparts sont en très-mauvais état. Ibrahim fit réparer les murs, creuser des fossés, déblayer la citadelle, et construire des ouvrages de fortification à la moderne sur les abords de la vieille enceinte. Il faisait raser, en même temps, les arbres et les murs des jardins qui obstruaient les environs de la place. Tous ces travaux étaient dirigés par le pacha français Soliman-Selves. La plupart des grands édifices, les caravansérails, les cafés même furent convertis en casernes.

La ville d'Alep, prise par Ibrahim pour centre de résistance et d'opérations, était un point choisi avec beaucoup d'habileté : sa gauche était assurée par les défilés de Païas (l'ancienne *Issus*), ceux de Beïlan, des portes syriennes et ammaniennes, lieux célèbres dans l'antiquité. D'un autre côté, la manœuvre de Hafiz-Pacha sur l'Euphrate pour prendre la Syrie à revers était savante et bien combinée : ne voulant ou n'osant point forcer Ibrahim dans Alep, le sèrasker pouvait porter la guerre sur Damas, au centre de la Syrie, où il espérait soulever des populations mécontentes, telles que les Druses de l'émir Khalil dans le Liban, les Mutu'alis dans l'Anti-Liban, les montagnards de Naplouse dans la Samarie, les Hènazès, puissante tribu arabe qui s'étend depuis l'Euphrate jusqu'au pays de Houran, et enfin le peuple même de Damas avec tout le *sahel* ou banlieue de la ville. Ibrahim-Pacha avait pour fidèles auxiliaires les Maronites et les Druses de l'émir Béchir. On craignait que la marche des troupes de Hafiz-Pacha ne fût regardée par Ibrahim comme une agression et n'entrainât l'ouverture des hostilités. Les forces ottomanes étaient inférieures à celles des Égyptiens; outre la supériorité numérique, ces derniers avaient encore sur les Ottomans l'avantage de l'instruction, de la discipline, de l'organisation, et surtout d'une force morale qu'ils devaient à leur confiance en leur chef et à leurs précédentes victoires sur les Osmanlis. La position hostile des armées égyptienne et ottomane éveilla les inquiétudes de la diplomatie européenne. Au commencement de juin, les ambassadeurs de France, d'Angleterre et de Russie, eurent avec les ministres de la Porte des conférences fréquentes dans lesquelles les plénipotentiaires firent entendre un langage conciliateur; mais le divan répondit que le mouvement des troupes de Hafiz-Pacha n'avait été motivé que par des raisons hygiéniques, et qu'il ne devait pas être considéré comme une provocation, quoique, dans la décision qui l'avait motivé, il entrât aussi le désir de s'assurer une position avantageuse, en cas d'attaque de la part d'Ibrahim-Pacha. Le Sultan assurait, du reste, que ses troupes se retireraient dès que l'armée égyptienne serait rentrée dans l'intérieur de la Syrie. Mais comme, malgré ces explications, le gouvernement ottoman fit embarquer de nouveau dix mille hommes pour la Syrie, l'amiral Roussin et lord Ponsonby déclarèrent au Sultan que les escadres de France et d'Angleterre s'opposeraient à une collision entre les flottes ottomane et égyptienne.

Le 14 juin, on reçut à Constantinople la nouvelle d'un léger engagement, à la suite duquel les Ottomans s'étaient emparés de plusieurs villages du beïlik d'Aïntab. Cet avantage donna gain de cause au parti de la guerre, et dans le conseil il avait été décidé que Hafiz-Pacha recevrait des ordres pour aller en avant. Les sollicitations des ambassadeurs d'Autriche et de Russie en faveur du maintien de la paix devenant toujours plus pressantes, le Sultan leur répondit par la déclaration suivante :

« Le Sultan préfère à l'état de choses
« actuel une solution quelconque, fa-
« vorable ou défavorable. Il ne saurait
« tolérer plus longtemps l'insolence
« d'un vassal rebelle qui foule aux
« pieds les principes sacrés de l'isla-
« misme et ébranle les fondements de
« l'Etat, qui refuse de reconnaître dans
« le Sultan le chef de l'islamisme, et
« veut le supplanter. Ce vassal ne fait
« pas mystère de ses projets contre le
« trône et l'autel. Il a eu l'audace de
« chasser les gardiens du tombeau du
« prophète, nommés par le Sultan dans
« l'exercice de son pouvoir khali-
« fal, et de les remplacer par des
« hommes de son choix. D'autres me-
« sures ordonnées par lui dans les
« quatre villes saintes ne sont que le
« développement de ses projets crimi-
« nels. Depuis plusieurs années, cet
« homme, que le Sultan a tiré de la
« poussière pour l'élever à sa puissance
« actuelle, le menace de ne plus ac-
« quitter le tribut qu'il lui doit, comme
« s'il voulait se faire, devant le monde
« entier, un mérite du mépris qu'il
« affecte pour son maître.

« Dans son aveuglement, il s'est
« permis de décider des questions inté-
« ressant la souveraineté territoriale
« de la Porte Ottomane (*), et sans
« attendre les ordres de son souverain
« légitime, il a eu l'audace de refuser
« le passage aux troupes d'une puis-
« sance qui entretient les relations

« d'amitié les plus intimes avec la Porte
« Ottomane. Comme ennemi des amis
« de la Porte, Muhammed-Ali a intri-
« gué dans l'Yèmen et le Tèhama,
« pour empêcher l'Angleterre de s'em-
« parer d'Aden et de s'y établir. Il a
« parcouru d'occident en orient l'A-
« rabie, où il a porté la guerre, et il a
« signalé sa marche par le meurtre et
« la dévastation. Après s'être emparé
« des îles Bahreïn, dans le golfe Persi-
« que, pour en faire la base de ses
« opérations, il s'est approché de Bas-
« sora et de Bagdad autant qu'il a pu,
« et a fomenté, parmi les habitants
« fidèles de ces provinces, des mouve-
« ments séditieux qui ne laissent pas que
« d'alarmer la Porte. Partout il a agi
« en traître, et comme s'il était le chef
« suprême de l'islamisme. Cet état de
« choses ne saurait se prolonger : la
« Porte ne se soumettra jamais aux
« prétentions exagérées du Pacha, et
« ne prendra en considération aucune
« proposition de sa part; son devoir
« est d'obéir, sinon la guerre décidera.

« La Porte a envoyé un négocia-
« teur à Alexandrie; il sommera le
« pacha d'exécuter les ordres du Sul-
« tan, et, en cas de refus, le sèrasker
« Hafiz attaquera au premier signal.
« La Porte Ottomane trouvera les
« moyens d'introduire dans le Hauran
« des forces suffisantes pour seconder
« les efforts des Druses fidèles contre
« leur tyran. L'Angleterre soutiendra
« la Porte de tout son pouvoir; le Sul-
« tan a sa parole, sinon dans un traité
« formel, du moins d'une manière
« équivalente.

« La Porte Ottomane exige du vice-
« roi l'acceptation, sans condition,
« des propositions suivantes : 1° réin-
« tégration des gardiens du tombeau
« du prophète choisis par le Sultan, et
« suppression de divers abus qui se
« sont introduits dans les villes saintes
« à la suite des ordonnances du pacha;
« 2° acquittement régulier des tributs,
« cessation de toute menace ultérieure
« de refus sous un prétexte quelcon-
« que; 3° renonciation à l'exercice de
« tout droit de majesté et de souve-
« raineté, si ce n'est en vertu d'une

(*) Ce passage fait allusion à la marche d'un corps d'armée anglais à travers l'Égypte, pour aller à Suez.

« délégation formelle, et par consé-
« quent obligation de reconnaître com-
« plétement la souveraineté du Sul-
« tan. »

D'après ce manifeste, il paraissait que le Sultan était irrévocablement décidé à faire la guerre dès qu'il croirait le moment favorable. Sa Hautesse ne gardait plus aucun ménagement envers son sujet rebelle : le 8 juin, parut un khatti-chérif par lequel le vice-roi et son fils étaient privés de toutes les fonctions et dignités dont ils avaient été revêtus jusqu'alors ; en outre, Hafiz-Pacha était nommé pour remplacer Muhammed-Ali dans le gouvernement de l'Égypte, et recevait la grande décoration du *Nichani-Iftikhar*. Le 9 juin, le sèrasker écrivit la lettre suivante, en réponse à celle qu'Ibrahim-Pacha lui avait adressée peu auparavant :

« J'ai reçu le trésor de la lettre que
« tu m'as envoyée par le colonel d'ar-
« tillerie Muhammed-Azik-Bëi, et j'ai
« pris connaissance de son précieux
« contenu. En exprimant, dans cette
« lettre, ton entière soumission à notre
« bienfaiteur, au bienfaiteur du monde,
« à notre souverain, très-puissant et
« très-honoré maître, et voulant attirer
« sur toi les bonnes grâces de Sa Hau-
« tesse, tu me demandes mon senti-
« ment. Puisse le Dieu bienfaisant
« conserver notre maître pendant toute
« la durée des siècles, et faire que son
« ombre se répande sur ses serviteurs,
« et que son trône sublime protége
« tous ceux qui lui sont dévoués ! La
« soumission n'est pas seulement dans
« les paroles, elle doit se manifester
« aussi par les actions. Lorsque l'ar-
« mée du Sultan vint à Bir et y dé-
« ploya ses étendards victorieux, *Ma-*
« *djoun-Agaçi*, commandant la cavale-
« rie arabe, s'avança avec ses troupes
« jusqu'à une demi-lieue de Bir pour
« faire des reconnaissances, et proba-
« blement aussi pour piller les villages.
« Et, en effet, cette cavalerie, à son
« retour, a pillé les villages de la pro-
« vince d'Orfa et en a emmené tout le
« bétail. Deux jours auparavant, ces
« *Hènazès* ont pillé et maltraité un
« meunier. Ces deux faits doivent être
« portés à la connaissance de Ton
« Excellence. De mon côté, forcé par
« la nécessité, et animé du désir de
« secourir ces pauvres gens, j'ai en-
« voyé, en forme d'avant-garde, un
« corps de sipahis ; comme quelques-
« uns de ces sipahis avaient perdu leurs
« chevaux, et que, pour les chercher,
« ils s'étaient avancés jusqu'à l'endroit
« qui sépare Aïntab de Bir, et où se
« trouvaient trois cents Hènazès, une
« trentaine de ces derniers se séparè-
« rent de la troupe, se précipitèrent
« sur ce petit nombre de sipahis, et,
« non contents d'en désarmer un, ils
« le tuèrent et lui tranchèrent la tête.
« Ce procédé, connu de Ton Excel-
« lence, ne s'accordant point avec les
« sentiments de soumission que tu
« professes pour notre maître, j'ai cru
« devoir user de représailles. Quoi
« qu'il en soit, si les actions de Ton
« Excellence sont d'accord avec tes
« prétentions, tous tes confrères, qui
« restent sous l'ombre protectrice de
« notre puissant maître, te porteront
« envie.

« J'ai pris la liberté d'écrire cette
« lettre amicale, comme une marque
« de bienveillance, et je la remets au
« colonel Azik-Bëi, qui s'en retourne
« vers Ton Excellence, accompagné
« d'Ahmed-Bëi, un des officiers de
« l'armée victorieuse. Quand elle sera
« arrivée dans tes mains, par la grâce
« de Dieu, il dépendra de toi d'exécu-
« ter ce qu'elle contient. »

Vers cette époque, Muhammed-Ali reçut des lettres de son fils Ibrahim-Pacha, annonçant que les Ottomans s'étaient emparés de quatre villages, dont ils avaient armé les habitants, et, en outre, qu'ils avaient fait feu sur un corps de cavalerie égyptienne. Le vice-roi convoqua aussitôt les consuls des quatre grandes puissances, et leur déclara formellement que désormais il serait obligé de repousser la force par la force, et qu'il allait en donner l'ordre à son fils, mais en lui prescrivant néanmoins d'attendre que le sèrasker entrât sur le territoire égyptien, afin de prouver que les Ottomans étaient les agresseurs. Toutefois, Muhammed-Ali donna aux consuls l'assurance qu'il se bornerait à s'emparer du pachalik d'Orfa et de Diarbèkir. Cette promesse même donnait la mesure de la confiance qu'il avait dans la supériorité de son armée. Cependant, voulant user de tous les moyens de succès en son pouvoir, le vice-roi, dans ces circonstances décisives, appela à lui le désert. Les cheïkhs des Bédouins lui envoyèrent plus de vingt mille hommes, et le chèrif de la Mecque offrit toute la population du Hidjaz en état de porter les armes.

Le 12 juin, la flotte ottomane, composée de vingt-cinq bâtiments de diverses grandeurs et de deux bateaux à vapeur, et ayant à bord douze mille hommes, mit à la voile; elle devait débarquer sur la côte de Syrie pour aider Hafiz-Pacha dans son agression, et lui donner, pour ainsi dire, le signal des opérations militaires. La déclaration de guerre contre Muhammed-Ali-Pacha était rédigée, et on l'aurait publiée, si, à cette époque, le Sultan souffrant déjà depuis plusieurs semaines d'un mal qu'il a constamment caché à ses médecins aussi bien qu'à ses plus intimes courtisans, n'eût senti redoubler les atteintes de la maladie contre laquelle il luttait avec un grand courage.

« Le 20 juin (*), les deux grands corps d'armée ottoman et égyptien se trouvaient assez près l'un de l'autre, dans le district d'Aïntab. La ville de ce nom était occupée par des troupes ottomanes, sous le commandement de Suleïman, pacha de Mar'ach. Des agents de Hafiz-Pacha poussaient à la révolte les populations, et des détachements de son armée se livraient à chaque instant à des actes flagrants d'hostilité. Ibrahim-Pacha, d'après les instructions qu'il avait reçues de son père, se prépara à sortir du rôle passif qu'il s'était imposé jusqu'alors et qui avait dû coûter beaucoup à son caractère, peu accoutumé à supporter la provocation d'un ennemi qu'il avait appris à ne pas craindre. Le 22, il quitta, avec une partie de sa cavalerie, quelques batteries volantes et quatre bataillons d'infanterie, son quartier général, pour attaquer un corps d'armée ottoman campé près de l'Euphrate. Ibrahim chargea avec impétuosité les Osmanlis, les mit en fuite, fit huit cents prisonniers, et s'empara de quatorze pièces d'artillerie et d'une caisse contenant cinquante mille piastres. Il rencontra ensuite un autre corps d'Osmanlis, qu'il força de se replier sur le quartier général, près de Nézib. Dans la soirée du 23, Ibrahim-Pacha disposa son armée pour attaquer le lendemain. Il plaça ses troupes sur le prolongement de la gauche du camp ottoman, qui faisait face au sud, sur trois lignes, les deux premières d'infanterie, la troisième de cavalerie, et dont les ailes étaient protégées par une formidable artillerie de cent quarante-six pièces de canon. Après avoir pris ses dispositions, Ibrahim réunit les officiers de son état-major, et les harangua, en les engageant à combattre vaillamment. Tous les officiers jurèrent de mourir les armes à la main plutôt que d'abandonner leur poste. Il rassembla ensuite plusieurs autres chefs, et leur adressa aussi un discours remarquable par la grandeur des expressions, et qui excita un enthousiasme indéfinissable. Vers minuit de ce même jour, pendant que l'armée égyptienne reposait, quelques régiments ottomans surprirent des postes avancés, et se dirigèrent sur le camp d'Ibrahim avec quatre batteries d'artillerie, dont le feu jeta le trouble parmi les Égyptiens. Dans ce désordre, deux bataillons de la garde, composés de Syriens d'Alep,

---

(*) L'absence de documents contradictoires nous a réduit à retracer les événements qui se sont passés en Syrie, d'après les récits des Égyptiens. Ces bulletins nous paraissent une imitation un peu trop servile de ceux qui, sous la dictée de Napoléon, se sont acquis une *double* renommée; et sans doute les rédacteurs n'ont pas voulu négliger l'occasion de flatter dans leur héros sa naïve conviction d'être l'égal du grand homme.

d'Antioche, de Damas et de Druses, cherchèrent à passer à l'ennemi; mais Ibrahim et Suleïman-Pacha se hâtèrent de monter à cheval, se portèrent, avec une batterie, au-devant des deux bataillons insurgés et les forcèrent à rentrer dans le camp. Dans sa colère, Ibrahim-Pacha tua de sa main cinq de ces déserteurs; cent cinquante hommes à peine parvinrent à gagner le camp de Hafiz-Pacha. Après cette vive alerte, le calme se rétablit, et les deux armées attendirent impatiemment l'arrivée du jour. Dès que l'aube parut, Ibrahim se dirigea en bon ordre vers les derrières du camp ottoman; il avait divisé ses forces en six colonnes, dont la première était composée de cent soixante bouches à feu. Un combat d'artillerie très-vif s'engagea bientôt. Dans cet intervalle, Ibrahim-Pacha s'étant aperçu que Hafiz-Pacha avait négligé d'occuper une colline qui dominait son camp, fit marcher sur ce point quatre régiments d'infanterie et une batterie à cheval, qui parvinrent, après une affaire très-chaude, à s'emparer de cette position importante. Au bout d'une heure du combat le plus opiniâtre, l'artillerie égyptienne réussit à démonter le plus grand nombre des canons des Ottomans et à mettre leur artillerie hors de service. Dans ce moment décisif, Ibrahim fit donner sa cavalerie, qui pénétra de tous les côtés dans le camp de Hafiz-Pacha, et mit ses soldats en pleine déroute. Ce fut en vain que le sèrasker et ses officiers d'ordonnance sabraient les fuyards pour les faire rentrer en ligne; toute la bravoure et l'activité de Hafiz-Pacha, et les efforts de cinq officiers européens à son service, ne purent triompher de la terreur qui s'était emparée des Osmanlis. Ils laissèrent leurs fusils sur le champ de bataille et s'enfuirent dans toutes les directions, entraînant la cavalerie ottomane qui n'avait pas donné, et qui se retira en assez bon ordre. Les vaincus abandonnèrent plus de cent pièces de canon, leurs bagages, leurs munitions; ils eurent environ quatre mille cinq cents hommes tués et deux mille blessés. Parmi les morts, on trouva cinq officiers français, et près de quinze médecins et chirurgiens européens. Après sa défaite, le sèrasker se retira sur Mar'ach; il avait pu sauver sa caisse contenant quarante-cinq mille bourses (5,600,000 francs). La perte des Égyptiens s'éleva à trois mille hommes environ.

« Ibrahim-Pacha envoya immédiatement à son père la dépêche suivante :

« Je vous écris dans la tente de Ha« fiz-Pacha, que j'ai trouvée toute « meublée, telle qu'il l'occupait. Les « bagages, l'artillerie, un immense « butin, et bon nombre de prisonniers « sont en notre pouvoir. Je veux pour« suivre les ennemis, mais je n'en « trouve plus. C'est après un combat « de deux heures que l'armée ottomane « s'est débandée et a pris la fuite avec « une précipitation telle, que nous « n'avons pu la rejoindre. Nous avons « attaqué l'ennemi sur tous les points « à la fois... Notre artillerie a fait un « beau feu. Cette victoire sitôt obtenue « m'a rendu la gaieté et la force de « vingt ans. »

« Lorsque le vice-roi reçut la lettre de son fils, les consuls généraux d'Angleterre, de Russie, et d'autres puissances, se trouvaient auprès de lui; et une foule de personnes qui étaient dans le palais entrèrent dans la salle d'audience. Muhammed-Ali-Pacha, après avoir pris connaissance de la dépêche, la fit lire à haute voix, et son premier interprète la traduisit immédiatement aux consuls. Quelques courtisans s'étant avancés pour le complimenter sur cette victoire éclatante, et pour témoigner publiquement leur joie de cet événement, le vice-roi, par une délicatesse honorable, s'opposa à ces démonstrations en présence des représentants des puissances, et conserva ce sang-froid et cette gravité impassible qui distinguent en général les musulmans. Il ordonna cependant de tirer le canon en réjouissance de sa victoire; et, pendant trois jours, des salves d'artillerie de la flotte et des forts célébrèrent le triomphe des armes égyptiennes. »

La bataille de Nèzib ne fut connue

à Constantinople que le 8 juillet. Avant d'apprendre cette défaite, les habitants de la capitale avaient eu à s'occuper d'un autre événement non moins grave. Le 1er juillet, à une heure après midi, des crieurs publics parcoururent la ville en annonçant au peuple la mort de Sultan-Mahmoud. Il habitait depuis quelque temps un kiosque situé près de *Tchamli-Dja*, sur le mont Boulghourlou, à l'est de Scutari; quand on pénétra le matin dans l'appartement où il avait voulu rester seul, on fut très-surpris de le trouver mort; et il fut reconnu qu'il avait dû cesser de vivre au milieu de la nuit. Suivant l'usage établi dans ces occasions solennelles, les navires ancrés dans le port tirèrent aussitôt des coups de canon; toutes les batteries de terre répondirent à ces saluts. Les deux gendres du Sultan défunt, Khalil et Saïd-Pacha, accompagnés du président du conseil, Khosrew-Pacha, s'étaient rendus sur-le-champ auprès de l'héritier du trône, Sultan-Abdul-Medjid, fils aîné de Sultan-Mahmoud. A la réception de cette triste nouvelle, le jeune prince donna des marques de la plus vive douleur; mais enfin, cédant aux instances de Khosrew-Pacha, il se rendit au sérail avec sa suite, en traversant la plaine de Haïder-Pacha. Au même moment, le cortége funèbre prenait la route qui passe devant la caserne de Scutari, et s'acheminait aussi vers le sérail, où le corps fut déposé dans la salle nommée *Sunnet-Odaçi*. Le nouveau Sultan y vint pleurer et prier; et, après avoir rempli ce pieux devoir, il passa dans la salle du trône pour y recevoir les hommages des grands dignitaires de l'empire. Il ordonna ensuite que les honneurs funèbres fussent rendus à la dépouille mortelle de son père. A quatre heures de l'après-midi, la cérémonie des funérailles eut lieu. Une foule immense était accourue des faubourgs et des environs de la capitale pour voir défiler le cortége. La police avait pris toutes les mesures de précaution nécessaires en pareille circonstance: les postes avaient été doublés, et de nombreuses patrouilles sillonnaient la ville en tout sens. Mais ce déploiement de forces devint superflu: la population était calme, et une tristesse profonde était le seul sentiment qui se manifestât parmi toutes les classes des habitants de Constantinople, quelles que fussent leurs croyances religieuses. Le palais de la Porte, la Monnaie, et les autres établissements publics étaient fermés en signe de deuil. L'ordre le plus parfait régna pendant toute la cérémonie: le cortége funèbre passa au milieu d'une haie formée, d'un côté, par les hommes, et, de l'autre, par les femmes; tous manifestaient la plus vive douleur; mais celle des hommes était muette et recueillie, tandis que celle des femmes éclatait en sanglots et en gémissements. La marche était ouverte par les officiers de la maison du Sultan et les divers dignitaires de l'empire, entre autres les deux gendres du Grand Seigneur. Khosrew-Pacha s'avançait ensuite, entouré de plusieurs hauts fonctionnaires: immédiatement après eux, on voyait le cercueil: il était de la plus grande simplicité, mais entièrement recouvert de châles d'une rare magnificence. En tête, on avait placé le *fess* du Sultan, les plumes dont cette coiffure était ornée, et une agrafe en diamants. On se disputait l'honneur de porter la bière qui contenait les restes de Sultan-Mahmoud, et la foule se pressait à l'entour pour toucher avec respect le cercueil. Des officiers à cheval parcouraient les rangs pressés des spectateurs, et distribuaient de l'argent au peuple. Le corps de Sultan-Mahmoud fut déposé dans le quartier de *Fazli-Pacha*, près de la *Colonne brûlée*, et un *Turbé* fut aussitôt commencé sur cet emplacement.

Sultan-Mahmoud-Khan, second du nom, trentième souverain de la dynastie d'Osman, était né le 14 ramazan 1199 (20 juillet 1785), et allait entrer dans sa cinquante-cinquième année, lorsque la mort le surprit au milieu de la crise terrible qui menaçait son empire. Arrivé au trône le 28 juillet 1808, après la révolution sanglante qui coûta la vie au vertueux Sèlim, le compagnon de captivité de Sultan-Mahmoud, et son maître dans l'art de régner, ce prince eut besoin de toute la force, de toute la persévérante énergie dont la nature l'avait doué, pour envisager sans effroi les circonstances critiques au milieu desquelles il prenait en main le pouvoir. En effet, ce pouvoir était presque anéanti : la plupart des provinces obéissaient à des pachas qui étaient en rébellion plus ou moins ouverte. Le vieil Ali-Pacha de Yanina était maître absolu de l'Épire, et Muhammed-Ali-Pacha commençait à élever, en Égypte, les fondements de cette puissance devenue plus tard l'objet de l'attention de l'Europe, et de la juste inquiétude de Sultan-Mahmoud. Dans sa capitale même, ce prince laissait gouverner le terrible Moustapha-Pacha, à qui il devait le trône, et qui succomba bientôt sous la vengeance des janissaires. Élevé par Sèlim dans la haine de cette milice redoutable, Sultan-Mahmoud, après cette nouvelle catastrophe, fut obligé de cacher ses sentiments et ses projets; mais il médita dans le silence, et pendant longues années, l'audacieux coup d'État qui détruisit cette institution militaire dégénérée, il est vrai, mais inhérente cependant aux bases même du trône d'Osman. L'insurrection de la Grèce précéda de plusieurs années l'anéantissement *légal* des janissaires; elle porta les coups les plus funestes à l'empire; et Sultan-Mahmoud, non-seulement ne put continuer avec succès des réformes qui demandaient, pour s'accomplir, la tranquillité la plus profonde, mais il se trouva en hostilité avec des puissances naturellement ses amies, et portées à seconder ses plans de civilisation. Après avoir perdu, par suite de cette mésintelligence, sa marine militaire à Navarin, il eut à soutenir la malheureuse guerre de 1828 contre la Russie, et fut réduit enfin à ratifier la paix d'Andrinople. Il eut à subir un affront encore plus sensible peut-être pour son orgueil impérial : un vassal rebelle le força, en 1832 et 1833, à se jeter dans les bras de son ennemi naturel, et à conclure avec la Russie le fameux traité de Khounkiar-Iskèlèçi. Enfin exaspéré contre le vice-roi d'Égypte, Sultan-Mahmoud, repoussant toutes les voies de conciliation que lui offrait la diplomatie, venait de jeter le gant à son puissant vassal, lorsque la mort l'arrêta au commencement de la lutte qui s'engageait, et lui épargna, du moins, la douleur qu'il eût ressentie de la défaite de Nézib. Telles sont, en résumé, les nombreuses vicissitudes qui ont marqué le règne si agité de Sultan-Mahmoud, et qui l'auraient empêché de mener à bien ses plans de réforme, eussent-ils eu tous les éléments de réussite qui leur manquaient. On ne peut se dissimuler que, malgré la haute intelligence de Sultan-Mahmoud, et sa volonté énergique de faire le bien, ses lumières n'ont pas été au niveau de son ardent amour des réformes. Celles qu'il a tentées ont été, presque toutes, incomplètes ou inopportunes; on peut dire qu'il s'attaqua plutôt aux choses extérieures qu'aux institutions fondamentales elles-mêmes et aux lois, bases des mœurs réelles et de toute civilisation. A ce vice radical des réformes tentées par Sultan-Mahmoud, on peut ajouter un vice d'exécution qui eût suffi pour les faire échouer : nous voulons dire cette précipitation avec laquelle elles étaient imposées à une nation amie de la routine et des anciens usages. Ce n'est point ainsi que Sultan-Mahmoud pouvait réussir à régénérer son peuple : la civilisation est fille du temps; elle a besoin non d'être imposée, mais inculquée, de s'infiltrer, pour ainsi dire, dans les mœurs nationales, au lieu de les braver. Cette tâche est difficile : elle exige dans le souverain réformateur une de ces hautes capacités qui devinent ce qu'elles n'ont pu apprendre, et qui devancent et dominent leur siècle. Si Sultan-Mahmoud était né au sein de cette civilisation qu'il a tant aimée, il est probable que sa vive intelligence en eût recueilli les fruits; mais, élevé, comme tous les princes ottomans, au fond du sérail, il y a puisé les habitudes d'une autocratie que blesse toute espèce de résistance, même la plus légitime, et qui, dans le bien comme dans le mal, veut avant tout être obéie (*). Néanmoins, quelle que soit la sévérité de ce jugement sur Sultan-Mahmoud considéré comme réformateur, nous devons lui rendre la justice la plus éclatante sous tous les autres rapports. Ses vertus privées, son humanité, ses idées nobles et généreuses, et enfin la constance stoïque, la fermeté d'âme qu'il déploya dans les périls de toute espèce, et les revers accablants qui signalèrent son long règne, placent nécessairement Sultan-Mahmoud au rang des meilleurs princes de la dynastie d'Osman, la plus féconde de toutes les races royales en souverains remarquables.

Sultan-Mahmoud était d'une taille moyenne; son port, à cheval surtout, à cause de la longueur de son buste, était plein de noblesse et de dignité, sous l'ancien costume national, et même encore avec celui qu'il a fait adopter. Il avait de très-beaux yeux, une figure distinguée et une physionomie spirituelle, mais naturellement grave, comme l'exigent les mœurs orientales chez les hommes appelés à commander.

A la mort de Sultan-Mahmoud devrait se terminer notre tâche : les actes de son successeur Sultan-Abdul-Medjid n'appartiennent pas encore à l'histoire. Néanmoins le début de ce règne a été marqué par deux événements trop importants pour que nous les passions sous silence.

(*) Sultan-Mahmoud a été moins heureux que le réformateur russe Pierre le Grand, dont il a voulu suivre l'exemple; mais sans entrer dans l'examen de toutes les circonstances qui ont concouru aux succès de l'un et aux revers de l'autre, il faut constater un fait capital : l'*Europe* ne contraria jamais les pensées réformatrices de Pierre I*er*, et n'intervint point dans les affaires intérieures de l'empire. On ne peut en dire autant de Sultan-Mahmoud, qui fut si souvent tiraillé par les intérêts les plus opposés, et obligé de céder à des influences qui paralysaient la liberté de ses mouvements et favorisaient en même temps l'action destructrice de ses adversaires.

Un des premiers soins du nouveau Sultan fut de donner l'ordre à l'armée de terre de l'Asie Mineure et à la flotte de suspendre les hostilités contre Muhammed-Ali-Pacha. Mais le kapoudan-pacha répondit qu'il n'avait point de commandement à recevoir de Khosrew-Pacha, traître qui avait voulu livrer son maître à l'ennemi, et qui avait peut-être hâté sa mort. Il ajouta que plutôt que d'obéir au nouveau gouvernement, il préférait se rendre auprès du vice-roi d'Egypte, dont le cœur avait conservé les sentiments d'un vrai musulman. Cette étrange détermination du kapoudan-pacha produisit une sensation profonde à Constantinople : le divan s'assembla sur-le-champ, et il fut décidé que l'on enverrait au chef de la marine ottomane un agent pour lui donner les détails les plus précis sur les derniers moments du Sultan, avec l'assurance qu'il était mort naturellement, et pour le sommer de rentrer dans le devoir. Mais rien ne put changer la détermination du kapoudan-pacha; et le 14 juillet il entra dans le port d'Alexandrie et vint mettre sa flotte à la disposition de Muhammed-Ali-Pacha. Le vice-roi dit à cette occasion, qu'il ne rendrait à la Porte son escadre que lorsqu'on lui aurait accordé l'hérédité du pays qu'il gouverne, et que Khosrew-Pacha serait éloigné des affaires publiques.

Cette nouvelle d'une nature si extraordinaire excita le plus grand étonnement parmi les cabinets européens.

Le second événement que nous avons à raconter a éveillé aussi au plus haut point l'attention publique, mais de la manière la plus honorable pour le jeune successeur de Sultan-Mahmoud.

Le 3 novembre 1839, de nombreuses tentes dressées dans les jardins du palais impérial de Top-Kapou, connus sous le nom de *Gul-Khanè*, étaient garnies d'une foule empressée, accourue, dès huit heures du matin, pour assister à une solennité qui excitait vivement la curiosité publique. Les ambassadeurs et ministres des puissances européennes arrivèrent bientôt dans de magnifiques voitures que le gouvernement avait mises à leur disposition. Un des fils du roi des Français, M. le prince de Joinville, se trouvait, à cette époque, à Constantinople ; il avait été invité par le Sultan à cette cérémonie, et prit place dans le pavillon où étaient réunis les membres du corps diplomatique.

Des détachements de troupes de différentes armes étaient échelonnés dans toute l'étendue de la place. Bientôt des cris partis des rangs des soldats annoncèrent l'arrivée de Sa Hautesse; elle portait son grand uniforme, et sur sa tête brillait une aigrette en diamants. Peu de temps après que le Grand Seigneur fut assis dans le pavillon impérial, on introduisit dans l'enceinte réservée tous les invités, qui furent placés par les soins du *techrifaldji* (*) ou grand maître des cérémonies, dans l'ordre établi par l'étiquette de la cour ottomane. On remarquait, parmi ces invités, les patriarches des trois religions, grecque, arménienne-catholique et arménienne-schismatique, le grand rabbin, une députation des *sarrafs*, banquiers chrétiens ou juifs, et une autre des diverses corporations ou *esnafs*, les directeurs des administrations, et tous les chefs des différents bureaux avec leurs employés.

Au milieu étaient rangés les principaux membres du corps des oulémas, les kazi-askers, kadis et mollas ; à côté d'eux, mais sur une autre ligne, se trouvaient le mufti et les sept généraux de premier ordre de l'empire.

Lorsque tout le monde fut placé, Riza-Pacha remit au ministre des affaires étrangères, Rèchid-Pacha, un khatti-chérif de Sa Hautesse : son excellence monta sur une tribune élevée et lut à haute voix cette pièce importante, dont nous donnons la traduction en entier, d'après la version française imprimée à Constantinople et officiellement remise au corps diplomatique :

« Tout le monde sait que, dans les « premiers temps de la monarchie ottomane, les préceptes glorieux du « Coran et les lois de l'empire étaient « une règle toujours honorée. En conséquence, l'empire croissait en force « et en grandeur, et tous les sujets, « sans exception, avaient acquis au « plus haut degré l'aisance et la prospérité. Depuis cent cinquante ans, « une succession d'accidents et de causes diverses ont fait qu'on a cessé de « se conformer au code sacré des lois « et aux règlements qui en découlent, « et la force et la prospérité antérieures « se sont échangées en faiblesse et en « appauvrissement : c'est qu'en effet « un empire perd toute stabilité quand « il cesse d'observer ses lois.

« Ces considérations sont sans cesse « présentes à notre esprit, et, depuis « le jour de notre avènement au trône, « la pensée du bien public, de l'amélioration des provinces, et du soulagement des peuples, n'a cessé de « l'occuper uniquement. Or, si l'on « considère la position géographique « des provinces ottomanes, la fertilité « du sol, l'aptitude et l'intelligence des « habitants, on demeurera convaincu « qu'en s'appliquant à trouver les « moyens efficaces, le résultat, qu'avec « le secours de Dieu nous espérons « atteindre, peut être obtenu dans l'espace de quelques années. Ainsi donc, « plein de confiance dans le secours « du Très-Haut, appuyé sur l'intercession de notre prophète, nous jugeons convenable de chercher, par « des institutions nouvelles, à procurer aux provinces qui composent l'empire ottoman le bienfait d'une bonne « administration.

« Ces institutions doivent principalement porter sur trois points, qui « sont : 1° les garanties qui assurent « à nos sujets une parfaite sécurité « quant à leur vie, à leur honneur et

---

(*) Le *techrifaldji* est un des six secrétaires d'État désignés sous le nom collectif de *kapou-ridjalléri* ou *seigneurs de la Porte*. Sa charge est annuelle et à la nomination du Sultan. Il conserve les registres du cérémonial de la cour et des prérogatives dont jouissent les divers ordres de fonctionnaires publics.

« leur fortune; 2° un mode régulier
« d'asseoir et de prélever les impôts;
« 3° un mode également régulier pour
« la levée des soldats et la durée de
« leur service.

« Et, en effet, la vie et l'honneur
« ne sont-ils pas les biens les plus pré-
« cieux qui existent? quel homme,
« quel que soit l'éloignement que son
« caractère lui inspire pour la violence,
« pourra s'empêcher d'y avoir recours
« et de nuire par là au gouvernement
« et au pays, si sa vie et son honneur
« sont mis en danger? Si, au contraire,
« il jouit à cet égard d'une sécurité
« parfaite, il ne s'écartera pas des
« voies de la loyauté, et tous ses actes
« concourront au bien du gouverne-
« ment et de ses frères.

« S'il y a absence de sécurité à l'égard
« de la fortune, tout le monde reste
« froid à la voix du prince et de la pa-
« trie; personne ne s'occupe du pro-
« grès de la fortune publique, absorbé
« que l'on est par ses propres inquié-
« tudes. Si, au contraire, le citoyen
« possède avec confiance ses propriétés
« de toute nature, alors, plein d'ar-
« deur pour ses affaires, dont il cher-
« che à élargir le cercle afin d'étendre
« celui de ses jouissances, il sent chaque
« jour redoubler en son cœur l'amour
« du prince et de la patrie, le dévoue-
« ment à son pays. Ces sentiments de-
« viennent en lui la source des actions
« les plus louables.

« Quant à l'assiette régulière et fixe
« des impôts, il est très-important de
« régler cette matière; car l'État qui,
« pour la défense de son territoire,
« est forcé à des dépenses diverses, ne
« peut se procurer l'argent nécessaire
« pour ses armées et autres services,
« que par les contributions levées sur
« ses sujets. Quoique, grâce à Dieu,
« ceux de notre empire soient depuis
« quelque temps délivrés du fléau des
« monopoles, regardés mal à propos
« autrefois comme une source de re-
« venu, un usage funeste existe en-
« core, quoiqu'il ne puisse avoir que
« des conséquences désastreuses : c'est
« celui des concessions vénales connues
« sous le nom d'*iltizam*. Dans ce sys-
« tème, l'administration civile et finan-
« cière d'une localité est livrée à l'ar-
« bitraire d'un seul homme, c'est-à-dire,
« quelquefois à la main de fer des
« passions les plus violentes et les plus
« cupides; car si ce fermier n'est pas
« bon, il n'aura d'autre soin que son
« propre avantage.

« Il est donc nécessaire que désor-
« mais chaque membre de la société
« ottomane soit taxé pour une quotité
« d'impôt déterminée, en raison de sa
« fortune et de ses facultés, et que rien
« au delà ne puisse être exigé de lui.
« Il faut aussi que des lois spéciales
« fixent et limitent les dépenses de nos
« armées de terre et de mer.

« Bien que, comme nous l'avons dit,
« la défense du pays soit une chose
« importante, et que ce soit un devoir
« pour tous les habitants de fournir
« des soldats à cette fin, il est devenu
« nécessaire d'établir des lois pour ré-
« gler les contingents que devra fournir
« chaque localité, selon les nécessités
« du moment, et pour réduire à quatre
« ou cinq ans le temps du service mi-
« litaire; car c'est à la fois faire une
« chose injuste et porter un coup mortel
« à l'agriculture et à l'industrie que
« de prendre, sans égard à la popula-
« tion respective des lieux, dans l'un
« plus, dans l'autre moins d'hommes
« qu'ils n'en peuvent fournir; de même
« que c'est réduire les soldats au déses-
« poir, et contribuer à la dépopulation
« du pays, que de les retenir toute
« leur vie au service.

« En résumé, sans les diverses lois
« dont on vient de voir la nécessité,
« il n'y a pour l'empire ni force, ni
« richesse, ni bonheur, ni tranquillité;
« il doit au contraire les attendre de
« l'existence de ces lois nouvelles.

« C'est pourquoi désormais la cause
« de tout prévenu sera jugée publique-
« ment, conformément à notre loi di-
« vine, après enquête et examen, et,
« tant qu'un jugement régulier ne sera
« point intervenu, personne ne pourra,
« secrètement ou publiquement, faire
« périr une autre personne par le poi-
« son ou par tout autre supplice.

« Il ne sera permis à personne de

« porter atteinte à l'honneur de qui
« que ce soit.

« Chacun possédera ses propriétés
« de toute nature, et en disposera avec
« entière liberté, sans que personne
« puisse y porter obstacle; ainsi, par
« exemple, les héritiers innocents d'un
« criminel ne seront point privés de
« leurs droits légaux, et les biens du
« criminel ne seront pas confisqués.

« Ces concessions impériales s'éten-
« dant à tous nos sujets, de quelque
« religion ou secte qu'ils puissent être,
« ils en jouiront sans exception. Une
« sécurité parfaite est donc accordée
« par nous aux habitants de l'empire,
« dans leur vie, leur honneur et leur
« fortune, ainsi que l'exige le texte
« sacré de notre loi.

« Quant aux autres points, comme
« ils doivent être réglés par le concours
« d'opinions éclairées, notre conseil
« de justice (augmenté de nouveaux
« membres, autant qu'il sera néces-
« saire), auquel se réuniront, à certains
« jours que nous déterminerons, nos
« ministres et les notables de l'empire,
« s'assemblera à l'effet d'établir des
« lois réglementaires sur ces points de
« la sécurité de la vie et de la fortune,
« et sur celui de l'assiette des impôts.
« Chacun, dans ces assemblées, expo-
« sera librement ses idées et donnera
« son avis.

« Les lois concernant la régularisa-
« tion du service militaire seront dé-
« battues au conseil militaire, tenant
« séance au palais du sèrasker.

« Dès qu'une loi sera finie, pour
« être à jamais valable et exécutoire,
« elle nous sera présentée; nous l'or-
« nerons de notre sanction, que nous
« écrirons en tête, de notre main im-
« périale.

« Comme ces présentes institutions
« n'ont pour but que de faire refleurir
« la religion, le gouvernement, la na-
« tion et l'empire, nous nous enga-
« geons à ne rien faire qui y soit con-
« traire. En gage de notre promesse,
« nous voulons, après les avoir dépo-
« sées dans la salle qui renferme le
« manteau glorieux du prophète, en
« présence de tous les oulémas et des

« grands de l'empire, faire serment
« par le nom d'Allah, et faire jurer
« ensuite les oulémas et les grands de
« l'empire.

« Après cela, celui d'entre les oulé-
« mas ou les grands de l'empire, ou
« toute autre personne que ce soit,
« qui violerait ces institutions, subira,
« sans qu'on ait égard au rang, à la
« considération et au crédit de per-
« sonne, la peine correspondante à sa
« faute, bien constatée. Un code pénal
« sera rédigé à cet effet.

« Comme tous les fonctionnaires de
« l'empire reçoivent aujourd'hui un
« traitement convenable, et qu'on ré-
« gularisera les appointements de ceux
« dont les fonctions ne seraient pas
« encore suffisamment rétribuées, une
« loi rigoureuse sera portée contre le
« trafic de la faveur et des charges
« (*richwet*), que la loi divine réprouve,
« et qui est une des principales causes
« de la décadence de l'empire.

« Les dispositions ci-dessus arrêtées
« étant une altération et une rénova-
« tion complète des anciens usages,
« ce rescrit impérial sera publié à
« Constantinople et dans tous les lieux
« de notre empire, et devra être com-
« muniqué officiellement à tous les
« ambassadeurs des puissances amies
« résidant à Constantinople, pour qu'ils
« soient témoins de l'octroi de ces ins-
« titutions, qui, s'il plaît à Dieu, du-
« reront à jamais.

« Sur ce, que Dieu très-haut nous
« ait tous en sa sainte et digne garde!

« Que ceux qui feront un acte con-
« traire aux présentes institutions
« soient l'objet de la malédiction di-
« vine, et privés pour toujours de
« toute espèce de bonheur! »

Après la lecture du khatti-chèrif, Rèchid-Pacha le remit au grand vézir, qui y appliqua les lèvres avec un res-pect religieux. Le cheïkh-ul-islam pro-nonça ensuite une prière, à laquelle l'assemblée répondit *Amin* (Amen)! et de nombreuses salves d'artillerie, ti-rées par toutes les batteries de Cons-tantinople, annoncèrent la fin de la cérémonie. La foule s'écoula lente-ment, et le Sultan retourna à son palais; il y reçut immédiatement les pachas du premier rang, et leur recommanda formellement l'observation la plus stricte des lois organiques auxquelles son gouvernement allait travailler. Ces hauts fonctionnaires se rendirent ensuite, ainsi que les kaziaskers, dans la salle où est déposé le manteau du prophète, et là ils prêtèrent tous le serment de fidélité entre les mains du mufti.

Une traduction du khatti-chérif fut envoyée officiellement aux ambassadeurs résidant à Constantinople, en les invitant à transmettre cette pièce aux souverains dont ils étaient les représentants.

Nous devons nous arrêter ici et nous abstenir de préjuger les destinées de ce grand acte du nouveau règne. Puisse l'avenir justifier les espérances conçues par des esprits généreux et éclairés! C'est par ce vœu que nous terminerons notre ouvrage.

SITES ET MONUMENTS.

Pour compléter, autant qu'il est en notre pouvoir, le tableau pittoresque de l'empire ottoman, nous consacrerons quelques pages à la description abrégée des sites et des monuments les plus remarquables de sa belle capitale. Les mosquées sont les plus curieux de ces monuments, ceux où le génie oriental a le mieux déployé son caractère de hardiesse originale : c'est sur ces temples de l'islamisme que nous appellerons d'abord l'attention de nos lecteurs.

SAINTE-SOPHIE.

Le plus célèbre de tous les édifices consacrés aujourd'hui au culte de l'islam est, sans contredit, la superbe basilique de Sainte-Sophie. Elle fut construite, sous Constantin, en huit ans et cinq mois, par le fameux architecte Anthemius de Tralles. Sa forme primitive était celle d'une croix grecque surmontée d'une coupole sphérique; mais, en 558, sous l'empereur Justinien, un tremblement de terre renversa le dôme. L'architecte chargé de le reconstruire fit la voûte surbaissée et elliptique, de sphérique qu'elle était, et, pour lui donner plus de solidité, il plaça entre les grands piliers des colonnes de granit réunies par des arches et encaissées dans les murailles. Outre la principale coupole, éclairée par vingt-quatre fenêtres, il y a deux grands demi-dômes et six plus petits. Un long et large portique, couvert et fermé, précède le temple. Ce péristyle a neuf portes de bronze ornées de bas-reliefs. L'intérieur de la mosquée est décoré de très-belles colonnes de porphyre, de granit égyptien, et d'autres marbres précieux; mais ces colonnes sont surmontées de chapiteaux mal assortis, et le mélange des ordres et des proportions semble indiquer que ce sont des débris d'autres temples placés là sans goût, et contre toutes les règles de l'architecture. Sur les parois intérieures, on voit de grandes tables où sont écrits, en caractères arabes, les noms de Dieu, de Mahomet, et des quatre premiers khalifes, Abou-Bekr, Omer, Osman et Ali. Un grand nombre de lampes en verres de diverses couleurs, et mêlées de globes de cristal, d'œufs d'autruche, et d'ornements d'or et d'argent attachés à des cercles, sont suspendues au dôme. A la hauteur de la naissance de la voûte règnent, dans l'intérieur de la basilique, des galeries circulaires adossées à de vastes tribunes, auxquelles on arrive par un chemin voûté et qui s'élève en spirale. De là, on jouit de la vue entière de ce grand monument, dont l'immensité et les proportions colossales frappent d'admiration. Le pavé, primitivement en mosaïque de vert antique et de porphyre, est aujourd'hui couvert de riches tapis; on n'y voit de siéges d'aucune espèce. Au haut d'une longue suite de marches étroites, est placée la chaire du mufti. Une jalousie dorée ferme la tribune réservée au Sultan.

L'édifice, vu de l'extérieur, présente un aspect peu agréable, par le mélange confus de constructions hétérogènes : cependant l'effet du dôme est imposant ; mais les quatre minarets, que les musulmans ont élevés dès les premiers moments de la conquête, n'ont pas la même élégance qu'on remarque dans ceux des mosquées impériales dont nous allons parler, et qui offrent un coup d'œil vraiment pittoresque par la légèreté de leur gracieuse structure.

MOSQUÉE DE SULTAN-AHMED ou AHMÉDIIÈ.

Nous avons déjà donné, à la page 202, la description de ce bel édifice, appelé aussi *Ally-Minarèli-Djami* (mosquée à six minarets). Nous ajouterons seulement que c'est dans cette mosquée que le Sultan va célébrer l'ouverture de la fête du Beïram. L'*Ahmédiïè* présente en ce jour solennel un spectacle plein de pompe et de grandeur : Sa Hautesse est entourée de ses officiers et des principaux dignitaires de l'empire; sur leurs riches vêtements brillent l'or et des pierres précieuses. Des derwiches de tous les ordres, des imams, des cheïkhs, des muezzins, se pressent dans l'enceinte. Devant le *mihrab* (autel), un imam récite des prières que répètent les fidèles; ensuite un *khatyb* (prédicateur) monte en chaire et prononce un discours, écouté dans un profond recueillement par la foule. On ne saurait se faire une idée de l'aspect imposant de cette cérémonie religieuse.

MOSQUÉES DE SULTAN-MUHAMMED II ou MUHAMMEDIIÈ, ET DE SULTAN-SULEIMAN ou SULEIMANIIÈ.

Nous n'avons rien à ajouter à la description détaillée que nous avons faite, aux pages 90 et 154, de la mosquée de Sultan-Muhammed-el-Fatyh et de celle de Sultan-Suleïman-el-Kanouni ; nous ne pouvons qu'y renvoyer nos lecteurs.

LE GRAND CIMETIÈRE DE SCUTARI ET CELUI DE PÉRA.

Pour les musulmans comme pour les chrétiens, le cyprès est l'arbre des funérailles : chez eux, ainsi que chez nous, sa verdure mélancolique est destinée à la décoration des cimetières; mais ces arbres sont bien moins nombreux dans nos champs de repos que dans ceux des mahométans. L'usage établi parmi ces derniers de placer un cyprès sur chaque tombe, et de ne jamais déposer les corps dans des fosses anciennes, fait de leurs cimetières d'immenses et lugubres forêts, qui donnent aux paysages de l'Orient un caractère d'immobilité et de gravité en rapport avec l'extérieur du peuple qui habite cette contrée célèbre.

On remarque de tous côtés, et surtout au bord de la mer, ces bocages de cyprès, qui acquièrent, dans cette terre sans cesse fécondée, une force et une hauteur prodigieuses. Mais de tous ces cimetières, le plus vaste et le plus curieux est celui qui est situé à Scutari, l'un des faubourgs de Constantinople, sur la côte d'Asie. C'est une forêt magnifique, placée sur un plan incliné, percée de larges allées, et qui couvre une surface de plus d'une lieue. Les pierres tumulaires sont toutes en marbre, que l'on tire de l'île de Marmara; c'est un cippe terminé par un turban dont la forme très-variée indique le rang du défunt; celui des femmes est différent et facile à reconnaître. Une inscription, en caractères arabes sculptés en un relief saillant et dorés avec soin, indique le nom et les qualités du mort sur lequel on appelle la miséricorde divine. Ces épitaphes sont quelquefois en vers qui retracent la fragilité de l'existence, et l'éloge de l'être qu'on regrette. Une cavité creusée sur la tombe est destinée à recevoir les fleurs et les plantes que les parents du défunt viennent y déposer.

Les funérailles des musulmans sont empreintes d'un caractère de gravité et de simplicité qui éveille l'émotion. Lorsque le corps a été bien lavé, on l'essuie avec soin, et l'on jette du camphre sur le front, les genoux, les mains et les pieds. On l'enveloppe ensuite d'une étoffe blanche, chargée de versets du Coran, et on l'expose à la porte de la maison, dans une bière soutenue par des tréteaux. Cette exposition dure quelques heures : l'imam arrive ensuite, jette de l'eau sur le corps, et se met en devoir de le conduire à sa dernière demeure, où il est porté tantôt par des amis, tantôt par des mercenaires, et quelquefois par des personnes qui regardent ce pieux devoir comme un acte de dévotion méritoire. Le cortége n'est composé que d'hommes : on voit cependant assez souvent venir, quelque temps après, autour de la tombe, des femmes payées pour pleurer le défunt. Les musulmans ont sans doute hérité cet usage des Grecs et des Romains. Lorsque le convoi funèbre est arrivé au cimetière, l'imam place avec précaution le mort sur le côté, la figure tournée vers la Mecque, s'avance au bord de la fosse, et prononce d'une voix grave cette profession de foi :

« Je crois en un seul Dieu tout-puis« sant, et je n'adore que lui : je crois « que Mahomet est l'envoyé d'Allah « sur la terre, et le prophète des pro« phètes. Je crois aussi qu'Ali est le « vrai chef des fidèles ; que cette terre « est à lui, et que les vrais croyants « lui doivent obéissance, etc., etc. »

L'imam s'adressant ensuite au mort : « Sache bien, lui dit-il, que le Dieu « que nous adorons est grand et glo« rieux ; que lui seul est le plus élevé « et le plus puissant Dieu qui existe, « et que rien n'est au-dessus de lui. « Sache bien aussi que Mahomet est le « plus grand de tous les prophètes, et « le plus chéri des envoyés de Dieu ; « qu'Ali et ses successeurs sont les « seuls et véritables guides des bons « croyants, et que tout ce qui vient « d'eux, ainsi que des prophètes, est « vrai ; que la mort est vraie ; que la « visite que vont te faire Mounkir « et Nèkir, les deux anges des ténè« bres et les messagers d'Allah, est « vraie ; . . . . que le ciel et la « terre existent ; que l'enfer ainsi que « le jour du jugement sont vrais ; aie « la plus grande confiance dans toutes « ces choses, car elles sont véritables. « Maintenant, que Dieu ton maître, « que le Dieu grand et glorieux qui « viendra un jour relever tous les « morts de leur tombe, soit bon et « miséricordieux pour toi ; qu'il ac« cueille tes réponses, et te conduise « dans la voie du salut ; qu'il t'accorde « la faveur d'approcher de sa divinité « et de ses prophètes, et que sa grâce « soit avec toi pour toujours ! *Amin !* »

Alors l'imam s'éloigne d'une quarantaine de pas, et s'écrie d'une voix forte : « Approchez, Mounkir et Nèkir ; appro« chez ! voici un vrai croyant ; venez, « il vous attend ! » Il revient ensuite au bord de la tombe : « Dieu grand et « glorieux, dit-il, nous te prions hum« blement de rendre la terre légère à « ton serviteur ; et puisse-t-il trouver « grâce et miséricorde auprès de toi ! « *Amin !* »

Le cimetière de Scutari, dont nous venons de donner la description, et celui qui domine les quartiers de Péra et de Top-Khanè offrent un contraste remarquable avec le *Champ des morts*, destiné à la sépulture des Grecs, des Arméniens et des Francs. Dans les premiers, où les musulmans seuls sont enterrés, règnent un silence solennel et une paix profonde ; tandis que le second offre l'aspect le plus animé. C'est le rendez-vous de la société fashionable du faubourg de Péra, qui vient jouir du plus admirable spectacle qu'il soit possible d'imaginer, et dont on ne se lasse jamais : ce cadre immense embrasse les rives de Scutari, de Calcédoine, les Iles des Princes, et à l'horizon l'Olympe de Bithynie ; puis l'ouverture du Bosphore dans la mer de Marmara, la pointe du sérail et la seconde ville aux sept collines avec ses tours, ses nombreux monuments consacrés à la religion, le grand port, Eioub, Galata ; en un mot, cet incroyable ensemble de beautés pittoresques, que rend harmonieuses dans leurs contrastes même le ciel qui les éclaire de ses magiques couleurs.

DÉBARCADÈRE DE TOP-KHANÈ. ENTRÉE DE PÉRA.

L'aspect du port près de Top-Khanè est semblable à celui que présenterait l'embouchure d'un grand fleuve, coulant entre deux rives élevées et couronnées de maisons. Une quantité innombrable de bâtiments de tout genre, depuis la barque du pêcheur jusqu'à nos majestueux vaisseaux à trois ponts, se pressent dans ses eaux; les uns immobiles sur leurs ancres, les autres cinglant vers la mer Noire, ou la mer de Marmara. Au milieu de cette multitude de navires manœuvrant sans se heurter, se glissent, comme des serpents, des milliers de caïques, dirigés avec une adresse sans égale par un ou deux rameurs. Ces bateliers sont remarquables par la beauté de leurs formes et de leur costume: une ceinture de soie cramoisie retient sur leurs reins un caleçon blanc aussi long qu'un jupon, et à grands plis; une chemise de soie écrue, à grandes manches, laisse nus leurs épaules et leurs bras nerveux; et un petit bonnet (*fess*), en laine rouge, terminé par un gland de soie tombant derrière la tête, complète ce gracieux ensemble. Les caïques qu'ils dirigent sont en bois de noyer verni; ils ont à peine trois pieds de large, et leur longueur va souvent jusqu'à trente et quarante pieds; leur proue se termine en pointe très-aiguë. Ces proportions, combinées pour leur donner la plus grande vitesse dans la marche, rendent de telles embarcations très-dangereuses pour ceux qui n'ont pas l'habitude de s'en servir, car elles chavireraient bientôt si on leur imprimait un trop grand balancement; il faut y rester presque immobile et prendre soin de maintenir l'équilibre sans lequel les rameurs ne sauraient manœuvrer. Malgré cette construction incommode, surtout pour des Européens aux mouvements brusques et impatients, les caïques sont employés très-fréquemment par tous les habitants de Constantinople: comme on est obligé, lorsqu'on a quelque affaire dans cette capitale, de traverser plusieurs fois la mer, ces embarcations, qui sont au service du public, remplacent, pour ainsi dire, les voitures de louage de nos grandes villes. En outre, toute personne un peu aisée a un caïque pour son usage, comme on a équipage en Europe.

Parmi les navires de toute nation qui remplissent le port de Constantinople, ceux de la marine ottomane nouvellement construits se distinguent par l'élégance de leurs formes et la beauté de leurs proportions. En première ligne, on peut mettre le *Mahmoudiïe*, superbe vaisseau de deux cent trente-quatre pieds de long sur soixante-trois pieds de large, portant cent vingt canons et plusieurs caronades. Le dernier Sultan, qui lui avait imposé son nom, avait entrepris de réformer ses troupes navales ainsi que celles de terre. Autrefois la marine ottomane se recrutait et se recrute encore parmi les Grecs des îles de l'archipel, à Spezzia et à Hydra: les musulmans ne se mêlaient point de la manœuvre, et se bornaient au service de l'artillerie. Mais depuis l'affranchissement des Hellènes, les Ottomans ont tenté de réparer cette perte; et dans le but d'avoir de bons marins, le Sultan avait formé un nouveau corps, organisé sur le pied européen, et avait établi un collège naval près de l'arsenal de la marine. L'arsenal militaire ou *Top-Khanè* (*) renferme une grande quantité de pièces d'artillerie et une manufacture d'armes qui peut fabriquer cent vingt fusils par jour. La caserne de *Top-Khanè* possède aussi une fonderie à deux fourneaux, qui coule des canons et des bombes. Il existe encore deux autres fonderies, l'une à l'arsenal de la marine, l'autre à *Khass-Keuï*, dépendant de la caserne des *khoumbaradjis* (bombardiers): elles sont desservies par des ouvriers arméniens ou musulmans. Le cuivre dont on y fait usage provient de l'Asie Mineure; quant aux autres métaux, tels que le fer, l'acier, le plomb, ils sont tirés de divers pays de l'Europe.

(*) *Maison de l'artillerie.*

A peu de distance de l'arsenal militaire, la belle mosquée de Top-khanè élève au milieu d'un massif de verdure, ses coupoles couvertes en plomb.

Au sortir de la place de Top-khanè, on trouve une rue très-populeuse, qui conduit à un bazar encombré d'échoppes et garni de boutiques de toute espèce, où l'on distingue surtout celles des barbiers, des marchands de tabac, des pâtissiers, etc.; on passe, de là, dans une rue étroite, bordée de maisons aux fenêtres grillées; on gravit ensuite une côte assez rude, et l'on arrive au sommet d'une colline, qui est le point le plus élevé de Péra.

LE BAZAR DES ESCLAVES.

(AWRET-BAZARI.)

Le bazar, ou marché des esclaves, à Constantinople, ne ressemble pas mal à une ménagerie ou à une volière. Autour d'une cour vaste et sans régularité, on a construit des espèces de loges en bois, dont les portes et les fenêtres sont grillées. Au centre s'élèvent de beaux arbres sous lesquels se promènent gravement les vendeurs d'esclaves, fumant leur pipe et parlant entre eux de leur marchandise humaine. A quelques pas de ces impassibles trafiquants, sont assis les malheureux esclaves, formés en petits groupes : la plupart sont nus; leur figure porte l'empreinte de la résignation et de la tristesse. Dans cette enceinte sont réunis tous les types divers de la grande famille d'Adam : ici, les plus beaux visages, le teint le plus blanc, les formes les plus élégantes, les filles de la Circassie, de la Géorgie, de la Mingrélie, aux traits réguliers et charmants, à la longue chevelure, à la taille souple et gracieuse; là, les faces les plus hideuses, le nègre africain au nez épaté, aux lèvres charnues, au front bombé, aux cheveux crépus; le nègre abyssinien, au visage luisant comme l'ébène polie. Dans cette enceinte circulent lentement les acheteurs : les uns marchandent des jeunes garçons, d'autres s'arrêtent devant des filles maures, dont toute la parure consiste en quelques pièces de monnaie. Les esclaves ont reçu généralement une éducation soignée, car leur valeur dépend non-seulement de leur beauté physique, mais encore des talents qu'ils possèdent. Les jeunes filles ont appris à danser, à chanter, à jouer d'un instrument, à broder. Les jeunes garçons sont élevés avec encore plus de soin et les sujets distingués se payent fort cher. Quelques-uns d'entre eux, achetés pour le sérail, y acquièrent la faveur du padichâh, et peuvent devenir de grands personnages; car, le préjugé qui, chez les Grecs et les Romains, imposait à l'esclave une tache indélébile, est entièrement inconnu des mahométans; les femmes musulmanes traitent leurs esclaves comme des sœurs et des filles; et les monarques de l'Orient confient souvent à ces jeunes captifs, qu'ils ont quelquefois élevés jusqu'à l'honneur de leur alliance, les plus hautes dignités de l'empire. De nos jours, le vieux *Khosrew* et *Khalil-Pacha,* gendre de Sultan-Mahmoud, sont des exemples de cette fortune si peu en harmonie avec nos idées d'Europe, et surtout avec celles qui dominent dans le nouveau monde.

Parmi les esclaves dont la destinée a été la plus singulière, l'histoire a conservé le souvenir de la comtesse Potocka. Cette jeune et belle esclave, exposée au bazar de Constantinople, fut achetée, vers la fin du dix-huitième siècle, par un gentilhomme français, appelé le marquis de V...., qui, peu de temps après, quitta le Levant pour repasser en France avec son précieux trésor. Arrivé à Kaminiek, M. de V.... y fut accueilli avec les plus grands égards par le comte de Witt, Hollandais au service de Russie, et gouverneur de la place. Le comte avait à peine trente ans; il était lieutenant général, jouissait de toute la faveur de Catherine II, et réunissait à ces avantages le don d'un extérieur séduisant. Il fut si frappé de la beauté de la jeune esclave, qu'il en devint éperdument amoureux, et lui proposa de l'épouser. Elle accepta, et abandonna son premier maître. Deux ans après son mariage, le comte de Witt obtint un congé, et visita toutes les cours d'Europe. Partout la beauté de sa femme excita l'admiration la plus vive. A Hambourg, le comte Félix Potocki, généralissime et grand maître de l'artillerie de la république de Pologne, ne put résister aux charmes de la belle Orientale, et, pour satisfaire sa passion, força le général à divorcer. Ainsi la jeune esclave vendue au bazar de Constantinople, devint tour à tour la maîtresse d'un gentilhomme français, l'épouse d'un général, et enfin la compagne d'un des hommes les plus illustres de la Pologne.

LE CHATEAU DES SEPT-TOURS.

Cette fameuse prison d'État, appelée en turc *Yèdi-Koulè* (les sept tours), est située à un des angles de Constantinople, sur la mer de Marmara : c'était, avant le règne de Sultan-Mahmoud II, une bastille politique, où les ambassadeurs européens étaient renfermés dès que la guerre éclatait entre le Grand Seigneur et le souverain dont ils étaient les représentants. Cet usage barbare avait commencé à se modifier sous Sultan-Sélim III, et a été entièrement aboli par Sultan-Mahmoud, qui a continué si hardiment l'œuvre de civilisation commencée par le premier.

Le château des Sept-Tours n'en compte plus que quatre depuis le tremblement de terre de 1768, qui renversa trois d'entre elles. Ces tours sont soutenues par des terrasses de cinquante à soixante pieds de hauteur, et de quinze à vingt pieds de large. Les murailles sont entourées de larges fossés, et sur une couche de terre végétale et de débris, on cultive des plantes potagères très-renommées, entre autres une excellente espèce de salade romaine, qui porte le nom même du lieu où elle croît.

Cet édifice fut commencé par Zénon, en l'an 1000, et achevé par Emmanuel Comnène en 1182 : il prit le nom de *Pentapyrgion* (cinq tours), à cause du nombre de tours que ce dernier prince y fit élever. En 1458, Muhammed-el-Fatyh le rebâtit en grande partie, et y ajouta trois tours. Ces tours sont de grands octogones, à toit conique.

GRAND BAZAR DE CONSTANTINOPLE.

Le grand bazar de Constantinople ressemble à une ville dont les rues seraient couvertes. Il est si vaste qu'on pourrait s'y égarer aisément ; le toit en est fort élevé, et permet à peine qu'un jour sombre éclaire les boutiques des marchands. Ces magasins n'ont guère que six pieds de large et quatre de profondeur ; ils ne sont séparés les uns des autres que par de faibles cloisons ; un large banc à deux pieds de terre règne, sur toute la longueur de la rue, au-devant des boutiques : ce banc est le comptoir sur lequel le vendeur est assis, les jambes croisées, et où l'acheteur s'assied aussi pour se mettre à l'abri de la foule qui se presse sur les trottoirs. Le vendeur étale gravement ses articles sur ses genoux ; et bien différent de nos marchands qui cherchent par leur babil à nous convaincre de la bonté de leur marchandise, il n'ouvre la bouche que pour en décliner le prix. Quelquefois, pendant que vous examinez un objet, le pieux musulman se glisse, dans son arrière-boutique, petite loge fort étroite ; là, il fait ses ablutions, et revient ensuite réciter sa prière, agenouillé sur un tapis, la face tournée du côté de la Mecque, et sans s'inquiéter le moins du monde des passants et même des chalands.

Au centre du bazar est situé le Bézestein (*Bezzazistan*) : on peut y arriver de quatre côtés, en passant sous des portes massives, qui ne sont ouvertes que depuis sept heures du matin jusqu'à midi. C'est le lieu consacré à la vente des armes et des objets de grand prix : des sabres de Damas, aux poignées incrustées de pierres précieuses, et renfermés dans de riches fourreaux ; des *khandjars* étincelant de pierreries ; des fusils garnis d'or et d'argent ; des cassolettes de parfums ; des châles, des perles, des bracelets, de l'ambre pour les pipes, etc. Les marchands du Bézesteïn sont les plus riches de Constantinople, et jouissent d'un grand crédit. Ce sont, en général, de vieux musulmans attachés aux anciens usages et ennemis des réformes tentées par Sultan-Mahmoud. On les reconnaît au soin religieux avec lequel ils ont conservé l'antique et noble costume oriental. Le toit du Bézesteïn est encore plus élevé, et le jour plus faible que dans les autres bazars.

Un Européen qui se présente au bazar pour acheter quelque chose, excite au plus haut point la curiosité des passants. Ils s'arrêtent alors pour regarder les objets qu'il marchande : les femmes musulmanes poussent même la familiarité jusqu'à s'emparer de ses gants, de sa bourse, de sa montre, pour les examiner, et passent quelquefois leurs belles mains blanches sur la manche de son habit, pour juger de la finesse du drap.

BAINS ORIENTAUX.

Les établissements destinés aux bains sont ordinairement construits, tant à l'intérieur qu'à l'extérieur, sur de très-grandes proportions. Celui qui porte le nom de Moustapha-Pacha est au rang des plus beaux : l'édifice, bâti en pierres de taille, a la forme d'un parallélogramme ; il est surmonté de deux dômes élevés. De larges bancs règnent autour de chaque pièce ; ils sont destinés au repos des baigneurs. Le pavé est en marbre de diverses couleurs ; au centre est un grand réservoir rempli d'eau ; des colonnes élégantes soutiennent l'édifice. On fait d'abord entrer le baigneur dans une espèce de vestiaire, où il se déshabille sur une estrade où l'on a préparé ce qui lui est nécessaire. Un *tellak* (garçon de bain) enveloppe la tête du baigneur, ses reins et son corps de linges d'une grande blancheur, lui met aux pieds des sandales de bois fort hautes. Il passe ensuite dans une seconde pièce, dont la température est plus élevée ; et enfin, dans une salle pavée en pierre, et chauffée à trente et quelques degrés : c'est la salle du bain ou l'étuve. Lorsqu'on veut augmenter la chaleur de l'atmosphère, on répand de l'eau sur les dalles chaudes, et l'on obtient bientôt une transpiration abondante. Le tellak s'approche alors du baigneur, le frotte avec un sac de crin (*kiçè*), et fait craquer adroitement et sans douleur les différentes articulations : c'est ce qu'on appelle l'opération du *massage*. Après quoi, on savonne le patient, on l'inonde d'eau chaude, ou bien, s'il ne peut en supporter la température, on lui jette de l'eau attiédie sur le corps. On l'enveloppe ensuite d'un *tcherchef* (drap en toile de coton) ; on lui met une serviette sur la tête, et il rentre dans le vestiaire, où il passe souvent une partie de la journée à se reposer en causant, en fumant le *tchibouk* ou le *narghilè*, et en savourant le parfum du mokha.

Les dames musulmanes fréquentent aussi avec assiduité les bains : le vendredi est le jour fixé pour satisfaire à ce devoir religieux et aux distractions qui l'accompagnent ; et pour elles plus encore que pour les hommes, aller au bain est un plaisir et un délassement. Elles y restent presque toute la journée, et le plus souvent y prennent leur repas. L'entrée des bains des femmes est sévèrement interdite aux hommes, et tout s'y passe avec la plus grande décence.

Le prix modéré qu'on exige permet aux pauvres d'en jouir comme les riches ; on voit même des *hammandjis*, propriétaires de ces établissements, ne rien demander à ceux dont l'extérieur témoigne le dénûment ; et c'est une sorte d'aumône qui, à leurs yeux, équivaut au verre d'eau de l'Évangile. Mais les seigneurs et les personnes qui ont de la fortune, ne se rendent au bain qu'avec une sorte de pompe, agissent généreusement ; et cette générosité peut même quelquefois paraître exagérée.

L'AT-MEÏDANI OU L'HIPPODROME.

L'At-Meïdani (*) est la plus grande place qu'il y ait dans l'enceinte de Constantinople : c'était l'Hippodrome des anciens Grecs, qui s'y exerçaient aux jeux du cirque et aux courses des chars. Après l'invasion de cette capitale par les musulmans, l'exercice du djérid avait succédé aux combats des athlètes ; mais depuis la destruction des janissaires par Sultan-Mahmoud II, et l'adoption des usages des peuples occidentaux, on ne voit plus sur l'At-Meïdani que des soldats réguliers de la nouvelle milice qui s'exercent aux manœuvres européennes.

L'At-Meïdani a environ deux cent cinquante pas de long et cent cinquante de large. Sur le côté oriental est la mosquée *Ahmédiïé*, construite par Sultan-Ahmed Ier ; de l'autre côté s'élève un grand édifice, que l'on croit avoir été autrefois le palais du questeur, et qui est aujourd'hui devenu un *Timar-khanè* ou hôpital des fous, dans le genre de ceux qui étaient attachés autrefois à certaines fondations pieuses en chrétienté. L'Hippodrome qui, dans l'antiquité, renfermait tant de chefs-d'œuvre de la sculpture et de l'architecture, n'en a conservé que trois : l'un est l'obélisque de Théodose, monolithe quadrangulaire de granit, qui marquait le milieu du stade : il a soixante pieds de haut ; des hiéroglyphes égyptiens sont gravés sur ses quatres faces ; le piédestal est sculpté en bas-reliefs d'un mauvais style, qui montre la décadence des arts à cette époque ; il est chargé aussi d'inscriptions fastueuses en grec et en latin. Un globe d'airain surmontait autrefois l'obélisque. Apporté de Thèbes en Égypte, il fut élevé en trente-deux jours, à l'aide d'un mécanisme curieux, qui est représenté sur la frise du piédestal, sous la direction de Proculus, préteur de la ville, et pendant le règne de Théodose l'ancien.

(*) *At-Meïdani* est la traduction littérale de l'expression grecque *hippodrome* (*place aux chevaux.*)

Le second monument est la colonne Serpentine : elle fut tirée du temple de Delphes, où elle soutenait le trépied d'or consacré à Apollon après la bataille de Platée ; le fût de la colonne est formé par trois serpents entrelacés ; sur les têtes des reptiles reposait le trépied ; ces trois têtes ne subsistent plus : Sultan-Muhammed-el-Fatyh, à ce que dit une tradition populaire, en abattit une d'un coup de sa hache d'armes ; les deux autres, ajoute-t-on, furent enlevées en 1700, sans que les Ottomans aient fait la moindre recherche pour les retrouver.

Le troisième monument est une colonne de bronze, réparée et dorée par Constantin Porphyrogénète, ainsi que l'indique une inscription grecque gravée sur sa base. Elle a quatre-vingt-quatorze pieds de haut ; elle servait à marquer une des extrémités de la lice dans la course des chars. On l'a si fort endommagée en enlevant les plaques de cuivre, qu'elle ne présente plus aujourd'hui qu'une masse dégradée et qui semble menacer d'écraser les passants.

A l'extrémité de l'At-Meïdani, on voit une citerne soutenue par des arches, dont quelques-unes sont assez bien conservées.

Nous ne terminerons pas cet article sans relever une grave erreur dans laquelle sont tombés la plupart des écrivains qui ont parlé de Constantinople, et qu'a partagée M. de Lamartine dans son *Voyage en Orient*. L'illustre auteur, en racontant la destruction des janissaires par Sultan-Mahmoud, place cette scène sanglante sur l'Hippodrome ou *At-Meïdani*, tandis qu'elle se passa sur l'*Et-Meïdani*, qui est la place où l'on faisait la distribution de la viande aux janissaires, et où ils avaient leurs casernes. La légère différence de son qui existe entre le nom de ces deux places explique aisément cette confusion de mots, surtout chez les personnes qui connaissent peu la capitale de l'empire ottoman. Nous avons, du reste, donné, aux pages 402 et suivantes, une relation circonstanciée de ce tragique événement, dans laquelle nous nous sommes attachés à reproduire avec la plus grande exactitude les noms des lieux et des hommes, et tous les détails de cette grande catastrophe. Nous y renvoyons nos lecteurs.

LE BARBYZÈS OU LES EAUX DOUCES DE CONSTANTINOPLE.

Au fond du port de Constantinople, débouchent deux rivières qui portent le nom d'*eaux douces* : connues dans l'antiquité sous les dénominations euphoniques de *Cydaris* et de *Barbyzès*, elles sont appelées en turc *Kiaghyd-Khanè-Souïou* et *Ali-Beï-Keuïu-Souïou*, c'est-à-dire, rivières de la papeterie, et d'*Ali-Beï*, noms de deux villages situés sur leurs bords (*). Les deux vallées où coulent ces deux petites rivières sont très-encaissées : dans celle qui, parmi les Européens, porte le nom d'*Eaux douces d'Europe*, on remarque une prairie d'une demi-lieue de long, baignée par le Barbyzès, qu'on a emprisonné dans un long canal en ligne droite, dont les bords sont revêtus de pierres de taille. Les deux rives sont couvertes de bouquets de sycomores aux cimes larges et touffues, de cyprès, de frênes, d'ormes et de peupliers. Là est une retraite délicieuse, un beau palais entouré de verdure, fondé, en 1724, par Sultan-Ahmed III, sur un plan communiqué par l'ambassadeur français, M. de Bonnac. Le canal est traversé par une digue de marbre blanc, et ses eaux tombent en cascade dans trois rangs de coquilles. Un second bassin, orné d'un beau vase antique et de trois serpents de bronze entrelacés, baigne les murs du harem du Sultan. Sur la digue, s'élèvent trois kiosques de marbre blanc, couverts en cuivre doré. A mesure qu'on avance, le canal se rétrécit, et n'est plus enfin qu'un ruisseau tranquille où glissent de légers caïques dont les rames touchent les deux bords. Cette rivière reçoit le Cydaris à une demi-lieue au-dessous du palais ; et leurs ondes réunies, formant une belle nappe d'eau, vont se jeter au fond de la Corne-d'or, et sont sillonnées dans leurs cours par des nombreux caïques, chargés de promeneurs des deux sexes et de toutes les nations, attirés par la beauté de cette charmante vallée, la verdure de ses prairies et la paix de ces ombrages si frais et si doux. Chaque peuple y conserve dans ses jeux et dans ses plaisirs la physionomie particulière qui le caractérise : les Musulmans, leur gravité, les Grecs, leur gaieté et leur agitation, l'Arménien, sa réserve, le Juif, ses habitudes de brocanteur, et les Européens, cet esprit de liberté qui ne doit cependant pas aller au delà de certaines bornes.

C'est dans cette belle prairie que l'on met au vert les chevaux de Sa Hautesse, circonstance accompagnée d'une certaine pompe et qui rassemble beaucoup de monde, pour jouir de ce spectacle pittoresque.

Lorsque le Grand Seigneur vient passer quelques jours dans sa maison de plaisance des Eaux douces, l'accès de la prairie est interdit au public. Sa Hautesse n'y reste guère que quinze à vingt jours du mois de mai, en quittant son palais d'hiver, et avant de se rendre à celui d'été. Pendant son séjour, il permet quelquefois à ses *kadines* de se promener dans la prairie de *Kiaghyd-Khanè*, vulgairement appelée *Kiaat-Hanè*; mais alors des bostandjis veillent aux environs et font éloigner tous les curieux.

Les *Eaux douces d'Asie* ou *Gueuk-Sou* ne sont pas moins fréquentées que celles d'Europe, et présentent le même spectacle animé. Ce lieu de promenade est moins étendu, mais certainement encore plus agréable que Kiaghyd-Khanè. Il est situé près du château d'Asie (*Anadolou-Hyçari*), sur la rive du Bosphore, et dans l'endroit où Xerxès fit jeter un pont de bateaux pour faire passer son armée en Thrace.

(*) *Kiaghyd-Khanè*, signifie papeterie ; il y avait en effet un moulin à papier établi dans cet endroit ; mais il n'en existe plus de traces depuis longtemps.

EMBOUCHURE DU BOSPHORE DANS LA MER NOIRE, MONTAGNE DU GÉANT, VILLAGE DE BÉBEK, ETC.

On a si souvent décrit le Bosphore, que nous n'osons point nous livrer à cette tâche, ni emprunter à d'autres les couleurs dont ils se sont servis pour essayer de peindre ce tableau vraiment magique. On aurait beau réunir tous les prestiges du style descriptif, ces phrases seraient encore insuffisantes, et le lecteur en a sans doute déjà assez de celles dont il a fallu faire usage dans ce chapitre supplémentaire. Nous parlerons cependant de quelques points de ce magnifique fleuve d'eau salée.

Sur la rive d'Asie, en face du palais d'été de Bèchik-Tach, entièrement bâti dans le style oriental, on remarque celui qui a été récemment construit par Sultan-Mahmoud, dans un style imité des anciens Grecs; sans cesse préoccupé de copier l'Europe, ce prince n'a pas plus respecté le genre d'architecture adopté par les musulmans que les vêtements dont ils se couvraient; et tous les monuments élevés par ses ordres, ses fonderies, ses manufactures, sont imités des établissements de Paris, de Londres et de Vienne. Le nouveau palais est composé d'un corps de logis principal et de deux ailes : un grand escalier en marbre conduit à une colonnade d'ordre dorique, qui forme la façade. La lumière pénètre dans l'intérieur par des fenêtres régulières, ornées de moulures et d'architraves, et surmontées de corniches et de balustrades. Six colonnes corinthiennes, soutenant un magnifique fronton, servent d'entrée au corps de logis du centre, réservé au Sultan : l'aile gauche est destinée au harem, et l'aile droite aux officiers. Bâti sur un quai de granit, entouré d'anciens palais, avec lesquels il fait un véritable contraste, et au milieu de sites variés, qui font ressortir sa régulière beauté, cet édifice présente un coup d'œil tout nouveau, plein de noblesse et d'élégance. Sultan-Mahmoud en jeta les fondements à l'époque où la révolution grecque touchait à son terme.

En s'approchant de la mer Noire, les maisons sont moins nombreuses, et l'aspect du paysage change : les collines sont plus hautes, et descendent plus brusquement jusqu'à la mer. Après le village de Buīuk-Dèrè, habité par des Francs, l'eau du Bosphore prend une teinte plus obscure, et son lit devient plus profond. En face de ce village et sur la côte d'Asie, on découvre une colline très-élevée, appelée par les musulmans *Youcha-Daghi*, c'est-à-dire, *la montagne du géant*. De son sommet, qui est à cent quatre-vingt-six mètres au-dessus du niveau de la mer, on jouit d'un coup d'œil admirable : la vue embrasse à la fois Constantinople avec ses délicieux paysages; la mer Noire, avec son vaste horizon et les innombrables voiles qui la sillonnent en tout sens. Les mahométans croient que c'est le tombeau d'un géant d'une stature démesurée, et disent que lorsqu'il s'asseyait sur le flanc de la colline, ses pieds plongeaient dans la mer. Au sommet de la montagne du Géant, appelée par les anciens *le dos d'Hercule*, s'élève, du milieu d'un bouquet d'arbres, une espèce d'ermitage, habité par deux derwiches et leurs femmes : ils sont les cicérone de ces lieux agrestes, et montrent aux voyageurs le prétendu tombeau du Géant. Les musulmans superstitieux croient que ce tombeau opère des guérisons miraculeuses : les malades y accourent en foule; ils sont persuadés qu'en nouant un lambeau du linge qu'ils ont porté, aux arbustes qui croissent dans cette enceinte, la fièvre qui les tourmente les quittera pour se fixer aux branches de ces arbrisseaux. A l'une des extrémités du tombeau, une cassolette à parfums est posée sur un débris de colonne : à la porte d'entrée, un tronc, placé par les derwiches, appelle les offrandes des visiteurs.

Au fond de l'une des jolies anses qui échancrent les rives du Bosphore, et près du château de *Roumili-Hyçari*, sur la rive d'Europe, on découvre un groupe pittoresque de maisons : c'est le joli village de Bèbek. A son extrémité, s'élève un kiosque isolé, qui a donné à ce hameau une importance politique. C'est là en effet que se sont traitées des affaires d'une haute importance entre les ministres ottomans et les ambassadeurs européens. Mais malgré le secret dont on voulait envelopper ces conférences, souvent on connaissait d'avance l'objet de la discussion, ou bientôt l'intelligence des agents diplomatiques de Péra en pénétrait le mystère.

CITERNE DE BIN-BIR-DIREK OU DES MILLE ET UNE COLONNES.

La citerne de *Bin-Bir-Direk*, ou des mille et une colonnes, fut construite sous les empereurs grecs. Elle est située derrière l'*At-Meïdani*, ou hippodrome : c'est un immense souterrain, formant un carré dont les côtés sont inégaux ; l'un d'eux a cent quatre-vingt-dix pieds de longueur ; l'autre, cent soixante et dix. Les murs qui l'entourent ont neuf pieds d'épaisseur. Trois étages de colonnes de marbre blanc qui se correspondent soutiennent une voûte en briques : chaque étage a deux cent vingt-quatre colonnes ; celles de l'étage supérieur sont les seules qui se montrent en entier ; il ne paraît que la moitié d'une partie des colonnes de l'étage au-dessous ; le reste et tout l'étage inférieur sont ensevelis dans des terres de sédiments. La surface de cette citerne est de vingt mille pieds carrés ; elle pourrait contenir un million deux cent trente-sept mille neuf cent trente-neuf pieds cubes d'eau. Tous les chapiteaux des colonnes sont lisses, et ont la même grosseur et la même forme, ainsi que les fûts : on y voit, gravés profondément, des monogrammes du Bas-Empire ; l'une de ces inscriptions présente, en caractères grecs, les initiales des mots : *Euge, Philoxena* (salut! ami des étrangers). En effet, sous l'empire grec, cette citerne était réservée à l'usage des étrangers, et s'appelait *Philoxénè*, en antithèse de la *Cisterna Basilikè* (citerne impériale), exclusivement réservée au service de l'empereur.

La citerne de Bin-Bir-Direk n'est plus employée comme réservoir. Elle est occupée maintenant par des filatures de soie, dirigées par des ouvriers arméniens.

Il existe encore une autre citerne, appelée *Yèrè-Batan-Seraï* (palais souterrain) : celle-ci est pleine d'eau ; on y arrive par un passage voûté et soutenu par trois cent trente-six colonnes de marbre, de divers ordres d'architecture. Ce monument ne fut connu des musulmans que trois siècles après la conquête de Constantinople par Sultan-Muhammed-el-Fatyh. Aujourd'hui une portion des murs s'est écroulée, et laisse pénétrer le jour dans l'intérieur, que l'on peut visiter sur un bateau amarré à une colonne. Les musulmans, toujours amis du merveilleux, racontent mille histoires tragiques sur les imprudents qui ont osé tenté ce voyage souterrain.

LISTE

DES AMBASSADEURS, MINISTRES, AGENTS OU RÉSIDENTS FRANÇAIS A CONSTANTINOPLE, DEPUIS 1524 JUSQU'EN 1840.

Frangipani (Jean), envoyé............. 1524
Rincon (Antoine), envoyé............. 1531
LAFOREST (Jean de), 1er ambassadeur... 1534
1er TRAITÉ CONCLU EN................ 1535
Montluc (Jean de), protonaire.......... 1536
Marillac, cousin de J. de la Forest, chargé d'affaires........................ 1537
Capitaine Rincon, envoyé............. 1538
Cantelmo (César), Napolitain.......... 1539
Polin, baron de la Garde (Antoine), dit le capitaine Polin, envoyé à Constantinople à la nouvelle de l'assassinat du capitaine Rincon dans le Milanez...... 1541
D'ARAMON (Gabriel), 2e ambassadeur... 1547
De Cambray (chanoine de Bourges), chargé d'affaires........................ 1550
Chesneau, chargé d'affaires............ 1551
Retour de M. d'Aramon............... 1552
Chesneau, chargé d'affaires............ 1553
CODIGNAC, valet de chambre du roi, 3e ambassadeur........................ 1554
Villemonté, envoyé................... 1555

LISTE DES AMBASSADEURS, RÉSIDENTS, ETC. A CONSTANTINOPLE.

LA VIGNE (M. de), 4ᵉ ambassadeur	1557
Petromol, ou Poutremol de la Norroy, agent	1559
Dolu, agent	1561
Petromol, cons. et maître d'hôtel du roi.	id.
DU BOURG, sieur de Guerines (Claude), 5ᵉ ambassadeur	1566
IIᵉ Renouvellement des capitulations, octobre	1569
Grandchamp (de), chargé d'affaires	1570
La Triquerie, chargé d'affaires	1571
DE NOAILLES (François), évêque d'Acqs, 6ᵉ ambassadeur	1572
DE NOAILLES (Gilles), abbé de l'Isle, 7ᵉ ambassadeur	1574
Jugé, chargé d'affaires	1577
GERMIGNY, baron de Cermoles (le chevalier de), 8ᵉ ambassadeur	1580
IIIᵉ Renouvellement des traités ou capitulations en juillet	1581
Berthier, chargé d'affaires	1584
SAVARI, seigneur de l'Ancosme (Jacques), 9ᵉ ambassadeur	1585
SAVARI, seigneur de Brèves (François), 10ᵉ ambassadeur	1589
IVᵉ Renouvellement des traités	1597
DE GONTAUT-BIRON, baron de Salignac (Fr.), 11ᵉ ambassadeur	1607
DE HARLAY-SANCY, baron de la Mole (Achille), 12ᵉ ambassadeur	1611
DE HARLAY, comte de Césy (Philippe), 13ᵉ ambassadeur	1620
DE GOURNAI, comte de Marcheville (Henri), 14ᵉ ambassadeur	1631
L'ambassadeur renvoyé par la Porte	1634
Le comte de Césy reprend la gestion des affaires.	
DE LA HAYE, seigneur de Vantelet (Jean), 15ᵉ ambassadeur	1639
Laforest, chargé d'affaires	
Blondel, maréchal de camp.	
Roboli, agent	1660
DE LA HAYE, seigneur de Vantelet (Denis), 16ᵉ ambassadeur	1665
OLIER, marquis de Nointel (Charles-François), 17ᵉ ambassadeur	1670
Mission du chevalier d'Arvieux, avec le titre d'envoyé extraordinaire.	
Vᵉ Renouvellement des capitulations.	1673
DE LA VERGNE DE GUILLERAGUES (Gabriel-Joseph), 18ᵉ ambassadeur	1679
Fabre (J.-B.), chargé d'affaires	1685
DE GIRARDIN (Pierre), 19ᵉ ambassadeur.	id.
De Girardin (M. l'abbé), chargé d'affaires.	1689
DE CASTAGNÈRES DE CHATEAUNEUF (Pierre-Antoine), 20ᵉ ambassadeur.	id.
DE FERRIOL, baron d'Argental (Charles), 21ᵉ ambassadeur	1699
COMTE DESALLEURS (Pierre-Puchot, seigneur de Clinchamp), 22ᵉ ambassadeur.	1711
D'USSON, marquis de Bonnac (Jean-Louis), 23ᵉ ambassadeur	1716
PICON, vicomte d'Andresel (J.-B.-L.), 24ᵉ ambassadeur	1724
De Fonteau (Gaspard), consul général à Smyrne, chargé d'affaires	1727
MARQUIS DE VILLENEUVE (Louis-Sauveur), 25ᵉ ambassadeur	1728
VIᵉ Renouvellement des capitulations avec augmentation de 42 articles, sur celles de 1604 et de 1673	1740
COMTE DE CASTELLANE (Michel-Ange), 26ᵉ ambassadeur	1741
COMTE DESALLEURS (Roland Puchot), 27ᵉ ambassadeur	1747
M. Pérote, agent	1754
M. de Peyssonnel, consul général à Smyrne, chargé d'affaires	id.
GRAVIER, comte de Vergennes (Charles), ne déploie d'abord que le caractère de ministre plénipotentiaire	1755
Nommé ambassadeur en	1756
COMTE DE SAINT-PRIEST (le chevalier Guignard), 29ᵉ ambassadeur	1768
M. Le Bas, chargé d'affaires	1776
M. le comte de Saint-Priest revient en	1778
COMTE DE CHOISEUL-GOUFFIER, 30ᵉ ambassadeur	1784
M. de Choiseul, déposé en octobre	1792
Le premier député du commerce chargé des affaires	1793
M. Descorches (marquis de Sainte-Croix), envoyé par la Convention nationale, sans caractère public.	id.
M. de Chalgrin, chargé d'affaires du roi Louis XVIII.	id.
M. de Verninac, envoyé extraordinaire et ministre plénipotentiaire de la République française	1795
AUBERT DU BAYET (le général), 31ᵉ ambassadeur	1796
Général Cara-Saint-Cyr, chargé d'affaires.	1798
M. Ruffin, chargé d'affaires	id.
Guerre d'Égypte de 1798 à	1802
M. Ruffin sort des Sept-Tours et gère les affaires, 25 août	1801
VIIᵉ Paix de 1802 (messidor an X)	
BRUNE (Marie-Anne), maréchal de France, 32ᵉ ambassadeur	1803
M. Parandier (P.), chargé d'affaires, déc.	1804
M. Ruffin, chargé d'affaires, septembre	1805
SÉBASTIANI (le général Horace), 33ᵉ ambassadeur. 10 août.	1806
M. Fay, marquis de la Tour-Maubourg (Florimond), chargé d'affaires.	1808
COMTE ANDRÉOSSY, lieutenant général, 34ᵉ ambassadeur	1812
M. Ruffin, chargé d'affaires	1814
MARQUIS DE RIVIÈRE (M. le), lieutenant général, 35ᵉ ambassadeur en juin	1816
M. le vicomte de Viella, chargé d'affaires.	1819
Retour de M. le marquis de Rivière	id.
M. de Viella, chargé d'affaires, 16 octobre	1820
FAY, marquis de la TOUR-MAUBOURG (Flor.), 36ᵉ ambassadeur. 26 décembre	1821
Comte de Beaurepaire, chargé d'affaires.	1823
COMTE GUILLEMINOT, lieutenant général, 37ᵉ ambassadeur 7 juin	1824
M. Émile Désages, chargé d'affaires. mars	1826
Retour du général Guilleminot, en sept.	id.
Interruption de rapports avec la cour ottomane décembre	1827
Retour du général Guilleminot à Constantinople	1829
M. le baron de Varenne, chargé d'affaires.	1831
ROUSSIN (M. le vice-amiral baron), 38ᵉ ambassadeur septembre	1833
M. le marquis d'Éyragues, chargé d'aff.	1836
Retour de l'amiral Roussin à Constantin.	1837
VIIIᵉ Traité de commerce novembre.	1838
M. le comte de Pontois, envoyé extraordinaire et ministre plénipotent., 24 oct.	1839

TABLE DES MATIÈRES

CONTENUES DANS LA TURQUIE.

	Pages.
Avant-propos.	1
Introduction. Naissance et progrès de l'islamisme. Les croisades.	2
La race d'Osman.	6
Le Turkistan.	7
La langue turque, les Turcs et les Osmanlis.	8
Histoire ottomane. Chapitre premier.	10
Chronologie comparative.	11
Chapitre II. Ghazi-Sultan-Osman.	18
Chapitre III. Ghazi-Sultan-Orkhan.	23
Chapitre IV. Ghazi-Sultan-Murad-Khan dit Khoudawendghiar (vulgairement Amurat Ier), fils de Sultan-Orkhan.	31
Chapitre V. Sultan-Baïezid-Khan, dit Ildirim (le foudre), vulgairement Bajazet Ier.	38
Chapitre VI. Interrègne de onze ans.	46
Chapitre VII. Sultan-Muhammed-Khan, vulgairement Mahomet Ier, fils de Baïezid-Ildirim.	50
Chapitre VIII. Sultan-Murad-Khan (vulgairement Amurat II), fils de Sultan-Muhammed Ier.	56
Chapitre IX. Sultan-Muhammed-Khan-el-Fatyh (le Conquérant), vulgairement Mahomet II.	69
Chapitre X. Sultan-Baïezid-Khan II, fils de Sultan-Muhammed-el-Fatyh.	93
Chapitre XI. Sultan-Sèlim-Khan Ier, fils de Sultan-Baïezid II.	106
Chapitre XII. Sultan-Suleïman-Khan Ier, surnommé El-Kanouni (le législateur), fils de Sultan-Sèlim Ier.	122
Chapitre XIII. Sultan-Sèlim-Khan II, surnommé Mest (l'ivrogne), fils de Sultan-Suleïman.	155
Chapitre XIV. Sultan-Murad-Khan III, fils de Sultan-Sèlim-Khan II.	164
Chapitre XV. Sultan-Muhammed-Khan III, fils de Sultan-Murad-Khan III.	178
Chapitre XVI. Sultan-Ahmed-Khan Ier, fils de Sultan-Muhammed-Khan III.	186
Chapitre XVII. Sultan-Moustapha-Khan Ier, fils de Sultan-Muhammed-Khan III, et Sultan-Osman-Khan II, fils de Sultan-Ahmed-Khan Ier.	203
Chapitre XVIII. Sultan-Murad-Khan IV, Ghazi, fils de Sultan-Ahmed-Khan Ier.	216
Chapitre XIX. Sultan-Ibrahim-Khan, fils de Sultan-Ahmed-Khan Ier, et frère de Sultan-Murad-Khan IV.	243
Chapitre XX. Sultan-Muhammed-Khan IV, fils de Sultan-Ibrahim-Khan.	252
Chapitre XXI. Sultan-Suleïman-Khan II, fils de Sultan-Ibrahim-Khan.	297
Chapitre XXII. Sultan-Ahmed-Khan II, fils de Sultan-Ibrahim-Khan.	303
Chapitre XXIII. Sultan-Moustapha-Khan II, fils de Sultan-Muhammed-Khan IV.	307
Chapitre XXIV. Sultan-Ahmed-Khan III, fils de Sultan-Muhammed-Khan IV.	319
Chapitre XXV. Sultan-Mahmoud-Khan Ier, fils aîné de Sultan-Moustapha-Khan II.	334
Chapitre XXVI. Sultan-Osman-Khan III, fils de Sultan-Moustapha-Khan II, et frère de Sultan-Mahmoud-Khan Ier.	345
Chapitre XXVII. Sultan-Moustapha-Khan III, fils aîné de Sultan-Ahmed Khan III.	347
Chapitre XXVIII. Sultan-Abdul-Hamid-Khan, frère de Sultan-Moustapha-Khan III, et fils de Sultan-Ahmed III.	357
Chapitre XXIX. Sultan-Sèlim-Khan III, fils de Sultan-Moustapha-Khan III.	362
Chapitre XXX. Sultan-Moustapha-Khan IV, fils de Sultan-Abdul-Hamid-Khan.	374
Chapitre XXXI. Sultan-Mahmoud-Khan II, frère de Sultan-Moustapha-Khan IV, et fils de Sultan-Abdul-Hamid-Khan.	379
Sites et monuments.	449
Mosquée de Sainte-Sophie.	ibid.
Mosquée de Sultan-Ahmed ou Ahmèdiïé.	440
Mosquées de Sultan-Muhammed II ou Muhammediïé, et de Sultan-Suleï-	

	Pages.		Pages.
man ou Suleïmanïë.	450	Le Barbyzès ou les eaux douces de Constantinople.	457
Le grand cimetière de Scutari et celui de Péra.	ibid.	Embouchure du Bosphore dans la mer Noire.—Montagne du Géant.—Village de Bébek.	ibid.
Débarcadère de **Top-Khanè**. Entrée de Péra.	452		
Le bazar des esclaves.	453	Citerne de Bin-Bir-Direk, ou des mille et une colonnes.	459
Le château des Sept-Tours.	454		
Le grand bazar de Constantinople.	ibid.	Liste des ambassadeurs, ministres, agents ou résidents français à Constantinople, depuis 1524 jusqu'en 1840.	ibid.
Bains orientaux.	455		
L'At-Meïdani ou hippodrome.	456		

FIN DE LA TABLE DES MATIÈRES DE LA TURQUIE.

AVIS
POUR LE PLACEMENT DES GRAVURES DE LA TURQUIE.

Numéros.		Pages.	Numéros.		Pages.
93	Carte de la Turquie d'Europe (pl. doub.)	1	62	Remparts de Saint-Jean d'Acre	421
1	Ghazi Sultan-Osman	18	63	Bazar à Saint-Jean d'Acre	422
2	Château de Brousse	22	34	Chapelle du sérail, reliques du Prophète (sunnet odaçi)	443
18	Yèni-Tchèeri Agaçi, cazi-asker	25	8	Sainte-Sophie	449
60	Église à Nicée	27	88	Champ des morts	458
5	Gallipoli	30	51	Caserne du champ des morts, à Péra	ibid.
3	Andrinople	31	52	Caserne de Top-Khanè	452
4	Porte triomphale de l'ancienne citadelle à Andrinople	ibid.	43	Le château de Sept Tours	454
87	Balkans (les)	32	95	Le grand bazar de Constantinople	ibid.
70	Keurk-Kliça (*Kyrk-Kiliça*)	34	38	Bains du sultan	455
22	Troupes turques de 1540 à 1589	ibid.	80	Bains des hommes	ibid.
76	Rasgrad	37	81	Bains des femmes turques	ibid.
42	Exercice du djérid	64	12	L'hippodrome (At-Meidani)	456
6	Médailles de Sultan-Muhammed-Khan-Fatyh	69	45	Kiosque du Grand Seigneur à Bèbek sur le Bosphore	456
90	Plan de Constantinople (pl. double)	72	35	Citerne antique à Constantinople, (*bin-bir-direk*)	459
7	Constantinople, pointe du sérail	74			
40	Porte d'Andrinople à Constantinople	76	Série des planches qui devront être réunies à la fin du volume, et qui n'ont pu être classées comme celles qui précèdent :		
83	Palais du Sultan à Eski-Sèrai	ibid.			
82	Eski-Sèrai	ibid.			
64	Trébisonde	79	91	Porte du sérail à Constantinople.	
89	Réception d'un ambassadeur vénitien (planche double)	89	46	Grand vézir, Kaim-Mèkam, Rèis-efendi, etc.	
9	Sainte-Sophie (*intérieur*)	90	49	Tribunal du grand vézir (*Arz-odaçi*).	
10	Chapelle sépulcrale de Sultan-Muhammed II	92	53	Cérémonie religieuse dans l'*Arz-odaçi*, (appartement du trône) la veille des deux fêtes de Beïram.	
13	Sultan-Suléiman le Législateur	122			
19	Rhodes	125	50	Iftar ou souper chez le grand vézir, avec les autres ministres de la Porte, la troisième nuit du Ramazan.	
14	La Suléimaniïè	148			
15	Plan de la Suléimaniïè	ibid.			
16	Tombeau de Sultan-Suléiman	153	54	Kalem ou bureau public (à la Porte).	
71	Ponte Piccolo. (Kutchuk-Tchekmèdjè)	154	86	Janissaires (*yèni-tchèri*).	
67	Caravansérail à Kutchuk-Tchekmèdjè	ibid.	65	Vice-amiral, capitaine de haut bord, officiers de marine, marin.	
72	Ponte-Grande. (Buiuk-Tchekmèdjè)	ibid.			
17	Sultan-Sèlim II	155	57	Cortège d'un pacha, gouverneur de province.	
21	Sultan-Murad III	164	61	Pacha, chatir, miliciens, harbadji, soldat égyptien.	
23	Mosquée de Sultan-Ahmed	202			
24	id. intérieur. Fête du Mewloud	ibid.	77	Camp de Daoud-Pacha.	
47	Place et fontaine de Top-khanè, mosquée de Pialè-Pacha	ibid.	59	Maison de plaisance turque.	
			11	Tour de Léandre (*Kyz-Kouléçi*).	
25	Sultan-Ibrahim-Khan	243	28	Tour de Galata.	
26	Mosquée de la Sultane-Validè à Constantinople	252	39	Vue de Constantinople prise d'une des terrasses du palais de France, voisine du palais de Venise.	
84	Danse des derwichs mewlewis	255			
27	Chapelle sépulcrale de la Sultane-Validè, mère de Muhammed IV	256	44	*Top-Kapouçi* (à la pointe du sérail, avant la construction du kinsque actuel)	
32	Lives turcs	334	48	*Djèbèdjiler-kiochky*, (kiosque des armuriers).	
30	Tombeau de Raghyb-Pacha	348	20	Porte Dorée à Constantinople (Sept-Tours).	
31	Bibliothèque de Raghyb-Pacha	ibid.	55	Indjouli-Kiochk (*le pavillon des perles*).	
29	Sultan-Abdul-Hamid	357	58	Châteaux du Bosphore.	
37	Le grand seigneur allant à la mosquée (vers 1785)	361	36	Prairie de Buïuk-Dèrè, les quarante arbres ou le platane de Godefroy de Bouillon.	
33	Sultan-Sèlim III	362	56	Mosquée de Tersana.	
92	Mosquée de Sultan-Sèlim à Scutari	372	75	Le petit *Bend* ou réservoir, dans la forêt de Belgrade.	
41	Exercice du tomak	377			
85	Sultan-Mahmoud	379	79	Réservoir ou *Bend* à Baghtchè-Keui.	
69	Dîner d'un ambassadeur européen avec le grand vézir dans la salle du divan (1788)	391	78	Acqueduc de Belgrade.	
			68	Bourghas.	
			74	Caravansérail à Bourghas.	
73	Audience d'un ambassadeur européen (vers 1788)	ibid.	66	Eski-Istambol.	
			93	Mosquée dite *Chah-Zadè Djamiçi*.	
94	Mosquée de Sultan-Mahmoud II, à Top-Khanè dite Adliïè	407	95	Maisons de campagne sur le Bosphore.	
			96	Bazar à Constantinople.	

ERRATA DE LA TURQUIE.

Page 4,	première colonne,	ligne 33, Transaxane, *lisez :* Transoxane.
» 37,	deuxième	»	ligne 26, Herzogevine, *lisez :* Herzegovine.
» 108,	»	»	ligne 6, Cheïkhul-Islam, *lisez :* Cheïkh-ul-Islam.
» 111,	première	»	ligne 30, d'Ali-Beï, Chèh-Souwar-Oghlou, *lisez :* d'Ali-Beï-Chèh-Souwar-Oghlou.
» 118,	»	»	ligne 39, Kazi'Asker, *lisez :* Kazi-Asker.
» 123,	»	»	ligne 51, Chehsouwar-Oghlou, *lisez :* Chèh-Souwar-Oghlou.
» 154,	deuxième	»	ligne 9, (Sèbil-Kkanè), *lisez :* (Sèbil-Khanè).
» 176,	première	»	ligne 52, Gurgewo, *lisez :* Giurgewo ou Djurdjevo.
» 180,	deuxième	»	ligne 48, ne tarda pas être étranglé, *lisez :* ne tarda pas d'être étranglé.
» 203,	»	»	ligne 49, voyait coulait, *lisez :* voyait couler.
» 217,	première	»	ligne 26, Kuzdistan, *lisez :* Kurdistan.
» 251,	»	»	ligne 30, Muslihud-din, *lisez :* Muslih-uddin.
» 254,	»	»	ligne 8, après voir, *lisez :* après avoir.
» 262,	»	»	ligne 8 de la note, voulut, *lisez :* voulait.
» 330,	deuxième	»	lignes 51 et 52, arriva à Constantinople le 28 du même mois; le czar expirait; *ponctuez comme suit :* arriva à Constantinople : le 28 du même mois le czar expirait.
» 334,	première	»	ligne 11 de la note, Sultan-Sulim, de Sultan-Seleïman, *lisez :* Sultan-Sélim, de Sultan-Suleïman.
» 405,	»	»	ligne 21, Kichlao, *lisez :* Kychla.
» 417,	»	»	lignes 22 et 28, Choulma, *lisez :* Choumla.
» 418,	deuxième	»	ligne 14, qu'elle, *lisez :* qu'il.
» 426,	»	»	ligne 9, où elles auraient, *lisez :* où l'on aurait.

Ghazi, Sultan Osman.

Château de Bourges

TURQUIE. TURQUIA

Andrinople

TURQUIE.

Porte triomphale de l'ancienne Citadelle a Andrinople.
Puerta triunfal de la antigua puerta de Andrinopoli.

Gallipoli

EL SULTAN MAHOMETO 2.
vulgarmente llamado el Conquistador

SULTAN MUHAMMED KHAN-EL-FATYH

(le Conquerant, vulgairement Mahomet II.)

TURQUIE. TURQUIA.

Constantinople (Pointe du Serail) Constantinopla. Punta del Serrallo.

TURQUIE.

Sainte Sophie. Santa Sofia.

TURQUIE.

Sainte Sophie.

TURQUIE.

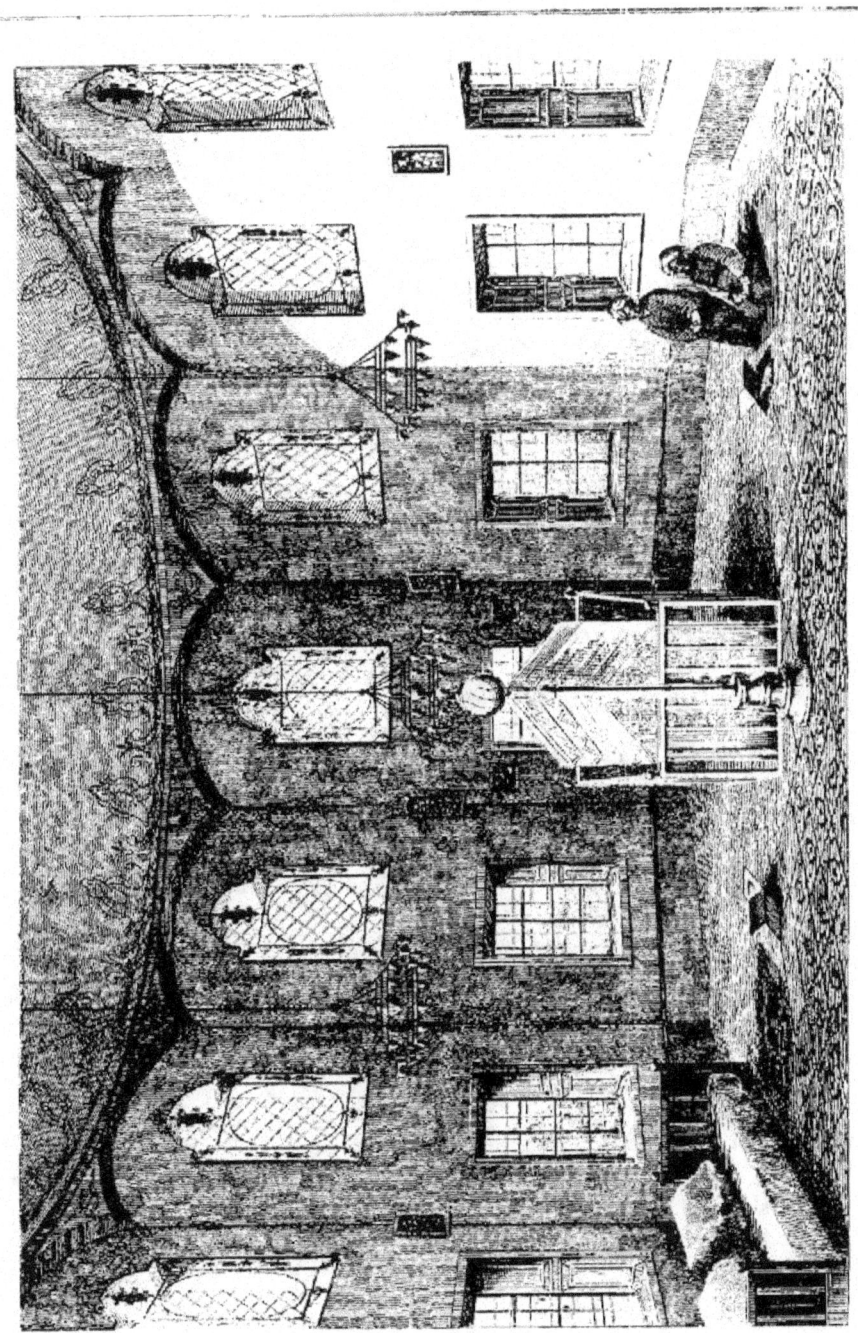

Chapelle sépulchrale de Selim et Mahomet II.

TURQUIE

TURQUIE.

TURQUIE. TURQUIA.

TURQUIE.

La Suleimanié.

TURQUIE. TURQUIA.

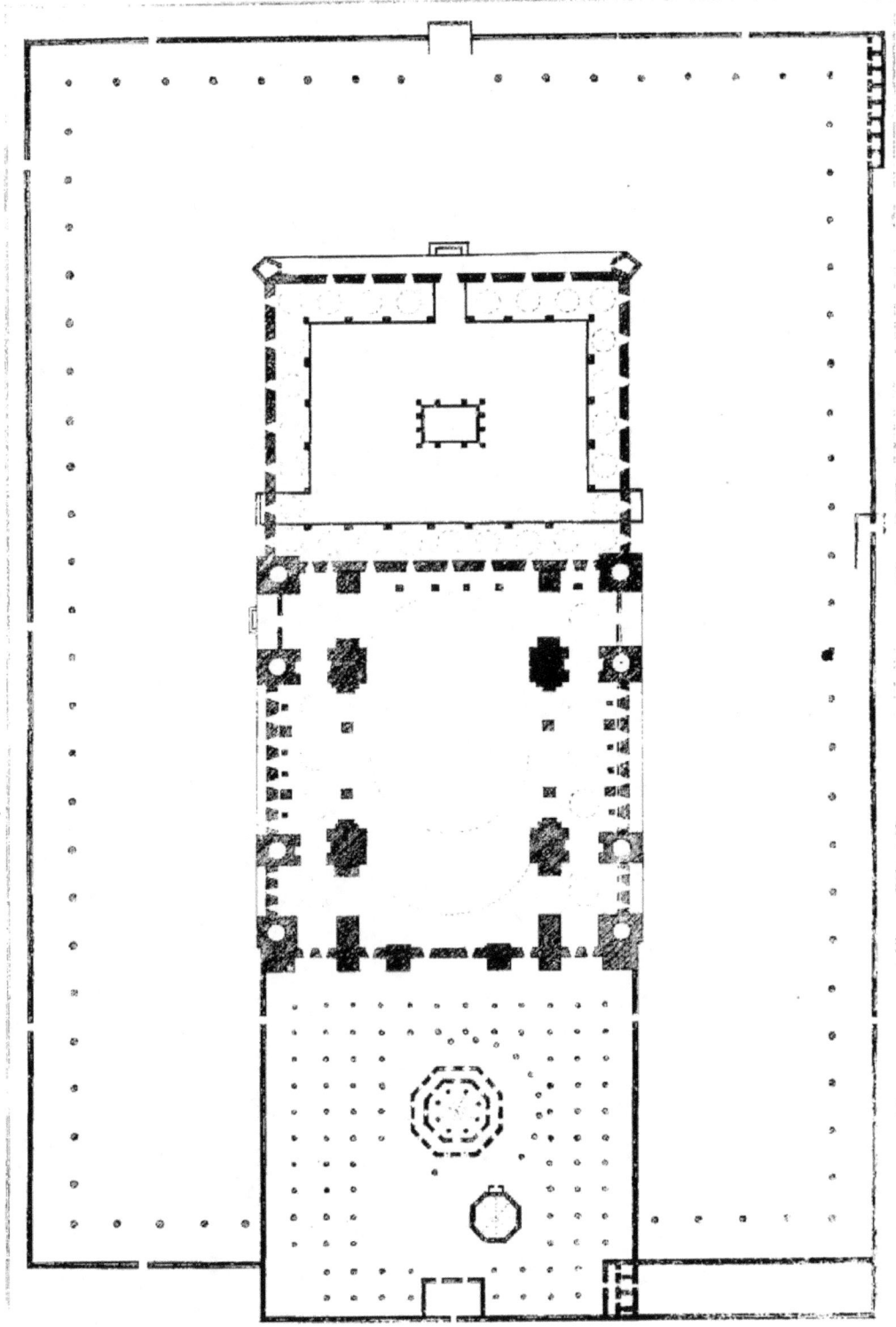

Plan de la Suleimanie.

TURQUIE.

Tombeau du Sultan Soliman. Sépulcre de Saint Eyoub.

El Sultan Selim II.

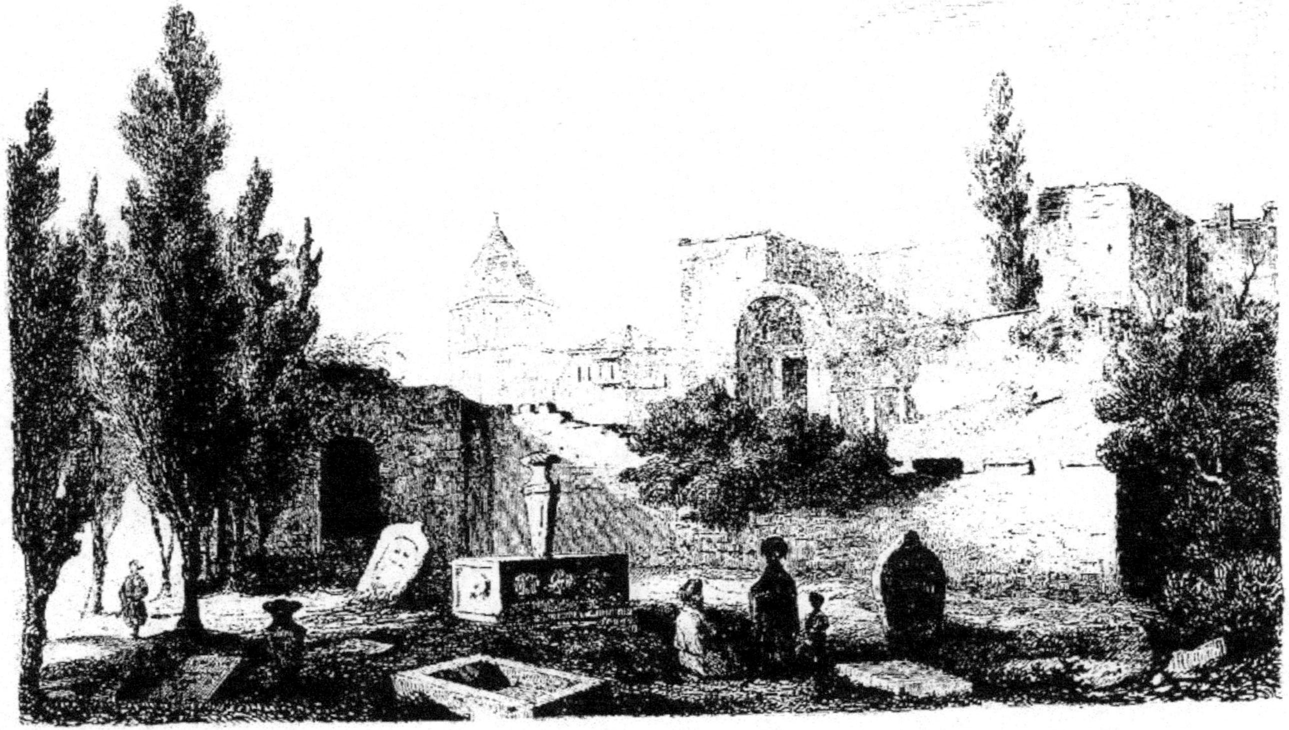

TURQUIE.

VUE 408.

Porte dorée de Constantinople.

Murad Khan. (Amurat III.)

TURQUIE.

Troupes Turques de 1544 à 1581.

TURQUIE.

Mosquée de Sultan Ahmed.

TURQUIE.

Mosquée de Sultan Ahmed. Célébration de la fête du Mewloud.

Sultan Ibrahim-Khan.

TURQUIE.

Mosquée de la Sultane Valide à Constantinople.

TURQUIE.

Chapelle sépulcrale de la Sultane Valide, mère de Mahomet IV.

TURQUIE.

Tour de Galata.

Sultan Abdul-Hamid.

TURQUIE

Tombeau de Ragheb Pacha.

TURQUIE.

Bibliothèque de Raghib Pacha.

TURQUIE

Chapelle du Sérail. Reliques du Prophète.

TURQUIE.   TURQUIA.

TURQUIE.

Ruines de Burok — Près les Kirakus, ou la Statue de Godefroy de Bouillon

Le grand Seigneur allant à la Mosquée (en 1784).

TURQUIE. TURQUIA.

TURQUIE. TURQUIA.

Vue de Constantinople, prise d'une des Terrasses du Palais de France, connue du Palais de Venise.

TURQUIE. · TURQUIA.

Vue de Galatserai à Constantinople.

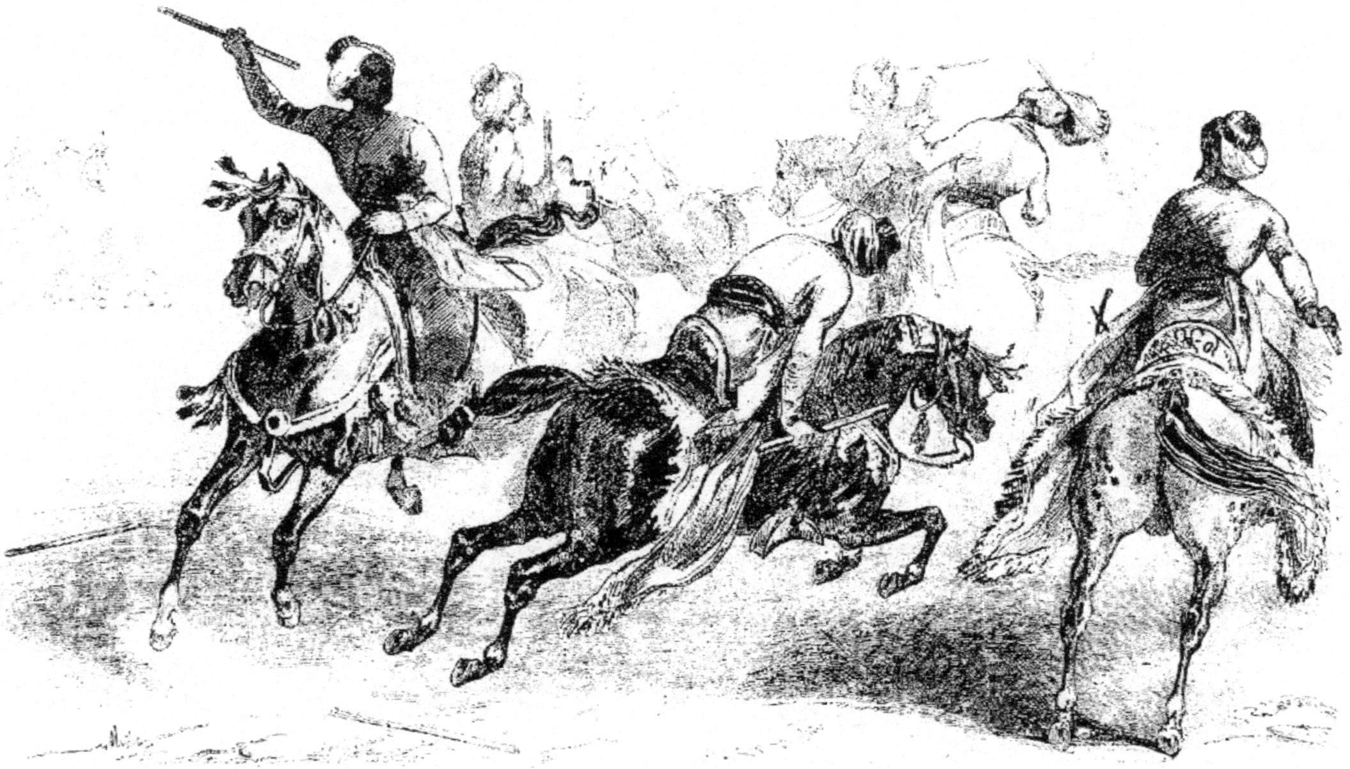

Exercice du Djerid.

Ejercicio del Djerid.

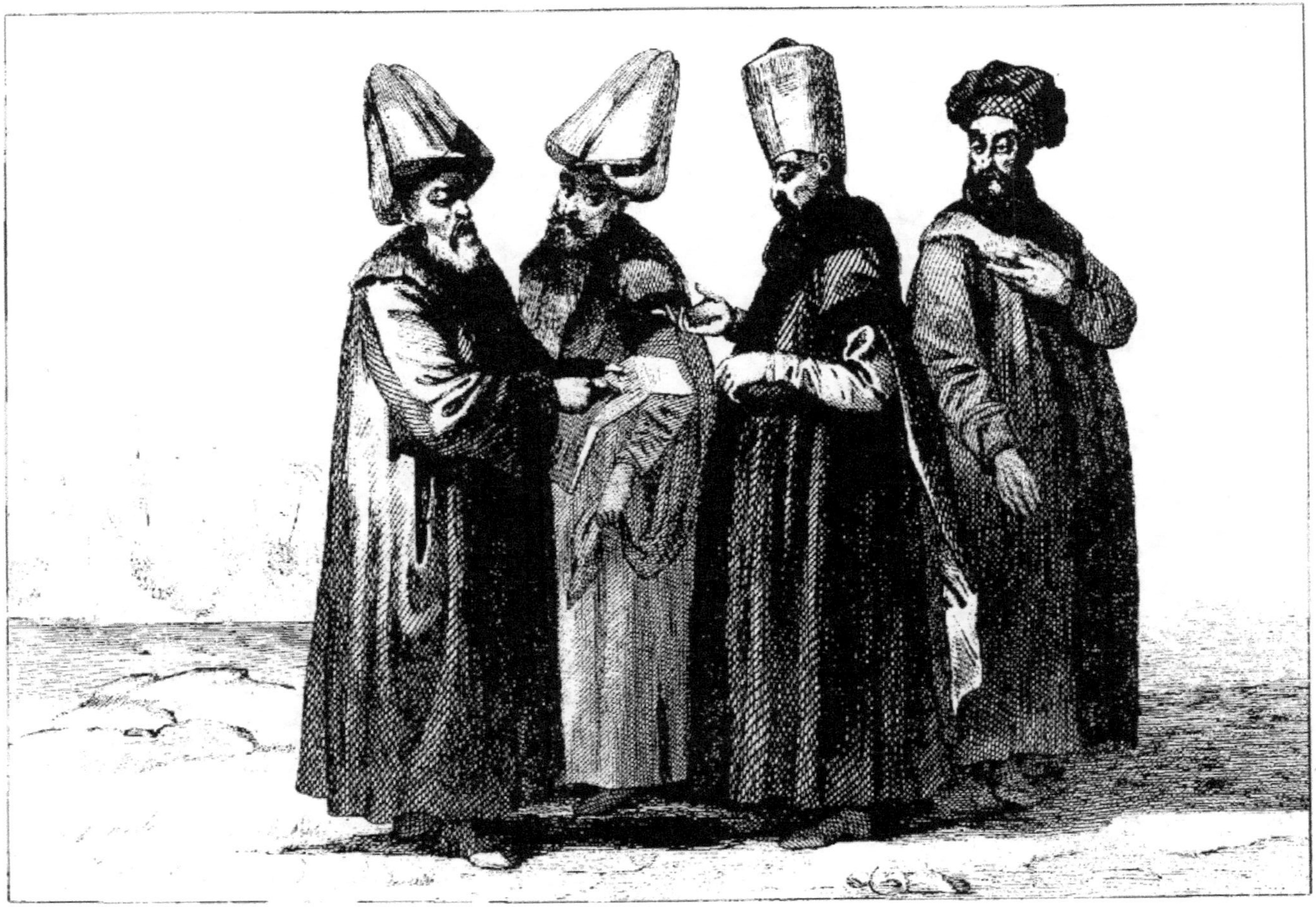

TURQUIA

TURQUIE. TURQUIA.

(Tribunal du Grand-Vizir) (vue intérieure)

TURQUIE   TURQUIA

TURQUIE. TURQUIA.

TURQUIE. TURQUIA.

Cérémonie religieuse dans le Bas-Cinq, en appartement de l'Arrivé, la veille des deux Fêtes de Beyram.
Ceremonia religiosa en el Arz Odacy ó salón del trono la víspera de las dos fiestas del Bayram.

TURQUIE. TURQUIA.

TURQUIE. TURQUIA.

TURQUIE. TURQUIA.

Mosquée de Tourmé

TURQUIE.

Cortège d'un Pacha Gouverneur de Province.

TURQUIE.

Châteaux du Bosphore.

TURQUIE.

Maison de plaisance Turque.

TURQUIE.

Église à Maroc.

TURQUIE

Troupes Turques.
1. Pacha. 2. Chater. 3. Uléma. 4. Kaïkadji. 5. Soldat Egyptien.

TURQUIE

TURQUIE.

Porte de l'Église de Pera.

TURQUIE

TURQUIE. TURQUIA

Diner d'un Ambassadeur Européen avec le grand Vizir dans la Salle du Divan

TURQUIE.   TURQUIA.

TURQUIA

TURQUE. TURQUIA.

Histoire d'un Ambassadeur Européen vers 1788.

TURQUIE. TURQUIA.

Caravanserail à Bourghas.

TURQUIE. TURQUIA.

Séjour Bivak ou vivouacs dans la Forêt de Belgrade

Belgrade.

Camp de Daoud Pacha.

TURQUIE.

Aqueduc de Belgrade.

TURQUIE.

TURQUIE.

Bain de femmes Turques

TURQUIE.

Echi-Serai.

TURQUIE.

Palais du Sultan à Eski-Sérai.

TURQUIE

Danse des Derviches Hurleurs

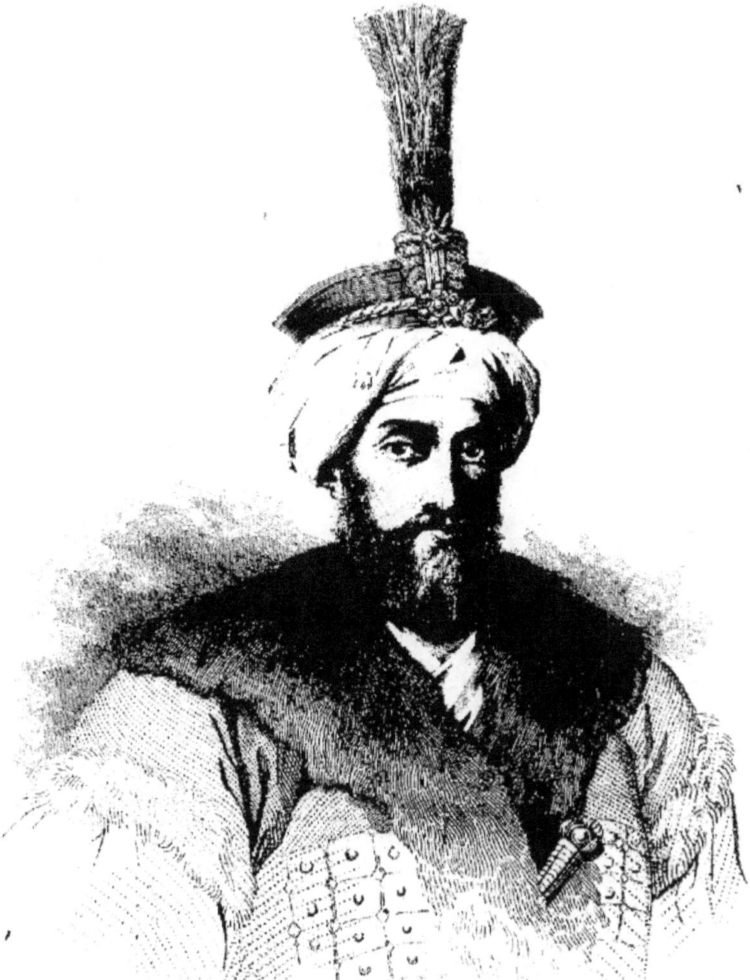

G. Gatteaux del. Lemaitre direxit Tannier Sc.

Sultan Mahmoud.

TURQUIE

Champs des Morts

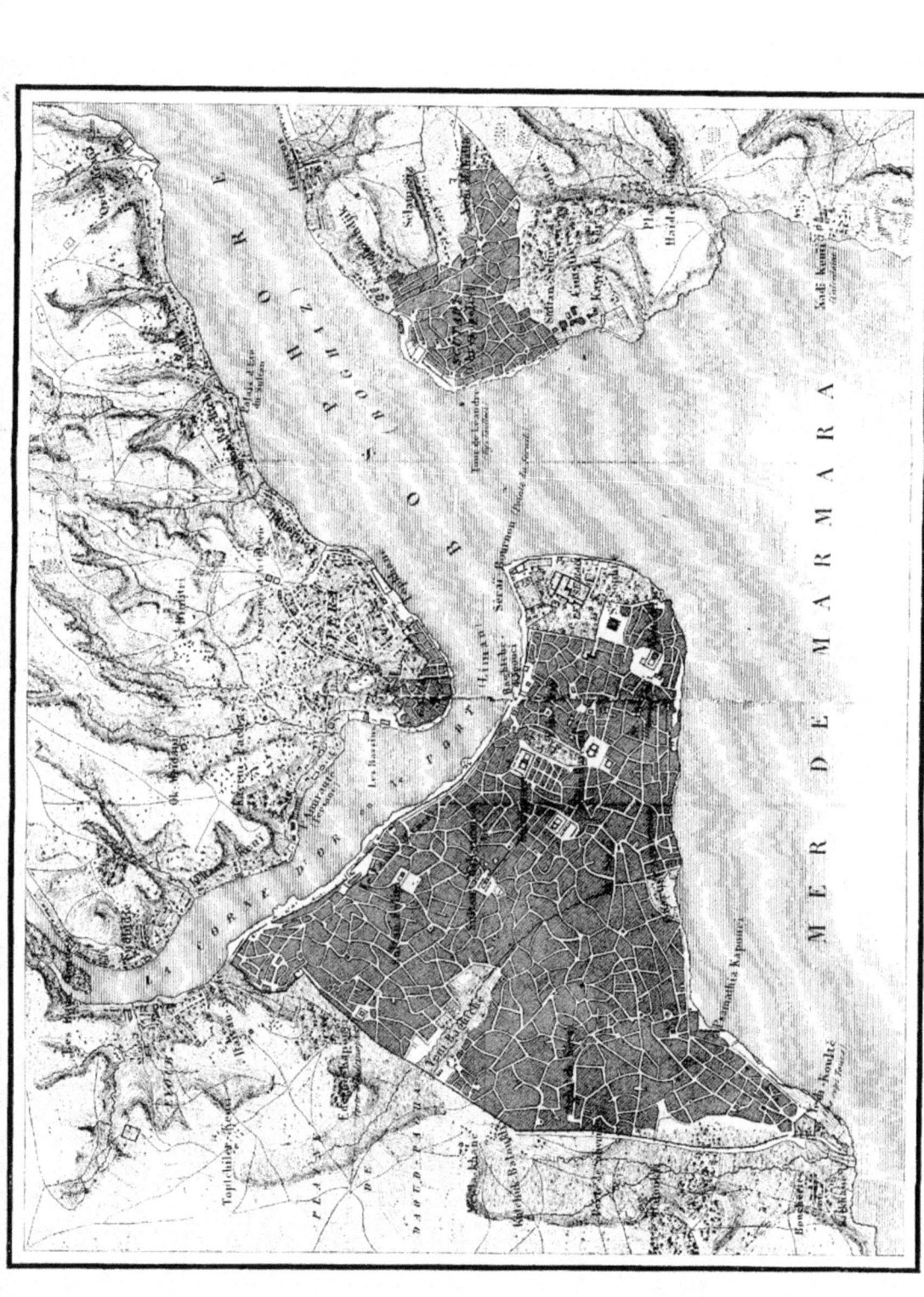

Porte du Sérail à Constantinople.   Puerta del Serrallo en Constantinopla

Mosquée de Sultan Selim à Scutari
M. de la suite de Sultan Selim III Présidant.

CONSTANTINOPLE

Mosquée de Sultan Zaïadeth Djumess

CONSTANTINOPLE.

CONSTANTINOPLE.

Maison du Riche Grec près Yeni Kuey.

CONSTANTINOPLE.

www.ingramcontent.com/pod-product-compliance
Lightning Source LLC
Chambersburg PA
CBHW050323240426
43673CB00042B/1512